AF616898

***ACCESO GRATIS** a la Lectura en la Nube + Actualizaciones*

Para visualizar el libro electrónico en la nube de lectura envíe junto a su nombre y apellidos una fotografía del código de barras situado en la contraportada del libro y otra del ticket de compra a la dirección:

ebooktirant@tirant.com

En un máximo de 72 horas laborables le enviaremos el código de acceso con sus instrucciones.

La visualización del libro en **NUBE DE LECTURA** excluye los usos bibliotecarios y públicos que puedan poner el archivo electrónico a disposición de una comunidad de lectores. Se permite tan solo un uso individual y privado.

Principios UNIDROIT sobre los contratos comerciales internacionales

Comentarios artículo por artículo

COMITÉ CIENTÍFICO DE LA EDITORIAL TIRANT LO BLANCH

María José Añón Roig
Catedrática de Filosofía del Derecho de la Universidad de Valencia

Ana Cañizares Laso
Catedrática de Derecho Civil de la Universidad de Málaga

Jorge A. Cerdio Herrán
Catedrático de Teoría y Filosofía del Derecho Instituto Tecnológico Autónomo de México

José Ramón Cossío Díaz
Ministro en retiro de la Suprema Corte de Justicia de la Nación y miembro de El Colegio Nacional

María Luisa Cuerda Arnau
Catedrática de Derecho Penal de la Universidad Jaume I de Castellón

Manuel Díaz Martínez
Catedrático de Derecho Procesal de la UNED

Carmen Domínguez Hidalgo
Catedrática de Derecho Civil de la Pontificia Universidad Católica de Chile

Eduardo Ferrer Mac-Gregor Poisot
Juez de la Corte Interamericana de Derechos Humanos Investigador del Instituto de Investigaciones Jurídicas de la UNAM

Owen Fiss
Catedrático emérito de Teoría del Derecho de la Universidad de Yale (EEUU)

José Antonio García-Cruces González
Catedrático de Derecho Mercantil de la UNED

José Luis González Cussac
Catedrático de Derecho Penal de la Universidad de Valencia

Luis López Guerra
Catedrático de Derecho Constitucional de la Universidad Carlos III de Madrid

Ángel M. López y López
Catedrático de Derecho Civil de la Universidad de Sevilla

Marta Lorente Sariñena
Catedrática de Historia del Derecho de la Universidad Autónoma de Madrid

Javier de Lucas Martín
Catedrático de Filosofía del Derecho y Filosofía Política de la Universidad de Valencia

Víctor Moreno Catena
Catedrático de Derecho Procesal de la Universidad Carlos III de Madrid

Francisco Muñoz Conde
Catedrático de Derecho Penal de la Universidad Pablo de Olavide de Sevilla

Angelika Nussberger
Catedrática de Derecho Constitucional e Internacional en la Universidad de Colonia (Alemania) Miembro de la Comisión de Venecia

Héctor Olasolo Alonso
Catedrático de Derecho Internacional de la Universidad del Rosario (Colombia) y Presidente del Instituto Ibero-Americano de La Haya (Holanda)

Luciano Parejo Alfonso
Catedrático de Derecho Administrativo de la Universidad Carlos III de Madrid

Consuelo Ramón Chornet
Catedrática de Derecho Internacional Público y Relaciones Internacionales de la Universidad de Valencia

Tomás Sala Franco
Catedrático de Derecho del Trabajo y de la Seguridad Social de la Universidad de Valencia

Ignacio Sancho Gargallo
Magistrado de la Sala Primera (Civil) del Tribunal Supremo de España

Elisa Speckman Guerra
Directora del Instituto de Investigaciones Históricas de la UNAM

Ruth Zimmerling
Catedrática de Ciencia Política de la Universidad de Mainz (Alemania)

Fueron miembros de este Comité:
Emilio Beltrán Sánchez, Rosario Valpuesta Fernández y **Tomás S. Vives Antón**

Procedimiento de selección de originales, ver página web:
www.tirant.net/index.php/editorial/procedimiento-de-seleccion-de-originales

Principios UNIDROIT sobre los contratos comerciales internacionales

Comentarios artículo por artículo

ECKART J. BRÖDERMANN

Traducción coordinada por
Christian F. Zinser Cieslik y Pedro Mendoza Montano

tirant lo blanch
Ciudad de México, 2024

Copyright ® 2024

Todos los derechos reservados. Ni la totalidad ni parte de este libro puede reproducirse o transmitirse por ningún procedimiento electrónico o mecánico, incluyendo fotocopia, grabación magnética, o cualquier almacenamiento de información y sistema de recuperación sin permiso escrito del autor y del editor.

En caso de erratas y actualizaciones, la Editorial Tirant lo Blanch México publicará la pertinente corrección en la página web www.tirant.com/mex/ incorporada a la ficha del libro.

Este libro será publicado y distribuido internacionalmente en todos los países donde la Editorial Tirant lo Blanch esté presente.

Los textos jurídicos que aparecen se ofrecen con una finalidad informativa o divulgativa. Tirant lo Blanch intentará cuidar por la actualidad, exactitud y veracidad de los mismos, si bien advierte que no son los textos oficiales y declina toda responsabilidad por los daños que puedan causarse debido a las inexactitudes o incorrecciones de los mismos.

Los únicos textos considerados legalmente válidos son los que aparecen en las publicaciones oficiales de los correspondientes organismos autonómicos o nacionales.

1ª Edición en inglés (2018) Wolters Kluwer
1ª Edición en chino (2021) Law Press

© Eckart J. Brödermann

© EDITA: TIRANT LO BLANCH
DISTRIBUYE: TIRANT LO BLANCH MÉXICO
Av. Tamaulipas 150, Oficina 502
Hipódromo, Cuauhtémoc, 06100, Ciudad de México
Telf: +52 1 55 65502317
infomex@tirant.com
www.tirant.com/mex/
www.tirant.es
ISBN: 978-84-1056-134-2

Si tiene alguna queja o sugerencia, envíenos un mail a: *atencioncliente@tirant.com*. En caso de no ser atendida su sugerencia, por favor, lea en *www.tirant.net/index.php/empresa/politicas-de-empresa* nuestro procedimiento de quejas.

Responsabilidad Social Corporativa: http://www.tirant.net/Docs/RSCTirant.pdf

AGRADECIMIENTOS

El español es un idioma oficial del Instituto Internacional para la Unificación del Derecho Privado (Unidroit). El autor y el equipo de traducción desean agradecer a Unidroit por otorgar el permiso para utilizar el texto oficial en español como base para esta traducción y para reimprimir el Resumen de los Miembros del Grupo de Trabajo y la Tabla de Correspondencia de los artículos de las ediciones de 1994, 2004, 2010 y 2016 de los Principios de Unidroit.

También queremos reconocer el excelente trabajo de todo el equipo de traducción que hábilmente tradujo las "black letter rules" de los Principios de Unidroit. Además del profesor Pedro Mendoza Montano de la Facultad de Derecho de la Universidad Francisco Marroquín (Guatemala), quien también forma parte del equipo de traducción al español de este comentario, el equipo de traducción de las reglas en negro incluyó a los profesores Alejandro M. Garro (Facultad de Derecho de Columbia), Javier Rodríguez Olmos (Universidad Externado de Colombia, Colombia) y María Pilar Perales (Universidad Carlos III de Madrid, España), quienes amablemente también consintieron en utilizar la traducción oficial de las reglas en negro como punto de partida para esta traducción. Su consentimiento fue crucial para alinear las traducciones de los comentarios con la versión oficial de los Principios de Unidroit.

NOTA DE LOS TRADUCTORES

Pedro Mendoza Montano, es licenciado en Ciencias Jurídicas y Sociales por la Facultad de Derecho de la Universidad Francisco Marroquín en Guatemala. Maestría en Derecho (LL.M) por la universidad de Columbia, Nueva York. Socio fundador de la firma Iurisconsulti, Abogados y Notarios en la Ciudad de Guatemala. Corresponsal en Guatemala del Instituto UNIDROIT.

Christian F. Zinser Cieslik, es licenciado en derecho por la Universidad Anáhuac del Norte y Maestro en Derecho por la Universidad Panamericana. Igualmente se ha desempeñado como profesor a nivel licenciatura y maestría en la Universidad Anáhuac del Norte y del Sur. Socio fundador y director de Zinser Legal, en la Ciudad de México.

Es para nosotros un honor y un privilegio presentar la traducción al español —la primera— del libro "Principios de UNIDROIT sobre los Contratos Comerciales Internacionales. Comentario artículo por artículo", obra del eminente profesor Eckart J. Brödermann.

La globalización económica y el incremento exponencial de las transacciones comerciales internacionales exigen un marco jurídico que no solo propicie la seguridad y previsibilidad necesarias para el flujo de estas operaciones, sino que también fomente la uniformidad normativa, la equidad y la justicia contractual entre las partes. En este contexto, los Principios UNIDROIT se erigen como un corpus juris de referencia indispensable para la interpretación, integración y aplicación del derecho contractual internacional.

La traducción de esta obra al español no es un mero ejercicio lingüístico; representa un esfuerzo académico y jurídico de profundización y divulgación de un instrumento de derecho uniforme que, aunque no vinculante, pueda convertirse en el derecho aplicable a un contrato comercial internacional si las partes del mismo voluntariamente así lo han decidido. Este trabajo se inscribe en un esfuerzo mayor por acercar a la comunidad jurídica de habla hispana herramientas conceptuales y normativas que enriquezcan su práctica profesional y académica en un entorno globalizado.

Nuestro abordaje metodológico ha sido riguroso y exhaustivo, partiendo de una comprensión profunda del texto original, no solo en su dimensión lingüística sino, sobre todo, en su contenido jurídico y filosófico. Hemos procurado una traducción que no solo sea fiel al reconocido texto del Profesor Brödermann, sino que también refleje las particularidades y matices del sistema jurídico latinoamericano, todo esto con el objetivo de proporcionar una herramienta de trabajo y estudio de inestimable valor para jueces y árbitros, abogados practicantes, académicos, y estudiantes de derecho, para los cuales constituye un recurso didáctico de primer orden para el aprendizaje del derecho comercial internacional y de la teoría general del contrato en nuestras facultades de derecho, permitiéndoles adquirir una formación jurídica que responde a las demandas y desafíos del siglo XXI.

La importancia de esta traducción radica, asimismo, en su potencial para fomentar el diálogo y el intercambio académico entre los juristas de habla hispana y la comunidad jurídica internacional. Al ofrecer una versión en español de una obra de referencia obligada en el derecho contractual internacional, facilitamos la incorporación de nuestros colegas a los debates y desarrollos más actuales en la materia, promoviendo así una mayor integración de la perspectiva jurídica latinoamericana en el discurso global.

En el proceso de traducción, hemos enfrentado diversos desafíos, desde la selección del léxico jurídico más apropiado hasta la interpretación de conceptos complejos que requieren una comprensión profunda tanto del derecho comparado como de las particularidades culturales y legales de los países de habla hispana. Este esfuerzo nos ha permitido tener un resultado final con una perspectiva amplia y diversa.

Queremos expresar nuestro agradecimiento a todas las personas e instituciones que nos han apoyado en este proyecto, en especial al profesor Eckart J. Brödermann, cuya obra ha sido la base de este emprendimiento académico. Su disposición y apoyo han sido fundamentales para la realización de esta traducción.

Agradecemos muy especialmente al Doctor Alejandro Garro, catedrático de la Escuela de Derecho de la Universidad de Columbia en Nueva York, experto en los Principios de Unidroit, por haber aceptado elaborar el prólogo de esta traducción.

Por su parte, el Maestro Christian F. Zinser Cieslik desea agradecer la incansable labor de María Teresa Álvarez Arellano y de Daniel Bravo Barreda, sin cuya participación esta traducción no hubiera sido posible.

El Profesor Pedro Mendoza Montano desea agradecer a María José Godoy Weber, sin cuyo esfuerzo este proyecto de traducción no se hubiera materializado; a Pablo Gerardo Miranda Apel, por haber traducido el anexo del preámbulo de la misma; igualmente, a María Alejandra Valey Girón abogada asociada de la firma "Iurisconsulti, Abogados y Notarios";

y a los catedráticos auxiliares del curso de Derecho de los Negocios Internacionales que imparte en la Facultad de Derecho de la Universidad Francisco Marroquín: Florencio Ademir Gramajo Lucas, Francisco Zuluaga Ospina y Marco Tulio León Paiz.

Pedro Mendoza Montano y Christian F. Zinser Cieslik

ÍNDICE GENERAL DE LA OBRA

ÍNDICE ANALÍTICO

(Las meras referencias a artículos después de cada entrada se refieren a todos los comentarios que siguen a ese artículo. Un número entre corchetes se refiere a un comentario concreto).

PRÓLOGO A LA 2ª EDICIÓN
POR EL AUTOR

Principios y normas generales mundialmente reconocidos. Hace casi cien años, en 1926, la Liga de las Naciones creó el Instituto Internacional para la Unificación del Derecho Privado ("UNIDROIT"). Entre 1970, 1994 (1st edición) y 2016 (4th edición), recopiló y desarrolló principios y reglas generales de derecho contractual general bajo el título "Principios UNIDROIT de los Contratos Comerciales Internacionales". Tras su adopción por el Consejo de Gobierno de los (63) Estados miembros de UNIDROIT, estos principios y normas generales han sido reconocidos por (i) la comunidad jurídica internacional, incluida la Comisión de las Naciones Unidas para el Derecho Mercantil Internacional y la Unión Internacional de Abogados (UIA), así como, *por ejemplo,* (ii) innumerables laudos arbitrales y decisiones de tribunales nacionales (→ Anexo al Preámbulo de esta 2ª edición).

Una herramienta para la práctica. Los Principios UNIDROIT sobre los contratos comerciales internacionales ("Principios UNIDROIT") proporcionan una herramienta inestimable para la redacción, negociación y gestión de riesgos de los contratos comerciales internacionales. Pueden desempeñar un papel importante en arbitrajes internacionales e incluso en litigios nacionales. Pueden ser elegidos como régimen contractual aplicable, preferiblemente en combinación con una cláusula de arbitraje. Pueden utilizarse como recurso para interpretar o completar (i) los contratos de las partes, (ii) el Derecho uniforme internacional, como la Convención de las Naciones Unidas sobre los Contratos de Compraventa Internacional de Mercaderías, o (iii) incluso el Derecho nacional. Durante muchos años, han inspirado y siguen inspirando a legisladores de diferentes partes del mundo, incluida Europa (por *ejemplo,* Francia 2008, 2016), Asia (por *ejemplo,* China 1999), Sudamérica (Paraguay 2015) y África (OHADA-Project). En este contexto, el conocimiento accesible de los Principios UNIDROIT es esencial para el comercio internacional a un nivel de vanguardia.

20 años de experiencia práctica con los Principios UNIDROIT. Conocí los Principios UNIDROIT por primera vez en 2001, como abogado en un arbitraje internacional que abarcaba cinco jurisdicciones. Después de una lucha inconclusa sobre la ley aplicable y la interpretación de cláusulas conflictivas de elección de ley, las partes acordaron adoptar los Principios UNIDROIT (Observaciones introductorias a la Sección 7.4). Desde entonces, me ha atraído la brillantez con la que los Principios UNIDROIT tienden puentes entre diversas culturas jurídicas: a menudo entre el *common law* (o derecho común) y el derecho civil, en ocasiones entre el enfoque germánico y el francés del derecho civil, o entre diferentes enfoques dentro del mundo del *common law.* Proveniente de un trasfondo tradicional en derecho internacional público y privado, así como en derecho comparado (nacional), con formación en derecho francés, estadounidense y alemán, vislumbré el encanto y la oportunidad de trabajar con un *soft law* (derecho blando) transnacional en materia de contratos que es compatible con casi todos los Derechos civil y anglosajón del mundo. Hasta ahora, la realidad ha superado ampliamente mis expectativas. Los Principios UNIDROIT se han convertido en parte de mi vida profesional diaria, (i) en mi práctica diaria de contratación internacional como abogado externo en negociaciones con contrapartes de múltiples jurisdicciones en las Américas, Asia, la región EMEA y África; (ii) en arbitraje: *como árbitro* al redactar laudos, *como abogado* y *como experto* en arbitrajes, o, ya en 2007, cuando colaboré en la redacción de las normas de arbitraje del Centro Chino-Europeo de Arbitraje "CEAC" (cuyas normas permiten explícitamente la opción de elegir los Principios UNIDROIT), y (iii) en la enseñanza de contratos internacionales o arbitraje

internacional en la Universidad de Hamburgo o, como profesor invitado, en otras universidades como recientemente Kyiv o en seminarios web internacionales, etc.

Objetivo. La literatura que se concentra en los Principios UNIDROIT es abundante. Sin embargo, cuando se trata de aplicar realmente los Principios UNIDROIT, la orientación concreta, artículo por artículo, puede ser extremadamente útil. Este enfoque artículo por artículo, tiene una larga tradición alemana para interpretar el derecho "escrito" que puede transferirse bien al *soft law* (derecho blando) como los Principios UNIDROIT. Los "Comentarios Oficiales", editados por UNIDROIT, proporcionan un punto de partida y constituyen una fuente (primaria) de *soft law* (derecho blando); forman parte de los Principios UNIDROIT. El debate en la literatura jurídica (secundaria) puede ir un paso más allá. Tiene la libertad de plantear preguntas, hacer observaciones o dar consejos prácticos. El formato de comentarios artículo por artículo, permite abordar cuestiones específicas y debatir opciones alternativas a la aplicación del artículo tratado. Las notas a pie de página señalan otros comentarios, en particular ya en la primera edición (i) comentarios en los materiales históricos de la época comprendida entre 1970 y 2016, que incluyen estudios, informes y protocolos de los debates del Grupo de Trabajo; (ii) en el primer comentario que fue escrito fuera de los auspicios de UNIDROIT por un equipo en torno a David Morán Bovio en español (2a ed., Pamplona 2003, relativo a la versión inicial de 1994 de los Principios UNIDROIT) o (iii) en el comentario detallado editado por Stefan Vogenauer y su equipo internacional de 13 jurisdicciones diferentes de los cinco continentes (2a ed. Oxford 2015, aprox. 1528 páginas; una 3rd ed. está en preparación).

Enfoque. El enfoque general de este comentario es más práctico que académico. El objetivo es proporcionar una visión general resumida de cada uno de los 211 artículos, incluidas las opciones cuando procedan, y ayudar al profesional a navegar en el sistema de los Principios UNIDROIT. Aunque a menudo se explican por sí mismos, los Principios UNIDROIT merecen un estudio en profundidad. No suelen formar parte del plan de estudios en la universidad, al menos no a ningún nivel avanzado o aplicado. Por la misma razón, el libro incluye muchas referencias cruzadas para facilitar el acceso a los principios interdependientes.

Recepción de la 1ª edición. La recepción de la primera edición de este comentario ha sido positiva. Ha recibido 35 reseñas en 19 jurisdicciones, así como en ocho revistas internacionales, por *ejemplo*, de comités de la *International Bar Association* (IBA), y en medios sociales o sitios web. Aparentemente, ha llegado el momento de los Principios UNIDROIT. Los colegios de abogados locales (como el Colegio de Abogados de Tennessee "Tennessee Bar"), las asociaciones de comerciantes (como la *Asociación Alemana de Industrias "BDI"*) y las asociaciones de jóvenes abogados, el futuro jurídico, como la *Willem C. Vis Moot Alumni Association* se han interesado. Han organizado seminarios web y/o actos de formación jurídica continua sobre el tema. Un equipo de juristas chinos dirigido por el profesor *Guigi Wang* (Universidad de Zhejiang) publicó en 2021 una traducción al chino del comentario (国际统一私法法协会国际商事合同通则逐条评述, China Law Press 2021). *Christian Zinser* (México) y el profesor *Pedro Mendoza Montano* (Guatemala), trabajan actualmente en colaboración con el *Ilustre y Nacional Colegio de Abogados* de México, A.C. en una traducción al español basada en el manuscrito de esta 2ª edición. Cerca de 30 años después de la publicación de la primera edición de los Principios UNIDROIT en 1994, ha llegado el momento de los Principios UNIDROIT.

En la 2ª edición. Para la segunda edición se han incorporado más experiencias de la práctica, especialmente de la negociación de contratos a largo plazo, más materiales, estudios y bibliografía.

1. Práctica de negociación. Aproximadamente cinco años adicionales de trabajo regular y a menudo diario bajo los Principios UNIDROIT con clientes asiático-americanos, tanto alemanes como internacionales, apoyando el enfoque de mi bufete de abogados a la "Contratación Global Simplificada" bajo los Principios UNIDROIT como puentes entre el Common law y el derecho civil, o entre diferentes derechos civiles o comunes, preferiblemente combinados con una cláusula de arbitraje, tuvo el efecto de una incubadora tanto (i) para detectar más aspectos prácticos con respecto a la aplicación de los Principios UNIDROIT (por elección de derecho "blando" o usándolos como plantillas o como argumentos en las negociaciones); y (ii) probar diferentes métodos para convencer a la otra parte de que acepte los Principios UNIDROIT. De esta práctica ha surgido en 2020 una mejor elección de la cláusula de los Principios UNIDROIT. Ha aumentado considerablemente el nivel de aceptación de los Principios UNIDROIT en negociaciones con "novatos" en la materia (Introducción número 9a). Los comentarios actualizados incluyen ahora aún más experiencias de tales negociaciones y discusiones con abogados de *common law* y derecho civil que están de acuerdo con la elección de los Principios UNIDROIT; y para demostrar que si las partes redactan cuidadosamente sus contratos "con el nivel de especificidad común en las jurisdicciones de derecho inglés, habría [...] poca diferencia sustantiva si los Principios UNIDROIT o el derecho inglés es el derecho aplicable"(Rena See/Darshimi Prasad) (Anexo al Preámbulo nº 4). Un nuevo capítulo "Anexo a la Sección 5.1 - Principios de UNIDROIT para tipos específicos de contratos" proporciona una visión práctica (en formato de lista de comprobación) para el uso de los Principios de UNIDROIT en contratos de compraventa, servicios y construcción. Además, en esta 2ª edición, he incrementado sustancialmente los ejemplos prácticos de negociaciones de contratos a largo plazo concluidos bajo los Principios UNIDROIT, por lo que muchos de estos ejemplos se extraen de la industria del automóvil, mientras que las experiencias de otras industrias (incluyendo el trabajo pro bono para el apoyo humanitario a Ucrania) también ha proporcionado algo de "carne" a la vida bajo los Principios UNIDROIT.

2. Reportes por países. En 2019 y 2021, se publicaron dos panoramas comparativos con numerosos informes de países sobre la usabilidad y el uso de los Principios UNIDROIT en la práctica. En 2019, el International Bar Association (IBA) publicó un libro llamado "Perspectivas en la práctica de los Principios UNIDROIT 2016 - Opiniones del Grupo de Trabajo de la IBA sobre la práctica de los Principios UNIDROIT 2016" que incluyó 50 resúmenes de casos y 28 reportes hechos por países. En 2021, Alejandro Garro y José Antonio Moreno Rodríguez (eds.) publicaron un libro sobre el "Uso de los Principios UNIDROIT para interpretar y complementar el Derecho contractual nacional" con 20 reportes hechos por países (incluyendo 11 jurisdicciones no cubiertas por el Informe de la IBA; Preámbulo, número 12 a-b).

3. Investigación adicional de jurisprudencia: Mi propia investigación comparativa en 2019/2020 sobre jurisprudencia en 26 jurisdicciones en el contexto de un arbitraje internacional de 15 billones de dólares estadounidenses en virtud de los Principios UNIDROIT, ha revelado otras seis jurisdicciones con sentencias nacionales que hacen referencia a los Principios UNIDROIT. Los resultados de dicha investigación proporcionan la base para un nuevo capítulo sobre los Principios UNIDROIT como Principios Generales del Derecho de los Contratos Comerciales Internacionales (Anexo al Preámbulo, número 20 *y* siguientes) que argumenta el caso para esta evaluación; de nuevo, el tiempo ha cambiado desde 1994, cuando los Principios UNIDROIT se publicaron por primera vez.

4. Materiales Legislativos, Nota del Secretario y Guía Jurídica Tripartita. Para la 2ª edición, junto con un equipo de mis mejores alumnos, he analizado en mayor profundidad los materia-

les históricos. Los resúmenes de los materiales pertinentes ahora se encuentran antes de cada sección; y las notas a pie de página contienen referencias más detalladas a los debates del Grupo de Trabajo al que en parte tuve acceso como observador durante la preparación de la edición de 2010, en nombre del Comité de Derecho Espacial (entonces: Comité de Derecho del Espacio Exterior) de la IBA. Con motivo de la crisis sanitaria de COVID 19, el Secretario de UNIDROIT publicó en 2020 una nota especial en la que se discute la interrelación entre las normas sobre excesiva onerosidad y fuerza mayor (Art. 6.2.2 número 6). En la misma línea, UNIDROIT publicó con la Comisión de las Naciones Unidas para el Derecho Mercantil Internacional y la Conferencia de La Haya de Derecho Internacional Privado en 2021 una Guía jurídica de instrumentos uniformes en materia de contratos comerciales internacionales, con especial atención a la compraventa.

5. Bibliografía. Hasta cierto punto, se ha tenido en cuenta la nueva bibliografía. (i) En primer lugar, cabe destacar el Comentario conciso a los Principios de UNIDROIT sobre los contratos comerciales internacionales 2016 de Radu Bogdan Bobei (publicado en Rumanía desde 2017). Contiene citas útiles de laudos arbitrales extraídos de la base de datos UNILEX, en función de cada artículo. (ii) En segundo lugar, Michael Joachim Bonell ha transformado y desarrollado su conferencia de 2017 en la Academia de Derecho Internacional de La Haya en un artículo seminal en la Uniform Law Review (2018, vol. 23 número 1). (iii) En tercer lugar, y sobre todo digno de mención, el impresionante comparativo en profundidad "Commentaries on European Contract Laws", titulo que se traduce a "Comentarios sobre el Derecho contractual europeo", editado por Niels Jansen y Reinhard Zimmermann (Oxford 2018, 2218 (!) páginas), agrupa minuciosos comentarios comparativos de 22 autores de Austria, Alemania, Suiza y Canadá (Introducción número 22), desarrollados a lo largo de un spam temporal de ocho años y que incluyen comentarios detallados sobre todas las normas de los Principios UNIDROIT. Leer estos comentarios con profundos comentarios comparativos e históricos me obligó a reconcentrarme en cada uno de mis comentarios, añadiendo otra capa de profundidad a través (iv) Hasta cierto punto, también podría integrarse más literatura, como Henry Gabriel, Contracts for the Sale of Goods: A Comparison of U.S. and International Law (3rd edición 2022,), titulo que se traduce a Contratos de compraventa de mercaderías: Comparación de la legislación estadounidense y la internacional —es decir, un título que no apunta directamente a los Principios UNIDROIT—, o la tesis doctoral de David Oser (2008) sobre "The UNIDROIT Principles of International Commercial Contracts: A Governing Law?", título que se traduce a "Los Principios de UNIDROIT sobre los contratos comerciales internacionales: ¿Una ley rectora?". Su lectura hoy me recuerda el progreso que se ha realizado en los últimos 12 años o más con respecto a la mejora de la utilidad de los Principios UNIDROIT (cubriendo ahora cuestiones que todavía faltaban en 2008). El comentario de Vogenauer sigue siendo una fuente útil con referencias a bibliografía adicional.

6. Laudos arbitrales y jurisprudencia. Por último, desde la publicación de la 1er edición, nuevos laudos y sentencias han aplicado los Principios UNIDROIT y se han integrado (los límites se deben, entre otras cosas, a las limitaciones de mis capacidades de investigación, las barreras lingüísticas y la confidencialidad).

Perspectiva del Derecho Comparado frente al Derecho Nacional. En mis últimos años de adolescencia y en mis veinte años, estudié derecho en tres ocasiones en Francia (Universidad Paris V), Estados Unidos (Facultad de Derecho de Harvard) y Alemania (Universidad de Hamburgo). Aún mantengo mi admisión (desde 1984) en un colegio de abogados de *common law* (en Nueva York) y (desde 1990) en un colegio de abogados de derecho civil (en Hamburgo).

A través de mi investigación y práctica, tuve que sumergirme profundamente, al menos en momentos puntuales, en múltiples leyes nacionales de otros países (por ejemplo, de Argelia, China, Inglaterra). Cada examen fue el más difícil cuando lo tomé; no hay mejor ni peor. Mi enfoque tradicional en la escritura y la enseñanza fue el derecho internacional privado, que tradicionalmente delimita los sistemas legales nacionales. Cada legislador nacional tiende a centrarse en los problemas nacionales y en los consumidores (votantes) nacionales, y rara vez trabajan con un enfoque internacional, lo que crea retos especiales (la gestión de los husos horarios es uno de los más fáciles y evidentes).

Cada conjunto de reglas nacionales aborda la mayoría de los problemas necesarios para los contratos transfronterizos, pero rara vez con un enfoque internacional que crea desafíos especiales (la gestión de las diferencias horarias es uno de los ejemplos fáciles y evidentes; Artículo 1.12). En un mundo globalizado, es obsoleto y a menudo arriesgado operar bajo la ley nacional extranjera (o incluso la propia; Artículo 1.4 número 4). Los Principios UNIDROIT 2016, ellos mismos producto de casi 50 años de esfuerzos legales comparativos, a menudo representan un punto de compromiso que conecta entre el derecho civil y el *common law* (Introducción número 10-11a), y entre diferentes leyes civiles o de *common law*, y, de esta manera, se presentan como una herramienta para la práctica (Introducción número 9).

Idioma. Como hablante no nativo de inglés, resulta casi imposible redactar un inglés adecuado (legal). Sin embargo, esto no es excusa para no participar en la discusión legal internacional y dejarla exclusivamente en manos de abogados de *common law* que hablan y escriben en un inglés (diferente) nativo en lugar de utilizar un inglés global como idioma de conveniencia. En el mundo global actual, muchos contratos redactados 'en inglés' son elaborados por abogados que provienen de países de derecho civil y/o que no dominan el idioma inglés como un nativo. El idioma nativo de un abogado y el idioma en el que estudió una materia tienden a influir en su razonamiento. Este comentario 'en inglés' intenta contribuir a la construcción de puentes entre los diferentes mundos del pensamiento, en particular entre abogados formados en *common law* y en derecho civil, porque ambos pueden obtener ventajas similares al utilizar los Principios UNIDROIT como un puente entre naciones.

Es bienvenida cualquier sugerencia y crítica que contribuya a fomentar el debate mundial sobre los Principios UNIDROIT que, en mi convicción, representan el futuro de la contratación internacional.

Hamburgo, 15 de enero de 2023

Eckart Brödermann

Prólogo

Comparto la convicción del autor de estos comentarios, cuya traducción de su segunda edición tengo el placer de prologar, que su desconocimiento es el mayor desafío que han enfrentado —y todavía enfrentan— los *"Principios UNIDROIT sobre los Contratos Comerciales Internacionales"* (*"PICC"*, también identificados en este prefacio como los *"Principios de UNIDROIT"*)[1]. Esta excelente traducción al castellano de la 2ª edición de los Comentarios de Eckart Brödermann constituye un aporte significativo para neutralizar esta falta de familiaridad con los Principios de UNIDROIT.

Claro está que la difusión de los Principios de UNIDROIT depende en gran parte que estos comentarios puedan llegar, en versión impresa o digital, al mundo jurídico hispanoparlante. Una de las razones por las que me complace redactar esta breve presentación de los comentarios de Eckart Brödermann es que sea una editorial española, Tirant lo Blanch, quien haya asumido la responsabilidad de publicarlos y distribuirlos. La reciente publicación de cuatro volúmenes destinados a analizar las instituciones jurídicas más importantes en materia de derecho comercial internacional en cuatro países iberoamericanos (Colombia, Chile, México y Perú) da testimonio del interés de esta importante editorial valenciana de difundir la manera en que el derecho de estos cuatro países de América Latina abordan los contratos internacionales más importantes y los diversos métodos de resolución de sus conflictos[2]. A pesar de que muchos de los capítulos aborda el estudio y perspectiva de contratos comerciales internacionales de frecuente utilización (incluyendo la compraventa internacional y el papel que juegan los INCOTERMS), los Principios de UNIDROIT no son materia de atención especializada. Cabe celebrar muy especialmente, por lo tanto, que Tirant lo Blanch patrocine la publicación de esta traducción española a la 2ª edición de los comentarios del Eckart J. Brödermann a los Principios de UNIDROIT, un instrumento de trabajo que se complementa muy bien con los temas de derecho comercial internacional abordados en estos cuatro volúmenes.

Además de colmar un vacío importante en la literatura jurídica de fácil acceso a los abogados[3], jueces, árbitros, estudiantes y estudiosos del derecho comercial internacional, esta tra-

---

1 Este desconocimiento se extiende, incluso, a aquellos abogados involucrados en la redacción de contratos que asesoran a las empresas —grandes y medianas— con activa participación en el comercio internacional. Véase al respecto la referencia en los Comentarios introductorios de Eckart J. Brödermann a esta 2ª edición, p. 171, citando textualmente a lo expresado en Roma por *"un alto directivo del departamento jurídico europeo de una empresa manufacturera estadounidense"*, en una reunión de abogados corporativos (*"Association of Corporate Counsels"*) que tuvo lugar el 23 de mayo de 2016: *"Creemos que los Principios de UNIDROIT son una herramienta maravillosa. El problema es que la mayoría de la gente aún no los conoce y no se toma el tiempo de leerlos"*.

2 La coordinación de estos trabajos fue llevada a cabo por el profesor Carlos Esplugues Motta de la Universidad de Valencia e invariablemente asociado con un co-coordinador y prestigioso académico a nivel local. Los volúmenes publicados hasta la fecha incluyen: *Derecho del Comercio Internacional Colombiano* (en colaboración con Claudia Madrid Martinez, Tirant lo Blanch México, 2022; *El Derecho del Comercio Internacional Chileno*, editores Carlos Esplugues Mota y José Luis Guerrero Bécar, Tirant lo Blanch Valencia, 2021; *El Derecho del Comercio Internacional Mexicano*, editores Carlos Splugues Mota y María Mercedes Albornoz, ISBN 978-84-1197-668-8, Tirant lo Blanch México, 2024; *El Derecho del Comercio Internacional Peruano*, editores Carlos Esplugues Mota y Pierino Lucchi López Raygada, Tirant lo Blanch, Lima 2022.

3 Otra contribución importante a los Principios de UNIDROIT publicada en castellano es la obra coordinada or el profesor David Morán Bovio, publicada en Pamplona en 2003. Claro está que en idioma inglés la consulta ineludible es la obra coordinada por el profesor Stefan Vogenauer y su equipo, cuya segunda edición fue publicada por Oxford University Press en 2015.

ducción castellana de los comentarios de Eckart Brödermann tiene características propias que la tornan de consulta ineludible. En primer lugar, los comentarios al preámbulo y cada uno de los 211 articulos de los Principios de UNIDROIT tienen un carácter eminentemente "**práctico**". Pero enfatizar el enfoque pragmático de estos comentarios no comporta subestimar el aspecto más teórico y académico, sino que uno se complementa con el otro (*theoria sine praxis est rota sine axis ...*). Lo que se trata de destacar es la conveniencia o utilidad de la aplicación de una disposición en cuestión, más que especular acerca de sus orígenes y matices comparados o involucrarse en los debates académicos acerca del impacto que debería tener la disposición en cuestión.

Además de haber sido *"uno de los observadores más influyentes"* en la elaboración de los textos más recientes de los Principios de UNIDROIT[4], Eckart Brödermann cuenta con una rica y prolongada experiencia profesional que ha volcado en sus comentarios[5]. Aunque su formación jurídica básica se centra en Hamburgo, cuenta con estudios de postgrado en Francia (Universidad de Paris), Estados Unidos (Universidad de Harvard). A pesar de que su vasta experiencia en negociar y redactar contratos comerciales transfronterizos no pareciera involucrar a jurisdicciones hispano o luso-parlantes (Brödermann suele hacer referencia a clientes asiático-americanos, alemanes o de otros países europeos), el conocimiento y experiencia del autor en la contratación internacional en países de Europa, Asia y Africa es de sumo provecho para los abogados latinoamericanos. Con frecuencia, el abogado iberoamericano negociar contratos con países de tradición jurídica tan diferente como los Estados Unidos, Alemania o la República Popular China, para mencionar Estados con amplia participación en el comercio internacional. Este enfoque pragmático de los Principios de UNIDROIT se refleja no solamente en identificar las cuestiones que puedan suscitarse remitiendo al lector al articulo o artículos que podrían encontrarse involucrados, sino también en el planteamiento de preguntas que pueden surgir, incorporar argumentos en favor y en contra de una determinada interpretación y, lo más importante, adelantar un consejo práctico que pueda servir al lector para mejorar la redacción de una cláusula determinada o presentar un argumento ante un tribunal judicial o arbitral.

Los comentarios de Eckart Brödermann cuentan con la ventaja de incorporar el estudio de la Guía Jurídica Tripartita publicada por UNCITRAL (CNUDMI), poniendo los Principios de UNIDROIT en contexto con otros instrumentos jurídicos relevantes a los contratos comerciales internacionales de mayor frecuencia (esto es, compraventa internacional, contrato de transporte, crédito documentario, etc.). [6] Eckart Broderman también incorpora los informes y estudios

4 Pueden consultarse con provecho el prefacio del profesor Michael Joachim Bonell, presidente del Grupo de Trabajo encargado de conducir todas las discusiones que apoyaron la elaboración de los Principios de UNIDROIT, incorporados a la primera edición de los Principios de UNIDROIT. El profesor Bonell destaca en este prefacio las contribuciones de Eckart Brödermann, cuyas *"contribuciones en las deliberaciones del Grupo [de Trabajo de los Principios de UNIDROIT] fueron siempre muy pertinentes y, como tal, altamente apreciadas por el Grupo..."*.

5 Véase, por ejemplo, las referencias de Brödermann a diversas conferencias internacionales a las que no suelen concurrir necesariamente académicos, sino los asesores jurídicos ("consejeros generales" o *"general counsels"*) de empresas multinacionales con amplia intervención en el comercio internacional (Fortune 600). Es precisamente en este tipo de asociaciones profesionales como la *"Union Internationale des Avocats"* (UIA) y la *"International Bar Association"* donde la difusión y discusión acerca de los Principios de UNIDROIT cuenta con un mayor impacto. Ver Introducción a los Priincipios de UNIDROIT, pp. 170-173.

6 Véase *UNCITRAL Tripartite Legal Guide ("Guía Tripartita")* o Guía Jurídica de Instrumentos Uniformes, publicado en 2021 por la Comisión de las Naciones Unidas para el Derecho Mercantil Internacional (CNUDMI o UNCITRAL, por su difundido acrónimo en inglés), y preparado con otros organismos intergubernamentales (UNIDROIT y la Conferencia de La Haya sobre Derecho Internacional Privado), analizando los puntos de

más recientes acerca de la jurisprudencia y utilización de los Principios de UNIDROIT en diversas jurisdicciones, incluyendo el informe elaborado en 2019 por la *International Bar Association* ("IBA")[7] y el estudio comparado realizado en ocasión del Congreso Internacional de Derecho Comparado realizado en Fukuoka en 2021[8]. El carácter predominantemente práctico de los comentarios de Broderman tampoco subestima las obras más recientes ofreciendo una perspectiva comparada de los Principios de UNIDROIT, ya sea con las disposiciones del Código de Comercio Uniforme de los Estados Unidos[9] o el impresionante estudio sobre derecho contractual comparado publicado en 2018 bajo la coordinación de los profesores Niels Jansen y Reinhard Zimmermann[10].

Sin embargo, como se apuntó en un principio, esta segunda edición de los comentarios de Eckart Brödermann enfatiza los aspectos prácticos de los Principios de UNIDROIT. Gracias al aporte del profesor Pedro Mendoza Montano y su equipo de la Universidad Francisco Marroquín de Guatemala, como la del licenciado Christian Zinser, con el apoyo del Ilustre Colegio de Abogados de México, contamos ahora con una herramienta de consulta sumamente úitil. No es aventurado predecir la entusiasta recepción en el mundo jurídico hispanoparlante que han de recibir estos comentarios a cada una de las disposiciones de los Principios de UNIDROIT, siempre y cuando, claro está, que su publicación cuente con una robusta y extendida difusión editorial.

Prof. Alejandro M. Garro

Nueva York, Abril de 2024

contacto e interrelación entre los Principios de UNIDROIT y otros instrumentos. Esta Guía Tripartita contempla y analiza la siempre controvertida aplicación de los Principios de UNIDROIT como "principios generales" del derecho contractual, destinados a colmar lagunas de la Convención de las Naciones Unidas sobre Contratos de Compraventa Internacional de Mercaderías ("CISG") siempre y cuando sus textos se complementen y no exhiban incompatibilidad (art. 7 (2) CISG).

7 El informe de 2019 de la IBA destaca unas 50 sentencias judiciales emitidas en tribunales judiciales de 28 países. Algunas de las sentencias son más significativas que otras, pero invariablemente destacan alguna arista comparada del derecho de los contratos en los cuales la referencia a las disposiciones de los Principios de UNIDROIT se ha tornado inevitable. Véase, IBA *"Perspectivas en la práctica de los Principios de UNIDROIT 2016. Opiniones del Grupo de Trabajo de la IBA sobre la práctica de los Principios de UNIDROIT de 2016"*.

8 Alejandro M. Garro y José Antonio Moreno Rodríguez, *"Uso de los Principios de UNIDROIT para interpretar y complementar el derecho contractual nacional"*, haciendo referencia a informes nacionales presentados por 20 países.

9 Henry D. Gabriel *Contracts for the Sale of Goods: A Comparison of U.S. and International Law* (Oxford University Press, 3rd ed., 2022).

10 Niels Jansen & Reinhard Zimmermann, *Commentaries on European Contract Laws*, Oxford University Press (2018).

ABREVIATURAS

AcP	Archiv der civilistischen Praxis (Revista)
AD	Anno Domini
Add.	Addendum (usado por UNIDROIT)
ADR	Resolución Alternativa de Conflictos
AG	Amtsgericht (Tribunal Local de Primera Instancia)
AIA	Asociación Internacional de Abogados
ALI	American Law Institute
Arb. Int' l	Arbitration International (Revista)
Art (s).	Artículo (s).
ASEAC	Centro Asiático de Arbitraje Europeo
BeckOK	Beck'scher Online-Kommentar (Beck Comentarios en línea)
BeckRS	Beck Online Rechtsprechung (Beck Jurisprudencia en línea)
BGB	Bürgerliches Gesetzbuch (Código Civil Alemán)
BGH	Bundesgerichtshof (Corte Suprema Federal Alemana)
BGHZ	Entscheidungen des Bundesgerichtshofes in Zivilsachen (Sentencias de la Corte Suprema Federal Alemana en materia civil)
BKR	Zeitschrift für Bank— und Kapitalmarktrecht (Revista)
Boletín Int. de la CCI	Boletín de la Corte Internacional de Arbitraje de la CCI
BRAO	Bundesrechtsanwaltsordnung (Ley Federal Alemana de Abogados)
CCI	Cámara de Comercio Internacional
C.D.	Consejo de Dirección (materiales publicados por UNIDROIT)
CdI	Carta de Intención
CE	Comunidad Europea
CEAC	Centro de Arbitraje Chino Europeo
Cf.	Consultar
CHDIP	Conferencia de La Haya de Derecho Internacional Privado
CIADI	Centro Internacional de Arreglo de Diferencias Relativas a Inversiones
C.I.C.	culpa in contrahendo
CICTIMC	Convención Interamericana sobre Contrato de Transporte Internacional de Mercadería por Carretera.

CNUCCIM	Convención de las Naciones Unidas sobre los Contratos de Compraventa Internacional de Mercaderías
CNUDMI	Comisión de las Naciones Unidas para el Derecho Mercantil Internacional
Convención de La Haya sobre la formación	Convenio para una Ley Uniforme sobre la Formación de Contratos para la Venta Internacional de Mercaderías
Convención de Nueva York	Convención sobre el Reconocimiento y la Ejecución de las Sentencias Arbitrales Extranjeras
C.P.	Codificación Progresiva
C.T. ONU	Colección de Tratados de la ONU
DCFR	Proyecto Común Marco de Referencia.
DIP	Derecho Internacional Privado
Doc.	Documento
DT.	Documento de Trabajo (del Grupo de Trabajo de UNIDROIT)
ed.	Edición
Ed (s)	Editor (es)
EE.UU.	Estados Unidos
e.g.	Exempli gratia (por ejemplo)
et seq.	Et sequentia
FS	Festschrift (Commemorative publication / Publicación Conmemorativa)
F&A	Fusiones y Adquisiciones
HGB	Handelsgesetzbuch (Código Mercantil Alemán)
i.e.	Id est
INCOTERMS	Términos comerciales internacionales
IPRax	Praxis des Internationalen Privat— und Verfahrensrechts (Revista)
JCP	Juris-Classeur périodique (Revista)
LCCE	Ley de Ventas Europea Común o Ley Europea Común de Ventas
LCIA	Corte de Arbitraje Internacional de Londres
LG	Landgericht (Tribunal de Distrito de Primera Instancia)
Lit.	Literal
MdE	Memorando de Entendimiento
Melbourne J. Int' l L.	Melbourne Journal of International Law

Misc.	Misceláneo
NJW	Neue Juristische Wochenschrift (Revista)
NJW-RR	NJW-Rechtsprechungsreport (Revista)
NYC	Convención sobre el Reconocimiento y la Ejecución de las Sentencias Arbitrales Extranjeras, 1958
no.	(marginal) número
NZBau	Neue Zeitschrift für Baurecht und Vergaberecht (Revista)
OJ	Official Journal
OLG	Oberlandesgericht (Tribunal Regional Superior)
ONU	Organización de las Naciones Unidas
Op cit.	Opere citato
Para.	Párrafo / cláusula
PCC	*Principes Contractuels Communs*
PCCI	Principios de los Contratos Comerciales Internacionales
PDCE	Principios del Derecho Contractual Europeo
PI	Propiedad Intelectual
p. /pp.	página / páginas
PP	Pie de página
McR	Mandato con Representación
RDH	Revista de Derecho de Hamburgo
RDP	Revista de Derecho Privado
Rev.	Revisado (utilizado por UNIDROIT)
RGDE	Revista General de Derecho Europeo
RIW	Recht der Internationalen Wirtschaft (Revista)
RU	Reino Unido
StL	Estudio L (50avo. Estudio de UNIDROIT subdividido en diferentes documentos entre 1970 a 2016, Llatin L = 50)
Tulane Eur & civ L Form.	Tulane European & Civil Law Forum (Revista)
Tulane J. of Int.' l & Comp.	Tulane Journal of International and Comparative Law
UCC	Código Comercial Uniforme
UE	Unión Europea
UIA	Union Internationale des Avocats / Unión Internacional de Abogados

ULIS	Convención sobre Ley Uniforme de Contrato de Venta Internacional de Mercaderías.
UNIDROIT	Instituto Internacional para la Unificación del Derecho Privado
Unif. Law Rev.	Uniform Law Review (Revista)
Vol.	Volumen
ZEUP	Zeitschrift für Europäisches Privatrecht (Revista)
ZVglRWiss	Zeitschrift für Vergleichende Rechtswissenschaft (Revista).

DEFINICIONES EN LOS PRINCIPIOS UNIDROIT

Agente	Art. 2.1.1 (1)
Acreedor	Art. 1.11, 4to guión
Alcance	Art. 1.10 (3)
Beneficiario	Art. 5.2.1 (1)
Cedente	Arts. 9.1.1, 9.3.1
Cesionario	Arts. 9.1.1, 9.3.1
Cláusula estándar	Art. 2.1.19 (2)
Condición Resolutoria	Art. 5.3.1
Condición Suspensiva	Art. 5.3.1
Contrato de larga duración	Art. 1.11, 3er guión
Deudor	Arts. 1.11, 4to guión; Art. 9.1.1
Deudor Original	Art. 9.2.1
Error	Art. 3.2.1
Escrito	Art. 1.11, 5to guión
Establecimiento o Lugar de negocio	Art. 1.11, 2do guión
Estipulante	Art. 5.2.1 (1)
Excesiva Onerosidad	Art. 6.2.2
Incumplimiento	Art. 7.1.1
Notificación	Art. 1.10 (4)
Nuevo Deudor	Art. 9.2.1
Promitente	Art. 5.2.1 (1)
Representado	Art. 2.2.1 (1)
Tribunal	Art. 1.11, 1er guión

GLOSARIO DE TÉRMINOS EN LATÍN

El inglés se ha convertido en un idioma global. En las partes del mundo de tradición jurídica civilista, el derecho se remonta a las raíces romanas y a la antigua lengua global "latín ". Esto conlleva que un abogado formado en derecho civil (así como algunas de las fuentes citadas en este comentario e incluso los Comentarios Oficiales) tienden a hacer referencia ocasionalmente al idioma latín. Para aquellos abogados que provienen de jurisdicciones donde las expresiones latinas no se enseñan como parte de la formación legal, este glosario puede ser de utilidad.

Ab initio	originalmente.
Actio quod metus causae	una acción para recuperar lo que se había dado bajo el miedo.
Actori incumbit probation	la carga de la prueba recae en el demandante.
Ad hoc	no institucional.
A fortiori	Con mayor razón.
Ambiguitas contra stipulatorem est	La ambigüedad se interpreta contra la parte que la usa.
Anno domini	año después de Cristo.
Argumentum	argumento, argumento basado en.
Beneficia non obtruduntur	los beneficios no nos obligan.
Beneficium cedendarum actionum	el derecho de una fianza antes de pagar la deuda del principal a un acreedor para insistir en que la causa de acción del acreedor contra el deudor o cualquier cogarantía se asigne primero a la fianza que hace el pago
Beneficium excussionis	el derecho de una fianza que se demanda para obligar al acreedor demandante a demandar primero al principal.
Bona fide	buena fe.
Caveat emptor principle	Principio de advertencia. Coloca el riesgo de los bienes en el comprador.
Cláusula rebus sic stantibus	La condición contractual implícita de que las circunstancias que rodean al contrato no cambian fundamentalmente.
Condicio pendet	Condición pendiente.
Condition potestative	condición potestativa.
Confer	comparar.
Contra proferentem	interpretación contra el relator.
Corpus Juris	cuerpo normativo.
Culpa in contrahendo	Responsabilidad precontractual.
Culpa lata	Negligencia grave.

Culpa levis	Negligencia leve.
Culpa levissima	La menor negligencia.
Deducere	derivar.
De facto	De hecho.
Delegata potestas non potest delegari	ningún poder delegado puede ser aún más delegado.
De maiore ad minus	del argumento más general al más preciso.
De minimis	sobre cosas mínimas (a menudo se refiere a la cantidad más pequeña o más baja).
De minimis non curat praetor	el juez no debe tratar casos triviales.
Do ut des	Principio de dar y tomar.
Dolus	Dolo.
Dolus eventualis	Dolo eventual, teniendo en cuenta el riesgo de un posible resultado.
E contrario	de lo contrario.
Et sequentia (et seq.)	y lo siguiente (s).
Erga Omnes	respecto a todos.
Ex ante	desde un punto de vista previo.
Exceptio non adimpleti contractus	Excepción de incumplimiento.
Exempli gratia	Ejemplo.
Ex aequo et bono	conforme a lo que es justo y bueno.
Et Fehler! Linkreferenz ungültig.	y lo siguiente.
Ex nunc	efecto inmediato.
Ex officio	resultante de una función o un puesto oficial.
Ex post	después de los hechos.
Ex tunc	efecto retroactivo.
Falsa demonstratio non nocet	la designación incorrecta no daña.
Falsa demonstratio neque legatario neque fideicommissario nocet neque heredi instituto	una demostración falsa no perjudica ni al legatario ni al fideicomisario, ni al heredero de la institución.
Fraus omnia corrumpit	el dolo lo corrompe todo.
Grosso modo	básicamente, más o menos.
Favor contractus	a favor del contrato (preferencia a la solución que preserva la eficacia del contrato en lugar de su destrucción).
Forum	Corte, lugar del tribunal.

Ibidem / Idem	Ibídem.
Idem	Ad Idem (ser de la misma opinión).
Id est or i.e.:	esto es / en otras palabras.
Impossibilium nulla est obligatio	nadie puede ser obligado a hacer lo imposible.
Imputare	atributo / asignar.
Incertum	incierto.
In dubio contra proferentem	en caso de duda contra el usuario/autor.
In fine	al final.
In rem	derecho de propiedad.
In solidum	en conjunto.
Inter alia	entre otras cosas.
Inter partes	entre las partes.
Invitatio ad offerendum	invitación para hacer una oferta.
Ipso facto	por el hecho mismo / en consecuencia.
Ius commune	Derecho Común (en algunas jurisdicciones).
Ius variandi	derecho de elección del comprador.
Laesio enormis	venta por menos de la mitad del valor.
Lex contractus	ley aplicable al contrato.
Lex fori	ley del foro.
Lex mercatoria	conjunto de normas jurídicas que rigen las relaciones contractuales entre comerciantes.
Lex specialis	ley especial.
Littera	literal.
Loco citato	en el lugar antes mencionado
Modus	forma.
modus operandi	forma de operar.
Mortuus redhibetur	el muerto es restaurado; es decir, la reversión de un contrato de intercambio debido a un defecto material.
Mora creditoris'	el acreedor no acepta la entrega.
Mutatis mutandis	lo que debe cambiarse está cambiando (es decir, una adaptación a las circunstancias mientras que el punto principal en cuestión no se ve afectado).
Negotiorum gestio	administración de empresas.
Operae	servicios.
Opere citato	en la obra citada.

Opinio iuris	convicción de que una acción ha sido realizada como una obligación legal.
Pacta sunt servanda	lo pactado obliga.
Pactum de non petendo	acuerdo de no demandar.
Patronus	acreedor.
Pensare	evaluar.
Periculum est emptoris	el comprador asumirá el riesgo
Post mortem	después de la muerte.
Post contractum	después de la conclusión del contrato.
Prima facie	a primera vista / apariencia.
Quae ad agendum sunt temporalia ad excipiendum sunt perpetua	las acciones son temporales, las excepciones perpetuas.
Quantum	cantidad, una cantidad de daños.
Reputare	estimar.
Res integra	una cosa entera; un asunto completamente nuevo o intacto.
Res ipsa loquitur	el asunto habla por sí solo.
Res judicata	un asunto ya juzgado.
Sine qua non	indispensable / esencial.
(non concedit) Venire contra factum proprium	(prohibición) contradecirse a sí mismo en detrimento de los demás.
stipulatio	contrato formado por pregunta y respuesta (Derecho Romano).
Status quo ante	estado previo a los hechos o evento en cuestión.
Sui generis	de su propio tipo.
Ultima ratio	última opción / último recurso.
Versus	en contra.

GLOSARIO DE TÉRMINOS EN FRANCÉS

Ambiable compositeur	Amigable componedor: Resolución de controversias en la que las partes acuerdan expresamente que el Árbitro no está sujeto a reglas estrictas de derecho sino que se basa en su discreción.
Astreintes	sanción judicial.
Á titre gratuit	Título gratuito.
Á tite onéreux	Título oneroso.
Certificat de coutume	Certificado de un Estado sobre su propio ordenamiento jurídico, su aplicación e interpretación.
Conflit des lois de police	Reglas que entran en conflicto entre sí.
Déjudicarisation	sin intervención judicial.
Dépeçage	Estado en el que una relación jurídica está sujeta a varios ordenamiento jurídicos.
Effet utile	Eficiencia óptima.
Force majeure	Fuerza mayor, acto de la naturaleza fuera del control humano.
Mise en demeure	Notificación de demanda.
Obligation de résultat	obligación de resultados.
Ordre public	Orden Público.
Principes directeurs	principios rectores.
Travaux préparatoires	Trabajo preparatorio.
Voie directe	Vía directa.

DOCUMENTOS RELEVANTES DE DERECHO BLANDO (SOFT LAW) ADICIONALES

Comentarios Oficiales, y Cláusulas Modelo y documentos relevantes de CNUDMI.

CNUDMI

Informe de la Comisión de las Naciones Unidas para el Derecho Mercantil Internacional sobre la labor de su Cuadragésimo Período de Sesiones (25 de junio - 12 de julio y 10 - 14 de diciembre de 2007), Registros Oficiales de la Asamblea General, Sexagésimo Segundo Período de Sesiones, Suplemento Número 17 en "XI. Respaldos de textos de otras organizaciones: Principios UNIDROIT de los Contratos Comerciales Internacionales 2004 ".

Informe de la Comisión de las Naciones Unidas para el Derecho Mercantil Internacional sobre la labor de su Cuadragésimo Quinto Período de Sesiones (25 de junio - 6 de julio de 2012), Registros Oficiales de la Asamblea General, Sexagésimo Séptimo Período de Sesiones, Suplemento Número 17 en "XIV. Respaldos de textos de otras organizaciones ", bajo "A. Principios UNIDROIT de los Contratos Comerciales Internacionales 2010 ".

Informe de la Comisión de las Naciones Unidas para el Derecho Mercantil Internacional sobre la labor de su Quincuagésimo Cuarto Período de Sesiones (28 de junio - 16 de julio de 2021), Registros Oficiales de la Asamblea General, Septuagésimo Sexto Período de Sesiones, Suplemento Número 17 en "XIII. Respaldos de textos de otras organizaciones: Principios UNIDROIT de los Contratos Comerciales Internacionales 2016 ".

CNUDMI; HCCH y UNIDROIT

CNUDMI, HCCH y UNIDROIT, Guía Legal de Instrumentos Uniformes en el Área de Contratos Comerciales Internacionales, con un Enfoque en Ventas (Naciones Unidas, febrero de 2021) (citado como "CNUDMI y otros, Guía Legal Tripartita ").

UNIDROIT

UNIDROIT, UNIDROIT Principles of International Commercial Contracts 2016 (4th edition, cited as "Official Comments"), disponible (casi) en todo el mundo a través de una simple búsqueda en ‚Google 'de ‚Comentarios Oficiales UNIDROIT '(incluso por artículo).

UNIDROIT, Cláusulas Modelo para Uso de las Partes de los Principios UNIDROIT de Contratos Comerciales Internacionales (2013), fácilmente accesibles en línea buscando "Cláusulas Modelo UNIDROIT "(citado como "Cláusulas Modelo UNIDROIT ").

Secretariado de UNIDROIT, Nota sobre los Principios UNIDROIT de Contratos Comerciales Internacionales y la Crisis de Salud COVID-19, 2020 (https://www.unidroit.org/spanish/news/2020/200721-principles-covid19-note/note-s.pdf).

MATERIALES: TRABAJOS PREPARATORIOS DE UNIDROIT (HISTORIA LEGISLATIVA)

Abreviaturas

Add.:	Apéndice
C.D.:	Consejo de Dirección
Doc.:	Documento
MC:	Cláusulas Modelo
Misc.:	Varios
P.C. o C.P.:	Codificación progresiva
Rev.:	Revisado
StL:	Estudio L
U.D.P.:	Unificación del derecho privado
DT (WP):	Documento de trabajo (Working Paper)

I. Introducción

Los Materiales Legislativos para las cuatro ediciones de los Principios de UNIDROIT de 1994, 2004, 2010 y 2016 están contenidos conjuntamente en aproximadamente 227 documentos publicados, los cuales están agrupados en el sitio web de UNIDROIT bajo el título de Estudio L - Principios de Contratos Comerciales Internacionales (1970-2016).[2] El nombre de este estudio hace referencia al acrónimo latino "L "que significa "50 ". Este es el quincuagésimo estudio llevado a cabo por el Instituto Internacional para la Unificación del Derecho Privado, es decir, UNIDROIT. De los 154 documentos del Estudio L, se incluyen estudios preparatorios para las discusiones. Sin embargo, UNIDROIT solo ha asignado números de documento a 136 de ellos, ya que algunos de los documentos son revisiones de trabajos anteriores ("rev. ") o un addendum ("add.") es decir, complemento. Estos estudios están complementados por 29 documentos de trabajo ("W.P. "). Las discusiones en el Grupo de Trabajo, inicialmente resúmenes y luego protocolos literales, están contenidas en 32 documentos titulados "Codificación Progresiva - Varios "("PC-Misc. "). En una ocasión, UNIDROIT también incluyó una presentación al Consejo de Dirección de UNIDROIT que se referencia como "Consejo de Dirección "("CD "). Además el trabajo preparatorio sobre los Principios de UNIDROIT en sí, el Estudio L contiene ocho documentos sobre Cláusulas Modelo ("MC ") para el Uso de los Principios de UNIDROIT en Prácticas Contractuales y de Resolución de Disputas Transnacionales.

---

2 En la categoría "Estudios" en "Contratos (en general)", hay "Estudio L - Principios de los contratos comerciales internacionales (1970-2016)".

Transnacionales. La presentación del material legislativo en los cuadros que figuran a continuación (en II.-VI.) sigue la secuencia de su publicación efectiva.	Año de Publicación	Título (del sitio web de UNIDROIT incluyendo el número oficial del documento)

II. Trabajo preparatorio para la 1ª edición de los Principios de Contratos Comerciales Internacionales (1994)

1. Documentos del Estudio L (en los cuales los materiales en francés se titulan "Etudes L")

StL-Doc. 1	1970	**U.D.P. 1970 - Etude L - Doc. 1** Codificación Progresiva del Derecho Internacional del Comercio, por el Profesor Tudor Popescu, de la Universidad de Bucarest, Miembro del Consejo de Dirección - Roma, mayo de 1970.
StL-Doc. 2	1971	**U.D.P. 1971 - Etude L - Droit des obligations - Doc. 2** [Solo en Francés] Codificación progresiva del derecho del comercio internacional. Las obligaciones comerciales. Parte general, por el Prof. Tudor Popescu, de la Universidad de Bucarest, Miembro del Consejo de Dirección (siguiendo el doc. N. 1) - Roma, abril de 1971.
StL-Doc. 3	1972	**U.D.P. 1972 - Etude L - Law of Contract - Doc. 3** Codificación Progresiva del Derecho del Comercio Internacional. Informe sobre el estado de la investigación concerniente al intento de unificación de la Parte General del Derecho de Contratos (en el marco de una codificación progresiva del derecho del comercio internacional), por el Profesor Tudor Popescu, de la Universidad de Bucarest, Miembro del Consejo de Dirección - Roma, mayo de 1972.
StL-Doc. 4	1973	**U.D.P. 1973 - Etude L - Droit des obligations - Doc. 4** Codificación Progresiva del Derecho del Comercio Internacional. Informe sobre la investigación llevada a cabo por el Secretariado con el fin de examinar la conveniencia de redactar reglas uniformes sobre el incumplimiento de contratos - Roma, marzo de 1973.
StL-Doc. 5	1973	**UNIDROIT 1973 - Etude L - Droit des obligations - Doc. 5** Codificación Progresiva del Derecho del Comercio Internacional. Contratos en general. Cuadro comparativo de las disposiciones respectivas contenidas en las principales leyes uniformes actualmente en vigencia - Roma, diciembre de 1973.
StL-Doc. 6	1974	**UNIDROIT 1974 - Etude L - Droit des obligations - Doc. 6** Codificación Progresiva del Derecho del Comercio Internacional. Contratos en general. Nota preparada por el Secretariado de UNIDROIT para la primera reunión del Comité de Trabajo sobre la codificación progresiva del derecho del comercio internacional - Roma, febrero de 1974.

StL-Doc. 7 1974 **UNIDROIT 1974 - Estudio L - Doc. 7**
Codificación Progresiva del Derecho del Comercio Internacional. Contratos en general. Informe del Secretariado de UNIDROIT sobre la primera reunión del Comité de Trabajo sobre la codificación progresiva del derecho del comercio internacional celebrada en Roma el 8 y 9 de febrero de 1974 - Roma, mayo de 1974.

StL-Doc. 8 1975 **UNIDROIT 1975 - Estudio L - Doc. 8**
Codificación Progresiva del Derecho del Comercio Internacional. Cuestionario sobre el proyecto de ley uniforme sobre la formación de contratos en general preparado por UNIDROIT - Roma, septiembre de 1975.

StL-Doc. 9 1976 **UNIDROIT 1976 - Estudio L - Doc. 9**
Codificación Progresiva del Derecho del Comercio Internacional. Proyecto de ley uniforme de UNIDROIT sobre la formación de contratos en general: análisis de las respuestas al cuestionario preparado por el Secretariado - Roma, junio de 1976.

StL-Doc. 10 1976 **UNIDROIT 1976 - Estudio L - Doc. 10**
Codificación Progresiva del Derecho del Comercio Internacional. Nota preparada por el Secretariado de UNIDROIT sobre el estudio preliminar realizado con el objetivo de elaborar reglas uniformes sobre la interpretación de contratos internacionales - Roma, julio de 1976.

StL-Doc. 11 1977 **UNIDROIT 1977 - Estudio L - Doc. 11**
Codificación Progresiva del Derecho del Comercio Internacional. Proyecto de Ley Uniforme sobre la Formación de Contratos en general revisado por el Comité Directivo sobre la Codificación Progresiva del Derecho del Comercio Internacional e Informe Explicativo (preparado por el Secretariado) - Roma, abril de 1977.

StL-Doc. 12 1977 **UNIDROIT 1977 - Estudio L - Doc. 12**
Progressive Codification of International Trade Law. Draft Uniform Law on the Interpretation of Contracts in general with Questionnaire (prepared by the Secretariat of UNIDROIT) - Rome, May 1977

StL-Doc. 13 1978 **UNIDROIT 1978 - Estudio L - Doc. 13**
Codificación Progresiva del Derecho del Comercio Internacional. Proyecto de Ley Uniforme sobre la Interpretación de Contratos en general con Cuestionario (preparado por el Secretariado de UNIDROIT) - Roma, mayo de 1977.

StL-Doc. 14 1978 **UNIDROIT 1978 - Estudio L - Doc. 14**
Codificación Progresiva del Derecho del Comercio Internacional. Proyecto de Ley Uniforme sobre la Interpretación de Contratos Internacionales en general revisado por el Comité Directivo sobre la Codificación Progresiva del Derecho del Comercio Internacional e Informe Explicativo (preparado por el Secretariado) - Roma, junio de 1978.

StL-Doc. 15	1979	**UNIDROIT 1979 - Estudio L - Doc. 15** Codificación Progresiva del Derecho del Comercio Internacional. Parte I - El Derecho de los Contratos Internacionales en General. Capítulo 1: La Formación de Contratos. Capítulo 2: La Interpretación de Contratos (Texto e Informe Explicativo adoptado por el Comité Directivo) - Roma, enero de 1979.
StL-Doc. 16	1979	**UNIDROIT 1979 - Estudio L - Doc. 16** Codificación Progresiva del Derecho del Comercio Internacional. Informe sobre la 1ª Sesión del Grupo de Estudio sobre la codificación progresiva del derecho del comercio internacional. Roma, 10 - 14 de septiembre de 1979 (preparado por el Secretariado de UNIDROIT) - Roma, noviembre de 1979.
StL-Doc. 17	1980	**UNIDROIT 1980 - Estudio L - Doc. 17** Codificación Progresiva del Derecho del Comercio Internacional. Propuesta de Normas sobre la Validez (Sustantiva) de Contratos Internacionales (excluyendo la Ilegalidad) e Informe Explicativo (preparado por el Prof. U. Drobnig, Co-Director del Max-Planck-Institut für ausländisches und internationales Privatrecht, Hamburgo, y por el Prof. O. Lando, Director del Instituto de Derecho del Mercado Europeo, Copenhagen School of Economics and Business Administration) - Roma, diciembre de 1980.
StL-Doc. 18	1980	**UNIDROIT 1980 - Estudio L - Doc. 18** [Informe explicativo solo en alemán; disposiciones en alemán e inglés] Codificación Progresiva del Derecho del Comercio Internacional. Propuesta de Normas sobre la Validez (Sustantiva) de Contratos Internacionales (Requisitos de Prohibiciones y Licencias) e Informe Explicativo (preparado por el Dr. M. Andrae y el Prof. D. Maskow del Institut für ausländisches Recht und Rechtsvergleichung, Potsdam-Babelsberg) - Roma, diciembre de 1980.
StL-Doc. 19	1981	**UNIDROIT 1980 - Estudio L - Doc. 19** Codificación Progresiva del Derecho del Comercio Internacional. Cumplimiento y Incumplimiento de Contratos Internacionales: Materiales Relevantes y Tablas Sinópticas de su Contenido (preparado por el Secretariado de UNIDROIT) - Roma, febrero de 1981.
StL-Doc. 20	1982	**UNIDROIT 1982 - Estudio L - Doc. 20** Codificación Progresiva del Derecho del Comercio Internacional. Parte I - El Derecho de los Contratos Internacionales en General. Capítulo 3: La Validez Sustantiva de los Contratos Internacionales (Sección 1: Error, Fraude, Amenaza, Desigualdad de Poder Negocial e Injusticia Manifiesta) (Texto e Informe Explicativo preparado por el Profesor U. Drobnig, Hamburgo, y el Profesor O. Lando, Copenhague, modificado tras las discusiones en la reunión del Grupo de Trabajo Informal de UNIDROIT celebrada en Hamburgo del 23 al 25 de febrero de 1981) - Roma, febrero de 1982.

StL-Doc. 21 1982 **UNIDROIT 1982 - Estudio L - Doc. 21**
Codificación Progresiva del Derecho del Comercio Internacional. Parte I - El Derecho de los Contratos Internacionales en General. Capítulo 3: La Validez Sustantiva de los Contratos Internacionales (Sección 2: Prohibiciones Públicas y Requisitos de Permiso) (Texto e Informe Explicativo preparado por el Dr. M. Andrae y el Prof. Maskow del Institut für ausländisches Recht und Rechtsvergleichung, Potsdam-Babelsberg, y modificado tras las discusiones en la reunión del Grupo de Trabajo Informal de UNIDROIT celebrada en Hamburgo del 23 al 25 de febrero de 1981) - Roma, febrero de 1982.

StL-Doc. 22 1982 **UNIDROIT 1982 - Estudio L - Doc. 22**
Grupo de Estudio sobre la Codificación Progresiva del Derecho del Comercio Internacional. Informe sobre la segunda sesión del Grupo de Estudio celebrada en Roma del 5 al 9 de abril de 1982 (preparado por el Secretariado de UNIDROIT) - Roma, junio de 1982.

StL-Doc. 23 1982 **UNIDROIT 1982 - Estudio L - Doc. 23**
Grupo de Estudio sobre la Codificación Progresiva del Derecho del Comercio Internacional. Documentos de trabajo considerados por el Grupo de Estudio durante su segunda sesión, celebrada en Roma del 5 al 9 de abril de 1982 - Roma, abril de 1982.

StL-Doc. 24 1983 **UNIDROIT 1983 - Estudio L - Doc. 24**
Codificación Progresiva del Derecho del Comercio Internacional. Propuesta de Normas sobre Dificultades Extremas con Introducción e Informe Explicativo (preparado por el Prof. Dr. D. Maskow del Institut für ausländisches Recht und Rechtsvergleichung, Potsdam-Babelsberg) - Roma, febrero de 1983.

StL-Doc. 25 1983 **UNIDROIT 1983 - Estudio L - Doc. 25**
Codificación Progresiva del Derecho del Comercio Internacional. Reglas Uniformes sobre Contratos Internacionales en General. Capítulo 1: La Formación de Contratos. Capítulo 2: La Interpretación de Contratos (Texto preparado por el Secretariado tras las discusiones en la reunión del Grupo de Estudio de UNIDROIT celebrada en Roma, del 10 al 14 de septiembre de 1979) - Roma, marzo de 1983.

StL-Doc. 26 1983 **UNIDROIT 1983 - Estudio L - Doc. 26**
Codificación Progresiva del Derecho del Comercio Internacional. Reglas Uniformes sobre Contratos Internacionales en General. Capítulo 3: La Validez Sustantiva de Contratos Internacionales (Sección 1: Error, Fraude, Amenaza y Disparidad Manifiesta) (Texto e Informe Explicativo preparados por el Profesor U. Drobnig, Hamburgo, y el Profesor O. Lando, Copenhague, según se modificaron tras las discusiones en la reunión del Grupo de Estudio de UNIDROIT celebrada en Roma, del 5 al 10 de abril de 1982) - Roma, marzo de 1983.

StL-Doc. 27 1983 **UNIDROIT 1983 - Estudio L - Doc. 27**
Codificación Progresiva del Derecho del Comercio Internacional. Reglas Uniformes sobre Contratos Internacionales en General. Capítulo 3: La Validez Sustantiva de Contratos Internacionales (Sección 2: Prohibiciones Públicas y Requisitos de Permiso) (Texto preparado por el Dr. M. Andrae y el Prof. Maskow del Institut für ausländisches Recht und Rechtsvergleichung, Potsdam-Babelsberg, y modificado tras las discusiones en la reunión del Grupo de Estudio de UNIDROIT celebrada en Roma, del 5 al 10 de abril de 1982) - Roma, marzo de 1983.

StL-Doc. 28 1983 **UNIDROIT 1983 - Etude L - Doc. 28**
[Solo en francés]
Codificación progresiva del derecho del comercio internacional. Reglas uniformes sobre los contratos internacionales en general. Capítulo 4: La ejecución de los contratos (Nota preparatoria elaborada por el Centro de Derecho de las Obligaciones de la U.C.L., para la reunión del Grupo de Trabajo celebrada en Lovaina-La-Nueva los días 11 al 13 de abril de 1983 - Roma, abril de 1983).

StL-Doc. 29 1983 **UNIDROIT 1983 - Estudio L - Doc. 29**
Codificación Progresiva del Derecho del Comercio Internacional. Reglas Uniformes sobre Contratos Internacionales en General. Capítulo 4: El Cumplimiento de los Contratos Internacionales (Textos propuestos por el Profesor J. Rajski de la Universidad de Varsovia para la reunión del Grupo de Trabajo de UNIDROIT, celebrada en Lovaina-La-Nueva del 11 al 13 de abril de 1983) - Roma, abril de 1983.

StL-Doc. 30 1983 **UNIDROIT 1983 - Estudio L - Doc. 30**
Codificación Progresiva del Derecho del Comercio Internacional. Reglas Uniformes sobre Contratos Internacionales en General. Capítulo 3: La Validez Sustantiva de Contratos Internacionales (Sección 2: Prohibiciones Públicas y Requisitos de Permiso) (Texto preparado por el Profesor Maskow del Institut für ausländisches Recht und Rechtsvergleichung, Potsdam-Babelsberg, para su consideración por el Grupo de Trabajo Informal sobre la Codificación Progresiva del Derecho del Comercio Internacional del Comercio) - Roma, octubre de 1983.

StL-Doc. 31 1984 **UNIDROIT 1984 - Estudio L - Doc. 31**
[Página de portada en inglés; texto parcialmente en inglés y parcialmente en francés]
Codificación Progresiva del Derecho del Comercio Internacional. Reglas Uniformes sobre Contratos Internacionales en General. Capítulo 6: Incumplimiento. Sección X: Daños y Cláusulas de Exención de Responsabilidad (Texto e Informe Explicativo preparado por el Profesor Denis Tallon, Director del Centre National de la Recherche Scientifique - Service de Recherches Juridiques Comparatives, París - Ivry, para su consideración por el Grupo de Trabajo Informal sobre la Codificación Progresiva del Derecho del Comercio Internacional) - Roma, enero de 1984.

StL-Doc. 32 1984 **UNIDROIT 1984 - Estudio L - Doc. 32**
Codificación Progresiva del Derecho del Comercio Internacional. Reglas Uniformes sobre Contratos Internacionales en General. Capítulo 3: La Validez Sustantiva de Contratos Internacionales. Sección 2: Legislación de Política Pública. Capítulo 4: Requisitos de Permiso Público (Texto preparado por el Grupo de Trabajo Informal sobre la Codificación Progresiva del Derecho del Comercio Internacional; comentarios preparados por el Profesor Maskow del Institut für ausländisches Recht und Rechtsvergleichung, Potsdam-Babelsberg, y el Profesor Wade, T.M.C. Asser Institut voor Internationaal Recht, La Haya) - Roma, marzo de 1984.

StL-Doc. 33 1984 **UNIDROIT 1984 - Estudio L - Doc. 33**
Codificación Progresiva del Derecho del Comercio Internacional. Reglas Uniformes sobre Contratos Internacionales en General. Capítulo 5: Cumplimiento (Texto preparado por el Profesor Marcel Fontaine, Director del Centre de Droit des Obligations de Louvain-La-Neuve, y por el Profesor Jerzy Rajski, Director del Instituto de Derecho Civil Comparado de la Universidad de Varsovia, para su consideración por el Grupo de Trabajo Informal sobre la Codificación Progresiva del Derecho del Comercio Internacional) - Roma, diciembre de 1984.

StL-Doc. 34 1985 **UNIDROIT 1985 - Estudio L - Doc. 34**
Codificación Progresiva del Derecho del Comercio Internacional. Reglas Uniformes sobre Contratos Internacionales en General. Capítulo 5: Cumplimiento (Texto preparado por el Profesor Marcel Fontaine, Director del Centre de Droit des Obligations de Louvain-La-Neuve, y por el Profesor Jerzy Rajski, Director del Instituto de Derecho Civil Comparado de la Universidad de Varsovia, y modificado tras las discusiones en la reunión del Grupo de Trabajo de UNIDROIT celebrada en Milán del 24 al 26 de enero de 1985) - Roma, octubre de 1985.

StL-Doc. 35 1986 **UNIDROIT 1986 - Estudio L - Doc. 35**
Principios para Contratos Comerciales Internacionales. Capítulo 6: Incumplimiento. Sección (a): Cumplimiento en especie (Texto preparado por el Profesor Ulrich Drobnig, Director del Max Planck-Institut für ausländisches und internationales Privatrecht, Hamburgo); Sección (b): Resolución por incumplimiento (Texto y comentario preparados por el Profesor Ole Lando, Instituto de Derecho del Mercado Europeo, Copenhague) - Roma, marzo de 1986.

StL-Doc. 36 1986 **UNIDROIT 1986 - Estudio L - Doc. 36**
[Página de portada en inglés; observaciones introductorias en francés; disposiciones en francés y en inglés; informe explicativo en francés]
Principios para Contratos Comerciales Internacionales. Capítulo 6: Incumplimiento, Sección (x): Daños (Proyecto de normas e Informe Explicativo preparados por el Profesor Denis Tallon, Centre National de la Recherche Scientifique - Institut de Recherches Juridiques Comparatives, París - Ivry) - Roma, septiembre de 1986.

StL-Doc. 37 1987 **UNIDROIT 1987 - Estudio L - Doc. 37**
Principios para Contratos Comerciales Internacionales. Capítulo 5: Cumplimiento. Sección 3: Dificultades Extremas (Texto y Comentario preparados por el Profesor Dietrich Maskow, Institut für ausländisches Recht und Rechtsvergleichung der Akademie für Staats— und Rechtswissenschaft der DDR, Potsdam-Babelsberg, de acuerdo con las discusiones durante la reunión del Grupo de Trabajo celebrada en Roma del 14 al 17 de abril de 1986) - Roma, enero de 1987.

StL-Doc. 38 1987 **UNIDROIT 1987 - Estudio L - Doc. 38**
Principios para Contratos Comerciales Internacionales. Capítulo 1: Disposiciones Generales. Capítulo II: Formación. Capítulo III: Interpretación. Capítulo IV: Error, Fraude, Amenaza y Disparidad Manifiesta. Capítulo V: Cumplimiento. Sección 1: Cumplimiento en General. Sección 2: Requisitos de Permiso Público. Sección 3: Dificultades Extremas. Capítulo VI: Incumplimiento. Sección 1: Disposiciones Generales. Sección 2: Cumplimiento en Especie. Sección 3: Resolución. Sección 4: Daños y Cláusulas de Exención de Responsabilidad. Sección 5: Restitución (Primer texto consolidado de los Principios preparado por el Secretariado sobre la base de los proyectos discutidos hasta el momento por el Grupo de Trabajo) - Roma, enero de 1987.

StL-Doc. 39 1987 **UNIDROIT 1987 - Estudio L - Doc. 39**
Principios para Contratos Comerciales Internacionales. Capítulo 5: Cumplimiento. Sección 1: Cumplimiento en General (Texto y Comentarios preparados por los Profesores M. Fontaine, D. Maskow y J. Rajski tras las discusiones en la reunión del Grupo de Trabajo celebrada en Potsdam-Babelsberg del 28 al 30 de noviembre de 1985) - Roma, abril de 1987.

StL-Doc. 40 1987 **UNIDROIT 1987 - Estudio L - Doc. 40**
Principios para Contratos Comerciales Internacionales. Capítulo 1: Disposiciones Generales. Capítulo II: Formación. Capítulo III: Interpretación. Capítulo IV: Error, Fraude, Amenaza y Disparidad Manifiesta. Capítulo V: Cumplimiento. Sección 1: Cumplimiento en General. Sección 2: Dificultades Extremas. Capítulo VI: Incumplimiento. Sección 1: Disposiciones Generales. Sección 2: Cumplimiento Específico. Sección 3: Resolución. Sección 4: Daños y Cláusulas de Exención de Responsabilidad. Sección 5: Restitución. (Segundo texto consolidado de los Principios preparado por el Secretariado sobre la base de los proyectos discutidos hasta el momento por el Grupo de Trabajo) - Roma, mayo de 1987.

StL-Doc. 41 1988 **UNIDROIT 1988 - Estudio L - Doc. 41**
Grupo de Trabajo para la Preparación de Principios para Contratos Comerciales Internacionales. Capítulo III: Interpretación (Proyecto Revisado e Informe Explicativo preparado por el Profesor Michael Joachim Bonell, Universidad de Roma I; Asesor Legal de UNIDROIT) - Roma, mayo de 1988.

StL-Doc. 42	1988	**UNIDROIT 1988 - Estudio L - Doc. 42** Grupo de Trabajo para la Preparación de Principios para Contratos Comerciales Internacionales. Capítulo III: Interpretación (Proyecto Revisado e Informe Explicativo preparados por el Profesor Michael Joachim Bonell, Universidad de Roma I; Asesor Legal de UNIDROIT) - Roma, mayo de 1988.
StL-Doc. 43 Rev. 1	1988	**UNIDROIT 1988 - Estudio L - Doc. 40 Rev. 1** Grupo de Trabajo para la Preparación de Principios para Contratos Comerciales Internacionales. Principios para Contratos Comerciales Internacionales. Capítulo 1: Disposiciones Generales. Capítulo II: Formación. Capítulo III: Interpretación. Capítulo IV: Error, Fraude, Amenaza y Disparidad Manifiesta. Capítulo V: Cumplimiento. Sección 1: Cumplimiento en General. Sección 2: Dificultades Extremas. Capítulo VI: Incumplimiento. Sección 1: Disposiciones Generales. Sección 2: Cumplimiento Específico. Sección 3: Resolución. Sección 4: Daños y Cláusulas de Exención de Responsabilidad. Sección 5: Restitución. (Tercera versión consolidada preparada por el Secretariado sobre la base de los proyectos discutidos hasta el momento por el Grupo de Trabajo) - Roma, mayo de 1988.
StL-Doc. 43	1989	**UNIDROIT 1989 - Estudio L - Doc. 43** Grupo de Trabajo para la Preparación de Principios para Contratos Comerciales Internacionales. Capítulo IV: Error, Fraude, Amenaza y Disparidad Manifiesta (Proyecto Revisado e Informe Explicativo preparados por el Profesor Ulrich Drobnig, Director del Max-Planck-Institut für ausländisches und internationales Privatrecht, Hamburgo, y el Profesor Ole Lando, Instituto de Derecho del Mercado Europeo, Copenhague) - Roma, enero de 1989.
StL-Doc. 40 Rev. 2	1989	**UNIDROIT 1988 - Estudio L - Doc. 40 Rev. 2** Grupo de Trabajo para la Preparación de Principios para Contratos Comerciales Internacionales. Principios para Contratos Comerciales Internacionales. Capítulo 1: Disposiciones Generales. Capítulo II: Formación. Capítulo III: Interpretación. Capítulo IV: Error, Fraude, Amenaza y Disparidad Manifiesta. Capítulo V: Cumplimiento. Sección 1: Cumplimiento en General. Sección 2: Dificultades Extremas. Capítulo VI: Incumplimiento. Sección 1: Disposiciones Generales. Sección 2: Cumplimiento Específico. Sección 3: Resolución. Sección 4: Daños y Cláusulas de Exención de Responsabilidad. Sección 5: Restitución. (Cuarta versión consolidada preparada por el Secretariado sobre la base de los proyectos discutidos hasta el momento por el Grupo de Trabajo) - Roma, enero de 1989.

StL-Doc. 40 Rev. 3 — 1989

UNIDROIT 1989 - Estudio L - Doc. 40 Rev. 3

Grupo de Trabajo para la Preparación de Principios para Contratos Comerciales Internacionales. Principios para Contratos Comerciales Internacionales. Capítulo 1: Disposiciones Generales. Capítulo II: Formación. Capítulo III: Interpretación. Capítulo IV: Validez Sustantiva. Capítulo V: Cumplimiento. Sección 1: Cumplimiento en General. Sección 2: Dificultades Extremas. Capítulo VI: Incumplimiento. Sección 1: Disposiciones Generales. Sección 2: Cumplimiento Específico. Sección 3: Resolución. Sección 4: Daños y Cláusulas de Exención de Responsabilidad. Sección 5: Restitución. (Quinta versión consolidada preparada por el Secretariado sobre la base de los proyectos discutidos hasta el momento por el Grupo de Trabajo) - Roma, marzo de 1989.

StL-Doc. 44 — 1989

UNIDROIT 1989 - Estudio L - Doc. 44

Grupo de Trabajo para la Preparación de Principios para Contratos Comerciales Internacionales. Capítulo V: Cumplimiento. Sección 1: Cumplimiento en General (Proyecto Revisado e Informe Explicativo preparados por el Profesor Marcel Fontaine, Centre de Droit des Obligations, Université Catholique de Louvain, Profesor Jerzy Rajski, Universidad de Varsovia, y Profesor Dietrich Maskow, Institut für ausländisches Recht und Rechtsvergleichung, Potsdam-Babelsberg) - Roma, junio de 1989.

StL-Doc. 40 Rev. 4 — 1989

UNIDROIT 1989 - Estudio L - Doc. 40 Rev. 4

Grupo de Trabajo para la Preparación de Principios para Contratos Comerciales Internacionales. Principios para Contratos Comerciales Internacionales. Capítulo 1: Disposiciones Generales. Capítulo 2: Formación. Capítulo 3: Validez Sustantiva. Capítulo 4: Interpretación. Capítulo 5: Cumplimiento. Sección 1: Cumplimiento en General. Sección 2: Dificultades Extremas. Capítulo 6: Incumplimiento. Sección 1: Disposiciones Generales. Sección 2: Cumplimiento Específico. Sección 3: Resolución. Sección 4: Daños y Cláusulas de Exención de Responsabilidad. Sección 5: Restitución. (Sexta versión consolidada preparada por el Secretariado sobre la base de los proyectos discutidos hasta el momento por el Grupo de Trabajo) - Roma, noviembre de 1989.

StL-Doc. 45 — 1990

UNIDROIT 1990 - Estudio L - Doc. 45

Grupo de Trabajo para la Preparación de Principios para Contratos Comerciales Internacionales. Capítulo 6: Incumplimiento. Sección 1: Disposiciones Generales (Proyecto y Comentario preparados por el Profesor Michael P. Furmston, Facultad de Derecho, Universidad de Bristol) - Roma, abril de 1990.

StL-Doc. 46	1990	**UNIDROIT 1990 - Estudio L - Doc. 46** Grupo de Trabajo para la Preparación de Principios para Contratos Comerciales Internacionales. Capítulo 5: Cumplimiento. Sección 2: Dificultades Extremas (Proyecto y Comentario preparados por el Profesor Dietrich Maskow, Hochschule für Recht und Verwaltung Potsdam, conforme a las discusiones durante la reunión del Grupo de Trabajo celebrada en Roma del 14 al 17 de abril de 1986 y del 20 al 23 de mayo de 1987) - Roma, septiembre de 1990.
StL-Doc. 47	1990	**UNIDROIT 1990 - Estudio L - Doc. 47** Grupo de Trabajo para la Preparación de Principios para Contratos Comerciales Internacionales. Capítulo 6: Incumplimiento. Sección 2: Cumplimiento Específico (Proyecto y Comentario preparados por el Profesor Ulrich Drobnig, Max-Planck-Institut für ausländisches und internationales Privatrecht, Hamburgo, conforme a las discusiones durante la reunión del Grupo de Trabajo celebrada en Roma del 14 al 17 de abril de 1986) - Roma, octubre de 1990.
StL-Doc. 40 Rev. 5	1990	**UNIDROIT 1990 - Estudio L - Doc. 40 Rev. 5** Grupo de Trabajo para la Preparación de Principios para Contratos Comerciales Internacionales. Principios para Contratos Comerciales Internacionales. Capítulo 1: Disposiciones Generales. Capítulo 2: Formación. Capítulo 3: Validez Sustantiva. Capítulo 4: Interpretación. Capítulo 5: Cumplimiento. Sección 1: Cumplimiento en General. Sección 2: Dificultades Extremas. Capítulo 6: Incumplimiento. Sección 1: Disposiciones Generales. Sección 2: Cumplimiento Específico. Sección 3: Resolución. Sección 4: Daños y Cláusulas de Exención de Responsabilidad. Sección 5: Restitución. (Séptima versión consolidada preparada por el Secretariado sobre la base de los proyectos discutidos hasta el momento por el Grupo de Trabajo) - Roma, octubre de 1990.
StL-Doc. 48	1990	**UNIDROIT 1990 - Estudio L - Doc. 48** Grupo de Trabajo para la Preparación de Principios para Contratos Comerciales Internacionales. Capítulo 6: Incumplimiento. Sección 3: Resolución. Sección 5: Efectos de la Resolución y Restitución (Proyecto y Comentario preparados por el Profesor Ole Lando, Institute of European Market Law, Copenhague, conforme a las discusiones durante la reunión del Grupo de Trabajo celebrada en Roma del 14 al 17 de abril de 1986) - Roma, noviembre de 1990.

StL-Doc. 40 Rev. 6 — 1990

UNIDROIT 1990 - Estudio L - Doc. 40 Rev. 6

Grupo de Trabajo para la Preparación de Principios para Contratos Comerciales Internacionales. Principios para Contratos Comerciales Internacionales. Capítulo 1: Disposiciones Generales. Capítulo 2: Formación. Capítulo 3: Validez Sustantiva. Capítulo 4: Interpretación. Capítulo 5: Cumplimiento. Sección 1: Cumplimiento en General. Sección 2: Dificultades Extremas. Capítulo 6: Incumplimiento. Sección 1: Disposiciones Generales. Sección 2: Derecho al Cumplimiento. Sección 3: Resolución. Sección 4: Daños y Cláusulas de Exención de Responsabilidad. (Octava versión consolidada preparada por el Secretariado sobre la base de los proyectos discutidos hasta el momento por el Grupo de Trabajo) - Roma, diciembre de 1990.

StL-Doc. 40 Rev. 7 — 1991

UNIDROIT 1991 - Estudio L - Doc. 40 Rev. 7

Grupo de Trabajo para la Preparación de Principios para Contratos Comerciales Internacionales. Principios para Contratos Comerciales Internacionales. Capítulo 1: Disposiciones Generales. Capítulo 2: Formación. Capítulo 3: Validez Sustantiva. Capítulo 4: Interpretación. Capítulo 5: Cumplimiento. Sección 1: Cumplimiento en General. Sección 2: Dificultades Extremas. Capítulo 6: Incumplimiento. Sección 1: Disposiciones Generales. Sección 2: Derecho al Cumplimiento. Sección 3: Resolución. Sección 4: Daños y Cláusulas de Exención de Responsabilidad. (Novena versión consolidada preparada por el Secretariado sobre la base de los proyectos discutidos hasta el momento por el Grupo de Trabajo) - Roma, abril de 1991.

StL-Doc. 49 — 1991

UNIDROIT 1991 - Estudio L - Doc. 49

[Página de portada en inglés; texto parcialmente en inglés y parcialmente en francés]

Grupo de Trabajo para la Preparación de Principios para Contratos Comerciales Internacionales. Principios para Contratos Comerciales Internacionales. Capítulo 6: Incumplimiento. Sección 4: Daños y Cláusulas de Exención de Responsabilidad (Proyecto y Comentario preparados por el Profesor Denis Tallon, Centre National de la Recherche Scientifique - Institut de Recherches Comparatives sur les Institutions et le Droit, París - Ivry, conforme a las discusiones durante la reunión del Grupo de Trabajo celebrada en Ivry-sur-Seine del 24 al 27 de noviembre de 1986) - Roma, abril de 1991.

StL-Doc. 40 Rev. 8	1991	**UNIDROIT 1991 - Estudio L - Doc. 40 Rev. 8** Grupo de Trabajo para la Preparación de Principios para Contratos Comerciales Internacionales. Principios para Contratos Comerciales Internacionales. Capítulo 1: Disposiciones Generales. Capítulo 2: Formación. Capítulo 3: Validez Sustantiva. Capítulo 4: Interpretación. Capítulo 5: Cumplimiento. Sección 1: Cumplimiento en General. Sección 2: Dificultades Extremas. Capítulo 6: Incumplimiento. Sección 1: Disposiciones Generales. Sección 2: Derecho al Cumplimiento. Sección 3: Resolución. Sección 4: Daños y Cláusulas de Exención de Responsabilidad. (Décima versión consolidada preparada por el Secretariado sobre la base de los proyectos discutidos hasta el momento por el Grupo de Trabajo) - Roma, junio de 1991.
StL-Doc. 50	1991	**UNIDROIT 1991 - Estudio L - Doc. 50** Grupo de Trabajo para la Preparación de Principios para Contratos Comerciales Internacionales. Capítulo 1: Disposiciones Generales (Proyecto y Comentario preparados por el Profesor Michael Joachim Bonell, Universidad de Roma I, "La Sapienza") - Roma, diciembre de 1991.
StL-Doc. 40 Rev. 9	1992	**UNIDROIT 1992 - Estudio L - Doc. 40 Rev. 9** Grupo de Trabajo para la Preparación de Principios para Contratos Comerciales Internacionales. Principios para Contratos Comerciales Internacionales. Capítulo 1: Disposiciones Generales. Capítulo 2: Formación. Capítulo 3: Validez Sustantiva. Capítulo 4: Interpretación. Capítulo 5: Cumplimiento. Sección 1: Cumplimiento en General. Sección 2: Dificultades Extremas. Capítulo 6: Incumplimiento. Sección 1: Disposiciones Generales. Sección 2: Derecho al Cumplimiento. Sección 3: Resolución. Sección 4: Daños y Cláusulas de Exención de Responsabilidad. (Undécima versión consolidada preparada por el Secretariado sobre la base de los proyectos discutidos hasta el momento por el Grupo de Trabajo) - Roma, enero de 1992.
StL-Doc. 51	1992	**UNIDROIT 1992 - Estudio L - Doc. 51** Grupo de Trabajo para la Preparación de Principios para Contratos Comerciales Internacionales. Capítulo 1: Disposiciones Generales (Proyecto Revisado y Comentario preparados por el Profesor Michael Joachim Bonell, Universidad de Roma I, "La Sapienza") - Roma, mayo de 1992.

StL-Doc. 40 Rev. 10	1992	**UNIDROIT 1992 - Estudio L - Doc. 40 Rev. 10** Grupo de Trabajo para la Preparación de Principios para Contratos Comerciales Internacionales. Principios para Contratos Comerciales Internacionales. Capítulo 1: Disposiciones Generales. Capítulo 2: Formación. Capítulo 3: Validez. Capítulo 4: Interpretación. Capítulo 5: Contenido. Capítulo 6: Ejecución. Sección 1: Ejecución en General. Sección 2: Dificultades Imprevistas. Capítulo 7: Incumplimiento. Sección 1: Disposiciones Generales. Sección 2: Derecho a la Ejecución. Sección 3: Resolución. Sección 4: Daños y Cláusulas de Exención de Responsabilidad. (Duodécima versión consolidada preparada por el Secretariado sobre la base de los proyectos discutidos hasta ahora por el Grupo de Trabajo) - Roma, julio de 1992.
StL-Doc. 52	1993	**UNIDROIT 1993 - Estudio L - Doc. 52** "Principios para Contratos Comerciales Internacionales. (Texto y comentarios en proyecto) - Roma, mayo de 1993."
StL-Doc. 40 Rev. 11	1993	**UNIDROIT 1993 - Estudio L - Doc. 40 Rev. 11** Grupo de Trabajo para la Elaboración de Principios para los Contratos Comerciales Internacionales. Principios para los contratos comerciales internacionales. Preámbulo. Capítulo 1: Disposiciones generales. Capítulo 2: Formación. Capítulo 3: Validez. Capítulo 4: Interpretación. Capítulo 5: Contenido. Capítulo 6: Ejecución. Sección 1: Rendimiento en general. Sección 2: Exigencia. Capítulo 7: Incumplimiento. Sección 1: Disposiciones generales. Sección 2: Derecho al cumplimiento. Sección 3: Resolución. Sección 4: Daños y perjuicios - Roma, julio de 1993.
StL-Doc. 40 Rev. 12	1993	**UNIDROIT 1993 - Estudio L - Doc. 40 Rev. 12** Grupo de Trabajo para la Elaboración de Principios para los Contratos Comerciales Internacionales. Principios para los contratos comerciales internacionales. Preámbulo. Capítulo 1: Disposiciones generales. Capítulo 2: Formación. Capítulo 3: Validez. Capítulo 4: Interpretación. Capítulo 5: Contenido. Capítulo 6: Ejecución. Sección 1: Rendimiento en general. Sección 2: Exigencia. Capítulo 7: Incumplimiento. Sección 1: Disposiciones generales. Sección 2: Derecho al cumplimiento. Sección 3: Resolución. Sección 4: Daños y perjuicios - Roma, noviembre de 1993
StL-Doc. 53	1993	**UNIDROIT 1993 - Estudio L - Doc. 53** Principios para los contratos comerciales internacionales. (Proyecto de texto y comentarios) - Roma, noviembre de 1993.

StL-Doc. 40 Rev. 13	1994	**UNIDROIT 1994 - Estudio L - Doc. 40 Rev. 13** Grupo de Trabajo para la Preparación de los Principios para los Contratos Comerciales Internacionales. Principios para los contratos comerciales internacionales. Preámbulo. Capítulo 1: Disposiciones generales. Capítulo 2: Formación. Capítulo 3: Validez. Capítulo 4: Interpretación. Capítulo 5: Contenido. Capítulo 6: Ejecución. Sección 1: Rendimiento en general. Sección 2: Exigencia. Capítulo 7: Incumplimiento. Sección 1: Disposiciones generales. Sección 2: Derecho al cumplimiento. Sección 3: Resolución. Sección 4: Daños y perjuicios - Roma, febrero de 1994.
StL-Doc. 54	1994	**UNIDROIT 1994 - Estudio L - Doc. 54** Principios para los contratos comerciales internacionales. (Proyecto de texto y comentarios) - Roma, marzo de 1994.

2. P.C. - Misc. (Codificación progresiva - Varios)

StL-Misc. 1	1980	**UNIDROIT 1980 - P.C. - Misc. 1** Grupo Informal de Trabajo sobre la Codificación Progresiva del Derecho Mercantil Internacional. Informe de la reunión celebrada en Copenhague los días 31 de marzo y 1 de abril de 1980 (preparado por la Secretaría de UNIDROIT) - Roma, mayo de 1980.
StL-Misc. 2	1980	**UNIDROIT 1980 - P.C. - Misc. 2** Grupo Informal de Trabajo sobre la Codificación Progresiva del Derecho Mercantil Internacional. Informe de la segunda reunión celebrada en Hamburgo del 23 al 25 de febrero de 1981 (preparado por la Secretaría de UNIDROIT) - Roma, marzo de 1981.
StL-Misc. 3	1981	**UNIDROIT 1981 - P.C. - Misc. 3** Grupo Informal de Trabajo sobre la Codificación Progresiva del Derecho Mercantil Internacional. Informe de la segunda reunión celebrada en Hamburgo del 23 al 25 de febrero de 1981 (preparado por la Secretaría de UNIDROIT) - Roma, marzo de 1981
StL-Misc. 4	1983	**UNIDROIT 1983 - P.C. - Misc. 4** Grupo de Trabajo Informal sobre la Codificación Progresiva del Derecho Mercantil Internacional. Informe de la reunión celebrada en Louvain-La-Neuve del 11 al 13 de abril de 1983 (preparado por la Secretaría de UNIDROIT) - Roma, junio de 1983.
StL-Misc. 5	1983	**UNIDROIT 1983 - P.C. - Misc. 5** Grupo Informal de Trabajo sobre la Codificación Progresiva del Derecho Mercantil Internacional. Informe de la reunión celebrada en Roma del 7 al 9 de noviembre de 1983 (preparado por la Secretaría de UNIDROIT) - Roma, diciembre de 1983.

StL-Misc. 6 1985 **UNIDROIT 1985 - P.C. - Misc. 6**
Grupo de Trabajo Informal sobre la Codificación Progresiva del Derecho Mercantil Internacional. Informe de la reunión celebrada en Milán del 24 al 26 de enero de 1985 (preparado por la Secretaría de Unidroit) - Roma, junio de 1985

StL-Misc. 7 1985 **UNIDROIT 1985 - P.C. - Misc. 7**
Grupo de Trabajo sobre la Codificación Progresiva del Derecho Mercantil Internacional. Nota de la Secretaría de Unidroit relativa al Proyecto de Capítulo 4 sobre Requisitos de Permiso Público - Roma, octubre de 1985.

StL-Misc. 8 1986 **UNIDROIT 1986 - P.C. - Misc. 8**
Grupo de Trabajo para la preparación de Principios para los Contratos Comerciales Internacionales. Informe sobre la reunión celebrada en Potsdam-Babelsberg del 28 al 30 de noviembre de 1985 (preparado por la Secretaría de UNIDROIT) - Roma, febrero de 1986.

StL-Misc. 9 1986 **UNIDROIT 1986 - P.C. - Misc. 9**
Grupo de Trabajo para la preparación de Principios para los Contratos Comerciales Internacionales. Informe de la reunión celebrada en Roma del 14 al 17 de abril de 1986 (preparado por la Secretaría de UNIDROIT) - Roma, abril de 1986.

StL-Misc. 10 1987 **UNIDROIT 1987 - P.C. - Misc. 10**
Grupo de Trabajo para la preparación de los Principios para los Contratos Comerciales Internacionales. Informe de la reunión celebrada en Ivry-sur-Seine del 24 al 27 de noviembre de 1986 (preparado por la Secretaría de UNIDROIT) - Roma, febrero de 1987.

StL-Misc. 11 1987 **UNIDROIT 1987 - P.C. - Misc. 11**
Grupo de Trabajo para la preparación de Principios para los Contratos Comerciales Internacionales. Informe de la reunión celebrada en Roma del 20 al 23 de mayo de 1987 (preparado por la Secretaría de UNIDROIT) - Roma, julio de 1987.

StL-Misc. 12 1988 **UNIDROIT 1988 - P.C. - Misc. 12**
Grupo de Trabajo para la preparación de Principios para los Contratos Comerciales Internacionales. Actas resumidas de la reunión celebrada en Roma del 6 al 10 de junio de 1988 (preparadas por la Secretaría de UNIDROIT) - Roma, noviembre de 1988.

StL-Misc. 13 1989 **UNIDROIT 1989 - P.C. - Misc. 13**
Grupo de Trabajo para la preparación de Principios para los Contratos Comerciales Internacionales. Actas resumidas de la reunión celebrada en Roma del 16 al 20 de enero de 1989 (preparadas por la Secretaría de UNIDROIT) - Roma, junio de 1989.

StL-Misc. 14 1990 **UNIDROIT 1990 - P.C. - Misc. 14**
Grupo de Trabajo para la preparación de Principios para los Contratos Comerciales Internacionales. Actas resumidas de la reunión celebrada en Bristol del 3 al 7 de julio de 1989 (preparadas por la Secretaría de UNIDROIT) - Roma, julio de 1990.

StL-Misc. 15 1991 **UNIDROIT 1991 - P.C. - Misc. 15**
Grupo de Trabajo para la preparación de Principios para los Contratos Comerciales Internacionales. Actas resumidas de la reunión celebrada en Roma del 30 de abril al 4 de mayo de 1990 (preparadas por la Secretaría de UNIDROIT) - Roma, abril de 1991.

StL-Misc. 16 1992 **UNIDROIT 1992 - P.C. - Misc. 16**
Grupo de Trabajo para la preparación de Principios para los Contratos Comerciales Internacionales. Actas resumidas de la reunión celebrada en La Haya del 19 al 23 de noviembre de 1990 (preparadas por la Secretaría de UNIDROIT) - Roma, octubre de 1992.

StL-Misc. 17 1993 **UNIDROIT 1993 - P.C. - Misc. 17**
Grupo de Trabajo para la preparación de Principios para los Contratos Comerciales Internacionales. Actas resumidas de la reunión celebrada en Roma del 27 al 31 de mayo de 1991 (preparadas por la Secretaría de UNIDROIT) - Roma, febrero de 1993.

StL-Misc. 18 1992 **UNIDROIT 1992 - P.C. - Misc. 18**
Grupo de Trabajo para la preparación de Principios para los Contratos Comerciales Internacionales. Actas resumidas de la reunión celebrada en Miami del 6 al 10 de enero de 1992 (preparadas por la Secretaría de UNIDROIT) - Roma, mayo de 1992.

StL-Misc. 19 1994 **UNIDROIT 1994 - P.C. - Misc. 19**
Grupo de Trabajo para la preparación de Principios para los Contratos Comerciales Internacionales. Actas resumidas de la reunión celebrada en Miami del 6 al 10 de enero de 1992 (preparadas por la Secretaría de Unidroit) - Roma, mayo de 1992.

III. Trabajos preparatorios de la 2ª edición de Principios de los contratos comerciales internacionales (2004)

1. Estudio L

StL-Doc. 55 1998 **UNIDROIT 1998 - Estudio L - Doc. 55**
Grupo de Trabajo para la preparación de los Principios de los Contratos Comerciales Internacionales. Preparación de una segunda edición ampliada de los Principios UNIDROIT sobre los Contratos Comerciales Internacionales (Memorándum de la Secretaría) - Roma, enero de 1998.

StL-Doc. 56 1998 **UNIDROIT 1998 - Estudio L - Doc. 56**
Grupo de Trabajo para la preparación de los Principios de los Contratos Comerciales Internacionales. Capítulo [...] Autoridad de los agentes (Proyecto y notas explicativas preparadas por el Profesor M.J. Bonell sobre la base del Convenio de Ginebra de 1983 relativo a la representación en la compraventa internacional de mercaderías) - Roma, diciembre de 1998.

StL-Doc. 57 1998 **UNIDROIT 1998 - Estudio L - Doc. 57**
Grupo de Trabajo para la preparación de los Principios de los Contratos Comerciales Internacionales. Proyecto de cláusula tipo preparado por el Profesor A.E. Farnsworth - Roma, junio de 1998.

StL-Doc. 58 1999 **UNIDROIT 1999 - Estudio L - Doc. 58**
Grupo de Trabajo para la preparación de los Principios de los Contratos Comerciales Internacionales. Capítulo [...] Prescripción de acciones por prescripción (Documento de posición preparado por el Profesor P. Schlechtriem) - Roma, enero de 1999.

StL-Doc. 59 1999 **UNIDROIT 1999 - Estudio L - Doc. 59**
Grupo de Trabajo para la preparación de los Principios de los Contratos Comerciales Internacionales. Third party rights under contract (Documento de posición elaborado por el Profesor M. Furmston) - Roma, febrero de 1999.

StL-Doc. 60 1999 **UNIDROIT 1999 - Estudio L - Doc. 60**
Grupo de Trabajo para la preparación de los Principios de los Contratos Comerciales Internacionales. Principios Unidroit y comercio electrónico (Documento de posición preparado por el Profesor T. Uchida) - Roma, febrero de 1999

StL-Doc. 61 1999 **UNIDROIT 1999 - Estudio L - Doc. 61**
Grupo de Trabajo para la preparación de los Principios de los Contratos Comerciales Internacionales. Cesión de derechos y obligaciones contractuales (Documento de posición elaborado por el Profesor M. Fontaine) - Roma, febrero de 1999.

StL-Doc. 62 1999 **UNIDROIT 1999 - Estudio L - Doc. 62**
Grupo de Trabajo para la preparación de los Principios de los Contratos Comerciales Internacionales. SET-OFF (Documento de posición elaborado por el Profesor C. Jauffret-Spinosi) - Roma, febrero de 1999.
[En francés; la versión inglesa de este documento se publicó en 2000 como Unidroit 2000 - Estudio L - Doc. 62 bis].

StL-Doc. 63 1999 **UNIDROIT 1999 - Estudio L - Doc. 63**
Grupo de Trabajo para la preparación de los Principios relativos a los contratos comerciales internacionales. Capítulo [...] Autoridad de los agentes (Proyecto revisado preparado por el Profesor M.J. Bonell a la luz de los debates del Grupo de Trabajo en su segunda sesión) - Roma, marzo de 1999.

StL-Doc. 63/ Add. 1	1999	**UNIDROIT 1999 - Estudio L - Doc. 63/Add.1** Grupo de Trabajo para la preparación de los Principios de los contratos comerciales internacionales. Comentarios al proyecto revisado de capítulo sobre la Autoridad de los agentes (Estudio L - Doc. 63) por los Profesores D. DeMott y F. Reynolds - Roma, diciembre de 1999.
StL-Doc. 64	1999	**UNIDROIT 1999 - Estudio L - Doc. 64** Grupo de Trabajo para la preparación de los Principios de los Contratos Comerciales Internacionales. Capítulo [...] Prescripción de acciones por prescripción (Proyecto y notas explicativas preparadas por el Profesor P. Schlechtriem) - Roma, noviembre de 1999.
StL-Doc. 65	1999	**UNIDROIT 1999 - Estudio L - Doc. 65** Grupo de Trabajo para la preparación de los Principios relativos a los contratos comerciales internacionales. Capítulo [...] Cesión de derechos, transferencia de obligaciones y cesión de contratos Sección I: Cesión de derechos (Proyecto y Notas explicativas preparadas por el Profesor M. Fontaine) - Roma, diciembre de 1999.
StL-Doc. 62 *bis*	2000	**UNIDROIT 2000 - Estudio L - Doc. 62 *bis*** Grupo de Trabajo para la Elaboración de los Principios de los Contratos Comerciales Internacionales. Set-off (Documento de posición preparado por el Profesor C. Jauffret-Spinosi) - Roma, enero de 2000. [Esta es la versión en inglés de UNIDROIT 1999 - Estudio L - Doc. 62 publicado en 1999].
StL-Doc. 66	2000	**UNIDROIT 2000 - Estudio L - Doc. 66** Grupo de Trabajo para la Preparación de los Principios de los Contratos Comerciales Internacionales. Capítulo [...] Derechos de terceros (Proyecto preparado por el Profesor M. Furmston) - Roma, enero de 2000.
StL-Doc. 67	2001	**UNIDROIT 2001 - Estudio L - Doc. 67** Grupo de Trabajo para la preparación de los Principios relativos a los contratos comerciales internacionales. Capítulo [...] Autoridad de los agentes (Proyecto revisado preparado por el Profesor M.J. Bonell a la luz de los debates del Grupo de Trabajo en su 3ª sesión celebrada en El Cairo, 24-27 de enero de 2000) - Roma, marzo de 2001.
StL-Doc. 68	2001	**UNIDROIT 2001 - Estudio L - Doc. 68** Grupo de Trabajo para la preparación de los Principios relativos a los contratos comerciales internacionales. Capítulo [...] Plazos de prescripción (Proyecto revisado preparado por el Profesor P. Schlechtriem a la luz de los debates del Grupo de Trabajo en su 3ª reunión celebrada en El Cairo, del 24 al 27 de enero de 2000) - Roma, abril de 2001.

StL-Doc. 69 2001 **UNIDROIT 2001 - Estudio L - Doc. 69**
Grupo de Trabajo para la preparación de los Principios relativos a los contratos comerciales internacionales. Capítulo [...] Cesión de derechos, transferencia de obligaciones, cesión de contratos (Proyecto revisado preparado por el Profesor M. Fontaine a la luz de los debates del Grupo de Trabajo en su 3ª reunión celebrada en El Cairo, del 24 al 27 de enero de 2000) - Roma, mayo de 2001.

StL-Doc. 70 2001 **UNIDROIT 2001 - Estudio L - Doc. 70**
Grupo de Trabajo para la preparación de los Principios relativos a los contratos comerciales internacionales. Chapter [...] Third party rights (Revised draft Chapter prepared by Professor M. Furmston in the light of the discussions of the Working Group at its 3rd session held in Cairo, 24-27 January 2000) - Roma, mayo 2001.

StL-Doc. 71 2001 **UNIDROIT 2001 - Estudio L - Doc. 71**
Grupo de Trabajo para la preparación de los Principios de los Contratos Comerciales Internacionales. Capítulo [...] Set-off (Proyecto de capítulo preparado por el Profesor C. Jauffret-Spinosi) - Roma, mayo de 2001.

StL-Doc. 72 2001 **UNIDROIT 2001 - Estudio L - Doc. 72**
Grupo de Trabajo para la preparación de los Principios relativos a los contratos comerciales internacionales. Capítulo [...] Autoridad de los agentes (Proyecto revisado preparado por el Profesor M.J. Bonell a la luz de los debates del Grupo de Trabajo en su 4ª sesión celebrada en Roma, 4-7 de junio de 2001) - Roma, julio de 2001.

StL-Doc. 73 2002 **UNIDROIT 2002 - Estudio L - Doc. 73**
Grupo de Trabajo para la preparación de los Principios relativos a los contratos comerciales internacionales. Capítulo [...] Plazos de prescripción (Proyecto revisado preparado por el Profesor P. Schlechtriem a la luz de los debates del Grupo de Trabajo en su 4ª reunión celebrada en Roma del 4 al 7 de junio de 2001) - Roma, marzo de 2002.

StL-Doc. 74 2002 **UNIDROIT 2002 - Estudio L - Doc. 74**
Grupo de Trabajo para la preparación de los Principios relativos a los contratos comerciales internacionales. Capítulo [...] Cesión de derechos, transferencia de derechos, transferencia de obligaciones, cesión de contratos (Proyecto revisado preparado por el Profesor M. Fontaine a la luz de las deliberaciones del Grupo de Trabajo en su 4ª reunión celebrada en Roma del 4 al 7 de junio de 2001) - Roma, abril de 2002.

StL-Doc. 75 2002 **UNIDROIT 2002 - Estudio L - Doc. 75**
Grupo de Trabajo para la preparación de los Principios relativos a los contratos comerciales internacionales. Capítulo [...] Third Pary Rights (Proyecto revisado preparado por el Profesor M. Furmston a la luz de las deliberaciones del Grupo de Trabajo en su 4ª reunión celebrada en Roma del 4 al 7 de junio de 2001) - Roma, abril de 2002.

StL-Doc. 76	2002	**UNIDROIT 2002 - Estudio L - Doc. 76** Grupo de Trabajo para la preparación de los Principios relativos a los contratos comerciales internacionales. Capítulo [...] Third Pary Rights (Proyecto revisado preparado por el Profesor M. Furmston a la luz de las deliberaciones del Grupo de Trabajo en su 4ª reunión celebrada en Roma del 4 al 7 de junio de 2001) - Roma, abril de 2002.
StL-Doc. 77	2002	**UNIDROIT 2002 - Estudio L - Doc. 77** Grupo de Trabajo para la preparación de los Principios de los Contratos Comerciales Internacionales. Principios Unidroit y comercio electrónico (Cuestionario preparado por los profesores M.J. Bonell y E.A. Farnsworth y respuestas de los profesores A.H. Boss, J. Ginsburg y C. Ramberg). - Roma, mayo de 2002.
StL-Doc. 77 rev.	2002	**UNIDROIT 2002 - Estudio L - Doc. 77 rev.** Grupo de Trabajo para la preparación de los Principios de los Contratos Comerciales Internacionales. Principios Unidroit y comercio electrónico (Cuestionario preparado por los profesores M.J. Bonell y E.A. Farnsworth y respuestas de los profesores A.H. Boss, M.A. Eisenberg, J. Ginsburg y C. Ramberg). - Roma, agosto de 2002.
StL-Doc. 78	2002	**UNIDROIT 2002 - Estudio L - Doc. 78** Grupo de Trabajo para la preparación de los Principios de los contratos comerciales internacionales. Renuncia y cuestiones conexas (Documento de posición elaborado por el Juez P. Finn) - Roma, mayo de 2002
StL-Doc. 79	2003	**UNIDROIT 2003 - Estudio L - Doc. 79** Grupo de Trabajo para la preparación de los Principios de los contratos comerciales internacionales. Capítulo [...] Autoridad de los agentes (Proyecto revisado preparado por el Profesor M.J. Bonell) - Roma, abril de 2003.
StL-Doc. 80	2003	**UNIDROIT 2003 - Estudio L - Doc. 80** Grupo de Trabajo para la preparación de los Principios relativos a los contratos comerciales internacionales. Capítulo [...] Plazos de prescripción (Proyecto revisado preparado por el Profesor P. Schlechtriem a la luz de los debates del Grupo de Trabajo en su 5ª reunión celebrada en Roma del 3 al 7 de junio de 2002) - Roma, abril de 2003.
StL-Doc. 81	2003	**UNIDROIT 2003 - Estudio L - Doc. 81** Grupo de Trabajo para la preparación de los Principios relativos a los contratos comerciales internacionales. Capítulo [...] Cesión de derechos, transferencia u obligaciones, cesión de contratos (Proyecto revisado preparado por el Profesor M. Fontaine a la luz de los debates del Grupo de Trabajo en su 5ª reunión celebrada en Roma del 3 al 7 de junio de 2002) - Roma, abril de 2003.

StL-Doc. 82 2003 **UNIDROIT 2003 - Estudio L - Doc. 82**
Grupo de Trabajo para la preparación de los Principios relativos a los contratos comerciales internacionales. Capítulo [...] Compensación (Proyecto revisado preparado por el Profesor C. Jauffret-Spinosi a la luz de las deliberaciones del Grupo de Trabajo en su 5ª reunión celebrada en Roma del 3 al 7 de junio de 2002) - Roma, abril de 2003.

StL-Doc. 83 2003 **UNIDROIT 2003 - Estudio L - Doc. 83**
Grupo de Trabajo para la preparación de los Principios relativos a los contratos comerciales internacionales. Capítulo [...] Derechos de terceros (Proyecto revisado preparado por el Profesor M. Furmston a la luz de los debates del Grupo de Trabajo en su 5ª reunión celebrada en Roma del 3 al 7 de junio de 2002) - Roma, abril de 2003.

StL-Doc. 84 2003 **UNIDROIT 2003 - Estudio L - Doc. 84**
Grupo de Trabajo para la preparación de los Principios de los Contratos Comerciales Internacionales. Artículo X: Comportamiento incoherente (Proyecto de artículo con comentarios preparado por el Juez P. Finn) - Roma, abril de 2003.

StL-Doc. 85 2003 **UNIDROIT 2003 - Estudio L - Doc. 85**
Grupo de Trabajo para la preparación de los Principios de los contratos comerciales internacionales. Edición consolidada de la Parte I y de la Parte II de los Principios de los Contratos Comerciales Internacionales: Cuestiones Decididas y Abiertas (Memorándum preparado por la Secretaría) - Roma, abril de 2003.

StL-Doc. 86 2003 **UNIDROIT 2003 - Estudio L - Doc. 86**
Grupo de Trabajo para la preparación de los Principios de los contratos comerciales internacionales. Edición consolidada de las Partes I y II de los Principios relativos a los contratos comerciales internacionales: Proyecto de estructura (Preparado por la Secretaría) - Roma, abril de 2003

StL-Doc. 87 2003 **UNIDROIT 2003 - Estudio L - Doc. 87**
Grupo de Trabajo para la preparación de los Principios de los Contratos Comerciales Internacionales. Artículo X: Exoneración (Renuncia) (Proyecto de artículo con comentarios preparado por el Profesor A. Hartkamp) - Roma, mayo de 2003.

StL-Doc. 88 2003 **UNIDROIT 2003 - Estudio L - Doc. 88**
Grupo de Trabajo para la preparación de los Principios de los Contratos Comerciales Internacionales. Proyecto de disposición sobre el abuso de derecho (Proyecto de disposición y comentarios preparados por el Profesor P.-A. Crépeau) - Roma, mayo de 2003.

StL-Doc. 89	2003	**UNIDROIT 2003 - Estudio L - Doc. 89** Grupo de Trabajo para la preparación de los Principios de los Contratos Comerciales Internacionales. Artículo 5.9: Renuncia (Proyecto de artículo con comentarios preparado por el Profesor A. Hartkamp) - Roma, junio de 2003.
StL-Doc. [unnumbered]	2003	**UNIDROIT 2003** [documento sin numerar] Grupo de Trabajo para la preparación de los Principios de los Contratos Comerciales Internacionales. Sexta Sesión (Roma, 2 - 6 de junio de 2003). Decisiones adoptadas en la sexta sesión y texto revisado de los Principios - Roma, junio de 2003.
StL-Doc. 90	2003	**UNIDROIT 2003 - Estudio L - Doc. 90** Grupo de Trabajo para la preparación de los Principios relativos a los contratos comerciales internacionales. Capítulo 2, Sección 2: Autoridad de los agentes (Proyecto revisado preparado por el Profesor M.J. Bonell a la luz de los debates del Grupo de Trabajo en su 6ª sesión celebrada en Roma, del 2 al 6 de junio de 2003) - Roma, julio de 2003.
StL-Doc. 91	2003	**UNIDROIT 2003 - Estudio L - Doc. 91** Grupo de Trabajo para la preparación de los Principios de los contratos comerciales internacionales. Capítulo 10: Plazos de prescripción (Proyecto revisado preparado por el Profesor P. Schlechtriem a la luz de los debates del Grupo de Trabajo en su 6ª sesión celebrada en Roma del 2 al 6 de junio de 2003) - Roma, junio de 2003.
StL-Doc. 92	2003	**UNIDROIT 2003 - Estudio L - Doc. 92** Grupo de Trabajo para la preparación de los Principios sobre los contratos comerciales internacionales. Capítulo 9: Cesión de derechos, transferencia u obligaciones, cesión de contratos (Proyecto revisado preparado por el Profesor M. Fontaine a la luz de los debates del Grupo de Trabajo en su 6ª reunión celebrada en Roma del 2 al 6 de junio de 2003) - Roma, junio de 2003.
StL-Doc. 93	2003	**UNIDROIT 2003 - Estudio L - Doc. 93** Grupo de Trabajo para la preparación de los Principios sobre los contratos comerciales internacionales. Capítulo 8: Compensación (Proyecto revisado preparado por el Profesor C. Jauffret-Spinosi a la luz de los debates del Grupo de Trabajo en su 6ª sesión celebrada en Roma, del 2 al 6 de junio de 2003) - Roma, septiembre de 2003.
StL-Doc. 94	2003	**UNIDROIT 2003 - Estudio L - Doc. 94** Grupo de Trabajo para la preparación de los Principios relativos a los contratos comerciales internacionales. Capítulo 5, Sección 2: Derechos de terceros (Proyecto revisado preparado por el Profesor M. Furmston a la luz de los debates del Grupo de Trabajo en su 6ª sesión celebrada en Roma del 2 al 6 de junio de 2003) - Roma, julio de 2003.

StL-Doc. 95 2003 **UNIDROIT 2003 - Estudio L - Doc. 95**
Grupo de Trabajo para la preparación de los Principios sobre los Contratos Comerciales Internacionales. Artículo 1.8: Comportamiento contradictorio (Proyecto revisado preparado por el Juez P. Finn a la luz de los debates del Grupo de Trabajo en su 6ª sesión celebrada en Roma del 2 al 6 de junio de 2003) - Roma, junio de 2003.

StL-Doc. 96 2003 **UNIDROIT 2003 - Estudio L - Doc. 96**
Grupo de Trabajo para la preparación de los Principios sobre los Contratos Comerciales Internacionales. Artículo 1.8: Comportamiento contradictorio (Proyecto revisado preparado por el Juez P. Finn a la luz de los debates del Grupo de Trabajo en su 6ª sesión celebrada en Roma del 2 al 6 de junio de 2003) - Roma, junio de 2003.

StL-Doc. 97 2003 **UNIDROIT 2003 - Estudio L - Doc. 97**
Grupo de Trabajo encargado de la preparación de los Principios relativos a los contratos comerciales internacionales. Principios de los contratos comerciales internacionales (Reglas de la letra negra) (Proyecto de versión consolidada preparada por la Secretaría a la luz de las decisiones adoptadas por el Grupo de Trabajo en su 6ª reunión celebrada en Roma del 2 al 6 de junio de 2003) - Roma, septiembre de 2003.

StL-Doc. 98 2004 **UNIDROIT 2004 - Estudio L - Doc. 98**
Grupo de Trabajo para la preparación de los Principios de los contratos comerciales internacionales. Principios de los contratos comerciales internacionales (Proyecto final aprobado por el Grupo de Trabajo y editado por la Secretaría) - Febrero de 2004.

2. Miscelánea (Misc.)

StL-Misc. 20 1998 **UNIDROIT 1998 - Estudio L - Misc. 20**
Grupo de Trabajo para la Preparación de los Principios de los Contratos Comerciales Internacionales. Actas resumidas de la reunión celebrada en Roma del 16 al 19 de marzo de 1998 (Preparadas por la Secretaría de UNIDROIT) - Roma, junio de 1998.

StL-Misc. 21 1999 **UNIDROIT 1999 - Estudio L - Misc. 21**
Grupo de Trabajo para la preparación de los Principios de los Contratos Comerciales Internacionales. Actas resumidas de la reunión celebrada en Bolzano / Bozen del 22 al 26 de febrero de 1999 (Preparado por la Secretaría de UNIDROIT) - Roma, junio de 1999.

StL-Misc. 22 2000 **UNIDROIT 2000 - Estudio L - Misc. 22**
Grupo de Trabajo para la Preparación de los Principios de los Contratos Comerciales Internacionales. Actas resumidas de la reunión celebrada en El Cairo del 24 al 27 de enero de 2000 (Preparadas por la Secretaría de UNIDROIT) - Roma, agosto de 2000.

StL-Misc. 23 2001 **UNIDROIT 2001 - Estudio L - Misc. 23**
Grupo de Trabajo para la Preparación de los Principios de los Contratos Comerciales Internacionales. Actas resumidas de la reunión celebrada en Roma del 4 al 7 de junio de 2001 (Preparadas por la Secretaría de UNIDROIT) - Roma, julio de 2001.

StL-Misc. 24 2002 **UNIDROIT 2002 - Estudio L - Misc. 24**
Grupo de Trabajo para la Preparación de los Principios de los Contratos Comerciales Internacionales. Actas resumidas de la reunión celebrada en Roma del 3 al 7 de junio de 2002 (Preparadas por la Secretaría de UNIDROIT) - Roma, septiembre de 2002.

StL-Misc. 25 2003 **UNIDROIT 2003 - Estudio L - Misc. 25**
Grupo de Trabajo para la Preparación de los Principios de los Contratos Comerciales Internacionales, Sexta Sesión, Roma, 2 - 6 de junio de 2003 - Informe (Preparado por la Secretaría) - Roma, septiembre de 2003.

3. Documentos de trabajo (WP.)

StL-WP. 1 2000 **UNIDROIT 2000 - Estudio L - WP.1**
Grupo de Trabajo para la Elaboración de los Principios de los Contratos Comerciales Internacionales. Reunión del Grupo de Redacción en Friburgo, 17-20 de enero de 2001. Capítulo [...] Autoridad de los agentes (Proyecto revisado preparado por el Profesor M.J. Bonell a la luz de los debates del Grupo de Trabajo en su 3ª sesión celebrada en El Cairo, 24-27 de enero de 2000) - Roma, diciembre de 2000.

StL-WP. 2 2000 **UNIDROIT 2000 - Estudio L - WP.2**
Grupo de Trabajo para la Elaboración de los Principios de los Contratos Comerciales Internacionales. Reunión del Grupo de Redacción en Friburgo, 17-20 de enero de 2001. Capítulo [...] Limitación de derechos (Proyecto revisado preparado por el Profesor Peter Schlechtriem a la luz de los debates del Grupo de Trabajo en su 3ª reunión celebrada en El Cairo, 24-27 de enero de 2000) - Roma, diciembre de 2000.

StL-WP. 3 2000 **UNIDROIT 2000 - Estudio L - WP.3**
Grupo de Trabajo para la Elaboración de los Principios de los Contratos Comerciales Internacionales. Reunión del Grupo de Redacción en Friburgo, 17-20 de enero de 2001. Capítulo [...] Cesión de derechos, transferencia de obligaciones, cesión de contratos (Proyecto revisado preparado por el Profesor M. Fontaine a la luz de los debates del Grupo de Trabajo en su 3ª reunión celebrada en El Cairo, 24-27 de enero de 2000) - Roma, diciembre de 2000.

StL-WP. 4	2000	**UNIDROIT 2000 - Estudio L - WP.4** Grupo de Trabajo para la Elaboración de los Principios de los Contratos Comerciales Internacionales. Reunión del Grupo de Redacción en Friburgo, 17-20 de enero de 2001. Capítulo [...] Set-off (Documento preparado por la Profesora Camille Jauffret-Spinosi) - Roma, diciembre de 2000.
StL-WP. 5	2000	**UNIDROIT 2000 - Estudio L - WP.5** Grupo de Trabajo para la Elaboración de los Principios de los Contratos Comerciales Internacionales. Reunión del Grupo de Redacción en Friburgo, 17-20 de enero de 2001. Capítulo [...] Derechos de terceros (Proyecto revisado preparado por el Profesor M. Furmston a la luz de los debates del Grupo de Trabajo en su 3ª reunión celebrada en El Cairo, 24-27 de enero de 2000) - Roma, diciembre de 2000.
StL-WP. 6	2001	**UNIDROIT 2001 - Estudio L - WP.6** Grupo de Trabajo para la elaboración de los Principios de los Contratos Comerciales Internacionales. Reunión del Grupo de Redacción en Bristol, 7-10 de enero de 2002. Capítulo [...] Plazos de prescripción (Proyecto revisado preparado por el Profesor P. Schlechtriem a la luz de los debates del Grupo de Trabajo en su 4ª reunión celebrada en Roma del 4 al 7 de junio de 2001) - Roma, diciembre de 2001.
StL-WP. 7	2001	**UNIDROIT 2001 - Estudio L - WP.7** Grupo de Trabajo para la elaboración de los Principios de los Contratos Comerciales Internacionales. Reunión del Grupo de Redacción en Bristol, 7-10 de enero de 2002. Capítulo [...] Cesión de derechos, transferencia de obligaciones, cesión de contratos (Proyecto revisado preparado por el Profesor M. Fontaine a la luz de los debates del Grupo de Trabajo en su 4ª reunión celebrada en Roma del 4 al 7 de junio de 2001) - Roma, diciembre de 2001.
StL-WP. 8	2001	**UNIDROIT 2001 - Estudio L - WP.8** Grupo de Trabajo para la elaboración de los Principios de los Contratos Comerciales Internacionales. Reunión del Grupo de Redacción en Bristol, 7-10 de enero de 2002. Capítulo [...] Derechos de terceros (Proyecto de capítulo revisado preparado por el Profesor M. Furmston a la luz de los debates del Grupo de Trabajo en su 4ª reunión celebrada en Roma del 4 al 7 de junio de 2001) - Roma, diciembre de 2001.
StL-WP. 9	2001	**UNIDROIT 2001 - Estudio L - WP.9** Grupo de Trabajo para la elaboración de los Principios de los Contratos Comerciales Internacionales. Reunión del Grupo de Redacción en Bristol, 7-10 de enero de 2002. Capítulo [...] Set-off (Proyecto revisado preparado por el Profesor C. Jauffret-Spinosi a la luz de los debates del Grupo de Trabajo en su 4ª sesión celebrada en Roma, 4-7 de junio de 2001) - Roma, diciembre de 2001.

StL-WP. 9 *bis*	2002	**UNIDROIT 2002 - Estudio L - WP.9 *bis*** Grupo de Trabajo para la preparación de los Principios de los contratos comerciales internacionales. Informe sobre la reunión del Grupo del Comité de Redacción (Bristol, 7-10 de enero de 2002) - Roma, febrero de 2002.
StL-WP. 10	2002	**UNIDROIT 2002 - Estudio L - WP.10** Grupo de Trabajo para la elaboración de los Principios de los Contratos Comerciales Internacionales. Reunión del Grupo de Redacción en Lovaina la Nueva, del 6 al 10 de enero de 2003. Proyecto de capítulos (sólo reglas de la letra negra) sobre Autoridad de los agentes, Derechos de terceros, cesión de derechos, cesión de derechos, transferencia de obligaciones, cesión de contratos, compensación, plazos de prescripción - Roma, noviembre de 2002.
StL-WP. 11	2002	**UNIDROIT 2002 - Estudio L - WP.11** Grupo de Trabajo para la elaboración de los Principios de los Contratos Comerciales Internacionales. Reunión del Grupo de Redacción en Lovaina la Nueva, 6-10 de enero de 2003. Edición consolidada de las Partes I y II de los Principios de los contratos comerciales internacionales: Cuestiones decididas y abiertas (Memorándum preparado por la Secretaría) - Roma, diciembre de 2002.
StL-WP. 11 add.	2002	**UNIDROIT 2002 - Estudio L - WP.11 addendum** Anexo
StL-WP. 12	2002	**UNIDROIT 2002 - Estudio L - WP.12** Grupo de Trabajo para la elaboración de los Principios de los Contratos Comerciales Internacionales. Reunión del Grupo de Redacción en Lovaina la Nueva, 6-10 de enero de 2003. Edición consolidada de las Partes I y II de los Principios de los contratos comerciales internacionales: Proyecto de estructura (Preparado por la Secretaría) - Roma, noviembre de 2002.
StL-WP. 13	2003	**UNIDROIT 2003 - Estudio L - WP. 13** Grupo de Trabajo para la elaboración de los Principios de los Contratos Comerciales Internacionales. Reunión del Grupo de Redacción en Lovaina la Nueva, 7-10 de enero de 2003. Conclusiones (Elaboradas por la Secretaría) - Roma, febrero de 2003.

IV. Trabajos preparatorios de la 3ª edición de Principios de los contratos comerciales internacionales (2010)

1. Estudio L

StL-Doc. 99	2006	**UNIDROIT 2006 - Estudio L - Doc. 99** Principios de los Contratos Comerciales Internacionales: I - Promoción y supervisión de su uso en la práctica; II - Preparación de una tercera edición - marzo de 2006.

StL-Doc. 100	2007	**UNIDROIT 2007 - Estudio L - Doc. 100** Documento de Posición sobre la Desenrollación de Contratos Fallidos por el Profesor Reinhard Zimmermann, Director del Max-Planck-Institut für ausländisches und internationales Privatrecht, Hamburgo - abril de 2007.
StL-Doc. 101	2007	**UNIDROIT 2007 - Estudio L - Doc. 101** Documento de Posición sobre la Ilegalidad por el Profesor Michael Furmston, Profesor Emérito de la Universidad de Bristol - abril de 2007.
StL-Doc. 101 Add.	2007	**UNIDROIT 2007 - Estudio L - Doc. 101 Add.** Anexo al Documento de Posición sobre la Ilegalidad por el Profesor Michael Furmston, Profesor Emérito de la Universidad de Bristol - junio de 2007.
StL-Doc. 102	2007	**UNIDROIT 2007 - Estudio L - Doc. 102** Documento de Posición sobre la Pluralidad de Deudores y/o Acreedores por el Profesor Marcel Fontaine, Profesor Emérito de la Facultad de Derecho de la Universidad Católica de Lovaina - abril de 2007.
StL-Doc. 103	2007	**UNIDROIT 2007 - Estudio L - Doc. 103** Documento de Posición sobre las Condiciones por el Profesor Bénédicte Fauvarque-Cosson, Université Panthéon-Assas Paris II - mayo de 2007.
StL-Doc. 104	2007	**UNIDROIT 2007 - Estudio L - Doc. 104** Terminación de contratos a largo plazo por causa justificada por François Dessemontet, Observador de la Asociación Suiza de Arbitraje - enero de 2007.
StL-Doc. 105	2008	**UNIDROIT 2008 - Estudio L - Doc. 105** Capítulo Preliminar sobre la Desenrollación de Contratos Fallidos por el Profesor Reinhard Zimmermann, Director del Max-Planck-Institut für ausländisches und internationales Privatrecht, Hamburgo - abril de 2008.
StL-Doc. 106	2008	**UNIDROIT 2008 - Estudio L - Doc. 106** Capítulo Preliminar sobre la Ilegalidad. Reglas en letra negra preparadas por los Profesores M.J. Bonell, B. Fauvarque-Cosson, M. Fontaine, M. Furmston, R. Goode y R. Zimmerman. Comentarios preparados por el Profesor M. Furmston - abril de 2008.
StL-Doc. 107	2008	**UNIDROIT 2008 - Estudio L - Doc. 107** Capítulo Preliminar sobre la Pluralidad de Deudores y/o Acreedores por el Profesor Marcel Fontaine, Profesor Emérito de la Facultad de Derecho de la Universidad Católica de Lovaina - abril de 2008.
StL-Doc. 108	2008	**UNIDROIT 2008 - Estudio L - Doc. 108** Capítulo Preliminar sobre Obligaciones Condicionales por el Profesor Bénédicte Fauvarque-Cosson, Université Panthéon-Assas Paris II - abril de 2008.

StL-Doc. 109	2009	**UNIDROIT 2009 - Estudio L - Doc. 109** Grupo de Trabajo para la preparación de Principios de Contratos Comerciales Internacionales (3er). Cuarta sesión, Roma, 25-29 de mayo de 2009. Capítulo Preliminar sobre la Terminación de Contratos a Largo Plazo por Causa Justificada. Reglas revisadas con notas explicativas preparadas por el Profesor François Dessemontet a la luz de las discusiones del Grupo de Trabajo en su 3ra sesión celebrada en Roma, del 26 al 29 de mayo de 2008 - enero de 2009.
StL-Doc. 110	2009	**UNIDROIT 2009 - Estudio L - Doc. 110** Grupo de Trabajo para la preparación de Principios de Contratos Comerciales Internacionales (3er). Cuarta sesión, Roma, 25-29 de mayo de 2009. Capítulo Preliminar sobre la Desenrollación de Contratos Fallidos. Reglas revisadas con Comentarios preparados por el Profesor Reinhard Zimmermann a la luz de las discusiones del Grupo de Trabajo en su 3ra sesión celebrada en Roma, del 26 al 29 de mayo de 2008 - marzo de 2009.
StL-Doc. 111 rev.	2009	**UNIDROIT 2009 - Estudio L - Doc. 111 (rev.)** Grupo de Trabajo para la preparación de Principios de Contratos Comerciales Internacionales (3er). Cuarta sesión, Roma, 25-29 de mayo de 2009. Capítulo Preliminar sobre la Ilegalidad. Reglas revisadas preparadas por los Profesores M.J. Bonell, B. Fauvarque-Cosson, M. Fontaine, M. Furmston, R. Goode y R. Zimmerman a la luz de las discusiones del Grupo de Trabajo en su 3ra sesión celebrada en Roma, del 26 al 29 de mayo de 2008. Comentarios preparados por el Secretariado de UNIDROIT - mayo de 2009.
StL-Doc. 112	2009	**UNIDROIT 2009 - Estudio L - Doc. 112** Grupo de Trabajo para la Preparación de Principios de Contratos Comerciales Internacionales (3ro). Cuarta sesión, Roma, 25-29 de mayo de 2009. Capítulo Preliminar sobre la Pluralidad de Deudores y/o Acreedores. Reglas revisadas preparadas por el Profesor Marcel Fontaine a la luz de las discusiones del Grupo de Trabajo en su 3ra sesión celebrada en Roma, del 26 al 29 de mayo de 2008 - abril de 2009.
StL-Doc. 113	2009	**UNIDROIT 2009 - Estudio L - Doc. 113** Grupo de Trabajo para la Preparación de Principios de Contratos Comerciales Internacionales (3ro). Cuarta sesión, Roma, 25-29 de mayo de 2009. Capítulo Preliminar sobre Obligaciones Condicionales. Reglas revisadas preparadas por el Profesor Bénédicte Fauvarque-Cosson a la luz de las discusiones del Grupo de Trabajo en su 3ra sesión celebrada en Roma, del 26 al 29 de mayo de 2008 - abril de 2009.

StL-Doc. 114 2010 **UNIDROIT 2010 - Estudio L - Doc. 114**
Grupo de Trabajo para la Preparación de Principios de Contratos Comerciales Internacionales (3ro). Quinta sesión, Roma, 24-28 de mayo de 2010. Reglas Preliminares sobre Restitución por el Profesor Reinhard Zimmermann, Director del Max-Planck-Institut für ausländisches und internationales Privatrecht, Hamburgo - marzo de 2010.

StL-Doc. 115 2010 **UNIDROIT 2010 - Estudio L - Doc. 115**
Grupo de Trabajo para la Preparación de Principios de Contratos Comerciales Internacionales (3ro). Quinta sesión, Roma, 24-28 de mayo de 2010. Artículo 1.4 (Reglas Obligatorias) Comentarios Revisados por el Profesor Michael Joachim Bonell, Consultor de UNIDROIT - Febrero de 2010.

StL-Doc. 116 2010 **UNIDROIT 2010 - Estudio L - Doc. 116**
Grupo de Trabajo para la Preparación de Principios de Contratos Comerciales Internacionales (3ro). Quinta sesión, Roma, 24-28 de mayo de 2010. Capítulo Preliminar sobre la Ilegalidad por el Profesor Michael Joachim Bonell, Consultor de UNIDROIT - Febrero de 2010.

StL-Doc. 117 2010 **UNIDROIT 2010 - Estudio L - Doc. 117**
Grupo de Trabajo para la Preparación de Principios de Contratos Comerciales Internacionales (3ro). Quinta sesión, Roma, 24-28 de mayo de 2010. Capítulo Preliminar sobre la Pluralidad de Deudores y/o Acreedores por el Profesor Marcel Fontaine, Profesor Emérito de la Facultad de Derecho de la Universidad Católica de Lovaina - abril de 2010.

StL-Doc. 118 2010 **UNIDROIT 2010 - Estudio L - Doc. 118**
Grupo de Trabajo para la Preparación de Principios de Contratos Comerciales Internacionales (3ro). Quinta sesión, Roma, 24-28 de mayo de 2010. Capítulo Preliminar sobre Condiciones por el Profesor Bénédicte Fauvarque-Cosson, Université Panthéon-Assas Paris II - abril de 2010.

StL-Doc. 119 2010 **UNIDROIT 2010 - Estudio L - Doc. 119**
Grupo de Trabajo para la Preparación de Principios de Contratos Comerciales Internacionales (3ro). Quinta sesión, Roma, 24-28 de mayo de 2010. Ubicación de los nuevos Capítulos preliminares en la tercera edición de los Principios de UNIDROIT (Memorando del Secretariado de UNIDROIT) - abril de 2010.

StL-Doc. 120 2010 **UNIDROIT 2010 - Estudio L - Doc. 120**
Grupo de Trabajo para la Preparación de Principios de Contratos Comerciales Internacionales (3ro). Reglas Preliminares sobre Restitución por el Profesor Reinhard Zimmermann, Director del Max-Planck-Institut für ausländisches und internationales Privatrecht, Hamburgo - junio de 2010.

StL-Doc. 121	2010	**UNIDROIT 2010 - Estudio L - Doc. 121** Grupo de Trabajo para la Preparación de Principios de Contratos Comerciales Internacionales (3ro). Artículo 1.4 (Reglas Obligatorias) Comentarios Revisados por el Profesor Michael Joachim Bonell, Consultor de UNIDROIT - junio de 2010.
StL-Doc. 140	2010	**UNIDROIT 2010 - Estudio L - Doc. 122** Grupo de Trabajo para la Preparación de Principios de Contratos Comerciales Internacionales (3ro). Capítulo 3. Sección Preliminar 3. Ilegalidad, por el Profesor Michael Joachim Bonell, Consultor de UNIDROIT - junio de 2010.
StL-Doc. 123	2010	**UNIDROIT 2010 - Estudio L - Doc. 123** Grupo de Trabajo para la Preparación de Principios de Contratos Comerciales Internacionales (3ro). Capítulo Preliminar II sobre Pluralidad de Deudores y Acreedores, por el Profesor Marcel Fontaine, Profesor Emérito de la Facultad de Derecho de la Universidad Católica de Lovaina - junio de 2010.
StL-Doc. 124	2010	**UNIDROIT 2010 - Estudio L - Doc. 124** Grupo de Trabajo para la Preparación de Principios de Contratos Comerciales Internacionales (3ro). Capítulo 5. Sección Preliminar 3. Condiciones, por el Profesor Bénédicte Fauvarque-Cosson, Université Panthéon-Assas Paris II - junio de 2010.
StL-Doc. 125	2010	**UNIDROIT 2010 - Estudio L - Doc. 125** Principios UNIDROIT sobre Contratos Comerciales Internacionales - 2010.

2. Misceláneos (Misc.)

StL-Misc. 26	2006	**UNIDROIT 2006 - Estudio L - Misc. 26** Actas Resumidas de la Primera Sesión (Roma, 29 de mayo - 1 de junio de 2006) - octubre de 2006.
StL-Misc. 27	2007	**UNIDROIT 2007 - Estudio L - Misc.27** Actas Resumidas de la Segunda Sesión del Grupo de Trabajo (4 - 8 de junio de 2007) (preparadas por el Secretariado de UNIDROIT) - noviembre de 2007.
StL-Misc. 28	2008	**UNIDROIT 2008 - Estudio L - Misc.28** Actas Resumidas de la Tercera Sesión del Grupo de Trabajo (26 - 29 de mayo de 2008) (preparadas por el Secretariado de UNIDROIT) - octubre de 2008.

StL-Misc. 29 2009 **UNIDROIT 2009 - Estudio L - Misc. 29**
Grupo de Trabajo para la Preparación de Principios de Contratos Comerciales Internacionales (3ro). Cuarta sesión, Roma, 25-28 de mayo de 2009. Actas resumidas de la Cuarta Sesión (Roma, 25-28 de mayo de 2009) - octubre de 2009.

StL-Misc. 30 2010 **UNIDROIT 2010 - Estudio L - Misc. 30**
Grupo de Trabajo para la Preparación de Principios de Contratos Comerciales Internacionales (3ro). Quinta sesión, Roma, 24-26 de mayo de 2010. Informe resumido (preparado por el Secretariado de UNIDROIT) - junio de 2010.

3. Documento de trabajo (WP.)

StL-WP. 14 2008 **UNIDROIT 2008 - Estudio L - WP. 14**
Grupo de Trabajo para la Preparación de Principios de Contratos Comerciales Internacionales (3ro). Comité de Redacción, primera sesión, Hamburgo, 3 - 6 de marzo de 2008. Capítulo Preliminar sobre la Pluralidad de Deudores y/o Acreedores por el Profesor Marcel Fontaine, Profesor Emérito de la Facultad de Derecho de la Universidad Católica de Lovaina - enero de 2008.

StL-WP. 15 2008 **UNIDROIT 2008 - Estudio L - WP. 15**
Grupo de Trabajo para la Preparación de Principios de Contratos Comerciales Internacionales (3ro). Comité de Redacción, primera sesión, Hamburgo, 3 - 6 de marzo de 2008. Desenrollación de Contratos Fallidos. Documento en preparación para la reunión del Comité de Redacción en Hamburgo por el Profesor Reinhard Zimmermann, Director del Max-Planck-Institut für ausländisches und internationales Privatrecht, Hamburgo - enero de 2008.

StL-WP. 16 2008 **UNIDROIT 2008 - Estudio L - WP. 16**
Grupo de Trabajo para la Preparación de Principios de Contratos Comerciales Internacionales (3ro). Comité de Redacción, primera sesión, Hamburgo, 3 - 6 de marzo de 2008. Capítulo Preliminar sobre Obligaciones Condicionales por el Profesor Bénédicte Fauvarque-Cosson, Université Panthéon-Assas Paris II - enero de 2008.

StL-WP. 17 2008 **UNIDROIT 2008 - Estudio L - WP. 17**
Grupo de Trabajo para la Preparación de Principios de Contratos Comerciales Internacionales (3ro). Comité de Redacción, primera sesión, Hamburgo, 3 - 6 de marzo de 2008. Capítulo Preliminar sobre la Ilegalidad por el Profesor Michael Furmston, Profesor Emérito de la Universidad de Bristol - enero de 2008.

StL-WP. 18 2008 **UNIDROIT 2008 - Estudio L - WP. 18**
Grupo de Trabajo para la Preparación de Principios de Contratos Comerciales Internacionales (3ro). Comité de Redacción, primera sesión, Hamburgo, 3 - 6 de marzo de 2008. Actas de la reunión del Comité de Redacción (Hamburgo, 3 - 6 de marzo de 2008) - marzo de 2008.

StL-WP. 19 2009 **UNIDROIT 2009 - Estudio L - WP. 19**
Grupo de Trabajo para la Preparación de Principios de Contratos Comerciales Internacionales (3ro). Comité de Redacción, segunda sesión, Hamburgo, 2 - 5 de marzo de 2009. Capítulo Preliminar sobre la Pluralidad de Deudores y/o Acreedores por el Profesor Marcel Fontaine, Profesor Emérito de la Facultad de Derecho de la Universidad Católica de Lovaina - enero de 2009.

StL-WP. 20 2009 **UNIDROIT 2009 - Estudio L - WP. 20**
Grupo de Trabajo para la Preparación de Principios de Contratos Comerciales Internacionales (3ro). Comité de Redacción, segunda sesión, Hamburgo, 2 - 5 de marzo de 2009. Capítulo Preliminar sobre la Desenrollación de Contratos Fallidos por el Profesor Reinhard Zimmermann, Director del Max-Planck-Institut für ausländisches und internationales Privatrecht, Hamburgo - enero de 2009.

StL-WP. 21 2009 **UNIDROIT 2009 - Estudio L - WP. 21**
Grupo de Trabajo para la Preparación de Principios de Contratos Comerciales Internacionales (3ro). Comité de Redacción, segunda sesión, Hamburgo, 2 - 5 de marzo de 2009. Capítulo Preliminar sobre la Ilegalidad por el Profesor Michael Furmston, Profesor Emérito de la Universidad de Bristol - febrero de 2009.

StL-WP. 22 2009 **UNIDROIT 2009 - Estudio L - WP. 22**
Grupo de Trabajo para la Preparación de Principios de Contratos Comerciales Internacionales (3ro). Comité de Redacción, segunda sesión, Hamburgo, 2 - 5 de marzo de 2009. Capítulo Preliminar sobre Obligaciones Condicionales por el Profesor Bénédicte Fauvarque-Cosson, Université Panthéon-Assas Paris II - febrero de 2009.

StL-WP. 23 2009 **UNIDROIT 2009 - Estudio L - WP. 23**
Grupo de Trabajo para la Preparación de Principios de Contratos Comerciales Internacionales (3ro). Comité de Redacción, segunda sesión, Hamburgo, 2 - 5 de marzo de 2009. Actas de la reunión del Comité de Redacción (Hamburgo, 2-5 de marzo de 2009) - marzo de 2009.

StL-WP. 24 2009 **UNIDROIT 2009 - Estudio L - WP. 24**
Grupo de Trabajo para la Preparación de Principios de Contratos Comerciales Internacionales (3ro). Comité de Redacción, tercera sesión, Hamburgo, 25 - 28 de enero de 2010. Artículo 1.4 (Reglas Obligatorias). Comentarios Revisados por el Profesor Michael Joachim Bonell, Consultor de UNIDROIT - noviembre de 2009.

StL-WP. 25	2009	**UNIDROIT 2009 - Estudio L - WP. 25** Grupo de Trabajo para la Preparación de Principios de Contratos Comerciales Internacionales (3ro). Comité de Redacción, tercera sesión, Hamburgo, 25 - 28 de enero de 2010. Capítulo Preliminar sobre [Ilegalidad] [Infracción de Reglas Obligatorias] por el Profesor Michael Joachim Bonell, Consultor de UNIDROIT - noviembre de 2009.
StL-WP. 25 Add.	2009	**UNIDROIT 2009 - Estudio L - WP. 25 Add.** Grupo de Trabajo para la Preparación de Principios de Contratos Comerciales Internacionales (3ro). Comité de Redacción, tercera sesión, Hamburgo, 25 - 28 de enero de 2010. Capítulo Preliminar sobre [Ilegalidad] [Infracción de Reglas Obligatorias]. Nota del Reportero por el Profesor Michael Joachim Bonell, Consultor de UNIDROIT - diciembre de 2009.
StL-WP. 26	2009	**UNIDROIT 2009 - Estudio L - WP. 26** Grupo de Trabajo para la Preparación de Principios de Contratos Comerciales Internacionales (3ro). Comité de Redacción, tercera sesión, Hamburgo, 25 - 28 de enero de 2010. Capítulo Preliminar sobre la Pluralidad de Deudores y/o Acreedores por el Profesor Marcel Fontaine, Profesor Emérito de la Facultad de Derecho de la Universidad Católica de Lovaina - noviembre de 2009.
StL-WP. 27	2009	**UNIDROIT 2009 - Estudio L - WP. 27** Grupo de Trabajo para la Preparación de Principios de Contratos Comerciales Internacionales (3ro). Comité de Redacción, tercera sesión, Hamburgo, 25 - 28 de enero de 2010. Reglas Preliminares sobre Restitución por el Profesor Reinhard Zimmermann, Director del Max-Planck-Institut für ausländisches und internationales Privatrecht, Hamburgo - diciembre de 2009.
StL-WP. 28	2009	**UNIDROIT 2009 - Estudio L - WP. 28** Grupo de Trabajo para la Preparación de Principios de Contratos Comerciales Internacionales (3ro). Comité de Redacción, tercera sesión, Hamburgo, 25 - 28 de enero de 2010. Capítulo Preliminar sobre Obligaciones Condicionales por el Profesor Bénédicte Fauvarque-Cosson, Université Panthéon-Assas Paris II - diciembre de 2009.
StL-WP. 29	2010	**UNIDROIT 2010 - Estudio L - WP. 29** Grupo de Trabajo para la Preparación de Principios de Contratos Comerciales Internacionales (3ro). Comité de Redacción, tercera sesión, Hamburgo, 25 - 28 de enero de 2010. Actas de la reunión del Comité de Redacción (Hamburgo, 25-28 de enero de 2010) - Febrero de 2010.

V. Trabajo Preparatorio para la 4ta Edición de los Principios de Contratos Comerciales Internacionales (2016)

1. Estudio L

StL-Doc. 126	2014	**UNIDROIT 2014 - Estudio L - Doc. 126** Los Principios UNIDROIT de Contratos Comerciales Internacionales y Contratos a Largo Plazo (Documento de posición preparado por el Profesor Michael Joachim Bonell).
StL-Doc. 127	2015	**UNIDROIT 2015 - Estudio L - Doc. 127** Nota (preparada por el Secretariado de UNIDROIT).
StL-Doc. 128 rev.	2016	**UNIDROIT 2016 - Estudio L - Doc. 128 rev.** Concepto de "contratos a largo plazo" (Borradores preparados por los Profesores Michael Joachim Bonell y Neil Cohen).
StL-Doc. 129 rev.	2016	**UNIDROIT 2016 - Estudio L - Doc. 129 rev.** Contratos con términos abiertos (Borrador preparado por Sir Vivian Ramsey).
StL-Doc. 130 rev.	2015	**UNIDROIT 2015 - Estudio L - Doc. 130 rev.** Acuerdos para negociar de buena fe (Borrador preparado por el Profesor Neil Cohen).
StL-Doc. 131 rev.	2015	**UNIDROIT 2015 - Estudio L - Doc. 131 rev.** Contratos con términos evolutivos (Borrador preparado por el Profesor Michael Joachim Bonell).
StL-Doc. 132 rev.	2015	**UNIDROIT 2015 - Estudio L - Doc. 132 rev.** Eventos supervinientes (Borrador preparado por el Profesor Neil Cohen).
StL-Doc. 133 rev.	2015	**UNIDROIT 2015 - Estudio L - Doc. 133 rev.** Cooperación entre las partes (Borrador preparado por el Profesor Michael Joachim Bonell).
StL-Doc. 134 rev.	2015	**UNIDROIT 2015 - Estudio L - Doc. 134 rev.** Restitución después de la terminación de contratos celebrados por tiempo indefinido (Borrador preparado por el Profesor Reinhard Zimmermann).
StL-Doc. 135 rev.	2015	**UNIDROIT 2015 - Estudio L - Doc. 135 rev.** Terminación por razones imperativas (Borrador preparado por Sir Vivian Ramsey).
StL-Doc. 136 rev.	2015	**UNIDROIT 2015 - Estudio L - Doc. 136 rev.** Obligaciones postcontractuales (Borrador preparado por el Profesor Christine Chappuis).

1. Misceláneo (Misc.)

StL-Misc. 31 Rev.	2015	**UNIDROIT 2015 - Estudio L - Misc. 31 Rev.** Informe sobre la primera sesión del Grupo de Trabajo sobre Contratos a Largo Plazo.
StL-Misc. 32	2016	**UNIDROIT 2016 - Estudio L - Misc. 32** Informe sobre la segunda sesión del Grupo de Trabajo sobre Contratos a Largo Plazo.

2. Consejo de Dirección (C.D.)

C.D. (95) 3	2016	**UNIDROIT 2016 - C.D. (95) 3** Adopción de reglas adicionales y comentarios a los Principios UNIDROIT de Contratos Comerciales Internacionales referentes a contratos a largo plazo.

VI. Trabajo preparatorio sobre Cláusulas Modelo para el Uso de los Principios UNIDROIT de Contratos Comerciales Internacionales en la Práctica de Contratos y Resolución de Disputas Transnacionales

Estudio L on Model Clauses (MC)

StL-MC Doc. 1 Rev.	2013	**UNIDROIT 2013 - Estudio L - MC Doc. 1 Rev.** Cláusulas Modelo para el Uso de los Principios UNIDROIT de Contratos Comerciales Internacionales en la Práctica de Contratos y Resolución de Disputas Transnacionales (preparado por el Profesor Michael Joachim Bonell).
StL-MC Doc. 2	2013	**UNIDROIT 2013 - Estudio L - MC Doc. 2** Cláusulas Modelo para el Uso de los Principios UNIDROIT de Contratos Comerciales Internacionales en la Práctica de Contratos y Resolución de Disputas Transnacionales (Comentarios de los Profesores Don Wallace Jr., William E. Park y Eckart Brödermann).
StL-MC Doc. 2 Add.	2013	**UNIDROIT 2013 - Estudio L - MC Doc. 2 Add.** Cláusulas Modelo para el Uso de los Principios UNIDROIT de Contratos Comerciales Internacionales en la Práctica de Contratos y Resolución de Disputas Transnacionales (Comentarios del Profesor Klaus Peter Berger)
StL-MC Doc. 2 Add. 2	2013	**UNIDROIT 2013 - Estudio L - MC Doc. 2 Add. 2** Cláusulas Modelo para el Uso de los Principios UNIDROIT de Contratos Comerciales Internacionales en la Práctica de Contratos y Resolución de Disputas Transnacionales (Comentarios del Profesor Herbert Kronke).

StL-MC Doc. 2 Add. 3	2013	**UNIDROIT 2013 - Estudio L - MC Doc. 2 Add. 3** Cláusulas Modelo para el Uso de los Principios UNIDROIT de Contratos Comerciales Internacionales en la Práctica de Contratos y Resolución de Disputas Transnacionales (Comentarios del Profesor Lauro Gama Jr.).
StL-MC Doc. 2 Add. 4	2013	**UNIDROIT 2013 - Estudio L - MC Doc. 2 Add. 4** Cláusulas Modelo para el Uso de los Principios UNIDROIT de Contratos Comerciales Internacionales en la Práctica de Contratos y Resolución de Disputas Transnacionales (Comentarios presentados por CNUDMI)
StL-MC Doc. 3	2013	**UNIDROIT 2013 - Estudio L - MC Doc. 3** Informe sobre la reunión.
StL-MC Doc. 4 rev.	2013	**UNIDROIT 2013 - Estudio L - MC Doc. 4 rev.** Cláusulas Modelo para el Uso de los Principios UNIDROIT de Contratos Comerciales Internacionales.

BIBLIOGRAFÍA[3]

A. Libros sobre los Principios UNIDROIT

Bobei, Radu Bogdan, Derecho Transnacional de Contratos Comerciales, Comentario Conciso sobre los Principios UNIDROIT de Contratos Comerciales Internacionales 2016, Bucarest 2017

Bonell, M. Joachim, Una Recopilación Internacional del Derecho de Contratos: Los Principios UNIDROIT de Contratos Comerciales Internacionales, 3ra ed. Ardsley/Nueva York (2005) (citado como "M. J. Bonell, Una Recopilación Internacional, p.")

Brödermann, Eckart y Paschke, Marian (Eds.), Hacia el Uso de los Principios UNIDROIT 2016 en la Práctica, un Puente entre el Derecho Común y el Derecho Civil, Hamburgo 2018 (2018, ISBN edición impresa 978-3-7386-8834-0, ISBN edición electrónica 978-3-7386-8906-8), es decir, también Hamburg Law Review 2018/2 (ISSN 2511-3933)

Cashin Ritaine, E. y Lein, E. (Eds.), Los Principios UNIDROIT 2004: Su Impacto en la Práctica Contractual, la Jurisprudencia y la Codificación (Zurich 2007) (citado como "E. Cashin Ritaine/E. Lein")

Gabriel, Henry, Contratos de Compraventa de Bienes: Una Comparación entre el Derecho Interno de EE.UU. y el Derecho Internacional, Oxford University Press, 3ra ed. 2022 (citado como "H. Gabriel, p.")

Garro, Alejandro y Moreno Rodriguez, José Antonio (Eds.), Uso de los Principios UNIDROIT para Interpretar y Complementar el Derecho Contractual Doméstico (= vol. 51, Ius Comparatum - Estudios Globales en Derecho Comparado), Suiza 2021 (citado como "Autor en Garro/Moreno Rodriguez/autor")

Morán Bovio, David (ed.), Comentario a los Principios de UNIDROIT para los Contratos del Comercio Internacional 2da ed. Pamplona (2003) (citado como "Autor en Morán Bovio/autor")

Grupo de Trabajo de la IBA sobre la Práctica de los Principios UNIDROIT 2016 (Coordinador Willem Calkoen), Perspectivas en la Práctica de los Principios UNIDROIT 2016, Opiniones del Grupo de Trabajo de la IBA sobre la práctica de los Principios UNIDROIT 2016 (2019), publicado en el sitio web de la IBA (citado como "Autor en Grupo de Trabajo de la IBA/autor")

Jansen, Nils / Zimmermann, Reinhard (Eds.), Comentarios sobre el Derecho Europeo de Contratos (Oxford 2018), es decir, un comentario artículo por artículo de los Principios del Derecho Europeo de Contratos "PECL" que hace referencia y compara, para cada artículo, los Principios UNIDROIT (citado como "Autor en Jansen/Zimmermann/autor")

Oser, David, Los Principios UNIDROIT de Contratos Comerciales Internacionales: ¿Una Ley Gobernante?, Leiden, Países Bajos (2008) (citado como "D. Oser", Los Principios UNIDROIT de Contratos Comerciales Internacionales: ¿Una Ley Gobernante?)

Vogenauer, Stefan / Kleinheisterkamp, Jan (eds.), Comentario sobre los Principios UNIDROIT de Contratos Comerciales Internacionales, 2da ed. Oxford (2015) (citado como "Autor en Vogenauer/autor")

Vogenauer, Stefan / Kleinheisterkamp, Jan (eds.), Comentario sobre los Principios UNIDROIT de Contratos Comerciales Internacionales, 1ra ed. Oxford (2009) (citado como "Autor en Vogenauer/autor, con referencia a la edición")

3 Para una bibliografía detallada de libros y artículos sobre los Principios UNIDROIT, véase www.unilex.info en "UNIDROIT PRINCIPLES OF INTERNATIONAL COMMERCIAL CONTRACTS" y allí "Bibliography", y Vogenauer (ed.), PICC-Commentary, 2ª ed. (2015), Apéndice II (en pp. 1402-1444 por capítulos).

B. Artículos seleccionados sobre los Principios UNIDROIT

Bauer, Florian / Brödermann, Eckart, 3. formularios generales de contrato, en: Piltz, Burghardt/ Lewis, Linda, Becksche Online-Formulare Internationales Handels- und Vertriebsrecht, 4ª edición 2022

Baumann, Antje, Una investigación comparativa de los Principios UNIDROIT, los Principios del Derecho Europeo de los Contratos y la ley alemana, en: v. Bar (ed.), Regeln der Auslegung internationaler Handelsgeschäfte (2004), pp. 168-173

Bennett, Howard, La agencia en los Principios del Derecho Europeo de los Contratos y los Principios UNIDROIT de los Contratos Comerciales Internacionales (2004), Uniform Law Review (2006), pp. 771-792

Berger, Klaus-Peter, Práctica de arbitraje internacional y los Principios UNIDROIT de los Contratos Comerciales Internacionales, American Journal of Comparative Law, Volumen vol. 46 (1998), pp. 129-150

Bonell, M. Joachim, Supervisión del contrato comercial internacional contra la injusticia según los Principios UNIDROIT, Tulane Journal of International and Comperative Law (1995) (3), pp. 73-91. (citado como "M. J. Bonell, Tulane Journal of International and Comperative Law 1995")

- Un arbitraje "global" decidido sobre la base de los Principios UNIDROIT: In re Andersen Consulting Business Unit Member Firms v Arthur Andersen Business Unit Member Firms y Andersen Worldwide Société Coopérative, 17 Arbitration International (2001), pp. 249-261 (citado como "M. J. Bonell, Arb Int'l 2001")
- Responsabilidad precontractual, la Convención de Jurisdicción de Bruselas y... los Principios UNIDROIT (Caso 334/00 Tacconi v. HWS, en: Dubuisson, Bernard (ed.), Mélanges offerts à Marcel Fontaine (2003), pp. 359-370.
- Principios UNIDROIT 2004: La Nueva Edición de los Principios de los Contratos Comerciales Internacionales adoptados por el Instituto Internacional para la Unificación del Derecho Privado, Uniform Law Review (2004), pp. 5-39 (citado como "M. J. Bonell, Unif. Law Rev. 2004, p".)
- Los Principios UNIDROIT 2010: Una Recapitulación Internacional del Derecho de los Contratos, en: Georgetown University Law Center for Transnational Business and the Law, Simposio sobre los Principios UNIDROIT de 2010 de los Contratos Comerciales Internacionales: Hacia un Derecho de Contratos "Global", 28 de octubre de 2011, organizado por Don Wallace y el Profesor Visitante David P. Stewart, disponible en línea en www.law.georgetown.edu/cle/materials/UNIDROIT/2011.pdf
- Las nuevas disposiciones sobre ilegalidad en los Principios UNIDROIT 2010, Uniform Law Review (2011), pp. 517-536 (citado como "M. J. Bonell, Unif. Law Rev. 2011, p".)
- El Derecho que Rige los Contratos Comerciales Internacionales: Derecho Estricto vs Derecho Flexible, una Lección de La Haya 2017, que se publicará en los Cursos Recopilados de la Academia de La Haya de Derecho Internacional (2018), editado por la Academia de La Haya de Derecho Internacional (citado como "M. J. Bonell, Lección de La Haya 2017")
- El derecho que rige los contratos comerciales internacionales y el papel actual de los Principios UNIDROIT, Uniform Law Review (2018), pp. 15-41 (citado como "M. J. Bonell, Unif. Law Rev. 2018, p".)
- La Nueva Versión de la Base de Datos UNILEX sobre los Principios UNIDROIT y la CISG - Actualizada en Forma y Enriquecida en Contenido, en: Nacional, Internacional, Transnacional: Armonioso Tríptico en el Derecho, Festschrift en honor a Herbert Kronke en su 70º Cumpleaños, editado por Benicke, C. y Huber, S. (2020), pp. 725-731 (Citado como "M. J. Bonell, FS Kronke (2020)")

Borris, Christian, Los Principios UNIDROIT de Contratos Comerciales Internacionales en la Práctica de Tribunales de Arbitraje Internacionales, en: Schütze, R et al (eds.), Usus atque scientia, Festschrift en honor a RODERICH C. THÜMMEL en su 65° Cumpleaños el 23 de octubre de 2020 (2020), pp. 53-62 (Citado como "C. Borris, FS Thümmel (2020)")

Bridge, Michael, La Cesión de Derechos Contractuales en el Derecho Inglés y los Principios UNIDROIT en: Boric, T et al (eds.), Festschrift en honor a Willibald Posch en su 65° Cumpleaños (2011), p. 89-100 (Citado como "M. Bridge, FS Posch (2011)")

Brödermann, Eckart, Los Principios UNIDROIT Ampliados de 2004 - Una Herramienta Bienvenida para la Elaboración de Contratos y Arbitrajes, Recht der Internationalen Wirtschaft ("RIW") (2004), pp. 721-735 (Citado como "E. Brödermann, RIW 2004")

- La Creciente Importancia de los PRINCIPIOS UNIDROIT en Europa, Uniform Law Review (2006), pp. 749-770 (Citado como "E. Brödermann, Unif. Law. Rev. 2006")
- Los Principios UNIDROIT en la Práctica del Comercio Internacional - Una Experiencia Alemana, en: Diritto del Commercio Internazionale (2012), pp. 887-906 (Citado como "E. Brödermann, Diritto del Commercio Internazionale 2012")
- El Impacto de los Principios UNIDROIT en la Práctica de Contratos y Arbitraje Internacionales - La Experiencia de un Abogado Alemán, Uniform Law Review (2011), pp. 589-612 (Citado como "E. Brödermann, Unif. Law Rev. 2011) (= Rassenga Forense 2011, 633 - 658) (traducido por Fernández, Maximiliano Rodríguez, en: Rodriguez Olmos, Javier Mauricio (ed.), Principios UNIDROIT. Estudios en torno a una nueva "lingua franca" 2013, pp. 183 - 216; Citado como ,Traducción al español Fernández ')
- Los Principios UNIDROIT como Herramienta de Gestión de Riesgos, en: UNIDROIT, en: Eppur si muove, La Era del Derecho Uniforme - Ensayos en honor a Michael Joachim Bonell, para celebrar su 70° cumpleaños, editado por UNIDROIT (2016), pp. 1283-1301 (Citado como "E. Brödermann en: Eppur si muove: La Era del Derecho Uniforme")
- Elección de Ley y Cláusulas de Elección de los Principios UPICC a la Sombra de la Cláusula de Resolución de Disputas - Aspectos Fundamentales para Desarrollar una Base Coherente para Contratos Transfronterizos, Hamburg Law Review (2016), pp. 21-51 (Citado como "E. Brödermann, Hamb.urg Law Rev.iew 2016")
- Reseña de Libro, Comentario sobre los Principios UNIDROIT de Contratos Comerciales Internacionales, 2da edición, editado por Stefan Vogenauer (2016) (4), Derecho y Regulación del Comercio Internacional, pp. 130-133
- La Elección de los Principios UNIDROIT de Contratos Comerciales Internacionales en una Cláusula de "Elección de Ley", Bucerius Law Journal 02/2018, pp. 79-86 (Citado como "E. Brödermann, Bucerius Law Jorunal 2018")

Puente sobre Aguas Problemáticas para Contratos Comerciales Internacionales - Los Principios UNIDROIT 2016, Una Visión General de un Usuario de Largo Tiempo, Tulane Journal of International and Comparative Law (2020), Vol. 28, pp. 193-257 (Citado como "E. Brödermann, Puente sobre Aguas Problemáticas, Tulane J Int Comp L 2020"), 193);

- Superando Obstáculos para la Aplicación de los Principios UNIDROIT: Propuesta para una Cláusula Descriptiva de Elección de los Principios UNIDROIT, Uniform Law Review (2021), pp. 453 - 491 (citado como "E. Brödermann, Unif. Law Rev. 2021", 453)
- 1.1. Legislación aplicable, en: Piltz, Burghardt/ Lewis, Linda, Formularios en Línea de Derecho Internacional del Comercio y Distribución de Beck, 4ª edición 2022

Eberhard, Stefan, Las Sanciones por Incumplimiento del Contrato y los Principios UNIDROIT (2005).

Eiselen, Sieg, Incumplimiento Anticipado: Comentarios sobre la Manera en que los Principios UNIDROIT de Contratos Comerciales Internacionales pueden ser utilizados para interpretar o complementar los Artículos 71 y 72 de la CISG, en: Felemegas (ed.), Un Enfoque Internacional para la Interpretación de la Convención de las Naciones Unidas sobre Contratos de Compraventa Internacional de Mercaderías (1980) como Derecho Uniforme de Ventas (2007) (citado como "S. Eiselen, in: Felemegas (ed.)").

Estrella Faria, Jose Angelo, La Influencia de los Principios UNIDROIT de Contratos Comerciales Internacionales en las Leyes Nacionales, en: Eppur si muove, La Era del Derecho Uniforme - Ensayos en honor a Michael Joachim Bonell, para celebrar su 70° cumpleaños, editado por UNIDROIT (2016), vol. Volumen II, pp. 1318-1349.

Farnsworth, E. Allan, Deberes de Buena Fe y Trato Justo según los Principios UNIDROIT, Convenciones Internacionales Relevantes y Leyes Nacionales, Tulane J. Int'l & Comp. L (1995), pp. 47-63 (citado como "E. A. Farnsworth, Tulane J. Int'l & Comp. L 1995").

El Papel de los Principios UNIDROIT en el Arbitraje Comercial Internacional (2): Una Perspectiva de EE.UU. sobre sus Objetivos y Aplicación, Boletín de la Corte Internacional de Arbitraje de la CCI (2002) Suplemento Especial, pp. 21-28 (citado como "E. A. Farnsworth, ICC Int'l Court Bull, Special Supplement 2002").

Fauvarque-Cosson, Benedicte, Las Nuevas Disposiciones sobre Condiciones en los Principios UNIDROIT 2010, Uniform Law Review (2011), pp. 537-548 (citado como "B. Fauvarque-Cosson, Unif. Law Rev. 2011").

Los Principios UNIDROIT, el Mundo y la Reforma Francesa del Derecho de Contratos, en: Eppur si muove, La Era del Derecho Uniforme - Ensayos en honor a Michael Joachim Bonell, para celebrar su 70° cumpleaños, editado por UNIDROIT (2016), Volumenvolumen II, pp. 1350-1364 (citado como "B. Fauvarque-Cosson, Eppur si muove: La Era del Derecho Uniforme").

Favale, Rocco, Celebración de un Contrato mediante Oferta y Aceptación: Principios UNIDROIT y Derecho Italiano, en: Eppur si muove, La Era del Derecho Uniforme - Ensayos en honor a Michael Joachim Bonell, para celebrar su 70° cumpleaños, editado por UNIDROIT (2016), Volumenvolumen II, pp. 1365-1383.

Flechtner, Harry M., El Impacto de la CISG en los Esfuerzos de Unificación Internacional: Los Principios UNIDROIT de Contratos Comerciales Internacionales y los Principios del Derecho Europeo de Contratos, en: Ferrari (ed.), La Ley de Ventas Uniforme de 1980: Problemas Antiguos Revisitados a la Luz de Experiencias Recientes (2003), (citado como "H. M. Flechtner en Ferrari").

Fontaine, Marcel, ,Presentación General de los Principios UNIDROIT relativos al Derecho del Comercio Internacional. Contribuciones de la tercera edición de 2010", en Keutgen (ed.), Los Principios UNIDROIT relativos a los Contratos de Comercio Internacional (ed. 2010) y el Arbitraje (2011), pp. 17, 22 (citado como "M. Fontaine en Keutgen").

Las Nuevas Disposiciones sobre Pluralidad de Deudores y Acreedores en los Principios UNIDROIT 2010, Uniform Law Review (2011), pp. 549-562 (citado como "M. Fontaine, Unif. Law Rev. 2011").

Gabriel, Henry D., Los Principios UNIDROIT de Contratos Comerciales Internacionales: una Perspectiva Estadounidense sobre los Principios y su Uso, Uniform Law Review (2012), pp. 507-532.

Los Principios UNIDROIT de Derecho Comercial Internacional: Una Perspectiva Estadounidense sobre los Principios y su Uso, incluida la Parte VI: Comparación de las Reglas Principales de los Principios con el Derecho Comercial Estadounidense, en: Centro de Derecho de la Universidad de Georgetown para los Negocios Transnacionales y el Derecho, Simposio sobre los Principios UNIDROIT de Contratos Comerciales Internacionales de 2010: Hacia un Derecho de Contratos ,Global ', 28 de octubre de 2011, organizado por Don Wallace y el Profesor Visit.

Garma Jr., Lauro, Los usos comerciales en los Principios de UNIDROIT, en: Eppur si muove, La Era del Derecho Uniforme - Ensayos en honor a Michael Joachim Bonell, para celebrar su 70° cumpleaños, editado por UNIDROIT (2016), Volumen II, pp. 1412-1461

Govey AM, Ian, Australia y UNIDROIT, en: Eppur si muove, La Era del Derecho Uniforme - Ensayos en honor a Michael Joachim Bonell, para celebrar su 70° cumpleaños, editado por UNIDROIT (2016), Volumen I, pp. 324-332

van Houtte, Hans, Compensación por Daños Futuros - Artículo 7.4.3 de los Principios UNIDROIT, en: Eppur si muove, La Era del Derecho Uniforme - Ensayos en honor a Michael Joachim Bonell, para celebrar su 70° cumpleaños, editado por UNIDROIT (2016), Volumen II, pp. 1486-1492

Kleinheisterkamp, Sanciones por Incumplimiento del Contrato en los Principios UNIDROIT, en: Keutgen (ed.), Los Principios UNIDROIT relativos a los contratos de comercio internacional (ed. 2010) y el arbitraje (2011), pp. 125, 237

Koch, Robert, Comentario sobre si los Principios UNIDROIT de Contratos Comerciales Internacionales pueden ser utilizados para interpretar o complementar los Artículos 47 y 49 de la CISG (2004), www.cisg.law.pace.edu/cisg/biblio/koch2.html

- Comentario sobre si los Principios UNIDROIT de Contratos Comerciales Internacionales pueden ser utilizados para interpretar o complementar los Artículos 63 y 64 de la CISG (2004), www.cisg.law.pace.edu/cisg/biblio/koch3.html

Komarov, Alexander, Los Principios UNIDROIT de Contratos Comerciales Internacionales y el Desarrollo del Derecho de Contratos en la Rusia Moderna, en: Eppur si muove, La Era del Derecho Uniforme - Ensayos en honor a Michael Joachim Bonell, para celebrar su 70° cumpleaños, editado por UNIDROIT (2016), Volumen II, pp. 1493-1502

Larroumet, Christian, El Valor de los Principios UNIDROIT aplicables a los contratos del comercio internacional, JCP., éd. G (1997) I, 4011

Lopez de Gonzalo, Marco, Los Daños Punitivos en el Derecho Internacional Privado, en el Derecho Uniforme y en los Principios UNIDROIT, en: Eppur si muove, La Era del Derecho Uniforme - Ensayos en honor a Michael Joachim Bonell, para celebrar su 70° cumpleaños, editado por UNIDROIT (2016), Volumen II, pp. 1503-1519

Mazza, Francesca, Un "Puerto Seguro"— Herramienta para UNILEX - Un Cuestionario para Instituciones Arbitrales, Tribunales Arbitrales, Abogados o Partes sobre el Uso de los Principios UNIDROIT de Contratos Comerciales Internacionales en el Arbitraje Internacional, en: Eppur si muove, La Era del Derecho Uniforme - Ensayos en honor a Michael Joachim Bonell, para celebrar su 70° cumpleaños, editado por UNIDROIT (2016), Volumen II, pp. 1535-1541

McKendrick, Ewan/Vogenauer, Stefan, Eventos Sobrevenidos en el Derecho de Contratos: Dos Casos sobre la Interacción de Derechos de Contrato Nacionales, Derecho Internacional Uniforme e Instrumentos de ‚Soft Law ', en: Nacional, Internacional, Transnacional: Armonía en el Derecho, Liber Amicorum en honor a Herbert Kronke en su 70° cumpleaños, editado por Benicke, C. y Huber, S. (2020), pp. 1121-1138 E. S.

Meyer, Olaf, Los Principios UNIDROIT como Medio para Interpretar o Complementar la Ley Nacional, Unif.orme Law Rev.iew (2016), pp. 599-611 (citado como "O. Meyer, Unif. Law Rev. 2016")

Michaels, Ralph, Cambio de Perspectiva para los Principios UNIDROIT. Desde el Estatuto de Elección de Ley hasta la Parte General del Derecho de Contratos Transnacional, (2009) 73 RabelsZ (2009), pp. 866-888 (citado como "R. Michaels, RabelsZ 2009")

- Los Principios UNIDROIT como Derecho Global de Fondo, Uniform Law Review (2014), pp. 643-668 (citado como "R. Michaels, Unif. Law Rev. 2014")

Mo, Shijian, Los Principios UNIDROIT de Contratos Comerciales Internacionales en la Práctica Judicial China, en: Eppur si muove, La Era del Derecho Uniforme - Ensayos en honor a Michael Joachim Bonell, para celebrar su 70° cumpleaños, editado por UNIDROIT (2016), Volumen II, pp. 1542-1553

Pauknerova, Monika, Los Principios UNIDROIT y el Derecho Checo, en: Eppur si muove, La Era del Derecho Uniforme - Ensayos en honor a Michael Joachim Bonell, para celebrar su 70° cumpleaños, editado por UNIDROIT (2016), Volumen II, pp. 1583-1592

Peleggi, Roberta, La Regulación de las "Condiciones" en los Principios UNIDROIT, en: Eppur si muove, La Era del Derecho Uniforme - Ensayos en honor a Michael Joachim Bonell, para celebrar su 70° cumpleaños, editado por UNIDROIT (2016), Volumen II, pp. 1539-1618

Perillo, J. M., Fuerza Mayor y Dificultades Extremas según los Principios UNIDROIT de Contratos Comerciales Internacionales, 5 Tulane Journal of International & Comparative Law (1997), pp. 5-28 (citado como "J. M. Perillo, Tulane J. of Int'l & Comp. L. 1997")

Perales Viscasillas, Pilar, Los Principios de UNIDROIT en la jurisprudencia del Tribunal Supremo español, en: Eppur si muove, La Era del Derecho Uniforme - Ensayos en honor a Michael Joachim Bonell, para celebrar su 70° cumpleaños, editado por UNIDROIT (2016), Volumen II, pp. 1619-1639 (citado como "P. Perales Viscasillas, Eppur si muove: The Age of Uniform Law")

– Interpretación y Suplencia de Lagunas según la CISG: Contraste y Convergencia con los Principios UNIDROIT, Uniform Law Review (2017), pp. 4-28 (citado como "P. Perales Viscasillas, Unif. Law Rev. 2017")

Ramberg, Christina, Las Reglas sobre Términos Estándar en los Principios UNIDROIT: Desubicadas y Confusas, en: Eppur si muove, La Era del Derecho Uniforme - Ensayos en honor a Michael Joachim Bonell, para celebrar su 70° cumpleaños, editado por UNIDROIT (2016), Volumen II, pp. 1640-1648

Remien, Oliver, Los Principios UNIDROIT y las Reglas Fundamentales del Derecho de Contratos Europeo, en: Los Principios UNIDROIT 2004, Su Impacto en la Práctica Contractual, Jurisprudencia y Codificación, Informes del Coloquio del ISDC (8/9 de junio de 2006), editado por Cashin Ritaine, Eleanor/ Lein, Eva (2007), pp. 65-76 (citado como "O. Remien in Cashin Ritaine/Lein")

Remien, Oliver, - Derecho Público y Política Pública en Contratos Comerciales Internacionales y los Principios UNIDROIT de Contratos Comerciales Internacionales 2010: un Breve Esquema, Unif. Law. Rev.orm Law Review (2013), pp. 262-280 (citado como "O. Remien, Unif. Law Rev. 2013")

Saidov, Djakhongir, Incumplimiento Anticipado y Valores Subyacentes de los Principios UNIDROIT, Uniform Law Review (2006), pp. 795-822 (citado como "D. Saidov, Unif. Law Rev. 2006")

Schnyder, Anton K. /Straub, Ralf M., La Celebración de un Contrato de Acuerdo con los Principios UNIDROIT, EJLR (1995), pp. 243-268 (citado como "A. K. Schnyder/ R. M. Straub EJLR 1995")

Schwenzer, Ingeborg, Cumplimiento Específico y Daños según los Principios UNIDROIT de Contratos Comerciales Internacionales de 1994, European Journal of Law Reform (1999), pp. 289-301 (citado como "I. Schwenzer European Journal of Law Reform")

See, Rina / Prasad, Dharshini, Una Perspectiva Contemporánea del Derecho Inglés, Hamburg Law Review (2018/2), p. 84-106

Shalev, Gabriela / Herman, Shael, Un Estudio Fuente de la Codificación de Contratos de Israel, 35 (5) Louisiana Law Review (1975), pp. 1091-1115, disponible en: https://digitalcommons.law.lsu.edu/lalrev/vol35/iss5/7/, disponible en: www.digitalcommons.law.lsu.edu/cgi/viewcontent.cgi?referer=https://www.google.de/&httpsredir=1&article=4117&context=lalrev

Han, Shiyuan, Los Principios UNIDROIT y el Desarrollo del Derecho de Contratos Chino, en: Eppur si muove, La Era del Derecho Uniforme - Ensayos en honor a Michael Joachim Bonell, para celebrar su 70° cumpleaños, editado por UNIDROIT (2016), Volumen II, pp. 1473-1485

Veneziano, Anna, Las Cláusulas Modelo para el Uso de los Principios UNIDROIT de Contratos Comerciales Internacionales como Herramienta para la Autonomía de las Partes y en la Adjudicación, en: Eppur si muove, La Era del Derecho Uniforme - Ensayos en honor a Michael Joachim Bonell, para celebrar su 70° cumpleaños, editado por UNIDROIT (2016), Volumen II, pp. 1687-1697

Vogenauer, Stefan, Los Principios UNIDROIT de Contratos Comerciales Internacionales a los veinte años: experiencias hasta la fecha, la edición de 2010 y perspectivas futuras, Uniform Law Review (2014), pp. 481-518 (citado como "S. Vogenauer, Unif. Law Rev. 2014").

- Terminación de Contratos a Largo Plazo "por Razones Imperiosas" bajo los Principios UNIDROIT: Los Orígenes Alemanes, en: Eppur si muove, La Era del Derecho Uniforme - Ensayos en honor a Michael Joachim Bonell, para celebrar su 70° cumpleaños, editado por UNIDROIT (2016), vol. II, pp. 1698-1713 (citado como "S. Vogenauer, Eppur si muove: The Age of Uniform Law")

Zimmermann, Reinhard, Las Reglas Fundamentales de UNIDROIT para Contratos Comerciales Internacionales de 2004 en Perspectiva Comparativa, [2005] ZEuP pp. 264-290 (= Las Reglas UNIDROIT de Contratos Comerciales Internacionales de 2004 en Perspectiva Comparativa, (2006) 21 Tul Eur & Civ L Forum, pp. 1-33 (citado como "R. Zimmermann, 21 Tul Eur & Civ L Forum (2006)")

- La Desvinculación de Contratos Fracasados en los Principios UNIDROIT de 2010, Uniform Law Review (2011), pp. 563-587 (citado como "R. Zimmermann, Unif. Law Rev. (2011)")

C. Otra Literatura

Andrews, Neil, Buena Fe Bajo la Superficie: La Sensibilidad Ética del Derecho de Contratos Inglés, en: Eppur si muove, La Era del Derecho Uniforme - Ensayos en honor a Michael Joachim Bonell, para celebrar su 70° cumpleaños, editado por UNIDROIT (2016), vol. II, pp. 953-974

Audit, Bernard/d'Avout, Louis, Droit International Privé, 7ª ed. (2013)

Barraclough, Andrew/Waincymer, Jeff, Reglas Obligatorias de Derecho en Arbitraje Comercial Internacional, Melbourne Journal of International Law (2005), pp. 205-244 (citado como "Barraclough/Waincymer Melbourne J. Int' l L. 2005")

Beale, Hugh (ed.), Chitty on Contracts, 32ª Edición (2015)

Berger, Klaus-Peter, Compensación, ICC International Court of Arbitration Bulletin, Suplemento Especial (2005), pp. 24, 24 (citado como "K.-P. Berger, ICC Int'l Court Bull, Suplemento Especial 2005")

- Principios Generales del Derecho en Arbitraje Comercial Internacional Cómo Encontrarlos - Cómo Aplicarlos, World Arbitration & Mediation Review (2011), pp. 97-141 (citado como "K.-P. Berger, World Arbitration & Mediation Review 2001")
- El Contrato de Compensación (1996) (citado como "K.-P. Berger, El Contrato de Compensación")

Berger, Klaus-Peter/Arntz, Thomas, Fidelidad y Buena Fe como Principio Jurídico en el Derecho Económico Inglés, Zeitschrift für Vergleichende Rechtswissenschaft (ZVglRWiss) 115 (2016), pp. 167-199

Berger, Klaus-Peter, Der Aufrechnungsvertrag (1996) - El contrato de compensación (1996)

Bin Cheng, General Principles of Law as Applied by International Courts and Tribunals, Londres (1953) - Principios generales del derecho aplicados por tribunales y tribunales internacionales

Bonell, M. Joachim, Capítulo 22 Agencia, en: Hartkamp, Arthur S./Hesselink, Martijn W./Hondius, Ewoud H./Mak, Chantal/du Perron, C. Edgar (Eds.), Towards a European Civil Code, 4ª ed. (2011) - Capítulo 22 Agencia, en: Hartkamp, Arthur S./Hesselink, Martijn W./Hondius, Ewoud H./Mak, Chantal/du Perron, C. Edgar (Eds.), Hacia un Código Civil Europeo, 4ª ed. (2011)

- Capítulo 31 Plazos de Prescripción, en: Hartkamp, Arthur S./Hesselink, Martijn W./Hondius, Ewoud H./Mak, Chantal/du Perron, C. Edgar (Eds.), Towards a European Civil Code, 4ª ed. (2011) - Capítulo 31 Plazos de Prescripción, en: Hartkamp, Arthur S./Hesselink, Martijn W./

Hondius, Ewoud H./Mak, Chantal/du Perron, C. Edgar (Eds.), Hacia un Código Civil Europeo, 4ª ed. (2011)

Born, Gary B., International Commercial Arbitration, 32ª ed. (202114) - Arbitraje Comercial Internacional, 32ª ed. (202114)

Bridge, Michael G., The International Sale of Goods and Practice, 3ª ed. (2013) - La Venta Internacional de Bienes y Práctica, 3ª ed. (2013)

Briggs, Andrew, Private International Law in English Courts (2014) - Derecho Internacional Privado en los Tribunales Ingleses (2014)

Brödermann, Eckart, Betrachtungen zur Arbeit am Common Frame of Reference aus der Sicht eines Stakeholders: Der weite Weg zu einem europäischen Vertragsrecht, ZEUP (2007), pp. 304-323 (citado como "E. Brödermann, ZEUP 2007") - Reflexiones sobre el trabajo en el Marco Común de Referencia desde la perspectiva de un interesado: El largo camino hacia un derecho contractual europeo, ZEUP (2007), pp. 304-323 (citado como "E. Brödermann, ZEUP 2007")

- Risikomanagement in der internationalen Vertragsgestaltung, NJW (2012), pp. 971-977 (citado como "E. Brödermann, NJW 2012") - Gestión de riesgos en la elaboración de contratos internacionales, NJW (2012), pp. 971-977 (citado como "E. Brödermann, NJW 2012")
- The Chinese European Arbitration Centre - An Introduction to the CEAC Hamburg Arbitration Rules, Journal of International Arbitration (2013), pp. 301-325 (citado como "E. Brödermann, Journal of International Arbitration 2013") - El Centro de Arbitraje Europeo Chino - Introducción a las Reglas de Arbitraje CEAC de Hamburgo, Revista de Arbitraje Internacional (2013), pp. 301-325 (citado como "E. Brödermann, Journal of International Arbitration 2013")
- Zustandekommen von Rechtswahl—, Gerichtsstands— und Schiedsvereinbarungen - Rechtssoziologische Notizen, in: Witzleb/Ellger/Mankowski/Merkt/Remien, Festschrift für Dieter Martiny zum 70. Geburstag (2014), pp. 1045-1070 (citado como "E. Brödermann, in: FS Martiny (2014)") - Establecimiento de acuerdos de elección de ley, jurisdiccionales y arbitrales: Notas sociojurídicas, en: Witzleb/Ellger/Mankowski/Merkt/Remien, Festschrift para Dieter Martiny en su 70° cumpleaños (2014), pp. 1045-1070 (citado como "E. Brödermann, in: FS Martiny (2014)")
- Die Bedeutung des (internationalen) Gesellschaftsrechts in internationalen zivil— und handelsrechtlichen Schiedsverfahren - Zugleich ein Beitrag zur Auslegung von Art. II, IV und V Abs. 1 (a) des New Yorker Übereinkommens, in: Wegen, Gerhard, Golbal Wisdom on Business Transactions, International Law and Dispute Resolution (2015), pp. 591-604 (citado como "Wegen/E. Brödermann, in: FS Wegen (2015)") - La importancia del derecho (internacional) de sociedades en procedimientos de arbitraje internacionales de derecho civil y comercial - Al mismo tiempo, una contribución a la interpretación del Artículo II, IV y V, párrafo 1 (a) del Convenio de Nueva York, en: Wegen, Gerhard, Sabiduría global sobre transacciones comerciales, derecho internacional y resolución de disputas (2015), pp. 591-604 (citado como "Wegen/E. Brödermann, in: FS Wegen (2015)")
- Chinesische und chinabezogene Schiedsverfahren - Beobachtungen aus Wissenschaft und Praxis, in: Ebke F.W./Olzen D./Sandrock O. (Eds.), Festschrift für Sigfried H. Elsing zum 65. Geburtstag (2015), pp. 53-71 (citado como "E. Brödermann, in: FS Elsing (2015)") - Arbitraje chino y relacionado con China - Observaciones desde la ciencia y la práctica, en: Ebke F.W./Olzen D./Sandrock O. (Eds.), Festschrift para Sigfried H. Elsing en su 65° cumpleaños (2015), pp. 53-71 (citado como "E. Brödermann, in: FS Elsing (2015)")
- § 6 Internationales Privatrecht in: Piltz (ed.), Münchener Anwaltshandbuch Internationales Wirtschaftsrecht (2016) (citado como "E. Brödermann in § 6 IPR MünchAnwaltshandb. IntWirtschR") § 6 IPR MünchAnwaltshandb. IntWirtschR)

Brödermann, Eckart/Rosengarten, Joachim, Internationales Privat— und Zivilverfahrensrecht (IPR/IZVR) - Anleitung zur systematischen Fallbearbeitung, "Academis Iuris", 8ª ed. (2019) (citado como "Autor en: Brödermann/Rosengarten, IPR/IZVR") - Derecho Internacional Privado y Procesal Civil Internacional (IPR/IZVR) - Guía para el análisis sistemático de casos, "Academis Iuris", 8ª ed. (2019) (citado como "Autor en: Brödermann/Rosengarten, IPR/IZVR")

Brunner, Christoph, Force Majeure and Hardship under General Contract Principles - Exemption for Non-Performance in International Arbitration (2008) - Fuerza mayor y dificultades bajo los Principios Generales de Contratación - Exención por Incumplimiento en Arbitraje Internacional (20089)

CISG Advisory Council, Opinion No 8: Calculation of Damages under CISG Articles 75 and 76 (2008) - Consejo Consultivo de la CISG, Opinión No. 8: Cálculo de Daños bajo los Artículos 75 y 76 de la CISG (2008)

Dasser, Felix, "Soft Law" in International Commercial Arbitration, Collected Courses of the Hague Academy of International Law, Volumen 388 (2020) - "Soft Law" en el Arbitraje Comercial Internacional, Cursos Recopilados de la Academia de Derecho Internacional de La Haya, Volumen 388 (2020)

Dessemontet, Francois, Commercial Soft Law and Soft Codification on Conflicts, en: Eppur si muove, The Age of Uniform Law - Essays in honour of Michael Joachim Bonell, para celebrar su 70º cumpleaños, editado por UNIDROIT (2016), vol. I, pp. 349-357 - Soft Law Comercial y Codificación Suave en Conflictos, en: Eppur si muove, La Era del Derecho Uniforme - Ensayos en honor a Michael Joachim Bonell, para celebrar su 70º cumpleaños, editado por UNIDROIT (2016), vol. I, pp. 349-357

Dicey, Alber Venn, Morris, John Humphrey Carlile & Collins, Lawrence Antony, Conflict of Laws (2012) - Conflicto de Leyes (2012)

DiMatteo, Larry, Janssen, André, Magnus, Ulrich, Schulze, Reiner, Derecho internacional de compraventa, 2ª edición 2021 (Oxford/Nueva York)

E. G. L., The Statute of Limitations and the Conflict of Laws, The Yale Law Journal, Vol. 28, No. 5 (Mar., 1919), p. 492, disponible en: www.jstor.org/stable/pdf/785979.pdf - La Ley de Prescripción y el Conflicto de Leyes, The Yale Law Journal, Vol. 28, No. 5 (marzo, 1919), p. 492, disponible en: www.jstor.org/stable/pdf/785979.pdf

Fan, Kun, Arbitraje en China. Un Análisis Legal y Cultural (2013)

Farnsworth, E Allan, Responsabilidad Precontractual y Acuerdos Preliminares: Trato Justo y Negociaciones Fracasadas, 87 Columbia Law Review (1987), pp. 217-294 (citado como "E. A. Farnsworth, Columbia Law Rev. 1987")

- Contratos, 4ª ed. (2004) (citado como "E. A. Farnsworth, Contratos")

Ferrari, Franco/Kieninger, Eva-Maria/Mankowski, Peter/ y otros, Derecho Internacional de Contratos, 3ª ed. (2018) (citado como "Autor en Ferrari/Kieninger/Mankowski/Mankowski")

Fontaine, Marcel/ De Ly, Filip, Redacción de Contratos Internacionales: Un Análisis de Cláusulas Contractuales (2006)

Furmston, Michael/Carter, J.W., Buena Fe en el Derecho de Contratos: Un Estudio Comparado de la Commonwealth, en: Eppur si muove, La Era del Derecho Uniforme - Ensayos en honor a Michael Joachim Bonell, para celebrar su 70º cumpleaños, editado por UNIDROIT (2016), Volumen II, pp. 988-1034

Ghestin, Jacques, "L'exception d'inexécution" in: Fontaine/Viney (eds.), Les sanctions de l'inexécution des obligations contractuelles, Etudes de droit comparé (2001) - Ghestin, Jacques, ,La excepción de incumplimiento 'en: Fontaine/Viney (eds.), Las sanciones por incumplimiento de las obligaciones contractuales, Estudios de Derecho Comparado (2001)

Harmathy, Attila, Dificultades, en: Eppur si muove, La Era del Derecho Uniforme - Ensayos en honor a Michael Joachim Bonell, para celebrar su 70° cumpleaños, editado por UNIDROIT (2016), vol. II, pp. 1035-1043

Hay, Peter, La Clasificación de la Prescripción en el Derecho de Conflictos de los Estados Unidos, IPRax 1989, pp. 197-202.

Hawellek, Jeronimo, La Subrogación Personal (2010)

Hondius, Ewoud, Corrupción en el Derecho de Contratos y Restitución de Daños, en: Eppur si muove, La Era del Derecho Uniforme - Ensayos en honor a Michael Joachim Bonell, para celebrar su 70° cumpleaños, editado por UNIDROIT (2016), vol. II, pp. 1044-1065

Kötz, Hein/Flessner, Axel, Derecho Europeo de Contratos (1997), Volumen 1 (citado como "Autor en Kötz/Flessner/autor")

Kötz, Hein, Derecho de Contratos, 2ª edición (2012)

Kröll, Stefan/Mistelis, Loukas/Perales Viscasillas, Pilar (ed.) CISG, 21ª ed. (20181) (citado como "Autor en Kröll/Mistelis/Perales Viscasillas"/autor)

Langenbucher, Katja, Asignación de Riesgos en Transacciones sin Dinero en Efectivo (2001)

Leuschner, Lars, Derecho de Términos y Condiciones Generales para Contratos entre Empresas (Resultado de un Proyecto de Investigación para el Ministerio Federal de Justicia y Protección al Consumidor) (2014).

Magnus, Ulrich/Mankowski, Peter/ten Wolde, M.H. (Mathijs), Reglamento Roma I (2017)

Mankowski, Peter, Roma I y Arbitraje, en: Derecho de Negocios Internacionales (RIW) (2011), 30-44 (citado como "P. Mankowski, RIW 2011")

- Derecho Comercial (2018 en producción 2019) (citado como "Autor en Mankowski/Autor, Derecho Comercial"/Capítulo __")

McGee, Andrew, Plazos de Prescripción, 7.ª ed. (2014)

Mayer, Pierre/Heuzé, Vincent, Derecho Internacional Privado, 121.ª ed. (20194)

von Mehren, Arthur T., Enciclopedia Internacional de Derecho Comparado, Volumen VII: Contratos en General (2008) (citado como "autor en: von Mehren")

Meier, Sonja, Mayorías de Deudores en el Derecho de Contratos Europeo (2011), Archivo de Práctica Civilística (AcP) (2011), pp. 435-440

Moreno Rodriguez, J.A., La Nueva Ley Paraguaya sobre Contratos Internacionales: De Regreso al Pasado, en Eppur si muove, La Era del Derecho Uniforme - Ensayos en honor a Michael Joachim Bonell, para celebrar su 70° cumpleaños, editado por UNIDROIT (2016), Volumen II, pp. 1146-1138, disponible en: www.mondaq.com/pdf/clients/519934.pdf (citado como "Moreno Rodriguez en: Eppur si muove: La Era del Derecho Uniforme")

Peters, Lena, Instituto Internacional para la Unificación del Derecho Privado (UNIDROIT), (2017)

Oertel, Christoph, Incoterms®, en: Mankowski, Peter (ed.), Derecho Comercial (2019), pp. 828-897

Oğuzman, Kemal N. / Öz, Turgut, Derecho de Obligaciones (Disposiciones Generales), Volumen 2 (2013)

Paolo Traisci, Francesco, Hardship y Fuerza Mayor en los contratos del comercio internacional: un modelo innovador a seguir, en: Eppur si muove, La Era del Derecho Uniforme - Ensayos en honor a Michael Joachim Bonell, para celebrar su 70° cumpleaños, editado por UNIDROIT (2016), vol. II, pp. 1675-1686

Peel, Edwin, El derecho de los contratos, 14.ª ed. (2015)

Pichonnaz, Pascal/Gullifer, Louise, Compensación en Arbitraje y Transacciones Comerciales (2014) (citado como "P. Pichonnaz/L. Gullifer, Compensación (2014)")

Pietrancosta, Alain/des Grottes, A. Marraud/Boursican, Etienne/Kensicher, Hervé/de Feydau, Amaury/Lallemand, Marine/Mou Si Yan, Carine, El derecho de los contratos reformado, Ediciones Fauves (2016)

Prütting, Hans/Wegen, Gerhard/Weinreich, Gerd (eds.), Código Civil Alemán, 18ª Edición (2023) (citado: Autor en Prütting/Wegen/Weinreich/Autor, Comentario § BGB)

Ranieri, Filippo, 'Buena Fe' en: Basedow/Hopt/Zimmermann (eds.) con Stier (ed), Enciclopedia Max Planck de Derecho Privado Europeo, Volumen 1 (2012), pp. 790-794

Rau, Alan Scott, El Árbitro y las "Normas de Derecho Imperativo", en: Bermann, George A./ Mistelis Loukas A. (Eds.), Normas de Derecho Imperativo en el Arbitraje Internacional (2011), pp. 77-129 (citado como "Rau en: Bermann/Mistelis (ed.)")

Reithmann, Christoph/ Martiny, Dieter (eds.), Derecho Internacional de los Contratos, 8.ª ed. (2015)

Riedler, Andreas, Pluralidad de Acreedores en el Derecho austriaco, francés, suizo y alemán, ERPL 1999, pp. 349-354

von Savigny, Friedrich Carl, Sistema del Derecho Romano Moderno, Vol. VIII, Reimpresión (1961)

Säcker, Franz-Jürgen/Rixecker, Roland/Oetker, Hartmut (eds.), Comentario de Múnich, Código Civil, 87.ª Ed. (20192017) (citado como "Autor en MüKoBGB")

Schmidt-Kessel, Martin, Término Implícito - en busca del Equivalente Funcional, ZvglRWiss 1997, pp. 101-155

Schulze, Reiner, Derecho Común de Ventas Europeo (CESL) (2012) (citado como "Schulze/Autor en Schulze")

Schwenzer, Ingeborg/Bacher, Klaus/Ferrari, Franco, Comentario sobre la Convención de las Naciones Unidas sobre los Contratos de Compraventa Internacional de Mercaderías (CISG), 3.ª ed. (2010) (citado como "Autor en Schwenzer/Bacher/Ferrari/autor")

Schwenzer, Ingeborg (ed.), Schlechtriem&Schwenzer, Comentario sobre la Convención de las Naciones Unidas sobre los Contratos de Compraventa Internacional de Mercaderías (CISG), 5ª ed. (2022) (citado como "Schlechtriem&Schwenzer")

Schwenzer, Ingeborg/Manner, Simon, La Reclamación está Prescrita: El Régimen Adecuado de Limitación para Contratos de Compraventa Internacional en Arbitraje Comercial Internacional, Arbitration International (2007) (23/2), p. 293-307

Schwenzer, Ingeborg/Pascal Hachem/, y Kee, Christopher, Ventas Globales y Derecho de Contratos (2012) (citado como "Schwenzer/Pascal Hachem/Kee")

Schwenzer, Ingeborg/Leisinger, Benjamin, Valores Éticos y Contratos de Compraventa Internacional, en: Cranston/Ramberg/Ziegel (eds.), Desafíos del Derecho Comercial en el Siglo XXI En Memoria de Jan Hellner, Uppsala, Estocolmo, Centro de Derecho Comercial de Estocolmo (2007), pp. 249-275

Schwenzer, Ingeborg, Cumplimiento Específico y Daños de Acuerdo a los Principios UNIDROIT de 1994 de Contratos Comerciales Internacionales, European Journal of Law Reform 1999, pp. 289-303

von Staudinger, Julius, Comentario al Código Civil Alemán (citado como "Autor en Staudinger/Autor (año)")

The Law Commission, Limitaciones de Acciones, Ley Com No. 270 (2001), disponible en http://www.lawcom.gov.uk/app/uploads/2015/03/lc270_Limitation_of_Actions.pdf

Treitel, G.H., Remedios por Incumplimiento de Contrato: Un Análisis Comparativo (1991)

Triebel, Volker, CON LA CONDICIÓN DE QUE - Riesgos y Malentendidos de un Término Jurídico Oculto en: Ebke/Olzen/Sandrock (eds.), Festschrift para Siegfried H. Elsing en su 65.º Cumpleaños (2015), pp. 1047-1060

Waespi, Oliver, Responsabilidad Organizativa - Riesgo y Negligencia en la Responsabilidad del Principal en los negocios, en: Hausheer (Ed.), Tratados sobre Derecho Suizo (2005), pp. 263-264

Wiegand, Wolfgang/Zellweger-Gutknecht, Corinne, Cesión, Boletín de la Corte Internacional de Arbitraje de la CCI, Suplemento Especial (2005)

Wolff, Rainmar/Scherer, Maxi, Convención de Nueva York sobre el Reconocimiento y la Ejecución de laudos Arbitrales Extranjeros del 10 de junio de 1958 - Comentario Artículo por Artículo, 2.ª ed. (20192)

Zimmermann, Reinhard, Fundamentos Comparativos de un Derecho Europeo de Compensación y Prescripción (2002) - "Compensación", en: Basedow/Hopt/Zimmermann/Stier (eds.), Enciclopedia Max Planck de Derecho Privado Europeo, vol. II (2012) (citado como "R. Zimmermann en Basedow/Hopt/Zimmermann/Stier/Zimmermann, Compensación").

- "Las melodías escuchadas son dulces, pero las no escuchadas son más dulces...", Condicio tacita, condición implícita y el desarrollo del derecho europeo de contratos, Archivo de la Práctica Civilista (1993), pp. 121-173 (citado como "R. Zimmermann, Archivo de la Práctica Civilista 1993")

Wang, Xuehna/Lin, Jing, Revisión Anual sobre la Resolución de Disputas Comerciales Internacionales (2015), en: Comisión de Arbitraje de Beijing / Centro Internacional de Arbitraje de Beijing, Resolución de Disputas Comerciales en China: Una Revisión Anual y Perspectivas (2015)

SITIOS WEB RELEVANTES

www.UNIDROIT.org (Instrumentos / Contratos Comerciales / Principios de UNIDROIT 2016)

www.unilex.info

www.cisg-online.ch (para la investigación de casos sobre la CISG en los múltiples escenarios donde los casos sobre la CISG sirven como argumento para interpretar los PICC)

https://iicl.law.pace.edu/cisg/cisgwww.cisg.law.pace.edu/cisg/principles.html

GRUPOS DE TRABAJO

Reimpresión de los Comentarios Oficiales con la amable autorización de UNIDROIT

I. GRUPO DE TRABAJO para la preparación de los principios UNIDROIT (1994)

Michael Joachim BONELL - Profesor de Derecho, Universidad de Roma I "La Sapienza"; Presidente del Grupo de Trabajo; Ponente del Capítulo 1 (incluido el Preámbulo), Capítulo 2 y Capítulo 4.

Patrick Brazil - Abogado, Canberra; ex Secretario del Departamento del Fiscal General; ex miembro del Consejo de Gobierno de Unidroit

Paul-André Crépeau - Director, Centre de recherche en droit privé et comparé du Québec; Profesor de Derecho, Universidad McGill, Montreal

Samuel K. Date-Bah - Profesor de Derecho, Universidad de Accra; Asesor Especial (Jurídico), Secretaría de la Commonwealth, Londres

Adolfo Di Majo - Profesor de Derecho, Universidad de Roma I "La Sapienza"

Ulrich Drobnig - Director, Max-Planck-Institut für ausländisches und internationales Privatrecht, Hamburgo; ponente del capítulo 7, sección 2, y coponente —del capítulo 3.

E. Allan Farnsworth - Profesor de Derecho, Facultad de Derecho de la Universidad de Columbia en la Ciudad de Nueva York; Miembro del Consejo de Gobierno de Unidroit; Presidente del Comité Editorial

Marcel Fontaine - Profesor de Derecho, Centre de droit des Obligations, Université Catholique de Louvain, Louvain-la-Neuve; ponente del capítulo 5 y del capítulo 6, sección 1 (excluidos los artículos 6.1.14 a 6.1.17).

Michael P. Furmston - Profesor de Derecho, Universidad de Bristol; ponente del capítulo 7, sección 1 (excluidos los artículos 7.1.4 y 7.1.6)

Alejandro Garro - Profesor de la Facultad de Derecho de la Universidad de Columbia en la Ciudad de Nueva York; ex Abogado, Buenos Aires

Arthur S. Hartkamp - Abogado General del Tribunal Supremo de los Países Bajos, La Haya; Profesor de Derecho, Universidad de Utrecht; miembro del Consejo de Gobierno de Unidroit.

Hisakazu Hirose - Profesor de Derecho, Universidad de Tokio, Komaba

Huang Danhan - Profesor de Derecho de la Universidad de Negocios Internacionales y Economía; ex Director Adjunto del Departamento de Tratados y Derecho del Ministerio de Relaciones Económicas Exteriores y Comercio de la República Popular China, Pekín.

Alexander S. Komarov - Presidente del Tribunal de Arbitraje Comercial Internacional de la Cámara de Comercio e Industria de la Federación Rusa; Jefe del Departamento de Derecho de la Academia Panrusa de Comercio Exterior, Moscú.

Ole Lando - Profesor de Derecho, Instituto de Derecho del Mercado Europeo, Escuela de Economía y Administración de Empresas de Copenhague; ponente del capítulo 7, sección 3, coponente del capítulo 3.

Dietrich Maskow - Abogado, Berlín; antiguo Director, Institut für ausländisches Recht und Rechtsvergleichung der DDR; ponente sobre los artículos 6.1.14 a 6.1.17 y sobre el capítulo 6, sección 2.

Denis Tallon - Profesor de Derecho; ex Director, Instituto de Derecho Comparado de París, Universidad de Derecho, Economía y Ciencias Sociales (París 2); ponente sobre el artículo 7.1.6 y sobre el capítulo 7, sección 4.

La secretaria del Grupo de Trabajo fue Lena Peters, de la Secretaría de Unidroit

Inicialmente, el Grupo de Trabajo también incluía a C. Massimo Bianca (Universidad de Roma I "La Sapienza"); Jerzy Rajski (Universidad de Varsovia; Coponente —de los anteproyectos de los capítulos 5 y 6); Tony Wade (Instituto Asser de La Haya); Wang Zhenpu (Director Adjunto del Departamento de Tratados y Derecho del Ministerio de Relaciones Económicas Exteriores y Comercio de la República Popular China).

OTROS PARTICIPANTES EN EL PROYECTO

Asimismo participaron en el proyecto, en una u otra calidad: José M. Abascal Zamora (Universidad Panamericana de Ciudad de México); Enrique Aimone Gibson (Universidad Católica de Valparaíso); Joseph ,Bayo Ajala (ex Procurador General de la Federación de Nigeria y Director General del Ministerio Federal de Justicia); Bernard Audit (Universidad de París II Panthéon-Assas); Luiz O. Baptista (Presidente del Colegio de Abogados de São Paolo); Jorge Barrera Graf (Universidad Nacional Autónoma de México); Henry T. Bennett (ex Secretario Adjunto del Departamento del Fiscal General, Canberra); Eric E. Bergsten (Pace University; ex Secretario de la Comisión de las Naciones Unidas para el Derecho Mercantil Internacional); George Berlioz (Abogado en París); Piero Bernardini (Abogado en Roma; ex Jefe de la Oficina Jurídica del Ente Nazionale Idrocarburi (ENI)); Richard Buxbaum (Universidad de California en Berkeley); Franz Bydlinski (Universidad de Viena); Amelia Boss (Temple University); Andrzej Całus (Warsaw School of Economics); John W. Carter (Universidad de Sydney); James Richard Crawford (Universidad de Cambridge); Ronald C.C. Cuming (Universidad de Saskatchewan); Giorgio De Nova (Universidad de Milán); Louis Del Duca (Dickinson School of Law); Arturo Díaz Bravo (Abogado en Ciudad de México); Aubrey L. Diamond (Universidad de Londres); Alfred Duchek (Generalanwalt en el Ministerio Federal de Justicia de Austria); Fritz Enderlein (Abogado en Berlín; antiguo Director del Institut für ausländisches Recht und Rechtsvergleichung en Potsdam-Babelsberg); John Goldring (Universidad de Wollongong); James Gordley (Universidad de California en Berkeley); Anita Hill (Universidad de Oklahoma); Fernando Hinestrosa (Universidad de Bogotà); Kurt Grönfors (Universidad de Gotemburgo); Lars Hjerner (Universidad de Estocolmo); Richard Hyland (Universidad Rutgers de Camden), ponente sobre el artículo 7.1.4; Rafael Illescas Ortiz (Universidad Carlos III de Madrid); Philippe Kahn (Director del Centre de recherche sur le droit des marchés et des investissements internationaux, Dijon); Koh Kheng-Lian (Universidad de Singapur); Lodvik Kopac (Abogado en Praga; antiguo Director Adjunto en el Ministerio Federal de Comercio Exterior de la CSSR); Ernest Krings (Abogado General del Tribunal Supremo de Bélgica); Pierre Lalive (Universidad de Ginebra); Hans Leser (Universidad de Marburgo); Berardino Libonati (Universidad de Roma I "La Sapienza"); Giovanni Longo (Secretario General del Tribunal Supremo de Italia); Kéba Mbaye (ex Vicepresidente de la Corte Internacional de Justicia); Luis Moisset de Espanés (Universidad de Córdova); José C. Moreira Alves (ex Presidente del Tribunal Supremo de Brasil); Barry Nicholas (Universidad de Oxford); Tinuade Oyekunle (Abogado en Lagos; ex Director de la División de Derecho Internacional y Comparado, Ministerio Federal de Justicia de Nigeria); Grace Orleans (Fiscal General en funciones, Ghana); Alfred E. von Overbeck (Universidad de Friburgo); Luiz G. Paes de Barros Leães (Universidad de São Paolo); Gonzalo Parra Aranguren (Universidad de Caracas); Michel Pelichet (Secretario General Adjunto de la Conferencia de La Haya de Derecho Internacional Privado); Pietro Perlingieri (Universidad de Nápoles); Allan Philip (Presidente del Comité Marítimo Internacional); László Réczei (Profesor de Derecho, Universidad de Budapest; ex Embajador); Pietro Rescigno (Universidad de Roma I "La Sapienza"); Julio C. Rivera (Universidad de Buenos Aires). Rivera (Universidad de Buenos Aires); Walter Rolland (Universidad de Halle; antiguo Ministerialdirektor en el Ministerio Federal de Justicia); Eero Routamo (Universidad de Helsinki); Arthur Rosett (Universidad de California Los Angeles); Rodolfo Sacco (Universidad de Turín); Claude Samson (Universidad de Laval); Benito Sansò (Universidad de Caracas); David

Sassoon (Abogado en Tel Aviv); Peter Schlechtriem (Universidad de Friburgo); Kurt Siehr (Universidad de Zurich); José Luis Siqueiros (Profesor de Derecho; Abogado en Ciudad de México); Sir Thomas Smith (Universidad de Edimburgo); T. Bradbrooke Smith (ex Fiscal General Adjunto del Departamento de Justicia, Ottawa); Kazuaki Sono (Universidad Hokkaido de Sapporo; ex Secretario de la Comisión de las Naciones Unidas para el Derecho Mercantil Internacional; ex Asesor Jurídico del Banco Mundial); Jean-Georges Sauveplanne (Universidad de Utrecht); Nagendra Singh (ex Presidente de la Corte Internacional de Justicia); Sandro Schipani (Universidad de Roma II "Tor Vergata"); Giuseppe Sperduti (Universidad de Roma I "La Sapienza"); Sompong Sucharitkul (ex Embajador y ex miembro tailandés de la Comisión de Derecho Internacional); Guido Tedeschi (Universidad Hebrea de Jerusalén); Evelio Verdera y Tuells (Universidad Complutense de Madrid); Michael Will (Universidad de Ginebra); Hernany Veytia Palomino (Universidad Panamericana de Ciudad de México); Jelena Vilus (Universidad de Belgrado); Peter Winship (Southern Methodist University, Dallas).

II. GRUPO DE TRABAJO para la preparación de los Principios UNIDROIT 2004

(i) Miembros

Alexander S. Komarov - Director de la Cátedra de Derecho Privado de la Academia Rusa de Comercio Exterior; Presidente del Tribunal de Arbitraje Comercial Internacional de la Cámara de Comercio e Industria de la Federación Rusa

Ole Lando - Catedrático de Derecho (emérito), Escuela de Economía y Administración de Empresas de Copenhague; Presidente de la Comisión de Derecho Contractual Europeo (1980-2001)

Peter SCHLECHTRIEM - Catedrático de Derecho (emérito), Universidad de Friburgo; ponente del capítulo 10

Takashi UCHIDA - Profesor de Derecho, Universidad de Tokio

(ii) Observadores

François DESSEMONTET - Profesor de Derecho, Universidad de Lausana; Observador de la Asociación Suiza de Arbitraje

Horacio GRIGERA NAÓN - Secretario General de la Corte Internacional de Arbitraje de la CCI; Observador de la Corte Internacional de Arbitraje de la CCI (1998-2001)

Gerold HERRMANN - Secretario de la Comisión de las Naciones Unidas para el Derecho Mercantil Internacional (CNUDMI); Observador de la CNUDMI (1998-2000)

Giorgio SCHIAVONI - Vicepresidente de la Cámara de Arbitraje Nacional e Internacional de Milán; Observador de la Cámara de Arbitraje Nacional e Internacional de Milán

Jernej SEKOLEC - Secretario de la Comisión de las Naciones Unidas para el Derecho Mercantil Internacional (CNUDMI); Observador de la CNUDMI (2001-2003)

Anne Marie WHITESELL - Secretaria General de la Corte Internacional de Arbitraje de la CCI; Observadora de la Corte Internacional de Arbitraje de la CCI (2002-2003)

Las secretarias del Grupo de Trabajo fueron Paula HOWARTH y Lena PETERS, de la Secretaría de Unidroit.

III. GRUPO DE TRABAJO para la preparación de los Principios UNIDROIT 2010

Miembros

Berhooz AKHLAGHI - Socio, Despacho de Derecho Internacional Dr. Berhooz Akhlaghi & Associates, Teherán

Guido ALPA - Profesor de Derecho, Universidad de Roma I "La Sapienza"

Michael Joachim BONELL - Profesor de Derecho (emérito), Universidad de Roma I "La Sapienza"; Consultor, Unidroit; Ponente sobre el Capítulo 3, Sección 3 (2009-2010) y sobre los Comentarios revisados al Artículo 1.4; Presidente del Grupo de Trabajo.

Paul-André CRÉPEAU - Profesor de Derecho (emérito), Universidad McGill, Montreal

Samuel K. DATE-BAH - Juez, Tribunal Supremo de Ghana

Bénédicte FAUVARQUE-COSSON - Profesora de Derecho, Universidad Panthéon-Assas París II; ponente del capítulo 5, sección 3

Paul FINN - Juez, Tribunal Federal de Australia

Marcel FONTAINE - Profesor de Derecho (emérito), Centre de droit des Obligations, Université Catholique de Louvain, Louvain-la-Neuve; ponente sobre el Capítulo 11; Presidente del Comité de Redacción de la versión francesa

Michael P. FURMSTON - Decano de Derecho y Profesor de Derecho, Singapore Management University; ponente del capítulo 3, sección 3 (2006-2008)

Henry D. GABRIEL - Profesor de Derecho, Facultad de Derecho de la Universidad de Elon, Greensboro, N.C.; Miembro del Consejo de Gobierno de Unidroit; Presidente del Comité Editorial

Lauro GAMA Jr. - Profesor de Derecho, Pontificia Universidad Católica de Río de Janeiro (PUC-Rio); Socio, Binenbojm, Gama & Carvalho Britto Advogados, Río de Janeiro (2008-2010)

Sir Roy GOODE - Catedrático de Derecho (emérito), Universidad de Oxford; Miembro Honorario del Consejo de Gobierno de Unidroit

Arthur S. HARTKAMP - Profesor de Derecho Privado Europeo, Radboud University Nijmegen; Miembro del Consejo de Gobierno de Unidroit

Alexander S. KOMAROV - Profesor de Derecho, Jefe del Departamento de Derecho Privado, Academia Rusa de Comercio Exterior, Moscú; Miembro Honorario del Consejo de Gobierno de Unidroit

Ole LANDO - Profesor de Derecho (emérito), Copenhagen Business School

Takashi UCHIDA - Profesor de Derecho, Facultad de Derecho, Universidad de Tokio; Asesor Principal sobre Reforma Legislativa, Oficina de Asuntos Civiles, Ministerio de Justicia, Tokio.

João Baptista VILLELA - Profesor de Derecho, Universidade Federal de Minas Gerais, Belo Horizonte (2006-2007)

Pierre WIDMER - Profesor de Derecho (emérito), Ex Director del Instituto Suizo de Derecho Comparado, Lausana; Miembro Honorario del Consejo de Administración de Unidroit.

ZHANG Yuqing - Profesor de Derecho, Bufete Zhang Yuqing, Pekín; Miembro Honorario del Consejo de Gobierno de Unidroit

Reinhard ZIMMERMANN - Catedrático de Derecho, Director del Max-Planck-Institut für ausländisches und internationales Privatrecht, Hamburgo; ponente de los artículos 3.2.14, 3.2.15, 7.3.6 y 7.3.7

Observadores

Ibrahim Hassan AL MULLA - Director General, Centro de Derecho Internacional de los Emiratos, Dubai; Observador del Centro de Derecho Internacional de los Emiratos

Eckart BRÖDERMANN - Socio, Brödermann & Jahn, Hamburgo; Observador del Comité de Derecho Espacial, Asociación Internacional de Abogados

Alejandro CARBALLO - Abogado, Bufete Cuatrecasas, Madrid; Observador de la Sociedad Americana de Derecho Internacional, Grupo de Derecho Internacional Privado.

Christine CHAPPUIS - Profesora de Derecho, Facultad de Derecho, Universidad de Ginebra; Observadora del Groupe de Travail Contrats Internationaux

Chang-ho CHUNG - Juez del Tribunal del Distrito de Gwang-ju de Corea; Observador del Gobierno de la República de Corea

Neil B. COHEN - Catedrático de Derecho Jeffrey D. Forchelli, Brooklyn Law School, Nueva York; Observador del American Law Institute

François DESSEMONTET - Profesor de Derecho, Universidad de Lausana; Observador de la Asociación Suiza de Arbitraje

Lauro GAMA Jr. - Profesor de Derecho, Pontificia Universidad Católica de Río de Janeiro (PUC-Rio); Socio, Binenbojm, Gama & Carvalho Britto Advogados, Río de Janeiro; Observador de la Sección Brasileña de la Asociación de Derecho Internacional (2007).

Alejandro GARRO - Profesor de Derecho, Columbia Law School, Nueva York; Observador del Colegio de Abogados de Nueva York

Attila HARMATHY - Profesor de Derecho (emérito), Facultad de Derecho de la Universidad Eötvös Loránd, Budapest; Miembro honorario del Consejo de Gobierno de Unidroit; Observador del Tribunal de Arbitraje de la Cámara de Comercio e Industria de Hungría.

Emmanuel JOLIVET - Consejero General, Corte Internacional de Arbitraje de la CCI, París; Observador de la Corte Internacional de Arbitraje de la CCI

Timothy LEMAY - Oficial Jurídico Principal y Jefe de la Subdivisión Legislativa, División de Derecho Mercantil Internacional, Comisión de las Naciones Unidas para el Derecho Mercantil Internacional (CNUDMI); Observador de la CNUDMI (2010)

Pilar PERALES VISCASILLAS - Profesora de Derecho, Universidad de La Rioja, Logroño; Observadora del Centro Nacional de Derecho para el Libre Comercio Interamericano.

Marta PERTEGÁS - Secretaria, Conferencia de La Haya de Derecho Internacional Privado, La Haya; Observadora de la Conferencia de La Haya de Derecho Internacional Privado

Hilmar RAESCHKE-KESSLER - Profesor Honorario de Derecho, Rechtsanwalt beim Bundesgerichtshof, Karlsruhe; Observador de la Institución Alemana de Arbitraje.

Giorgio SCHIAVONI - Vicepresidente de la Cámara de Arbitraje Nacional e Internacional de Milán; Observador de la Cámara de Arbitraje Nacional e Internacional de Milán

Jeremy SHARPE - Abogado-Asesor (Internacional), Departamento de Estado de EE.UU., Washington; Observador del Instituto de Arbitraje Transnacional del Centro de Derecho Americano e Internacional.

Matthew SILLET - Secretario adjunto de la Corte de Arbitraje Internacional de Londres; Observador de la Corte de Arbitraje Internacional de Londres

Renaud SORIEUL - Director de la División de Derecho Mercantil Internacional de la Oficina de Asuntos Jurídicos de las Naciones Unidas y Secretario de la Comisión de las Naciones Unidas para el Derecho Mercantil Internacional (CNUDMI); Observador de la CNUDMI (2006-2009)

Christian von BAR - Catedrático de Derecho, Director del Institut f. Europäische Rechtswissenschaft, Universidad de Osnabruck; Observador del Grupo de Estudio para un Código Civil Europeo.

WANG Wenjing - Director del Instituto de Investigación sobre Arbitraje de la Comisión de Arbitraje Económico y Comercial Internacional de China; Observador de la Comisión de Arbitraje Económico y Comercial Internacional de China.

Las secretarias del Grupo de Trabajo fueron Paula HOWARTH y Lena PETERS, de la Secretaría de Unidroit.

IV. GRUPO DE TRABAJO para la preparación de los Principios UNIDROIT 2016

Miembros

Michael Joachim BONELL - Profesor de Derecho (emérito), Universidad de Roma I "La Sapienza"; Consultor, Unidroit; Ponente de los artículos 4.3 y 5.1.3; Coponente de los artículos 1.11, 7.3.6 y 7.3.7; Presidente del Grupo de Trabajo.

Christine CHAPPUIS - Profesora de Derecho, Facultad de Derecho, Universidad de Ginebra; Miembro del Groupe de travail Contrats Internationaux; Ponente sobre el artículo 7.3.5

Neil COHEN - Profesor de Derecho Jeffrey D. Forchelli, Brooklyn Law School, Nueva York; ponente de los artículos 2.1.15, 5.1.4, 5.17 y 7.1.7; coponente de los artículos 1.11, 7.3.6 y 7.3.7

Paul FINN - Ex Juez, Tribunal Federal de Australia, Adelaida

Paul-A. GELINAS - Abogado de los Colegios de París y Montreal, París

Sir Vivian RAMSEY - Ex Juez, Tribunal de Tecnología y Construcción, Tribunales Reales de Justicia, Londres; ponente sobre los artículos 2.1.14, 4.8 y 5.1.7

Christopher R. SEPPÄLÄ - Socio, White & Case LLP, París; Asesor Jurídico del Comité de Contratos de la FIDIC

Reinhard ZIMMERMANN - Profesor de Derecho, Director en el Max-Planck-Institut für ausländisches und internationales Privatrecht, Hamburgo; ponente sobre el artículo 5.1.8

Inicialmente, el Grupo de Trabajo también incluía

François DESSEMONTET - Profesor emérito de Derecho, Universidad de Lausana

Observadores

Giuditta CORDERO-MOSS - Profesora de Derecho, Universidad de Oslo; Observadora de la Asociación Noruega de Arbitraje de Petróleo y Energía.

Cyril EMERY - Jurista, Comisión de las Naciones Unidas para el Derecho Mercantil Internacional (CNUDMI); Observador de la CNUDMI

Pietro GALIZZI - Vicepresidente Senior, Departamento de Asuntos Jurídicos, ENI SpA, Milán; Observador de ENI SpA

Pilar PERALES VISCASILLAS - Profesora de Derecho, Universidad Carlos III de Madrid; Observadora del Consejo Consultivo de la CISG

Don WALLACE, Jr., Presidente del Instituto de Derecho Internacional (ILI), Washington, DC; Observador del ILI

Los secretarios del Grupo de Trabajo fueron Neale BERGMAN y Lena PETERS, de la Secretaría de UNIDROIT

PRINCIPIOS UNIDROIT SOBRE LOS CONTRATOS COMERCIALES INTERNACIONALES 2016[4]

PREÁMBULO (Propósito de los Principios)

Estos Principios establecen reglas generales aplicables a los contratos mercantiles internacionales.

Estos Principios deberán aplicarse cuando las partes hayan acordado que su contrato se rija por ellos (*).[5]

Estos Principios pueden aplicarse cuando las partes hayan acordado que su contrato se rija por principios generales del derecho, la "lex mercatoria" o expresiones semejantes.

Estos Principios pueden aplicarse cuando las partes no han escogido el derecho aplicable al contrato.

Estos Principios pueden ser utilizados para interpretar o complementar instrumentos internacionales de derecho uniforme.

Estos Principios pueden ser utilizados para interpretar o complementar el derecho nacional.

Estos Principios pueden servir como modelo para los legisladores nacionales e internacionales.

CAPÍTULO 1. DISPOSICIONES GENERALES

ARTÍCULO 1.1

(Libertad de contratación)

Las partes son libres para celebrar un contrato y para determinar su contenido.

ARTÍCULO 1.2

(Libertad de forma)

Nada de lo expresado en estos Principios requiere que un contrato, declaración o acto alguno deba ser celebrado o probado conforme a una forma en particular. El contrato puede ser probado por cualquier medio, incluidos los testigos.

ARTÍCULO 1.3

(Carácter vinculante de los contratos)

Todo contrato válidamente celebrado es obligatorio para las partes. Sólo puede ser modificado o extinguido conforme a lo que él disponga, por acuerdo de las partes o por algún otro modo conforme a estos Principios.

---

4 Para versiones en otros idiomas → Introducción nº 12.

5 Las partes que deseen establecer que su acuerdo se rija por los Principios podrían utilizar una de las Cláusulas Modelo para el uso de los Principios UNIDROIT sobre los Contratos Comerciales Internacionales (véase http://www.unidroit.org/instruments/commercial-contracts/upicc-model-clauses) [última visita el 9 de enero de 2023].

ARTÍCULO 1.4

(Normas de carácter imperativo)

Estos Principios no restringen la aplicación de normas de carácter imperativo, sean de origen nacional, internacional o supranacional, que resulten aplicables conforme a las normas pertinentes de derecho internacional privado.

ARTÍCULO 1.5

(Exclusión o modificación de los Principios por las partes)

Las partes pueden excluir la aplicación de estos Principios, así como derogar o modificar el efecto de cualquiera de sus disposiciones, salvo que en ellos se disponga algo diferente.

ARTÍCULO 1.6

(Interpretación e integración de los Principios)

(1) En la interpretación de estos Principios se tendrá en cuenta su carácter internacional así como sus propósitos, incluyendo la necesidad de promover la uniformidad en su aplicación.

(2) Las cuestiones que se encuentren comprendidas en el ámbito de aplicación de estos Principios, aunque no resueltas expresamente por ellos, se resolverán en lo posible según sus principios generales subyacentes.

ARTÍCULO 1.7

(Buena fe y lealtad negocial)

(1) Las partes deben actuar con buena fe y lealtad negocial en el comercio internacional.

(2) Las partes no pueden excluir ni limitar este deber.

ARTÍCULO 1.8

(Comportamiento contradictorio. Venire contra factum proprium)

Una parte no puede actuar en contra-dicción a un entendimiento que ella ha suscitado en su contraparte y conforme al cual esta última ha actuado razonablemente en consecuencia y en su desventaja.

ARTÍCULO 1.9

(Usos y prácticas)

(1) Las partes están obligadas por cualquier uso en que hayan convenido y por cualquier práctica que hayan establecido entre ellas.

(2) Las partes están obligadas por cualquier uso que sea ampliamente conocido y regularmente observado en el comercio internacional por los sujetos participantes en el tráfico mercantil de que se trate, a menos que la aplicación de dicho uso sea irrazonable.

ARTÍCULO 1.10

(Notificación)

(1) Cuando sea necesaria una notificación, ésta se hará por cualquier medio apropiado según las circunstancias.

(2) La notificación surtirá efectos cuando llegue al ámbito o círculo de la persona a quien va dirigida.

(3) A los fines del párrafo anterior, se considera que una notificación "llega" al ámbito o círculo de la persona a quien va dirigida cuando es comunicada oralmente o entregada en su establecimiento o dirección postal.

(4) A los fines de este artículo, la palabra "notificación" incluye toda declaración, demanda, requerimiento o cualquier otro medio empleado para comunicar una intención.

ARTÍCULO 1.11

(Definiciones)

A los fines de estos Principios:

– "tribunal" incluye un tribunal arbitral;

– si una de las partes tiene más de un "establecimiento," su "establecimiento" será el que guarde la relación más estrecha con el contrato y su cumplimiento, habida cuenta de las circunstancias conocidas o previstas por las partes en cualquier momento antes de la celebración del contrato o en el momento de su celebración;

– "contrato de larga duración" es un contrato cuyo cumplimiento se extiende en el tiempo y que suele involucrar, en mayor o menor medida, una operación compleja y una relación continuada entre las partes;

– "deudor" o "deudora" es la parte a quien compete cumplir una obligación, y "acreedor" o "acreedora" es el titular del derecho a reclamar su cumplimiento;

– "escrito" incluye cualquier modo de comunicación que deje constancia de la información que contiene y sea susceptible de ser reproducida en forma tangible.

ARTÍCULO 1.12

(Modo de contar los plazos fijados por las partes)

(1) Los días feriados oficiales o no laborables que caigan dentro de un plazo fijado por las partes para el cumplimiento de un acto quedarán incluidos a los efectos de calcular dicho plazo.

(2) En todo caso, si el plazo expira en un día que se considera feriado oficial o no laborable en el lugar donde se encuentra el establecimiento de la parte que debe cumplir un acto, el plazo queda prorrogado hasta el día hábil siguiente, a menos que las circunstancias indiquen lo contrario.

(3) El uso horario es el del lugar del establecimiento de la parte que fija el plazo, a menos que las circunstancias indiquen lo contrario.

CAPÍTULO 2. FORMACIÓN Y APODERAMIENTO DE REPRESENTANTES

SECCIÓN 1: FORMACIÓN

ARTÍCULO 2.1.1

(Modo de perfección)

El contrato se perfecciona mediante la aceptación de una oferta o por la conducta de las partes que sea suficiente para manifestar un acuerdo.

ARTÍCULO 2.1.2

(Definición de la oferta)

Una propuesta para celebrar un contrato constituye una oferta, si es suficientemente precisa e indica la intención del oferente de quedar obligado en caso de aceptación.

ARTÍCULO 2.1.3

(Retiro de la oferta)

(1) La oferta surte efectos cuando llega al destinatario.

(2) Cualquier oferta, aun cuando sea irrevocable, puede ser retirada si la notificación de su retiro llega al destinatario antes o al mismo tiempo que la oferta.

ARTÍCULO 2.1.4

(Revocación de la oferta)

(1) La oferta puede ser revocada hasta que se perfeccione el contrato, si la revocación llega al destinatario antes de que éste haya enviado la aceptación.

(2) Sin embargo, la oferta no podrá revocarse:

(a) si en ella se indica, al señalar un plazo fijo para la aceptación o de otro modo, que es irrevocable, o

(b) si el destinatario pudo razonablemente considerar que la oferta era irrevocable y haya actuado en consonancia con dicha oferta.

ARTÍCULO 2.1.5

(Rechazo de la oferta)

La oferta se extingue cuando la notificación de su rechazo llega al oferente.

ARTÍCULO 2.1.6

(Modo de aceptación)

(1) Constituye aceptación toda declaración o cualquier otro acto del destinatario que indique asentimiento a una oferta. El silencio o la inacción, por sí solos, no constituyen aceptación.

(2) La aceptación de la oferta surte efectos cuando la indicación de asentimiento llega al oferente.

(3) No obstante, si en virtud de la oferta, o de las prácticas que las partes hayan establecido entre ellas o de los usos, el destinatario puede indicar su asentimiento ejecutando un acto sin notificación al oferente, la aceptación surte efectos cuando se ejecute dicho acto.

ARTÍCULO 2.1.7

(Plazo para la aceptación)

La oferta debe ser aceptada dentro del plazo fijado por el oferente o, si no se hubiere fijado plazo, dentro del que sea razonable, teniendo en cuenta las circunstancias, incluso la rapidez de los medios de comunicación empleados por el oferente. Una oferta verbal debe aceptarse inmediatamente, a menos que de las circunstancias resulte otra cosa.

ARTÍCULO 2.1.8

(Aceptación dentro de un plazo fijo)

El plazo de aceptación fijado por el oferente comienza a correr desde el momento de expedición de la oferta. A menos que las circunstancias indiquen otra cosa, se presume que la fecha que indica la oferta es la de expedición.

ARTÍCULO 2.1.9

(Aceptación tardía. Demora en la transmisión)

(1) No obstante, la aceptación tardía surtirá efectos como aceptación si el oferente, sin demora injustificada, informa de ello al destinatario o lo notifica en tal sentido.

(2) Si la comunicación que contenga una aceptación tardía indica que ha sido enviada en circunstancias tales que si su transmisión hubiera sido normal habría llegado oportunamente al oferente, tal aceptación surtirá efecto a menos que, sin demora injustificada, el oferente informe al destinatario que su oferta ya había caducado.

ARTÍCULO 2.1.10

(Retiro de la aceptación)

La aceptación puede retirarse si su retiro llega al oferente antes o al mismo tiempo que la aceptación haya surtido efecto.

ARTÍCULO 2.1.11

(Aceptación modificada)

(1) La respuesta a una oferta que pretende ser una aceptación, pero contiene adiciones, limitaciones u otras modificaciones, es un rechazo de la oferta y constituye una contraoferta.

(2) No obstante, la respuesta a una oferta que pretende ser una aceptación, pero contiene términos adicionales o diferentes que no alteren sustancialmente los de la oferta constituye una aceptación a menos que el oferente, sin demora injustificada, objete tal discrepancia. De no hacerlo así, los términos del contrato serán los de la oferta con las modificaciones contenidas en la aceptación.

ARTÍCULO 2.1.12

(Confirmación por escrito)

Si dentro de un plazo razonable con posterioridad al perfeccionamiento del contrato fuese enviado un escrito que pretenda constituirse en confirmación de aquél y contuviere términos adicionales o diferentes, éstos pasarán a integrar el contrato a menos que lo alteren sustancialmente o que el destinatario, sin demora injustificada, objete la discrepancia.

ARTÍCULO 2.1.13

(Perfeccionamiento del contrato condicionado al acuerdo sobre asuntos específicos o una forma en particular)

Cuando en el curso de las negociaciones una de las partes insiste en que el contrato no se entenderá perfeccionado hasta lograr un acuerdo sobre asuntos específicos o una forma en particular, el contrato no se considerará perfeccionado mientras no se llegue a ese acuerdo.

ARTÍCULO 2.1.14

(Contrato con términos "abiertos")

(1) Si las partes han tenido el propósito de celebrar un contrato, el hecho de que intencionalmente hayan dejado algún término sujeto a ulteriores negociaciones o a su determinación por un tercero no impedirá el perfeccionamiento del contrato.

(2) La existencia del contrato no se verá afectada por el hecho de que con posterioridad:

(a) las partes no se pongan de acuerdo acerca de dicho término, o

(b) que la parte encargada de determinarlo no lo determine, o

(c) el tercero no lo determine, siempre y cuando haya algún modo razonable para determinarlo, teniendo en cuenta las circunstancias y la común intención de las partes.

ARTÍCULO 2.1.15

(Negociaciones de mala fe)

(1) Las partes tienen plena libertad para negociar los términos de un contrato y no son responsables por el fracaso en alcanzar un acuerdo.

(2) Sin embargo, la parte que negocia o interrumpe las negociaciones de mala fe es responsable por los daños y perjuicios causados a la otra parte.

(3) En particular, se considera mala fe que una parte entre en o continúe negociaciones cuando al mismo tiempo tiene la intención de no llegar a un acuerdo.

ARTÍCULO 2.1.16

(Deber de confidencialidad)

Si una de las partes proporciona información como confidencial durante el curso de las negociaciones, la otra tiene el deber de no revelarla ni utilizarla injustificadamente en provecho propio, independientemente de que con posterioridad se perfeccione o no el contrato. Cuando fuere apropiado, la responsabilidad derivada del incumplimiento de esta obligación podrá incluir una compensación basada en el beneficio recibido por la otra parte.

ARTÍCULO 2.1.17

(Cláusulas de integración)

Un contrato escrito que contiene una cláusula de que lo escrito recoge completamente todo lo acordado, no puede ser contradicho o complementado mediante prueba de declaraciones o de acuerdos anteriores. No obstante, tales declaraciones o acuerdos podrán utilizarse para interpretar lo escrito.

ARTÍCULO 2.1.18

(Modificación en una forma en particular)

Un contrato por escrito que exija que toda modificación o extinción por mutuo acuerdo sea en una forma en particular no podrá modificarse ni extinguirse de otra forma. No obstante, una parte quedará vinculada por sus propios actos y no podrá valerse de dicha cláusula en la medida en que la otra parte haya actuado razonablemente en función de tales actos.

ARTÍCULO 2.1.19

(Contratación con cláusulas estándar)

(1) Las normas generales sobre formación del contrato se aplicarán cuando una o ambas partes utilicen cláusulas estándar, sujetas a lo dispuesto en los Artículos 2.1.20 al 2.1.22.

(2) Cláusulas estándar son aquellas preparadas con antelación por una de las partes para su uso general y repetido y que son utilizadas, de hecho, sin negociación con la otra parte.

ARTÍCULO 2.1.20

(Cláusulas sorpresivas)

(1) Una cláusula estándar no tiene eficacia si es de tal carácter que la otra parte no hubiera podido preverla razonablemente, salvo que dicha parte la hubiera aceptado expresamente.

(2) Para determinar si una cláusula estándar es de tal carácter, se tendrá en cuenta su contenido, lenguaje y presentación.

ARTÍCULO 2.1.21

(Conflicto entre cláusulas estándar y no-estándar)

En caso de conflicto entre una cláusula estándar y una que no lo sea, prevalecerá esta última.

ARTÍCULO 2.1.22

(Conflicto entre formularios)

Cuando ambas partes utilizan cláusulas estándar y llegan a un acuerdo excepto en lo que se refiere a dichas cláusulas, el contrato se entenderá perfeccionado sobre la base de los términos acordados y de lo dispuesto en aquellas cláusulas estándar que sean sustancialmente comunes, a menos que una de las partes claramente indique con antelación, o que con posterioridad y sin demora injustificada informe a la contraparte, que no desea quedar obligada por dicho contrato.

ARTÍCULO 2.2.1

(Ámbito de aplicación de esta Sección)

(1) Esta Sección regula la facultad de una persona ("el representante") para afectar las relaciones jurídicas de otra persona ("el representado") por o con respecto a un contrato con un tercero, ya sea que el representante actúe en su nombre o en el del representado.

(2) Esta Sección sólo regula las relaciones entre el representado o el representante, por un lado, y el tercero por el otro.

(3) Esta Sección no regula la facultad del representante conferida por la ley ni la facultad de un representante designado por una autoridad pública o judicial.

ARTÍCULO 2.2.2

(Constitución y alcance de la facultad del representante)

(1) El otorgamiento de facultades por el representado al representante puede ser expreso o tácito.

(2) El representante tiene facultad para realizar todos los actos necesarios, según las circunstancias, para lograr los objetivos por los que el apoderamiento fue conferido.

ARTÍCULO 2.2.3

(Representación aparente)

(1) Cuando un representante actúa en el ámbito de su representación y el tercero sabía o debiera haber sabido que el representante estaba actuando como tal, los actos del representante afectan directamente las relaciones jurídicas entre el representado y el tercero, sin generar relación jurídica alguna entre el representante y el tercero.

(2) Sin embargo, los actos del representante sólo afectan las relaciones entre el representante y el tercero, cuando con el consentimiento del representado, el representante asume la posición de parte contratante.

ARTÍCULO 2.2.4

(Representación oculta)

(1) Cuando un representante actúa en el ámbito de su representación y el tercero no sabía ni debiera haber sabido que el representante estaba actuando como tal, los actos del representante afectan solamente las relaciones entre el representante y el tercero.

(2) Sin embargo, cuando tal representante, al contratar con un tercero por cuenta de una empresa, se comporta como dueño de ella, el tercero, al descubrir la identidad del verdadero titular de la misma, podrá ejercitar también contra este último los acciones que tenga en contra del representante.

ARTÍCULO 2.2.5

(Representante actuando sin poder o excediéndolo)

(1) Cuando un representante actúa sin poder o lo excede, sus actos no afectan las relaciones jurídicas entre el representado y el tercero.

(2) Sin embargo, cuando el representado genera en el tercero la convicción razonable que el representante tiene facultad para actuar por cuenta del representado y que el representante está actuando en el ámbito de ese poder, el representado no puede invocar contra el tercero la falta de poder del representante.

ARTÍCULO 2.2.6

(Responsabilidad del representante sin poder o excediéndolo)

(1) Un representante que actúa sin poder o excediéndolo es responsable, a falta de ratificación por el representado, de la indemnización que coloque al tercero en la misma situación en que se hubiera encontrado si el representante hubiera actuado con poder y sin excederlo.

(2) Sin embargo, el representante no es responsable si el tercero sabía o debiera haber sabido que el representante no tenía poder o estaba excediéndolo.

ARTÍCULO 2.2.7

(Conflicto de intereses)

(1) Si un contrato celebrado por un representante lo involucra en un conflicto de intereses con el representado, del que el tercero sabía o debiera haber sabido, el representado puede anular el contrato. El derecho a la anulación se somete a los Artículos 3.2.9 y 3.2.11 a 3.2.15.

(2) Sin embargo, el representado no puede anular el contrato

(a) si ha consentido que el representante se involucre en el conflicto de intereses, o lo sabía o debiera haberlo sabido; o

(b) si el representante ha revelado el conflicto de intereses al representado y éste nada ha objetado en un plazo razonable.

ARTÍCULO 2.2.8

(Sub-representación)

Un representante tiene la facultad implícita para designar un sub-representante a fin de realizar actos que no cabe razonablemente esperar que el representante realice personalmente. Las disposiciones de esta Sección se aplican a la sub-representación.

ARTÍCULO 2.2.9

(Ratificación)

(1) Un acto por un representante que actúa sin poder o excediéndolo puede ser ratificado por el representado. Con la ratificación el acto produce iguales efectos que si hubiese sido realizado desde un comienzo con apoderamiento.

(2) El tercero puede, mediante notificación al representado, otorgarle un plazo razonable para la ratificación. Si el representado no ratifica el acto en ese plazo, no podrá hacerlo después.

(3) Si, al momento de actuar el representante, el tercero no sabía ni debiera haber sabido la falta de apoderamiento, éste puede, en cualquier momento previo a la ratificación, notificarle al representado su rechazo a quedar vinculado por una ratificación.

ARTÍCULO 2.2.10

(Extinción del poder)

(1) La extinción del poder no es efectiva en relación a un tercero a menos que éste la conozca o debiera haberla conocido.

(2) No obstante la extinción de su poder, un representante continúa facultado para realizar aquellos actos que son necesarios para evitar un daño a los intereses del representado.

CAPÍTULO 3. VALIDEZ

SECCIÓN 1: DISPOSICIONES GENERALES

ARTÍCULO 3.1.1

(Cuestiones excluidas)

El presente Capítulo no se ocupa de la falta de capacidad de las partes.

ARTÍCULO 3.1.2

(Validez del mero acuerdo)

Todo contrato queda perfeccionado, modificado o extinguido por el mero acuerdo de las partes, sin ningún requisito adicional.

ARTÍCULO 3.1.3

(Imposibilidad inicial)

(1) No afectará la validez del contrato el mero hecho de que al momento de su celebración fuese imposible el cumplimiento de la obligación contraída.

(2) Tampoco afectará la validez del contrato el mero hecho de que al momento de su celebración una de las partes no estuviere facultada para disponer de los bienes objeto del contrato.

ARTÍCULO 3.1.4

(Carácter imperativo de estas disposiciones)

Las disposiciones de este Capítulo relativas al dolo, intimidación, excesiva desproporción e ilicitud son imperativas.

SECCIÓN 2: CAUSALES DE ANULACIÓN

ARTÍCULO 3.2.1

(Definición del error)

El error consiste en una concepción equivocada sobre los hechos o sobre el derecho existente al momento en que se celebró el contrato.

ARTÍCULO 3.2.2

(Error determinante)

(1) Una parte puede anular un contrato a causa de error si al momento de su celebración el error fue de tal importancia que una persona razonable, en la misma situación de la persona que cometió el error, no habría contratado o lo habría hecho en términos sustancialmente diferentes en caso de haber conocido la realidad de las cosas, y:

(a) la otra parte incurrió en el mismo error, o lo causó, o lo conoció o lo debió haber conocido y dejar a la otra parte en el error resultaba contrario a los criterios comerciales razonables de lealtad negocial; o

(b) en el momento de anular el contrato, la otra parte no había actuado aún razonablemente de conformidad con el contrato.

(2) No obstante, una parte no puede anular un contrato si:

(a) ha incurrido en culpa grave al cometer el error; o

(b) el error versa sobre una materia en la cual la parte equivocada ha asumido el riesgo del error o, tomando en consideración las circunstancias del caso, dicha parte debe soportar dicho riesgo.

ARTÍCULO 3.2.3

(Error en la expresión o en la transmisión)

Un error en la expresión o en la transmisión de una declaración es imputable a la persona de quien emanó dicha declaración.

ARTÍCULO 3.2.4

(Remedios por incumplimiento)

Una parte no puede anular el contrato a causa de error si los hechos en los que basa su pretensión le otorgan o le podrían haber otorgado remedios por incumplimiento.

ARTÍCULO 3.2.5

(Dolo)

Una parte puede anular un contrato si fue inducida a celebrarlo mediante maniobras dolosas de la otra parte, incluyendo palabras o prácticas, o cuando dicha parte omitió dolosamente revelar circunstancias que deberían haber sido reveladas conforme a criterios comerciales razonables de lealtad negocial.

ARTÍCULO 3.2.6

(Intimidación)

Una parte puede anular un contrato si fue inducida a celebrarlo mediante una amenaza injustificada de la otra parte, la cual, tomando en consideración las circunstancias del caso, fue tan inminente y grave como para dejar a la otra parte sin otra alternativa razonable. En particular, una amenaza es injustificada si la acción u omisión con la que el promitente fue amenazado es intrínsecamente incorrecta, o resultó incorrecto recurrir a dicha amenaza para obtener la celebración del contrato.

ARTÍCULO 3.2.7

(Excesiva desproporción)

(1) Una parte puede anular el contrato o cualquiera de sus cláusulas si en el momento de su celebración el contrato o alguna de sus cláusulas otorgan a la otra parte una ventaja excesiva. A tal efecto, se deben tener en cuenta, entre otros, los siguientes factores:

(a) que la otra parte se haya aprovechado injustificadamente de la dependencia, aflicción económica o necesidades apremiantes de la otra parte, o de su falta de previsión, ignorancia, inexperiencia o falta de habilidad en la negociación; y

(b) la naturaleza y finalidad del contrato.

(2) A petición de la parte legitimada para anular el contrato, el tribunal podrá adaptar el contrato o la cláusula en cuestión, a fin de ajustarlos a criterios comerciales razonables de lealtad negocial.

(3) El tribunal también podrá adaptar el contrato o la cláusula en cuestión, a petición de la parte que recibió la notificación de la anulación, siempre y cuando dicha parte haga saber su decisión a la otra inmediatamente, y, en todo caso, antes de que ésta obre razonablemente de conformidad con su voluntad de anular el contrato. Se aplicará, por consiguiente, el párrafo (2) del Artículo 3.10.

ARTÍCULO 3.2.8

(Terceros)

(1) Cuando el dolo, la intimidación, excesiva desproporción o el error sean imputables o sean conocidos o deban ser conocidos por un tercero de cuyos actos es responsable la otra

parte, el contrato puede anularse bajo las mismas condiciones que si dichas anomalías hubieran sido obra suya.

(2) Cuando el dolo, la intimidación o la excesiva desproporción sean imputables a un tercero de cuyos actos no es responsable la otra parte, el contrato puede anularse si dicha parte conoció o debió conocer el dolo, la intimidación o la excesiva desproporción, o bien si en el momento de anularlo dicha parte no había actuado todavía razonablemente de conformidad con lo previsto en el contrato.

ARTÍCULO 3.2.9

(Confirmación)

La anulación del contrato queda excluida si la parte facultada para anularlo lo confirma de una manera expresa o tácita una vez que ha comenzado a correr el plazo para notificar la anulación.

ARTÍCULO 3.2.10

(Pérdida del derecho a anular el contrato)

(1) Si una de las partes se encuentra facultada para anular un contrato por causa de error, pero la otra declara su voluntad de cumplirlo o cumple el contrato en los términos en los que la parte facultada para anularlo lo entendió, el contrato se considerará perfeccionado en dichos términos. En tal caso, la parte interesada en cumplirlo deberá hacer tal declaración o cumplir el contrato inmediatamente de ser informada de la manera en que la parte facultada para anularlo lo ha entendido y antes de que ella proceda a obrar razonablemente de conformidad con la notificación de anulación.

(2) La facultad de anular el contrato se extingue a consecuencia de dicha declaración o cumplimiento, y cualquier otra notificación de anulación hecha con anterioridad no tendrá valor alguno.

ARTÍCULO 3.2.11

(Notificación de anulación)

El derecho a anular un contrato se ejerce cursando una notificación a la otra parte.

ARTÍCULO 3.2.12

(Plazos)

(1) La notificación de anular el contrato debe realizarse dentro de un plazo razonable, teniendo en cuenta las circunstancias, después de que la parte impugnante conoció o no podía ignorar los hechos o pudo obrar libremente.

(2) Cuando una cláusula del contrato pueda ser anulada en virtud del Artículo 3.2.7, el plazo para notificar la anulación empezará a correr a partir del momento en que dicha cláusula sea invocada por la otra parte.

ARTÍCULO 3.2.13

(Anulación parcial)

Si la causa de anulación afecta sólo a algunas cláusulas del contrato, los efectos de la anulación se limitarán a dichas cláusulas a menos que, teniendo en cuenta las circunstancias, no sea razonable conservar el resto del contrato.

ARTÍCULO 3.2.14

(Efectos retroactivos)

La anulación tiene efectos retroactivos.

ARTÍCULO 3.2.15

(Restitución)

(1) En caso de anulación, cualquiera de las partes puede reclamar la restitución de lo entregado conforme al contrato o a la parte del contrato que haya sido anulada, siempre que dicha parte restituya al mismo tiempo lo que recibió en base al contrato o a la parte del contrato que fue anulada.

(2) Si no es posible o apropiada la restitución en especie, procederá una compensación en dinero, siempre que sea razonable.

(3) Quien recibió el beneficio del cumplimiento no está obligado a la compensación en dinero si la imposibilidad de la restitución en especie es imputable a la otra parte.

(4) Puede exigirse una compensación por los gastos que fueren razonablemente necesarios para proteger o conservar lo recibido.

ARTÍCULO 3.2.16

(Daños y perjuicios)

Independientemente de que el contrato sea o no anulado, la parte que conoció o debía haber conocido la causa de anulación se encuentra obligada a resarcir a la otra los daños y perjuicios causados, colocándola en la misma situación en que se encontraría de no haber celebrado el contrato.

ARTÍCULO 3.2.17

(Declaraciones unilaterales)

Las disposiciones de este Capítulo se aplicarán, con las modificaciones pertinentes, a toda comunicación de intención que una parte dirija a la otra

SECCIÓN 3: ILICITUD

ARTÍCULO 3.3.1

(Contratos que violan normas de carácter imperativo)

(1) La violación de una norma de carácter imperativo que resulte aplicable en virtud del Artículo 1.4 de estos Principios, ya sea de origen nacional, internacional o supranacional, tendrá los efectos, en el supuesto que los tuviera, que dicha norma establezca expresamente.

(2) Si la norma de carácter imperativo no establece expresamente los efectos que su violación produce en el contrato, las partes podrán ejercitar aquellos remedios de naturaleza contractual que sean razonables atendiendo a las circunstancias.

(3) Al determinar lo que es razonable, se tendrán en cuenta, entre otros, los siguientes criterios:

(a) la finalidad de la norma violada;

(b) la categoría de personas que la norma busca proteger;

(c) cualquier sanción que imponga la norma violada;

(d) la gravedad de la violación;

(e) si la violación era conocida o debió haber sido conocida por una o ambas partes;

(f) si el cumplimiento del contrato conlleva la violación; y

(g) las expectativas razonables de las partes.

ARTÍCULO 3.3.2

(Restitución)

(1) En el caso de haberse cumplido un contrato que viola una norma de carácter imperativo según el Artículo 3.3.1, podrá proceder la restitución siempre que dicha restitución sea razonable atendiendo a las circunstancias.

(2) Para determinar lo que es razonable, se tendrán en cuenta los criterios a los que se refiere el Artículo 3.3.1 (3), con las adaptaciones necesarias.

(3) Si se reconoce la restitución, se aplicarán las reglas del Artículo 3.2.15, con las adaptaciones necesarias.

CAPÍTULO 4: INTERPRETACIÓN

ARTÍCULO 4.1

(Intención de las partes)

(1) El contrato debe interpretarse conforme a la intención común de las partes.

(2) Si dicha intención no puede establecerse, el contrato se interpretará conforme al significado que le habrían dado en circunstancias similares personas razonables de la misma condición que las partes.

ARTÍCULO 4.2

(Interpretación de declaraciones y otros actos)

(1) Las declaraciones y otros actos de una parte se interpretarán conforme a la intención de esa parte, siempre que la otra parte la haya conocido o no la haya podido ignorar.

(2) Si el párrafo precedente no es aplicable, tales declaraciones y actos deberán interpretarse conforme al significado que le hubiera atribuido en circunstancias similares una persona razonable de la misma condición que la otra parte.

ARTÍCULO 4.3

(Circunstancias relevantes)

Para la aplicación de los Artículos 4.1 y 4.2, deberán tomarse en consideración todas las circunstancias, incluyendo:

(a) las negociaciones previas entre las partes;

(b) las prácticas que ellas hayan establecido entre sí;

(c) los actos realizados por las partes con posterioridad a la celebración del contrato;

(d) la naturaleza y finalidad del contrato;

(e) el significado comúnmente dado a los términos y expresiones en el respectivo ramo comercial; y

(f) los usos.

ARTÍCULO 4.4

(Interpretación sistemática del contrato)

Los términos y expresiones se interpretarán conforme a la totalidad del contrato o la declaración en la que aparezcan en su conjunto.

ARTÍCULO 4.5

(Interpretación dando efecto a todas las disposiciones)

Los términos de un contrato se interpretarán en el sentido de dar efecto a todos ellos, antes que de privar de efectos a alguno de ellos.

ARTÍCULO 4.6

(Interpretación contra proferentem)

Si los términos de un contrato dictados por una de las partes no son claros, se preferirá la interpretación que perjudique a dicha parte.

ARTÍCULO 4.7

(Discrepancias lingüísticas)

Cuando un contrato es redactado en dos o más versiones de lenguaje, todas igualmente auténticas, prevalecerá, en caso de discrepancia entre tales versiones, la interpretación acorde con la versión en la que el contrato fue redactado originalmente.

ARTÍCULO 4.8

(Integración del contrato)

(1) Cuando las partes no se hayan puesto de acuerdo acerca de un término importante para determinar sus derechos y obligaciones, el contrato será integrado con un término apropiado a las circunstancias.

(2) Para determinar cuál es el término más apropiado, se tendrán en cuenta, entre otros factores, los siguientes:

(a) la intención de las partes;

(b) la naturaleza y finalidad del contrato;

(c) la buena fe y la lealtad negocial;

(d) el sentido común.

CAPÍTULO 5. CONTENIDO, ESTIPULACIÓN A FAVOR DE TERCEROS Y OBLIGACIONES CONDICIONALES

SECCIÓN 1: CONTENIDO

ARTÍCULO 5.1.1

(Obligaciones expresas e implícitas)

Las obligaciones contractuales de las partes pueden ser expresas o implícitas.

ARTÍCULO 5.1.2

(Obligaciones implícitas)

Las obligaciones implícitas pueden derivarse de:

(a) la naturaleza y la finalidad del contrato;

(b) las prácticas establecidas entre las partes y los usos;

(c) la buena fe y la lealtad negocial.

(d) el sentido común.

ARTÍCULO 5.1.3

(Cooperación entre las partes)

Cada una de las partes debe cooperar con la otra cuando dicha cooperación pueda ser razonablemente esperada para el cumplimiento de las obligaciones de esta última.

ARTÍCULO 5.1.4

(Obligación de resultado y obligación de emplear los mejores esfuerzos)

(1) En la medida en que la obligación de una de las partes implique un deber de alcanzar un resultado específico, esa parte está obligada a alcanzar dicho resultado.

(2) En la medida en que la obligación de una de las partes implique un deber de emplear los mejores esfuerzos en la ejecución de la prestación, esa parte está obligada a emplear la diligencia que pondría en circunstancias similares una persona razonable de la misma condición.

ARTÍCULO 5.1.5

(Determinación del tipo de obligación)

Para determinar en qué medida la obligación de una parte implica una obligación de emplear los mejores esfuerzos o de lograr un resultado específico, se tendrán en cuenta, entre otros factores:

(a) los términos en los que se describe la prestación en el contrato;

(b) el precio y otros términos del contrato;

(c) el grado de riesgo que suele estar involucrado en alcanzar el resultado esperado;

(d) la capacidad de la otra parte para influir en el cumplimiento de la obligación.

ARTÍCULO 5.1.6

(Determinación de la calidad de la prestación)

Cuando la calidad de la prestación no ha sido precisada en el contrato ni puede ser determinada en base a éste, el deudor debe una prestación de una calidad razonable y no inferior a la calidad media, según las circunstancias.

ARTÍCULO 5.1.7

(Determinación del precio)

(1) Cuando el contrato no fija el precio o carece de términos para determinarlo, se considera que las partes, salvo indicación en contrario, se remitieron al precio generalmente cobrado al momento de celebrarse el contrato en circunstancias semejantes dentro del respectivo ramo comercial o, si no puede establecerse el precio de esta manera, se entenderá que las partes se remitieron a un precio razonable.

(2) Cuando la determinación del precio quede a cargo de una parte y la cantidad así determinada sea manifiestamente irrazonable, el precio será sustituido por un precio razonable, sin admitirse disposición en contrario.

(3) Cuando la determinación del precio quede a cargo de una de las partes o de un tercero y éste no puede o no quiere fijarlo, el precio será uno razonable.

(4) Cuando el precio ha de fijarse por referencia a factores que no existen o que han dejado de existir o de ser accesibles, se recurrirá como sustituto al factor equivalente más cercano.

ARTÍCULO 5.1.8

(Resolución de un contrato de tiempo indefinido)

Cualquiera de las partes puede resolver un contrato de tiempo indefinido, notificándolo con razonable anticipación. En cuanto a los efectos de la resolución en general, como así también de la obligación de restituir, se aplicarán los Artículos 7.3.5 y 7.3.7.

ARTÍCULO 5.1.9

(Renuncia por acuerdo de partes)

(1) Un acreedor puede renunciar a su derecho mediante un acuerdo con el deudor.

(2) La oferta de renunciar a título gratuito a un derecho se presume aceptada si el deudor no la rechaza inmediatamente después de conocerla.

SECCIÓN 2: ESTIPULACIÓN A FAVOR DE TERCEROS

ARTÍCULO 5.2.1

(Estipulación a favor de terceros)

(1) Las partes (el "promitente" y el "estipulante") pueden otorgar por acuerdo expreso o tácito un derecho a un tercero (el "beneficiario").

(2) La existencia y el contenido del derecho del beneficiario respecto del promitente se determinan conforme al acuerdo de las partes y se encuentran sujetos a las condiciones y limitaciones previstas en dicho acuerdo.

ARTÍCULO 5.2.2

(Identificación del beneficiario)

El beneficiario debe estar identificado en el contrato con suficiente certeza pero no necesita existir cuando se celebre el contrato.

ARTÍCULO 5.2.3

(Cláusulas de exclusión y limitación de responsabilidad)

El otorgamiento de derechos al beneficiario incluye el de invocar una cláusula en el contrato que excluya o limite la responsabilidad del beneficiario.

ARTÍCULO 5.2.4

(Excepciones)

El promitente puede oponer al beneficiario toda excepción que el promitente pueda oponer al estipulante.

ARTÍCULO 5.2.5

(Revocación)

Las partes pueden modificar o revocar los derechos otorgados por el contrato al beneficiario mientras éste no los haya aceptado o no haya actuado razonablemente de conformidad con ellos.

ARTÍCULO 5.2.6

(Renuncia)

El beneficiario puede renunciar a un derecho que se le otorgue.

SECCIÓN 3: OBLIGACIONES CONDICIONALES

ARTÍCULO 5.3.1

(Tipos de condiciones)

Un contrato o una obligación contractual pueden ser condicionales si dependen de un evento futuro e incierto, de modo que el contrato o la obligación contractual sólo surte efectos (condición suspensiva) o deja de tenerlos (condición resolutoria) si acaece el evento.

ARTÍCULO 5.3.2

(Efectos de las condiciones)

A menos que las partes convengan otra cosa:

a) El contrato o la obligación contractual surtirá efectos al cumplirse la condición suspensiva;

b) El contrato o la obligación contractual cesará de tener efectos al cumplirse la condición resolutoria.

ARTÍCULO 5.3.3

(Intromisión en el cumplimiento de la condición)

1) Si el cumplimiento de una condición es impedido por una parte en violación del deber de buena fe y lealtad negocial o de cooperación, dicha parte no podrá invocar la falta de cumplimiento de la condición.

2) Si el cumplimiento de una condición es provocado por una parte en violación del deber de buena fe y lealtad negocial o de cooperación, dicha parte no podrá invocar el cumplimiento de la condición.

ARTÍCULO 5.3.4

(Obligación de preservar los derechos)

Antes del cumplimiento de la condición, una parte no puede en violación del deber de actuar de buena fe y lealtad negocial, comportarse de manera tal que perjudique los derechos de la otra parte en caso de que se cumpla la condición.

ARTÍCULO 5.3.5

(Restitución en caso de cumplimiento de una condición resolutoria)

1) En el caso de cumplirse una condición resolutoria, se aplicarán las reglas sobre la restitución de los Artículos 7.3.6 y 7.3.7, con las adaptaciones necesarias.

2) Si las partes han convenido que una condición resolutoria tendrá un efecto retroactivo, se aplicarán las reglas sobre la restitución del Artículo 3.2.15, con las adaptaciones necesarias.

CAPÍTULO 6. CUMPLIMIENTO

SECCIÓN 1: CUMPLIMIENTO EN GENERAL

ARTÍCULO 6.1.1

(Momento del cumplimiento)

Una parte debe cumplir sus obligaciones:

(a) si el momento es fijado o determinable por el contrato, en ese momento;

(b) si un período de tiempo es fijado o determinable por el contrato, en cualquier momento dentro de tal período, a menos que las circunstancias indiquen que a la otra parte le corresponde elegir el momento del cumplimiento;

(c) en cualquier otro caso, en un plazo razonable después de la celebración del contrato.

ARTÍCULO 6.1.2

(Cumplimiento en un solo momento o en etapas)

En los casos previstos en el Artículo 6.1.1 (b) o (c), el deudor debe cumplir sus obligaciones en un solo momento, siempre que la prestación pueda realizarse de una vez y que las circunstancias no indiquen otro modo de cumplimiento.

ARTÍCULO 6.1.3

(Cumplimiento parcial)

(1) El acreedor puede rechazar una oferta de un cumplimiento parcial efectuada al vencimiento de la obligación, vaya acompañada o no dicha oferta de una garantía relativa al

cumplimiento del resto de la obligación, a menos que el acreedor carezca de interés legítimo para el rechazo.

(2) Los gastos adicionales causados al acreedor por el cumplimiento parcial han de ser soportados por el deudor, sin perjuicio de cualquier otro remedio que le pueda corresponder al acreedor.

ARTÍCULO 6.1.4

(Secuencia en el cumplimiento)

(1) En la medida en que las prestaciones de las partes puedan ser efectuadas de manera simultánea, las partes deben realizarlas simultáneamente, a menos que las circunstancias indiquen otra cosa.

(2) En la medida en que la prestación de sólo una de las partes exija un período de tiempo, esta parte debe efectuar primero su prestación, a menos que las circunstancias indiquen otra cosa.

ARTÍCULO 6.1.5

(Cumplimiento anticipado)

(1) El acreedor puede rechazar el cumplimiento anticipado de la obligación a menos que carezca de interés legítimo para hacerlo.

(2) La aceptación por una parte de un cumplimiento anticipado no afecta el plazo para el cumplimiento de sus propias obligaciones si este último fue fijado sin considerar el momento del cumplimiento de las obligaciones de la otra parte.

(3) Los gastos adicionales causados al acreedor por el cumplimiento anticipado han de ser soportados por el deudor, sin perjuicio de cualquier otro remedio que le pueda corresponder al acreedor.

ARTÍCULO 6.1.6

(Lugar del cumplimiento)

(1) Si el lugar de cumplimiento no está fijado en el contrato ni es determinable con base en aquél, una parte debe cumplir:

(a) en el establecimiento del acreedor cuando se trate de una obligación dineraria;

(b) en su propio establecimiento cuando se trate de cualquier otra obligación.

(2) Una parte debe soportar cualquier incremento de los gastos que inciden en el cumplimiento y que fuere ocasionado por un cambio en el lugar de su establecimiento ocurrido con posterioridad a la celebración del contrato.

ARTÍCULO 6.1.7

(Pago con cheque u otro instrumento)

(1) El pago puede efectuarse en cualquier forma utilizada en el curso ordinario de los negocios en el lugar del pago.

(2) No obstante, un acreedor que acepta un cheque o cualquier otra orden de pago o promesa de pago, ya sea en virtud del párrafo anterior o voluntariamente, se presume que lo acepta solamente bajo la condición de que sea cumplida.

ARTÍCULO 6.1.8

(Pago por transferencia de fondos)

(1) El pago puede efectuarse por una transferencia a cualquiera de las instituciones financieras en las que el acreedor haya hecho saber que tiene una cuenta, a menos que haya indicado una cuenta en particular.

(2) En el caso de pago por transferencia de fondos, la obligación se cumple al hacerse efectiva la transferencia a la institución financiera del acreedor.

ARTÍCULO 6.1.9

(Moneda de pago)

(1) Si una obligación dineraria es expresada en una moneda diferente a la del lugar del pago, éste puede efectuarse en la moneda de dicho lugar, a menos que:

(a) dicha moneda no sea convertible libremente; o

(b) las partes hayan convenido que el pago debería efectuarse sólo en la moneda en la cual la obligación dineraria ha sido expresada.

(2) Si es imposible para el deudor efectuar el pago en la moneda en la cual la obligación dineraria ha sido expresada, el acreedor puede reclamar el pago en la moneda del lugar del pago, aun en el caso al que se refiere el párrafo (1) (b).

(3) El pago en la moneda del lugar de pago debe efectuarse conforme al tipo de cambio aplicable que predomina en ese lugar al momento en que debe efectuarse el pago.

(4) Sin embargo, si el deudor no ha pagado cuando debió hacerlo, el acreedor puede reclamar el pago conforme al tipo de cambio aplicable y predominante, bien al vencimiento de la obligación o en el momento del pago efectivo.

ARTÍCULO 6.1.10

(Moneda no expresada)

Si el contrato no expresa una moneda en particular, el pago debe efectuarse en la moneda del lugar donde ha de efectuarse el pago.

ARTÍCULO 6.1.11

(Gastos del cumplimiento)

Cada parte debe soportar los gastos del cumplimiento de sus obligaciones.

ARTÍCULO 6.1.12

(Imputación de pagos)

(1) Un deudor de varias obligaciones dinerarias al mismo acreedor puede especificar al momento del pago a cuál de ellas pretende que sea aplicado el pago. En cualquier caso, el pago ha de imputarse en primer lugar a cualquier gasto, luego a los intereses debidos y finalmente al capital.

(2) Si el deudor no hace tal especificación, el acreedor puede, dentro de un plazo razonable después del pago, indicar al deudor a cuál de las obligaciones lo imputa, siempre que dicha obligación sea vencida y sea indisputada.

(3) A falta de imputación conforme a los párrafos (1) o (2), el pago se imputa, en el orden indicado, a la obligación que satisfaga uno de los siguientes criterios:

(a) la obligación que sea vencida, o la primera en vencerse;

(b) la obligación que cuente con menos garantías para el acreedor;

(c) la obligación que es más onerosa para el deudor;

(d) la obligación que surgió primero.

Si ninguno de los criterios precedentes se aplica, el pago se imputa a todas las obligaciones proporcionalmente.

ARTÍCULO 6.1.13

(Imputación del pago de obligaciones no dinerarias)

El Artículo 6.1.12 se aplica, con las adaptaciones del caso, a la imputación del pago de obligaciones no dinerarias.

ARTÍCULO 6.1.14

(Solicitud de autorización pública)

Cuando la ley de un Estado requiera una autorización pública que afecta la validez del contrato o su cumplimiento y ni la ley ni las circunstancias del caso indican algo distinto:

(a) si sólo una parte tiene su establecimiento en tal Estado, esa parte deberá tomar las medidas necesarias para obtener la autorización; y

(b) en los demás casos, la parte cuyo cumplimiento requiere de la autorización deberá tomar las medidas necesarias para obtenerla.

ARTÍCULO 6.1.15

(Gestión de la autorización)

(1) La parte obligada a tomar las medidas necesarias para obtener la autorización debe hacerlo sin demora injustificada y soportará todos los gastos en que incurra.

(2) Esa parte deberá, cuando sea pertinente, notificar a la otra parte, sin demora injustificada, de la concesión o la denegación de la autorización.

ARTÍCULO 6.1.16

(Autorización ni otorgada ni denegada)

(1) Cualquiera de las partes puede resolver el contrato si, pese a que la parte responsable de obtener la autorización ha tomado todas las medidas requeridas para obtenerla, ésta no se otorga ni rechaza dentro del plazo convenido o, cuando no se haya acordado plazo alguno, dentro de un plazo prudencial a partir de la celebración del contrato.

(2) No se aplicará lo previsto en el párrafo (1) cuando la autorización afecte solamente algunas cláusulas del contrato, siempre que, teniendo en cuenta las circunstancias, sea razonable mantener el resto del contrato a pesar de haber sido denegada la autorización.

ARTÍCULO 6.1.17

(Autorización denegada)

(1) La denegación de una autorización que afecta la validez del contrato comporta su nulidad. Si la denegación afecta únicamente la validez de algunas cláusulas, sólo tales cláusulas serán nulas si, teniendo en cuenta las circunstancias, es razonable mantener el resto del contrato.

(2) Se aplican las reglas del incumplimiento cuando la denegación de una autorización haga imposible, en todo o en parte, el cumplimiento del contrato.

SECCIÓN 2: EXCESIVA ONEROSIDAD (HARDSHIP)

ARTÍCULO 6.2.1

(Obligatoriedad del contrato)

Cuando el cumplimiento de un contrato llega a ser más oneroso para una de las partes, esa parte permanece obligada, no obstante, a cumplir sus obligaciones salvo lo previsto en las siguientes disposiciones sobre "excesiva onerosidad" (hardship).

ARTÍCULO 6.2.2

(Definición de la "excesiva onerosidad" (hardship))

Hay "excesiva onerosidad" (hardship) cuando el equilibrio del contrato es alterado de modo fundamental por el acontecimiento de ciertos eventos, bien porque el costo de la prestación a cargo de una de las partes se ha incrementado, o porque el valor de la prestación que una parte recibe ha disminuido, y:

(a) dichos eventos acontecen o llegan a ser conocidos por la parte en desventaja después de la celebración del contrato;

(b) los eventos no pudieron ser razonablemente tenidos en cuenta por la parte en desventaja en el momento de celebrarse el contrato;

(c) los eventos escapan al control de la parte en desventaja; y

(d) el riesgo de tales eventos no fue asumido por la parte en desventaja.

ARTÍCULO 6.2.3

(Efectos de la "excesiva onerosidad" (hardship))

(1) En caso de "excesiva onerosidad" (hardship), la parte en desventaja puede reclamar la renegociación del contrato. Tal reclamo deberá formularse sin demora injustificada, con indicación de los fundamentos en los que se basa.

(2) El reclamo de renegociación no autoriza por sí mismo a la parte en desventaja para suspender el cumplimiento.

(3) En caso de no llegarse a un acuerdo dentro de un tiempo prudencial, cualquiera de las partes puede acudir a un tribunal.

(4) Si el tribunal determina que se presenta una situación de "excesiva onerosidad" (hardship), y siempre que lo considere razonable, podrá:

(a) resolver el contrato en fecha y condiciones a ser fijadas; o

(b) adaptar el contrato con miras a restablecer su equilibrio.

CAPÍTULO 7. INCUMPLIMIENTO

SECCIÓN 1: INCUMPLIMIENTO EN GENERAL

ARTÍCULO 7.1.1

(Definición del incumplimiento)

El incumplimiento consiste en la falta de ejecución por una parte de alguna de sus obligaciones contractuales, incluyendo el cumplimiento defectuoso o el cumplimiento tardío.

ARTÍCULO 7.1.2

(Interferencia de la otra parte)

Una parte no podrá ampararse en el incumplimiento de la otra parte en la medida en que tal incumplimiento haya sido causado por acción u omisión de la primera o por cualquier otro acontecimiento por el que ésta haya asumido el riesgo.

ARTÍCULO 7.1.3

(Suspensión del cumplimiento)

(1) Cuando las partes han de cumplir simultáneamente, cada parte puede suspender el cumplimiento de su prestación hasta que la otra ofrezca su prestación.

(2) Cuando las partes han de cumplir de modo sucesivo, la parte que ha de cumplir después puede suspender su cumplimiento hasta que la parte que ha de hacerlo primero haya cumplido.

ARTÍCULO 7.1.4

(Subsanación del incumplimiento)

(1) La parte incumplidora puede subsanar a su cargo cualquier incumplimiento, siempre y cuando:

(a) notifique sin demora injustificada a la parte perjudicada la forma y el momento propuesto para la subsanación;

(b) la subsanación sea apropiada a las circunstancias;

(c) la parte perjudicada carezca de interés legítimo para rechazarla; y

(d) dicha subsanación se lleve a cabo sin demora.

(2) La notificación de que el contrato ha sido resuelto no excluye el derecho a subsanar el incumplimiento.

(3) Los derechos de la parte perjudicada que sean incompatibles con el cumplimiento de la parte incumplidora se suspenden desde la notificación efectiva de la subsanación hasta el vencimiento del plazo para subsanar.

(4) La parte perjudicada puede suspender su propia prestación mientras se encuentre pendiente la subsanación.

(5) A pesar de la subsanación, la parte perjudicada conserva el derecho a reclamar el resarcimiento por el retraso y por cualquier daño causado o que no pudo ser evitado por la subsanación.

ARTÍCULO 7.1.5

(Período suplementario para el cumplimiento)

(1) En caso de incumplimiento, la parte perjudicada podrá conceder, mediante notificación a la otra parte, un período suplementario para que cumpla.

(2) Durante el período suplementario, la parte perjudicada puede suspender el cumplimiento de sus propias obligaciones correlativas y reclamar el resarcimiento, pero no podrá ejercitar ningún otro remedio. La parte perjudicada puede ejercitar cualquiera de los remedios previstos en este Capítulo si la otra parte le notifica que no cumplirá dentro del período suplementario o si éste finaliza sin que la prestación debida haya sido realizada.

(3) En caso de que la demora en el cumplimiento no sea esencial, la parte perjudicada que ha notificado a la otra el otorgamiento de un período suplementario de duración razonable, puede resolver el contrato al final de dicho período. El período suplementario que no sea de una duración razonable puede extenderse en consonancia con dicha duración. La parte perjudicada puede establecer en su notificación que el contrato quedará resuelto automáticamente si la otra parte no cumple.

(4) El párrafo (3) no se aplicará cuando la prestación incumplida sea tan sólo una mínima parte de la obligación contractual asumida por la parte incumplidora.

ARTÍCULO 7.1.6

(Cláusulas de exoneración)

Una cláusula que limite o excluya la responsabilidad de una parte por incumplimiento o que le permita ejecutar una prestación sustancialmente diversa de lo que la otra parte razonablemente espera, no puede ser invocada si fuere manifiestamente desleal hacerlo, teniendo en cuenta la finalidad del contrato.

ARTÍCULO 7.1.7

(Fuerza mayor)

(1) El incumplimiento de una parte se excusa si esa parte prueba que el incumplimiento fue debido a un impedimento ajeno a su control y que, al momento de celebrarse el contrato, no cabía razonablemente esperar, haberlo tenido en cuenta, o haber evitado o superado sus consecuencias.

(2) Cuando el impedimento es sólo temporal, la excusa tiene efecto durante un período de tiempo que sea razonable en función del impacto del impedimento en el cumplimiento del contrato.

(3) La parte incumplidora debe notificar a la otra parte acerca del impedimento y su impacto en su aptitud para cumplir. Si la notificación no es recibida por la otra parte en un plazo razonable a partir de que la parte incumplidora supo o debió saber del impedimento, esta parte será responsable de indemnizar los daños y perjuicios causados por la falta de recepción.

(4) Nada de lo dispuesto en este artículo impide a una parte ejercitar el derecho a resolver el contrato, suspender su cumplimiento o a reclamar intereses por el dinero debido.

SECCIÓN 2: DERECHO A RECLAMAR EL CUMPLIMIENTO

ARTÍCULO 7.2.1

(Cumplimiento de obligaciones dinerarias)

Si una parte que está obligada a pagar dinero no lo hace, la otra parte puede reclamar el pago.

ARTÍCULO 7.2.2

(Cumplimiento de obligaciones no dinerarias)

Si una parte no cumple una obligación distinta a la de pagar una suma de dinero, la otra parte puede reclamar la prestación, a menos que:

(a) tal prestación sea jurídica o físicamente imposible;

(b) la prestación o, en su caso, la ejecución forzosa, sea excesivamente gravosa u onerosa;

(c) la parte legitimada para recibir la prestación pueda razonablemente obtenerla por otra vía;

(d) la prestación tenga carácter exclusivamente personal; o

(e) la parte legitimada para recibir la prestación no la reclame dentro de un plazo razonable desde de que supo o debió haberse enterado del incumplimiento.

ARTÍCULO 7.2.3

(Reparación y reemplazo de la prestación defectuosa)

El derecho al cumplimiento incluye, cuando haya lugar a ello, el derecho a reclamar la reparación, el reemplazo u otra subsanación de la prestación defectuosa. Lo dispuesto en los Artículos 7.2.1 y 7.2.2 se aplicará según proceda.

ARTÍCULO 7.2.4

(Pena judicial)

(1) Cuando un tribunal ordena a una parte que cumpla, también puede ordenar que pague una pena si no cumple con la orden.

(2) La pena será pagada a la parte perjudicada, salvo que normas imperativas del derecho del foro dispongan otra cosa. El pago de la pena a la parte perjudicada no excluye el derecho de ésta al resarcimiento.

ARTÍCULO 7.2.5

(Cambio de remedio)

(1) La parte perjudicada que ha reclamado el cumplimiento de una obligación no dineraria y no lo ha obtenido dentro del plazo fijado o, en su defecto, dentro de un plazo razonable, podrá recurrir a cualquier otro remedio.

(2) En caso de no ser factible la ejecución de un mandato judicial que ordene el cumplimiento de una obligación no dineraria, la parte perjudicada podrá recurrir a cualquier otro remedio.

SECCIÓN 3: RESOLUCIÓN

ARTÍCULO 7.3.1

(Derecho a resolver el contrato)

(1) Una parte puede resolver el contrato si la falta de cumplimiento de una de las obligaciones de la otra parte constituye un incumplimiento esencial.

(2) Para determinar si la falta de cumplimiento de una obligación constituye un incumplimiento esencial se tendrá en cuenta, en particular, si:

(a) el incumplimiento priva sustancialmente a la parte perjudicada de lo que tenía derecho a esperar en virtud del contrato, a menos que la otra parte no hubiera previsto ni podido prever razonablemente ese resultado;

(b) la ejecución estricta de la prestación insatisfecha era esencial según el contrato;

(c) el incumplimiento fue intencional o temerario;

(d) el incumplimiento da a la parte perjudicada razones para desconfiar de que la otra cumplirá en el futuro;

(e) la resolución del contrato hará sufrir a la parte incumplidora una pérdida desproporcionada como consecuencia de su preparación o cumplimiento.

(3) En caso de demora, la parte perjudicada también puede resolver el contrato si la otra parte no cumple antes del vencimiento del período suplementario concedido a ella según el Artículo 7.1.5.

ARTÍCULO 7.3.2

(Notificación de la resolución)

(1) El derecho de una parte a resolver el contrato se ejercita mediante una notificación a la otra parte.

(2) Si la prestación ha sido ofrecida tardíamente o de otro modo no conforme con el contrato, la parte perjudicada perderá el derecho a resolver el contrato a menos que notifique su decisión a la otra parte en un período razonable después de que supo o debió saber de la oferta o de la prestación defectuosa.

ARTÍCULO 7.3.3

(Incumplimiento anticipado)

Si antes de la fecha de cumplimiento de una de las partes fuere patente que una de las partes incurrirá en un incumplimiento esencial, la otra parte puede resolver el contrato.

ARTÍCULO 7.3.4

(Garantía adecuada de cumplimiento)

Una parte que crea razonablemente que habrá un incumplimiento esencial de la otra parte puede reclamar una garantía adecuada del cumplimiento y, mientras tanto, puede suspender su propia prestación. Si esta garantía no es otorgada en un plazo razonable, la parte que la reclama puede resolver el contrato.

ARTÍCULO 7.3.5

(Efectos generales de la resolución)

(1) La resolución del contrato releva a ambas partes de la obligación de efectuar y recibir prestaciones futuras.

(2) La resolución no excluye el derecho a reclamar una indemnización de los daños y perjuicios causados por el incumplimiento.

(3) La resolución no afecta cualquier término del contrato relativo al arreglo de controversias o cualquier otra cláusula del contrato destinada a operar aún después de haber sido resuelto.

ARTÍCULO 7.3.6

(Restitución en el caso de contratos de ejecución instantánea)

(1) Al resolver un contrato cuyo cumplimiento tiene lugar en un solo momento, cada parte puede reclamar a la otra la restitución de lo entregado en virtud de dicho contrato, siempre que tal parte restituya a la vez lo que haya recibido.

(2) Si no es posible o apropiada la restitución en especie, procederá una compensación en dinero, siempre que sea razonable.

(3) La parte que se benefició con el cumplimiento no está obligada a la compensación en dinero si la imposibilidad de la restitución en especie es imputable a la otra parte.

(4) Puede exigirse una compensación por aquellos gastos razonablemente necesarios para proteger o conservar lo recibido.

ARTÍCULO 7.3.7

(Restitución en contratos de larga duración)

(1) Al resolver un contrato de larga duración, solamente se puede reclamar la restitución para el período posterior a la resolución, siempre que el contrato sea divisible.

(2) En la medida en que proceda la restitución, se aplicarán las disposiciones del Artículo 7.3.6.

SECCIÓN 4: RESARCIMIENTO

ARTÍCULO 7.4.1

(Derecho al resarcimiento)

Cualquier incumplimiento otorga a la parte perjudicada derecho al resarcimiento, bien exclusivamente o en concurrencia con otros remedios, salvo que el incumplimiento sea excusable conforme a estos Principios.

ARTÍCULO 7.4.2

(Reparación integral)

(1) La parte perjudicada tiene derecho a la reparación integral del daño causado por el incumplimiento. Este daño comprende cualquier pérdida sufrida y cualquier ganancia de la que fue privada, teniendo en cuenta cualquier ganancia que la parte perjudicada haya obtenido al evitar gastos o daños y perjuicios.

(2) Tal daño puede ser no pecuniario e incluye, por ejemplo, el sufrimiento físico y la angustia emocional.

ARTÍCULO 7.4.3

(Certeza del daño)

(1) La compensación sólo se debe por el daño, incluyendo el daño futuro, que pueda establecerse con un grado razonable de certeza.

(2) La compensación puede deberse por la pérdida de una expectativa en proporción a la probabilidad de que acontezca.

(3) Cuando la cuantía de la indemnización de los daños y perjuicios no puede establecerse con suficiente grado de certeza, queda a discreción del tribunal fijar el monto del resarcimiento.

ARTÍCULO 7.4.4

(Previsibilidad del daño)

La parte incumplidora es responsable solamente del daño previsto, o que razonablemente podría haber previsto, como consecuencia probable de su incumplimiento, al momento de celebrarse el contrato.

ARTÍCULO 7.4.5

(Prueba del daño en caso de una operación de reemplazo)

Cuando la parte perjudicada ha resuelto el contrato y ha efectuado una operación de reemplazo en tiempo y modo razonables, podrá recobrar la diferencia entre el precio del contrato y el precio de la operación de reemplazo, así como el resarcimiento por cualquier daño adicional.

ARTÍCULO 7.4.6

(Prueba del daño por el precio corriente)

(1) Si la parte perjudicada ha resuelto el contrato y no ha efectuado una operación de reemplazo, pero hay un precio corriente para la prestación contratada, podrá recuperar la diferencia entre el precio del contrato y el precio corriente al tiempo de la resolución del contrato, así como el resarcimiento por cualquier daño adicional.

(2) Precio corriente es el precio generalmente cobrado por mercaderías entregadas o servicios prestados en circunstancias semejantes en el lugar donde el contrato debió haberse cumplido o, si no hubiere precio corriente en ese lugar, el precio corriente en otro lugar que parezca razonable tomar como referencia.

ARTÍCULO 7.4.7

(Daño parcialmente imputable a la parte perjudicada)

Cuando el daño se deba en parte a un acto u omisión de la parte perjudicada o a otro acontecimiento por el que esa parte asume el riesgo, la cuantía del resarcimiento se reducirá en la medida en que tales factores hayan contribuido al daño, tomando en consideración la conducta de cada una de las partes.

ARTÍCULO 7.4.8

(Atenuación del daño)

(1) La parte incumplidora no es responsable del daño sufrido por la parte perjudicada en tanto que el daño pudo haber sido reducido si esa parte hubiera adoptado medidas razonables.

(2) La parte perjudicada tiene derecho a recuperar cualquier gasto razonablemente efectuado en un intento por reducir el daño.

ARTÍCULO 7.4.9

(Intereses por falta de pago de dinero)

(1) Si una parte no paga una suma de dinero cuando es debido, la parte perjudicada tiene derecho a los intereses sobre dicha suma desde el vencimiento de la obligación hasta el momento del pago, sea o no excusable la falta de pago.

(2) El tipo de interés será el promedio del tipo de préstamos bancarios a corto plazo en favor de clientes calificados y predominante para la moneda de pago en el lugar donde éste ha de ser efectuado. Cuando no exista tal tipo en ese lugar, entonces se aplicará el mismo tipo en el Estado de la moneda de pago. En ausencia de dicho tipo en esos lugares, el tipo de interés será el que sea apropiado conforme al derecho del Estado de la moneda de pago.

(3) La parte perjudicada tiene derecho a una indemnización adicional si la falta de pago causa mayores daños.

ARTÍCULO 7.4.10

(Intereses sobre el resarcimiento)

A menos que se convenga otra cosa, los intereses sobre el resarcimiento por el incumplimiento de obligaciones no dinerarias comenzarán a devengarse desde el momento del incumplimiento.

ARTÍCULO 7.4.11

(Modalidad de la compensación monetaria)

(1) El resarcimiento ha de pagarse en una suma global. No obstante, puede pagarse a plazos cuando la naturaleza del daño lo haga apropiado.

(2) El resarcimiento pagadero a plazos podrá ser indexado.

ARTÍCULO 7.4.12

(Moneda en la que se fija el resarcimiento)

El resarcimiento ha de fijarse, según sea más apropiado, bien en la moneda en la cual la obligación dineraria fue expresada o en aquella en la cual el perjuicio fue sufrido.

ARTÍCULO 7.4.13

(Pago estipulado para el incumplimiento)

(1) Cuando el contrato establezca que la parte incumplidora ha de pagar una suma determinada a la parte perjudicada por tal incumplimiento, la parte perjudicada tiene derecho a cobrar esa suma sin tener en cuenta el daño efectivamente sufrido.

(2) No obstante, a pesar de cualquier pacto en contrario, la suma determinada puede reducirse a un monto razonable cuando fuere notablemente excesiva con relación al daño ocasionado por el incumplimiento y a las demás circunstancias.

CAPÍTULO 8. COMPENSACIÓN

ARTÍCULO 8.1

(Condiciones de la compensación)

(1) Cuando dos partes se deben recíprocamente deudas de dinero u otras prestaciones de igual naturaleza, cualquiera de ellas ("la primera parte") puede compensar su obligación con la de su acreedor ("la otra parte") si en el momento de la compensación:

(a) la primera parte está facultada para cumplir con su obligación;

(b) la obligación de la otra parte se encuentra determinada en cuanto a su existencia e importe y su cumplimiento es debido.

(2) Si las obligaciones de ambas partes surgen del mismo contrato, la primera parte puede también compensar su obligación con una obligación de la otra parte cuya existencia o importe no se encuentre determinado.

ARTÍCULO 8.2

(Compensación de deudas en moneda extranjera)

Cuando las obligaciones sean de pagar dinero en diferentes monedas, el derecho a compensar puede ejercitarse siempre que ambas monedas sean libremente convertibles y las partes no hayan convenido que la primera parte sólo podrá pagar en una moneda determinada.

ARTÍCULO 8.3

(Notificación de la compensación)

El derecho a compensar se ejerce por notificación a la otra parte.

ARTÍCULO 8.4

(Contenido de la notificación)

(1) La notificación debe especificar las obligaciones a las que se refiere.

(2) Si la notificación no especifica la obligación con la que es ejercitada la compensación, la otra parte puede, en un plazo razonable, declarar a la otra parte la obligación a la que se refiere la compensación. Si tal declaración no se hace, la compensación se referirá a todas las obligaciones proporcionalmente.

ARTÍCULO 8.5

(Efectos de la compensación)

(1) La compensación extingue las obligaciones.

(2) Si las obligaciones difieren en su importe, la compensación extingue las obligaciones hasta el importe de la obligación menos onerosa.

(3) La compensación surte efectos desde la notificación.

CAPÍTULO 9. CESIÓN DE CRÉDITOS, TRANSFERENCIA DE OBLIGACIONES Y CESIÓN DE CONTRATOS

SECCIÓN 1: CESIÓN DE CRÉDITOS

ARTÍCULO 9.1.1

(Definiciones)

"Cesión de créditos" es la transferencia mediante un acuerdo de una persona (el "cedente") a otra (el "cesionario") de un derecho al pago de una suma de dinero u otra prestación a cargo de un tercero (el "deudor"), incluyendo una transferencia a modo de garantía.

ARTÍCULO 9.1.2

(Exclusiones)

Esta Sección no se aplica a las transferencias sometidas a las reglas especiales que regulan transferencias:

(a) de instrumentos como títulos de crédito, títulos representativos de dominio, instrumentos financieros, o

(b) de derechos incluidos en la transferencia de una empresa.

ARTÍCULO 9.1.3

(Posibilidad de ceder créditos no dinerarios)

Un crédito relativo a una prestación no dineraria sólo puede ser cedido si la cesión no hace sustancialmente más onerosa la prestación.

ARTÍCULO 9.1.4

(Cesión parcial)

(1) Un crédito relativo al pago de una suma de dinero puede ser cedido parcialmente.

(2) Un crédito relativo a una prestación no dineraria puede ser cedido parcialmente sólo si es divisible y si la cesión no hace sustancialmente más onerosa la prestación.

ARTÍCULO 9.1.5

(Cesión de créditos futuros)

Un crédito futuro se considera cedido en el momento de celebrarse el acuerdo, siempre que cuando llegue a existir dicho crédito pueda ser identificado como al que la cesión se refiere.

ARTÍCULO 9.1.6

(Créditos cedidos sin especificación individual)

Pueden cederse varios créditos sin que sean identificados individualmente, siempre que tales créditos, en el momento de la cesión o cuando lleguen a existir, puedan ser identificados como a los que la cesión se refiere.

ARTÍCULO 9.1.7

(Suficiencia de convenio entre cedente y cesionario)

(1) Un crédito es cedido por el mero convenio entre el cedente y el cesionario, sin notificación al deudor.

(2) No se requiere el consentimiento del deudor a menos que la obligación, según las circunstancias, sea de carácter esencialmente personal.

ARTÍCULO 9.1.8

(Costes adicionales para el deudor)

El deudor tiene derecho a ser indemnizado por el cedente o el cesionario por todos los costes adicionales causados por la cesión.

ARTÍCULO 9.1.9

(Cláusulas prohibiendo la cesión)

(1) La cesión de un derecho al pago de una suma de dinero surte efectos pese al acuerdo entre cedente y deudor limitando o prohibiendo tal cesión. Sin embargo, el cedente puede ser responsable ante el deudor por incumplimiento del contrato.

(2) La cesión de un derecho a otra prestación no surtirá efectos si viola un acuerdo entre el cedente y el deudor que limite o prohíba la cesión. No obstante, la cesión surte efectos si el cesionario, en el momento de la cesión, no conocía ni debiera haber conocido dicho acuerdo. En este caso, el cedente puede ser responsable ante el deudor por incumplimiento del contrato.

ARTÍCULO 9.1.10

(Notificación al deudor)

(1) El deudor se libera pagando al cedente mientras no haya recibido del cedente o del cesionario una notificación de la cesión.

(2) Después que el deudor recibe tal notificación, sólo se libera pagando al cesionario.

ARTÍCULO 9.1.11

(Cesiones sucesivas)

Si un mismo crédito ha sido cedido por el cedente a dos o más cesionarios sucesivos, el deudor se libera pagando conforme al orden en que las notificaciones fueron recibidas.

ARTÍCULO 9.1.12

(Prueba adecuada de la cesión)

(1) Si la notificación de la cesión es dada por el cesionario, el deudor puede solicitar al cesionario que dentro de un plazo razonable suministre prueba adecuada de que la cesión ha tenido lugar.

(2) El deudor puede suspender el pago hasta que se suministre prueba adecuada.

(3) La notificación no surte efectos a menos que se suministre prueba adecuada de la cesión.

(4) Prueba adecuada de la cesión incluye, pero no está limitada a, cualquier escrito emanado del cedente e indicando que la cesión ha tenido lugar.

ARTÍCULO 9.1.13

(Excepciones y derechos de compensación)

(1) El deudor puede oponer al cesionario todas las excepciones que podría oponer al cedente.

(2) El deudor puede ejercitar contra el cesionario cualquier derecho de compensación de que disponga contra el cedente hasta el momento en que ha recibido la notificación de la cesión.

ARTÍCULO 9.1.14

(Derechos relativos al crédito cedido)

La cesión de un crédito transfiere al cesionario:

(a) todos los derechos del cedente a un pago o a otra prestación previstos por el contrato en relación con el crédito cedido, y

(b) todos los derechos que garantizan el cumplimiento del crédito cedido.

ARTÍCULO 9.1.15

(Obligaciones del cedente)

El cedente garantiza al cesionario, excepto que algo distinto se manifieste al cesionario, que: (a) el crédito cedido existe al momento de la cesión, salvo que el crédito sea un derecho futuro; (b) el cedente está facultado para ceder el crédito;

(c) el crédito no ha sido previamente cedido a otro cesionario y está libre de cualquier derecho o reclamación de un tercero; (d) el deudor no tiene excepción alguna;

(e) ni el deudor ni el cedente han notificado la existencia de compensación alguna respecto del crédito cedido y no darán tal notificación;

(f) el cedente reembolsará al cesionario cualquier pago recibido del deudor antes de ser dada notificación de la cesión.

SECCIÓN 2: TRANSFERENCIA DE OBLIGACIONES

ARTÍCULO 9.2.1

(Modalidades de la transferencia)

Una obligación de pagar dinero o de ejecutar otra prestación puede ser transferida de una persona (el "deudor originario") a otra (el "nuevo deudor") sea:

(a) por un acuerdo entre el deudor originario y el nuevo deudor, conforme al Artículo 9.2.3, o

(b) por un acuerdo entre el acreedor y el nuevo deudor, por el cual el nuevo deudor asume la obligación.

ARTÍCULO 9.2.2

(Exclusión)

Esta Sección no se aplica a las transferencias de obligaciones sometidas a reglas especiales que regulan transferencias de obligaciones en el curso de la transferencia de una empresa.

ARTÍCULO 9.2.3

(Exigencia del consentimiento del acreedor para la transferencia)

La transferencia de obligaciones por un acuerdo entre el deudor originario y el nuevo deudor requiere el consentimiento del acreedor.

ARTÍCULO 9.2.4

(Consentimiento anticipado del acreedor)

(1) El acreedor puede dar su consentimiento anticipadamente.

(2) Si el acreedor ha dado su consentimiento anticipadamente, la transferencia de la obligación surte efectos cuando una notificación de la transferencia se da al acreedor o cuando el acreedor la reconoce.

ARTÍCULO 9.2.5

(Liberación del deudor originario)

(1) El acreedor puede liberar al deudor originario.

(2) El acreedor puede también retener al deudor originario como deudor en caso de que el nuevo deudor no cumpla adecuadamente.

(3) En cualquier otro caso, el deudor originario y el nuevo deudor responden solidariamente.

ARTÍCULO 9.2.6

(Cumplimiento a cargo de un tercero)

(1) Sin el consentimiento del acreedor, el deudor puede convenir con otra persona que ésta cumplirá la obligación en lugar del deudor, a menos que la obligación, según las circunstancias, tenga un carácter esencialmente personal.

(2) El acreedor conserva su recurso contra el deudor.

ARTÍCULO 9.2.7

(Excepciones y derechos de compensación)

(1) El nuevo deudor puede oponer contra el acreedor todas las excepciones que el deudor originario podía oponer contra el acreedor.

(2) El nuevo deudor no puede ejercer contra el acreedor ningún derecho de compensación disponible al deudor originario contra el acreedor.

ARTÍCULO 9.2.8

(Derechos relativos a la obligación transferida)

(1) El acreedor puede oponer contra el nuevo deudor, respecto de la obligación transferida, todos sus derechos al pago o a otra prestación bajo el contrato.

(2) Si el deudor originario es liberado en virtud del Artículo 9.2.5 (1), queda también liberada cualquier garantía otorgada para el cumplimiento de la obligación por cualquier otra persona que no sea el nuevo deudor, a menos que esa otra persona acuerde que la garantía continuará disponible al acreedor.

(3) La liberación del deudor originario también se extiende a cualquier garantía del deudor originario otorgada al acreedor para garantizar el cumplimiento de la obligación, a menos que la garantía sea sobre un bien que sea transferido como parte de una operación entre el deudor originario y el nuevo deudor.

SECCIÓN 3: CESIÓN DE CONTRATOS

ARTÍCULO 9.3.1

(Definiciones)

"Cesión de contrato" es la transferencia mediante un acuerdo de una persona (el "cedente") a otra (el "cesionario") de los derechos y obligaciones del cedente que surgen de un contrato con otra persona (la "otra parte").

ARTÍCULO 9.3.2

(Exclusión)

Esta Sección no se aplica a las cesiones de contratos sometidas a reglas especiales que regulan cesiones de contratos en el curso de la transferencia de una empresa.

ARTÍCULO 9.3.3

(Exigencia del consentimiento de la otra parte)

La cesión de un contrato requiere el consentimiento de la otra parte.

ARTÍCULO 9.3.4

(Consentimiento anticipado de la otra parte)

(1) La otra parte puede dar su consentimiento anticipadamente.

(2) Si la otra parte ha dado su consentimiento anticipadamente, la cesión del contrato surte efecto cuando una notificación de la cesión se da a la otra parte o cuando la otra parte la reconoce.

ARTÍCULO 9.3.5

(Liberación del cedente)

(1) La otra parte puede liberar al cedente.

(2) La otra parte puede también retener al cedente como deudor en caso de que el cesionario no cumpla adecuadamente.

(3) En cualquier otro caso, el cedente y el cesionario responden solidariamente.

ARTÍCULO 9.3.6

(Excepciones y derechos de compensación)

(1) En la medida que la cesión de un contrato involucre una cesión de créditos, se aplicará el Artículo 9.1.13.

(2) En la medida que la cesión de un contrato involucra una transferencia de obligaciones, se aplicará el Artículo 9.2.7.

ARTÍCULO 9.3.7

(Derechos cedidos con el contrato)

(1) En la medida que la cesión de un contrato involucre una cesión de créditos, se aplicará el Artículo 9.1.14.

(2) En la medida que la cesión de un contrato involucre una transferencia de obligaciones, se aplicará el Artículo 9.2.8.

CAPÍTULO 10. PRESCRIPCIÓN

ARTÍCULO 10.1

(Ámbito de aplicación de este Capítulo)

(1) El ejercicio de los derechos regulados por estos Principios está limitado por la expiración de un período de tiempo, denominado "período de prescripción", según las reglas de este Capítulo.

(2) Este Capítulo no regula el tiempo en el cual, conforme a estos Principios, se requiere a una parte, como condición para la adquisición o ejercicio de su derecho, que efectúe una notificación a la otra parte o que lleve a cabo un acto distinto a la apertura de un procedimiento jurídico.

ARTÍCULO 10.2

(Períodos de prescripción)

(1) El período ordinario de prescripción es tres años, que comienza al día siguiente del día en que el acreedor conoció o debiera haber conocido los hechos a cuyas resultas el derecho del acreedor puede ser ejercido.

(2) En todo caso, el período máximo de prescripción es diez años, que comienza al día siguiente del día en que el derecho podía ser ejercido.

ARTÍCULO 10.3

(Modificación de los períodos de prescripción por las partes)

(1) Las partes pueden modificar los períodos de prescripción.

(2) Sin embargo, ellas no podrán:

(a) acortar el período ordinario de prescripción a menos de un año;

(b) acortar el período máximo de prescripción a menos de cuatro años;

(c) prorrogar el período máximo de prescripción a más de quince años.

ARTÍCULO 10.4

(Nuevo período de prescripción por reconocimiento)

(1) Cuando el deudor reconoce el derecho del acreedor antes del vencimiento del período ordinario de prescripción, comienza a correr un nuevo período ordinario de prescripción al día siguiente del reconocimiento.

(2) El período máximo de prescripción no comienza a correr nuevamente, pero puede ser superado por el comienzo de un nuevo período ordinario de prescripción conforme al Artículo 10.2 (1).

ARTÍCULO 10.5

(Suspensión por procedimiento judicial)

(1) El decurso del período de prescripción se suspende:

(a) cuando al iniciar un procedimiento judicial, o en el procedimiento judicial ya iniciado, el acreedor realiza cualquier acto que es reconocido por el derecho del foro como ejercicio del derecho del acreedor contra el deudor;

(b) en caso de insolvencia del deudor, cuando el acreedor ejerce sus derechos en los procedimientos de insolvencia; o

(c) en el caso de procedimientos para disolver la entidad deudora, cuando el acreedor ejerce sus derechos en los procedimientos de disolución.

(2) La suspensión dura hasta que se haya dictado una sentencia definitiva o hasta que el procedimiento concluya de otro modo.

ARTÍCULO 10.6

(Suspensión por procedimiento arbitral)

(1) El decurso del período de prescripción se suspende cuando al iniciar un procedimiento arbitral, o en el procedimiento arbitral ya iniciado, el acreedor realiza cualquier acto que es reconocido por el derecho del tribunal arbitral como ejercicio del derecho del acreedor contra el deudor. A falta de disposiciones en el reglamento de arbitraje o de otras reglas que determinen la fecha exacta del comienzo del procedimiento arbitral, dicho procedimiento se considera comenzado el día en que el deudor recibe una solicitud para que se adjudique el derecho en disputa.

(2) La suspensión dura hasta que se haya dictado una decisión vinculante o hasta que el procedimiento concluya de otro modo.

ARTÍCULO 10.7

(Medios alternativos para la resolución de controversias)

Las disposiciones de los Artículos 10.5 y 10.6 se aplican, con las modificaciones apropiadas, a otros procedimientos con los que las partes solicitan de un tercero que les asista en el intento de lograr una resolución amistosa de sus controversias.

ARTÍCULO 10.8

(Suspensión en caso de fuerza mayor, muerte o incapacidad)

(1) Cuando el acreedor no ha podido detener el decurso del período de prescripción según los Artículos precedentes debido a un impedimento fuera de su control y que no podía ni evitar ni superar, el período ordinario de prescripción se suspende de modo que no expire antes de un año después que el impedimento haya dejado de existir.

(2) Cuando el impedimento consiste en la incapacidad o muerte del acreedor o del deudor, la suspensión cesa cuando se designe un representante para el incapacitado, el difunto o su herencia, o cuando un sucesor haya heredado la parte que le corresponde. En este caso se aplica el período suplementario de un año, conforme al párrafo (1).

ARTÍCULO 10.9

(Efectos del vencimiento del período de prescripción)

(1) El vencimiento del período de prescripción no extingue el derecho.

(2) Para que el vencimiento del período de prescripción tenga efecto, el deudor debe invocarlo por vía de excepción.

(3) La existencia de un derecho siempre puede ser invocada por vía de excepción a pesar de haberse invocado el vencimiento del período de prescripción para el ejercicio de dicho derecho.

ARTÍCULO 10.10

(Derecho de compensación)

El acreedor puede ejercitar el derecho de compensación mientras el deudor no haya opuesto el vencimiento del período de prescripción.

ARTÍCULO 10.11

(Restitución)

Cuando ha habido prestación en cumplimiento de la obligación, no hay derecho a la restitución por el solo hecho de haber vencido el período de prescripción.

CAPÍTULO 11. PLURALIDAD DE DEUDORES Y DE ACREEDORES

SECCIÓN 1: PLURALIDAD DE DEUDORES

ARTÍCULO 11.1.1

(Definiciones)

Cuando varios deudores se obligan frente a un acreedor por la misma obligación:

(a) las obligaciones son solidarias si cada deudor responde por la totalidad;

(b) Las obligaciones son separadas si cada deudor solo responde por su parte.

ARTÍCULO 11.1.2

(Presunción de solidaridad)

Se presume la solidaridad cuando varios deudores se obligan frente a un acreedor por la misma obligación, a menos que las circunstancias indiquen lo contrario.

ARTÍCULO 11.1.3

(Derechos del acreedor frente a los deudores solidarios)

Cuando los deudores se obliga solidariamente, el acreedor podrá reclamar el cumplimiento a cualquiera de ellos, hasta obtener el cumplimiento total.

ARTÍCULO 11.1.4

(Excepciones y compensación)

El deudor solidario contra quien el acreedor ejercite una acción puede oponer todas las excepciones y los derechos de compensación que le sean personales o que sean comunes a todos los codeudores, pero no puede oponer las excepciones ni los derechos de compensación que correspondan personalmente a uno o varios de los demás codeudores.

ARTÍCULO 11.1.5

(Efectos del cumplimiento o de la compensación)

Si un deudor solidario cumple o compensa la obligación, o si el acreedor ejercita la compensación frente a un deudor solidario, los demás codeudores quedan liberados frente al acreedor en la medida del cumplimiento o de la compensación.

ARTÍCULO 11.1.6

(Efectos de la remisión o de la transacción)

(1) La remisión de la deuda respecto de un deudor solidario, o la transacción con un deudor solidario, libera a los demás deudores de la parte de dicho deudor, a menos que las circunstancias indiquen lo contrario.

(2) Una vez que los demás deudores sean liberados de la parte de dicho deudor, no podrán ejercitar frente a éste último la acción de regreso prevista en el Artículo 11.1.10.

ARTÍCULO 11.1.7

(Efectos del vencimiento o de la suspensión de la prescripción)

(1) La expiración del período de prescripción de los derechos del acreedor frente a un deudor solidario no afecta:

(a) Las obligaciones de los demás deudores solidarios frente al acreedor; ni

(b) Las acciones de regreso entre los deudores solidarios previstas en el Artículo 11.1.10.

(2) Si el acreedor inicia contra un deudor solidario uno de los procedimientos previstos en los Artículos 10.5, 10.6 o 10.7, el curso de la prescripción también se suspende frente a los demás deudores solidarios.

ARTÍCULO 11.1.8

(Efectos de las sentencias)

(1) Una decisión de un tribunal acerca de la responsabilidad de un deudor solidario frente al acreedor no afecta:

(a) Las obligaciones de los demás deudores solidarios frente al acreedor; ni

(b) Las acciones de regreso entre los deudores solidarios previstas en el Artículo 11.1.10.

(2) Sin embargo, los demás deudores solidarios también pueden invocar dicha decisión, a menos que ésta se base en motivos personales de dicho deudor. En tal caso, las acciones de regreso entre los deudores solidarios previstas en el Artículo 11.1.10 se verán afectadas en lo pertinente.

ARTÍCULO 11.1.9

(Reparto entre los deudores solidarios)

Los deudores solidarios se obligan entre ellos por parte iguales, a menos que las circunstancias indiquen lo contrario.

ARTÍCULO 11.1.10

(Alcance de la acción de regreso)

El deudor solidario que pagó más que su parte puede reclamar la diferencia de cualquier otro deudor solidario hasta la parte no cumplida por cada uno de ellos.

ARTÍCULO 11.1.11

(Derechos del acreedor)

(1) El deudor solidario a quien se aplique el Artículo 11.1.10 puede ejercitar igualmente los derechos del acreedor, incluidos aquellos que garantizan el cumplimiento, a fin de recuperar la diferencia de los demás deudores solidarios, hasta la parte no cumplida por cada uno de ellos.

(2) El acreedor que no ha recibido el cumplimiento total conserva sus derechos frente a los codeudores, en la medida del incumplimiento, con preferencia sobre los codeudores que ejerciten las acciones de regreso.

ARTÍCULO 11.1.12

(Excepciones en las acciones de regreso)

El deudor solidario contra quien un codeudor que ha cumplido la obligación ejerce una acción de regreso:

(a) puede oponer todas las excepciones y los derechos de compensación que podrían haber sido invocados o ejercitados por el codeudor frente al acreedor;

(b) puede oponer todas las excepciones que le sean personales;

(c) no puede oponer las excepciones o los derechos de compensación que correspondan personalmente a uno o varios de los demás codeudores.

ARTÍCULO 11.1.13

(Imposibilidad de recuperar)

Cuando un deudor solidario que pagó más que su parte a pesar de haber realizado todos los esfuerzos razonables, no puede recuperar la contribución de otro deudor solidario, la parte de los demás deudores, incluyendo la del que ha pagado, aumentará proporcionalmente.

SECCIÓN 2: PLURALIDAD DE ACREEDORES

ARTÍCULO 11.2.1

(Definiciones)

Cuando varios acreedores pueden exigir de un deudor el cumplimiento de una misma obligación:

(a) los créditos son separados si cada acreedor solo puede exigir su parte;

(b) los créditos son solidarios si cada acreedor puede exigir la totalidad de la prestación;

(c) los créditos son mancomunados si todos los acreedores deben exigir la prestación de forma conjunta.

ARTÍCULO 11.2.2

(Efectos de los créditos solidarios)

El cumplimiento total a favor de uno de los acreedores solidarios libera al deudor frente a los demás acreedores.

ARTÍCULO 11.2.3

(Excepciones frente a los acreedores solidarios)

(1) El deudor puede oponer a cualquier acreedor solidario todas las excepciones y los derechos de compensación que le sean personales en su relación con dicho acreedor o que pueda oponer a todos los acreedores, pero no puede oponer las excepciones ni los derechos de compensación que le sean personales en su relación con uno o varios de los demás acreedores.

(2) Las disposiciones de los Artículos 11.1.5, 11.1.6, 11.1.7 y 11.1.8 se aplican a los acreedores solidarios, con las adaptaciones necesarias.

ARTÍCULO 11.2.4

(Reparto entre los acreedores solidarios)

(1) Los acreedores solidarios tienen entre ellos derecho a partes iguales, a menos que las circunstancias indiquen lo contrario.

(2) El acreedor que recibe más que su parte debe transferir el excedente a los demás acreedores, en la medida de sus respectivas partes.

TABLA DE CORRESPONDENCIA DE LOS ARTÍCULOS DE LAS EDICIONES DE 1994, 2004, 2010 Y 2016 DE LOS PRINCIPIOS UNIDROIT

Reimpresión de los Comentarios Oficiales con la amable autorización de UNIDROIT.

[el signo (*) indica que las disposiciones así como los comentarios han sido, por lo menos en parte, modificados respecto a la edición precedente; el signo (**) indica que sólo los comentarios han sido modificados respecto a la edición precedente.]

Edición 2016	Edición 2010	Edición 2004	Edición 1994
Preámbulo (*)	Preámbulo	Preámbulo (*)	Preámbulo
1.1	1.1	1.1	1.1
1.2	1.2	1.2 (*)	1.2
1.3	1.3	1.3 (**)	1.3
1.4	1.4 (**)	1.4	1.4
1.5	1.5	1.5	1.5
1.6	1.6	1.6	1.6
1.7	1.7 (**)	1.7 (**)	1.7
1.8	1.8	1.8	–
1.9	1.9	1.9	1.8
1.10	1.10	1.10 (**)	1.9
1.11 (*)	1.11	1.11	1.10
1.12	1.12	1.12 (*)	2.8 (2)
2.1.1	2.1.1	2.1.1 (**)	2.1
2.1.2	2.1.2	2.1.2	2.2
2.1.3	2.1.3	2.1.3	2.3
2.1.4	2.1.4	2.1.4	2.4
2.1.5	2.1.5	2.1.5	2.5
2.1.6	2.1.6	2.1.6	2.6
2.1.7	2.1.7	2.1.7 (**)	2.7
2.1.8	2.1.8	2.1.8 (*)	2.8 (1)
2.1.9	2.1.9	2.1.9	2.9
2.1.10	2.1.10	2.1.10	2.10

Edición 2016	Edición 2010	Edición 2004	Edición 1994
2.1.11	2.1.11	2.1.11	2.11
2.1.12	2.1.12	2.1.12	2.12
2.1.13	2.1.13	2.1.13	2.13
2.1.14 (*)	2.1.14	2.1.14	2.14
2.1.15 (**)	2.1.15	2.1.15 (**)	2.15
2.1.16	2.1.16	2.1.16	2.16
2.1.17	2.1.17	2.1.17	2.17
2.1.18	2.1.18	2.1.18 (*)	2.18
2.1.19	2.1.19	2.1.19	2.19
2.1.20	2.1.20	2.1.20	2.20
2.1.21	2.1.21	2.1.21	2.21
2.1.22	2.1.22	2.1.22	2.22
2.2.1	2.2.1	2.2.1	–
2.2.2	2.2.2	2.2.2	–
2.2.3	2.2.3	2.2.3	–
2.2.4	2.2.4	2.2.4	–
2.2.5	2.2.5	2.2.5	–
2.2.6	2.2.6	2.2.6	–
2.2.7	2.2.7	2.2.7	–
2.2.8	2.2.8	2.2.8	–
2.2.9	2.2.9	2.2.9	–
2.2.10	2.2.10	2.2.10	–
3.1.1	3.1.1 (*)	3.1	3.1
3.1.2	3.1.2	3.2	3.2
3.1.3	3.1.3	3.3	3.3
3.1.4	3.1.4 (*)	3.19	3.19
3.2.1	3.2.1	3.4	3.4
3.2.2	3.2.2	3.5	3.5
3.2.3	3.2.3	3.6	3.6
3.2.4	3.2.4	3.7	3.7

Edición 2016	Edición 2010	Edición 2004	Edición 1994
3.2.5	3.2.5	3.8	3.8
3.2.6	3.2.6	3.9	3.9
3.2.7	3.2.7	3.10	3.10
3.2.8	3.2.8	3.11	3.11
3.2.9	3.2.9	3.12	3.12
3.2.10	3.2.10	3.13	3.13
3.2.11	3.2.11	3.14	3.14
3.2.12	3.2.12	3.15	3.15
3.2.13	3.2.13	3.16	3.16
3.2.14	3.2.14	3.17 (1)	3.17 (1)
3.2.15	3.2.15 (*)	3.17 (2)	3.17 (2)
3.2.16	3.2.16	3.18	3.18
3.2.17	3.2.17	3.20	3.20
3.3.1	3.3.1	–	–
3.3.2	3.3.2	–	–
4.1	4.1	4.1	4.1
4.2	4.2	4.2	4.2
4.3 (**)	4.3	4.3	4.3
4.4	4.4	4.4	4.4
4.5	4.5	4.5	4.5
4.6	4.6	4.6	4.6
4.7	4.7	4.7	4.7
4.8 (**)	4.8	4.8	4.8
5.1.1	5.1.1	5.1.1	5.1
5.1.2	5.1.2	5.1.2	5.2
5.1.3 (**)	5.1.3	5.1.3	5.3
5.1.4 (**)	5.1.4	5.1.4	5.4
5.1.5	5.1.5	5.1.5	5.5
5.1.6	5.1.6	5.1.6	5.6
5.1.7 (*)	5.1.7	5.1.7	5.7

Edición 2016	Edición 2010	Edición 2004	Edición 1994
5.1.8 (*)	5.1.8	5.1.8	5.8
5.1.9	5.1.9	5.1.9	–
5.2.1	5.2.1	5.2.1	–
5.2.2	5.2.2	5.2.2	–
5.2.3	5.2.3	5.2.3	–
5.2.4	5.2.4	5.2.4	–
5.2.5	5.2.5	5.2.5	–
5.2.6	5.2.6	5.2.6	–
5.3.1	5.3.1	–	–
5.3.2	5.3.2	–	–
5.3.3	5.3.3	–	–
5.3.4	5.3.4	–	–
5.3.5	5.3.5	–	–
6.1.1	6.1.1	6.1.1	6.1.1
6.1.2	6.1.2	6.1.2	6.1.2
6.1.3	6.1.3	6.1.3	6.1.3
6.1.4	6.1.4	6.1.4	6.1.4
6.1.5	6.1.5	6.1.5	6.1.5
6.1.6	6.1.6	6.1.6	6.1.6
6.1.7	6.1.7	6.1.7	6.1.7
6.1.8	6.1.8	6.1.8	6.1.8
6.1.9	6.1.9	6.1.9	6.1.9
6.1.10	6.1.10	6.1.10	6.1.10
6.1.11	6.1.11	6.1.11	6.1.11
6.1.12	6.1.12	6.1.12	6.1.12
6.1.13	6.1.13	6.1.13	6.1.13
6.1.14	6.1.14	6.1.14	6.1.14
6.1.15	6.1.15	6.1.15	6.1.15
6.1.16	6.1.16	6.1.16	6.1.16
6.1.17	6.1.17	6.1.17	6.1.17

Edición 2016	Edición 2010	Edición 2004	Edición 1994
6.2.1	6.2.1	6.2.1	6.2.1
6.2.2	6.2.2	6.2.2 (**)	6.2.2
6.2.3	6.2.3	6.2.3	6.2.3
7.1.1	7.1.1	7.1.1	7.1.1
7.1.2	7.1.2	7.1.2	7.1.2
7.1.3	7.1.3	7.1.3	7.1.3
7.1.4	7.1.4	7.1.4	7.1.4
7.1.5	7.1.5	7.1.5	7.1.5
7.1.6	7.1.6	7.1.6	7.1.6
7.1.7 (**)	7.1.7	7.1.7	7.1.7
7.2.1	7.2.1	7.2.1	7.2.1
7.2.2	7.2.2	7.2.2	7.2.2
7.2.3	7.2.3	7.2.3	7.2.3
7.2.4	7.2.4	7.2.4	7.2.4
7.2.5	7.2.5	7.2.5	7.2.5
7.3.1	7.3.1	7.3.1	7.3.1
7.3.2	7.3.2	7.3.2	7.3.2
7.3.3	7.3.3	7.3.3	7.3.3
7.3.4	7.3.4	7.3.4	7.3.4
7.3.5 (**)	7.3.5	7.3.5	7.3.5
7.3.6 (**)	7.3.6 (*)	7.3.6 (1)	7.3.6 (1)
7.3.7 (*)	7.3.7 (*)	7.3.6 (2)	7.3.6 (2)
7.4.1	7.4.1	7.4.1	7.4.1
7.4.2	7.4.2	7.4.2	7.4.2
7.4.3	7.4.3	7.4.3	7.4.3
7.4.4	7.4.4	7.4.4	7.4.4
7.4.5	7.4.5	7.4.5	7.4.5
7.4.6	7.4.6	7.4.6	7.4.6
7.4.7	7.4.7	7.4.7	7.4.7
7.4.8	7.4.8	7.4.8	7.4.8

Edición 2016	Edición 2010	Edición 2004	Edición 1994
7.4.9	7.4.9	7.4.9	7.4.9
7.4.10	7.4.10	7.4.10	7.4.10
7.4.11	7.4.11	7.4.11	7.4.11
7.4.12	7.4.12	7.4.12	7.4.12
7.4.13	7.4.13	7.4.13	7.4.13
8.1	8.1	8.1	–
8.2	8.2	8.2	–
8.3	8.3	8.3	–
8.4	8.4	8.4	–
8.5	8.5	8.5	–
9.1.1	9.1.1	9.1.1	–
9.1.2	9.1.2	9.1.2	–
9.1.3	9.1.3	9.1.3	–
9.1.4	9.1.4	9.1.4	–
9.1.5	9.1.5	9.1.5	–
9.1.6	9.1.6	9.1.6	–
9.1.7	9.1.7	9.1.7	–
9.1.8	9.1.8	9.1.8	–
9.1.9	9.1.9	9.1.9	–
9.1.10	9.1.10	9.1.10	–
9.1.11	9.1.11	9.1.11	–
9.1.12	9.1.12	9.1.12	–
9.1.13	9.1.13	9.1.13	–
9.1.14	9.1.14	9.1.14	–
9.1.15	9.1.15	9.1.15	–
9.2.1	9.2.1	9.2.1	–
9.2.2	9.2.2	9.2.2	–
9.2.3	9.2.3	9.2.3	–
9.2.4	9.2.4	9.2.4	–
9.2.5	9.2.5	9.2.5	–

Edición 2016	Edición 2010	Edición 2004	Edición 1994
9.2.6	9.2.6	9.2.6	–
9.2.7	9.2.7	9.2.7	–
9.2.8	9.2.8	9.2.8	–
9.3.1	9.3.1	9.3.1	–
9.3.2	9.3.2	9.3.2	–
9.3.3	9.3.3	9.3.3	–
9.3.4	9.3.4	9.3.4	–
9.3.5	9.3.5	9.3.5	–
9.3.6	9.3.6	9.3.6	–
9.3.7	9.3.7	9.3.7	–
10.1	10.1	10.1	–
10.2	10.2	10.2	–
10.3	10.3	10.3	–
10.4	10.4	10.4	–
10.5	10.5	10.5	–
10.6	10.6	10.6	–
10.7	10.7	10.7	–
10.8	10.8	10.8	–
10.9	10.9	10.9	–
10.10	10.10	10.10	–
10.11	10.11	10.11	–
11.1.1	11.1.1	–	–
11.1.2	11.1.2	–	–
11.1.3	11.1.3	–	–
11.1.4	11.1.4	–	–
11.1.5	11.1.5	–	–
11.1.6	11.1.6	–	–
11.1.7	11.1.7	–	–
11.1.8	11.1.8	–	–
11.1.9	11.1.9	–	–

Edición 2016	Edición 2010	Edición 2004	Edición 1994
11.1.10	11.1.10	–	–
11.1.11	11.1.11	–	–
11.1.12	11.1.12	–	–
11.1.13	11.1.13	–	–
11.2.1	11.2.1	–	–
11.2.2	11.2.2	–	–
11.2.3	11.2.3	–	–
11.2.4	11.2.4	–	–

PRINCIPIOS UNIDROIT. COMENTARIOS DE ECKART J. BRÖDERMANN

Introducción a los Principios UNIDROIT de los Contratos Comerciales Internacionales ("PICC")

A. Una llamada de atención

1

La mayoría de los abogados, jueces y árbitros, y ciertamente los hombres de negocios, nunca han estudiado los Principios UNIDROIT sobre los Contratos Comerciales Internacionales ("Principios UNIDROIT" o "PICC") al enfrentarse por primera vez a la cuestión sobre si acordar su elección, o si realmente utilizar los Principios UNIDROIT. Si no eres hablante nativo de francés, es posible que ya te enfrentes a dificultades con el **idioma** y el significado de la palabra "UNIDROIT". Es una abreviatura de la expresión en francés para el **Instituto Internacional para la Unificación del Derecho Privado**,[6] que fue establecido por la Liga de Naciones en 1926,[7] y que ha coordinado la compilación y el desarrollo ulterior de **principios generales y reglas de derecho** (Preámbulo párrafos 1, 3 y Anexo al Preámbulo sobre cuestiones generales de derecho contractual entre 1970 y 2016.[8]

Como todo lo que se desconoce, puede parecer arriesgado o simplemente engorroso abrirse mentalmente al reto y concentrarse seriamente en los Principios UNIDROIT. ¿Por qué invertir tiempo cuando existen caminos ya explorados para la redacción de contratos internacionales? Sin embargo, dondequiera que se encuentre un usuario potencial de los Principios UNIDROIT en todo el mundo, y sea cual sea su bagaje cultural y jurídico, es fácil centrarse en los Principios UNIDROIT y comprender su **potencial jurídico y comercial**. A menudo, este potencial supera con creces los problemas de explorar otro derecho desconocido. Los Principios UNIDROIT de pueden contribuir a garantizar la realización de transacciones comerciales transfronterizas y, a menudo, reducen los riesgos jurídicos de un contrato comercial.[9] Los Principios UNIDROIT son a la vez una herramienta de gestión de riesgos. Proporcionan "herramientas para que las partes las utilicen en la creación de sus contratos";[10] y están "mejor adaptados a las transacciones transfronterizas que las leyes

---

[6] Institut international pour l'unification du droit privé; para una discusión sobre la barrera del idioma como obstáculo para la aplicación de los Principios UNIDROIT, ver E. Brödermann, Unif. Law Rev. 2021, 453, 470-471.

[7] Ver L. Peters, Instituto Internacional para la Unificación del Derecho Privado (UNIDROIT), en la página 13 (2017).

[8] Véase UNIDROIT (Popescu), Progressive Codification of International Trade Law, (U.D.P. 1970 - Etude L, Doc. 1) y los materiales publicados posteriormente sobre la preparación de los Principios UNIDROIT, publicados en el sitio web de UNIDROIT y a los que se hace referencia en el presente comentario p. LXI-XCVI (visión general cronológica) y referenciados en sus partes relevantes al comienzo de cada sección. Hasta hoy, el Art. 1 de los Estatutos de UNIDROIT establece el propósito de "preparar gradualmente la adopción por los distintos Estados de normas uniformes de Derecho privado".

[9] E. Brödermann en Eppur si muove: The Age of Uniform Law, páginas 1283-1301; E. Brödermann, Tulane J Int. Comp. L 2020, páginas 193, 255 y 209 (reducción de costos al evitar la investigación sobre leyes extranjeras que de otro modo serían aplicables, y reducción de riesgos de trampas desconocidas en leyes nacionales extranjeras diseñadas para funcionar en un entorno nacional).

[10] A. Komorov, en UNIDROIT 2016 - C.D. (95) 15, nº 102.

contractuales nacionales".[11] Son un conjunto de 211 artículos[12] basadas en el **principio de lealtad negocial en el comercio internacional** (es decir, una descripción que suele resultar atractiva para los empresarios internacionales). Son compatibles con las perspectivas de las legislaciones nacionales de todo el mundo y pueden ser aplicadas por cualquier abogado mercantilista, **independientemente de su formación.**

2

En 2007, 2012 y 2021, la Comisión de las Naciones Unidas para el Derecho Mercantil Internacional **(CNUDMI) respaldó** los Principios UNIDROIT para "recomendar" su uso "según proceda, para los fines previstos" (Anexo al Preámbulo no. 36), lo que incluye su elección como régimen aplicable a los contratos. En 2020, la **Unión Internacional de Abogados ("UIA"**, que reúne a través de sus miembros a dos millones de abogados de aproximadamente 110 países) recomendó los Principios UNIDROIT 2016 a sus miembros y a la comunidad jurídica internacional como una opción importante en relación con la redacción, interpretación y resolución de litigios relativos a contratos internacionales (Anexo al Preámbulo número 37). **La comunidad empresarial** está abierta a tales recomendaciones. Por ejemplo, en una conferencia internacional celebrada en 2016 en Hamburgo, Alemania,[13] varios participantes en el mercado informaron tener experiencias positivas con los Principios UNIDROIT, entre ellos tanto una gran empresa internacional alemana cuando se enfrentaba a subcontratistas extranjeros como una empresa comercial que actuaba en Asia y África desde Filipinas. En 2019, en otra conferencia en Washington, D.C., un consejero general estadounidense de una empresa Fortune 600, informó del uso regular de los Principios UNIDROIT (a nivel internacional, pero también una vez para un contrato interestatal). Afirmó que esperaría de los asesores externos que buscaran este tipo de herramientas modernas.[14] Más recientemente, partes de la comunidad jurídica internacional, incluidos múltiples comités de la *Union Internationale des Avocats*, se están uniendo para un proyecto de blog social sobre **"Contratación global simplificada"** bajo los Principios UNIDROIT, preferiblemente en combinación con una cláusula arbitral.[15]

3

Parafraseando las palabras de un empresario de 2004: "Si tantos cerebros de todo el mundo se han concentrado en el desarrollo de los Principios UNIDROIT durante tantos años, ¿por qué debería gastar tiempo y dinero en investigar alternativas nacionales para mi

---

11 CNUDMI y otros, Guía Jurídica Tripartita, no. 322 (p. 72).

12 Comentarios oficiales, p. viii; CNUDMI y otros, Guía Jurídica Tripartita, no. 332 (p. 74) y no. 358 (p. 80). Los Principios UNIDROIT 2016 contienen 210 artículos y el preámbulo (con un total de 358 apartados o normas).

13 Panel de debate con participantes de cuatro continentes tras una ponencia de M. J. Bonell sobre "Principios UNIDROIT de contratos comerciales internacionales: A Valid and Cost Saving Alternative to Domestic Law in International Business Transactions" en una conferencia organizada por la asociación internacional de bufetes de abogados independientes 'Primerus' y la 'Association of Corporate Counsels' con el apoyo de UNIDROIT en el 'Überseeclub' de Hamburgo el 14 de julio de 2016.

14 Evan Slavitt, miembro de ACC y actual director jurídico global de Paper Excellence Canada, aproximadamente el 3 de mayo de 2019 en una cumbre internacional de Primerus.

15 A su debido tiempo estará disponible un sitio web.

negocio transfronterizo?".[16] Un alto directivo del departamento jurídico europeo de una empresa manufacturera estadounidense que vende pulpa a 30 países de todo el mundo coincidió con esta afirmación en 2016: "Por supuesto, eso es cierto. Creemos que los Principios UNIDROIT son una herramienta maravillosa. El problema es que la mayoría de la gente aún no los conoce y no se toma el tiempo de leerlos".[17] **Un empresario estadounidense** con formación tanto jurídica como en ingeniería reflexionaba en 2017 tras leer el manuscrito de la primera edición de este comentario como lector de prueba: "Estoy asombrado por el progreso y el estado de este marco. Estoy impresionado y motivado en su adopción sin duda en los acuerdos en los que puedo influir".[18] En el sector sanitario es sabido que el Fondo Mundial,[19] una **organización internacional** que financia la lucha contra el sida, la tuberculosis y la malaria en unas 140 jurisdicciones, incluye en todos sus contratos una cláusula de elección de los Principios UNIDROIT en combinación con una cláusula arbitral. Otras organizaciones internacionales también utilizan ocasionalmente los Principios UNIDROIT o están considerando actualmente su elección sistemática en el futuro. Desde 2016, **utilizo los Principios UNIDROIT casi diario**, en particular en los sectores de la automoción y la energía y en el negocio de la automatización,[20] pero también en otros sectores y para todo tipo de contratos (construcción, venta [Introducción Capítulo 5.1 número 4-5], servicio [Introducción Capítulo 5.1 número 6-9], acuerdos entre empresas o acuerdos de indemnización y garantía).[21] En mayo de 2022, cuatro organizaciones sin ánimo de lucro búlgaras, lituanas, alemanas y polacas se unieron en un consorcio al amparo de los Principios UNIDROIT para licitar en un proyecto de la UE relativo al apoyo psicológico en línea de los refugiados ucranianos en los Estados miembros de la UE. Los contratos con un proveedor ucraniano-estadounidense de servicios informáticos para este proyecto se sometieron

16 Durante un simposio en honor de H. Kötz en la Facultad de Derecho Bucerius (Hamburgo) el 14 de mayo de 2004.

17 El 23 de mayo de 2016, en la reunión anual europea de 2016 de la Association of Corporate Counsels en Roma.

18 Correo electrónico de William Turner al autor el 18 de septiembre de 2017.

19 Ver www.theglobalfund.org [última consulta: 9 de junio de 2023].

20 Para un estudio de caso, véase E. Brödermann, Unif. Law Rev. 2021, 453, 486-487 (contrato austriaco-canadiense relativo a la fabricación de una pieza para una bomba de agua eléctrica).

21 Véase E. Brödermann, Unif. Law Rev. 2021, 453, 487 con la siguiente enumeración de experiencias en 2020/2021, conjuntamente con el equipo de Brödermann Jahn: "(i) un contrato de licencia de software entre un proveedor alemán de software de e-learning y una empresa finlandesa fabricante de fuentes de energía y otros equipos en los mercados marino y energético (2020); (ii) un contrato entre una empresa alemana de planificación y consultoría de arquitectura de parques zoológicos y temáticos y un operador chino de parques temáticos y acuarios (2020); (iii) un contrato de venta de materias primas entre un vendedor alemán y un comprador chino en un proyecto relacionado con la ruta de la seda (2020); (iv) un acuerdo interempresarial de agencia de comisiones entre una empresa alemana que actúa como principal y una empresa británica que actúa como agente (2020); (v) un acuerdo marco de suministro en la industria del automóvil entre un vendedor estadounidense y un comprador estadounidense de diferentes estados de EE.UU., con la intención de que todas las filiales de ambas partes en todo el mundo puedan actuar en virtud del acuerdo (2021); (vi) un acuerdo de indemnización entre una empresa alemana que actúa bajo la supervisión de la autoridad alemana de supervisión bancaria BaFin y su accionista neerlandés (2021) (vii) un acuerdo de conciliación entre un contratista alemán y un subcontratista italiano relativo a un proyecto de infraestructura en el marco de un contrato estatal en el sudeste de Europa (2021); (viii) un acuerdo interempresarial que regula la construcción y venta de máquinas especiales con partes de varias jurisdicciones, entre ellas Alemania, EE.UU. y Malasia (2021)". En comparación con la CISG, UNCITRAL et al., Tripartite Legal Guide, no. 333 (p. 74), señala explícitamente que "la UPICC no se limita a los contratos de compraventa" y hace hincapié en su enfoque de los contratos de servicios en el nº 356 (p. 79).

igualmente a los Principios UNIDROIT.[22] También en la primavera de 2022, ayudamos a un cliente alemán a comprar pilas de energía (necesarias para la electrólisis) en Nueva York bajo los Principios UNIDROIT (mientras que se había ofrecido la ley de Nueva York) y a vender una planta de electrólisis, incluyendo las pilas, bajo los Principios UNIDROIT a una empresa de la República Checa. Otras pilas se vendieron, también bajo los Principios UNIDROIT, a Israel. Durante el trabajo sobre el manuscrito del capítulo 9, tuvimos que redactar dos contratos sobre la cesión de contratos relativos a la construcción industrial en la industria del automóvil, ambos en virtud de los Principios UNIDROIT. La lista de ejemplos crece y crece;[23] la vida de un abogado sigue estando suficientemente ocupada negociando sobre las cuestiones fundamentales de un contrato, como el objeto del contrato (especificaciones), el precio, los plazos y la limitación de responsabilidad.

3a

Para los bufetes de abogados y los abogados internos que utilizan los Principios UNIDROIT como herramienta para la práctica, ha resultado útil proporcionar una **formación jurídica continuada**, ofrecida, por ejemplo, por el Colegio de Abogados de Tennessee, la Unión Internacional de Abogados (UIA) o la Asociación Internacional de Abogados (IBA), que ya hace años empezaron a integrar los Principios UNIDROIT en sus programas de conferencias. En mi propio bufete de abogados, celebramos en junio de 2022 el (probablemente) primer "campeonato de los Principios UNIDROIT" del mundo.[24]

---

22 Se trataba de un proyecto pro bono con discusiones contractuales esencialmente durante un fin de semana, partiendo de un largo borrador sometido a la ley de Nueva York. Acepté colaborar con la condición de que todo se rigiera por los Principios neutrales de UNIDROIT.

23 Por ejemplo, **en diciembre de 2022**, utilizamos los Principios UNIDROIT, además de nuestros propios contratos con clientes del extranjero, entre otras cosas **(i)** para un acuerdo de **exención de responsabilidad** entre un vendedor austriaco y un comprador estadounidense para componentes de producción proporcionados por el comprador al vendedor de piezas de automóviles, **(ii)** un acuerdo de **retención de titularidad** entre un vendedor austriaco y un comprador italiano, por el que las cuestiones relacionadas con la propiedad de los derechos reales se sometían a la ley del lugar donde se encuentran los bienes (*lex rei sitae*), **(iii)** términos y condiciones generales para **servicios** de medición de la tolerancia electromagnética, **(iv)** un **acuerdo de compra y transferencia de utillaje** entre un vendedor británico y un comprador español, y **(v)** una serie **acuerdos de indemnización** entre una empresa estadounidense, británica o alemana, por una parte, y la dirección de empresas relacionadas en otras jurisdicciones, por otra. En **febrero de 2023**, utilizamos los Principios UNIDROIT 2010 (disponibles en ucraniano) en un contrato relacionado con el Estado entre una organización benéfica alemana y el **Ministerio de Defensa ucraniano** en relación con una donación que incluía un vehículo blindado para primeros auxilios. En el mismo mes, **(i)** la organización benéfica alemana Ukranian Future Hilfe-Verein e.V. utilizó los Principios UNIDROIT para varios contratos más en el cotexto de la organización de ayuda humanitaria a Ucrania, incluidos contratos de donación, servicio y cooperación con organizaciones benéficas ucranianas y polacas; **(ii)** en la oficina, acordamos, entre otras cosas, con un cliente (una empresa de las 500 más importantes con accionistas japoneses), representada por asesores internos estadounidenses y alemanes, utilizar Principios UNIDROIT en la plantilla del grupo para contratos de fabricación (y ventas) entre empresas.

24 Los 19 abogados participantes tuvieron que dibujar un tema y hablar durante 3 minutos sobre el régimen del tema general (por ejemplo, "retraso") según los Principios UNIDROIT. De este modo, todos los abogados pudieron experimentar una vez que los Principios UNIDROIT son fácilmente accesibles (independientemente de la formación jurídica personal de cada uno).

4

Los Principios UNIDROIT han sido reconocidos a lo largo del tiempo tanto por docenas de tribunales de arbitraje[25] (el número real es imposible de estimar debido a la naturaleza confidencial de los laudos arbitrales)[26] **como por el poder judicial en múltiples jurisdicciones,**[27] tanto de jurisdicciones de derecho civil como de *common law*.[28] Por ejemplo, en un laudo arbitral (preliminar) de 2020, un árbitro español declaró "que debía aplicar los principios generales del derecho internacional al fondo de la controversia y, en concreto, los Principios de los Contratos Comerciales Internacionales refrendados por el Instituto Internacional para la Unificación del Derecho Privado, modificados en 2016, a saber, los Principios UNIDROIT".[29] Dos de las declaraciones judiciales más contundentes que avalan los Principios UNIDROIT provienen del Tribunal de Apelación de Rio Grande del Sur en decisiones de 2017;[30] una de ellas designa los Principios UNIDROIT como la "**'nueva lex mercatoria'**, es decir, el conjunto de normas recogidas en principios, usos y costumbres, cláusulas modelo, contratos modelo, decisiones judiciales y laudos arbitrales, concebidas o derivadas de transacciones comerciales entre actores del comercio internacional".[31] Muchos contratos modelo de la CCI contienen una referencia a los Principios UNIDROIT.[32]

4a

En este contexto, cabe esperar que los Principios UNIDROIT **desempeñen un papel cada vez más importante** como régimen jurídico neutro[33] de elección en los contratos internacionales, en particular (pero no sólo), cuando el contrato tenga relación con una jurisdicción cuya legislación se haya visto influida por los Principios UNIDROIT (→ preámbulo no. 13). Un posible campo destacado de aplicación de los Principios UNIDROIT no solo es la

---

25 Una decisión especial y notable relativa a 140 partes interesadas que operan en 75 países diferentes es el laudo Artur Anderson que aplica los Principios UNIDROIT como "principios generales del Derecho [...] comúnmente aceptados por los ordenamientos jurídicos de la mayoría de los países", véase M. J. Bonell, Arb Int'l 2001, p. 249 y ss. y Hague Lecture 2017, p. 35 (en III.), así como Unif. Law Rev. 2018, 15, 30. Sobre el uso habitual de los Principios UNIDROIT en los arbitrajes rusos, véase A. Komarov en Eppur si muove: La era del Derecho uniforme, páginas 1493, 1496.

26 Para una propuesta de mejor búsqueda de datos, véase F. Mazza en Eppur si muove: La era del Derecho uniforme, páginas 1535-1541.

27 Unilex ha recopilado 554 resoluciones judiciales a 10 de enero de 2023.

28 M. J. Bonell, Conferencia de La Haya 2017, páginas 29 y ss. (en III.) y Unif. Law. Rev. 2018, páginas 15, 28 y ss. da ejemplos, entre otros, (i) del Tribunal Supremo suizo, de la Cour de Cassation belga, de la Cour de Cassation francesa y del Tribunal de Apelación brasileño de Rio Grande do Sul; y (ii) en V. y Unif. Law. Rev. 2018, páginas 15, 37 entre otros de tribunales de Australia, Inglaterra y Nueva Zelanda.

29 Ad hoc, , *Nurhima Kiram Fornan et al. v. Malaysia,* Preliminary Award on Jurisdiction and Applicable Substantive Law, de 25 de mayo de 2020, no. 154 A.4.(enfásis añadido; completamente publicado en jusmundi.com).

30 Tribunal de Apelación de Rio Grande do Sul, 14 de febrero de 2017, Unilex nº 2035 y 30 de marzo de 2017, Unilex nº 2042.

31 Decisión de 14 de febrero de 2017 (ver nota anterior), citando a Lauro Gama Júnior ("Los Principios UNIDROIT, tanto en la forma como en el fondo, constituyen un modelo de ley uniforme para los contratos internacionales compatible con la mayoría de los sistemas jurídicos contemporáneos, en particular los de tradición civilista (como el brasileño) y el common law, revelando el resultado de esfuerzos originados en el comparativismo moderno".).

32 CNUDMI y otros, Guía Jurídica Tripartita, no. 413 (p. 91). Véase también ibíd., nº 414 (p. 91-92) sobre la influencia mutua y la relación entre la CCI y las cláusulas de fuerza mayor y de excesiva onerosidad de la UPICC.

33 Destacado, por ejemplo, por la CNUDMI y otros, Guía Jurídica Tripartita, no. 323 (p. 72).

"Belt and Road Initiative" iniciativa originada en china, que conlleva contratos con más de 60 jurisdicciones (de derecho civil o anglosajón),[34] sino también los contratos emergentes relacionados con **blockchains**, criptomonedas y tokens, **metaversos** y, en general, **"organizaciones autónomas descentralizadas"** que tienen en común la acción descentralizada transnacional desde múltiples puntos de servidores Los Principios UNIDROIT son particularmente útiles en la práctica cuando las partes de una jurisdicción de ***common law*** y una jurisdicción de **derecho civil** desean celebrar un contrato,[35] pero también pueden ser útiles para contratos entre diferentes jurisdicciones de derecho consuetudinario (por ejemplo, diferentes jurisdicciones de EE.UU.) o como **"Principios Anglosajones de Derecho"** (Anexo al Preámbulo no. 18, para un laudo de la LCIA de 1995). Los Principios UNIDROIT constituyen **derecho blando** y no constituyen un derecho convencional vinculante.[36] Su uso puede ser **"disruptivo"** en comparación con la elección tradicional de una ley nacional (estatal),[37] pero funciona, preferiblemente en combinación con una cláusula arbitral (número 9a más abajo), y puede reducir tanto los riesgos como los costos.[38]

B. Concepción

5

Los Principios UNIDROIT están "diseñados para ser aplicados a los contratos comerciales a escala mundial".[39] Proporcionan "un **conjunto equilibrado de normas** concebidas para su uso en todo el mundo, con independencia de las tradiciones jurídicas y las condiciones económicas y políticas de los países en los que deban aplicarse".[40] Se han descrito como "una codificación privada o **"reformulación" del Derecho contractual internacional**... redactada bajo la supervisión y con la aprobación final de una Organización intergubernamental...".[41] Las normas **están hechas para los contratos comerciales internacionales**[42] mientras que las legislaciones nacionales "a menudo se adaptan mal a las necesidades

---

34 Véase, por ejemplo, Mo, Shijian en Eppur si muove: La era del derecho uniforme, páginas 1542, 1553. El primer laudo arbitral chino que aplicó públicamente los Principios UNIDROIT en 2019 (un laudo de la CIETAC de 2019; Preámbulo nº 12) se atribuye al proyecto Belt and Road (información de Caroline Berube de HJM Asia Law &Co LLC, Guangdong/Singapur, que hace referencia el 19 de enero de 2023 a una "Selección de casos de arbitraje relacionados con los países del Belt and Road 2019", publicada en chino y editado por Tao Lifeng (陶立峰)).

35 Véase E. Brödermann/M. Paschke (Ed.), Towards the Use of the UNIDROIT Principles 2016 in Practice, to Bridge between Common and Civil Law.

36 Véase, por ejemplo, CNUDMI y otros, Guía Jurídica Tripartita, nº 333 (p. 74).

37 E. Brödermann, Tulane J Int. Comp. L 2020, páginas 193, 210 y 255 ("la tecnología jurídica disruptiva derriba los muros mentales en la cabeza de los abogados adictos al Derecho nacional estatal").

38 E. Brödermann, Tulane J Int. Comp. L 2020, páginas 193, 255 y 209 con referencias adicionales.

39 CNUDMI y otros, Guía Jurídica Tripartita, nº 19 (p. 6).

40 Comentarios oficiales, Introducción a la edición de 1994, p. xxix (énfasis añadido).

41 M. J. Bonell, Conferencia de La Haya 2017, p. 23 (en II., énfasis añadido) y Unif. Law. Rev. 2018, páginas 15, 20; CNUDMI y otros, Guía Jurídica Tripartita, nº 353 (p. 79): "al menos algunas de las normas contenidas en la UPICC son reformulaciones de principios generales del derecho mercantil internacional en los que se basa, entre otras, la CISG. ".

42 StL-Doc. 2 (1971), p. 13 (expresa este objetivo desde el principio); CNUDMI y otros, Guía Jurídica Tripartita, nº 19 (p. 6) y nº 392 (p. 86); en el mismo, veáse CNUDMI y otros, Guía Jurídica Tripartita, no. 330 (p. 73): "international restatement of general principles of contract law".

especiales del comercio internacional".[43] En gran medida, reflejan el **"'núcleo común' del Derecho contractual mundial"**;[44] con respecto a algunas cuestiones, los redactores estuvieron de acuerdo con la mayoría o eligieron lo que consideraron la mejor solución.[45] Como afirmó M. J. Bonell en los **debates del Grupo de Trabajo**, significaba "establecer reglas generales para los contratos comerciales internacionales;[46] teniendo esto en cuenta, [el Grupo de Trabajo] había partido de un examen global de los instrumentos jurídicos nacionales e internacionales existentes; cuando parecía existir un consenso general, por ejemplo en un instrumento internacional como la CISG, que era un cuerpo normativo ya existente que cubría gran parte, aunque no la totalidad, del ámbito de aplicación de los Principios, entonces se tenía muy en cuenta este instrumento y sólo se partía de él cuando se consideraba necesario para responder a exigencias especiales de otros tipos de contratos.[47] En cuanto a la legislación y jurisprudencia nacionales, dado el carácter universal de la empresa, no podían tenerse en cuenta todas, y de las que se tenían en cuenta se prestaba especial atención a las más recientes por considerarlas más acordes con las necesidades actuales del comercio internacional.[48] Lo que siempre se había tenido en cuenta era que la solución definitiva que debía plasmarse en los Principios debía superar la prueba de estar en armonía con las necesidades y expectativas de la comunidad empresarial internacional y la práctica. "[49]

Para ello, el Grupo de Trabajo **examinó la práctica contractual**.[50] Revisó ejemplos prácticos de contratos,[51] y escuchó a profesionales que actuaban como observadores oficiales (no. 11 más abajo). Aunque el Grupo de Trabajo prefirió actuar, en la medida de lo posible, "en armonía con las soluciones de (muchos) sistemas jurídicos",[52] tuvo que considerar que "muy pocos sistemas nacionales fueron diseñados para los contratos comerciales internacionales".[53]

---

43 Bonell, Conferencia de La Haya 2017, p. 17 (en I., "En primer lugar,...") y Unif. Law. Rev. 2018, páginas 15, 16.

44 R. Michaels en Vogenauer, Preámbulo I no. 3.

45 Comentarios oficiales, Introducción a la edición de 1994, p. xxix.; P.C.-Misc. 18 (1992), p. 11 (Tallon); c.f. más adelante, por ejemplo, M. J. Bonell, An International Restatement, páginas 46 y ss.; R. Michaels en Vogenauer, Preámbulo I n°. 4.

46 P.C.-Misc. 18 (1992), p. 11 (Lando): Tenía que "ser lo mejor para el comercio internacional".

47 Por ejemplo, los contratos internacionales de servicios, véase P.C.-Misc. 18 (1992), p. 10 (Furmston). Véase además Sono, ibid., p. 12, señalando que "[m]uchas disposiciones se tomaron directamente de la CISG o desarrollaron las ideas contenidas en dicha Convención".

48 Véase también P. Brasil en P.C.-Misc. 18 (1992), p. 13, que señala que la dinámica de los sistemas nacionales e internacionales exige considerar también las "tendencias".

49 P.C.-Misc. 18 (1992), páginas 12-13 (Bonell). Complementado por las notas a pie de página.

50 P.C.-Misc. 18 (1992), p. 11 (Tallon; Hartkamp); CNUDMI y otros, Tripartite Legal Guide, no. 329 (p. 73): inspiración en los contratos CCI y FIDIC.

51 P.C.-Misc. 18 (1992), p. 11 (Hartkamp), insinuando la influencia de "conjuntos de condiciones generales que se habían recogido al principio del proyecto".

52 P.C.-Misc. 18 (1992), p. 11 (Lando).

53 P.C.-Misc. 18 (1992), páginas 11-12 (Furmston); véase además ibíd., p. 12 (Tallon, describiendo el efecto limitador del derecho interno: "No era posible introducir algo, que podría ser la mejor solución y que podría representar el núcleo común de muchos ordenamientos jurídicos, si era repulsivo para un ordenamiento jurídico").

6

Los Principios UNIDROIT se han descrito de forma convincente como "normas" directas y rígidas que pueden aplicarse del mismo modo que cualquier otra norma nacional o transnacional de Derecho contractual".[54] Incluyen normas sobre una serie de **cuestiones prácticas del comercio transfronterizo**, por ejemplo,[55] la referencia a una norma internacional de buena fe y lealtad negocial (art. 1.7), la gestión del huso horario (art. 1.12 (3)), el idioma (art. 4.7), las cuestiones monetarias (art. 6.1.9-6.1.10, 7.4.12, 8.2), los requisitos de autorización pública (art. 6.1.14-6.1.17), una norma sobre el pago mediante transferencia de fondos (art. 6.1.8), una norma sobre los tipos de interés en caso de que no exista un tipo medio de préstamo bancario a corto plazo (art. 7.4.9 (2)), una norma que favorece el mantenimiento del contrato con condiciones deliberadamente abiertas (art. 2.1.14), contrarrestada por varias normas supletorias sobre calidad (art. 5.1.6), precio (art. 5.1.7), plazo (art. 6.1.1), orden y lugar de cumplimiento (art. 6.1.4, 6.1.6), moneda en la que deben evaluarse los daños (art. 7.4.12). Por lo general, cubre aspectos para los que **suele haber poco tiempo** en las negociaciones comerciales internacionales normales, por ejemplo, una regla sobre las defensas disponibles para un deudor solidario (Art. 11.1.4) o una regla supletoria relativa a la posible limitación de la responsabilidad frente a terceros beneficiarios (Art. 5.2.3).

7

Los Principios UNIDROIT se basan en un número de un dígito de conceptos subyacentes como la libertad de contratación/autonomía de la voluntad de las partes, el carácter vinculante de los contratos (pacta sunt servanda), la apertura a los usos, mantener el contrato si es posible (favor contractus), la observancia de la buena fe y la lealtad negocial y evitar la "deslealtad", que guiarán la solución de las cuestiones "comprendidas en el ámbito de aplicación de estos Principios pero no expresamente resueltas por ellos" (art. 1.6 (2)) (art. 1.6 número 4).

8

En sus normas, **los Principios UNIDROIT proporcionan un "compromiso neutral entre tradiciones jurídicas".**[56] Tras un minucioso análisis comparativo de las diferentes soluciones a la misma cuestión en todo el mundo,[57] los redactores a veces acordaron un núcleo conjunto de principios (lex mercatoria), y otras veces hicieron una elección con la debida con-

---

54 CNUDMI y otros, Guía Jurídica Tripartita, no. 332 (p. 74).

55 La enumeración repite y desarrolla (a partir del art. 5.1.6 de la enumeración en el texto) la síntesis de S. Vogenauer en Vogenauer, Introducción nº 40; el último ejemplo se añadió de conformidad con CNUDMI et al., Guía Jurídica Tripartita, nº 386 (p. 84).

56 S. Vogenauer en Vogenauer, Introducción nº 43; CNUDMI y otros, Guía Jurídica Tripartita, nº. 323 (p. 72). Para una visión comparativa de la edición de 2010 desde una perspectiva estadounidense, véase Gabriel, Unif. Law Rev. 2012, páginas 17, 507-532 (a raíz de su contribución al Simposio sobre los Principios UNIDROIT de 2010 sobre los contratos comerciales internacionales: Towards a 'Global' Contract Law, celebrado en el Georgetown University Law Center for Transnational Business and the Law el 28 de octubre de 2011, organizado por Don Wallace y el profesor visitante David P. Stewart).

57 CNUDMI y otros, Guía Jurídica Tripartita, no. 327 (p. 72).

sideración de las necesidades del comercio transfronterizo[58] (enfoque de la mejor norma).[59] En estos casos, los principios suelen constituir una **"mezcla global"** de enfoques nacionales de todo el mundo (por ejemplo, el art. 2.2.2 sobre la autoridad de los agentes o el art. 9.1.9 sobre cláusulas de no cesión). De este modo, **ofrecen soluciones para una serie de posibles conflictos jurídicos entre diferentes enfoques de cuestiones contractuales típicas.** Entre ellos se incluyen los temas que surgen en las negociaciones en las que se encuentran abogados con formación en **Derecho civil y en Derecho anglosajón**. Además de la responsabilidad por la ruptura de mala fe de las negociaciones precontractuales (art. 2.1.15 (2-3)), se incluyen las normas[60] sobre la ausencia del requisito de contraprestación (art. 3.1.2), las normas de **interpretación** del contrato del Capítulo 4 (que son especialmente apropiadas e importantes para las partes con una formación lingüística y/o jurídica diferente), una definición que distingue entre la obligación de lograr un resultado específico y una cláusula de mejores esfuerzos (art. 5.1.4-5.1.5), una exclusión general de responsabilidad en caso de fuerza mayor (art. 7.1.7), normas sobre excesiva onerosidad (art. 6.2.1-6.2.3), el derecho general a exigir el cumplimiento específico (art. 7.2.2). Otras normas aclaran cuestiones **en las que las familias del Derecho civil francés y alemán difieren**[61] (aunque esto se pasa por alto fácilmente en las negociaciones contractuales). Entre ellas se incluyen la posibilidad de anular un contrato mediante simple notificación por error, fraude o amenaza (art. 3.2.11) o de resolver un contrato (art. 7.3.2), sin intervención de un tribunal,[62] y las normas sobre el orden de cumplimiento (art. 6.1.4), que se asemejan al § 234 Restatement 2d Contracts (EE. UU.).[63] Incluso para los contratos en los que intervienen **distintas jurisdicciones de common law** (que también difieren), los Principios UNIDROIT proporcionan un puente entre los distintos sistemas (número 4a anterior).

8a

Se ha observado pertinentemente que los "redactores de los Principios UNIDROIT [...] parecen haber tenido en mente principalmente la **utilidad práctica** de su trabajo para jueces, árbitros y hombres de negocios que suelen estar más interesados en un volumen compacto con comentarios concisos que en consideraciones académicas de fondo".[64]

58 M. J. Bonell, An International Restatement, capítulo 4, páginas 46-47.

59 CNUDMI y otros, Guía Jurídica Tripartita, no. 330 (p. 73); M. J. Bonell, Conferencia de La Haya 2017, p. 24 (en II.) y Unif. Law Rev. 2018, páginas 15, 22. Véase también J. A. Estrella Faria en Eppur si muove: La era del Derecho uniforme, páginas 1318, 1319-1320.

60 Resumen basado en S. Vogenauer en Vogenauer, Introducción nº 43.

61 S. Vogenauer en Vogenauer, Introducción nº 43; según el cual la familia de Derecho civil francés incluye, por ejemplo, Francia, Benelux, Egipto, Qatar; la familia de Derecho civil alemán incluye, por ejemplo, Alemania, Austria, Grecia, China, Japón (aunque, por supuesto, cada Derecho nacional ha tenido su propia evolución a lo largo del tiempo).

62 Véase, por ejemplo, para Bélgica el art. 1184 del Código Civil belga, mientras que el Derecho francés se ha vuelto más transigente, no requiriendo siempre la intervención de un juez, Art. 1178, 1224 del Código Civil francés (2016).

63 M. Fontaine en Keutgen, p. 22, S. Vogenauer en Vogenauer, Introducción nº 43.

64 R. Zimmermann 21 TulEur&Civ L Forum (2006) p. 1, 10, énfasis añadido (sobre la edición de 2004).

C. Perspectiva de los profesionales

9

Desde el punto de vista de los profesionales, merece la pena destacar **siete aspectos.**

(i) Para las cuestiones que importen específicamente las circunstancias de la transacción, los Principios UNIDROIT **reconocerán soluciones y cláusulas individuales**. Las partes eligen los Principios UNIDROIT siempre junto con su Art. 1.5 que permite modificaciones. El reconocimiento de la autonomía de las partes a lo largo de los Principios UNIDROIT **conduce a la siguiente regla general**: Las partes pueden pactar **cualquier cosa** que deseen pactar **siempre que** (a) el contrato sometido a los Principios UNIDROIT no infrinja el derecho imperativo internacional aplicable (Art. 1.4 número 3) y, en algunas circunstancias, cualquier derecho imperativo nacional aplicable (es decir, cuando los Principios UNIDROIT han sido meramente incorporados a un contrato regido por una ley nacional, Art. 1.4 número 5), y (b) que el contrato no infrinja **un compromiso básico de buena fe y lealtad negocial en el comercio internacional**. Este principio, expresado en el Art. 1.7, refleja un consenso internacional emergente y ya ampliamente existente tanto en jurisdicciones de derecho civil como de *common law*.[65] Si su potencial socio contractual no acepta este principio de buena fe y lealtad negocial, tal vez desee reconsiderar la posibilidad de contratar con él.

Este aspecto adquiere importancia cuando un **abogado formado en una jurisdicción de Derecho civil negocia con un abogado formado en un sistema jurídico como el Derecho inglés** o el Derecho de Singapur, que no engloba un concepto general de buena fe y lealtad negocial (pero que ofrece soluciones parciales que cumplen una finalidad similar, Anexo Preámbulo no. 4). En virtud de la ley inglesa de interpretación, que se centra en las "cuatro esquinas del contrato" (Art. 4.3. no. 3ª, nota 20) el concepto de buena fe y lealtad negocial no se reconocerá de forma general sin su inclusión explícita en el contrato. A lo largo de los años, he aceptado varias veces la ley inglesa a modo de compromiso cuando, a cambio, se aceptaba una cláusula sobre la ejecución e interpretación del contrato con respecto a los principios de buena fe y lealtad negocial. En la misma línea (como experimenté por última vez en febrero de 2023), cuando me enfrento a **(i)** una **cláusula de elección de ley flotante** en un acuerdo marco (por la que se aplicará una ley diferente en función de la sede del comprador dentro de un grupo de empresas que actúan bajo el acuerdo marco), y **(iii)** una mentalidad impulsada por el poder de mercado de la parte contratante que insiste en dicha cláusula en lugar de cambiar a los Principios UNIDROIT (porque dicha cláusula de elección de ley flotante se acordó hace años), dicho lenguaje que integra el Art. 1.7 (1) y el Art. 4.1 (2) puede añadirse directamente a la cláusula de elección de ley (→ Anexo al Apartado 5.1 nº 5) para evitar la ausencia del principio general de buena fe y lealtad negocial siempre que dicha cláusula flotante de elección de ley conduzca a la aplicación de un sistema jurídico como el Derecho inglés, que no cuenta con un principio "general" de buena fe y lealtad negocial (→ Anexo al Preámbulo nº 4). Tal adición será difícil de rechazar por la parte contratante. Sin embargo, el mejor enfoque en estos casos es acordar directamente la elección de los Principios UNIDROIT, que son tan compatibles con la ley inglesa como con cualquier otro sistema legal (→ Anexo al Preámbulo nº 4 y Art. 1.7 nº 4a).[66]

---

65 Véase el art. 1.7 nº 1.

66 Como se ha señalado en otro lugar, en dos de mis principales arbitrajes en virtud de los Principios UNIDROIT, he cooperado con un abogado inglés o incluso he recibido instrucciones de un abogado del Reino Unido.

(ii) En el caso de las cláusulas de exención, la prueba consiste en determinar si la cláusula pretende establecer una ventaja excesiva que no suele darse en todos los supuestos de asignación de riesgos plausibles y razonables (Art. 7.1.6 número 4, 8a, b).

(iii) Para las cuestiones en las que **hay poco tiempo para concentrarse** (o poco tiempo para negociar una solución individual), los Principios UNIDROIT proporcionan un régimen equilibrado de **normas por defecto**. Independientemente de los antecedentes en derecho civil o anglosajón de la parte negociadora (que dispone de poco tiempo), es probable que sea menos arriesgado acordar sobre los Principios UNIDROIT (neutrales) que sobre una ley nacional para la que la parte no ha investigado normalmente las consecuencias legales orientadas al derecho civil o anglosajón (nacional, no neutral) exactamente para las cuestiones para las que la parte no dispone de tiempo o presupuesto para investigar y negociar alternativas individuales. Hablando sin rodeos, la elección de los Principios UNIDROIT es **menos arriesgada que la elección de cualquier ley nacional desconocida** de una jurisdicción que se perciba como neutral o conveniente dadas las circunstancias. Cualesquiera que sean los antecedentes personales del abogado que actúa, los Principios UNIDROIT a menudo proporcionarán soluciones que sonarán familiares o al menos no demasiado distantes en comparación con la propia perspectiva.[67] Para los abogados que prefieren actuar bajo una ley estatal[68] (y normalmente su propia ley nacional[69] aunque no sea la mejor opción dadas las circunstancias, Art. 1.4 número 4), la elección de los Principios UNIDROIT constituye un **plan B** si el poder de mercado no permite imponer la ley propia y/o se necesita un régimen jurídico neutral. Tanto la **sabiduría** (para utilizar una herramienta neutral disponible y bien investigada) como el **pragmatismo** (para evitar los costos de investigación de una ley neutral o para evitar los riesgos de una ley neutral desconocida) sugieren utilizar los Principios UNIDROIT.[70] Si se "siente" mejor, entonces se puede elegir una ley nacional como ordenamiento jurídico complementario (número 9b más abajo).

(iv) En caso de **pluralidad de acreedores** (art. 1.11, guión 4º), es necesario realizar una elección explícita para la que el párrafo 11.2 ofrece tres opciones en ausencia de una regla supletoria (capítulo 11, introducción número 3).

(v) Como en cualquier otro proyecto de contrato, es importante no olvidar que puede haber cuestiones (como la propiedad, los valores reales) **que quedan fuera del ámbito del régimen jurídico contractual** (y, por lo tanto, fuera del ámbito de los Principios UNIDROIT) que requieren una atención separada, una calificación jurídica separada y soluciones separadas (número 17). Esto se deriva, en todo el mundo, de los fundamentos del Derecho internacional privado comparado (para los que los abogados en ejercicio, centrados en otras cuestiones importantes, pueden no haber encontrado tiempo durante sus estudios). Sin embargo, con sujeción al derecho nacional imperativo aplicable internacionalmente, los Principios UNIDROIT contienen un régimen para los **plazos de prescripción** (Capítulo

---

67 Véase, como ejemplo, el detallado análisis de R. Favale en el que se comparan los Principios UNIDROIT y el Derecho italiano sobre la oferta y la aceptación: R. Favale en Eppur si muove: The Age of Uniform Law, páginas 1365 y ss., 1383 (en el que señala, por una parte, una "distancia real" y, por otra, "que la brecha no es demasiado profunda").

68 Véase, por ejemplo, C. Borris, FS Thümmel (2020), páginas 53, 61; M. J. Bonell, Unif. Law. Rev. 2018, páginas 15, 40 con más referencias.

69 Véase, por ejemplo, M. J. Bonell, Unif. Law Rev. 2018, páginas 15, 40 con más referencias.

70 Con más detalle E. Brödermann, Tulane J Int Comp L 2020, páginas 193, 250-251; y en Unif. Law Rev. 2021, páginas 453, 491. En el mismo sentido M. J. Bonell, Hague Lecture 2017, páginas 18 y ss. (en I.) y Unif. Law Rev. 2018, páginas 15, 16 y ss.

10) que, desde algunas perspectivas jurídicas, de otro modo no podrían ser objeto de un régimen contractual (aunque la libertad contractual a menudo permitirá acordar sobre la cuestión como una cuestión de acuerdo sustantivo).

9a

(vi) Puede ser prudente **combinar la elección de los Principios UNIDROIT con una cláusula arbitral**[71] (Preámbulo, no. 3-6; Art. 1.4 número 3 por razones relacionadas con el Principio UNIDROIT). Desde una **perspectiva más general de gestión de riesgos contractuales,**[72] la complejidad de la contratación internacional implica la necesidad de integrar una cláusula de resolución de conflictos eficiente que logre el propósito de incentivar a las partes a cumplir el contrato, en el espíritu de una empresa conjunta o *joint venture* (Art. 5.1.3), de modo que las disputas puedan resolverse mediante negociación sin llegar a utilizar el arma existente de una demanda ante los tribunales (→ Art. 1.11 primer párrafo). Así pues, **la cláusula de resolución de conflictos** es la cláusula (de fondo) más importante del contrato (y el otro "pilar" del contrato junto a la cláusula de elección de los Principios UNIDROIT).[73] A menudo, la mejor cláusula de resolución de conflictos será una cláusula arbitral que, en muchas circunstancias, es la mejor opción para permitir la ejecutabilidad de la decisión (y, como abogado, para evitar la mala praxis).[74]

9b

(vii) En cuanto al **alcance de las cuestiones contractuales abarcadas**, con las adiciones de 2004, 2010 y 2016 a las normas iniciales de 1994, los Principios UNIDROIT han pasado a ser suficientemente completos para permitir a las partes, en circunstancias ordinarias, evitar toda negociación y determinación del régimen contractual por defecto que de otro modo sería aplicable. Abarcan las **cuestiones generales pertinentes del Derecho contractual**[75] centrándose en los contratos internacionales, si bien, especialmente en el caso de contratos complejos, las partes pueden desear añadir especificidades del mismo modo que lo harían para cualquier otro contrato transfronterizo en virtud de un Derecho contractual nacional.[76]

---

71 Esta combinación ya se promovió durante los debates del Grupo de Trabajo, véase Furmston y Bonell en P.C.-Misc. 18 (1992), p. 19. También constituye la espina dorsal del proyecto "Contratación global simplificada" (→ nº 2 anterior).

72 Véase en general (en alemán) E. Brödermann, Risikomanagement in der internationalen Vertragsgestaltung, NJW (2012), páginas 971-977.

73 Brödermann, § 6 IPR MünchAnwaltshandb. IntWirtschR, nº 93-95 (p. 370).

74 En contraste con muchos escenarios transfronterizos sin tratados aplicables que garanticen la ejecución, los laudos arbitrales suelen ser sustancialmente más fáciles de ejecutar en virtud de la Convención de Arbitraje de Nueva York de 1958 sobre el Reconocimiento y la Ejecución de las Sentencias Arbitrales Extranjeras (U.N. Treaty Series, vol. 330, p. 3) con aproximadamente 168 Estados miembros.

75 A este respecto, los tiempos han cambiado desde los debates del Grupo de Trabajo en 1994, véase, por ejemplo, M. J. Bonell, Lando at P.C.-Misc. 19 (1994), p. 15. Véase, por ejemplo, StL-Doc. 126 (2014) p. 1 (Bonell): "los Principios UNIDROIT pueden considerarse, sin duda, asimilables a una "parte general" del Derecho que rige los contratos internacionales [...]"

76 Como señaló en 2018 un equipo inglés/singapurense de autores R. See/D. Prasad hay "poca diferencia sustantiva si los Principios UNIDROIT o la ley inglesa es la ley rectora" (→ Anexo al Preámbulo nº 4).

Las partes son libres de determinar un régimen nacional complementario (ley de relleno de lagunas),[77] pero las materias en las que esto puede llegar a ser un problema son mínimas (por ejemplo, Art. 7.4.9 número 4 sobre el interés compuesto, Art. 7.4.10 número 2 sobre el tipo de interés para los intereses de los daños exigibles). Así, como cuestión de práctica, a menudo **será mejor acordar sólo la aplicación de los Principios UNIDROIT** y evitar el tiempo de negociación sobre una ley de relleno de lagunas.[78] En este sentido, he trabajado con una opción adicional de una ley de relleno de lagunas hasta que se publicó la versión de 2010.[79] Los tiempos han cambiado con la complementación de otros temas contractuales en las versiones de 2010 y 2016, de modo que, hoy en día, las cuestiones adicionales para las que podría haberse necesitado anteriormente una ley contractual de relleno de lagunas son ahora tan mínimas que es posible trabajar simplemente con una elección directa de la cláusula de los Principios UNIDROIT[80] y confiar en la competencia del árbitro para determinar la ley aplicable si surge una de las raras situaciones en las que puede ser necesaria una ley contractual adicional. Por las mismas razones, si la otra parte propone una laguna que rellene la ley nacional, normalmente puede aceptarse. En la mayoría de las situaciones, dicha aceptación no supondrá un riesgo adicional, independientemente de la procedencia de la ley nacional. La combinación de los Principios UNIDROIT con una ley para colmar lagunas suele ser menos arriesgada que la elección directa de una ley nacional, especialmente cuando se combina con una cláusula arbitral.

9c

En **2020-2022**, estuve al tanto de docenas de proyectos de contratos en la industria del automóvil que incluían una cláusula de elección de los Principios UNIDROIT. (i) Nuestro bufete de abogados ha propuesto con éxito acordar los Principios UNIDROIT en nombre de empresas **alemanas, austriacas, británicas, indias y estadounidenses**, con negociadores de la otra parte procedentes de **Alemania, Canadá, Estados Unidos, Israel, Italia, Polonia y República Checa**. **(ii)** Sólo en un caso, la otra parte propuso una ley nacional (a saber, **la ley de Nueva York**) **como ley de relleno** de lagunas para complementar los Principios UNIDROIT, lo que fue aceptable.[81] **(iii)** En otro caso relacionado con Austria, la República Checa y Po-

77 Véase, por ejemplo, el art. 35 para. 1 lit. c Reglamento de Arbitraje ASEAC de Hamburgo ("El presente contrato se regirá por ... c) los Principios UNIDROIT sobre los Contratos Comerciales Internacionales complementados por la ley aplicable en caso contrario").

78 F. Dasser, "Soft Law" in international commercial arbitration, p. 472 (nº 200); E. Brödermann, Tulane J Int Comp L 2020, 193, 247-248 y Unif. Law Rev. 2021, páginas 453, 485.

79 Así lo contempló inicialmente el Grupo de Trabajo, véase, por ejemplo, P.C.-Misc. 19 (1994), p. 13 (Drobnig, Furmston), p. 14 (Farnsworth) y p. 17 (resumen de Bonell); páginas 20-21 (Garro). En el Grupo de Trabajo, Bonell había planteado inicialmente cierta preocupación sobre el éxito de los Principios UNIDROIT "si las partes seguían teniendo que elegir una ley nacional" (P.C.-Misc. 19 (1994), p. 14.

80 Véase de nuevo E. Brödermann, Unif. Law Rev. 2021, 453, 485.

81 En una negociación con un abogado interno de **Italia**, habíamos acordado en 2021 los Principios UNIDROIT como un compromiso neutral entre la legislación alemana e italiana. En el último minuto, en 2022, el Inhouse Counsel italiano tuvo que dar un paso atrás debido a un cambio de consejero general cuando estábamos cerca de firmar (aunque insinuó que personalmente preferiría aceptar los Principios UNIDROIT en lugar de la ley extranjera alemana, pero que primero necesitaría encontrar tiempo para introducir al nuevo Consejero General en el enfoque y no quería más retrasos en la firma). En estas circunstancias, nos pusimos de acuerdo sobre el derecho interno alemán: Desde la perspectiva alemana, los Principios UNIDROIT habían **ayudado a evitar la ley extranjera italiana y a acordar la ley de la jurisdicción de origen del cliente**, que era aceptable (aunque no la mejor solución dadas las circunstancias.

lonia, acordamos aplicar los principios UNIDROIT incluso con carácter retroactivo a once contratos a largo plazo aún en curso celebrados desde 2015 para armonizar los regímenes jurídicos mediante un nuevo acuerdo marco en virtud de los Principios UNIDROIT y hacer que la supervisión del contrato sea manejable para todas las partes y sus partes interesadas, incluidos los juristas de jurisdicciones de *common law*.

En **2022-2023**, también he dirigido todo el trabajo pro bono de una organización benéfica germano-ucraniana (que organiza ayuda humanitaria a Ucrania) con arreglo a los Principios Unidroit. Operando a menudo bajo una presión de tiempo extrema debido a las circunstancias, fue bueno operar con un conjunto de normas internacionales "listas para usar" con socios de cooperación en **Ucrania, Polonia, Bulgaria, Lituania, EE.UU**.

En resumen, **los motivos para utilizar los Principios UNIDROIT difieren: Para los contratos a corto plazo, es la confianza de que proporcionan normas neutrales razonables sobre todos los aspectos relevantes desde una perspectiva internacional**. Es posible concentrarse únicamente en el contrato —a menudo de una o dos páginas— en las cuestiones específicas más apremiantes. Para los contratos a largo plazo (por ejemplo, en la industria de los satélites, la aviación o la automoción) que requieren una planificación cuidadosa mientras se mira en la bola de cristal del futuro, es la confianza en que todos los aspectos **contractuales** generales relevantes se han transpuesto a **normas flexibles concretas basadas en el entendimiento básico de la buena fe y el trato justo**; lo que se acerca lo más razonablemente posible a la regulación de un futuro que a veces está a años vista.

D. Redacción de la cláusula de elección de los Principios UNIDROIT

9d

En la práctica, ha resultado útil operar con una **cláusula de elección de los Principios UNIDROIT elaborada y auto explicativa**, ya que el abogado o el empresario al otro lado de la mesa de negociación puede no estar (todavía) familiarizado con los Principios UNIDROIT. Encuesta no representativa realizada en 2020 por el International Legal Affairs Committee **(ILAN)** de la **Association of Corporate Counsels (ACC)**, conjuntamente con la red internacional de bufetes de abogados Primerus[82] (en lo sucesivo, "Encuesta ACC/Primerus"), con asesores internos de la ACC que trabajan a nivel internacional mostró que el 93% de los asesores internos (principalmente de EE.UU.) que respondieron a la encuesta indicaron que la elección de **una ley neutral era "importante" (56%)** o "un factor medio" (37%),[83] **mientras que el 79% de estos asesores internos nunca habían utilizado los Principios UNIDROIT**. Por otra parte, un notable **21%** indicó que ya había utilizado los Principios UNIDROIT.[84] En este contexto, la elección de la cláusula de los Principios UNIDROIT —que

82 Primerus es la primera red privada internacional de abogados que, al igual que la UIA (→ nº 2 anterior), ha respaldado oficialmente, el 20 de julio de 2020, los Principios UNIDROIT y los ha recomendado a sus miembros y clientes. Esta recomendación está dando sus frutos en la difusión de los Principios UNIDROIT.

83 La elección de una ley neutral se considera a menudo como la 2ª mejor opción frente a la ley propia. Sin embargo, como señaló Maskow en los debates del Grupo de Trabajo, la elección de la ley propia es "una ventaja formal, no una ventaja de fondo, ya que materialmente el hecho de que esta u otra ley favoreciera a una u otra parte dependía del problema", P.C.-Misc. 19 (1994), p. 19.

84 La encuesta se difundió en mayo/junio de 2020 entre unos 6.000 miembros de ILAN. 55 (es decir, algo menos del 1%) empezaron a trabajar en el cuestionario, 44 completaron los formularios (todos ellos con una sólida

sirve a esta necesidad de neutralidad— tiene una **triple función**, es decir, no sólo **(1) lograr la elección pretendida de los Principios UNIDROIT; sino, como pasos preliminares; (2) introducir los Principios UNIDROIT superando factores humanos blandos como las barreras lingüísticas (con respecto a la posible no comprensión de la palabra "UNIDROIT", número. 1 anterior), el desconoCISGiento, así como posiblemente la incertidumbre (miedo a lo desconocido), la presión del tiempo y la lucha contra un exceso de información; y (3) convencer a la parte contratante de las ventajas de los Principios UNIDROIT como régimen contractual verdaderamente neutral basado en la buena fe y la lealtad negocial** (al tiempo que es suficientemente específico para satisfacer las expectativas de un abogado inglés o de la *Commonwealth* de una jurisdicción sin un principio general de buena fe y lealtad negocial[85] Anexo al preámbulo no. 4). La siguiente cláusula ha demostrado ser útil y ha aumentado la facilidad de éxito a la hora de acordar los Principios UNIDROIT:

"El presente contrato **se regirá** por los principios y normas generales del derecho internacional de los contratos comerciales, recopilados y desarrollados por el Instituto Internacional para la Unificación del Derecho Privado (UNIDROIT), [opcional: creado en 1926 inicialmente como órgano auxiliar de la Liga de Naciones] es decir, los Principios UNIDROIT sobre los Contratos Comerciales Internacionales (www.UNIDROIT.org), editados en 2016, que se aplicarán como ley de base[86] para aquellas cuestiones que no estén específicamente reguladas de otro modo en el presente contrato".[87] Basándose en el principio de libertad contractual, los Principios UNIDROIT permiten tales adaptaciones individuales de la cláusula de elección de los Principios UNIDROIT en comparación con las propuestas de redacción que figuren en la nota oficial párrafo ("podría utilizar una de las cláusulas modelo").[88] Una vez elegida la cláusula, a veces se describe a las partes en inglés coloquial como actuando "bajo UNIDROIT". En el Anexo al Preámbulo se expondrá una argumenta-

práctica internacional). Los porcentajes se basan en las respuestas de estos 44 abogados internos. Aunque la encuesta no es ciertamente representativa (es probable que el nivel real de desconocimiento de los Principios UNIDROIT sea considerablemente más alto), da una indicación de un grupo de abogados internos (principalmente de EE.UU.) que realmente contrata internacionalmente, a veces incluso, de forma regular bajo los Principios UNIDROIT.

85 Véase R. See/D. Prasad, Hamb. Law Rev. 2018, en páginas 83, 105.

86 La expresión "derecho de base" se remonta a R. Michaels, Unif. Law Rev. 2014, páginas 643, 657 y ss. quien, sin embargo, la utiliza como ley de base de la ley nacional interpretada o complementada con referencia a los Principios de UNIDROIT, mientras que, según la cláusula propuesta, los Principios de UNIDROIT sirven de ley de base del contrato. En la práctica, la palabra "antecedentes" era a veces útil en la propia cláusula, con una connotación diferente a la pretendida por R. Michaels, para convencer a la parte contratante a consentir un acuerdo sobre los Principios UNIDROIT.

87 Véase E. Brödermann, Unif. Law Rev. 2021, páginas 453, 480 (con una explicación del desarrollo de la redacción a partir de la p. 480; y páginas 475-480 para el desarrollo de una línea argumentativa de acompañamiento para la presentación de la cláusula con el fin de superar los factores humanos blandos en la elección de los Principios UNIDROIT, como se comenta en las páginas 469-475). Entretanto, la cláusula también se ha introducido en una colección **alemana en línea de plantillas de contratos para el Derecho mercantil internacional y de distribución** (C.H. Beck), con dos alternativas que varían con respecto a la cantidad de información de fondo sobre los Principios UNIDROIT ofrecida en la cláusula, véase E. Brödermann, 1.1.2.1 Wahl allgemeiner Rechtsprinzipien (Principios UNIDROIT 2016) - Selbsterklärende Langform; 1.1.2.2 Wahl allgemeiner Rechtsprinzipien (Principios UNIDROIT 2016) - Verkürzte Langform, en: Piltz/Lewis, Beck'sche Online-Formulare Internationales Handels— und Vertriebsrecht (diciembre de 2021).

88 El autor fue uno de los observadores oficiales durante la elaboración de las cláusulas tipo a las que se hace referencia en la nota oficial del apartado 2 del Preámbulo, actuando entonces como representante del Centro Europeo de Arbitraje de China. Las modificaciones propuestas en la cláusula descriptiva se basan en la experiencia y, por tanto, en un mejor conocimiento desde la reunión del Grupo de Trabajo de los días 11 y 12

ción detallada de por qué los Principios UNIDROIT no sólo pueden ser referenciados como "normas de Derecho contractual mercantil internacional", sino también como "principios generales" de Derecho contractual mercantil internacional.

9e

Elección de los Principios UNIDROIT en un contexto CISG: En la medida en que (i) el contrato incluya **temas de compraventa de mercaderías** dentro del ámbito de aplicación de la CISG,[89] y **(ii)** la CISG sea aplicable bien *(a)* como tratado internacional porque las partes contratantes procedan de Estados miembros de la CISG[90] (Art. 1 (1) lit. a CISG; con raras limitaciones por una reserva nacional, si la hubiere), bien *(b)* las normas de Derecho internacional privado conduzcan a la aplicación de la normativa de compraventa internacional de un Estado contratante (Art. 1 (1) lit. b CISG), en cuyo caso la CISG **es aplicable como ley de compraventa internacional de dicho Estado** (también con raras limitaciones por una reserva nacional, por ejemplo, en el caso de China o EE.UU.[91]), la **CISG se aplicará** a todas las cuestiones no reguladas de otro modo en el contrato, a menos que las partes **excluyan** la aplicación de la CISG en virtud de su Art. 6, como suele ocurrir en la práctica.

Sin dicha exclusión, se aplica la siguiente **jerarquía** (es decir, siempre que se hayan elegido los Principios Unidroit **sin excluir la CISG** aplicable): **(i)** el **contrato tiene prioridad** en el *primer nivel*, tanto con respecto al Art. 6 CISG y al Art. 1.5 Principios Unidroit; **(ii)** seguido en el *segundo nivel* por los Principios Unidroit como ley de fondo elegida para el contrato por la cláusula de elección de los Principios Unidroit (Los Principios Unidroit tienen prioridad sobre la CISG bajo el Art. 6 CISG que permite **"derogar o variar el efecto de cualquiera de sus disposiciones"**);[92] **(iii)** en un tercer nivel, la CISG se aplica como ley de fondo para cuestiones no cubiertas por los Principios UNIDROIT.[93]

9f

En la práctica, cuando se reacciona a un borrador de la parte contratante con una cláusula de elección de ley, la cuestión de la relación entre los Principios UNIDROIT y la CISG **a menudo no se plantea** si la oferta de elección de una ley nacional (normalmen-

de febrero de 2013(véase https://www.unidroit.org/instruments/commercial-contracts/upicc-model-clauses/overview/,[última visita el 9 de enero de 2023]).

89 Véase Art. 1, 2 CISG y, en general, para la CISG, la útil visión general de alto nivel de la CNUDMI y otros, Tripartite Legal Guide, nº 106-286 (p. 27-64).

90 Excepto para los Estados que hayan presentado una declaración en virtud del artículo 95 de la CISG. 95 CISG; UNCITRAL et al., Tripartite Legal Guide, no. 108 (p. 27).Ver CISG Advisory Council Opinion No 15 discutiendo, inter alia, los ejemplos de China y USA (https://www.cisgac.com/cisgac-opinion-no15-p2/, última visita el 02 de octubre de 2022).

91 Sujeto a una excepción en virtud del Art. 12, 96 CISG que se aplica con respecto a la forma en virtud de alguna reserva nacional a la CISG.

92 Sujeto a una excepción en virtud del Art. 12, 96 CISG que se aplica con respecto a la forma en virtud de alguna reserva nacional a la CISG.

93 Por ejemplo, el art. 35(3) CISG, que implica un deber de información sobre la conformidad de para evitar la responsabilidad; véase D. Kästle-Lamparter en Jansen/Zimmermann, Introduction before Art. 2:401 [PECL], nº 11 (p. 393) y Art. 2:401 [PECL], nº 14 (p. 395): "un incentivo".

te de la jurisdicción de origen del oferente)[94] contiene una exclusión de la CISG, lo que sucede a menudo (ya que muchos departamentos jurídicos excluyen sistemáticamente la CISG basándose en decisiones tomadas hace 10, 20 o más años, sin que desde entonces se haya reflexionado en profundidad sobre esta cuestión)[95]. En tales casos, el destinatario que desee contrarrestar con una propuesta de los *"principios y normas generales del Derecho contractual mercantil internacional, recopilados y desarrollados por el Instituto Internacional para la Unificación del Derecho Privado (UNIDROIT), es decir, los Principios Unidroit de los Contratos Comerciales Internacionales"* (nº 9d anterior) dejará el pasaje sobre la exclusión de la CISG y sólo cambiará las normas jurídicas designadas.

Si el abogado (encargado de redactar un contrato de compraventa de mercaderías, o un contrato que incluya la compraventa de mercaderías) tiene **libertad de elección**: puede **(i)** proponer **únicamente los Principios Unidroit** (con la posibilidad de que la CISG esté en segundo plano, como se ha comentado en el nº. 9d supra) o **(ii) considerar elegir explícitamente la CISG** (con el argumento de que es un derecho convencional bien establecido con jurisprudencia accesible en todo el mundo)[96], **complementado** para las cuestiones no cubiertas por la CISG **por los Principios Unidroit**[97].Puede ser más fácil operar con un solo instrumento internacional, es decir, los Principios Unidroit.[98]

E. Antecedentes interculturales

10

Los Principios UNIDROIT se basan en una base jurídica comparativa transcultural extremadamente sólida y en una investigación jurídica comparativa exhaustiva. UNIDROIT se fundó inicialmente como órgano auxiliar de la Liga de Naciones como *Institut international pour l' unification du droit privé* (Instituto Internacional para la Unificación del Derecho

---

94 Sobre el impacto de la fuerza económica y el juego de poder con la elección de la ley, véase E. Brödermann, § 6 IPR MünchAnwaltshandb. IntWirtschR, nº 113-137 (pp. 374-381).

95 Por ejemplo, con ocasión de una reforma del Derecho contractual en 2002 en Alemania, el legislador alemán se ha inspirado considerablemente en la CISG (y también, en cierta medida, en los Principios UNIDROIT), de modo que en la práctica existe una mayor libertad para las partes comerciales cuando contratan con arreglo a la CISG en comparación con la contratación con arreglo al Código civil alemán que, por ejemplo, incluye la ley alemana sobre cláusulas estándar que puede no ser la más "adecuada" para un contrato comercial internacional con necesidades legítimas de acuerdos de limitación de responsabilidad directos y simples (Art. 1.4 número 4).

96 [1] Véase, por ejemplo, http://nilex.info/instrument/cisg, donde se enumeran 1076 casos a 9 de enero de 2023.

97 Véase, por ejemplo, desde 2008, la redacción de la cláusula de elección de la ley aplicable en el reglamento de arbitraje del Centro Europeo de Arbitraje de China CEAC, art. 35 del Reglamento CEAC. 35 CEAC Rules; P. Butler en DiMatteo/Janssen/Magnus/Schulze, Capítulo 30 nº 99, que debe leerse teniendo en cuenta el análisis de fondo del nº 55. Véase en este contexto, por ejemplo, E. Ferrante en DiMatteo/Janssen/Magnus/Schulze, Capítulo 11 nº 52 y ss., donde se analiza la consideración adicional del Capítulo 3 de los Principios Unidroit para cuestiones de validez.

98 A quien desee profundizar en el tema, le aconsejamos que comience por UNCITRAL et al., Tripartite Legal Guide, donde se analiza la CISG en relación con los Principios Unidroit (a partir del núm. 106, p. 27) y los Principios Unidroit en relación con la CISG a partir del núm. 358 (p. 80). Véase, en particular, el útil **resumen sobre la superposición** en los números 392-397 (págs. 86-88).

Privado). En la actualidad, **es una organización internacional** con 63 Estados miembros que actúa sobre la base de un acuerdo internacional, el Estatuto de UNIDROIT.[99]

11

Basándose en un diálogo iniciado por el Secretario General de UNIDROIT en 1968, el Consejo de Gobierno de UNIDROIT incluyó en el programa de trabajo del Instituto en 1971 el objetivo de una "codificación progresiva del derecho de las obligaciones contractuales".[100] Tras un estudio de viabilidad conjunto de profesores de derecho civil (René David), *common law* (Clive Schmitthoff) y la tradición jurídica socialista (Tudor Bucarest), en 1980 se creó un **Grupo de Trabajo** internacional, presidido por Michael Joachim Bonell, profesor de derecho con experiencia como miembro de la delegación italiana en la conferencia diplomática de las Naciones Unidas que adoptó la CISG en 1980. El Grupo de Trabajo, en (cada ocasión parcialmente) cambiantes composiciones a lo largo de los años,[101] siempre presidido por el Profesor Bonell,[102] creó los Principios UNIDROIT, en una primera edición en **1994** con posteriores enmiendas y/o ediciones en **2004, 2010 y 2016**[103] (los cambios de 2016 se limitaron al tema de la integración de normas y comentarios sobre los contratos a largo plazo y sus necesidades especiales).[104]

11a

Para cada capítulo, un ponente preparaba un **estudio comparativo**, las "black-letter rules", así como comentarios con ilustraciones, que luego se debatían en reuniones presenciales celebradas principalmente en Roma.[105] El Grupo de Trabajo tenía en cuenta los Derechos contractuales de las principales jurisdicciones del mundo, así como instrumentos internacionales como, por ejemplo, la CISG —cuyas soluciones no seguirían a menudo, aunque no siempre, para los temas también cubiertos por la CISG— o, para la edición de 2010, los Principios del Derecho contractual europeo. Después de tres lecturas del Grupo de Trabajo, un comité editorial presidido por el abogado estadounidense Edward Allan Farnsworth adoptó el borrador final de la primera edición en 1994, que posteriormente fue "autorizado" para su publicación por el Consejo de UNIDROIT tras

---

99 Véase www.UNIDROIT.org (allí "about-UNIDROIT/institutional-documents/statute"), última visita en 09 de enero de 2023.

100 (1971) CD 50, p. 93; M. J. Bonell, An International Restatement, p. 28.

101 Véanse páginas CVI-CXII.

102 Para una evaluación de su impacto, véase B. Fauvarque-Cosson en Eppur si muove: La era del derecho uniforme, páginas 1350, 1352-1354.

103 Para una visión general de los cambios introducidos en 2004, 2010 y 2016, véase Comentarios oficiales, Introducción a la edición de 2016, páginas vii y ss., como se ha reimpreso anteriormente en páginas CXXXVIII-CXLIV.

104 Véase (2016) C.D. 95 (3), no. II.9; Comentarios Oficiales, p. vii, y CNUDMI y otros, Guía Jurídica Tripartita, no. 363 (p. 80) sobre la continuidad del método del Grupo de Trabajo, esencialmente trasladando el texto de ediciones anteriores en gran medida sin cambios "con revisiones limitadas principalmente a algunas enmiendas y adiciones menores".

105 Como ejemplo, véase el análisis de las ilustraciones del Art. 1.7 (buena fe y lealtad negocial) en P.C. - Misc. 19 (1994), páginas 43-47 (cuando las disposiciones del art. 1.7 aún se numeraban como art. 1.8).

cierto debate político sobre el proceso.[106] En cuestiones jurídicas especiales, el Grupo de Trabajo recurría en ocasiones al asesoramiento de expertos de todo el mundo. Cabe destacar el papel y la participación regular, desde el principio, y la continua aportación jurídica comparativa del **Instituto Max Planck de Derecho Internacional Privado y Comparado** de Hamburgo **("MPI")**.[107] En las tres últimas ediciones, el Grupo de Trabajo contó con el apoyo de **observadores oficiales** representantes de instituciones (por ejemplo, de organizaciones de arbitraje o asociaciones de abogados).[108] Al reunirse a menudo durante toda una semana en la oficina de UNIDROIT en Roma, hubo lugar para debates centrados, sinceros e intensivos (grabados) que introdujeron diferentes perspectivas y antecedentes. Las discusiones incluyeron no sólo las black letter rules, sino también concepciones y borradores de Comentarios Oficiales e ilustraciones.

11b

Así pues, los Principios UNIDROIT de 2016 **son el resultado de casi 50 años de esfuerzos de derecho comparado, que a menudo establecen un punto (de compromiso) entre el derecho civil y el *common law*** (Capítulo 7, Comentario comparativo introductorio sobre la Sección 2: Derecho de ejecución, a modo de ejemplo). La elección de los Principios UNIDROIT es, por lo tanto, a menudo **una elección sabia y pragmática** (número. 9 en (iii)) para superar las lagunas y contradicciones entre el Derecho civil y el Derecho anglosajón (o incluso dentro de sistemas de Derecho civil o anglosajón que compiten entre sí). Este comentario a menudo sólo puede arañar la superficie jurídica comparada e insinuar el carácter de construcción de puentes de cada una de las normas de los Principios UNIDROIT.

---

106 Para más detalles, véase S. Vogenauer en Vogenauer, Introducción nº 20; D. Oser, páginas 102-103 ("un método extraordinariamente inclusivo, que fue diseñado para garantizar la participación más amplia posible"; "puede decirse que la prominente procedencia de los Principios y su ejemplar procedimiento de adopción los definen claramente frente a otras iniciativas de carácter puramente privado").

107 El MPI contribuyó, entre otras cosas, a las primeras partes del Estudio L en 1972. Dos de sus directores (Ulrich Drobnig y, posteriormente, Reinhard Zimmermann) han formado parte del Grupo de Trabajo a lo largo del tiempo. El MPI acogió varias reuniones del Grupo de Trabajo. El proyecto del comentario Vogenauer también se inició en el MPI con la participación de J. Kleinheisterkamp (coeditor de la 1ª edición) y, como comentarista del Preámbulo, Ralf Michaels, entretanto actual director del MPI. En la misma línea, los N. Jansen/R. Zimmermann "Commentaries on European Contract Laws" incluye, además de su coeditor Zimmermann, varios coautores del MPI (y de los Institutos Max Planck de Historia Jurídica Europea, así como del Instituto Max Planck de Derecho Fiscal y Hacienda Pública). Ya Ernst Rabel (1874-1955, nacido en Viena), director fundador del predecesor del MPI, redactó en su época (1926-1936) el primer volumen de su influyente propuesta de Ley Uniforme para la Compraventa Internacional de Mercaderías (publicada en 1936 y post mortem 1958), que ha influido indirectamente en varias normas (→ Art. 5.1.7 a modo de ejemplo) incluyendo en particular el esquema de remedios por incumplimiento (→ Introducción al Capítulo 7 nº 1); véase H. Roesler, RabelsZ 70 (2007) 793.

108 La lista de observadores figura en las páginas CIX-CXIII (reimpreso de los Comentarios oficiales páginas x-xi, xviii-xx, xxvi).

F. Doce y más idiomas[109]

12

Incluso si las partes de un contrato acuerdan una versión lingüística de los Principios Unidroit, por ejemplo el inglés, las partes de muchas regiones del mundo pueden leer los principios en su lengua materna. Esto puede suponer una gran ventaja en las negociaciones, por ejemplo, si algunos de los responsables jurídicos no dominan el uso del inglés como lengua de conveniencia. La edición de 2010 de los Principios Unidroit se ha traducido al menos a diez idiomas. **Los Principios** Unidroit 2016 han sido publicados hoy (10 de enero de 2023) **(i) UNIDROIT en tres de sus los cinco idiomas de trabajo** en su versión completa, incluidos los Comentarios Oficiales (inglés, francés y español), mientras que para el alemán y el italiano sólo están disponibles las reglas de la letra negra, y **(ii) por traductores externos al Instituto en siete idiomas adicionales,** (versión completa), incluidos chino, japonés, coreano, rumano, ruso y turco, con otros cuatro idiomas en preparación (árabe, letón, persa y portugués).[110] La edición de 2010 de los Principios Unidroit se tradujo a otros **idiomas,** incluido el ucraniano.[111] A la vista de los cambios limitados entre la edición de 2010 y la de 2016, relativos concretamente a los contratos a largo plazo, es posible utilizar los Principios Unidroit de 2010 siempre que la guerra impida que se preste atención al proceso de traducción, aunque al menos se está preparando una traducción de las reglas de la letra negra a partir de febrero de 2023 (porque existe una necesidad práctica de una versión ucraniana; → núm. 3 e ibid nota 18 para ejemplos de utilización de los Principios Unidroit en contratos de 2022 y 2023 que incluyan una parte ucraniana. 3 e ibid nota 18 para ejemplos de uso de los Principios Unidroit en contratos de 2022 y 2023 incluyendo una parte ucraniana). Es de esperar que a su debido tiempo le sigan otros idiomas, como el vietnamita.[112]

13

La **lengua inglesa** utilizada en los Principios es sencilla y neutra (a menudo refleja un compromiso entre el derecho civil y el common law, y evita la terminología "propia de un sistema jurídico determinado"[113]). El lenguaje pretende ser comprensible también para los no juristas.[114] Se ha descrito como **"sencillo, conciso, inmensamente legible y, en ocasiones, incluso elegante".**[115] Algunas expresiones abiertas, como "consideración de las circunstancias", requieren un juicio empresarial. Mediante el uso de una serie de términos definidos de forma autónoma (Art. 1.11[116]), los Principios UNIDROIT evitan la asimilación

---

109 CNUDMI y otros, Guía Jurídica Tripartita, nº 325 (p. 72) habla de "una variedad de lenguas del mundo".

110 https://www.unidroit.org/instruments/commercial-contracts/unidroit-principles-2016/ con enlaces a múltiples (pero no todas) ediciones en diferentes idiomas [última visita el 9 de enero de 2023]. El autor agradece a Lena Peters, de Unidroit, sus pacientes respuestas a varias preguntas a este respecto.

111 https://www.unidroit.org/instruments/commercial-contracts/unidroit-principles-2010/other-languages/ [última visita el 9 de enero de 2023].

112 Mientras tanto, disponible en https://nxbxaydung.com.vn/bo-nguyen-tac-unidroit-ve-hop-dong-thuong-mai-quoc-te-b10579.html [última consulta: 2 de febrero de 2023].

113 M. J. Bonell, Conferencia de La Haya 2017, p. 24 (en II.) y Unif. Law Rev. 2018, páginas 15, 22.

114 Véase de nuevo M. J. Bonell, Hague Lecture 2017, p. 24 (en II.) y Unif. Law Rev. 2018, páginas 15, 22.

115 S. Vogenauer en Vogenauer, Introducción nº 36, siguiendo a O. Remien en Cashin Ritaine/Lein, páginas 64 y ss. (74).

116 Véase p. XLVII ("Definiciones en los Principios UNIDROIT")

a cualquier ley nacional específica. En resumen, los Principios UNIDROIT son tan fáciles de leer como cualquier contrato bien redactado.

G. Estructura

14

Los 211 artículos de la edición de 2016[117] **("black letter rules")** se presentan en once capítulos con un total de 23 secciones (si se cuenta un capítulo sin subdivisión también como una sección). **Su presentación sigue en esencia la lógica de la vida de un contrato.** Además, al principio y más al final, los Principios UNIDROIT abordan algunos temas generales. Comienzan con un preámbulo y disposiciones generales (Capítulo 1), antes de centrarse en la celebración de un contrato, la formación (incluida la contratación bajo cláusulas estándar, Arts. 2.1.19 y siguientes) y la autoridad de los agentes (Capítulo 2); su validez (Capítulo 3) e interpretación (Capítulo 4); su contenido (incluidos los derechos de terceros) y sus condiciones (Capítulo 5); el cumplimiento (Capítulo 6); el incumplimiento (Capítulo 7); la compensación (Capítulo 8); la cesión de derechos, la transferencia de obligaciones, la cesión de contratos (Capítulo 9); los plazos de prescripción (Capítulo 10) y la pluralidad de "deudores" y "acreedores" (tal como se definen en el Art. 1.11) (Capítulo 11). En la edición oficial, cada **black letter rules** va seguida de **Comentarios Oficiales**[118] y, en su caso, de **Ilustraciones** con modelos de hechos hipotéticos elaborados a partir de casos reales de todo el mundo.[119] Con el ánimo de crear una herramienta verdaderamente neutral para los contratos transfronterizos, los redactores se han abstenido de explicar el trasfondo jurídico comparativo concreto de cualquier norma para evitar discusiones nacionalistas sobre por qué y dónde una u otra norma extraída de un sistema jurídico determinado ha triunfado sobre otros conceptos dadas las circunstancias. Además, el Grupo de Trabajo pretendía "evitar especulaciones de que sólo se habían tomado como guía dos o tres sistemas jurídicos".[120]

15

Los usuarios de los Principios UNIDROIT tendrán que aceptarlos como **un conjunto coherente de propuestas**. A la luz del principio de autonomía de las partes, los redactores de contratos que elijan o incorporen los Principios UNIDROIT (Preámbulo número 3, 15) son libres de prever adaptaciones, si (i) lo consideran necesario y (ii) están dispuestos a abrir el debate correlativo. El art. 1.5 permite explícitamente dicha adaptación de los principios, salvo contadas excepciones (número 9 anterior).

---

117 Comentarios oficiales, p. viii; CNUDMI y otros, Guía Jurídica Tripartita, no. 332 (p. 74) y no. 358 (p. 80).

118 Véase P.C.-Misc. 19 (1994), p. 27 (Bonell), en el que se señala que "los Principios se componían de dos partes igualmente importantes: las reglas y los comentarios, por lo que a veces era razonable enunciar la regla en la regla y luego desarrollar más la regla y las posibles excepciones en los comentarios".

119 Comentarios Oficiales: La edición de 2016 es accesible en línea en el sitio web de UNIDROIT y a través de una simple búsqueda en "google" (o "ecosia", "yahoo", etc.) de 'UNIDROIT Official Comments'.

120 P.C.-Misc. 19 (1994), p. 16 (Bonell).

H. Interpretación y jurisprudencia

16

Para la interpretación de los Principios UNIDROIT (a diferencia de la interpretación de contratos) el Art. 1.6 establece un principio especial. A menudo, los Comentarios Oficiales proporcionarán orientación suficiente. Forman parte de los Principios UNIDROIT (número 14 más arriba) y están disponibles en el sitio web de UNIDROIT. Desde aproximadamente 2016, UNIDROIT también ha comenzado a publicar los materiales de los Principios UNIDROIT (incluidos los estudios y protocolos de las sesiones del Grupo de Trabajo). Además, la base de datos en www.unilex.info ofrece la posibilidad de una investigación (mundial) por caso o por artículo.[121] A menudo, también es posible argumentar con casos bajo diversas leyes, en particular la CISG que ha inspirado muchos principios. Por lo tanto, existe **jurisprudencia mundial** a la que se puede recurrir para interpretar los Principios UNIDROIT.

I. Límites de los Principios UNIDROIT

17

Los Principios UNIDROIT proporcionan un conjunto neutral y equilibrado de normas para los contratos. Ni más, ni menos. Depende de las partes, de los jueces y de los árbitros decidir, según el régimen jurídico aplicable que deba respetarse en cada circunstancia, primero, en qué medida y de qué manera la elección de estas "reglas" pueden tener efectos jurídicos (Preámbulo no. 3-4, 15-16), y, segundo en particular, si un tratado internacional o una ley nacional se aplica en segundo plano para cuestiones no reguladas específicamente de otro modo en los Principios UNIDROIT elegidos en virtud de los cuales el tratado internacional (como la CISG en su art. 6) o la ley nacional aplicable concederán normalmente **autonomía de la voluntad** —y, tanto aceptar la elección de los Principios UNIDROIT—, excepto para la ley imperativa siempre prevalente (art. 1.4). **La cláusula de resolución de conflictos es, por tanto, decisiva para la aplicación de los Principios UNIDROIT** a un contrato porque determina **(i)** la perspectiva (diferente) de un tribunal de arbitraje o de un tribunal nacional al contrato (Preámbulo número 3-6), y **(ii)** qué derecho internacional privado (y en qué versión)[122] y/o derecho arbitral decide sobre la aplicación de los Principios UNIDROIT y la calificación de otras cuestiones que no son contractuales y, por tanto, no se rigen por

---

[121] Al principio de los debates del Grupo de Trabajo, U. Drobnig había sugerido "establecer un servicio o centro de información para recopilar los laudos arbitrales y las decisiones dictadas sobre los Principios y ofrecer esa información para su difusión" (P.C. - Misc. 19 (1994), p. 36).

[122] Por ejemplo, el Derecho internacional privado en Francia ha cambiado en 2009 con la entrada en vigor del Reglamento Roma I (Reglamento (CE) nº 593/2008 del Parlamento Europeo y del Consejo, de 17 de junio de 2008), que ha sustituido al Convenio 80/934/CEE sobre la ley aplicable a las obligaciones contractuales, abierto a la firma en Roma el 19 de junio de 1980. A diferencia de dicho Convenio, el Reglamento Roma I prevé explícitamente la posibilidad de incorporar los Principios UNIDROIT a un contrato (Preámbulo, nº 16). Por esta razón, la reciente decisión del Tribunal Supremo francés (Cour de Cassation, civile, Chambre commerciale, 16 novembre 2022, 21-17.338) no tiene ningún impacto en la discusión sobre la relevancia y utilidad de los Principios UNIDROIT en el derecho actual. Además, en ese caso las partes no habían acordado la elección de los Principios UNIDROIT.

los Principios UNIDROIT.[123] Una cláusula de elección de los Principios UNIDROIT regula **únicamente cuestiones contractuales**, al igual que lo haría la elección de un Derecho contractual nacional específico. **Dicha elección no resuelve la determinación** (o, cuando sea posible, la elección) de la ley aplicable **a otras cuestiones** que el Derecho internacional privado aplicable (y/o la ley de arbitraje) califica de forma diferente (como los poderes) o como no contractuales.[124] La capacidad es un ejemplo que se señala explícitamente en los Principios UNIDROIT (en el art. 3.1.1). La ley de insolvencia obligatoria puede descartar las normas sobre compensación (Art. 8.1 número 22 en F.2 (iii)). Con respecto al **derecho imperativo** (prevalente), el Art. 1.4 de los Principios UNIDROIT remite explícitamente a las normas pertinentes de Derecho internacional privado (que, en algunas circunstancias, pueden encontrarse en el régimen de arbitraje aplicable).[125]

J. Advertencia general sobre la percepción de los contratos

18

Si bien el enfoque de los contratos comerciales está convergiendo cada vez más a lo largo de los años en muchas partes del mundo y/o industrias, y mientras el número de abogados con formación internacional aumenta constantemente, cuando se trabaja con los Principios UNIDROIT no debe olvidarse que sigue habiendo algunas diferencias culturales fundamentales y percepciones de "lo que se hace" o "el estado normal de la técnica" según el lugar del mundo en el que se trabaje. Algo que puede ser obvio o una "buena práctica" en una jurisdicción de derecho consuetudinario (en América del Norte, Europa, Australia, Nueva Zelanda, África o Asia incluyendo, entre otros, Hong Kong) puede ser diferente en un país de derecho civil (en Europa continental o central, América Latina, Medio Oriente, África de derecho civil o Asia de derecho civil incluyendo, entre otros, China, Japón o Vietna, y Tailandia). Por su enfoque global, los Principios UNIDROIT abordan las cuestiones fundamentales de los contratos comerciales internacionales teniendo en cuenta todas estas diferentes combinaciones de percepciones. Al interpretar los Principios UNIDROIT, es útil tener esto en cuenta (Art. 1.6).

---

[123] E. Brödermann, §6 IPR MünchAnwaltshandb. IntWirtschR no. 95, 208 y ss. (con énfasis en el nº 227 y ss. sobre el impacto de la "mentalidad" del órgano de resolución de litigios).

[124] Véase, por ejemplo, StL-Misc. 19 (1994), p. 12 (Bonell). Por ejemplo, las cuestiones de ley del foro y prescripción pueden considerarse de forma diferente en función del Derecho internacional privado aplicable, véase E. G. L., The Yale Law Journal, Vol. 28, Nº 5 (Mar., 1919), p. 492, disponible en: www.jstor.org/stable/pdf/785979.pdf. [última visita el 09 de enero de 2023].

[125] Véase CNUDMI et al., Guía Jurídica Tripartita, nº 93 (p. 23) con una visión general resumida y los siguientes consejos prácticos sobre cómo detectar el derecho imperativo imperativo: "[...] las normas imperativas rara vez se identifican explícitamente como tales. A menudo, la jurisprudencia identifica qué normas son imperativas. En algunas jurisdicciones, la noción de normas imperativas se desconoce o no se utiliza; sin embargo, los jueces consiguen el mismo resultado utilizando la doctrina que permite al tribunal declinar la aplicación de leyes que violan el orden público".

K. Sobre este PICC-Comentario:

Antecedentes, objetivos, lenguaje, método y materiales

1. Antecedentes

19

El autor de este conciso comentario es un **usuario habitual** de los Principios UNIDROIT con más de 20 años de experiencia en múltiples casos de aplicación o al negociar o arbitraje bajo los Principios UNIDROIT.[126] **(i) Fundación en el Grupo de Trabajo**. Durante cinco años, ha servido como **observador oficial** en la conformación de los Principios UNIDROIT edición 2010 por el Grupo de Trabajo (actuando en nombre del entonces Comité de Derecho Espacial "Exterior" de la Asociación Internacional de Abogados). **(ii) Práctica contractual**. Ha utilizado los Principios UNIDROIT desde **2004** como **régimen contractual** (lex contractus) inicialmente para clientes internacionales a pequeña escala en las industrias de **satélites, textil y comercial**[127] o clientes que eran **organizaciones gubernamentales internacionales**. Con el tiempo, el ámbito de uso ha aumentado de forma constante. Entretanto, todos los abogados del bufete del autor las utilizan regularmente en **múltiples sectores** (número 3 anterior). Entonces empezaron a utilizarlos también para sus **propios contratos con clientes** del extranjero junto con una cláusula arbitral porque (a) bajo las circunstancias (en las que la ley alemana es la alternativa), los Principios UNIDROIT proporcionan **el mejor conjunto de reglas** para trabajar con términos y condiciones estándar en comparación con la ley de la propia jurisdicción[128] (Art. 2.1.19 no. 2.1.22), y (b) evita obligar a los clientes extranjeros o internacionales de partes remotas del mundo (desde una perspectiva alemana) a enfrentarse a la ley alemana. En los últimos cuatro años, el autor los ha utilizado a diario para clientes, **en particular**, aunque no exclusivamente, de las industrias de la **automoción y las energías renovables**. Desde **2020**, después de darse cuenta del **"desafío lingüístico"** con respecto a la **comprensión de la abreviatura "UNIDROIT"** y una posterior adaptación de la elección de la cláusula de los Principios UNIDROIT (número 9a anterior), la tasa de éxito de acordar los Principios UNIDROIT ha aumentado, por ejemplo, al actuar en negociaciones con socios comerciales extranjeros en nombre de un cliente estadounidense con múltiples filiales en diferentes partes de Europa, propiedad de una empresa japonesa de la lista Fortune 600. (iii) Enseñanza. El autor también ha utilizado los Principios UNIDROIT durante muchos años para la enseñanza en la Universidad de Hamburgo (y, en 2022, en Kiev) incluyendo, desde 2013, el apoyo de la Competición Willem C. Vis Moot Court[129] que siempre incluye una referencia a los Principios UNIDROIT.

---

126 E. Brödermann Unif. Law Rev. 2011, páginas 589-612 (Traducción española Fernández páginas 183-216) y en: Diritto del Commercio Internazionale 2012, páginas 887-906; en Eppur si muove: La era del Derecho uniforme, pp. 1283-1301; Hamb. Law Rev. 2016, pp. 21, 25-30; Tulane J Int. Comp. L 2020, páginas 193, 240-242 y Unif. Law Rev. 2021, páginas 453, 484-488.

127 E. Brödermann IBA Outer Space Committee Newsletters agosto de 2005, p. 5 y ss. y mayo de 2006, p. 23, 24-25.

128 E. Brödermann, Hamb. Law Rev. 2016, páginas 21, 26-29.

129 Véase https://www.vismoot.org/. [última visita el 09 de enero de 2023].

19a

(iv) Arbitraje. En la misma línea, los Principios UNIDROIT han desempeñado a menudo un papel en su práctica arbitral; o cuando (co) redactó el reglamento de arbitraje del Centro Chino Europeo de Arbitraje "ASEAC", creado en 2008.[130] En un arbitraje en 2017, la parte contraria argumentó con respecto al Art. 35 del Reglamento de Arbitraje del ASEAC (Hamburgo) que debían aplicarse los Principios UNIDROIT como conjunto de normas neutrales, en lugar de la CISG y el Derecho chino en los que se basaba la demanda. Tras determinar las consecuencias, se aceptó dicha oferta porque (i) la aplicación de los Principios UNIDROIT no cambiaba las posibilidades de éxito en virtud de los hechos del caso (de forma similar a la ley china aplicable de otro modo,[131] los Principios UNIDROIT no requieren probar la culpa del deudor (término definido en el Art. 1.11 4º guión); Art. 7.1.1 número 2); y (ii) la aplicación de los Principios UNIDROIT sí evitaba los costos de alegar la ley china con más detalle en un arbitraje con, en ese caso, árbitros alemanes.[132] Y ya hace más de 20 años, en un arbitraje multijurisdiccional en 2001 en Suiza, el autor tuvo una experiencia similar (Sección 7.4, Observación introductoria número 2). Entre 2018 y 2020, participó en un arbitraje internacional en virtud de los Principios UNIDROIT, aplicados como principios generales del Derecho contractual internacional (Preámbulo para. 1, 3 y Anexo al Preámbulo a un contrato relacionado con el Estado del siglo XIX.

2. Objetivos

20

Este comentario intenta, en pocas palabras, **(i) transmitir confianza en un régimen contractual desarrollado, pragmático y sofisticado**, transmitiendo la experiencia personal de confianza en la calidad de los Principios UNIDROIT y el proceso de su elaboración, **(ii) proporcionar comentarios breves y "compactos" restringidos a las cuestiones clave, y (iii) enfatizar los aspectos prácticos del uso de los Principios UNIDROIT,** incluyendo una discusión de los **límites** de cualquier regla dada y las opciones para los profesionales. En su caso, se alude al **carácter comparativo de construcción** de puentes de las normas recopiladas y desarrolladas por UNIDROIT para permitir al lector dar el salto cuando se enfrente a un escenario de negociación de contratos transfronterizos.[133]

---

[130] Véase Art. 35 Reglamento de Arbitraje ASEAC (Hamburgo), en www.aseac-arbitration.com/ [última visita el 09 de enero de 2023].

[131] Art. 107 Contract Law of the People's Republic of China of 1999 (también véase R. Michaels en Vogenauer, Preamble I no. 164 con referencia a Y. Zhang en la nota 546 argumentando que el 47,3% de la parte general del Derecho contractual chino estaba influenciado por los Principios UNIDROIT) y ciertamente también el Art. 176 de las Reglas Generales del Derecho Civil de la República Popular China (en vigor desde el 28 de mayo de 2020).

[132] Desde el principio, el Grupo de Trabajo contempló este uso de los Principios UNIDROIT. Véase StL-Doc. 51 (1992), p. 6 (Bonell) sobre el recurso a los Principios como sustituto del derecho interno aplicable de otro modo ("también siempre que la investigación suponga esfuerzos y/o costos desproporcionados"); StL-Misc 18 (1992), p. 32 (Maskow).

[133] Véanse en mayor profundidad, por ejemplo, las reseñas de M. J. Bonell, Hague Lecture 2017, p. 18 y ss. (en I.) y Unif. Law Rev. 2018, páginas 15-41; E. Brödermann, Tulane J Int. Comp. L 2020, páginas 193-257; y en Unif. Law Rev. 2021, páginas 453, 469-475. El laudo resultante de la CEAC de 30 de abril de 2018 (Expediente CEAC nº 20161001) no está publicado y obra en poder del autor.

Además, para transmitir un "asidero" para la calificación de los Principios UNIDROIT **como principios generales del derecho contractual comercial internacional, se añadió un Anexo al Preámbulo** para la 2ª edición. En él se recopilan cientos de laudos arbitrales y casos de tribunales nacionales que, cuando se evalúan conjuntamente, apoyan dicha calificación. Asimismo, atendiendo a la necesidad práctica de los abogados internos de disponer de información sucinta, se han añadido **listas de comprobación para tipos específicos de contratos (a saber, compraventa y servicios) como anexo a la sección 5.1**.

3. Idioma

21

Debido a las limitaciones de espacio para su publicación, este Comentario utiliza un **"inglés global"** avanzado ("globish") como idioma (por oposición al "británico" o "estadounidense"), y con una disculpa a todos los angloparlantes nativos que nunca utilizarían tantos paréntesis y enumeraciones (con la esperanza de que puedan entender el texto tan bien como mis lectores de prueba de Canadá, China, Inglaterra, Alemania, Irlanda, Turquía y EE.UU.). Para ser concisos, los comentarios se han reducido a veces a meras **listas de comprobación**. Los comentarios raramente utilizan el **latín**[134] para referirse a la historia de un determinado argumento o para ahorrar espacio, especialmente cuando se utiliza la palabra argumentum que significa el razonamiento de un argumento en el texto de los Principios UNIDROIT ("basado en el argumento que"). Siguiendo la decisión del Grupo de Trabajo para los Principios UNIDROIT, el comentario utiliza la **palabra neutra "ello"** para designar a las partes que actúan, tales como deudor, acreedor (Art. 1.11 4º guión) o cedente, cesionario (Art. 9.1.1).

4. Método y materiales

22

El presente comentario se ha elaborado en formato de "comentario breve", conforme a la tradición (es decir, la técnica) alemana de ofrecer comentarios sobre el Derecho escrito (por lo general, estatutario). Para profundizar en los detalles se remite a la abundante bibliografía internacional. Debido a las limitaciones de espacio y tiempo, sólo fue posible citar una selección internacional de bibliografía. De otro modo, además de los Comentarios Oficiales publicados por el propio UNIDROIT, que constituyen una fuente primaria de derecho, se han incluido a lo largo de los comentarios los siguientes libros importantes sobre los Principios UNIDROIT, en su conjunto: (i) el **"International Restatement of Contract Law"** (3ª ed. 2005) de Bonell, presidente de los Grupos de Trabajo sobre los Contratos Comerciales Internacionales en UNIDROIT, **(ii)** los **primeros comentarios sistemáticos** de todo el conjunto de normas por un equipo español encabezado por **Morán Bovio** (ed.), Comentario (2ª ed., Pamplona 2003), sobre la versión inicial de los Principios UNIDROIT. Pamplona 2003, sobre la versión inicial de los Principios UNIDROIT de 1994), y **(iii)** el

134 Véase el "Glosario de términos latinos", páginas XLVIII y ss.

Vogenauer-commentary (2ª ed. Oxford 2015,[135] 1528 más CCLXXXIV páginas) con comentarios de autores de 13 jurisdicciones de los cinco continentes (y una bibliografía de 56 páginas como Apéndice II que se basa en la bibliografía editada por Bonell en 'www.unilex.info' y la base de datos de la biblioteca Pace Law sobre literatura relacionada con la CISG en https://iicl.law.pace.edu/cisg/cisg). Para la 2ª edición, el comentario ha incluido además, entre otros (iv) el libro "**Perspectives in Practice** of the UNIDROIT Principles 2016 - Views of the IBA Working Group on the practice of the UNIDROIT Principles 2016", publicado por la **International Bar Association (IBA)**, que incluye 250 resúmenes de casos y 28 informes de países (388 páginas); (v) el libro de Alejandro **Garro** y José Antonio Moreno **Rodríguez** (Eds.) sobre el **"Uso de los Principios UNIDROIT para interpretar y complementar el Derecho contractual nacional"** con 20 informes de países (2021); (vi) la 3ª edición 2022 de Henry Gabriel' s Contracts for the Sale of Goods: A Comparison of U.S. and International Law, y (vii) la impresionante comparativa en profundidad "Commentaries on European Contract Laws", investigada por 22 coautores y editada por Niels **Jansen** y Reinhard **Zimmermann** (Oxford 2018, 2.218 páginas) que contiene los resultados de la investigación comparativa de 22 académicos que han trabajado durante ocho años en el proyecto del libro. Si bien se centra en los Principios del Derecho contractual europeo artículo por artículo (y a veces incluso párrafo por párrafo), contiene referencias comparativas detalladas regulares y análisis de los Principios UNIDROIT, así como resúmenes comparativos de las legislaciones nacionales y profundos antecedentes históricos tanto en el derecho continental europeo como en el *Common Law*. Las referencias a esta obra fundamental tienen por objeto ayudar en las raras situaciones en que los profesionales que utilizan los Principios UNIDROIT necesitan profundizar realmente.[136]

Como resultado de la integración de estos estudios, esta 2ª edición contiene en las notas a pie de página más referencias jurídicas comparadas a los **Derechos europeos continentales** con raíces históricas en el **Derecho romano** y al **Derecho inglés** basado en la **historia del *Common Law*** que a los Derechos internos **asiáticos, sudamericanos, centroamericanos y norteamericanos o africanos**. Sin embargo, la mayoría de los Derechos internos no europeos tienen raíces, relaciones y similitudes con el Derecho inglés, alemán o francés. Además, los estudios subyacentes del propio UNIDROIT (véase el párrafo 11a supra) miraron más allá de Europa; y las decisiones judiciales y los laudos arbitrales examinados para el nuevo capítulo sobre los Principios UNIDROIT como principios generales del derecho contractual mercantil internacional (véase el Anexo al Preámbulo) también reflejan una **perspectiva mundial** de contrapeso.

Con el mismo espíritu, se ha seguido examinando e integrando el **"material histórico"** (es decir, por ahora unos 227 documentos, incluido el "Estudio L" y otros documentos preparatorios, p. LXI-XCVI). Al principio de cada sección o capítulo (si no tiene secciones), una sinopsis resume, ahora en un pequeño recuadro, dónde encontrar el material histórico pertinente. También se cita de forma más sistemática en las notas a pie de página. Además, la Secretaría de UNIDROIT publicó en **2020** una Nota sobre los Principios UNIDROIT de los

[135] E. Brödermann, Book Review, Commentary on the UNIDROIT Principles of International Commercial Contracts, 2nd ed., by S. Vogenauer (ed.), 2016 (4), International Trade Law & Regulation, páginas 130-133. Se está preparando una 3ª edición para 2023. Según el editor, cabe esperar que la mayoría de las referencias a los comentarios de los números marginales de la 2ª edición sigan siendo correctas (salvo el Preámbulo, que requiere más cambios).

[136] Aunque al principio evité leer ese libro de principio a fin, resultó ser extremadamente útil en un gran arbitraje internacional en el que se aplicaron los Principios UNIDROIT como principios generales del derecho.

Contratos Comerciales Internacionales y la **Crisis Sanitaria COVID-19** con comentarios autorizados sobre la interacción entre las normas sobre Fuerza Mayor (Art. 7.1.7) y sobre Excesiva onerosidad (Arts. 6.2.1-6.2.3). Por último, **tres organizaciones internacionales** que "[a] lo largo del tiempo [...] han elaborado una serie de textos que son complementarios",[137] es decir, la **Conferencia de La Haya de Derecho Internacional Privado, la Comisión de las Naciones Unidas para el Derecho Mercantil Internacional y UNIDROIT**, han unido sus fuerzas y **han elaborado y publicado en 2021 una Guía jurídica tripartita de instrumentos uniformes en materia de contratos comerciales internacionales**, con especial atención a la compraventa (107 páginas). Contiene una útil visión general "para promover la uniformidad, la certeza y la claridad en esta área del derecho".[138] Incluye declaraciones oficiales sobre los Principios UNIDROIT aprobados por el Consejo de Gobierno de UNIDROIT.[139]

23

El comentario se ha redactado pensando que nadie se leerá un libro así de cabo a rabo. Por lo tanto, incluye numerosas referencias cruzadas, por ejemplo, a definiciones, con el fin de mejorar la legibilidad y proporcionar orientación dentro de la miríada de normas. A menudo hace referencia a instrumentos internacionales o regionales que han servido como fuente de los Principios UNIDROIT y/o que proporcionan un punto de referencia. Estos incluyen, entre otros, en particular **(i)** los **Principios de Derecho Contractual Europeo ("PDEC")**, que también constituyen un compromiso entre el derecho civil y el *common law* (a saber, inglés o irlandés), **(ii) el *Restatement 2d Contracts* de EE.UU.**, como compromiso entre varios *common law*, y **(iii) el Anteproyecto de Marco Común de Referencia ("AMCR")**, un compromiso académico entre juristas de civil law y *common law* en Europa, preparado, en parte conjuntamente en colabpárrafo con observadores de la práctica, en un momento en que el legislador europeo buscaba desarrollar una base común para la futura legislación.[140] Las referencias a la legislación nacional —generalmente basadas en los comentarios de Vogenauer o Jansen/Zimmermann— **ayudan a evaluar los compromisos internacionales** alcanzados por el Grupo de Trabajo en la preparación de los Principios UNIDROIT.

L. Carga de la prueba

24

La carga de la prueba se caracteriza de forma diferente en todo el mundo, a veces como una cuestión sustantiva o procesal.[141] En virtud de los Principios UNIDROIT, es común seguir el enfoque general de que **cada parte debe probar los hechos que sean útiles**

[137] CNUDMI et al., Guía Jurídica Tripartita, nº 2 (p. 1), disponible en https://www.UNIDROIT.org/instruments/commercial-contracts/tripartite-legal-guide/ (última visita el 09 de enero de 2023).

[138] CNUDMI y otros, Guía Jurídica Tripartita, nº 11 (p. 4).

[139] CNUDMI y otros, Guía Jurídica Tripartita, nº 8 (p. 3 nota 17).

[140] Véase, por ejemplo, E. Brödermann, ZEUP 2007, páginas 304-323 (el autor se encontraba entre los denominados "interesados" que participaron en el proyecto como observadores desde la práctica).

[141] Véase, por ejemplo, el resumen de E. Brödermann, § 6 IPR MünchAnwaltshandb. IntWirtschR, nº 184, notas 300 y 301.

para su caso (actor *incumbit propatio*).[142] Para ahorrar espacio (es decir, páginas), este breve comentario se ha abstenido de resumir las consecuencias de este principio relacionado con la prueba para cada Principio UNIDROIT. El equipo del comentario Vogenauer lo ha hecho de forma muy útil, normalmente al final de todos los comentarios de las disposiciones individuales de los Principios UNIDROIT. La carga de la prueba se trata cuando merecía la pena señalar algo especial.

M. Una recomendación y una invitación

25

Para empezar a familiarizarse con los Principios UNIDROIT y obtener una visión general, **se recomienda inicialmente hojear su índice.**[143]

26

Se invita a cada lector a estar a la altura de las recomendaciones de la **CNUDMI** (→ Anexo al Preámbulo número 36) y de la **UIA** (Anexo al Preámbulo número 38), y del espíritu que subyace en el proyecto de la IBA de 2016 (número 22 anterior), y **(i)** a considerar los Principios de UNIDROIT en su práctica jurídica, cuando proceda, y **(ii)** a organizar la **formación jurídica continua** (número 3a anterior) para fomentar la difusión de los Principios de UNIDROIT, y/o **(iii)** a unirse al proyecto de **Contratación Global Simplificada** (número 2 anterior).

Historia legislativa (selección de documentos clave)

En preparación de los **Principios de 1994** - Ponente Michael Joachim Bonell:

StL-Doc. 2, pp. 14-15 (**1971**); StL-Doc. 50, pp. 1-6 (1er proyecto en **1991**, luego sobre el proyecto de art. 1.1); StL-Misc. 18, pp. 1-43 (1er debate en **1992**, luego sobre los proyectos de art. 1.1 y 1.2); StL-Doc. 51 (2º proyecto en **1992**); StL-Misc. 19, pp. 1-26 (2º debate en **1992**, después sobre los proyectos de art. 1.1 y 1.2).

---

[142] Cf. Digest 22, 3, 2 (Paulus); Art. 21.1 ALI/UNIDROIT Principles of Transnational Civil Procedure: "Ordinariamente, cada parte tiene la carga de probar todos los hechos materiales que son la base del caso de esa parte", citando en los comentarios oficiales en P-21.A la fórmula "the burden of proof goes with the burden of pleading"; F. Mazza en Vogenauer, Art. 9.1.13 nº 26.

[143] Véase más arriba p. XXI, también disponible en línea en www.UNIDROIT.org (en "instruments", allí en "Commercial Contracts") o en www.unilex.info. [última visita el 09 de enero de 2023].

PREÁMBULO

(Propósito de los Principios)
Eckart J. Brödermannpid
Preámbulo

Estos Principios establecen reglas generales aplicables a los contratos mercantiles internacionales.

Estos Principios deberán aplicarse cuando las partes hayan acordado que su contrato se rija por ellos[144].

Estos Principios pueden aplicarse cuando las partes hayan acordado que su contrato se rija por principios generales del derecho, la "lex mercatoria" o expresiones semejantes.

Estos Principios pueden aplicarse cuando las partes no han escogido el derecho aplicable al contrato.

Estos Principios pueden ser utilizados para interpretar o complementar instrumentos internacionales de derecho uniforme.

Estos Principios pueden ser utilizados para interpretar o complementar el derecho nacional.

Estos Principios pueden servir como modelo para los legisladores nacionales e internacionales.

A. Objetivos definidos en el Preámbulo

1

El Preámbulo establece el propósito principal de los Principios UNIDROIT en el párrafo 1. En los párrafos 2-7, describe seis posibles aplicaciones de los Principios UNIDROIT[145]

1. Para. 1: Normas generales para los contratos comerciales internacionales

2

Los Principios UNIDROIT proporcionan "normas", no leyes. Estas son **"adaptadas en masa"** a las necesidades de los contratos comerciales internacionales (definidos en sentido amplio[146] y **excluyendo las transacciones de consumo**),[147] abiertas a adaptaciones "a me-

144 Nota oficial: "Las partes que deseen establecer que su acuerdo se rija por los Principios podrían utilizar una de las Cláusulas Modelo para el Uso de los Principios de Unidroit sobre los Contratos Comerciales Internacionales (véase www.unidroit.org/instruments/commercial-contracts/upicc-model-clauses, [última visita el 9 de enero de 2023])".

145 Véase esta distinción en StL-Misc. 18 (1992), p. 20 (en la discusión del primer borrador del Preámbulo que Bonell propuso inicialmente como Art. 1 en StL-Doc. 50 (1991), p. 1).

146 Comentarios oficiales, Preámbulo, núm. 1, páginas 1-2; StL-Misc. 18 (1992), páginas 2-3, 9 (Bonell).

147 Comentarios oficiales, Preámbulo, nº 2, p. 2; StL-Misc. 18 (1992), p. 3 (Bonell). En este sentido, los Principios UNIDROIT son distintos de los PECL, que se refieren al Derecho contractual "general", incluidos los con-

dida" de las necesidades del contrato transfronterizo individual.[148] Los Principios Unidroit se basan en la libertad contractual (→ art. 1.1, 1.5). En la edición de 2016, los Comentarios Oficiales han declarado explícitamente que los Principios Unidroit no solo se utilizan para **"contratos de intercambio ordinarios"**, sino también para **"transacciones complejas en particular contratos a largo plazo"**.[149] El término **"internacional"** también debe entenderse en sentido amplio, de modo que cualquier elemento internacional es suficiente.[150] Un **contrato puramente nacional** entre residentes de la misma jurisdicción puede ser "internacional" si existe un elemento internacional. Algunos ejemplos prácticos son: **(i)** un contrato **EE.UU.-EE.UU.** entre empresas situadas en la misma vecindad con un amplio ámbito de aplicación que incluye filiales de las partes contratantes en jurisdicciones extranjeras, y **(ii)**, debido a una cláusula estándar de elección de los Principios UNIDROIT en las condiciones estándar de compra, un contrato entre **dos empresas austriacas nacionales**, una de las cuales tiene una empresa matriz estadounidense[151] (Nota: La calificación del término "internacional" según los Principios Unidroit es amplia y distinta de la cuestión de si el Derecho internacional privado aplicable, el Derecho de arbitraje o, en caso de un contrato nacional, el Derecho contractual acepta una elección de los Principios UNIDROIT, número inferior 3-5).

Los Principios Unidroit son "generales"[152] y también **pueden utilizarse en un contexto contractual general que no sea comercial en sentido estricto.**[153] Un ejemplo de la práctica es un **acuerdo de cooperación** entre un bufete de abogados alemán y uno chino. En la misma línea, los **acuerdos de adhesión u otros acuerdos** relativos a la pertenencia a una red internacional de bufetes de abogados pueden someterse a los Principios Unidroit, así como cualquier **acuerdo de empresa conjunta**.

---

tratos con consumidores. En muchos aspectos, los contratos con consumidores requieren una consideración especial y deben tener en cuenta un derecho imperativo diferente.

148 La comparación se inspira en S. Vogenauer en Vogenauer, Introducción nº 40 ("adaptado a las necesidades especiales del comercio internacional"). Desde el principio, el Grupo de Trabajo consideró que su papel consistía en aportar posibles soluciones, que requerirían adaptaciones o especificaciones adicionales en el contrato, véase StL-Doc. 50 (1991), p. 10 (Bonell).

149 Comentarios Oficiales, Preámbulo, núm. 2, p. 2 (con referencia a la definición de "contratos a largo plazo" en el art. 1.11 - 3er guión; énfasis añadido).

150 StL-Misc. 18 (1992), p. 10 (Drobnig), p. 17 (Lando señala que el amplio enfoque francés "met en jeux des intérêts de commerce international").

151 A la luz de la autonomía de la voluntad de las partes, la naturaleza de los Principios UNIDROIT (→ Anexo al Preámbulo) y la comprensión liberal del Grupo de Trabajo del uso potencial de los mismos también para escenarios de contratos domésticos, los Principios UNIDROIT pueden incluso ser elegidos para un contrato puramente doméstico, véase e.g. StL-Misc. 18 (1992), p. 17 (Bonell), StL-Misc. 19 (1994), p. 3 (Bonell, Crépeau), páginas 8-9 (Lando, Drobnig, Tallon); así como la advertencia de Furmston (ibid. en p. 9) "de que esto podría resultar inapropiado" ya que el enfoque del Grupo de Trabajo había sido "internacional".

152 CNUDMI y otros, Guía Jurídica Tripartita, núm. 356 (p. 79): "'normas generales' de Derecho contractual";StL-Doc. 126 (2014), p. 1 (Bonell): "los Principios Unidroit pueden considerarse, sin duda, asimilables a una "parte general" del Derecho que rige los contratos internacionales [...]".

153 StL-Misc. 18 (1992), p. 6(Drobnig: "ninguna referencia a los conceptos nacionales de 'comercial'"), p. 17 (Bonell haciendo referencia a la posibilidad de que las partes pudieran elegir los Principios "para contratos distintos de los contratos mercantiles"; "[e]n sustancia estaba de acuerdo en que esto fuera posible").

2. Párrafo 2: Elección de los Principios UNIDROIT como régimen contractual aplicable

3

Dado que la **cláusula de resolución de litigios de cualquier contrato prevalece sobre la cláusula de elección de ley o de elección de los Principios UNIDROIT**[154] (porque (i) sólo la cláusula de resolución de litigios conduce al régimen aplicable de elección de ley,[155] que (ii) decide entonces si se aceptará la elección de los Principios UNIDROIT), es importante tener siempre en cuenta el régimen aplicable de litigios o de ley de arbitraje. Sólo las normas de conflicto de leyes aplicables del foro de arbitraje o tribunal pueden decidir si acepta una cláusula de elección de los Principios UNIDROIT y cómo lo hace.

En la medida en que el **derecho internacional privado** aplicable del foro de arbitraje —o tribunal estatal— permita la elección de "normas de derecho" para regir un contrato, **los Principios UNIDROIT pueden ser elegidos como el régimen contractual** (tal elección —como lex contractus[156]— es la mejor para dar a los Principios UNIDROIT el impacto más amplio posible). Este es el caso cuando hay una combinación entre los Principios UNIDROIT con una cláusula de **arbitraje internacional** porque muchas leyes de arbitraje contienen un **Derecho internacional privado especial para los contratos** y prevén explícitamente la posibilidad de elegir "normas jurídicas".[157] Esto incluye, entre otras, todas aquellas leyes nacionales que han integrado el Art. 28 (1) de la Ley Modelo de Arbitraje de la CNUDMI[158] así como la mayoría de los reglamentos de arbitraje **institucionales**[159] y el Art. 35 del Reglamento de Arbitraje de la CNUDMI para el **arbitraje *ad hoc*** Art. 35 para. 1 frase 3 letra c) del Reglamento de Arbitraje ASEAC de Hamburgo (Reglas ASEAC[160]) ofrece incluso la elección de los Principios neutrales de UNIDROIT como alternativa explícita a la elección de una ley estatal.[161] En estos casos, la aplicación de los Principios UNIDROIT se deriva de la autoridad del Derecho internacional privado aplicable[162] o, más concretamente, del régimen de arbitraje con una disposición especializada de Derecho internacional privado.

---

154 E. Brödermann, Hamb. Law Rev. 2016, páginas 21-51.

155 M. J. Bonell, Hague Lecture 2017, p. 18 (en I., "Second, ...") y Unif. L. Rev. 2018, páginas 15, 17.

156 StL-Misc 19 (1994), páginas 1-2 ("La intención era indicar [...] que los Principios eran algo más que una mera suma de principios generales, que los Principios bien podrían utilizarse [...] como lex contractus"). En el mismo sentido, ahora CNUDMI y otros, Guía Jurídica Tripartita, no. 338 (p. 75).

157 StL-Doc. 50 (1991), p. 4 (Bonell); StL-Doc. 51 (1992), p. 4 (Bonell); G. Cuniberti en Vogenauer, Art. 1.4 nº 9. Véase también CNUDMI, entre otros, Guía Jurídica Tripartita, nº 63 (p. 17) y, por ejemplo, Art. 1511 del Code de procédure civile francés, o la visión de conjunto de D. Oser, páginas 24-25.

158 Tomado nota por StL-Doc. 51 (1992), p. 4; véase también P.C. - Misc. 18 (1992), p. 18 (Bonell: "en ese punto equivaldría a una cláusula de elección de ley, y esto era una novedad"); CNUDMI en al., Tripartite Legal Guide, no. 44 (p. 13); M. J. Bonell, An International Restatement, p. 196 (con referencias adicionales a otras leyes de Estados que no se basan en la Ley Modelo de la CNUDMI, por ejemplo, Inglaterra) y Hague Lecture 2017, p. 28 (en III.), M. J. Bonell, Unif. Law. Rev. 2018, páginas 15, 25; véase también, por ejemplo, C. Borris, FS Thümmel (2020), páginas 53, 58 (traducido: "una norma de colisión universalmente reconocida").

159 Véase CNUDMI, entre otros, Guía Jurídica Tripartita, nº 44 (p. 13) y, por ejemplo, Art. 21 párr. (1) Reglamento de la CCI, Art. 22.3 Reglamento de la LCIA de 2014, Art. 24 (2) Reglamento de Arbitraje de la DIS 2018, Art. 35 (1) Reglamento Suizo de Arbitraje Internacional 2021, Art. 35 (1) Reglamento de Arbitraje del Centro Asiático de Arbitraje Internacional.

160 Véase https://www.ceac-arbitration.com/arbitration/rules/ [última visita el 9 de enero de 2023]. Esta opción se utilizó en un caso resuelto por un Tribunal Arbitral del CEAC en un laudo de fecha 30 de abril de 2018 (expediente del CEAC n.º 20161001, no publicado, en los archivos del autor).

161 E. Brödermann, Journal of International Arbitration 2013, páginas 303, 320; véase www.aseac-arbitration.com, "Model Clauses", "Choice of Law Clause".

162 S. Vogenauer en Vogenauer, Art. 1.5 nº 11.

4

Por el contrario, en un contrato que prevea un **litigio internacional** ante un tribunal estatal, un régimen de Derecho internacional privado conservador y aplicable seguirá exigiendo que se elija una ley estatal nacional.[163] En tales circunstancias, la elección de los Principios UNIDROIT no constituirá una cláusula de elección de ley en el sentido del Derecho internacional privado aplicable.[164] Sin embargo, aún en dichas circunstancias los Principios UNIDROIT seguirán siendo aplicables si las partes los han elegido expresamente:[165] La ley nacional que sea aplicable en virtud del régimen de Derecho internacional privado aceptará e interpretará la cláusula de elección de los Principios UNIDROIT manifestando la verdadera intención de las partes.[166] Para dar efecto a la cláusula, puede interpretarse que incorpora los Principios Unidroit, núm. 15-16 infra). Otros regímenes internacionales privados tendrán un espíritu tolerante más abierto hacia la elección de los Principios Unidroit. En este sentido, los Principios de La Haya sobre la elección de la ley aplicable a los contratos internacionales[167] (en lo sucesivo, "Principios de La Haya") apuntan en la dirección opuesta para el futuro y proponen permitir también la elección de "normas jurídicas que sean generalmente aceptadas a nivel internacional, supranacional o regional como un conjunto de normas neutrales y equilibradas, a menos que la ley del foro disponga otra cosa".[168] Esto incluiría la elección de los Principios UNIDROIT.[169] La Convención Interamericana sobre Derecho Aplicable a Contratos Internacionales de 1994[170] ("Convención mexicana") también exige explícitamente "tener en cuenta los principios generales del Derecho mercantil internacional reconocidos por las organizaciones internacionales".[171]

---

163 Véase, por ejemplo, el art. 3 para. 1 Roma I (que se aparta explícitamente del Art. 3 (2) Roma I Propuesta de la Comisión Europea de 15 de diciembre de 2005 de Reglamento sobre el Derecho contractual internacional privado, COM (2005) 650 final que rezaba en su primera frase: "Las partes también podrán elegir como ley aplicable los principios y normas del derecho sustantivo de los contratos econocidos internacionalmente o en la Comunidad"); véase también M. J. Bonell, An International Restatement, p. 181.

164 Véase, por ejemplo, de nuevo Cour de Cassation (Francia) 16 de noviembre de 2022, nº 21-17.389.

165 Este no fue el caso resuelto por el Tribunal Supremo francés citado en la nota anterior.

166 En el caso resuelto por el Tribunal Supremo francés (Cour de Cassation) el 16 de noviembre de 2022, nº 21-17.388, no se abordó esta cuestión porque, con arreglo a los hechos, no existía una cláusula explícita de elección de los Principios Unidroit. Asimismo, con arreglo a la legislación vigente del Reglamento Roma I, el considerando 13 establece un entorno jurídico diferente (→? n.º 16 infra).

167 Adoptado en 2015 por la Conferencia de La Haya de Derecho Internacional Privado, www.hcch.net/upload/wop/gap2014pd06rev_en.pdf; véase el resumen en CNUDMI en al., Guía Jurídica Tripartita, nº 67 y ss. (p. 18-19).

168 Art. 3 de los Principios de La Haya; CNUDMI en al., Guía Jurídica Tripartita, no. 45 (p. 13) y no. 59-60 (p. 16) así como no. 398 (p. 88) señalando que "Los Principios de La Haya son particularmente importantes para promover la aplicabilidad, mediante acuerdo, de la UPICC".

169 CNUDMI y otros, Guía Jurídica Tripartita, nº 71 (p. 19); M. J. Bonell, Conferencia de La Haya 2017, páginas 28 y ss. (en III.) y Unif. L. Rev. 2018, páginas 15, 27, con referencia al Comentario Oficial 3.6 a los Principios de La Haya.

170 En vigor entre México y Venezuela, véase https://www.oas.org/juridico/english/sigs/b-56.html [última visita el 9 de enero de 2023).

171 Art. 9 para. 2 sentence 2 and 10, as noted e.g. by D. Oser, páginas 135-136 and M. J. Bonell, Unif. L. Rev. 2018, páginas 15, 25-26; CNUDMI, entre otros, Guía Jurídica Tripartita, nº 58 (p. 16). Véase además Comité Jurídico Interamericano, Guía sobre la ley aplicable a los contratos comerciales internacionales en las Américas, nº 194 (p. 104).

5

Paraguay es la primera jurisdicción que ha aplicado los Principios de La Haya.[172] Al parecer, **Australia tiene previsto aplicar los Principios de La Haya.**[173] Por el momento, con respecto a la mayoría de las jurisdicciones (y según lo contemplado por el Grupo de Trabajo),[174] una cláusula de elección de los Principios UNIDROIT utilizada en combinación con la competencia de un tribunal estatal normalmente tendrá que interpretarse como una mera —aunque vinculante— **incorporación**[175] de los Principios UNIDROIT al régimen contractual, que por lo demás se rige por el derecho estatal (número 15-16 *infra*). En el caso de una elección de los Principios UNIDROIT en un **contexto nacional** (número 2 anterior), dicha elección también constituye una mera incorporación de los Principios al contrato.[176]

6

Esta distinción entre la elección de los Principios UNIDROIT como normas de derecho aplicable y la incorporaciióm tiene un impacto en el régimen aplicable de derecho imperativo que puede ser importante o incluso determinante en algunas circunstancias (Art. 1.4 núm. 3 y siguientes). Esta es la razón por la que **la elección de los Principios UNIDROIT funciona mejor en combinación con una cláusula arbitral,**[177] por la que las partes pueden querer trabajar con la redacción de la **nota a pie de página oficial** del párrafo 2 o la redacción en cualquiera de las **once cláusulas modelo** publicadas por UNIDROIT en 2013.[178]

---

172 El Art. 5 La Ley paraguaya 5393 de 2015 relativa a la ley aplicable a los contratos internacionales establece: "En esta ley, una referencia a la ley incluye normas de derecho que son generalmente aceptadas sobre [¡sic!] un origen no estatal [español: "de origen no estatal"], como un conjunto neutral y equilibrado de normas", véase (en español e inglés) www.hcch.net/en/publications-and-studies/details4/?pid=6300&dtid=41; M. J. Bonell, Hague Lecture 2017, p. 29 (en III.) y Unif. L. Rev. 2018, páginas 15, 27; J. A. Moreno Rodríguez en Eppur si muove: La era del Derecho uniforme, páginas 1146 y ss.

173 M. J. Bonell, Conferencia de La Haya 2017, p. 29 (en III.) y Unif. L. Rev. 2018, páginas 15, 27 con otras referencias. Véase también I. Govey AM en Eppur si muove: La era del Derecho uniforme, páginas 324, 331. Un reciente intento de internacionalizar el Derecho contractual australiano sobre la base de los Principios UNIDROIT aparentemente fracasó, véase R. Michaels, Unif. Law Rev. 2014, páginas 643, 653.

174 StL-Misc. 18 (1992), p. 18 (Bonell, "i.e. must be applied although on different level" [nota del autor: en comparación con el derecho estatal), p. 19 (Furmston, introduciendo —con respecto al lenguaje del párrafo (4)— la redacción, aceptada por el Grupo de Trabajo, "shall be applied", en comparación con la redacción inicial "will apply" en StL-Doc. 50, p. 1).

175 StL-Misc. 18 (1992), p. 18 (Bonell), p. 19 (Lando); StL-Misc. 19 (1994), p. 11 (Bonell); M. J. Bonell, An International Restatement, páginas 181-182.

176 Véase, por ejemplo, StL-Misc. 19 (1994), p. 10 (Farnsworth). Desde su revisión en 2001, el UCC, para. 1-302 (revisión 2001), Comentario 2, citado por M. J. Bonell, Unif. L. Rev. 2018, páginas 15, 25 reconoce explícitamente el derecho de las partes a elegir "cuerpos reconocidos de reglas o principios aplicables a las transacciones comerciales", como los Principios UNIDROIT.

177 Véase el ejemplo de E. Brödermann, Hamb. Law Rev. 2016, páginas 21, 26-29: elección de PICC en combinación con una cláusula de arbitraje para evitar la ley alemana sobre condiciones estándar que es localmente pero no imperativamente (internacionalmente) obligatoria (→ art. 1.4 nº 4-5). Esta distinción fue prevista por el Grupo de Trabajo, véase por ejemplo StL-Misc. 18 (1992), p. 19 (Lando, Bonell, Furmston quienes "se preguntaban si si si las partes hacían una elección expresa de estos Principios no harían también una elección expresa del arbitraje. Tendrían muy malos abogados si eligieran los Principios pero no confiaran en el arbitraje").

178 UNIDROIT, Model Clauses for Use by Parties of the UNIDROIT Principles of International Commercial Contracts (2013), fácilmente accesible en línea googleando "UNIDROIT Model clauses"; véase también UNIDROIT 2013, C.D. (92) 17, nº 24. Véase el resumen de UNCITRAL et al. Tripartite Legal Guide no. 65-66 (p.

Estas cláusulas modelo distinguen entre las elecciones realizadas en el propio contrato o después de que haya surgido un litigio. A veces la elección de los Principios UNIDROIT se hace muy tarde, al comienzo de un procedimiento de arbitraje.[179] Las partes también pueden querer incluir un texto que establezca que la elección de los Principios UNIDROIT también se referirá a la propia **cláusula arbitral**[180] para lograr, por ejemplo, un enfoque idéntico en la interpretación del contrato[181] (Capítulo 4). Para el caso (todavía frecuente) de que la otra parte no esté familiarizada con los Principios UNIDROIT, es útil utilizar una **cláusula de elección de los Principios UNIDROIT más detallada y autoexplicativa** (Introducción número 9a).

3. Para. 3: Aplicación de los Principios UNIDROIT para complementar una elección más general de las partes

7

Cuando las partes han acordado que su contrato se rija por los "principios generales del derecho", la lex mercatoria o similares (como el "derecho mercantil internacional"),[182] **los Principios UNIDROIT se ofrecen como fuente para especificar más su régimen jurídico**[183] ("puede aplicarse").[184] Esto se aplica particularmente bien a los principios que reafirman el consenso internacional emergente del derecho comercial,[185] o que se basan en instrumentos internacionales como la CISG, los Incoterms® u otros instrumentos del

17-18) de los cuatro tipos de cláusulas relativas a: (i) elección de la ley aplicable; (ii) incorporación; (iii) interpretación y complemento de la CISG; (iv) interpretación y complemento de la ley nacional aplicable. Para un análisis de las cláusulas tipo, véase M. J. Bonell, Unif. Law Rev. (2013), páginas 473-489; A. Veneziano en Eppur si muove: La era del Derecho uniforme, páginas 1687-1697.

179 Ejemplo práctico presentado por E. Brödermann, Unif. Law Rev. 2011, páginas 589, 593. Para otro ejemplo, véase también la Introducción nº 19. Durante los últimos cuatro años, el autor ha oído anecdóticamente a varios árbitros relatar experiencias similares.

180 Sobre la posibilidad de una elección explícita de la ley aplicable a las cláusulas de arbitraje, véase E. Brödermann, § 6 IPR MünchAnwaltshandb. IntWirtschR, no. 402 citando el Art. V (1) lit. a NYC.

181 Véase el ejemplo analizado por S. Vogenauer en Vogenauer, en Art. 4.1 nº 6.

182 Véase Instituto de Arbitraje de la Cámara de Comercio de Estocolmo, Laudo arbitral, (24 de junio de 2008), UnilexNo. 2284 [visitado por última vez el 09 de enero de 2023].

183 CNUDMI y otros, Guía Jurídica Tripartita, no. 342 (p. 76), también experimentada por el autor como árbitro: Esta experiencia se correlaciona con la intención del Grupo de Trabajo de "reducir considerablemente dicha incertidumbre" mediante la "extrema vaguedad" de tales formulaciones, véase StL-Doc. 50 (1991), p. 5 (Bonell); StL-Doc. 51 (1992), páginas 5-6 (Bonell). C. Borris, FS Thümmel (2020), páginas 53, 58 argumenta en la misma dirección (traducción de la oficina): "Sin embargo, cuando hay que evaluar un acuerdo de este tipo, los Principios UNIDROIT proporcionan una guía muy bienvenida y útil".

184 Véase el debate del Grupo de Trabajo en StL-Misc 18 (1992), páginas 20-22, por ejemplo, Bonell en 20-21 haciendo hincapié en la necesidad de ofrecer tal opción a los árbitros; o Drobnig, p. 22, sugiriendo que la carga de la prueba recaería en las partes si tuvieran en mente algo diferente.

185 Véase R. Michaels en Vogenauer, Preámbulo I no. 3 ("núcleo común"). Véase también, por ejemplo, el proyecto del Centro de Derecho Transnacional (CENTRAL), presidido por Klaus-Peter Berger, en la Universidad de Colonia, Alemania, www.trans-lex.org, (visto por última vez el 09 de enero de 2023) y K. Berger, World Arbitration & Mediation Review 2011, páginas 97-141; véase también en consonancia con los principios generales del derecho, por ejemplo, Corte Suprema de Justicia (Colombia) 30 de agosto de 2011 (11001-3103_012-1999-01957-0), Unilex núm. 1657 (cita el art. 7.3.1-7.3.3 para interpretar la legislación colombiana).

derecho blando.[186] Mientras que los Principios UNIDROIT fueron inicialmente **concebidos para establecer meramente "reglas generales" de derecho**[187] (número 2 anterior), la aceptación general de los Principios UNIDROIT en la comunidad internacional también permite calificarlos hoy, casi 30 años después de su publicación inicial, como **"principios generales"** de derecho en el ámbito de los contratos comerciales internacionales (Anexo al Preámbulo - Principios UNIDROIT como Principios Generales de Derecho, número. 1 y siguientes), aunque esta fina distinción[188] puede ser más académica que práctica porque estos términos son "más o menos sinónimos".[189] Varios tribunales han aplicado los Principios UNIDROIT como expresión de los **usos comerciales**. (→ Anexo al Preámbulo nº 24-27 para un uso similar de los Principios Unidroit por los tribunales de arbitraje).[190] En **Ucrania**, los tribunales también pueden basarse en una carta "Sobre algunas cuestiones en la aplicación de los códigos civil y comercial de Ucrania", emitida el 7 de abril de 2008 por el Tribunal Supremo Económico, que autoriza a los tribunales a considerar los Principios UNIDROIT como una expresión de la costumbre comercial.[191] En la misma línea, **los Principios UNIDROIT han sido descritos por el profesor Peter Berger en su libro sobre "*The Creeping Codification of the Lex Mercatoria*" como "la Carta Magna del Derecho mercantil internacional",[192] calificación que fue refrendada en 2020 por un tribunal de arbitraje español en el razonamiento de su decisión de aplicar los Principios UNIDROIT como "principios y normas generalmente aceptados del Derecho mercantil internacional".**[193]

4. Para. 4: Aplicación de los Principios UNIDROIT en ausencia de elección de ley

8

(i) El camino hacia la aplicación de los Principios UNIDROIT se ve **favorecido** por muchos **regímenes de arbitraje**, en virtud de los cuales los árbitros son libres de determinar directamente el régimen contractual aplicable **(*voie directe*)**.[194] En otros regímenes de de-

[186] M. J. Bonell, An International Restatement, páginas 47-48 nota 45; como ya destacó R. Michaels en Vogenauer, Preámbulo I nº. 3.

[187] Bonell en StL-Misc. 18 (1992), p. 13 afirmando que "no creía que fuera posible decir que los "Principios" tenían por objeto establecer principios, y ésta era la razón principal por la que había optado por no volver a utilizar la palabra "principios" [en el párrafo 1], sino que había optado por utilizar "normas generales", que era más o menos sinónimo".

[188] Véase la discusión del Grupo de Trabajo en StL-Misc. 18 (1992), p. 14 (Komarov; Furmston resumiendo el análisis de Dwarkin de que "los principios suponen excepciones y tienen un alto nivel de abstracción, mientras que una regla es más específica"; Hartkamp, Drobnig, Fontaine), p. 15 (en particular Bonell aventurándose "a referirse tanto a 'principios como a reglas'", Lando señalando el enfoque de la CNUDMI al crear el Art. 28 de la Ley Modelo de la CNUDMI sobre Arbitraje, Maskow, Tallon dudando de la aceptación general de la distinción de Dwarkin, Fontaine), p. 16 (en particular Brasil proponiendo hablar de "reglas generales de derecho"; Maskow y Bonell objetando con respecto al origen de los Principios).

[189] Bonell en StL-Misc. 18 (1992), p. 13, citado en la penúltima nota a pie de página.

[190] R. Michaels, Unif. Law Rev. 2014, páginas 643, 649 con referencias para China y Ucrania.

[191] R. Michaels, Unif. Law Rev. 2014, páginas 643, 649 con más referencias a la carta.

[192] K.-P. Berger, The Creeping Codification of the Lex Mercatoria (1999), p. 169, énfasis añadido.

[193] Ad hoc, Nurhima Kiram Fornan et al. contra Malasia, Laudo preliminar 2020, incluido en Unilex nº 2311, en el nº 141.

[194] Por ejemplo, (i) para las leyes de arbitraje: Art. 1511 del Code de procédure civile francés; (ii) para los reglamentos de arbitraje: Art. 35 para. 1 frase 2 del Reglamento de Arbitraje de la CNUDMI de 2010, Art. 21 para. 1 frase 2 del Reglamento de Arbitraje de la CCI, Art. 35 para. 1 frase 4 del Reglamento de Arbitraje ASEAC

recho arbitral, el acceso a los Principios UNIDROIT es algo más complejo **(*voie indirecte*)**. This road is sometimes helpful if the choice of law clause in the contract is pathologic (e.g. contradicting choices at different parts of the contract while the arbitral tribunal finds that the parties did intend to act under a neutral law)[195] y/o si el asunto tiene relación con múltiples naciones, por ejemplo, cuando grupos de empresas actúan por ambas partes, o en contratos relacionados con blockchains, criptomonedas y tokens, metaversos y, en general, "organizaciones autónomas descentralizadas" (→ Introducción nº 4a). O bien contienen una norma de Derecho internacional privado (como la elección del Derecho contractual con la conexión más estrecha) que conduce a un Derecho nacional específico (éste es el modelo suizo y originalmente también el alemán)[196] o bien facultan al tribunal arbitral para determinar el Derecho internacional privado aplicable que, a su vez, conduce a un Derecho nacional específico (éste es el modelo del Art. 28 para. 2 del CNUDMI ley modelo o de la Sección 46 para. 3 de la Ley de Arbitraje inglesa[197]). En cualquier caso, la ley nacional puede dejar espacio para complementación por los Principios UNIDROIT, ya sea, con respecto a algunos principios, como "usos comerciales" y similares, o como una herramienta para la interpretación o complementación de la ley nacional (número 12). Con respecto a la ley de arbitraje aplicable, un árbitro que contemple aplicar los Principios UNIDROIT en un caso específico de conformidad con el párr. 4 puede preferir solicitar el consentimiento de las partes para la aplicación de los Principios UNIDROIT de conformidad con el párrafo 2 (arriba, número 3).[198] **(ii)** Los árbitros están además facultados —pero ciertamente no obligados[199]— a aplicar directamente los Principios UNIDROIT si las partes les han dado instrucciones de actuar *"ex aequo et bono"*.[200] **(iii) Los tribunales estatales** (en Brasil) han aplicado los Principios UNIDROIT a **obligaciones contractuales de conexión plural** sobre la base del **principio de proximidad** (también conocido como la regla de la relación más significativa) "con un enfoque flexible y atento a 'las realidades sociales y económicas subyacentes al fenómeno jurídico'".[201]

---

de Hamburgo, Art. 24 párrafo 2 del Reglamento de Arbitraje DIS (2018). Véase CNUDMI, entre otros, Guía Jurídica Tripartita, nº 79 (p. 20) y el resumen de Brödermann en: § 6 IPR MünchAnwaltshandb. IntWirtschR no. 618.

195 Así ocurrió en los hechos decididos en el Laudo Arbitral del Tribunal Arbitral de la Cámara de Comercio e Industria de Lausana (17 de mayo de 2002, Unilex Nº 861). En ese caso, sin embargo, el árbitro estimuló entonces a las partes a acordar la elección de los Principios Unidroit en virtud de su Preámbulo, párrafo 2.

196 Art. 35 (1) Reglamento Suizo de Arbitraje Internacional 2021; § 1051 apartado 2 ZPO, Art. 23.2 del Reglamento de Arbitraje de la DIS de 1998 (ahora abandonado por el art. 24.2 en la versión de 2018), véase también el art. 9.1 del Reglamento de la Corte de Venecia de Arbitraje Nacional e Internacional ("VENCA"). 9.1 der Reglamento de la Corte de Venecia de Arbitraje Nacional e Internacional ("VENCA").

197 CNUDMI, entre otros, Guía Jurídica Tripartita, nº 79 (p. 20).

198 Así lo experimentó el autor como joven abogado en un arbitraje en Suiza en 2001.

199 Véase el debate del Grupo de Trabajo en StL-Misc 19 (1994), p. 26, que llevó a suprimir este ejemplo de los comentarios oficiales para evitar pronunciarse sobre la cuestión.

200 Bonell en StL-Doc. 50 (1991), p. 4 con referencia al Art. VII (2) de la Convención de Ginebra de 1961 sobre Arbitraje Comercial Internacional; en StL-Doc. 51 (1992), páginas 5-6 (amiable compositeur) y en StL-Misc. 19 (1994), p. 26. Véase además UNCITRAL en al., Tripartite Legal Guide, no. 350 (p. 78). y los ejemplos de tales autorizaciones en los reglamentos de arbitraje, por ejemplo, Art. 35 párrafo 2 del Reglamento de Arbitraje de la CNUDMI.

201 Tribunal de Apelación de Rio Grande do Sul, Noridane Foods S.A. v. Anexo Comercial Importação e Distribuição Ltda., Brasil nº 70072362940, 14 de febrero de 2017, Unilex nº 2035; Tribunal de Apelación del Estado de Rio Grande do Sul, Voges Metalurgia Ltda. v. Inversiones Metalmecanicas I.C.A. - IMETAL I.C.A., Brasil nº 4-25.2016.8.21.7004192500, 30 de marzo de 2017, Unilex nº 2042. Otros tribunales estatales han

5. Párr. 5: Utilización de los Principios UNIDROIT para interpretar o complementar instrumentos internacionales de derecho uniforme

9

En ocasiones, los instrumentos internacionales remiten explícitamente para su interpretación a los Principios UNIDROIT.[202] En otras ocasiones, la orientación dada en un instrumento internacional para su interpretación —por ejemplo, señalando los "principios generales en que se basa"— puede abrir la puerta para referirse a los Principios UNIDROIT. Desde su primer borrador, tal uso de los Principios UNIDROIT fue contemplado por el Grupo de Trabajo.[203] Esto se ha argumentado,[204] por ejemplo, con respecto al Art. 4 (2) del Convenio dUNIDROIT sobre el factoraje internacional.[205] Incluso en ausencia de tal referencia, se ha sugerido convincentemente remitirse a los Principios UNIDROIT cuando los instrumentos internacionales se basan en (la interpretación de) cuestiones contractuales generales como la forma, la responsabilidad contractual o la buena fe.[206] El Grupo de Trabajo había debatido,[207] entre otros, ejemplos de contratos que optan por la aplicación de las Reglas de Visby de La Haya[208] o las Reglas Uniformes relativas a las Cartas de Crédito.[209] Numerosas decisiones arbitrales y judiciales han utilizado los Principios UNIDROIT a tal efecto (Anexo al Preámbulo número 19, 31).[210]

10

El ejemplo más destacado del uso de los Principios UNIDROIT para complementar un instrumento internacional puede observarse en la aplicación de la CISG.[211] El art. 35

---

decidido lo contrario a la luz del entorno jurídico aplicable, véase Tribunal Supremo francés (Cour de Cassation), 16 de noviembre de 2022, nº 21-17.388.

202 R. Michaels en Vogenauer, Preámbulo I nº. 128, en referencia al Art. 4 (6) del Reglamento Interamericano Uniforme sobre Documentos y Firmas Electrónicos (2001).

203 StL-Doc. 50 (1991), p. 6 (Bonell); StL-Doc. 51 (1992), p. 2 (Bonell).

204 R. Michaels en Vogenauer, Preámbulo I no. 129.

205 Adoptada en Ottawa el 28 de mayo de 1988, véase www.UNIDROIT.org/instruments/factoring. [visto por ultima vez el 09 de enero de 2023]

206 R. Michaels en Vogenauer, Preámbulo I nº. 130, páginas 85-86 con respecto al Convenio relativo al contrato de transporte internacional de mercancías por mar (CMR).

207 StL Misc 18, p. 23 (Furmston), en el que se distinguía claramente que la elección de los INCOTERMS® no constituía una elección de normas jurídicas (ibid., Bonell, Drobnig).

208 Las Reglas de La Haya-Visby - Las Reglas de La Haya modificadas por el Protocolo de Bruselas de 1968.

209 CCI, Reglas y Usos Uniformes relativos a los Créditos Documentarios (RUU).

210 Véase, por ejemplo, M. J. Bonell, Conferencia de La Haya, páginas 36 y ss. (IV.) y Unif. Law Rev. 2018, páginas 15, 32 y ss.

211 Véase en detalle R. Michaels en Vogenauer, Preámbulo I nº. 120-127. Para más detalles, véase R. Koch, en relación con los arts. 47 y 49 de la CISG en www.cisg.law.pace.edu/cisg/biblio/koch2.html y en relación con los arts. 63 y 64 CISG en www.cisg.law.pace.edu/cisg/biblio/koch3.html; P. Perales Viscasillas, Unif. Law Rev. 2017, páginas 4, 19-24. Véase además M. J. Bonell, Hague Lecture 2017, p. 38 (en IV.) y Unif. Law Rev. 2018, páginas 15, 33 ("tanto jueces como árbitros no parecen demasiado preocupados por justificaciones teóricas a la hora de recurrir a los Principios UNIDROIT para este fin"). CNUDMI y otros, Guía Jurídica Tripartita, nº 132 (p. 32) aboga por un enfoque prudente y moderado: "Si los principios externos pueden desempeñar un papel para colmar las lagunas de la CISG, en ausencia de un acuerdo de las partes, y en qué medida, es una cuestión abierta. [...], el entendimiento común es que los UPICC no deben considerarse, como tales, los principios generales de la CISG, sino que pueden servir para corroborar la existencia de principios generales y,

letra b) de las Reglas ASEAC[212] llega incluso a ofrecer oficialmente la elección de una combinación de la CISG y los Principios UNIDROIT.[213] Incluso sin dicha elección expresa, los Principios UNIDROIT son utilizados en ocasiones, también por el Consejo Consultivo de la CISG,[214] para interpretar la convención en lo que respecta a su carácter internacional sobre la base del **Art. 7 (1) CISG**. Más frecuentemente, los Principios UNIDROIT pueden ser utilizados, con precaución,[215] en el contexto del **Art. 7 (2) CISG** para resolver cuestiones que no están expresamente resueltas en la CISG "de conformidad con los principios generales en los que se basa".[216] Cuando la CISG entró en vigor en 1990, los Principios UNIDROIT no existían.[217] Por lo tanto, sólo pueden utilizarse norma por norma, según proceda, como reformulaciones visibles y/o "elaboraciones"[218] de los principios generales en los que se basa la CISG,[219] siempre que se respeten los límites que puedan derivarse (i) de la propia CISG[220] debidamente interpretada de conformidad con el Art. 7 (1) CISG, y (ii) de las intenciones de las partes.[221]

11

Más allá de la aplicación de los Principios UNIDROIT mediante el Art. 7 CISG, a veces también se denominan "usos del comercio" aplicables sobre la base del Art. 9 (2) CISG.[222] Por el momento, esto será a menudo "[d]octrinalmente... dudoso"[223] (porque esto requeriría probar el uso de un principio concreto como uso comercial real), pero vale la pena señalar este desarrollo en aras de la exhaustividad. (Para una visión general de los laudos arbitrales

---

por lo tanto, pueden ser una herramienta para interpretar la CISG (CISG, art. 7, párr. 1) o para colmar lagunas (CISG, art. 7, párr. 2), siempre que no exista conflicto entre ambos instrumentos [...]".

212 Véase https://www.ceac-arbitration.com/arbitration/rules/#:~:text=The%20CEAC%20Rules%20are%20based,alia%20compliant%20with%20Chinese%20law [última visita el 19 de enero de 2023].

213 La opción ofrecida en el Art. 35 lit. b) del Reglamento de Arbitraje del ASEAC reza: "El contrato se regirá por ... b) la Convención de las Naciones Unidas sobre los Contratos de Compraventa Internacional de Mercaderías de 1980 (CISG) sin tener en cuenta ninguna reserva nacional, completada, para las materias que no se rijan por la CISG, por los Principios UNIDROIT sobre los Contratos Comerciales Internacionales y éstos completados por la ley nacional aplicable en otro caso, o ...".

214 R. Michaels en Vogenauer, Preámbulo I no. 123 con referencias detalladas en la nota 356.

215 Véase el ejemplo del art. 7.4.9 nº 2. CNUDMI y otros, Guía Jurídica Tripartita, nº. 353 (p. 78-79) y nº 127-132 (p. 31-32) proporciona orientación oficial.

216 Tal uso de los Principios UNIDROIT se correlaciona con la intención del Grupo de Trabajo, véase Bonell en StL-Doc. 50 (1991), p. 6; StL-Doc. 51 (1992), p. 7; StL-Misc 18 (1992), p. 33 (Lando, Bonell). Véase también, por ejemplo, R. Michaels en Vogenauer, Preámbulo I nº. 123-126.

217 R. Michaels, Unif. Law Rev. 2014, páginas 643, 665.

218 R. Michaels en Vogenauer, Preámbulo I no. 125.

219 R. Michaels en Vogenauer, Preámbulo I no. 124-125; R. Michaels, Unif. Law Rev. 2014, páginas 643, 666 ("no problemático").

220 Por ejemplo, el art. 4 (a) CISG que excluye explícitamente la cuestión de la validez del ámbito de aplicación de la CISG, véase R. Michaels en Vogenauer, Preámbulo I nº. 126. Véase también M. J. Bonell, Hague Lecture 2017, p. 38 (en IV.) y Unif. Law Rev. 2018, páginas 15, 33 ("Las únicas condiciones...").

221 R. Michaels en Vogenauer, Preámbulo I no. 124; para un ejemplo concreto, véase de nuevo el art. 7.4.9 nº 2.

222 Laudo arbitral de 23 de enero de 2008, Corte de Arbitraje de Comercio Exterior adjunta a la Cámara de Comercio Serbia, Laudo arbitral de 2003, caso CCI nº. 12097, Unilex nº 1403.

Reportado tanto por R. Michaels en Vogenauer, Preámbulo I no. 127 y M. J. Bonell, Conferencia de La Haya 2017, p. 30 (en IV.) y Unif. Law Rev. 2018, páginas 15, 34.

223 R. Michaels en Vogenauer, Preámbulo I no. 127.

que aplican los Principios Unidroit como usos comerciales o similares → Anexo al Preámbulo nº 24-27).

11a

En algunas circunstancias es prudente considerar el enfoque ofrecido por el **párrafo 5** (y aplicado por numerosas decisiones arbitrales y judiciales (Anexo al Preámbulo número 19, 31)) desde la **fase de redacción del contrato**. Por ejemplo, cuando se elige explícitamente la aplicación de la **CISG** (o de otro un instrumento internacional) en una cláusula de elección de ley (por ejemplo, por la razón de que se trata de derecho convencional en comparación con el "*soft law*" o derecho blando), es útil acordar la aplicación de los **Principios UNIDROIT como régimen jurídico complementario** (Introducción no. 9b) para cubrir cuestiones que la CISG (u otro instrumento internacional elegido) no cubre. Ejemplos de gran relevancia práctica son las normas sobre interpretación del Capítulo 4 (Introducción al Capítulo 4 número 1) o sobre excesiva onerosidad de la Sección 6.2. Si esto no es factible, resulta útil —y, según mi experiencia, a menudo factible— utilizar las normas pertinentes, por ejemplo, sobre interpretación (Introducción al Capítulo 4 número 3) y sobre excesiva onerosidad (Art. 6.2.2 número 6 y 6.2.3 número 4) como plantillas e integrarlas en el contrato, con las adaptaciones que resulten apropiadas en función de las circunstancias.

6. Párrafo 6: Utilización de los Principios UNIDROIT para interpretar o complementar el derecho interno

12

En algunos casos, una ley nacional no tendrá normas[224] o soluciones fijas[225] relativas a una cuestión internacional que deba decidirse con respecto a la aplicación de un contrato comercial internacional. **Los Principios UNIDROIT pueden utilizarse para colmar lagunas en los regímenes nacionales de Derecho contractual.**[226] Muchas leyes nacionales contienen referencias a **"usos internacionales"** que a veces pueden servir de base para tener en cuenta los Principios UNIDROIT (número 7 supra sobre "usos comerciales"). A veces, las leyes nacionales prevén explícitamente dicha referencia en el contexto de la interpretación de los contratos. Cada vez más, los tribunales de arbitraje (Anexo al Preámbulo número 20 y siguientes) y los tribunales locales (ibíd. número 32 y siguientes) utilizan los Principios UNIDROIT **para interpretar** las leyes nacionales aplicadas,[227] lo que resulta especialmente convincente cuando la ley nacional se ha inspirado (parcialmente) en los Principios UNIDROIT (número 13). En ocasiones, las partes optan por una **ley nacional "aplicada" con respecto a**

---

224 En StL-Misc. 18 (1992), el Grupo de Trabajo consideró los ejemplos de las leyes de jurisdicciones europeas más pequeñas como Bélgica (p. 29, Lando), la ley de Arabia Saudí (p. 23, Drobnig; con Bonell en las páginas 23-24 objetando a este ejemplo y mencionando el peligro de "imperialismo jurídico" en las páginas 25, 31), la ley religiosa (p. 28, Tallon, Drobnig, Komorov, Hartkamp) o la ley inglesa (páginas 24 y 29, Furmston).

225 Véase StL-Misc. 18 (1992), p. 29 (Drobnig).

226 CNUDMI y otros, Guía Jurídica Tripartita, no. 353 (p. 78).

227 M. J. Bonell, Hague Lecture 2017, páginas 40 y ss. (en V., señalando, entre otros, 260 ejemplos) y en Unif. Law Rev. 2018, páginas 15, 35 y ss.; O. Meyer, Unif. Law Rev. 2016, páginas 599 y ss. Para dos ejemplos lituanos, véase I. Z. Rios en Vogenauer, Art. 2.1.15 nº 10.

la práctica internacional y, en particular, al principio de buena fe"[228] o por "principios generales del Derecho".[229] En todas estas situaciones puede ser (y en mi experiencia a veces lo es) útil para argumentar utilizando los Principios UNIDROIT como consejo, o basarse en los Principios UNIDROIT en el razonamiento de un laudo arbitral. Además, en los casos en que el contenido del derecho interno aplicable **no puede** (o no puede fácilmente[230]) **establecerse**, los tribunales de arbitraje pueden considerar la aplicación de los Principios UNIDROIT al menos como "último recurso".[231] Este enfoque fue adoptado en 2019 por un tribunal arbitral de la CIETAC para determinar el contenido de la ley de Singapur.[232] Tal enfoque es al menos más neutral y equilibrado[233] en comparación con operar con la presunción de que una ley extranjera es idéntica a cualquier ley nacional en la sede de una corte o tribunal arbitral (*lex fori*).[234] Inspirado en el art. 1.101 (4) PDEC,[235] el Grupo de Trabajo decidió en 1992 abrir el ámbito de aplicación de los Principios UNIDROIT también para el propósito explícito del **parágrafo. 6** de interpretar o complementar el Derecho interno[236] (y no solo los instrumentos internacionales de Derecho uniforme párr. 5). Por ejemplo, en 2016, un Tribunal de Apelación canadiense de Quebec se refirió a las disposiciones sobre la excesiva onerosidad de los Principios UNIDROIT como una "síntesis del Derecho comparado en la materia que podría iluminar al Tribunal sobre la orientación adecuada de la jurisprudencia en un sistema de Derecho civil como el de Quebec".[237]

---

[228] Ejemplo de E. Brödermann, Unif. Law Rev. 2011, páginas 589, 593 (traducción ligeramente adaptada del original francés), acordada en su momento para un contrato estatal multimillonario con el fin de evitar una interpretación de orientación religiosa de la ley nacional del Estado.

[229] E. Brödermann, 1.1.1.2 "Enthärtung" der Wahl fremden nationalen Rechts durch allgemeine Rechtsprinzipien", comentario nº 1, en: Piltz, Burghardt/ Lewis, Linda, Beck'sche Online-Formulare Internationales Handels— und Vertriebsrecht, 4ª edición 2022; Laudo CCI núm. 8264 (1997), Unilex núm. 658(véase el Anexo Preámbulo núm. 14 en (iii)).

[230] StL-Misc. 19 (1994), p. 23 (Furmston, Lando: recurso a los Principios también "cuando era demasiado costoso o difícil" [establecer la norma pertinente del derecho aplicable]), p. 24 (Garro). Véase además la discusión detallada sobre "impracticable" [determinar el contenido de una ley extranjera], en el sentido de demasiado costoso, en StL-Misc. 18 (1992), p. 32 (Brasil, Maskow), páginas 35-36 (Lando, Huang, Farnsworth, Maskow, Bonell)), en el que el Grupo de Trabajo consideró el peligro de que no se incitara a los jueces o árbitros "a ser perezosos" y a no tener en cuenta la elección por las partes de una ley nacional mediante un enfoque demasiado ambicioso o 'imperialista' (Bonell en StL-Misc. 18 (1992), p. 31).

[231] M. Scherer en Vogenauer, Preámbulo II nº. 42 nota 113 citando a Bonell en StL-Doc 51 (1994), p. 6.

[232] Zilin Hao, China's First Public Arbitration Case under the UNIDROIT Principles, en China Justice Observer, editado por Lin Haibin (9 de mayo de 2020, en línea), https://www.chinajusticeobserver.com/a/chinas-first-public-arbitration-case-under-the-unidroit-principles [última visita el 9 de enero de 2023]; H. Tung / J. Zhu / Y., CIETAC tribunal applies UNIDROIT Principles where parties fail to present case under governing law detail, en: IPBA/Lexology (en línea), 14 de julio de 2020, https://www.lexology.com/library/detail.aspx?g=8eb25464-2efb-414b-b23c-ca83c47e5ee7&l=92477BL [visitado el 8 de febrero de 2022].

[233] Véase StL-Misc. 19 (1994), p. 24 (Furmston: "to be preferred").

[234] Es decir, una hipótesis de la práctica considerada por el Grupo de Trabajo, véase Brasil para Australia en StL-Misc. 18 (1992), p. 32 y StL-Misc. 19 (1994), p. 23.

[235] StL-Misc. 18 (1992), p. 24 (Lando); StL-Misc. 19 (1994), p. 24 (Bonell). El texto entonces vigente del art. 1:101 (4) no ha cambiado en esencia: "Estos Principios podrán aportar una solución a la cuestión planteada cuando el sistema o las normas jurídicas aplicables no lo hagan".

[236] StL-Misc. 18 (1992), p. 30 (voto a favor de la inclusión de una disposición en la línea del Art. 1:101 (4) del proyecto de PECL tras un intenso informe en la p. 24).

[237] Cour d'Appel, Province de Québec, District of Montreal de 8 de agosto de 2016 (Churchill Falls (Labrador) Corporation Ltd. c. Hydro-Québec), Unilex nº 1968, como señalan M. J. Bonell, Hague Lecture 2017, p. 42 (en V) y Unif. Law Rev. 2018, páginas 15, 37. Esta decisión se hace eco del ejemplo dado por Lando al Grupo de Trabajo (en StL-Misc. 18 (1992), p. 29) subrayando que el miembro belga del Grupo CEE (es decir, PECL) había acogido el Art. 1:101 (4) del texto PECL porque la legislación belga no contaba con una norma sobre la

12a

Mientras tanto, numerosos tribunales nacionales de todo el mundo han utilizado los Principios UNIDROIT para interpretar[238] o complementar su propia legislación. (Anexo al Preámbulo nº 32-33 con citas detalladas). Este se ha convertido **en el campo más importante de aplicación** de los Principios UNIDROIT.[239] La investigación relacionada en un total de 45 jurisdicciones (a lo largo de tres proyectos de investigación independientes, número 12b más abajo) ha revelado pruebas de tal uso por parte de los tribunales nacionales en **30 jurisdicciones**, aunque a diferentes niveles de intensidad, con un uso particularmente frecuente de los Principios UNIDROIT por parte de los tribunales nacionales en (1.) jurisdicciones de **Europa del Este** de los antiguos países socialistas.) jurisdicciones de Europa del Este de antiguos estados socialistas (la República Checa, Estonia, Hungría, Lituania, Rusia, Ucrania) donde los Principios UNIDROIT se han utilizado como fuente para la modernización de sus leyes civiles,[240] y en (2.) **España** y (3.) varias **jurisdicciones sudamericanas** (como Argentina, Brasil, Colombia, Paraguay y Venezuela), mientras que el uso de los Principios UNIDROIT también se pudo observar (4.) en otras partes del mundo como Asia, por ejemplo, en Malasia o Taiwán[241] o la República Popular China.[242]

12b

Los tres proyectos de investigación incluidos en el resumen anterior son: **(i)** Un informe publicado bajo los auspicios de la International Bar Association titulado "Perspectives in Practice of the IBA Working Group on the Practice of the UNIDROIT Principles 2016" cuya traducción en español es "Perspectivas en la Práctica del Grupo de Trabajo de la IBA sobre la Aplicación de los Principios UNIDROIT de 2016" (**"Informe de la IBA 2019"**, Coordinador Willem Calkoen)[243] con **28 informes de países** de profesionales[244] que contienen

---

excesiva onerosidad. La posible utilización de las disposiciones sobre excesiva onerosidad para completar el Derecho nacional se debatió en el Grupo de Trabajo como caso hipotético en relación con el Derecho chino, StL-Misc. 18 (1992), páginas 35-36 (Huang, Maskow, Bonell).

238 Sobre la inclusión de las palabras "interpretar" (derecho interno por los Principios UNIDROIT) en el párr. 6, véase el debate del Grupo de Trabajo en StL-Misc. 18 (1992), p. 34 (Bonell).

239 R. Michaels, Unif. Law Rev. 2014, páginas 643, 648; M. J. Bonell, Unif. Law Rev. 2018, páginas 15, 35-38.

240 A. Garro/J. A. Moreno Rodríguez en A. Garro/J. A. Moreno Rodríguez, páginas 1, 11-12.

241 C.-F. You/C.-T. Hsiao en A. Garro/J. A. Moreno Rodríguez, páginas 93, 94.

242 G. Gao/R. Zheng en IBA Report 2019, páginas 44, 46-47.

243 Grupo de Trabajo de la IBA (2019), publicado en el sitio web de la IBA.

244 De Australia (Charret), Austria (Kutschera, Binder Grösswang), Brasil (Goldberg, Ferro Castro Neves Daltro en Gomide), Bulgaria (Kondev, White & Case), Canadá (O'Neill/Pollack/Teboul, Davies Ward Philips & Vineberg), China continental (Gao/Zengh, Zhong Lun Law Firm), Colombia (Zuleta/Peláez, Zuleta Abogados y Asociados), Finlandia (Taivalkoski, Roschier Attorneys Ltd), Francia (Romero, Dechert; y Polkinghorme, White & Case), Alemania (Brödermann, Brödermann Jahn), India (Jhunjhunwal/Kapoor, Khaitan & Co.), Irlanda (Paor, White & Case; Reilly), Italia (Galizzi, Eni Gas e Luce/Martinetti, Elixi/Rojas Elgueta), Japón (Toichi/Ueno, TMI Associates), México (Sierra, Von Wobeser y Sierra), Países Bajos (Meijer/ Ernste, NautaDutilh NV), Noruega (Bremset, Bahr), Paraguay (Brown/Debuchy, Estudio Jurídico Ross Brown), Polonia (Wardynski/Przygoda, Wardynski and Partners), Rumanía (Olaru, Nestor Nestor Diculescu Kingston Peterson), Rusia (Petrachkov/ Bekker, Alrud), Singapur (Yen, WongPartnership), España (Doria, Tölle & Asociados/Llevat, Roca Junyent/Sixto, Gómez Acebo & Pombo), Suecia (Flodgren), Suiza (Voser, MLaw/Ninkovic, Schellenberg Wittmer Ltd.), Reino Unido (Petrachkov/Bekker, Alrud), Singapur (Yen, WongPartnership).), Reino Unido (Clifford QC/Price, Latham & Watkins/Roos/Cowan), Estados Unidos: Restatement (Moses, Wachtel Lipton Rosen & Kranz/Popova, Debevoise & Plimpton), y Uruguay (Cadenas/Piaggio, Guyer & Regules).

conclusiones positivas para 15 jurisdicciones[245] más, en menor medida, alguna referencia a los Principios UNIDROIT en procedimientos judiciales nacionales en 5 jurisdicciones adicionales;[246] **(ii)** Investigación realizada por el autor en 2019-20, con el apoyo de dos estudiantes de posgrado,[247] en el contexto de un **gran arbitraje** bajo los Principios UNIDROIT que encontró decisiones judiciales que se referían a los Principios UNIDROIT en **26 jurisdicciones**[248] (los resultados se incluyen en Anexo al Preámbulo no. 29-34). **(iii)** Un exhaustivo **análisis académico** de A. Garro/J. A. Moreno Rodríguez, publicado en 2021 sobre la base de informes nacionales de **20 jurisdicciones**,[249] que contiene informes positivos para 9 jurisdicciones.[250] Contrariamente a la discusión inicial en el Grupo de Trabajo en 1992,[251] el uso de los Principios UNIDROIT por los tribunales nacionales incluye a los tribunales de jurisdicciones con sistemas jurídicos altamente desarrollados como España con al menos 75 Laudos (Anexo al Preámbulo número 32). Los tribunales arbitrales también han utilizado los Principios UNIDROIT para complementar las leyes nacionales (Anexo al Preámbulo número 20 y siguientes).

7. Párrafo 7: Los Principios UNIDROIT como modelo para los legisladores

13

En la elaboración del Derecho contractual, varios órganos legislativos de todo el mundo se han basado en los Principios UNIDROIT como fuente de inspiración.[252] Entre ellos

---

245 Australia, Brasil, China continental, Colombia, España, Estados Unidos, India, Italia, Paraguay, Reino Unido, Rumanía, Rusia, Singapur, Suecia: Restatement, y Uruguay.

246 Alemania, Canadá, Francia, Irlanda y Noruega.

247 Wang Pengxiang, de Hong Kong, y Bojan Perovic, de Serbia.

248 La investigación ha revelado el uso de los Principios UNIDROIT en 26 jurisdicciones repartidas en ocho regiones del mundo: (i) **Norte de Europa**: Bélgica, Inglaterra, Países Bajos, Noruega, Suecia; (ii) **Sur de Europa**: Portugal, España; (iii) **Europa del Este**: Lituania, Rumanía, Rusia, Ucrania; (iv) **Norteamérica**: Canadá (con restricciones), EE.UU.; (v) **Sudamérica**: Argentina, Brasil, Colombia, Paraguay, Venezuela; (vi) **Oriente Medio**: Israel, Turquía; (vii) **Asia**: República Popular China, India, Malasia, Pakistán; (viii) **Oceanía**: Australia, Nueva Zelanda. Para llegar al total de 30 jurisdicciones mencionadas en el nº 12, se suman las conclusiones de los informes de país de Italia, Singapur y Uruguay en el Informe IBA 2019 y del informe de país de Taiwán en C.-F. You/C.-T. Hsiao en A. Garro/J. A. Moreno Rodríguez, páginas 93, 94. El Informe IBA 2019 y el estudio de A. Garro/J. A. Moreno Rodríguez cubren un total de 15 jurisdicciones adicionales sin decisiones judiciales, aunque los informes de los países a menudo contienen detalles dignos de mención, por ejemplo, demostrando la posibilidad de utilizar también los Principios UNIDROIT en estas jurisdicciones en el futuro.

249 De **Argentina** (Rivera), **Austria*** (Schwartze), **Brasil*** (Gama), **Chile** (Momberg), **China**: **Taiwán** (You y Hsiao), **República Checa** (Pauknerová y Pfeiffer), **Francia*** (Deumier), **Alemania*** (Erler y Schmidt-Kessel), **Grecia** (Dacoronia), **Guatemala** (Mendoza Montano y Martínez Guzmán), **Hungría** (Király), **Italia*** (Veneziano y Finazzi-Agrò), **Japón*** (Sono y Morishita) **Paraguay*** (Moreno Rodríguez), **Rusia** (Shirvindt), **Sudáfrica** (Eiselen), **Turquía** (Ciger), **Estados Unidos** (Michaels), **Uruguay** (Mariño López) y **Venezuela** (Hernández-Bretón y Madrid Martínez); por lo que las 10 jurisdicciones marcadas con * también están cubiertas por el Informe IBA 2019. Por el contrario, 11 jurisdicciones cubiertas por la encuesta A. Garro/J. A. Moreno Rodríguez no han sido cubiertas en el Informe IBA 2019. Combinando los dos informes, las reseñas publicadas se refieren a un total de 39 jurisdicciones.

250 Argentina, Brasil, China, Taiwán, Francia, Italia, Paraguay, Rusia, Uruguay y Venezuela.

251 StL-Misc. 18 (1992), p. 28 (Furmston, dudando de que el Grupo de Trabajo alcanzara "el nivel de detalle que realmente colmaría las lagunas de los países desarrollados").

252 M. J. Bonell, FS Kronke (2020), páginas 726, 729.

se incluyen jurisdicciones más amplias como **China continental** (1999)[253] y **Rusia** (1994-2001),[254] la modificación del Derecho contractual en jurisdicciones con tradiciones jurídicas muy antiguas como Alemania (2002)[255] o Francia (2008,[256] 2016[257]), y en cierta medida otras jurisdicciones como Brasil, Cuba, República Checa,[258] Estonia, Hungría, Irlanda, Japón, Letonia, Liberia, Lituania, Países Bajos, Rumanía, Rusia, Escocia, Eslovaquia, España y Ucrania.[259] Un ejemplo extremo es la legislación lituana, que ha incorporado en gran medida los Principios UNIDROIT sobre la formación del contrato, la calidad de la ejecución y el precio del contrato a su propia legislación contractual.[260] El debate sobre la Ley Uniforme de Derecho Contractual[261] para la Organización para la Armonización del Derecho Mercantil en África OHADA (Organización para la Armonización en África del Derecho de los Negocios)[262] también se inspiró en los Principios UNIDROIT.[263]

B. Otros fines

14

La lista de propósitos del preámbulo no es exhaustiva.[264] En la práctica, los Principios UNIDROIT se utilizan en particular para otros dos fines.

---

253 H. Shiyuan en Eppur si muove: The Age of Uniform Law, páginas 1473-1485; R. Michaels en Vogenauer, Preamble I no. 164 y nota 546, argumentando que el **47,3% de la parte general del derecho contractual chino estaba influenciado por los Principios Unidroit** Mientras tanto Art. 176 del Reglamento General del Derecho Civil de la República Popular China, en vigor desde el 1 de octubre de 2017, ha generalizado la decisión relacionada con los contratos del legislador chino en el Art. 107 de la Ley de Contratos de la República Popular China de 1999 incluso a las relaciones más allá de los contratos.

254 M. J. Bonell, Unif. Law Rev. 2004, páginas 5, 8; R. Michaels en Vogenauer, Preámbulo I no. 165 y nota 555-556; véase recientemente un análisis en detalle, A. Komarov en Eppur si muove: La era del Derecho uniforme, páginas 1493-1502.

255 Bundestag-Drucksache no. 14/6040 de 14 de mayo de 2001, Entwurf eines Gesetżes zur Modernisierung des Schuldrechts, 129 (sobre "§ 275", parte sobre "Vergleich mit den Europäischen Vertragsrechtsprinzipien", que, contrariamente a su encabezamiento, se refiere también a los Principios UNIDROIT).

256 M. J. Bonell, Conferencia de La Haya 2017, páginas 25 y ss. (en II.) y Unif. Law Rev. 2018, páginas 15, 23 señalando la reforma de la ley sobre plazos de prescripción en las relaciones de Derecho privado en el art. 2224 del Código civil francés.

257 M. J. Bonell, Conferencia de La Haya 2017, p. 26 (en II.) y Unif. Law Rev. 2018, páginas 15, 23 (en referencia a la supresión del concepto de "causa").

258 Véase M. Pauknerova en Eppur si muove: La era del derecho uniforme, páginas 1583-1592.

259 La enumeración se basa en la evaluación detallada de la influencia de los Principios UNIDROIT realizada por R. Michaels en Vogenauer, Preámbulo I nº. 156-167 (que también enumera los países en los que los Principios UNIDROIT se están considerando actualmente en los debates legislativos), junto con A. Garro/J. A. Moreno Rodríguez en A. Garro/J. A. Moreno Rodríguez, páginas 1, 11-12 (para la adición de Letonia, Lituania y Rusia).

260 R. Michaels en Vogenauer, Preámbulo I no. 162 y nota 524; I. Z. Rios en Vogenauer, Art. 2.1.15 nº 10.

261 Acte uniforme sur le droit des contrats, véase el anteproyecto en www.UNIDROIT.org/english/legalcooperation/OHADA%20act-e.pdf. (visitado el día 09 de enero de 2023)

262 Organización para la Armonización en África del Derecho de los Negocios.

263 M. J. Bonell, An International Restatement, p. 270; R. Michaels, Unif. Law Rev. 2014, páginas 643, 653 (donde se informa que la discusión del proyecto se encuentra actualmente "tabled"). CNUDMI y otros, Guía jurídica tripartita nº 406-409 (p. 90) destaca la relación bastante estrecha de los arts. 234-302 de la Ley Uniforme sobre Derecho Mercantil General de la OHADA, de 15 de diciembre de 2010, con la CISG más que con los Principios UNIDROIT.

264 Comentarios oficiales, nº 8 al Preámbulo, p. 6.

1. Incorporación

15

Los Principios UNIDROIT pueden incorporarse a un contrato.[265] Pueden copiarse íntegramente en el contrato, anexarse al mismo o incorporarse por referencia sobre la base del Derecho nacional aplicable. De este modo, se convierten en parte integrante del contrato (como los términos y condiciones estándar), mientras que el contrato se rige de otro modo por una ley nacional que será determinada por el derecho internacional privado aplicable. La **base** para la incorporación de los Principios UNIDROIT es el derecho nacional aplicable, determinado por el derecho internacional privado aplicable del foro. En la medida en que la ley nacional no sea aplicable como ley imperativa (como también se prevé en el Art. 1.4),[266] los Principios UNIDROIT **derogan la ley nacional** (*dispositives Recht*) como resultado del uso por las partes de su libertad contractual.

16

En la UE, el art. 3 (2) Roma I, sólo permite la elección de la ley nacional para todos los contratos que sean revisados por el tribunal de un Estado miembro (porque los tribunales nacionales de la UE aplican Roma I, excepto cuando los tratados internacionales tengan prioridad en virtud del art. 25 Roma I[267]). En cambio, el **Considerando 13** del Preámbulo de Roma I menciona explícitamente la posibilidad de incorporar por referencia "un cuerpo jurídico no estatal", como los Principios UNIDROIT a un contrato.[268] En consecuencia, la incorporación de los Principios UNIDROIT es el método adecuado que debe utilizarse cuando las partes desean aplicar los Principios UNIDROIT en un contrato al que se aplicará Roma I como resultado de una cláusula de elección del tribunal (o "de jurisdicción")[269] o (ii) de la ausencia de una cláusula arbitral. En la práctica, a veces se pasa por alto la ventaja de acordar una cláusula arbitral **en combinación con una cláusula de "elección de los Principios UNIDROIT"**. En combinación con una cláusula de elección del tribunal que prevea la jurisdicción de un tribunal nacional que, por su Derecho internacional privado, se limite a aplicar una ley nacional, la cláusula de "elección de los Principios UNIDROIT" **puede mantenerse mediante interpretación**, sujeta al derecho imperativo interno, que tiene prioridad (→ Art. 1.4 nº 5). Teniendo debidamente en cuenta las "verdaderas" intenciones de las partes, la cláusula puede interpretarse como una "incorporación" de los Principios UNIDROIT con el fin de mantener la cláusula de elección del tribunal defectuosa (elección de "normas" internacionales en lugar de una "ley" nacional), al menos si las normas de

---

265 CNUDMI y otros, Guía Jurídica Tripartita nº 47 (p. 14) y no. 340 (p. 75).

266 CNUDMI y otros, Guía Jurídica Tripartita, no. 341 (p. 76) señalando que "[e]studios comparativos han demostrado que tales conflictos surgen raramente e, incluso si lo hacen, el Art. 1.4 de la UPICC reconoce expresamente la prevalencia de las normas imperativas [...]".

267 Por ejemplo, en Francia, Países Bajos y Portugal, tiene prioridad el Convenio de La Haya de 15 de junio de 1955 sobre la ley aplicable a la compraventa internacional de mercaderías. Véase, por ejemplo, E. Brödermann/G. Wegen in Prütting/Wegen/Weinreich, BGB Commentary, IPR-Anh 1/ ROM I, Art. 26 nº 2.

268 Véase CNUDMI et al. Tripartite Legal Guide no. 56 (p. 15) y no. 340 (p. 75).

269 La terminología se basa en el Convenio de 30 de junio de 2005 sobre acuerdos de elección de foro, véase www.hcch.net/en/instruments/conventions/full-text/?cid=98. (visitado por última vez el 09 de enero de 2023)

interpretación aplicables del Derecho estatal permiten la interpretación de las cláusulas mediante la búsqueda de la verdadera intención de las partes.[270]

2. Una herramienta para la redacción de contratos

17

Los Principios UNIDROIT pueden ser una herramienta útil como inspiración y fuente para la redacción de contratos.[271] Pueden utilizarse como lista de comprobación (véase el anexo de la sección 5.1 nº 4, 6-7). La mera lectura de los Principios UNIDROIT puede ayudar a detectar cuestiones de relevancia o temas que una parte contratante con una formación jurídica diferente pueda percibir de forma distinta. Los Principios UNIDROIT pueden servir también como fuente para convencer a una parte contratante de por qué debe incorporarse una determinada cláusula que se desvía de la legislación nacional acordada. Por ejemplo, en mi práctica, una vez me comprometí a marcar el concepto de "excesiva onerosidad" como una subcuestión de la fuerza mayor (aunque, desde un punto de vista doctrinal, esto no tenía sentido, desde un punto de vista práctico este compromiso ofrecía "un pie en la puerta" para abrir renegociaciones en caso de excesiva onerosidad). Los Principios UNIDROIT pueden incluso utilizarse para **reducir el impacto de una ley nacional acordada de otro modo**, acordando que la ley nacional será interpretada por un tribunal de arbitraje internacional "teniendo debidamente cuenta la práctica y, en particular, el principio de buena fe" (→ nº 12 supra). Mediante este tipo de cláusula, los Principios UNIDROIT se introducen por la puerta de atrás mientras se deja a la parte negociadora la "victoria" sobre la elección de su propia ley nacional.

Los Principios UNIDROIT también pueden ser útiles cuando se afronta la presión del mercado que a su vez presiona a favor de un sistema jurídico como el inglés, que no engloba unos principios generales de buena fe y trato justo (→ Introducción nº 9).

3. Una contribución a la armonización del Derecho contractual privado

18

Dado que los legisladores se inspiran en los Principios UNIDROIT (por ejemplo, para las normas sobre la excesiva onerosidad del capítulo 6.2 (número 13)), y los tribunales aplican los Principios UNIDROIT para interpretar o complementar la legislación nacional (número 12 y siguientes), los Principios UNIDROIT también contribuyen (parcialmente y como un "empujón" para legisladores y tribunales)[272] a la armonización del Derecho contractual.

---

[270] Por ejemplo, §§ 133, 157 BGB alemanes. Véase E. Brödermann, Unif. Law Rev. 2011, páginas 589, 595-597; y Bucerius Law Journal 2018, páginas 79, 83-84.

[271] E. Brödermann, Unif. Law Rev. 2011, páginas 589, 592-593.

[272] Esta reflexión se inspira en un discurso pronunciado por Ulrich Magnus el 25 de junio de 2022 en Heidelberg (Alemania), en un simposio organizado con motivo del 70º aniversario del nacimiento del ex Secretario General de Unidroit (1998-2008) y Miembro Honorario del Consejo de Gobierno de Unidroit Herbert Kronke, en el que demostró (i) el escaso éxito de la unificación del Derecho contractual mediante convenios (siendo

Anexo al Preámbulo - Los Principios UNIDROIT como Principios Generales del Derecho de los Contratos Comerciales Internacionales

A. Introducción

1

En un laudo arbitral (preliminar) de 2020, dictado en un arbitraje *ad hoc,* en un arbitraje de gran importancia ad hoc, relativo a un contrato comercial del siglo 19th, un Tribunal Arbitral afirmó, definir los Principios UNIDROIT como **"principios y reglas generalmente aceptados del derecho mercantil internacional"**[273] que 'la referencia a un conjunto sistemático y bien definido de reglas como es el de los Principios UNIDROIT puede evitar o, al menos, reducir considerablemente la incertidumbre que acompaña a conceptos vagos para la determinación o términos como "principios generales del derecho" o "usos y costumbres del comercio internacional". Sobre esta base, el Árbitro decidió "**aplicar los principios generales del derecho internacional** [...] y, en concreto, los Principios de los Contratos Comerciales Internacionales suscritos por el Instituto Internacional para la Unificación del Derecho Privado, modificados en 2016, a saber, los Principios UNIDROIT. "[274] En este anexo se exponen las razones por las que las normas generales para los contratos comerciales internacionales (Preámbulo párrafo 1) de los Principios UNIDROIT califican, en su conjunto, no solo como un conjunto de normas, sino también como una plasmación de los **principios generales del Derecho** relativos al Derecho de los contratos comerciales internacionales.[275] Esta valoración se basa en la redacción de su Preámbulo, su contenido, su historia, la práctica internacional y una emergente *opinio iuris* **(B.-G.)**. Abre opciones para la práctica del arbitraje, los litigios y la redacción de contratos **(H.)**.

B. Redacción y finalidad del Preámbulo

2

Por su redacción en los párrafos 3 y 4 del Preámbulo, los Principios UNIDROIT **se ofrecen para ser aplicados**, incluso en ausencia de elección por las partes, como **"principios generales del derecho"** en el campo de los "contratos comerciales internacionales" (es decir, su campo de aplicación según su nombre y su Preámbulo, párrafo 1). Este entendimiento **se correlaciona con el propósito del Preámbulo** de promover la aplicación de los Principios UNIDROIT a los contratos comerciales internacionales (*argumentum* Art. 1.6 (1)) y del Esta-

la CISG, con 94 Estados miembros, uno de los pocos éxitos), y (ii) la creciente importancia del Derecho indicativo para la armonización del Derecho privado.

273 *Ad hoc, Nurhima Kiram Fornan et al. c. Malasia, Laudo preliminar sobre competencia y derecho sustantivo aplicable de 25 de mayo de 2020, n° 141 (énfasis añadido; publicado íntegramente en jusmundi.com).*

274 *Ad hoc, Nurhima Kiram Fornan et al. v. Malaysia,* Laudo Preliminar sobre la competencia judicial y la ley sustantiva aplicable de 25 de mayo 2020, en el número 154 A.4 (Resumen, énfasis añadido); citado en *E. Brödermann*, Unif. Law. Rev. 2021, páginas 453, 456.

275 *Véase*, sin embargo, la observación de *A. Komarov* en el Grupo de Trabajo de que el ámbito de aplicación de los Principios UNIDROIT era más amplio, incluyendo, por *ejemplo,* la restitución (P.C.-Misc. 19 (1994), p. 40).

tuto de UNIDROIT que requiere, *entre otras cosas*, "preparar gradualmente la adaptación... de normas uniformes de derecho privado".[276]

C. Contenidos universalmente compatibles

3

En sus 211 reglas (Introducción número 14), **los Principios UNIDROIT proporcionan principios conjuntos para todas las cuestiones generales del derecho contractual.** Engloban, según sea necesario, compromisos entre diferentes conceptos de cualquier cuestión dada en diferentes partes del mundo. El presidente del Grupo de Trabajo, el profesor Michael Joachim *Bonell*, resumió la compatibilidad de los Principios UNIDROIT con casi todos los sistemas jurídicos en su conferencia de 2017 en la Academia de Derecho Internacional de La Haya: *"En general, es justo decir —citando al juez Finn del Tribunal Federal de Australia -* ***'los Principios contienen*** **mucho que es reconocible en muchos sistemas jurídicos del mundo, incluso cuando no coincide plenamente en sus detalles con la ley de ningún país en particular'**. *En otras palabras, hay relativamente pocas disposiciones de los Principios UNIDROIT que entren abiertamente en conflicto con las leyes nacionales existentes, mientras que en su mayor parte* ***son*** **perfectamente coherentes con casi todas ellas** *y en varios casos representan una aclaración o complemento útil. "*[277] La discusión de las reglas individuales en este comentario documenta esta evaluación en el nivel de los principios individuales por lo que se sostiene que, para la evaluación del carácter de los Principios UNIDROIT como un todo, como principios generales del derecho de los contratos comerciales internacionales, los Principios UNIDROIT necesitan ser considerados como **un documento que incluye todas las reglas** y no sobre la base de regla por regla.

4

Un gran ejemplo de compromiso general es la integración del principio **"general" de buena fe y lealtad negocial** en el art. 1.7, de una forma que era (y es) aceptable desde la perspectiva del Derecho inglés. A diferencia de todos los ordenamientos jurídicos de Europa continental y de muchos otros, incluidos, por *ejemplo, el ordenamiento* jurídico chino o el estadounidense, el Derecho nacional inglés no contiene tal principio general de buena fe. Por el contrario, el Derecho inglés exige "soluciones parciales en respuesta a problemas demostrados de injusticia",[278] tal y como resumieron *Rina See* y *Dharshini Prasad* en 2018

---

[276] Art. 1 para. 1 Estatuto de UNIDROIT (https://www. UNIDROIT.org/english/presentation/statute.pdf [última visita el 09 de enero de 2023]).

[277] *M. J. Bonell*, The Law Governing International Commercial Contracts: Hard Law versus Soft Law (Volume 388), en *Collected Courses of the Hague Academy of International Law*, disponible en: http://dx.doi.org/10.1163/1875-8096_pplrdc_A9789004361201_01 [última visita en línea el 09 de enero de 2023] en p. 25 (énfasis añadido; se omiten las notas a pie de página); Unif. Law. Rev. 2018, páginas 15, 23 *y ss.*

[278] *T. H. Bingham L.J.* (Interfoto Picture Library Ltd v Stilletto Visual Programmes Ltd (1989) 1 Q.B. 433, 439), citado por *See/Prasad*, Hamburg Law Review, Vol. 2018/2, en páginas 83, 89 (énfasis añadido), publicado por separado *"Towards use of the UNIDROIT Principles 2016 in Practice - a Bridge between Common and Civil Law"* (editado por *Eckart Brödermann* y *Marian Paschke*) como continuación de una conferencia organizada por el Centro Chino Europeo de Arbitraje en Hamburgo con motivo de su 10th aniversario.

desde la **perspectiva del Derecho inglés** con respecto a la jurisprudencia inglesa de la siguiente manera: "Como se discutió en Yam Seng, [...] las principales razones que subyacen a la oposición hacia una doctrina general de la buena fe son tres. En primer lugar, el principio de libertad contractual es dominante en el Derecho inglés. Encarna un "ethos de individualismo", en el que cada parte es libre de perseguir su propio interés, pero también está obligada a protegerse en virtud del principio *caveat emptor*. En segundo lugar, a diferencia de los sistemas civiles basados en el derecho codificado, el *common law* inglés procede de forma incremental y factual **a través de la jurisprudencia en lugar de aplicar principios generales**. [...] En tercer lugar, se cree que la introducción de un estándar de buena fe crearía un nivel de subjetividad e incertidumbre que es antitético a la **importancia fundacional de la certeza en el Derecho inglés**. Como Sir Roy Goode dijo una vez, en el derecho inglés, **'la previsibilidad del resultado legal de un caso es más importante que la justicia absoluta**. '[...]. "[279] Al integrar numerosas de estas "específicas" "soluciones parciales" a cuestiones que cualquier abogado de un sistema jurídico, que incluya un sistema general de buena fe, percibiría como una aplicación del principio de buena fe y lealtad negocial (Art. 1.7 núm. 4), **los Principios UNIDROIT satisfacen tanto (i) la necesidad de todos los abogados de una jurisdicción con un principio general de buena fe como (ii) las necesidades (para normas específicas) de los abogados formados en el sistema jurídico inglés o afín.**[280] Como resultado, los Principios UNIDROIT han sido descritos en ese mismo artículo por R. Ver/D. Prasad como **consistentes con la ley inglesa**, tras un análisis de los Principios UNIDROIT con énfasis en las reglas relacionadas con la buena fe y el trato justo: "En opinión de los autores, en la práctica, si las partes redactaran cuidadosamente sus acuerdos con el nivel de especificidad común **en las jurisdicciones de derecho inglés, habría poco margen para cualquier aplicación impredecible del principio de buena fe, y poca diferencia sustantiva si los Principios UNIDROIT o el derecho inglés es el derecho aplicable**. En otras palabras, los Principios UNIDROIT son totalmente coherentes con los principios del derecho contractual inglés y pueden acomodarse a ellos. Al mismo tiempo, los Principios también protegen a las partes que están menos familiarizadas con la ley inglesa, con la capacidad de llenar lagunas en un contrato de una manera que la ley inglesa no puede. "[281]

5

Abogados y académicos de otras jurisdicciones han llegado a conclusiones similares con respecto al contenido de los Principios UNIDROIT. Por ejemplo, los profesores Gerhard Wegen y Benedikt Keil han concluido desde una **perspectiva alemana**: "Las observaciones anteriores han demostrado que los Principios UNIDROIT tienen mucho en común con la legislación alemana. Para responder a la pregunta "¿En qué medida los Principios UNIDROIT reafirman el derecho mercantil internacional? puede decirse que representan **una destilación de todas las normas relevantes e importantes del derecho alemán relativas a los contratos comerciales internacionales**...".[282] Roger Barton llega a una conclusión

[279] *Véase/Prasad, id.*

[280] *Véase* en detalle *E. Brödermann*, Tulane Journal of International and Comparative Law 2020, Vol. 28, páginas 193,217 - 223 y, en la versión electrónica, Anexo 1: Otros ejemplos de normas detalladas que expresan los principios generales de buena fe.

[281] *Véase/Prasad,*, Hamburg Law Review vol. 2018/2, páginas 83, 105 (énfasis añadido).

[282] *G. Wegen/B. Keil,*, Hamburg Law Review vol. 2018/2, en páginas 39, 60 (énfasis añadido), con un Anexo: Comparación tabular en páginas 61-75.

similar desde una **perspectiva estadounidense**: "Como se puede ver en el breve análisis de las secciones anteriores, **UNIDROIT y el *Common Law* estadounidense están la mayoría de las veces en armonía entre sí**. "[283] Siguiendo la misma dirección, Siyuan Han, a través de un estudio comparativo preliminar entre el Derecho contractual chino y los Principios UNIDROIT, llegó a la conclusión de que "[Los Principios UNIDROIT] tuvieron un gran impacto positivo en el desarrollo del Derecho contractual *chino".*[284] Estas afirmaciones se correlacionan, por *ejemplo,* con una declaración de la profesora *María de la Sierra Flores Dona* **(Madrid, España)** en 2009: *"Para el establecimiento de estos Principios,* convergen las **dos grandes culturas jurídicas, es decir, *las* normas proporcionadas por el sistema de Derecho continental y civil, con un significado renovado relacionado con las costumbres, y prácticas del comercio internacional, con fuertes influencias angloamericanas**."[285]

D. Historia de la investigación y el compromiso jurídicos comparados

6

La historia de los Principios UNIDROIT ofrece un argumento mixto con respecto a la calificación de los Principios UNIDROIT.

7

El trasfondo transcultural del proceso de desarrollo de los Principios UNIDROIT (Introducción número 11) evidencia el cuidado puesto por el Grupo de Trabajo en compilar realmente normas para los contratos comerciales internacionales de carácter general. Los materiales legislativos expuestos, en esta segunda edición, en las tablas con una visión general del material legislativo relevante en la introducción de cada sección, evidencian numerosos ejemplos. La historia documenta así, la intensidad de este **enfoque holístico** durante todo el tiempo transcurrido entre 1971 (cuando se redactó el primer documento del "Estudio L") y 2016 (cuando se publicó la 4ta edición de los Principios UNIDROIT). Por lo tanto, los Principios UNIDROIT han surgido durante un **proceso de elaboración de *soft law* o derecho blando** de aproximadamente **45 años de desarrollo** bajo los auspicios de una organización intergubernamental creada con el propósito de *"preparar gradualmente la adaptación... de normas uniformes de Derecho privado"* (número 2 supra). Tan largo y minucioso proceso de investigación y debate jurídico comparado[286] puede servir como indicio de que el Grupo de Trabajo (Introducción número 11) filtró los principios generales del

[283] *R. Barton,* Hamburg Law Review vol. 2018/2, en páginas 77, 82 (énfasis añadido).

[284] *S. Han* en Eppur si muove: The Age of Uniform Law, p. 1484 (énfasis añadido).

[285] *Maria de la Sierra Flores Dona,* Los Principios UNIDROIT como Derecho universal de la contratación internacional Presentado en Congreso Internacional: Contratación y arbitraje mercantil internacional, (2009). p. 1 (Resumen en inglés, énfasis añadido).

[286] Como los Principios UNIDROIT se han inspirado, con respecto a muchos principios, en la CISG como fuente de derecho, los Principios UNIDROIT incluyen incluso el conocimiento jurídico humano tal como se ha desarrollado a lo largo de un espacio mucho más largo. Durante los debates de la década de 1970 que prepararon la CISG (entre 1968 y 1980), sirvieron como punto de partida las reglas de la Convención de La Haya de 1964 relativa a una Ley Uniforme sobre la Venta Internacional de Mercaderías, preparadas a su vez bajo los auspicios de UNIDROIT a partir de 1929.

Derecho mercantil internacional allí donde pudo encontrarlos en relación con los contratos mercantiles internacionales.

8

En ocasiones, los debates fueron intensos y hubo que votar sobre una redacción de compromiso. Algunos cambios se hicieron deliberadamente en relación con el "enfoque de la mejor regla" del Grupo de Trabajo[287] para crear un **conjunto de reglas** que se adapten a la práctica comercial internacional y que coincidan con el propósito declarado en el Preámbulo, párrafo 3, de que las reglas "puedan aplicarse cuando las partes hayan acordado que su contrato se rija por los principios generales del derecho...". Por lo tanto, desde la perspectiva de cada norma individualmente considerada, algunas normas de los Principios UNIDROIT, como las disposiciones sobre excesiva onerosidad de la sección 6.2 —que las partes pueden adaptar libremente de conformidad con el Art. 1.5— no se calificaban como principios generales del derecho en el momento de su presentación (a partir de 1994). Sin embargo, incluso cuando el Grupo de Trabajo, buscando un compromiso y una mejor ley (Introducción número 8), sobrepasó los límites de lo que era generalmente aceptado en el momento de sus discusiones con respecto a un principio en particular, siempre tuvo en mente el escenario de que los árbitros utilizarían los Principios UNIDROIT EN SU conjunto.[288]

9

El tiempo ha avanzado desde 1994. Con su aceptación y uso por la práctica internacional **(E.)** y su respaldo en su conjunto por la comunidad jurídica internacional **(F.)**, los Principios UNIDROIT pueden **calificarse ahora en su conjunto** como principios generales del derecho para el ámbito de los contratos comerciales internacionales, incluso si, durante su compilación y desarrollo, el Grupo de Trabajo adoptó el enfoque de la mejor norma con respecto a algunos principios (Introducción número 8).[289]

---

[287] *M. J. Bonell*, An International Restatement, p. 305.

[288] StL-Doc. 52 (1993), p. 3; StL-Doc. 53 (1993), p. 3: "... Los árbitros no están necesariamente vinculados por un derecho interno determinado. Esto es evidente si las partes les autorizan a actuar como amigables *componedores* o *ex aequo et bono*. Pero incluso en ausencia de tal autorización, existe una tendencia creciente a permitir que las partes elijan normas jurídicas distintas de las leyes nacionales en las que los árbitros deben basar sus decisiones. ... **De acuerdo con este enfoque, las partes tendrían libertad para elegir los Principios como las normas jurídicas conforme a las cuales los árbitros decidirían la controversia, con el resultado de que los Principios se aplicarían con exclusión de cualquier ley nacional** en particular, sujetos únicamente a la aplicación de aquellas normas de derecho interno que sean obligatorias independientemente de la ley que rija el contrato (véase el Art. 1.4)" (Énfasis añadido).

[289] También ha pasado el tiempo desde 2007, cuando *D. Oser* argumentó en su tesis doctoral sobre "Los Principios de UNIDROIT sobre los Contratos Comerciales Internacionales: ¿Una ley rectora? "que "los Principios DE UNIDROIT deben considerarse como una prueba *prima facie* del estado actual de los principios generales del Derecho contractual internacional". (páginas 57, 154).

E. Práctica internacional

10

Desde la publicación de la primera edición de los Principios UNIDROIT en 1994, han sido absorbidos y aceptados por cerca de **treinta años de práctica internacional**, a menudo refiriéndose a los Principios UNIDROIT como un conjunto completo de normas y utilizándolos como principios generales del derecho. Esta sección ofrece una visión general.

I. Arbitraje internacional

11

Mientras que los laudos arbitrales son confidenciales por naturaleza y raramente se hacen públicos, varias bases de datos (Sitios Web Relevantes, p. CV) proporcionan información sobre más de 230 laudos arbitrales que se han basado en los Principios UNIDROIT;[290] estos laudos constituyen una fracción del número total de laudos que han utilizado los Principios UNIDROIT.[291] El estudio del material existente permite a los usuarios distinguir **distintos grupos de laudos** que —en su conjunto— demuestran una práctica mundial existente bajo los Principios UNIDROIT aplicándolos como "principios generales del derecho, la *lex mercatoria* o similares" (Preámbulo, párr. 3 y 4) (en adelante **1.**, **2.**, 6.) o como herramienta para confirmar o complementar una interpretación de instrumentos internacionales (Preámbulo, párr. 5) (en adelante **3.**) o del derecho nacional (Preámbulo, párr. 6) (en adelante **4.**). Aunque los requisitos de una "costumbre" internacional (de comercio internacional) son técnicamente distintos de los de un "principio general", la práctica arbitral existente de referirse a los Principios UNIDROIT como costumbres de comercio internacional o *lex mercatoria* también contribuye a valorar los Principios UNIDROIT como punto de referencia de principios generales (en adelante **5.**). Por último, la práctica de acordar la elección de los Principios UNIDROIT como normas jurídicas neutrales (Preámbulo, párrafo 3) contribuye además a la práctica de utilizar los Principios UNIDROIT como un instrumento general y neutral (en adelante **6.**).

1. Laudos arbitrales que utilizan los Principios UNIDROIT como expresión de los principios generales del derecho contractual

12

Es raro que las partes no acuerden una elección específica de ley; sino que acuerden la elección de principios generales del derecho (Preámbulo, párrafo 3), o que de otro modo haya lugar a basarse en principios generales del derecho bajo el régimen de arbitraje aplicable. A pesar de estos obstáculos, una impresionante línea de laudos arbitrales ha aplicado los Principios UNIDROIT como principios generales del derecho durante los últimos 25

---

[290] La base de datos UNILEX, editada por el Presidente del Grupo de Trabajo, Michael Joachim *Bonell*, recoge 230 laudos arbitrales a 09 de mayo de 2023.

[291] *Véase* ibid., menú Principios UNIDROIT, disponible en: http://www.unilex.info/instrument/principles [última visita el 09 de enero de 2023].

años o más. Esto incluye laudos de diferente origen, incluyendo laudos de la CCI, laudos relacionados con la ONU, laudos del CIADI y laudos dictados en arbitrajes *ad hoc* o bajo otros regímenes de arbitraje (por *ejemplo,* Cámara de Comercio de Estocolmo, CIETAC). La siguiente selección da una impresión del importante papel que juegan los Principios UNIDROIT en el arbitraje internacional.

13

Desde **1995**, el año siguiente a la publicación de los Principios UNIDROIT 1994, en una controversia entre una empresa **inglesa** y un organismo gubernamental **iraní** relativa a nueve contratos conexos de suministro de equipo, un **tribunal arbitral** de la **CCI (No. 7110)** utilizó los Principios UNIDROIT **como normas y principios jurídicos generales** y concluyó que *"las **normas y principios jurídicos generales** que gozan de amplio consenso internacional, aplicables a las obligaciones contractuales internacionales y pertinentes a los Contratos, se reflejan principalmente en los principios de los contratos comerciales internacionales adoptados por UNIDROIT (los "Principios UNIDROIT") en 1994" [...]; [...sin perjuicio de tener en cuenta las disposiciones de los Contratos y los usos comerciales pertinentes, **este tribunal considera que los Contratos se rigen por los Principios UNIDROIT**, y se interpretarán de conformidad con ellos, con respecto a todas las cuestiones comprendidas en el ámbito de dichos Principios, y para todas las demás cuestiones, por las demás normas y principios jurídicos generales aplicables a las obligaciones contractuales internacionales que gocen de un amplio consenso internacional y que se consideren pertinentes para decidir las cuestiones controvertidas comprendidas en el presente arbitraje."*,[292] Su exposición de motivos ha servido de herramienta útil también en arbitrajes posteriores en los que se ha considerado la aplicación de los Principios UNIDROIT:[293] *"Las razones por las que este tribunal considera que los Principios UNIDROIT son el componente central de las **reglas y principios generales** relativos a las obligaciones contractuales internacionales y que gozan de un amplio consenso internacional, que constituyen el derecho propio de los Contratos, son múltiples: (1) **los Principios UNIDROIT son una reafirmación de los principios jurídicos internacionales aplicables a los contratos comerciales internacionales** hecha por un distinguido grupo de expertos internacionales provenientes de todos los sistemas jurídicos prevalecientes en el mundo, sin la intervención de estados o gobiernos, ambas circunstancias que redundan en la alta calidad y neutralidad del producto y en su capacidad de reflejar el estado actual de consenso sobre las reglas y principios jurídicos internacionales que rigen las obligaciones contractuales internacionales en el mundo, primordialmente sobre la base de su equidad y adecuación para las transacciones comerciales internacionales que caen dentro de su ámbito; (2) al mismo tiempo, **los Principios UNIDROIT se inspiran en gran medida (en) un texto de derecho uniforme internacional** que ya goza de amplio reconocimiento internacional y que se considera en general que refleja los usos y prácticas del comercio internacional en el ámbito de la compraventa internacional de mercaderías, que ya ha sido ratificado por casi 40 países, a saber, la Convención de Viena de 1980 sobre la Compraventa Internacional de*

[292] Laudo de la CCI nº 7110 (1995), Unilex nº 713; referenciado y repetido en un segundo laudo parcial de seguimiento (1998) aplicando el Art. 7.1.3, 7.4.8 y 2.14 (es *decir,* hoy Art. 2.1.14) como principios jurídicos generalmente aceptados.

[293] Esto es obvio para el laudo en un arbitraje Ad hoc, San José, (2001), Unilex nº 1100 que ha utilizado un lenguaje similar en gran parte literal. En la misma línea, la adjudicación se discutió en un arbitraje *ad hoc* de 2020 (experiencia del autor).

Mercaderías; (3) ***los Principios UNIDROIT están especialmente adaptados a los Contratos objeto de este arbitraje****, puesto que abarcan tanto la compraventa internacional de mercaderías como la prestación de servicios; (4) los Principios UNIDROIT (véase su preámbulo) han sido específicamente* ***concebidos para aplicarse*** *a los contratos internacionales en los casos en que, como ocurre en el presente procedimiento, se ha constatado que* ***las partes han acordado que sus transacciones se rijan por normas y principios jurídicos generales****; y (5) más que principios vagos o directrices generales, los Principios UNIDROIT están constituidos en su mayoría por reglas claramente enunciadas y específicas, organizadas coherentemente de manera sistemática.*[294]

14

Una serie de otros **laudos de la CCI** adoptaron puntos de vista similares, *por ejemplo:*[295] (i) No. 7375 **(1996)**, controversia sobre **contratos celebrados entre 1971 y 1978** que implican la venta de equipo de defensa al Gobierno de **Irán** por un vendedor **estadounidense** sin elección de ley, aplicación de los Principios UNIDROIT como principios generales del derecho (*"teniendo también en cuenta cualesquiera usos comerciales pertinentes, así como los Principios UNIDROIT, en la medida en que pueda considerarse que* ***reflejan principios y normas generalmente aceptados****…"). En cuanto a la referencia a los Principios UNIDROIT, la mayoría de los árbitros consideran que estos Principios, elaborados por un grupo de trabajo creado en 1981 y compuesto por destacados expertos y académicos de los principales sistemas jurídicos, contienen en esencia una reformulación de aquellos " principes directeurs" que han gozado de aceptación universal y, además, constituyen el núcleo de las nociones más fundamentales que se han aplicado sistemáticamente en la práctica arbitral. "*);[296] (ii) No. 8540 **"Cubic" (1996)**, una disputa entre **Irán y EE.UU.** sobre un contrato con elección de la ley iraní, pero las partes habían acordado finalmente la aplicación complementaria y suplementaria de los principios generales del derecho internacional (*"Al determinar el contenido de estos principios generales, nos sentimos plenamente justificados para recurrir a los Principios UNIDROIT, que consideramos* una **fuente útil para establecer normas generales para los contratos comerciales internacionales***"*);[297] este laudo fue confirmado posteriormente por un Tribunal de Distrito de EE.UU. (Número 30 más abajo); (iii) Número 8264 **(1997)**, una disputa entre **EE.UU. y Argelia** sobre un contrato a largo plazo para el suministro de equipamiento industrial y transferencia de *know-how* con una cláusula de elección de la ley argelina que autorizaba a considerar los principios generales del derecho y los usos del comercio. Se consideró que los Principios UNIDROIT reflejaban las normas *"[…]* **ampliamente reconocidas** *en todo el mundo y en la práctica de los contratos internacionales";*[298] (iv) No. 9117 **(1998)**, una disputa **ruso-canadiense** sobre un contrato sin cláusula de elección de ley. El tribunal arbitral decidió aplicar, en primer lugar, los usos mercantiles pertinentes y la CISG y, en segundo lugar, el derecho ruso a las cuestiones que no se habían acordado contractualmente y que no podían determinarse observando ni los usos mercantiles ni la CISG. Sin embargo, al tratar el fondo del asunto, el tribunal arbitral

294 Laudo CCI nº 7110 (1995), Unilex nº 713.

295 Premios seleccionados, todo el énfasis de las citas ha sido completado por el autor.

296 Laudo de la CCI nº 7375 (1996), Unilex nº 625; énfasis añadido.

297 Laudo de la CCI nº 8540 (1996), Unilex nº 644; énfasis añadido.

298 Laudo CCI nº 8264 (1997), basado en el Art. 7.4.3(2), Unilex nº 658; énfasis añadido.

se remitió a los Principios *UNIDROIT* **en vista de un *consenso mundial en la mayoría de las cuestiones básicas del derecho* contractual** (*"aunque los Principios UNIDROIT sobre los contratos comerciales internacionales [no] se aplicarán directamente, es sin embargo informativo remitirse a ellos porque se dice que reflejan un consenso mundial en la mayoría de las cuestiones básicas del derecho contractual");*[299] (v) No. 9474 **(1999)**, en una disputa **franco-estadounidense** que debía resolverse **"equitativamente"**. El tribunal arbitral utilizó los Principios para establecer "las normas y reglas generales del derecho mercantil";[300] (vi) No. 9759 **(2000)**, en una controversia entre **Asia y Europa**, un tribunal arbitral decidió interpretar un acuerdo de arbitraje de conformidad con los **"principios de interpretación de un acuerdo de arbitraje"** y se remitió a los Art. 4.5, 1.6 (2) para hacerlo;[301] (vii) No. 9797 **"Andersen Consulting" (2000)**, una disputa entre un demandante que operaba en **37 países** y demandados en **57 jurisdicciones**. El tribunal arbitral aplicó los Principios UNIDROIT como principios generales del derecho: *"Los Principios UNIDROIT sobre los contratos comerciales internacionales* ***son una*** **fuente fiable de derecho mercantil internacional** *en el arbitraje internacional, ya que 'contienen en esencia* ***una*** **reafirmación de aquellos 'principes directeurs' que han gozado de aceptación universal** *y, además,* ***están en el*** **centro de las nociones más fundamentales** ***que se han aplicado sistemáticamente en la práctica arbitral'");***[302] (viii) No. 12111 **(2003)** en una disputa **rumano-inglesa**, el contrato preveía la aplicación del **"derecho internacional"**. El tribunal decidió *"que los términos 'derecho internacional' utilizados por las partes se refieren a* la lex mercatoria *y a los* ***principios generales*** **del derecho aplicables a las obligaciones contractuales internacionales** como las que se derivan *del Contrato. Tales principios generales se reflejan en los Principios UNIDROIT sobre los Contratos Comerciales Internacionales que se aplicarán para la determinación de las respectivas reclamaciones de las partes en este arbitraje. "*;[303] (ix) No. 13012 **(2004)** en una disputa **franco-estadounidense**: *"Considerando que varios casos de la CCI han considerado que los Principios UNIDROIT de los Contratos Comerciales Internacionales ("Principios UNIDROIT") son el* **mejor enfoque para aprehender los principios generales del derecho**; *Considerando que por las razones expuestas el Tribunal Arbitral recurrirá en el presente caso a los Principios UNIDROIT como* **conjunto primario de directrices para determinar las normas de derecho internacional aplicables al contrato de las partes**;. *[...] "(...) que el derecho material aplicable al caso serán los principios generales del derecho resultantes de los principios UNIDROIT (edición 2004) y de las mencionadas* **normas fundamentales de la lex mercatoria**, *así como de los usos comerciales imperantes en el sector de actividades al que se refiere el acuerdo de las partes (...); "*[304] (x) No. 15089, (Laudo parcial, **2008**) relativo a un litigio entre dos **partes de Medio Oriente** sin elección de ley; decisión de aplicar los Principios UNIDROIT porque "-estaban *conformados por las leyes de la comunidad de naciones comerciantes y constituían una reafirmación (y preafirmación) internacional del derecho contractual moderno en su forma más autorizada. [...] Entretanto, eran bien conocidas, entre otras cosas gracias a cientos de publicaciones y más de 150 laudos arbitrales y*

[299] Laudo CCI n° 9117(1998), Unilex n° 661; énfasis añadido.

[300] Laudo de la CCI n° 9474 (1999), Unilex n° 690; énfasis añadido.

[301] Laudo de la CCI n° 9759 (2000), Unilex n° 694; énfasis añadido.

[302] Laudo CCI n° 9797 (2000), Unilex n° 668, énfasis añadido; comentado por *M. J. Bonell*, Arb Int'l 2001 páginas 249-262 (252) resumiendo: *"el Tribunal Arbitral se refirió a los Principios UNIDROIT incondicionalmente, asumiendo así que en su conjunto representan en efecto* **una codificación de los principios internacionales del derecho contractual***"*. (énfasis añadido).

[303] Laudo CCI n° 12111 (2003), Unilex n° 964.

[304] Laudo CCI n° 13012 (2004), Unilex n° 1409; énfasis añadido.

decisiones judiciales documentados. [...] La Comisión de las Naciones Unidas para el Derecho Mercantil Internacional (CNUDMI) había respaldado la UPICC".[305]

15

Los tribunales arbitrales relacionados con las Naciones Unidas también han utilizado los Principios UNIDROIT como principios generales del derecho: i) Un **"Grupo de Comisionados"** originario de las **Naciones Unidas, que actuaba bajo los auspicios de la Comisión de Indemnización** de las Naciones Unidas creada por el Consejo de Seguridad de las Naciones Unidas en 1991 tras la guerra entre **Iraq** y **Kuwait**, tuvo que hacer frente a 298 reclamaciones de la categoría F presentadas por 42 gobiernos y 3 organizaciones internacionales por un volumen total de 141.000 millones de dólares de los EE.UU.[306] En **1997**, el panel **F 1 (1)**, al ejercer su discrecionalidad para evaluar la cuantía de los daños reclamados y analizar la posibilidad indemnizatoria de dichas reclamaciones, se refirió a los Principios UNIDROIT como expresión de **"principios generales del derecho"** y del **"derecho mercantil internacional"** y aplicó los Art. 7.1.7, 7.3.5, 7.3.6, 7.4.3 (3), 7.4.8 (1), (2) y 7.4.9;[307] (ii) dos tribunales arbitrales que decidían controversias en las que estaba implicada la **Organización de las Naciones Unidas para la Agricultura y la Alimentación** debían aplicar los **"principios generales del derecho"** que se habían elegido en los contratos en litigio (Preámbulo, párrafo 3) con exclusión de cualquier sistema nacional de derecho: Tanto un laudo arbitral en un arbitraje ad hoc de **2001** (con una parte de **Italia**)[308] como un laudo arbitral de la **Corte Permanente de Arbitraje ("Granuco" —2009)** (con una parte **libanesa** que explotaba una planta en España)[309] aplicaron los Principios UNIDROIT como **"principios generales del derecho"**.

16

Algunos **Tribunales Arbitrales del CIADI** han aplicado los Principios UNIDROIT en **arbitrajes de tratados de inversión** como principios generales del derecho y/o una reafirmación que refleja normas y principios aplicados por la mayoría de los sistemas jurídicos nacionales: (i) En **Gemplus c. México (2010)**, una controversia relativa a inversiones **francesas** y **argentinas** en **México**, el tribunal del CIADI se refirió a los Principios UNIDROIT en apoyo de principios generales del derecho internacional señalando que: "Sería posible *ilustrar estos* ***principios*** **generales** *a partir de varios otros sistemas jurídicos nacionales (tanto de common law como del derecho civil); pero es innecesario hacerlo aquí porque, en*

---

305 Laudo CCI nº 15089 (2008), Unilex nº 1440.

306 Comisión de Indemnización de las Naciones Unidas, Recomendación nº S/AC.26/1997/6, *Gobiernos y organizaciones internacionales con reclamaciones derivadas de la invasión iraquí de Kuwait* (1997).

307 Comisión de Indemnización de las Naciones Unidas, Recomendación nº S/AC.26/1997/6, *Gobiernos y organizaciones internacionales con reclamaciones derivadas de la invasión iraquí de Kuwait* (1997), nº 62, 70 y 79, disponible en: https://uncc.ch/sites/default/files/attachments/documents/r1997-06.pdf [última visita el 09 de enero de 2023].

308 Arbitraje *ad hoc*, *Equipe '90 contra la Organización de las Naciones Unidas para la Agricultura y la Alimentación —FAO*(2001), nº 20, disponible en: http://www.fao.org/3/y6612e/y6612e.htm#9 [última visita el 09 de enero de 2023].

309 Corte Permanente de Arbitraje, *Granuco S.A.L. c. Organización de las Naciones Unidas para la Agricultura y la Alimentación*, Laudo nº AA 286 (2009), nº 13.

primer lugar, **tales principios están ampliamente reafirmados en los Principios UNIDROIT***; y, en segundo lugar, el Tribunal no tiene dudas de que principios similares forman parte del derecho internacional".*[310] (ii) En **El Paso c. Argentina (2011), basado en el tratado bilateral de inversión Argentina-EEUU**, el tribunal arbitral hizo referencia a un "principio general de derecho reconocido por las naciones civilizadas" basándose en los Principios UNIDROIT. El tribunal arbitral destaca: *"**Que existe un** **principio general** **sobre la preclusión** de la ilicitud en determinadas situaciones difícilmente puede ponerse en duda,* **como lo confirman los Principios UNIDROIT** *sobre los contratos comerciales internacionales,* una especie de reformulación internacional del derecho de los contratos que refleja las **normas y principios aplicados por la mayoría de los sistemas jurídicos nacionales**. *"(Énfasis añadido).*[311] El enfoque del tribunal arbitral de El Paso es cautivador, ya que la referencia a los Principios UNIDROIT permite al tribunal renunciar a considerar lo que ocurre en diversos sistemas jurídicos para determinar el contenido de los principios generales del derecho.[312] (iii) En la disputa sobre un acuerdo de transacción bajo las **Reglas de Arbitraje del Mecanismo Complementario del CIADI** (Joseph Charles Lemire contra **Ucrania, 2010**) entre un nacional de los Estados Unidos y el Estado de Ucrania, el tribunal arbitral determinó una elección negativa implícita de cualquier sistema jurídico municipal y aplicó los Principios UNIDROIT: *"Como establece el Preámbulo de los Principios, éstos 'se aplicarán cuando las partes hayan acordado que su contrato se rija por ellos' y 'podrán aplicarse cuando las partes hayan acordado que su contrato se rija por los 'principios generales del derecho', la 'lex mercatoria' o similares'. Al negociar el Settlement Agreement, las partes evidentemente reflexionaron sobre la cuestión de la ley aplicable, y aparentemente no pudieron llegar a un acuerdo para aplicar la ley ucraniana o la estadounidense. En esta situación, lo que hicieron las partes fue incorporar amplias partes de los Principios UNIDROIT en su acuerdo, e incluir una cláusula que autoriza al Tribunal, bien a elegir un sistema jurídico municipal, bien a aplicar las normas jurídicas que el Tribunal considere apropiadas. Dada la elección negativa implícita de las partes de cualquier sistema jurídico municipal, el Tribunal considera que la decisión más apropiada es someter el Acuerdo de Liquidación a las normas del derecho internacional, y dentro de éstas, tener particularmente en cuenta los Principios UNIDROIT".*[313]

17

Varios laudos arbitrales emitidos ***ad hoc*** o bajo **otras reglas de arbitraje** también han aplicado los Principios UNIDROIT como principios generales del derecho, *por ejemplo* (i) un laudo ***ad hoc*** **(Nueva York) bajo las Reglas de Arbitraje de la CNUDMI (1997)** en una disputa entre una organización internacional y una compañía africana sobre un contrato sin cláusula de elección de ley (Preámbulo, párrafo 4) aplicó los Principios UNIDROIT después de que las partes habían elegido durante el curso del arbitraje la aplicación de **principios**

310 Laudo CIADI, *Gemplus&Talsud contra México,* nº ARB (AF)/04/3 & ARB (AF)/04/4 (2010)., disponible en: https://www.italaw.com/cases/documents/481 [última visita el 09 de enero de 2023], nº 13-90.

311 Laudo del CIADI, *El Paso Energy International Company c. la República Argentina,* nº ARB/03/15, (2011), nº 623, Unilex nº 1658.

312 *Andrea Marco Steingruber, El Paso c. República Argentina*: Principios UNIDROIT de los Contratos Comerciales Internacionales como reflejo de los 'principios generales del derecho reconocidos por las naciones civilizadas' en el contexto de una demanda relativa a un tratado de inversión, Unif. Law Rev. 18.3-4 (2013), p. 531.

313 Laudo del CIADI, *Joseph Charles Lemire c. Ucrania,* nº ARB/06/18, IIC 424 (2010), Unilex nº 1533.

generales del derecho contractual internacional. Tanto el demandante como el demandado se basaron en los Principios UNIDROIT sobre los contratos comerciales internacionales, para establecer tales "principios generales del derecho contractual internacional";[314] (ii) en un arbitraje en **Estocolmo** (Cámara de Comercio, **2001**) sobre un contrato chino-europeo celebrado en 1980 sin cláusula de elección de ley, el tribunal determinó aplicar los Principios UNIDROIT (1994) complementados por la ley sueca si y en la medida en que las reglas UNIDROIT no dieran ninguna orientación sobre una cuestión particular, sobre la base de *que "las cuestiones en litigio entre las partes no deben basarse principalmente en la ley de una jurisdicción en particular, sino en las normas de derecho que* ***han encontrado su camino en las codificaciones internacionales o similares que gozan de un amplio reconocimiento entre los países que participan en el comercio internacional****". Aparte de convenios internacionales como la Convención sobre los Contratos de Compraventa Internacional de Mercaderías (CISG) y otros convenios que no son directamente aplicables a un acuerdo de licencia, la única codificación que puede considerarse que tiene este estatus son los Principios UNIDROIT sobre los Contratos Comerciales Internacionales.* ***Las reglas UNIDROIT gozan de un amplio reconocimiento*** *y establecen principios que, en opinión de los Tribunales, ofrecen una protección a las partes contratantes que refleja adecuadamente los principios básicos de las relaciones comerciales en la mayoría de los países desarrollados, si no en todos";*[315] (iii) laudo arbitral número 261 bajo los auspicios de la **Cámara de Comercio e Industria Internacional de Rumanía (2005)** sobre una disputa **belgo-rumana** en torno a un contrato en el que se eligen **"los principios generales del derecho reconocidos como aplicables en el derecho mercantil internacional"** (Preámbulo, párrafo. 3);[316] (iv) un laudo *ad hoc* (2020) en un arbitraje comercial entre **demandantes de un Estado asiático y otro Estado asiático** sobre un contrato (*"principios generales del Derecho internacional [...] y, en concreto, los* ***Principios de los contratos comerciales internacionales*** *refrendados por el Instituto Internacional para la Unificación del Derecho Privado, modificados en 2016, a saber, los Principios UNIDROIT").*[317]

2. Un laudo arbitral que utiliza los Principios UNIDROIT como principios jurídicos anglosajones

18

En un arbitraje **inglés** de la LCIA (Tribunal de Arbitraje de la Corte de Londres para la Arbitración Internacional) de **1995** con arreglo a las normas de la Corte de Arbitraje Internacional de Londres sobre un litigio relacionado con un **Estado de EE.UU. y Medio Oriente**, las partes habían acordado que su contrato se rigiera por los **"principios anglosajones del derecho"**. Como la fórmula de los principios anglosajones del derecho carecía de cualquier otra especificación en cuanto a lo que esta fórmula podría significar exactamente, el tribunal arbitral optó por remitirse expresamente a los Principios UNIDROIT, y en particular a las

[314] Arbitraje *ad hoc*, Nueva York (1997), Unilex nº 678.

[315] Laudo SCC nº 117/1999 (2001); Énfasis añadido, corrigiendo un error ortográfico obvio ("such1ike"); a este respecto siguiendo el resumen que dice "such like".

[316] CCI e Industria de Rumanía, Laudo nº 261 (2005), Unilex nº 2038.

[317] *Ad hoc, Nurhima Kiram Fornan et al. v. Malaysia*, Laudo preliminar 2020, incluido en Unilex nº 2311(Resumen, énfasis añadido); citado en *E. Brödermann*, Unif. Law. Rev. 2021, páginas 453, 456.

normas de interpretación contenidas en ellos.[318] Este laudo puede servir como una indicación más de la universalidad y, por tanto, de la utilidad general de los Principios UNIDROIT, también desde la **perspectiva del common law**.

3. Laudos arbitrales que utilizan los Principios UNIDROIT como herramienta para complementar la aplicación de instrumentos internacionales de derecho uniforme

19

Ocasionalmente, los Principios UNIDROIT han sido utilizados por los árbitros para complementar los instrumentos jurídicos internacionales de derecho uniforme. Desde **1994**, año en que se publicó la primera edición de los Principios UNIDROIT, dos laudos **VIAC**[319] se basaron en los Principios UNIDROIT para colmar lagunas de la CISG en relación con el tipo de interés y el principio de compensación íntegra.[320] Además, un laudo **sueco de 2008** sobre un litigio **chino-alemán** en virtud del Reglamento de la Cámara de Comercio de Estocolmo basó su decisión, tanto en lo que respecta a la formación de una modificación del contrato como a los intereses, en la CISG, como elección principal de las partes, y en los Principios UNIDROIT.[321]

4. Laudos arbitrales que utilizan los Principios UNIDROIT como herramienta para confirmar o complementar la interpretación o aplicación de una ley nacional

20

En un gran número de casos en los que las partes eligieron una ley nacional para su contrato (o cuando el régimen de derecho internacional privado aplicable en virtud del régimen de arbitraje requiere la aplicación de una ley nacional específica), los árbitros también se han basado en los Principios UNIDROIT. **En particular, los laudos arbitrales se basan en los Principios UNIDROIT (i) para interpretar el derecho nacional o para confirmar su interpretación del derecho nacional como conforme a un consenso internacional, o (ii) para complementar el derecho nacional o (iii) incluso para manifestarlo.** En **2020**, en un laudo de la **CIETAC** se utilizaron los Principios UNIDROIT como contenido del derecho de Singapur a falta de prueba suficiente de las partes del derecho elegido.[322] Tales referencias, aunque a menudo hechas con respecto al carácter de principio general de una norma específica, muestran en su totalidad también una vívida práctica de utilizar los Principios UNIDROIT como **principios generales del derecho mercantil internacional** o como expre-

[318] Laudo de la LCIA (1995), Unilex nº 712.

[319] En aquel momento aún se denominaba "Internationales Schiedsgericht der Bundeskammer der gewerblichen Wirtschaft - Wien" (Austria).

[320] Laudo nº SCH-4366 (1994) y Laudo nº SCH-4318 (1994), recogidos por Perales Viscasillas, Unif. Law Rev. 2017, páginas 4, 14 en nota 38.

[321] Instituto de Arbitraje de la Cámara de Comercio de Estocolmo, Laudo arbitral, (24 de junio de 2008), Unilex nº 2284.

[322] H. Tung/J. Zhu/Y. Chen, IPBA/Lexology (en línea), 14 de julio de 2020, https://www.lexology.com/library/detail.aspx?g=8eb25464-2efb-414b-b23c-ca83c47e5ee7&l=92477BL [última visita el 09 de enero de 2023].

sión de la **costumbre del comercio internacional**. Ya en **1994**, el año de la publicación de la primera edición de los Principios UNIDROIT, un tribunal arbitral establecido bajo las reglas de la **Cámara de Comercio de Zurich**, mientras interpretaba las reglas relevantes de la ley suiza sobre interpretación, declaró: *"Cabe añadir aquí que, básicamente, la regla de interpretación anterior* ***refleja un consenso general y, de hecho, mundial****. Esto se pone de manifiesto, por ejemplo, al comparar las normas de interpretación suizas con la elaboración más reciente en materia de normas jurídicas aplicables a los contratos internacionales, a saber, los Principios UNIDROIT de 1994, establecidos por un amplio grupo de trabajo internacional compuesto por especialistas en Derecho contractual seleccionados de todos los rincones del mundo, incluidos, por ejemplo, China continental, Corea y Japón".* "[323] En **1995**, en un laudo dictado en un arbitraje *ad hoc* en Auckland, **Nueva Zelanda**, relativo a una disputa contractual entre una empresa neozelandesa y una empresa australiana, el tribunal arbitral consideró que la ley de Nueva Zelanda (elegida para regir cualquier disputa) era incierta sobre la cuestión específica. Por lo tanto, el tribunal arbitral buscó confirmación a nivel comparativo y al hacerlo, se refirió sobre todo a los Art. 4.1, 4.2. y 4.3. de los Principios UNIDROIT. Señaló que: *"[...] no podría haber una* declaración internacional contemporánea *más* **definitiva *que rija la interpretación de los términos contractuales que la de los Principios UNIDROIT".***[324]

21

Se pueden encontrar referencias similares a los Principios UNIDROIT para interpretar o complementar el derecho nacional en una **serie de laudos de la CCI**, entre los que se incluyen, *por ejemplo*: (i) un laudo suizo de **1995**, con arreglo al derecho **suizo**, relativo a partes de Suiza, Singapur y Bélgica (que hace referencia al **Art. 6.1.9** (3) como *"principio general del derecho transnacional");*[325] (ii) **un laudo belga de 1996**, de derecho **neerlandés**, relativo a un demandante norteamericano y un grupo de empresas germano-belga como demandado (en relación con los principios de buena fe y justicia);[326] (iii) **un laudo italiano** de 1998, de derecho italiano, relativo a partes de Italia y Liechtenstein (en relación con el **Art. 1.7 y 4.1-4.8** como *"normas relativas a la interpretación y a la buena fe contenidas en los Principios UNIDROIT [...], que constituyen en todo caso un marco de referencia útil para aplicar y juzgar un contrato de carácter internacional"*, y al **Art. 2.11** que califica a los Principios UNIDROIT de *"textos normativos que pueden considerarse útiles para la interpretación de todos los contratos de carácter internacional");*[327] (iv) **un laudo francés de 1998** de derecho **marfileño** entre un proveedor anglo-japonés y un distribuidor marfileño (aplicando el **Art. 5.3** [es *decir,* **Art. 5.1.3** desde la edición de 2004] por reflejar un *"principio general aplicable al comercio internacional");*[328] (v) **un laudo de 1999 de derecho inglés** entre partes de España e India (al **Art. 7.4.8** con la observación: *"Una norma similar ha sido establecida internacionalmente, principalmente en los Principios UNIDROIT sobre los Contratos Comerciales Internacionales*");[329] (vi) **un laudo colombiano de 2000** de derecho colombiano rela-

323 Cámara de Comercio de Zurich, Laudo arbitral, (1994), Unilex nº 642.
324 Arbitraje *ad hoc*, Auckland (1995), Unilex nº 628.
325 Laudo CCI nº 8240 (1995), Unilex nº 8240.
326 Laudo CCI nº 8548(1996), Unilex nº 2110.
327 Laudo CCI nº 8908 (1998), Unilex nº 663.
328 Laudo CCI nº 9593 (1998), Unilex nº 666.
329 Laudo CCI nº 9594 (1999), Unilex nº 691.

tivo a partes de Colombia (utilizando los arts. **1.7**, 5.3 [*es decir*, art. 5.1.3 desde la edición de 2004], 7.4.3, 7.4.4)[330] (vii) **un laudo griego de 2000** relativo a partes de Grecia y Francia (haciendo referencia a los **arts. 1.7, 1.8 y 4.1-4.4** con la observación *"El Derecho mercantil internacional moderno evoluciona en la misma dirección");*[331] (viii) **un laudo de 2001 de Derecho francés** que resuelve un litigio entre partes de EE.UU. y Francia (en referencia a los arts. **6.2.2 y 6.2.3** con la observación *"Este principio* [de buena fe] *también prevalece en el derecho mercantil internacional");*[332] (ix) **un laudo de 2001 de derecho polaco** relativo a partes de Suiza y Polonia (que hace referencia a los arts. 1.1, 4.1 (1) y 4.8 (2), *"como principales normas de derecho"*);[333] (x) **un laudo de 2001 de derecho italiano sobre un contrato italo-estadounidense** aplicaba la disposición pertinente del Código Civil italiano y añadía en apoyo de su fallo: *"Tal solución es coherente con la* costumbre *pertinente* del comercio internacional, *de la que los principios UNIDROIT son una expresión. "*[334] (xi) **un laudo de 2002 de derecho rumano relativo a partes de Rumania y Francia** (que hace referencia a los arts. **3.4, 3.5, 3.6** [es decir, los artículos 3.2.1, 3.2.2 y 3.2.3 desde la edición de 2010] como *"internacionalmente reconocidos"*);[335] (xii) **un laudo uruguayo de 2002 de derecho español relativo a partes de Brasil y España** (que hace referencia a los arts. **1.4 y 1.7**, como *"[G] eneralmente reconocidos como principios fundamentales de los contratos comerciales internacionales");*[336] (xiii) **un laudo de 2002 de derecho egipcio** que hacía referencia, en la cuestión de la cuantificación de las pérdidas, a las disposiciones pertinentes del Código Civil egipcio, pero también al derecho suizo y a los Principios UNIDROIT, declarando: *"Hay más apoyo para tal enfoque en la declaración de los principios para la evaluación de los daños en el artículo 7.4 de los Principios UNIDROIT sobre los contratos comerciales internacionales (1994)";*[337] (xiv) **un laudo de 2003 conforme al Derecho turco** (que hace referencia al **Comentario 1 al Preámbulo** para interpretar el Derecho interno);[338] (xv) un laudo de **2004** (que hace referencia al artículo **7.4.9**);[339] (xvi) **un laudo de 2005 conforme al Derecho italiano** (que hace referencia al artículo 9.3.4).[340]

22

Una impresionante serie de laudos dictados bajo las reglas de la **Cámara de Comercio e Industria de la Federación Rusa**, todos ellos aplicando la **ley rusa**, contienen referencias similares a los Principios UNIDROIT:[341] (i) **un laudo de 1997 de derecho ruso relativo a par-**

330 Laudo CCI nº 10346(2000) Unilex nº 700.

331 Laudo CCI nº 10335 (2000), Unilex nº 699.

332 Laudo CCI nº 9994 (2001), Unilex nº 1062.

333 Laudo CCI nº 11295 (2001), Unilex nº 1070.

334 Laudo CCI nº 11051 (2001), Unilex nº 1068.

335 Laudo CCI nº 10930 (2002), Unilex nº 1425.

336 Laudo CCI nº 11317(2002), Unilex nº 2111.

337 Laudo CCI nº 9950 (2001), Unilex nº 1061.

338 Laudo CCI nº 12174 (2003), Unilex nº 1406.

339 Laudo CCI nº 13152 (2004), Unilex nº 1419.

340 Laudo de la CCI nº 12745 (2005), Unilex nº 1665.

341 Para contraejemplos *véase* (i) CCI e Industria de la Federación Rusa, Laudo No.243/1998 (1999) rechazando la solicitud a falta de acuerdo de las partes, Unilex nº 1384); (ii) CCI e Industria de la Federación Rusa, Laudo No.174/2003 (2004), rechazando complementar la ley rusa explícitamente elegida con los Principios UNIDROIT como "normas internacionales y usos del comercio internacional", Unilex nº 1078.

tes de Rusia y Estonia (que hace referencia al **Art. 7.4.7**);[342] (ii) **un laudo de 2002 relativo a partes de Canadá y Rusia** (que hace referencia al **Art. 4.7**);[343] (iii) **un laudo de 2007 relativo a partes de las Islas Vírgenes Británicas y Rusia** (que hace referencia al **Art. 6.1.13**);[344] (iv) **un laudo de 2008 relativo a partes de Alemania y Rusia** (que remite a los arts. **2.1.1, 4.1, 4.2, 4.3**);[345] (v) **un laudo de 2008 relativo a partes de Polonia y Rusia** (que remite al art. **7.2.2**);[346] (vi) un laudo de **2009** relativo a partes de Gran Bretaña y Rusia (que remite a los arts. 1.7 y 5.1.3);[347] (vii) **un laudo de 2009 relativo a partes de China y Rusia** (en referencia al art. **7.4.8**);[348] (viii) **un laudo de 2011 relativo a dos partes de la Federación Rusa** (*"en la práctica internacional moderna de muchos tribunales de arbitraje* [los Principios UNIDROIT] *se consideran la fuente recomendada de normas que rigen las cuestiones generales de ejecución e interpretación de los contratos de carácter internacional");*[349] (ix) **un laudo de 2012 relativo a partes de EE.UU. y Rusia** (en referencia al **art. 1.8**, *"en la práctica internacional moderna de muchos tribunales de arbitraje, incluido el ICAC, [los Principios UNIDROIT]* SE CONSIDERAN *la fuente recomendada de normas que rigen las cuestiones generales de cumplimiento e interpretación de los contratos de carácter internacional").*[350]

23

Ejemplos paralelos de laudos dictados con arreglo a **otras normas de arbitraje** son: (i) **un laudo checo de 1996 bajo ley polaca relativo a partes de Rusia y Polonia** (referido al **Art. 6.1.7** (2));[351]; (ii) **un laudo italiano de 1998 bajo ley italiana relativo a partes de Gran Bretaña e Italia** (referido al **Art. 1.2, 1.7, 2.1, 2.6, 2.12; Art. 3.4, 3.5, 3.8; Art. 7.4.1, 7.4.5, 7.4.7, 7.4.9, 7.4.12**);[352] (iii) **un laudo uruguayo de 1998 con arreglo a la legislación uruguaya relativo a partes de Uruguay y Brasil** (en referencia al **Art. 2.18, 4.2** (2), 4.6);[353] (iv) **un laudo costarricense de 2002 de derecho costarricense relativo a partes de Costa Rica** (en referencia al art. 7.4.8);[354] (v) **un laudo *ad hoc* egipcio de 2003 de derecho libio relativo a partes de Kuwait y Libia** (en referencia a los **arts. 7.4.2, 7.4.3**;[355] (vi) **un laudo suizo de 2007 de derecho suizo relativo a partes de Francia y Alemania** (en referencia al **Art. 7.4.3 (2), 7.4.**);[356] (vii) **un laudo brasileño de 2009 de derecho brasileño relativo a partes de Brasil**

---

342 Corte Internacional de Arbitraje de la Cámara de Comercio e Industria de la Federación de Rusia la Federación de Rusia, Laudo nº 225/1996 (1997), Unilex nº 670.

343 CCI e Industria de la Federación Rusa, Laudo nº 217/2001 (2002), Unilex nº 856.

344 CCI e Industria de la Federación Rusa, Laudo nº 91/2006 (2007), Unilex nº 1326.

345 CCI e Industria de la Federación Rusa, Laudo nº 83/2008 (2008), Unilex nº 1477.

346 CCI e Industria de la Federación Rusa, Laudo nº 64 (2008), Unilex nº 1803.

347 CCI e Industria de la Federación Rusa, Laudo nº 119/2008 (2009), Unilex nº 1804.

348 CCI e Industria de la Federación Rusa, Laudo nº 148 (2009), Unilex nº 1552.

349 CCI e Industria de la Federación de Rusia, Laudo nº 108/2011 (2011), Unilex nº 1730.

350 CCI e Industria de la Federación de Rusia, Laudo nº 173/2011 (2012), Unilex nº 1731.

351 Tribunal Arbitral de la Cámara Económica y de la Cámara Agraria de la República Checa, nº Rsp 88/94 (1996), Unilex nº 632.

352 Arbitraje *ad hoc*, Roma, (1998), Unilex nº 631.

353 Arbitraje *ad hoc*, *Compañía Rioplatense de Hoteles S.A. c. Joao Fortes Engenharia S.A. y J. F. International S.A.*, Uruguay (1998), Unilex nº 1187.

354 Centro de Arbitraje de la Cámara de Comercio de Costa Rica (2002), Unilex nº 1102.

355 Arbitraje *ad hoc*, *Mohamed Abdulmohsen Al-Kharafi & Sons contra Libia*, (2003), Unilex nº 1821.

356 Centro de Arbitraje y Mediación de la Organización Mundial de la Propiedad Intelectual, Ginebra (2007), Unilex nº 1179.

(en referencia al **Art. 6.2.1**);[357] (vii) **un laudo alemán de 2009 de derecho alemán relativo a partes de Alemania** (en referencia al **Art. 4.6**);[358] (viii) **un laudo de 2010 (en referencia a los arts. 4.4, 4.5**);[359] (viii) **un laudo holandés de 2010 en un arbitraje *ad hoc de derecho* ecuatoriano relativo a partes de EE.UU. y Ecuador** (en referencia al **art. 7.4.3** (2): *"fuentes transnacionales como el artículo 7.4.3 (2) de los Principios UNIDROIT sobre los Contratos Comerciales, a menudo aplicados por los tribunales de la CCI"*).[360]

5. Laudos arbitrales que utilizan Principios UNIDROIT como expresión de costumbres o usos del comercio internacional o *lex mercatoria*

24

Varios laudos arbitrales han aplicado los Principios UNIDROIT como expresión de costumbres o usos del comercio internacional o de la *lex mercatoria* (es *decir,* las reglas aplicadas por los comerciantes). Tales laudos contienen a menudo declaraciones que califican los Principios UNIDROIT como "principios generales del derecho". Tres laudos demuestran particularmente bien el puente entre las referencias, a veces intercambiables, que se hacen a las prácticas o usos comerciales, por un lado, o a los principios generales del derecho, por otro: (i) **un laudo *ad hoc* (2001) sobre una disputa entre Francia y Costa Rica que debía resolverse "sobre la base de la buena fe y los usos leales y teniendo en cuenta las prácticas comerciales más sanas y los términos amistosos"**. En su razonamiento, el tribunal arbitral calificó explícitamente los Principios UNIDROIT de normas y principios generales: *"Son múltiples las razones por las que este Tribunal considera que **los Principios UNIDROIT sobre los contratos comerciales internacionales constituyen el elemento central de las normas y principios generales que regulan las obligaciones contractuales internacionales y que gozan de un amplio consenso internacional**, constituyendo el derecho propio de los contratos [...]".*[361] El laudo continúa, esencialmente *al pie de la letra,* con el mismo lenguaje detallado conocido del Laudo CCI número 7110 de 1995 en un asunto entre un gobierno inglés e iraní (citado anteriormente número 13); (ii) Laudo CCI número 10422 **(2001)**, en una disputa entre una parte **europea y otra sudamericana** sobre un acuerdo de distribución sin elección válida de ley. Respaldando la intención de las partes de una solución neutral, el tribunal arbitral, aplicó los Principios UNIDROIT como **"principios y reglas generales de los contratos internacionales, es *decir,* la llamada *lex mercatoria*"**;[362] (iii) Laudo **CCI** número 11265 **(2003)**, en una disputa sobre un contrato sin cláusula de elección de ley con contactos con **Bermudas, Francia, Ruanda, Tanzania**. El tribunal arbitral, aplicando "las normas jurídicas que determine apropiadas" y "teniendo en cuenta, en cualquier caso, los usos mercantiles pertinentes", decidió aplicar los Principios UNIDROIT (*"en primer lugar, en el curso del procedimiento arbitral las propias partes parecían estar de acuerdo en la*

[357] Câmara FGV de Conciliação e Arbitragem (São Paulo, Brasil), Laudo nº 1/2008, *Delta Comercializadora de Energia Ltda. c. AES Infoenergy Ltda., (2009).* (2009), Unilex nº 1530.

[358] Deutsches Sportschiedsgericht, *Unknown German athlete v. Deutscher Leichtathletikverband,* (2009), Unilex nº 1676.

[359] Laudo CCI nº 15956 (2010), Unilex nº 2108.

[360] Arbitraje *ad hoc*, Laudo nº IIC 421, La Haya, *Chevron Corporation &Texaco Petroleum Corporation c. Ecuador,* (2010), Unilex nº 1534.

[361] Arbitraje *ad hoc*, San José (2001), Unilex nº 1100.

[362] Laudo CCI nº 10422 (2001), Unilex nº 957, énfasis añadido.

*aplicación de los Principios UNIDROIT; en segundo lugar, los Principios UNIDROIT pueden considerarse **"una codificación de los usos mercantiles y una expresión de los principios generales del derecho contractual"**).*[363]

25

Próximos a este grupo de casos se encuentran laudos en los que los Principios UNIDROIT se aplicaron en su conjunto como expresión de los usos del comercio internacional: (i) **un laudo de la CCI (1999) entre dos empresas italianas**, una de las cuales tenía una empresa afiliada registrada en **EE.UU.**, sobre un acuerdo de delimitación de marca registrada de 1999 determinó que la elección de la ley del **Estado de Nueva York** como ley que regía la validez del acuerdo no abarcaba el contenido del acuerdo. En su lugar, el tribunal arbitral decidió recurrir a los *"usos del comercio internacional para complementar las disposiciones del acuerdo". A este respecto, [el demandado] se ha remitido a los Principios* UNIDROIT, *que el tribunal arbitral reconoce como una representación exacta, aunque incompleta, de los usos del comercio internacional".*[364]; (ii) **Un laudo de 2008 dictado conforme a las normas del Centro de Arbitraje Comercial para los Estados del Consejo de Cooperación para los Estados Árabes del Golfo ("Centro de Arbitraje Comercial del CCG")** —que agrupa a siete Estados de la región del golfo[365]— se basó únicamente en el contrato y en los Principios UNIDROIT. El tribunal arbitral decidió ***"de conformidad con los términos del contrato en litigio que [el] tribunal está obligado a aplicar como ley de las partes, tomando en consideración los* usos del comercio internacional**, *[…]".*[366] Aplicando este conjunto de reglas, el tribunal arbitral ordenó el pago de intereses medidos por el índice de referencia mundialmente utilizado. A tal efecto, para establecer el tipo de interés, el tribunal arbitral se basó en los Principios UNIDROIT.[367]

26

Algunos laudos aplican explícitamente los Principios UNIDROIT como *"lex mercatoria"*. Un ejemplo es la decisión de la **CCI** número 9875 de 1999 **en una disputa franco-japonesa** sobre un acuerdo de licencia a largo plazo sin cláusula de elección de ley que concluía que *"[l] as 'reglas de derecho' más apropiadas para ser aplicadas al fondo de este caso son las de la* lex mercatoria, *es decir, las reglas de derecho y usos del comercio internacional que han sido elaboradas gradualmente por diferentes fuentes como los propios operadores del comercio internacional, sus asociaciones, las decisiones de tribunales arbitrales internacionales y algunas instituciones como UNIDROIT y sus recientemente publicados Principios de los*

363 Laudo CCI nº 11265 (2003), Unilex nº 1416.

364 Laudo CCI nº 9479 (1999), Unilex nº 680.

365 Los Estados miembros del Centro de Arbitraje Comercial del CCG son: **Arabia Saudí, Kuwait, Bahréin, Qatar, Emiratos Árabes Unidos y el Sultanato de Omán**. El Centro se creó en 1993 bajo los auspicios del Consejo de Cooperación del Golfo. Es un órgano del Consejo de Cooperación y refuerza la naturaleza jurídica del Consejo de Cooperación como organización internacional y regional con jurisdicción general. *Véase Mohammad Hussein Bashayreh*, The GCC Commercial Arbitration Centre 2015. p. 22.

366 Laudo del Centro CCG (2009), citado del caso de arbitraje número 30/2008 en *Mohammad Hussein Bashayreh*, The GCC Commercial Arbitration Centre 2015. páginas 204-205. Disponible en: http://www.gcccac.org/en/publications-research/related-studies-research [última visita el 09 de enero de 2023].

367 *Ibid.*

Contratos Comerciales Internacionales".[368] A esta valoración, se contraponen ejemplos en los que los árbitros decidieron en contra de la aplicación de los Principios UNIDROIT como usos comerciales o *lex mercatoria*. Dichos laudos no contienen un lenguaje crítico contra los Principios UNIDROIT COMO tales, sino que simplemente deciden lo contrario —dentro de su discrecionalidad arbitral— sobre la determinación de las normas jurídicas aplicables en el caso concreto con respecto a la elección de la ley aplicable o el régimen de arbitraje[369] y/o con respecto a las circunstancias del caso.[370] Por lo tanto, se afirma que estos laudos no tienen ningún impacto en la evaluación de los Principios UNIDROIT como principios generales del derecho; se centran en otras cuestiones.

27

La mayoría de los laudos que hacen referencia a los Principios UNIDROIT como expresión de prácticas, usos o costumbres del comercio internacional lo hacen para complementar su interpretación de una ley nacional. **Ejemplos: (i) *ad hoc* (1997)**, disputa entre una empresa **argentina y una chilena** sobre un contrato (*"Los Principios UNIDROIT constituían usos del comercio internacional que reflejaban las soluciones de los diferentes sistemas jurídicos y de la práctica contractual internacional, y como tales, de acuerdo con el Art. 28 (4) de la Ley Modelo de la CNUDMI sobre Arbitraje Comercial Internacional, deben*

---

368 Laudo de la CCI nº 9875 (1999), Unilex nº 675, énfasis añadido.

369 *Véase* (i) Laudo CCI 9029, (1998) sobre una disputa italo-austríaca relativa a un acuerdo de accionistas (*"[...] aunque los Principios UNIDROIT constituyen un conjunto de normas teóricamente apropiadas para prefigurar la futura* lex mercatoria *en caso de que se adapten a la práctica comercial internacional, en la actualidad no existe una conexión necesaria entre las* [disposiciones de los] *Principios individuales y las normas de la* lex mercatoria, de *modo que el recurso a los Principios no es pura y simplemente lo mismo que el recurso a un uso comercial internacional realmente existente"*), Unilex nº 660; (ii) Laudo CCI 9419 (1998) rechazando un argumento para aplicar los Principios UNIDROIT *"al menos mientras el árbitro esté obligado a identificar la ley aplicable eligiendo la norma de conflicto que considere más apropiada, de conformidad con las disposiciones establecidas por los convenios internacionales y según lo previsto en las normas de arbitraje en cuyo ámbito opera"*., Unilex No 664; (iii) el Laudo de la CIETAC (2004) no aplicó los *Principios UNIDROIT* POR entender que *"la CISG deliberadamente no se ocupa de las cláusulas de liquidación de daños y perjuicios ni de las cláusulas penales y que, en vista de las considerables diferencias entre las legislaciones nacionales en este ámbito, la laguna no podía colmarse en virtud del artículo 7.4.13 de los Principios UNIDROIT, sino únicamente recurriendo a la legislación nacional aplicable en otro caso..."*, Unilex nº 1441; (iv) China International Economic and Trade Arbitration Commission Award (2005) refusing to apply the UNIDROIT Principles to calculate interests (*"the (UNIDROIT) Principles are neither an international convention, nor did the parties stipulated the (UNIDROIT) Principles in the Contract, and therefore, it lacked either legal or contractual grounds for the arbitration tribunal to rule according to the (UNIDROIT) Principles; however, the Arbitration Tribunal could refer to the Principles..."), Unilex nº "*), Unilex Nº 1355.

370 *Ver* (i) Laudo CCI nº 11256, (2003)] en una disputa sobre un contrato regido por la ley mexicana, con (a) una declinación a aplicar los Principios UNIDROIT como "términos usados o generalmente entendidos en la industria de ensamblaje de camiones"; (b) un énfasis explícito en la obligación *de "identificar la ley aplicable eligiendo la norma de conflicto que él [es decir. (b) un énfasis explícito en la obligación de "identificar la ley aplicable eligiendo la norma de conflicto que él [es decir, el árbitro] considere más apropiada, de conformidad con las disposiciones establecidas por los convenios internacionales y según lo previsto en las normas de arbitraje en cuyo ámbito opera"*; y (c) una valoración explícita de que los Principios UNIDROIT son *"el resultado de un estudio comparativo exhaustivo, [y] pueden utilizarse para interpretar esta ley* [es decir.e. el derecho interno elegido por las partes] *y resolver dificultades imprevistas en su aplicación a un contrato internacional"*, Unilex nº 1423; (ii) Laudo CCI nº 12446 (2004) que rechaza aplicar los Principios UNIDROIT como costumbre comercial en Japón, Unilex nº 1424.

prevalecer sobre cualquier ley nacional");[371] (ii) un laudo suizo conforme a la ley suiza en **1998** relativo a un acuerdo de servicios entre partes de Marruecos y Francia (refiriéndose al **Art. 7.4.9** "**[l]** ***os*** **usos del comercio internacional de los que se hacen eco***, entre otros, la Convención de las Naciones Unidas sobre los Contratos de Compraventa Internacional de Mercaderías (la 'Convención de Viena') o también* los Principios UNIDROIT *sobre los Contratos Comerciales Internacionales");*[372] (iii) un laudo italiano conforme al Derecho italiano sobre una controversia entre Italia y EE.UU. (2001, refiriéndose al Art. 7.4.9, *"Dicha solución es coherente con la* costumbre pertinente del comercio internacional, de la que los [P] rincipios [UNIDROIT] son una expresión. ").[373]

6. Laudos arbitrales que aplican los Principios UNIDROIT por acuerdo de las partes

28

En varios casos, los árbitros han aplicado los Principios UNIDROIT en virtud de una elección de las partes (Preámbulo párr. 2). A veces, dicha elección se realiza después de que haya surgido la disputa o incluso después del inicio de un arbitraje, por *ejemplo* (i) Introducción número 19 sobre **un arbitraje alemán ASEAC sobre una disputa chino-alemana**; (ii) Observaciones introductorias a la Sección 7.4, número 2 sobre **un arbitraje suizo sobre una disputa anguilano-turca**. Tal práctica fue contemplada explícitamente por el Grupo de Trabajo. Las cláusulas modelo de UNIDROIT[374] incluso prevén los diferentes escenarios de aplicación de los Principios UNIDROIT (de forma autónoma o en combinación con un instrumento internacional o la ley nacional), ya sea sobre la base de una elección hecha en la conclusión del contrato o sobre la base de un acuerdo sobre los Principios UNIDROIT después de que haya surgido la disputa. El autor ha oído de otros árbitros testimos anecdóticos de varias experiencias similares en las que partes de diferentes naciones han acordado la elección de los Principios UNIDROIT durante el arbitraje. En estos casos, los Principios UNIDROIT son elegidos como un conjunto neutral de reglas con respecto a su contenido universalmente compatible (arriba C.). Esta práctica puede servir como una indicación más del carácter de principios generales de los Principios UNIDROIT.

II. Aplicación por los tribunales nacionales

29

En todo el mundo, los tribunales nacionales de aproximadamente 25 jurisdicciones y en todos los continentes —excepto en África[375]— han aplicado los Principios UNIDROIT. Se puede observar un uso relativamente intenso de los Principios UNIDROIT en **Europa del**

---

[371] Arbitraje *ad hoc*, Buenos Aires (1997), Unilex nº 646.

[372] Laudo de la **CCI** nº 9333, Ginebra **(1998)**, Unilex nº 665.

[373] Laudo CCI nº 11051 (2001), Unilex nº 1068, énfasis añadido.

[374] www.UNIDROIT.org/instruments/commercial-contracts/upicc-model-clauses [última consulta: 09 de enero de 2023].

[375] Esto puede deberse a la falta de fuentes. Sobre la influencia de los Principios UNIDROIT en África, *véase* el Preámbulo nº. 13.

Este, España y Sudamérica, pero también en **Asia** (por *ejemplo,* en **China**, si se incluyen las notas de los jueces privados que exponen las razones de sus propias sentencias[376]) y **Australia**. Incluso los tribunales de jurisdicciones que no son Estados miembros de UNIDROIT, hacen referencia a los Principios UNIDROIT **(Malasia, Nueva Zelanda, Singapur, Ucrania)**. A este respecto, es digna de mención **una sentencia de 2019 del Tribunal Supremo ruso que permite expresamente que en los contratos que incluyen elementos transfronterizos se elijan las normas recomendadas por las organizaciones internacionales, incluidos los Principios UNIDROIT**.[377]

1. Los Principios UNIDROIT como Principios Generales del Derecho ante los Tribunales Nacionales

30

Varios tribunales nacionales tuvieron que centrarse en sus decisiones en la **naturaleza de los Principios UNIDROIT** o los calificaron explícitamente como principios generales del derecho, con diferentes matices. Cuatro ejemplos: (i) **En 1998, el Tribunal de Distrito de los EE.UU., Distrito Sur de California** decidió en el contexto de mociones y peticiones cruzadas en virtud de la Convención de Nueva York de 1958 sobre el Reconocimiento y la Ejecución de las Sentencias Arbitrales Extranjeras[378] relativas al laudo de la CCI de 1996 ***"Cubic"*** que había aplicado los Principios UNIDROIT como expresión de los **"principios generales del derecho internacional y de los usos mercantiles"** elegidos (no. 14 supra). Sostuvo que *"la referencia del Tribunal a los Principios UNIDROIT y a principios como la buena fe y la lealtad negocial, así como su aplicación, no violan el artículo V (1) (c)* [de la Convención de Nueva York]. *"*[379] (ii) **En 2014, el Tribunal de Distrito de Jerusalén** en Israel **describió el peso de los Principios UNIDROIT** en los tribunales nacionales de la siguiente manera: *"**No hay desacuerdo en que el uso de estas normas en el derecho interno es más frecuente como herramienta de interpretación**. […] En ocasiones, los tribunales nacionales han hecho uso de los Principios como si tuvieran el mismo valor que la literatura de investigación. Pero a veces los tribunales los utilizan como un* **'rompedor de equilibrio', como una última palabra para tomar una decisión entre diferentes opiniones expresadas en la literatura** [*nota:* aquí, el tribunal enumera un ejemplo de un caso del Reino Unido, Square Mile Partnership Ltd c. Fitzmaurice McCall Ltd (2006)]. *"*[380] El Tribunal de Distrito se refirió a una decisión de **2009** sobre la naturaleza de los Principios UNIDROIT del **Tribunal de**

---

[376] En China, parece ser habitual que la decisión judicial sea breve y que se aporten comentarios adicionales por escrito (que sirven como fuente de ingresos independiente).

[377] Sentencia del Pleno del Tribunal Supremo de la Federación de Rusia nº 24 de 9 de julio de 2019, Sobre la aplicación de las normas de Derecho Internacional Privado por los Tribunales de la Federación de Rusia, disponible en: http://www.supcourt.ru/en/files/28804/ [última visita el 09 de enero de 2023].

[378] Desarrollado por la CNUDMI.

[379] US District Court for the Southern District of California - 29 F. Supáginas 2d 1168 (S.D. Cal. 1998) (1998), Unilex nº 652; con un aplaudido comentario de *M. J. Bonell,*, Unif. Law Rev., nº 4, 1999, páginas 658 *y ss.* Esta decisión resolvió una preocupación sobre el reconocimiento de los laudos arbitrales basados únicamente en los Principios UNIDROIT que había sido planteada en 1994 por el Grupo de Trabajo en P.C.-Misc. 19 (1994), p. 17 (*Furmston*).

[380] Tribunal de distrito de Jerusalén, CS 45359-05-11, *Haim Levy (Agencia de vehículos y reparación de automóviles de distrito de Jerusalén) 1998 LTD. contra Karaso Motors LTD.* (2014), Unilex nº 2195.

Magistrados de Jerusalén, que sostenía: *"Como se aclarará más adelante, mientras que el uso de los PDEC no ha excedido el uso convencional de la literatura comparada, los principios UNIDROIT parecen haber sido aplicados como una ley de fuerza vinculante, al menos de una manera u otra, dentro de muchos arbitrajes internacionales. De ahí el peso que debe darse a estas propuestas en general, y a UNIDROIT en particular.* "[381] (iii) **En 2017, el Tribunal de Apelación brasileño de Rio Grande del Sur** razonó su decisión a la luz de la CISG y de los Principios UNIDROIT. El presidente del tribunal analizó el alcance de la CISG llamando a la convención *"sangre vital del comercio internacional"*. "*El* tribunal declaró con respecto a los Principios UNIDROIT: *"En lo que concierne a la UPICC, no hay obstáculo para aplicarla también al fondo del litigio. En primer lugar, porque el contenido del UPICC revela, en gran escala, el contenido de la llamada* ***'nueva lex mercatoria'****. [...]. Por fin, porque la utilización de la UPICC —así como la aplicación de la CISG independientemente de su eficacia en el ámbito del derecho interno brasileño— reafirma un abordaje flexible y no positivista de la controversia, como las disputas en el campo del derecho comercial internacional requieren".*[382] (iv) **En 2021, el Tribunal Supremo del Reino Unido** se *"conformo con aceptar"* el acuerdo de las partes de que la expresión *"principios de derecho generalmente reconocidos en las transacciones internacionales"* significaba una referencia a los Principios UNIDROIT. El tribunal también determinó que la frase *"las normas de derecho"* del Art. 21 (1) del Reglamento de la CCI "puede incluir normas jurídicas no estatales" y, por tanto, los Principios UNIDROIT.[383]

2. Tribunales nacionales que utilizan los Principios UNIDROIT para complementar los instrumentos internacionales

31

De conformidad con el Preámbulo (Preámbulo, párrafo 5), los tribunales nacionales también han utilizado los Principios UNIDROIT para complementar la CISG.[384] Además de la sentencia de **2017** del **Tribunal de Apelación brasileño de Rio Grande do Sul** (como se acaba de comentar en supra número 30), cabe destacar una sentencia de **2009** de la **Cour de Cassation Belga**. En ella se sostuvo que el art. 79 CISG regula la excesiva onerosidad a pesar de que la disposición no menciona el término "excesiva onerosidad", sino simplemente el término "impedimento". Sin embargo, el tribunal señaló que la CISG no proporciona ninguna indicación sobre cómo deben resolverse las cuestiones relativas a la excesiva onerosidad. La CISG fue adoptada en 1980. Para interpretar la CISG, el Tribunal de Casación belga se basó en el Art. 7 de la CISG, derivando de dicha disposición *"colmar las lagunas de manera uniforme* [...] *con los principios generales que rigen el derecho del* comercio internacional"[385] y, por tanto, aplicando los Principios UNIDROIT, publicados por

[381] Tribunal de Magistrados de Jerusalén, nº 011481/02, (2009).

[382] Tribunal de Apelación de Rio Grande do Sul, No.70072362940, *Noridane Foods S.A. v. Anexo Comercial Importação e Distribuição Ltda.* (2017), Unilex nº 2035.

[383] Tribunal Supremo del Reino Unido, UKSC 48, *Kabab-Ji SAL v Kout Food Group*, (2021), no. 41, 45, Unilex nº 2309.

[384] Para una evaluación crítica de esta práctica, *véase E. McKendrick/S. Vogenauer*, FS Kronke (2020), páginas 1132-1135, especialmente en la p. 1134.

[385] **Tribunal de Casación [Tribunal Supremo] de Bélgica**, nº C.07.0289.N, *Scafom International BV contra Lorraine Tubes S.A.S.* (2009), Unilex nº 1456.

primera vez en 1994, como *"principios generales en los que se basa [es decir, la CISG]."*[386] Del mismo modo, en **2012**, la **Cour d'appel de Reims francesa** también aplicó los Principios UNIDROIT COMO PRINCIPIOS GENERALES EN el sentido del art. 7 (2) CISG para complementar el art. 79 DE LA CISG.[387]

3. Tribunales nacionales que utilizan los Principios UNIDROIT como herramienta para confirmar o complementar la interpretación o aplicación de una ley nacional

32

La mayoría de las decisiones de los tribunales estatales nacionales que hacen referencia a los Principios UNIDROIT los utilizaron para **confirmar una interpretación de su propia ley**, es decir,

- Australia,[388]
- Canadá,[389]
- España,[390]

---

[386] *Ibid.*

[387] **Court d'appel de Reims**, nº 11/02698, SA D21 contra SARL Gabo (2012), Unilex nº 2121.

[388] (i) **Tribunal Federal de Australia**, nº 558, *Hughes Aircraft Systems International contra Airservices Australia, (1997)* (relativo al art. 1.7), Unilex nº 634; nº (ACN 008 204 635) [2009] FCA 1220, *Australian Medic-Care Company Ltd contra Hamilton Pharmaceutical Pty Limited (2009)*, Unilex nº 1519; nº [2015] FCAFC 50, *Paciocco v Australia and New Zealand Banking Group limited*, (2015), Unilex nº 1921; nº NG733 of 1997, *GEC Marconi Systems Pty Ltd. v BHP Information Technology Pty Ltd. and Others, (2003)*, Unilex nº 845; (ii) **Supreme Court of Western Australia - Court of Appeal**, nº FUL 100 of 2001, *Central Exchange Ltd v Anaconda Nickel Ltd, (2002)*, Unilex No 1134; (iii) **Supreme Court of New South Wales** (NSWSC), nº 483, *Alcatel Australia Ltd. v. Scarcella & Ors, (1998)*, Unilex nº 648; nº 996, *Aiton Australian Pty Ltd. v. Transfield Pty Ltd.*, (1999), Unilex nº 845. (1999), Unilex nº 667; nº [2009] NSWCA 177, *United Group Rail Services v. Rail Corporation Of New South Wales* (2009), Unilex nº 1517; *Franklins Pty Ltd v. Metcash Trading Ltd* (2009), Unilex nº 1520; nº [2010] NSWCA 268, *Macquarie International Health Clinic Pty Ltd v. Sydney South West Area Health Service, (2010)*, Unilex nº 1614; nº 40200/03, *Tan Hung Nguyen v. Luxury Design Homes*, (2004), Unilex nº 1135; (iv) High Court of Australia, nº S221/2007, *Koompahtoo Local Aboriginal Land Council v. Sanpine Pty Limited*, (2007), Unilex nº 1232.

[389] (i) **Tribunal Supremo de Canadá**, *Churchill Falls (Labrador) Corp. contra Hydro-Québec*, 2018 SCC 46, (2018). Disponible en: https://www.canlii.org/en/ca/scc/doc/2018/2018scc46/2018scc46.html?searchUrlHash=AAAAAQATVU5JRFJPSVQgUHJpbmNpcGxlcwAAAAAB&resultIndex=1 [última visita el 09 de enero de 2023]; (ii) **Tribunal Superior, Provincia de Quebec, Distrito de Montreal**, Nº 500-05-031756-974, *Enerchem Transport Inc. et al vs Nicolas R. Gravino et al.*, (2005), Unilex Nº 1546; (ii) **Cour d'Appel, Provincia de Quebec, Distrito de Montreal**, Nº 500-09-021377-114, *Hydro-Québec c. Construction Kiewit cie.*, (2014), Unilex nº 1922.

[390] (i) Tribunal Supremo (Sala de lo Civil) de España, nº 506/2007, (2007), Unilex nº 1217; nº 812/2007, (2007), Unilex nº 1216; nº 849/2007, (2007), Unilex nº 1218; nº 1092/2008, *Bodega Marques de Murrieta, S.A. vs. Valoría S.A., (2008)*, Unilex nº 1467; nº 35/2010, 2010, *Unión Fenosa S.A. vs. Agrupación Mineraria del Bierzo AIE*, (2010), Unilex nº 1524; nº 333/2015, (2015), Unilex nº 1935; nº 264/2019, (2019); nº 333/2014, (2014), Unilex nº 1949; nº 64/2015, (2015), Unilex nº 1950; nº 1320, (2007), Unilex nº 1360; nº 366/2010, (2010), Unilex nº 1548; nº 292/2011, (2011), Unilex nº 1616; nº 872/2011, (2011), Unilex nº 1651; nº 74/2012, (2012), *véase R. Michaels*, Unif. Law Rev. 2014, páginas 643, 648; nº 279/2013, (2015), Unilex nº 1936; nº 123/2015, (2015), Unilex nº 1937; ii) Audiencia Provincial de Madrid, nº 949, (2007); nº 244, *Defensor del Pueblo Compañía de Seguridad c. Comunidad de Propietarios Ciudad Satelitedireccion*, (2008), Unilex nº 1358; (iii) Audiencia Provincial de Tarragona, nº 383, (2007); Unilex nº 1359; (iv) Audiencia Provincial de Cádiz (Sección 2ª), nº 25/2009, *Desconocido vs Inmobiliaria Garube S.A.* (2009), Unilex nº 1469.

- Georgia,[391]
- India,[392]
- Países Bajos,[393]
- Portugal,[394]
- Rusia[395]
- Singapur,[396]

o para **complementar la legislación nacional**. A veces, las decisiones judiciales contienen declaraciones contundentes —aunque a menudo solo de carácter ornamental (*obiter*

Para un análisis de la práctica de los tribunales españoles al referirse a los Principios UNIDROIT *véase P. Perales Viscasillas* en *Eppur si muove*: La era del Derecho uniforme, páginas 1619-1639, así como *C. Doria/A. Lievat/A. Mateo Sixto en* el Informe IBA 2019, páginas 114-115. Las decisiones citadas anteriormente constituyen sólo la punta de un iceberg, ya que debe haber muchas más decisiones, *véase R. Michaels*, Unif. Law Rev. 2014, páginas 643, 649 mencionando con más referencia 65 decisiones de tribunales inferiores solo para los nueve primeros meses de 2013.

391 **Tribunal Supremo de Georgia**, nº AS-559-2019 (2019), Unilex nº 2230; nº AS-1548-2019 (2020).

392 (i) **Tribunal Superior de Delhi**, nº CS (OS) nº 1599/1999, *Sandvik Asia Pvt. Ltd. v. Vardhman Promoters Pvt. Ltd. (2006), Unilex nº 1242*. (2006), Unilex nº 1242; nº RFA (OS) nº 26/1986, *Hansalaya Properties and Anr.v. Dalmia Cement (Bharat) Ltd*. (2008), Unilex nº 1454; ii) Comisión Central Reguladora de la Electricidad de Nueva Delhi, *Adani Power Ltd contra Uttar Haryana Bijili Vitaran Nigam Ltd y otros*, Petición nº 155/ MP/2012 (2013); *Coastal Gujarat Power Limited contra Gujarat Urja Vikas Nigam Limited y otros*, Petición n.º. 159/MP/2012 (2013); *Sasan Power Ltd contra MP Power Management Company Ltd y otros, Petición nº* 14/MP/2013 (2014); (iii) Telecom Disputes Settlement & Appellate Tribunal New Delhi, *Hathway Cable and Datacom Ltd contra Neo Sports Broadcast Pvt. Ltd* (2010).

393 **Rechtbank Amsterdam**, nº NCC 20/014 (C/13/681900), (2020), Unilex nº 2259.

394 (i) Supremo Tribunal de Justiça, nº 1285/07.7TJVNF.P1.S1, (2010), Unilex nº 1653; (ii)Tribunal da Relação do Porto de Portugal, nº 1285/07.7TJVNF.P1, (2010), Unilex nº 1610.

395 (i) **Tribunal Supremo de Comercio de la Federación de Rusia**, nº 437/08, *Kitey minor private enterprise v. Temryukmortrans LLC, (2008), Unilex nº* 2158; *Unics v. EX Cargotransservice, (2011*), Unilex nº 2160; nº BAC-3352/12, *KIT Finance Investment Bank v. Formula Pereezda LLC*, (2012), Unilex nº 2161; nº 17984/13, *First National Pension Fund c. Filipp Yudin, (2014*), Unilex nº 2157; ii) **Tribunal Supremo de la Federación de Rusia**, nº 304-C15-4108, *Departamento de Construcción de la Administración Regional de Khanty-Mansiysk c. System Engineering Company LLC, (*2015), Unilex nº 2154; (iii) **Supreme Arbitrazh Court of the Russian Federation**, nº 437/08, (2008); (iv) (Segundo circuito) Arbitrazh Court of Appeal, nº A82-4506/2009-8, (2009), Unilex nº 1836; Segundo circuito, nº A29-296/2012, (2012), Unilex nº 1833; Cuarto circuito, nº A78-10225/2012, (2013), Unilex nº 1851; Sexto circuito, nº 06AP-1856/2012, (2012), Unilex nº 1934; Decimotercer circuito, nº A56-56366/2008, (2009), Unilex nº 1600; Decimoctavo circuito, nº A07-28272/2009, (2010), Unilex nº 2065; (v) **Tribunales regionales de Arbitrazh: Tribunal de Arbitraje de la región de Krasnoyarsk**, nº A33-804/20099, (2009), Unilex nº 1914; **Tribunal de Arbitraje de la región de Kostroma**, nº A31-1235/2012, (2012), Unilex nº 1869; **Tribunal de Arbitraje de la región de Kaliningrado**, nº A21-6939/2009, (2011), Unilex nº 2085; **Tribunal de Arbitraje de la región de Jabárovsk**, nº A73-13600/2012, (2012), Unilex nº 1927; **Tribunal de Arbitraje de la región de San Petersburgo y Leningrado**, nº A56-7322/2011, (2011), Unilex nº 2086; Tribunal de Arbitraje de Moscú, nº A40-35715/10-141-305, (2010), Unilex nº 2069; Tribunal de Arbitraje del Distrito Autónomo de Khanty-Mansi - Yugra, nº A75-3114/2008, (2008), Unilex nº 1776; **Tribunal Comercial del Distrito del Cáucaso Norte de la Federación de Rusia**, 2015, *YUMEK-Kommunalnyi Service v. Direction for the Construction and Operation of Objects for Rosgranitsa, (2015*), Unilex nº 2156; Tribunal Federal de Arbitraje del Distrito Noroeste, nº A21-2552/2010, (2011), Unilex nº 1780; **Tribunal de Arbitraje de la Región de Novosibirsk**, nº A45-6683/2013, (2013), Unilex nº 1872; **Tribunal de Arbitraje del territorio de Primorsky**, nº A51-10752/2007, (2007), Unilex nº 1775; **Tribunal de Arbitraje de la República de Saha (Yakutia)**, nº A58-4122/2011, (2011), Unilex nº 1932; Tribunal de Arbitraje de la Región de Sajalín, nº A59-4504/2013, (2013), Unilex nº 1769; **Tribunal de Arbitraje del Territorio Trans-Baikal**, nº A78-6043/2013, (2013), Unilex nº 1765; Tribunal Federal de Arbitraje del Distrito Volgo-Vyatsky, nº 33-10697/02-2, (2003), Unilex nº 1598.

396 **Tribunal Supremo de Singapur**, BXH contra BXI, nº 142/2018 (2020), Unilex nº 2264.

dicta)— que respaldan el peso de los Principios UNIDROIT en su jurisdicción.[397] Un ejemplo extremo proviene de la Corte Suprema de Justicia de **Paraguay (2018)**: *"No podemos dejar de mencionar los Principios UNIDROIT (Principios sobre los Contratos Comerciales Internacionales), a los que recurrimos como herramienta interpretativa para complementar nuestro derecho interno".*[398] Estas decisiones provienen de todo tipo de jurisdicciones: (a) de jurisdicciones de **common law, de civil law e híbridas**, (b) de jurisdicciones **grandes y pequeñas**, o (c) de **jurisdicciones que son miembros de UNIDROIT** y de jurisdicciones en las que no lo son. Las decisiones incluyen un **tribunal constitucional (Columbia**[399]**)** y al menos **13 tribunales supremos nacionales**:

(i) Argentina,[400]

(ii) Brasil,[401]

(iii) Canadá,[402]

(iv) Columbia,[403]

(xi) España,[404]

---

[397] *M. J. Bonell,*, Unif. Law Rev., Vol. 23 (2018), páginas 15, 36-37 ("incluso tales "observaciones puramente ornamentales" pueden asumir una importancia considerable").

[398] **Corte Suprema de Justicia**, Sala Civil, nº 72, *María José Ramírez De Aranda Y Otros C/ Hernán Darío Ramírez Almada S/ Pago Por Consignación Y Otros*, (2018) p. 07, Unilex nº 2171.

[399] **Corte Constitucional de Colombia**, nº C-1008, *Enrique Javier Correa de la Hoz y otros*, (2010), Unilex nº 1591.

[400] **Cámara Nacional de Apelaciones en lo Comercial de la Capital Federal (CNCom Sala B)**, Nº 80.808, *"Benítez, Elsa Beatriz" contra "Citibank N.A. y otro*, (2004), Unilex Nº 1180; **Cámara de Apelaciones en lo Civil y Comercial de La Matanza, sala II (CCivyComLaMatanza) (SalaII)**, *Ghezzi y Salvini, Adelina E. y otro c. Suárez, Eduardo R. y otro*, (2006), Unilex nº 1627; Cámara 6a de Apelaciones en lo Civil y Comercial de Córdoba, *Ingeniero Néstor A. Brandolini y Asociados S.R.L. c. Oviedo Funes, María Lila y otro*, (2008), Unilex nº 1628; Suprema Corte de Justicia de la Provincia de Mendoza, sala I(SCMendoza)(SalaI), *Nadal Nicolau, Carlos A. c. Departamento General de Irrigación, (2001*), Unilex nº 1630; Cámara de Apelaciones de Buenos Aires, *Nea Commerce S.A. vs. SKY Argentina SCA*, (2009), Unilex nº 1586; Visión Satelital S.R.L. vs. SKY Argentina SCA, (2009), Unilex nº 1586. SKY Argentina SCA, (2009), Unilex Nº 1587; Cámara Nacional de Apelaciones en lo Comercial, *D.G. Belgrano S.A. c. Procter & Gamble Argentina S.R.L.*, (2013), Unilex Nº 1986; *International A/S c. Ovoprot International S.A.* (2013), Unilex Nº 1987; *Murex Argentina S.A. c. Abbott Laboratorios y otro.* (2014), Unilex nº 1988.

[401] **Tribunal de Apelación de Rio Grande do Sul**, nº 70072362940, *Noridane Foods S.A. contra Anexo Comercial Importação e Distribuição Ltda.* (2017), Unilex nº 2035; nº 4-25.2016.8.21.70041925OO, *Voges Metalurgia Ltda. contra Inversiones Metalmecanicas I.C.A. - IMETAL I.C.A*, (2017), Unilex nº 2042.

[402] **Tribunal Supremo de Canadá**, Churchill Falls (Labrador) Corp. contra Hydro-Québec, 2018 SCC 46, (2018). Disponible en: https://www.canlii.org/en/ca/scc/doc/2018/2018scc46/2018scc46.html?searchUrlHash=AAAAAQATVU5JRFJPSVQgUHJpbmNpcGxlcwAAAAAB&resultIndex=1 [última visita el 09 de enero de 2023].

[403] **Corte Suprema de Justicia**, nº 11001-3103-040-2006-00537-01, *Rafael Alberto Martínez Luna y María Mercedes Bernal Cancino vs. Granbanco S.A. (2012*), Unilex nº 1709; nº 11001-3103-012-1999-01957-0, *Fernando González Luque v. Compañía Nacional de Microbuses Comnalmicros S.A.*, (2011), Unilex nº 1657; nº 11001-3103-026-2000-04366-01, *Compañía Suramericana de Seguros S.A. v. Compañía Transportadora S.A.*, (2011), Unilex nº 1656.

[404] **Tribunal Supremo** (Sala de lo Civil) de España, nº 506/2007, (2007) Unilex nº 1217; nº 812/2007, (2007) Unilex nº 1216; nº 849/2007, (2007) Unilex nº 1218; nº 1092/2008, *Bodega Marques de Murrieta, S.A. vs Valoría S.A.*, (2008) Unilex nº 1467; nº 35/2010, 2010, *Unión Fenosa S.A. c. Agrupación Mineraria del Bierzo AIE*, (2010) Unilex nº 1524; nº 333/2015, (2015) Unilex nº 1935; nº 264/2019, (2019); nº 333/2014, (2014) Unilex nº 1949; nº 64/2015, (2015) Unilex nº 1950; nº 1320, (2007) Unilex nº 1360; nº 366/2010, (2010) Unilex nº 1548; nº 292/2011, (2011) Unilex nº 1616; nº 872/2011, (2011) Unilex nº 1651; nº 74/2012, (2012); nº 279/2013, (2015) Unilex nº 1936; nº 123/2015, (2015) Unilex nº 1937.

(v) Lituania,[405]
(vi) Noruega,[406]
(vii) Pakistán,[407]
(viii) Paraguay,[408]
(ix) Portugal,[409]
(x) Rumanía,[410]
(xii) Suecia,[411]
(xiii) Turquía.[412]

---

405 **Tribunal Supremo de Lituania**, nº 3K-3-281, (2002), Unilex nº 1184; nº 3K-3-63/2015, *AB "Specializuota komplektavimo valdyba" v. Vilniaus "žuolyno" gimnazija*, (2015), Unilex nº 1889; nº 3K-3-38, UAB *"Vingio kino teatras" v. UAB "Eika"*. (2005), Unilex nº 1181; nº 3K-3-702/2013, *Danske Bank A/S c. I. J. y otros, (2013), Unilex nº* 1891; nº 3K-3-612, *G. Brencius c. Ukio Investicine Grupe*,(2003), Unilex nº 1183; nº 3K-3-256/2011, (2011), Unilex nº 1898; nº K-7-306/2012, *J. G. c. AB SEB bankas*, (2012), Unilex nº 1896; nº 3K-3-523/2013, *V. D. y otros c. AB DNB bankas, (2013), Unilex nº* 1893; nº 3K-3-52/2013, *UAB "Melesta" c. Lex System GmbH*, (2013), Unilex nº 1895; nº 3K-3-230/2013, *Lietuvos kariuomene c. UAB, (2013), Unilex nº* 1894; nº 3K-3-10-421/2015, (2015), Unilex nº 1890; nº 3K-3-514/2014, UAB (2014), Unilex nº 1892.

406 **Tribunal Supremo de Noruega**, nº 2013/1839, (2014), Unilex nº 1829; nº 2007/1873, (2008), que se refería genéricamente a los Principios UNIDROIT pero sin indicar en qué disposiciones concretas de los mismos se basaba. Cabe suponer que el Tribunal tenía en mente, en particular, los arts. 2.1.2, 2.1.6 (1) y 9.2.3 de los Principios UNIDROIT, Unilex nº 1828.

407 **Supreme Court of Pakistan**, nº PLD 2013-641, *Maulana ABDUL HAQUE BALOCH and others Versus GOVERNMENT OF BALOCHISTAN through Secretary Industries and Mineral Development and others*, (2013), Unilex nº 2228.

408 **Corte Suprema de Justicia**, Nº 72, Sala Civil, *Maria José Ramírez de Aranda y otros c/ Hernán Darío Ramírez Almada, (2018)*, Unilex Nº 2171; Nº 1074/2016, *Engracia Marina Haywood de Balbuena y otro c/ Empresa de Transporte Nueva Asunción S.A. y otro, (2016)*, Unilex nº 2140; nº 1478, *Sara Garófalo Benza c. Alejandro Mainero Maivolo & Dena S.A.*(2016), Unilex nº 2030; Sala Civil y Comercial, nº 238, *Jorge Moises Etcheverry Alí c. Rosa María Ramona Etcheverry de Brizuela*, (2017), Unilex nº 2149; y **Tribunal de Apelación en lo Civil y Comercial de Asunción**, nº 11789, *Ramón Duarte Torres c. José Manuel Acevedo Oviedo y otro, (2013)*, Unilex nº 1692; Sala 6, nº 17, *Dirección Nacional de Aduanas c. El Comercio Paraguayo S.A. de Seguros Generales*, (2013), Unilex Nº 1695; Nº 95, *José Luis Andrés Manzoni Wasmosy C/ Indert S/* Obligacion De Hacer Escritura Publica Y Otros, (2014), Unilex Nº 1866; Nº 51, *Edgar Alberto Ayala Zalazar c/ Carlos Tomás González Figueredo*. (2016), Unilex nº 1957; Sala 6, nº 63, *Aceros Asunción S.A. v. Compañía Integral De Construcciones S.A.* (2019), Unilex nº 2185.

409 **Supremo Tribunal de Justiça**, nº 1285/07.7TJVNF.P1.S1, (2010), Unilex nº 1653.

410 **Tribunal Superior de Casación y Justicia de Rumanía**, nº 576/16.02.2010, (2010), disponible en http://www.scj.ro/en/1093/Jurisprudence-details?customQuery%5B0%5D.Key=id&customQuery%5B0%5D.Value=56118 [última visita el 09 de enero de 2023]; **Tribunal de Apelación de Bucarest**, nº 119/25.01.2016, (2016).

411 **Tribunal Supremo de Suecia**, nº NJA 2006 s.638, (2006), Unilex nº 1825; nº T 4904-08, *AK Portfolio Holding AB v. 1. MD; 2— IK, (2010)*, Unilex nº 1623; nº NJA s. 117423, (2013), Unilex nº 1827; *C. Ramberg*, Unif. Law Rev. vol. 19 (2014), páginas 669-675 (672).

412 **Tribunal de Casación**, nº 2016/14753, (2016); nº 2016/6953, (2016).

33

En otras jurisdicciones, la referencia a los Principios UNIDROIT fue realizada por tribunales inferiores, comerciales o regionales originales, esto es:

(i) Australia,[413]

(ii) China,[414]

(iii) Italia,[415]

(iv) Nueva Zelanda,[416]

(v) Rusia,[417]

(vi) Ucrania,[418]

(vii) Uzbekistán.[419]

En **China**, una serie de decisiones no mencionan explícitamente los Principios UNIDROIT, pero las notas de los casos de los jueces, preparadas para sus propias sentencias, explican que sí se basaron en los Principios UNIDROIT.[420]

---

413 Véase la nota 108, sección (ii) Tribunal Supremo de Australia Occidental - Tribunal de Apelación, y (iii) Tribunal Supremo de Nueva Gales del Sur.

414 Shaoguan Intermediate People's Court, nº ShaoZhongFaMinErChuZi n.8, Hengxing Company v. Guangdong Petrochemical Subsidiary Company, (2005), Unilex nº 1120;Observado por *G. Gao* y *R. Zheng* en un Country Report "China" (inédito) cuya publicación está prevista por la International Bar Association;

415 Corte dei Conti - Sezione Giurisdizionale per la Regione Siciliana, nº 86 (2020), Unilex nº 2238; T.A.R. Campania, nº 1614 (2020), Unilex nº 2241.

416 **Tribunal de Apelación de Nueva Zelanda**, nº (2000) NZCA 350, *Hideo Yoshimoto v Canterbury Golf International Limited, (2000) Unilex nº 802;* Tribunal de Apelación de Wellington, Nueva Zelanda, nº CA 245/00, *Bobux Marketing Ltd. V. Raynor Marketing Ltd (Babies' leather booties case), (2001)* Unilex nº 803; Auckland High Court, nº *V. Raynor Marketing Ltd* (Babies' leather booties case), (2001), Unilex nº 803; Tribunal Superior de Auckland, nº CIV-2007-404-3606 [2011] NZHC 707, *Divett v Skeates*, (2011), Unilex nº 1615.

417 *Véase* nota 112, secciones: (iv) (Segundo Circuito) Tribunal de Apelación Arbitrazh y (v) Tribunales Regionales Arbitrazh.

418 Cherkasy Regional Commercial Court, nº 02/2625, (2009), Unilex nº 1736; High Commercial Court of Ukraine, nº 42/90-10, (2010), Unilex nº 1700; Dnipropetrovsk Regional Commercial Court, nº 904/4611/13, (2013), Unilex nº 1734; Dnipropetrovsk Regional Administrative Court, 2-a-10084/09/0470, (2010), Unilex nº 1706; Tribunal Administrativo de Distrito de Kiev, nº 8/311, (2008), Unilex nº 1737; Tribunal Comercial Regional de Kiev, nº 17/059/060/061-09, (2009), Unilex nº 1703; Tribunal Comercial Regional de Kharkiv, nº 35/118-08, (2009), Unilex nº 1739. En Ucrania, los tribunales también pueden basarse en una carta "Sobre algunas cuestiones en la aplicación de los Códigos Civil y Mercantil de Ucrania" (→ Preámbulo nº 7).

419 La Cámara Judicial para Casos Económicos, Tashkent, nº 4-10-2024/417, (2021), Unilex nº 2287.

420 El autor desea agradecer a su antiguo ayudante *Rong Zheng* esta visión de la práctica china; *Véase* además *G. Gao/R. Zheng*, IBA Country Report 2019, páginas 44, 46-47

34

Algunos tribunales se han **negado a anular laudos arbitrales** que se basaban en la aplicación de los Principios UNIDROIT (**California/EE.UU.**[421], **Francia,**[422] **Países Bajos,**[423] **Suiza**[424]).

F. Una *opinión iuris* emergente

35

Aunque los Principios UNIDROIT son "soft" (derecho blando) y no "hard" law (derecho duro), para evaluar su carácter de principios generales del derecho mercantil internacional, parece apropiado aplicar el enfoque (i) para probar el derecho consuetudinario tal como se practica tanto en el derecho internacional público[425] y (ii) para el establecimiento del derecho consuetudinario a nivel nacional,[426] *es decir,* basarse en la práctica internacional, como se observa en E. (número 10 *y siguientes* supra), apoyada por una emergente *opinio iuris* en los círculos pertinentes, es *decir,* las comunidades que se concentran en los contratos comerciales internacionales. Tres resoluciones del ámbito de las Naciones Unidas, otras adhesiones de organizaciones internacionales de juristas, escritos académicos, así como las decisiones en las que se basa la práctica internacional de los Principios UNIDROIT, tal y como se expone en número 10 y *siguientes* supra), y el uso de los Principios UNIDROIT como fuente de derecho por parte de los legisladores (Preámbulo párr. 7 y en este comentario Preámbulo número 13), aunque nunca en su totalidad,[427] sugieren que existe una emergente *opinio iuris* global para utilizar los Principios UNIDROIT como manifestación de principios generales del derecho.

---

421 US District Court for the Southern District of California,— 29 F. Supáginas 2d 1168 (S.D. Cal. 1998), 07 de diciembre de 1998, Unilex n° 652; con un aplaudido comentario de *M. J. Bonell*, Unif. Law Rev. n° 4, 1999, páginas 658 *y ss.*

422 **Cour d'Appel de Paris**, n° 17/18001, (2020); n° 17/22943 (2020), Unilex n° 2245.

423 **Rechtbank's-Gravenhage**, BAE Systems PLC, U.K vs Ministry *of Defence and Support for Armed Forces of the Islamic Republic of Iran,* (2010), Unilex n° 1592 (listado a partir de 2011); Gerechtshof Den Haag, n° 200.095.535-01, BAE *Systems PLC, U.K contra Ministerio de Defensa y Apoyo a las Fuerzas Armadas de la República Islámica de Irán, (2013), Unilex n° 1925*; Hoge Raad, n° 14/00945, BAE Systems PLC, U.*K contra Ministerio de Defensa y Apoyo a las Fuerzas Armadas de la República Islámica de Irán*, (2015), Unilex n° 1924.

424 **Schweizerisches Bundesgericht**, n° 4A_430/2020, (2021), Unilex n° 2271.

425 Art. 38 (1) lit. b Estatuto de la Corte Internacional de Justicia.

426 Desde Ulpiano, las costumbres se prueban por la práctica en combinación con *la opinio iuris*: "*Mores sunt tacitus consensus populi longa consuetudine inveteratus*" Domitii Ulpiani fragmenta quae dicuntur tituli ex corpore Ulpiani, ex recognitione I. C. Bluntschlj I. U. D. Edidit Eduardus Böcking, Bonn 1831, Tit. I §4 (p. 2) (citado según *E. Brödermann*, Instituto de Derecho Internacional Público y Relaciones Internacionales de Tesalónica (Ed.), Thesaurus Acroasium Vol. X, páginas 809-823, Tesalónica 1981, páginas 809, 810).

427 *R. Michaels*, Unif. Law Rev. 2014, páginas 643, 652-654.

36

I. Resoluciones de la CNUDMI

La Comisión de las Naciones Unidas para el Derecho Mercantil Internacional (CNUDMI) ha respaldado los Principios UNIDROIT en tres ocasiones. En **2006**, en el 39° período de sesiones de su Asamblea General, la CNUDMI había **decidido distribuir** la "edición de 2004 de los Principios UNIDROIT sobre los contratos comerciales internacionales" a los Estados Miembros de las Naciones Unidas con miras a una posible aprobación por la comisión en la siguiente Asamblea General.[428] El 4 de julio de **2007**, la CNUDMI decidió en su reunión número 851: "*Felicitando a UNIDROIT por haber hecho una nueva contribución a la facilitación del comercio internacional mediante la preparación de* ***normas generales*** *para los contratos comerciales internacionales,* ***recomienda la utilización*** *de los Principios UNIDROIT 2004, según proceda,* ***para los fines previstos****.*"[429] En su reunión número 955 del 3 de julio de **2012**, la CNUDMI señaló con respecto a la "tercera edición" ampliada de los Principios UNIDROIT 2010: "*En general, se* ***expresó un apoyo general*** *al reconocimiento de que los Principios UNIDROIT 2010 establecen un amplio conjunto de normas para los contratos comerciales internacionales, complementando una serie de instrumentos de derecho comercial internacional, incluida la Convención de las Naciones Unidas sobre la Compraventa.*"[430] La resolución continuaba con una recomendación similar a la de 2007: "*Felicitando* AL *UNIDROIT por haber hecho una nueva contribución a la facilitación del comercio internacional mediante la preparación de* ***normas generales*** *para los contratos comerciales internacionales,* ***recomienda la utilización*** *de los Principios UNIDROIT 2010, según proceda, para los fines previstos.*"[431] En 2021, la CNUDMI acordó un respaldo similar a la edición de 2016: "*En general, se* ***expresó apoyo*** *al reconocimiento de que los Principios UNIDROIT 2016 establecen un conjunto completo de normas para los contratos comerciales internacionales, complementando una serie de instrumentos de derecho mercantil internacional, incluida la Convención de las Naciones Unidas sobre la Compraventa.* [...] *Felicitando* AL *UNIDROIT por haber hecho una nueva contribución a la facilitación del comercio internacional mediante la preparación de* ***normas generales*** *para los contratos comerciales internacionales,* ***Recomienda la utilización*** *de los Principios UNIDROIT 2016, según proceda,* ***para los fines previstos****.*"[432]

---

[428] Informe de la Comisión de las Naciones Unidas para el Derecho Mercantil Internacional sobre la labor realizada en su 39° período de sesiones (19 de junio - 7 de julio de 2006), Documentos Oficiales de la Asamblea General, sexagésimo primer período de sesiones, Suplemento n° 17, n° 231.

[429] Informe de la Comisión de las Naciones Unidas para el Derecho Mercantil Internacional sobre la labor realizada en su 40° período de sesiones (25 de junio a 12 de julio y 10 a 14 de diciembre de 2007), Documentos Oficiales de la Asamblea General, sexagésimo segundo período de sesiones, Suplemento N° 17 en "XI. Aprobación de textos de otras organizaciones: Principios UNIDROIT sobre los Contratos Comerciales Internacionales 2004", p. 52, n° 213 (el subrayado es nuestro).

[430] Informe de la Comisión de las Naciones Unidas para el Derecho Mercantil Internacional sobre la labor realizada en su 45° período de sesiones (25 de junio a 6 de julio de 2012), Documentos Oficiales de la Asamblea General, sexagésimo séptimo período de sesiones, Suplemento n° 17 en "XIV. Aprobación de textos de otras organizaciones", en "A. Principios UNIDROIT sobre los contratos comerciales internacionales de 2010", p. 33, n° 139 (el subrayado es nuestro).

[431] *Ibídem*, p. 34, n° 140 (énfasis añadido).

[432] Informe de la Comisión de las Naciones Unidas para el Derecho Mercantil Internacional sobre la labor realizada en su 54° período de sesiones (28 de junio - 16 de julio de 2021), Documentos Oficiales de la Asamblea General, Septuagésimo sexto período de sesiones, Suplemento N° 17 en "XIII. Aprobación de textos de otras organizaciones: Principios UNIDROIT sobre los contratos comerciales internacionales 2016", páginas 51-52 en n° 267, 268 (énfasis añadido); *véase* ya *M. J. Bonell,* Unif. Law Rev. 2018, páginas 15, 21, nota 25,

37

Los **"fines previstos"** a los que se hace referencia en las resoluciones sí incluyen la posibilidad, ofrecida por el párr. 3 del Preámbulo, de aplicar los Principios UNIDROIT cuando las partes hayan acordado "que su contrato se rija por los **principios generales del derecho**" (énfasis añadido). En el mismo sentido, de conformidad con el párr. 4, leído conjuntamente con el párr. 3, los fines previstos incluyen la posibilidad de que un tribunal arbitral aplique los Principios UNIDROIT como "principios generales del derecho" cuando decida aplicar o basarse en "principios generales del derecho" (como puede observarse en la práctica, según se ha expuesto en I.1. supra, no. 12 *y siguientes)*. Así pues, la referencia a los Principios UNIDROIT como "principios generales del derecho" está cubierta por las Resoluciones de la CNUDMI.

38

II. Aval de organizaciones internacionales de abogados

A través de su colegio de abogados y de sus miembros individuales, la **Union Internationale des Avocats** UIA reúne a dos millones de abogados de más de 110 países.[433] El 15 de julio de 2020, la UIA aprobó una **"Resolución de la UIA sobre los Principios UNIDROIT de los Contratos Comerciales Internacionales 2016"** a la luz de (i) las necesidades de los clientes, (ii) su carácter de "herramienta universal", (iii) el propósito de los Principios UNIDROIT tal y como se establece en su Preámbulo, (iv) el contenido de los Principios UNIDROIT, (v) su reconocimiento por los tribunales de arbitraje, los tribunales nacionales y los legisladores, (vi) el respaldo de la CNUDMI, (vii) el uso actual por los profesionales como herramienta neutral y (viii) la necesidad de difundir información sobre los Principios UNIDROIT.[434] Declaró: *"Para aumentar las opciones disponibles para los miembros de la UIA y la comunidad jurídica internacional en el asesoramiento a los clientes con respecto a los contratos internacionales, y porque los Principios UNIDROIT 2016 proporcionan una opción eficaz y eficiente para la redacción e interpretación de dichos contratos, y para su aplicación en la resolución de controversias relativas a dichos contratos, la UIA recomienda por la presente que los Principios UNIDROIT 2016 sean considerados por sus miembros y por la comunidad jurídica internacional como una opción importante en relación con la redacción, interpretación y resolución de controversias relativas a, los contratos internacionales".*[435]

---

disponible en: https://doi.org/10.1093/ulr/uny001 [última visita el 09 de enero de 2023], prediciendo dicha adhesión.

433 Preámbulo, para. 1, Resolución de la UIA sobre los Principios UNIDROIT de los Contratos Comerciales Internacionales 2016, de fecha 15 de julio de 2020 (publicado por UNIDROIT en https://www.UNIDROIT.org/english/news/2020/200715-uia-principles/resolution-e.pdf [visitado por última vez el 09 de enero de 2023]).

434 *"Difundir información sobre los Principios UNIDROIT es importante para los miembros de la UIA y otros abogados que representan a partes en transacciones transnacionales y/o en la resolución de disputas internacionales. Debido a que los Principios UNIDROIT se basan en compromisos neutrales entre múltiples enfoques nacionales, los Principios UNIDROIT 2016 pueden ser fácilmente adaptables a las necesidades de los diversos miembros de la UIA y de la abogacía internacional en general".*

435 Resolución de la UIA sobre los Principios UNIDROIT de los Contratos Comerciales Internacionales de 2016, de fecha 15 de julio de 2020 (publicada por UNIDROIT en https://www.UNIDROIT.org/english/news/2020/200715-uia-principles/resolution-e.pdf [última visita el 09 de enero de 2023]). Es justo revelar que el autor inspiró el proceso de interacción entre la UIA y UNIDROIT, pero la decisión de la UIA fue objeto de un escrupuloso proceso interno de toma de decisiones en el que participaron múltiples comités.

39

Otras organizaciones le siguieron. El 20 de julio de 2020, la red internacional de bufetes de abogados privados Primerus, que reúne a aproximadamente 3.000 abogados en más de 40 naciones,[436] que había creado un "Comité de Principios UNIDROIT" desde 2018, siguió explícitamente el respaldo de la UIA con las siguientes palabras: *"Para reconocer las raíces del Comité de Práctica Internacional, que se fundó como "Comité de Principios UNIDROIT", Primerus en su conjunto, y el Comité de Práctica Internacional en particular, por la presente respaldan oficialmente los Principios UNIDROIT de Contratos Comerciales Internacionales 2016 como una herramienta importante para los contratos transfronterizos y la resolución de disputas internacionales. Recomiendan los Principios UNIDROIT a todos sus miembros para sus negocios internacionales, y en general a todos los abogados amigos, como los abogados internos, incluidos los organizados en la Association of Corporate Counsel (ACC), para considerar, con la debida atención a las circunstancias del caso individual, si elegir los Principios UNIDROIT 2016 DE FORMA independiente (mejor en combinación con una cláusula arbitral), o como un suplemento a los instrumentos internacionales o legales, o utilizarlos para interpretar la legislación nacional, o en el contexto del arbitraje internacional. "*

40

Otras organizaciones han empezado a debatir cada vez más sobre los Principios UNIDROIT. Por ejemplo, la **Asociación Internacional de Abogados** ha venido organizando seminarios sobre los Principios UNIDROIT en diversos comités durante muchos años y publicó en 2020 una visión general del uso de los Principios UNIDROIT en la práctica.[437] Tales actividades pueden interpretarse como una señal de la creciente aceptación de los Principios UNIDROIT como principios generales del derecho contractual en el ámbito del comercio internacional.

III. Escritura académica

41

En el mundo académico, los Principios UNIDROIT han sido recibidos positivamente por muchos autores de todo el mundo. La bibliografía sobre los Principios UNIDROIT es sustancial y su análisis desde la perspectiva de la aceptación de los Principios UNIDROIT como principios generales del derecho supera el alcance de este comentario. Por ejemplo; los Principios UNIDROIT fueron objeto de las prestigiosas conferencias anuales sobre Derecho internacional privado de la Academia de La Haya en 2017 y 2018. La conferencia del profesor Michael Joachim *Bonell* (Italia), presidente del Grupo de Trabajo UNIDROIT,

---

436 Primerus Law Firms, en https://www.primerus.com/discover-the-power-of-primerus.htm#LearnLink [última consulta: 09 de enero de 2023]).

437 https://www.ibanet.org/MediaHandler?id=D266F2AF-3E0B-4DC0-AFCE-662E5D49BB7E [última consulta: 03 de junio de 2022].

en 2017 fue (obviamente) un amplio apoyo a los Principios UNIDROIT.[438] En 2018, el profesor Felix *Dasser (Suiza)*, más crítico hacia el *soft law* (derecho blando), sin embargo, no se opuso a aplicar los Principios UNIDROIT en el arbitraje internacional como manifestación de los principios generales del derecho: *"Están muy bien redactados y son extremadamente valiosos, sobre todo (i) para las partes o los tribunales arbitrales que por una razón u otra quieren evitar la aplicación de una ley nacional, (ii) como indicación, no como prueba concluyente, de principios generales del derecho, que de otro modo son casi imposibles de identificar, […].Y no cabe duda de la aceptación de los Principios UNIDROIT por parte de la comunidad académica y como "ley de base" global para el derecho general de los contratos [nota en el original omitida], no vinculante pero influyente en la configuración del pensamiento jurídico".*[439]

42

Las evaluaciones académicas de los contenidos de los Principios UNIDROIT (no. 3-5 supra para más ejemplos), coincidentes con tantos ordenamientos jurídicos por su naturaleza de principios generales del derecho proporcionan también una señal para la aceptación de los Principios UNIDROIT en el mundo académico, así como las numerosas reseñas de la primera edición de este libro en 19 jurisdicciones.[440] Un ejemplo final que resume una **perspectiva china** también evidencia la aceptación de los Principios UNIDROIT EN el debate académico:[441] *"Según la profesora Dra. Jingxia Shi, el primer beneficio importante es la* ***simplicidad de utilización de los Principios UNIDROIT*** *en la resolución de disputas comerciales internacionales, así como su amplio ámbito de aplicación. Explicó que estos Principios abarcan ahora todas las cuestiones importantes del derecho contractual internacional y que las soluciones que proponen han sido tan bien recibidas tanto por los académicos como por los profesionales que numerosas decisiones judiciales, laudos arbitrales e incluso sentencias de tribunales nacionales se han referido a estos Principios. Aclaró además que los Principios UNIDROIT pueden ser utilizados en disputas a través de tres métodos de integración, lo que los hace extremadamente fáciles de aplicar: (1) pueden ser elegidos como la norma de derecho que rige la disputa, (2) pueden ser utilizados como un* ***principio general de derecho en el supuesto de que forman una base común del derecho contractual internacional****, o (3) por consentimiento expreso de las partes en ausencia de una cláusula de elección de ley o para interpretar otra ley aplicable como la CISG en apoyo de un enfoque más internacional. "*

43

En general, el mundo académico tiende a aceptar los Principios UNIDROIT como un conjunto coherente y moderno de normas que pueden aplicarse en el arbitraje internacio-

---

438 Recueil des cours, Collected Courses, Tomo 388; resumido en *M. J. Bonell*, Unif. Law. Rev. 2018, páginas 15-41 (destacado en el sitio web DE UNIDROIT en "Instruments"/"Commercial Contracts"/" UNIDROIT Principles 2016" [visitado por última vez el 09 de enero de 2023].

439 *F. x Dasser*, "Soft Law" in International Commercial Arbitration, páginas 95, 97; *Véase* también *M. J. Bonell*, FS Kronke (2020), páginas 726, 728 *y ss.*

440 Para una enumeración de todas las reseñas de libros, *véase* la nota en el Prólogo a la 2ª edición del Autor.

441 *A. Wadia/M. Göbel,*, Hamburg Law Review 2018/2, páginas 107.

nal, *entre otras cosas,* siempre que un tribunal determine que desea basarse en principios generales del derecho. En la medida en que, e incorporando así al menos la gran mayoría de la literatura jurídica, la declaración receptiva en el mundo académico apoya la evaluación hecha aquí de una emergente *opinio iuris* con respecto a la usabilidad de los Principios UNIDROIT como una manifestación de los principios generales del derecho contractual siempre que tales principios sean aplicables.

G. Evaluación

44

La práctica internacional, tal y como se ha resumido anteriormente, y la emergente *opinio iuris* en todo el mundo son convincentes con respecto a su carácter global, su duración (desde 1994) y su calidad. Con su aprobación por el **Consejo de UNIDROIT**, los 63 Estados miembros de UNIDROIT han consentido el uso de los Principios UNIDROIT 2016, en su conjunto, por las partes o los árbitros como **"principios generales del derecho"**, tal como se contempla en el párrafo 3 del Preámbulo. A través de las Resoluciones de la CNUDMI (F., número 36 supra), ese **respaldo** a la utilización de los Principios UNIDROIT "para los fines previstos" (número 36-37) se ha ampliado a la **comunidad mundial de 193 miembros de las Naciones Unidas**, que representa la máxima organización de naciones "civilizadas".[442] Modificando una cita de *Klaus-Peter Berger* en el contexto de los "principios generales", los Principios UNIDROIT van camino a convertirse en la **"Carta Magna" del Derecho contractual mercantil internacional.**[443] En ocasiones se ha discutido si los Principios UNIDROIT pueden considerarse "principios generales del derecho reconocidos por las naciones "civilizadas"".[444] Esto puede ser demasiado ambicioso. No cabe duda de que al menos algunos de los principios subyacentes de los Principios UNIDROIT (Introducción número 7), como el carácter vinculante de los contratos (*pacta sunt servanda*) y el principio de buena fe y lealtad negocial, constituyen tales "principios generales del derecho reconocidos por las naciones 'civilizadas'". Asimismo, el mero hecho de que la sabiduría global del Grupo de Trabajo, refrendada a lo largo de casi 30 años de práctica, haya configurado una norma específica de los Principios UNIDROIT como expresión del principio de buena fe y lealtad negocial, puede servir como indicación *prima facie* de que una norma específica de los Principios UNIDROIT puede interpretarse como expresión de tales principios generales del derecho. Esto puede ser así y la discusión de la relación de los Principios UNIDROIT con el Art. 38 letra c del Estatuto de la Corte Internacional de Justicia. En la mayoría de las situaciones, los profesionales no actúan con respecto a los contratos estatales para los que podría ser competente el Tribunal Internacional de Justicia.

---

[442] La expresión es anticuada aunque sigue formando parte del lenguaje de la Corte Internacional de Justicia. Se afirma que todas las aproximadamente 200 naciones existentes, aunque no sean miembros de las Naciones Unidas, pueden presumirse civilizadas a menos que se encuentren realmente en estado de guerra o de conmoción.

[443] *K.-P. Berger*, The creeping codification of the lex mercatoria,(1999), p. 166.

[444] Art. 38 lit. c Estatuto de la Corte Internacional de Justicia. *Véase* en este sentido *D. Oser*, p. 59.

45

Desde la **perspectiva de un profesional del comercio internacional**, basta con resumir el nivel mundial de aceptación de los Principios UNIDROIT, tanto en su totalidad como en sus reglas individuales, en las palabras del tribunal arbitral citadas en el número 1 supra: "Los Principios UNIDROIT reflejan el carácter de **principios y reglas generalmente aceptados del derecho mercantil internacional**". Por lo tanto, la redacción de la cláusula de elección de "ley" propuesta (es *decir, la* cláusula de elección de los Principios UNIDROIT) que hace referencia a *"los principios y normas generales del derecho mercantil internacional, recopilados y desarrollados por el Instituto Internacional para la Unificación del Derecho Privado (UNIDROIT)"* (Introducción número 9a) se basa en un fundamento sólido.

H. Opciones para los profesionales

46

La calificación de los Principios UNIDROIT como principios generales del derecho mercantil internacional abre opciones tanto para la práctica del arbitraje y los litigios como para la redacción de contratos.

I. Arbitraje internacional

47

Dentro del ámbito establecido por el régimen de arbitraje aplicable, un tribunal de arbitraje es generalmente libre de **aceptar la oferta hecha por la comunidad jurídica internacional** de aplicar los Principios UNIDROIT como principios generales del derecho. Al hacerlo, puede basarse en **(i)** la redacción del Preámbulo (párrafos 3, 4), **(ii)** el contenido universalmente compatible de los Principios UNIDROIT (número 3-5 supra), **(iii)** la historia de su compilación y desarrollo (número 6-9 supra), **(iv)** una vívida **práctica** internacional desde 1994 que abarca todo tipo de arbitrajes (número 11-28 anterior) y decisiones de tribunales nacionales en múltiples jurisdicciones (número 29-34 anterior); **(v)** una **opinión legal emergente** que está documentada, *entre otras,* por resoluciones de la Comisión de las Naciones Unidas para el Derecho Mercantil Internacional (número 36, 37 anterior) y la Unión Internacional de Abogados UIA (número 38 anterior). El lenguaje citado anteriormente de numerosos laudos arbitrales puede inspirar cuando se utilizan los Principios UNIDROIT como **principios y reglas generalmente aceptados del derecho mercantil internacional** o principios generales del derecho internacional, respectivamente al redactar el laudo. Alternativamente, la calificación de los Principios UNIDROIT como principios generales de derecho puede facilitar la decisión de los árbitros **(i)** de referirse a los Principios UNIDROIT en ausencia de cualquier acuerdo de elección de ley de las partes, siempre que el tribunal arbitral aplique las **normas de derecho que determine apropiadas**,[445] **(ii)** de emplear los Principios UNIDROIT para la **interpretación o complementación de instrumentos inter-**

445 *M. J. Bonell*, Unif. Law Rev. 2018, páginas 15, 31. *Véase, por ejemplo, el* art. 35 para. 1 frase 2 Reglamento de Arbitraje de la CNUDMI; Art. 21 para. 1 frase 2 Reglamento CCI 2021.

nacionales uniformes (no. 19 y Preámbulo número 12 supra), o (iii) utilizar los Pirncipios UNIDROIT PARA INTERPRETAR O COMPLEMENTAR el derecho interno (no. 20-23, 32-33 y Preámbulo número 12a supra), o (iv) utilizarlos para una decisión *ex aequo et bono*.[446]

II. Litigios internacionales

48

A la luz de (i) las numerosas decisiones de tribunales estatales que se refieren a los Principios UNIDROIT para interpretar o complementar el derecho nacional (número 32 y *siguientes supra*), o los instrumentos internacionales de derecho uniforme (número 31 supra), y (ii) la calificación de los Principios UNIDROIT como principios generales del derecho mercantil internacional, así como las observaciones de algunos tribunales nacionales que expresan explícitamente una aceptación más general de los Principios UNIDROIT (número. 30 supra), los asesores y los jueces pueden utilizar los Principios UNIDROIT para interpretar y complementar su derecho interno (Preámbulo número 12 *y siguientes), por ejemplo,* como "un "rompedor de equilibrio", como una última palabra para tomar una decisión entre las diferentes opiniones expresadas en la literatura", como declaró el Tribunal de Distrito de Jerusalén en 2014 con referencia a una decisión del Reino Unido (número 30 supra). Por supuesto, también pueden utilizarse como elemento de un estudio comparativo más general, basado también en otros ordenamientos jurídicos, para preparar una decisión sobre cómo aplicar el Derecho nacional a grandes rasgos.[447] Además, una argumentación en virtud de los Principios UNIDROIT puede resultar útil en ocasiones a la hora de interpretar un instrumento internacional de Derecho uniforme (Preámbulo número 9 *y siguientes*).

III. Contratación internacional: Utilización de una cláusula descriptiva de elección de los Principios UNIDROIT que enfatizando su carácter de principios generales del derecho

49

La calificación de los Principios UNIDROIT como principios generales del derecho mercantil internacional puede inspirar a múltiples organizaciones internacionales a seguir el ejemplo de la *Organización de las Naciones Unidas para la Agricultura y la Alimentación* (no. 15 más arriba) o de *El Fondo Mundial* (Introducción no. _3_) para integrar una cláusula sobre la elección por los Principios UNIDROIT en sus cláusulas estándar (por *ejemplo,* de los contratos de compra) y en los contratos negociados individualmente. ¿Qué mejor enfoque global de la contratación internacional podría existir, honrando el interés de todos los miembros de la organización por igual?

---

446 *M. J. Bonell,* Unif. Law Rev. 2018, páginas 15, 31; *A. Dawwas/T. Kameel,* Arab Law Quarterly 35 (2021), páginas 466, 473 con ejemplos del Tribunal Arbitral de la Ciudad de Panamá (Laudo arbitral de 22 de febrero de 2001, Unilex nº 677) y de la CCI (Laudo de la CCI nº 8874 (1996), Unilex nº 657).

447 *R. Michaels,* Unif. Law Rev. 2014, páginas 643, 648 con un ejemplo del Tribunal Supremo español (Sala de lo Civil) de España, nº 74/2012), Unilex nº 1652.

50

Por lo que respecta a los contratos comerciales internacionales en el sector empresarial privado, los abogados internos y los asesores externos tendrán que considerar la elección de los principios generales del Derecho, tal como se recogen en los Principios UNIDROIT, como una alternativa rentable y que minimiza los riesgos frente a un acuerdo conforme al Derecho nacional. Esto es cierto (y se ha demostrado en la práctica), *en primer lugar,* para los acuerdos interempresariales en grandes grupos de empresas. Debido a su lenguaje neutro y claro y a su compatibilidad universal, los Principios UNIDROIT serán más accesibles para la dirección y otros lectores de tales contratos en diferentes jurisdicciones, en comparación con cualquier documento preparado sólo bajo una ley nacional.

51

***En segundo lugar,* el carácter de principios generales es útil para presentar los Principios UNIDROIT a los novatos con respecto a los Principios UNIDROIT al otro lado de la mesa de negociación, para salir de su zona de confort personal de su propio derecho nacional y acordar la elección de los Principios UNIDROIT como régimen contractual neutral, mejor en combinación con una cláusula arbitral** (Preámbulo número 3-6). En este sentido, ayuda a abordar la perspectiva del destinatario de la oferta que puede no estar familiarizado tanto con UNIDROIT como organización intergubernamental como con los Principios UNIDROIT. El acrónimo "UNIDROIT" sonará a menudo extraño a dicho destinatario de la propuesta. Si el destinatario no domina el francés, puede incluso sentirse ofendido o preocupado por un acrónimo desconocido que sugiere ignorancia (Introducción, no. 2).[448] Por el contrario, se ha demostrado útil en la práctica (en todos los diferentes tipos de industrias, incluyendo, *por ejemplo,* la automatización, los componentes de automoción, el ocio, la industria textil y alimentaria) utilizar una cláusula autoexplicativa y detallada que explique (i) lo que significa "UNIDROIT", (ii) que encarnan principios y reglas generales del derecho mercantil internacional de los contratos, y (iii) que pueden adaptarse mediante cambios autónomos de las partes (Art. 1.5). Ejemplo: "*El presente contrato se regirá por los principios [y normas] generales del derecho internacional de los contratos, recopilados y desarrollados por el Instituto Internacional para la Unificación del Derecho Privado (UNIDROIT), es decir, los Principios UNIDROIT sobre los Contratos Comerciales Internacionales (https://www.UNIDROIT.org/instruments/commercial-contracts/UNIDROIT-principles-2016), que se aplicarán como ley de base para aquellas cuestiones que no estén específicamente reguladas de otro modo en el presente contrato.* "(Introducción número 9a). Es difícil oponerse a la elección de los principios generales del Derecho contractual internacional. La carta de presentación o el correo electrónico, o un comentario al margen de una (contra) propuesta de contrato, pueden hacer hincapié en que todos los aspectos específicos del contrato especial que se está negociando quedarán cubiertos de todos modos en el contrato, mientras que nadie desea invertir tiempo y dinero en regular en detalle temas internacionales generales como la compensación en moneda extranjera (Art. 8.2 número 1) o la gestión de zonas horarias (Art. 1.12, 10.2 número 4). En contratos complejos a largo plazo y escenarios

[448] *E.Brödermann*, Unif. Law. Rev. 2021, páginas 453, 470-471.

con múltiples acuerdos detallados, a veces ha resultado útil en una negociación cuando las partes podían señalar los Principios Unidroit como la ley de fondo elegida de un acuerdo marco, de modo que se podía ahorrar tiempo para entrar en detalles, por ejemplo, sobre el deber de mitigación (Art. 7.4.8, 7.4.9) o sobre fuerza mayor (Art. 7.1.7) o excesiva onerosidad (Sección 6.2).

CAPÍTULO 1
DISPOSICIONES GENERALES ECKART J. BRÖDERMANN

Historia legislativa (documentos clave)

En preparación de los **Principios de 1994** - Ponente Michael Joachim Bonell:

StL-Doc. 2, pp. 7-17 (1er esbozo de los problemas relacionados con la interpretación de los Principios en **1971**); StL-Doc. 50, pp. 6-22 (1er proyecto en **1991**); P.C.-Misc. 18, pp. 1, 43-106 (1er debate en **1992**); StL-Doc. 51, pp. 7-24 (2ª redacción en 1992); P.C.-Misc. 19, pp. 1, 26-123 (2ª discusión en **1992**);

En preparación de los **Principios de 2004** (introducción del Art. 1.8; modificación de los Art. 1.2, 1.12; cambio de los

Comentarios Oficiales sobre el Art. 1.3. 1.7, 1.10) - Ponente Paul Finn:

StL-Misc. 20, pp. 54-55 (primer debate sobre comercio electrónico en **1998**); StL-Doc. 60 (documento de posición sobre el comercio electrónico en **1999**); StL-Doc. 77, StL-Doc. 77 rev. (cuestionario y respuestas sobre el comercio electrónico en 2002); StL-Doc. 78 (documento de posición sobre los actos unilaterales y el comportamiento incoherente en **2002**); StL-Misc. 24, pp. 45-49 (2º debate sobre el comercio electrónico en **2002**), StL-Doc. 84 (1er proyecto sobre comportamiento incoherente en **2003**); StL-Doc. 88 (1er proyecto sobre abuso de derecho en **2003**); StL-Doc. 95 (2º proyecto sobre comportamiento incoherente en **2003**);

En preparación de los Principios de **2010** (modificación de los Comentarios Oficiales sobre los Art. 1.4, 1.7):

StL-WP. 24 (proyecto revisado sobre el art. 1.4 en 2009); StL-Doc. 115 (1er comentario revisado en **2010**); StL-Doc. 121 (2º comentario revisado en 2010); StL-Misc. 30, p. 4 (1er comentario revisado en 2010);

En preparación de los **Principios de 2016** (modificación del art. 1.11) - Ponentes Michael Joachim Bonell, Neil Cohen:

StL-Doc. 126 (documento de posición en 2014); StL-Misc. 31 rev., pp. 2, 30-31 (1er discusión en **2015**); StL-Doc. 128 rev., pp. 3-4 (1er borrador sobre contratos a largo plazo que se incluirá en el art. 1.11 en **2016**); StL-Misc. 32, p. 2 (2ª discusión en 2016); UNIDROIT 2016, C.D. (95) 15, pp. 6-18; UNIDROIT 2016, C.D. (95) 3, Anexo 1, pp. 3-4 (proyecto final en **2016**).

Artículo 1.1 (Libertad de contratación)

Las partes son libres para celebrar un contrato y para determinar su contenido.

A. El primero de una serie de principios fundamentales

1

Los Principios UNIDROIT comienzan con un compromiso explícito con la libertad contractual,[449] **un requisito previo para la contratación comercial internacional,**[450] **que está ampliamente reconocido en todo el mundo aunque a menudo sólo de forma inherente.**[451] Para el Grupo de Trabajo, el compromiso era necesario como recordatorio[452] con dimensiones políticas[453] e incluso filosóficas[454] con respecto a los límites (variables) de dicha libertad en diferentes partes del mundo.[455] El art. 1.1 es el primero de una serie de principios fundamentales, que no sólo incluyen: **I)** en particular los Art. 1.2, 1.3, 1.7 y 1.8,[456] sino también, **II)** el enfoque de la ley obligatoria en el art. 1.4[457] y el concepto de unos pocos principios obligatorios en el art. 1.5. Al "vender" los Principios UNIDROIT a los empresarios, puede ser útil destacar estos principios fundamentales con el Art. 1.1 desde el principio. El Art. 1.1 ha sido bien recibido en la literatura reciente[458] y los tribunales nacionales se han referido a él con frecuencia.[459]

B. Libertad contractual

2

La libertad contractual incluye, en primer lugar, la **libertad de contratar o no**[460] (tal como se reconoce en los principios relativos a los factores necesarios para consentir un

449 Comentarios oficiales, Art. 1.1 no. 1, p. 7; M. Á. Pendón Meléndez en Morán Bovio, Art. 1.1 no. 1, p. 55. Para las "perspectivas históricas" que explican el surgimiento de disposiciones simbólicas sobre la libertad contractual, véase en profundidad E. Hosemann en Jansen/Zimmermann, Art. 1:102 [PECL]: Freedom of Contract, no. 6-20 (pp. 37-49).

450 P.C.-Misc. 18 (1992), pp. 40, 42 (Bonell); P.C.-Misc. 19 (1994), p. 38 (Furmston).

451 Vista general en S. Vogenauer en Vogenauer, Art. 1.1. no. 3; véase, por ejemplo, el reconocimiento explícito desde el 1 de octubre de 2016 en el art. 1102 (1) Código Civil francés (versión en vigor desde el 1 de octubre de 2016, Ordenanza francesa n°2016-131, de 10 de febrero de 2016, por la que se modifican las disposiciones del Código Civil francés en materia de Derecho contractual y de régimen general y prueba de las obligaciones).

452 Véase el informe sobre el debate detallado del Grupo de Trabajo en StL-Misc. 18 (1992), pp. 37-42 (con votación sobre la redacción final), que fue confirmado en P.C.-Misc. 19 (1994), p. 28.

453 P.C.-Misc. 18 (1992), p. 38 (Drobnig); p. 41 (Di Majo: crítica).

454 P.C.-Misc. 18 (1992), p. 40 (Fontaine).

455 Véanse, en particular, P.C.-Misc. 18 (1992), pp. 39-42 ("El código civil japonés no contenía ninguna disposición sobre la libertad contractual, por lo que tuvieron dificultades". (Hirose)), Komarov (Rusia), Sono (Japón), Hartkamp (Países Bajos): "incluso en el caso de que una parte no fuera libre para celebrar un contrato sin la aprobación gubernamental, después de haber obtenido esta aprobación esta parte puede ser bastante libre para determinar el contenido del contrato. "

456 S. Vogenauer en Vogenauer, Introducción al capítulo 1 no. 6.

457 El derecho imperativo es la contraparte de la libertad contractual, véase P.C.-Misc. 18 (1992), p. 38 (Drobnig).

458 E. Hosemann en Jansen/Zimmermann, Art. 1:102 [PECL]: *Freedom of Contract*, no. 22, en p. 50 ("Sobre la base de una perspectiva moderadamente liberal, el PECL y el CESL ofrecen las mejores soluciones para una codificación del Derecho europeo" (por lo que este comentario incluye los Art. 1.1, 1.4 y 1.5 Principios UNIDROIT, *argumentum* nota 12 en p. 32)).

459 En particular, el Tribunal de Apelación Arbitrazh de Rusia, con 14 de 17 casos notificados por Art. 1.1, véase http://www.unilex.info/principles/cases/article/103#article_103 [última visita el 09 de enero de 2023].

460 P.C.-Misc. 18 (1992), p. 37 ("por tanto, implícitamente, tampoco ...").

acuerdo, ej., art. 2.1.1). 2.1.1 y Art. 2.1.6 (1) (2)).[461] Dicha libertad contractual se limita en raras ocasiones debido a un comportamiento previo (Art. 1.8). La libertad de contratar incluye, en segundo lugar, la **libertad de determinar el contenido del contrato.** Esto incluye la elección del tipo de contrato y los términos individuales, como la exclusión de principios individuales de conformidad con el Art. 1.5. También incluye la **libertad de modificar** un contrato de mutuo acuerdo.[462]

C. Límites

3

Los límites a la libertad contractual derivados del derecho imperativo (art. 1.4) o de los principios imperativos (art. 1.5) se describen en otras partes de los Principios UNIDROIT.[463]

Artículo 1.2 (Libertad de forma)

Nada de lo expresado en estos Principios requiere que un contrato, declaración o acto alguno deba ser celebrado o probado conforme a una forma en particular. El contrato puede ser probado por cualquier medio, incluidos los testigos.

A. Principio de informalidad

1

El art. 1.2 (inspirado, entre otros, en el art. 11 de la CNUCCIM)[464] establece la libertad de forma como principio fundamental del comercio internacional.[465] Se refiere a todos los

---

461 S. Vogenauer en Vogenauer, Art. 1.1 no. 6 ("libertad contractual").

462 Véase S. Martens en Jansen/Zimmermann, Introducción antes del Art. 7:101 [PECL], nº 8 (p. 999) sobre *"Performance as agreement"* y nº 13 (en p. 1001) sobre los antecedentes en Derecho romano y comparado de que "el deudor no podría dar una cosa a cambio de otra [es decir, aunque sea más valiosa] sin el consentimiento del acreedor. "En la práctica, en los contratos complejos a largo plazo, a veces resulta útil prever explícitamente una frase inicial sobre la adaptación del contrato con respecto a cuestiones específicas (como la fijación de precios en caso de que varíen los precios de determinadas materias primas), preferiblemente combinada con la obligación de negociar dicho cambio de buena fe y seleccionando un momento en el que dichas negociaciones deban tener lugar (por ejemplo, en qué mes de un año natural).

463 Comentarios oficiales, Art. 1.1 no. 3, p. 8; P.C.-Misc. 19 (1994), p. 26.

464 M. Á. Pendón Meléndez en Morán/Bovio, Art. 1.2 no. 2.b, p. 62; S. Vogenauer en Vogenauer Art. 1.2 nº 3; H. Gabriel, nº 2.144 (p. 75); mientras que algunas leyes nacionales deliberadamente no contienen explícitamente tal declaración porque es evidente (véase, por ejemplo, E. Hosemann en Jansen/Zimmermann, Art. 2:101 (2) [PECL]: Condiciones para la celebración de un contrato (libertad de forma), no. 4 (en p. 253 y nota 29) para el ejemplo alemán del desarrollo del Código Civil alemán de 1900).eng fn

465 Véase, por ejemplo, para Europa E. Hosemann en Jansen/Zimmermann, Art. 2:101 (2) [PECL]: Condiciones para la celebración de un contrato (libertad de forma), no. 4 (p. 252) y ss. con referencia a (i) normas explícitas sobre la libertad de forma (con siempre algunas excepciones ibid., no. 6 (p. 255)), por ejemplo en Austria, Francia, Países Bajos, Portugal, España o Suiza, o (ii) el reconocimiento indiscutible del principio, por ejemplo en Inglaterra. Para la evolución histórica de este principio a partir de unos requisitos de forma inicialmente estrictos en el Derecho romano ("ex nudo pacto non oritur actio") y en el Derecho anglosajón hasta el siglo XVI / XVII, véase ibíd., no. 7-10 (pp. 255-258).

actos regidos por el Derecho contractual[466] e incluye tanto la conclusión como las modificaciones del contrato[467] (*argumentum* Art. 3.1.2). Con respecto a la forma, el Art. 1.2 es más específico y, por tanto, prevalece sobre el art. 3.1.2.[468] En la segunda oración, probar "por cualquier medio" incluye *a fortiori* los intercambios electrónicos.[469]

B. Límites

2

El principio encuentra una primera limitación en los **acuerdos derogatorios** de las partes[470] (posiblemente restringidos a la forma de prueba, por ejemplo, exigiendo documentación como mediante un formulario de orden de cambio, véase el Art. 2.1.13, o mediante cláusulas de fusión, Art. 2.1.17). A continuación, se encuentra con una segunda limitación mediante **normas imperativas (internacionales o nacionales**) (Art. 1.4). En los casos en que los Principios UNIDROIT hayan sido meramente incorporados a un contrato (Preámbulo no. 15-16), es posible que el derecho imperativo interno imponga una determinada forma.[471] Además, dado que la elección del mecanismo de resolución de controversias prevalece sobre la elección de la ley (Preámbulo no. 2-3), la ley sobre la elección del tribunal o sobre la elección de los acuerdos de arbitraje también puede exigir una determinada forma si la cláusula de resolución de controversias está integrada en el contrato.[472]

C. Opciones

3

Las partes son libres de acordar que un contrato o determinados tipos de declaraciones que deban realizarse durante la ejecución de un contrato dependan de la observación de una determinada forma (art. 2.1.13); o que una modificación o resolución requiera constar por escrito (art. 2.1.18).

---

466 E. Hosemann en Jansen/Zimmermann, Art. 2:101 (2) [PECL]: Condiciones para la celebración de un contrato (libertad de forma), no. 17 (p. 265).

467 Comentarios oficiales, Art. 1.2 no. 1, p. 8, véase también Art. 2.1.18.

468 P. Huber en Vogenauer, Art. 3.1.2 no. 2, 12.

469 StL-Doc. 77 (2002), p. 3 (Ginsburg).

470 Comentarios oficiales, Art. 1.2 no. 4, p. 9; M. Á. Pendón Meléndez en Morán/Bovio, Art. 1.2 no. 2.b, p. 64.

471 Comentarios oficiales, Art. 1.2 no. 3, p. 9; M. Á. Pendón Meléndez en Morán/Bovio, Art. 1.2 nº 2.b, p. 63; Para un análisis comparativo detallado de los requisitos de forma nacionales, véase A. T. von Mehren, pp. 3-140; E. Hosemann en Jansen/Zimmermann, Art. 2:101 (2) [PECL]: Conditions for the Conclusion of a Contract (Freedom of Form), no. 12-13 (pp. 259-262) para contratos por encima de determinados valores en algunas jurisdicciones (p. ej. Italia, España), o para la venta de terrenos, donaciones, fianzas.

472 En algunos casos, en particular en la industria del transporte, los tratados internacionales pueden requerir que se especifiquen aspectos adicionales tales como una instrucción para que el tribunal arbitral aplique el tratado internacional (con espacio para la aplicación de los Principios UNIDROIT sólo como derecho de fondo para complementar cuestiones no cubiertas por el tratado); véase el Art. 33 del Convenio relativo al contrato de transporte internacional de mercancías por carretera (CMR); Art. 29 del Convenio relativo a los Transportes Internacionales por Ferrocarril (COTIF); Art. 34 (4) del Convenio para la unificación de ciertas reglas para el transporte aéreo internacional (Convenio de Montreal, 1999).

Artículo 1.3 (Carácter vinculante del contrato)

Todo contrato válidamente celebrado es obligatorio para las partes. Sólo puede ser modificado o extinguido conforme a lo que él disponga, por acuerdo de las partes o por algún otro modo conforme a estos Principios.

A. *Pacta sunt servanda*

1

El art. 1.3 consagra uno de los principios contractuales fundamentales —"carácter vinculante del acuerdo contractual"[473] (*pacta sunt servanda*)— que es común o inherente a la mayoría de las leyes contractuales de todo el mundo,[474] aunque la comprensión cultural del carácter vinculante puede variar.[475] Este principio constituye la base del régimen de Incumplimiento del Capítulo 7 (art. 7.1.1 y ss.). El Art. 6.2.1 (1) recuerda este principio al inicio de las disposiciones sobre excesiva onerosidad. El principio describe la relación entre las partes de un contrato (relación contractual); no prejuzga "los efectos que dicho contrato pueda producir frente a terceros en virtud de la ley aplicable".[476] Por último, junto con el art. 3.1.2, en la **segunda oración**, el principio engloba también la **libertad contractual**, es decir, el derecho a disponer la resolución de un contrato por conveniencia, por ejemplo, en los términos acordados previamente (Art. 7.3.1 no. 9a y Art. 7.3.5 no. 4).

B. Límites

2

El principio encuentra sus límites en los **acuerdos derogatorios** de las partes y en otros principios.[477] Dichos acuerdos pueden celebrarse posteriormente (Arts. 1.1, 5.1.9) o ya en el propio contrato mediante la concesión de derechos unilaterales que, sin embargo, no pueden ejercerse de forma irrazonable (véase el ejemplo para la determinación del precio en el Art. 5.1.7 (2)).[478] Los **principios relevantes** que **permiten la modificación del contrato** incluyen los principios que sancionan ventajas "excesivas" y, por lo tanto, injustas (art. 3.2.7), que hacen frente a las consecuencias de los "errores" (art. 3.2.10) y a la "excesiva onerosi-

---

473 Comentarios oficiales, Art. 1.3 no. 1, pp. 9-10; M. Á. Pendón Meléndez en Morán/Bovio, Art. 1.3 no. 1, p. 65.

474 M. Á. Pendón Meléndez en Morán/Bovio, Art. 1.3 no. 1, p. 65.; véase, por ejemplo, S. Vogenauer en Vogenauer, Art. 1.2 no. 3 con un análisis de la importancia inherente del principio dentro del sistema de la CISG. El famoso «Le contrat est la loi des parties» (anteriormente Art. 1134 (1) Código Civil francés) se encuentra ahora en el Art. 1103 (1) Código Civil francés (versión de 2016), s. A. Pietrancosta/A. M. des Grottes/ É. Boursican/H. Kensicher/A. Feydau/M. Lallemand/C. Mou Si Yan, Le droit des contrats réformé (2016), p. 11 y Table de Concordance, p. 10.

475 Véase, por ejemplo, K. Fan, p. 184; E. Brödermann, FS Elsing (2015), pp. 53, 55-58; ambos explican el enfoque chino de los contratos a la luz del enfoque general de "Fa" - ☒ (ley).

476 Comentarios oficiales, Art. 1.3 no. 3, p. 10; véase el acta sobre el debate del Grupo de Trabajo en P.C.-Misc. 18 (1992), pp. 43-44, así como P.C.-Misc. 19 (1994), p. 30 (Crépeau).

477 Comentarios oficiales, Art. 1.3 no. 2, p. 10; P.C.-Misc. 18 (1992), p. 49 con una votación sobre la versión final, confirmada implícitamente en P.C.-Misc. 18 (1992), p. 30.

478 S. Vogenauer en Vogenauer Art. 1.3 no. 8.

dad" (art. 6.2.3 (4) (b)).[479] **Otros principios permiten la anulación del contrato debido a un "acto" del Estado** (en particular, la "omisión" de conceder un permiso (público) a tiempo (art. 6.1.16 (1)), la excesiva onerosidad (art. 6.2.3 (4) (a)) o el comportamiento (extremo, a menudo irrazonable) de la otra parte (arts. 7.3.1 y 7.3.3). El Grupo de Trabajo tenía además en mente una **excepción de resolución para los contratos de duración indefinida**[480] que, finalmente, no se incluyó en los Principios liberados, ni en 1994, ni en 2010, ni en 2016, cuando el derecho a resolver los contratos celebrados por tiempo indefinido fue propuesto de nuevo por el Grupo de Trabajo pero votado en contra por el Consejo de Gobierno.[481]

C. Opciones

3

A la luz de la ausencia de una norma sobre la terminación de contratos de duración indefinida (no. 2 anterior), en la práctica se vuelve importante acordar respecto a la terminación pormutuo acuerdo, que incluya las consecuencias (como, por ejemplo, el pago de los costes aún no amortizados).

Artículo 1.4 (Normas de carácter imperativo)

Estos Principios no restringen la aplicación de normas de carácter imperativo, sean de origen nacional, internacional o supranacional, que resulten aplicables conforme a las normas pertinentes de derecho internacional privado.

A. Prioridad del Derecho internacional privado respecto del Derecho imperativo

1

Los Principios UNIDROIT reconocen la **dualidad** general en el Derecho Contractual Internacional (como se estableció ya en 1840 por v. Savigny)[482] entre: **I)** por un lado, el **régimen contractual** en sí mismo, determinado por el régimen de derecho internacional privado aplicable de la corte estatal o tribunal de arbitraje, y **II)** por otro lado, el **derecho imperativo** que prospera para intervenir a partir de su propia autocomprensión y redacción (*lois de police*).[483] Al referirse a las "normas pertinentes de derecho internacional privado",

479 S. Vogenauer en Vogenauer, Art. 1.3 no. 9.

480 P.C.-Misc. 18 (1992), pp. 44-47 con una votación (documentada en p. 46) para incluir un principio en la línea del Art. 2.109 PECL sugerido por Lando y Tallon (p. 45): "Un contrato por tiempo indefinido puede ser resuelto por cualquiera de las partes mediante un preaviso de duración razonable".

481 Informe de la 95ª sesión del Consejo de Administración de UNIDROIT (Roma, 18-20 de mayo de 2016), UNIDROIT 2016, C.D. (95) 15, no. 82-118, 122, disponible en: https://www.unidroit.org/meetings/governing-council/95th-session-rome-18-20-may-2016/ [última visita el 09 de enero de 2023].

482 Véase v. Savigny, System des heutigen Römischen Rechts, vol. VIII, Reimpresión, 1961, en particular § 348, 23 y ss. y 108, así como § 349, 32 y ss.: (i) Por una parte, el factor de conexión en virtud del régimen de Derecho internacional privado aplicable (por ejemplo, elegir la legislación, si fuera procedente) conduce a la ley aplicable, (ii) por otra parte, la ley imperativa puede imponer límites a la aplicación de l normas aplicables.

483 Comentarios oficiales, Art. 1.4 no. 2, p. 11.

los Principios UNIDROIT dejan en manos del foro que resuelve la controversia (una corte estatal o un tribunal arbitral, Art. 1.11 1er guión) la aplicación del derecho imperativo que es aplicable conforme al derecho internacional privado apropiado según las circunstancias (usualmente éste es el Derecho Internacional Privado del foro, por lo cual las cortes estatales y los tribunales arbitrales, aún si están ubicados en el mismo estado, aplican un derecho internacional privado diferente porque, para los tribunales arbitrales, a menudo está contenido en la ley de arbitraje).[484] El Grupo de Trabajo entendió el Art. 1.4 como una "advertencia" de que los Principios de UNIDROIT **podrían ser "anulados"** por el derecho imperativo,[485] por lo que los Principios de UNIDROIT operan con una "noción amplia" de normas imperativas que incluyen, por ejemplo, la prohibición de acuerdos de comisión[486] (por ejemplo, con ciertos empleados estatales) o corrupción, inducción al delito u ofertas colusorias.[487] Por lo tanto, a la hora de preparar un contrato bajo el régimen de los Principios de UNIDROIT, siempre es importante determinar el Derecho internacional privado aplicable en última instancia (que variará en función del organismo de resolución de litigios competente).[488] Esto repercute en las leyes imperativas aplicables (más sobre esto en el inciso **B.** que continúa).

B. Aplicabilidad de distintos tipos de derecho imperativo en función del foro de resolución de litigios

1. Restricción del alcance de las leyes obligatorias en caso de combinación de los Principios de UNIDROIT con una cláusula de arbitraje

2

Debido a su naturaleza jurídica como "normas de derecho", a menudo es sabio utilizar los Principios de UNIDROIT en combinación con una cláusula de arbitraje. Los regímenes de arbitraje aceptan ampliamente la elección de normas jurídicas como los Principios de UNIDROIT aunque a través de diferentes enfoques (Preámbulo no. 2-3). A diferencia de muchos regímenes de Derecho Internacional Privado que son aplicables en los tribunales nacionales,[489] estos regímenes de arbitraje no contienen actualmente ningún **régimen general** para el enfoque del Derecho imperativo.[490] A menudo se prestará especial consideración

---

484 Véase el art. 28 Ley Modelo de la CNUDMI, promulgada en 72 Estados.

485 P.C.-Misc. 18 (1992), p. 51 (Bonell).

486 En la práctica, hay que ser muy precavido si alguien ofrece como servicio el simple acceso a los responsables de la toma de decisiones. Dependiendo del supuesto jurídico, tales contratos serán a menudo ilegales.

487 Comentarios oficiales, Art. 1.4 no. 2, p. 11; véase también, por ejemplo, S. Meier en Jansen/Zimmermann, Art. 15:102 [PECL]: Contracts Infringing Mandatory Rules, no. 7-8 (pp. 1901-02).

488 Cf. Drobnig en P.C.-Misc. 18 (1992), p. 53 (considerando "que la última parte de la norma era útil para advertir a las partes de que solicitaran asesoramiento experto sobre esta cuestión") y P.C.-Misc. 19 (1994), p. 33 ("se trataba de cuestiones difíciles de conflicto de leyes y quedaban fuera del ámbito de los Principios").

489 Por ejemplo, en los estados miembros de la Unión Europea Art. 9 del Reglamento no. 593/2008 del Parlamento Europeo y del Consejo, de 17 de junio de 2008, sobre la ley aplicable a las obligaciones contractuales ("Reglamento Roma I").

490 Véase una presentación detallada de los diferentes enfoques en A. Barraclough/J. Waincymer, Melbourne J. Int'l L. 2005, pp. 205-244. Transponiendo el sistema de v. Savigny de 1840 (señalado en → Art. 1.4 no. 1) al mundo actual en relación con una ley de arbitraje que permita la elección de normas jurídicas, la elección de las partes conduce al régimen de soft law "Principios UNIDROIT"(reflejado en → Preámbulo no. 2), que

de los lugares en los que es probable que se ejecute el laudo dadas las circunstancias,[491] en particular en el establecimiento del demandado. En algunas circunstancias, los árbitros pueden inspirarse en el Derecho Internacional Privado, inaplicable de otro modo,[492] como el artículo 9 del Reglamento Roma I, para determinar la aplicabilidad del Derecho imperativo dadas las circunstancias, por ejemplo, considerar la aplicación de ley imperativa **en el lugar que se ejecuta un contrato.**[493] El tribunal arbitral se basará a menudo en la autorización contenida en la norma de Derecho Internacional Privado especializada en el arbitraje que concede plena discrecionalidad al tribunal arbitral para determinar la ley aplicable (véasePreámbulo no. 8).[494] Dicha autorización también puede incluir una base para aplicar el derecho internacionalmente imperativo que el tribunal arbitral determine como aplicable sobre esa base a la luz de su estrecha conexión con el caso, la finalidad de la norma imperativa y las consecuencias de una aplicación.[495] Cualquier ley aplicada por los árbitros para determinar la aplicación del derecho imperativo en el arbitraje debe entenderse en sentido amplio como **"derecho internacional privado"** en el sentido del Art. 1.4.[496] Además, los Comentarios Oficiales invitan a los tribunales arbitrales a considerar la aplicación de normas imperativas que reflejen principios ampliamente aceptados como fundamentales en los sistemas jurídicos de todo el mundo (el llamado "orden público transnacional" [...]).[497] A la luz de la mentalidad moderna hacia el cumplimiento, el tribunal arbitral también podría considerar si las propias partes pretendían, mediante su contrato, que se aplicara cierta ley imperativa (por ejemplo, en el lugar de cumplimiento de su contrato).[498]

---

encuentra sus límites en el derecho imperativo (tal y como se refleja en los Principios UNIDROIT en el Art. 1.4).

491 Comentarios oficiales, Art. 1.4 no. 4, pp. 12-13 (señalando, a modo de ejemplo, el Art. 41 del Reglamento de Arbitraje de la CCI de 2012 que se correlaciona con el Art. 42 del Reglamento de Arbitraje de la CCI de 2021); E. Brödermann en Brödermann/Rosengarten, IPR/IZVR, nº 811; cf. también A. Barraclough/J. Waincymer, Melbourne J. Int'l L. 2005, pp. 205, 215-216; A. S. Rau en Bermann/Mistelis, pp. 114-124 (en particular p. 118).

492 Para la opinión mayoritaria que considera el § 1051 de la Ley alemana de Enjuiciamiento Civil (ZPO) y otras leyes de arbitraje basadas en el Art. 28 de la Ley Modelo de la CNUDMI como lex specialis y que por lo tanto interpreta el Art. 1 (2) letra e) Reglamento Roma I en sentido amplio para argumentar la inaplicabilidad del Reglamento Roma I al arbitraje, véase E. Brödermann, Unif. Law Rev. 2011, pp. 589, 598-602 y § 6 IPR MünchAnwaltshandb. IntWirtschR, nº 66, 292; contra P. Mankowski, Recht der Internationalen Wirtschaft (RIW) 2011, pp. 30-44, argumentando entre otras cosas con la supremacía del Derecho de la UE en el Reglamento Roma I sobre el Derecho nacional de arbitraje.

493 Art. 9 (3) Reglamento Roma I; S. Meier en Jansen/Zimmermann, Art. 15:102 [PECL]: Contratos que infringen normas imperativas, no. 5 (pp. 1900-01).

494 G. Cuniberti en Vogenauer, Art. 1.4 no. 10.

495 Véase G. Cuniberti en Vogenauer Art. 1.4 no. 17, en el que se resumen estos tres criterios para determinar la aplicabilidad de la ley de policía.

496 En el mismo sentido G. Cuniberti en Vogenauer Art. 1.4 no. 6 ("las normas pertinentes de Derecho internacional privado a efectos del art. 1.4 son las del juzgador").

497 Comentarios oficiales, Art. 1.4 no. 4, p. 13 (énfasis añadido); S. Meier en Jansen/Zimmermann, Art. 15:101 [PECL]: Contratos contrarios a los principios fundamentales, no. 10 (p. 1895): "digno de mención". Para más información sobre el concepto de ley imperativa, véase CNUDMI y otros, Guía Jurídica Tripartita, no. 93-102 (pp. 23-25).

498 E. Brödermann, § 6 IPR MünchAnwaltshandb. IntWirtschR no. 368; M. J. Bonell, An International Restatement, pp. 225-226.

3

La redacción del Art. 1.4 ("Estos principios no restringen") expresa el deseo de los Principios de UNIDROIT de evitar en general la determinación de la **ley imperativa aplicable**, salvo una excepción estructural que se expresa claramente en los Comentarios Oficiales. Sugiere que (además del derecho imperativo internacional y transnacional,[499] por ejemplo, sobre la lucha contra la corrupción o el tráfico de drogas o sanciones)[500] **sólo el derecho imperativo (nacional) "internacionalmente" superior, es decir el derecho imperativo nacional con un enfoque internacional**, a diferencia del derecho imperativo nacional ordinario (nacional) (incluido un acto de Estado[501]), se considerará[502] cuando las partes hayan acordado que su contrato se rija por los Principios UNIDROIT mediante una verdadera "cláusula de elección de los Principios UNIDROIT "(Introducción no. 9a y Preámbulo, no. 3). La combinación de los Principios UNIDROIT con una cláusula de arbitraje reduce así la gama de leyes imperativas que pueden ser aplicables en las circunstancias[503] porque excluye la ley imperativa nacional con un mero enfoque nacional (que un tribunal estatal aplicaría → no. 5 más abajo).[504]

4

Un ejemplo práctico:[505] A la hora de evaluar la validez de las cláusulas contractuales con arreglo a la legislación alemana, puede ser diferente si se trata de "cláusulas estándar" o de "cláusulas negociadas individualmente". El régimen alemán (nacional) de derecho imperativo para las cláusulas estándar incluye requisitos extremos de información que son sencillamente impracticables, si no imposible que siempre cumplan en contextos transfronterizos, por ejemplo, a larga distancia por teléfono, videoconferencia o correo electrónico. Un simple intercambio de correos electrónicos sobre el importe adecuado de la limitación de responsabilidad no bastará para calificar dicho acuerdo de **"negociado individualmente"**.[506] Sin embargo, con respecto a los contratos B2B **(para los que la legislación alemana va más allá de los requisitos de la legislación europea)**, la legislación alemana sobre cláusulas estándar no se considera "internacionalmente obligatoria" (éste es sólo el caso con respecto a

---

499 Comentarios oficiales, Art. 1.4 no. 1, p. 11; sobre la integración explícita del derecho imperativo supranacional e internacional véase P.C.-Misc. 18 (1992), pp. 50-54 (especialmente Drobnig, Lando, Tallon) y el voto en p. 54. Como señala Bonell ibid. en p. 53: "En la mayoría de los casos, las partes sólo pensaban en las normas imperativas de su propio ordenamiento jurídico, mientras que esto no era suficiente a nivel [internacional]". Drobnig ibid. en p. 54 describe la "finalidad pedagógica" de la disposición.

500 G. Cuniberti en Vogenauer Art. 1.4 no. 18.

501 P.C.-Misc. 18 (1992), p. 53 (Bonell, en reacción a Sono, ibid. en p. 51).

502 Comentarios oficiales, Art. 1.4 no. 4, p. 12; S. Meier en Jansen/Zimmermann, Art. 15:102 [PECL]: Contracts Infringing Mandatory Rules, no. 5 (en p. 1901). En su día, esta limitación de la ley imperativa aplicable en caso de arbitraje fue considerada por el Grupo de Trabajo, véase P.C.-Misc. 19 (1994), pp. 14, 18 (Bonell).

503 E. Brödermann en Eppur si muove: La era del Derecho uniforme, pp. 1283, 1296; E. Brödermann, § 6 IPR MünchAnwaltshandb. IntWirtschR, nº 372.

504 P.C.-Misc. 18 (1992), p. 19 (Lando), pp. 49-50 (Bonell); P.C.-Misc. 19 (1994), p. 18 (Bonell), p. 31 (Farnsworth); y la conclusión de Furmston y Bonell en P.C.-Misc. 18 (1992), p. 19 de que sería mejor utilizar los Principios UNIDROIT en combinación con el arbitraje; cf. además M. J. Bonell, An International Restatement, pp. 219-220.

505 Ejemplo dado por E. Brödermann, Hamb. Law Rev. 2016, pp. 21, 26-30.

506 E. Brödermann, Hamb. Law Rev. 2016, pp. 21, 28-29.

los contratos con consumidores).[507] Por lo tanto, la elección de los Principios UNIDROIT en combinación con una cláusula de arbitraje evita legítimamente (y en interés de un negocio B2B internacional) la aplicación de la ley nacional alemana imperativa sobre cláusulas estándar. La cuestión de si las cláusulas de limitación de responsabilidad de los abogados alemanes con sus clientes comerciales han sido "negociadas individualmente" se someterá al régimen pragmático e internacionalmente aceptable sobre cláusulas estándar del Art. 2.1.19 a 2.1.21 de los Principios UNIDROIT (suponiendo un contenido justo que respete los requisitos del Art. 1.5 y 7.1.6, y en particular el principio de lealtad negocial del art. 1.7 (2)). Por el contrario, un tribunal alemán tendría que aplicar también la legislación nacional alemana obligatoria sobre cláusulas estándar al contrato B2B internacional entre el abogado alemán y su cliente extranjero.[508] Para los clientes extranjeros, por ejemplo de los EE.UU. o China, la elección de los Principios UNIDROIT también tiene ventajas porque **I)** no tienen que investigar (o aceptar ciegamente) la ley alemana, y **II),** en la medida en que deseen discutir las razones para elegir los Principios UNIDROIT (lo que es muy raro) también pueden preferir el enfoque pragmático de los Principios UNIDROIT (por ejemplo en el Art. 2.1.19 no. 1); → Art. 2.1.19 no. 1) en comparación con la recepción de información detallada sobre los riesgos de determinadas cláusulas estándar (como una limitación de responsabilidad) que se exigiría bajo la legislación alemana.[509]

2. Más derecho imperativo en caso de combinación de los Principios UNIDROIT con una cláusula de elección de foro

5

En caso de combinar la elección de los Principios de UNIDROIT con la competencia de un tribunal nacional, el ámbito de las leyes imperativas aplicables es más amplio (Art. 1.4 no. 3 anterior). Un tribunal nacional consideraría una elección de los Principios de UNIDROIT como incorporación (Preámbulo no. 5-6 y 15-16). Debe aplicar todo el derecho imperativo vigente en su sede, incluido el derecho imperativo nacional.[510] Por lo tanto, en la práctica, la elección del régimen de resolución de disputas tiene un impacto en el alcance del derecho imperativo aplicable y, por lo tanto, en la configuración circundante de los Principios UNIDROIT.

---

507 E. Brödermann, § 6 IPR *MünchAnwaltshandb. IntWirtschR*, no. 398.

508 Cf. art. 9 (2) Reglamento Roma I.

509 Véase L. Leuschner, AGB *Recht für Verträge zwischen Unternehmen*, pp. 44 y ss.

510 Comentarios Oficiales, Art. 1.4 nº 3, p. 12; P.C.-Misc. 18 (1992), p. 19 (Bonell) y p. 49 (Bonell: "En otras palabras, los Principios sólo pueden ocupar el espacio que la ley aplicable concede a la libertad contractual"); P.C.-Misc. 19 (1994), p. 13 (Farnsworth); G. Cuniberti en Vogenauer, Art. 1.4 no. 7. El Grupo de Trabajo consideró, por ejemplo, para **Inglaterra** la doctrina de la consideración, P.C.-Misc. 18 (1992), p. 51 (Lando); o para Italia el Art. 1341 (2) Code civil que exige la aprobación por escrito de determinados tipos de condiciones generales.

C. Efectos

6

Art. 3.3.1-3.3.2 hacen frente a los efectos de la infracción de las normas imperativas.

Ya en el nivel de la formación del contrato, el Derecho imperativo puede repercutir en la celebración del contrato (contratos simulados, simulación; → art. 2.1.1 no. 5).

Artículo 1.5 (Exclusión o modificación de los Principios por las partes)

Las partes pueden excluir la aplicación de estos Principios, así como derogar o modificar el efecto de cualquiera de sus disposiciones, salvo que en ellos se disponga algo diferente.

A. Énfasis en la autonomía de las partes

1

El art. 1.5 hace hincapié en un aspecto importante de la libertad contractual (art. 1.1): el derecho a trabajar (o no trabajar) libremente con los Principios UNIDROIT,[511] incluidas las adaptaciones, variaciones o desviaciones[512] que no requieran una forma particular[513] (art. 1.2). Muchas disposiciones de los Principios UNIDROIT, incluidas, por ejemplo, las reglas supletorias del Capítulo 5 o las disposiciones sobre excesiva onerosidad de la Sección 6.1, tienen por objeto ayudar a **identificar cuestiones,**[514] sirven de **recordatorio**[515] o son de **"naturaleza estimulante"**[516] para considerar cuestiones y adaptar las reglas "a sus requisitos y necesidades especiales"[517] al tiempo que proporcionan una posición de emergencia si no hay tiempo ni presupuesto para regular la cuestión más específicamente en un contrato, o si las partes olvidan regular una cuestión. A veces las circunstancias del caso exigen una adaptación del régimen contractual (lo cual es la razón del énfasis del carácter de fondo de los Principios UNIDROIT en la elección descriptiva de la cláusula de los Principios UNIDROIT propuesta en la → Introducción no. 9a). Por ejemplo, los Principios UNIDROIT no contienen la posibilidad de interrumpir un plazo de prescripción mediante meras negociaciones. Cuando se representa a empresas alemanas acostumbradas a tal posibilidad, el autor tiende a integrar una cláusula adicional sobre la base del art. 203 BGB alemán (que contiene tal norma sobre la interrupción de un plazo de prescripción mediante negociación) y desviarse así del esquema de prescripción del Capítulo 10 (Art. 10.5 no. 5).[518] En otros contextos, cuando se representa a una parte para la cual, por sus antecedentes, tal posibilidad de interrumpir un plazo de prescripción no es importante, el autor no negocia tal cambio en el esquema de las reglas de prescripción de los Principios UNIDROIT.

---

511 Comentarios oficiales, Art. 1.5 no. 1, pp. 13-14.
512 Para un análisis del dépeçage entre el PICC y otra ley, véase G. Cuniberti en Vogenauer, Art. 1.5 no. 7 y ss.
513 Comentarios oficiales, Art. 1.5 no. 2, p. 14.
514 P.C.-Misc. 18 (1992), p. 58 (Brasil).
515 P.C.-Misc. 18 (1992), p. 57 (Bonell), p. 58 (Maskow).
516 P.C.-Misc. 18 (1992), p. 58 (Bonell).
517 P.C.-Misc. 18 (1992), p. 55 (Bonell).
518 E. Bröderman, § 6 IPR MünchAnwaltshandb. IntWirtschR, no. 382.

B. Límites de los principios obligatorios

2

Si se eligen los Principios UNIDROIT en su totalidad como régimen contractual aplicable (ya sea de forma directa sin restricciones sobre la **base del Derecho Internacional Privado** (arbitraje) (Preámbulo no. 3) o mediante incorporación sobre la base de un Derecho internacional privado (como el Art. 3 Reglamento Roma I en relación con el Considerando 13; Preámbulo no. 16), hay algunos principios básicos que deben "tragarse" como parte de la elección,[519] cuasi como "dentro de los límites" de los Principios UNIDROIT.[520] **Se refieren a aspectos fundamentales de la "lealtad negocial" en el comercio internacional**, en particular los arts. 1.7, 1.8 (implícitamente),[521] 3.1.4, 5.1.7 (2), 7.1.6 (implícitamente),[522] 7.4.13 (2), 10.3 (2). Por lo general, ningún hombre o mujer de negocios se sentirá ofendido por tales principios obligatorios (si la contraparte se siente ofendida por tales principios en la negociación, la otra parte podría reconsiderar si desea celebrar un contrato con dicho hombre o mujer de negocios).

Artículo 1.6 (Interpretación e integración de los Principios)

(1) En la interpretación de estos Principios se tendrá en cuenta su carácter internacional así como sus propósitos, incluyendo la necesidad de promover la uniformidad en su aplicación.

(2) Las cuestiones que se encuentren comprendidas en el ámbito de aplicación de estos Principios, aunque no resueltas expresamente por ellos, se resolverán en lo posible según sus principios generales subyacentes.

A. Regla estándar moderna de interpretación (párrafo 1)

1. Un enfoque global de la interpretación

1

El art. 1.6 se refiere a la interpretación de los Principios UNIDROIT (a diferencia de la interpretación de un contrato regido por los Principios UNIDROIT, Arts. 4.1, 4.3-4.7).[523] El

---

519 Véase P.C.-Misc. 18 (1992), p. 56 (Bonell): un "paquete de medidas" y el debate ibid. en pp. 55-57. En general, se debate si el PICC puede llegar a ser obligatorio: C. Larroumet, La valeur des Principes d' UNIDROIT applicables aux contrats du commerce international, JCP, ed., 1997, I, 4011. G, 1997, I, 4011, párr. 17.

520 P.C.-Misc. 18 (1992), p. 52 (Bonell); CNUDMI et al., Tripartite Legal Guide, no. 103 (p. 25) con la siguiente observación orientada a la práctica: "Es cierto que, dado el carácter no vinculante del UPICC, el incumplimiento de las disposiciones obligatorias puede no tener consecuencias. No obstante, se considera una orientación importante para las partes contratantes y los adjudicadores, especialmente cuando se elige el UPICC como ley rectora".

521 Comentarios oficiales, Art. 1.5 no. 3, p. 14; G. Cuniberti en Vogenauer, Art. 1.5 no. 12. Debatido por S. Vogenauer en Vogenauer, Art. 1.5 no. 12 (aquí no se sigue su crítica porque una formulación inequívoca de que no hay intención de crear confianza evitaría una confianza razonable en el sentido del art. 1.8); M. J. Cuniberti en Vogenauer, Art. 1.5 no. 12. 1.8); M. J. Bonell, An International Restatement, pp. 94-95.

522 Comentarios oficiales, Art. 1.5 no. 3, p. 14; M. J. Bonell, An International Restatement, pp. 94-95; M. Á. Pendón Meléndez en Morán/Bovio, Art. 1.5 no. 1, p. 71; G. Cuniberti en Vogenauer, Art. 1.5 no. 12.

523 M. Á. Pendón Meléndez en Morán/Bovio, Art. 1.6 no. 1, p. 74. Sobre los antecedentes históricos y comparativos de la interpretación de los textos legales véase O. Unger en Jansen/Zimmermann, Art. 1:106 (1) [PECL]:

párrafo 1 refleja un estándar moderno de **interpretación autónoma**[524] para instrumentos internacionales que se inspiró en el Art. 7 de la CNUCCIM.[525] Esto requiere un enfoque abierto con la debida consideración **I)** al carácter internacional[526] así como al propósito unificador de los Principios UNIDROIT[527] y **II)** por lo tanto, a las soluciones encontradas por las cortes y tribunales de arbitraje de todo el mundo[528] (véase la base de datos en www.unilex.info). Los antecedentes nacionales comparativos pueden proporcionar orientación cuando los Principios UNIDROIT pretenden "reafirmar" un terreno común, pero no serán vinculantes.[529] También puede ayudar a determinar en qué casos los Principios UNIDROIT pretenden emular una nueva norma que se desvía de las soluciones existentes.[530] Sin embargo, a la luz de las ligeras variaciones entre las diferentes versiones lingüísticas[531] y la falta de un organismo que proporcione interpretaciones generales con efecto vinculante, el objetivo de uniformidad siempre seguirá siendo "aspiracional".[532]

2. Sobre la interpretación

2

Además de los criterios establecidos en el Art. 1.6 (que "' señala algunos aspectos particularmente importantes"),[533] las interpretaciones de los Principios UNIDROIT tendrán que

Interpretación y Complemento (Disposición General), nº 2-4 (pp. 65-67) así como nº 5 en p. 68.eng fn

524 M. Á. Pendón Meléndez en Morán/Bovio, Art. 1.6 no. 2.b, p. 77; S. Vogenauer en Vogenauer, Art. 1.6 no. 5, 7; O. Unger en Jansen/Zimmermann, Art. 1:106 (1) [PECL]: Interpretación y Complemento (Disposición General), no. 9 (p. 70).

525 P.C.-Misc. 18 (1992), pp. 59-60 (Bonell), según la cual la referencia a la "buena fe en el comercio internacional" en el Art. 7 (1) CISG, inicialmente también contenida en el borrador del Art. 1.6 Principios UNIDROIT (StL-Doc. 50 (1991), p. 11) se omitió por "evidente" (Maskow) tras el debate en el Grupo de Trabajo en P.C.-Misc. 18 (1992), pp. 60-61; H. Gabriel, nº 2.98 (p. 59); P. Perales Viscasillas, Unif. Law Rev. 2017, pp. 4, 6; véase también el art. 18 del Convenio de Roma sobre la Ley Aplicable a las Obligaciones Contractuales de 19 de junio de 1980, DO 1980 L 266 p. 1 y la panorámica de otros instrumentos internacionales con cláusulas similares de S. Vogenauer en Vogenauer, Art. 1.6 no. 2 nota 2-4.

526 Comentarios oficiales, Art. 1.6 no. 2, pp. 15-16; véase también M. Á. Pendón Meléndez en Morán/Bovio, Art. 1.6 no. 2.b, p. 77 (requiere una mente abierta - lenguaje neutro).

527 Para un análisis de por qué el PICC encuentra menos obstáculos a este respecto en comparación con tratados unificadores como la CISG, véase S. Vogenauer en Vogenauer, Art. 1.6 no. 11; O. Unger en Jansen/Zimmermann, Art. 1:106 (1) [PECL]: Interpretación y Complemento (Disposición General), no. 9 (p. 70): "diferentes formas de expresar el objetivo de la interpretación autónoma".

528 S. Vogenauer en Vogenauer, Art. 1.6 no. 18-19.

529 S. Vogenauer en Vogenauer, Art. 1.6 no. 8.

530 S. Vogenauer en Vogenauer, Art. 1.6 no. 8.

531 S. Vogenauer en Vogenauer, Art. 1.6 no. 12, 17 y 22; R. Anderson en Vogenauer, Art. 2.1.9 no. 6 (sobre una desviación de la versión alemana).

532 S. Vogenauer en Vogenauer, Art. 1.6 no. 12-42.

533 O. Unger en Jansen/Zimmermann, Art. 1:106 (1) [PECL]: Interpretación y Complementación (Disposición General), no. 14 (p. 74) en general sobre "[e]l papel de los criterios interpretativos residuales" en los instrumentos internacionales.

considerar en general **I)** la redacción,[534] **II)** el propósito[535] (que se menciona explícitamente en el párr. 1 y, por tanto, especialmente relevante),[536] **III)** la política pública de promover en general el comercio internacional y la lealtad negocial (*argumentum* Art. 1.7)[537] así como **IV)** el contexto[538] y **V)** la historia de la redacción.[539] Aunque inicialmente no estaba prevista la publicación de los materiales en el sitio web de UNIDROIT en 2016 (actas de reuniones, trabajos preparatorios),[540] la historia de la redacción es ahora ampliamente accesible.[541] En la práctica, es probable que la versión en inglés prevalezca sobre las versiones en otros idiomas por analogía con el art. 4.7;[542] y las "black letter rules" precedan a las ilustraciones contradictorias.[543] Otras fuentes de interpretación son los instrumentos internacionales, la legislación comparada (por ejemplo, cuando los Estados integran partes de los Principios UNIDROIT literalmente en su legislación nacional, Preámbulo no.13) y la jurisprudencia comparada, así como los laudos arbitrales publicados.[544]

B. Complementación de los Principios UNIDROIT con la debida consideración de los principios generales subyacentes (párrafo 2)

1. Sobre la suplementación

3

El párrafo 2 establece una cláusula de "apertura" para resolver cuestiones no cubiertas explícitamente por los Principios UNIDROIT (debidamente interpretados)[545] pero "dentro

---

534 M. Á. Pendón Meléndez en Morán/Bovio, Art. 1.6 no. 2.b, p. 78 (destaca la importancia de la redacción inglesa); O. Unger en Jansen/Zimmermann, Art. 1:106 (1) [PECL]: Interpretación y Complemento (Disposición General), no. 14 (p. 74).

535 Comentarios oficiales, Art. 1.6 no. 3, p. 16; P.C.-Misc. 19 (1994), pp. 37-39 (incl. Lando destacando el énfasis en la finalidad en el grupo que elaboró los Principios Europeos; y la decisión del Grupo de Trabajo en p. 38).

536 S. Vogenauer en Vogenauer, Art. 1.6 no. 42 (señala el "peso relativo de la finalidad").

537 M. Á. Pendón Meléndez en Morán/Bovio, Art. 1.6 no. 2.b, p. 78.

538 O. Unger en Jansen/Zimmermann, Art. 1:106 (1) [PECL]: Interpretación y Complementación (Disposición General), no. 14 (p. 74): "el contenido de las disposiciones circundantes puede ciertamente guiar la interpretación".

539 M. Á. Pendón Meléndez en Morán/Bovio, Art. 1.6 no. 2.b, p. 77; S. Vogenauer en Vogenauer, Art. 1.6 no. 20-43.

540 P.C.-Misc. 19 (1994), p. 37 (Bonell, en respuesta a una sugerencia de Furmston).

541 www.unidroit.org/instruments/commercial-contracts/unidroit-principles-2016/preparatory-work/ [última visita el 9 de enero de 2023]. Las actas de los debates del Consejo de Gobierno en los que se aprobaron los Principios UNIDROIT pueden consultarse en www.unidroit.org/meetings/governing-council/ (actualmente accesible a partir de 2005) [última visita el 09 de enero de 2023]. Para más información, véase el resumen de materiales relevantes al principio de cada sección de este libro. M. Á. Pendón Meléndez en Morán/Bovio, Art. 1.6 no. 2.b, p. 78.

542 M. Á. Pendón Meléndez en Morán/Bovio, Art. 1.6 no. 2.b, p. 78; S. Vogenauer en Vogenauer, Art. 1.6 no. 22.

543 S. Vogenauer en Vogenauer, Art. 1.6 no. 24.

544 O. Unger en Jansen/Zimmermann, Art. 1:106 (1) [PECL]: Interpretación y Complemento (Disposición General), no. 14 (p. 74).

545 O. Unger en Jansen/Zimmermann, Art. 1:106 (2) [PECL]: Interpretation and Supplementation (Issues not Expressly Settled), no. 4 (pp. 78-79), según el cual la interpretación incluye tanto la consideración de la redacción específica que excluye cuestiones del ámbito de los Principios del UNIDROIT (como el art. 9.1.2) como la determinación de cuestiones con "un nexo suficientemente estrecho [...] entre el contenido del

del ámbito de aplicación de estos Principios".[546] Posibles ejemplos **incluyen la carga de la prueba**, que está dentro del ámbito de los Principios UNIDROIT,[547] o la aplicación de la Sección 5.3 a opciones que se fundamentarán sólo bajo ciertas condiciones (Art. 5.3.1 no. 4).Con una reserva al derecho imperativo en la sede de un tribunal arbitral (Art. 1.4), esto puede incluir cuestiones relativas a una **cláusula arbitral**, especialmente si una cuestión como el "consentimiento" es relevante tanto para determinar la jurisdicción de un tribunal arbitral como el fondo de la cuestión.[548] Por el contrario, el Art. 1.6 no puede utilizarse para superar cuestiones que van más allá de los "contratos comerciales internacionales" (Preámbulo párrafo 1) o cuestiones que están explícitamente excluidas (Arts. 3.1.1, 2.1.2 (3), 9.1.2, 9.2.2, 9.3.2). Si no es posible invocar el Art. 1.6, el árbitro podrá determinar, teniendo en cuenta el reglamento de arbitraje aplicable,[549] la ley aplicable a las cuestiones con la ayuda del Derecho internacional privado aplicable.[550]

2. Los principios generales subyacentes

4

Los principios generales subyacentes (internos[551]) de los Principios UNIDROIT mencionados en el párrafo 2 incluyen la libertad contractual (art. 1.1);[552] el carácter vinculante de los contratos (*pacta sunt servanda*) (art. 1.3), la autonomía de las partes (art. 1.5), la observancia de la buena fe y la lealtad negocial (art. 1.7;[553] tal como se manifiesta, por ejemplo, en la responsabilidad por romper las negociaciones precontractuales de mala fe (art. 2.1.15) o invocar una cláusula "de exoneración" (art. 7.1.6)), la prohibición de conductas inconsis-

---

instrumento, es decir, sus disposiciones generales y normas específicas, y las cuestiones en cuestión". (ibid. p. 79, se omiten las notas a pie de página).

546 Comentarios Oficiales, Art. 1.6 no. 4, pp. 16-17 con la útil sugerencia de orientarse por el índice de materias de los Principios UNIDROIT. Sobre los antecedentes históricos y comparativos de dicha cláusula - que se remontan al jurista romano Juliano en el siglo II d.C. observando que "los estatutos ... no [pueden] redactarse de tal manera que queden cubiertos todos los casos que puedan darse en cualquier momento" - véase O. Unger en Jansen/Zimmermann, Art. 1:106 (2) [PECL]: *Interpretation and Supplementation (Issues not Expressly Settled)*, no. 1-2 (pp. 75-77).

547 S. Vogenauer en Vogenauer, Art. 1.6 no. 49, 55 (sugiere considerar también el Art. 21.1 de los Principios ALI/Unidroit de Procedimiento Civil Transnacional). Para los Principios ALI/Unidroit de Procedimiento Civil Transnacional véase también F. Dessemontet en Eppur si muove: La era del Derecho uniforme, pp. 349-357.

548 M. Scherer en Vogenauer, Preámbulo II no. 84-90; S. Vogenauer en Vogenauer, Art. 1.6 no. 48.

549 Véase, por ejemplo, el art. 28 (2) Ley Modelo de la CNUDMI sobre Arbitraje Comercial Internacional.

550 Comentarios oficiales, Art. 1.6 no. 4, p. 17 (como subraya O. Unger en Jansen/Zimmermann, Art. 1:106 (2) [PECL]: *Interpretation and Supplementation (Issues not Expressly Settled)*, no. 3 nota 20 (p. 77) y no. 6 (p. 80)); véase también argumentum Art. 7 (2) CISG. En este sentido también S. Vogenauer en Vogenauer, Art. 1.6 nº 59. El Grupo de Trabajo había dejado inicialmente abierta la cuestión de qué aplicar si no era posible resolver una cuestión con principios generales subyacentes, dejando abierta la cuestión de si el asunto se resolvería a través de un sistema jurídico nacional (P.C.-Misc. 18 (1992), pp. 61-62).

551 O. Unger en Jansen/Zimmermann, Art. 1:106 (1) [PECL]: Interpretación y Complemento (Disposición General), no. 12 (pp. 72-73): es decir, "inherente al instrumento" en contraposición a "principios externos".

552 M. Á. Pendón Meléndez en Morán/Bovio, Art. 1.6 no. 2.b, p. 82.

553 M. Á. Pendón Meléndez en Morán/Bovio, Art. 1.6 no. 2.b, p. 82. Véase también P.C.-Misc. 19 (1994), p. 39 (Bonell "promover la buena fe en el comercio internacional era un propósito muy bueno"; y Drobnig).

tentes (art. 1.8),[554] el deber de cooperación (art. 5.1.3), la informalidad (arts. 1.2 y 3.1.2), la apertura a los usos comerciales (art. 1.9) y la política de mantener vivos los contratos siempre que sea posible (*favor contractus*, p. ej., arts. 4.5, 6.2.3 (1) y (4) letra b[555]).[556]

Artículo 1.7 (Buena fe y lealtad negocial)

(1) Las partes deben actuar con buena fe y lealtad negocial en el comercio internacional.

(2) Las partes no pueden excluir ni limitar este deber.

A. Buena fe y lealtad negocial como núcleo obligatorio de los Principios UNIDROIT de conformidad con el Art. 1.5 y 1.6 (2)

1

Reforzando un consenso internacional emergente y ya ampliamente existente[557] —una "clara tendencia comparativa, que trasciende la división tradicional entre Derecho Civil y el Derecho Común "[558] —, los Principios UNIDROIT sólo apoyan los contratos que se rigen por un espíritu comercial de "buena fe y lealtad comercial".[559] Aunque no esté consagrado en todo el mundo en normas jurídicas generales y abstractas (como en los países de tradi-

---

554 Se menciona explícitamente, por separado del Art. 1.7 y, con respecto a la historia del Art. 1.8 de forma convincente, por O. Unger en Jansen/Zimmermann, Art. 1:106 (1) [PECL]: Interpretación y Complemento (Disposición General), nº 12 (nota 68 en p. 73).

555 Véanse también, por ejemplo, los Comentarios Oficiales, Art. 7.1.4 no. 1, p. 231.

556 Véase para una descripción detallada de los conceptos M. J. Bonell, An International Restatement, Capítulo 4, pp. 87-172; cf. también para la prominencia de los conceptos S. Vogenauer en: Gullifer/Vogenauer (Eds.), Essays in Honour of Hugh Beale, pp. 299-301; S. Vogenauer en Vogenauer, Introduction no. 39, 43 y Art. 1.6. no. 25.

557 S. Vogenauer en Vogenauer, Art. 1.7 no. 1-4 con referencias a diversas fuentes nacionales y transnacionales (incluido el Art. 7 (1) CISG); véase también nº 42: "un principio general del derecho" (tras tener debidamente en cuenta las consideraciones de "orden público" en la legislación estadounidense). Sobre los "antecedentes históricos" desde el Derecho romano y para una visión comparativa en profundidad, véase J. P. Schmidt en Jansen/Zimmermann, Art. 1:201 [PECL]: Good Faith and Fair Dealing, nº 24-53 (pp. 112-130); sobre la inclusión de la buena fe en la "reforma a gran escala" del siglo XXI en el nuevo Código Civil francés (2016) véase ibid. nº 38-39 (pp. 120-121). Sobre las "notables excepciones" en la legislación austriaca e inglesa, que, sin embargo, a menudo utilizan otros razonamientos para llegar a resultados similares (por ejemplo, la "renuncia tácita" en Austria, o las "soluciones fragmentarias en respuesta a problemas demostrados de injusticia" inglesas) véase ibid. nº 43-46 (pp. 123-126).

558 J. P. Schmidt en Jansen/Zimmermann, Art. 1:201 [PECL]: *Good Faith and Fair Dealing*, no. 49 (p. 127).

559 P.C.-Misc. 18 (992), p. 73 (votación), siguiendo la discusión a partir de la p. 62, con respecto a una mejor comprensibilidad para los abogados estadounidenses (Farnsworth pp. 68-69, Furmston p. 73 y p. 75 con referencia al UCC); Para el término de "buena fe" véase la definición de la Cámara de Casos Civiles del Tribunal de Apelaciones de Tbilsi, que establece en un laudo que hace referencia al Art. 1.7 que la buena fe implica acciones con la debida responsabilidad y respeto de los derechos de la otra parte, Georgia, 04 de diciembre de 2019, Caso nº AS-559-2019.

ción jurídica romanista[560] o en algunas jurisdicciones de Derecho Común[561] o basadas en el Derecho Común[562]), la mayoría de los sistemas jurídicos sancionan las acciones realizadas de mala fe[563] en detrimento de la parte contratante de un modo u otro.[564] La redacción del **párrafo 1** refleja un compromiso que abarca tanto el enfoque de los sistemas jurídicos europeos continentales sobre los aspectos subjetivos y objetivos de la buena fe, como la distinción del Derecho Común entre buena fe y lealtad negocial,[565] con especial atención al sistema jurídico estadounidense.[566] Se refiere a una **norma de conducta determinada objetivamente** y no a un estado de ánimo subjetivo.[567] De este modo, los Principios UNIDROIT —contrariamente al Art. 7 (1) CNUCCIM— establecen inequívocamente el principio de buena fe como un principio sustantivo y no como un principio de interpretación.[568]

2

Siguiendo la formulación del PECL,[569] el párrafo 2 declara expresamente el principio del apartado 1 como obligatorio[570] (→ Art. 1.5 no. 2). El compromiso de "buena fe y lealtad

560 Por ejemplo, § 242 BGB alemán, Art. 1104 Código Civil francés (versión de 2016) (antiguo art. 1134 (3)), Art. 6 y 60 (2) Contract Law of the People's Republic of China, Art. 1061 del Código Civil y Comercial argentino; Art. 1375 del Código Civil de Québec; véase F. Ranieri, "Good Faith" in: Basedow/Hopt/Zimmermann (eds.) con Stier. (ed), The Max Planck Encyclopedia of European Private Law, Volumen 1 (2012), pp. 790-794.

561 § 205 del US Restatement 2d Contracts. Véase un análisis de N. Andrews en Eppur si muove: The Age of Uniform Law, pp. 953, 956 y ss. y 960 y ss. Véase también M. Furmston y J.W. Carter en Eppur si muove: The Age of Uniform Law, pp. 988, 992: "Todas las jurisdicciones de la Commonwealth reconocen un requisito general de cooperación en el cumplimiento, y también su inverso: una parte no debe impedir el cumplimiento de la otra". El Grupo de Trabajo había considerado, por ejemplo, la buena fe como principio de derecho en "el Derecho Común de Australia" (P.C.-Misc. 19 (1994), p. 42 (Brasil)).

562 Art. 12, 39 Israelian Contracts (General Part) Law, 1973; véase, por ejemplo, G. Shalev/S. Herman, 35(5) Louisiana Law Review 1975, pp. 1091, 1097 y ss. con reproducción de los artículos citados en pp. 1106, 1109.

563 Lo contrario a la "buena fe": S. Vogenauer en Vogenauer, Art. 1.7 no. 35.

564 Para las jurisdicciones de common law véase, por ejemplo, K. P. Berger/T. Arntz, Zeitschrift für Vergleichende Rechtswissenschaft (ZVglRWiss) 115 2016, pp. 167-199; S. Vogenauer en Vogenauer, Art. 1.7 n. 7. Para una perspectiva inglesa, véase el análisis de N. Andrews en Eppur si muove: The Age of Uniform Law, pp. 953, 956 y ss. (sobre "*Three Meanings of Good Faith*").

565 P.C.-Misc. 18 (1992), p. 75 (votación final), tras un debate y un empate inicial en la votación sobre si debían integrarse las palabras "and fair dealing" en las pp. 73 y ss. (por ejemplo, U. Drobnig en la p. 74: "esto cubriría tanto el elemento subjetivo como el elemento objetivo").

566 J. P. Schmidt en Jansen/Zimmermann, Art. 1:201 [PECL]: *Good Faith and Fair Dealing*, nº 13 en p. 107 (resumen) y nº 9-11 (pp. 105-107), con una explicación detallada a través de la historia de la UCC (en la que cabe destacar, como se señala ibid. nº 34 en p. 118 nota 179, que el ponente **jefe de la UCC Karl Llewellyn "había vivido, estudiado e incluso enseñado en Alemania** y, por tanto, estaba muy familiarizado con su cultura jurídica").

567 J. P. Schmidt en Jansen/Zimmermann, Art. 1:201 [PECL]: *Good Faith and Fair Dealing*, nº 13 en p. 107 (resumen) y nº 4 (p. 103) destacando el doble significado de "buena fe", que incluye tanto "un estado de ánimo" (es decir, "un sinónimo de honestidad y sinceridad") como "un estándar de conducta", respetando "ciertos requisitos de decencia y equidad", por lo que (ibid., no. 8 p. 105) "el estándar de conducta debe determinarse objetivamente".

568 P. Perales Viscasillas, Unif. Derecho Rev. 2017, pp. 4, 10.

569 P.C.-Misc. 18 (1992), p. 78 (votación, confirmada en la p. 79) en relación con el entonces Art. 1.106(2) - entretanto Art. 1.201(2) - PECL.

570 Comentarios Oficiales, Art. 1.7 nº 4, p. 20 con referencia a interpretaciones específicas de la prohibición general de excluir o limitar el Principio en los artículos 3.1.4, 7.1.6 y 7.4.13; Laudo arbitral de 25 de enero de 2002, Tribunal de Arbitraje de la Cámara de Comercio e Industria de Lausana, Unilex nº 863; véase para una opinión crítica A. E. Farnsworth, Tulane J. of Int.'l & Comp. Law 1995, 47, pp. 62-63.

negocial" es también un principio general subyacente en el sentido del Art. 1.6.[571] Se refiere a todas las fases de una relación contractual (número 3 siguiente) y de forma general. Además, se refuerza a través de los Principios UNIDROIT mediante al menos 82 referencias a la "razonabilidad"[572] y numerosos principios (número 4 en C. siguiente). Por lo tanto, cuando se utilizan los Principios UNIDROIT, no es necesario incorporar una cláusula sobre "lealtad comercial"[573] como a menudo se observa en la práctica en los contratos japoneses-alemanes. La noción de razonabilidad, históricamente arraigada en la tradición del Derecho Común,[574] encierra la "idea de términos justos de interacción"[575] que presupone una actuación de buena fe (tal y como se resume en el art. 1:302 PECL).[576]

B. Estándar y opciones

3

El estándar a la que se refiere el párrafo 1 se aplica a todas las fases de la vida de un contrato,[577] desde las negociaciones[578] a su interpretación[579] hasta la ejecución, por ejemplo, invocando una retención (art. 7.1.3) o un derecho de suspensión contractual.[580] Es a la vez objetivo[581] y global,[582] teniendo en cuenta las condiciones especiales del comercio

---

571 M. Á. Pendón Meléndez en Morán/Bovio, Art. 1.7 no. 1, p. 85. Inicialmente, el borrador del Art. 1.6 contenía una referencia explícita a la "buena fe en el comercio internacional" (StL-Doc. 50 (1991), p. 11 y comentario d. en pp. 12-13), que se suprimió por "evidente" (Maskow, Fransworth, Fontaine, Hartkamp) tras el debate del Grupo de Trabajo (P.C.-Misc. 18 (1992), pp. 60-61), como reiteró Bonell en P.C.-Misc. 19 (1994), pp. 38-39 (haciendo referencia a la buena fe como "finalidad subyacente").

572 Recuento de S. Vogenauer en Vogenauer, Art. 1.7 no. 10 (de la edición de 2010).

573 Comentarios oficiales, Art. 1.7 no. 1, p. 18.

574 J. P. Schmidt en Jansen/Zimmermann, Art. 1:302 [PECL]: Razonabilidad, no. 3 (p. 174) con otras referencias

575 J. P. Schmidt en Jansen/Zimmermann, Art. 1:302 [PECL]: Reasonableness, no. 3 (en p. 175) con referencia a A. Ripstein, "Reasonable Persons in Private Law", en: G. Bongiovanni, G Sartor, y C Valentini (eds), Reasonableness and Law (2009), p. 255-81, en p. 255.

576 En ocasiones, cuando la relación **entre "buena fe" y "razonabilidad"** se convierte en un problema en las discusiones entre abogados del Derecho Común y del Derecho Civil, resulta útil argumentar con la definición de "razonabilidad" del Art. 1:302 PECL: "[...] lo razonable se juzgará en función de lo que personas que actúen de buena fe y en la misma situación que las partes considerarían razonable. En particular, para apreciar lo que es razonable deben tenerse en cuenta la naturaleza y la finalidad del contrato, las circunstancias del caso y los usos y prácticas de los oficios o profesiones de que se trate". Para un análisis más detallado, véase J. P. Schmidt en Jansen/Zimmermann, Art. 1:302 [PECL]: Razonabilidad, no. 1-9 (p. 173-78)

577 Comentarios oficiales, Art. 1.7 no. 1, p. 18; véase P.C.-Misc. 18 (1992), p. 73 (voto sobre la redacción propuesta por Furmston). M. Á. Pendón Meléndez en Morán/Bovio, Art. 1.7 nº 1, p. 84; S. Vogenauer en Vogenauer, Art. 1.7 núm. 8 y 9 (con una reseña de la historia de la redacción); M. J. Bonell, An International Restatement, p. 129; A. E. Farnsworth, Tulane J. of Int.'l & Comp. Law 1995, 47, p. 63. Véase también P.C.-Misc. 19 (1994), pp. 40-41(Bonell, Komarov, Garro): El art. 1.7 es aplicable "únicamente a las cuestiones cubiertas por los Principios", lo que incluye, por ejemplo, la restitución tras la rescisión (Drobnig, ibid. en p. 41).

578 Ibídem; P.C.-Misc. 18 (1992), p. 70 (votación, tras debate, para incluir la formación y la validez sustantiva) y Lando en p. 72 señalando la diferencia con la fórmula PECL (no incluye el proceso de negociación).

579 P.C.-Misc. 18 (1992), p. 71 (voto, tras debate, véase por ejemplo Furmston en p. 70: "No podía ver una interpretación de mala fe que sobreviviera a los requisitos establecidos en el capítulo 4").

580 P.C.-Misc. 18 (1992), p. 67 (Farnsworth sobre remedios de autoayuda), p. 72 (Furmston).

581 M. J. Bonell, An International Restatement, p. 131 ("reasonable commercial standards of fair dealing").

582 P.C.-Misc. 18 (1992), p. 63 (Bonell): "universalmente observado", p. 66 (Komarov).

internacional[583] y con variaciones según el sector comercial y la debida consideración al "entorno socioeconómico".[584] Excluyendo el abuso de derecho,[585] también comprende un elemento subjetivo que persigue la honradez y la equidad.[586]

3a

La valoración de la buena fe y la lealtad negocial depende del tribunal (Art. 1.11, 1er guión), es decir, del árbitro en muchos escenarios transfronterizos en virtud de los Principios UNIDROIT (Preámbulo no. 6) y del régimen de resolución de disputas aplicable, que puede considerar las cuestiones de lealtad negocial como cuestiones de hecho[587] o de derecho.[588] Como señala Jan Peter Schmidt en el compendio seminal de Jansen/Zimmermann (Eds.), en el que se comparan los PECL, entre otros, con los Principios UNIDROIT, con respecto a las "críticas infundadas" del párrafo 2: "Dado que el deber de buena fe es muy amplio, pero al mismo tiempo no está claramente definido, muchos comentaristas han temido que las partes de un contrato estén insuficientemente protegidas contra el intervencionismo judicial.[589] Sin embargo, podría decirse que esta preocupación [...] se basa en una interpretación errónea del funcionamiento de un deber general de buena fe. [....] No da derecho al juez a cuestionar los acuerdos y las intenciones de las partes. Por el contrario, el juez debe tener en cuenta estos acuerdos e intenciones a la hora de determinar qué significa la buena fe para la relación contractual en cuestión. Por lo tanto, aunque las partes no pueden excluir el deber de buena fe, sí pueden influir en la norma aplicable, lo que debería proporcionarles una protección suficiente de sus expectativas".[590]

---

583 Comentarios oficiales, Art. 1.7 no. 3, p. 20; P.C.-Misc. 18 (1992), p. 62 (Bonell), pp. 76-77 (votación).

584 Comentarios oficiales, Art. 1.7 no. 3, pp. 19-20; P.C.-Misc. 18 (1992), p. 63 (Fontaine), p. 67 (Bonell); S. Vogenauer en Vogenauer, Art. 1.7 no. 16-17.

585 Comentarios oficiales, Art. 1.7 no. 2, p. 19.

586 P.C.-Misc. 18 (1992), p. 63 (Lando), p. 64 (Bonell, Tallon). Véase también Bonell, p. 67 ("una norma ética en sentido amplio").

587 P.C.-Misc. 18 (1992), pp. 64 y 68 (ambos Farnsworth) desde una perspectiva estadounidense con ejemplos divergentes que siembran el abanico de enfoques.

588 P.C.-Misc. 18 (1992), p. 68 (Tallon) desde una perspectiva francesa, p. 69 (Drobnig dejando también abierta la calificación).

589 Véase J. P. Schmidt en Jansen/Zimmermann, Art. 1:201 [PECL]: *Good Faith and Fair Dealing*, no. 85-94 (pp. 148-154) en el que se debaten, entre otras cosas, tanto (i) los riesgos de utilizar indebidamente el concepto de buena fe mediante un "razonamiento judicial perezoso", "especialmente en casos complicados" (ibid. no. 88 en p. 150), o el uso indebido de la norma alemana sobre la buena fe en el art.242 BGB alemán que se utilizó como herramienta "para reinterpretar el Derecho privado alemán de acuerdo con la ideología nazi" (ibid. no. 88 en p. 150), como (ii) las ventajas, tales como "organizar el pensamiento jurídico, permitir la formación de grupos de casos" (ibid. no. 88 en p. 150).) y (ii) las ventajas, como "organizar el pensamiento jurídico, permitir la formación de grupos de casos similares, hacer que la ley sea manejable y localizable y proporcionar un lenguaje en el que pueda tener lugar un discurso significativo entre abogados" (ibid. no. 90 en p. 151 con referencia a Kötz). Véase también ibíd. no. 98 (p. 155): "El fenómeno de la legislación judicial y sus límites debe debatirse como un problema general al que se enfrenta todo sistema jurídico, y no como uno que surge en el contexto de la buena fe".

590 J. P. Schmidt en Jansen/Zimmermann, Art. 1:201 [PECL]: *Good Faith and Fair Dealing*, no. 96 (p. 154): se omiten las notas a pie de página; el subrayado es nuestro.

3b

Dicho de otro modo: Al dar forma a su contrato, las partes pueden influir en los factores que deben tenerse en cuenta a la hora de interpretar la redacción para determinar si, desde una perspectiva objetiva, una actuación prevista en el contrato cumple la norma de conducta acordada. Especialmente en los contratos a largo plazo (art. 1.11 guión 3d), por ejemplo al negociar una cláusula de exención (art. 7.1.6) sobre limitación de responsabilidad en la industria automovilística o aeronáutica, las partes pueden acordar en el contrato los pasos razonables a dar para reducir la exposición a la responsabilidad. Los factores, pasos o grupos de acciones que mencionen en el contrato servirán entonces como punto de partida para determinar si una actuación es razonable y de buena fe en las circunstancias dadas.

C. Relevancia práctica limitada

4

Cuando los Principios UNIDROIT se leen y aplican en su totalidad, la necesidad práctica del art. 1.7 es limitada porque la mayoría de las cuestiones prácticas están cubiertas por principios especiales[591] (arts. 1.8, 2.1.4 (2), 2.1.15, 2.1.16, 2.1.18 oración 2, 2.1.20, 3.2.7, 4.8, 5.1.2, 5.1.3, 5.5.3. 5.3.3, 5.3.4, 6.1.3 (1), 6.1.5 (1), 7.1.2, 7.1.3 y 7.4.8).1.2, 7.1.3 y 7.4.8)[592] o dentro de los detalles de más de 80 normas que contienen la palabra **"razonabilidad"**[593] (por ejemplo, la condición "al momento de celebrarse el contrato, no cabía razonablemente esperar, haberlo tenido en cuenta, o haber evitado o superado sus consecuencias "en el art. 7.1.7 (1);[594] restricción de los pagos acordados por incumplimiento en cantidades excesivas a una **"cantidad razonable"** en el Art. 7.4.13 (2)). Desde una perspectiva académica, el requisito de "razonabilidad" es distinto y menos amplio que el concepto de "buena fe".[595] Desde un punto de vista práctico, se afirma que una actuación razonable, evaluada desde una perspectiva objetivada con respecto a lo que personas en la misma situación que las partes considerarían razonable en relación con la naturaleza y finalidad del contrato y otras circunstancias relevantes —tal y como se establece para la interpretación de los contratos en el Art. 4.3[596] (*argumentum* Art. 1.6 (2)) —, por lo general (en ausencia de mala fe) también cumplirá con el criterio de "buena fe y lealtad negocial".

---

591 Comentarios oficiales, Art. 1.7 no. 1, p. 18; véase también, por ejemplo, P.C.-Misc. 18 (1992), p. 71 (Drobnig) (en referencia a "la afirmación de Bonell de que el 50% de todas las normas se basaban en la buena fe").

592 Lista de S. Vogenauer en Vogenauer, Art. 1.7 no. 10, 38 (completado por el art. 5.1.3).

593 Recuento de S. Vogenauer en Vogenauer, Art. 1.7 no. 10 (de la edición de 2010).

594 Comentarios oficiales, Art. 1.7 no. 1, p. 18; P.C.-Misc. 18 (1992), p. 65 (Tallon da el ejemplo distinguiendo entre un pequeño comerciante y una empresa muy grande); P. Pichonnaz en Vogenauer, Art. 7.1.7 no. 33-34.

595 J. P. Schmidt en Jansen/Zimmermann, Art. 1:302 [PECL]: Reasonableness, no. 9 (p. 178) argumentando que, a diferencia del principio de buena fe, el "carácter razonable", contemplado en el PECL en una sección sobre "Terminología y otras disposiciones", no es una norma "general", sino que debe considerarse "dentro de un contexto específico".

596 Véase también la definición de "razonabilidad" en el PECL en el Art. 1:302 que menciona varios criterios similares establecidos en el Art. 4.3 (d), (f), (b) más las "circunstancias del caso", que podrían incluir (a) y (c); mientras que el criterio (e) del Art. 4.3 está discutiblemente integrado en la referencia a los "usos y prácticas".

4a

Finalmente, **los Principios UNIDROIT contienen tantas normas concretas que exigen un comportamiento razonable,** la mayoría de las situaciones ordinarias están explícitamente cubiertas, como aquellas en las que un socio contractual de una jurisdicción en la que se adopta un concepto general de buena fe y lealtad negocial esperaría un comportamiento de buena fe de su contraparte.[597] Al incluir estas reglas específicas y referencias a la razonabilidad para la mayoría de los escenarios que pueden ocurrir durante la vida de un contrato (a largo plazo), los Principios UNIDROIT también cubren necesidades especificas, y soluciones fragmentadas para responder problemas de injusticia,[598] de los abogados ingleses que prefieren reglas concretas y son generalmente escépticos con respecto al principio general de buena fe y lealtad negocial.[599] En este contexto, cabe señalar que la superación de esta diferencia de enfoque de la contratación puede calificarse como uno de los mayores logros en la elaboración de los Principios de UNIDROIT, en los que sí participaron eminentes juristas ingleses.[600]

5

Ejemplos de la aplicación necesaria del art. 1.7 son los casos de *minimis non curat praetor*[601] y el ejemplo extremo desarrollado por P. Schlechtriem de una entrega puntual a la 1 de la madrugada del día acordado que puede rechazarse aunque el acreedor (art. 1.11) no tenga ningún interés legítimo bajo lo dispuesto en el art. 6.1.5 (1) (distinto de su necesidad de descanso).[602] Una posible consecuencia de la aplicación del art. 1.7 es la falta de aplicación de un principio específico en las circunstancias especiales del caso.[603] La carga de la prueba recae sobre la parte que alega la mala fe.[604]

A pesar de la limitación de su ámbito de aplicabilidad a través de la miríada de normas más específicas que reflejan la necesidad comercial de especificidades, en la práctica, el Art. 1.7 tiene una gran relevancia simbólica en las negociaciones en el marco de los Principios UNIDROIT. De diferentes maneras, es posible argumentar, sin profundizar en los Principios UNIDROIT, que una determinada causa de acción temida por cualquiera de las

---

597 E. Brödermann, Tulane J. of Int.'l & Comp. Law 2020, pp. 193, 219 con cuatro ejemplos en pp. 220-221 y 16 ejemplos más recogidos en el Anexo 1, reproducido en la versión electrónica del artículo.

598 Véase/Prasad, Hamb. Law Rev. 2018, pp. 83, 89 citando a Bingham L.J. en Interfoto Picture Library Ltd. v Stiletto Visual Programmes Ltd [1989] 1 Q.B. 433, 439; J. P. Schmidt en Jansen/Zimmermann, Art. 1:201 [PECL]: Good Faith and Fair Dealing, no. 46 (pp. 125-126).

599 Véase Tribunal de Apelación irlandés, Flynn c. Breccia, 8 de marzo de 2017, Unilex nº 2200; See/Prasad, Hamb. Law Rev. 2018, pp. 83, 89; J. P. Schmidt en Jansen/Zimmermann, Art. 1:201 [PECL]: Good Faith and Fair Dealing, nº 44 (pp. 124-125), señalando, entre otros, el prólogo del folleto "England and Wales: The jurisdiction of choice", publicado por la Law Society en 2007, que "destaca la "ausencia de cualquier deber general de buena fe" como una de las virtudes del Derecho inglés"; IBA Country Report 2016, pp. 127, 130.

600 Por ejemplo, James Richard Crawford (Universidad de Cambridge) y Barry Nicholas (Universidad de Oxford) (1994); Sir Roy Goode - Profesor de Derecho (emérito), Universidad de Oxford; Miembro Honorario del Consejo de Gobierno de UNIDROIT (2010); Sir Vivian Ramsey - Ex Juez, Tribunal de Tecnología y Construcción, Tribunales Reales de Justicia, Londres (2016).

601 S. Vogenauer en Vogenauer, Art. 1.7 no. 37.

602 S. Vogenauer en Vogenauer, Art. 1.7 no. 37, 36.

603 S. Vogenauer en Vogenauer, Art. 1.7 no. 40. J. P. Schmidt en Jansen/Zimmermann, Art. 1:201 [PECL]: *Good Faith and Fair Dealing*, no. 78 (p. 144) lo describe explícitamente como una opción para el adjudicador.

604 S. Vogenauer en Vogenauer, Art. 1.7 no. 44.

partes en la mesa de negociación iría en contra del principio de buena fe y lealtad negocial (por lo que no hay de qué preocuparse y la negociación puede pasar a otros temas). Los tribunales arbitrales suelen referirse al Art. 1.7 a nivel general (Anexo al Preámbulo número 21-23).

Artículo 1.8 (Comportamiento contradictorio. Venire contra factum proprium)

Una parte no puede actuar en contradicción a un entendimiento que ella ha suscitado en su contraparte y conforme al cual esta última ha actuado razonablemente en consecuencia y en su desventaja.

A. Parte del núcleo obligatorio de los Principios UNIDROIT de conformidad con el Art. 1.5

1

El art. 1.8, introducido en 2004,[605] proporciona una concreción específica del principio general de buena fe y la lealtad negocial (art. 1.7)[606] y, por lo tanto, también forma parte de las disposiciones básicas obligatorias de los Principios UNIDROIT.[607] **El principio protege la confianza razonable**[608] y puede clasificarse como una simbiosis de la doctrina *venire contra factum proprium* ("conducta auto contradictoria")[609] en las jurisdicciones civiles y la doctrina del estoppel (impedimento legal) en las jurisdicciones de Derecho Común[610] con la debida consideración a principios similares en contextos transnacionales, por ejemplo, la *lex mercatoria*.[611] El principio se aplica si la conducta contradictoria causa un perjuicio.[612]

---

605 Véase la propuesta inicial de considerar una disposición especial sobre el comportamiento incoherente de Finn en StL-Doc. 78 (2002), pp. 3-15; el primer borrador elaborado por Finn en StL-Doc. 84 (2003), revisado en StL-Doc. 95 (2003).

606 Comentarios oficiales, Art. 1.8 no. 1, p. 21; Finn en StL-Doc. 78 (2002), p. 13 ("necesariamente un derivado del art. 1.7"); StL-Misc. 25 (2003), p. 47 (Finn, nº 451: "en un principio había pensado simplemente en añadir un comentario a la disposición sobre la buena fe"), p. 48 (Fontaine, no. 454: "una aplicación del artículo 1.7").

607 M. Á. Pendón Meléndez en Morán/Bovio, Art. 1.8 no. 1, p. 87; debatido por S. Vogenauer en Vogenauer, Art. 1.5 no. 12 (su crítica no se sigue aquí porque una formulación inequívoca de que no hay intención de crear confianza evitaría la confianza razonable en el sentido del art. 1.8). 1.8).

608 J. P. Schmidt en Jansen/Zimmermann, Art. 1:201 [PECL]: Good Faith and Fair Dealing, no. 93 (p. 153 y nota 535 que hace referencia a von Bar, Beale, Clive y Schulte-Nölke).

609 Véase Tribunal de Apelación en lo Civil y Comercial de Asunción de Paraguay, Jose Luis Andres Manzoni Wasmosy c/ Indert s/ Obligacion de Hacer Escritura Publica y Otros, 24 de octubre de 2014, Unilex nº 1866; U. Babusiaux en Jansen/Zimmermann, Art. 2:301 [PECL]: Negociaciones contrarias a la buena fe, no. 14 (p. 367 con referencia a Storme): "Si una parte ha inducido a la otra a creer algo, esta creencia errónea estará protegida, y el comportamiento incoherente no podrá dar lugar a un beneficio para la parte incoherente".

610 Por ejemplo, Laudo arbitral, ICC-FA-2020-003 (2011), Unilex nº 2275; M. J. Bonell, An International Restatement, p. 134 (con referencias adicionales).

611 M. Á. Pendón Meléndez en Morán/Bovio, Art. 1.8 no. 2.b, p. 90; S. Vogenauer en Vogenauer, Art. 1.8 no. 1, 3.

612 S. Vogenauer en Vogenauer, Art. 1.8 no. 12 (con la historia de la disposición).

B. Prioridad de principios más detallados

2

Una serie de principios aún más específicos tienen prioridad sobre el Art. 1.8, a saber, los Arts. 2.1.4 (2) (b), 2.1.18, 2.2.5 (2) y 5.3.3.[613]

C. Ejemplos

3

Algunos ejemplos son los casos en los que una parte tolera en silencio durante un largo periodo de tiempo un comportamiento de la otra parte que contraviene la literalidad de un contrato y, por tanto, hace pensar razonablemente a la otra parte que se están tolerando sus acciones.[614]

D. Recursos: El Art. 1.8 como espada[615]

4

Una violación del principio del Art. 1.8 puede dar lugar no sólo a la **"pérdida, suspensión o modificación de derechos"**, sino también a la **"creación de derechos"** (por ejemplo, con respecto al pago de los gastos en los que se haya incurrido confiando en el comportamiento original).[616] De este modo, este principio configura el enfoque de las violaciones a la buena fe más allá de lo que se reconoce en muchas legislaciones comunes y civiles.[617] El art. 1.8 puede servir de "base para el ejercicio de acciones por daños y perjuicios"[618] cuando la otra parte causó una confianza razonable a una de las partes al indicar que un contrato es legal, mientras que, como es tan fácilmente descubrible para la otra parte, que es ilegal.[619]

613 Comentarios oficiales, Art. 1.8 no. 1, p. 21.

614 Laudo arbitral de 4 de marzo de 2004 (ad hoc), Unilex no. 973; S. Vogenauer en Vogenauer, Art. 1.8 no. 6-7, 11 (con una referencia a la institución alemana de Verwirkung).

615 S. Meier en Jansen/Zimmermann, Art. 15:105 [PECL]: Daños y perjuicios, no. 3 (en p. 1930).

616 Comentarios oficiales, Art. 1.8 no. 1, p. 21; S. Vogenauer en Vogenauer, Art. 1.8 no. 14.

617 S. Vogenauer en Vogenauer, Art. 1.8 no. 15 con ejemplos de Derecho nacional.

618 Comentarios oficiales, Art. 1.8 no. 3, p. 23.

619 S. Meier en Jansen/Zimmermann, Art. 15:105 [PECL]: Daños y perjuicios, no. 3 (en p. 1930). En las jurisdicciones de Derecho civil, este tipo de reclamación suele estar cubierta por una reclamación por culpa in contrahendo (es decir, negligencia o acción intencionada en la celebración de un contrato en detrimento de la otra parte), véase el resumen comparativo ibíd., no. 2 (pp. 1928-29).

E. Opciones

5

Una "cláusula de no responsabilidad" o una carta "sin perjuicio" (una declaración expresa de que no se pretende causar un determinado entendimiento) pueden evitar los efectos del art. 1.8.[620]

Artículo 1.9 (Usos y prácticas)

(1) Las partes están obligadas por cualquier uso en que hayan convenido y por cualquier práctica que hayan establecido entre ellas.

(2) Las partes están obligadas por cualquier uso que sea ampliamente conocido y regularmente observado en el comercio internacional por los sujetos participantes en el tráfico mercantil de que se trate, a menos que la aplicación de dicho uso sea irrazonable.

A. Dos tipos de usos y un límite

1

El Art. 1.9 establece dos principios ampliamente reconocidos,[621] que exigen tanto el respeto de los usos y prácticas establecidos entre las partes[622] (Art. 1.1 por ejemplo, en los INCOTERMS® acordados) como de los usos comerciales generales (como los INCOTERMS® como tal, o los UCP 600)[623] sujetos a un límite de razonabilidad que se explica por sí mismo incluido el respeto del derecho imperativo (art. 1.4). Para el primer tipo de uso (párrafo 1), se tiene que evaluar si "ambas partes pueden esperar de manera razonable que la práctica que eligieron representa un entendimiento común y que la otra parte se siente obligada por ella".[624] Para el segundo tipo de uso (párrafo 2), **se tienen que evaluar tres cuestiones:** **(i)** ¿El uso es ampliamente conocido?[625] (por lo cual, claramente[626] en diferencia al Art. 9 (2) CNUCCIM, no se requiere el conocimiento concreto de las partes)[627] **(ii)** ¿Es observado regularmente en el comercio internacional por las partes en el "comercio particular" que

620 Laudo arbitral de marzo de 2008, Camera Arbitrale Nazionale e Internazionale di Milano, Unilex no. 41; S. Vogenauer en Vogenauer, Art. 1.8 no. 8, 16.

621 Véanse, por ejemplo, para el respeto de los usos internacionales generales, las referencias de S. Vogenauer en Vogenauer, Art. 1.9 no. 18. Para los antecedentes históricos de la consideración de los usos en las jurisdicciones de Derecho civil o "law merchant" en el Derecho anglosajón, véase H. Dedek en Jansen/Zimmermann, Art. 1:105 [PECL]: Usages and Practices, no. 3-6 (pp. 56-59).

622 Comentarios oficiales, Art. 1.9 no. 2, p. 24; para un análisis de la distinción entre usos y práctica, véase L. Garma Jr. en Eppur si muove: The Age of Uniform Law, pp. 1412, 1418-1420.

623 S. Vogenauer en Vogenauer, Art. 1.9 no. 11.

624 S. Vogenauer en Vogenauer, Art. 1.9 no. 7 (con referencia al § 1-303(b) UCC (EE.UU.)).

625 Comentarios oficiales, Art. 1.9 no. 4, p. 25; M. Á. Pendón Meléndez en Morán/Bovio, Art. 1.8 no. 2.b, p. 89.

626 P.C.-Misc. 18 (1992), p. 93 (votación del texto definitivo), tras (i) el debate de las pp. 79 y ss. con las votaciones de las pp. 86 y 92 en las que se decidió introducir cambios en el texto de la CISG (art. 9 (2) CISG); y (ii) posteriormente, el examen de cinco versiones (ibid. pp. 86 y ss.).

627 M. Á. Pendón Meléndez en Morán/Bovio, Art. 1.8 no. 2.b, p. 90; S. Vogenauer en Vogenauer, Art. 1.9 no. 16-18; S. Vogenauer en Vogenauer, Art. 4.3 no. 18; véase también P.C.-Misc. 18 (1992), p. 93. Véase la valoración resumida de H. Dedek en Jansen/Zimmermann, Art. 1:105 [PECL]: Usages and Practices, no. 13, 15 (pp. 62-63): "un enfoque más 'objetivo'", "abandonó deliberadamente el lenguaje contractual por CISG 9 (2)".

permite tener en cuenta las distinciones regionales, y que por lo tanto puede incluir restricciones con respecto a regiones o jurisdicciones particulares[628]? **(iii)** ¿Es razonable la aplicación dadas las circunstancias?[629] En algunas circunstancias, la prueba de lo razonable puede proteger a una parte ignorante de la aplicación de un uso sorprendente. La combinación de "usos" y "prácticas" en el párrafo 1 refleja un compromiso internacional con raíces en la historia del Art. 9 (1) ULIS, cuando la delegación estadounidense propuso incluir una redacción análoga al concepto de *"course of dealing"* (referida ésta como la conducta mostrada por las partes en negociaciones previas la cual sirve como base para interpretar la intención de las partes) en la UCC.[630]

B. Jerarquía

2

(i) Cláusulas expresas (art. 1.1, salvo en los casos del art. 1.8), (ii) disposiciones imperativas de los Principios UNIDROIT[631] (→ art. 1.5 núm. 2) que pueden restringir el impacto de las cláusulas expresas (por ejemplo → art. 7.1.6), (iii) usos acordados (párr. 1), (iv) prácticas acordadas,[632] (v) usos generales (párr. 2), (vi) otras disposiciones de los Principios UNIDROIT.[633]

Contrariamente a la observación pragmática de H. Gabriel, no. 2.131 (p. 71), de que es "improbable que se obtuviera un resultado diferente con uno u otro".

628 M. Á. Pendón Meléndez en Morán/Bovio, Art. 1.8 no. 2.b, p. 90 (con referencia a las voces críticas de los países en desarrollo con respecto a la definición de lo que es un uso comercial, que, sin embargo, están cubiertos por la prueba en (ii)); S. Vogenauer en Vogenauer, Art. 1.9 nº 15 (dando los ejemplos de distinciones entre países en desarrollo y desarrollados, y "el silencio como respuesta a las cartas comerciales de confirmación"→ Art. 2.1.12). En sus debates, el Grupo de Trabajo fue muy consciente de la preocupación de los países en desarrollo por no quedar vinculados por usos de los que no tenían conocimiento, P.C.-Misc. 18 (1992), p. 83 (Lando) y pp. 83-84 (Bonell con referencia a la crítica del lenguaje del Art. 9 de la Ley Uniforme de Compraventa Internacional de Mercaderías sobre los usos (1964)).

629 M. Á. Pendón Meléndez en Morán/Bovio, Art. 1.8 no. 2.b, p. 92; sobre la inclusión de la razonabilidad durante los debates del Grupo de Trabajo, véase P.C.-Misc. 18 (1992), p. 83 (Furmston) y p. 85 (Lando refiriéndose al comentario de von Caemmerer y Schlechtriem sobre la CISG, asumiendo que, aunque no estaba previsto en la CISG, los usos no razonables no serían aceptables). Además, véase P.C.-Misc. 19 (1994), pp. 59-60. (Furmston, Garro) y en general sobre la prueba S. Vogenauer en Vogenauer, Art. 1.9 no. 10-20.

630 H. Dedek en Jansen/Zimmermann, Art. 1:105 [PECL]: Usages and Practices, no. 8 (p. 60) con referencia al § 1-205(1) UCC, actualmente § 1-303 (b) y (d).

631 Comentarios oficiales, Art. 1.9 no. 6, p. 26.

632 Comentarios oficiales, Art. 1.9 no. 3, p. 25.

633 Desarrollado a partir de S. Vogenauer en Vogenauer, Art. 1.9 no. 21-22.

C Pruebas y opciones

3

La parte que invoque un uso deberá probarlo (por ejemplo, mediante una declaración de una Cámara de Comercio).[634] De conformidad con el Art.1.5, las partes también son libres de acordar apartarse o excluir el efecto de cualquier uso.[635]

Artículo 1.10 (Notificación)

(1) Cuando sea necesaria una notificación, ésta se hará por cualquier medio apropiado según las circunstancias.

(2) La notificación surtirá efectos cuando llegue al ámbito o círculo de la persona a quien va dirigida.

(3) A los fines del párrafo anterior, se considera que una notificación "llega" al ámbito o círculo de la persona a quien va dirigida cuando es comunicada oralmente o entregada en su establecimiento o dirección postal.

(4) A los fines de este artículo, la palabra "notificación" incluye toda declaración, demanda, requerimiento o cualquier otro medio empleado para comunicar una intención.

A. Asignación del riesgo al remitente

1

El art. 1.10 (inspirado en "un principio casi universal del Derecho")[636] pero contraria al artículo 27 CISG[637] **rige todo tipo de notificaciones** en virtud de los Principios UNIDROIT[638] (o en virtud de un contrato regido por los Principios UNIDROIT). La notificación no está sujeta a ninguna forma específica[639] (a menos que se acuerde en el contrato,[640] o a menos que la ley imperativa aplicable en el sentido del Art. 1.4 (Art. 1.4 no. 3) exija lo

634 S. Vogenauer en Vogenauer, Art. 1.9 no. 23.

635 P.C.-Misc. 18 (1992), p. 90 (Hartkamp, Furmston).

636 [Corrección de la nota a pie de página en este lugar de la 1ª edición]: Hyland (USA) en P.C.-Misc. 18 (1992), p. 100, inició un debate final en el Grupo de Trabajo que llevó a desviarse finalmente de la teoría del despacho defendida por el Art. 1:110 PECL (es decir, hoy Art. 1:303 (4) PECL; inspirado a su vez en el Art. 27 CISG; véase Lando en P.C.-Misc. 18 (1992), p. 99) y contenida en el primer proyecto de Art. 1.9 (2) en StL-Doc. 50 (1991), p. 20, en relación con las notificaciones de incumplimiento. Véase (i) por un lado Bonell en P.C.-Misc. 18 (1992), p. 93 refiriéndose al Art. 1:110 (proyecto) PECL "como un modelo muy útil" y p. 101 donde resume los argumentos a favor de la solución PECL: "si había incumplimiento, lo justo era hacer recaer el riesgo [de la transmisión] sobre la parte incumplidora"; y (ii) por otro lado Bonell ibid. en p. 103 pidiendo "orientación para justificar la desviación de la CISG y el PECL en cuanto al principio de envío de las notificaciones" (Énfasis añadido); así como Hyland argumentando ibid. en p. 101: "Si se hacía recaer el riesgo sobre la persona que comunicaba, ésta se esmeraría en asegurarse de que la notificación llegaría realmente y eso era lo que debía fomentarse".

637 Véase la nota anterior.

638 S. Vogenauer en Vogenauer, Art. 1.10 no. 4-5 enumera más de 50 principios que requieren una notificación.

639 Comentarios oficiales, Art. 1.10 no. 1, p. 27.

640 Véase S. Vogenauer en Vogenauer, Art. 1.10 no. 17 con recomendaciones de redacción.

contrario[641]), pero el remitente asume el riesgo de la recepción.[642] Para hacerse efectivo, el remitente debe elegir "medios adecuados a las circunstancias", teniendo en cuenta las expectativas razonables de las partes[643] (por ejemplo, una práctica establecida en el sentido del Art. 1.9 (1)). Por ejemplo, puede exigirse la repetición por escrito (art. 1.11, quinto guión) si una notificación oral se realiza en un lugar con tanto ruido de fondo que no queda claro si el destinatario entiende la notificación.[644] Un mensaje electrónico se considera "adecuado a las circunstancias" si el destinatario ha expresado su voluntad de recibir la comunicación electrónica en la forma en que fue enviada por el remitente.[645] Llega al destinatario "cuando puede ser recuperado por el destinatario en una dirección electrónica designada por éste".[646] En caso de comunicación por correo electrónico, se recomienda, teniendo en cuenta la carga de la prueba, que el remitente insista en un acuse de recibo o compruebe por teléfono si la notificación ha llegado y que tome nota de ello una persona que pueda servir de testigo en caso de litigio. La prueba de la adecuación se aplica también a la lengua de la comunicación —y en general a la comprensibilidad de la declaración, debidamente interpretada (Art. 4.2)— por lo que los usos generales en el sentido del Art. 1.9 (2) pueden tener un impacto.[647] Según el párrafo 4, una notificación comprende todos los medios empleados para "comunicar una intención",[648] incluidas las ofertas y las declaraciones de aceptación.[649] La definición debe interpretarse de forma amplia (argumentum Art. 1.6 (2)), en caso necesario, como una "categoría general para todo tipo de declaraciones o manifestaciones jurídicamente relevantes que se comuniquen a otra parte".[650]

641 P.C.-Misc. 19 (1994), p. 66 (Bonell: "either for the purpose of validity of for the purpose of evidence"; Brasil refiriéndose al Estatuto inglés de Fraudes).

642 Comentarios oficiales, Art. 1.10 no. 2, p. 28, que identifica una serie de disposiciones que reflejan este Principio de Recepción.

643 S. Vogenauer en Vogenauer, Art. 1.10 no. 9.

644 Ejemplo dado por S. Vogenauer en Vogenauer, Art. 1.10 no. 8, véase también el no. 15 (línea telefónica defectuosa).

645 Comentarios oficiales, Art. 1.10 no. 1, p. 27; StL-Doc. 77 (2002), p. 4 (Ramberg).

646 Comentarios Oficiales, Art. 1.10 no. 2, p. 29 con referencia al artículo 10 (2) de la Convención de las Naciones Unidas (CNUDMI) de 2005 sobre la Utilización de las Comunicaciones Electrónicas en los Contratos Internacionales ("Convención sobre Comunicaciones Electrónicas"). Véase la breve reseña de CNUDMI y otros, Guía Jurídica Tripartita, nº 425-430 (pp. 94-95). Se trata de una convención a tener en cuenta, ya que las principales naciones comerciales han mostrado su interés en la convención, ya sea mediante la firma (China) o de otro modo (Australia, Canadá, EE.UU.).

647 Para más detalles, véase S. Vogenauer en Vogenauer, Art. 1.10 no. 16 y J. P. Schmidt en Jansen/Zimmermann, Art. 1:303 [PECL]: Aviso, nº 31 (p. 198): "Una declaración emitida en alemán frente a una parte que reside en China, por ejemplo, será normalmente ininteligible desde la perspectiva del destinatario y, por lo tanto, jurídicamente irrelevante".

648 P.C.-Misc. 19 (1994), p. 65 (Farnsworth, que propuso esa redacción).

649 P.C.-Misc. 19 (1994), p. 64 (Drobnig).

650 J. P. Schmidt en Jansen/Zimmermann, Art. 1:303 [PECL]: Aviso, nº 10 (p. 185, cursiva añadida), así como nº 8 (p. 184-185) y no. 14 (p. 188).

B. Prevención abusiva de la notificación

2

En caso de que el destinatario impida abusivamente la entrega de la notificación no afecta a su eficacia (art. 1.8).[651] Los tribunales (Art. 1.11, primer guión) deberán tener en cuenta las circunstancias particulares y desarrollar respuestas flexibles, que podrían incluir el uso del Art. 1.7 para retrotraer el momento de la recepción.[652]

C. Retirada de una notificación

3

Por analogía con los Art. 2.1.3 y 2.1.10, la retirada de una notificación debe llegar al destinatario a más tardar al mismo tiempo que la notificación.[653]

Artículo 1.11 (Definiciones)

A los fines de estos Principios:

- "tribunal" incluye un tribunal arbitral;

- si una de las partes tiene más de un "establecimiento," su "Lugar de negocios" será el que guarde la relación más estrecha con el contrato y su cumplimiento, habida cuenta de las circunstancias conocidas o previstas por las partes en cualquier momento antes de la celebración del contrato o en el momento de su celebración;

- "contrato de larga duración" es un contrato cuyo cumplimiento se extiende en el tiempo y que suele involucrar, en mayor o menor medida, una operación compleja y una relación continuada entre las partes;

- "deudor" o "deudora" es la parte a quien compete cumplir una obligación, y "acreedor" o "acreedora" es el titular del derecho a reclamar su cumplimiento;

- "escrito" incluye cualquier modo de comunicación que deje constancia de la información que contiene y sea susceptible de ser reproducida en forma tangible.

A. Algunas definiciones clave

1

El art. 1.11 contiene cinco definiciones auto explicativas. La equiparación de los **tribunales arbitrales** con los tribunales estatales en el **1er guión** se correlaciona con el principio

[651] S. Vogenauer en Vogenauer, Art. 1.10 no. 14.

[652] J. P. Schmidt en Jansen/Zimmermann, Art. 1:303 [PECL]: Aviso, no. 30 (pp. 197-198).

[653] S. Vogenauer en Vogenauer, Art. 1.10 no. 18.

de que un laudo arbitral es igualmente —e incluso mejor—[654] reconocible y ejecutable que las decisiones de los tribunales estatales.[655] **"Lugar de negocios"** en el **segundo guión** se refiere a un "lugar razonablemente instalado, equipado y dotado de personal para las operaciones y transacciones comerciales de la parte".[656] La definición descriptiva[657] de **"contrato a largo plazo"** en el **4º guión** se introdujo en la edición de 2016. Hace hincapié en **la duración del contrato** como elemento caracterizador fundamental.[658] Por ejemplo, "contratos de agencia comercial, de distribución, de externalización, de franquicia, de arrendamiento (por ejemplo, de equipos), acuerdos marco, acuerdos de inversión o concesión, contratos de servicios profesionales, acuerdos de explotación y mantenimiento, acuerdos de suministro (por ejemplo, de materias primas), contratos de construcción/obra civil, cooperación industrial, empresas conjuntas contractuales, etc"..[659] Los términos "**deudor**" y "**acreedor**" del cuarto guión se utilizan "con independencia de que la obligación sea dineraria o no dineraria".[660] Ejemplo: En un contrato de compraventa, el vendedor es el deudor del bien a entregar y el acreedor del precio de compra. La palabra "**escrito**" en el **5º guión** se adapta a la comunicación moderna (electrónica), pero sigue siendo más formal que el instrumento flexible de una "notificación" según el Art. 1.10 (1)[661] que puede o no realizarse por escrito, según las circunstancias. De conformidad con el Art. 1.5, las partes son libres de modificar una definición a los efectos de su contrato (por ejemplo, de un "escrito", → Art. 2.1.1 no. 4).

B. Otras definiciones de los Principios UNIDROIT

2

"Agente" (art. 2.2.1 (1)), "**alcance**" (art. 1.10 (3)), "**cláusulas estándar**" (art. 2.1.19 (2)), "**error**" (art. 3.2.1), "**beneficiario**", "**principal**" (art. 2.2.1 (1)), "**promitente**" y "**promitente**" (Art. 5.2.1 (1)), "**condición suspensiva**" y "**condición resolutoria**" (Art. 5.3.1), "**excesiva onerosidad**" (Art. 6.2.2), "**incumplimiento**" (Art. 7.1.1), "**cedente**" y "**cesionario**" (Art. 9.1.1 y 9.3.1).[662]

---

654 Debido a la Convención de Nueva York de 1958 sobre el Reconocimiento y la Ejecución de las Sentencias Arbitrales Extranjeras.

655 Véase, por ejemplo, Art. 35 Ley Modelo CNUDMI; Art III CNY.

656 Cf. Morán Bovio/Meléndez Art. 1.10 no. 3.b, p. 105 y el resumen de S. Vogenauer en Vogenauer, Art. 1.11 no. 3, ambos con la debida consideración a la definición dada en el Art. 10 CNUCCIM.

657 UNIDROIT 2016, C.D. (95) 15, no. 44 (Bonell): "una descripción más que una definición" con el fin de proporcionar "la flexibilidad necesaria para determinar si un contrato concreto reunía los requisitos para ser considerado de larga duración", y también en el nº 45 (Mazzoni) para una comprensión tipológica más que silogística de la definición.

658 Comentarios oficiales, Art. 1.11 no. 3. Para un análisis de la definición, véase W. Doralt en Jansen/Zimmermann, Art. 6:112 [PECL]: *Right to Terminate for Compelling Reason*, no. 4 (pp. 913-914) con críticas ("está destinado a crear inseguridad") y apoyos, argumentando que "no se aprecia una definición mejor para los contratos a largo plazo, y no parece que se haya desarrollado en los distintos ordenamientos jurídicos nacionales. [...] Añadir una definición, aunque se mantenga muy amplia, alinea el UNIDROIT PICC más estrechamente con la realidad comercial que un conjunto de normas orientadas principalmente, o incluso exclusivamente, a los contratos de compraventa "únicos"".

659 Comentarios oficiales, Art. 1.11 no. 3, p. 31 (con un útil resumen de las disposiciones y comentarios de especial importancia para los contratos a largo plazo).

660 Comentarios oficiales, Art. 1.11 no. 4.

661 Comentarios oficiales, Art. 1.11 no. 5.

662 Lista recopilada por S. Vogenauer en Vogenauer, Art. 1.11 no. 1.

Artículo 1.12 (Modo de contar los plazos fijados por las partes)

(1) Los días feriados oficiales o no laborables que caigan dentro de un plazo fijado por las partes para el cumplimiento de un acto quedarán incluidos a los efectos de calcular dicho plazo.

(2) En todo caso, si el plazo expira en un día que se considera feriado oficial o no laborable en el lugar donde se encuentra el establecimiento de la parte que debe cumplir un acto, el plazo queda prorrogado hasta el día hábil siguiente, a menos que las circunstancias indiquen lo contrario.

(3) El uso horario es el del lugar del establecimiento de la parte que fija el plazo, a menos que las circunstancias indiquen lo contrario.

A. Impacto de las vacaciones, etc.

1

En consonancia con otros instrumentos internacionales, incluido el Art. 20 (2) CNUCCIM[663] y muchos ordenamientos jurídicos de todo el mundo,[664] el **párrafo 2** prevé una excepción al cómputo del plazo por ser día festivo o inhábil "en el establecimiento de la parte que deba ejecutar el acto" sólo si coincide con el **último día** del plazo (párrafos 1-2). Las circunstancias que indican lo contrario con arreglo al párrafo 2 podrían incluir las disposiciones sobre el lugar de cumplimiento (que a menudo no es idéntico al "lugar de negocios de la parte que debe realizar el acto"); o un plazo breve fijado en horas.[665]

B. Zona horaria pertinente

2

En lo que respecta a cualquier horario establecido, lo mejor es especificar la zona horaria en el contrato en aras de la claridad. A menudo, los contratos no alcanzan ese nivel de detalle. Como norma por defecto, el **apartado 3** se refiere a la zona **horaria de la parte** que fija la hora como norma por defecto.[666]

---

663 H. Gabriel, no. 2.203 (p. 95): "una versión simplificada de la norma de la Convención".

664 O. Unger en Jansen/Zimmermann, Art. 1:304 (2) [PECL]: *Computation of Time (Official Holiday and Non-working Days),* no. 4 (p. 211) subrayando que la regla a menudo no se enuncia expresamente y sólo existe implícitamente (con la excepción del derecho sustantivo inglés "que nunca ha reconocido tal regla general", véase nº 5 en p. 211) y e contrario a "la regla de extensión a menudo estipulada expresamente" (y, como señala Unger ibid. en nota 29, varios códigos procesales, por ejemplo en Austria y Bélgica, contienen tal regla explícitamente; así como el derecho procesal inglés en Civil Procedure Rules 1998 2.8 (5)).

665 Comentarios oficiales, Art. 1.12, Ilustración no. 3, p. 33 (24 horas fijadas en sábado).

666 Comentarios oficiales, Art. 1.12, p. 33.

C. Opciones e interpretación

3

Las partes son libres de modificar la aplicación del principio (Art. 1.5). Deben procurar ser precisas en su redacción y tener en cuenta **la comprensión de una persona razonable** en tales circunstancias (Art. 4.2 (2)).[667] Art. 1:304 (3) PECL y Art. 4-5 del Convenio europeo sobre el cálculo de los plazos de 1972[668] pueden servir de orientación en la interpretación.[669] Especialmente al integrar plazos de preaviso cortos (como 48 horas o dos días laborables)[670] en un contrato, deben tenerse en cuenta también circunstancias extremas como fines de semana largos. Si el cumplimiento por parte del deudor (→ Art. 1.11, cuarto guión) requiere la cooperación del acreedor (→ Art. 5.1.3), y ese "primer día hábil siguiente" es un día festivo en su lugar de negocios, una prórroga adicional puede ser razonable (en la contratación global es notable la frecuencia con la que dentro de un año diferentes días festivos en diferentes jurisdicciones se desplazan por sólo un día o dos). Para los casos en que las negociaciones internacionales no alcancen ese nivel de detalle, el Art. 1.12 proporciona una base sólida para encontrar soluciones razonables, teniendo debidamente en cuenta las circunstancias y las razones por las que se ha fijado el plazo concreto.

667 S. Vogenauer en Vogenauer, Art. 1.12 no. 9 (6h00 en Alemania es distinto de 6 p.m. Se refiere a las 6 a.m.).

668 Véase: https://www.coe.int/en/web/conventions/full-list?module=treaty-detail&treatynum=076 [última visita el 9 de enero de 2023].

669 S. Vogenauer en Vogenauer, Art. 1.12 no. 9, 3-4.

670 Véase O. Unger en Jansen/Zimmermann, Art. 1:304 (2) [PECL]: Cómputo del tiempo (días festivos oficiales y días no laborables), no. 7 (p. 213).

CAPÍTULO 2
FORMACIÓN Y AUTORIDAD DE LOS AGENTES

SECCIÓN 1. FORMACIÓN

Historia legislativa (documentos clave)

En preparación de los **Principios de 1994** - Ponente Michael Joachim Bonell:
StL-Doc. 2, pp. 1-6 (1er esbozo en **1971**); StL-Doc. 3, pp. 9-16 (2° esbozo en **1972**); StL-Doc. 8, pp. 4-16 (1er borrador y cuestionario en 1975); StL-Doc. 9, pp. 4-10 (respuestas al cuestionario en **1976**); StL-Doc. 11 (2° borrador en **1977**); StL-Doc. 15 (1er borrador sobre términos estándar en **1979**); StL-Doc. 16, pp. 1-13 (1ª discusión en **1979**); StL-Doc. 25, pp. 1-11 (3er borrador en **1983**); P.C.-Misc. 4, pp. 1-8 (2ª discusión en **1983**); StL-Doc. 41 (4° borrador en **1988**); P.C.-Misc. 12 (3ª discusión en **1988**);
En preparación de los **Principios de 2004** (modificación de los Art. 2.1.8, 2.1.18; cambio en los Comentarios Oficiales sobre 2.1.1, 2.1.7, 2.1.15):
StL-Misc. 24, pp. 46-49 (1ª discusión respecto al comercio electrónico en **2002**); StL-WP.11, pp. 5-6, 8-10 (2ª discusión en **2002**); StL— [documento sin número], pp. 2-3 (decisión final en **2003**);
En preparación de los **Principios de 2016** (cambio en el art. 2.1.14; cambio en los Comentarios Oficiales sobre el art. 2.1.15)) - Ponente Neil Cohen:
StL-Doc. 126 (documento de posición en **2014**); StL-Misc. 31 rev., pp. 3-9 (1ª discusión en **2015**); StL-Doc. 129 rev., pp. 2-4 (borrador revisado del art. 2.1.14 en 2016); StL-Doc. 130 rev., pp. 2-3 (comentarios revisados sobre el art. 2.1.15 en **2015**); StL-Misc. 32, pp. 6-10 (segunda discusión en **2016**).

Artículo 2.1.1 (Modo de perfección)

El contrato se perfecciona mediante la aceptación de una oferta o por la conducta de las partes que sea suficiente para manifestar un acuerdo.

A. Más allá del enfoque tradicional del perfeccionamiento de los contratos

1. La prueba clásica de oferta y aceptación

1

El art. 2.1.1 abarca, en primer lugar, el supuesto **clásico** de oferta (Art. 2.1.1-2.1.5, 2.1.11 (1)) y aceptación (Art. 2.1.6-2.1.10, 2.1.11 (2)),[671] sin más requisito que el **acuerdo**

[671] Comentarios oficiales, Art. 2.1.1 nº 1, p. 34; StL-Doc. 16 (1979), pp. 2-3; P. Perales Viscasillas en Morán Bovio, Art. 2.1 nº 1, p. 109. Para una visión general del desarrollo del enfoque clásico de oferta y aceptación, véase G. Christiandl en Jansen/Zimmermann, Art. 2:101 (1) [PECL]: Conditions for the Conclusion of a Contract (General), no. 5 (pp. 238-239) y Art. 2:211 [PECL]: Contracts not Concluded through Offer and Acceptance, no. 1 (p. 346), remitiéndose a la confirmación del concepto en el Art. 1113-1122 del Código Civil francés (2016).

(Art. 3.1.2) que deberá **probar** la parte que desee basarse en el contrato, y sujeto a la capacidad de las partes (Art. 3.1.1) y a los requisitos legales imperativos (Art. 1.4), si los hubiere. Esto puede requerir una interpretación de las declaraciones realizadas por cualquiera de las partes para establecer su **intención de que el acuerdo surta efectos jurídicos.**[672] La prueba de oferta y aceptación se complementa **(i)** con el Art. 2.1.19-2.1.22 en caso de contratación con **cláusulas estándar** y **(ii)** por el Art. 2.1.12-2.1.18 para hacer frente a las "**incertidumbres** derivadas del curso habitual de las negociaciones de oferta y aceptación".[673] Los **principios de interpretación** del Art. 4.2-4.3 (incluido el criterio de **"persona razonable del mismo tipo en las mismas circunstancias"** del art. 4.2 (2)). 4.2 (2))[674] pueden ayudar a interpretar declaraciones que podrían contener una oferta o una aceptación. En la práctica, especialmente en **contratos complejos a largo plazo** (Art. 1.11 3er guión), proyectos con negociaciones de múltiples acuerdos (o anexos a un acuerdo marco a lo largo de muchos meses), la prueba clásica de oferta y aceptación puede fallar[675] y servir meramente de "orientación para determinar si se ha alcanzado un acuerdo entre las partes",[676] por lo que las circunstancias pueden requerir una distinción cuidadosa entre diferentes tipos de acuerdos negociados en paralelo.

2. Conducta suficiente para demostrar el acuerdo

2

El art. 2.1.1 cubre en segundo lugar la posibilidad de **acuerdo por conducta,**[677] tal y como se interpreta de conformidad con el Art. 4.2 (2) y 4.2.3, y sujeto a cualquier acuerdo sobre una determinada forma (número 4 siguiente) o a la ley imperativa aplicable que también podría exigir observar una determinada forma (Art. 1.4). Una vez más, esto puede requerir una interpretación de las declaraciones realizadas por cualquiera de las partes para **establecer su intención de que el acuerdo tenga efectos jurídicos.**[678] Esto está de acuerdo con varios sistemas jurídicos de todo el mundo[679] y va más allá de la redacción de la CISG[680] para la que también se argumenta sobre la base del Art. 7 (2) CISG.[681] La

---

672 Véase G. Christiandl en Jansen/Zimmermann, Art. 2:102 [PECL]: Intention, nº 1-3 (pp. 266-267) sobre PECL y DCFR.

673 L. Nottage en Vogenauer, Art. 2.1.1 nº 3.

674 Destacado por L. Nottage en Vogenauer, Art. 2.1.1 nº 11.

675 G. Christiandl en Jansen/Zimmermann, Art. 2:211 [PECL]: Contracts not Concluded through Offer and Acceptance, nº 1 (p. 346) con referencias adicionales.

676 G. Christiandl en Jansen/Zimmermann, Art. 2:211 [PECL]: Contracts not Concluded through Offer and Acceptance, nº 1 (p. 346) con referencias adicionales.

677 Comentarios oficiales, Art. 2.1.1 nº 2, p. 34.

678 Véase G. Christiandl en Jansen/Zimmermann, Art. 2:102 [PECL]: Intention, nº 1-3 (pp. 266-267) sobre PECL y DCFR.

679 L. Nottage en Vogenauer, Art. 2.1.1 enumera en sus notas a pie de página del nº 6, por ejemplo, las leyes de EE.UU. (§ 4 Restatement (Second) of Contracts; §§ 1-201(3) y (12), 2-204 UCC; también señalado por P. Perales Viscasillas en Morán Bovio, Art. 2.1 no. 2.b, p. 110), Corea (art. 532 Código Civil), Rusia (art. 432 (1) Código Civil); véase también art. 1120 Código Civil francés (versión de 2016) (celebración del contrato como excepción en caso de silencio).

680 P. Perales Viscasillas en Morán Bovio, Art. 2.1 nº 2.b, p. 111.

681 U. G. Schroeter en Schlechtriem&Schwenzer, Introducción al art. 14-24 nº 99-100; L. Nottage en Vogenauer, Art. 2.1.1 nº 5; G. Christiandl en Jansen/Zimmermann, Art. 2:211 [PECL]: Contracts not Concluded through Offer and Acceptance, nº 2 en p. 347.

conducta suficiente para demostrar el acuerdo puede incluir un "cierre", especialmente en situaciones complejas con múltiples partes,[682] o —como se observa a menudo en la práctica— el **inicio fáctico de su ejecución**, por ejemplo por un pago,[683] aunque algunos puntos del acuerdo aún no estén resueltos[684] (Art. 2.1.14). La contratación automatizada mediante sistemas que ponen en marcha acciones electrónicas autoejecutables (por ejemplo, EDI - Electronic Data Interchange) también entra dentro de esta categoría.[685]

B. Un enfoque "relajado" de la negociación de contratos

3

En vista de los numerosos obstáculos a la contratación internacional, a menudo intercultural y a larga distancia, será útil que el Art. 2.1.1, en combinación con el art. 2.1.2 ("suficientemente precisa")[686] adopte un "enfoque relajado hacia la formación de contratos"[687] en comparación con algunas legislaciones nacionales (también Art. 2.1.14). Tras la aceptación de una oferta en la que falta o no se define claramente un término esencial,[688] puede existir un contrato.[689] A la luz del principio favor contractus, los Principios UNIDROIT contienen numerosas normas por defecto para completar los detalles que faltan (por ejemplo, Art. 5.1.5-5.1.7, 4.8, Art. 5.1.1-5.1.3).

C. Opciones: Formulario

4

De conformidad con el Art. 1.5, las partes son libres de acordar (o una parte puede insistir unilateralmente, art. 2.1.13), que la celebración de su contrato, así como cualquier cambio posterior en dicho contrato, se someta a una **forma escrita** mediante la cual las partes podrían variar la definición amplia del art. 1.11 5º guión (art. 1.5) y especificar además el tipo de ejecución de un documento formal (por ejemplo, una forma tradicional de firma incluyendo *docusign*, o en el intercambio de un documento firmado como pdf). En las relaciones contractuales a largo plazo (art. 1.11 3d guión), que a menudo incluyen multitud de contratos, las partes pueden desear variar los requisitos de forma en función del tipo de

---

682 L. Nottage en Vogenauer, Art. 2.1.1 nº 7.

683 Ad hoc, Nurhima Kiram Fornan et al. c. Malasia, Laudo final de 28 de febrero de 2022, en el núm. 233 (Unilex núm. 2311 (Resumen); publicado íntegramente en jusmundi.com y próximamente en YB Comm Arb 2023 (Vol. 48)) relativo a pagos "por un período ininterrumpido y continuo de 49 años".

684 Comentarios oficiales, Art. 2.1.1 nº 2, Ilustración 1, p. 35.

685 Comentarios oficiales, Art. 2.1.1 nº 3, Ilustración 2, p. 35; G. Christiandl en Jansen/Zimmermann, Art. 2:204 [PECL]: Aceptación, nº 14-15 (pp. 320-321) calificando el EDI de mero instrumento de comunicación, con referencia al artículo 102 (d) de la Ley Uniforme de Transacciones Informáticas de EE.UU. de 1999, y diferenciándolo de la calificación de "agente".

686 Un criterio similar se aplica en virtud del art. 2:103 PECL, véase G. Christiandl en Jansen/Zimmermann, Art. 2:103 [PECL]: Sufficient Agreement, no. 4 (p. 269).

687 Sentencia de S. Vogenauer en Vogenauer, Art. 5.1.7 nº 5; véase StL-Doc. 41 (1988), p. 1.

688 Comentarios oficiales, Art. 2.1.2 nº 1, p. 36.

689 S. Vogenauer en Vogenauer, Art. 5.1.7 nº 1.

declaraciones o acuerdos. Ejemplo de la práctica bajo los Principios UNIDROIT en 2021 (industria del automóvil): Para un contrato marco sobre la construcción de piezas que descarta las cláusulas estándar de cualquiera de las partes, las partes acordaron **(i)** un formulario **escrito para la celebración del acuerdo** marco que regirá toda la relación comercial; **(ii) un formulario especial para que los pedidos se intercambien por EDI**, mientras que las modificaciones del acuerdo marco requerirán que los documentos firmados se intercambien por pdf; **(iii) en una cláusula especial con respecto a futuras referencias a cláusulas estándar** que cualquiera de las partes pueda haber integrado automáticamente en su sistema electrónico y/o en sus textos estándar para pedidos o confirmaciones de pedidos, por la que las partes acuerdan que no se tendrán en cuenta aunque la otra parte declare (de forma casi automática) aprobarlas mediante una declaración de aceptación.

D. Simulación[690]

5

Si la redacción de un contrato no refleja la (establecido y conocido; Art. 4.1 (1)) genuina o real intención común de las partes de quedar vinculadas por el contenido de un contrato documentado (por ejemplo, mediante una conspiración para eludir el derecho imperativo (fraus legis - evasión)[691] o para engañar a un tercero como un accionista de una de las partes[692]), la consecuencia jurídica para dicha "apariencia de contrato"[693] depende de la **verdadera intención** conjunta de las partes (incluso si ésta se desprende, de conformidad con el artículo 4 (2), de una prueba de "persona razonable" individualizada y contextualizada[694]). (i) Si no hay intención de obligarse en absoluto, **no hay contrato**;[695] **(ii)** Si el compromiso real se refiere a **otro acuerdo**, "este último debe considerarse válido y exigible".[696] Esta es la razón por la que la **"back dating"** (por ejemplo, para eludir las consecuencias fiscales) no sirve de nada; y por la que las **"contribuciones comerciales"** deben tratarse de forma transparente (por ejemplo, integrándolas en los cálculos de precios y amortizaciones). Lo mismo debe aplicarse a las **"cartas complementarias"**.[697]

---

690 Para las raíces en el Derecho civil (centrándose en la "simulación") y en el Derecho anglosajón (hablando de "dispositivos simulados y transacciones artificiales"), véase H. Dedek en Jansen/Zimmermann, Art. 6:103 [PECL]: Simulación, no. 5-9 (pp. 816-819).

691 Véase H. Dedek en Jansen/Zimmermann, Art. 6:103 [PECL]: Simulación, nº 3 (p. 815) sobre "simulación y fines ilícitos", no. 4 (sobre "contrato simulado y "contracarta").

692 Véase el debate sobre la "protección de terceros" de H. Dedek en Jansen/Zimmermann, Art. 6:103 [PECL]: Simulation, nº 6 (pp. 816-817), que incluye la historia jurídica del Derecho civil; y nº 7-9 (pp. 817-819) para el desarrollo del enfoque en el Derecho anglosajón (no contract; sham contract).

693 H. Dedek en Jansen/Zimmermann, Art. 6:103 [PECL]: Simulación, nº 1 (p. 814).

694 H. Dedek en Jansen/Zimmermann, Art. 6:103 [PECL]: Simulación, nº 2 (p. 814) haciendo referencia en el contexto de una discusión del Art. 6:103 PECL a "un observador razonable".

695 H. Dedek en Jansen/Zimmermann, Art. 6:103 [PECL]: Simulación, nº 2 (p. 814): "ningún contrato ejecutorio puede nacer de la nada".

696 H. Dedek en Jansen/Zimmermann, Art. 6:103 [PECL]: Simulación, nº 2 (p. 815) en el contexto de PECL.

697 El uso de este término varía. Si bien en la práctica se utiliza a veces para ocultar el contenido real de un contrato (lo que también puede obedecer a razones legítimas, por ejemplo, proteger a un tercero), en algunos sectores se emplea para describir las desviaciones con respecto a las cláusulas estándar de una parte.

Artículo 2.1.2 (Definición de la oferta)

Una propuesta para celebrar un contrato constituye una oferta, si es suficientemente precisa e indica la intención del oferente de quedar obligado en caso de aceptación.

A. Suficiente "Definitividad" más "Intención

1

Art. 2.1.2 (que se basa en el Art. 14 (1) CISG)[698] **define una oferta**[699] con dos criterios ("suficientemente precisa" e "intención") que "pueden encontrarse en la mayoría, si no en todos, los sistemas jurídicos".[700] La historia de la disposición apunta en la dirección de que **las propuestas públicas (internacionales) en Internet** deben interpretarse como "meras invitaciones a hacer una oferta"[701] y no muestran una intención de obligarse a menos que se exprese claramente.[702] Lo mismo se aplica, en circunstancias habituales, a las **licitaciones**[703] **y a las ofertas de precios.**[704] Una Letter of Intent **("LoI")** o un Memorandum of Understanding **("MoU")** pueden o (normalmente) no vincular a las partes, así como una "comfort letter",[705] dependiendo de la redacción y de las circunstancias[706] y de la interpretación de conformidad con el Art. 4.1. y 4.3.

B. Interrelación de los dos criterios

2

La fortaleza en uno de los criterios ("suficientemente precisa", "intención") puede compensar la debilidad con respecto al otro.[707] Cuanto más concretos sean los **términos esenciales** que se comunican, mayor es la probabilidad de quedar vinculado[708] (sin que se diga explícitamente lo contrario). Un ejemplo extremo de la práctica: La tarjeta postal del Presidente de una gran empresa alemana a un constructor en la que le encarga la "misma planta"

---

698 StL-Doc. 41 (1988), p. 8; P. Perales Viscasillas en Morán Bovio, Art. 2.2 nº 1, p. 113; para más detalles comparativos, véase L. Nottage en Vogenauer, Art. 2.1.2 nº 3.

699 Comentarios oficiales Art. 2.1.2, p. 36.

700 G. Christiandl en Jansen/Zimmermann, Art. 2:201 [PECL]: Oferta, nº 4 (p. 295).

701 Invitatio ad offerendum, véase el proyecto de Art. 2 (2) en StL-Doc. 41 (1988) más comentario b., pp. 4, 5; L. Nottage en Vogenauer, Art. 2.1.1 nº 8. Véase en general sobre ofertas a un grupo indefinido de personas con soluciones diversas en las legislaciones nacionales G. Christiandl en Jansen/Zimmermann, Art. 2:201 [PECL]: Oferta, nº 8-11 (pp. 297-300).

702 StL-Doc. 41 (1988), p. 6; L. Nottage en Vogenauer, Art. 2.1.2 nº 6 (con más razones en el nº 8).

703 P. Perales Viscasillas en Morán Bovio, Art. 2.2 nº 1, p. 114; L. Nottage en Vogenauer, Art. 2.1.1 nº 10 (que refleja opiniones diferentes).

704 L. Nottage en Vogenauer, Art. 2.1.1 nº 11.

705 L. Nottage en Vogenauer, Art. 2.1.1 nº 14 (con útiles referencias adicionales en la nota 39).

706 Véanse los Comentarios Oficiales, Art. 2.1.2 nº 2, Ilustraciones 2 y 3, p. 37; L. Nottage en Vogenauer, Art. 2.1.2 nº 12-13.

707 L. Nottage en Vogenauer, Art. 2.1.2 nº 2; G. Christiandl en Jansen/Zimmermann, Art. 2:201 [PECL]: Oferta, nº 6 (p. 297).

708 Comentarios oficiales Art. 2.1.2 nº 2, pp. 36-37; P. Perales Viscasillas en Morán Bovio, Art. 2.2.1, p. 114; véase también L. Nottage en Vogenauer, Art. 2.1.2 nº 19 (la indefinición de los términos esenciales impedirá la formación del contrato).

construida anteriormente en un país de América Central para el centro de negocios de Brasil en las mismas condiciones.[709] La intención de quedar vinculado por los pedidos también puede crearse mediante la instalación de determinados **sistemas informáticos de pedido automático.**[710] Las partes son **libres** (Art. 1.1) de evitar un efecto vinculante (mediante una cláusula o por su comportamiento, Art. 4.2 (1)) o crear tal efecto y, de este modo, generar al menos una responsabilidad por los "costos hundidos" de la otra parte (Art. 1.8).[711] Dependiendo de las circunstancias (Art. 4.1-4.2), las partes pueden quedar vinculadas cuando dejan la **determinación** de los términos (incluso esenciales) **a una de las partes o a un tercero**. Si la cláusula abierta es el precio, quedan vinculadas en virtud del Art. 5.1.7. La omisión del tercero de determinar la cláusula omitida, así como un **"acuerdo para negociar"** (por lo demás, no vinculante) ciertas cláusulas abiertas en el futuro, pueden equivaler a la formación de un contrato en las circunstancias del Art. 2.1.4 (2).[712]

Artículo 2.1.3 (Retiro de la oferta)

(1) La oferta surte efectos cuando llega al destinatario.

(2) Cualquier oferta, aun cuando sea irrevocable, puede ser retirada si la notificación de su retiro llega al destinatario antes o al mismo tiempo que la oferta.

A. Párrafo 1 es declarativo

1

Párrafo 1 (en correlación al artículo 15 (2) CISG)[713] repite el Art. 1.10 (2).[714] Para la definición de "alcance", véase el art. 1.10 (3). 1.10 (3).

B. Cualquier retirada debe ser clara[715]

2

En comparación con el artículo 2.1.4 sobre revocación,[716] el **párrafo 2** contempla el supuesto de que la oferta aún no se haya hecho efectiva.[717] El **párrafo 2** adquiere importancia

---

709 En tales circunstancias, la intención de obligarse es firme (mediante una oferta aceptable por un "sí" directo); los detalles pueden extraerse del contrato anterior. Los art. 4.8, 5.1.2 y 1.9 pueden ayudar a determinar el contenido del contrato. En ese caso concreto, al final toda la planta se construyó sobre la base de una carta de intenciones, redactada por un abogado durante el almuerzo mientras los ejecutivos celebraban el acuerdo (según informó Erhard Jahn (fallecido en 2007) en varias ocasiones). Un ejemplo similar figura en los Comentarios Oficiales, Art. 2.1.2 nº 1, Ilustración 1, p. 36.

710 Ejemplo práctico (utilizado, por ejemplo, en algunas farmacias).

711 L. Nottage en Vogenauer, Art. 2.1.2 nº 15 (y nº 16 sobre los posibles efectos de un "acuerdo entre caballeros").

712 L. Nottage en Vogenauer, Art. 2.1.2 nº 21.

713 StL-Doc. 41 (1988), p. 10, H. Gabriel, nº 2.161 (p. 81).

714 Comentarios oficiales, Art. 2.1.3 nº 1, p. 38.

715 L. Nottage en Vogenauer, Art. 2.1.3 nº 7.

716 Comentarios oficiales, Art. 2.1.3 nº 2, p. 38.

717 Véase G. Christiandl en Jansen/Zimmermann, Art. 2:202 [PECL]: Revocación de una oferta, nº 19 (p. 311).

en los casos que, de otro modo, entrarían en el ámbito de aplicación del art. 2.1.4 (2). 2.1.4 (2). Se corresponde con la norma del Art. 2.1.10 para la retirada de la aceptación.

Artículo 2.1.4 (Revocación de la oferta)

(1) La oferta puede ser revocada hasta que se perfeccione el contrato, si la revocación llega al destinatario antes de que éste haya enviado la aceptación.

(2) Sin embargo, la oferta no podrá revocarse:

(a) si en ella se indica, al señalar un plazo fijo para la aceptación o de otro modo, que es irrevocable, o

(b) si el destinatario pudo razonablemente considerar que la oferta era irrevocable y haya actuado en consonancia con dicha oferta.

A. Un punto intermedio internacional[718]

1

El Art. 2.1.4 continúa un compromiso internacional alcanzado en 1964 en La Haya (para el Convenio relativo a una Ley Uniforme sobre la Formación de Contratos de Compraventa Internacional de Mercaderías)[719] para tender un puente entre legislaciones nacionales divergentes con respecto a la cuestión de la revocabilidad de una oferta.[720] Está en correlación con el Art. 16 de la CISG[721] y soluciones similares en varias legislaciones nacionales, por ejemplo en China, Japón, Rusia y EE.UU.[722]

B. Un principio autoexplicativo con dos excepciones

2

El párrafo 1 establece el principio de revocabilidad hasta el envío de la aceptación,[723] **El párrafo 2** establece dos excepciones que se derivan del principio general que prohíbe el

[718] G. Christiandl en Jansen/Zimmermann, Art. 2:202 [PECL]: Revocación de una oferta, epígrafe no. 10-11 (p. 308).

[719] Dado que el convenio fue elaborado por UNIDROIT, puede consultarse en su sitio web (https://www.unidroit.org/instruments/international-sales/ulfc-1964/, [última visita el 9 de enero de 2023]), incluido el material sobre la historia legislativa.

[720] A propuesta de un delegado de EE.UU. para superar la oposición conjunta de las delegaciones de Bélgica, Inglaterra y Países Bajos contra el proyecto de artículo 5 ULF que se ajustaba, por ejemplo, a las leyes de Alemania y Suiza, véase G. Christiandl en Jansen/Zimmermann, Art. 2:202 [PECL]: Revocation of an Offer, nº 10-11 (p. 308: "[a]n international middleground"). Véase también ibid. nº 2-9 (pp. 302-308) para la historia de la división desde la época medieval y en la Europa contemporánea.

[721] Comentarios oficiales, Art. 2.1.4 nº 1, p. 39; StL-Doc. 41 (1988), p. 13; P. Perales Viscasillas en Morán Bovio, Art. 2.4 nº 1, p. 120; H. Gabriel, nº 2.169 (p. 83).

[722] § 2-205 UCC (EE.UU.); § 42 Restatement (Second) of Contracts (EE.UU.); P. Perales Viscasillas en Morán Bovio, Art. 2.4 nº 1, p. 120; L. Nottage en Vogenauer, Art. 2.1.4 nº 3 y nº 2.

[723] Véase G. Christiandl en Jansen/Zimmermann, Art. 2:205 [PECL]: Time of Conclusion of the Contract, no. 3, p. 325 (donde se explica el término medio alcanzado, ya que en algunas jurisdicciones, incluida Inglaterra, una

comportamiento inconsistente[724] (Art. 1.8) y, por tanto, del principio general de buena fe y lealtad negocial del Art. 1.7.[725] La letra a) requiere una interpretación de la oferta con arreglo a las normas de interpretación de los artículos 4.2, 4.3,[726] letra b) exige que se evalúe si cabría esperar que una "persona razonable [añadir: en las mismas circunstancias] actuara basándose en la oferta";[727] esto también implica una interpretación de la oferta con arreglo a los arts. 4.2, 4.3.[728]

Artículo 2.1.5 (Rechazo de la oferta)

La oferta se extingue cuando la notificación de su rechazo llega al oferente.

A. Interpretación de rechazos posiblemente implícitos

1

El art. 2.1.5 establece un principio general y evidente.[729] Mientras que un rechazo explícito es claro, una declaración con un posible rechazo implícito requiere interpretación (art. 4.2-4.3). Una solicitud de reconsideración o de ajuste de una condición (por ejemplo, el precio) no suele constituir un rechazo.[730] Una aceptación comunicada tras el rechazo de una oferta constituye una nueva oferta.[731]

B. Rescisión de una oferta por otros medios

2

Otros medios de eliminar el efecto de una oferta son la **revocación** (art. 2.1.4)[732] y el transcurso del tiempo (art. 2.1.7).[733] La cuestión de la **capacidad** (por ejemplo, el impacto

---

declaración de cumplimiento adquiere carácter vinculante con su "envío", véase ibid. no. 3 frente a la regla de la "recepción", ibid. no. 4 p. 325).

724 Comentarios oficiales, Art. 2.1.4 nº 2.b, pp. 40-41.

725 Para más detalles, véase, por ejemplo, G. Christiandl en Jansen/Zimmermann, Art. 2:202 [PECL]: Revocation of an Offer, nº 12-15 (pp. 308-310).

726 Para más detalles, véase L. Nottage en Vogenauer, Art. 2.1.4 nº 10-15; G. Christiandl en Jansen/Zimmermann, Art. 2:202 [PECL]: Revocación de una oferta, nº 13 (p. 309).

727 G. Christiandl en Jansen/Zimmermann, Art. 2:202 [PECL]: Revocation of an Offer, nº 14 (p. 309) sobre el lenguaje similar del Art. 2:202 (3) PECL.

728 L. Nottage en Vogenauer, Art. 2.1.4 nº 17.

729 Esta norma existe probablemente en la mayoría de las legislaciones nacionales sobre contratos mercantiles, aunque en muchas de ellas no esté codificada explícitamente. Véase, por ejemplo, G. Christiandl en Jansen/Zimmermann, Art. 2:203 [PECL]: Rechazo, nº 4 (p. 314) para una visión general de las legislaciones nacionales europeas.

730 Comentarios oficiales, Art. 2.1.5 nº 1, pp. 41-42; StL-Doc. 41 (1988), p. 14 (comentario b.); L. Nottage en Vogenauer, Art. 2.1.4 nº 3-4; G. Christiandl en Jansen/Zimmermann, Art. 2:203 [PECL]: Rechazo, nº 3 (pp. 313-314).

731 G. Christiandl en Jansen/Zimmermann, Art. 2:203 [PECL]: Rechazo, nº 4 (p. 314) con más referencias.

732 P. Perales Viscasillas en Morán Bovio, Art. 2.5 nº 1, p. 125.

733 P. Perales Viscasillas en Morán Bovio, Art. 2.5 nº 1, p. 125; L. Nottage en Vogenauer, Art. 2.1.4 nº 6.

de la muerte; o la desaparición de la capacidad de una empresa[734]) no está cubierta por los Principios UNIDROIT (Art. 3.1.1). Para Europa se ha sugerido para los PECL que los principios generales implican que una oferta "no se ve afectada" por la **muerte** de cualquiera de las partes "a menos que de la oferta pueda deducirse expresa o implícitamente una intención contraria"[735] (Art. 4.2-4.3).

Artículo 2.1.6 (Modo de aceptación)

(1) Constituye aceptación toda declaración o cualquier otro acto del destinatario que indique asentimiento a una oferta. El silencio o la inacción, por sí solos, no constituyen aceptación.

(2) La aceptación de la oferta surte efectos cuando la indicación de asentimiento llega al oferente.

(3) No obstante, si en virtud de la oferta, o de las prácticas que las partes hayan establecido entre ellas o de los usos, el destinatario puede indicar su asentimiento ejecutando un acto sin notificación al oferente, la aceptación surte efectos cuando se ejecute dicho acto.

A. Función y lugar sistemático del principio

1

El artículo 2.1.6 se correlaciona con el artículo 2.1.2 sobre la oferta en el marco de un enfoque abierto basado en el favor contractus para la formación del contrato (art. 2.1.1 nº 3).

B. ¿Cuándo la expresión de asentimiento del destinatario equivale a aceptación?

1. El principio básico del párrafo 1 oración 1

2

De conformidad con el párrafo 1, y en consonancia con el Art. 18 (1) CISG,[736] la expresión de asentimiento mediante una declaración o una conducta (**"aceptación implícita"** según se interpreta de conformidad con el Art. 4.2-4.3) de un oferente[737] (que tiene capacidad de obrar, Art. 3.1.1) debe ser oportuna (Art. 2.1. 7-2.1.8).7-2.1.8), directa y sin reservas

---

[734] Ejemplo práctico: Una sociedad de responsabilidad limitada inglesa administrada fuera de Alemania ha perdido su capacidad jurídica en Alemania con el BREXIT, Tribunal de Apelación de Múnich, 5 de agosto de 2021, RIW 2021, pp. 839-841 con una nota de Rainer Hausmann.

[735] G. Christiandl en Jansen/Zimmermann, Art. 2:203 [PECL]: Rechazo, nº 7 (p. 315).

[736] H. Gabriel, nº 2.186 (p. 87).

[737] O, en casos excepcionales, dependiendo de la interpretación de la oferta, por alguien elegido por el destinatario de la oferta, R. Anderson en Vogenauer, Art. 2.1.6 nº 8.

(incondicional)[738] **"afirmación simple"**[739] (a diferencia de una aceptación modificada según el Art. 2.1.11),[740] libre de "causas de anulación" como un error (Art. 3.2.1 subsecuentes. (y siguientes)). La expresión del asentimiento carece de forma específica (Art. 1.2),[741] salvo pacto en contrario (Art. 2.1.13; incluido un posible acuerdo sobre un **medio de comunicación concreto**)[742] o estipulado en la oferta (Art. 1.1; debidamente interpretado de conformidad con el Art. 4.2-4.3). Por lo general, una "confirmación de pedido" no equivaldrá a un asentimiento, sino más bien a un acuse de recibo de una oferta,[743] mientras que sí lo hará una solicitud de envío de los bienes ofrecidos[744] o el inicio del cumplimiento inmediato o sin demora.[745]

2. Conducta sin preaviso (párrafo 3)

3

Párrafo 3 menciona tres supuestos específicos autoexplicativos —es decir, **(i)** el contenido de la oferta (debidamente interpretado, Art. 4.2, 4.3), **(ii)** las prácticas establecidas entre las partes (Art. 1.9), o **(iii)** un uso (Art. 1.9)— que permiten la aceptación mediante una "conducta"[746] **("realización de un acto")**[747] que, debidamente interpretada (Art. 4.2, 4.3),[748] puede constituir asentimiento. La interpretación será necesaria en particular, teniendo en cuenta las circunstancias, en el supuesto extremo de que el destinatario de una oferta comience a realizar la prestación pero aún no la haya finalizado (totalmente)[749] en el momento en que reciba una revocación de la oferta (art. 2.1.4).

---

[738] G. Christiandl en Jansen/Zimmermann, Art. 2:204 [PECL]: Aceptación, nº 2 (p. 317) e ibíd. nº 4 (exige "claridad").

[739] P. Perales Viscasillas en Morán Bovio, Art. 2.6 nº 1, p. 127 ("claro, inequívoco e ioncondicional"); R. Anderson en Vogenauer, Art. 2.1.6 nº 1-4.

[740] Comentarios oficiales, Art. 2.1.6 nº 1, p. 43; P. Perales Viscasillas en Morán Bovio, Art. 2.6 nº 1, p. 127.

[741] P. Perales Viscasillas en Morán Bovio, Art. 2.6 nº 1, p. 127.

[742] R. Anderson en Vogenauer, Art. 2.1.6 nº 7 (citando para CISG U.G. Schroeter en Schlechtriem&Schwenzer, Art. 18 nº 28-29): argumento para una analogía con el Art. 2.1.11 (2) en caso de una ligera desviación, por ejemplo, respuesta en un documento separado en la forma requerida, pero no en el formulario adjunto por el oferente.

[743] R. Anderson en Vogenauer, Art. 2.1.6 nº 3.

[744] R. Anderson en Vogenauer, Art. 2.1.6 nº 9 (en el que también se da el ejemplo de "bienes que empiezan a utilizarse" entregados por el oferente).

[745] P. Perales Viscasillas en Morán Bovio, Art. 2.6 nº 1, p. 127; R. Anderson en Vogenauer, Art. 2.1.6 nº 10-11.

[746] Comentarios oficiales, Art. 2.1.6 nº 2, p. 43.

[747] El acto no debe referirse necesariamente a un término esencial de la oferta y puede referirse a deberes secundarios, véase el debate y la votación en P.C.-Misc. 12 (1988), pp. 25-26; véase R. Anderson en Vogenauer, Art. 2.1.6 nº 28-31.

[748] Véase G. Christiandl en Jansen/Zimmermann, Art. 2:204 [PECL]: Aceptación, nº 9 (p. 319).

[749] G. Christiandl en Jansen/Zimmermann, Art. 2:205 [PECL]: Time of Conclusion of the Contract, nº 9 en p. 327 criticando la ambigüedad de la expresión "performed" porque para algunas legislaciones nacionales (por ejemplo, la alemana o la italiana) basta con que el destinatario de la oferta comience a actuar, mientras que según la legislación inglesa "full performance appears to be required for acceptance".

3. Posible impacto del silencio (párrafo 1, oración 2)

4

El silencio **no constituye aceptación** (párrafo 1 oración 2)[750] **a menos que (i) se aplique el concepto de "escritos de confirmación" del Art. 2.1.12 (ii) las prácticas o usos establecidos entre las partes** (apartado 3; Art. 1.9 (1)) puedan exigir otra cosa,[751] por ejemplo, una prórroga o renovación "automática" de los contratos,[752] una "continuación de un contrato" silenciosa tras un traspaso de empresa[753] o un "escrito de confirmación" (si bien el efecto de dichos escritos se corresponde con una práctica establecida en algunas regiones del mundo como Alemania [kaufmännisches Bestätigungsschreiben],[754] la prueba de dicha práctica no es necesaria debido a la norma más especial del Art. 2.1.12); o **(iii) si la interpretación** (Art. 4.2-4.3) de la actuación del oferente (por ejemplo, el silencio ante la "aceptación" por el destinatario de una propuesta definitiva hecha "sin compromiso" o "sujeta a contrato")[755] o del destinatario (por ejemplo solicitud de la oferta)[756] conduce a un **"deber de hablar", (iv) si, en los casos de contratos en beneficio exclusivo del destinatario,**[757] las circunstancias (por ejemplo, una oferta para actuar como avalista o para modificar un contrato en beneficio del destinatario, un Art. 9.2.1 (letra b) situación de cesión) y/o un principio específico implican el deber de pronunciarse rápidamente si no se desea la aceptación (ejemplo: silencio ante una oferta de cesión: Art. 5.1.9 (2)[758]).

C. ¿Cuándo surte efecto la manifestación de asentimiento del destinatario para establecer un contrato vinculante?

5

Una vez recibida a tiempo (Art. 2.1.7-2.1.8) la notificación de aceptación (no retirada, Art. 2.1.10) por parte del oferente (**apartados 2-3**; Art. 1.10 (2) (3)), que incluye la "recepción presunta" en determinadas circunstancias (por ejemplo, en el caso de una aceptación enviada por el mismo medio que la oferta, al llegar a la esfera de control del oferente

---

750 Comentarios oficiales, Art. 2.1.6 nº 3, p. 43; R. Anderson en Vogenauer, Art. 2.1.6 nº 12-13 (argumentando con la "libertad contractual"); G. Christiandl en Jansen/Zimmermann, Art. 2:204 [PECL]: Aceptación, nº 10-11 (p. 319) con observaciones históricas y comparativas.

751 P. Perales Viscasillas en Morán Bovio, Art. 2.6 nº 1, p. 127 (al contexto similar del Art. 1.8 versión 1994 que se correlaciona con el Art. 1.9 de la versión actual de 2016); G. Christiandl en Jansen/Zimmermann, Art. 2:204 [PECL]: Aceptación, nº 12 (p. 320).

752 R. Anderson en Vogenauer, Art. 2.1.6 nº 14.

753 A menudo se observa en la práctica, por ejemplo, incluso en la industria transfronteriza de fabricación de piezas de automóviles; véase también R. Anderson en Vogenauer, Art. 2.1.6 nº 15.

754 Véanse, por ejemplo, las sentencias del Tribunal Supremo Federal alemán, BGHZ 61, 282, 285 (a.), 26 de septiembre de 1973; NZBau 2011, pp. 303, 304 (a. 21-23), 27 de enero de 2011.

755 R. Anderson en Vogenauer, Art. 2.1.6 nº 17.

756 R. Anderson en Vogenauer, Art. 2.1.6 nº 16.

757 G. Christiandl en Jansen/Zimmermann, Art. 2:204 [PECL]: Aceptación, nº 13 (p. 320) con observaciones comparativas con normas similares, por ejemplo, en las legislaciones de Inglaterra, Francia, Alemania e Italia ("generalmente reconocidas"; con referencias adicionales).

758 R. Anderson en Vogenauer, Art. 2.1.6 nº 19. S. Vogenauer en Vogenauer, Art. 5.1.9 nº 11.

—por ejemplo, su buzón de correo electrónico[759] en circunstancias ordinarias).[760] En las reuniones presenciales (o videoconferencias, WhatsApp-Chats y similares), "el contrato se perfecciona en cuanto el oferente percibe la aceptación".[761] (Art. 2.1.7 (1) oración 2). "Incertidumbres derivadas del curso habitual de las negociaciones de oferta y aceptación"[762] se contemplan en los Art. 2.1.12-2.1.18.

D. Opciones

6

Prevalece la autonomía de las partes (Art. 1.5). Las partes pueden acordar, por ejemplo, que la celebración del contrato **(i)** dependa de un acuerdo **sobre** un asunto específico o en una **forma concreta** (art. 2.1.13), **(ii)** o de cualquier otra condición (art. 5.3.1); o, por el contrario y para facilitar la celebración del contrato, **(iii)** pueden acordar que algunos **términos queden deliberadamente abiertos** (art. 2.1.14).

Artículo 2.1.7 (Plazo para la aceptación)

La oferta debe ser aceptada dentro del plazo fijado por el oferente o, si no se hubiere fijado plazo, dentro del que sea razonable, teniendo en cuenta las circunstancias, incluso la rapidez de los medios de comunicación empleados por el oferente. Una oferta verbal debe aceptarse inmediatamente, a menos que de las circunstancias resulte otra cosa.

A. Impacto del tiempo

1

Según la **oración 1**, una oferta debe aceptarse una vez transcurrido el **plazo fijado** en la oferta (o en una modificación de la misma),[763] calculado de conformidad con el Art. 2.1.8,[764] **o** el tiempo que resulte **razonable** dadas las circunstancias.[765] Entre ellos se incluyen, por ejemplo, los "medios de comunicación",[766] incluido el momento previsto para la aceptación, cualesquiera prácticas o usos (art. 1.9) y otros criterios derivados de la inter-

---

[759] Cf. G. Christiandl en Jansen/Zimmermann, Art. 2:205 [PECL]: Momento de celebración del contrato, no. 5 (pp. 325-326): "No se requiere el conocimiento efectivo de la aceptación del vendedor".

[760] Comentarios oficiales, Art. 2.1.6 nº 4, p. 44; para más detalles, véase R. Anderson en Vogenauer, Art. 2.1.6 nº 23-24.

[761] G. Christiandl en Jansen/Zimmermann, Art. 2:205 [PECL]: Time of Conclusion of the Contract, nº 2 (p. 324) sobre los principios generales (como comentario a una norma similar al art. 2.1.6 apartado 2) con referencia a I. Schwenzer/P. Hachem/C. Kee, nº 10.62: "[El] oferente debe haber entendido correcta y completamente la oferta".

[762] L. Nottage en Vogenauer, Art. 2.1.1 nº 3.

[763] R. Anderson en Vogenauer, Art. 2.1.7 nº 3 (hacia el final).

[764] P. Perales Viscasillas en Morán Bovio, Art. 2.7 nº 1, p. 133.

[765] Comentarios oficiales, Art. 2.1.7, Ilustración 2, p. 46; P. Perales Viscasillas en Morán Bovio, Art. 2.7 nº 1, p. 134.

[766] P. Perales Viscasillas en Morán Bovio, Art. 2.7 nº 1, p. 134.

pretación de la oferta con arreglo a los **arts. 4.2, 4.3**, como el valor fluctuante o el carácter perecedero del objeto del contrato.[767] **La oferta "se autodestruye y se vuelve incapaz de aceptación"**,[768] salvo (i) acción del oferente que resucite la oferta (Art. 2.1.9 (1)) o (ii) un retraso no comentado en la transmisión (Art. 2.1.9 (2)).[769] Salvo indicación en contrario, el "plazo razonable" para la aceptación comienza con la recepción de la oferta.[770] Existen riesgos de debate (y, por lo tanto, es necesario actuar con cautela) en los casos de plazos ajustados en diferentes zonas horarias (Art. 1.12) y de horarios laborales reducidos en determinados días, como el **24 o el 31 de diciembre** en algunas jurisdicciones de precedentes cristianos,[771] que no entran en el ámbito de aplicación del Art. 1.12. El art. 2.1.7 está en correlación con el Art. 18 (2) CISG[772] y está en armonía con múltiples leyes contractuales nacionales.[773]

B. Oferta "oral"

2

La oración 2 describe el ejemplo extremo de la posible incidencia del medio de comunicación empleado por el oferente (oración 1) en el momento de la aceptación. **La norma exige la aceptación inmediata de las ofertas verbales**[774] (no permite la reflexión).[775] Se aplica a todas las formas de comunicación en tiempo real, incluido el correo electrónico cuando se utiliza para chatear de forma casi instantánea,[776] y está sujeta a "circunstancias que indiquen lo contrario".

C. Asignación de riesgos

3

Dado que el oferente es el "dueño de la oferta"[777] (quien puede fijar un plazo para la aceptación o revocar una oferta, Art. 2.1.4; y quien elige el medio de comunicación

[767] Véase G. Christiandl en Jansen/Zimmermann, Art. 2:206 [PECL]: Plazo de aceptación, no. 4 (p. 330).

[768] Formulación distinta de R. Anderson en Vogenauer, Art. 2.1.7 n° 1; véase también P. Perales Viscasillas en Morán Bovio, Art. 2.7 n° 1, p. 134; G. Christiandl en Jansen/Zimmermann, Art. 2:206 [PECL]: Plazo de aceptación, n° 2 con antecedentes jurídicos comparativos desde el Código prusiano de 1794 (p. 329): "una oferta verbal ... típicamente ... no sobrevive a la conversación".

[769] P. Perales Viscasillas en Morán Bovio, Art. 2.7 n° 1, p. 134.

[770] G. Christiandl en Jansen/Zimmermann, Art. 2:206 [PECL]: Plazo de aceptación, no. 3 (p. 329).

[771] R. Anderson en Vogenauer, Art. 2.1.6 n° 25-26.

[772] StL-Doc. 41 (1988), p. 19; H. Gabriel, n° 2.186 (p. 87); G. Christiandl en Jansen/Zimmermann, Art. 2:206 [PECL]: Plazo de aceptación, n° 1 (p. 328).

[773] Por ejemplo, el Derecho inglés; para una visión general europea, véase G. Christiandl en Jansen/Zimmermann, Art. 2:206 [PECL]: Plazo de aceptación, no. 5 (p. 330).

[774] Comentarios oficiales, Art. 2.1.7, p. 46; StL-Doc. 41 (1988), p. 19; P. Perales Viscasillas en Morán Bovio, Art. 2.7 n° 1, p. 134.

[775] R. Anderson en Vogenauer, Art. 2.1.7 n° 5.

[776] R. Anderson en Vogenauer, Art. 2.1.7 n° 5, 7 (con un contraejemplo cuando se necesita tiempo para imprimir en el n° 8).

[777] R. Anderson en Vogenauer, Art. 2.1.7 n° 2.

adecuado[778]), se ha argumentado que debería correr con el riesgo de "si la indicación de asentimiento llegó al oferente dentro de "un plazo razonable""[779] en los casos en que los principios generales de la carga de la prueba sugieran lo contrario.[780]

Artículo 2.1.8 (Aceptación dentro de un plazo fijo)

El plazo de aceptación fijado por el oferente comienza a correr desde el momento de expedición de la oferta. A menos que las circunstancias indiquen otra cosa, se presume que la fecha que indica la oferta es la de expedición.

A. Cálculo de los plazos relativos

1

Para el cálculo del inicio de un periodo de tiempo **relativo** fijo (por ejemplo, "abierto a la aceptación durante siete días"),[781] el Art. 2.1.8 **protege al oferente** que tiene interés en asumir el riesgo de la evolución del mercado sólo durante un breve período, mientras que el destinatario puede desear disponer de tiempo para probar el mercado.[782] A falta de un plazo absoluto fijado por el oferente como "dueño del proceso de formación",[783] el plazo corre, según la oración 1, **a partir del momento de la expedición**, es decir, cuando sale de la esfera de control del oferente.[784] Esta norma está en consonancia con el anterior compromiso alcanzado en La Haya para la ULF en 1964[785] y en el ámbito de la ONU durante los años 70 para la CISG ("una versión simplificada" del Art. 20 CISG);[786] es útil porque crea seguridad y las normas nacionales sobre el inicio para el cómputo del plazo de aceptación difieren.[787] Para el cómputo del plazo establecido (incidencia de días festivos oficiales, husos horarios) Art. 1.12.

---

778 G. Christiandl en Jansen/Zimmermann, Art. 2:206 [PECL]: Plazo de aceptación, no. 4 (p. 330).

779 R. Anderson en Vogenauer, Art. 2.1.7 nº 10.

780 Consentimiento: G. Christiandl en Jansen/Zimmermann, Art. 2:206 [PECL]: Plazo de aceptación, nº 4 (p. 330) con una cita de H. Kötz argumentando en sentido contrario.

781 R. Anderson en Vogenauer, Art. 2.1.8 nº 2; otros ejemplos U. G. Schroeter en Schlechtriem&Schwenzer, Art. 18 nº 61.

782 R. Anderson en Vogenauer, Art. 2.1.8 nº 1.

783 Cf. R. Anderson en Vogenauer, Art. 2.1.7 nº 2 ("maestro del proceso de formación").

784 Comentarios oficiales, Art. 2.1.8, pp. 46-47.

785 Art. 8 (2) ULF.

786 H. Gabriel, nº 2.203 (p. 95); véase StL-Doc. 41 (1988), p. 23 (proponiendo inicialmente la redacción literal de la CISG); R. Anderson en Vogenauer, Art. 2.1.8 nº 1; Para una visión en profundidad sobre el cómputo del plazo, las raíces históricas y una visión comparativa de las normas jurídicas (como el —criticado— Convenio europeo sobre el cómputo de los plazos de 1972, que incluye a Austria y Suiza como Estados miembros), véase O. Unger en Jansen/Zimmermann, Art. 1:304 (1) [PECL]: Computation of Time (Period of Time Fixed in a Document), nº 1-11 (pp. 201-207).

787 G. Christandl en Jansen/Zimmermann, Art. 2:206 [PECL]: Plazo de aceptación, no. 3 (p. 329).

B. Incertidumbre de la hora de despacho

2

Si no puede determinarse la hora de expedición (por ejemplo, mediante el registro de transmisión), la **fecha indicada en la oferta** (por ejemplo, en una carta) pasa a ser pertinente con arreglo a la oración 2 "A menos que las circunstancias indiquen otra cosa" (por ejemplo, una fecha posterior a la fecha de llegada).[788] En tal caso, puede ser posible calcular el momento de la expedición a partir de la fecha de llegada y aplicar la oración 1.[789]

Artículo 2.1.9 (Aceptación tardía. Demora en la transmisión)

(1) No obstante, la aceptación tardía surtirá efectos como aceptación si el oferente, sin demora injustificada, informa de ello al destinatario o lo notifica en tal sentido.

(2) Si la comunicación que contenga una aceptación tardía indica que ha sido enviada en circunstancias tales que si su transmisión hubiera sido normal habría llegado oportunamente al oferente, tal aceptación surtirá efecto a menos que, sin demora injustificada, el oferente informe al destinatario que su oferta ya había caducado.

A. Principio (párrafo 1)

1

De conformidad con el Art. 21 (1) CISG,[790] el compromiso de 1964 en el ULF[791] y varias leyes de todo el mundo,[792] el **párrafo 1** concede un efecto —una **"subsanación retroactiva"**[793]— a una aceptación tardía. Al igual que una **nueva oferta**,[794] y salvo en caso de errores de transmisión (párrafo 2), el párrafo 1 crea una opción (limitada en el tiempo, "sin demora indebida") para el oferente (inicial) que sigue siendo el dueño de la formación del contrato.[795] El alcance del plazo aceptable para responder mediante notificación (Art. 1.10)[796] requiere la debida consideración de las circunstancias a la luz del deber general de buena fe y lealtad negocial (Art. 1.7).[797] **La carga de la prueba** recae sobre la parte que desea invocar la formación del contrato.[798]

---

788 Comentarios oficiales, Art. 2.1.8, p. 47; R. Anderson en Vogenauer, Art. 2.1.8 nº 4.

789 R. Anderson en Vogenauer, Art. 2.1.8 nº 4.

790 Comentarios oficiales, Art. 2.1.9 nº 2, p. 48; StL-Doc. 41 (1988), p. 26; P. Perales Viscasillas en Morán Bovio, Art. 2. 9 nº 1, 2b, pp. 138 y ss.

791 G. Christiandl en Jansen/Zimmermann, Art. 2:207 [PECL]: Aceptación tardía, nº 1 (p. 331).

792 StL-Doc. 8 (1975), p. 13 (Bonell); R. Anderson en Vogenauer, Art. 2.1.9 nº 2. Véase también, por ejemplo, Art. 2:207 [PECL] y G. Christiandl en Jansen/Zimmermann, Art. 2:207 [PECL]: Late Acceptance, nº 1 (p. 331) con referencia al Derecho italiano y, en la nota 2, al Derecho neerlandés.

793 G. Christiandl en Jansen/Zimmermann, Art. 2:207 [PECL]: Aceptación tardía, nº 1 (p. 331).

794 Esta es la valoración en algunas otras legislaciones como la alemana, véase G. Christiandl en Jansen/Zimmermann, Art. 2:207 [PECL]: Late Acceptance, nº 1 en p. 332.

795 P. Perales Viscasillas en Morán Bovio, Art. 2.9 nº 1, p. 137; R. Anderson en Vogenauer, Art. 2.1.9 nº 3-4.

796 R. Anderson en Vogenauer, Art. 2.1.9 nº 6 (con una opinión crítica sobre la inexacta versión alemana).

797 R. Anderson en Vogenauer, Art. 2.1.9 nº 5; cf. también P. Mankowski en Ferrari/Kieninger/Mankowski, Art. 21 nº 9.

798 R. Anderson en Vogenauer, Art. 2.1.9 nº 7, 13.

B. Excepción (párrafo 2)

2

En los casos de retraso (**reconocible**,[799] **irregular**[800]) **en la transmisión**[801] (que no son imputables al destinatario de la oferta)[802] una aceptación tardía crea en el oferente el deber de pronunciarse[803] sin demora indebida —y decir que considera que la oferta ha caducado —, si quiere evitar la formación del contrato.[804] Si no lo hace, la aceptación crea el contrato; "[e] l silencio o inactividad del oferente equivale, por tanto, excepcionalmente, a una confirmación de la aceptación".[805] Al igual que el principio enunciado en el párrafo 1, esta excepción está en consonancia con el Art. 21 CISG y el ULF.[806] Proporciona **seguridad** y se remonta al Código de Comercio general alemán de 1861.[807]

Más allá de la redacción (incluso si la comunicación no "demuestra" el retraso), a la luz del deber general de buena fe y lealtad negocial (art. 1.7), el párrafo 2 se aplica también cuando el oferente ha sido **"notificado"** por el destinatario con antelación por otros medios (por ejemplo, un mensaje de texto o una llamada telefónica) de que la notificación de aceptación se envió a tiempo.[808]

Artículo 2.1.10 (Retiro de la aceptación)

La aceptación puede retirarse si su retiro llega al oferente antes o al mismo tiempo que la aceptación haya surtido efecto.

Un apéndice auto explicativo a 2.1.6 (2)

1

El art. 2.1.10 se corresponde con el art. 2.1.3 (2)[809] para la retirada de ofertas. Es repetitivo con respecto al Art. 1.10 (2), (3).[810] Sin embargo, puede servir como recordatorio útil de este principio general en el contexto de las declaraciones de aceptación.

---

799 R. Anderson en Vogenauer, Art. 2.1.9 nº 11 (aboga por un deber limitado de inspección del sobre por parte del oferente).

800 R. Anderson en Vogenauer, Art. 2.1.9 nº 10.

801 Comentarios oficiales, Art. 2.1.9 nº 3, p. 48.

802 R. Anderson en Vogenauer, Art. 2.1.9 nº 9.

803 R. Anderson en Vogenauer, Art. 2.1.9 nº 12; G. Christiandl en Jansen/Zimmermann, Art. 2:207 [PECL]: Aceptación tardía, nº 2 (p. 332).

804 StL-Doc. 8 (1975), p. 13 (Bonell).

805 G. Christiandl en Jansen/Zimmermann, Art. 2:207 [PECL]: Aceptación tardía, nº 2 (p. 332).

806 G. Christiandl en Jansen/Zimmermann, Art. 2:207 [PECL]: Aceptación tardía, nº 2 (p. 332).

807 G. Christiandl en Jansen/Zimmermann, Art. 2:207 [PECL]: Late Acceptance, nº 2 en p. 332-333 (describiendo también (i) las discusiones durante la redacción del Código Civil alemán - § 149 BGB - y (ii) que dicha norma no era necesaria según el Derecho inglés al considerar que un contrato se perfecciona en cuanto se envía la notificación de aceptación).

808 R. Anderson en Vogenauer, Art. 2.1.9 nº 11 (en referencia a U.G. Schroeter en Schlechtriem&Schwenzer, Art. 18 nº 45); I. Schwenzer/P. Hachem/C. Kee, nº 10.61; G. Christiandl en Jansen/Zimmermann, Art. 2:208 [PECL]: Aceptación modificada, nº 1-2 (p. 335).

809 Comentarios oficiales, Art. 2.1.10, p. 49; StL-Doc. 41 (1988), p. 26; P. Perales Viscasillas en Morán Bovio, Art. 2.10 nº 1, p. 141.

810 G. Christiandl en Jansen/Zimmermann, Art. 2:204 [PECL]: Aceptación, nº 5 (p. 318: "redundante").

Artículo 2.1.11 (Aceptación modificada)

(1) La respuesta a una oferta que pretende ser una aceptación, pero contiene adiciones, limitaciones u otras modificaciones, es un rechazo de la oferta y constituye una contraoferta.

(2) No obstante, la respuesta a una oferta que pretende ser una aceptación, pero contiene términos adicionales o diferentes que no alteren sustancialmente los de la oferta constituye una aceptación a menos que el oferente, sin demora injustificada, objete tal discrepancia. De no hacerlo así, los términos del contrato serán los de la oferta con las modificaciones contenidas en la aceptación.

A. Las modificaciones en la notificación de aceptación generan una contraoferta

1

Párrafo 1 refleja una consecuencia autoexplicativa de la tradicional "regla del espejo"[811] [812] sobre la oferta y la aceptación, que exige una **aceptación sin reservas.**[813] Por lo tanto, si se **interpreta** correctamente (Art. 4.2), un "sí, pero..." debe interpretarse como un "no, pero...".[814] Si el destinatario de la oferta exige un mero aumento de las cantidades, puede resultar complicado interpretar si su declaración constituye un caso del Art. 2.1.11 o una aceptación directa de la oferta inicial (art. 2.1.6 (1)) combinada con una nueva oferta (art. 2.1.2) por las cantidades adicionales.[815]

B. Pero las alteraciones no sustanciales generan el deber del oferente de informar

2

En el espíritu de favorecer la celebración del contrato (favor contractus), una vez que se han acordado las cuestiones clave[816] y a falta de un acuerdo sobre la forma de celebración del contrato (Art. 2.1.13), el **párrafo 2** prevé, en línea con compromisos internacionales anteriores,[817] **una excepción para modificaciones no materiales** (menores)[818] ya que ocurren a menudo en el comercio transfronterizo entre diferentes culturas (por lo que,

811 P. Perales Viscasillas en Morán Bovio, Art. 2.11 nº 1, p. 142; I. Schwenzer/P. Hachem/C. Kee, nº 10.67 (p. 151).

812 P. Perales Viscasillas en Morán Bovio, Art. 2.11 nº 1, p. 142.

813 R. Anderson en Vogenauer, Art. 2.1.11 nº 1-2.

814 Comentarios oficiales, Art. 2.1.11 nº 1, p. 50; R. Anderson en Vogenauer, Art. 2.1.11 nº 2 (con referencia a P. Mankowski en Ferrari/Kieninger/Mankowski, Art. 19 nº 27).

815 R. Anderson en Vogenauer, Art. 2.1.11 nº 2 (con referencia a H. Kötz Vertragsrecht, 2.ª ed. 2012) § 2 apartado 123).

816 Véase R. Anderson en Vogenauer, Art. 2.1.11 nº 5-6 (con referencias al Art. 19 (2) CISG, antecedentes suecos y US-UCC) y el intercambio de cartas en la nota 156.

817 Art. 7 (2) ULF, Art. 19 (2) CISG. Para un vívido resumen de la historia del desarrollo de esta excepción, con sus raíces en la Ley de Contratos sueca de 1915 y en el § 2-207 (2) UCC 1952, véase G. Christiandl en Jansen/Zimmermann, Art. 2:208 [PECL]: Aceptación modificada, no. 4 (p. 336).

818 R. Anderson en Vogenauer, Art. 2.1.11 nº 8, 12 (incluye, por ejemplo, la inspección, el embalaje, pero posiblemente también pequeños ajustes de precios).

también con respecto al Art. 19 (3) CISG,[819] los cambios relacionados con **el precio, el pago, la calidad, la cantidad, el lugar, el plazo de entrega y la responsabilidad suelen ser sustanciales**[820]).[821] La **prueba** consiste en determinar si, dadas las circunstancias del caso (y posiblemente los usos pertinentes, Art. 1.9), el destinatario podía esperar que el oferente aceptara tácitamente la modificación propuesta.[822] Las modificaciones menores no alteran la calificación de una notificación de aceptación como aceptación (y vinculan al oferente en virtud del párrafo 2, oración 2) a menos que el oferente insista en la regla del espejo mediante una **notificación de objeción** (Art. 1.10) "sin demora indebida"[823] (es decir, tan pronto como tenga conocimiento de la discrepancia).[824] En la práctica, el párrafo 2 **exige que el oferente revise la notificación de aceptación** en busca de posibles discrepancias.[825] El riesgo de inacción recae en el oferente;[826] que parece aceptable en los negocios internacionales e interculturales, que generalmente requieren un mayor nivel de atención. Si el destinatario desea evitar poner en riesgo la celebración del contrato, como maestro de la notificación de aceptación puede introducir modificaciones en la oferta supeditándolas a su aceptación por parte del oferente e indicar claramente que renuncia a las modificaciones en caso de que no sean adecuadas.[827] Para evitar discusiones sobre la evaluación de un cambio como no sustancial en la práctica, o para cumplir con un **deber de cooperación** (Art. 5.1.3) en el plano jurídico (por ejemplo, cuando se negocia un contrato de suministro en el contexto de un acuerdo marco existente en virtud de los Principios UNIDROIT), o en vista de las circunstancias particulares y la **práctica de negociación** con formas de comunicación (implícitamente) acordadas (Art. 1.9, 1.7), cualquier desviación del texto contractual puede requerir que el destinatario hable y comunique el cambio claramente, por ejemplo, en un correo electrónico de presentación. Esto último se refiere en particular a la negociación de **contratos a largo plazo** (guion 3ro del art. 1.11), a menudo a lo largo de muchos meses

---

[819] R. Anderson en Vogenauer, Art. 2.1.11 nº 7; H. Gabriel, nº 2.194 (p. 91), subraya que la ausencia de los ejemplos en los principios UNIDROIT no conduce a un resultado jurídico diferente.

[820] Véase el proyecto de Art. 7 (3) en StL-Doc. 41 (1988), p. 20.

[821] Comentarios oficiales, Art. 2.1.11 nº 2, pp. 50-51; P.C.-Misc. 12 (1988), p. 28 (Bonell); P. Perales Viscasillas en Morán Bovio, Art. 2.11 nº 1, 2.b, pp. 142-143 con la indicación (también contenida en los Comentarios Oficiales al Art. 2.1.11) de que la lista del Art. 19 (3) CISG no debe adoptarse en su totalidad, ya que los Principios tienen un ámbito de aplicación diferente y pueden surgir ciertos problemas de interpretación. G. Christiandl en Jansen/Zimmermann, Art. 2:208 [PECL]: Aceptación modificada, nº. 5 (p. 337): "[E]sta enumeración sólo puede ser ilustrativa y, desde luego, no sustituye a una evaluación de las circunstancias del caso concreto. ... A veces, incluso términos aparentemente menores, como los relativos al embalaje, pueden ser importantes".

[822] R. Anderson en Vogenauer, Art. 2.1.11 nº 10; cf. también A. K. Schnyder/R. M. Straub, EJLR 1995, pp. 243, 263.

[823] Comentarios oficiales, Art. 2.1.11 nº 2, p. 51; P. Perales Viscasillas en Morán Bovio, Art. 2.11 nº 1, p. 143.

[824] R. Anderson en Vogenauer, Art. 2.1.11 nº 15.

[825] R. Anderson en Vogenauer, Art. 2.1.11 nº 15.

[826] G. Christiandl en Jansen/Zimmermann, Art. 2:208 [PECL]: Modified Acceptance, nº 6-7 (pp. 337-338), con comentarios críticos y proponiendo que, a este respecto, el Derecho alemán (§ 155 BGB) ofrece una solución mejor que conduce a la celebración de un contrato sin modificaciones no materiales.

[827] Desarrollado a partir del ejemplo dado por R. Anderson en Vogenauer, Art. 2.1.11 nº 16, y probado en la práctica (por ejemplo, cuando se trabaja en una notificación de aceptación a larga distancia y en diferentes zonas horarias). De hecho, a veces, al concentrarse en una notificación de aceptación, puede surgir un detalle o reflexión, añadirse al contrato y —de conformidad con la lealtad negocial (Art. 1.7) y los usos o prácticas (Art. 1.9)— mencionarse también en el correo electrónico de presentación; el destinatario puede considerar prudente regular esta cuestión en el contrato, pero no lo considera de tal importancia que desee arriesgar la celebración del contrato.

(mientras que las partes pueden, de hecho, haber comenzado ya a ejecutar el acuerdo cuyos términos están negociando).[828]

C. Opciones para el Oferente

3

De conformidad con el Art. 1.5, el oferente puede (i) integrar en su oferta una cláusula que exija el cumplimiento estricto, rechazando explícitamente cualquier desviación, material o inmaterial;[829] o (ii) controlar la declaración de aceptación y hacer uso de su derecho de rechazo en virtud del párrafo 2, oración 1.[830]

D. Regla especial para las cláusulas estándar

4

El art. 2.1.11 no cubre la batalla de formas entre cláusulas estándar, es decir, un caso especial de aceptación modificada,[831] que se trata en otro lugar (Art. 2.1.22).[832]

Artículo 2.1.12 (Confirmación por escrito)

Si dentro de un plazo razonable con posterioridad al perfeccionamiento del contrato fuese enviado un escrito que pretenda constituirse en confirmación de aquél y contuviere términos adicionales o diferentes, éstos pasarán a integrar el contrato a menos que lo alteren sustancialmente o que el destinatario, sin demora injustificada, objete la discrepancia.

---

828 Este escenario se ha observado muchas veces en la práctica, por ejemplo, en 2021-2022 para la negociación de un acuerdo provisional sobre limitación de la responsabilidad en virtud de los Principios UNIDROIT, negociado como una excepción a las negociaciones en curso de un acuerdo marco en virtud de los Principios UNIDROIT; las negociaciones se llevaron a cabo a la luz de un compromiso general en una carta de nominación para negociar de buena fe un acuerdo sobre limitación de la responsabilidad en un plazo determinado (industria del automóvil).

829 G. Christiandl en Jansen/Zimmermann, Art. 2:208 [PECL]: Modified Acceptance, nº 8 (p. 338) con respecto, entre otros, al § 2-207 (2) (a) UCC y al § 2:208 (3) PECL.

830 G. Christiandl en Jansen/Zimmermann, Art. 2:208 [PECL]: Aceptación modificada, nº 9 (p. 338).

831 G. Christiandl en Jansen/Zimmermann, Art. 2:209 [PECL]: Condiciones Generales contradictorias, nº 1 (p. 339).

832 P. Perales Viscasillas en Morán Bovio, Art. 2.11 nº 1, p. 143. Véase también ibid. Art. 2.1.6 nº 4, en referencia al art. 2.22 en la versión de 1994, es decir, hoy Art. 2.1.22 en la versión de 2016.

A. Excepción: Las modificaciones contenidas en las "confirmaciones del contrato" escritas pueden alterar un contrato

1

En las negociaciones comerciales a distancia es frecuente que una de las partes resuma los "términos acordados"[833] (o comunique la aceptación formal de los términos de la oferta)[834] **tras una conferencia telefónica o videoconferencia** o, por ejemplo, durante el vuelo de vuelta a casa tras una reunión en persona, "a efectos de prueba y certeza".[835] Si los términos acordados incluyen una cláusula de arbitraje o de elección de foro, la documentación escrita puede ser incluso necesaria para cumplir los requisitos de **forma escrita**.[836] El art. 2.1.12 se aplica tras la celebración del contrato[837] (y establece la norma correlativa al Art. 2.1.11 (2)[838] que se aplica antes de la celebración del contrato). **Se ocupa de los cambios con respecto al contenido acordado (previamente conocido)**. Al permitir que los cambios no materiales (que se comunican por escrito de confirmación en un "plazo razonable" tras la celebración del contrato) pasen a formar parte del contrato a menos que el destinatario se oponga "sin demora indebida"[839] (es decir, inmediatamente) en cualquier forma (art. 1.2), siempre que llegue al destinatario (arts. 1.10 (2) y (3)), el **Art. 2.1.12** establece una excepción tanto (i) al principio de que toda modificación del contrato requiere un acuerdo (Art. 1.3 (2) y 2.1.6 (1))[840] y (ii) al principio de que "el silencio no otorga el consentimiento"[841] (Art. 2.1.6 número 4). Esta excepción es limitada. Si la interpretación (art. 4.2-4.3) revela cambios materiales, la excepción no se aplica.

B. Carga de la prueba y prueba

2

(i) La parte que desee basarse en dicha **"confirmación por escrito"** debe probar (a) la celebración previa del contrato y (b) el momento razonable de la "confirmación" ("sin demora indebida").[842] (ii) La parte que niega la relevancia de la "confirmación" debe probar (a) una objeción oportuna a los cambios (por lo que, tras la celebración del contrato, una objeción general "a la confirmación en su conjunto" puede interpretarse como una "objeción a los cambios")[843] o (b) que el cambio es sustancial[844] o contrario a la buena fe (Art. 1.7).[845] Al igual que en el Art. 2.1.11 (2), la prueba consiste en determinar si, dadas las circunstancias

833 StL-Doc. 16 (1979), pp. 7-8; P. Perales Viscasillas en Morán Bovio, Art. 2.12 nº 1, p. 144.

834 M. J. Bonell, An International Restatement, p. 107.

835 G. Christiandl en Jansen/Zimmermann, Art. 2:210 [PECL]: Confirmación escrita del profesional, nº 1 (p. 343).

836 Por ejemplo, el art. 23 (1) del Reglamento Bruselas I que exige una documentación escrita de un acuerdo verbal; véase también el art. II (2) de la Convención sobre el Reconocimiento y la Ejecución de las Sentencias Arbitrales Extranjeras de 1958 ("Convención de Nueva York") y R. Anderson en Vogenauer, Art. 2.1.12 nº 12.

837 Comentarios oficiales, Art. 2.1.12 nº 1, p. 51; P. Perales Viscasillas en Morán Bovio, Art. 2.12 nº 1, p. 144.

838 P. Perales Viscasillas en Morán Bovio, Art. 2.12 nº 1, p. 145.

839 P. Perales Viscasillas en Morán Bovio, Art. 2.12 nº 1, p. 145.

840 R. Anderson en Vogenauer, Art. 2.1.12 nº 1.

841 R. Anderson en Vogenauer, Art. 2.1.12 nº 1.

842 R. Anderson en Vogenauer, Art. 2.1.12 nº 17 y nº 13.

843 R. Anderson en Vogenauer, Art. 2.1.12 nº 15.

844 P.C.-Misc. 12 (1988), p. 39 (Maskow).

845 R. Anderson en Vogenauer, Art. 2.1.12 nº 17.

del caso (incluidos los posibles usos pertinentes, Art. 1.9), la parte contratante podía esperar que la otra parte aceptara tácitamente la modificación (menor) propuesta.[846] Salvo en el caso de prácticas establecidas entre las partes (por ejemplo, a través de contratos anteriores, Art. 1.9 (1)), es probable que la incorporación de cláusulas estándar o de una cláusula de elección de foro o de arbitraje se interprete (Art. 4.2-4.3) como material.[847] Introducir a hurtadillas una cláusula previamente rechazada explícitamente por la otra parte no sería ni inmaterial ni de buena fe.[848] Si la parte que objeta sólo puede probar **"negativamente"** que lo "confirmado" no es lo "acordado", pero no **"positivamente"** el contenido exacto de lo originalmente acordado, los Art. 2.1.4 y 4.8 pueden ayudar a determinar el contenido del contrato.[849]

C. Un compromiso internacional

3

El art. 2.1.12, inspirado en el § 2-207 (2) UCC,[850] contiene una norma extraña para muchos juristas del common law, ya que permite cualquier alteración del contrato por silencio.[851] Va menos lejos que algunos ordenamientos jurídicos europeos en los que el silencio a la recepción de una carta de confirmación comercial puede servir también como prueba de la formación del contrato.[852]

D. Opciones

4

El destinatario de la confirmación por escrito no está obligado a reaccionar[853] pero se le aconseja que compare rápidamente el contenido con sus notas o su memoria para decidir si necesita o desea oponerse. La aplicación del Art. 2.1.12 puede evitarse insistiendo en una forma determinada (Art. 2.1.13).

---

846 Véase R. Anderson en Vogenauer, Art. 2.1.11 nº 10.

847 Véanse los Comentarios Oficiales, Art. 2.1.12 nº 1, Ilustración 2, p. 52 (en contraposición, Ilustración 3, p. 53, de la excepción de que la cláusula de arbitraje añadida sea práctica común en el sector comercial de que se trate); para un análisis detallado, véase R. Anderson en Vogenauer, Art. 2.1.12 nº 9-12.

848 Ejemplo tomado de R. Anderson en Vogenauer, Art. 2.1.12 nº 14 nota 233.

849 R. Anderson en Vogenauer, Art. 2.1.12 nº 14.

850 G. Christiandl en Jansen/Zimmermann, Art. 2:210 [PECL]: Confirmación escrita del profesional, nº 2 (p. 343): "una disposición que fue revisada en 2003 pero restablecida en su forma original en 2011".

851 R. Anderson en Vogenauer, Art. 2.1.12 nº 2 con otras referencias; G. Christiandl en Jansen/Zimmermann, Art. 2:210 [PECL]: Professional's Written Confirmation, nº 2 in fine (p. 344 in fine) para Inglaterra.

852 R. Anderson en Vogenauer, Art. 2.1.12 nº 4 (con otras referencias) y Art. 2.1.6 nº 4; G. Christiandl en Jansen/Zimmermann, Art. 2:210 [PECL]: Confirmación escrita del profesional, nº 3 (p. 344) con una visión comparativa de las legislaciones nacionales de Alemania, Francia e Inglaterra.

853 G. Christiandl en Jansen/Zimmermann, Art. 2:210 [PECL]: Confirmación escrita del profesional, nº 1 (p. 343) y nº 4 (p. 345).

Artículo 2.1.13 (Perfeccionamiento del contrato condicionado al acuerdo sobre asuntos específicos o una forma en particular) (Celebración del contrato dependiente de un acuerdo sobre cuestiones específicas)

Cuando en el curso de las negociaciones una de las partes insiste en que el contrato no se entenderá perfeccionado hasta lograr un acuerdo sobre asuntos específicos o una forma en particular, el contrato no se considerará perfeccionado mientras no se llegue a ese acuerdo.

A. Libertad para insistir en especificidades sustantivas o formales

1

Como expresión de la autonomía de las partes (Art. 1.1,[854] 1.3) y en correlación con varias legislaciones nacionales,[855] Art. 2.1.13 otorga a cada una de las partes el derecho a expresar —de forma inequívoca[856]— una condición (Art. 5.3.1) para la celebración del contrato[857] (ejerciendo así su libertad contractual (Art. 1.1)),[858] exigiendo el acuerdo sobre una determinada cuestión[859] concreta de fondo, o el cumplimiento de una determinada forma.[860] De este modo, cada **una de las partes de una negociación contractual puede evitar la aplicación del principio favor contractus**[861] (Introducción nº 8) y la consiguiente incertidumbre comercial.[862]

B. Renuncia

2

El inicio de la ejecución del contrato (que puede causar la celebración del contrato en circunstancias ordinarias, Art. 2.1.6 (1), (3)) puede interpretarse (de conformidad con el Art. 4.2-4.3) como una renuncia al derecho a alegar condiciones previas a la celebración del contrato en virtud del Art. 2.1.13,[863] **especialmente cuando cualquier otra interpretación llevaría a un comportamiento incoherente** (Art. 1.8).[864]

---

854 P. Perales Viscasillas en Morán Bovio, Art. 2.13 nº 1, p. 146.

855 G. Christiandl en Jansen/Zimmermann, Art. 2:204 [PECL]: Aceptación, nº 7 (p. 318) con referencia a las leyes de Inglaterra, Alemania, Italia, Suiza.

856 Comentarios oficiales, Art. 2.1.13 nº 1, p. 54; R. Anderson en Vogenauer, Art. 2.1.13 nº 4.

857 P.C.-Misc. 12 (1988), p. 75 (Bonell). En contraste con una condición de un contrato (art. 5.3.1) que por lo demás se ha celebrado, R. Anderson en Vogenauer, Art. 2.1.13 nº 2.

858 R. Anderson en Vogenauer, Art. 2.1.13 nº 4.

859 Frente a un "lo tomas o lo dejas" general, R. Anderson en Vogenauer, Art. 2.1.13 nº 4.

860 P. Perales Viscasillas en Morán Bovio, Art. 2.13 nº 1, p. 146.

861 Por ejemplo, Art. 1.2, 2.1.1, 2.1.6 (1) oración 1 y (3), 2.1.11 (1), 2.1.14, 4.8.

862 Así, el pertinente análisis de R. Anderson en Vogenauer, Art. 2.1.13 nº 1.

863 R. Anderson en Vogenauer, Art. 2.1.13 nº 8.

864 Véase también R. Anderson en Vogenauer, Art. 2.1.13 nº 5.

Artículo 2.1.14 (Contrato con términos "abiertos")

(1) Si las partes han tenido el propósito de celebrar un contrato, el hecho de que intencionalmente hayan dejado algún término sujeto a ulteriores negociaciones o a su determinación por un tercero no impedirá el perfeccionamiento del contrato.

(2) La existencia del contrato no se verá afectada por el hecho de que con posterioridad:

(a) las partes no se pongan de acuerdo acerca de dicho término, o

(b) que la parte encargada de determinarlo no lo determine, o

(c) el tercero no lo determine, siempre y cuando haya algún modo razonable para determinarlo, teniendo en cuenta las circunstancias y la común intención de las partes.

A. Posible conclusión del contrato a pesar de un plazo deliberadamente dejado abierto

1

En la práctica internacional, sucede que las partes llegan a un acuerdo excepto en una cuestión que se deja deliberadamente para el futuro (ya sea como **"acuerdo para llegar a un acuerdo"**[865] en virtud del párrafo 1 1ª alternativa; o como un acuerdo con términos que se dejan para una determinación futura en virtud del párrafo 1, 1ª alternativa; o como un acuerdo cuyos términos se dejan para una determinación futura de conformidad con el párrafo (1), 2ª o 3ª alternativa). Por ejemplo, en un contrato a largo plazo (Art. 1.11 3er guión), la cuestión pendiente puede ser incluso el precio tras el transcurso de un período inicial de tiempo para el que se ha acordado un precio[866] o un acuerdo sobre limitación de responsabilidad, objeciones no resueltas planteadas a cláusulas estándar, o un acuerdo de negociación para superar una batalla de formas (Art. 2.1.22 numero 4). Si, en tales casos, las partes comienzan a ejecutar[867] las partes acordadas o una de las partes comienza a invertir en la premisa del acuerdo,[868] puede haber celebración de contrato de conformidad con el Art. 2.1.14 (que sigue el modelo del § 2-204 (3) UCC (EE.UU.)).[869] La idea subyacente es **preservar los acuerdos en lugar de destruirlos** (favor contractus).[870]

---

865 R. Anderson en Vogenauer, Art. 2.1.14 nº 2.

866 Comentarios oficiales, Art. 2.1.14 nº 4, Ilustración 3. Véase también el ejemplo de MRI Trading AG v Erdenet Mining Corporation LLC [2012] EWHC 1988 (Comm), afirmado [2013] EWCA Civ 156 (sobre "un acuerdo para acordar", nº 17), resumido por R. Anderson en Vogenauer, Art. 2.1.14 nº 9.

867 Véase de nuevo el ejemplo inglés MRI Trading AG v Erdenet Mining Corporation LLC [2012] EWHC 1988 (Comm), affirmed [2013] EWCA Civ 156 (at no. 18), resumido por R. Anderson en Vogenauer, Art. 2.1.14 nº 9.

868 Ejemplo dado por el LJ inglés Rix en Mamidoil-Jetoil Greek Petroleum Company SA v Okta Crude Oil Refinery AD (No 1), [2001] EWCA Civ 406, párrafo. 69 (iv) - (vii), también citado por R. Anderson en Vogenauer, Art. 2.1.14 nº 8 (en letra d).

869 StL-Doc. 41 (1988), p. 38 (con otras referencias al Derecho suizo y argelino); P. Perales Viscasillas en Morán Bovio, Art. 2.14 nº 1, p. 148 ("2-305 UCC"); R. Anderson en Vogenauer, Art. 2.1.14 nº 1.

870 P. Perales Viscasillas en Morán Bovio, Art. 2.14 nº 1, p. 148; R. Anderson en Vogenauer, Art. 2.1.14 nº 18 y Rix LJ en Mamidoil op. cit. (nota 196 supra) en letra c).

B. Tres requisitos para la celebración del contrato

2

(i) Los términos, debidamente interpretados (Art. 4.1, 4.3 y subsecuentes), deben ser "suficientemente precisos" (Art. 2.1.1) para (tener sentido comercial y, por tanto,)[871] mostrar acuerdo.[872] (ii) Las partes deben tener la **"intención" de celebrar un contrato**[873] (y no un contrato con condición suspensiva o resolutoria, Art. 5.3.1).[874] Los posibles indicios de dicha intención incluyen,[875] por ejemplo (a) la naturaleza de la cuestión que se deja abierta (esencial-no esencial; elementos que por su naturaleza sólo pueden determinarse en una etapa posterior),[876] (b) el comienzo de la ejecución, (c) las inversiones previstas en el acuerdo y/o (d) los términos concretos relativos a la determinación del término faltante. (iii) Por último, la cuestión debe haber quedado abierta **"intencionadamente"** por ambas partes o por todas ellas.[877] Por lo tanto, es esencial.[878] El silencio por sí solo para cubrir una cuestión secundaria no activa el Art. 2.1.14 (sino que más bien se resolvería mediante la supletoriedad conforme a los Art. 4.8 y 5.1.2).[879]

C. Tres opciones contractuales (párrafo 1)

3

Desde la edición de 2016, el párrafo 1 ofrece tres opciones para completar el término que falta.[880] La cláusula omitida puede completarse (i) mediante un acuerdo adicional —que suele negociarse de buena fe (art. 5.1.4 (2))[881] y, en ocasiones, incluso de forma implícita (art. 5.1.1)[882] —, (ii) mediante la determinación por una de las partes (en la práctica, ofrecer a la otra parte determinar una cuestión en el futuro puede resultar una herramienta útil para generar la confianza necesaria para una relación contractual; la otra parte estará obligada a determinar la cuestión omitida teniendo debidamente en cuenta el principio ge-

---

871 R. Anderson en Vogenauer, Art. 2.1.14 nº 1.

872 R. Anderson en Vogenauer, Art. 2.1.14 nº 1.

873 StL-Misc. 12 (1988), p. 94 (Bonell); véase también M.J. Bonell, An International Restatement, p. 109 ("prueba clara de la intención de las partes"). Véase G. Christiandl en Jansen/Zimmermann, Art. 2:101 (1) [PECL]: Conditions for the Conclusion of a Contract (General), nº 9-10 (pp. 240-241) para una visión histórica, tanto en el Derecho romano como en el Common Law, del requisito de "intención dirigida a consecuencias jurídicas" (Pollock, Principles of Law and in Equity, 1876) "traduciendo literalmente a Savigny" (ibid. nº 10).

874 Para un debate, véase R. Anderson en Vogenauer, Art. 2.1.14 nº 14.

875 Comentarios oficiales, Art. 2.1.14 nº 2, p. 57; R. Anderson en Vogenauer, Art. 2.1.14 nº 3.

876 Comentarios oficiales, Art. 2.1.14 nº 2, p. 57; R. Anderson en Vogenauer, Art. 2.1.14 nº 3.

877 R. Anderson en Vogenauer, Art. 2.1.14 nº 4 (con el comentario pertinente de que el silencio por sí solo (para cubrir una cuestión) no puede activar el Art. 2.1.14), y nº 6.

878 R. Anderson en Vogenauer, Art. 2.1.14 nº 4.

879 Comentarios oficiales, Art. 2.1.14 nº 1, p. 56; P. Perales Viscasillas en Morán Bovio, Art. 2.14 nº 1, p. 148; R. Anderson en Vogenauer, Art. 2.1.14 nº 4 (y nota 277 que hace referencia tanto al Art. 2 del Código Suizo de Obligaciones y Art. 1387 del Código Civil de Quebec, que permiten la celebración del contrato a pesar de que queden abiertas cuestiones secundarias).

880 Comentarios oficiales Art. 2.1.14 nº 3; StL-Misc. 32 (2016), p. 6, nº 8.

881 R. Anderson en Vogenauer, Art. 2.1.14 nº 6 y nota 283, haciendo referencia para tal deber en contratos a largo plazo a Yam Seng Pte Ltd. v International Trade Corp Ltd [2013] EWHC 111 QB, párrafo. 119-154.

882 R. Anderson en Vogenauer, Art. 2.1.14 nº 12 (salvo que las partes hayan previsto explícitamente un acuerdo "expreso").

neral de buena fe y lealtad negocial, art. 1.7;[883] también —argumentum— Art. 5.1.6 sobre la calidad y Art. 5.1.7 (2) sobre el precio);[884] o (iii) por determinación de una tercera persona[885] (párrafo 1), por ejemplo, un perito o un árbitro facultado para actuar ex aequo et bono[886] (si una institución como una Cámara de Comercio está facultada para designar a la tercera persona y ésta no acepta el encargo o no lo cumple, el contrato, debidamente interpretado (Art. 4.1, 4.3 y subsecuentes) **normalmente contemplará que la institución pueda designar a un experto suplente**).[887]

D. Medios alternativos (párrafo 2)

4

Si el instrumento de negociación o determinación elegido contractualmente fracasa por algún motivo, el párrafo 2 mantiene el contrato **"siempre y cuando haya algún modo razonable para determinarlo"** que sea razonable dadas las circunstancias, teniendo especialmente en cuenta la intención de las partes (por lo que el párrafo 2 opera con los mismos factores que el Art. 4.1 sobre la interpretación, con un matiz ligeramente diferente; se afirma que las circunstancias establecidas en el Art. 4.3 también pueden considerarse en el contexto del párrafo 2). Los medios alternativos pueden diferir. **En la práctica, un término omitido puede ser (mal) utilizado por una de las partes para intentar desentenderse del contrato**.

1. Medios alternativos contenidos en los Principios UNIDROIT

5

A menudo, los propios Principios UNIDROIT proporcionarán medios razonables. Las Secciones 1 de los Capítulos 5 y 6 ofrecen disposiciones para "colmar lagunas".[888] Esto incluye, en particular, (i) los Art. 5.1.4 y 5.1.5 sobre la determinación del tipo de deber, (ii) Art. 5.1.6 sobre la determinación de la calidad, (iii) Art. 5.1.7 sobre la determinación del precio, (iv) Art. 6.1.1-6.1.5 sobre el momento del cumplimiento, (v) Art. 6.1.6 sobre el lugar de cumplimiento, (vi) Art. 6.1.7-6.1.10 sobre cuestiones de pago y divisas, (vii) Art. 6.1.11 sobre los costes del cumplimiento, (viii) Art. 6.1.12 y 6.1.13 sobre imputación del cumplimiento, (ix) Art. 6.1.14-6.1.17 sobre permisos públicos.

---

883 Véase, por ejemplo, para Alemania § 315 sub párrafo. 3 BGB.

884 Véase también R. Anderson en Vogenauer, Art. 2.1.14 nº 10.

885 Comentarios oficiales, Art. 2.1.14 nº 3, pp. 57-58; P. Perales Viscasillas en Morán Bovio, Art. 2.14 nº 1, p. 148; véase, por ejemplo, la disposición similar del artículo 317 del BGB alemán.

886 R. Anderson en Vogenauer, Art. 2.1.14 nº 10.

887 Comentarios Oficiales Art. 2.1.14 nº 3, p. 58 (exige "pruebas claras" para mantener el contrato si la cláusula es esencial).

888 Comentarios oficiales Art. 2.1.14 nº 3 (párrafo 2).

2. Circunstancias especiales (contratos de larga duración)

6

En algunas circunstancias, tales como la celebración de un contrato a largo plazo (Art. 1.11 guión 3ero), las disposiciones para llenar las lagunas de los Principios UNIDROIT pueden no ser apropiadas incluso cuando cubren el objeto del término faltante.[889] Para estas situaciones, los **Comentarios Oficiales hacen referencia a la aplicación del "Art. 4.8 o 5.1.2'[890] que puede conducir a una adaptación apropiada de la regla por defecto en los Principios UNIDROIT**[891] (por ejemplo, cambiando el punto de referencia para la determinación del precio en el Art. 5.1.7 (1) del momento de la celebración del contrato al momento del final de un período inicial para el que se ha fijado el precio;[892] o cambiando el punto de referencia por defecto para el momento de la ejecución en el Art. 6.1.1 letra c que se refiere a "un plazo razonable después de la celebración del contrato" a un plazo razonable tras la finalización de un hito previo).[893]

3. Opciones contractuales

7

Las partes son libres de crear su propio sistema de determinación (art. 1.1, 1.3). Cuando el plazo abierto es comercial (por ejemplo la determinación del valor de una empresa), minimiza el riesgo de un litigio posterior (y a menudo ha resultado aceptable para todas las partes en la práctica transfronteriza del autor) prever (i) una solución pericial con un perito previamente designado o, al menos, el acuerdo sobre una institución que designe al perito a petición de una de las partes,[894] (ii) el derecho de cualquier parte que no esté de acuerdo con el resultado a designar un contraperito (que tiene que trabajar dentro de unos plazos preestablecidos contractualmente), (iii) el entendimiento de que se mantiene el resultado inicial (o que se aplica la cifra matemática que se encuentre en medio de las cifras de los dos peritos) a menos que el segundo perito presente un resultado que se desvíe en más de un x %, y (iv) que, en tal caso, un instituto predeterminado nombrará a un tercer perito, que deberá determinar el resultado vinculante dentro del marco previsto por los dos peritajes anteriores.

4. Arbitraje

8

Si la controversia sobre una cláusula omitida se plantea en arbitraje, el árbitro tendrá que sopesar los dos extremos teniendo debidamente en cuenta las circunstancias del caso: por

---

889 Comentarios oficiales Art. 2.1.14 nº 3 (párrafo 2).

890 De nuevo Comentarios oficiales Art. 2.1.14 nº 3 (énfasis añadido).

891 Comentarios oficiales Art. 2.1.14 nº 4.

892 Comentarios oficiales Art. 2.1.14 nº 4 e Ilustración 3 en p. 59.

893 Comentarios oficiales Art. 2.1.14 nº 4 e Ilustración 4 en p. 59.

894 Véanse los Comentarios Oficiales Art. 2.1.14 nº 3, p. 58.

un lado (que se ve favorecido por el enfoque favor contractus de los Principios UNIDROIT), puede ser posible colmar la laguna, por ejemplo, con los artículos 4.8, 5.1.1-5.1.2, 5.1.6 y 5.1.7 de los Principios UNIDROIT,[895] especialmente si la parte que intenta optar por no participar en el contrato actúa de mala fe (comparar con Art. 1.7) y/o de forma incoherente (Art. 1.8). En el otro extremo, la interpretación del contrato podría revelar una condición resolutoria, Art. 5.3.1;[896] sin embargo, a falta de un lenguaje claro o de las circunstancias del caso, ésta debería ser la excepción. Incluso se ha afirmado que la carga de la prueba recae sobre la parte que "pretende afirmar que... no existe contrato".[897]

Artículo 2.1.15 (Negociaciones de mala fe)

(1) Las partes tienen plena libertad para negociar los términos de un contrato y no son responsables por el fracaso en alcanzar un acuerdo.

(2) Sin embargo, la parte que negocia o interrumpe las negociaciones de mala fe es responsable por los daños y perjuicios causados a la otra parte.

(3) En particular, se considera mala fe que una parte entre en o continúe negociaciones cuando al mismo tiempo tiene la intención de no llegar a un acuerdo.

A. Evitar un choque cultural, Funciones del Art. 2.1.15

1

El art. 2.1.15 aborda otro aspecto de la fricción entre la libertad contractual (art. 1.1) y la buena fe y la lealtad negocial (art. 7).[898] Las disputas por un **"acuerdo roto"** son habituales en los negocios. A veces surgen de forma inesperada si las partes proceden de entornos culturales diferentes con una comprensión básica distinta de las negociaciones.[899] Uno de los extremos se encuentra en Inglaterra (donde prácticamente no existe la responsabilidad precontractual),[900] el otro extremo puede encontrarse en Alemania, donde una parte puede abandonar un acuerdo en favor de un oferente competidor fijando el precio del daño "por dependencia" o el interés "negativo", por ejemplo, de los honorarios de abogado que deben compensarse a la otra parte tras la ruptura del acuerdo inicial.[901] El art. 2.1.15 ofrece un

---

895 R. Anderson en Vogenauer, Art. 2.1.14 nº 10, 13 (sin mencionar el art. 5.1.1 y 5.1.6).

896 R. Anderson en Vogenauer, Art. 2.1.14 nº 14 ("aplicación híbrida" del art. 2.1.4).

897 R. Anderson en Vogenauer, Art. 2.1.14 nº 18.

898 Véase U. Babusiaux en Jansen/Zimmermann, Introducción antes del Art. 2:301 [PECL]: Negociaciones contrarias a la buena fe, nº 9 (p. 364) con referencia a los aspectos sociológicos de la confianza sistemática en el sistema jurídico (Niklas Luhmann).

899 Los sistemas de Derecho civil y de Common Law tienen concepciones diferentes a este respecto. En este sentido, véase M. J. Bonell, An International Restatement, pp. 139-140.

900 En los sistemas de Common Law no existe responsabilidad precontractual hasta que se celebra un contrato, véase E. A. Farnsworth, 87 Columbia Law Review 1987, pp. 217, 221. En Inglaterra no existe una obligación general de las partes de ajustarse a la buena fe (→ Anexo al Preámbulo nº 4). A este respecto, véase también, por ejemplo, I. Schwenzer/P. Hachem/C. Kee, no. 24.02.eng_fn

901 Ejemplo de la práctica, experimentado en 2014, en el que la factura por un acuerdo incumplido basado en el artículo 311 (2) del BGB (alemán) (culpa in contrahendo) se pagó al primer requerimiento.

compromiso[902] al subrayar el derecho a no llegar a un acuerdo en el párrafo 1 (art. 1.1),[903] pero sancionando la ruptura de las negociaciones de **"mala fe"** (párrafo 2-3).[904] Este esquema gestiona las expectativas y, por lo tanto, es útil; independientemente de la cuestión doctrinal que el art. 2.1.15 llega hasta la fase anterior a la celebración del contrato.[905] Sistemáticamente, el Art. 2.1.15 se convierte en una expresión del principio de buena fe de los Art. 1.7[906] y 1.8, y se discute si es igualmente obligatorio, a menos que las partes acuerden lo contrario.[907] Puede entenderse como un "enfoque funcional de la buena fe": "Por un lado, se presume que las partes negociadoras son honestas cuando negocian, y que revelan cualquier información relevante a la otra parte. [...] Por otro lado, se pide a las partes que consideren y respeten el interés legítimo de la otra parte y que se comporten de forma coherente. "[908] **La aplicación del Art. 2.1.15 dependerá de los hechos**. Se aplicará si la parte que rompe las negociaciones de un contrato (que no tenía intención de celebrar[909]) hace creer legítimamente a la otra parte, por su conducta y declaraciones[910] (debidamente interpretadas de conformidad con el Art. 4.2, 4.3) a creer legítimamente, basándose en hechos objetivos,[911] que debía celebrarse un contrato (los errores, la tergiversación negligente y la falta de revelación no constituirán normalmente mala fe[912]), mientras que no tiene ninguna razón legítima[913] para romper las negociaciones[914] y no se reservó su plena libertad (número 4 inferior).

---

902 I. Zuloaga Rios en Vogenauer, Art. 2.1.15 nº 19. Para una visión histórica y comparativa de la responsabilidad por negociación (culpa in contrahendo), en la frontera entre el Derecho contractual y el Derecho de responsabilidad civil, véase U. Babusiaux en Jansen/Zimmermann, Introduction before Art. 2:301 [PECL]: Liability for Negotiations, nº 1-15 (pp. 348-358).

903 Comentarios oficiales, Art. 2.1.15 nº 1, p. 60; P. Perales Viscasillas en Morán Bovio, Art. 2.15 nº 1, p. 150; I. Zuloaga Ríos en Vogenauer, Art. 2.1.15 nº 13, 15.

904 P.C.-Misc. 12 (1988), p. 15 (Bonell).

905 P. Perales Viscasillas en Morán Bovio, Art. 2.15 nº 1, p. 150; I. Zuloaga Ríos en Vogenauer, Art. 2.1.15 nº 7.

906 U. Babusiaux en Jansen/Zimmermann, Art. 2:301 [PECL]: Negociaciones contrarias a la buena fe, nº 15 (p. 367); véase M. J. Bonell, An International Restatement, pp. 136-137; I. Zuloaga Rios en Vogenauer, Art. 2.1.15 nº 18.

907 I. Zuloaga Rios en Vogenauer, Art. 2.1.15 nº 47.

908 U. Babusiaux en Jansen/Zimmermann, Art. 2:301 [PECL]: Negociaciones contrarias a la buena fe, no. 4 en p. 362.

909 U. Babusiaux en Jansen/Zimmermann, Art. 2:301 [PECL]: Negociaciones contrarias a la buena fe, nº 16 (p. 367-368).

910 U. Babusiaux en Jansen/Zimmermann, Art. 2:301 [PECL]: Negociaciones contrarias a la buena fe, nº 19 (p. 369).

911 U. Babusiaux en Jansen/Zimmermann, Art. 2:301 [PECL]: Negociaciones contrarias a la buena fe, nº 19 (p. 369).

912 I. Zuloaga Rios en Vogenauer, Art. 2.1.15 nº 29 en pp. 356-357.

913 U. Babusiaux en Jansen/Zimmermann, Art. 2:301 [PECL]: Negociaciones contrarias a la buena fe, nº 20 (p. 369).

914 Lectura resumida de U. Babusiaux en Jansen/Zimmermann, Art. 2:301 [PECL]: Negociaciones contrarias a la buena fe, nº 18 en p. 368 y nº 19 (p. 369). Este escenario es bastante realista en el contexto de un proyecto de contrato complejo a largo plazo con múltiples contratos individuales para diferentes fases del proyecto. Ejemplo: En la industria del automóvil, la compra de piezas para la producción en serie requiere a menudo un trabajo previo de desarrollo sustancial. Un proveedor puede verse motivado a proporcionar dicho trabajo a un precio favorable con la expectativa de ser designado posteriormente para la producción en serie. Para activar el apoyo especial al desarrollo por parte del socio contractual B en una fase de desarrollo crítica (y costosa) en virtud de un contrato de desarrollo, A hace que B confíe en su futura nominación para la producción en serie (sustancialmente más lucrativa) en virtud de un contrato de suministro de seguimiento para la producción industrial del nuevo producto actualmente en desarrollo por B. Una vez finalizado el desarrollo,

1a

El art. 2.1.15 puede servir a su propósito cuando se eligen los Principios UNIDROIT como régimen jurídico aplicable para una Carta de Intenciones transfronteriza[915] (desde la perspectiva del derecho civil, esto es mucho más inteligente que la elección del derecho inglés si se pretende proteger las inversiones de un proyecto). Dado que el Art. 2.1.15 es una expresión del principio general de buena fe del Art. 1.7, no hay razón para no aplicar el Art. 2.1.15 si los costes frustrados se deben al incumplimiento de un deber de negociar en virtud de un acuerdo de conformidad con el Art. 2.1.13 o 2.1.14.[916] Sin perjuicio de los límites del Art. 7.1.6[917] o el derecho imperativo aplicable (art. 1.4), las partes podrían acordar de antemano en un Memorando de Entendimiento un régimen contractual (art. 1.1, 1.3) que conceda más libertad a la negociación y defina determinados supuestos de abandono como no constitutivos de "mala fe"[918] (la claridad sobre estas cuestiones sigue siendo mejor que cualquier choque cultural debido a conceptos diferentes). En los supuestos de contratos a largo plazo (art. 1.11 3er guión), —posiblemente celebrados bajo los Principios UNIDROIT— en relación con un acuerdo de proyecto que aún debe negociarse, la ruptura de la negociación puede constituir una violación directa de dicho acuerdo que dé lugar a una reclamación contractual por daños y perjuicios,[919] posiblemente limitada al interés de confianza.[920]

B. Ejemplos de mala fe

2

El término "negociaciones" se refiere al "proceso gradual de formación del contrato", incluido el comportamiento de las partes incluso antes de la emisión de cualquier oferta.[921] La mala fe debe interpretarse como la otra cara de la moneda de la "buena fe" (Art. 1.7)[922] y no se reduce a "actos u omisiones manifiestamente deshonestos o vejatorios".[923] El párrafo 3 proporciona dos ejemplos autoexplicativos que tienen en común que el comportamiento de una parte provoca deliberadamente que la otra se comprometa en vano en

---

A se niega a finalizar las negociaciones de un contrato de suministro y decide producir de otra manera, utilizando los resultados desarrollados por B.

915 Para la discusión de otros supuestos I. Zuloaga Ríos en Vogenauer, Art. 2.1.15 nº 7-12 (por ejemplo, su función en casos de CISG o como herramienta para interpretar el derecho lituano).

916 Argumentando cuidadosamente en esta dirección ("Sin embargo, no está claro ...") también I. Zuloaga Rios en Vogenauer, Art. 2.1.15 nº 41.eng_fn

917 I. Zuloaga Rios en Vogenauer, Art. 2.1.15 nº 47.

918 En esta dirección también I. Zuloaga Rios en Vogenauer, Art. 2.1.15 nº 47.

919 En este sentido también U. Babusiaux en Jansen/Zimmermann, Art. 2:301 [PECL]: Negociaciones contrarias a la buena fe, nº 11 en p. 366.

920 U. Babusiaux en Jansen/Zimmermann, Art. 2:301 [PECL]: Negociaciones contrarias a la buena fe, nº 12 (p. 366) con referencia adicional a Farnsworth. En la práctica, esto dependerá de la interpretación del contrato en el que se base la reclamación.

921 U. Babusiaux en Jansen/Zimmermann, Art. 2:301 [PECL]: Negociaciones contrarias a la buena fe, nº 10 con referencias adicionales (p. 364): desde el "intercambio [de] información pertinente con la posibilidad de celebrar un contrato posterior" hasta "la celebración de un contrato; la retirada de las negociaciones por todas las partes; o la ruptura unilateral por una de las partes".

922 P. Perales Viscasillas en Morán Bovio, Art. 2.15 nº 1, p. 150.

923 I. Zuloaga Rios en Vogenauer, Art. 2.1.15 nº 19-24.

más gastos ("negociaciones ficticias";[924] ruptura de las negociaciones tras una "confianza justificada"[925] según la cual, como regla general, cuanto mayor sea el grado de cuestiones resueltas y la probabilidad de llegar a un acuerdo, más justificada estará la confianza).[926] Otros ejemplos incluyen el engaño intencionado a la otra parte mediante la tergiversación o la no revelación de hechos.[927] **Dependiendo de las circunstancias del caso, pueden existir reclamaciones adicionales** en virtud del Art. 3.2.1 y siguientes (motivos de anulación), en particular el Art. 3.2.5 (fraude) en relación con el Art. 3.2.16.[928]

C. Cálculo de daños, carga de la prueba

3

El daño recuperable[929] **suele limitarse al interés "de confianza" o "negativo", que excluye el lucro cesante derivado del proyecto de contrato frustrado,**[930] **mientras que puede reclamarse el lucro cesante derivado de otro proyecto de contrato "que el demandante podría haber concluido de forma demostrable con un tercero si no hubiera confiado en las negociaciones iniciadas".**[931] Excepcionalmente, el lucro cesante del contrato frustrado (es decir, la indemnización íntegra por incumplimiento de contrato) podría reclamarse si las partes hubieran acordado contractualmente con anterioridad un deber explícitamente estipulado de "negociar de buena fe"[932] (es decir, un deber de negociar o renegociar "con la intención de concluir un acuerdo, pero no de que deba alcanzarse un acuerdo").[933] Ejemplos de ello pueden encontrarse en (i) una "Carta de Intenciones" o un "Memorando de Entendimiento" (dependiendo de la redacción), o (ii) contratos a largo plazo[934] (Art. 1.11

924 Comentarios oficiales, Art. 2.1.15 Ilustración 1, p. 61; I. Zuloaga Ríos en Vogenauer, Art. 2.1.15 nº 26; U. Babusiaux en Jansen/Zimmermann, Art. 2:301 [PECL]: Negociaciones contrarias a la buena fe, nº 16 en p. 368.

925 P. Perales Viscasillas en Morán Bovio, Art. 2.15 nº 2.a., 2b., pp. 150-152, establece comparativas con el Art. 1902 Código Civil Español y Art. 74 CISG; I. Zuloaga Rios en Vogenauer, Art. 2.1.15 nº 34-39 (refiriéndose en el nº 35 de forma convincente a la proximidad de este grupo de casos con el Art. 1.8).

926 I. Zuloaga Rios en Vogenauer, Art. 2.1.15 nº 38.

927 Comentarios oficiales, Art. 2.1.15 nº 2 e Ilustración 2, pp. 60-61; I. Zuloaga Ríos en Vogenauer, Art. 2.1.15 nº 27.

928 I. Zuloaga Rios en Vogenauer, Art. 2.1.15 nº 28-29.

929 El Art. 2.1.15 no contempla el cumplimiento específico para negociaciones posteriores. 2.1.15, véase para el Derecho privado europeo U. Babusiaux en Jansen/Zimmermann Art. 2:301 [PECL]: Negociaciones contrarias a la buena fe, nº 27 (p. 373).

930 Comentarios oficiales, Art. 2.1.15 nº 2, p. 60; P.C.-Misc. 12 (1988), p. 18 (Lando); P. Perales Viscasillas en Morán Bovio, Art. 2.15 nº 1, p. 150; I. Zuloaga Ríos en Vogenauer, Art. 2.1.15 nº 42; U. Babusiaux en Jansen/Zimmermann, Art. 2:301 [PECL]: Negociaciones contrarias a la buena fe, nº 25 (p. 371-372). La distinción entre interés de confianza e interés de expectativa se remonta al jurista alemán Jehring (1818-1892), véase U. Babusiaux en Jansen/Zimmermann, Introduction before Art. 2:301 (1) [PECL]: Responsabilidad por negociaciones, nº 7 (p. 352).

931 U. Babusiaux en Jansen/Zimmermann, Art. 2:301 [PECL]: Negociaciones contrarias a la buena fe, nº 24 (p. 371); véase también nº 26 en p. 373 para un caso del Tribunal Supremo italiano "La Giuliana" (1993) que considera el lucro cesante de un tipo diferente de contrato que la parte perjudicada no celebró en relación con las negociaciones del contrato.

932 Comentarios oficiales, Art. 2.1.15 nº 3, p. 61; I. Zuloaga Rios en Vogenauer, Art. 2.1.15 nº 30, 44; U. Babusiaux en Jansen/Zimmermann, Art. 2:301 [PECL]: Negociaciones contrarias a la buena fe, nº 24 (p. 371).

933 Comentarios oficiales, Art. 2.1.15 nº 3.

934 Comentarios oficiales Art. 2.1.15 nº 3.

3er guión). En el comercio internacional para clientes de jurisdicciones de derecho civil, este acuerdo para negociar de buena fe puede observarse a menudo en la práctica. La carga de la prueba recae sobre la parte que alega mala fe.[935] Sin embargo, "una vez demostrado que el demandante tenía un motivo legítimo para confiar en la formación del contrato, el demandado necesitará circunstancias excepcionales para probar que la ruptura de las negociaciones era, no obstante, legítima".[936]

D. Opciones

4

La comunicación es importante. **Si se comunica y documenta claramente la intención de negociar con varias partes interesadas, o que una parte aún no está totalmente decidida a celebrar un contrato, se puede evitar que la otra parte confíe en ella y el riesgo de exponerse a romper las negociaciones de mala fe.**

Artículo 2.1.16 (Deber de confidencialidad)

Si una de las partes proporciona información como confidencial durante el curso de las negociaciones, la otra tiene el deber de no revelarla ni utilizarla injustificadamente en provecho propio, independientemente de que con posterioridad se perfeccione o no el contrato. Cuando fuere apropiado, la responsabilidad derivada del incumplimiento de esta obligación podrá incluir una compensación basada en el beneficio recibido por la otra parte.

A. Deber implícito o expreso de confidencialidad (Oración 1)

1

Como una expresión más del principio de buena fe (Art. 1.7) dentro de los Principios UNIDROIT[937] (y en línea con las legislaciones nacionales de todo el mundo que establecen otros fundamentos doctrinales),[938] **la oración 1 establece un deber autoexplicativo de confidencialidad de cualquier información proporcionada** (expresa o implícitamente)[939] "como confidencial" durante las negociaciones. La interpretación de las declaraciones y conducta

[935] I. Zuloaga Rios en Vogenauer, Art. 2.1.15 nº 48.

[936] U. Babusiaux en Jansen/Zimmermann, Art. 2:301 [PECL]: Negotiations Contraty to Good Faith, nº 20 (p. 369), seguido de ejemplos comparativos sobre la "ponderación de los motivos e intereses de las partes" del Tribunal Supremo francés en nº 21 (pp. 369-370).

[937] P.C.-Misc. 12 (1988), p. 97 (Bonell); P. Perales Viscasillas en Morán Bovio, Art. 2.16 nº 1, p. 152; I. Zuloaga Ríos en Vogenauer, Art. 2.1.16 nº 11; U. Babusiaux en Jansen/Zimmermann, Art. 2:302 [PECL]: Violación de la confidencialidad, nº 10 en p. 379.

[938] I. Zuloaga Ríos en Vogenauer, Art. 2.1.16 nº 3 (por ejemplo, "equitable wrong" en Inglaterra), 4; U. Babusiaux en Jansen/Zimmermann, Art. 2:302 [PECL]: Breach of Confidentiality, nº 6-7 (pp. 376-377) con una visión comparativa.

[939] Comentarios oficiales, Art. 2.1.16 nº 2, pp. 63-64; I. Zuloaga Ríos en Vogenauer, Art. 2.1.16 nº 10-11 y 14.

de la persona que facilita la información de conformidad con el Art. 4.2-4.3 (por ejemplo, Art. 4.3 (c)) normalmente conducirá a un entendimiento sencillo tanto del término "confidencial" (por ejemplo, que la información disponible públicamente no es confidencial)[940] como de si el destinatario debería entender que se proporcionó "como confidencial".[941] Los acuerdos (o cláusulas) expresos de confidencialidad suelen ofrecer más detalles, por ejemplo, para determinar el grupo de personas que pueden acceder a la información (a menudo sujetas ellas mismas a deberes similares de confidencialidad).[942] La redacción se ha descrito como "una mezcla de la idea del derecho anglosajón de responsabilidad en equidad por violación de la confianza y la idea civil de culpa in contrahendo".[943] Una infracción consiste en una divulgación (negligente o intencionada)[944] (es decir, todas las formas de comunicación deliberada o negligente de la información por cualquier medio)[945] o en un uso indebido de la información para fines propios que debe evaluarse teniendo en cuenta las circunstancias;[946] con una excepción en circunstancias excepcionales que pueden ser el interés público o una "divulgación en interés de la justicia" en un procedimiento judicial, especialmente contra la otra parte.[947]

---

940 Véase, por ejemplo, U. Babusiaux en Jansen/Zimmermann, Art. 2:302 [PECL]: Violación de la confidencialidad, nº 5 (pp. 375-376) sobre la definición de confidencialidad.

941 Véase también el Art. II.-3:302 (2) DCFR que es más específico en la propia norma sobre confidencialidad: Véase I. Zuloaga Rios en Vogenauer, Art. 2.1.16 nº 12 ("enfoque similar") y U. Babusiaux en Jansen/Zimmermann, Art. 2:302 [PECL]: Breach of Confidentiality, nº 10 (pp. 378-379), aludiendo además al útil resumen de criterios desarrollado por Thomas Marshall (Exports) Ltd. v Guinle [1979] Ch. v Guinle [1979] Ch 227, 248: "la información debe considerarse confidencial si, en primer lugar, el titular de la información creía que su divulgación le causaría un perjuicio o permitiría a los competidores obtener una ventaja financiera; en segundo lugar, que la información no era conocida por otros; en tercer lugar, que estas dos creencias eran razonables; y, por último, que los tres criterios mencionados deben juzgarse a la luz de los usos y prácticas de la industria pertinente".

942 Ejemplo de la práctica, señalado, por ejemplo, por I. Zuloaga Rios en Vogenauer, Art. 2.1.16 nº 16; U. Babusiaux en Jansen/Zimmermann, Art. 2:302 [PECL]: Violación de la confidencialidad, nº 9 (p. 378).

943 U. Babusiaux en Jansen/Zimmermann, Art. 2:302 [PECL]: Breach of Confidentiality, nº 8 en p. 377 (énfasis añadido), en relación con todas las formulaciones transnacionales debatidas, incluidos los Principios UNIDROIT (véase ibid. nº 2 en p. 375).

944 Véase, por ejemplo, U. Babusiaux en Jansen/Zimmermann, Art. 2:302 [PECL]: Violación de la confidencialidad, nº 14 (p. 381).

945 U. Babusiaux en Jansen/Zimmermann, Art. 2:302 [PECL]: Violación de la confidencialidad, nº 12 en p. 380 con otras referencias a von Bar.

946 U. Babusiaux en Jansen/Zimmermann, Art. 2:302 [PECL]: Breach of Confidentiality, nº 13 (pp. 380-381) ofrece una visión comparativa con respecto a los casos en los tribunales nacionales.

947 U. Babusiaux en Jansen/Zimmermann, Art. 2:302 [PECL]: Breach of Confidentiality, nº 15 (p. 381) con referencias a Dal Pont, Law of Confidentiality pp. 267 y ss. para el recurso en equidad y a Smeureanu, Confidentiality in International Commercial Arbitration, pp. 114-26. Para el arbitraje internacional, vale la pena señalar en este contexto las Directrices de la IPBA sobre Privilegios y Secreto de Abogado en el Arbitraje Internacional (2019), que establecen la igualdad de condiciones entre los enfoques del derecho civil y del common law sobre los privilegios y el secreto de abogado (y se aplican también a los consejos internos). El autor las añade regularmente a los acuerdos de arbitraje internacional, en particular cuando incluyen tanto partes de common law como de civil law. Véase https://ipba.org/publications/ipba-privilege-guidelines/211/ [última visita el 9 de enero de 2023].

B. Recursos (Oración 2)

2

En caso de violación de un acuerdo especial de confidencialidad que cause daños,[948] la indemnización puede incluir el lucro cesante (Art. 7.4.2 (1) oración 2, tal y como hizo valer una vez el autor en un arbitraje en virtud del régimen de los Principios UNIDROIT)[949] o el beneficio generado por la parte infractora[950] al vender la información confidencial.[951] La referencia a **"cuando proceda"** otorga discrecionalidad para considerar debidamente las circunstancias del caso (por ejemplo, la situación relativa de las partes o los competidores,[952] o la línea de tiempo).[953]

Artículo 2.1.17 (Cláusulas de integración)

Un contrato escrito que contiene una cláusula de que lo escrito recoge completamente todo lo acordado, no puede ser contradicho o complementado mediante prueba de declaraciones o de acuerdos anteriores. No obstante, tales declaraciones o acuerdos podrán utilizarse para interpretar lo escrito.

A. Otra contribución a la comprensión intercultural

1

Cláusulas de fusión (o "cláusulas de acuerdo completo", **"cláusulas de integración"**)[954] son una práctica común en el mundo del common law[955] y se imponen cada vez más también en contextos de derecho civil, donde los abogados crecen con la idea de que las versiones anteriores de un contrato pueden ser importantes para posteriores disputas sobre su interpretación. Para tender puentes entre culturas, resulta útil que los Principios UNIDROIT aborden la cuestión con un compromiso. Mediante una cláusula de fusión, las partes "protegen la 'integridad del escrito'".[956] Las declaraciones o acuerdos previos no deben "contra-

---

948 Sobre la causalidad U. Babusiaux en Jansen/Zimmermann, Art. 2:302 [PECL]: Violación de la confidencialidad, nº 16 (p. 381).

949 Véase también I. Zuloaga Rios en Vogenauer, Art. 2.1.16 nº 6. Sobre las razones por las que, en su momento, el autor consintió una elección postcontractual de los Principios UNIDROIT tras una investigación jurídica comparativa, véase la Observación introductoria al apartado 7.4 nº 2 y E. Brödermann, RIW 2004, pp. 721, 723-725. En la misma dirección, en su práctica en virtud de los Principios UNIDROIT, el autor ha observado en 2021 excepciones para las violaciones de la confidencialidad de las cláusulas de exención (→ Art. 7.1.6) limitando de otro modo la responsabilidad mediante un tope.

950 Comentarios oficiales, Art. 2.1.16 nº 3, p. 64; I. Zuloaga Rios en Vogenauer, Art. 2.1.16 nº 19.

951 U. Babusiaux en Jansen/Zimmermann, Art. 2:302 [PECL]: Breach of Confidentiality, nº 17 (p. 382) menciona el caso agrupa la pérdida de crédito, la pérdida de reputación y la pérdida de un contrato con un tercero.

952 Cf. I. Zuloaga Rios en Vogenauer, Art. 2.1.16 nº 13.

953 I. Zuloaga Rios en Vogenauer, Art. 2.1.16 nº 14 ("duración").

954 G. Christiandl en Jansen/Zimmermann, Art. 2:105 [PECL]: Cláusula de Fusión, no. 5 (p. 283, "Panorama terminológico y comparativo").

955 P. Perales Viscasillas en Morán Bovio, Art. 2.17 nº 1, p. 154; véase el útil resumen de las razones de tales cláusulas desde la perspectiva del Derecho inglés por S. Vogenauer en Vogenauer, Art. 2.1.17 nº 3, p. 372.

956 S. Vogenauer en Vogenauer, Art. 2.1.17 nº 3.

decir" o "complementar" el contenido del contrato[957] (oración 1), pero, en consonancia con el Art. 4.3 (a),[958] las declaraciones o acuerdos previos podrán utilizarse **"para interpretar"** el contrato (oración 2),[959] a menos que se acuerde otra cosa en la cláusula de fusión (Art. 1.5).[960] Pueden ser útiles para determinar con más detalle una obligación contenida en el contrato, pero, a la luz del claro lenguaje de la oración 1, la oración 2 no da margen para ir más allá del significado llano de las palabras del contrato.[961]

B. Límites

2

La cláusula de fusión se limita a los contratos **"por escrito"** (art. 1.11). Se limita a la "prueba de declaraciones o acuerdos previos" (por lo que se permiten cambios posteriores de los términos acordados, Art. 1.2, pero pueden estar sujetos a un requisito de forma escrita, Art. 2.1.18).[962] Salvo disposición expresa en contrario, una cláusula de fusión no excluye la aplicación de los usos comerciales establecidos entre las partes (Art. 1.9 y 4.3. (b) (f)).[963] Una cláusula de fusión no puede obstaculizar la presentación de argumentos basados en motivos de anulación (Art. 3.2.1 y siguientes).[964] Si una parte se basó en una declaración anterior (como sucede en el comercio internacional entre culturas) y más tarde se encuentra con una cláusula de fusión en los términos contractuales estándar, sólo puede intentar ampararse en el Art. 1.8 argumentando que la confianza de la otra parte en la cláusula de fusión constituiría un comportamiento incoherente.[965] A la inversa, **cuanto más tiempo hayan dedicado las partes a negociar una cláusula de fusión, menor será el riesgo de que se produzca un argumento de este tipo**.[966]

---

957 P. Perales Viscasillas en Morán Bovio, Art. 2.17 nº 1, p. 154; S. Vogenauer en Vogenauer, Art. 2.1.17 nº 5.

958 S. Vogenauer en Vogenauer, Art. 2.1.17 nº 6.

959 Comentarios oficiales, Art. 2.1.17, p. 65; P. Perales Viscasillas en Morán Bovio, Art. 2.17 nº 1, p. 154.

960 P. Perales Viscasillas en Morán Bovio, Art. 2.17 nº 1, p. 154.

961 Véase el ejemplo dado por S. Vogenauer en Vogenauer, Art. 4.3 nº 29 en la nota 192 citando en profundidad el Laudo Arbitral de 14 de enero de 2010 (Joseph Charles Lemire contra Ucrania), caso CIADI nº. ARB/06/18, IIC 424 (2010), Unilex nº 1533, no. 115 (véase por ejemplo: "Sin apoyo en el texto, las expectativas alimentadas por el Demandante no dan lugar a obligaciones contractuales del Demandado") y 196.

962 S. Vogenauer en Vogenauer, Art. 2.1.17 nº 4.

963 S. Vogenauer en Vogenauer, Art. 2.1.17 nº 7 y nota 25.

964 S. Vogenauer en Vogenauer, Art. 2.1.17 nº 7.

965 Argumento convincente de S. Vogenauer en Vogenauer, Art. 2.1.21 nº 8 y Art. 2.1.17 nº 5 con referencia al Art. 2:105 (4) PECL y Art. II.-4:104 (4) DCFR que son estrictos con respecto a las cláusulas de fusión negociadas individualmente; G. Christiandl en Jansen/Zimmermann, Art. 2:105 [PECL]: Cláusula de fusión, no. 3 (p. 282). Los Principios de Derecho Contractual Europeo van un paso más allá en el Art. 1:205 (2) y, en general, limitan el efecto de las cláusulas de fusión que (no se negocian, sino que) simplemente se incluyen en cláusulas estándar a una "presunción de que las partes pretendían que sus declaraciones, compromisos o acuerdos previos no formaran parte del contrato".

966 Como señala S.Vogenauer (op. cit. Art. 2.1.17 nº 5), el Art. 2.1.17 sí contiene atenuantes como el art. 2.1.18 oración 2.

Artículo 2.1.18 (Modificación en una forma en particular)

Un contrato por escrito que exija que toda modificación o extinción por mutuo acuerdo sea en una forma en particular no podrá modificarse ni extinguirse de otra forma. No obstante, una parte quedará vinculada por sus propios actos y no podrá valerse de dicha cláusula en la medida en que la otra parte haya actuado razonablemente en función de tales actos.

A. Cláusulas de "no modificación oral"

1

La **oración 1** transfiere el derecho a acordar una forma determinada (art. 2.1.13) para las modificaciones posteriores a la celebración del contrato.[967] Esta protección de la "integridad del escrito"[968] es habitual en los contratos internacionales de construcción (que a menudo prevén procedimientos de **"solicitud de modificación"**; Art. 4.3 número 4 en C.). Permite a una parte, en particular de un contrato a largo plazo (Art. 1.11 3er guión), confiar en los términos acordados incluso si durante algún tiempo toleró una desviación[969] El propósito de dicha cláusula es o bien prevenir alegaciones fraudulentas o falsas[970] o, en la práctica a menudo más relevante dentro de grandes grupos de empresas, evitar que personal técnico u operativo sin formación jurídica vaya a crear un efecto legal no intencionado. También es útil en otros supuestos contractuales. Similar al Art. 29 (2) CISG,[971] Art. 2.1.18 prevé la posibilidad de exigir, por escrito (Art. 1.11 5to guión),[972] un escrito[973] (o cualquier otra forma como una "autenticación notarial" más estricta o una **"confirmación por escrito"** más laxa, Art. 2.1.12)[974] como condición para una modificación o rescisión válida del contrato. Al igual que las "cláusulas de fusión" (art. 2.1.17), una cláusula de **"no modificación oral"** sirve al objetivo de la seguridad jurídica[975] y la documentación, que es especialmente importante en contextos transculturales (donde la prueba testifical en caso de litigio es costosa y arriesgada, los testigos pueden no estar disponibles o volverse tímidos por problemas de comunicación o lingüísticos). Por lo tanto, es importante hacer cumplir una cláusula de este tipo y no socavarla.[976]

---

967 Para los antecedentes históricos desde Justiniano (en 528 d.C.) y una visión comparativa, véase G. Christiandl en Jansen/Zimmermann, Art. 2:106 [PECL]: Sólo modificación escrita, nº 3-4 (pp. 286-287).

968 S. Vogenauer en Vogenauer, Art. 2.1.18 nº 2.

969 Véanse los Comentarios Oficiales Art. 4.3 Ilustración 9, p. 144.

970 G. Christiandl en Jansen/Zimmermann, Art. 2:106 [PECL]: Written Modification Only, no. 5 (p. 287) en relación con el Derecho de varios Estados de los EE.UU. incluso antes de la adopción del UCC § 2-209(2) en 1957.

971 P. Perales Viscasillas en Morán Bovio, Art. 2.18 nº 2b, p. 156.

972 S. Vogenauer en Vogenauer, Art. 2.1.18 nº 3. Véase también Art. 1.3 oración 2.

973 Comentarios oficiales, Art. 2.1.17, p. 65.

974 P. Perales Viscasillas en Morán Bovio, Art. 2.18 nº 1, p. 155.

975 S. Vogenauer en Vogenauer, Art. 2.1.18 nº 2.

976 Para una línea convincente de argumentos que frustran los objetivos de la elusión, véase S. Vogenauer en Vogenauer, Art. 2.1.18 nº 10.

B. Límites

2

En la forma requerida, las partes pueden modificar su acuerdo (art. 1.5). Además, la oración 2 prevé una aplicación específica de la prohibición de comportamiento incoherente del Art. 1.8.[977978] En las excepciones de la oración 2 (que es una expresión del art. 1.8), interpretadas de forma restrictiva,[979] una parte puede hacer que la otra confíe razonablemente en una representación oral[980] (por ejemplo, cuando las partes cooperan a diario en la construcción y se desvían diariamente del procedimiento acordado.[981] Aunque esto suele ser una pesadilla para los gestores de riesgos jurídicos, el artículo consiste, por ejemplo, en evitar que la confianza de la otra parte en la actuación dentro de la obra pueda invocarse razonablemente dadas las circunstancias).

C. Opciones

3

Al acordar, además, que también la modificación de la cláusula de **"no modificación verbal"** requiere un escrito, es decir, una cláusula de "no modificación verbal" "doble" o **"cualificada"**, la confianza razonable (oración 2) en una conducta que se desvíe del contrato podría ser más difícil de establecer.[982]

Artículo 2.1.19 (Contratación en cláusulas estándar)

(1) Las normas generales sobre formación del contrato se aplicarán cuando una o ambas partes utilicen cláusulas estándar, sujetas a lo dispuesto en los Artículos 2.1.20 al 2.1.22.

(2) Cláusulas estándar son aquellas preparadas con antelación por una de las partes para su uso general y repetido y que son utilizadas, de hecho, sin negociación con la otra parte.

---

977 S. Vogenauer en Vogenauer, Art. 2.1.18 nº 8.

978 S. Vogenauer en Vogenauer, Art. 2.1.18 nº 9 (con citas detalladas de un arbitraje de la CCI Caso nº 11849 (2006), Unilex nº 1160, en las que se argumenta que permitir una vez una excepción a las condiciones de pago no prohibiría en general a una parte volver a basarse posteriormente en las condiciones de pago inicialmente acordadas).

979 Comentarios oficiales, Art. 2.1.18, p. 66.

980 Véase Federal Court of Australia, GEC Marconi Systems Pty Ltd. v BHP Information Technology Pty Ltd. and Others, 12 de febrero de 2003, Unilex nº 845; P. Perales Viscasillas en Morán Bovio, Art. 2.18 nº 1, p. 156.

981 Comentarios oficiales, Art. 2.1.18, Ilustración 2, p. 66; S. Vogenauer en Vogenauer, Art. 2.1.18 nº 8.

982 Véase G. Christiandl en Jansen/Zimmermann, Art. 2:106 [PECL]: Written Modification Only, no. 4, p. 287, con referencias a las diferentes actitudes respecto a la aplicación de dichas cláusulas en el Derecho alemán o francés.

A. Un régimen sencillo sobre cláusulas estándar en cuatro artículos

1

Con el Art. 2.1.19-2.1.22, los Principios UNIDROIT proporcionan un régimen sencillo y sin complicaciones para las cláusulas estándar[983] que forman parte de nuestra vida comercial global.[984] El régimen UNIDROIT hace frente a cinco cuestiones estándar: definición, incorporación, cláusulas sorprendentes, prioridad de las cláusulas individuales, batalla de formas. Por lo demás, no prevé ningún régimen especial para las cláusulas estándar abusivas o desleales.[985] A este respecto, pueden intervenir los principios generales sobre el comportamiento incoherente (art. 1.8), los principios que abarcan determinados casos extremos, por ejemplo, sobre las cláusulas de exención irrazonables, como la cláusula de limitación de responsabilidad irrazonable (art. 7.1.6), sobre la disparidad manifiesta (art. 3.2.7, 3.1.4) o, en general, sobre los motivos de anulación (art. 3.2.1 y siguientes) son suficientes, complementadas por múltiples normas que instan a respetar los límites de la buena fe y la lealtad negocial (art. 1.7. no. 4).[986] Con respecto a la interpretación, se aplican las normas generales del Capítulo 4 (incluida la norma general contra proferentem del Art. 4.6),[987] por lo que, con respecto a la aplicación del Art. 4.1 (2) (y en ausencia de una intención común en el sentido del Art. 4.1 (1) que podría equivaler fácilmente a una cláusula negociada individualmente, Art. 2.1.21)[988] la expectativa razonable del usuario pertinente serviría de criterio para la interpretación, de modo que la interpretación sería la misma en todas las transacciones para las que están previstas las cláusulas estándar.[989] **Para los contratos B2B (business to business) transfronterizos, no es necesario un nivel de protección más sofisticado de la parte adherente en comparación con muchas leyes nacionales que se han redactado sobre todo para proteger a los consumidores.**[990] Además, en la medida en que el Derecho imperativo sea aplicable (art. 1.4), puede imponer requisitos adicionales que deben ser respetados por las cláusulas tipo (art. 1.4 número 4).[991]

---

983 Comentarios Oficiales, Art. 2.1.19 nº 1, p. 67; Tribunal de Apelación de Bucarest, Rumanía, 24 de octubre de 2014, Unilex nº 2265; P. Perales Viscasillas en Morán Bovio, Art. 2.19 nº 1, p. 157. Véanse, no obstante, las observaciones críticas de C. Ramberg en Eppur si muove: La época del derecho uniforme, pp. 1640, 1641-1643.

984 Véase N. Jansen en Jansen/Zimmermann, Introduction before Art. 6:201 [PECL], nº 1-2 (pp. 920-922) sobre "finalidad y riesgos" e historia (con un ejemplo de términos estándar en Derecho romano para "arrendar y alquilar almacenes" en p. 921 nota 7).

985 T. Naudé en Vogenauer, Introducción al arte. 2.1.19-2.1.22 nº 2.

986 T. Naudé en Vogenauer, Introducción al arte. 2.1.19-2.1.22 nº 2.

987 StL-Doc. 15 (1979), p. 33 (con referencia al Derecho francés y austriaco); P. Perales Viscasillas en Morán Bovio, Art. 2.20 nº 1, p. 160. En la práctica, la regla contra proferentem para las cláusulas deseadas (por ejemplo, sobre limitación de responsabilidad) puede ser una razón para negociar condiciones individuales sobre la base de las condiciones estándar de la (futura) parte contratante.

988 S. Vogenauer en Vogenauer, Art. 4.1 nº 19.

989 T. Naudé en Vogenauer, Introducción al art. 2.1.19-2.1.22 nº 17-18.

990 StL-Doc. 15 (1979), p. 31; véase, por ejemplo, la Directiva 93/13/CEE del Consejo Europeo, de 5 de abril de 1993, sobre las cláusulas abusivas en los contratos celebrados con consumidores, Diario Oficial L 095 de 21.4.1993, pp. 29-34.

991 Por ejemplo, T. Naudé en Vogenauer, Art. 2.1.19 nº 34 (sobre la elección de foro y las cláusulas de arbitraje).

B. Definición (Párrafo 2)

2

El párrafo 2 contiene una definición autoexplicativa de las cláusulas estándar que consta de tres elementos: (i) preparadas de antemano;[992] (ii) de uso general y repetido por una de las partes[993] (requiere la intención del[994] "usuario de las cláusulas" de utilizarlas repetidamente, intención que a menudo puede inferirse —Art. 4.2 (2)— de la presentación de las cláusulas, por ejemplo, en un formulario preimpreso)[995] y (iii) que se utilizan realmente "sin negociación".[996] La extensión de las cláusulas (una o varias disposiciones) es irrelevante.[997] A la luz del carácter internacional de los Principios UNIDROIT (Art. 1.6), la posibilidad de **"negociar"** diferentes cláusulas con la otra parte (por ejemplo, sobre la limitación de responsabilidad) y alcanzar así un "acuerdo individual" debe entenderse en un sentido amplio, considerando la libertad contractual (Art. 1.1-1.2) e integrando todos los medios realistas de comunicación, incluida la conducta (Art. 1.2, 4.2-4.3). Si se alcanza dicho **"acuerdo individual"**, el Art. 2.1.19 y subsecuentes son inaplicables y también sería incoherente, Art. 1.8, seguir intentando basarse en el art. 2.1.20. 2.1.20. **Por definición, la negociación de un asunto evita la "sorpresa". Por lo tanto, en el marco de los Principios UNIDROIT, es mucho más fácil llegar a un "acuerdo individual" que en el marco de algunas legislaciones nacionales.**[998]

C. Incorporación (Párrafo 1)

3

En general, como se aplican las normas generales de formación,[999] el **"usuario de cláusulas estándar"** sólo puede basarse en dichas cláusulas si ha recibido una declaración de aceptación (art. 2.1.1, 2.1.6) de "la otra parte (adherente)"[1000] a una oferta que incluya las cláusulas estándar.[1001] Se trata de un requisito sencillo (y un compromiso entre diferentes conceptos de incorporación),[1002] aunque requiera cierta gestión del proceso de celebración del contrato. De conformidad con los Comentarios Oficiales, el **"usuario de cláusulas**

992 P. Perales Viscasillas en Morán Bovio, Art. 2.19 nº 1, p. 158.

993 P. Perales Viscasillas en Morán Bovio, Art. 2.19 nº 1, p. 158.

994 T. Naudé en Vogenauer, Introducción al art. 2.1.19 nº 2, 4 (subraya que no basta con que un tercero [por ejemplo, el abogado del usuario] redacte los términos de uso general y repetido).

995 T. Naudé en Vogenauer, Art. 2.1.19 nº 5.

996 P.C.-Misc. 12 (1988), p. 65 (Farnsworth); P. Perales Viscasillas en Morán Bovio, Art. 2.19 nº 1, p. 158; T. Naudé en Vogenauer, Art. 2.1.19 nº 3.

997 Comentarios oficiales, Art. 2.1.19 nº 2, p. 67; T. Naudé en Vogenauer, Art. 2.1.19 nº 4.

998 En comparación con el Derecho alemán: T. Naudé en Vogenauer, Art. 2.1.19 nº 3 (sobre el Derecho alemán); E. Brödermann, Hamb. Law Rev. 2016, pp. 21, 26-29 y en Eppur si muove: La era del Derecho uniforme, pp. 1283, 1297-1299.

999 Comentarios oficiales, Art. 2.1.19 nº 3, p. 68; P.C.-Misc. 12 (1988), p. 67 (Drobnig); M. J. Bonell, An International Restatement, p. 154.

1000 P. Perales Viscasillas en Morán Bovio, Art. 2.19 nº 1, p. 157; sobre la terminología, véase T. Naudé en Vogenauer, Introducción a los arts. 2.1.19-2.1.22 nº 4.

1001 T. Naudé en Vogenauer, Art. 2.1.19 nº 6.

1002 Véase StL-Doc. 15 (1979), pp. 30-31; M. J. Bonell, An International Restatement, pp. 154-155 (menos estricto que el Derecho alemán pero más restrictivo que los Derechos italiano y neerlandés).

estándar" tiene la opción, en función de las circunstancias, de (i) integrar las cláusulas en el contrato (escrito),[1003] (ii) hacer una referencia expresa a las cláusulas estándar en la oferta[1004] (que cumpla el criterio de razonabilidad que se expone más adelante), o (iii) incorporar las cláusulas estándar implícitamente por el uso o la práctica,[1005] ya sea entre las partes (art. 1.9 (1)) o por el uso observado en un determinado comercio (art. 1.9 (2)).[1006] No basta con alegar que la otra parte **"debería haber conocido"** la existencia de cláusulas estándar.[1007] Más bien, como reflejo del principio de buena fe (Art. 1.8),[1008] el "usuario de cláusulas estándar" tendrá que demostrar que tomó "medidas razonables para ponerlas en conocimiento de la otra parte".[1009]

4

Las circunstancias de relevancia (que deben interpretarse de conformidad con el Art. 4.2-4.3.3) son múltiples e incluyen, por ejemplo, (i) una comunicación clara y oportuna sobre las cláusulas,[1010] (ii) un lenguaje específico y claro (del contrato o acordado o aceptado de otro modo),[1011] (iii) la accesibilidad o disponibilidad del texto[1012] (sigue habiendo riesgos de cumplir la **"prueba razonable"** en caso de una mera referencia "ge-

---

1003 T. Naudé en Vogenauer, Art. 2.1.19 nº 11.

1004 T. Naudé en Vogenauer, Art. 2.1.19 nº 12-27.

1005 T. Naudé en Vogenauer, Art. 2.1.19 nº 32 (una transacción previa no suele bastar para establecer una práctica).

1006 StL-Doc. 16 (1979), p. 10; véase también P.C.-Misc. 4 (1983), p. 6 (rechaza una prueba inicial del carácter razonable de los usos); T. Naudé en Vogenauer, Art. 2.1.19 nº 24-27 y 30 (ejemplo de la compra de cereales en la bolsa de Londres) y nº 29 (subrayando de los travaux préparatoires que "las partes de los países en desarrollo no deberían estar vinculadas por cláusulas estándar que, aunque sean de uso común en el comercio concreto, no sean suficientemente conocidas en sus países").

1007 T. Naudé en Vogenauer, Art. 2.1.19 nº 8.

1008 T. Naudé en Vogenauer, Art. 2.1.19 nº 20.

1009 T. Naudé en Vogenauer, Art. 2.1.19 nº 10, 19-23; véanse también los Comentarios oficiales, Art. 2.1.19 nº 3, Ilustración 2, p. 68. Esto se corresponde aproximadamente con los requisitos de todos aquellos ordenamientos jurídicos (p. ej., Alemania, Lituania, Países Bajos, España) que contienen, a diferencia del Derecho inglés y francés, normas específicas sobre la formación de contratos con cláusulas estándar, véase N. Jansen en Jansen/Zimmermann, Art. 2:104 [PECL]: Terms not Individually Negotiated, no. 5-9 y nota 10 (p. 275-277), tras un repaso histórico sobre la "respuesta de los sistemas jurídicos" a la estandarización de las cláusulas en pp. 273-274.

1010 T. Naudé en Vogenauer, Art. 2.1.19 nº 14-15, 27.

1011 T. Naudé en Vogenauer, Art. 2.1.19 nº 14, 18, 21 (con otras referencias a casos judiciales), 23.

1012 Debatido, véase T. Naudé en Vogenauer, Art. 2.1.19 nº 16-17, 20; N. Jansen en Jansen/Zimmermann, Art. 2:104 [PECL]: Terms not Individually Negotiated, nº 11 (p. 278) y nº 12 en p. 279. En la p. 278, Jansen resume sobre la oportunidad de tomar conocimiento en virtud de la CISG y los Principios UNIDROIT de manera convincente como sigue (se omiten las notas a pie de página): "Hoy en día, la opinión predominante asigna esta carga al proveedor de las cláusulas que se beneficia de la aplicación de las cláusulas estándar, a menos que exista una buena razón para no hacerlo (renuncia; uso común [...]). En efecto, en los negocios internacionales, a menudo lleva mucho tiempo y, por lo tanto, puede resultar poco razonable informarse sobre las cláusulas estándar específicas del proveedor. Por lo tanto, corresponde al proveedor comunicar sus condiciones generales a la otra parte o ponerlas a su disposición. Otra razón es la considerable variedad de cláusulas estándar en el contexto internacional. Mientras que en el derecho nacional puede ser razonable esperar que los clientes profesionales conozcan las cláusulas estándar que se utilizan generalmente en un sector específico, no ocurre lo mismo en el contexto internacional. Por lo tanto, sólo en circunstancias excepcionales puede ser razonable que el proveedor asuma que no es necesario, sin una solicitud específica, transmitir sus cláusulas estándar".

neral" a un sitio web frente a una referencia **"profunda"** a las cláusulas estándar),[1013] y (iv) las circunstancias de la comunicación. Si se cumple esta prueba, la parte adherente queda vinculada por las cláusulas tipo "con independencia de si conoce realmente su contenido".[1014] De este modo, la norma para la incorporación de cláusulas estándar en un contrato internacional regido por los Principios Unidroit es más relajada y adecuada para su propósito transfronterizo de business to business (B2B) que la legislación nacional orientada al consumidor sobre cláusulas estándar en muchas naciones; se ha descrito como parte de la "parte general del derecho contractual transnacional".[1015] En la práctica alemana del autor, esta ventaja comparativa de los Principios UNIDROIT es una de las razones para elegir siempre los Principios UNIDROIT en lugar de su propia ley nacional (alemana) (que está menos orientada a los negocios[1016]) cuando se contrata con clientes empresariales de otras jurisdicciones (Art. 1.4 número 4). En un contrato marco negociado para una relación comercial a largo plazo, las partes pueden desear descartar explícitamente el efecto de cualquier referencia a cláusulas estándar en el curso de futuras comunicaciones, a menudo activadas automáticamente por textos estándar preintegrados de grandes unidades empresariales, por ejemplo, para ofertas proporcionadas electrónicamente y, por tanto, transferidas automáticamente junto con el texto individualizado (Art. 2.1.1 número 4).

Artículo 2.1.20 (Cláusulas sorpresivas)

(1) Una cláusula estándar no tiene eficacia si es de tal carácter que la otra parte no hubiera podido preverla razonablemente, salvo que dicha parte la hubiera aceptado expresamente.

(2) Para determinar si una cláusula estándar es de tal carácter, se tendrá en cuenta su contenido, lenguaje y presentación.

A. Salvaguardia de la equidad básica

1

El art. 2.1.20 puede calificarse como otra expresión específica del principio general de buena fe y lealtad negocial (art. 1.7). Como **"contrapartida"** a mantener razonablemente bajos los esfuerzos del "usuario de cláusulas estándar" por integrarlas como vinculantes (art. 2.1.19 (1)) con independencia de que la otra parte las haya leído, el art. 2.1.20 se esfuerza por evitar que el **"usuario de cláusulas estándar"** se aproveche indebidamente de la otra

---

[1013] T. Naudé en Vogenauer, Art. 2.1.19 nº 22. Si el contrato se celebra por vía electrónica, es razonable colocar cláusulas tipo en el sitio web, N. Jansen en Jansen/Zimmermann, Art. 2:104 [PECL]: Terms not Individually Negotiated, nº 14 (pp. 279-280).

[1014] Comentarios oficiales, Art. 2.1.20 nº 1, p. 69; T. Naudé en Vogenauer, Art. 2.1.20 nº 2.

[1015] N. Jansen en Jansen/Zimmermann, Introducción antes del Art. 6:201 [PECL] no. 13 (en p. 930) citando a R Michaels, 73 RabelsZ 2009, pp. 866-88, 874, 885.

[1016] Leuschner, AGB Recht für Verträge zwischen Unternehmen, pp. 44 y ss.; E. Brödermann, Hamb. Law Rev. 2016, pp. 21, 27.

parte imponiéndole cláusulas "que la otra parte no podía razonablemente esperar".[1017] Uno no debe engañar a su socio contractual.[1018] Aprovecharse de una ventaja es justo, aunque sólo sea, si la cláusula ha sido "expresamente aceptada" por la otra parte.[1019]

B. Prueba

2

Las cláusulas son sorprendentes si "**una persona razonable** del mismo tipo [por ejemplo, habilidad profesional y experiencia[1020]] que la parte adherente no lo habría esperado en el tipo de cláusulas estándar de que se trata".[1021] Los supuestos de hecho típicos incluyen incoherencias con las negociaciones, la publicidad,[1022] las cláusulas acordadas (por ejemplo, una fuerte desviación de las cláusulas **"visibles"**)[1023] o la finalidad del contrato.[1024] Las condiciones especialmente onerosas[1025] o bizarras[1026] también pueden ser sorprendentes, mientras que los términos "comúnmente encontrados en los términos estándar utilizados en el sector comercial en cuestión"[1027] o por la propia parte adherente no son "sorprendentes". Evitar este tipo de patrones fácticos contribuye a la transparencia.[1028] Especialmente cuando se trata de personas cuya lengua materna no es el inglés, según los Comentarios Oficiales, **"no puede excluirse que algunos de sus términos, aunque bastante claros en sí mismos, resulten sorprendentes para la parte adherente, de la que no cabía razonablemente esperar que apreciara plenamente todas sus implicaciones"**.[1029] Las abreviaturas deben definirse o evitarse a menos que constituyan usos y prácticas (Art. 1.9). Las minúsculas tipográficas también pueden ser sorprendentes,

[1017] Comentarios oficiales, Art. 2.1.20 nº 1, p. 69; T. Naudé en Vogenauer, Art. 2.1.20 nº 2; véase también M. J. Bonell, An International Restatement, p. 156.

[1018] Véase N. Jansen en Jansen/Zimmermann, Art. 6:206 [PECL]: Transparency of Terms, nº 13 (en p. 990), donde se analizan los "elementos de transparencia", aunque en el contexto de los contratos celebrados con consumidores.

[1019] Comentarios oficiales, Art. 2.1.20 nº 4, p. 71; P. Perales Viscasillas en Morán Bovio, Art. 2.20 nº 1, p. 159; T. Naudé en Vogenauer, Art. 2.1.20 nº 17-18 (para ello no basta con una mera indicación en negrita). El argumento de Naudé requerirá una cuidadosa consideración (y bien podría verse de otro modo) dependiendo del tipo de cláusula, los usos comerciales (art. 1.9) y las circunstancias del caso porque, en un entorno comercial, la aceptación expresa pesa mucho.

[1020] Comentarios oficiales, Art. 2.1.20 nº 3, p. 70; T. Naudé en Vogenauer, Art. 2.1.20 nº 16.

[1021] Comentarios oficiales, Art. 2.1.20 nº 2, pp. 69-70; T. Naudé en Vogenauer, Art. 2.1.20 nº 6.

[1022] Comentarios oficiales, Art. 2.1.20 nº 2, Ilustración 1, p. 70; T. Naudé en Vogenauer, Art. 2.1.20 nº 7.

[1023] T. Naudé en Vogenauer, Art. 2.1.20 nº 7 y nota 124.

[1024] T. Naudé en Vogenauer, Art. 2.1.20 nº 8.

[1025] T. Naudé en Vogenauer, Art. 2.1.20 nº 12.

[1026] T. Naudé en Vogenauer, Art. 2.1.20 nº 10.

[1027] Comentarios oficiales, Art. 2.1.20 nº 2, pp. 69-70; T. Naudé en Vogenauer, Art. 2.1.20 nº 11.

[1028] Véase de nuevo N. Jansen en Jansen/Zimmermann, Art. 6:206 [PECL]: Transparency of Terms, nº 13 (en p. 990), donde se analizan los "elementos de transparencia", aunque en el contexto de los contratos celebrados con consumidores.

[1029] Comentarios oficiales, Art. 2.1.20 nº 3, p. 70; T. Naudé en Vogenauer, Art. 2.1.20 nº 14.

dependiendo de la **"habilidad profesional y experiencia de personas de la misma clase que la parte adherente"**.[1030]

3

Las normas supletorias de los Principios UNIDROIT y sus principios subyacentes (incluida su apertura a los usos y prácticas, Art. 1.9) proporcionan un punto de referencia neutral (Leitbild)[1031] a un árbitro o juez que aplique el Art. 2.1.20. De este modo, la perspectiva del art. 2.1.20 es más abierta que la perspectiva de cualquier legislación nacional orientada al consumidor[1032] (art. 1.4 número 4). El régimen de resolución de litigios decidirá en qué medida el Derecho nacional imperativo (o internacional o transnacional, por ejemplo, europeo)[1033] exigirá mayores niveles de revisión judicial de las cláusulas contractuales (art. 1.4 número 1, 3).

Artículo 2.1.21 (Conflicto entre cláusulas estándar y no-estándar)

En caso de conflicto entre una cláusula estándar y una que no lo sea, prevalecerá esta última.

1030 Comentarios oficiales, Art. 2.1.20 nº 3, p. 70; T. Naudé en Vogenauer, Art. 2.1.20 nº 14.

1031 Véase N. Jansen en Jansen/Zimmermann, Introduction before Art. 6:201 [PECL] no. 3 (pp. 922-923) sobre los puntos de partida históricamente diferentes del debate jurídico sobre la revisión judicial en (i) Francia ("instrumento para proteger a las partes semanales"), (ii) Alemania ("poder de los proveedores profesionales y las organizaciones comerciales [...] para imponer un régimen general de Derecho contractual a la otra parte"), (iii) los ordenamientos jurídicos nórdicos ("la ley impone ideas colectivas de justicia contractual [....] y, por tanto, también somete el precio y las cláusulas negociadas de forma indirecta a una prueba de equidad, incluso cuando son las empresas las que contratan"); y (iv) Inglaterra y Suiza ("reacios a interferir [...] Las cláusulas estándar se consideran un instrumento sensato de formación de contratos").

1032 La legislación nacional orientada al consumidor proporciona como punto de referencia una noción de equidad que presta especial atención a las necesidades de los consumidores más que a las de las empresas. Sobre la importancia de este punto de referencia, véase N. Jansen en Jansen/Zimmermann, Art. 2:104 [PECL]: Terms not Individually Negotiated, nº 8 (en p. 277), y Art. 6:201 [PECL]: Unfairness of Terms, nº 13 (pp. 941-942). Por ejemplo, un cambio reciente en la ley alemana de compraventa, en vigor desde 2022 (§ 434 BGB), acentúa las pruebas objetivas de protección del consumidor para definir un "defecto" que se aplicará independientemente de la especificación, a menos que se acuerde "válidamente" otra cosa (§ 434 (3) primera media oración BGB).

1033 Para la revisión judicial conforme a las normas europeas, véase N. Jansen en Jansen/Zimmermann, Introduction before Art. 6:201 [PECL], nº 10-12 (pp. 927-929, con una visión general); y, centrándose en el requisito de transpareny: Art. 6:201 [PECL]: Unfairness of Terms, nº 16 (pp. 943-944); Art. 6:205 [PECL]: Exclusiones de la prueba de abusividad, nº 11-13 (pp. 983-984); Art. 6:206 [PECL]: Transparencia de las condiciones, nº 12-16 (pp. 990-992).

Prioridad del término individual

1

En consonancia con muchas legislaciones de todo el mundo,[1034] **el sentido común**[1035] y una presunción refutable en virtud de la CISG,[1036] las cláusulas individuales prevalecen sobre las cláusulas estándar en caso de conflicto[1037] ya que es más probable que las cláusulas acordadas individualmente reflejen la intención de las partes,[1038] incluso si se han acordado verbalmente[1039] o implícitamente (art. 2.1.1, 2.1.6).[1040] En la misma línea, en tiempos de EDI con inclusión automatizada de cláusulas estándar, los contratos marco acordados individualmente contienen cada vez más cláusulas específicas de bloqueo frente a cláusulas estándar a las que cualquiera de las partes puede remitirse posteriormente de forma automática en pedidos específicos (Art. 2.1.1 número 4).

Artículo 2.1.22 (Conflicto entre formularios)

Cuando ambas partes utilizan cláusulas estándar y llegan a un acuerdo excepto en lo que se refiere a dichas cláusulas, el contrato se entenderá perfeccionado sobre la base de los términos acordados y de lo dispuesto en aquellas cláusulas estándar que sean sustancialmente comunes, a menos que una de las partes claramente indique con antelación, o que con posterioridad y sin demora injustificada informe a la contraparte, que no desea quedar obligada por dicho contrato.

A. Un enfoque de favor contractus para cláusulas estándar concurrentes

1

El artículo 2.1.22 constituye una adaptación del artículo 2.1.11 (aceptación modificada) a las cláusulas estándar concurrentes que mantiene el contrato (favor contractus)[1041] acordado individualmente a menos que una de las partes se oponga a tiempo o con prontitud. Una vez más, los Principios UNIDROIT ofrecen un compromiso razonable entre los distintos

[1034] StL-Doc. 15 (1979), p. 32 (con referencia al Derecho italiano, alemán y neerlandés); T. Naudé en Vogenauer, Art. 2.1.21 nº 1-2 notas 159-150 hace referencia a Cass com 7 de enero de 1969, JCP 1969 II 16121 y CA Grenoble 24 de enero de 1996, Rev Arb 1997, 87 (Unilex) (sobre el Derecho francés), Art. 1342 Cciv italiano, § 305b Código Civil alemán "BGB"; § 203(d) Restatement (Second) of Contracts (EE.UU.); S. Vogenauer en Jansen/Zimmermann, Art. 5:104 [PECL]: Preference to Negotiated Terms, nº 1 (p. 775).

[1035] S. Vogenauer en Jansen/Zimmermann, Art. 5:104 [PECL]: Preference to Negotiated Terms, nº 1 (p. 775) citando a Homburg Houtimport BV v Agrosin Private Ltd (The Starsin) [2003] UKHL 12 [11], [2004] 1 AC 715, 737 (HL): "sentido común".

[1036] M. Schmidt-Kessel en Schlechtriem&Schwenzer, Art. 8 nº 64-65; S. Vogenauer en Jansen/Zimmermann, Art. 5:104 [PECL]: Preference to Negotiated Terms, nº 2 (en p. 776): "aunque no se menciona en CISG 8".

[1037] S. Vogenauer en Jansen/Zimmermann, Art. 5:104 [PECL]: Preference to Negotiated Terms, no. 3 (p. 776) señala que cada una de las normas (posiblemente) contradictorias debe interpretarse primero debidamente.

[1038] Comentarios Oficiales, Art. 2.1.21, pp. 71-72; M. J. Bonell, An International Restatement, p. 156; P. Perales Viscasillas en Morán Bovio, Art. 2.21, 1, p. 161.

[1039] T. Naudé en Vogenauer, Art. 2.1.21 nº 6.

[1040] T. Naudé en Vogenauer, Art. 2.1.21 nº 7 (para los "términos tácitos", implícitos en los hechos).

[1041] M. J. Bonell, An International Restatement, p. 110; en este sentido también T. Naudé en Vogenauer, Art. 2.1.22 nº 15.

enfoques, evitando la doctrina de la "last-shot" del Derecho anglosajón (en la que pueden prevalecer las cláusulas enviadas en último lugar),[1042] la doctrina holandesa de la "first shot"[1043] o un "noqueo total" (en el que no se aplica ninguna de las cláusulas estándar).[1044] Más bien, como cabría esperar desde una visión comprehensiva que favorece los negocios internacionales, se aplica la sustancia común de las cláusulas estándar en conflicto, si las hubiere (tras la debida interpretación,[1045] Art. 4.2-4.3).[1046] Las cláusulas contradictorias se **"eliminan"**[1047] si, por lo demás, el "acuerdo está en marcha".[1048] Las partes comparten el riesgo de que algunas cuestiones queden abiertas.[1049] Mediante una objeción a tiempo y una comunicación clara,[1050] cada parte puede recurrir a la doctrina del **"last-shot"** del Art. 2.1.1 y 2.1.6[1051] y/o evitar la celebración del contrato basándose en las cláusulas estándar de la otra parte[1052] (art. 1.5). En caso contrario, cada una de las partes queda vinculada[1053] (de conformidad con el art. 2.1.1 y 1.8).[1054]

[1042] Véase P.C.-Misc. 12 (1988), p. 42 (Bonell); P. Perales Viscasillas en Morán Bovio, Art. 2.22 nº 1, p. 162; T. Naudé en Vogenauer, Art. 2.1.22 nº 2; y la detallada visión de conjunto de G. Christiandl en Jansen/Zimmermann, Art. 2:209 [PECL]: Conflicting General Conditions, nº 2 (p. 340) con referencia a Butler Machine Tool Co Ltd v Ex-Cell-O Corporation (England) Ltd [1979] 1 WLR 401, 404-5, y el análisis resumido en el nº 5 (pp. 341-342).

[1043] T. Naudé en Vogenauer, Art. 2.1.22 nº 11; G. Christiandl en Jansen/Zimmermann, Art. 2:209 [PECL]: Condiciones generales contradictorias, nº 5 (p. 341) con referencia al Art. 6:225 BW de 1992.

[1044] T. Naudé en Vogenauer, Art. 2.1.22 nº 2 nota 169; G. Christiandl en Jansen/Zimmermann, Art. 2:209 [PECL]: Condiciones generales contradictorias, nº 3 (p. 340) con referencia al § 2-207 (3) UCC.

[1045] T. Naudé en Vogenauer, Art. 2.1.22 nº 8 ("consideración del objeto y efecto de un término").

[1046] Comentarios oficiales, Art. 2.1.22 nº 3, pp. 73-74; P. Perales Viscasillas en Morán Bovio, Art. 2.22 nº 1, p. 163; T. Naudé en Vogenauer, Art. 2.1.22 nº 14 citando a von Mehren, La formación de los contratos, Capítulo 9 nº 172, p. 96.

[1047] P.C.-Misc. 12 (1988), p. 41 (Bonell), si la referencia a las cláusulas estándar es una referencia más o menos automática en contraste con una insistencia (individual) en las cláusulas respectivas, en cuyo caso se aplican las normas generales sobre oferta y aceptación; P. Perales Viscasillas en Morán Bovio, Art. 2.22 nº 1, p. 162; para ejemplos jurídicos comparativos, T. Naudé en Vogenauer, Art. 2.1.22 nº 14.

[1048] T. Naudé en Vogenauer, Art. 2.1.22 nº 15 ("la solución más justa"); G. Christiandl en Jansen/Zimmermann, Art. 2:209 [PECL]: Conflicting General Conditions, nº 6 (p. 342): "una 'buena solución'" [con una referencia a Kötz, antiguo director del Max-Planck-Insitute for Comparatibe and Private International Law de Hamburgo], pero "cuestionable". La Opinión nº 13 del Consejo Consultivo de la CISG opina en el mismo sentido: "La regla knock-out tiene la ventaja de que se ajusta a la intención de las partes típicas en las relaciones comerciales internacionales y conduce a resultados aceptables en situaciones de comercio transfronterizo. [...] La regla evita una elección arbitraria entre los dos conjuntos de cláusulas estándar que compiten entre sí, utilizando en su lugar sólo aquellos elementos que son comunes a ambos conjuntos". (Regla 10.6, que también contiene una referencia explícita a los Principios UNIDROIT, https://www.cisgac.com/cisgac-opinion-no13-p2/ [última consulta: 09 de enero de 2023].

[1049] T. Naudé en Vogenauer, Art. 2.1.22 nº 14.

[1050] Comentarios oficiales, Art. 2.1.22 nº 3, pp. 73-74; P. Perales Viscasillas en Morán Bovio, Art. 2.22 nº 1, p. 163.

[1051] Observación pertinente de T. Naudé en Vogenauer, Art. 2.1.22 nº 4.

[1052] T. Naudé en Vogenauer, Art. 2.1.22 nº 5-6, 7.

[1053] T. Naudé en Vogenauer, Art. 2.1.22 nº 14.

[1054] T. Naudé en Vogenauer, Art. 2.1.22 nº 15.

B. Límites

2

Las cláusulas sobre cuestiones abordadas únicamente por una de las partes no se encuentran "en litigio"; el Art. 2.1.22 no aplica a dichas cláusulas[1055] (que podrían ser aceptadas por cumplimiento, Art. 2.1.11 y Art. 2.1.6 (3)).

C. Colmar las lagunas

3

En ausencia de un acuerdo explícito (salvatorische Klausel), las lagunas reveladas deben llenarse mediante la interpretación (arts. 4.2-4.3) de los términos acordados, los usos (art. 1.9) y con los principios subyacentes de los Principios UNIDROIT (art. 1.6).[1056]

D. Opciones en vista de la importancia práctica primordial de la cuestión

4

Tanto el poder del mercado como las filosofías de los departamentos jurídicos con respecto al uso de cláusulas estándar difieren. En muchos casos, es sensato disponer de este tipo de cláusulas por la mera razón de poder rebatir las ofertas realizadas bajo cláusulas estándar por el socio contractual potencial y activar la disposición a negociar cláusulas individuales. Dependiendo de la perspectiva del proveedor o del comprador, hay diferentes cuestiones de interés primordial. A la luz de los diferentes enfoques nacionales (y mentalidades de las personas que actúan), la gestión del riesgo contractual requiere tratar la cuestión de los posibles conflictos de las cláusulas estándar con la máxima atención. Una simple **"cláusula de defensa"** que se oponga a las cláusulas estándar de la otra parte no es suficiente.[1057] Dicha defensa debe comunicarse claramente. Escenarios de la práctica: (i) **El proveedor hace una oferta bajo sus términos estándar incluyendo una referencia a los Principios UNIDROIT** (Introducción, número 9a-b). **El comprador realiza un pedido, por ejemplo, a través de un sistema EDI, en el que acepta la oferta pero rechaza las condiciones estándar del proveedor. Hace referencia a sus propias condiciones estándar, o incluso las fija, con una cláusula de elección de su legislación nacional y excluyendo la CISG.**[1058]

[1055] P. Perales Viscasillas en Morán Bovio, Art. 2.22, nº 1, p. 163; interpretación similar de T. Naudé en Vogenauer, Art. 2.1.22, nº 4.

[1056] M. J. Bonell, An International Restatement, p. 111; T. Naudé en Vogenauer, Art. 2.1.22 nº 9.

[1057] G. Christiandl en Jansen/Zimmermann, Art. 2:209 [PECL]: Condiciones generales contradictorias, no. 4 (p. 341).

[1058] Si el comprador se limita a remitir a sus cláusulas estándar excluyendo la CISG de un modo que no cumple el elevado estándar de la CISG, la exclusión de la CISG no será válida. La norma de la CISG exigirá a menudo el envío de las cláusulas estándar, véase L. Spagnolo en Mankowski, Commercial Law, Art. 14 CISG nº 20 y nº 19; Tribunal Supremo Federal alemán. N.º VIII ZR 60/01, NJW 2002, pp. 370, 371; Rechtbank Midden-Nederland, n.º C/16/333272 (2016), CISG-online n.º 2685; Rechtbank Rotterdam, n.º C/10/476130 (2015). Schrijvershof B.V. contra F.V. Producciones Origen S.L., CISG-online n.º 2683; Tribunal Supremo de Austria, n.º 10 Ob 518/95 (1996), CISG-online n.º 224).

La unidad comercial competente del proveedor comienza inmediatamente a ejecutar el pedido (es decir, **"inmediatamente después de recibir una aceptación en los términos del destinatario de la oferta"**[1059]). **La contraoferta del comprador y sus condiciones estándar pueden haber sido aceptadas por conducta**[1060] (Art. 2.1.6 oración 1, si es aplicable dadas las circunstancias[1061]), debidamente interpretada dadas las circunstancias (Art. 4.2, 4.3).[1062] (ii) Alternativamente, las partes pueden acordar (a) iniciar la ejecución teniendo en cuenta las limitaciones temporales de un proyecto a largo plazo, (b) dejar deliberadamente abierto por ahora el conflicto entre sus cláusulas estándar (Art. 2.1.14), y (c) negociar de buena fe las cuestiones abiertas (o una lista de cuestiones acordadas) en un plazo determinado.[1063] En tales casos, se aplicarán las normas por defecto del régimen jurídico aplicable, por ejemplo, la CISG si el contrato se refiere a la compraventa internacional de mercancías (ya que una exclusión de la CISG en las cláusulas estándar no tiene (todavía) ningún efecto).

5

Por lo tanto, **es importante determinar al principio de la negociación de un contrato qué normas jurídicas (por defecto) se aplican en caso de conflicto de cláusulas estándar**, especialmente si la cláusula de resolución de conflictos y de elección de los Principios UNIDROIT (o de elección de una ley nacional) —o una cláusula de exclusión de la CISG en virtud de su Art. 6— figuran en las cláusulas tipo sobre las que no existe acuerdo. La determinación debe hacerse teniendo en cuenta los tratados aplicables sobre derecho uniforme (como la CISG) y las normas de derecho internacional privado potencialmente aplicables. En este supuesto, el Derecho internacional privado de la sede de la parte contratante puede ser relevante.[1064] **Para los contratos de compraventa internacional, a menudo se aplicará la CISG** (Introducción número 9b) para la que su Consejo Consultivo ha emitido, teniendo debidamente en cuenta el Art. 2.1.22 de los Principios UNIDROIT, la opinión de aplicar la regla de "knock-out".[1065]

[1059] G. Christiandl en Jansen/Zimmermann, Art. 2:209 [PECL]: Condiciones generales contradictorias, no. 4 (p. 341).

[1060] G. Christiandl en Jansen/Zimmermann, Art. 2:209 [PECL]: Conflicting General Conditions, no. 4 (p. 341), con otras referencias.

[1061] En caso de que la elección de los Principios UNIDROIT esté contenida en las cláusulas estándar del proveedor, el Art. 18 CISG puede aplicarse en escenarios de ventas internacionales; si las condiciones estándar del comprador excluyen la CISG bajo su Art. 6 - con o sin la debida consideración de las ventajas y desventajas de utilizar una ley uniforme internacional disponible con jurisprudencia mundial existente —, la ley nacional aplicable determinará si la conducta equivale a asentimiento.

[1062] Para un ejemplo similar, véase R. Anderson en Vogenauer, Art. 2.1.12 nº 7 (basado en un caso suizo de CISG): Hecho similar, pero esta vez el vendedor/oferente se opone al pedido del comprador (con sus condiciones estándar) con una "confirmación de pedido" escrita que se refiere de nuevo a las condiciones estándar del vendedor. Esta vez, el comprador empieza a cumplir pagando un primer plazo del precio y, de este modo, acepta la confirmación del pedido, calificada como una nueva oferta, por conducta.

[1063] El riesgo restante es considerable; tanto en la industria de la construcción como en la del automóvil, el autor ha observado que tales negociaciones han durado varios meses, incluso años, ya que entonces el asunto carece a menudo de la priorización y determinación necesarias.

[1064] En caso de ejecución del contrato sin cláusulas contractuales acordadas, los tribunales extranjeros de la sede de la parte contratante pueden ser competentes para conocer de un futuro litigio; dicho tribunal aplicaría su Derecho internacional privado.

[1065] En la práctica, el escenario de "inicio de ejecución" de un acuerdo a largo plazo o de proyecto es bastante frecuente cuando los empresarios empiezan a actuar sin el apoyo constructivo de los departamentos jurídi-

6

Contratos a largo plazo: En relación con la necesidad práctica de oponerse a las referencias automatizadas a cláusulas tipo en el curso de futuras celebraciones de contratos en el ámbito de un acuerdo marco, véase Art. 2.1.1 número 4.

SECCIÓN 2. AUTORIDAD DE LOS AGENTES

Historia legislativa (documentos clave)

En preparación de los **Principios de 2004** - Ponente Michael Joachim Bonell:
StL-Misc. 20, p. 8-17 (1er esbozo en **1998**); StL-Doc. 56 (1er borrador en **1998**); StL-Misc. 21, p. 4-48 (1er debate en **1999**); StL-Doc. 63 (2° borrador en **1999**); StL-Doc. 63/Add. 1 (comentario sobre el proyecto en **1999**); StL-Misc. 22, p. 104-109 (2ª discusión en **2000**); StL-WP. 1 (propuesta de 3er proyecto en **2000**); StL-Doc. 67 (3er proyecto en **2001**); StL-Misc. 23, pp. 1-6 (3ª discusión en **2001**); StL-Doc. 72 (4° borrador en **2001**); StL-Doc. 79 (5° borrador en **2003**); StL-Doc. 90 (6° borrador en **2003**)

Artículo 2.2.1 (Ámbito de aplicación de esta Sección)

(1) Esta Sección regula la facultad de una persona ("el representante") para afectar las relaciones jurídicas de otra persona ("el representado") por o con respecto a un contrato con un tercero, ya sea que el representante actúe en su nombre o en el del representado.

(2) Esta Sección sólo regula las relaciones entre el representado o el representante, por un lado, y el tercero por el otro.

(3) Esta Sección no regula la facultad del representante conferida por la ley ni la facultad de un representante designado por una autoridad pública o judicial.

A. Única representación en el proceso de formación del contrato

1

El art. 2.2.1 define el ámbito de aplicación de la **sección 2**, es decir, **todos los aspectos de la representación que son relevantes para una relación contractual con un tercero.**[1066] Basado en gran medida en el Convenio de UNIDROIT sobre la representación en la compraventa internacional de mercaderías de 1983 (Ginebra),[1067] de conformidad con el **párrafo 1** del Art. 2.2.1-2.2.10 **reafirman los principios para los casos frecuentes**[1068] en los que la

cos.

1066 StL-Misc. 21 (1999), no. 32; CNUDMI y otros, Guía Jurídica Tripartita, no. 442 (p. 97-98); L. Rademacher en Jansen/Zimmermann, Art. 3:101 [PECL]: Ámbito de aplicación del capítulo, n° 3 en p. 597.

1067 StL-Misc. 20 (1998), no. 33 y ss. (Bonell); StL-Doc. 56 (1998), p. 1; T. Krebs en Vogenauer, Art. 2.2.1 n° 1; L. Rademacher en Jansen/Zimmermann, Introducción antes del Art. 3:101 [PECL], n° 8 (pp. 592-593).

1068 Para los antecedentes históricos desde el Derecho romano (que ignoraba la representación) hasta el "milagro jurídico" (Rabel) de desarrollar el concepto de representación a partir del siglo XII, primero en el Derecho

formación de contratos transfronterizos (y otros pasos en la vida de un contrato)[1069] incluye actividades de **"representantes"**,[1070] que actúan con poder expreso, implícito (art. 2.2.2), aparente (art. 2.2.5) o sin poder (art. 2.2.6., 2.2.9), incluida la sub-representación (art. 2.2.8), pero con excepción de las representaciones **"indirectas" y "no reveladas"**.[1071] Las normas sobre representación se aplican con independencia del criterio tradicional del Derecho civil de si el representante actúa "en su propio nombre o en el del representado".[1072] Art. 2.2.1-2.2.10 tampoco regulan **(i)**, según el párrafo 2, la relación contractual interna entre el representado y el representante, que está sujeta a la legislación aplicable en caso contrario[1073] (incluida, por ejemplo, en los Estados miembros de la Unión Europea, la legislación nacional basada en la Directiva 86/653/CEE del Consejo sobre la coordinación de los derechos de los Estados miembros en lo referente a los representantes independientes)[1074] o el contrato[1075] (con la excepción de que el art. 2.2.2 sí cubre la concesión de poderes del mandante al representante)[1076] o **(ii)** intermediarios que carecen de autoridad para contribuir a la celebración de un contrato de otra persona.[1077] Art. 2.2.1 y siguientes sólo se refieren a los contratos, no a los actos ilícitos (engaño, agresión, intimidación).[1078] En cuanto al **párrafo 3**, leído junto con los Comentarios Oficiales,[1079] la sección sobre representación no interfiere con la autoridad de un representante conferido por la ley[1080] (por ejemplo, negotiorum gestio, autoridad de un director general de una sociedad conferida por la ley aplicable —posiblemente incluso obligatoria[1081] (→ art. 1.4)— ley de sociedades) o por orden judicial,[1082] mientras que los arts. 2.2.1 y siguientes pueden aplicarse si no entran en conflicto con las

---

civil y después en el common law, véase L. Rademacher en Jansen/Zimmermann, Introduction before Art. 3:101 [PECL], nº 3-7 (pp. 589-593).

1069 L. Rademacher en Jansen/Zimmermann, Art. 3:101 [PECL]: Ámbito de aplicación del capítulo, nº 3 en p. 597 dando como ejemplos, con referencia a StL-Misc. 21 (1999), no. 34, "la ejecución del contrato, la comunicación de una resolución o la representación en funciones pasivas como la recepción de notificaciones".

1070 T. Krebs en Vogenauer, Art. 2.2.1 nº 5. Sobre la terminología de "agent", véase L. Rademacher en Jansen/Zimmermann, Introducción antes del Art. 3:101 [PECL], nº 2 (p. 588).

1071 StL-Misc. 20 (1998), no. 56 (Lando) y ss.; T. Krebs en Vogenauer, Art. 2.2.1 nº 1-2.

1072 Sobre la renuncia al principio de publicidad, véase StL-Misc. 21 (1999), nº 100; L. Rademacher en Jansen/Zimmermann, Art. 3:101 [PECL]: Ámbito de aplicación del capítulo, nº 5 (pp. 598-599) y Art. 3:102 [PECL]: Categories of Representation, nº 11 (pp. 606-607) resumiendo "las razones para no hacer de la revelación de la identidad del representado un requisito obligatorio para que operen los efectos de la representatio" como la libertad contractual; el "tercero asume entonces deliberadamente el riesgo de tener un deudor desconocido que efectivamente no puede ser demandado".

1073 Comentarios oficiales, Art. 2.2.1 nº 1, p. 75.

1074 DO [1986] L 382/17; L. Rademacher en Jansen/Zimmermann, Introducción ante el art. 3:101 [PECL], nº 9 (p. 593).

1075 StL-Misc. 20 (1998), nº 84 (Bonell).

1076 L. Rademacher en Jansen/Zimmermann, Art. 3:101 [PECL]: Scope of the Chapter, nº 2 (p. 596), con palabras críticas sobre esta disposición técnica porque no menciona dicha excepción.

1077 Comentarios oficiales, Art. 2.2.1 nº 2, pp. 75-76; T. Krebs en Vogenauer, Art. 2.2.1 nº 10.

1078 T. Krebs en Vogenauer, Art. 2.2.1 nº 8-9 (remisión, para el caso de responsabilidad extracontractual, al art. 3.2.8 sobre resolución de contratos y al Derecho nacional aplicable).

1079 Comentarios oficiales, Art. 2.2.1 nº 5, pp. 76-77; L. Rademacher en Jansen/Zimmermann, Art. 3:101 [PECL] Ámbito de aplicación del Capítulo, no. 4 (p. 598).

1080 Véase L. Rademacher en Jansen/Zimmermann, Art. 3:201 [PECL]: Autoridad expresa, implícita y aparente, nº 7 (p. 612).

1081 Comentarios oficiales, Art. 2.2.1 nº 5, p. 76.

1082 Véase T. Krebs en Vogenauer, Art. 2.2.1 nº 15.

"normas especiales sobre la autoridad de los órganos, directivos o socios"[1083] (por ejemplo, la autoridad aparente en virtud del Art. 2.2.5 (2)[1084]).

B. Concepto amplio de agencia

2

El régimen de los Principios UNIDROIT sobre representación **constituye un compromiso entre los conceptos de derecho civil y de common law**[1085] y debe interpretarse de forma autónoma (art. 1.6 (1)).[1086] El concepto es amplio: Incluye, entre otros, **(i)** los agentes que actúan en nombre propio ("comisionista", Art. 2.2.3 (2))[1087] y **(ii)** los "mensajeros" y los autorizados como "destinatarios de mensajes"[1088] ya que, para su labor, también están dotados de "autoridad... para afectar a las relaciones jurídicas de otra persona" (apartado 1).[1089]

Artículo 2.2.2 (Constitución y alcance de la facultad del representante)

(1) El otorgamiento de facultades por el representado al representante puede ser expreso o tácito.

(2) El representante tiene facultad para realizar todos los actos necesarios, según las circunstancias, para lograr los objetivos por los que el apoderamiento fue conferido.

A. Autoridad otorgada por el director (Párrafo 1)

1

El poder expreso o tácito (real) de un representante se deriva de las declaraciones del representado (por ejemplo, en **un "poder" escrito**, con independencia de la legislación aplicable a dicho "poder")[1090] o de su conducta, **"o de una combinación de ambas"**[1091]

1083 Comentarios oficiales, Art. 2.2.1 nº 5 en p. 77; L. Rademacher en Jansen/Zimmermann, Art. 3:101 [PECL]: Scope of the Chapter, nº 2 en p. 598 (acogiendo con satisfacción la decisión del legislador de soft law "[d]ada la importancia práctica de la representación estatutaria" ya que "no hay razón" para un tratamiento diferente de la representación conferida por la ley "una vez establecida la relación en cuestión").

1084 Comentarios oficiales, Art. 2.2.1 nº 5, p. 77.

1085 Véase T. Krebs en Vogenauer, Art. 2.2.1 nº 1, 12; véase L. Rademacher en Jansen/Zimmermann, Art. 3:101 [PECL] Ámbito de aplicación del capítulo, nº 5 (pp. 598-599): nociones de common law, pero con consecuencias diferentes en comparación con el Derecho inglés).

1086 DO [1986] L 382/17; L. Rademacher en Jansen/Zimmermann, Introducción ante el art. 3:101 [PECL], nº 9 (p. 593).

1087 Comentarios oficiales, Art. 2.2.1 nº 3, p. 76.

1088 T. Krebs en Vogenauer, Art. 2.2.1 nº 11.

1089 Véanse también los Comentarios Oficiales, Art. 2.2.1 nº 2, pp. 75-76.

1090 El Convenio de La Haya sobre la ley aplicable a la representación, de 14 de marzo de 1978, permite la elección de la ley aplicable en los PdA. Lo mismo ocurre con muchas otras leyes internacionales privadas de jurisdicciones que, como Alemania (véase el Art. 8 de la Ley alemana de introducción al Código Civil alemán - Einführungsgesetz zum Bürgerlichen Gesetzbuch "EGBGB", introducida en 2017), no son parte del Convenio.

1091 T. Krebs en Vogenauer, Art. 2.2.2 nº 5.

(por ejemplo, la comunicación oral por parte del representado conjuntamente al tercero y al representante).[1092] **No requiere aceptación**[1093] ni forma,[1094] sin perjuicio de la legislación local imperativa para la autorización especial de determinados actos formales,[1095] por ejemplo, en algunas jurisdicciones para determinados asuntos relacionados con el derecho inmobiliario o de sociedades (art. 1.4). En consonancia con la mayoría de las legislaciones nacionales, el otorgamiento de poderes es distinto y, por tanto, **"abstracto de una relación contractual subyacente"** entre el representado y el representante (principio de abstracción).[1096]

B. Autoridad incidental (párrafo 2)

2

El **"poder incidental"** del apartado 2 incluye todos los actos "necesarios, según las circunstancias" para lograr el propósito.[1097] Dicho "poder real implícito" también se define mediante la interpretación de la declaración o conducta del representado (Art. 4.2-4.3 referido al "al significado que le hubiera atribuido en circunstancias similares una persona razonable de la misma condición que la otra parte", Art. 4.2 (1)). Por ejemplo, puede referirse a acuerdos sobre detalles del supuesto contrato[1098] y puede derivarse de una determinada posición[1099] (con una línea de demarcación flotante a la "autoridad aparente" (→ Art. 2.2.5 (2)) si el agente se extralimita en sus facultades)[1100] y/o usos[1101] (Art. 1.9). El representante deberá ejercer su poder **de buena fe** (Art. 1.7).[1102] El art. 2.2.8 trata la cuestión especial del poder implícito para la sub-representción.[1103]

Artículo 2.2.3 (Representación aparente)

(1) Cuando un representante actúe en el ámbito de su poder y el tercero supiera o debiera haber sabido que el representante actuaba como tal, los actos del representante

---

1092 Contraejemplo de T. Krebs en Vogenauer, Art. 2.2.2 nº 4 (argumentando que la comunicación a un tercero sólo puede fundar una autoridad aparente, Art. 2.2.5 (2)).

1093 T. Krebs en Vogenauer, Art. 2.2.2 nº 3; L. Rademacher en Jansen/Zimmermann, Art. 3:201 [PECL]: Autoridad expresa, implícita y aparente, no. 5 (pp. 611-612).

1094 Comentarios oficiales, Art. 2.2.2 nº 1, p. 78; T. Krebs en Vogenauer, Art. 2.2.2 nº 4; Bonell en: Hartkamp (Ed.), pp. 515, 520; véase L. Rademacher en Jansen/Zimmermann, Art. 3:201 [PECL]: Express, Implied and Apparent Authority, no. 4 (p. 611) sobre un panorama divergente de las legislaciones nacionales en Europa.

1095 StL-Misc. 21 (1999), nº 93 que hace referencia a conceptos jurídicos en el mundo árabe (El Kholy).

1096 L. Rademacher en Jansen/Zimmermann, Art. 3:201 [PECL]: Autoridad expresa, implícita y aparente, nº 2 (p. 610).

1097 Comentarios oficiales, Art. 2.2.2 nº 2, pp. 78-79 (con Ilustración 2, p. 79).

1098 Véase el ejemplo dado por T. Krebs en Vogenauer, Art. 2.2.2 nº 10.

1099 T. Krebs en Vogenauer, Art. 2.2.2 nº 11 ("dependiente", "jefe de tienda").

1100 T. Krebs en Vogenauer, Art. 2.2.2 nº 11.

1101 T. Krebs en Vogenauer, Art. 2.2.2 nº 12.

1102 T. Krebs en Vogenauer, Art. 2.2.2 nº 6-7.

1103 L. Rademacher en Jansen/Zimmermann, Art. 3:201 [PECL]: Autoridad expresa, implícita y aparente, nº 6 (p. 612).

afectarán directamente a las relaciones jurídicas entre el representado y el tercero y no se creará ninguna relación jurídica entre el representante y el tercero.

(2) No obstante, los actos del representante sólo afectarán a las relaciones entre el representante y el tercero, cuando el representante, con el consentimiento del representado, se comprometa a ser parte en el contrato.

A. "Representación aparente real"

1

Basado en un ingenioso compromiso entre el Derecho civil y el common law,[1104] **el párrafo 1 describe en palabras sencillas el principio de representación aparente real, suponiendo que el representante actúa dentro de su ámbito de autoridad** (de lo contrario, aplicaría el Art. 2.2.5 (2) o Art. 2.2.6).[1105] Incluye las circunstancias en las que el tercero "debería haber sabido" (tras la interpretación de la conducta del representante y/o del representado de conformidad con el Art. 4.2-4.3)[1106] que el representante actúa por cuenta de un tercero.[1107]

B. Consecuencias "clásicas[1108]

2

(i) El intermediario no es personalmente responsable[1109] —**"abandona"** la relación contractual[1110] —, salvo pacto en contrario (por ejemplo, casos de responsabilidad solidaria,[1111] Art. 1.5). **(ii)** El tercero **no puede ejercer ningún derecho de compensación contra el representante** (art. 8.1 y siguientes). (iii) El tercero soporta el riesgo de insolvencia del repre-

---

1104 L. Rademacher en Jansen/Zimmermann, Art. 3:102 [PECL]: Categories of Representation, nº 7 (p. 604); para seguir las razones de esta apreciación es muy recomendable la lectura del estudio comparativo ibid. nº 2-6 (pp. 601-604), así como del Art. 3:102 [PECL], nº 7 (p. 604) es muy recomendable. En pocas palabras, parece que, en esencia, los tribunales de common law y de civil law llegarán a decisiones similares en cuanto al fondo (ibid. nº 6 en p. 604; nº 10 (p. 606) con otras referencias, entre otras, a Kötz), mientras que el enfoque y la terminología difieren sustancialmente entre el Derecho continental europeo analizado (que utiliza la intención del agente como punto de partida) y el Derecho inglés ("centrado en la percepción (o la perceptibilidad) por parte del tercero de la relación de agencia entre agente y principal", ibid. nº 6 en p. 604). Siguiendo el planteamiento del Convenio de UNIDROIT de 1983 (Ginebra) sobre la representación en la compraventa internacional de mercaderías (→ art. 2.2.1 nº 1), el art. 2.2.3(1) tiende un puente entre estos conceptos ("modelado sobre la idea inglesa de disclosed and undisclosed agency, distinguiendo sobre la base de si el tercero sabe o debería haber sabido a partir de las circunstancias que existe una relación de representación entre el agente y el representado", ibid. nº 7 (p. 604).

1105 T. Krebs en Vogenauer, Art. 2.2.3 nº 5.

1106 Véase, por ejemplo, T. Krebs en Vogenauer, Art. 2.2.3 nº 7, 13; L. Rademacher en Jansen/Zimmermann, Art. 3:102 [PECL]: Categorías de representación, nº 10 (p. 606).

1107 Comentarios oficiales, Art. 2.2.3 nº 1, p. 79.

1108 Enumeración basada en T. Krebs en Vogenauer, Art. 2.2.3 nº 15.

1109 Comentarios oficiales, Art. 2.2.3 nº 2, Ilustración 1, p. 80; cf. T. Krebs en Vogenauer, Art. 2.2.3 nº 10 (el agente "sale de escena" tras la celebración del contrato).

1110 L. Rademacher en Jansen/Zimmermann, Art. 3:301 [PECL]: Intermediarios que no actúan en nombre de un mandante, nº 1 (p. 637); T. Krebs en Vogenauer, Art. 2.2.3 nº 10.

1111 T. Krebs en Vogenauer, Art. 2.2.3 nº 11.

sentado (que puede incluso desconocer si se trata de un caso en el que "debería haberlo sabido"). (iv) El pago al representante no puede liberar al tercero de sus obligaciones frente al representado.

C. "Indirecta" o "Comisión[1112]

3

El **párrafo 2** incluye de forma destacada las conclusiones contractuales en las que **el representado desea permanecer en el anonimato**[1113] ("representado no identificado o anónimo")[1114] mientras que la representación como tal es revelada o "debería conocerse" (de lo contrario, se aplica el art. 2.2.4).[1115]

Artículo 2.2.4 (Representación oculta)

(1) Cuando un representante actúa en el ámbito de su representación y el tercero no sabía ni debiera haber sabido que el representante estaba actuando como tal, los actos del representante afectan solamente las relaciones entre el representante y el tercero.

(2) Sin embargo, cuando tal representante, al contratar con un tercero por cuenta de una empresa, se comporta como dueño de ella, el tercero, al descubrir la identidad del verdadero titular de la misma, podrá ejercitar también contra este último los acciones que tenga en contra del representante.

A. Otro compromiso

1

El art. 2.2.4 cubre el supuesto opuesto del art. 2.2.3 (el tercero **"no tiene conocimiento"** de la representación, **"ni debería haber sabido"**).[1116] También supone que el representante respeta su ámbito de poder (de lo contrario, se aplica el artículo 2.2.6). **Constituye un puente internacional entre el common law** (con una "doctrina del principio de no revelación"

[1112] Comentarios oficiales, Art. 2.2.3 nº 4, p. 81; StL-WP. 1 (2000), p. 3 (hace referencia a los comisionistas en algunas legislaciones nacionales).

[1113] Bonell, Capítulo 22 "Agencia", en Hartkamp et al. (eds.), Hacia un Código Civil Europeo, pp. 515, 524 y allí nota 54, citado convincentemente por T. Krebs en Vogenauer, Art. 2.2.3 nº 3 (con observaciones críticas en los nºs 3-4). Como se señala en los Comentarios Oficiales, Art. 2.2.3 nº 4 (ilustración 7), p. 81 y por L. Rademacher en Jansen/Zimmermann, Art. 3:102 [PECL]: Categories of Representation, nº 12 (pp. 607-608), las acciones de un "representante" que no actúa "con el consentimiento del representado" como su representante, sino que (el cual viola su acuerdo con el representado) y actúa por su cuenta y no para el director, quedan fuera del ámbito de aplicación de la sección sobre "representación" (como observa Rademacher, ibídem, "surge una relación contractual entre el agente y el tercero"). Si el contrato entre el agente y el representado ibídem, "surge una relación contractual entre el agente y el tercero"). Si el contrato entre el agente y el del contrato de agencia).

[1114] T. Krebs en Vogenauer, Art. 2.2.3 nº 12.

[1115] Sobre la línea de demarcación entre ambas disposiciones T. Krebs en Vogenauer, Art. 2.2.3 nº 13.

[1116] Comentarios oficiales, Art. 2.2.4 nº 1, p. 82.

más amplia) y otras soluciones (de Derecho civil) (como la "representación indirecta", la "comisión").[1117]

B. Sólo una relación con el "Representante"

2

En el supuesto contemplado en el **párrafo 1**, tanto el tercero como el representado **"deben dirigirse al intermediario"**,[1118] a menos que el derecho imperativo aplicable (art. 1.4) prevea una protección adicional, por ejemplo, en caso de insolvencia del "representante".[1119] El **artículo 1** se ha caracterizado como **"una declaración técnica aclaratoria"** que describe una consecuencia "evidente"[1120] (del principio de la relación contractual directa).[1121]

C. Una estrecha excepción[1122] (Párrafo 2)

3

Si un representante **"oculto"** (primera condición), que actúa con la aprobación del representado[1123] (segunda condición), se presenta como el propietario de una empresa (no constituida en sociedad) (tercera condición), y además, si el tercero no tuviera que conocer la representación (de ser así, se aplicaría el Art. 2.2.3)[1124] como, por ejemplo, en los casos

---

1117 StL-Misc. 23 (2001), nº 13 (Bonell). Para una explicación, véase T. Krebs en Vogenauer, Art. 2.2.4 nº 1-2 (con referencia al art. 3:102 (2) PECL para el Derecho civil; y con una explicación de por qué se descartó la doctrina del Common Law del principio no revelado para los casos internacionales) y nº 15; L. Rademacher en Jansen/Zimmermann, Art. 3:301 [PECL]: Intermediaries not Acting in the Name of a Principal, nº 1 (p. 637). Desde la perspectiva actual, cabe añadir que la vía elegida por el Grupo de Trabajo para la agencia internacional se corresponde mejor con los requisitos modernos de la legislación contra el blanqueo de capitales.

1118 T. Krebs en Vogenauer, Art. 2.2.4 nº 5-6; cf. también Bennett, Unif. Law Rev. 2006, pp. 771, 778; L. Rademacher en Jansen/Zimmermann, Art. 3:302 [PECL]: Intermediary's Insolvency or Fundamental Non-performance to Principal, nº 8 (p. 642); sobre enfoques divergentes tanto en el Derecho inglés (donde "el representado no revelado adquiere el derecho a demandar al tercero" según la "doctrina del representado no revelado") como en algunos Derechos continentales (como la acción oblicua del Art. 1199 oración 2, 1341-1 Código civil francés) véase ibíd., nº. 5-6 (pp. 640-641).

1119 Por ejemplo, el art. 7:420 (1) del Código Civil neerlandés, que concede una acción al mandante contra el tercero, entre otras cosas, en caso de insolvencia del intermediario; véase T. Krebs en Vogenauer, Art. 2.2.4 nº 7-8 (con una referencia adicional al Código belga de quiebras de 1997 en el nº 9) y L. Rademacher en Jansen/Zimmermann, Art. 3:302 [PECL]: Intermediary's Insolvency or Fundamental Non-performance to Principal, nº 6 (p. 641).

1120 L. Rademacher en Jansen/Zimmermann, Art. 3:301 [PECL]: Intermediarios que no actúan en nombre de un mandante, nº 1 (p. 637).

1121 Véase L. Rademacher en Jansen/Zimmermann, Art. 3:303 [PECL]: Intermediary's Insolvency or Fundamental Non-performance to Third Party, nº 2 (p. 646) haciendo referencia a este principio en el contexto de la explicación de por qué el Derecho alemán, que en un principio concedía cierto derecho de enriquecimiento al tercero, ha abolido este enfoque con el tiempo.

1122 Se basó en el caso estadounidense en Grinder v. Bryans Road Bldg. and Supply Co., 432 A.2d 453 (Md. App. 81), véase StL-Misc. 23 (2001), nº 13 (Bonell) con referencias adicionales al Derecho italiano y alemán.

1123 Argumentum "tal" agente (es decir, un agente que actúa "en el ámbito de su autoridad"), como acertadamente señala T. Krebs en Vogenauer, Art. 2.2.4 nº 11, 14.

1124 T. Krebs en Vogenauer, Art. 2.2.4 nº 12.

de actuación de un representante en nombre de una sociedad[1125] (cuarta condición), el tercero querrá contratar con el propietario de la empresa, independientemente de la identidad del representante.[1126] En tales circunstancias, **el párrafo 2 concede un derecho directo del tercero contra el representado**[1127] (pero no viceversa);[1128] por lo que el representado debería tener derecho a oponer las mismas excepciones que el representante podría oponer al tercero.[1129]

D. Opción para el mandante

4

El representado de un intermediario oculto (que puede necesitar financiamiento del representado para iniciar la celebración del contrato, por ejemplo, para un pago inicial) **puede considerar una cesión de los créditos futuros** del intermediario frente al tercero (→ art. 9.1.5).[1130] Sujeto al escrutinio de la legislación sobre insolvencia obligatoria aplicable (art. 1.4) y a las circunstancias del caso, dicha cesión puede evitar o reducir el riesgo de insolvencia del agente (→ art. 9.1.10 (2)). 9.1.10 (2)).

Artículo 2.2.5 (Representante actuando sin poder o excediéndolo)

(1) Cuando un representante actúa sin poder o lo excede, sus actos no afectan las relaciones jurídicas entre el representado y el tercero.

(2) Sin embargo, cuando el representado genera en el tercero la convicción razonable que el representante tiene facultad para actuar por cuenta del representado y que el representante está actuando en el ámbito de ese poder, el representado no puede invocar contra el tercero la falta de poder del representante.

1125 Observación correcta de T. Krebs en Vogenauer, Art. 2.2.4 nº 13.

1126 T. Krebs en Vogenauer, Art. 2.2.4 nº 13.

1127 Comentarios oficiales, Art. 2.2.4 nº 3 e Ilustración 2, p. 83; L. Rademacher en Jansen/Zimmermann, Art. 3:302 [PECL]: Intermediaries not Acting in the Name of a Principal, nº 8 (p. 642) con un análisis de la historia del Art. 2.2.4 (incluido el consentimiento de los abogados ingleses participantes) y la desviación tanto con respecto al Derecho inglés como al Derecho continental (resumido en pp. 640-641, nº 5 y 6); e ibid. art. 3:303 [PECL]: Insolvencia del intermediario o incumplimiento esencial frente a terceros, nº 3 (pp. 646-647) con referencia al caso estadounidense subyacente e inspirador Grinder v Bryans Road Building Supply Co 432 A2d 453 (Md App 1981) y al caso inglés Watteau v Fenwick [1893] 1 QB 346.

1128 T. Krebs en Vogenauer, Art. 2.2.4 nº 14.

1129 L. Rademacher en Jansen/Zimmermann, Art. 3:303 [PECL]: Insolvencia del intermediario o incumplimiento esencial frente a terceros, no. 3 in fine en p. 647.

1130 Inspirado en la discusión de la ley holandesa sobre insolvencia del intermediario en L. Rademacher en Jansen/Zimmermann, Art. 3:302 [PECL]: Intermediary's Insolvency or Fundamental Non-performance to Principal, nº 6 (p. 641).

A. Principio: Ausencia de consecuencias jurídicas directas para el representado (párrafo 1)

1

Sin perjuicio del derecho imperativo eventualmente aplicable que exija la publicación de las restricciones del poder de determinadas clases de representantes (art. 1.4),[1131] el párrafo 1 reitera el principio general[1132] según el cual, sin alguna contribución propia (→ B. y C.), un representado no está obligado por la actuación de un representante no autorizado o de un representante que se exceda en sus facultades.[1133] Si bien el **párrafo 1 constituye una contrapartida lógica del art. 2.2.3** (1) y, por lo tanto, puede no ser realmente necesario,[1134] la norma aporta claridad, especialmente como introducción al párrafo 2.

B. Excepción por Acción Propia del representado (Párrafo 2)

2

Basándose en el principio general de buena fe y lealtad negocial (art. 1.7) y en la prohibición de comportamiento incoherente (art. 1.8),[1135] **el párrafo 2 establece una excepción.** La exención de responsabilidad del representado en virtud del párrafo 1 no se aplica si la conducta del representado, debidamente interpretada (art. 4.2-4.3), hizo que el tercero confiara en el poder del representante en "creencia razonable" (poder aparente),[1136] mientras que el representante (tras la interpretación de sus instrucciones) normalmente sabrá que actúa sin poder (de lo contrario estaría amparado por el poder real implícito y el art. 2.2.5 (2)). 2.2.5 (2) no sería de aplicación).[1137] **El representado se convierte en responsable frente al tercero en virtud del contrato, lo que a su vez protege al representante frente a las reclamaciones del tercero**[1138] (para beneficiarse de "sus" derechos en virtud del contrato potencial, el representado tendría que ratificarlo → Art. 2.2.9 (1)).[1139] La conducta relevante del principio (o de un agente autorizado que actúe dentro de sus facultades)[1140] incluye muy especialmente las representaciones expresas o implícitas,[1141] (por ejemplo, la conducta del representado, debidamente interpretada (art. 4.2-4.3), con respecto al comportamiento

---

1131 Por ejemplo, Art. 3:61 (3) Código Civil neerlandés, mencionado por primera vez por T. Krebs en Vogenauer, Art. 2.2.5 nº 7 nota 85.

1132 Véase, por ejemplo, T. Krebs en Vogenauer, Art. 2.2.5 nº 1.

1133 Comentarios oficiales, Art. 2.2.5 nº 1 e Ilustración 1, p. 84.

1134 . Cf. L. Rademacher en Jansen/Zimmermann, Art. 3:201 [PECL]: Autoridad expresa, implícita y aparente, nº 11 nota 41 en p. 615: "prescindible".

1135 Comentarios oficiales, Art. 2.2.5 nº 2, pp. 84-85; T. Krebs en Vogenauer, Art. 2.2.5 nº 3.

1136 Comentarios oficiales, Art. 2.2.5 nº 2 e Ilustraciones 2-3, pp. 84-85. Para saber hasta qué punto la autoridad aparente es autoridad "real", véase el resumen de T. Krebs en Vogenauer, Art. 2.2.5 nº 3; L. Rademacher en Jansen/Zimmermann, Art. 3:201 [PECL]: Autoridad expresa, implícita y aparente, nº 8-11, especialmente nº. 11 (pp. 613-615).

1137 Véase T. Krebs en Vogenauer, Art. 2.2.2 nº 9.

1138 Sin perjuicio de las reclamaciones del representado contra el representante que queden fuera del ámbito de aplicación de los Principios UNIDROIT, T. Krebs en Vogenauer, Art. 2.2.5 nº 20, salvo, por supuesto, en el supuesto de que el representado y el representante hayan contratado con arreglo a los Principios UNIDROIT y, por tanto, el representante haya actuado en virtud de un contrato regido por los Principios UNIDROIT.

1139 T. Krebs en Vogenauer, Art. 2.2.5 nº 19.

1140 T. Krebs en Vogenauer, Art. 2.2.5 nº 5.

1141 Para numerosos ejemplos, véase T. Krebs en Vogenauer, Art. 2.2.5 nº 7-14.

"habitual"[1142] como una serie de transacciones anteriores).[1143] En caso de fraude por parte del agente, la interpretación del comportamiento del principal decide sobre la asignación del riesgo.[1144] Por el contrario, el representado no suele estar obligado: (i) por ninguna conducta del representante no autorizado,[1145] (ii) por meras omisiones o silencio[1146] (podría argumentarse que debe distinguirse de las circunstancias, por ejemplo, la presencia del representado durante la actuación del representante, que sugieren un "deber de hablar" mediante la interpretación (art. 4.2-4.3) de la conducta del representado), (iii) en caso de que el tercero supiera o debiera haber sabido (art. 1.7) que el representante carece de poder.[1147]

C. Opciones

2

Un representado que está obligado por poder aparente conforme al párrafo 2, tiene la opción de ratificar la acción del representante (Art. 2.2.9 (1))[1148] "para obtener un derecho contractual frente al tercero" a cambio de sus obligaciones.[1149]

D. Cherry Picking[1150] en virtud del Derecho imperativo extracontractual

3

En muchos ordenamientos jurídicos, **el Derecho mercantil o de sociedades exige el registro de determinados cargos directivos o de otro tipo** (que conllevan ciertas facultades en virtud del Derecho mercantil o de sociedades)[1151] en un registro mercantil que, en virtud del Derecho mercantil imperativo (→ art. 1.4), documenta la facultad de actuar en nombre de la sociedad.[1152] Mientras se mantenga el registro, un tercero podrá invocar dicho poder[1153]

1142 T. Krebs en Vogenauer, Art. 2.2.5 nº 8.

1143 T. Krebs en Vogenauer, Art. 2.2.5 nº 9.

1144 Véase T. Krebs en Vogenauer, Art. 2.2.5 nº 10 (con un ejemplo).

1145 Para un contraejemplo extremo basado en el asunto inglés First Energy (U.K.) Limited v Hungarian International Bank Limited [1993] 2 Lloyds Rep 194; véase T. Krebs en Vogenauer, Art. 2.2.5 nº 15-16 (no hay autoridad para celebrar un contrato, pero sí para comunicar la aprobación del Principio).

1146 T. Krebs en Vogenauer, Art. 2.2.5 nº 17 (con referencia al tenor del debate del Grupo de Trabajo en 1999).

1147 T. Krebs en Vogenauer, Art. 2.2.5 nº 18.

1148 Comentarios oficiales, Art. 2.2.5 nº 2, pp. 84-85; T. Krebs en Vogenauer, Art. 2.2.5 nº 2; L. Rademacher en Jansen/Zimmermann, Art. 3:201 [PECL]: Express, Implied and Apparent Authority, nº 11, p. 615.

1149 L. Rademacher en Jansen/Zimmermann, Art. 3:201 [PECL]: Express, Implied and Apparent Authority, nº 11, p. 615.

1150 L. Rademacher en Jansen/Zimmermann, Art. 3:201 [PECL]: Autoridad expresa, implícita y aparente, nº 11 (p. 615).

1151 Por ejemplo, el apartado 1 del artículo 35 de la GmbHG. 1 oración 1 de la Ley alemana de sociedades de responsabilidad limitada (GmbHG), que no permite limitaciones (art. 37, apdo. 2, oración 1 GmbHG).

1152 Por ejemplo, el artículo 15, apartado 2, oración 1, del Código de Comercio alemán (HGB).

1153 Véase, por ejemplo, para Europa, el art. 3 (7) subsecciones 2 y 3 de la Directiva 2009/101/CE del Parlamento Europeo y del Consejo, de 16 de septiembre de 2009, tendente a coordinar, para hacerlas equivalentes, las garantías exigidas en los Estados miembros a las sociedades definidas en el segundo párrafo del artículo 48 del Tratado, para proteger los intereses de socios y terceros (Directiva sobre Derecho de sociedades 2009), dentro de los límites establecidos por el derecho mercantil imperativo,[1154] que "prevalece sobre las normas generales en materia de representación".[1155] Más en detalle: El registro fue iniciado y, por tanto, causado por la empresa.[1156] Por lo tanto, se aproxima al Art. 2.2.5 (2),[1157] pero sigue siendo distinto debido a la diferente cualificación de dicha autoridad, por ejemplo, como una cuestión de Derecho de sociedades y no de Derecho contractual (→ Introducción número 17). También pueden surgir problemas de distinción cuando un **"representante"** que posee la propiedad del principal vende dicha propiedad (compra de buena fe).[1158]

Artículo 2.2.6 (Responsabilidad del representante sin poder o excediéndolo)

(1) Un representante que actúa sin poder o excediéndolo es responsable, a falta de ratificación por el representado, de la indemnización que coloque al tercero en la misma situación en que se hubiera encontrado si el representante hubiera actuado con poder y sin excederlo.

(2) Sin embargo, el representante no es responsable si el tercero sabía o debiera haber sabido que el representante no tenía poder o estaba excediéndolo.

A. Responsabilidad objetiva (párrafo 1)

1

El artículo 2.2.6 corresponde al Art. 16 de la Convención de Ginebra (tras minuciosos debates que incluyeron modificaciones a lo largo del tiempo).[1159] El compromiso internacional[1160] en el párrafo 1 prevé un régimen de responsabilidad objetiva del agente que debe

---

DO L 258 p. 11, como señala L. Rademacher en Jansen/Zimmermann, Art. 3:201 [PECL]: Express, Implied and Apparent Authority, nº 11 (p. 615).

1154 Véase, por ejemplo, para Europa el art. 3 (7) subsección 2: "a menos que la sociedad demuestre que [es decir, los terceros] tenían conocimiento de los textos depositados en el fichero o inscritos en el registro"; o § 15 apartado 3 HGB para Alemania. 3 HGB para Alemania.

1155 L. Rademacher en Jansen/Zimmermann, Art. 3:201 [PECL]. Express, Implied and Apparent Authority, nº 11 en p. 615.

1156 A excepción de los (raros) errores del registro mercantil, cubiertos en la directiva europea por el art. 3 (7) subapartado 2 y, en consecuencia, en el ejemplo alemán, por el § 15 subapartado. 3 HGB.

1157 Una vez registrado el cargo, salvo en casos extremadamente raros de fraude (véase, por ejemplo, para Alemania BGH, Sentencia de 17 de mayo de 1988 - VI ZR 233/87, NJW 1989, 26 y ss. sobre "abuso de poder" en caso de corrupción), carece de toda relevancia si la empresa inició o no el registro sobre la base de las aprobaciones internas adecuadas. Esta cuestión se plantea de vez en cuando en litigios ingleses sobre un contrato en virtud del Derecho contractual inglés con partes alemanas (véase, por ejemplo, UBS AG, London Branch & Anor contra Kommunale Wasserwerke Leipzig GmbH, Queen's Bench Division (Tribunal de Comercio) 15 de octubre de 2010, [2010] EWHC 2566 (Comm) (Gloster J) en nº 44-49.

1158 Véase el resumen de T. Krebs en Vogenauer, Art. 2.2.5 nº 11-14.

1159 Convención sobre los Contratos de Compraventa Internacional de Mercaderías; véase el voto del Grupo de Trabajo para seguir el enfoque del Art. 16 previendo el interés de expectativa en lugar del interés de confianza StL-Misc. 22 (2000), nº 863; Estudio L-WP.1 (2000), p. 7.

1160 StL-Misc. 21 (1999), nº 143 (Bonell); para una visión general véase T. Krebs en Vogenauer, Art. 2.2.6 nº 1 (cercano al Derecho inglés, estadounidense, neerlandés y sueco, que establece menos restricciones que, por ejemplo, el Derecho francés, italiano o alemán) y L. Rademacher en Jansen/Zimmermann, Art. 3:204 [PECL]:

una indemnización completa[1161] (Art. 7.4.1) al tercero, pero sólo en concepto de daños y perjuicios.[1162] El párrafo 1 cubre tanto la falta inicial como el exceso de poder.[1163]

B. Defensas (incluido en Párrafo 2)

2

El representante puede defenderse[1164] **(i)** procurando una ratificación del representado (Art. 2.2.9), **(ii)** con poder aparente (Art. 2.2.5 (2)) (aunque el representante podría seguir siendo responsable de los costes en que incurra el tercero para hacer valer el argumento del poder aparente frente al representado),[1165] **(iii)** planteando que el tercero conocía o debería haber conocido su falta de poder (párrafo 2),[1166] es decir, que no existe una confianza frustrada,[1167] sin que ello genere normalmente el deber de realizar indagaciones sobre el tercero.[1168] En caso de extinción de su poder (por ejemplo, por fallecimiento o quiebra), el representante puede acogerse al Art. 2.2.10.

Artículo 2.2.7 (Conflicto de intereses)

(1) Si un contrato celebrado por un representante lo involucra en un conflicto de intereses con el representado, del que el tercero sabía o debiera haber sabido, el representado puede anular el contrato. El derecho a la anulación se somete a los Artículos 3.2.9 y 3.2.11 a 3.2.15.

(2) Sin embargo, el representado no puede anular el contrato

(a) si ha consentido que el representante se involucre en el conflicto de intereses, o lo sabía o debiera haberlo sabido; o

---

Agent Acting without or outside its Authority, nº 1 (pp. 618-619): sobre la evolución hacia una norma en Europa continental (por ejemplo, en 2005 en Austria, § 1019 ABGB), mientras que el Derecho inglés opera con una "garantía de autoridad hacia el tercero" implícita. Véase además H. Bennett, Unif. Law Rev. 2006, pp. 771, 786 (con referencias al Derecho inglés).

1161 Comentarios oficiales, Art. 2.2.6 nº 1 e Ilustración 1, p. 86; L. Rademacher en Jansen/Zimmermann, Art. 3:204 [PECL]: Agent Acting without or outside its Authority, no. 3 sobre el principio de responsabilidad objetiva (pp. 619-620) y nº 5 sobre el carácter transigente de la medida del daño con respecto a las diferentes legislaciones nacionales.

1162 T. Krebs en Vogenauer, Art. 2.2.6 nº 1 nota 112 contrasta pertinentemente el Derecho alemán, que da al tercero la opción de exigir alternativamente el cumplimiento al falso agente (§ 179 (1) BGB alemán).

1163 L. Rademacher en Jansen/Zimmermann, Art. 3:204 [PECL]: Agent Acting without or outside its Authority, nº 2 (p. 619).

1164 Enumeración basada en el resumen de T. Krebs en Vogenauer, Art. 2.2.6 nº 2.

1165 T. Krebs en Vogenauer, Art. 2.2.6 nº 4.

1166 Comentarios oficiales, Art. 2.2.6 nº 2, Ilustración 2, p. 86; T. Krebs en Vogenauer, Art. 2.2.6 nº 8 y nº 6-7; L. Rademacher en Jansen/Zimmermann, Art. 3:204 [PECL]: Agent Acting without or outside its Authority, no. 4 (p. 620).

1167 L. Rademacher en Jansen/Zimmermann, Art. 3:204 [PECL]: Agent Acting without or outside its Authority, no. 4 (p. 620).

1168 T. Krebs en Vogenauer, Art. 2.2.6 nº 6.

(b) si el representante ha revelado el conflicto de intereses al representado y éste nada ha objetado en un plazo razonable.

A. Afrontar una serie de conflictos (párrafo 1, oración 1)

1

La representación se basa en la confianza,[1169] pero situaciones de conflicto de intereses se producen (por ejemplo, interés propio directo o indirecto, agencia múltiple)[1170] y deben hacerse transparentes[1171] (art. 1.7). Sin perjuicio del derecho imperativo aplicable (art. 1.4),[1172] **el art. 2.2.7 se ocupa únicamente de la repercusión de los conflictos del representante en la posible relación contractual entre el tercero y el representado**. Está en correlación con el artículo 3:205 PECL[1173] y algunas legislaciones nacionales, pero es distinto de otros.[1174] La evaluación de un conflicto de intereses requiere "discreción judicial".[1175] El socio contractual, que puede ser el más afectado por la anulación del contrato,[1176] recibe cierta protección mediante la restricción de que el párrafo 1, oración 1, sólo se aplica en caso de "conocimiento (potencial) del tercero del conflicto de intereses".[1177]

B. Distinción con los casos de exceso de autoridad

2

Krebs ha desarrollado una regla empírica:[1178] **"Cuanto más extrema sea la falta del representante, más probable es que el contrato sea nulo por falta de poder** [...]" [véase art. 2.2.5(1)] "[...] en lugar de anulable por conflicto de intereses"[1179] (de conformidad con el párrafo 1, oración 1). Depende de la interpretación de las circunstancias (incluida la evalua-

---

[1169] T. Krebs en Vogenauer, Art. 2.2.7 nº 6; L. Rademacher en Jansen/Zimmermann, Art. 3:205 [PECL]: Conflicto de intereses, nº 1 (p. 622) e ibid. Art. 3:209 [PECL]: Duración de la autoridad, nº 1 (p. 634).

[1170] Véanse los ejemplos que figuran en Comentarios oficiales, Art. 2.2.7 nº 1, p. 87; T. Krebs en Vogenauer, Art. 2.2.7 nº 7; L. Rademacher en Jansen/Zimmermann, Art. 3:205 [PECL]: Conflict of Interests, nº 2 (pp. 622-623). destacando que el Grupo de Trabajo había examinado estos supuestos en StL-Misc. 21 (1999), nº 161-172; y que "una tipología exhaustiva parece inútil".

[1171] Consejo similar de T. Krebs en Vogenauer, Art. 2.2.7 nº 9 ("mejor forma de proceder").

[1172] Por ejemplo, sobre la autocontratación, como el artículo 181 del BGB alemán o el artículo 235 del Código Civil griego. 235 del Código Civil griego; T. Krebs en Vogenauer, Art. 2.2.7 nº 5; L. Rademacher en Jansen/Zimmermann, Art. 3:205 [PECL]: Conflict of Interests, nº 2 en p. 623 con otros ejemplos de Austria, Italia, Países Bajos, Suiza.

[1173] StL-Doc. 56 (1998), pp. 1 y 16; y StL-Misc. 21 (1999), nº 156; T. Krebs en Vogenauer, Art. 2.2.7 nº 5; L. Rademacher en Jansen/Zimmermann, Art. 3:205 [PECL]: Conflicto de intereses, nº 1-7 (pp. 621-625), según el cual el Art. 3:205 PECL ha incluido una presunción explícita de conflicto de intereses "en los casos de negociación por cuenta propia y de doble mandato".

[1174] T. Krebs en Vogenauer, Art. 2.2.7 nº 5 (con referencias, por ejemplo, al Derecho consuetudinario y a las legislaciones de Francia, Italia y Portugal); L. Rademacher en Jansen/Zimmermann, Art. 3:205 [PECL]: Conflicto de intereses, no. 5 (pp. 624-625): Correlación con las legislaciones de, por ejemplo, Inglaterra, Francia e Italia, mientras que otras legislaciones, como la holandesa, la alemana o la suiza, prevén la elusión automática.

[1175] L. Rademacher en Jansen/Zimmermann, Art. 3:205 [PECL]: Conflicto de intereses, no. 3 (p. 624).

[1176] L. Rademacher en Jansen/Zimmermann, Art. 3:205 [PECL]: Conflicto de intereses, no. 4 (p. 624).

[1177] De nuevo L. Rademacher en Jansen/Zimmermann, Art. 3:205 [PECL]: Conflicto de intereses, no. 4 (p. 624).

[1178] T. Krebs en Vogenauer, Art. 2.2.7 nº 7, véase también nº. 3 (una "escala móvil de gravedad").

[1179] T. Krebs en Vogenauer, Art. 2.2.7 nº 7.

ción de los usos en ese negocio),[1180] si el representado necesita actuar para anular el contrato (por precaución, debería actuar mediante una notificación de anulación, Art. 3.2.11).[1181]

C. Consecuencias jurídicas y opciones: Evitación o confirmación

2a

El párrafo 1 oración 2 remite al Art. 3.2.11-3.2.15 para los detalles de la anulación. Así pues, **en caso de conflicto, el representado podrá anular el contrato (total o parcialmente,** → art. 3.2.13), mediante notificación (→ art. 3.2.11), en un plazo razonable desde que tuvo conocimiento de los hechos relevantes[1182] (→ art. 3.2.12 (1)), y con efecto retroactivo (→ Art. 3.2.14); y el representado podrá reclamar la restitución, si así lo exigen las circunstancias (→ Art. 3.2.15). El art. 3.2.9 deja al mandante una opción de confirmación.[1183]

D. Elusión excluida (Párrafo 2)

3

El representado pierde su derecho a anular el contrato si da su consentimiento previo y/o tiene conocimiento (real o implícito)[1184] **de "la actuación del representante en una situación de conflicto de intereses".**[1185] Sin embargo, si el representante no revela dicho conflicto, el representado tiene derecho a reclamar daños y perjuicios en virtud de otras normas de los Principios UNIDROIT (por ejemplo, Art. 7.4.1 y siguientes en conexión con Art. 1.7, 3.2.16) u otra ley aplicable.[1186]

E. Aplicabilidad más allá de la celebración del contrato

4

Si bien otras actuaciones de los agentes (más allá de la contratación) en situaciones de conflicto de intereses están —como exige el Art. 1.6— "dentro del ámbito de aplicación de estos Principios" (→ Art. 2.2.1 número 1), no están "expresamente resueltas" por el Art. 2.2.7. Una aplicación del art. 2.2.7 por analogía, como propone Rademacher,[1187] ofrece una solución acorde con "sus principios generales subyacentes" (→ art. 1.6), es decir, el objetivo de contratar de buena fe y con lealtad negocial (art. 1.7), ya que, desde la perspectiva

---

1180 T. Krebs en Vogenauer, Art. 2.2.7 nº 10 (en referencia a los agentes inmobiliarios que representan a un gran número de vendedores y compradores).

1181 T. Krebs en Vogenauer, Art. 2.2.7 nº 4.

1182 L. Rademacher en Jansen/Zimmermann, Art. 3:205 [PECL]: Conflicto de intereses, no. 5 en p. 625.

1183 Comentarios oficiales, Art. 2.2.7 nº 3, p. 88.

1184 T. Krebs en Vogenauer, Art. 2.2.7 nº 10.

1185 Comentarios oficiales, Art. 2.2.7 nº 4 e Ilustración 5, pp. 88-89; T. Krebs en Vogenauer, Art. 2.2.7 nº 9; L. Rademacher en Jansen/Zimmermann, Art. 3:205 [PECL]: Conflicto de intereses, nº 6 nota 36 (p. 625).

1186 Comentarios oficiales, Art. 2.2.7 nº 5, p. 89.

1187 L. Rademacher en Jansen/Zimmermann, Art. 3:205 [PECL]: Conflicto de intereses, nº 7 (p. 625).

de un profesional, el equilibrio matizado que establece el art. 2.2.7 proporciona una vez más una solución a los problemas de buena fe y lealtad negocial. 2.2.7 constituye de nuevo una aplicación del principio general de buena fe y lealtad negocial (art. 1.7) a una situación contractual concreta.

Artículo 2.2.8 (Sub-representación)

Un representante tiene la facultad implícita para designar un sub-representante a fin de realizar actos que no cabe razonablemente esperar que el representante realice personalmente. Las disposiciones de esta Sección se aplican a la sub-representación.

A. Sub-representación cuando sea "razonable"

1

Inspirado en el Art. 3:206 PECL y yendo más allá de la Convención de Ginebra,[1188] el Art. 2.2.8 se aparta de la mayoría de las legislaciones nacionales (que prohíben la subdelegación)[1189] en aras de la conveniencia en contextos comerciales internacionales.[1190] La oración 1 facilita la subdelegación, a menos que el representado prohíba la subdelegación mediante comunicación al tercero[1191] (y dando forma al contrato de representación).[1192] El poder real del sub-representante en virtud del art. 2.2.8 depende de la interpretación (art. 4.2-4.3) de las circunstancias de la representación. Por ejemplo, los actos puramente administrativos o las tareas compuestas imposibles de realizar por una sola persona se sitúan en un extremo (en el que no sería razonable esperar un rendimiento personal),[1193] y las tareas de carácter personal se sitúan en el otro extremo (en el que sería razonable esperar un rendimiento personal).[1194] Los factores que sugieren que la subdelegación redunda en interés del representado[1195] apuntan hacia la aplicabilidad del Art. 2.2.8.

B. Detalles y consecuencias jurídicas

2

La oración 2 se refiere a la aplicación de toda la sección por analogía, incluidas, por ejemplo, las normas sobre poder aparente del art. 2.2.5, pero también el propio art. 2.2.8

[1188] StL-Doc. 56 (1998), p. 17; y StL-Misc. 21 (1999), nº 179 (Bonell).

[1189] Delegata potestas non potest delegari, es decir, los poderes delegados no pueden ser objeto de una nueva delegación.

[1190] Cf. Comentarios oficiales, Art. 2.2.8 nº 2, Ilustración 1, p. 90; T. Krebs en Vogenauer, Art. 2.2.8 nº 1; L. Rademacher en Jansen/Zimmermann, Art. 3:206 [PECL]: Subagencia, nº 1 (p. 626): "por razones de eficacia e idoneidad".

[1191] T. Krebs en Vogenauer, Art. 2.2.8 nº 7 y nota 146.

[1192] Comentarios oficiales, Art. 2.2.8 nº 2, pp. 89-90; StL-Misc. 21 (1999), nº 189 (Schlechtriem).

[1193] T. Krebs en Vogenauer, Art. 2.2.8 nº 3, 5.

[1194] T. Krebs en Vogenauer, Art. 2.2.8 nº 2, 4; véanse los Comentarios oficiales, Art. 2.2.8 nº 2 Ilustración 2, p. 90.

[1195] T. Krebs en Vogenauer, Art. 2.2.8 nº 6.

("cadena de representantes").[1196] De este modo, los actos del subagente debidamente designado vinculan al principal[1197] de conformidad con el Art. 2.2.3 (1). Independientemente de detalles sutiles,[1198] el principal tiene la posibilidad de "poner fin a la autoridad del sub-representante, o ratificar los actos no autorizados del sub-representante".[1199] Con respecto a la posible responsabilidad del sub-representante frente al tercero en virtud del Art. 2.2.6, la cuestión es "si el sub-representante ha contratado con el tercero como sub-representante, refiriéndose al poder del mandatario, o si se presentó ante el tercero como agente del mandante".[1200]

Artículo 2.2.9 (Ratificación)

(1) Un acto por un representante que actúa sin poder o excediéndolo puede ser ratificado por el representado. Con la ratificación el acto produce iguales efectos que si hubiese sido realizado desde un comienzo con apoderamiento.

(2) El tercero puede, mediante notificación al representado, otorgarle un plazo razonable para la ratificación. Si el representado no ratifica el acto en ese plazo, no podrá hacerlo después.

(3) Si, al momento de actuar el representante, el tercero no sabía ni debiera haber sabido la falta de apoderamiento, éste puede, en cualquier momento previo a la ratificación, notificarle al representado su rechazo a quedar vinculado por una ratificación

A. Ratificación con efecto retroactivo (párrafo 1)

1

Plena —no: parcial[1201]— ratificación en virtud del párrafo 1 es un instrumento para que el representado supere una acción no solicitada pero bienvenida del representante. Inspirado en el Art. 15 (1) de la Convención de Ginebra UNIDROIT,[1202] el párrafo 1 está en consonancia con la mayoría de los ordenamientos jurídicos, si no con todos.[1203] Sujeto a la objeción de la parte contratante de conformidad con el párrafo 3 (→ número 2 más abajo), tiene efecto retroactivo al momento de la celebración del contrato con el repre-

---

1196 T. Krebs en Vogenauer, Art. 2.2.8 nº 8.

1197 Comentarios oficiales, Art. 2.2.8 nº 3, p. 90; L. Rademacher en Jansen/Zimmermann, Art. 3:206 [PECL]: Subagencia, nº 2-4 (pp. 626-627).

1198 T. Krebs en Vogenauer, Art. 2.2.8 nº 9-10, 11.

1199 T. Krebs en Vogenauer, Art. 2.2.8 nº 11.

1200 T. Krebs en Vogenauer, Art. 2.2.8 nº 12 citando la sentencia del Tribunal Supremo Federal alemán de 25 de mayo de 1977, VIII ZR 18/76, BGHZ 68, pp. 391-397.

1201 Comentarios oficiales, Art. 2.2.9 nº 2, p. 92; T. Krebs en Vogenauer, Art. 2.2.9 nº 5; L. Rademacher en Jansen/Zimmermann, Art. 3:207 [PECL]: Ratificación por el mandante, nº 4 (p. 630): no hay adaptación del alcance de la ratificación.

1202 Convenio de UNIDROIT (Ginebra) sobre la representación en la compraventa internacional de mercaderías, de 17 de febrero de 1983, en https://www.unidroit.org/ol-wp-content/uploads/2021/06/agency/ol-agency-en,-convention1983.pdf [última visita el 9 de enero de 2023], véase StL-WP. 1 (2000), p. 8.

1203 L. Rademacher en Jansen/Zimmermann, Art. 3:207 [PECL]: Ratificación por el Principal, nº 1 en p. 628: "todos los ordenamientos jurídicos", por lo que el libro se centra en Europa.

sentante.[1204] **En la práctica, la ratificación puede ser también una herramienta útil para la labor del representante.** Ejemplo: Si una actuación en interés del representado sobrepasara su autoridad (por ejemplo, la celebración de un contrato), el representante puede señalar (en el propio documento) que actúa (i) sin poder (para evitar la responsabilidad en virtud del art. 2.2.6) y (ii) sujeto a la ratificación del representado (de conformidad con el párrafo 1).[1205] Salvo pacto en contrario en el contrato, la ratificación puede ser expresa o tácita[1206] (Art. 4.2-4.3), por ejemplo, mediante el cumplimiento. Puede incluso derivarse de alguna acción inequívoca hacia un tercero (por ejemplo, la instrucción de un banco de pagar el precio),[1207] argumentum Art. 2.1.6 (3).[1208] Por el contrario, **el mero silencio no suele bastar para demostrar una ratificación.**[1209] Una interpretación del párrafo 1 con arreglo al art. 1.6 impide leer cualquier requisito adicional en la ratificación inspirada por alguna ley nacional.[1210] Si el tercero ni siquiera es consciente de la falta de poder del representante, la ratificación puede ser un asunto totalmente interno (a menudo de la empresa) entre representado y representante.[1211]

B. Calendario; una primera opción para terceros (párrafo 2)

1

A menos que se acuerde otra cosa, por ejemplo, mediante un plazo en el contrato (art. 1.5), el representado puede ratificar **"en cualquier momento"**.[1212] Sin embargo, la otra parte puede tomar el control del momento fijando "un plazo razonable para la ratificación"[1213] (párrafo 2); esto está en consonancia con muchas legislaciones nacionales[1214] y puede ser

---

1204 T. Krebs en Vogenauer, Art. 2.2.9 nº 13-18; L. Rademacher en Jansen/Zimmermann, Art. 3:207 [PECL]: Ratificación por el mandante, nº 1 (pp. 628-629).

1205 Se trata de una práctica que a veces se observa en Alemania cuando los abogados u otros representantes actúan en nombre de un mandante ante un notario alemán en circunstancias en las que no pueden ponerse en contacto con un cliente. Normalmente, el cliente es consciente de la celebración del contrato como tal, pero no conoce los detalles a medida que se desarrollan durante las negociaciones. A menudo, esta herramienta también se utiliza cuando la documentación de un poder de una empresa extranjera no es suficiente. T. Krebs en Vogenauer, Art. 2.2.9 nº 3 trata el caso extremo de que el mandante aún no esté debidamente constituido como sociedad.

1206 Comentarios oficiales, Art. 2.2.9 nº 1, p. 91; T. Krebs en Vogenauer, Art. 2.2.9 nº 8-9; L. Rademacher en Jansen/Zimmermann, Art. 3:207 [PECL]: Ratificación por el mandante, nº 2 (p. 629).

1207 Comentarios oficiales, Art. 2.2.9, Ilustración en pp. 91-92; T. Krebs en Vogenauer, Art. 2.2.9 nº 10.

1208 Discusión de T. Krebs en Vogenauer, Art. 2.2.9 nº 11.

1209 Para un caso extremo en el que las circunstancias (incluida una línea de comunicación directa entre el representado y el tercero) implican el deber de hablar y comunicar al tercero sin demora que el representado se niega a quedar vinculado (analogía con el art. 2.2.5 (2)), véase T. Krebs en Vogenauer, art. 2.2.5 (2). 2.2.5 (2)) véase T. Krebs en Vogenauer, Art. 2.2.9 nº 12.

1210 T. Krebs en Vogenauer, Art. 2.2.9 nº 4 (se opone a un requisito de "pleno conocimiento de las circunstancias materiales" extraído del Derecho estadounidense e inglés).

1211 L. Rademacher en Jansen/Zimmermann, Art. 3:207 [PECL]: Ratificación por el Director, nº 2 en p. 629.

1212 Comentarios oficiales, Art. 2.2.9 nº 3, p. 92.

1213 Comentarios oficiales, Art. 2.2.9 nº 3, p. 92.

1214 Véase L. Rademacher en Jansen/Zimmermann, Art. 3:208 [PECL]: Third Party's Right with Respect to Confirmation of Authority, nº 1 (p. 631-632).

útil, por ejemplo, para obtener seguridad en un mercado en movimiento[1215] con precios volátiles o escasez de materiales.

C. Una segunda opción: Cláusula de escape para el tercero (párrafo 3)

2

El párrafo 3 proporciona una herramienta de defensa a la **"otra parte" que no "conocía ni debería haber conocido la falta de poder"** del representante[1216] (sino que se basa en su "poder aparente", Art. 2.2.5 (2)). Si la "otra parte" se entera más tarde, puede tomar el control durante el plazo hasta la ratificación del representado (párrafo 1) y evitarlo mediante una notificación.[1217]

Artículo 2.2.10 (Extinción del poder)

(1) La extinción del poder no es efectiva en relación a un tercero a menos que éste la conozca o debiera haberla conocido.

(2) No obstante la extinción de su poder, un representante continúa facultado para realizar aquellos actos que son necesarios para evitar un daño a los intereses del representado.

A. Una aclaración

1

El párrafo 1 replica el Art. 2.2.1-2.2.2 para el supuesto de terminación de la relación de representación (por cualquier motivo, por ejemplo, mala conducta del representante).[1218] El representado es libre de revocar[1219] el poder del representante, a menos que se haya acordado otra cosa (art. 1.5).[1220] Sin comunicación al tercero (y sin conocimiento constructivo),

[1215] Véase L. Rademacher en Jansen/Zimmermann, Art. 3:208 [PECL]: Third Party's Right with Respect to Confirmation of Authority, nº 1 (p. 631); y Art. 3:207 [PECL]: Ratification by Principal, nº 1 en p. 628, en referencia a la "oportunidad de especular en el mercado" del mandante con respecto a la posibilidad de ratificación.

[1216] Comentarios oficiales, Art. 2.2.9 nº 4, p. 92.

[1217] Para un debate detallado sobre las críticas inspiradas en el Derecho inglés, véase T. Krebs en Vogenauer, Art. 2.2.9 nº 15-17 y, oponiéndose a la crítica, por L. Rademacher en Jansen/Zimmermann, Art. 3:208 [PECL]: Third Party's Right with Respect to Confirmation of Authority, nº 2 (p. 632), argumentando en esencia que la especulación en el mercado (hasta la ratificación conforme al apartado 1 o una denegación conforme al apartado 3) puede ser realizada por cualquiera de las partes; y tanto el representado como el tercero pueden poner fin a la especulación unilateralmente adoptando medidas en virtud del Art. 2.2.9.

[1218] Comentarios oficiales, Art. 2.2.10 nº 1, p. 93; T. Krebs en Vogenauer, Art. 2.2.10 nº 1.

[1219] L. Rademacher en Jansen/Zimmermann, Art. 3:209 [PECL]: Duración de la autoridad, nº 1 (p. 634).

[1220] L. Rademacher en Jansen/Zimmermann, Art. 3:209 [PECL]: Duration of Authority, no. 3 (pp. 635-636) sobre la autorización "irrevocable" y la exposición conexa al tercero en caso de que el poderdante, no obstante, revoque la autorización.

dicha rescisión no es asunto del tercero.[1221] **La aplicación del Art. 2.2.5 (2) sobre poder aparente, si procede, subsiste por supuesto.**[1222]

B. Alguna autoridad real subsistente

2

Como es buena práctica en cualquier rescisión razonable de relaciones duraderas (por ejemplo, en el negocio de la construcción), la rescisión debe realizarse sin contratiempos. Para ello, el párrafo 2 deja al agente con autoridad real tras la rescisión para realizar los actos **"necesarios para evitar que se perjudiquen los intereses del principal"**.[1223] Esto está en consonancia con el Art. 20 de la Convención de Ginebra del UNIDROIT[1224] y muchas legislaciones nacionales[1225] (donde las cuestiones de la compensación interna del representante por los costes conexos quedan fuera del ámbito de los Principios del UNIDROIT, a menos, por supuesto, que la relación entre el representado y el representante se rija por un contrato sometido a su vez a los Principios del UNIDROIT). El párrafo 2 puede requerir una interpretación restrictiva[1226] dependiendo de la interpretación de la revocación (art. 4.2-4.3).

1221 Comentarios oficiales, Art. 2.2.10 nº 2, pp. 93-94. Véase L. Rademacher en Jansen/Zimmermann, Art. 3:209 [PECL]: Duration of Authority, nº 2 (pp. 634-635) sobre la protección únicamente de terceros que confiaron en una autoridad existente.

1222 Para un análisis más detallado e interesado, véase T. Krebs en Vogenauer, Art. 2.2.10 nº 3-5 (subraya la proximidad del párr. 1 con el art. 2.2.5 (2)).

1223 Comentarios oficiales, Art. 2.2.10 nº 3 e Ilustración 3, p. 94.

1224 StL-Doc. 56 (1998), p. 21; Véase el Convenio de UNIDROIT sobre la representación en la compraventa internacional de mercaderías, de 17 de febrero de 1983, https://www.unidroit.org/wp-content/uploads/2021/06/agency-convention1983.pdfwww.unidroit.org/ol-agency/ol-agency-en. [última visita el 9 de enero de 2023].

1225 Véase, por ejemplo, Art. 3:73 Código Civil neerlandés y T. Krebs en Vogenauer, Art. 2.2.10 nº 7 (en referencia al concepto de negotiorum gesțio (gestion d'affaires, Geschäftsführung ohne Auftrag)).

1226 Generalmente a favor de una interpretación restrictiva en caso de terminación por revocación: L. Rademacher en Jansen/Zimmermann, Art. 3:209 [PECL]: Duration of Authority, no. 4 (p. 636).

CAPÍTULO 3
VALIDEZ

SECCIÓN 1. DISPOSICIONES GENERALES

Historia legislativa (documentos clave)

En preparación de los **Principios de 1994** - Ponentes Ulrich Drobnig, Ole Lando:
Etude - XVI/B - Doc. 22 (**1972**); StL-Doc. 3, pp. 16-17 (1er esbozo en 1972); StL-Doc. 16, p. 13 (esbozo para futuros trabajos en 1979); StL-Doc. 17 (1er borrador en **1980**); P.C.-Misc. 3, pp. 2-11 (1ª discusión en **1981**); StL-Doc. 20 (2ª versión en 1982); StL-Doc. 22, pp. 3-15 (2ª discusión en **1982**); StL-Doc. 26 (3ª versión en **1983**); P.C.-Misc. 4, pp. 7-8 (3ª discusión en **1983**); StL-Doc. 43 (4º borrador en **1989**); P.C. Misc. 13 (4º debate en **1989**); P.C.-Misc. 19, p. 147 (5º debate en **1994**).
En preparación de los **Principios de 2010**:
StL-WP 29, pp. 19-21 (revisión de los art. 3.1.1, 3.1.4 (antiguos art. 3.1, 3.19) en **2010**); StL-Doc. 119, p. 3 (el Capítulo 3 se divide en 3 Secciones en **2010**, la Sección 1 contiene los antiguos Art. 3.1, 3.2, 3.3, 3.19).

Artículo 3.1.1 (Cuestiones excluidas)

El presente Capítulo no se ocupa de la falta de capacidad de las partes.

A. Una distinción que se explica por sí misma

1

La negociación de contratos internacionales implica una variedad de cuestiones jurídicas que van más allá de las cuestiones contractuales esenciales (Introducción número 17 en H.). La elección de los Principios UNIDROIT (mejor en combinación con una cláusula de arbitraje Preámbulo número 3-6) cubre (i) el régimen legal aplicable al contrato mismo, sujeto a la ley imperativa adicional o alternativamente aplicable (Art. 1.4), más (ii) algunos temas relacionados tales como los efectos de la representación en la formación del contrato (Art. 2.2.1-10) o los plazos de prescripción (Capítulo 10) para los cuales los Principios UNIDROIT proveen reglas. Muchas otras cuestiones se califican de otro modo por el Derecho internacional privado aplicable (del tribunal estatal competente o del tribunal de arbitraje). **La cuestión de si las partes contratantes son capaces de celebrar un acuerdo vinculante (que es esencial para la gestión del riesgo jurídico) es una de las cuestiones centrales que se califica de forma diferente**[1227] (de modo que la determinación de la capacidad jurídica de una parte contratante no se regirá por la lex contractus).

[1227] Véase Etude - XVI/B - Doc. 22 (1972), p. 17; A. Herrera en Morán Bovio, Art. 3.1, no. 1, p. 172.

B. Consecuencias prácticas

2

El Derecho internacional privado[1228] y/o la ley de arbitraje aplicable (incluido el Art. V (1) letra a de la Convención de Nueva York) y/o las normas de arbitraje aplicables conducirán a menudo a la **jurisdicción de origen de la empresa actora**[1229] (que podría legalmente no existir si no ha sido debidamente fundada[1230]) o persona física (por ejemplo, cuestiones de edad, enfermedad).[1231]

Artículo 3.1.2 (Validez del mero acuerdo)

Todo contrato queda perfeccionado, modificado o extinguido por el mero acuerdo de las partes, sin ningún requisito adicional.

A. Contratos meramente consensuales

1

Inspirado en el Art. 29 CISG,[1232] Art. 3.1.2 da forma al principio de libertad contractual (art. 1.1) más allá de la cuestión de la forma (cubierta por los arts. 1.2[1233] y 1.4).[1234] Fomentando la perspectiva internacional y, por tanto, también la intercultural (Preámbulo, párrafo 1), subraya explícitamente que el "mero acuerdo" de las partes basta para celebrar un contrato[1235] (sujeto a una "formación" adecuada, Art. 2.1.1 y siguientes, y a la "validez", Art. 3.1.3-3.2.8).[1236] El art. 3.1.2 supera así las diferencias entre el mundo del **derecho civil y el del Common Law** (que exigen una "consideración")[1237] o entre distintos conceptos de

---

1228 P. Huber en Vogenauer, Art. 3.1.1. no. 8.

1229 Véase, por ejemplo, para la combinación de los Principios UNIDROIT con una cláusula de arbitraje lo argumentado por G. B. Born, International Commercial Arbitration, Volumen I, § 4.07 [B], pp. 627 y siguientes y E. Brödermann, FS Wegen (2015), pp. 591, 595 con respecto al Art. V párrafo letra a de la Convención de Nueva York.

1230 Las legislaciones nacionales difieren y pueden prever, por ejemplo, la responsabilidad directa del accionista putativo (por ejemplo, de una "empresa" conjunta) o la responsabilidad indirecta.

1231 P. Huber en Vogenauer, Art. 3.1.1. no. 6.

1232 Hartkamp en P.C.-Misc. 13 (1989), p. 5.

1233 A. Herrera en Morán Bovio, Art. 3.2, no. 1, p. 176.

1234 P. Huber en Vogenauer Art. 3.1.2. no. 2, 12.

1235 Comentarios oficiales, Art. 3.1.2, p. 96; A. Herrera en Morán Bovio, Art. 3.2 no. 1, p. 176. Véase el resumen de G. Christandl en Jansen/Zimmermann, Introduction before Art. 2:101 [PECL], nº 1 (pp. 231-232) en relación con el formalismo en el Derecho romano y la evolución histórica hacia la aceptación del mero consentimiento para la celebración del contrato en el ius gentium.

1236 P. Huber en Vogenauer, Art. 3.1.2. no. 3.

1237 Comentarios oficiales, Art. 3.1.2 no. 1, p. 96; A. Herrera en Morán Bovio, Art. 3.2 no. 1, p. 176; P. Huber en Vogenauer Art. 3.1.2. no. 8; véase G. Christandl en Jansen/Zimmermann, Introducción antes del Art. 2:101 [PECL], nº 3 (p. 233) sobre el common law con referencia (en la nota 29) a Blackstone, Commentaries on the Laws of England (Oxford, 1766) que exige una "consideración". Para una visión histórica, incluyendo su declive en el siglo XIX bajo la influencia del erudito francés Pothier (traducido en 1806 al inglés) sin nunca descartar totalmente la consideración, véase G. Christandl en Jansen/Zimmermann, Art. 2:101(1) [PECL]: Condiciones para la celebración de un contrato (General), no. 20 (pp. 247-248).

derecho civil (que exigen parcialmente una "causa"[1238] o un "contrato real" con entrega de un bien);[1239] se excluyen todos estos requisitos nacionales.[1240] Junto con el art. 1.3 oración 2, el art. 3.1.2 engloba la libertad contractual, es decir, en dicho contexto el derecho a disponer la rescisión de un contrato por conveniencia, por ejemplo, en los términos acordados previamente (art. 7.3.1 número 9a y art. 7.3.5 número 4).

B. Límites

2

Normalmente, los requisitos nacionales prohibidos no serán **"internacionalmente obligatorios"** en el sentido del Art. 1.4. Por lo tanto, no se aplicarán si los Principios UNIDROIT se aplican plenamente, como en los casos de arbitraje, en contraposición a la mera **"incorporación"** (Art. 1.4 número 3, 5).

Artículo 3.1.3 (Imposibilidad inicial)

(1) No afectará la validez del contrato el mero hecho de que al momento de su celebración fuese imposible el cumplimiento de la obligación contraída.

(2) Tampoco afectará la validez del contrato el mero hecho de que al momento de su celebración una de las partes no estuviere facultada para disponer de los bienes objeto del contrato.

[1238] Comentarios oficiales, Art. 3.1.2 no. 2, p. 96; A. Herrera en Morán Bovio, Art. 3.2 no. 1, p. 176 (tradición romanista); P. Huber en Vogenauer, Art. 3.1.2. nº 5, véase, por ejemplo, Art. 1108 Código Civil belga, mientras que el Derecho francés ya no exige una causa en su Art. 1128 Código Civil francés (versión 2016, en el marco de la reforma del Derecho de obligaciones francés que se inspiró, entre otros, en los Principios UNIDROIT, véase Fanvarque-Cosson en Eppur si muove: The Age of Uniform Law, pp. 1350, 1359; y por otros sistemas de Derecho civil, véase G. Christandl en Jansen/Zimmermann, Introduction before Art. 2:101 [PECL], nº 2 (p. 233) y Art. 2:101(1) [PECL]: Conditions for the Conclusion of a Contract (General), nº 17, especialmente nota 18 (p. 244)).

[1239] Comentarios oficiales, Art. 3.1.2 no. 3, Ilustración 2, p. 97; A. Herrera en Morán Bovio, Art. 3.2 no. 1, p. 176; P. Huber en Vogenauer, Art. 3.1.2. no. 10. Para una visión histórica de la evolución del requisito de una "causa", véase G. Christandl en Jansen/Zimmermann, Art. 2:101(1) [PECL]: Conditions for the Conclusion of a Contract (General), no. 19 (p. 245).

[1240] Véase G. Christandl en Jansen/Zimmermann, Art. 2:101(1) [PECL]: Conditions for the Conclusion of a Contract (General), no. 21 (p. 248). Los conceptos de contraprestación y contrato real se excluyeron expresamente en el proyecto de Art. 0 en StL-Doc. 43 (1989). Tras el debate del Grupo de Trabajo en P.C.Misc. 13 (1989), pp. 1-10, el Art. 0 se modificó a efecto de establecer que, para que un contrato quede perfeccionado, basta con el mero acuerdo sin ningún "requisito adicional", por lo que "requisito adicional" incluía los conceptos de contraprestación y contratos reales; véase también Centro de Arbitraje de México, 30 de noviembre de 2006, Unilex nº 1147, afirmando la validez de un contrato en caso de falta de registro ante las autoridades estatales.

A. Un compromiso según la CISG

1

La imposibilidad inicial (es decir, en el momento de la celebración del contrato) se trata de forma diferente en todo el mundo y conduce a la nulidad del contrato en las legislaciones nacionales que surgen de la tradición romanista.[1241] De acuerdo con la CISG, y sin perjuicio de la ley imperativa,[1242] que tendría preferencia (Art. 1.4, 3.3.1), el párrafo 1 trata la imposibilidad inicial no como una cuestión de validez sino como una cuestión de incumplimiento[1243] (Art. 7.2.2 (a) y (b))[1244] o error (Art. 3.2.2).[1245] Aunque este enfoque no refleja un **"núcleo común"** de las legislaciones nacionales, se ha observado que se corresponde con una "tendencia moderna".[1246] El párrafo 2 incluye las situaciones de **"falta de título" en la "imposibilidad inicial"**,[1247] mientras que la **"falta de capacidad"** se aborda únicamente en el art. 3.1.1.[1248]

B. Consecuencias jurídicas: Reclamación de daños y perjuicios

2

El incumplimiento da derecho al acreedor (Art. 1.11 4° guión) a una indemnización por daños y perjuicios de conformidad con el Art. 7.4.1 y siguientes,[1249] basado en el "interés de expectativa", a menos que se produzca una situación de error (art. 3.2.1) (en la que el deudor "debería haber conocido" la imposibilidad, art. 3.2.16) que (i) pueda dar derecho al deudor a nulificar el contrato (Art. 3.2.2 (1)) y al acreedor a recuperar simplemente el "interés de confianza"[1250] (Art. 3.2.16 no 1); salvo que (ii) el deudor hubiera asumido o, dadas

---

1241 Por ejemplo, en Francia, véase Art. 1163 (2), 1178 (1) 1ª oración Código Civil francés (versión de 2016); A. Herrera en Morán Bovio, Art. 3.3 no. 1, p. 178. Para los fundamentos históricos (incluida una percepción errónea de la connotación históricamente estrecha de la regla romana "impossibilium nulla est obligatio" ("No hay obligación relativa a lo que es imposible") en Celso D 50.17.185) véase S. Lohsse en Jansen/Zimmermann, Art. 4:102 [PECL]: Imposibilidad inicial, no. 2-5 (pp. 653-655).

1242 P. Huber en Vogenauer, Art. 3.1.2. no. 9-10.

1243 Cf. Comentarios Oficiales, Art. 3.1.3 no. 1, pp. 96-97; Bonell en P.C.-Misc. 13 (1989), p. 41; A. Herrera en Morán Bovio, Art. 3.3 no. 1, p. 178.

1244 A. Herrera en Morán Bovio, Art. 3.3 no. 1. p. 179 (en referencia a todo el capítulo 7 de la versión inicial de 1994 de los Principios UNIDROIT); P. Huber en Vogenauer, Art. 3.1.2. nº 5.

1245 Comentarios oficiales, Art. 3.2.2 no. 2, p. 103; P. Huber en Vogenauer, Art. 3.1.3. no. 2-3 y no. 5; P. Huber en Vogenauer, Art. 3.2.2 no. 12.

1246 P. Huber en Vogenauer, Art. 3.1.3. no. 3; S. Lohsse en Jansen/Zimmermann, Art. 4:102 [PECL]: Imposibilidad inicial, nº 5 en p. 655. Véase, por ejemplo, la evolución en Alemania con el artículo 311a BGB (incluido en 2002).

1247 P. Huber en Vogenauer, Art. 3.1.2. nº 6, véase también nº 8 (sobre la irrelevancia de la "falta de causa" que, en cierta medida, también está contemplada en el art. 3.1.3 y no sólo por el art. 3.1.2; en este sentido, Comentarios Oficiales, Art. 3.1.3 no. 1, pp. 97-98).

1248 Comentarios oficiales, Art. 3.1.3 no. 2, p. 98; Drobnig en P.C.Misc. 13 (1989), p. 41; P. Huber en Vogenauer, Art. 3.1.2. no. 7.

1249 S. Lohsse en Jansen/Zimmermann, Art. 4:102 [PECL]: Imposibilidad inicial, no. 5, p. 655.

1250 S. Lohsse en Jansen/Zimmermann, Art. 4:102 [PECL]: Imposibilidad inicial, no. 5 en p. 655 y no. 6 (p. 656).

las circunstancias, hubiera tenido que asumir el riesgo de conformidad con el Art. 3.2.2 (2) (b).[1251] Esta apreciación dependerá del árbitro o juez.[1252]

Artículo 3.1.4 (Carácter imperativo de estas disposiciones)

Las disposiciones de este Capítulo relativas al dolo, intimidación, excesiva desproporción e ilicitud son imperativas

A. Parte del núcleo obligatorio de los Principios UNIDROIT de conformidad con el Art. 1.5

1

Como conjunto de normas basadas en el objetivo de la lealtad negocial en el comercio internacional (véase art. 1.7, 1.6; art. 1.6 número 4), el art. 3.1.4, generalmente en consonancia con las legislaciones nacionales desde la época romana,[1253] no permite ninguna desviación en virtud del Art. 1.5 de los principios que abordan **las causas "graves" de nulidad**,[1254] a saber, el dolo (art. 3.2.5, incluida la falsedad "intencionada", art. 3.2.5 número 1), la amenaza[1255] (art. 3.2.6), la grave disparidad (art. 3.2.7) y la ilegalidad (art. 3.3.1-2). Esto es coherente con la cláusula general de exención del Art. 7.1.6.[1256] Desde la perspectiva del comercio internacional, el art. 3.1.4 contribuye así a la autosuficiencia de los Principios UNIDROIT como cuerpo normativo que, si se elige en combinación con una cláusula compromisoria, puede regir un contrato comercial internacional transfronterizo en el espíritu del comercio justo (art. 1.7) sin necesidad de que intervenga el derecho imperativo interno (con vocación interna) (art. 1.4 número 2-4). El art. 3.1.4 no se aplica a los "errores".[1257] Se ha argumentado que el artículo 3.1.4 también debería aplicarse a las **"declaraciones falsas por negligencia grave"**,[1258] que pueden equivaler a una "declaración temeraria" (Art. 3.2.5 no. 1) y debería ser objeto de debate teniendo debidamente en cuenta las circunstancias del caso a la hora de interpretar la conducta de la persona que realiza la declaración falsa (véase Art. 4.2 (2)). El art. 3.1.4 se aplica en diversas circunstancias, inclu-

---

[1251] S. Lohsse en Jansen/Zimmermann, Art. 4:102 [PECL]: Imposibilidad inicial, no. 5, p. 656.

[1252] S. Lohsse en Jansen/Zimmermann, Art. 4:102 [PECL]: Imposibilidad inicial, no. 5 en p. 656 y Art. 4:103 [PECL]: Fundamental Mistake as to Facts or Law, no. 23 (p. 672) sobre la asunción de riesgos.

[1253] S. Lohsse en Jansen/Zimmermann, Art. 4:118 [PECL]: Exclusions or Restrictions of Remedies, no. 2 (pp. 734-735), que comienza con una observación medieval en latín sobre el Derecho romano: "Dolus futurus non potest remetti, [es decir] no puede haber exoneración de responsabilidad por mala fe futura".

[1254] Comentarios oficiales al Art. 3.1.4, p. 99; Lando en P.C.-Misc. 13 (1989), p. 68; J. du Plessis en Vogenauer, Art. 3.1.4. no. 1.

[1255] J. du Plessis en Vogenauer, Art. 3.1.4. no. 7 (lo distingue de la "representación negligente"). Para un análisis de las legislaciones nacionales que a menudo conducen a resultados similares (por ejemplo, bajo el test "razonable" del artículo 11(1) de la Ley inglesa de 1977 sobre cláusulas contractuales abusivas), véase S. Lohsse en Jansen/Zimmermann, Art. 4:118 [PECL]: Exclusions or Restrictions of Remedies, no. 3 (pp. 735-736).

[1256] J. du Plessis en Vogenauer, Art. 3.1.4. no. 7 en el que se analiza el cambio aplicado a un proyecto inicial de Art. 3.1.4 para alcanzar esta coherencia.

[1257] Crítica: S. Lohsse en Jansen/Zimmermann, Art. 4:118 [PECL]: Exclusions or Restrictions of Remedies, no. 4 (p. 736), que aboga por que la norma general excluya también el derecho de exclusión cuando la otra parte haya infringido sus deberes de información; y a favor de la referencia a la buena fe y lealtad negocial en el Art. 4:118 PECL.

[1258] J. du Plessis en Vogenauer, Art. 3.1.4. no. 7.

so si dicho motivo de anulación es imputable a un tercero (tal como se define con mayor precisión en el Art. 3.2.8).

B. Límites

1. Por contrato

2

El efecto obligatorio de las disposiciones puede encontrar ciertos límites en el contrato: **(i)** en el propio contrato, proporcionando (a) detalles ("disposiciones accesorias")[1259] sobre cómo debe llevarse a cabo la anulación (ejemplo de la práctica: una obligación orientada en el Art. 2.2.10 (2) para salvaguardar los intereses de la parte inocente); (b) motivos más amplios para la anulación[1260] **(ii)** mediante la confirmación posterior (Art. 3.2.9) y/o —de maiore ad minus— la renuncia a los derechos en un acuerdo.[1261]

2. Por Ley

3

Cuando los Principios de UNIDROIT se incorporan meramente a un contrato que está sujeto a una ley nacional (Preámbulo no. 15-16; en contraposición a una elección de los Principios de UNIDROIT como **"normas de derecho rectoras"** Preámbulo no. 3-5), la ley imperativa nacional puede intervenir, especialmente si conduce a consecuencias más duras (por ejemplo, "nulo y sin efecto"[1262] frente a "anulable"), Art. 1.4 no. 5. Es probable que un tribunal (art. 1.11, primer guión) respete las disposiciones incorporadas de los Principios de UNIDROIT si son más estrictas,[1263] pero también es probable que deje sin resolver una cuestión relativa a los Principios de UNIDROIT si un contrato ya es "nulo" de conformidad con la legislación nacional aplicable.

[1259] J. du Plessis en Vogenauer, Art. 3.1.4 no. 2.

[1260] J. du Plessis en Vogenauer, Art. 3.1.4 no. 6 (por ejemplo, nulidad en caso de imposibilidad inicial).

[1261] Comentarios oficiales al Art. 3.1.4, p. 99; J. du Plessis en Vogenauer, Art. 3.1.4 no. 3.

[1262] Por ejemplo, los artículos 134 y 138 del BGB.

[1263] Véase J. du Plessis en Vogenauer, Art. 3.1.4 no. 11.

SECCIÓN 2. CAUSALES DE ANULACIÓN

Historia legislativa (documentos clave)

En preparación de los **Principios de 1994** - Ponentes Ulrich Drobnig, Ole Lando:
Véase el historial legislativo del Capítulo 3, sección 1
En preparación de los Principios de 2010 (modificación del art. 3.2.15) - Ponente Reinhard Zimmermann:
StL-Misc. 26, pp. 10-13 (primer debate en **2006**); StL-Doc. 100, pp. 3-8 (documento de posición en **2007**); StL-Misc. 27, pp. 33-38 (segundo debate en 2007); StL-WP. 15, p. 3 (documento de posición en 2008); StL-WP. 18, sesión 2, pp. 10-12 (3ª discusión en 2008); StL-Misc. 29, pp. 9-14 (4ª discusión y ubicación definitiva de la disposición en 2009).

Artículo 3.2.1 (Definición de error)

El error consiste en una concepción equivocada sobre los hechos o sobre el derecho existente al momento en que se celebró el contrato.

A. Un concepto amplio de error...

1

Las normas del Art. 3.2.1 y siguientes, se basan en el entendimiento de que **"el riesgo del error, en principio, debe ser soportado por la parte equivocada"**[1264] mientras que, como contrapartida, (i) "la anulación depende de la existencia de alguna razón que justifique la transferencia del riesgo de la parte equivocada a la parte no equivocada"[1265] y (ii) puede verse atenuada por reclamaciones (limitadas) de la otra parte por daños y perjuicios y restitución (abajo no. 3). Además, el impacto de un error suele ser limitado cuando existen remedios por incumplimiento que tienen prioridad (→ art. 3.2.4).

Junto con el art. 3.2.3 (sobre errores de transmisión), el Art. 3.2.1 **establece un concepto amplio de "error"**. En principio, permite como causa de anulación las suposiciones erróneas[1266] (en el momento de la celebración del contrato)[1267] tanto de hecho (por ejemplo, sobre la calidad o la capacidad de una parte para prestar un servicio)[1268] y/o de derecho;[1269]

[1264] S. Lohsse en Jansen/Zimmermann, Art. 4:103 [PECL]: Fundamental Mistake as to Facts or Law, no. 9 en p. 663 (énfasis añadido).

[1265] Ibid.

[1266] J. du Plessis en Vogenauer, Art. 3.2.1 no. 3. La resolución a la luz de un error unilateral presupone, como concepto subyacente, que, en principio, puede hacerse la celebración del contrato a pesar de un malentendido de las partes, mientras que en Derecho romano, dicho malentendido seguía impidiendo la celebración del contrato en su totalidad; véase para la historia y los antecedentes S. Lohsse en Jansen/Zimmermann, Art. 4:103 [PECL]: Fundamental Mistake as to Facts or Law, no. 2-6 (pp. 659-662).

[1267] Comentarios oficiales, Art. 3.2.1 no. 2, p. 100; A. Herrera en Morán Bovio, Art. 3.4, nº 1, p. 183 (según el cual el comentado Art. 3.4 de la versión de 1994 de los Principios se UNIDROIT correlaciona con el Art. 3.2.1 Versión 2016); J. du Plessis en Vogenauer, Art. 3.2.1 no. 9.

[1268] J. du Plessis en Vogenauer, Art. 3.2.1 no. 5 (distinguiendo tales errores en el no. 6 y en el Art. 3.2.2 no. 8, 38 de los errores de "motivación" que, si se clasifican como "error", pueden entrar en la limitación del Art. 3.2.2 (2) (b)).

[1269] StL-Doc. 17 (1980), p. 8; A. Herrera en Morán Bovio, Art. 3.4 no. 1, p. 183.

- esto último puede ocurrir en vista de la complejidad del comercio transfronterizo[1270] y de las dificultades para encontrar la ley (imperativa) posiblemente aplicable (Art. 1.4). El concepto de error en los Principios UNIDROIT es, por tanto, distinto de algunas leyes nacionales.[1271] Desde la perspectiva de la práctica, es de agradecer que la cuestión se cubra con una norma neutral clara y equilibrada sobre la asignación de riesgos.[1272]

B. ...Con Numerosos Límites[1273] (Esquema de prueba)

2

El amplio concepto de **"error"** se equilibra a través de un estricto régimen de límites[1274] (un "requisito de seriedad")[1275] que hace que la anulación basada en un error sea rara:[1276] (i) Debe existir un error real en el momento de la celebración del contrato[1277] (en contraposición, por ejemplo, a una expectativa equivocada[1278] o posiblemente un error con respecto a la motivación por la que la parte equivocada asume el riesgo en virtud del Art. 3.2.2 (2) (b) 2ª alternativa);[1279] (ii) debe cumplir los requisitos de la calificación positiva del Art. 3.2.2. (1); (iii) no puede estar comprendida en una de las excepciones del Art. 3.2.2 (2) (negligencia grave; asignación de riesgos); (iv) no puede aplicarse ninguna exclusión del Art. 3.2.4 (prioridad de los remedios por incumplimiento);[1280] (v) una declaración de anulación dentro de un plazo determinado (Art. 3.2.11-3.2.12); (vi) una posible limitación de la anulación a determinados términos (Art. 3.2.13 sobre resolución parcial); (vii) ninguna exclusión por confirmación o modificación del contrato (Art. 3.2.9-3.2.10).

1270 Comentarios oficiales, Art. 3.2.1 no. 1, p. 100; P. Huber en Vogenauer, Art. 3.2.1 no. 7.

1271 Por ejemplo, Derecho alemán, P. Huber en Vogenauer, Art. 3.2.1 no. 1; véase también Kramer/Probst Mistake, en: von Mehren (Ed.), no. 18-27 (para Alemania, véase el no. 24). Véase también el resumen de S. Lohsse en Jansen/Zimmermann, Art. 4:103 [PECL]: Fundamental Mistake as to Facts or Law, no. 5-6 (pp. 661-662) distinguiendo entre (i) "soluciones nacionales refiriendose al objeto del error" (por ejemplo, si el error es "importante desde el punto de vista comercial" o "esencial") y (ii) "soluciones nacionales referidas al comportamiento de la otra parte" (por ejemplo, si la otra parte contribuyó al error facilitando información falsa).

1272 Para el uso de los Art. 3.2.1, 3.2.2 y 3.2.3 (antes Art. 3.4, 3.5, 3.6) en laudos arbitrales para complementar o confirmar una interpretación del derecho nacional véase el Anexo al Preámbulo nº 21, 23.

1273 Enumeración basada en P. Huber en Vogenauer, Art. 3.2.2 no. 2, excepto el límite vi).

1274 P. Huber en Vogenauer, Art. 3.2.2 no. 3, 41.

1275 P. Huber en Vogenauer, Art. 3.2.2 rúbrica no. II., Art. 3.2.3 no. 9.

1276 P. Huber en Vogenauer, Art. 3.2.2 no. 47. Véase S. Lohsse en Jansen/Zimmermann, Art. 4:103 [PECL]: Fundamental Mistake as to Facts or Law, no. 4 (pp. 660-661) sobre la necesidad de equilibrar entre el interés de la parte que incurre en error - "('teoría de la voluntad')" - y el interés de confianza de la otra parte - "('teoría de la declaración')". En su profundo análisis histórico Lohsse concluye: "Los autores tuvieron que elegir entre los dos enfoques, es decir, centrarse en el objeto del error o en el comportamiento y el interés de confianza de la otra parte, sin embargo, optaron por este último enfoque y, desde un punto de vista histórico, finalizaron así el proceso de separación del error y el consentimiento que se había iniciado en la Edad Media [...]. El argumento decisivo para referirse al comportamiento de la otra parte se derivaba de la percepción de que, en principio, los intereses de la parte que confiaba en el contrato pesarían más que los intereses de la parte equivocada". (Ibid., no. 7 en p. 662).

1277 Comentarios oficiales, Art. 3.2.1 no. 2, p. 100; A. Herrera en Morán Bovio, Art. 3.4 no. 1, p. 183.

1278 StL-Doc. 22 (1982), p. 3; P. Huber en Vogenauer, Art. 3.2.1 no. 10; Art. 3.2.2 no. 43.

1279 P. Huber en Vogenauer, Art. 3.2.1 no. 6 y Art. 3.2.2 no. 44 (en referencia tanto al reparto de riesgos del art. 3.2.2 (2) (b) en caso de que la cuestión se decida de otro modo).

1280 A. Herrera en Morán Bovio, Art. 3.4, nº 1 (al final), p. 183 (según el cual el referido Art. 3.7 de la versión de 1994 de los Principios UNIDROIT se correlaciona con el Art. 3.2.4 Versión 2016).

C. Consecuencias y opciones jurídicas

3

Un error que supere estas pruebas da lugar a (i) un derecho, de la parte equivocada, a anular el contrato[1281] (Art. 3.2.2 (1)) retroactivamente (Art. 3.2.15) total o parcialmente (Art. 3.2.13) y (ii) si es aplicable según las circunstancias, un derecho de restitución (Art. 3.2.15) para cualquiera de las partes y/o a daños y perjuicios (Art. 3.2.16) para la otra parte por el importe de su interés "de confianza" o "negativo".[1282] La anulación como resultado de un error de un tercero está cubierta por el Art. 3.2.8. Tras conocer cómo ha entendido el contrato la parte equivocada, la otra parte tiene la opción de confirmar el contrato (→ Art. 3.2.10).

Artículo 3.2.2 (Error determinante)

(1) Una parte puede anular un contrato a causa de error si al momento de su celebración el error fue de tal importancia que una persona razonable, en la misma situación de la persona que cometió el error, no habría contratado o lo habría hecho en términos sustancialmente diferentes en caso de haber conocido la realidad de las cosas, y:

(a) la otra parte incurrió en el mismo error, o lo causó, o lo conoció o lo debió haber conocido y dejar a la otra parte en el error resultaba contrario a los criterios comerciales razonables de lealtad negocial; o

(b) en el momento de anular el contrato, la otra parte no había actuado aún razonablemente de conformidad con el contrato.

(2) No obstante, una parte no puede anular un contrato si:

(a) ha incurrido en culpa grave al cometer el error; o

(b) el error versa sobre una materia en la cual la parte equivocada ha asumido el riesgo del error o, tomando en consideración las circunstancias del caso, dicha parte debe soportar dicho riesgo.

A. El "test de la razonabilidad" (párrafo 1)

1

Los requisitos de cualificación, bastante restrictivos,[1283] del art. 3.2.2 reflejan una mezcla de legislación austriaca y holandesa y también contienen algunos componentes, por ejemplo, de la legislación francesa y estadounidense.[1284] **El párrafo 1 prevé una calificación positiva del "error" mediante una prueba doble como requisito previo para el derecho a anular el contrato por error.** En primer lugar, el error (fundamental)[1285] debe superar una "prueba de razonabilidad", tal como se describe por las palabras autoexplicativas del pá-

[1281] A. Herrera en Morán Bovio, Art. 3.4, no. 1, p. 183.

[1282] P. Huber en Vogenauer, Art. 3.2.16 no. 6.

[1283] P. Huber en Vogenauer, Art. 3.2.2 no. 3 (con otras referencias).

[1284] P. Huber en Vogenauer, Art. 3.2.2 no. 3.

[1285] S. Lohsse en Jansen/Zimmermann, Art. 4:107 [PECL]: Dolo, no. 3 (p. 691) señala que la referencia a la "importancia" del error constituye (i) una diferencia clave con la norma sobre el dolo del Art. 3.2.5; y (ii) "un

rrafo 1. Similar, por ejemplo, al art. 4.2.2 (2), se refiere a la "persona razonable en la misma condición"[1286] (aunque no literalmente "del mismo tipo", este añadido puede inducirse, argumentum Art. 1.6). ¿De haber conocido la verdad, dicha persona no habría celebrado el contrato en absoluto o lo habría hecho con condiciones "materialmente" diferentes[1287]? En particular, **las condiciones sobre el precio, el pago, la calidad y cantidad de los bienes, el lugar y el momento de la entrega, el alcance de la responsabilidad de una de las partes suelen ser materiales.**[1288] Por el contrario, los errores relativos a (a) el valor de los bienes o servicios o (b) —si se consideran error (Art. 3.2.1 no. 2 en B. (i))— las expectativas y motivaciones no suelen ser materiales.[1289]

2

En segundo lugar, se somete a la otra parte a una **"prueba de valor". ¿Es "digna de ser protegida en su fiabilidad en la validez del contrato"?**[1290] El párrafo 1 letra a) excluye dicha "valía" en tres casos[1291] en los que la otra parte haya participado en la producción del error:[1292] (i) un error común (por ejemplo, la venta de un coche robado sin que nadie sepa del robo);[1293] (ii) un error causado por la otra parte (o un tercero perteneciente a la esfera de la otra parte; Art. 3.2.8 (1) que remite al Art. 3.2.2); es decir, normalmente causado a través de la comunicación[1294] (por ejemplo, una "representación" incorrecta —más allá de la publicidad normal— aunque se haya hecho inocentemente),[1295] o, posiblemente, en relación con el principio de buena fe y lealtad negocial ("contrario a las normas comerciales razonables de lealtad negocial"), por otra conducta (debidamente interpretada, Art. 4.2, 4.3), incluido el silencio,[1296] es decir, (iii) la violación no intencionada[1297] de un

compromiso entre el concepto inglés más bien generoso de tergiversación y la tendencia continental a limitar la anulación por error a determinados tipos de errores" (ibid., quasi in fine).

1286 Tribunal Supremo de Lituania, Danske Bank A/S contra I. J. y otros, 23 de diciembre de 2013, Unilex nº 1891.

1287 Cf. S. Lohsse en Jansen/Zimmermann, Art. 4:103 [PECL]: Fundamental Mistake as to Facts or Law, no. 21 (p. 671).

1288 Argumentum Art. 19 (3) CISG, como señala P. Huber en Vogenauer, Art. 3.2.2 no. 7.

1289 Comentarios oficiales, Art. 3.2.2 no. 1, pp. 101-102; A. Herrera en Morán Bovio, Art. 3.5 no. 1, p. 186; P. Huber en Vogenauer, Art. 3.2.2 no. 8.

1290 P. Huber en Vogenauer, Art. 3.2.2 no. 9; en el mismo sentido también A. Herrera en Morán Bovio, Art. 3.5 no. 1, p. 186 párr. 3.

1291 Comentarios oficiales, Art. 3.2.2 no. 2, pp. 102-103.

1292 P. Huber en Vogenauer, Art. 3.2.2 no. 9-21.

1293 Comentarios oficiales, Art. 3.2.2 no. 2, Ilustración 1, p. 102; P. Huber en Vogenauer, Art. 3.2.2 no. 11-12; S. Lohsse en Jansen/Zimmermann, Art. 4:103 [PECL]: Fundamental Mistake as to Facts or Law, no. 17-18 (pp. 668-670).

1294 S. Lohsse en Jansen/Zimmermann, Art. 4:103 [PECL]: Fundamental Mistake as to Facts or Law, no. 10 sobre los "medios de causación" que excluyen el "comportamiento no comunicativo en ausencia de culpa" como "causa", entre otras cosas con el argumento de que la disposición sobre el dolo (Art. 3.2.5) sería en gran medida irrelevante "si la oración "causado por error" cubriera también los casos de comportamiento no comunicativo" (en p. 664; haciendo referencia al Art. 3.5 por el que esta norma en las ediciones iniciales cambió su posición al Art. 3.2.2 desde la edición de 2010).

1295 P. Huber en Vogenauer, Art. 3.2.2 no. 13-15.

1296 Comentarios oficiales, Art. 3.2.2 no. 2, p. 103.

1297 A. Herrera en Morán Bovio, Art. 3.5, no. 1, p. 186 (en caso contrario, la omisión de información constituye una "violación de la buena fe"); P. Huber en Vogenauer, Art. 3.2.2, no. 18, con referencia al art. 3.2.5 como principio más especializado en caso de intención.

deber específico de información "basado en el conocimiento",[1298] por ejemplo, cuando la otra parte, actuando como una persona razonable, "debería haber sabido" que existe un error[1299] y dejó a la otra parte indebidamente en un error medido con arreglo a "criterios comerciales razonables"[1300] (Art. 1.7).[1301] El párrafo 1 letra b) exime los errores si la otra parte no requiere protección[1302] porque no "actuó" o "no debería haber actuado" basándose en el contrato.[1303]

B. Excepción por negligencia grave y riesgos asumidos o asignados (párrafo 2)

3

El párrafo 2 excluye (del derecho de anulación previsto en el párrafo 1) dos tipos de errores cuyo riesgo corresponde a la parte que ha cometido el error. En primer lugar, el párrafo 2 letra a) **excluye la anulación de errores debidos a negligencia grave,**[1304] que, en el comercio internacional, siempre sobrepasa la lealtad negocial (Art. 1.7). En segundo lugar, el párrafo 2, letra b), excluye los errores que pertenecen a la esfera de riesgos de la parte que ha cometido el error,[1305] ya sea debido a una asunción expresa del riesgo en el contrato[1306] (por el objeto del contrato,[1307] ignorancia consciente sobre una cuestión regulada,[1308] asignación de derechos de aduana según los Incoterms®),[1309] o debido a una interpretación (Art. 4.1-4.3)[1310] del contrato y de las circunstancias que lo rodean[1311] (por ejemplo, un riesgo del

---

1298 S. Lohsse en Jansen/Zimmermann, Art. 4:103 [PECL]: Fundamental Mistake as to Facts or Law, no. 14 (p. 667; donde la referencia al Art. 3.5 (1) (a) se entiende obviamente como una referencia al Art. 3.2.2 (1) (a), es decir, el nuevo número de la norma desde la edición de 2010, argumentum inter alia n° 16, p. 668), así como no. 12-13 (pp. 665-666).

1299 A. Herrera en Morán Bovio, Art. 3.5, n° 1, p. 186 (párr. 4 al final); a diferencia de la imputación de un error imputable a un tercero, véase Art. 3.2.8 (1); como señala P. Huber en Vogenauer, Art. 3.2.2 no. 19; D. Kästle-Lamparter en Jansen/Zimmermann, Introducción ante el Art. 2:401 [PECL], no. 11 (p. 393).

1300 Véase P. Huber en Vogenauer, Art. 3.2.2 no. 21. Véase la discusión de J S. Lohsse en Jansen/Zimmermann, Art. 4:103 [PECL]: Fundamental Mistake as to Facts or Law, no. 11 en p. 665 ("mal percibido" cuando se trata de los detalles) e ibid., Art. 4:111 [PECL]: Terceros, no. 7 en p. 713 ("si era contrario a la buena fe y a la lealtad negocial dejar a la parte equivocada en el error ").

1301 A. Herrera en Morán Bovio, Art. 3.5, no. 1, p. 186 párr. 4.

1302 P. Huber en Vogenauer, Art. 3.2.2 no. 22.

1303 A. Herrera en Morán Bovio, Art. 3.5 no. 1, p. 186 párr. 4; véase P. Huber en Vogenauer, Art. 3.2.2 no. 23-26.

1304 Comentarios oficiales, Art. 3.2.2 no. 3, p. 103; StL-Doc. 22 (1982), pp. 4-5; A. Herrera en Morán Bovio, Art. 3.5 no. 1, p. 187 ("culpa grave"); P. Huber en Vogenauer, Art. 3.2.2 no. 28, 46. Contraste: "inexcusable" en Art. 4:103 (2) (a) PECL, véase S. Lohsse en Jansen/Zimmermann, Art. 4:103 [PECL]: Fundamental Mistake as to Facts or Law, no. 24 (pp. 672-673).

1305 Véase S. Lohsse en Jansen/Zimmermann, Art. 4:103 [PECL]: Fundamental Mistake as to Facts or Law, no. 23 (p. 672).

1306 S. Lohsse en Jansen/Zimmermann, Art. 4:103 [PECL]: Fundamental Mistake as to Facts or Law, no. 22 (pp. 671-672).

1307 P. Huber en Vogenauer, Art. 3.2.2 no. 30.

1308 P. Huber en Vogenauer, Art. 3.2.2 no. 32 (en referencia a una norma similar del artículo 154 del Restatement (Second) of Contracts (EE.UU.)).

1309 P. Huber en Vogenauer, Art. 3.2.2 no. 34.

1310 P.C.-Misc. 13 (1989), p. 10.

1311 StL-Doc. 22 (1982), p. 4; A. Herrera en Morán Bovio, Art. 3.5, no. 1, p. 187; P. Huber en Vogenauer, Art. 3.2.2, no. 35-40.

valor real de mercado o de contratación;[1312] riesgo de un "error de motivación" si se califica de "error" Art. 3.2.1 no. 2 en B. (i); riesgo de firmar un contrato sin leer).[1313]

Un error sobre la ley (imperativa) aplicable (Art. 1.4) debido a una omisión de investigación puede ser tanto una negligencia grave[1314] (párrafo 2 letra a) como parte del riesgo atribuido a la parte equivocada (párrafo 2 letra b) dependiendo de las circunstancias. Como se señala en los Comentarios Oficiales, el Art. 3.2.5 se aplica si el error se causó intencionadamente.[1315]

C. Consecuencias jurídicas

4

Sujeto a la superación de las demás pruebas del esquema de pruebas establecido en el Art. 3.2.1 no. 2 en B, se aplicarán las consecuencias establecidas en el Art. 3.2.1 no. 3 en C.

Artículo 3.2.3 (Error en la expresión o en la transmisión)

Un error en la expresión o en la transmisión de una declaración es imputable a la persona de quien emanó dicha declaración.

A. Errores de expresión o transmisión como errores

1

El art. 3.2.3 añade al concepto amplio de "error"[1316] en el Art. 3.2.1 (y protege a la parte que se equivocó incluso con respecto a errores en la expresión de terceros, Art. 3.2.8 (1)).[1317] **Como regla general, el error de expresión recae "sobre la parte que se equivocó, a menos que la otra parte, debido a su propio comportamiento,** [...] [esté] impedida de confiar en el significado aparente de la declaración".[1318] Si, tras una interpretación adecuada (Art. 4.2-4.3; por ejemplo, con la regla falsa demonstratio non nocet),[1319] sigue existiendo una discrepancia entre la redacción del contrato y la intención real, existe un error de expresión[1320] que puede adoptar la forma específica[1321] de un error en la transmisión (por

1312 Cf. Comentarios oficiales, Art. 3.2.2 no. 3, Ilustración 2, p. 104; P. Huber en Vogenauer, Art. 3.2.2 no. 40, 37.

1313 P. Huber en Vogenauer, Art. 3.2.3 no. 16.

1314 P. Huber en Vogenauer, Art. 3.2.2. no. 46; E. Brödermann en: § 6 DPI en: MünchAnwaltshandb. IntWirtschR, no. 191.

1315 Comentarios oficiales, Art. 3.2.2 no. 2, p. 103.

1316 P.C.-Misc. 13 (1989), p. 21; véase P. Huber en Vogenauer, Art. 3.2.3 no. 2.

1317 A. Herrera en Morán Bovio, Art. 3.6 no. 1, pp. 191-192 párr. 1.

1318 S. Lohsse en Jansen/Zimmermann, Art. 4:104 [PECL]: Inexactitud en la comunicación, no. 7 en p. 677.

1319 Hartkamp en P.C.-Misc. 13 (1989), p. 19; P. Huber en Vogenauer, Art. 3.2.3 no. 4; véase Marcianus D. 35.1.33: "Falsa demonstratio neque legatario neque fidei commissario nocet neque heredi instituto...", es decir, una manifestación falsa no perjudica ni al legatario, ni al fiduciario, ni al heredero de la institución.

1320 A. Herrera en Morán Bovio, Art. 3.6 no. 1, p. 191 (se refiere a la "discordancia entre lo querido y lo declarado").

1321 P. Huber en Vogenauer, Art. 3.2.3 no. 5 (con un útil ejemplo de libro de texto en el no. 7).

ejemplo, un error de mecanografía u ortográfico [a diferencia de un error de cálculo[1322]], cuya causa pueden ser las diferentes formas de escribir los números en todo el mundo). Es distinto de un malentendido de una notificación después de llegar al destinatario,[1323] el Art. 1.10 (2)).[1324] Una vez más, en relación con la extrema variedad de enfoques en el Derecho nacional,[1325] resulta útil que esta cuestión esté cubierta por una norma que tiende puentes, aunque, **en la práctica, el ámbito de aplicación de la norma puede verse limitado porque "un error común de expresión o de transmisión [...] simplemente dará lugar a que el contrato se celebre de conformidad con las verdaderas intenciones de las partes"**[1326] (Art. 4.1 no. 3).

B. Consecuencias jurídicas

2

La anulación debida a un error en virtud del art. 3.2.3 tiene las mismas consecuencias que un error en virtud del art. 3.2.1 (véase el párrafo 3.C.).[1327] Sin embargo, dichos errores están sujetos a los mismos límites (el régimen de prueba) que otros errores (Art. 3.2.1 no. 2 en B.; y el Art. 3.2.2 no 1-3). En la práctica, el Art. 3.2.2 (1) (b) puede desempeñar un papel (regla de res integra),[1328] así como el Art. 3.2.2 (2) (a) (negligencia grave) o (b) (por ejemplo, si la parte que cometió el error debería haber conocido la falta de fiabilidad del método de comunicación elegido).[1329] Por el contrario, un error conjunto de ambas partes (art. 3.2.2 (1) (a)) sobre una base fáctica (por ejemplo, "40" en lugar de "60" contenedores) **podría no dar lugar a una exclusión de anulación (no se asigna el riesgo a una parte** en virtud del art. 3.2.2 (2) (b))[1330] sino más bien a un contrato basado en la verdadera intención conjunta (el no. 1 anterior). Todo depende de una evaluación de las circunstancias concretas.

1322 P. Huber en Vogenauer, Art. 3.2.2 no. 14.

1323 A. Herrera en Morán Bovio, Art. 3.6 no. 1, p. 192 párr. 4.

1324 Comentarios oficiales, Art. 3.2.3 no. 2, p. 105; P. Huber en Vogenauer, Art. 3.2.3 no. 6.

1325 Para una visión comparativa de las soluciones nacionales, véase S. Lohsse en Jansen/Zimmermann, Art. 4:104 [PECL]: Inexactitud en la comunicación, no. 3-4 (pp. 675-677).

1326 S. Lohsse en Jansen/Zimmermann, Art. 4:104 [PECL]: Inexactitud en la comunicación, nº 5 (p. 677) y no. 8 en p. 678, así como no. 9 (p. 679). Contraste, para un error conjunto de cálculo: P. Huber en Vogenauer, Art. 3.2.3 no. 15.

1327 A. Herrera en Morán Bovio, Art. 3.6 no. 1, p. 191 (según el cual el comentado Art. 3.6 en la versión de 1994 se correlaciona con el Art. 3.2.3 en la versión de 2016). Como señala S. Lohsse en Jansen/Zimmermann, Art. 4:104 [PECL]: Inexactitud en la comunicación, no. 7 en p. 678, "desde el punto de vista de la parte que no incurre en error, no hay ninguna diferencia entre si la otra parte se equivocó en la formación o en la expresión de la intención. Así pues, la decisión de equiparar los errores de expresión y los errores de hecho o de derecho no se tomó sin una buena consideración".

1328 P. Huber en Vogenauer, Art. 3.2.3 no. 10.

1329 Comentarios oficiales, Art. 3.2.3 no. 1, pp. 104-105; P. Huber en Vogenauer, Art. 3.2.3 no. 12.

1330 Véase P. Huber en Vogenauer, Art. 3.2.3 no. 15 (en el que se da el ejemplo del contenedor), argumentando: "En ese caso, la resolución del contrato puede prosperar. La primera parte del art. 3.2.2 (1) (a), y la excepción de riesgo del Art. 3.2.2 (2) (b) no debería aplicarse en muchos casos porque el riesgo de haber calculado mal el importe de las mercancías debe ser soportado por ambas partes".

Artículo 3.2.4 (Remedios por incumplimiento)

Una parte no puede anular el contrato a causa de error si los hechos en los que basa su pretensión le otorgan o le podrían haber otorgado remedios por incumplimiento.

1. Remedios en caso de incumplimiento Evasión de Trump

1

Insistiendo de nuevo en el principio favor contractus (Art. 1.6; El Capítulo 7 prevé la rescisión sólo como último recurso),[1331] El art. 3.2.4 da prioridad a los derechos por incumplimiento (cualquiera y todos,[1332] incluso sólo teóricos)[1333] (Capítulo 7, Art. 7.1.1. y siguientes) **frente al derecho de anulación por error.**[1334] Dado que las legislaciones nacionales difieren en cuanto a la relación entre las normas sobre anulación y los remedios por incumplimiento,[1335] es bienvenido desde una perspectiva práctica disponer de una norma clara sobre esta cuestión (que, por su naturaleza, nunca será objeto de normas específicas en un contrato).

B. Consecuencias jurídicas

2

En consecuencia, **las consecuencias de la mayoría de los errores relativos a la "existencia, calidad o características del objeto del contrato"[1336] estarán cubiertas por el Capítulo 7** y no por el Capítulo 3.[1337] Así pues, el comprador no puede eludir los requisitos de los remedios por incumplimiento que equilibran la relación contractual: por ejemplo, el derecho a subsanar (art. 7.1.4), o los requisitos de "notificar que los bienes son defectuosos y fijar un plazo razonable para su reparación o sustitución" (art. 7.1.5 (1)), o "las normas sobre prescripción" (→ Capítulo 10).[1338] No obstante, en casos excepcionales, la parte que ha cometido el error puede tener derecho a una indemnización por daños y perjuicios en virtud del art. 3.2.16.[1339]

1331 P. Huber en Vogenauer, Art. 3.2.4 no. 4.

1332 P. Huber en Vogenauer, Art. 3.2.4 no. 6.

1333 P. Huber en Vogenauer, Art. 3.2.4 no. 7 (en referencia a la expresión "podría haber permitido" del art. 3.2.4).

1334 Comentarios oficiales, Art. 3.2.4 no. 1, p. 105.

1335 Véase el resumen comparativo de S. Lohsse en Jansen/Zimmermann, Art. 4:119 [PECL]: Remedies for Non-performance, nº 2 (pp. 737-738) en el que se resume, por ejemplo, con referencias adicionales al Derecho austriaco, inglés y suizo, que permiten "una libre elección entre la anulación y los remedios por incumplimiento".

1336 Enumeración de P. Huber en Vogenauer, Art. 3.2.4 no. 8.

1337 A. Herrera en Morán Bovio, Art. 3.7 no. 1, p. 194; P. Huber en Vogenauer, Art. 3.2.4 no. 8.

1338 Lista ampliada basada en las observaciones y ejemplos citados de S. Lohsse en Jansen/Zimmermann, Art. 4:119 [PECL]: Remedies for Non-performance, no. 1 (p. 737).

1339 P. Huber en Vogenauer, Art. 3.2.4 no. 9, 11-16.

Artículo 3.2.5 (Dolo)

Una parte puede anular un contrato si fue inducida a celebrarlo mediante maniobras dolosas de la otra parte, incluyendo palabras o prácticas, o cuando dicha parte omitió dolosamente revelar circunstancias que deberían haber sido reveladas conforme a criterios comerciales razonables de lealtad negocial.

A. Inducir intencionadamente a error y obtener así una ventaja[1340]

1

La disposición obligatoria[1341] (Art. 3.1.4) del Art. 3.2.5 sobre el dolo (de una parte o incluso de un tercero en las circunstancias contempladas en el Art. 3.2.8)[1342] constituye parte de un compromiso entre el enfoque inglés y el europeo continental sobre el error.[1343] En primer lugar, requiere un **"estado de ánimo: intención fraudulenta"**[1344] que incluye (a) la tergiversación deliberada o las "manifestaciones temerarias" ("intención constructiva", *dolus eventualis*)[1345] —a diferencia de la negligencia grave (contemplada en el Art. 3.2.2 (2) (a))[1346]— y (b) un objetivo de "obtener una ventaja en detrimento de la otra parte".[1347] En segundo lugar, la intención debe sustanciarse en alguna conducta. Se trata (a) normalmente de un acto / comportamiento activo:[1348] **"representación falsa"** (que evita cualquier distinción entre representaciones de "hecho" u "opinión"),[1349] expresa o implícita, es decir, mediante palabras o acciones ("lenguaje o prácticas", por ejemplo, ocultar una página),[1350] y (b) a veces de una omisión / comportamiento pasivo[1351] ("no revelación fraudulenta")

1340 Comentarios oficiales, Art. 3.2.5 no. 2, p. 107. Para la aparición del concepto de dolo (desde los casos tratados por Cicerón) véase S. Lohsse en Jansen/Zimmermann, Art. 4:107 [PECL]: Dolo, nº 4 (pp. 691-692) y no. 8 (p. 694).

1341 Véase J. du Plessis en Vogenauer, Art. 3.2.5 no. 30.

1342 Comentarios oficiales, Art. 3.2.8 no. 1, p. 112; J. du Plessis en Vogenauer, Art. 3.2.5 no. 28-29.

1343 S. Lohsse en Jansen/Zimmermann, Art. 4:107 [PECL]: Dolo, no. 3 (p. 691 in fine). También la propia norma sobre dolo del art. 3.2.5 constituye la bienvenida de un compromiso entre sistemas jurídicos diferentes y a veces opacos (Ibid. no. 4 en p. 692). La legislación inglesa, por ejemplo, se ha descrito como «reacia a establecer deberes de información en absoluto»; pero «cuando se han reconocido tales deberes, su infracción fraudulenta, sin embargo, al menos se ha considerado que da lugar a una reclamación por daños y perjuicios en virtud del tort of deceit». (Ibid. con más referencia al no. 4 in fine en la p. 692).

1344 Furmston con referencia al Derecho británico en P.C.-Misc. 13 (1989), p. 24; J. du Plessis en Vogenauer, Art. 3.2.5 no. 6.

1345 J. du Plessis en Vogenauer, Art. 3.2.5 no. 7; S. Lohsse en Jansen/Zimmermann, Art. 4:107 [PECL]: Dolo, no. 6 (pp. 693-694) sugiriendo que la siguiente redacción del Art. 49 (2) del proyecto de normativa común de compraventa europea (que nunca llegó a entrar en vigor) capta mejor la "concepción generalizada" del comportamiento fraudulento, incluido el dolus eventualis: "La declaración falsa es fraudulenta si se hace con conocimiento o creencia de que la declaración es falsa, o temerariamente en cuanto a si es verdadera o falsa, y tiene por objeto inducir al destinatario a cometer un error. La omisión de información es fraudulenta si tiene por objeto inducir a error a la persona a la que se oculta la información". (Énfasis añadido).

1346 J. du Plessis en Vogenauer, Art. 3.2.5 no. 8.

1347 Comentarios oficiales, Art. 3.2.5 no. 2, p. 107 (negrita añadida); A. Herrera en Morán Bovio, Art. 3.8 no. 1, p. 196; J. du Plessis en Vogenauer, Art. 3.2.5 no. 9.

1348 S. Lohsse en Jansen/Zimmermann, Art. 4:107 [PECL]: Dolo, nº 4, p. 691.

1349 J. du Plessis en Vogenauer, Art. 3.2.5 no. 11 (en referencia, por ejemplo, a un enfoque abierto similar en § 168 Restatement (Second) of Contracts (EE.UU.)).

1350 Farnsworth en P.C.-Misc. 13 (1989), p. 23; J. du Plessis en Vogenauer, Art. 3.2.5 no. 12.

1351 S. Lohsse en Jansen/Zimmermann, Art. 4:107 [PECL]: Dolo, nº 4, p. 691.

en violación de las "normas comerciales razonables de lealtad negocial" (Art. 1.7)[1352] que deben aplicarse con el debido respeto a las circunstancias (por ejemplo, el tipo y la finalidad del contrato; ¿se refiere el silencio a la propia actuación de la parte?;[1353] un término sorprendente en las cláusulas estándar;[1354] conocimientos especiales; coste y/o facilidad para adquirir la información; la naturaleza de la información; la importancia aparente de la información para la otra parte).[1355] En tercer lugar, el dolo debe tener un nexo causal (que incluye el aprovechamiento de "un error ya existente al no señalar la información relevante")[1356] con la celebración del contrato[1357] y a menudo induce a un "caso especial de error"[1358] y puede solaparse con la "disparidad manifiesta" (Art. 3.2.7 (1) (a)) si no se exige "error"[1359] con respecto a la redacción amplia del Art. 3.2.5. La norma sobre la causalidad ("indujo a celebrar el contrato") es clara; no se exigen más requisitos ni se distingue, como en algunas legislaciones nacionales, si el contrato se habría celebrado en absoluto o sólo en condiciones diferentes.[1360]

B. Consecuencias jurídicas y opción

2

A menos que la parte engañada confirme el contrato (Art. 3.2.9), puede anularlo (o las cláusulas individuales afectadas, Art. 3.2.13)[1361] mediante una notificación oportuna (Art. 3.2.11-3.2.12) con los efectos (*ex tunc*) previstos en el Art. 3.2.14-3.2.15, incluidas las obligaciones de restitución.[1362] La anulación como resultado de una amenaza por parte de un tercero está cubierta por el Art. 3.2.8.[1363] Independientemente de la anulación, la parte engañada puede reclamar daños y perjuicios por el importe de su interés **"de confianza"** o **"negativo"**[1364] (art. 3.2.16). A diferencia de los efectos del error (art. 3.2.4), las normas sobre anulación por dolo (y amenaza, art. 3.2.6) tienen prioridad sobre los remedios por incumplimiento previstos en el Capítulo 7; estas normas sólo entran en juego si la parte de-

1352 J. du Plessis en Vogenauer, Art. 3.2.5 no. 15-16; D. J. Kästle-Lamparter en Jansen/Zimmermann, Introducción ante el Art. 2:401 [PECL], no. 11 (p. 393).

1353 J. du Plessis en Vogenauer, Art. 3.2.5 no. 16-20.

1354 J. du Plessis en Vogenauer, Art. 3.2.5 no. 22.

1355 Estos últimos ejemplos proceden del art. 49 (3) CESL; J. du Plessis en Vogenauer, Art. 3.2.5 no. 21) y también se correlacionan con el Art. 4:107 PECL (véase D. J. Kästle-Lamparter en Jansen/Zimmermann, Introduction before Art. 2:401 [PECL], no. 11 (p. 393)).

1356 S. Lohsse en Jansen/Zimmermann, Art. 4:107 [PECL]: Dolo, no. 7 (p. 694).

1357 A. Herrera en Morán Bovio, Art. 3.8 no. 1, p. 197 no. 1; J. du Plessis en Vogenauer, Art. 3.2.5 no. 23-24.

1358 Comentarios oficiales, Art. 3.2.5 no. 1, pp. 106-107; J. du Plessis en Vogenauer, Art. 3.2.5 no. 4. Para una clasificación histórica de esta evaluación, véase S. Lohsse en Jansen/Zimmermann, Art. 4:103 [PECL]: Fundamental Mistake as to Facts or Law, no. 8 (p. 663) con referencias adicionales. Sobre la concepción del «[f]raud como un caso especial de error causado» véase ibid., Art. 4:107 [PECL]: Dolo, no. 3 (p. 691).

1359 Debatido, véase J. du Plessis en Vogenauer, Art. 3.2.5 no. 2-5 (teniendo en cuenta la historia de la redacción).

1360 S. Lohsse en Jansen/Zimmermann, Art. 4:107 [PECL]: Dolo, no. 8 (p. 694) señalando que, al parecer, tal distinción se ha discutido desde la Edad Media.

1361 J. du Plessis en Vogenauer, Art. 3.2.5 no. 26.

1362 J. du Plessis en Vogenauer, Art. 3.2.5 no. 26.

1363 A. Herrera en Morán Bovio, Art. 3.8, nº 2.b, p. 198 (según el cual el referido Art. 3.11 de la versión de 1994 de los Principios UNIDROIT se correlaciona con el Art. 3.2.8 de la versión de 2016).

1364 J. du Plessis en Vogenauer, Art. 3.2.5 no. 27.

fraudada decide no anular el contrato (por ejemplo, debido a un cambio de circunstancias o a la evolución del mercado).

Artículo 3.2.6 (Intimidación)

Una parte puede anular un contrato si fue inducida a celebrarlo mediante una amenaza injustificada de la otra parte, la cual, tomando en consideración las circunstancias del caso, fue tan inminente y grave como para dejar a la otra parte sin otra alternativa razonable. En particular, una amenaza es injustificada si la acción u omisión con la que el promitente fue amenazado es intrínsecamente incorrecta, o resultó incorrecto recurrir a dicha amenaza para obtener la celebración del contrato.

A. Dos tipos de amenazas injustificadas

1

La disposición imperativa[1365] (Art. 3.1.4) del Art. 3.2.6 **no define la amenaza, pero describe en una cláusula general**[1366] —comprometiéndose entre los enfoques subjetivo y objetivo del tema[1367]— que la amenaza, "teniendo en cuenta las circunstancias" (→ Arts. 4.2-4.3), debe ser "tan inminente y grave"[1368] como para no dejar a la primera parte ninguna alternativa razonable"[1369] (por ejemplo, en caso de bienes fácilmente disponibles en otro lugar)[1370] y llevar así a la otra parte a celebrar el contrato ("causalidad").[1371] Una parte acusada de amenaza puede defenderse demostrando que el contrato se habría celebrado de todos modos ("ausencia de alternativa razonable").[1372] Según su significado literal, una **"amenaza"** requiere "presión ejercida sobre la voluntad mediante una declaración del perjuicio que seguirá al incumplimiento".[1373] La parte que amenaza provoca un estado de ánimo (miedo, intimidación), que a su vez provoca la celebración del contrato.[1374] La ame-

1365 Véase J. du Plessis en Vogenauer, Art. 3.2.6 nº 24.

1366 S. Lohsse en Jansen/Zimmermann, Art. 4:108 [PECL]: Amenazas, no. 5 en p. 698.

1367 Véase el resumen comparativo, incluido el enfoque objetivo en Derecho romano, de S. Lohsse en Jansen/Zimmermann, Art. 4:108 [PECL]: Amenazas, nº 8 (pp. 699-700) con la conclusión de que el Art. 3.2.6 se "aproxima" a la opinión europea predominante.

1368 P.C.-Misc. 13 (1989), p. 24; A. Herrera en Morán Bovio, Art. 3.9 nº 2a, p. 200 (observando la situación de igualdad en el Derecho español); S. Lohsse en Jansen/Zimmermann, Art. 4:108 [PECL]: Amenazas, nº 8, p. 699 (subrayando con otras referencias que "la inminencia [...] se refiere necesariamente al daño").

1369 Énfasis añadido, véanse los Comentarios Oficiales, Art. 3.2.6 nº 1, pp. 107-108; y la discusión de J. du Plessis en Vogenauer, Art. 3.2.6 nº 12-13; S. Lohsse en Jansen/Zimmermann, Art. 4:108 [PECL]: Amenazas, nº 6 (p. 698).

1370 S. Lohsse en Jansen/Zimmermann, Art. 4:108 [PECL]: Amenazas, nº 6 (p. 698) con otras referencias en particular a Kötz.

1371 P.C.-Misc. 13 (1989), pp. 24-25; J. du Plessis en Vogenauer, Art. 3.2.6 nº 15-16 con la observación pertinente, compartida por S. Lohsse en Jansen/Zimmermann, Art. 4:108 [PECL]: Amenazas, nº 6 (p. 698), en el sentido de que difícilmente podrá establecerse la "causalidad" si existe una "alternativa razonable".

1372 J. du Plessis en Vogenauer, Art. 3.2.6 nº 15-16.

1373 Oxford English Dictionary, 2ª ed. 1989, J. du Plessis en Vogenauer, Art. 3.2.6 nº 4.

1374 Resumen de S. Lohsse en Jansen/Zimmermann, Art. 4:108 [PECL]: Amenazas, nº 1 (sobre causalidad) y 2 (pp. 695-696), con referencia a (i) el Derecho romano (Ulpian Digest 4.2.1 principium) que basaba las acciones del pretor en el miedo: "actio quod metus causae" una acción para recuperar lo que se había entregado bajo

naza es algo más que una advertencia "señalando que se producirán inevitablemente ciertas consecuencias si una de las partes no consiente".[1375] Es distinta de la **"fuerza absoluta" o "violencia física"** que prohíbe un acuerdo en virtud del Art. 2.1.1.[1376] La amenaza (por una de las partes o incluso por un tercero en las circunstancias contempladas en el Art. 3.2.8)[1377] debe ser "injustificada".[1378] A este respecto, la oración 2 distingue dos grupos de casos: (i) La oración 2, alternativa 1, prohíbe las amenazas si, dadas las circunstancias,[1379] la acción u omisión amenazada[1380] "es ilícita en sí misma".[1381] Puede tratarse de un comportamiento socialmente inaceptable[1382] como el daño físico,[1383] el daño a la propiedad, los intereses económicos o la reputación del amenazado o de un tercero[1384] .[1385] Aunque la amenaza debe evaluarse teniendo en cuenta las circunstancias de cada caso, se ha observado que el criterio "ilícito en sí mismo" "ofrece cierta orientación también con vistas a la cuestión más problemática que se plantea en esta categoría, a saber, las amenazas de incumplimiento de contrato".[1386] (ii) Según la oración 2, alternativa 2, la finalidad de una amenaza puede hacer que el señalamiento de una acción u omisión por lo demás lícita (como el derecho a resolver un contrato o a interponer una demanda o una denuncia penal) sea ilícito si la acción u omisión amenazada se utiliza como medio para obtener la celebración del contrato,[1387] especialmente si la acción amenazada no guarda relación con la celebración del contrato prevista.[1388] En caso de renegociación de un contrato, una declaración de contemplar el incumplimiento de un contrato, debidamente interpretada (Art. 4.2-4.3), puede o no constituir una amenaza en el sentido del Art. 3.2.6, dependiendo de las circunstancias (posiblemente modificadas)[1389] (Art. 7.3.3 como posible herramienta de defensa).[1390] La regla sobre la cau-

---

el miedo"; y (ii) el cambio conceptual a través del Derecho medieval y natural para centrarse no en el miedo sino en la amenaza, es decir, en el comportamiento de la otra parte que afecta a la libertad de consentimiento (Art. 1.1). Ibid. nº 3-4 (pp. 696-697).

1375 J. du Plessis en Vogenauer, Art. 3.2.6 nº 4.

1376 J. du Plessis en Vogenauer, Art. 3.2.6 nº 3.

1377 P.C.-Misc. 13 (1989), p. 25; J. du Plessis en Vogenauer, Art. 3.2.6 nº 17.

1378 Comentarios oficiales, Art. 3.2.6 nº 2, p. 108; A. Herrera en Morán Bovio, Art. 3.9 nº 2a, p. 200 párr. 4 («injusta»).

1379 J. du Plessis en Vogenauer, Art. 3.2.6 nº 8.

1380 Véase S. Lohsse en Jansen/Zimmermann, Art. 4:108 [PECL]: Amenazas, nº 9 (p. 700).

1381 Véanse los Comentarios Oficiales, Art. 3.2.6 nº 3, Ilustración 2, p. 108.

1382 J. du Plessis en Vogenauer, Art. 3.2.6 nº 6; S. Lohsse en Jansen/Zimmermann, Art. 4:108 [PECL]: Amenazas, nº 5 en p. 698.

1383 Loc. cit. nota anterior.

1384 J. du Plessis en Vogenauer/du Plessis, Art. 3.2.6 nº 14.

1385 Comentarios oficiales, Art. 3.2.6 nº 3, p. 108; J. du Plessis en Vogenauer, Art. 3.2.6 nº 7; véase también ya A. Herrera en Morán Bovio, Art. 3.9 nº 1, p. 199 apartado 2 (en relación con el impacto sobre los intereses económicos).

1386 S. Lohsse en Jansen/Zimmermann, Art. 4:108 [PECL]: Amenazas, nº 5 in fine en p. 698.

1387 Furmston en P.C.-Misc. 13 (1989), p. 26; A. Herrera en Morán Bovio, Art. 3.9 nº 2b (párrafo 1 al final), p. 201; S. Lohsse en Jansen/Zimmermann, Art. 4:108 [PECL]: Threats, nº 7, p. 699 (en el que se subraya —en parte directamente, en parte indirectamente— que la norma sobre la "amenaza" sólo se ocupa de este objetivo de la celebración de contratos, mientras que otros objetivos, como la violación de una ley imperativa, están cubiertos por el art. 3.3.1 sobre Ilegalidad). 3.3.1 sobre Ilegalidad).

1388 Cf. Comentarios oficiales, Art. 3.2.6 nº 2, Ilustración 1, p. 108; J. du Plessis en Vogenauer, Art. 3.2.6 nº 11 (con ejemplos).

1389 J. du Plessis en Vogenauer, Art. 3.2.6 nº 8-9.

1390 Loc. cit. nota anterior.

salidad ("inducido a celebrar el contrato") es clara; no hay distinción entre si el contrato se habría celebrado en absoluto o sólo en términos diferentes.[1391]

B. Consecuencias jurídicas

2

A menos que la parte amenazada confirme el contrato (Art. 3.2.9), puede anularlo (o las cláusulas individuales afectadas, Art. 3.2.13)[1392] mediante una notificación oportuna (Art. 3.2.11-3.2.12) con los efectos (retroactivos) previstos en el Art. 3.2.14-3.2.15, incluidas las obligaciones de restitución.[1393] La anulación como consecuencia de la amenaza de un tercero se regula en el Art. 3.2.8.[1394] Independientemente de la anulación (art. 3.2.16), "la parte que haya realizado la amenaza"[1395] (o quien sea responsable de un tercero que haya realizado la amenaza,[1396] Art. 3.2.8 (1)) es responsable de los daños y perjuicios en la cuantía del interés "de confianza" o "negativo" de la parte amenazada.[1397] A diferencia del impacto del error (Art. 3.2.4), las normas sobre resolución por amenaza (y dolo, → Art. 3.2.5) **tienen prioridad sobre los remedios por incumplimiento previstos en el Capítulo 7**; estas normas sólo entran en juego si la parte defraudada decide no anular el contrato (por ejemplo, debido a un cambio de circunstancias o a la evolución del mercado).

Artículo 3.2.7 (Excesiva desproporción)

(1) Una parte puede anular el contrato o cualquiera de sus cláusulas si en el momento de su celebración el contrato o alguna de sus cláusulas otorgan a la otra parte una ventaja excesiva. A tal efecto, se deben tener en cuenta, entre otros, los siguientes factores:

(a) que la otra parte se haya aprovechado injustificadamente de la dependencia, aflicción económica o necesidades apremiantes de la otra parte, o de su falta de previsión, ignorancia, inexperiencia o falta de habilidad en la negociación; y

(b) la naturaleza y finalidad del contrato.

(2) A petición de la parte legitimada para anular el contrato, el tribunal podrá adaptar el contrato o la cláusula en cuestión, a fin de ajustarlos a criterios comerciales razonables de lealtad negocial.

(3) El tribunal también podrá adaptar el contrato o la cláusula en cuestión, a petición de la parte que recibió la notificación de la anulación, siempre y cuando dicha parte

---

1391 S. Lohsse en Jansen/Zimmermann, Art. 4:108 [PECL]: Amenazas, nº 10 (p. 700).

1392 J. du Plessis en Vogenauer, Art. 3.2.6 no. 19.

1393 J. du Plessis en Vogenauer, Art. 3.2.6 no. 19.

1394 A. Herrera en Morán Bovio, Art. 3.9, no. 1, p. 199 (en referencia al Art. 3.11 de la versión inicial que se correlaciona con el Art. 3.2.8).

1395 J. du Plessis en Vogenauer, Art. 3.2.6 no. 20.

1396 J. du Plessis en Vogenauer, Art. 3.2.6 no. 20.

1397 J. du Plessis en Vogenauer, Art. 3.2.5 no. 27.

haga saber su decisión a la otra inmediatamente, y, en todo caso, antes de que ésta obre razonablemente de conformidad con su voluntad de anular el contrato. Se aplicará, por consiguiente, el párrafo (2) del Artículo 3.10.

A. Elusión en caso de ventaja excesiva

1

Como principio obligatorio en virtud del art. 3.1.4, y sin perjuicio de la legislación imperativa que intervenga (Art. 1.4 y Art. 3.3.1-3.3.2),[1398] Art. 3.2.7 —otro arreglo entre el derecho civil y el common law[1399]— vela por que el principio de lealtad negocial (Art. 1.7) se respete ya en la celebración del contrato[1400] (Art. 1.1). El párrafo 1 oración 1 otorga un derecho de anulación si la otra parte (o posiblemente un tercero de su ámbito, Art. 3.2.8) ha obtenido una "ventaja excesiva" en el momento de la celebración del contrato de la otra parte[1401] (primera condición) que sea **"injustificable"** (segunda condición),[1402] por lo que no es necesario el conocimiento real o implícito de la debilidad de la otra parte (aunque la ignorancia podría ser un argumento de defensa).[1403] (i) Una ventaja es **"excesiva" si "sacude (n) la conciencia de una persona razonable"**[1404] teniendo debidamente en cuenta las circunstancias del contrato en su conjunto[1405] o de la cláusula relevante.[1406] (ii) Según el parágrafo. 1 oración 2, una ventaja no está "justificada" si (a) se aprovecha de ciertas formas de debilidad[1407] como se establece en el letra a) mientras que un poder de negociación superior debido a las condiciones del mercado[1408] o la ignorancia de la otra parte[1409] (en

1398 J. du Plessis en Vogenauer, Art. 3.2.7 no. 6 (en el que se argumenta la prioridad del art. 3.2.1-3.2.2 sobre el art. 3.2.7 porque la solución del art. 3.2.1-3.2.2 podría respetar mejor los argumentos políticos subyacentes, mientras que ambos conjuntos de normas conducen finalmente al art. 3.2.15). 3.2.15).

1399 Para un análisis detallado y crítico ("en parte con razón") véase S. Lohsse en Jansen/Zimmermann, Art. 4:109 [PECL]: Beneficio excesivo y ventaja desleal, nº 5 (p. 705).

1400 Comentarios oficiales, Art. 3.2.7 no. 1, pp. 109-110; crítica: J. du Plessis en Vogenauer, Art. 3.2.7 no. 5.

1401 Farnsworth y Crépeau en P.C.-Misc. 13 (1989), p. 27 con referencia al Derecho estadounidense y canadiense; véase J. du Plessis en Vogenauer, Art. 3.2.7 no. 2-3 sobre los antecedentes; S. Lohsse en Jansen/Zimmermann, Art. 4:109 [PECL]: Excessive Benefit and Unfair Advantage, no. 6 en p. 706.

1402 A. Herrera en Morán Bovio, Art. 3.10 no. 1, p. 203 (párrafo 2: "injustificada").

1403 J. du Plessis en Vogenauer, Art. 3.2.7 no. 14 y nota 247 (debatido).

1404 Comentarios oficiales, Art. 3.2.7 no. 1, pp. 109-110; A. Herrera en Morán Bovio, Art. 3.10 no. 1, p. 203 (párrafo 2, en referencia a los Comentarios Oficiales); J. du Plessis en Vogenauer, Art. 3.2.7 no. 7. Para los antecedentes históricos y comparativos desde la época romana, incluidos los actios especiales (es decir reclamos) "que protegen a la mujer de las consecuencias de su 'intercesión' en nombre de otros (es decir, de las consecuencias de incurrir en responsabilidad... por ejemplo, convirtiéndose en fiadora...)", es decir, una esclava; o la "laesio enormis (venta por menos de la mitad del valor [...]); incluido un debate sobre la (presunta) "influencia indebida" y la compensación equitativa, véase S. Lohsse en Jansen/Zimmermann, Art. 4:109 [PECL]: Excessive Benefit and Unfair Advantage, no. 2-4 (pp. 702-705) y S. Meier en Jansen/Zimmermann, Art. 15:101 [PECL]: Contratos contrarios a los principios fundamentales, no. 6 (p. 1893).

1405 A. Herrera en Morán Bovio, Art. 3.10 no. 1, p. 203 (párrafo 2, en referencia a los Comentarios Oficiales); J. du Plessis en Vogenauer, Art. 3.2.7 no. 7 (en lugar de aplicar una fórmula matemática) citando a M. J. Bonell, Tulane Journal of International and Comparative Law 1995 (3), pp. 73, 88.

1406 J. du Plessis en Vogenauer, Art. 3.2.7 no. 8.

1407 J. du Plessis en Vogenauer, Art. 3.2.7 no. 10-14.

1408 Comentarios oficiales, Art. 3.2.7 no. 2 (a), p. 110; J. du Plessis en Vogenauer, Art. 3.2.7 no. 11.

1409 J. du Plessis en Vogenauer, Art. 3.2.7 no. 12.

comparación con lo que es "objetivamente conocible")[1410] por sí solos no bastarían para obtener una ventaja desleal[1411] (Art. 1.1); (b) si la naturaleza y el objeto del contrato excluyen cualquier justificación (letra b);[1412] o (c) otros factores excluyen una justificación (como la ética imperante en un determinado comercio).[1413] **En la práctica, si una de las partes tiene motivos para ser extremadamente dura con determinadas cláusulas (por ejemplo, con los tipos de interés), se minimiza el riesgo y se evita el debate** si la cláusula dura evidencia la justificación relacionándola con los motivos de dichas cláusulas.[1414]

B. Consecuencias jurídicas

1. El "triplete" de consecuencias (daños por anulación, restitución y dependencia)

2

A menos que la parte explotada confirme el contrato (Art. 3.2.9),[1415] puede anularlo (o las cláusulas individuales afectadas, Art. 3.2.13)[1416] mediante una notificación oportuna (Art. 3.2.11-3.2.12; donde el Art. 3.2.12 (2) establece un plazo especial en caso de anulación parcial de una cláusula individual por disparidad manifiesta) con los efectos (retroactivos) del Art. 3.2.14-3.2.15, incluidas las obligaciones de restitución.[1417] **La anulación como consecuencia de una ventaja excesiva de un tercero se regula en el Art. 3.2.8. Independientemente de la anulación, la parte que obtuvo la ventaja excesiva es responsable de los daños y perjuicios por el importe del interés "de confianza" o "negativo" de la parte amenazada** (art. 3.2.16).[1418]

2. Opción alternativa de adaptación

3

Como alternativa a la anulación, de conformidad con el párrafo 2, la parte explotada puede solicitar una adaptación del contrato por parte del tribunal competente (→ Art. 1.11 1er guión) y, no obstante, **reclamar sus intereses de confianza, incluidos los honorarios de los abogados**, mientras que el derecho a la anulación queda entonces excluido[1419] (párrafo

---

[1410] Laudo arbitral marzo 1998 CCI caso 9029 (1999), Roma, Unilex no. 660 (el 17° de los párrafos citados); J. du Plessis en Vogenauer, Art. 3.2.7 no. 12.

[1411] StL-Doc. 22 (1982), p. 9.

[1412] Comentarios Oficiales, Art. 3.2.7 no. 2(b), pp. 110-111; véanse ejemplos raros en M. J. Bonell, Tulane Journal of Int & Comp Law 1995 (3), pp. 73, 89-90; J. du Plessis en Vogenauer, Art. 3.2.7 no. 15-17.

[1413] Comentarios oficiales, Art. 3.2.7 no. 2(c), p. 111; J. du Plessis en Vogenauer, Art. 3.2.7 no. 18.

[1414] Ejemplo práctico de un contrato neerlandés-turco con un tipo de interés extremadamente alto: poner en riesgo todo el importe del prestamista mediante un acuerdo "no cure-no pay", ya que el préstamo era necesario para financiar una acción con un resultado probablemente positivo pero incierto.

[1415] A. Herrera en Morán Bovio, Art. 3.10 no. 1, p. 204 (en referencia al Art. 3.12 en la versión de 1994 de los Principios UNIDROIT que se correlaciona con el Art. 3.2.9 en la versión de 2016).

[1416] J. du Plessis en Vogenauer, Art. 3.2.7 no. 20.

[1417] J. du Plessis en Vogenauer, Art. 3.2.7 no. 20.

[1418] J. du Plessis en Vogenauer, Art. 3.2.16 no. 6.

[1419] Comentarios oficiales, Art. 3.2.7 no. 3, p. 111; A. Herrera en Morán Bovio, Art. 3.10 no. 1, p. 204.

3 oración 2 del Art. 1.11 1er guión)[1420] De conformidad con el párrafo 3, la parte (supuestamente) explotadora puede reaccionar mediante una notificación inmediata (art. 1.10) y solicitar una adaptación del contrato por parte del tribunal (art. 1.11).[1421]

C. Cláusulas de daños liquidados y de penalización

4

Para las cláusulas que exigen en caso de incumplimiento el pago de "una suma determinada" a la otra parte, el Art. 7.4.13 (2) **contiene una norma más específica de adaptación en caso de una relación manifiestamente excesiva con el perjuicio resultante del incumplimiento**.

Artículo 3.2.8 (Terceros)

(1) Cuando el dolo, la intimidación, excesiva desproporción o el error sean imputables o sean conocidos o deban ser conocidos por un tercero de cuyos actos es responsable la otra parte, el contrato puede anularse bajo las mismas condiciones que si dichas anomalías hubieran sido obra suya.

(2) Cuando el dolo, la intimidación o la excesiva desproporción sean imputables a un tercero de cuyos actos no es responsable la otra parte, el contrato puede anularse si dicha parte conoció o debió conocer el dolo, la intimidación o la excesiva desproporción, o bien si en el momento de anularlo dicha parte no había actuado todavía razonablemente de conformidad con lo previsto en el contrato.

A. Tercero del ámbito de una Parte Contratante

1

En la celebración de contratos comerciales internacionales, especialmente entre empresas, intervienen regularmente terceros.[1422] En ocasiones, la celebración del contrato se debe a la influencia indebida de dicho tercero, que puede pertenecer o no a la esfera de una parte contratante.[1423] El párrafo 1 aborda los casos en los que (i) en primer lugar, una parte contratante es **"responsable"** ("debe responder o rendir cuentas")[1424] de la acción de un tercero (incluido el "consentimiento tácito"),[1425] ya sea en virtud del Derecho de sociedades

[1420] A. Herrera en Morán Bovio, Art. 3.10 no. 1, p. 204 (por la referencia al Art. 3.13 en la versión de 1994 de los Principios UNIDROIT que se corresponde con el Art. 3.2.10 en la versión de 2016); J. du Plessis en Vogenauer, Art. 3.2.7 no. 21.

[1421] A. Herrera en Morán Bovio, Art. 3.10 no. 1, p. 204 párr. 1; J. du Plessis en Vogenauer, Art. 3.2.7 no. 22.

[1422] En opinión de S. Lohsse en Jansen/Zimmermann, Art. 4:111 [PECL]: Third Persons, no. 7 en p. 712: "Casi todos los contratos se celebran con la intervención de terceros".

[1423] StL-Doc. 22 (1982), p. 10 distinguiendo entre "comisionistas" y corredores; para "otras situaciones tripartitas" véase J. du Plessis en Vogenauer, Art. 3.2.8 no. 20-21.

[1424] J. du Plessis en Vogenauer, Art. 3.2.8 no. 5.

[1425] J. du Plessis en Vogenauer, Art. 3.2.8 no. 8 (con ejemplos).

(por ejemplo, un consejero delegado de una SRL, un socio colectivo de una sociedad) o en virtud del Derecho laboral (un empleado) o del Derecho contractual general (por ejemplo, la representación, Sección 2.2),[1426] que puede incluir acciones por iniciativa propia del tercero.[1427] (ii) En segundo lugar, cualquiera de los motivos de anulación establecidos en el párrafo 1 debe ser "imputable" a dicho tercero, ya sea porque establece la causa o, alternativamente y sólo en caso de error, porque **"debería haber conocido"** el motivo de anulación (es decir, el error).[1428] En estos casos de grupos de terceros de la esfera de la parte contratante, el párrafo 1 concede explícitamente, pero "de acuerdo con" un "supuesto" de "las legislaciones nacionales",[1429] un derecho de anulación "en las mismas condiciones que si el comportamiento o el conocimiento hubieran sido los de la propia parte", sin ninguna ponderación específica de intereses.[1430] La ecuación subyacente de los motivos de anulación se basa en un "enfoque de mejor derecho" que contradice el planteamiento de las principales jurisdicciones de Derecho civil debido a la importancia de la coacción comercial frente a la "amenaza", privilegiada en algunos sistemas civiles.[1431]

B. Elusión incluso sin "responsabilidad" si la otra parte no necesita protección

2

Cuando el tercero implicado no pertenece a la esfera de una parte contratante, el párrafo 2, en consonancia con varios ordenamientos jurídicos,[1432] exige una ponderación de intereses[1433] con respecto al estado de ánimo de la otra parte. **Afronta dos tipos de casos en los que la parte que se beneficia de la celebración del contrato no merece protección en comparación con la norma general de buena fe y lealtad negocial** (Art. 1.7): (i) "conocía o debería haber conocido" la causa de anulación establecida por el tercero[1434] por lo que, en casos de gran disparidad, podría bastar con el conocimiento de las circunstancias;[1435] (ii) no ha actuado (todavía) basándose en el contrato y, por lo tanto, no es perjudicial permitir la

---

[1426] J. du Plessis en Vogenauer, Art. 3.2.8 no. 6.

[1427] Comentarios oficiales, Art. 3.2.8 no. 1, p. 112; J. du Plessis en Vogenauer, Art. 3.2.8 no. 7.

[1428] Comentarios oficiales, Art. 3.2.8 no. 1, p. 112; A. Herrera en Morán Bovio, Art. 3.11 no. 1, pp. 208-209; J. du Plessis en Vogenauer, Art. 3.2.8 no. 9.

[1429] S. Lohsse en Jansen/Zimmermann, Art. 4:111 [PECL]: Terceras personas, no. 6 (p. 712).

[1430] S. Lohsse en Jansen/Zimmermann, Art. 4:111 [PECL]: Terceros, no. 6 (p. 712) y no. 2 (p. 709): "por lo tanto, dichas personas no deben considerarse terceros en sentido técnico".

[1431] J. du Plessis en Vogenauer, Art. 3.2.8 no. 13 y 2; y, tras él, S. Lohsse en Jansen/Zimmermann, Art. 4:111 [PECL]: Third Persons, nº 3 en p. 710 ("la distinción no es más que un vestigio del Derecho romano").

[1432] S. Lohsse en Jansen/Zimmermann, Art. 4:111 [PECL]: Terceras personas, no. 7 en p. 712 ("pero para los restos romanos") y no. 5 (p. 711) sobre "Leyes nacionales: estado de ánimo de la otra parte".

[1433] S. Lohsse en Jansen/Zimmermann, Art. 4:111 [PECL]: Terceras personas, no. 7 (pp. 712-713).

[1434] A. Herrera en Morán Bovio, Art. 3.11 no. 1, p. 209; véase el ejemplo de J. du Plessis en Vogenauer, Art. 3.2.8 no. 17 (una entidad financiera acepta una fianza y aconseja al garante que se asesore jurídicamente de forma independiente); S. Lohsse en Jansen/Zimmermann, Art. 4:111 [PECL]: Third Persons, nº 7 en p. 712 (donde se evalúa que esta primera parte del párrafo 2 está bien cubierta por varios ordenamientos jurídicos nacionales).

[1435] Apuntando cuidadosamente en esta dirección J. du Plessis en Vogenauer, Art. 3.2.8 no. 18.

anulación en dichos casos.[1436] Esta última regla (ii) ha sido criticada;[1437] desde la perspectiva de un profesional parece sencilla y justa para minimizar así el impacto de las acciones desleales de un tercero.

3

El párrafo 2 no menciona el error de un tercero[1438] (que no pertenece a la esfera de una parte contractual). En tal caso, se aplicará el criterio general del **"debería haber sabido"** que figura en la norma general sobre "error" del Art. 3.2.2 (1) (a) aplicara (en virtud del cual serán relevantes los deberes de información posiblemente existentes en las circunstancias específicas), que, sin embargo, se ve matizado por la prueba adicional de "si era contrario a la buena fe y a la lealtad negocial dejar a la parte equivocada en el error".[1439]

C. Consecuencias jurídicas

4

En caso de conducta imputable a un tercero de la esfera de una parte contractual según lo regulado en el párrafo 1, se aplicarán las mismas condiciones y consecuencias jurídicas que si la otra parte hubiera actuado por sí misma (Art. 3.2.1-4 para el "error"; Art. 3.2.5 para "dolo"; Art. 3.2.6 para "amenaza"; Art. 3.2.7 para "grave disparidad").

Si se aplica el párrafo 2 en caso de dolo, amenaza o grave disparidad (no: en caso de error; arriba número 3) atribuible a un tercero que no pertenece a la esfera de una parte contractual, la parte afectada (i) puede anular el contrato retroactivamente (Art. 3.2.15) total o parcialmente (Art. 3.2.13) mediante una notificación oportuna (Art. 3.2.11), y (ii), si procede según las circunstancias, reclamar un derecho de restitución (Art. 3.2.15) y/o a daños y perjuicios (Art. 3.2.16) por el importe de su interés "de confianza" o "negativo".

Artículo 3.2.9 (Confirmación)

La anulación del contrato queda excluida si la parte facultada para anularlo lo confirma de una manera expresa o tácita una vez que ha comenzado a correr el plazo para notificar la anulación.

[1436] Comentarios oficiales, Art. 3.2.8 no. 2, p. 112; Lando en P.C.-Misc. 13 (1989), p. 42; A. Herrera en Morán Bovio, Art. 3.11 no. 1, p. 209; J. du Plessis en Vogenauer, Art. 3.2.8 no. 19; S. Lohsse en Jansen/Zimmermann, Art. 4:111 [PECL]: Third Persons, no. 7, p. 713 (donde se señala, entre otras cosas, una desviación de la mayoría de las legislaciones nacionales, salvo en el caso de los países nórdicos europeos).

[1437] S. Lohsse en Jansen/Zimmermann, Art. 4:111 [PECL]: Third Persons, no. 7 en p. 713 ("sigue sin estar claro por qué la idea de res integra debería tener alguna influencia en la ponderación de intereses").

[1438] S. Lohsse en Jansen/Zimmermann, Art. 4:111 [PECL]: Terceras personas, no. 7 en p. 713.

[1439] S. Lohsse en Jansen/Zimmermann, Art. 4:111 [PECL]: Third Persons, no. 7 en p. 713 (con la valoración académica crítica: "no llegan a lo que sería una aplicación coherente de los principios aceptados para el dolo en el ámbito del error").

A. Una consecuencia lógica de la libertad contractual (y del principio de buena fe)

1

El art. 3.2.9 tiene una doble finalidad.[1440] En primer lugar, como expresión de la libertad de contratación (art. 1.1), confirma el derecho a renunciar a un derecho de anulación en virtud del Capítulo 3 mediante confirmación. En segundo lugar, como expresión del principio dirigido contra el comportamiento contradictorio (Art. 1.8), y por tanto también del principio de buena fe y lealtad negocial del Art. 1.7[1441] (Art. 1.8 núm. 1), interrumpe irrevocablemente[1442] cualquier derecho de anulación tras una confirmación adecuada. La norma del art. 3.2.9 se correlaciona con "[l] a mayoría de las legislaciones nacionales".[1443]

B. La confirmación requiere

2

(i) un motivo de anulación de conformidad con el Art. 3.2.1-3.2.3 o 3.2.5-3.2.8; (ii) una notificación expresa (Art. 1.10) o —que debe aplicarse con cuidado[1444]— una conducta que implique una confirmación (por ejemplo, el cumplimiento o una reclamación de cumplimiento, sin reservar el derecho de anulación;[1445] Art. 4.2[1446]) por lo que la conducta afirmativa debe alcanzar la esfera de la otra parte;[1447] (iii) realizada después del momento de emisión de la notificación de anulación con arreglo al Art. 3.2.12 (es decir, conocimiento real o implícito) haya comenzado.[1448]

Artículo 3.2.10 (Pérdida del derecho a anular el contrato)

(1) Si una de las partes se encuentra facultada para anular un contrato por causa de error, pero la otra declara su voluntad de cumplirlo o cumple el contrato en los térmi-

---

1440 P. Huber en Vogenauer, Art. 3.2.9 número 1.

1441 Véase S. Lohsse en Jansen/Zimmermann, Art. 4:114 [PECL]: Confirmation, no. 3 (p. 721) haciendo referencia a "la percepción de que la anulación tras la confirmación sería contraria a la buena fe".

1442 S. Lohsse en Jansen/Zimmermann, Art. 4:114 [PECL]: Confirmación, nº 3 (p. 721).

1443 S. Lohsse en Jansen/Zimmermann, Art. 4:114 [PECL]: Confirmación, número 2 (p. 720).

1444 P. Huber en Vogenauer, Art. 3.2.9 número 8, sugiere una aplicación "restrictiva".

1445 Comentarios oficiales al Art. 3.2.9, p. 113; véase también A. Herrera en Morán Bovio, Art. 3.12 número 1, p. 212 ("tácita"); Laudo arbitral 21 de abril de 1997, arbitraje Ad Hoc (París), Unilex número 651 (resumen); Laudo arbitral 10 de diciembre de 1997, arbitraje Ad Hoc (Buenos Aires), Unilex número 646 (resumen); P. Huber en Vogenauer, Art. 3.2.9 número 7-8, en particular nota 290; S. Lohsse en Jansen/Zimmermann, Art. 4:114 [PECL]: Confirmación, nº 4 en p. 721.

1446 En el mismo sentido S. Lohsse en Jansen/Zimmermann, Art. 4:114 [PECL]: Confirmación, número 6 en p. 722 (en referencia al entendimiento razonable de la otra parte y al Art. 2:102 PECL).

1447 S. Lohsse en Jansen/Zimmermann, Art. 4:114 [PECL]: Confirmación, no. 4 en p. 721 (argumentando con "razones de seguridad jurídica y con vistas al fundamento del efecto vinculante de una confirmación").

1448 A. Herrera en Morán Bovio, Art. 3.12, número 1, p. 211 (por lo que el Art. 3.15 en la versión de 1994 se corresponde con el art. 3.2.12 en la versión de 2016); cf. P. Huber en Vogenauer, Art. 3.2.9 número 9; S. Lohsse en Jansen/Zimmermann, Art. 4:114 [PECL]: Confirmación, nº 5 (p. 722, destacando, por ejemplo, que, en caso de amenaza o explotación/perjuicio económico, esto implica que la parte con derecho a la anulación "ha pasado a ser capaz de actuar libremente"); → Art. 3.1.12 nº 1.

nos en los que la parte facultada para anularlo lo entendió, el contrato se considerará perfeccionado en dichos términos. En tal caso, la parte interesada en cumplirlo deberá hacer tal declaración o cumplir el contrato inmediatamente de ser informada de la manera en que la parte facultada para anularlo lo ha entendido y antes de que ella proceda a obrar razonablemente de conformidad con la notificación de anulación.

(2) La facultad de anular el contrato se extingue a consecuencia de dicha declaración o cumplimiento, y cualquier otra notificación de anulación hecha con anterioridad no tendrá valor alguno.

A. Función: Parte del régimen de errores

1

De conformidad con el párrafo 2, una modificación del contrato en virtud del párrafo 1 (B. infra) suprime el derecho de anulación por error.[1449] El art. 3.2.10 forma parte, por tanto, del esquema de prueba para la anulación por error establecido en el Art. 3.2.1 número 2 en (vii). El art. 3.2.10 no se aplica a los errores conjuntos.[1450]

B. Derecho de la otra parte a mantener el contrato en una versión modificada

2

En el espíritu del Art. 1.7, no es necesario proteger a una parte que se ha equivocado más allá del alcance de su error (no es necesario el derecho a "arrepentirse").[1451] Por lo tanto, **en caso de error de una de las partes durante la celebración del contrato, el párrafo 1 otorga a la otra parte el derecho a mantener el contrato en una versión modificada que "refleje el entendimiento de la parte equivocada"**,[1452] por lo que, (i) de conformidad con el parágrafo 2, la parte equivocada pierde sus derechos en virtud del Art. 3.2.2-3.2.3,[1453] (ii) una notificación de resolución anterior pierde su efecto (también párrafo 2),[1454] (iii) la parte que incurrió en error puede ser responsable de los daños y perjuicios previstos en el Art. 3.2.16 (y, por tanto, limitada al interés de confianza).[1455]

[1449] A. Herrera en Morán Bovio, Art. 3.13 número 1, p. 215 (párrafo 2).

[1450] P. Huber en Vogenauer, Art. 3.2.10 número 2 (con una alusión en la nota 299 a la adaptación del contrato por un tribunal si el error ha dado lugar a una grave disparidad, Art. 3.2.7 (2) y (3)).

[1451] Drobnig en P.C.-Misc. 13 (1989), p. 43; P. Huber en Vogenauer, Art. 3.2.10 número 1, con una útil referencia a Probst, "Deception", en: Kramer/Probst, Defectos en el proceso de contratación, en von Mehren (ed.), Enciclopedia Internacional de Derecho Comparado, vol. VII. Contracts in General, cap. 11 (2001), párr. 64.

[1452] P. Huber en Vogenauer, Art. 3.2.10 número 9.

[1453] A. Herrera en Morán Bovio, Art. 3.13 número 1, p. 215.

[1454] Comentarios oficiales, Art. 3.2.10 número 3, p. 114; A. Herrera en Morán Bovio, Art. 3.13 número 2b, p. 215 (al final); P. Huber en Vogenauer, Art. 3.2.10 número 10.

[1455] Comentarios oficiales, Art. 3.2.10 número 4, p. 114; A. Herrera en Morán Bovio, Art. 3.13 número 2b, p. 216 (por el que el 3.18 referenciado en la versión inicial se correlaciona con el 3.2.16); P. Huber en Vogenauer, Art. 3.2.10 número 11.

C. Requisitos

3

El primer párrafo requiere (i) en primer lugar, una pronta[1456] notificación (Art. 1.10) o cumplimiento (en lo sucesivo denominadas conjuntamente "acción") del contrato por la otra parte (es decir, la parte no equivocada) indicando la voluntad de ejecutar el contrato en la forma entendida por la parte equivocada. Dicha acción de la otra parte debe ocurrir inmediatamente después de conocer ("obtener conocimiento")[1457] acerca del entendimiento de la parte que incurrió en error (es decir, un **"período de tiempo muy breve"**, cercano a "inmediatamente");[1458] y (ii) en segundo lugar, que la parte que incurrió en error aún no haya actuado razonablemente en virtud de su notificación de anulación (parágrafo 1 oración 2, segunda condición),[1459] si ya se ha dado, por ejemplo, celebrando otro contrato que sustituya al contrato "anulado".[1460]

Artículo 3.2.11 (Notificación de anulación)

El derecho a anular un contrato se ejerce cursando una notificación a la otra parte.

A. Evitar el choque cultural

1

Dado que el enfoque de la anulación varía (por ejemplo, las leyes civiles de base francesa exigen la decisión de un tribunal;[1461] otras pueden prever un efecto automático),[1462] el Art. 3.2.11 **aclara el modo de ejercer cualquier**[1463] **derecho de anulación** en virtud del Art. 3.2.1 y siguientes de forma pragmática desde el punto de vista comercial (y en consonancia, por ejemplo, con la legislación inglesa y algunas legislaciones continentales).[1464]

[1456] Comentarios oficiales, Art. 3.2.10 número 2, p. 114.

[1457] P. Huber en Vogenauer, Art. 3.2.10 número 5.

[1458] P. Huber en Vogenauer, Art. 3.2.10 número 5.

[1459] Bonell en P.C.-Misc. 13 (1989), pp. 48, 49; A. Herrera en Morán Bovio, Art. 3.13 número 2b, p. 215 (párrafo 1); P. Huber en Vogenauer, Art. 3.2.10 número 6-7.

[1460] P. Huber en Vogenauer, Art. 3.2.10 número 6 al final.

[1461] Véase Art. 1178 (2) oración 2 del Código Civil francés (versión de 2016) (con una excepción en caso de acuerdo entre las partes); véanse los Comentarios Oficiales, Art. 3.2.11 número 1, p. 115; A. Herrera en Morán Bovio, Art. 3.14 número 2a., p. 217 (sobre el Derecho español); S. Lohsse en Jansen/Zimmermann, Art. 4:112 [PECL]: Notice of Avoidance, no. 3 (p. 715).

[1462] Cf. P. Huber en Vogenauer, Art. 3.2.11 número 11.

[1463] P. Huber en Vogenauer, Art. 3.2.11 número 2.

[1464] S. Lohsse en Jansen/Zimmermann, Art. 4:112 [PECL]: Notificación de anulación, nº 3 (p. 715).

B. Requisito

2

La anulación requiere una notificación (Art. 1.10),[1465] por "medios apropiados a las circunstancias" (Art. 1.10)[1466] puede incluir una conducta inequívoca[1467] que indique la intención de anular el contrato.[1468] No es necesario indicar los motivos.[1469] Sin embargo, sólo una indicación suficiente para dar **"conocimiento" de la comprensión de la parte equivocada** inicia el breve plazo previsto en el Art. 3.2.10 para que la otra parte salve el contrato.[1470] En circunstancias ordinarias, no existe el "deber" de responder a dicha notificación[1471] aunque normalmente puede ser una cuestión de buena fe y lealtad negocial (Art. 1.7) o de prácticas establecidas durante las negociaciones del contrato (Art. 1.9 (1)) confirmar la recepción a petición del remitente. Así, pues la evaluación del motivo de anulación llegará al tribunal competente (o al árbitro, → Art. 1.11 1er guión) solamente en caso de desacuerdo; en algunos escenarios de casos, esto puede ahorrar costes sustanciales de un litigio, por ejemplo, mediante acuerdo, mediación o poniendo fin al asunto.[1472]

Artículo 3.2.12 (Plazos)

(1) La notificación de anular el contrato debe realizarse dentro de un plazo razonable, teniendo en cuenta las circunstancias, después de que la parte impugnante conoció o no podía ignorar los hechos o pudo obrar libremente.

(2) Cuando una cláusula del contrato pueda ser anulada en virtud del Artículo 3.2.7, el plazo para notificar la anulación empezará a correr a partir del momento en que dicha cláusula sea invocada por la otra parte.

A. Un plazo "razonable"

1

De conformidad con el párrafo 1, **cualquier notificación de anulación debe realizarse en un plazo "razonable" *sui generis*** no sujeto a las normas sobre plazos de prescripción del Capítulo 10, Art. 10.1 (2)[1473] teniendo debidamente en cuenta las circunstancias, que pueden variar considerablemente en función del tipo de transacción internacional y de las

---

1465 Comentarios oficiales, Art. 3.2.11 número 1 y 3, p. 115.

1466 Comentarios oficiales, Art. 3.2.11 número 2, p. 115.

1467 Laudo arbitral de 10 de diciembre de 1997, arbitraje Ad Hoc (Buenos Aires), Unilex número 646 (resumen); P. Huber en Vogenauer, Art. 3.2.11 número 4.

1468 P. Huber en Vogenauer, Art. 3.2.11 número 2.

1469 Comentarios oficiales, Art. 3.2.11 número 2, p. 115; P.C.-Misc. 13 (1989), p. 51; P. Huber en Vogenauer, Art. 3.2.11 número 2.

1470 P. Huber en Vogenauer, Art. 3.2.11 número 4.

1471 P. Huber en Vogenauer, Art. 3.2.11 número 5.

1472 S. Lohsse en Jansen/Zimmermann, Art. 4:112 [PECL]: Notificación de evasión, nº 4 (p. 716): "una vez que la parte afectada ha llamado la atención sobre el vicio del consentimiento, la otra parte puede simplemente decidir no ejercitar sus derechos".

1473 Véase también P. Huber en Vogenauer, Art. 3.2.12 número 9.

jurisdicciones y distancias implicadas.[1474] El inicio del plazo depende de un factor subjetivo: (i) el conocimiento de los "hechos relevantes" para un derecho de anulación[1475] (no: darse cuenta de que los hechos realmente bastan para un derecho de anulación),[1476] (ii) conocimiento constructivo ("no podía ignorar los hechos relevantes", que se ha interpretado como **"negligencia grave"**,[1477] esa interpretación es convincente a la luz de la consecuencia fatal de sobrepasar el vencimiento del plazo, véase más adelante no. 1a) o (iii), en caso de anulación por amenaza (art. 3.2.6), cuando la parte amenazada adquiere la capacidad de actuar libremente.[1478]

1a

Sin perjuicio de una exclusión por confirmación (3.2.9), con respecto a la cual la anulación sería un comportamiento contradictorio (Art.1.8; Art. 3.2.9 número 1), la parte legitimada para anular podrá hacerlo dentro de un "plazo razonable, habida cuenta de las circunstancias [...]". Al referirse a lo "razonable", el Art. 3.2.12 sigue el enfoque del Derecho anglosajón y no el del Derecho civil.[1479] Por ello, se ha sugerido inspirarse en una norma similar del § 381 (3) "Restatement 2nd Contracts" (EE.UU.) a la hora de determinar lo que es razonable dadas las circunstancias[1480] (por ejemplo, el tiempo para asesorarse jurídicamente).[1481] La referencia a un factor subjetivo para su inicio es una indicación de que el plazo **"debe ser más corto que más largo"**.[1482] Tras su expiración, se interrumpe el derecho de anulación.[1483] Esto está en correlación con el enfoque general *favor contractus* de los Principios Unidroit (Introducción nº 8) y contribuye a la seguridad jurídica en la contratación internacional, mientras que la parte que puede invocar un motivo de anulación puede controlar su pérdida mediante una acción diligente dentro del plazo razonable.

[1474] Similar a A. Herrera en Morán Bovio, Art. 3.15 número 1, p. 219.

[1475] A. Herrera en Morán Bovio, Art. 3.15 número 1, p. 219 (párrafo 2) y número 2a (párrafo 2) en p. 220.

[1476] P. Huber en Vogenauer, Art. 3.2.12 número 2.

[1477] P.C.-Misc. 13 (1989), pp. 53-54; P. Huber en Vogenauer, Art. 3.2.12 número 6; véase también ya A. Herrera en Morán Bovio, Art. 3.15 número 1, p. 219.

[1478] Comentarios oficiales al Art. 3.2.12, p. 116; Hartkamp y Farnsworth en P.C.-Misc. 13 (1989), p. 52; A. Herrera en Morán Bovio, Art. 3.15 número 1 (párrafo 1), p. 219; P. Huber en Vogenauer, Art. 3.2.12 número 3.

[1479] Las legislaciones nacionales sobre plazos, así como las normas modelo internacionales, varían considerablemente. Véase el resumen de S. Lohsse en Jansen/Zimmermann, Art. 4:113 [PECL]: Time Limits, nº 2-4 (pp. 717-719), argumentando en la p. 719 con respecto al desarrollo en la ley de prescripción (→ Art. 10.2) "para complementar el enfoque subjetivo con un enfoque objetivo con un plazo máximo objetivo para la anulación, calculado desde el momento en que se celebró el contrato".

[1480] P. Huber en Vogenauer, Art. 3.2.12 número 1, 7. El § 381(3) del Restatement (Second) of Contracts (EE.UU.) establece: "Para determinar qué es un plazo razonable, son significativas las siguientes circunstancias:

(a) El grado en que el retraso permitió o podría haber permitido a la parte con poder de anulación especular por cuenta y riesgo de la otra parte;

(b) El grado en que el retraso ha dado lugar o podría haber dado lugar a una confianza justificable de la otra parte o de terceros;

(c) en qué medida el motivo de anulación se debe a una falta de cualquiera de las partes; y

(d) en qué medida la conducta de la otra parte ha contribuido al retraso".

[1481] P. Huber en Vogenauer, Art. 3.2.12 número 6.

[1482] P. Huber en Vogenauer, Art. 3.2.12 número 6.

[1483] A. Herrera en Morán Bovio, Art. 3.15 número 1, p. 220 (párrafo 2).

B. Regla especial para evitar cláusulas individuales

2

De conformidad con el párrafo 2, en caso de anulación de cláusulas individuales por disparidad excesiva (Art. 3.2.7), **el plazo para notificar la anulación (total o parcial, Art. 3.2.13) comienza a partir del momento concreto en que la otra parte invoca la cláusula impugnada.**[1484] Sin embargo, si dicha cláusula está contenida en cláusulas estándar, es probable que nunca haya llegado a ser efectiva (Art. 2.1.20 (1)).

Artículo 3.2.13 (Anulación parcial)

Si la causa de anulación afecta sólo a algunas cláusulas del contrato, los efectos de la anulación se limitarán a dichas cláusulas a menos que, teniendo en cuenta las circunstancias, no sea razonable conservar el resto del contrato.

1

El art. 3.2.13 ejemplifica el principio del contratista favorecido (Introducción nº 7), que trata de mantener el contrato en la medida de lo posible. **Una causa de anulación que afecte únicamente a determinadas cláusulas del contrato**[1485] (por ejemplo, determinadas "cláusulas" o determinados "elementos", como una determinada parte del alcance de un trabajo)[1486] suele limitarse a dichas cláusulas (= la regla),[1487] a menos que las circunstancias (que incluyen el comportamiento de la parte que invoca la causa de anulación)[1488] sugieran lo contrario (que deberá probar la parte que desea anular la totalidad del contrato),[1489] por ejemplo, en los casos en que las cláusulas impugnadas fueran también esenciales para la celebración del contrato de conformidad con el Art. 2.1.11 (= la excepción).[1490] A este respecto, en consonancia con la mayoría de las legislaciones nacionales,[1491] los Comentarios Oficiales prevén una prueba subjetiva:[1492] "Esto generalmente dependerá de si la parte hu-

---

1484 P. Huber en Vogenauer, Art. 3.2.12 número 4.

1485 Comentarios oficiales al Art. 3.2.13, p. 117; A. Herrera en Morán Bovio, Art. 3.16 número 1 (párrafo 1, implícitamente), p. 222.

1486 Comentarios oficiales al art. 3.2.13, Ilustración 1 (relativa a la construcción de dos edificios bajo un mismo contrato mientras que la causa de anulación sólo se refiere a uno de ellos), p. 117; P. Huber en Vogenauer, Art. 3.2.13 número 2.

1487 S. Lohsse en Jansen/Zimmermann, Art. 4:116 [PECL]: Partial Avoidance, número 2 en p. 727 describe esta norma como "mucho más clara" en comparación con la mayoría de las legislaciones nacionales; según la cual "La gran mayoría de los sistemas jurídicos" (excepto, por ejemplo, la legislación alemana) "operan a partir de una presunción que favorece la nulidad únicamente de la parte afectada por vicios del consentimiento". (Ibid., número 3 en p. 727).

1488 P. Huber en Vogenauer, Art. 3.2.13 número 7.

1489 A. Herrera en Morán Bovio, Art. 3.16 número 1 (párrafo 2), p. 222; P. Huber en Vogenauer, Art. 3.2.13 número 8.

1490 P. Huber en Vogenauer, Art. 3.2.13 número 4 y siguientes

1491 S. Lohsse en Jansen/Zimmermann, Art. 4:116 [PECL]: Elusión parcial, nº 4 (p. 728).

1492 S. Lohsse en Jansen/Zimmermann, Art. 4:116 [PECL]: La elusión parcial, nº 4 (p. 728) y, defendiéndose de las críticas, no. 5 in fine (p. 729).

biera celebrado el contrato de haber previsto que tales disposiciones podrían estar afectadas de nulidad".[1493]

2

En la práctica, una cláusula de **"separabilidad"** suele prever, si está bien redactada, que otra disposición (hipotética) (por ejemplo, "a determinar por el tribunal arbitral")[1494] se considerará que sustituye a la cláusula nula, por lo que la nueva disposición (hipotética) se acercará lo más posible, por ejemplo, (i) al objetivo de la cláusula nula, (ii) al objetivo económico del contrato o (iii) a la finalidad del contrato (esto depende de la cláusula o de las circunstancias al redactar dicha cláusula).

Artículo 3.2.14 (Efectos retroactivos)

La anulación tiene efectos retroactivos.

A. Retroactividad

1

De conformidad con el art. 3.2.14, la anulación opera *ex tunc*. Se considera que el contrato nunca ha existido.[1495] Ninguna de las partes tiene derecho a reclamar en virtud del "contrato" putativo[1496] (o, en caso de anulación parcial (art. 3.2.13), el "plazo" putativo). Los suministros efectuados en virtud del "contrato" putativo deben ser devueltos, Art. 3.2.15. Este régimen es distinto del régimen de resolución (Art. 7.3.5 (1) y 7.3.7 (1)).[1497]

B. Límites

2

(i) La restitución está sujeta a los límites establecidos en el Art. 3.2.15. (ii) En caso de anulación parcial, una cláusula de divisibilidad atenuará a menudo los efectos de la anulación (Art. 3.2.13 nº 2). (iii) La anulación retroactiva (prevista por el régimen contractual de los Principios Unidroit, Preámbulo párrafo 1-2) no afecta a las cláusulas que son distintas de la ***lex contractus*** y calificadas separadamente por el Derecho internacional privado apli-

---

[1493] Comentarios oficiales al Art. 3.2.13, p. 117.

[1494] La variación por la que las partes deberán negociar el contenido de la cláusula sustitutoria pone esposas al poder de decisión de un tribunal arbitral en caso de disputa que dé lugar a un procedimiento de arbitraje.

[1495] Comentarios oficiales al Art. 3.2.14, p. 117; Etude - XVI/B - Doc. 22 (1972), p. 45; A. Herrera en Morán Bovio, Art. 3.17 número 1, p. 224 (no 2); J. du Plessis en Vogenauer, Art. 3.2.14 número 1; P. Hellwege en Jansen/Zimmermann, Art. 4:115 [PECL]: Efectos de la elusión, número 1 (pp. 724-725).

[1496] P. Hellwege en Jansen/Zimmermann, Art. 4:115 [PECL]: Efectos de la elusión, número 1, p. 725.

[1497] J. du Plessis en Vogenauer, Art. 3.2.14 número 5; P. Hellwege en Jansen/Zimmermann, Art. 4:115 [PECL]: Efectos de la elusión, número 1, p. 725.

cable (del tribunal estatal competente o del tribunal de arbitraje).[1498] Por lo tanto, el efecto retroactivo no suele afectar a las cláusulas de resolución de conflictos, de elección de la ley aplicable (o de elección de los Principios Unidroit).[1499] (iv) A la luz del Art. 3.2.15 (2) y (4) (como parte del régimen contractual de los Principios Unidroit)[1500] raramente habrá lugar para la aplicación de la ley del enriquecimiento injusto o de la ***negotiorum gestio*** que de otro modo podría concebirse en algunas circunstancias, cuando el plazo previsto en el Art. 3.2.12 (1) ha comenzado tarde.

Artículo 3.2.15 (Restitución)

(1) En caso de anulación, cualquiera de las partes puede reclamar la restitución de lo entregado conforme al contrato o a la parte del contrato que haya sido anulada, siempre que dicha parte restituya al mismo tiempo lo que recibió en base al contrato o a la parte del contrato que fue anulada.

(2) Si no es posible o apropiada la restitución en especie, procederá una compensación en dinero, siempre que sea razonable.

(3) Quien recibió el beneficio del cumplimiento no está obligado a la compensación en dinero si la imposibilidad de la restitución en especie es imputable a la otra parte.

(4) Puede exigirse una compensación por los gastos que fueren razonablemente necesarios para proteger o conservar lo recibido.

A. Principio de restitución concurrente en especie (párrafo 1)

1

El art. 3.2.15 se centra en las **consecuencias de la anulación retroactiva con respecto a los suministros ya intercambiados en virtud del "contrato" putativo**. Salvo en lo que se refiere a la restitución parcial, el Art. 3.2.15 se corresponde con la norma general sobre restitución tras la resolución de un contrato del Art. 7.3.6. En la medida en que una parte invoque (total o parcialmente, Art. 3.2.13) la anulación en virtud del Art. 3.2.1 y siguientes, el párrafo 1 extrae la consecuencia cuasicontractual (y lógica) del efecto retroactivo (Art. 3.2.14) de la anulación al establecer un derecho mutuo cuasicontractual a obtener la retransmisión de la propiedad[1501] (Al igual que una reclamación en virtud del Art. 2.1.15 (2),

[1498] Cf. Comentarios oficiales al Art. 3.2.14, p. 117.

[1499] Comentarios oficiales al Art. 3.2.14, p. 117; J. du Plessis en Vogenauer, Art. 3.2.14 nº 1, 4; E. Brödermann, Unif. Law Rev. 2011, pp. 589, 593 y siguientes

[1500] Véase el debate recogido por J. du Plessis en Vogenauer, Art. 3.2.15 número 2.

[1501] J. du Plessis en Vogenauer, Art. 3.2.15 número 2 habla de un derecho "personal", calificando su caracterización de "teórica". Sin embargo, la caracterización puede tener un impacto en la competencia del órgano decisorio y/o la aplicabilidad del Derecho internacional privado que es relevante para otros tipos de reclamaciones extracontractuales. Véase también A. Herrera en Morán Bovio, Art. 3.17 número 1, p. 224 (argumentando ya en la versión inicial de 1994 de los Principios Unidroit que las consecuencias de la anulación son mutuas).

puede clasificarse como una reclamación cuasicontractual *sui generis*[1502] porque no hay "contrato" mientras que el régimen contractual elegido de los Principios Unidroit, incluido el Art. 3.2.15, se aplica no obstante y debe aplicarse en caso de arbitraje en virtud de una cláusula de arbitraje separable[1503]). Al igual que el Art. 7.3.6 (1), el Art. 3.2.15 prevé la "restitución concurrente"[1504] lo que implica un "derecho de retención"[1505] también en el contexto de la resolución del contrato (Art. 7.1.3 (1)). El art. 3.2.15 no permite excepciones distintas de las previstas en los párrafos 2-4. Así pues, a diferencia de los Art. 7.3.6 y 7.3.7 (sobre la restitución tras la resolución por incumplimiento), el Art. 3.2.15 no distingue deliberadamente entre contratos ejecutados de una sola vez o a lo largo de un período de tiempo.[1506] **No se contabilizan los beneficios y los frutos.**[1507] Por el contrario, "la atención se centra en la pérdida del demandante, no en la ganancia real del beneficiario",[1508] como también pone de manifiesto el Art. 3.2.16. El párrafo 1 no se pronuncia sobre el lugar de cumplimiento (Art. 6.1.6 como regla general por defecto).[1509] La regla general según la cual cada parte paga sus costes de cumplimiento (art. 6.1.11) puede extenderse a los costos de resolución del contrato por restitución.[1510]

B. Restitución en especie "imposible" o "inadecuada" (Párrafos 2-3)

1. Primer paso: La determinación de la restitución "imposible" o "inadecuada" en especie

2

Los párrafos 2-3 abordan la asignación de riesgos[1511] con respecto a "lo entregado [por una parte] conforme al contrato" (párrafo 1). De conformidad con el párrafo 2, la restitución en especie puede (total o parcialmente) (i) no ser posible por la naturaleza inherente de

[1502] Véase también J. du Plessis en Vogenauer, Art. 3.2.15 número 2 ("regulación autónoma en el art. 3.2.15"); véase también P. Hellwege en: Jansen/Zimmermann, Art. 9:306 [PECL]: Restitución, número 15 (en p. 1399).

[1503] Sobre la divisibilidad de la cláusula de arbitraje contenida en un contrato, véase, por ejemplo, G. B. Born, International Commercial Arbitration, Volumen I, § 3, pp. 375 y siguientes

[1504] P. Hellwege en: Jansen/Zimmermann, Art. 9:306 [PECL]: Restitución, no. 48 (pp. 1415-16).

[1505] Véase P. Huber en Vogenauer, Art. 7.3.6 número 5 (en el contexto de la restitución tras la rescisión).

[1506] Cf. R. Zimmermann, Unif. Law Rev. 2011, pp. 563, 585; J. du Plessis en Vogenauer, Art. 3.2.15 nº 3; véase también Fontaine en StL-WP.18, Sesión 2 (2007), p. 10.

[1507] J. du Plessis en Vogenauer, Art. 3.2.15 número 4; en este sentido ya A. Herrera en Morán Bovio, Art. 3.17 número 1, p. 224 (para las consecuencias de la anulación en la versión inicial del PICC, anterior a la creación del Art. 3.2.15); cabe señalar que el primer borrador del ponente Zimmermann preveía que la restitución cubriera también las prestaciones y frutos cuando se rescindiera el contrato (StL-Doc.100, p. 20), lo que se inspiraba en el Art. 84 CISG (StL-Doc.100, p. 5), ampliamente debatido por el Grupo de Trabajo (StL-Misc. 27, pp. 34-36; StL-Misc.28, pp. 10-12), pero finalmente no incorporado a la disposición sobre restitución (StL-Misc.28, p. 12).

[1508] J. du Plessis en Vogenauer, Art. 3.2.15 número 5.

[1509] En la literatura, esta cuestión es objeto de debate y se argumentan muchas opiniones (normas espejo como en el contrato; establecimiento del comprador), basadas, entre otras cosas, en el sentido común; véase la visión general de P. Hellwege en: Jansen/Zimmermann, Art. 9:306 [PECL]: Restitución, nº 45 (p. 1414). La solución propuesta en el texto constituye una solución inherente al sistema y puede ampararse en el art. 1.6 (2).

[1510] Comentarios oficiales, Art. 3.2.15 número 1; P. Hellwege en: Jansen/Zimmermann, Art. 9:306 [PECL]: Restitución, no. 46 (pp. 1414-15).

[1511] P. Hellwege en: Jansen/Zimmermann, Art. 9:306 [PECL]: Restitution, número 21 (p. 1402): "normas claras de asignación de riesgos que adoptan el enfoque opuesto a la CISG". Véase Art. 82 CISG e ibid. número 20 (p. 1401).

los "suministros" (por ejemplo, un servicio que ya ha sido prestado)[1512] en virtud del "contrato" putativo o (ii) no ser "apropiada", por ejemplo combinado con "esfuerzos y gastos irrazonables",[1513] por lo que, al realizar esta determinación, deben tenerse en cuenta las circunstancias del caso concreto, es decir, el motivo de la anulación (para evitar, por ejemplo, mantener las consecuencias de un fraude[1514]) y el objetivo de **proteger a la parte con derecho a reclamar la anulación** (en ese ejemplo, la parte defraudada del contrato viciado). En consonancia con el objetivo de un comercio internacional justo (art. 1.6 (2), 1.7), puede ser "apropiado" exigir más esfuerzos a un defraudador que a una parte equivocada.[1515]

2. Segundo paso: Determinación de una indemnización en metálico "siempre que sea razonable".

3

De conformidad con el párrafo 2, la consecuencia de una determinación con arreglo al primer paso (arriba del número 2) es una "compensación [...] en dinero" (normalmente el valor de mercado del suministro recibido,[1516] ya sean bienes o servicios,[1517] que se determinará según el "momento en que la elusión dio lugar a la obligación de restitución[1518]) que está sujeta a una prueba de razonabilidad (que a su vez tendrá en cuenta cualquier beneficio para el beneficiario).[1519] De conformidad con el párrafo 3, la compensación **queda excluida en caso de culpa de la otra parte**[1520] (que haga imposible la restitución en especie antes de la anulación;[1521] o cuando la otra parte haya inducido al destinatario a celebrar

[1512] J. du Plessis en Vogenauer, Art. 3.2.15 número 10.

[1513] J. du Plessis en Vogenauer, Art. 3.2.15 número 12 con referencia a los Comentarios Oficiales, Art. 3.2.15 número 2 e Ilustración 3, p. 119 y a la norma similar del Art. 7.2.2 (b).

[1514] J. du Plessis en Vogenauer, Art. 3.2.15 número 11. Este ejemplo se correlaciona con el derecho romano que permitía la restitución incluso del «esclavo muerto» si éste moría de una enfermedad ocultada fraudulentamente por el vendedor («mortuus redhibetur»), como describe P. Hellwege en: Jansen/Zimmermann, Art. 9:306 [PECL]: Restitución, número 19 (p. 1401).

[1515] J. du Plessis en Vogenauer, Art. 3.2.15 número 11 (implícitamente in fine).

[1516] Comentarios oficiales, Art. 3.2.15 número 2 e Ilustración 2, p. 119; J. du Plessis en Vogenauer, Art. 3.2.15 número 13, 21; P. Hellwege en: Jansen/Zimmermann, Art. 9:306 [PECL]: Restitución, nº 21 (p. 1402), nº 32 (p. 1407) y no. 35 (p. 1409). Para el futuro, P. Hellwege solicita una referencia explícita al valor de mercado como perfeccionamiento de los Principios Unidroit: ibíd., Apéndice II al art. 9:306 [PECL]: Refining the Rules, número 1 (p. 1421).

[1517] P. Hellwege en: Jansen/Zimmermann, Art. 9:306 [PECL]: Restitución, no. 33 (p. 1407).

[1518] J. du Plessis en Vogenauer, Art. 3.2.15 número 21; contra P. Hellwege en: Jansen/Zimmermann, Art. 9:306 [PECL]: Restitución, nº 36 (pp. 1409-10); véase → Art. 7.3.6 nº 3 con notas a pie de página más detalladas y fuentes, también del material legislativo, sobre el debate paralelo en el contexto de la restitución tras la rescisión.

[1519] Comentarios oficiales, Art. 3.2.15 número 2 e Ilustración 4, p. 119; J. du Plessis en Vogenauer, Art. 3.2.15 número 15.

[1520] J. du Plessis en Vogenauer, Art. 3.2.15 número 20; P. Hellwege en: Jansen/Zimmermann, Art. 9:306 [PECL]: Restitution, número 27 (pp. 1404-05): si la pérdida "fue causada por un defecto latente recibido o si es imputable de otro modo a esa otra parte. "

[1521] J. du Plessis en Vogenauer, Art. 3.2.15 nº 21 (con un análisis también del otro caso de deterioro después de la resolución, referido a las reclamaciones de daños y perjuicios en virtud del Art. 7.4.1 a menos que el deterioro se excuse por fuerza mayor, Art. 7.1.7).

el contrato mediante una representación fraudulenta de la otra parte).[1522] **Esto hace que el riesgo de pérdida o deterioro (por causas ajenas a la culpa del vendedor)**[1523] **durante el tiempo que transcurra hasta la resolución recaiga, en principio, sobre el destinatario, que está obligado a pagar la indemnización.**[1524] A la luz de la prioridad de las *Black Letter Rules* (art. 1.6 número 2) y de la petición general de una interpretación que tenga debidamente en cuenta las necesidades del comercio internacional (*argumentum* art. 1.6, párrafo 1 del Preámbulo), parece que la redacción suave elegida en el art. 3.2.15 deja margen suficiente para una solución adecuada en materia de restitución, teniendo debidamente en cuenta las circunstancias del caso (por ejemplo, culpa parcial).[1525]

3a

Tras la anulación, los Comentarios Oficiales remiten a las normas generales sobre daños y perjuicios[1526] (es decir, responsabilidad del destinatario en virtud del Art. 7.4.1, salvo en caso de fuerza mayor, Art. 7.1.7). Se trata de una lógica manejable desde el punto de vista de los profesionales; una vez más, **es mejor disponer de orientaciones claras como las contenidas en los Comentarios Oficiales para evitar discusiones innecesarias**.

C. Compensación por gastos (párrafo 4)

4

En consonancia con el espíritu general de la buena fe y la lealtad negocial (art. 1.7), el párrafo 4 (que se corresponde literalmente con el Art. 7.3.6 (4)) incentiva a **"preservar o mantener" el suministro recibido concediendo el derecho a compensar "los gastos razo-**

[1522] Comentarios oficiales, Art. 3.2.15 número 3 p. 120; P. Hellwege en: Jansen/Zimmermann, Art. 9:306 [PECL]: Restitución, número 29 (pp. 1405-06).

[1523] P. Hellwege en: Jansen/Zimmermann, Art. 9:306 [PECL]: Restitución, número 27 (en p. 1405). Como se señala en los Comentarios Oficiales, Art. 3.2.15 número 3 p. 120 (y observado por Hellwege ibid. número 30, p. 1406), "la responsabilidad del destinatario de pagar el valor de la prestación recibida no queda excluida cuando el deterioro o la destrucción también se habrían producido de no haberse realizado la prestación".

[1524] J. du Plessis en Vogenauer, Art. 3.2.15 número 16-19 (con severas críticas); P. Hellwege en: Jansen/Zimmermann, Art. 9:306 [PECL]: Restitution, número 21 (p. 1402) y número 25 (p. 1404), apoyando la solución de los Principios Unidroit como la "más convincente" en comparación con otros instrumentos internacionales: "(i) Es el destinatario quien tiene el control sobre el objeto y quien, por tanto, está en condiciones de adoptar medidas cautelares contra la pérdida o el deterioro. [...] (sincronización de control y riesgo). (ii) Además, es el destinatario quien está en condiciones de asegurar el riesgo [...] (sincronización de asegurabilidad y riesgo)"; e ibid. número 27 (pp. 1404-05): si el riesgo se debe a "un vicio oculto del objeto vendido respecto del cual el vendedor no haya incurrido en culpa". Para una excepción, véase Official Comments, Art. 3.2.15 número 3 e Ilustración 6, p. 120 (y J. du Plessis en Vogenauer, Art. 3.2.15 número 19) en relación con circunstancias en las que el deterioro o la destrucción se habrían producido de todos modos (por ejemplo, debido a un huracán que afectó a las instalaciones de todas las partes implicadas).

[1525] StL-Doc. 100 (2007), párr. 31; J. du Plessis en Vogenauer, Art. 3.2.15 número 20. Véase también el concepto general de atenuación en el art. 7.4.7 (posiblemente pertinente en virtud del art. 1.6 (2)).

[1526] Comentarios oficiales, Art. 3.2.15 número 3. Para una valoración crítica de la distinción antes/después de la anulación, véase en profundidad P. Hellwege en: Jansen/Zimmermann, Art. 9:306 [PECL]: Restitución, no. 42-43 (pp. 1412-14), discutiendo también la crítica de J. du Plessis en Vogenauer, Art. 3.2.15 número 21.

nablemente necesarios para preservar o mantener la prestación recibida",[1527] donde "lo razonable" puede variar en función de todas las circunstancias del caso. Por el contrario, en virtud del Art. 6.1.11 cada parte soporta los gastos de restitución.[1528] El párrafo 4 no prevé la devolución adicional de frutos; esto se correlaciona con el enfoque de restablecer el *statu quo ante*.[1529]

D. Aplicación de las normas generales

5

Todas las obligaciones en virtud del Art. 3.1.15 (arriba A.-C.), una vez debidamente establecidos, están sujetos a las reglas generales de los Principios Unidroit[1530] si y en la medida en que el Art. 3.1.15 no contenga una norma más específica. Esto incluye no sólo (i) el Capítulo 6 sobre cumplimiento (por ejemplo, Art. 6.1.1 (c) sobre plazos y Art. 6.1.6 sobre el lugar de cumplimiento, así como —*grosso modo*[1531]— el Art. 6.1.7 y siguientes sobre los datos de pago y Art. 6.1.14 y siguientes sobre autorizaciones) y (ii) el Capítulo 7 sobre incumplimiento (en particular el Art. 7.4.1 y siguientes sobre daños y perjuicios),[1532] pero también (iii) por ejemplo, el Capítulo 8 sobre compensación.

E. Opciones contractuales

6

(i) Las partes son libres para celebrar un contrato y para determinar su contenido. (art. 1.1). El propio "contrato" anulado rara vez cubrirá la restitución por anulación (a) en absoluto y (b) de forma jurídicamente vinculante como un acuerdo independiente que sobreviva a la anulación. En la práctica, especialmente en el caso de contratos complejos, suele ser más realista en los casos de anulación por error (Art. 3.2.1-3.2.3) que las partes negocien algún tipo de compromiso (más allá de la solución unilateral prevista en el Art. 3.2.10) incluso después de que se haya notificado la anulación, con el fin de novar el contrato en términos modificados, **incluyendo una renuncia a los derechos previstos** en el Art. 3.2.15 (Art. 1.1, 3.1.2). (ii) En caso de anulación basada en un motivo distinto al error (por ejemplo, en el supuesto de tercero del Art. 3.2.8), el Art. 3.1.4 no prohíbe una transacción (Art. 3.1.4 número 2 en (ii)).

1527 Comentarios oficiales, Art. 3.2.15 número 4 e Ilustración 9, pp. 121-122; J. du Plessis en Vogenauer, Art. 3.2.15 número 6, 16-19 (con comentarios críticos basados en el ejemplo extremo de que el defraudado soporta el riesgo de deterioro del rendimiento recibido).

1528 Comentarios oficiales, Art. 3.2.15 número 1, p. 118; J. du Plessis en Vogenauer, Art. 3.2.15 número 7 (con observaciones críticas).

1529 P. Hellwege en: Jansen/Zimmermann, Apéndice I al Art. 9:306 .[PECL]: Prestaciones y Gastos, no. 5 (en p. 1420) con referencia a una observación realizada por Matthias Lehmann en el contexto del Art. 172 (2) CESL.

1530 J. du Plessis en Vogenauer, Art. 3.2.15 número 24.

1531 Véase J. du Plessis en Vogenauer, Art. 3.2.15 número 24 en referencia, entre otros, a P. Huber en Vogenauer, Art. 7.3.6 número 28.

1532 J. du Plessis en Vogenauer, Art. 3.2.15 número 24.

F. Límites del régimen de restitución

7

(i) Una cuestión separada, distinta de los derechos de restitución cuasicontractual en virtud del Art. 3.2.15, es la cuestión de si, además de tal derecho de restitución, cabe un derecho real en virtud de la legislación aplicable en materia de propiedad o insolvencia.[1533] (ii) Aunque el Art. 3.2.16 se aplica también en caso de anulación (por ejemplo, debido a un fraude en el contexto de la venta de una máquina usada de una jurisdicción a otra que se revela defectuosa, de modo que se producen daños adicionales como los costes de transporte e instalación),[1534] se ha argumentado que el Art. 3.2.15, como régimen más especial para la restitución, conlleva la recuperación de los costes pagaderos en virtud del artículo 3.2.16.[1535] Se alega que tal entendimiento contravendría que (a) Art. 3.2.15 y 3.2.16 deben leerse sistemáticamente juntos como una unidad, y (b) el Art. 3.2.16 define el objetivo económico general de elusión de contratos.

Artículo 3.2.16 (Daños y perjuicios)

Independientemente de que el contrato sea o no anulado, la parte que conoció o debía haber conocido la causa de anulación se encuentra obligada a resarcir a la otra los daños y perjuicios causados, colocándola en la misma situación en que se encontraría de no haber celebrado el contrato.

A. Compensación del "interés de confianza

1

El art. 3.2.16 ("destinado a suplir las deficiencias del derecho a la anulación como tal")[1536] complementa el art. 3.2.15 centrándose en las consecuencias de la anulación retroactiva con vistas al equilibrio económico general del "contrato" (viciado) anulado. **Si una de las partes tiene conocimiento o conocimiento implícito ("debería haber tenido conocimiento")[1537] del motivo de anulación** (y tiene derecho a la anulación, véase, por ejemplo, Art. 3.2.4) la "otra" parte (actuando de buena fe) tiene derecho a reclamar una compensación por su interés "negativo" o "de confianza"[1538] (por ejemplo, gastos inútiles,

[1533] Véase el análisis de J. du Plessis en Vogenauer, Art. 3.2.15 número 2.

[1534] Ejemplo de J. du Plessis en Vogenauer, Art. 3.2.15 número 23 (con un supuesto de hecho injusto que puede observarse en la práctica de vez en cuando).

[1535] Interpretación implícita de J. du Plessis en Vogenauer, Art. 3.2.15 número 23 (última oración).

[1536] S. Lohsse en Jansen/Zimmermann, Art. 4:117 [PECL]: Daños y perjuicios, no. 3 (p. 731). Para el fundamento estructural de la aplicación paralela de un derecho de anulación y una reclamación de daños y perjuicios con respecto a las legislaciones nacionales véase ibid. número 2 (p. 731) argumentando que esta "alineación [...] se ha hecho posible "como resultado de su particular concepción para la anulación del error: con el derecho de anulación basado en la causalidad del error por la otra parte que en tipos particulares de error".

[1537] Para un análisis de este criterio como sustituto de la "negligencia", véase S. Lohsse en Jansen/Zimmermann, Art. 4:117 [PECL]: Damages, número 6 (p. 733) con distinciones sobre los requisitos de la negligencia en función del motivo de anulación.

[1538] P. Huber en Vogenauer, Art. 3.2.16 número 6; véase también ya A. Herrera en Morán Bovio, Art. 3.18 número 1, p. 227 (párrafo 4) y 228 (párrafo 2: "interés contractual negativo").eng_fn

incluidos los honorarios de abogados para la celebración del contrato,[1539] daños y perjuicios como resultado de la ejecución del contrato putativo,[1540] o lucro cesante debido al rechazo de otra oferta).[1541] La reclamación de daños y perjuicios es independiente de la anulación real del contrato[1542] ("daños y perjuicios adicionales a la anulación realmente efectuada").[1543] Si el contrato no se resuelve, los daños y perjuicios en lugar de la resolución pueden consistir en condiciones diferentes en comparación con el contenido aceptado en las circunstancias que dan lugar a una reclamación de resolución en virtud del Art. 3.2.1-3.2.8, por ejemplo, una amenaza o una desinformación deliberada.[1544]

B. Aplicación supletoria de las normas generales sobre daños y perjuicios

2

La aplicación supletoria de las normas generales sobre daños del art. 7.4.1 y siguientes colma las lagunas[1545] en la norma sinóptica del art. 3.2.16 y evita así resultados injustos, por ejemplo, si un demandante con derecho a anulación no reclama la anulación o no lo hace a tiempo (art. 3.2.12). El demandado responsable de la indemnización de daños y perjuicios puede evitar una "doble imputación" del demandante con la excepción de atenuación prevista en el artículo 7.4.8 (1).[1546] El principio general subyacente al art. 7.1.2 sobre injerencia (art. 1.6 (2)) impedirá la reclamación de un defraudador.[1547] El principio general subyacente al Art. 7.4.7 (Art. 1.6 (2)) sobre **negligencia concurrente puede, en algunas circunstancias, conducir a una reducción de los daños en un caso relacionado con una gran disparidad** (Art. 3.2.7).[1548] Desde la perspectiva de un árbitro, siempre habría que considerar todas las circunstancias, incluido si el contrato se mantuvo o no en vigor, lo que tiene un impacto en el quantum de los daños, especialmente si hay restitución en virtud del Art. 3.2.15.[1549]

1539 S. Lohsse en Jansen/Zimmermann, Art. 4:117 [PECL]: Damages, no. 4 (p. 732), en el que se analiza este ejemplo en relación con PECL 4:117 y DCFR II.-7:214, que distinguen mediante diferentes normas más específicas entre los dos supuestos de daños adicionales a una anulación realmente efectuada y daños en lugar de anulación.

1540 Los Comentarios Oficiales, Art. 3.2.16 número 2 (Ilustración), p. 123 dan el ejemplo de los gastos frustrados de formación de personal para preparar el uso de software comprado con contrato viciado.

1541 Véase también P. Huber en Vogenauer, Art. 3.2.16 número 6-7.

1542 Comentarios oficiales, Art. 3.2.16 número 1, p. 123; A. Herrera en Morán Bovio, Art. 3.18 número 1 (párrafo 2), p. 226; P. Huber en Vogenauer, Art. 3.2.16 número 4.

1543 S. Lohsse en Jansen/Zimmermann, Art. 4:117 [PECL]: Daños y perjuicios, número. 4 (p. 732).

1544 S. Lohsse en Jansen/Zimmermann, Art. 4:117 [PECL]: Daños y perjuicios, no. 3 (pp. 731-732).

1545 P. Huber en Vogenauer, Art. 3.2.16 número 3.

1546 P. Huber en Vogenauer, Art. 3.2.16 número 14-15.

1547 P. Huber en Vogenauer, Art. 3.2.16 número 9.

1548 Véase de nuevo P. Huber en Vogenauer, Art. 3.2.16 número 9.

1549 Así, el "resultado absurdo" hipotéticamente considerado por P. Huber en Vogenauer, Art. 3.2.16 número 13 (en la p. 554) puede excluirse también desde una perspectiva práctica.

Artículo 3.2.17 (Declaraciones unilaterales)

Las disposiciones de este Capítulo se aplicarán, con las modificaciones pertinentes, a toda comunicación de intención que una parte dirija a la otra.

Las normas de validez se aplican *mutatis mutandis* a todas las comunicaciones de intención

1

El art. 3.2.17 amplía el ámbito de aplicación del Capítulo 3 (que incluye la Sección 3 sobre Ilegalidad) mutatis mutandis a las declaraciones unilaterales[1550] (por ejemplo, una notificación de rescisión con arreglo al Art. 7.3.2 (1) efectuada a raíz de un malentendido (error) previo).

SECCIÓN 3. ILICITUD

Historia legislativa (documentos clave)

En preparación de los **Principios de 2010** - Ponentes Michael Joachim Bonell, Miachael P. Furmston:
StL-Doc. 99, pp. 6-7 (documento de posición en **2006**); StL-Misc. 26, pp. 13-25 (1ª discusión en **2006**); StL-Doc. 101, StL-Doc. 101 Add. (documento de posición en **2007**); StL-Misc. 27, pp. 21-30, 55-69 (2º debate en **2007**); StL-WP.17 (1er proyecto en **2008**); StL-WP.18, sesión 4, pp. 1-13 (3er debate en **2008**); StL-Doc. 106 (2º borrador en **2008**); StL-Misc. 28, pp. 17-36 (4º debate en **2008**); StL-WP.21 (3º borrador en **2009**); StL-WP.23, Sesión 3, pp. 1-11 (5º debate en **2009**); StL-Doc. 111 rev. (4.º proyecto de **2009**); StL-Misc. 29, pp. 31-54 (6.º debate de **2006**); StL-WP.25, StL-WP.25 Add. (5.º proyecto de **2009**); StL-WP.29, pp. 13-20 (7.º debate de **2010**); StL-Doc. 116 (6º proyecto en **2010**); StL-Doc. 122 (7º borrador en **2010**); StL-Misc. 30, pp. 4-6 (8º debate en **2010**)

Artículo 3.3.1 (Contratos que violan normas de carácter imperativo)

(1) La violación de una norma de carácter imperativo que resulte aplicable en virtud del Artículo 1.4 de estos Principios, ya sea de origen nacional, internacional o supranacional, tendrá los efectos, en el supuesto que los tuviera, que dicha norma establezca expresamente.

(2) Si la norma de carácter imperativo no establece expresamente los efectos que su violación produce en el contrato, las partes podrán ejercitar aquellos remedios de naturaleza contractual que sean razonables atendiendo a las circunstancias.

[1550] Cf. Comentarios oficiales al Art. 3.2.17, pp. 123-124; P. Huber en Vogenauer, Art. 3.2.17 número 1.

(3) Al determinar lo que es razonable, se tendrán en cuenta, entre otros, los siguientes criterios:

(a) la finalidad de la norma violada;

(b) la categoría de personas que la norma busca proteger;

(c) cualquier sanción que imponga la norma violada;

(d) la gravedad de la violación;

(e) si la violación era conocida o debió haber sido conocida por una o ambas partes;

(f) si el cumplimiento del contrato conlleva la violación; y

(g) las expectativas razonables de las partes.

A. El segundo tramo del art. 1.4

1

Introducido en 2010,[1551] Art. 3.3.1-3.3.2 abordan las consecuencias de la aplicación del Derecho imperativo de conformidad con el art. 1.4. Los art. 3.3.1-3.3.2 sólo se aplican si y en la medida en que el art. 1.4 conduce a la aplicación de la ley obligatoria.[1552] A su vez, el Art. 1.4 remite al **"Derecho internacional privado" aplicable del "tribunal"**[1553] que, en caso de arbitraje (argumentum Art. 1.11 1er guión), puede encontrarse en la ley de arbitraje internacional aplicable (Art. 1.4. número 2). Mediante esta "solución de conflicto de leyes",[1554] los Principios Unidroit dejan en manos de las normas imperativas nacionales, internacionales o supranacionales aplicables (que estén más estrechamente relacionadas con el contrato de conformidad con el Derecho internacional privado aplicable) la determinación del grado de intervención (por parte del Derecho estatal, incluidos los tratados internacionales) en el régimen contractual.

1a

De este modo, los Principios Unidroit se abstienen de una **"solución sustantiva"** en la que establecerían directamente un catálogo de valores fundamentales (como "no a la corrupción", "no al blanqueo de dinero", "no al trabajo infantil") que las partes contratantes deberían respetar para evitar la "ilegalidad" del contrato (o "infracciones de normas tanto legales como extralegales").[1555] Aunque esto se debatió en el Grupo de Trabajo[1556] y su de-

[1551] Véase el Historial legislativo de esta sección y S. Meier en Jansen/Zimmermann, Introduction before Art. 15:101 [PECL], no. 3 (en p. 1889) y 4 (p. 1889) señalando, con otras referencias, "la dificultad inherente a la redacción de normas internacionales sobre contratos ilícitos" como motivo de la inclusión tardía.

[1552] Comentarios oficiales, Art. 3.3.1 número 2, p. 126; M. J. Bonell, Unif. Law Rev. 2011, pp. 517, 523.

[1553] G. Cuniberti en Vogenauer, Art. 3.3.1 número 1.

[1554] S. Meier en Jansen/Zimmermann, Art. 15:101 [PECL]: Contratos contrarios a los principios fundamentales, número 9 (p. 1894).

[1555] S. Meier en Jansen/Zimmermann, Art. 15:101 [PECL]: Introducción antes del Art. 15:101, no. 5 (p. 1889) sobre terminología.

[1556] El sistema y la formulación del Art. 3.3.1 se inspira en gran medida en el Art. 15:102 PECL (véase, por ejemplo, StL-Misc. 27, pp. 60, 65; StL-Misc. 29, p. 40). A la hora de debatir el nuevo capítulo sobre ilegalidad, el Grupo de Trabajo se mostró dividido en su enfoque de este tema jurídico tan delicado. En un principio, la mayoría de los miembros eran partidarios de una disposición, similar al art. 15:101 PECL, que hiciera refe-

cisión sobre la solución del conflicto de leyes se ha lamentado en la literatura jurídica ("se ha perdido una oportunidad de dar una señal clara a los comerciantes internacionales"),[1557] desde la perspectiva de un profesional, con vistas a una amplia difusión y aceptación de los Principios Unidroit (Introducción, nº 9c), fue acertado dejar la interferencia con la libertad contractual (art. 1.1) al derecho imperativo establecido por el Estado (incluido el tratado).[1558] Una lista adicional de cuestiones de cumplimiento en los Principios Unidroit podría hacer más difícil convencer a los abogados no familiarizados con los Principios Unidroit para que realmente los utilicen.[1559] Además, como **"la mayoría de las reglas y valores que se consideran fundamentales se han convertido en normas jurídicas [[1560]], en particular por las constituciones que contienen catálogos de derechos humanos"**,[1561] la solución de conflictos de leyes en los Principios Unidroit a menudo también llevará a respetar los principios fundamentales como parte de las leyes obligatorias que son aplicables de conformidad con el Art. 3.3.1, 1.4. Desde la perspectiva de la negociación de contratos a largo plazo, cabe añadir que, cada vez más, al menos en Europa, Japón y EE.UU., las partes contratantes insisten de todos modos en acordar sus propias directrices sobre el comportamiento social de las empresas que se anexarán al contrato, de modo que con el tiempo ya no importará si los Principios Unidroit contienen un catálogo sustantivo.[1562]

El caso especial de explotación desleal de una parte se contempla en la norma sustantiva (imperativa, Art. 3.1.4) sobre anulación del Art. 3.2.7.[1563]

---

rencia a "principios fundamentales", "orden público", "normas internacionalmente reconocidas" o similares. En este contexto, algunos miembros expresaron su esperanza de que los Principios incluyeran la ilegalidad de los contratos en el contexto de las violaciones de los derechos humanos, la discriminación de género, sexo y edad, y similares. Al final, el Grupo de Trabajo se decidió en contra de este ambicioso planteamiento, ya que cada vez más miembros, observadores y profesionales expresaron su preocupación por conciliar las diferentes normas jurídicas y morales existentes en el mundo. El autor estuvo al tanto de alguna de estas discusiones. Para un resumen sucinto del desarrollo del debate en el Grupo de Trabajo (al que tuve acceso), véase S. Meier en Jansen/Zimmermann, Art. 15:101 [PECL]: Contratos contrarios a los principios fundamentales, número 9 (pp. 1894-95) y Art. 15:103 [PECL]: Ineficacia parcial, número 7 (p. 1917).

1557 S. Meier en Jansen/Zimmermann, Art. 15:101 [PECL]: Contratos contrarios a los principios fundamentales, número 10 (p. 1895). Para una visión comparativa y antecedentes, véase S. Meier ibídem, Introducción ante el Art. 15:101 [PECL], número 1-2 (pp. 1887-88) y Art. 15:101 [PECL]: Contratos que infringen normas imperativas, número 1-3 (pp. 1899-1900).

1558 Para un consentimiento académico centrado en la compleja relación entre el Derecho internacional privado y el Derecho público, véase O. Remien, Unif. Law Rev. 2013, pp. 262, 279-80.

1559 Así lo ve también S. Meier en Jansen/Zimmermann, Art. 15:101 [PECL]: Contratos contrarios a los principios fundamentales, número 10 (p. 1895): "dependientes de su aceptación por las partes contratantes".

1560 Con una tendencia creciente, véase en los últimos años, por ejemplo, el impacto global del Reglamento General de Protección de Datos ("RGPD"), Reglamento UE 2016/679. y más recientemente, por ejemplo, las leyes nacionales sobre responsabilidad social de las empresas en relación con la adquisición de bienes y la gestión de la cadena de suministro (→ art. 5.1.6 nº 4).

1561 S. Meier en Jansen/Zimmermann, Art. 15:101 [PECL]: Contratos contrarios a los principios fundamentales, no. 4 (en p. 1891).

1562 El enfoque de conflicto de leyes elegido tiene la ventaja de evitar otro catálogo de cuestiones a comprobar durante las negociaciones del contrato. Desde el punto de vista de los profesionales, sería más útil que los Comentarios al Art. 1.4 se complementaran con una lista más exhaustiva de leyes imperativas clave relativas a todos los Estados miembros de UNIDROIT, ya que la ley imperativa debe examinarse de todos modos.

1563 Véase también S. Meier en Jansen/Zimmermann, Art. 15:101 [PECL]: Contracts Contrary to Fundamental Principles, número 6 (p. 1893) señalando en este contexto que "el concepto de normas extrajurídicas ha perdido importancia". Para una visión histórica y comparativa de tales "boni mores, ordre public y orden público", véase ibíd., número 2-5 (pp. 1890-93).

B. Prelación de efectos prevista en la norma imperativa (párrafo 1)

2

En línea con la parte inicial del Art. 1.4 ("Estos Principios no restringen la aplicación de normas...) el párrafo 1 se refiere a los efectos, en su caso, previstos en el derecho imperativo. Corresponderá al Derecho imperativo aplicable (según lo determinen **"las normas pertinentes de derecho internacional privado"**, Art. 1.4 núm. 1) determinar (i) si existe "infracción" por los "términos [del contrato], ejecución, finalidad o de otro modo";[1564] y (ii) si regula también las consecuencias de su infracción.[1565] También puede ser necesario aplicar de oficio el Derecho imperativo, según lo dispuesto en el "Derecho internacional privado" aplicable.[1566]

1. Tipos de infracción[1567]

2a

Los múltiples escenarios, recopilados a partir de ejemplos jurídicos históricos y comparados, pueden dividirse en cinco grupos de casos: (i) "contenido ilegal" (independientemente del nivel de conocimiento de las partes, *argumentum* párrafo 3 letra e);[1568] (ii) "infracción por una sola parte" (que puede conllevar o no la nulidad de todo el contrato);[1569] (iii) "ilegalidad relativa a la forma en que se celebra el contrato" (incluidos diversos supuestos de corrupción y soborno);[1570] (iv) "finalidad ilícita" (para lo cual los Comentarios Oficiales indican que basta con que la otra parte hubiera debido conocer la finalidad ilícita);[1571] (v) "cumplimiento ilícito" (para lo cual los **Comentarios Oficiales ofrecen ejemplos de fabricación por mano de obra infantil, conocida en el momento de la celebración del contrato**; o de entrega a pesar de un embargo sobrevenido).[1572] Con respecto a este último punto, se

---

1564 Comentarios oficiales, Art. 3.3.1 número 1, p. 126. Para ejemplos y un análisis de las variaciones, véase ibid. nº 3, pp. 126-128; S. Meier en Jansen/Zimmermann, Art. 3, pp. 126-128; S. Meier en Jansen/Zimmermann, Art. 15:102 [PECL]: Contracts Infringing Mandatory Rules, número 9-16 (pp. 1902-06).

1565 Cf. G. Cuniberti en Vogenauer, Art. 3.3.1 número 9-13.

1566 Véase, por un lado, el art. 9 (1) Roma I (que requiere que un tribunal nacional de cualquier estado miembro de la UE aplique la ley nacional obligatoria en un caso en el que los Principios Unidroit se hayan incorporado a un contrato; un ejemplo también dado por G. Cuniberti en Vogenauer, Art. 3.3.1 número 10), por otro lado, la decisión del Tribunal de Justicia de las Comunidades Europeas en el asunto CJEU Case C-381/98, ECR 00, I-9305 -Ingmar, requiriendo la aplicación del Derecho imperativo de la UE en el contexto de la indemnización de un agente comercial.

1567 Basado en el resumen estructurado con ejemplos jurídicos históricos y comparativos de S. Meier en Jansen/Zimmermann, Art. 15:102 [PECL]: Contracts Infringing Mandatory Rules, número 9-16 (pp. 1902-06).

1568 S. Meier en Jansen/Zimmermann, Art. 15:102 [PECL]: Contracts Infringing Mandatory Rules, número 10 (en p. 1903).

1569 S. Meier en Jansen/Zimmermann, Art. 15:102 [PECL]: Contracts Infringing Mandatory Rules, número 11 (p. 1903) y número 14 (en p. 1905).

1570 Comentarios oficiales, Art. 3.3.1 número 3, ilustración 7, p. 128; O. Remien, Unif. Law Rev. 2013, pp. 262, 270-271; S. Meier en Jansen/Zimmermann, Art. 15:102 [PECL]: Contracts Infringing Mandatory Rules, número 12 (pp. 1903-04).

1571 Comentarios oficiales, Art. 3.3.1 número 3, ilustración 8, p. 128; S. Meier en Jansen/Zimmermann, Art. 15:102 [PECL]: Contracts Infringing Mandatory Rules, número 13 (p. 1904).

1572 Comentarios oficiales, Art. 3.3.1 número 3, ilustraciones 5-6, p. 127; S. Meier en Jansen/Zimmermann, Art. 15:102 [PECL]: Contracts Infringing Mandatory Rules, número 14-16 (pp. 1904-06).

han planteado dudas en la literatura porque "[un] contrato válido no puede quedar invalidado como resultado de un medio ilegal de ejecución".[1573] Sin embargo, los Principios Unidroit se limitan a observar la ilegalidad como un hecho (que sin duda sobreviene si se dicta un embargo aplicable después de la celebración del contrato[1574]) y luego, a través de su párrafo 1, el art. 3.3.1 deja al derecho imperativo aplicable la tarea de prever las consecuencias; de lo contrario, abre la puerta a un enfoque flexible en virtud del párrafo 2 (*argumentum* párrafo 2 letra f que incluye el "cumplimiento" en la lista de los criterios a considerar). Véase el párrafo 3.

2. Consecuencias previstas en las normas obligatorias aplicables

2b

Las consecuencias de una infracción que se establecen directamente en las normas imperativas difieren; el párrafo 1 exige aplicarlas sólo si están "expresamente prescritas"[1575] (por lo que, como todas las normas de los Principios Unidroit, esta norma está sujeta al Art. 1.4).[1576] (i) En ocasiones, las normas imperativas prevén —en consonancia con la tradición jurídica en Europa desde 439 D.C.[1577]— la nulidad de los contratos (violando, por ejemplo, la legislación europea de defensa de la competencia en el Art. 101 (1) del Tratado de la Unión Europea: **"serán nulos de pleno derecho"**;[1578] o la legislación laboral europea sobre igualdad de trato de los trabajadores: "serán nulos de pleno derecho").[1579] (ii) A veces, las consecuencias legales son más sutiles, por ejemplo, el poseedor de bienes exportados ilegalmente está obligado a pagar, en determinadas condiciones, una "indemnización justa

---

1573 Comentarios oficiales, Art. 3.3.1 número 3, ilustraciones 5-6, p. 127; S. Meier en Jansen/Zimmermann, Art. 15:102 [PECL]: Contracts Infringing Mandatory Rules, número 14-16 (pp. 1904-06).

1574 A menudo, estas leyes de embargo (o sanciones) sólo se aplican a los contratos celebrados después de una fecha determinada.

1575 Énfasis añadido. Esto debe incluir una decisión del tribunal supremo sobre las consecuencias de una infracción de la norma imperativa, incluso si dicha decisión no surge técnicamente de la misma fuente de derecho. Esto ha sido argumentado convincentemente por G. Cuniberti en Vogenauer, Art. 3.3.1 nº 3 con respecto a "cualquier fuente en el ordenamiento jurídico" (a diferencia del supuesto analizado en el nº 4, en el que aún falta una resolución del tribunal de mayor rango de la jurisdicción y las consecuencias aún no se han resuelto).

1576 Si los Principios Unidroit son aplicados por un tribunal de un estado de la UE sobre la base de una incorporación (→ Preámbulo, número 15-16), el Art. 9 del Reglamento Roma I puede exigir que se apliquen incluso consecuencias jurídicas indirectamente prescritas, si las hubiere, como señala S. Meier en Jansen/Zimmermann, Art. 15:102 [PECL]: Contracts Infringing Mandatory Rules, número 17 in fine (p. 1906).

1577 Para una visión de conjunto de la historia jurídica de las consecuencias de las infracciones del derecho imperativo (que no siempre preveía la nulidad): (i) en la lex Non dubium del emperador Teodosio en 439 ("según la cual los contratos que infringieran una prohibición legal debían considerarse siempre nulos"), (ii) su recepción primero en el ius commune como parte del Corpus Iuris Civilis, (iii) más tarde en una serie de legislaciones nacionales (p. ej., en Austria o España), y (iv) su atenuación a una "presunción de nulidad".p. ej. en Austria o España), y (iv) su atenuación a una "presunción de nulidad" en 'más recientes codificaciones' (p. ej. en Alemania, Portugal, Polonia, Países Bajos) véase S. Meier en Jansen/Zimmermann, Art. 15:102 [PECL]: Contracts Infringing Mandatory Rules, número 19-21 (pp. 1907-08; cita del número 20, énfasis añadido.

1578 Comentarios oficiales, Art. 3.3.1 número 4, p. 128.

1579 Art. 7 (4) Reglamento UE número 492/2011 sobre la libre circulación de los trabajadores, como señala S. Meier en Jansen/Zimmermann, Art. 15:102 [PECL]: Contratos que infringen normas imperativas, nº 17 nota 58 (p. 1906).

y razonable" a un "Estado requirente" de cuyo territorio se hayan exportado ilegalmente bienes culturales.[1580]

C. El Régimen Supletorio de los párrafos 2-3

3

Los párrafos 2 y 3 proporcionan normas por defecto (redactadas en un lenguaje neutro y técnico[1581]); además, en algunos casos, el art. 1.8 sobre "comportamiento contradictorio" puede proporcionar una espada adicional (art. 1.8 nº 4). Las normas imperativas internacionales o transnacionales pueden prohibir rigurosamente determinados comportamientos (como el soborno)[1582] sin prever una sanción concreta.[1583] Las normas nacionales pueden carecer de un pronunciamiento sobre sus efectos por parte del más alto tribunal de esa jurisdicción.[1584] **El Derecho internacional privado aplicable puede no exigir la "aplicación" directa de una norma imperativa (extranjera), sino más bien conceder discrecionalidad ("podrá") "para dar efecto"[1585] a dicha norma imperativa** (extranjera).[1586] Las normas imperativas de distinto origen pueden entrar en conflicto entre sí en un arbitraje internacional (*conflit des lois de police*),[1587] por ejemplo, mediante disposiciones de embargo o sanciones contrapuestas. En tales circunstancias, el párrafo 2 prevé un enfoque flexible[1588] basado en la "razonabilidad". A la vista de la variedad de supuestos contemplados en los párrafos 2 y 3 (incluida la ilegalidad sobrevenida en el contexto de la ejecución, párrafo 3, letra f), el parágrafo 2 no contiene ninguna regla estricta o presunción de nulidad.[1589] Las partes pueden ejercer los "remedios" (que pueden incluir el cumplimiento - posiblemente parcial)[1590] que sean razonables "dadas las circunstancias". En su profundo análisis, que incluye fundamentos históricos y comparativos,[1591] Sonja Meier ha demostrado que los remedios incluyen

---

1580 Art. 5-6 del Convenio Unidroit sobre los Bienes Culturales Robados o Exportados Ilícitamente, como se señala en los Comentarios Oficiales, Art. 3.3.1 número 4, p. 128.

1581 S. Meier en Jansen/Zimmermann, Art. 15:102 [PECL]: Contratos que infringen normas imperativas, número 26 (p. 1910).

1582 M. J. Bonell, Unif. Law Rev. 2011, pp. 517, 525; para más ejemplos, véase también O. Remien, Unif. Law Rev. 2013, pp. 262, 270-274 guiándose, entre otras cosas, por las instructivas ilustraciones de los Comentarios Oficiales, Art. 3.3.1 nº 3, pp. 126-128 sobre los acuerdos de agencia de comisión.

1583 Comentarios oficiales, Art. 3.3.1 número 5, pp. 128-129; véase también S. Meier en Jansen/Zimmermann, Art. 15:102 [PECL]: Contracts Infringing Mandatory Rules, número 18 (en p. 1906): "En la mayoría de los casos, sin embargo, la norma imperativa [...] no dice nada sobre su efecto en un contrato. [...]".

1584 G. Cuniberti en Vogenauer, Art. 3.3.1 número 4.

1585 Art. 9 (3) del Reglamento Roma I de la UE.

1586 Es el ejemplo opuesto al elegido por G. Cuniberti en Vogenauer, Art. 3.3.1 número 13 oración 5.eng_fn

1587 Mayer/Heuzé Droit International Privé, 12.ª ed. 2019 nº 134; E. Brödermann § 6 IPR MünchAnwaltshandb. IntWirtschR no. 350.

1588 Comentarios oficiales, Art. 3.3.1 nº 5, pp. 128-129 ("máximo de flexibilidad"); cf. M. J. Bonell, Unif. Law Rev. 2011, pp. 517, 527.

1589 S. Meier en Jansen/Zimmermann, Art. 15:102 [PECL]: Contracts Infringing Mandatory Rules, número 22 (en p. 1908).

1590 Comentarios oficiales, Art. 3.3.1 número 5, pp. 128-129; G. Cuniberti en Vogenauer, Art. 3.3.1 número 6 nota 16 y número 6 (un análisis crítico que no da suficiente crédito a la prioridad del Art. 3.3.1 (1), como señala el propio autor en G. Cuniberti in Vogenauer, Art. 3.3.1, por ejemplo en el número 10).

1591 Véase el resumen comparativo de S. Meier en Jansen/Zimmermann, Art. 15:102 [PECL]: Contracts Infringing Mandatory Rules, número 23 (pp. 1908-09) que van desde (i) "o válida o nula" (Alemania), (ii) "nula" si la

tanto "remedios ordinarios como otros remedios en la medida en que influyan en la disponibilidad de los remedios contractuales ordinarios".[1592] Esto da la flexibilidad necesaria al adjudicador.[1593] Esto es útil a la luz de la increíble variedad de combinaciones de (i) derecho imperativo aplicable de conformidad con el Art. 1.4 y (ii) circunstancias de hecho en diversos tipos de escenarios contractuales internacionales. Especialmente los tribunales de arbitraje que, en virtud del reglamento de arbitraje aplicable, gozan de libertad para determinar las normas jurídicas aplicables[1594] acogerán con satisfacción dicha libertad. El párrafo 3 ayuda con una lista de criterios autoexplicativa y no exhaustiva[1595] (inspirada en gran medida en el Art. 15:102 (3) PECL)[1596] para determinar la razonabilidad,[1597] guiada por una orientación hacia la finalidad de la ley imperativa infringida.[1598]

4

Dependiendo de las circunstancias, el tribunal puede aplicar, con la debida diligencia, **"un máximo de flexibilidad"**[1599] y declarar el contrato (i) válido o (ii) (total o parcialmente)[1600] nulo (a diferencia de la norma sobre anulación parcial del Art. 3.2.13, el párrafo 2 no

---

finalidad de la norma es proteger intereses generales y "relativamente nula" ("lo que significa que debe ser invocada por la parte protegida") (Francia), hasta (iii) "normalmente [...] inaplicable" y a veces el contrato sólo puede ser ejecutado por una parte (Inglaterra).

1592 S. Meier en Jansen/Zimmermann, Art. 15:102 [PECL]: Contracts Infringing Mandatory Rules, número 23 (en p. 1909).

1593 Comentarios oficiales, Art. 3.3.1 número 5, pp. 128-129, "sólo una parte del contrato queda sin efecto"; G. Cuniberti en Vogenauer, Art. 3.3.1 número 5; S. Meier en Jansen/Zimmermann, Art. 15:102 [PECL]: Contracts Infringing Mandatory Rules, número 22 in fine (p. 1908).

1594 Cf. todos los reglamentos de arbitraje que se basan en el Art. 35 del Reglamento de Arbitraje de la CNUDMI, sin que ninguna ley de arbitraje imperativa intervenga para limitar esta libertad (porque, por ejemplo, todas las leyes de arbitraje basadas en la Ley Modelo de la CNUDMI, incluido su Art. 28, no contienen ninguna ley que regule la aplicación del derecho imperativo en el arbitraje).

1595 Argumentum "en particular", G. Cuniberti en Vogenauer, Art. 3.3.1 número 14. Por ejemplo, en el caso de embargos concurrentes puede ser relevante la proximidad de las circunstancias de un contrato con los ordenamientos jurídicos de los que proceden las sanciones, véase Cour d'Appel de París, 25.2.2015, asunto n° 12/23757, Recueil Dalloz 2015, pp. 1250 y siguientes

1596 (2008) StL-WP. 18, Sesión: 4, no. 55; G. Cuniberti en Vogenauer, Art. 3.3.1 número 20 (sobre una distinción en lit. e); S. Meier en Jansen/Zimmermann, Art. 15:102 [PECL]: Contracts Infringing Mandatory Rules, número 28 (p. 1911) (destacando la adición del lit. g en la lista del art. 3.3.1). A su vez, la lista de PECL se inspiró en el (Segundo) Restatement of Contracts estadounidense (979, § 178) y en un proyecto de la Comisión de Derecho inglés, como señala Meier ibid.

1597 Véanse los Comentarios Oficiales, Art. 3.3.1 número 6 e Ilustraciones 9-21, pp. 129-134; G. Cuniberti en Vogenauer, Art. 3.3.1 número 15-22; S. Meier en Jansen/Zimmermann, Art. 15:102 [PECL]: Contratos que infringen normas imperativas, número. 32 (p. 1913) concluyendo su análisis comparativo en profundidad con la observación: ""la lista de factores, aunque no pueda producir resultados ciertos, puede ser de ayuda para los jueces y, en particular, para los árbitros, al recordarles todos los factores que deben tenerse en cuenta"".

1598 Véase, por ejemplo, S. Meier en Jansen/Zimmermann, Art. 15:102 [PECL]: Contracts Infringing Mandatory Rules, n° 29 (pp. 1911-12) y n° 31 (número 1912-13) con un análisis de lit. d)-g).

1599 Comentarios oficiales, Art. 3.3.1 número 5 (p. 129).

1600 Comentarios oficiales, Art. 3.3.1 número 5 y 6h, Ilustración 20 (en pp. 129, 133-134), como señala S. Meier en Jansen/Zimmermann, Art. 15:103 [PECL]: Ineficacia parcial, n° 5 (p. 1916), comentando el Art. 3.3.1 en el contexto de los comentarios sobre la regla especial relativa a la ineficacia parcial en el PECL (núm. 1-11, pp. 1914-20); y Art. 15:102 [PECL]: Contratos que infringen normas imperativas, n° 30 sobre el proceso de toma de decisiones (p. 1912).

contiene ninguna presunción de que se mantenga la parte restante del contrato),[1601] (iii) proporcionar remedios sólo a una de las partes, (iv) hacer que el efecto del contrato viciado dependa de la elección de la parte que debía ser protegida por la norma imperativa infringida,[1602] o, como en el caso de la excesiva onerosidad (Art. 6.2.3 (4)), (v) adaptar el contrato,[1603] o (vi) resolverlo en los términos que se fijen.[1604] El grado de libertad es sustancial, pero inevitable para cubrir no sólo todos los escenarios imaginables de una infracción de la ley imperativa aplicable por acción de las partes, sino también para evitar soluciones unilaterales que podrían incluso ir en detrimento de la parte a la que la norma imperativa infringida pretendía proteger. Una vez más, la elección del árbitro es vital (que puede actuar en virtud de la doctrina de la divisibilidad del acuerdo de arbitraje[1605] incluso si la nulidad del contrato principal es el objeto del arbitraje).

5

En ocasiones, el tribunal también puede volver a resolver el caso con respecto a la **"imposibilidad legal"**[1606] (Art. 7.2.2 (a)), especialmente en los casos en los que se requiera la aplicación de una sanción emitida con posterioridad a la celebración del contrato.

6

En caso de mera incorporación de los Principios Unidroit en combinación con una cláusula de sumisión competencial. (Art. 1.4 nº 5; Preámbulo nº 15-16), frente a una elección de los Principios Unidroit en combinación con una cláusula de arbitraje (Art. 1.4 nº 2-3; Preámbulo nº 3), el derecho interno tiene prioridad para decidir también sobre el efecto de una infracción de una norma imperativa[1607] incluso en ausencia de una descripción expresa de los efectos de dicha infracción en la norma imperativa. Las normas supletorias de los párrafos 2 y 3 **sólo se aplican en la medida en que el Derecho nacional aplicable acepte la libertad contractual para colmar una laguna**.

[1601] S. Meier en Jansen/Zimmermann, Art. 15:103 [PECL]: Ineficacia parcial, no. 5, 6 y 7 (pp. 1916-17), incluido un resumen del resultado del debate en el Grupo de Trabajo (véase la nota 23 con referencias detalladas a los materiales legislativos). Sobre la historia de dicha presunción contenida en muchas legislaciones nacionales (distintos del derecho alemán que opera con la presunción contraria) en el derecho romano véase ibid. número 2 (pp. 1914-15) comentando la máxima del ius commune "utile per inutile non vitiatur" según la cual "una parte válida no se veía afectada por una parte inválida [del contrato]".

[1602] Comentarios oficiales, Art. 3.3.1 número 5 e, Ilustración 16 (p. 132), StL-Misc. 26 (2006), p. 19; StL-Misc. 27 (2007), p. 30; S. Meier en Jansen/Zimmermann, Art. 15:102 [PECL]: Contracts Infringing Mandatory Rules, número 27 (p. 1910) (con referencia a las fuentes citadas), y S. Meier en Jansen/Zimmermann, Art. 15:103 [PECL]: Partial Ineffectiveness, nº 10 (en p. 1919) argumentando la posibilidad "para los casos de ilegalidad unilateral [...] de restringir la disponibilidad de remedios contractuales a la parte protegida al tiempo que se concede a la otra parte una reclamación en restitución del valor razonable".

[1603] Comentarios oficiales, Art. 3.3.1 número 5 (en p. 129); StL Misc. 29 (2009), p. 17; S. Meier en Jansen/Zimmermann, Art. 15:103 [PECL]: Ineficacia parcial, nº 11 (p. 1919).

[1604] Comentarios oficiales, Art. 3.3.1 número 5 (p. 129); S. Meier en Jansen/Zimmermann, Art. 15:102 [PECL]: Contracts Infringing Mandatory Rules, número 24 y 27 (p. 1900).

[1605] G. B. Born, International Commercial Arbitration, Vol. 1 [3.01] y siguientes, pp. 376 y siguientes

[1606] S. Meier en Jansen/Zimmermann, Art. 15:102 [PECL]: Contracts Infringing Mandatory Rules, número 11 (p. 1903) en el contexto de PECL.

[1607] G. Cuniberti en Vogenauer, Art. 3.3.1, en el número 10; S. Meier en Jansen/Zimmermann, Art. 15:102 [PECL]: Contratos que infringen normas imperativas, nº 4 in fine (p. 1900).

Artículo 3.3.2 (Restitución)

(1) En el caso de haberse cumplido un contrato que viola una norma de carácter imperativo según el Artículo 3.3.1, podrá proceder la restitución siempre que dicha restitución sea razonable atendiendo a las circunstancias.

(2) Para determinar lo que es razonable, se tendrán en cuenta los criterios a los que se refiere el Artículo 3.3.1 (3), con las adaptaciones necesarias.

(3) Si se reconoce la restitución, se aplicarán las reglas del Artículo 3.2.15, con las adaptaciones necesarias.

A. El art. 3.3.1 (1) prevalece sobre el Art. 3.3.2

1

En la medida y en el caso de que una norma imperativa aplicable, de conformidad con el Art. 1.4, regule también la restitución en caso de infracción, ésta tiene prioridad.[1608] El art. 3.3.2 forma parte, por tanto, del régimen complementario del Art. 1.4 (Art. 3.3.1 nº 3).

B. Una prueba de razonabilidad para la restitución

2

Inspirándose en una tendencia moderna en la legislación,[1609] contraria al enfoque histórico de "blanco o negro",[1610] y similar al enfoque del art. 15:104 PECL,[1611] se consideró más apropiado para los contratos internacionales que atraviesan en ocasiones largas distancias y varias culturas, para conceder discrecionalidad al tribunal (Art. 1.11 1er guión) **para ordenar la restitución** (posiblemente parcial) teniendo debidamente en cuenta lo que

---

1608 Comentarios oficiales, Art. 3.3.2 número 2, p. 135, "si la norma imperativa no dice nada al respecto"; G. Cuniberti en Vogenauer, Art. 3.3.1 número 1. Esto es coherente en muchos aspectos: véase la redacción "Nada ..." en el art. 1.4; la redacción del Art. 3.3.1 (1); y Art. 3.3.1 (3) (c) a que se refiere el Art. 3.3.2 (2); cf. también M. J. Bonell, Unif. Law Rev. 2011, pp. 517, 533. Véase también S. Meier en Jansen/Zimmermann, Art. 15:104 [PECL]: Restitución, nº 10 (p. 1926) señalando el Art. 10 del Reglamento Rom II en el (raro) contexto de un contrato ilegal en virtud de los Principios Unidroit que está siendo revisado por un tribunal de un Estado miembro de la UE ("no está claro [...] si [la aplicación del párrafo 3] es apropiada").

1609 Véase, en la actualidad, Art. 6:211 (1) Código Civil neerlandés (implícito); New Zealand Contract and Commercial Contract Law Act 2017 (2017 nº 5), secciones 76-80; M. J. Bonell, Unif. Law Rev. 2011, pp. 517, 532; G. Cuniberti en Vogenauer, Art. 3.3.2 nº 3; S. Meier en Jansen/Zimmermann, Art. 15:104 [PECL]: Restitution, número 7 (p. 1925) ("general trend towards a flexible approach") y número 8 (p. 1925), incluida la referencia a las propuestas de la Comisión de Derecho inglés y de la versión predecesora de 1970 de la Ley neozelandesa que inspiró de hecho al Grupo de Trabajo. Para el cambio de la ley inglesa hacia la tendencia moderna en 2016 (a través de Patel v Mirza [2016] UKSC 42) véase ibid. nº 3 (en p. 1923).

1610 "Ningún tribunal prestará su ayuda a un hombre que funda su causa de acción en un acto inmoral o ilegal". Así se pronunció Lord Mansfield en Holman v Johnson (1775) 1 Cowp 341, 343", como señaló Lord Tulson en Patel v Mirza [2016] UKSC 42, en el número 1 con respecto al caso relacionado con el contrabando examinado por Lord Mansfield. Para una visión histórica y comparativa de la restitución (denegación categórica) en caso de ilegalidad, véase S. Meier en Jansen/Zimmermann, Art. 15:104 [PECL]: Restitution, número 1-3 y 5-7 (pp. 1921-25).

1611 P. Hellwege en Jansen/Zimmermann, Art. 9:306 [PECL]: Restitution, número 11 (en p. 1398) argumentando en el número 12 (p. 1399) que tal flexibilidad sería deseable en general.

es razonable dadas las circunstancias (párrafo 1).[1612] Como observa Sonia Meier en su profunda visión jurídica comparada, "una cosa es excluir las pretensiones de cumplimiento de un contrato ilícito y otra muy distinta impedir que las partes deshagan las prestaciones".[1613] Una vez más, esta flexibilidad se correlaciona mejor con la amplia gama de constelaciones que pueden observarse en el comercio y la inversión internacionales, que a veces incluyen muchas jurisdicciones y acciones (pertinentes) de terceros de distinto tipo, incluidas posibles infracciones de la ley. Las circunstancias pueden variar.[1614] Para la prueba de razonabilidad, el párrafo 2 remite, "con las adaptaciones apropiadas" ***(mutatis mutandis)***,[1615] a los criterios generales a la hora de determinar los remedios establecidos en el Art. 3.3.1 (3), es decir, la finalidad de la norma infringida (por ejemplo, si la concesión de la restitución frustraría dicha finalidad);[1616] su ámbito de aplicación personal; otras sanciones (por ejemplo, de naturaleza penal o administrativa);[1617] la gravedad de la infracción;[1618] el conocimiento o conocimiento constructivo de las partes de la infracción;[1619] el lenguaje del contrato;[1620] las expectativas razonables de las partes.[1621] En vista de la diferencia entre la restitución en el contexto de un contrato ilegal y los remedios contractuales en virtud del Art. 3.3.1 (1), los mismos factores pueden dar lugar a resultados diferentes.[1622] Una vez más, la constitución del tribunal arbitral es esencial en caso de litigio.

C. Aplicación del Art. 3.2.15

3

El párrafo 3 sigue **"un enfoque unificado para la resolución de contratos fallidos"**[1623] y se remite al Art. 3.2.15 sobre la restitución,[1624] que incluye (i) el principio de restitución en especie (Art. 3.2.15 (1)), (ii) la evaluación en dos etapas con respecto a la restitución

---

1612 Comentarios oficiales, Art. 3.3.2 número 1, p. 135.

1613 S. Meier en Jansen/Zimmermann, Art. 15:104 [PECL]: Restitución, no. 4 (pp. 1923-24) en el contexto de la discusión de argumentos políticos: "Cuando ambas partes han cumplido, la exclusión de la restitución perpetúa la situación ilegal. Cuando sólo una de las partes ha cumplido, la denegación de la restitución puede suponer una sanción desproporcionada al grado de ilegalidad implicado. [...] Cuando se infringen normas de carácter meramente técnico, difícilmente puede considerarse que las partes estén teñidas de una vileza que justifique la exclusión de los recursos de restitución".

1614 Puede marcar la diferencia, por ejemplo, en qué estado de ejecución se encuentra un gran proyecto de construcción cuando la ilegalidad es revisada por un tribunal.

1615 G. Cuniberti en Vogenauer, Art. 3.3.2 número 6; S. Meier en Jansen/Zimmermann, Art. 15:104 [PECL]: Restitución, número 11 (p. 1926).

1616 Cf. G. Cuniberti en Vogenauer, Art. 3.3.1 número 16.

1617 Cf. G. Cuniberti en Vogenauer, Art. 3.3.1 número 18.

1618 Cf. G. Cuniberti en Vogenauer, Art. 3.3.1 número 19.

1619 Cf. G. Cuniberti en Vogenauer, Art. 3.3.1 número 20.

1620 Cf. G. Cuniberti en Vogenauer, Art. 3.3.1 número 22.

1621 Cf. G. Cuniberti en Vogenauer, Art. 3.3.1 número 21.

1622 S. Meier en Jansen/Zimmermann, Art. 15:104 [PECL]: Restitution, número 11 (p. 1926), señalando también, con más referencias: "Son concebibles casos en los que procede la restitución a pesar del conocimiento real o implícito de la ilegalidad".

1623 S. Meier en Jansen/Zimmermann, Art. 15:104 [PECL]: Restitution, número 13 (p. 1927) indicando con más referencias que, basándose en investigaciones comparativas, dicho enfoque es "preferible". Evita distinciones con respecto a la restitución en función de la causa de la restitución.

1624 Comentarios oficiales, Art. 3.3.2 número 3, p. 136.

en especie "imposible" o "inapropiada" (Art. 3.2.15 (2-3)) (Art. 3.2.15 nº 2-3), (iii) la compensación por gastos (Art. 3.2.15 (4)) y (iv) la aplicabilidad de las normas generales de los Principios Unidroit (Art. 3.2.15 nº 5).

CAPÍTULO 4
INTERPRETACIÓN

Historia legislativa (documentos clave)

En preparación de los **Principios de 1994** - Ponente Michael Joachim Bonell: StL-Doc. 2, pp. 18-21 (1er esbozo en **1971**); StL-Doc. 10 (2° esbozo en **1976**); StL-Doc. 12 (1er borrador y cuestionario en **1977**); StL-Doc. 13 (respuestas al cuestionario en **1978**); StL-Doc. 14 (2° borrador en **1978**); StL-Doc. 16, pp. 11-12 (1ª discusión en **1979**); StL-Doc. 25, pp. 12-14 (3ª redacción en **1983**); StL-Doc. 42 (4° borrador en **1988**); P.C.-Misc. 15, pp. 1-51 (2ª discusión en **1991**); P.C.-Misc. 17, pp. 142-169 (borrador del art. 4.8 en **1993**).
En preparación de los **Principios de 2016** (cambio a Comentarios Oficiales sobre Art. 4.3, 4.8) - Relatores Michael Joachim Bonell (Art. 4.3), Sir Vivian Ramsey (Art. 4.8): StL-Doc. 126 (documento de posición en **2014**); StL-Misc. 31 rev., pp. 9-11 (1ª discusión en **2015**); StL-Doc. 129 rev., pp. 4-5 (comentarios revisados sobre el art. 4.8 en **2016**); StL-Doc. 131 rev. (comentarios revisados sobre el art. 4.3 en **2015**); StL-Misc. 32, pp. 6-7, 10-11 (2ª discusión en **2016**); C.D. (95) 3, Anexo 2, pp. 4-5, Anexo 4, pp. 2-4 (proyecto final en **2016**).

Introducción al capítulo 4

A. Capítulo 4: Uno de los capítulos más importantes de los Principios UNIDROIT

1

Es esencial para un pacífico comercio transfronterizo que las partes contratantes de diferentes jurisdicciones, culturas y/o antecedentes lingüísticos desarrollen un entendimiento conjunto sobre la interpretación del contrato para su aventura contractual.[1625] Esto es especialmente importante si el contrato o contratos de una o varias partes están redactados en un idioma extranjero, a menudo utilizando el inglés como lengua de conveniencia (*"globish")*.[1626] En tales circunstancias (que, desde una perspectiva global, pueden ser más frecuentes que las negociaciones entre nativos), la percepción respectiva del ***"significado llano de... los términos"***[1627] **o del *"significado natural y ordinario de las* palabras"**[1628]

[1625] *Véase* StL-Doc. 14 (1978), p. 7 ("sentido común"; "carácter más lógico que jurídico"); StL-Doc. 13 (1978), p. 2 ("colmar una laguna importante"); con raíces en 1971 StL-Doc. 2 (1971), pp. 18-21; StL-Doc. 16 (1979), p. 11 (señalando la necesidad de armonizar también con respecto a las diferencias individuales de los jueces, siendo más o menos pragmáticas o semánticas, además de los diferentes antecedentes culturales y jurisdiccionales); *S. Vogenauer* en Vogenauer, Introducción al capítulo 4 del PICC no. 8 (al final).

[1626] *E. Brödermann*, § 6 IPR MünchAnwaltshandb. IntWirtschR, n° 144; cf. también V. *Triebel*, FS Elsing (2015), pp. 1047, en 1048 bajo II. El libro alemán seminal *V. Triebel/S. Vogenauer*, Englisch als Vertragssprache (es *decir, el* inglés como lengua contractual) (2018) describe detalladamente los riesgos y los errores típicos al contratar en inglés con arreglo al Derecho alemán.

[1627] Para una perspectiva neoyorquina: *véase Greenfield v. Philles Records*, 98 N.Y.2d 562, 569 (2002).

[1628] Para una perspectiva inglesa: *véase* Deutsche Genossenschaftsbank v Burnhope [1995] 1 WLR 1580, 1589, HL, Lord Steyn, también citado (con más detalle) por *S. Vogenauer* en Vogenauer, Art. 4.1 n° 15.

puede diferir y el significado "objetivo", "simple", "natural" u "ordinario" de los términos puede ser favorable a una parte mientras que la otra puede no darse cuenta de la diferencia en comparación con su propia comprensión de las palabras. En mi experiencia, esto suele pasarse por alto en la práctica —junto con las importantes cuestiones de la elección de la ley aplicable y la resolución de litigios[1629]— y puede ocurrir incluso entre hablantes nativos de inglés de distintas jurisdicciones.[1630] **El enfoque nacional respectivo de la interpretación de los contratos también puede diferir, algunas jurisdicciones tienen un enfoque más "objetivo"** (partiendo de los vocablos en su significado "llano", "natural" u "ordinario")[1631] y otras en un enfoque más "subjetivo" (tratando de penetrar en las intenciones "reales" de las partes).[1632] El mero hecho de que los Principios UNIDROIT cubran la cuestión de la interpretación con normas que consideran la variedad de la contratación transfronteriza puede inspirar a los abogados a considerar y/o cubrir la cuestión[1633] (directa o indirectamente, por ejemplo, a través de una cláusula de elección de los Principios UNIDROIT; nº 2a más abajo). Contienen directrices legales vinculantes para los responsables de la toma de decisiones (árbitros) que aplican los Principios UNIDROIT.[1634] Como la CISG no incluye disposiciones detalladas sobre interpretación de contratos,[1635] El capítulo 4 proporciona un ejemplo típico en el que los Principios UNIDROIT pueden complementar la CISG; y por qué tiene sentido, al elegir la CISG (u otros instrumentos internacionales) acordar los Principios UNIDROIT como régimen contractual complementario (Preámbulo nº 11a). En el mismo sentido, el Capítulo 4 es un ejemplo de un compromiso internacional apropiado que es necesario cuando un extranjero no nativo y un hablante nativo del inglés (por ejemplo, de Australia, EE.UU., Reino Unido o Singapur) negocian con diferentes habilidades lingüísticas y diferentes percepciones sobre la interpretación de los contratos (Art. 4.1 nº 4).

B. Superar las diferencias nacionales

2

Los Principios (i) sobre la interpretación de los contratos contenidos en los Art. 4.1, 4.3-4.7 (complementados por los Art. 5.1.1 y 5.1.2,[1636] y a diferencia de las normas del Art. 1.6

1629 *E. Brödermann* en FS Martiny (2014), pp. 1045-1070.

1630 *S. Vogenauer* en Vogenauer, Art. 4.3 nº 16 da un ejemplo de los diferentes significados de la expresión "to ship" en Inglaterra y EE.UU. (donde también puede referirse a "loading a train").

1631 *Véase*, por *ejemplo*, de nuevo *Greenfield contra Philles Records*, 98 N.Y.2d 562, 569 (2002).

1632 *Por ejemplo*, §§ 133, 157 del Código Civil alemán "BGB".

1633 Los redactores del proyecto consideraron muy necesario cubrir esta cuestión, StL-Doc. 14 (1978), p. 7, citado por *S. Vogenauer* en Vogenauer, Introducción al capítulo 4 del PICC nº 8.

1634 StL-Doc. 2 (1971), pp. 16 *y ss*. *S. Vogenauer* en Vogenauer, Introducción al capítulo 4 del PICC, nº 8-9; *S. Vogenauer* en Jansen/Zimmermann, Introducción ante el Art. 5:101 [PECL], nº 24 (p. 752) con indicaciones comparativas sobre la diferente calificación de la interpretación de los contratos en el Derecho nacional como cuestión de hecho (por *ejemplo, en Inglaterra para los* contratos verbales) o de derecho (por *ejemplo*, en Inglaterra para los contratos escritos).

1635 A excepción del art. 8 sobre "declaraciones realizadas por una parte y otros comportamientos de una parte", *véase* la explicación de *S. Vogenauer* en Vogenauer, Introducción al capítulo 4 del PICC, nº 24 (p. 752). L. Spagnolo en DiMatteo/Janssen/Magnus/Schulze, Capítulo 23, páginas 40-42 sostiene que, en la práctica, la aplicación del artículo 8 CISG debería conducir a los mismos resultados que la aplicación de las normas más detalladas del art. 4.1-4.2.

1636 *S. Vogenauer* en Vogenauer, Art. 5.1.2 nº 1.

sobre la interpretación de los propios Principios UNIDROIT)[1637] y **(ii)** sobre la interpretación de las declaraciones y otras conductas contenidas en el Art. 4.2-4.3 proporcionan una base común que fusiona estos diferentes enfoques,[1638] como lo demuestra la observación de muchos estudiosos de diferentes orígenes de que las "disposiciones [sobre interpretación] de los Principios UNIDROIT, o al menos algunas de ellas, son esencialmente compatibles" con sus respectivos sistemas nacionales.[1639] Los arts. 4.1 *y subsecuentes* se inspiran en gran medida en el art. 8 CISG[1640] (pero van más allá)[1641] y en cierta medida en un estudio comparativo de las legislaciones nacionales.[1642] Las normas de interpretación de los Principios UNIDROIT se han descrito como "principios generales del Derecho"[1643] que reflejan **"verdades hermenéuticas universales";**[1644] la norma clave del art. 4.2 (2) constituye en sí misma una **aplicación del principio de buena fe y lealtad negocial**, Art. 1.7.[1645]

C. Estructura

2a

El Capítulo 4 sigue una estructura tripartita:[1646] (i) Art. 4.1-4.2 **"esboza (n) el (los) enfoque (s) básico (s)" para la interpretación de contratos, declaraciones y otras conductas relevantes**; (ii) el Art. 4.3 enumera las "circunstancias relevantes" para la interpretación; y (iii) los Art. 4.4 a 4.8 establece normas de repliegue: Formula "reglas de preferencia en caso de que el recurso a estas 'circunstancias' o 'materias' no arroje un resultado inequívoco".[1647] En gran medida, las normas "se remontan directamente al Derecho romano, aunque originalmente a veces no se aplicaban a los contratos, sino a otros instrumentos".[1648]

1637 *C. Ternero* en Morán Bovio, Art. 4.1, nº 1 (párrafo 1), p. 233.

1638 *S. Vogenauer* en Vogenauer, Art. 4.1 nº 16.

1639 *S. Vogenauer* en Vogenauer, Introducción al capítulo 4 del PICC no. 7 y nota 21.

1640 StL-Doc. 42 (1988), pp. 3, 5 y 7; StL-Misc. 15 (1991), pp. 2, 9 y 19; Tribunal Supremo de Nueva Gales del Sur, *Franklins PTY LTD v Metcash Trading LTD*, 16 de diciembre de 2009, caso Unilex nº 1520; *H. Gabriel*, nº 2.113 (p. 67) restringiendo: "sin la ordenación jerárquica"; *S. Vogenauer* en Vogenauer, Introducción al capítulo 4 del PICC, nº 6 (en p. 572). Para una visión general de la historia de la redacción del Art. 8 de la CISG, *véase S. Vogenauer* en Jansen/Zimmermann, Introduction before Art. 5:101 [PECL], no. 3 (pp. 741-742): Las raíces del Art. 8 CISG se encuentran en el Art. 3 (2) and (3) of the 1972 Unidroit draft for uniform rules on the validity of sales contract (Unidroit Study XVI B - Validity of contracts of international sale of contracts (1965-1972), printed in Unif. Law Rev. 1973, pp. 60, 63); este proyecto se basaba en el "trabajo pionero" de Ernst Rabel, miembro del primer Consejo de Administración del Unidroit.

1641 El art. 8 CISG se refiere únicamente a la interpretación de las "declaraciones hechas por una parte y otros comportamientos de una parte".

1642 *S. Vogenauer* en Vogenauer, Introducción al capítulo 4 del PICC no. 6.

1643 *S. Vogenauer* en Vogenauer, Introducción al capítulo 4 del PICC no. 7.

1644 StL-Doc. 10 (1976), p. 1; *S. Vogenauer* en Vogenauer, Introducción al capítulo 4 del PICC no. 8. Para el uso del Capítulo 4 en laudos arbitrales para complementar o confirmar una interpretación de la ley nacional Anexo al Preámbulo nº 20-23.

1645 StL-Doc. 42 (1988), pp. 6-7; éste fue el motivo de la retirada del proyecto inicial (StL-Doc. 12 (1977), p. 3; StL-Doc. 13 (1978), pp. 4-5) para incorporar los principios de buena fe y lealtad negocial en una cláusula general sobre interpretación: StL-Doc. 16 (1979), pp. 11-12; *M. J. Bonell,* An International Restatement p. 142, *S. Vogenauer* en Vogenauer, Art. 4.3 nº 22-23.

1646 Adaptado de *S. Vogenauer* en Jansen/Zimmermann, Introduction before Art. 5:101 [PECL], no. 4 (p. 742).

1647 *S. Vogenauer* en Jansen/Zimmermann, Introducción antes del Art. 5:101 [PECL], no. 4 (p. 742).

1648 *S. Vogenauer* en Jansen/Zimmermann, Introducción ante el Art. 5:101 [PECL], nº 6 (p. 743). Los dos primeros miembros de la estructura, (i) y (ii), se remontan "al alemán *Christian Thomasius* hacia finales del siglo 18th

D. Una plantilla importante

3

En el curso de un arbitraje CIADI, las reglas del Art. 4.1 *y siguientes se* han integrado en un acuerdo transaccional.[1649] A veces resulta útil aplicar esta técnica y copiar las reglas del Capítulo 4 sobre interpretación en un contrato que se somete a otra ley,[1650] especialmente cuando entre las partes interesadas en un proyecto de contrato hay personas tanto de jurisdicciones de derecho anglosajón como de derecho civil (los tribunales estatales y, especialmente, los tribunales arbitrales con árbitros formados internacionalmente están obligados a respetar el contrato y aplicar dichas cláusulas sobre interpretación). De este modo **se reducen los riesgos lingüísticos y jurídicos y se ahorran costes**, ya que, en raras ocasiones, los profesionales que negocian contratos comerciales internacionales disponen de tiempo para investigar las normas y la jurisprudencia sobre interpretación de la legislación estatal aplicable. Esto es útil incluso para los contratos internacionales entre empresas en virtud de los Principios UNIDROIT 2016, destinados a ser aplicados por la administración en múltiples jurisdicciones (ejemplos de las industrias del automóvil y de la construcción de maquinaria en 2020/2021, complementando la norma del Art. 4.7 con una cláusula sobre el idioma → Art. 4.7 nº 2). Aunque no se puede esperar que la dirección lea los Principios UNIDROIT, sí se puede esperar que lea el contrato.

Artículo 4.1 (Intención de las partes)

(1) El contrato debe interpretarse conforme a la intención común de las partes.

(2) Si dicha intención no puede establecerse, el contrato se interpretará conforme al significado que le habrían dado en circunstancias similares personas razonables de la misma condición que las partes.

"(el subrayado es nuestro) como promotor de los llamados "intencionalistas" que, empezando por *Hugo Grotius* (1583-1645) y más tarde *Samuel Pufendorf* (1632-1694) —que influyeron en *Blackstone* y, por tanto, en el Derecho inglés— se centraron más que los estudiosos anteriores en "la interpretación de los contratos que en la de otros instrumentos jurídicos (*ibid.*, nº 10, p. 745), siguiendo un "primer movimiento [es *decir,* en la historia de la interpretación] hacia una teoría sistemática más coherente de la interpretación jurídica" en el derecho moderno temprano a partir del siglo 15th (ibid. nº 9, pp. 744-745). Para la fundamentación de la rica historia de la interpretación jurídica desde el Derecho romano y la compilación en el *Corpus iuris civilis* de Justiniano con "más de 200 'diversas reglas antiguas'" sobre interpretación, su redescubrimiento en los siglos 11th y 12th ("edad media") y, "[p]ara los siglos venideros" su "papel central en el primer año del plan de estudios jurídico" *véase* la compilación *ibid.* nº, 7-8 (pp. 743-744). Para la recepción de estas reglas tanto en el common law inglés como en los códigos nacionales modernos a partir de la codificación prusiana *Allgemeines Landrecht* de 1794, que incluía aproximadamente 40 reglas sobre interpretación, *véase* de nuevo *S. Vogenauer ibid., nº 11 (pp.* 745-746).

1649 Acuerdo de conciliación que integra los Art. 4.1-4.3 y 4.5 en Laudo arbitral 20 de marzo de 2000, *Joseph Charles Lemaire contra Ucrania*, caso CIADI no. ARB(AF) 4./98/1/(2000), párr. 22-23, Unilex nº 962; recogido por primera vez por *S. Vogenauer* en Vogenauer, Introducción al capítulo 4 del PICC no. 7 nota 22.

1650 Se trata de una variación moderna de mis antiguas experiencias (entonces aún ignorante de los Principios UNIDROIT) alrededor del año 2000 en París en un asunto entre EE.UU. y Rusia (industria del agua). Con una cláusula de arbitraje para la resolución de litigios, llegamos a un acuerdo sobre la legislación inglesa y una cláusula específica que establecía una obligación general de interpretar y ejecutar el acuerdo de buena fe, por la que esta última cláusula se sometía explícitamente a la legislación alemana (*dépeçage*).

A. Paso 1: Determinación de una intención conjunta, si es posible (Párr. 1)

1

El art. 4.1 presupone la existencia de un contrato[1651] (celebrado mediante declaraciones unilaterales u otras conductas interpretadas con arreglo al art. 4.2; Introducción al Capítulo 4 nº 2 sobre "Estructura"). Se basa en un compromiso mundial que combina dos enfoques básicos de interpretación: un método centrado en lo "subjetivo" ("liberal") en el párrafo 1 y un enfoque "objetivo" (o "literal") en el párrafo 2,[1652] es decir, una tensión de enfoques debatidos en Europa desde la época griega y romana.[1653] Si, y en la medida en que, las partes llegan a una "intención común" en el momento de la celebración del contrato[1654] (lo que suele ser el caso), el párrafo 1 ofrece a cualquiera de las partes la posibilidad de probar (por cualquier medio, Art. 1.2) dicha voluntad común "verdadera" o "real" (que puede desviarse de la voluntad documentada, es decir, de la redacción,[1655] **especialmente si ambas partes actúan en un idioma extranjero) si la otra parte intenta apartarse de ella.**[1656] A tal efecto, el art. 4.3 prevé una serie de factores, de los cuales los relativos a la relación particular de las partes (*Art. 4.3 letra a-c,* incluidos los antecedentes de la negociación, y *letra f en relación con el Art. 1.9 (1))* son de especial relevancia en este contexto (Art. 4.3 nº 1 en (i)). Por ejemplo, si dos hablantes no nativos que negocian un contrato designan ambos algo en un contrato transfronterizo con un término inglés incorrecto (que, según su significado llano, designaría otra cosa) prevalecería la intención conjunta de las partes. Esta regla tiene raíces romanas en el antiguo dicho latino *falsa demonstratio non nocet.*[1657] Si la interpretación conforme al párrafo 1 es exitoso, el tema queda cerrado (salvo la posible necesidad de completar un término omitido en virtud del Art. 4.8 o para determinar un término implí-

---

1651 *Véase* S. *Vogenauer en Jansen/Zimmermann,* Introduction before Art. 5:101 [PECL], nº 12 (pp. 746-747) sobre el entendimiento de la necesidad de "normas distintivas para los contratos", y S. *Vogenauer* en Jansen/Zimmermann, Art. 5:101 [PECL]: General Rules of Interpretation, nº 1 (p. 755) sobre los antecedentes históricos (ya que el art. 4.1 es una "disposición correspondiente" al art. 5:101 PECL).

1652 Sobre estos dos enfoques, su historia y relevancia, *S. Vogenauer* en Jansen/Zimmermann, Art. 5:101 [PECL]: General Rules of Interpretation, no. 3-10 (pp. 755-761).

1653 *S. Vogenauer* en Jansen/Zimmermann, Art. 5:101 [PECL]: General Rules of Interpretation, nº 12 (p. 761); según el cual las palabras (*'verba'*) pueden estar en tensión con la voluntad (*'voluntas'*), *véase ibid.* Art. 5:102 [PECL]: Circunstancias pertinentes, nº 8 (p. 770).

1654 Comentarios oficiales, Art. 4.1 nº 1, p. 137; discutido a lo largo de la historia legislativa desde StL-Doc. 2 (1971), p. 19, *véase, por ejemplo,* P.C.-Misc. 15 (1991), pp. 2-4, *S. Vogenauer* en Vogenauer, Art. 4.1 nº 3.

1655 Comentarios Oficiales, Art. 4.1 nº 1, p. 137 ("En consecuencia, puede darse a un término contractual un significado que difiera tanto del sentido literal de la lengua utilizada como del significado que le daría una persona razonable, [...]"); *S. Vogenauer* en Vogenauer, Art. 4.1 nº 10 recoge un ejemplo clásico del Tribunal Supremo alemán de 1920 en el que las partes, utilizando el idioma noruego, mezclaron los términos para la carne de "ballena" y "tiburón" (en Alemania esto está cubierto por el concepto *"falsa demonstratio non nocet"); S. Vogenauer en* Jansen/Zimmermann, Art. 5:101 [PECL]: Reglas generales de interpretación, nº 11 (p. 761).

1656 *S. Vogenauer* en Vogenauer, Art. 4.1 nº 10. Los ejemplos de la práctica son múltiples, por *ejemplo* (para un contrato sometido a los Principios Unidroit, recogido por *E. Brödermann,* Unif. Law Rev. 2011, pp. 589, 598: Poco después de la conclusión de un contrato —celebrado bajo los Principios Unidroit— sobre la inversión de una empresa filipina en una empresa coreana (salvando la supervivencia financiera de esa empresa con un alto potencial), el vendedor coreano de las acciones perdió a su hijo de 10 años. Para superar su dolor se acercó a una secta religiosa que intentó utilizar su influencia para deshacer el acuerdo con el fin de hacerse con el control.

1657 Se trata de una versión abreviada de Marcianus D. 35.1.33: *"Falsa demonstratio neque legatario neque fideicommissario nocet neque heredi instituto ..."* (con agradecimiento al profesor Tilman Repgen, Universidad de Hamburgo, por esta aportación).

cito en virtud del Art. 5.1.2 y siguientes); entonces no hay lugar para más interpretaciones ("torturadas").[1658] De este modo, el párrafo 1 contribuye así al argumento político de que debe defenderse la "autonomía de la voluntad" de las partes, como expresión de la libertad contractual (Art. 1.1, 1.5), y que el contrato no debe redactarse por "imposición judicial de obligaciones contractuales".[1659]

2

Incluso una "cláusula de integridad" no impedirá normalmente este primer paso de interpretación (art. 2.1.17 oración 2), a menos que se redacte explícitamente para excluir la interpretación por conductas y declaraciones previas (art. 1.5),[1660] lo que podría dar lugar a una gran disparidad (art. 3.2.7) en algunas circunstancias extremas (esta observación se hace a la luz de varias experiencias de negociación intercultural nocturnas o a reacción con partes de distintos orígenes, al menos una de las cuales ignoraba por completo incluso el concepto de cláusula de integridad que tiene su origen en el common law).

B. Paso 2 en caso de incumplimiento: interpretación con arreglo a una prueba de "persona razonable" individualizada y contextualizada (párrafo 2)

3

A falta de prueba de la intención común conforme al párrafo 1[1661] (incluso con respecto a un término estándar, Art. 2.1.19 núm. 1), el juzgador necesita determinar un significado hipotético de los términos según el párrafo 2. Su "estándar razonable"[1662] (otra aplicación del Art. 1.7),[1663] que se basa en el Art. 8 (2) CISG,[1664] de nuevo apoyado en los factores establecidos en el Art. 4.3,[1665] está **"fuertemente individualizado y contextualizado"**[1666] por **(i)** las partes que actúan (las "personas razonables del mismo tipo que las partes" deben tener una formación, un conjunto de habilidades —incluido el idioma— y unas experiencias similares)[1667] y **(ii)** las circunstancias, incluidos los innumerables factores blandos de la contratación internacional (incluidos, por ejemplo, los económicos). En este contexto (que

1658 *S. Vogenauer* en Jansen/Zimmermann, Art. 5:101 [PECL]: General Rules of Interpretation, nº 14 (en p. 763 *in fine*) citando a PECL 5:101, Comentario B.

1659 *S. Vogenauer* en Jansen/Zimmermann, Art. 5:101 [PECL]: Reglas generales de interpretación, nº 5 (p. 757).

1660 *S. Vogenauer* en Vogenauer, Art. 4.3 nº 7 y Art. 2.1.17 nº 6 (observando que el art. 2.1.17 oración 2 no es obligatorio).

1661 *Véanse los* Comentarios Oficiales, Art. 4.1, nº 1, p. 137; *C. Ternero en* Morán Bovio, Art. 4.1, nº 1, p. 234 (párrafo 1 al final); y *S. Vogenauer en* Vogenauer, Art. 4.1 nº 9 sobre la jerarquía entre el Art. 4.1(1) y (2).

1662 El criterio de la persona razonable ya se mencionó en StL-Doc. 25 (1983), pp. 12-13; StL-Doc. 42 (1988), pp. 3, 5, 7. Está estrechamente relacionado con la contratación comercial internacional, como expone, por *ejemplo, M. J. Bonell* en P.C.-Misc. (1994), p. 61: "[...] se partía de la base de que los empresarios eran personas razonables".

1663 *M. J. Bonell,* An International Restatement, capítulo 4, p. 142; *S. Vogenauer* en Vogenauer, Art. 4.3 nº 22.

1664 StL-Doc. 12 (1977), pp. 5-7; StL-Doc. 13 (1978), pp. 6-9; StL-Doc. 16 (1979), p. 12; *H. Gabriel*, nº 2.110-2.116 (pp. 65-67).

1665 *C. Ternero en* Morán Bovio, Art. 4.1, nº 1, p. 234 (párrafo 1); *S. Vogenauer en* Vogenauer, Art. 4.1 nº 7.

1666 *S. Vogenauer* en Vogenauer, Art. 4.1 nº 5.

1667 Comentarios oficiales, Art. 4.1 nº 2, p. 138; StL-Doc. 13 (1978), p. 3; *C. Ternero en* Morán Bovio, Art. 4.1, nº 1, p. 234 (párrafo 2); *S. Vogenauer en* Vogenauer, Art. 4.1 nº 5.

es diferente del contexto del análisis del paso 1), los criterios más generales del *Art. 4.3 letra d a f (en relación con el Art. 1.9 (2))* tienen un peso especial[1668] (Art. 4.3 nº 1 en (ii)). La ignorancia de una de las partes acerca de determinados términos clave no constituye como tal un argumento; dependiendo de las circunstancias, el criterio "razonable" (que excluye la "negligencia") puede exigir que se solicite asesoramiento jurídico antes de firmar.[1669]

4

El párrafo 2 contribuye al argumento político de la **"seguridad jurídica"**, centrándose en la protección de la confianza de la otra parte en el significado ordinario de las palabras que superan la prueba de razonabilidad del párrafo 2.[1670] En un contexto internacional que incluye a menudo a hablantes no nativos de inglés, el significado ordinario de las palabras expresadas, oídas o leídas en un idioma extranjero (por ejemplo, el inglés) puede no ser siempre tan claro como en un contexto nacional; por este motivo, el papel subordinado de la prueba de razonabilidad del párrafo 2 (y, por tanto, el compromiso sobre la interpretación que da prioridad a la intención conjunta de las partes, si así se establece, de conformidad con el párrafo 1), resulta útil en la práctica para garantizar que el significado de las palabras expresadas, escuchadas o leídas en un idioma extranjero (por ejemplo, el inglés) no sea tan claro como en un contexto nacional. 1), es útil en la práctica para tender puentes entre culturas. El art. 4.1 contribuye así a resolver **"la tensión subyacente entre previsibilidad y equidad"**.[1671] Utilizando una línea argumental desarrollada en el contexto del Art. 5:101 (2) PECL,[1672] la otra parte no merece ser protegida de una intención conjunta acordada que difiere del significado ordinario de las palabras, si estaba implicada en ese acuerdo y había consentido, mediante su conducta hacia un hablante no nativo, un significado de las palabras que se desvía del significado literal interpretado por un hablante nativo. La aplicación de la norma "razonable" se limita a la interpretación, lo que excluye que el juez reescriba el contrato para las partes.[1673] En caso de litigio, la necesidad de interpretación (y los conocimientos lingüísticos y culturales necesarios) debe tenerse en cuenta a la hora de determinar los criterios de la lista restringida de árbitros.

1668 Comentarios oficiales, Art. 4.1 nº 3, p. 138.

1669 *Véase* el ejemplo dado por *S. Vogenauer* en Vogenauer, Art. 4.1 nº 6.

1670 *S. Vogenauer* en Jansen/Zimmermann, Art. 5:101 [PECL]: Reglas generales de interpretación, nº 13 (p. 762). *Véase ibíd.*, nº 5 (p. 757) para las raíces en el Derecho inglés; pero *véase* también (i) *ibid. nº* 7 (en p. 758) la referencia a la "doctrina equitativa de rectificación (o rectificación por error común)" inglesa como herramienta —debatida, ocasional— en el Derecho inglés para hacer prevalecer la intención de las partes, con la nota 29 que analiza *Partenreederei MS Karen Oltmann v Scandale Shipping Co Ltd (The Karen Oltmann).* [1976] 2 Lloyd's Rep 708, QBD, en p. 713; desaprobado por *Chartbrook v Persimman Ltd* [2009] UKHL 38, [2009] 1 AC 1101, en [43]-[47]); y (ii) *S. Vogenauer* nº 14 (en p. 763) discutiendo *Investors Compensation Scheme Ltd v West Bromwich Building Society* [1998] 1 WLR 896, 913 (HL), por Lord Hoffmann, "donde se sostuvo enérgicamente que las desviaciones del significado literal son permisibles si se puede concluir 'de los antecedentes que algo debe haber ido mal con el lenguaje'".

1671 *S. Vogenauer* en Jansen/Zimmermann, Art. 5:101 [PECL]: General Rules of Interpretation, nº 14 (en p. 763 *in fine*) en el que se discuten en general "[l]os instrumentos transnacionales modernos".

1672 *S. Vogenauer* en Jansen/Zimmermann, Art. 5:101 [PECL]: Reglas generales de interpretación, nº 8 (pp. 759-760).

1673 *S. Vogenauer* en Vogenauer, Art. 4.1 nº 13 con otras referencias.

Artículo 4.2 (Interpretación de declaraciones y otros actos)

(1) Las declaraciones y otros actos de una parte se interpretarán conforme a la intención de esa parte, siempre que la otra parte la haya conocido o no la haya podido ignorar.

(2) Si el párrafo precedente no es aplicable, tales declaraciones y actos deberán interpretarse conforme al significado que le hubiera atribuido en circunstancias similares una persona razonable de la misma condición que la otra parte.

A. Una regla que a menudo se incorpora implícitamente

1

A lo largo de la elaboración y vida de un contrato, las partes actúan a menudo mediante declaraciones y otras conductas unilaterales[1674] (incluyendo el silencio, el movimiento de la cabeza[1675] que tiene un significado diferente en diferentes partes del mundo).[1676] Los Principios UNIDROIT a menudo se refieren a tal declaración o conducta unilateral (por ejemplo, en los Arts. 1.8, 2.1.2, 3.2.17), incluyendo referencias a notificaciones unilaterales de conformidad con el Art. 1.10 (por ejemplo, Art. 7.3.2 (1) para la notificación de rescisión).[1677] En todos estos casos, dichas declaraciones y otras conductas requieren una interpretación de conformidad con el Art. 4.2[1678] (es decir, "una reproducción casi exacta de CISG 8 (1) - (2)"[1679]) y 4.3. y siguientes (Introducción al Capítulo 4 nº 2 sobre "Estructura"). **A menudo, es cuestión de interpretación si una parte, a través de su conducta, ha comunicado su intención de que el acuerdo tenga efectos jurídicos.**[1680]

1674 Sobre la aparición de los actos unilaterales en el Derecho contractual (moderno), *véase J. P. Schmidt* en Jansen/Zimmermann, Art. 1:107 [PECL]: Application of the Principles by Way of Analogy, no. 5-6 (p. 84) y nº 9 (pp. 85-86). Para la evolución histórica desde la *stipulatio* en Derecho romano (que no era vinculante sin aceptación) y una visión comparativa, *véase G. Christiandl* en Jansen/Zimmermann, Art. 2:107 [PECL]: Promises Binding Without Acceptance, nº 2-3 (pp. 290-292).

1675 *S. Vogenauer* en Vogenauer, Art. 4.2 nº 2.

1676 El mismo "movimiento de cabeza" significa asentimiento en algunas jurisdicciones (India) y disentimiento en otras (EE.UU., Europa), mientras que tanto las reacciones en la India como en EE.UU./Europa para decir "no" con un movimiento de cabeza tienen sus raíces aparentemente en la expresión intuitiva de asco de los bebés.

1677 Para la historia de los actos unilaterales que configuran la vida de un contrato (en alemán: *Gestaltungsrechte*) *véase R. Zimmermann* en Jansen/Zimmermann, Art. 14:101 [PECL]: Claims Subject to Prescription, nº 8 (pp. 1836-37) incluyendo en particular la nota 42.

1678 Sobre la historia de las "normas distintivas" para la interpretación de los actos unilaterales, *véase S. Vogenauer* en Jansen/Zimmermann, Introduction before Art. 5:101 [PECL], nº 13-14 (pp. 747-749).

1679 *J. P. Schmidt* en Jansen/Zimmermann, Art. 1:107 [PECL]: Aplicación de los principios por analogía, nº 21 (p. 93).

1680 *Véase G. Christiandl* en Jansen/Zimmermann, Art. 2:102 [PECL]: Intention, nº 1-3 (pp. 266-267) sobre PECL y DCFR, con un breve resumen comparativo sobre el Derecho inglés, francés y alemán.

B. De nuevo un enfoque de dos pasos para la interpretación

2

Al igual que en el enfoque de la interpretación de los contratos (Art. 4.1),[1681] si se demuestra en el "Paso 1" (párrafo 1), que una parte tenía conocimiento real o implícito ("no podía ignorarlo")[1682] de la intención de la otra parte, en el momento en que la declaración o conducta surta efectos (o antes),[1683] esta prevalece sobre una interpretación conforme al estándar de una "persona razonable del mismo tipo... en las mismas circunstancias" ("Paso 2", párrafo 2 "Si... no es aplicable,..."). [1684] Así pues, los párrafos 1 y 2 reflejan el mismo compromiso[1685] entre el enfoque centrado en la "voluntad"[1686] y un enfoque **"objetivo" como el establecido para los contratos** en el Art. 4.1 (Art. 4.1 nº 1). Con respecto a ambos pasos, la lista no exhaustiva de criterios del Art. 4.3 exige de nuevo un análisis individualizado y contextualizado[1687] por lo que el peso relativo de sus factores difiere en el paso 1 y en el paso 2 (Art. 4.3 nº 1). Se ha observado que, en la práctica, la aplicación del párrafo 2 "es la regla más que la excepción".[1688] Es diferente si las declaraciones

---

[1681] *J. P. Schmidt* en Jansen/Zimmermann, Art. 1:107 [PECL]: Application of the Principles by Way of Analogy, nº 25 (p. 95) califica el Art. 4.2 como una "transposición" del Art. 4.1.

[1682] *J. P. Schmidt* en Jansen/Zimmermann, Art. 1:107 [PECL]: Application of the Principles by Way of Analogy, nº 21 (p. 93): es *decir,* "si la intención de la persona que realiza la declaración y la comprensión del destinatario coinciden". Sobre los criterios y sus antecedentes para entender una declaración*, véase H. Dedek* en Jansen/Zimmermann, Art. 6:101 [PECL]: Statements Giving Rising to Contractual Obligations, no. 5 (p. 795) argumentando la proximidad tanto de (i) la tradición alemana de un "observador razonable" (*"objektiver Empfängerhorizont"*) - con más detalles en *ibid.*, Art. 6:103 [PECL]: Simulation, nº 2 (pp. 814-815) —; y (ii) el Derecho inglés (*Oscar Chess Ltd. v Wiliams* [1957] 1 All ER 325, 327 y ss., *et seq.* Denning LJ), destacando que "la 'intención' de realizar una promesa vinculante debe valorarse objetivamente" teniendo en cuenta "la importancia de la pericia y los conocimientos de que disponen ambas partes con respecto a la representación fáctica específica en cuestión".

[1683] En un principio, los Principios UNIDROIT sólo pretendían abarcar la interpretación de los contratos, pero su ámbito de aplicación se amplió para incluir las declaraciones y otras conductas, StL-Doc. 25 (1983), pp. 12-13; *S. Vogenauer* en Vogenauer, Art. 4.2 nº 4.g.

[1684] P.C.-Misc. 15 (1991), pp. 6-9 (Farnsworth y Bonell); *S. Vogenauer* en Vogenauer, Art. 4.2 nº 8 (sobre la jerarquía entre Art. 4.2(1) y (2)); *J. P. Schmidt* en Jansen/Zimmermann, Art. 1:107 [PECL]: Application of the Principles by Way of Analogy, nº 21 (p. 93): "prevalece la intención subjetiva [*debidamente constatada*]. ... Lo mismo ocurre con los casos en los que, excepcionalmente, parece justo hacer recaer el riesgo de malentendido sobre el destinatario". En otras palabras (*ibíd.* nº 22, p. 94), "cuando la intención subjetiva no es el factor pertinente, [...] el riesgo de malentendido debe recaer ahora en la persona que realiza la declaración".

[1685] Para una visión jurídica comparativa de los enfoques en el contexto de las declaraciones*, véase H. Dedek* en Jansen/Zimmermann, Art. 6:101 [PECL]: Statements Giving Rising to Contractual Obligations, nº 6 (p. 796).

[1686] *Véase a* este respecto la pertinente observación de *H. Dedek* en Jansen/Zimmermann, Art. 6:101 [PECL]: Statements Giving Rising to Contractual Obligations, nº 2 (p. 793) y nº 4 (pp. 794-795): "El 'núcleo común' de principios ejemplificado por el Art. 6:101 (1) consiste en variaciones sobre el tema de que la obligación promisoria es voluntaria y, por tanto, requiere específicamente una voluntad de vincularse contractualmente que diferencia las promesas jurídicamente relevantes de las "meras" manifestaciones de intención o de hecho [...]" (realizado en relación con el Art. 6:101(1) PECL; énfasis añadido).

[1687] *Cf.* Comentarios oficiales, Art. 4.2 nº 2, p. 139; cf. *S. Vogenauer* en Vogenauer, Art. 4.1 nº 5 para Art. 4.1 (2).

[1688] *J. P. Schmidt* en Jansen/Zimmermann, Art. 1:107 [PECL]: Application of the Principles by Way of Analogy, nº 27 (p. 96) al tiempo que aplaude la "claridad" del Art. 4.2 de mencionar en primer lugar la intención de las partes en el nº 31 (p. 99). El enfoque del Art. 4.2 concuerda bien con el enfoque, por *ejemplo,* del Derecho inglés; *véanse* las observaciones comparativas de *G. Christiandl* en Jansen/Zimmermann, Art. 2:102 [PECL]: Intention, nº 2 (pp. 266-267).

públicas[1689] (o el material publicitario) siguen siendo públicas o pasan a formar parte del paquete contractual.[1690]

Artículo 4.3 (Circunstancias relevantes)

Para la aplicación de los Artículos 4.1 y 4.2, deberán tomarse en consideración todas las circunstancias, incluyendo:

(a) las negociaciones previas entre las partes;

(b) las prácticas que ellas hayan establecido entre sí;

(c) los actos realizados por las partes con posterioridad a la celebración del contrato;

(d) la naturaleza y finalidad del contrato;

(e) el significado comúnmente dado a los términos y expresiones en el respectivo ramo comercial; y

(f) los usos.

A. Dos grupos de criterios

1

Sobre la base del Art. 8 (3) CISG,[1691] el Art. 4.3 contiene una lista de **circunstancias autoexplicativas** en virtud de las cuales **(i) letra a)-c) y letra f)** (en relación con el Art. 1.9 (1,)) se centran en la *relación particular*,[1692] y son de especial importancia a la hora de determinar una **intención** (Art. 4.1 (1),[1693] 4.2 (1));[1694] y **(ii) letra d)-f)** (en relación con el Art. 1.9 (2)[1695]) son de naturaleza más general y útiles para una interpretación conforme a la prueba razonable según el Art. 4.1 (2)[1696] o 4.2 (2)[1697] (incluyendo, por ejemplo, en letra d) una referencia al entorno comercial[1698] y a los objetivos típicos de una transacción de

[1689] Para un análisis de la responsabilidad por declaraciones públicas en un contexto europeo, véase H. Dedek en Jansen/Zimmermann, Art. 6:101 [PECL]: Statements Giving Rising to Contractual Obligations, nº 7-8 (pp. 796-797).

[1690] Ejemplo práctico: Partes esenciales de un anexo (entonces borrador) se copiaron de material publicitario como parte de las especificaciones técnicas de un contrato militar.

[1691] *S. Vogenauer* en Jansen/Zimmermann, Art. 5:102 [PECL]: Circunstancias relevantes, nº 1 (en pp. 766-767).

[1692] Comentarios oficiales, Art. 4.3 nº 2, p. 140; StL-Doc. 131 rev. (2015), p. 2; *véanse* las Ilustraciones en los Comentarios Oficiales (por *ejemplo, la* Ilustración 2 con el ejemplo para prácticas establecidas, la interpretación de la expresión "dólares" como "dólares canadienses" a la luz de una serie de contratos anteriores celebrados con un precio en "dólares canadienses", p. 141) y *S. Vogenauer* en Vogenauer, Art. 4.3 nº 3-9.

[1693] *S. Vogenauer* en Vogenauer, Art. 4.1 nº 4 (salvo la referencia a la letra f en combinación con el art. 1.9 (1)); *véase* también *C. Ternero en* Morán Bovio, Art. 4.3, nº 1, p. 239 (párrafo 5).

[1694] *S. Vogenauer* en Vogenauer, Art. 4.2 nº 5 (salvo la referencia añadida a la letra f)).

[1695] P.C.-Misc. 19 (1994), p. 56 (voto que el concepto de uso era el del Art. 1.9 tras la discusión en págs. 55 y ss. (con opiniones en este sentido de *Farnsworth, Drobnig*)).

[1696] Según lo propuesto por O. Lando con referencia al § 157 del Código Civil alemán "BGB", P.C.-Misc. 15 (1991), p. 4 con propuesta oficial al Grupo de Trabajo en P.C.-Misc. 17 (1993), págs. 142-143; Comentarios Oficiales, Art. 4.3 nº 1, p. 140; *S. Vogenauer* en Vogenauer, Art. 4.1 nº 7.

[1697] Comentarios oficiales, Art. 4.3 nº 1, p. 140; *S. Vogenauer* en Vogenauer, Art. 4.2 nº 7.

[1698] *C. Ternero* en Morán Bovio, Art. 4.3, nº 1, p. 240 (párrafo 4: "sentido comercial").

este tipo),[1699] son de *naturaleza más general* y útiles para una interpretación conforme a la prueba razonable según el Art. 4.1 (2)[1700] o 4.2 (2).[1701] Los criterios del Art. 4.3 son útiles a la hora de organizar la gestión del contrato.

B. ...Que no son exhaustivos[1702]

2

En primer lugar, los criterios de las letras a)-f) se completan con criterios adicionales recogidos en los Art. 4.4-4.7 (y Art. 5.1.1-5.1.2).[1703] En segundo lugar, otros criterios (*argumentum* "todo", "incluyendo") pueden incluir, **(i)** el significado ordinario y literal de las "palabras"[1704] (con la debida consideración de las circunstancias —que pueden probarse por todos los medios, incluida la prueba testifical[1705]—, incluidos los conocimientos lingüísticos de las personas que intervinieron en la celebración del contrato,[1706] porque la **"regla literal", la "regla del significado llano" o la "*théorie de l' acte clair*" son de uso limitado en un contexto intercultural**),[1707] **(ii)** argumentos de política (por ejemplo, la racionalidad de una determinada interpretación[1708] y/o evitar consecuencias absurdas;[1709] también Art. 4.5)[1710] o **(iii)** la imparcialidad y equidad de una interpretación concreta (buena fe y lealtad negocial de conformidad con el Art. 1.7 como principio general subyacente, Introducción nº 7).[1711]

1699 *Cf. S. Vogenauer* en Vogenauer, Art. 4.3 nº 11-12.

1700 Según lo propuesto por *O.* Lando con referencia al § 157 del Código Civil alemán "BGB", P.C.-Misc. 15 (1991), p. 4 con propuesta oficial al Grupo de Trabajo en P.C.-Misc. 17 (1993), pp. 142-143; Comentarios Oficiales, Art. 4.3 nº 1, p. 140; *S. Vogenauer* en Vogenauer, Art. 4.1 nº 7.

1701 Comentarios oficiales, Art. 4.3 nº 1, p. 140; *S. Vogenauer* en Vogenauer, Art. 4.2 nº 7.

1702 Comentarios oficiales, Art. 4.3 nº 1, p. 140; *C. Ternero* en Morán Bovio, Art. 4.3, nº 1, p. 239 (párrafo 3).

1703 *S. Vogenauer* en Jansen/Zimmermann, Art. 5:102 [PECL]: Circunstancias relevantes, nº 6 (en p. 769) *entre otras cosas* con respecto a la interpretación "a la luz del contrato en su conjunto" (→ Art. 4.5).

1704 *S. Vogenauer en* Vogenauer, Art. 4.3 nº 3, 27; S. *Vogenauer en* Jansen/Zimmermann, Art. 5:102 [PECL]: Circunstancias relevantes, nº 6 (en p. 769).

1705 *S. Vogenauer* en Vogenauer, Art. 4.3 nº 29 (subrayando que los Principios UNIDROIT no contienen la regla de la prueba parol).

1706 *S. Vogenauer* en Vogenauer, Art. 4.3 nº 28 señala acertadamente el riesgo de diferentes supuestos lingüísticos.

1707 *S. Vogenauer* en Vogenauer, Art. 4.3 nº 28 ("incluso con menos fuerza que en los sistemas nacionales").

1708 *S. Vogenauer* en Vogenauer, Art. 4.3 nº 22 (con referencia a la jurisprudencia inglesa correspondiente).

1709 *S. Vogenauer* en Vogenauer, Art. 4.5 nº 6.

1710 *S. Vogenauer* en Vogenauer, Art. 4.3 nº 21.

1711 *S. Vogenauer* en Vogenauer, Art. 4.3 nº 23. El concepto inicial de comenzar la sección sobre interpretación con una invitación primordial a interpretar un contrato con respecto a los principios generales de buena fe y lealtad negocial se abandonó durante los debates del grupo de trabajo a la luz del principio general existente en el Art. 1.7. *Véanse* los debates en StL-Doc. 12 (1977), p. 3; StL-Doc. 13 (1978), p. 4 que condujeron a la decisión en StL— Doc. 16 (1979), p. 12, confirmada en P.C.-Misc. 15 (1991), p. 17. *Véase* además *S. Vogenauer* en Jansen/Zimmermann, Art. 5:102 [PECL]: Circunstancias relevantes, no. 5 (en p. 769), subrayando en una observación jurídica comparativa que, también en el Derecho inglés (que no reconoce el principio "general" de buena fe y lealtad negocial), "se acepta generalmente que los contratos deben recibir una interpretación "razonable" y que la implicación de los términos es una de estas soluciones que bien podría racionalizarse en términos de buena fe" (→ Art. 1.7 nº 4a).

3

Es la combinación de todas estas circunstancias lo que debe conducir a la intención común, con arreglo al art. 4.1 (1) o 4.2 (1) o a proporcionar "carne" a la prueba "razonable" con arreglo al art. 4.2 (1). 4.1 (1) o 4.2 (1) o proporcionar la "carne" a la prueba de lo "razonable" en virtud del Art. 4.1 (2) o 4.2 (2). La variedad de circunstancias que deben tenerse en cuenta en virtud del art. 4.3 responde adecuadamente a la variedad de la contratación transfronteriza, que requiere una mentalidad aún más abierta que una interpretación de los contratos dentro de cualquier sistema nacional que pueda trabajar con supuestos (como la competencia lingüística,) que tienen en cuenta principalmente los contratos nacionales (Art. 4.1 nº 1-2).

3a

En resumen, los criterios enumerados constituyen de nuevo un compromiso internacional. Las "negociaciones preliminares" (letra a) y la "conducta posterior" (letra c) desempeñan papeles diferentes —aunque en la práctica a menudo no tan diferentes— en las jurisdicciones de derecho civil y de common law;[1712] al final, todo es cuestión de apreciación del árbitro (o del juez del tribunal estatal), sin una jerarquía rígida de las circunstancias[1713] sino una prioridad *prima facie* de las palabras[1714] que proporcionan el punto de partida para la interpretación.[1715] Circunstancias especiales —por ejemplo, cuando negocian en inglés personas cuya lengua materna no es el inglés (Art. 4.1 nº 4)— pueden refutar la presunción establecida por el significado ordinario de las palabras, que se determinará teniendo en cuenta todos los criterios de interpretación, según sean aplicables en las circunstancias del caso. Una vez más, **la cláusula de resolución de conflictos y la elección del árbitro son cruciales para llegar a una interpretación adecuada en caso de litigio**.

1712 Para (i) una discusión crítica de las "negociaciones preliminares" (letra a) y la "conducta subsiguiente" (letra c) desde una perspectiva inglesa ("se dice que un examen de tales circunstancias reduce la seguridad jurídica y aumenta en gran medida el coste y el tiempo del litigio", en referencia a *Chartbrook v Persimman Ltd* 1 AC 1101, en [41]); y (ii) los argumentos contrarios en relación con los costes ("puesto que se admiten pruebas de negociaciones precontractuales en apoyo de reclamaciones alternativas de rectificación, [nota omitida] y tales reclamaciones se presentan habitualmente en los casos pertinentes, las supuestas ganancias en seguridad jurídica y ahorro en cuanto a costes no se materializan" *véase S. Vogenauer* en Jansen/Zimmermann, Art. 5:102 [PECL]: Relevant Circumstances, no. 3 (en pp. 767-768). (iii) Para una evaluación de la "no parol evidence rule" que, a la luz del "creciente número de excepciones" y de las "formas encontradas para eludirla, por ejemplo, basándose en pruebas extrínsecas para establecer la existencia de un acuerdo colateral que contradice los términos del contrato real", se ha afirmado que "**no es más que una presunción** iuris tantum de que el escrito contiene todos los términos del contrato", *véase ibid.* nº. 4 (en p. 768); añadiendo *ibid.* la observación comparativa de que el Derecho alemán —es *decir*, una jurisdicción de Derecho civil que "abolió [...] la regla de la prueba parol durante el siglo 19th "— opera exactamente con dicha presunción refutable por la que "las circunstancias ajenas a **las cuatro esquinas del contrato** sólo muy raramente convencerán al juez para añadir, variar o contradecir el escrito" (subrayado nuestro).

1713 *S. Vogenauer* en Jansen/Zimmermann, Art. 5:102 [PECL]: Circunstancias relevantes, nº 8 (p. 770).

1714 *S. Vogenauer* en Jansen/Zimmermann, Art. 5:102 [PECL]: Circunstancias relevantes, nº 10 (pp. 770-771).

1715 *S. Vogenauer* en Jansen/Zimmermann, Art. 5:102 [PECL]: Circunstancias relevantes, nº 6 (p. 769).

C. Contratos a largo plazo

4

Para los contratos de larga duración (Art. 1.11 3rd guión) ***"que implican prestaciones complejas y son de naturaleza 'evolutiva', es decir, que pueden requerir adaptaciones en el curso de su ejecución"***,[1716] la edición de 2016 de los Comentarios Oficiales ha introducido observaciones especiales.[1717] La conducta posterior (por ejemplo, una determinada práctica que corrobore un término con varios significados)[1718] puede ser una herramienta interpretativa, pero no puede contradecir "los términos del contrato acordados originalmente entre las partes" (por ejemplo, la calidad acordada de los bienes).[1719] Para reducir el riesgo de litigio, se aconseja a las partes "adoptar mecanismos particulares para posibles variaciones y ajustes",[1720] por ejemplo **(i)** "órdenes de variación"[1721] o procedimientos de "solicitud de cambio" y (ii) reglas claras sobre la representación de las partes[1722] (por las que se puedan establecer diferencias con respecto al impacto en el precio de cualquier cambio) así como (iii) la comunicación de las aprobaciones de dichas órdenes. Es del interés de ambas partes prever un escrito (art. 1.11 5to guión) a efectos probatorios o, al menos, un escrito que documente cualquier orden de cambio ("cláusula de no modificación verbal"; art. 2.1.18).

D. Opciones

5

Para establecer el tono de la interpretación del contrato en caso de litigio, se aconseja a las partes (i) declarar el objeto de su contrato (letra d) en el documento, por ejemplo en un preámbulo o un primer párrafo ("objeto del contrato"); (ii) documentar sus negociaciones (letra a); (iii) definir claramente los términos (letra e) y (iv) gestionar su contrato durante su vigencia (letra c).

Artículo 4.4 (Interpretación sistemática del contrato)

Los términos y expresiones se interpretarán conforme a la totalidad del contrato o la declaración en la que aparezcan en su conjunto.

[1716] Comentarios oficiales, Art. 4.3 nº 3, p. 142; discutido por primera vez en StL-Misc. 31 rev. (2015), pp. 30-31.

[1717] Comentarios oficiales, Art. 4.3 nº 3 con cuatro ilustraciones, pp. 142-134.

[1718] Comentarios oficiales, Art. 4.3 nº 3 Ilustración 6 (metros cuadrados o cúbicos), p. 142.

[1719] Comentarios oficiales, Art. 4.3 nº 3 e Ilustración 5 (tras aceptar la entrega de bienes de calidad incorrecta durante dos inviernos, el comprador puede seguir insistiendo en la calidad adecuada para el futuro de un contrato de cinco años relativo a la entrega de sal para medidas de limpieza de hielo a un centro comercial), p. 142; StL-Doc. 126 (2014), pp. 6-7 (Cohen y Fontaine).

[1720] Comentarios oficiales, Art. 4.3 nº 3, p. 143.

[1721] Comentarios oficiales, Art. 4.3 nº 3, p. 143.

[1722] Comentarios oficiales, Art. 4.3 nº 3 en p. 143 e Ilustración 7.

A. Suplemento al Art. 4.3: Referencia al contexto (contractual) del término a interpretar

1

Basándose en la historia desde el Derecho romano[1723] y el consentimiento internacional,[1724] Art. 4.4 **completa la lista de criterios del art. 4.3** ("se tendrán en cuenta *todas las* circunstancias, incluidas") para la interpretación tanto de los contratos (en virtud del art. 4.1) como de las declaraciones u otras conductas (art. 4.2) mediante la instrucción de no considerar "las palabras específicas utilizadas en un contrato [...] de forma aislada"[1725] sino todo el contexto contractual en el que aparecen (o el contexto de la declaración u otra conducta).[1726] Esto puede incluir tanto la **oración**, el **párrafo** o el **artículo** que contienen la declaración o el término que debe interpretarse; o **los encabezados,** el **preámbulo** u otras partes del contrato, incluidos **los anexos.**[1727] A falta de una **cláusula de jerarquía** (por ejemplo, entre un contrato, sus anexos y anexos y/o un acuerdo marco), todas las partes del contrato tienen la misma importancia respectiva[1728] (salvo **tres excepciones**:[1729] **(i)** la norma **más específica prevalece** sobre la norma general,[1730] **(ii)** las declaraciones del **preámbulo** pueden moldear las interpretaciones de las disposiciones operativas[1731] y **(iii) las cláusulas individuales prevalecen** sobre las cláusulas estándar,[1732] Art. 2.1.21). En algunas circunstancias, el contexto puede incluso desplazar el sentido literal.[1733]

B. El papel del Art. 4.3 en la aplicación del art. 4.4

2

En cuanto al alcance y peso del Art. 4.4, los criterios del Art. 4.3 pueden resultar relevantes. (i) La historia de las negociaciones (Art. 4.3 letra a) revelará si los abogados intervinieron dando "peso" a "los argumentos del contexto interno"[1734] (ii) Conforme a las prácticas entre las partes (Art. 4.3 letra b), se podrá hacer referencia incluso a otros acuerdos entre

---

1723 *S. Vogenauer* en Jansen/Zimmermann, Art. 5:105 [PECL]: Referencia a un contrato en su conjunto, no. 3 (pp. 777-778).

1724 Para una visión general de los sistemas de Derecho francés, germánico y anglosajón, *véase S. Vogenauer* en Jansen/Zimmermann, Art. 5:105 [PECL]: Reference to a Contract as a Whole, no. 3-5 (pp. 777-778), destacando en el nº 6 (pp. 778-779) que ésta es también la práctica internacional en virtud de la CISG.

1725 *S. Vogenauer* en Jansen/Zimmermann, Art. 5:105 [PECL]: Referencia a un contrato en su conjunto, nº 1 (p. 777).

1726 Comentarios oficiales, Art. 4.4 nº 1, p. 145.

1727 *C. Ternero* en Morán Bovio, Art. 4.4, nº 2.b, p. 243 (subrayando principios similares en la Guía Jurídica de la CNUDMI sobre la Redacción de Contratos Internacionales para la Construcción de Obras Industriales); *S. Vogenauer en* Vogenauer, Art. 4.4 nº 3.

1728 Comentarios oficiales, Art. 4.4, nº 2, p. 145; *C. Ternero en* Morán Bovio, Art. 4.4, nº 1, p. 243; *S. Vogenauer en* Vogenauer, Art. 4.4 nº 5.

1729 Como resume *S. Vogenauer* en Vogenauer, Art. 4.4 nº 5.

1730 *S. Vogenauer en* Vogenauer, Art. 4.4 nº 5; S. *Vogenauer en* Jansen/Zimmermann, Art. 5:105 [PECL]: Referencia a un contrato en su conjunto, nº 10 (p. 780).

1731 Comentarios oficiales, Art. 4.4 nº 2, p. 145; *S. Vogenauer* en Vogenauer, Art. 4.4 nº 5.

1732 *C. Ternero* en Morán Bovio, Art. 4.4, nº 1, p. 243 (párrafo 2 al final).

1733 Comentarios oficiales, Art. 4.4 nº 1, la Ilustración (interpretación de una notificación de anulación como notificación de rescisión), p. 145; *S. Vogenauer* en Vogenauer, Art. 4.4 nº 7.

1734 *S. Vogenauer* en Jansen/Zimmermann, Art. 5:105 [PECL]: Referencia a un contrato en su conjunto, nº 9 (en p. 780).

las mismas partes.[1735] (iii) Las contradicciones deberán resolverse teniendo en cuenta las demás circunstancias enumeradas en el Art. 4.3.[1736] (iv) En los contratos complejos a largo plazo con grupos enteros de contratos (en los que depende de las circunstancias concretas que un contrato individual sobre un tema específico, como la calidad, se convierta en un anexo de un contrato marco), las circunstancias establecidas en el Art. 4.3 letra a, b, c y d, servirán de orientación sobre si debe aplicarse el Art. 4.1 también a todo el grupo o grupos de contratos.[1737] Por ejemplo, esto puede variar si algunos documentos fueron realmente negociados y otros simplemente integrados como cláusula estándar de una de las partes; o si los documentos fueron negociados dentro de un marco temporal conectado y/o por diferentes equipos, actuando a veces de forma independiente.

Artículo 4.5 (Interpretación dando efecto a todas las disposiciones)

Los términos de un contrato se interpretarán en el sentido de dar efecto a todos ellos, antes que de privar de efectos a alguno de ellos.

A. Evitar privar de efecto a cualquier cláusula

1

En consonancia con la historia tanto del Derecho civil y anglosajón como de la práctica internacional,[1738] el Art. 4.5 completa la lista de criterios del Art. 4.3 **"si existe más de una interpretación plausible y sólo una de ellas hace válidos los términos del contrato"**.[1739] Como expresión del principio *favor contractus*[1740] (Introducción nº 7). La regla suele intervenir como un "último recurso".[1741] Si, tras aplicar (i) el Art. 4.1-4.3[1742] y podría decirse que también (ii) Art. 4.4[1743] así como (iii) Art. 4.6-4.7, quedan al menos dos interpretaciones diferentes, el art. 4.5 se orienta hacia un resultado racional que otorgue pleno efecto a todos los términos[1744] ("principio de efectividad"; o interpretación *"effet utile"*, por la que podría

1735 *S. Vogenauer* en Vogenauer, Art. 4.4 nº 4.

1736 *S. Vogenauer* en Vogenauer, Art. 4.4 nº 6.

1737 *S. Vogenauer* en Vogenauer, Art. 4.4 nº 4 (con respecto a letra a hasta c; mientras que la naturaleza de un acuerdo paralelo especial, por *ejemplo,* sobre una contribución empresarial, puede requerir decidir lo contrario de conformidad con letra d para algunos contratos); *véase* también S. *Vogenauer en* Jansen/Zimmermann, Art. 5:105 [PECL]: Reference to a Contract as a Whole, nº 7 (p. 779).

1738 *S. Vogenauer* en Jansen/Zimmermann, Art. 5:106 [PECL]: Terms to Be Given Effect, no. 4 (pp. 781-783), destacando que ésta es también la práctica mundial en virtud de la CISG.

1739 *S. Vogenauer* en Jansen/Zimmermann, Art. 5:106 [PECL]: Terms to Be Given Effect, nº 1 (p. 781).

1740 *S. Vogenauer* en Jansen/Zimmermann, Art. 5:106 [PECL]: Terms to Be Given Effect, nº 2 (p. 781).

1741 *S. Vogenauer en* Vogenauer, Art. 4.5 nº 4; *véase* también S. *Vogenauer en* Jansen/Zimmermann, Art. 5:106 [PECL]: Terms to Be Given Effect, nº 6 (p. 783): para evitar "resultados absurdos" haciendo hincapié, no obstante, en que los resultados comercialmente absurdos normalmente ya pueden evitarse teniendo en cuenta las "circunstancias relevantes", es *decir,* en particular, la finalidad del contrato (→ art. 4.3) y el principio general de buena fe y lealtad negocial (→ art. 4.3 nº 2).

1742 Comentarios oficiales al Art. 4.5, p. 146; *C. Ternero* en Morán Bovio, Art. 4.5, nº 1, p. 244 (excluyendo el Art. 4.2 que se refiere a "declaraciones y otros comportamientos").

1743 Esta adición cuenta con el apoyo de *S. Vogenauer* en Vogenauer, Art. 4.5 nº 4-5.

1744 Establecido en StL-Doc. 25 (1983), p. 12-14. S. *Vogenauer en* Vogenauer, Art. 4.5 nº 8 ("sin discrecionalidad para el intérprete"); *véase* también S. *Vogenauer en* Jansen/Zimmermann, Art. 5:106 [PECL], nº. 3 (p. 781): "su aplicación no queda a discreción del juzgador".

decirse que el pleno efecto puede variar en función de la finalidad del contrato que las partes determinen; el Art. 4.3 nº 5).[1745] Las black-letter rules no proporcionan una instrucción clara sobre la relación entre los arts. 4.5 y 4.6, ambas normas de "último recurso";[1746] el árbitro tendrá que abordar el tema a la luz de todas las circunstancias del caso si alguna vez conducen a resultados diferentes. La secuencia de los artículos indica que el Art. 4.5 puede tener prioridad sobre el Art. 4.6.[1747] Además, el lenguaje del Art. 4.6 es más suave[1748] (no hay "deberá" como en el art. 4.5).

B. Condiciones generales (Art. 2.1.19 (2))

2

Tanto el contrato como el art. 4.5 están sujetos al derecho imperativo (Art. 1.4). Si dicha ley imperativa es aplicable de conformidad con el Derecho internacional privado aplicable (Art. 1.4 nº 2-3), puede anular una cláusula completa de las cláusulas estándar.[1749] A la luz del principio *favor contractus* y de los límites existentes dentro de los Principios UNIDROIT para incentivar a los usuarios de cláusulas estándar a redactarlas de manera justa (Art. 1.7, Art. 3.2.7 en conexión con el Art. 3.1.4), no hay necesidad de crear una excepción al Art. 4.5 (como defiende S. *Vogenauer,*[1750] por la que el art. 4.5 no se aplicaría a las cláusulas estándar).

Artículo 4.6 (Interpretación contra proferentem)

Si los términos de un contrato dictados por una de las partes no son claros, se preferirá la interpretación que perjudique a dicha parte.

Interpretación contra el proveedor, como regla de último recurso

1

Como expresión de la moderna *lex mercatoria* (Preámbulo, párrafo 3), y en consonancia con la historia del derecho desde la época romana[1751] y con muchas legislaciones

---

1745 *S. Vogenauer* en Jansen/Zimmermann, Art. 5:106 [PECL]: Terms to Be Given Effect, no. 4 (en p. 782), que también se ha convertido en un principio básico de interpretación del Derecho de la Unión Europea según la jurisprudencia del Tribunal de Justicia de las Comunidades Europeas.

1746 *Véase* la nota anterior sobre el art. 4.5 y *S. Vogenauer* en Vogenauer, Art. 4.6 nº 5 para el art. 4.6.

1747 *S. Vogenauer* en Vogenauer, Art. 4.6 nº 5 argumenta en este sentido con respecto a la historia de la redacción.

1748 *S. Vogenauer* en Vogenauer, Art. 4.6 nº 9.

1749 *S. Vogenauer* en Vogenauer, Art. 4.5 nº 7.

1750 Contra *S. Vogenauer* en Vogenauer, Art. 4.5 nº 7.

1751 *S. Vogenauer* en Vogenauer, Art. 4.6 nº 1 nota 221 (en referencia a Celso, Digesto 34, 5, 26 que afirma: "*ambiguitas contra stipulatorem est*"); S. *Vogenauer en* Jansen/Zimmermann, Art. 5:103 [PECL]: Contra Proferentem Rule, nº 2 (pp. 772-773) con un resumen de la adaptación de la norma a través de los juristas medievales (*"in dubio contra proferentem"*, es *decir,* en caso de duda contra el usuario/autor) y posteriormente Domat y Pothier inspirando las primeras codificaciones nacionales.

nacionales,[1752] el Art. 4.6 prevé la aplicación de la *regla contra proferentem* a todos los contratos internacionales sometidos a los Principios UNIDROIT (y sin ninguna restricción, como en algunas legislaciones nacionales,[1753] a la interpretación de las cláusulas estándar). La regla asigna el riesgo de la redacción a la parte "responsable"[1754] e incentiva a una buena y cuidadosa redacción[1755] (que puede incluir la comunicación para garantizar que refleja la intención común de las partes, Art. 4.1 (1)). Podría decirse que una redacción en un lenguaje claro y comprensible puede considerarse también una expresión de lealtad negocial (Art. 1.7).[1756] Si, tras la aplicación de los Art. 4.1 a 4.4, y posiblemente también 4.5 (Art. 4.5 nº 1),[1757] caben al menos dos significados diferentes (por ejemplo, de una cláusula de limitación de responsabilidad),[1758] **la interpretación a favor de la "otra parte"** (en comparación con el redactor o proveedor),[1759] incluso de una cláusula redactada previamente por un tercero,[1760] es preferible.[1761] La norma del Art. 4.6 describe la consecuencia jurídica en un lenguaje suave (*"es preferible"*), lo que deja margen para considerar otras circunstancias como el grado en que las negociaciones se han centrado en la cláusula.[1762] Si las partes acuerdan iniciar la negociación de su contrato sobre la base de un borrador de un tercero (por ejemplo, una asociación sectorial neutral), pueden querer excluir el riesgo *contra proferentem* para cualquiera de las partes mediante acuerdo (art. 1.5). Cuando los abogados (no nativos de inglés) negocian bajo los Principios UNIDROIT con revisiones y redacciones en línea (un escenario frecuente en la experiencia del autor desde la pandemia COVID-19), vale la pena guardar las diferentes versiones para probar la historia, si es necesario (Art. 4.3 letra a), y para evitar la aplicación del Art. 4.6.

1752 *Véase S. Vogenauer* en Jansen/Zimmermann, Art. 5:103 [PECL]: Contra Proferentem Rule, no. 3 (p. 773), en el que se hace referencia a la legislación de Austria, Inglaterra y España, así como a la legislación sobre cláusulas suelo de Alemania e Italia, al tiempo que se señala que la misma norma del Art. 5 de la Directiva de la UE sobre cláusulas abusivas (93/13/CEE), de 5 de abril de 1993, no se ha transpuesto en todas las jurisdicciones europeas para cubrir los contratos B2B.

1753 Se debatieron restricciones relativas a los principios de buena fe y lealtad negocial, pero finalmente no se incluyeron, StL-Doc. 16 (1979), p. 11; la idea de incluir una norma de este tipo fue apoyada por *M. J. Bonell*, P.C.-Misc. 15 (1991), pp. 4-5; para el enfoque restrictivo, *por ejemplo,* en el Derecho alemán e italiano, *S. Vogenauer* en Vogenauer, Art. 4.6 nº 6 y nota 235.

1754 *Véanse los* debates de los redactores StL - Doc. 42 (1988), p. 13; (1991), en c.; P.C.-Misc 15, pp. 30, 34; *S. Vogenauer* en Vogenauer, Art. 4.6 nº 2, 6 (en p. 606).

1755 *S. Vogenauer* en Vogenauer, Art. 4.6 nº 2.

1756 *Véase N. Jansen* en Jansen/Zimmermann, Art. 6:201 [PECL]: Unfairness of Terms, nº 16 (p. 943) y nota 73, analizado allí en el contexto de la Directiva europea sobre cláusulas contractuales abusivas con referencia al TJUE, 28 de julio de 2016 - C-191/15, *Verein für Konsumenteninformation/Amazon EU Sàrl* [71] sobre una cláusula de jurisdicción no transparente.

1757 *S. Vogenauer* en Vogenauer, Art. 4.6 nº 5 (en el que sostiene que el art. 4.6 debe considerarse después del art. 4.5).

1758 *Cf. S. Vogenauer* en Vogenauer, Art. 4.6 nº 10.

1759 *Véase S. Vogenauer* en Jansen/Zimmermann, Art. 5:103 [PECL]: Contra Proferentem Rule, nº 5 (pp. 773-774).

1760 *C. Ternero en* Morán Bovio, Art. 4.6, nº 1, p. 245; *S. Vogenauer en* Vogenauer, Art. 4.6, nº 7.

1761 *C. Ternero en* Morán Bovio, Art. 4.6, nº 1 (párrafo 2), p. 245 (como protección de la confianza de la "otra parte"); *S. Vogenauer en* Vogenauer, Art. 4.6 nº 4, 9. Para un ejemplo de la práctica arbitral (referido a *ibid.* en nº 6): Laudo arbitral 17 de diciembre de 2009, Tribunal Alemán de Arbitraje Deportivo, Unilex como referenciado y confirmado por el tribunal estatal alemán LG Frankfurt 15 de diciembre de 2011 (2-13 O 302/10), Unilex y Beck-Rechtsprechungssammlung 2012, 06785, p. 7 (confirmando la aplicación del Art. 4.6 en una acción de un atleta por daños y perjuicios derivados de la negativa a designarle para los Juegos Olímpicos).

1762 Comentarios oficiales al Art. 4.6 y la Ilustración, pp. 146-147; *S. Vogenauer* en Vogenauer, Art. 4.6 nº 9.

Artículo 4.7 (Discrepancias lingüísticas)

Cuando un contrato es redactado en dos o más versiones de lenguaje, todas igualmente auténticas, prevalecerá, en caso de discrepancia entre tales versiones, la interpretación acorde con la versión en la que el contrato fue redactado originalmente.

A. Una regla por defecto ante una cláusula de igualdad lingüística inexistente o extrema

1

En los contratos bilingües, las partes no suelen ponerse de acuerdo por diversas razones (involuntariamente, pero a menudo también intencionadamente, por ejemplo, para documentar la "igualdad de rango" de las partes) sobre una versión vinculante o, al menos, sobre la preferencia de una lengua en caso de litigio.[1763] En tales casos[1764] (o en caso de acuerdo explícito sobre dos versiones igualmente autorizadas)[1765] el Art. 4.7 establece una norma supletoria blanda ("preferencia")[1766] que permite excepciones en determinadas circunstancias (por ejemplo, si una versión refleja con mayor exactitud la intención común de las partes,[1767] que normalmente puede probarse por cualquier medio, Art. 1.2 (oración 2), 2.1.17 (oración 2), sujeto a cualquier ley procesal aplicable). En caso de referencia a un documento multilingüe como los Incoterms®, las discrepancias entre las versiones de los idiomas elegidos pueden superarse consultando otras versiones lingüísticas.[1768] Como el Art. 4.5 (Art. 4.5 nº 1), la regla del Art. 4.7 es de último recurso[1769] aunque, en la práctica, se aconseja a los abogados que lean con antelación las diferentes versiones lingüísticas. Si la aplicación del Art. 4.7 no conduce a un resultado (por ejemplo, la redacción paralela en una sala de conferencias en dos idiomas hace imposible determinar un original), se ha sugerido aplicar por analogía el principio del Art. 33 (4) de la Convención de Viena sobre el Derecho de los Tratados[1770] que se refiere al "se adoptará el "sentido que mejor concilie esos textos, habida cuenta del objeto y fin del tratado del tratado respectivamente contrato]" (siempre que el juzgador constate con respecto al principio *favor contractus* que existe un acuerdo)[1771] (Introducción nº 8).

1763 En ocasiones la ley (constitucional) del estado de una de las partes requiere que ciertos contratos se redacten en el idioma del estado. Las dos versiones lingüísticas pueden tratarse como "iguales", tal y como exige la legislación local, al tiempo que se establece que, en caso de litigio, se utilizará únicamente la versión lingüística utilizada durante la negociación internacional. Esto reduce los riesgos y los costes (experiencia de la práctica en un contrato estatal negociado en Francia con un Estado árabe).

1764 También: *S. Vogenauer* en Vogenauer, Art. 4.7 nº 3.

1765 Comentarios oficiales al Art. 4.7 e Ilustraciones 1, pp. 147-148; *C. Ternero en* Morán Bovio, Art. 4.7, nº 1 (párrafo 1), p. 247; *S. Vogenauer en* Vogenauer, Art. 4.7 nº 3.

1766 Comentarios oficiales al Art. 4.7, pp. 147-148.

1767 *S. Vogenauer* en Vogenauer, Art. 4.7 nº 5 (con ejemplos ligeramente diferentes), 7.

1768 Comentarios oficiales al Art. 4.7 e Ilustración 2, pp. 147-148; *S. Vogenauer* en Vogenauer, Art. 4.7 nº 5.

1769 *Véase* la línea argumental de *S. Vogenauer* en Jansen/Zimmermann, Art. 5:107 [PECL]: Discrepancias lingüísticas, nº 3 (p. 785).

1770 *S. Vogenauer* en Vogenauer, Art. 4.7 nº 6; *véase* también la crítica de *C. Ternero en* Morán Bovio, Art. 4.7, nº 1 (párr. 2), p. 247 por la elaboración simultánea de diferentes lenguajes autorizados, con una referencia adicional a la Guía Jurídica de la CNUDMI sobre la Redacción de Contratos Internacionales para la Construcción de Obras Industriales (Cap. IV, 7-8) y Negocios Compensatorios (Cap. IV, 10-12) en el nº 2b, p. 248.

1771 *Cf. F. Baumann* Regeln der Auslegung internationaler Handelsgeschäfte: Eine vergleichende Untersuchung der UNIDROIT Principles, der Principles of European Contract Law und des deutschen Rechts (2004), pp. 168-173; *S. Vogenauer* en Vogenauer, Art. 4.7 nº 7 nota 267.

B. Opciones

2

En general, resulta útil incluir una cláusula lingüística en un contrato internacional.[1772] (i) Al copiar el Capítulo 4 en un contrato, la cláusula lingüística puede añadirse como segunda oración al Art. 4.7 (por ejemplo "Además, al interpretar este contrato en lengua inglesa, se tendrá en cuenta si las partes implicadas utilizaron el inglés como lengua materna o como lengua extranjera de conveniencia"). (ii) Las partes pueden desear incluir una cláusula sobre la prioridad de una versión. (iii) Si uno de los responsables de la toma de decisiones que firma el contrato no habla la lengua del contrato, **reduce el riesgo de controversia documentar, posiblemente en la lengua de dicho responsable, que el contrato fue debidamente traducido y comprendido por el responsable de la toma de decisiones.**

Artículo 4.8 (Integración del contrato)

(1) Cuando las partes no se hayan puesto de acuerdo acerca de un término importante para determinar sus derechos y obligaciones, el contrato será integrado con un término apropiado a las circunstancias.

(2) Para determinar cuál es el término más apropiado, se tendrán en cuenta, entre otros factores, los siguientes:

(a) la intención de las partes;

(b) la naturaleza y finalidad del contrato;

(c) la buena fe y la lealtad negocial;

(d) el sentido común.

A. En el límite de la "interpretación

1

El art. 4.8 (inspirado en el § 204 del Restatement (Contracts, 2d) de EE.UU. y en el concepto alemán de "*ergänzende Vertragsauslegung*")[1773] cumple una función diferente en comparación con (i) la interpretación (Art. 4.1 a 4.7) y (ii) el Art. 2.1.14, que establece normas para los términos que se dejan deliberadamente abiertos, como ocurre a menudo en los contratos a largo plazo (art. 1.11 guión [3d]).[1774]

1772 Un buen punto de partida es una cláusula propuesta por *V. Triebel*, abogado alemán con doble titulación que ha ejercido durante muchos años como barrister inglés: "El inglés [...] no es la lengua materna de las partes y de sus asesores [una de las partes o sus asesores]. Las partes han aceptado el inglés en el contrato como lengua de conveniencia [la parte X ha aceptado el inglés en el contrato como concesión a la parte Y]", en FS Elsing (ed. por *Ebke/Olzen/ Sandrock*), pp. 1047, 1058 (2015).

1773 P.C.-Misc. 15 (1991), p. 4; P.C.-Misc. 17 (1993), p. 142; *véase* también *S. Vogenauer* en Vogenauer, Art. 4.8 nº 2, 6.

1774 Comentarios oficiales Art. 4.8 nº 1 p. 149.

2

A falta de una cláusula de "divisibilidad" que incluya una referencia (bastante común) a una laguna[1775] que tendría prioridad (Art. 1.5), el Art. 4.8 prevé la posibilidad de determinar un término para una laguna en el contrato,[1776] es decir, una situación que las partes no han regulado por un descuido o porque "prefirieron no ocuparse de ella"[1777] (aunque hayan acordado los términos clave y celebrado un contrato). Para complementar dicho término, el párrafo 1 se refiere a un término que las partes (o, más probablemente, el árbitro) consideren "apropiado dadas las circunstancias". (i) Para algunas cuestiones "los Principios proporcionarán por sí mismos una solución",[1778] por ejemplo, sobre la calidad de la prestación (Art. 5.1.6), la determinación del precio (Art. 5.1.7), el plazo de ejecución (Art. 6.1.1), el orden de ejecución (Art. 6.1.4), el lugar de ejecución (Art. 6.1.6) y la moneda que no está (claramente) expresada (Art. 6.1.10).[1779] (ii) La edición de 2016 de los Comentarios Oficiales reconoce que estas soluciones "pueden no aplicarse en un caso determinado, en particular en los contratos a largo plazo".[1780] Por la misma razón, los Comentarios Oficiales al Art. 2.1.14 remiten para los contratos de larga duración (Art. 1.11 3rd guión) al "artículo 4.8 o 5.1.2"[1781] (Art. 2.1:14 nº 6 en D.2).

3

El Art. 4.8 otorga discrecionalidad al tribunal arbitral para determinar lo que es "apropiado dadas las circunstancias". Su discrecionalidad se apoya en el párrafo 2 ("entre otros factores") aunque, es decir, también se guía por el catálogo del *párrafo 2*. Ese catálogo comienza con la "intención de las partes".[1782] Se alega que, en comparación con las circunstancias enumeradas en el Art. 4.3 para la interpretación del contrato, la intención de las partes puede determinarse con la ayuda de los mismos criterios enumerados en el Art. 4.3 letra a) —c). Los Comentarios Oficiales se refieren explícitamente "entre otros factores" a (i) los términos expresamente establecidos en el contrato, (ii) el preámbulo del contrato, si lo hubiera, y (iii) las negociaciones previas (Art. 4.3 letra a) o (iv) cualquier conducta posterior (Art. 4.3 letra c).[1783] Además, según el párrafo 2 letra b) —d), un árbitro también puede referirse a (v) la naturaleza y el objeto del contrato (Art. 4.3 letra d) y (vi) los principios de

---

1775 Un ejemplo: "Si alguna de las disposiciones de este contrato es nula, el resto del contrato sigue siendo válido. Se sustituirá por una disposición que se aproxime lo más posible a las intenciones de las partes [documentadas en el Preámbulo]. Lo mismo se aplica en caso de laguna legal".

1776 *Véanse* los antecedentes doctrinales e históricos, incluidos los "deberes de búsqueda" y las "líneas divisorias" de *H. Dedek* en Jansen/Zimmermann, Art. 6:102 [PECL]: Implied Terms, nº 10-14 (pp. 808-811).

1777 Comentarios oficiales Art. 4.8 nº 1 p. 149; *C. Ternero en* Morán Bovio, Art. 4.8, nº 1 (párrafo 1), p. 249; *S. Vogenauer en* Vogenauer, Art. 4.8 nº 11.

1778 Comentarios oficiales Art. 4.8 nº 2 p. 149.

1779 Enumeración según los Comentarios Oficiales Art. 4.8 nº 2 p. 149.

1780 Comentarios oficiales Art. 4.8 nº 2 (énfasis añadido) y nº 3, p. 149; *véanse* también los Comentarios Oficiales Art. 2.1.14 nº 3 p. 87 ("pueden no ser apropiados incluso cuando cubren el objeto del término que falta"; énfasis añadido).

1781 Comentarios oficiales Art. 2.1.14 nº 3, pp. 57-58; StL— Misc. 32 (2016), pp. 6-8.

1782 Comentarios oficiales Art. 4.8 nº 3, en las pp. 149-150 que destaca la intención de las partes como punto de partida del proceso de reflexión ("ante todo").

1783 Comentarios oficiales Art. 4.8 nº 3, pp. 149-150 e Ilustraciones 1 y 2; StL— Doc. 129 rev. (2016), p. 5.

lealtad negocial (Art. 4.3 letra d) y de razonabilidad.[1784] Un árbitro no puede ir más allá de la intención (hipotética) de las partes y reescribir el contrato.[1785]

B. Relación con la "interpretación

4

La relación entre la "interpretación" en un sentido más restringido (Art. 4.1-4.7) y el Art. 4.8 es muy delgada.[1786] Los criterios distintivos del art. 4.8 (2) son la letra *c y d* (buena fe y lealtad negocial; razonabilidad)[1787] aunque el Art. 4.3, al referirse a "todas las circunstancias", no excluiría estos criterios, especialmente porque todos los que suscriben los Principios UNIDROIT aceptan los principios de "buena fe y lealtad negocial" (art. 1.7)[1788] que, en circunstancias ordinarias, implicarían cierta "razonabilidad".

C. Relación con el art. 5.1.1-5.1.2

5

Cabe preguntarse si la aplicación del art. 4.8 debería seguir *lógicamente* a la aplicación del Art. 5.1.1-5.1.2 sobre "cláusulas implícitas". Sin embargo, *sistemáticamente*, el Capítulo 4 sobre "interpretación" precede al Capítulo 5 sobre "contenido", de modo que el usuario de los Principios UNIDROIT debería comenzar por el Art. 4.8 antes de pasar al Art. 5.1.2.[1789] Si el razonamiento del decisor, generalmente un tribunal de arbitraje o un tribunal estatal, se basa principalmente en "la intención de las partes"[1790] (un criterio que el Art. 5.1.2 no ofrece como orientación ("derivar de")), las black-letter rules sugieren aplicar el Art. 4.8.[1791] En la práctica, el fundamento para completar un término omitido puede dejarse abierto (art. 5.1.1 nº 2).

1784 Comentarios oficiales Art. 4.8 nº 3 en p. 150 e Ilustración 2.

1785 *S. Vogenauer* en Vogenauer, Art. 4.8 nº 16.

1786 *S. Vogenauer* en Vogenauer, Art. 4.8 nº 1, 2-5 (con una referencia al entonces conocido arbitraje sobre la disolución de Arthur Anderson —uno de los mayores grupos mundiales de consultores que literalmente se evaporó en cuestión de meses tras unos fraudes denunciados de un pequeño número de consultores en Texas— que aplicó el Art. 4.1 (2) cuando podría haber aplicado también el Art. 4.8; Laudo arbitral (Ginebra) 28 de julio de 2000, ICC case no. 9797, Unilex nº 668, en V.J.4.), recogido por *M. J. Bonell*, Arb Int'l. 2001, pp. 249-260. *Véase* también *C. Ternero* en Morán Bovio, Art. 4.8, no. 1 (párrafo 2), p. 249 (sugiriendo que el Art. 4.8 habría estado mejor ubicado en el capítulo 1); *H. Dedek en* Jansen/Zimmermann, Art. 6:102 [PECL]: Implied Terms, nº 15 (en p. 812).

1787 En comparación con los criterios mencionados en los Art. 4.1, 4.3 y 4.4-4.6.

1788 *Véase*, en este contexto, también el comentario crítico de *S. Vogenauer* en Vogenauer, Art. 4.8 nº 14 (última oración).

1789 *Cf.* Comentarios Oficiales, Art. 4.8 nº 2, p. 149 ("El presente artículo... se aplica sin perjuicio de la aplicación del artículo 5.1.2, cuando proceda").

1790 Comentarios oficiales Art. 4.8 nº 3, p. 147.

1791 Comentarios oficiales, Art. 4.8 nº 2, p. 149.

CAPÍTULO 5
CONTENIDO, DERECHOS DE TERCEROS Y CONDICIONES

SECCIÓN 1. CONTENIDO

Historia legislativa (documentos clave)

En preparación de los principios de 1994 - Ponente Marcel Fontaine:
P.C. - Misc. 19 (1994), páginas 49-52, 53, 56, 99-105 (Debate y votación para insertar el Capítulo 5, consistente en disposiciones anteriormente incluidas en el Capítulo 6, Sección 1 (Rendimiento en general) en **1994**); Véase el Historial legislativo sobre el Capítulo 6, Sección 1;
En preparación de los principios de 2004 - Ponente Arthur S. Hartkamp;
StL-Doc. 87 (1er borrador en **2003**); StL-Doc. 89 (2do borrador en **2003**); StL-Doc. 96 (3er borrador en **2003**);
En preparación de los Principios de 2016 (cambio de los artículos 5.1.7 y 5.1.8; cambio en los Comentarios Oficiales sobre los artículos 5.1.3 y 5.1.4) - Ponentes Michael Joachim Bonell (artículo 5.1.3), Neil Cohen (artículo 5.1.4, 5.1.7), Reinhard Zimmermann (artículo 5.1.8);
StL-Doc. 126 (documento de posición en **2014**); StL-Misc. 31 rev., páginas 3-7, 13-16 (1er debate en **2015**); StL-Doc. 129 rev., páginas 3-4, 6-8 (comentarios revisados sobre el artículo 5.1.4, 1er borrador y comentarios sobre el artículo 5.1.7 en **2016**); StL-Doc. 133 rev. (comentarios revisados sobre el artículo 5.1.3 en **2015**); StL-Doc. 134 rev. (proyecto revisado y comentarios sobre el artículo 5.1.8 en **2015**); StL-Misc. 32, páginas 6-7, 7-8, 12-13 (2da discusión en **2016**); UNIDROIT 2016, C.D. (95) 3, Anexo 2, páginas 6-8, Anexo 3, páginas 3-4, Anexo 6, páginas 2-3, Anexo 7, pp. 2-3 (proyecto final en **2016**).

Artículo 5.1.1 (Obligaciones expresas e implícitas)

Las obligaciones contractuales de las partes pueden ser expresas o implícitas.

A. Un puente cultural hacia el Derecho Común

1

El artículo 5.1.1 reconoce el concepto de obligaciones "implícitas",[1792] como se especifica en el artículo 5.1.2 las obligaciones "implícitas" pueden existir en cualquier contrato además de las obligaciones "expresas". El concepto tiene su origen en el Derecho Común[1793] (al parecer, se inspiró en el concepto inglés *"implied in law"* que se refiere a "implícito en la ley"),[1794] mientras que los juristas de Derecho Civil tienden a llegar a una

[1792] Pulido Begines, J. L., Comentarios oficiales del artículo 5.1.1, Morán Bovio, p. 254.
[1793] S. Vogenauer, en Vogenauer, artículo 4.8 no. 6.
[1794] S. Vogenauer, en Vogenauer, artículo 4.8 no. 8.

conclusión similar mediante la interpretación[1795] (artículos 4.1, 4.3 y subsiguientes), que, a su vez, **se aproxima a la supletoriedad**, artículo 4.8[1796] (aparentemente inspirado en el concepto inglés "*implied in fact*" que se refiere a "implícito en los hechos").[1797] En efecto, la línea que separa ambos conceptos puede ser delgada[1798] y desmoronarse gradualmente.[1799] Como se expone en el artículo 4.8, parece sistemáticamente correcto: **I) interpretar primero** el contrato de conformidad con los artículos 4.1 - 4.7, para luego, **II) tratar de complementar** un término bajo el artículo 4.8; **III) antes de determinar** si existe un "**término implícito**" de conformidad con el artículo 5.1.1-5.1.2 la edición de 2016 de los Comentarios Oficiales reconoce la delgada línea entre los artículos 4.8 y 5.1.1 en los comentarios al artículo 2.1.14 que se refieren a la subsanación de lagunas en los **contratos a largo plazo** (artículo 1.11 tercer guión), cuando las soluciones ofrecidas por los Principios de UNIDROIT "pueden no ser apropiadas incluso cuando cubren el objeto del término faltante"[1800] (artículo 4.8 o 5.1.2).[1801] Desde una perspectiva práctica; **no importa** si el término faltante se determina de conformidad con el artículo 4.8 o 5.1.1-5.1.2.[1802]

B. La perspectiva del árbitro

2

En la práctica, un **tribunal de arbitraje** que aplique los Principios de UNIDROIT también puede proceder en otro orden, comenzando con la interpretación del artículo 4.1-4.7, y luego "saltar" directamente al artículo 5.1.1-5.1.2 para buscar una obligación "implícita". A menudo, puede ser posible **dejar abierta esta cuestión** de si un resultado se basa más bien en el artículo 4.8 o en el artículo 5.1.1-5.1.2, que son "equivalentes funcionales".[1803] Esto puede ser extremadamente útil cuando se sienta como árbitro en un **tribunal mixto-común/de derecho civil** para superar las diferentes mentalidades de los árbitros de diferentes orígenes. Sólo a tal efecto, la ligera superposición de disposiciones (criticada por *Vogenauer* sobre la base de un análisis exhaustivo de la historia de la redacción)[1804] puede ser útil en la práctica. Puede evitar largas deliberaciones porque, a través de un razonamiento alternativo

---

1795 S. Vogenauer, en Vogenauer, artículo 4.8 no. 6, nota 280, *inter alia*, a M. Schmidt-Kessel, ZvglRWiss, 1997 (Vol. 96), p. 101, 102-103.

1796 S. Vogenauer, en Vogenauer, artículo 4.8 no. 1-4.

1797 S. Vogenauer, en Vogenauer, artículo 4.8 no. 8.

1798 Bonell, M.J., *International Restatement*, p. 143.

1799 S. Vogenauer, en Vogenauer, artículo 4.8 no. 6 (con referencia en la nota 281 Re expresión (Segunda) de Contratos (EE.UU.), 204 Comentario a). Véase también S. Vogenauer en Jansen/Zimmermann, Introducción antes del artículo 5:101 (PDCE), no. 17 (p. 750) quien, después de destacar los criterios comparables ofrecidos para la interpretación complementaria y la determinación de términos implícitos (artículo 4.8 no. 4): "El paralelismo de las reglas por sí solo muestra que no existe una línea divisoria clara entre la interpretación y las implicaciones".

1800 Comentarios Oficiales, 2016, artículo 2.1.14 no. 3.

1801 Comentarios Oficiales, 2016, artículo 2.1.14 no. 3.

1802 M. J. Bonell, *International Restatement*, p. 145; S. Vogenauer en Vogenauer, artículo 4.8 no. 7 and 5.1.2 no. 1; véase J. L. Pulido Begines in Morán Bovio, Art. 5.1, no. 2.b, p. 254 (quien describe la interacción necesaria entre el Art. 4.8 y 5.1.1, donde el artículo 5.1 de la versión inicial se correlaciona con el artículo 5.1.1 de la versión de 2010).

1803 S. Vogenauer in Jansen/Zimmermann, Introducción antes del art. 5:101 (PDCE), no. 17 (p. 749).

1804 S. Vogenauer, en Vogenauer, artículo 4.8 no. 6.

que deja abierta la parte académica de la pregunta, los árbitros de todos los orígenes pueden y deben llegar a una decisión conjunta.

Artículo 5.1.2 (Obligaciones Implícitas)

Las obligaciones implícitas pueden derivarse de:

a) la naturaleza y la finalidad del contrato;

b) las prácticas establecidas entre las partes y los usos;

c) la buena fe y la lealtad negocial.

d) el sentido común.

Lista de Criterios

1

El artículo 5.1.2 complementa el artículo 5.1.1 al proporcionar una lista de criterios para determinar si el contrato contiene una cláusula implícita. De acuerdo con la concepción subyacente de los redactores, inspirada en las reglas "implícitas en la ley", establece una lista de criterios similar a la del artículo 4.8, excepto para *"la intención de las partes"*, y agrega en su lugar en la literal b *"prácticas establecidas entre las partes y usos"*.[1805] **Desde la perspectiva de un árbitro**; si el término implícito se deduce principalmente de *"prácticas establecidas entre las partes y usos"*,[1806] puede ser técnicamente la mejor solución basar una decisión en el artículo 5.1.1-5.1.2 en lugar del artículo 4.8. Por el contrario, si una decisión sobre una cláusula adicional se basa principalmente en *"la intención de las partes"*, las reglas (*"black letter rules"*) sugieren aplicar el artículo 4.8.

2

Las normas más específicas establecidas en el artículo 5.1.3-5.1.9, inmediatamente después del artículo 5.1.1-5.1.2, bien pueden interpretarse como aplicaciones particulares de "deberes implícitos", explícitamente establecidos en los Principios de UNIDROIT y, por lo tanto, anulando la aplicación de las normas generales del artículo 5.1.1 y 5.1.2.[1807] Del mismo modo, normalmente desplazarán la aplicación del art. 4.8 (Art. 5.1.6 no. 2) cuando las partes hayan elegido los Principios de UNIDROIT como normas jurídicas aplicables (Introducción no. 9d) o cuando los hayan implementado en su contrato (Preámbulo no. 15).

1805 Comentarios Oficiales, 2016, artículo 5.1.2, p. 152.

1806 Con ocasión de examinar el párrafo 2 del artículo 1.9, el Grupo de Trabajo adaptó el texto del inciso b) para armonizarlo con el párrafo 2 del artículo 1.9 del Código de Procedimiento Civil. 19 (1994), p. 49 y 52, en particular Bonell y Crépeau, y p. 53 (Tallon, Brasil).

1807 Véase, en este sentido, la necesidad de proporcionar acceso a la propiedad para la ejecución de un contrato de construcción (es decir, una obligación derivada de un deber de cooperar en virtud del artículo 5.1.3) como una cuestión de un "término implícito" en la ley inglesa, C. Willems en Jansen/Zimmermann, 19:302 (PDCE): Deber de cooperar, no. 3 (p. 2118).

Artículo 5.1.3 (Cooperación entre las partes)

Cada una de las partes debe cooperar con la otra cuando dicha cooperación pueda ser razonablemente esperada para el cumplimiento de las obligaciones de esta última.

A. Consecuencia de un "Proyecto Común"

1

Los Principios de UNIDROIT perciben los contratos internacionales como "**proyectos comunes**"[1808] que implican el deber de cooperar como una **expresión especial del deber de buena fe y lealtad negocial** (artículo 1.7).[1809] Esta percepción de los Principios de UNIDROIT corresponde a la realidad de la contratación transfronteriza, intercultural, y posiblemente a larga distancia. A menudo es más complejo y costoso que la contratación nacional y, por lo tanto, requiere cooperación. El deber implícito de cooperar se considera un **principio general** de la *lex mercatoria*,[1810] ya que es esencial para "relaciones comerciales fluidas".[1811] Su **objetivo principal** es "permitir que el deudor cumpla su obligación y así obtener la contraprestación".[1812] Como se señala en los Comentarios Oficiales, "hay muchos casos en los que se puede pedir a las partes que cooperen entre sí en el curso de la formación y el cumplimiento del contrato".[1813] Puede requerir un **deber**: **i)** de **emprender acciones**,[1814] por ejemplo, proporcionar información para permitir que el deudor cumpla con sus deberes en virtud de un **INCOTERM®**[1815] acordado, o sobre un cambio en su lugar de negocios (artículo 6.1.6);[1816] solicitar una facturación adecuada en lugar de simplemente negarse a pagar;[1817] almacenar el equipo del contratista cuando esto no cause una carga de

---

1808 Pulido Begines,J. L., Morán Bovio, Comentarios Oficiales, 2016, artículo 5.1.3, p. 153.

1809 Esto incluye el deber de cooperar activamente, especialmente en contratos a largo plazo, pero "solo dentro del límite de las expectativas" StL-Doc. 133 Rev. (2016), pp. 2, 3 (cita allí en el nº 2); StL-Misc. 32 (2016), pp. 12 y 13; J. L. Pulido Begines in Morán Bovio, artículo 5.3, no. 1, p. 260 (implícitamente al final del párrafo 5) y no. 2.b (párr. 1), p. 261; S. Vogenauer en Vogenauer, Artículo 5.1.3 no. 4 nota 18; J. P. Schmidt en Jansen/Zimmermann, artículo 1:202 (PDCE): Deber de cooperar, no. 1 (p. 157) con referencias adicionales en la nota 5, y no. 12 (p. 165): puede ser tratado por los tribunales como "una subcategoría independiente dentro del deber de buena fe". En el "arbitraje Andersen" (comunicado por M. J. Bonell, Arb Int'l 2001, páginas 249 y 260), los árbitros se refirieron al párrafo 7 del artículo 1 en lugar del párrafo 1.3 del artículo 5 (Laudo arbitral (Ginebra) de 28 de julio de 2000, Unilex Nº 668, en V.A.3 y V.D.7.), como señaló M. J. Bonell, op. cit., pp. 253 y 254. El artículo 1:202 PDCE contiene una norma similar, el artículo 154 CESL una norma especializada de cooperación en materia de acceso a las instalaciones del cliente.

1810 Pulido Begines,J. L., Morán Bovio, Comentarios Oficiales, 2016, artículo 5.3, p. 261.

1811 Schmidt, J.P., Jansen/Zimmermann, artículo 1.202, PDCE, p. 160.

1812 J. P. Schmidt en Jansen/Zimmermann, artículo 1:202 (PDCE): Deber de colaboración, no. 4 (p. 159), argumentando a favor de un "alcance estrecho". Véase también ibíd. no. 5 (p. 160): "Incluso las partes que se detestan mutuamente, y sólo se preocupan por su propio beneficio, tendrán que participar en alguna forma de acción coordinada si quieren intercambiar con éxito sus actuaciones".

1813 Comentarios Oficiales, 2016, artículo 5.1.3 no. 1, p. 153.

1814 Comentarios Oficiales, 2016, artículo 5.1.3 no. 1, p. 153.

1815 Véase, por ejemplo, el párrafo 3 del artículo 32 de la CNUCCIM, es decir, la obligación explícita del vendedor de proporcionar al comprador la información necesaria para concertar un seguro de transporte si el vendedor no está obligado a efectuar un seguro con respecto al transporte de las mercaderías.

1816 Comentarios Oficiales, 2016, artículo 6.16 no. 3, p. 194.

1817 Vogenauer, S., artículo 5.1.3 no. 5, con referencia al Laudo Arbitral 16 caso 100/201, Unilex, nº 1732.

trabajo excesiva o costos considerables;[1818] preservar la propiedad o materia del contrato incluso si el acreedor no ha cumplido con su obligación de recibir la entrega;[1819] ayudar a un cesionario a recibir garantías reales transferidas en virtud del artículo 9.1.14;[1820] o, a veces, **ii) permanecer pasivo**,[1821] por ejemplo, el deber de tolerar un esfuerzo por subsanar el incumplimiento en virtud del artículo 7.1.4[1822] y, en general, no obstruir los esfuerzos de la otra parte por cumplir.[1823]

2

La edición de 2016 de los Comentarios Oficiales señala la importancia particular del deber de cooperación para los **contratos a largo plazo**[1824] (artículo 1.11 3er guión), por ejemplo, la necesidad de evitar la interferencia en el sitio de construcción por parte de otros trabajadores empleados para otros proyectos o, para un contrato de franquicia, no establecer otra tienda de franquicia en el vecindario inmediato.[1825] El deber de cooperación exige no difundir información falsa sobre el socio contractual.[1826]

B. Límites

3

(I) El deber de cooperar está limitado por una **prueba de razonabilidad**,[1827] que incluye una consideración específica a: **a)** costos (artículo 7.2.2 literal b); **b)** el equilibrio económico acordado en el contrato;[1828] y **c)** cualquier posible asimetría de información de las partes que actúan,[1829] por ejemplo, con respecto al mercado extranjero donde se debe emprender una acción (artículo 6.1.14 literal a). **(II) Reglas más específicas** sobre cooperación están contenidas en el artículo 6.1.14-6.1.17 (acciones relativas a permisos públicos),[1830] artículo

---

1818 Vogenauer, S., artículo 5.1.3 no. 5, en relación con el N° 9, con referencia al párrafo 35 del capítulo XI de la Guía jurídica de la CNUDMI sobre la redacción de contratos internacionales para la construcción de obras industriales, 14 de agosto de 1987, www.CNUDMI.org/CNUDMI/en/CNUDMI_texts/procurement_infrastructure/1988Guide.html (visitado por última vez el 9 de enero de 2023), y con otros ejemplos.

1819 Ver S. Martens en Jansen/Zimmermann, artículo 7:110 (PDCE): Negativa a recibir un determinado bien, no. 7-8 (pp. 1064-65) y el análisis histórico y comparativo ibid. en no. 2-4 (pp. 1061-1064).).

1820 Comentarios Oficiales, 2016, artículo 9.1.14 no. 4, p. 322.

1821 Comentarios Oficiales, 2016, artículo 5.1.3 no. 1, p. 153.

1822 Vogenauer, S., artículo 5.1.3 no. 4.

1823 Pulido Begines,J. L., Comentarios oficiales del artículo 5.3, Morán Bovio, p. 260.

1824 Comentarios Oficiales, 2016, artículo 5.1.3 no. 3, p. 3.

1825 Comentarios Oficiales, 2016, artículo 5.1.3 no. 3, p. 10.

1826 Laudo CEAC, 30 de abril de 2018 (Expediente CEAC No. 20161001, inédito, en el expediente del autor) haciendo referencia al principio general subyacente en el art. 1.7 (ibid. en C.4.b.i).

1827 Comentarios Oficiales, 2016, artículo 5.1.3 no. 1, p. 154.

1828 Vogenauer, S., artículo 5.1.3 no. 9.

1829 Vogenauer, S., artículo 5.1.3 no. 9.

1830 Vogenauer, S., artículo 5.1.3 no. 5, y nota 19 de Comentarios Oficiales artículo 5.1.3 no 1, ilustración 1, p. 153.

7.4.8 (deber de mitigar el daño),[1831] así como implícitamente en el artículo 5.3.3 (no interferencia con las condiciones),[1832] y artículo 7.1.2 (no interferencia de la otra parte).[1833]

C. Consecuencias jurídicas de una infracción

4

Una violación del deber de cooperar implica las consecuencias previstas en el **Capítulo 7**[1834] (véanse, en particular, los artículos 7.1.1, 7.1.3 y 7.4.1), por ejemplo, daños y perjuicios por costes razonables (artículo 7.4.8) cuando es necesario conservar las mercancías.[1835] Si el deudor no puede cumplir, oportunamente, su obligación debido a una violación del deber de cooperación del acreedor será excusado por su propio incumplimiento en virtud del artículo 7.1.2.

D. Opciones Contractuales

5

A menudo se aconseja a las partes que determinen con precisión los deberes de cooperación, especialmente en los **contratos a largo plazo** (artículo 1.11 tercer guión). Puede ser necesaria una lista de medidas activas concretas que debe adoptar el acreedor como cooperación activa (por ejemplo, para proporcionar electricidad en el sitio de construcción).

6

En **contratos complejos a largo plazo** con un acreedor que contrate a **varios deudores distintos** en virtud de contratos separados (artículo 11.1.1 (b)), por ejemplo, para un gran proyecto de construcción, desde la perspectiva de un segundo deudor, el **cumplimiento previo de otro deudor** (un primer deudor) **puede ser: I)** una prestación o suministro necesario del acreedor que deberá facilitarse en virtud del artículo 5.1.3 antes de que el segundo deudor pueda cumplir; **II)** circunstancias que indiquen lo contrario, con arreglo al artículo 6.1.4, apartado 2, relativo al orden de cumplimiento. Además, **III)** puede ser imposible para el segundo deudor cumplir a tiempo, de modo que su responsabilidad por incumplimiento

---

[1831] Comentarios Oficiales, 2016, artículo 5.1.3 no. 1, p. 153; S. Vogenauer in Vogenauer, artículo 5.1.3 no. 5; J. P. Schmidt en Jansen/Zimmermann, artículo 1:202 (PDCE): Deber de Colaboración, no. 10 (p. 164).

[1832] Comentarios Oficiales, 2016, artículo 5.1.3 no. 1.

[1833] Comentarios Oficiales, 2016, artículo 5.1.3 no. 1.

[1834] S. Vogenauer in Vogenauer, Art. 5.1.3 no. 10 y no. 2 nota 10 con referencia a una demanda arbitral basada en el artículo. 5.1.3 (que fue rechazado por los hechos): Laudo arbitral, Caso CCI no. 13009 (2011) *YB Comm Arb* 2011 (Vol. 36), pp. 70, 86 en los números 52-54.

[1835] Así, incluso sin una norma específica sobre este tema, los Principios de UNIDROIT conducen a soluciones similares cuando el acreedor no acepta la entrega (*"mora creditoris"*) como el artículo 7:110 PDCE, véase S. Martens en Jansen/Zimmermann, artículo 7:110 (PDCE): Propiedad no aceptada, nº 12 (pp. 1066-1067); es decir, una regla desarrollada desde el derecho romano (ibid. no. 2, pp. 1061-62). Véase también ibid. Artículo 7:111: Negativa a recibir una suma de dinero, no. 4 (pp. 1069-70) para soluciones similares en el raro caso de que el pago no sea posible.

quedará excluida en virtud del artículo 7.1.2, si tal *"cumplimiento previo de otro deudor"* es una **medida necesaria adeudada por el acreedor para aceptar el cumplimiento** del segundo deudor (artículo. 6.1.1 en el No. 1A). **IV)** El segundo deudor también podrá *retener el cumplimiento* en virtud del artículo 7.1.3 (2); **V)** el segundo deudor puede incurrir en daños y perjuicios como resultado del incumplimiento (artículo. 7.4.1 y subsiguientes); y **VI)** en casos extremos, la falta de cooperación puede incluso equivaler a un *derecho de resolución* en virtud del artículo 7.3.1.[1836] En tales circunstancias, el deber de cooperar en virtud del contrato con el segundo deudor **impone al acreedor el riesgo** de la técnica y el cumplimiento oportuno del primer deudor, que a su vez se reflejará en la negociación del contrato con el primer deudor. En la preparación de un contrato a largo plazo, se aconseja a un deudor que se concentre también en las normas relativas a las obligaciones de cooperación **al final del proyecto** cuando las prioridades de las partes hayan cambiado, por ejemplo, para proporcionar una base para la eliminación de herramientas (entonces innecesarias) propiedad de la otra parte, con el fin de ahorrar costes, tiempo, lugar y recursos. Por ejemplo: derecho de disposición por un determinado número de semanas después de la finalización del contrato.

Artículo 5.1.4 (Obligación de resultado y obligación de emplear los mejores esfuerzos)

(1) En la medida en que la obligación de una de las partes implique un deber de alcanzar un resultado específico, esa parte está obligada a alcanzar dicho resultado.

(2) En la medida en que la obligación de una de las partes implique un deber de emplear los mejores esfuerzos en la ejecución de la prestación, esa parte está obligada a emplear la diligencia que pondría en circunstancias similares una persona razonable de la misma condición.

A. Un puente cultural hacia la familia jurídica francesa

1

El párrafo 1 establece un puente entre el Derecho Común y el Derecho Civil (artículo 5.1.1 no. 1) al señalar una distinción entre las obligaciones que requieren, como cuestión de **responsabilidad objetiva**,[1837] el logro de un resultado específico[1838] (*obligation de résultat*, por ejemplo, la emisión de una opinión jurídica) en comparación con las **obligaciones de "mejores esfuerzos"**[1839] abordadas en el párrafo 2 (por ejemplo, proporcionar asesoramiento jurídico, o la obligación de obtener un permiso (artículo 6.1.15 No. 1 y como es conocido en la familia francesa del derecho civil).[1840] La calificación de una obligación es una cuestión de **interpretación**[1841] (en la que la mentalidad doméstica en todo el mundo

---

[1836] Vogenauer, S., artículo 5.1.3 no. 10 y no. 2, con referencia al Laudo Arbitral de la Cámara de Comercio Internacional, nº 13009, 2011, p. 70.

[1837] También conocido por instrumentos internacionales modernos como el artículo 45 CNUCCIM, véase M. Müller-Chen en Schlechtriem & Schwenzer artículo 45 párr. 2-8; P. Pichonnaz en Vogenauer, Artículo 7.1.7 no. 1.

[1838] Vogenauer, S., artículo 7.17 no. 1.

[1839] Pulido Begines,J. L., Comentarios oficiales del artículo 5.4 no. 1, Morán Bovio, p. 263.

[1840] Pulido Begines,J. L., Comentarios oficiales del artículo 5.4 no. 2, Morán Bovio, p. 264.

[1841] Vogenauer, S., artículo 5.1.4 no. 6.

tiende a diferir[1842] y el artículo 5.1.4 requiere una interpretación autónoma en virtud del artículo 1.6), teniendo debidamente en cuenta los **criterios específicos del artículo 5.1.5**. El artículo 5.1.4 tiene por objeto **agudizar la perspectiva**[1843] sobre la obligación, ya que la calificación influye en la **norma estándar para probar**[1844] el cumplimiento o el incumplimiento, dependiendo de la perspectiva de la parte (artículo 7.1.1). En la práctica de contratos internacionales como contratos de fusiones y adquisiciones, en mi experiencia, se ha vuelto común discutir en la etapa de redacción de una cláusula que tipo de deber se acordará, por ejemplo, con respecto a la obligación de proporcionar cierta información sobre la empresa.

B. Consecuencias legales

2

Mientras que un "deber de lograr un resultado específico" solo puede excusarse por fuerza mayor (artículo 7.1.7),[1845] un deber de "mejores esfuerzos" está sujeto a una **prueba de razonabilidad personalizada y contextualizada**[1846] (párrafo 2), como se conoce de las reglas de interpretación en el artículo 4.1 (2) y 4.2 (2). Por lo tanto, parece apropiado basarse para este criterio en el párrafo 2 en los mismos criterios del artículo 4.3 literales de la d a la f, que en el caso de una prueba de razonabilidad de conformidad con los artículos 4.1 (2) y 4.2 (2), 4.3 (artículo 4.1 no. 5; 4.2 no. 2).[1847] Por ejemplo, *"el significado comúnmente dado en el comercio de que se trate"* (artículo 4.3 literal "e"), no requerirá que una parte actúe en

[1842] Vogenauer, S., artículo 5.1.4 no. 2.

[1843] Vogenauer, S., artículo 5.1.4 no. 5-6.

[1844] Vogenauer, S., artículo 5.1.4 no. 4 y artículo 7.4.1 no. 1, p. 270.

[1845] Comentarios Oficiales, 2016, artículo 5.1.4 no. 2, p. 156.

[1846] Comentarios Oficiales, 2016, artículo 5.1.4 no. 2, ilustración 2, p. 157. J. L. Pulido Begines in Morán Bovio, artículo. 5.4, no. 1 (párr. 2), p. 263; S. Vogenauer in Vogenauer, artículo 5.1.4 no. 8; C. Willems en Jansen/Zimmermann, 19:201 (PDCE): Obligación de lograr resultados y obligación de cuidado y habilidad, no. 5 (p. 2092): "PICC 5.1.4 (2) aclara que el estándar de razonabilidad es objetivo, pero respeta la situación subjetiva de las partes en el contrato". En el mismo sentido, la Ley inglesa de suministro de bienes y servicios de 1982 establece en su artículo 13: "cuando el proveedor actúa en el curso de un negocio, hay un término implícito de que el proveedor llevará a cabo el servicio con cuidado y habilidad razonables" (énfasis añadido), véase C. Willems en Jansen/Zimmermann, 19:201 (PDCE): Obligación de lograr resultados y obligación de cuidado y habilidad, no. 4 (p. 2091). Esta norma también se refleja en el artículo 148 (2) CESL, es decir, la Propuesta de Reglamento del Parlamento Europeo y del Consejo por el que se establece una normativa común de compraventa europea (Bruselas, 11.10.2011 COM(2011) 635 final 2011/0284 (COD)) de la siguiente manera: "En ausencia de cualquier obligación contractual expresa o implícita para lograr un resultado específico, el proveedor de servicios debe realizar el servicio relacionado con el cuidado y la habilidad que un proveedor de servicios razonable ejercería. y de conformidad con cualquier norma legal u otra norma legal vinculante que sea aplicable al servicio relacionado". (sin subrayar en el original).

[1847] El artículo 148 (3) CESL - que especifica la prueba de razonabilidad en el artículo 148 (2) CESL citada en la nota anterior a pie de página - puede ayudar con factores adicionales a considerar: "Al determinar el cuidado razonable y la habilidad requerida del proveedor de servicios, se debe tener en cuenta, entre otras cosas: (a) la naturaleza, la magnitud, la frecuencia y la previsibilidad de los riesgos involucrados en la prestación del servicio relacionado para el cliente; b) si se ha producido un daño, los costes de las precauciones que hubieran evitado que se produjeran dichos daños o daños similares; y c) el tiempo disponible para la prestación del servicio conexo. Los árbitros pueden considerar que esta descripción corrobora bien el criterio del artículo 4.3 (d) relativo a "la naturaleza y el fin del contrato". (Este es un argumento inspirado por C. Willems en Jansen/Zimmermann, 19:201 (PDCE): Obligación de lograr resultados y obligación de cuidado y habilidad, no. 8 (p. 2093)).

contra de sus propios intereses comerciales.[1848] En los **contratos a largo plazo** (artículo 1.11 3er guión), un deber general de "hacer todo lo posible" para resolver un problema puede equivaler a un deber "de negociar de buena fe"[1849] (artículo 2.1.15 no. 3 en C).

C. Límites a la responsabilidad (opción contractual)

3

El régimen de responsabilidad del Capítulo 7, Sección 4, es estricto y, sujeto a una excusa en virtud de los Principios, otorga un derecho a daños y perjuicios (artículo 7.4.1) independientemente de cualquier noción de culpa (artículo 7.1.1 no. 2). Por lo tanto, si el contrato se somete a los Principios de UNIDROIT, dos consideraciones son importantes en la **etapa de redacción del contrato**: **I)** la necesidad de **describir con precisión** las obligaciones mutuas y su tipo (como se indica en el párrafo 1 o 2); y **II)** El artículo 7.1.6 se interpreta en sentido amplio e **incluye las limitaciones de responsabilidad** como excusas principalmente aceptadas en virtud de los Principios (artículo 7.1.6 no. 2-3). Sujeto al mecanismo de control excepcional en caso de ventajas excesivas (artículo 7.1.6), una **cláusula de exención** puede introducir: **a) Límites de responsabilidad** que sean razonables (artículo 7.1.6 no 2) con respecto tanto a los "deberes del párrafo 1" (para lograr un resultado específico) como a los "deberes del párrafo 2" (de los mejores esfuerzos); y, **b) Exclusión de responsabilidad** con respecto a los deberes de mejores esfuerzos en virtud del párrafo 2, siempre que no viole la ley obligatoria aplicable (artículo 1.4) y no otorga una ventaja excesiva al deudor (artículo 7.1.6 no. 1), por ejemplo, excluyendo la responsabilidad por "conducta gravemente negligente" sin ninguna posibilidad de seguro.[1850]

Artículo 5.1.5 (Determinación del tipo de obligación)

Para determinar en qué medida la obligación de una parte implica una obligación de emplear los mejores esfuerzos o de lograr un resultado específico, se tendrán en cuenta, entre otros factores:

a) los términos en los que se describe la prestación en el contrato;

b) el precio y otros términos del contrato;

c) el grado de riesgo que suele estar involucrado en alcanzar el resultado esperado;

d) la capacidad de la otra parte para influir en el cumplimiento de la obligación.

[1848] Vogenauer, S., artículo 5.1.4 no. 8.

[1849] Comentarios Oficiales, 2016, artículo 5.1.4 no. 3, p. 157.

[1850] Comentarios Oficiales, 2016, artículo 7.1.6 no. 5, p. 239.

Asistencia en la clasificación de una obligación

1

El artículo 5.1.5 establece criterios específicos y especiales para la clasificación de una obligación de conformidad con el artículo 5.1.4, y, por lo tanto, la aplicabilidad de la prueba de razonabilidad en virtud del artículo 5.1.4 (2). Al referirse a "otros factores", se abre la puerta para aplicar también los demás criterios establecidos en el artículo 4.3, ya que la clasificación forma parte de la interpretación general del contrato (artículo 4.1, 4.3-4.7). Por lo general, los criterios se explican por sí mismos.[1851] Un precio muy alto puede ser una indicación de una obligación de lograr un resultado específico.[1852]

Artículo 5.1.6 (Determinación de la calidad de la prestación)

Cuando la calidad de la prestación no ha sido precisada en el contrato ni puede ser determinada en base a éste, el deudor debe una prestación de una calidad razonable y no inferior a la calidad media, según las circunstancias.

A. Un sistema de normas supletorias

1

El artículo 5.1.6 es **parte de un sistema de reglas supletorias** en los Principios de UNIDROIT que sirven como herramienta para el **principio subyacente de *favor contractus*** (Introducción No. 8), es decir, la actitud abierta de los Principios de UNIDROIT hacia la celebración del contrato (artículo 2.1.1 no. 3; artículo 2.1.14). Cubre el caso de que el contrato no contenga una determinación de una de las cuestiones esenciales como la "calidad de la prestación".[1853] Se pueden encontrar reglas paralelas sobre la determinación del precio (artículo 5.1.7), el momento de cumplimiento (artículo 6.1.1), el orden de cumplimiento (artículo 6.1.4), el lugar de cumplimiento (artículo 6.1.6) y la moneda no expresada (artículo 6.1.10). La norma refleja la evolución paralela tanto del Derecho Civil como del Derecho Común.[1854]

1851 Vogenauer, S., artículo 5.1.5 no. 2-4.

1852 Comentarios Oficiales, 2016, artículo 5.1.5 no. 3, p. 268.

1853 Comentarios Oficiales, 2016, artículo 5.1.6, p. 160.

1854 Véase la descripción detallada de H. Dedek en Jansen/Zimmermann, artículo 6:108 (PDCE): Calidad en la Ejecución, no. 1-4 (pp. 853-856) sobre derecho civil donde comenzó la discusión, ya que Roma tikes (Ulpian) con "obligaciones genéricas" y no. 5-6 (pp. 856-857) sobre la historia del derecho consuetudinario con un enfoque en las garantías implícitas emergentes a la luz de la imposibilidad de aplicar el principio *caveat emptor* (que, en ausencia de garantías, coloca el riesgo de las mercancías en el comprador) cuando no hay oportunidad de inspeccionar las mercancías (incluyendo, por ejemplo, una discusión de, entre otras cosas, Gardiner v Gray (1815) 4 Camp 144, 145 (171 ER 46) o la sección 14 de la Ley de Venta de Mercancías inglesa de 1893).

B. Un estándar autónomo caracterizado por la razonabilidad

2

Teniendo debidamente en cuenta su finalidad de contratación internacional (Preámbulo, párrafo 1) y en el espíritu del artículo 1.7 (buena fe y lealtad negocial),[1855] la regla supletoria del artículo 5.1.6[1856] con respecto a la calidad insuficientemente definida (es decir, circunstancias de hecho y de derecho relativas a la relación de los bienes con su entorno)[1857] de todos los tipos de prestaciones[1858] (mercancías, servicios, oferta mixta) **va más allá** de las disposiciones de la mayoría de las **leyes nacionales**[1859] y requiere una **interpretación autónoma** (artículo 1.6). Desplazando el artículo 4.8,[1860] mantiene y complementa[1861] el contrato con un término (posiblemente implícito)[1862] por el cual la calidad debe cumplir una **doble prueba**: **I) razonabilidad** bajo las circunstancias (como se conoce del artículo 5.1.2 literal "d" y artículo 4.8 numeral segundo literal "d"). La evaluación de la razonabilidad debe tener en cuenta el tipo de transacción y las condiciones del mercado,[1863] así como el tipo de obligación ("deber de lograr" o "mejores esfuerzos") tal como se distingue en el artículo 5.1.4;[1864] y **II) umbral del promedio como mínimo**[1865] en virtud del cual el criterio de razonabilidad puede exigir un estándar más alto dadas las circunstancias.[1866] Si existen varias alternativas de acción para cumplir la obligación en una calidad razonable, la norma del artículo 5.1.6 implica que, de acuerdo con un **principio general subyacente**,[1867] el deudor (artículo 1.11 cuarto renglón) tiene la opción de determinar la alternativa razonable de acción, por ejemplo: la compra de partes del estante para integrarlas en un producto.

C. Límites

3

El artículo 5.1.6 es sólo (y raramente posible)[1868] aplicable si la **interpretación** conforme al artículo 4.1, 4.3-4.7 no proporciona una obligación concreta con respecto a la calidad del rendimiento.[1869] El estándar razonable bajo el artículo 4.1 (2) puede dar lugar incluso a

---

[1855] Pulido Begines,J. L., Comentarios oficiales del artículo 5.6 no. 1, Morán Bovio, p. 272.
[1856] Vogenauer, S., artículo 5.1.6 no. 4.
[1857] Vogenauer, S., artículo 5.1.6 no. 3.
[1858] Pulido Begines,J. L., Comentarios oficiales del artículo 5.6 no. 3, Morán Bovio, p. 272.
[1859] Vogenauer, S., artículo 5.1.6 no. 6.
[1860] Vogenauer, S., artículo 5.1.6 no. 7.
[1861] Vogenauer, S., artículo 5.1.6 no. 1.
[1862] *Argumentum* es la posición sistemática del artículo 5.1.6 en el capítulo 5.
[1863] Comentarios Oficiales, 2016, artículo 5.1.6, p. 160.
[1864] Ídem.
[1865] Vogenauer, S., artículo 5.1.6 no. 5.
[1866] Comentarios Oficiales, 2016, artículo 5.1.6, ilustración 3, p. 161.
[1867] En su artículo 7:105, el PDCE ha desarrollado un principio general subyacente que otorga al deudor el derecho de elección como regla de incumplimiento, con una transferencia del derecho a elegir al acreedor, si el deudor no actúa a tiempo, véase S. Martens en Jansen/Zimmermann, artículo 7:105 (PDCE): Prestación Alternativa, no. 1-8 (pp. 1029-1032), incluyendo los antecedentes históricos y una visión jurídica comparativa sobre la aceptación general de ese principio subyacente en el derecho civil y consuetudinario.
[1868] Vogenauer, S., artículo 5.1.6 no. 4.
[1869] Ídem.

un requisito de calidad **inferior** a la media dadas las circunstancias, por ejemplo, si el suministro de un satélite antiguo es suficiente para mantener la órbita valiosa del satélite durante el período de tiempo contratado, hasta que un nuevo satélite pueda ser llevado a esa órbita.

D. Opciones

4

Se **aconseja a las partes que acuerden criterios** para la calidad del desempeño. **I)** En los contratos de compraventa y construcción, la **especificación técnica** del objeto de venta o construcción es a menudo el núcleo de un contrato. Las partes tal vez deseen esforzarse por dejar el menor espacio posible para la aplicación de la norma supletoria. Por ejemplo, en un contrato de compraventa de maquinaria o en un sistema técnico complejo con especificaciones técnicas detalladas que requieran el consentimiento del acreedor para todos los cambios, el deudor puede desear negociar, al menos en parte, una cláusula que deje el nivel de libertad del artículo 5.1.6 (por ejemplo, para los **productos del estante**).[1870] **II)** Lo mismo puede decirse de determinados **documentos** que cualquiera de las partes debe proporcionar en el contexto de la venta de mercaderías o servicios[1871] (como documentos necesarios para la **aduana** y otras autoridades, como un certificado de llegada). Dependiendo de las jurisdicciones involucradas, las partes pueden incluso desear incluir requisitos, para ambas partes, con respecto a las **facturas** (por ejemplo, en la Unión Europea, la provisión del número de Impuesto sobre el Valor Agregado de un comprador con sede en la Unión Europea). **III)** Las partes a menudo añadirán **criterios no físicos** como la conformidad con las "buenas prácticas de fabricación", las "**normas de producción**", los "principios éticos fundamentales"[1872] o la "prohibición del trabajo infantil" definidos que a menudo figuran en el **código de conducta** o en las **directrices sobre responsabilidad** social de las empresas (como por ejemplo, se incluyen como anexo en los contratos marco o de suministro, también en virtud de los Principios de UNIDROIT, como se ha observado en los últimos años en la industria del automóvil). En los últimos años, a medida que surgen cada vez más **leyes nacionales obligatorias sobre la gestión de la cadena de suministro**,[1873] el **cumplimiento** de tales normas de calidad se ha convertido en una cuestión de derecho obligatorio (artículo 1.4, 3.3.1)

[1870] Sin embargo, dependiendo del campo de uso, incluso ese nivel de detalle a veces merece atención (experiencia de un gran litigio debido a una desviación de la calidad de los tornillos).

[1871] Schwenzer, I., *Schlechtriem&Schwenzer,* artículo 35, párrafo 9, nota 45.

[1872] Schwenzer, I., *Schlechtriem&Schwenzer,* artículo 35, párrafo 9, nota 43-44, *Commercial Law Challenges* en el siglo 21 - Jan Hellner *in memoriam, Uppsala, Stockholm, Stockholm Centre for Commercial Law* (2007), pp. 249, 267 (argumentando incluso que "las normas éticas básicas pueden considerarse como un uso del comercio internacional y, por lo tanto, como un término implícito en todo contrato de compraventa internacional").

[1873] Véase, por ejemplo, para los Estados Unidos "*Ley Dodd-Frank,* artículo 1502", "Ley de transparencia en las cadenas de suministro de California", "Ley arancelaria de 1930, artículo 307", "Ley de protección (y reautorización) de las víctimas de la trata; para Europa: "*Lieferkettensorgfaltspflichtgesetz*" en Alemania (en vigor desde el 1 de enero de 2023), "*loi de vigilance*" en Francia, "Modern Slavery Act" en el Reino Unido, "Wet Zorgplicht Kinderarbeid" en los Países Bajos.

Artículo 5.1.7 (Determinación del Precio)

(1) Cuando el contrato no fija el precio o carece de términos para determinarlo, se considera que las partes, salvo indicación en contrario, se remitieron al precio generalmente cobrado al momento de celebrarse el contrato en circunstancias semejantes dentro del respectivo ramo comercial o, si no puede establecerse el precio de esta manera, se entenderá que las partes se remitieron a un precio razonable.

(2) Cuando la determinación del precio quede a cargo de una parte y la cantidad así determinada sea manifiestamente irrazonable, el precio será sustituido por un precio razonable, sin admitirse disposición en contrario.

(3) Cuando la determinación del precio quede a cargo de una de las partes o de un tercero y éste no puede o no quiere fijarlo, el precio será uno razonable.

(4) Cuando el precio ha de fijarse por referencia a factores que no existen o que han dejado de existir o de ser accesibles, se recurrirá como sustituto al factor equivalente más cercano.

A. Parte de un sistema de normas supletorias

1

Al igual que el artículo 5.1.6 (sobre la calidad), el artículo 5.1.7 forma parte de una serie de normas supletorias que apoyan el principio subyacente del ***favor contractus*** en los Principios de UNIDROIT. Cubre el supuesto de que un contrato, debidamente celebrado[1874] (artículo 2.1.1 no. 3; artículo 2.1.14) e interpretado, no contiene un precio (párrafo 1) o contiene una cláusula sobre la determinación de precios (párrafos 2-4). Además de sus reglas supletorias, el artículo 5.1.7 también sirve como recordatorio, porque las partes se verán mayormente beneficiadas si **indican el precio.**[1875] En el caso de los **contratos a largo plazo** (artículo 1.11 tercer guión) esto es posible, sólo hasta cierto punto, sin correr el riesgo de una alteración fundamental del equilibrio económico (no. 6 infra).

B. Regla general supletoria (párrafo 1), opción contractual

2

El párrafo 1, descrito por Vogenauer, como un "**principio general emergente del derecho**",[1876] que fue un **compromiso internacional**[1877] inspirado en el artículo 55 de la

[1874] Pulido Begines,J. L., Comentarios oficiales del artículo 5.7 no. 1, Morán Bovio, p. 275.

[1875] P.C.-Misc. 18 (1992), p. 57 (Bonell).

[1876] Vogenauer, S., artículo 5.1.7 no. 6.

[1877] Las primeras raíces del artículo 5.1.7 (1) se remontan a una propuesta de 1935 de Ernst Rabel para una Ley Uniforme para la Venta Internacional de Mercaderías, como un compromiso entre el derecho escandinavo y el derecho consuetudinario ver H. Dedek en Jansen / Zimmermann, artículo 6:104 (PDCE): Determinación del Precio, no. 10, incluida la nota 83, y no. 11 (pp. 829-831): "PICC y DCFR así, hasta cierto punto, se hacen eco del compromiso que Rabel imaginó". Véase además ibíd. nº 1-9 (pp. 820 a 829) sobre la historia del Derecho Civil y del Derecho Común, hasta los tiempos modernos, I) para el Derecho Civil: desde "Ulpiano D 18.1.7.1 f" en el que se examinan "casos límite" (Zimmermann), en los que las partes no acuerdan un precio

CNUCCIM[1878] y los trabajos preparatorios para el PDCE,[1879] proporciona una **regla de incumplimiento de tres frentes**, que está sujeta a interpretación autónoma (artículo 1.6):[1880]

I) La interpretación del **contrato** (artículo 4.1, 4.3-4.7) puede implicar un **enfoque específico** primordial para la determinación[1881] de precios (no hay límites a la fantasía de los comerciantes que actúan en circunstancias especiales);

II) De lo contrario, a menos que se pacte en contrario, el artículo 1.5,[1882] se aplica un **precio de mercado "general",**[1883] si existe, ya sea: **a)** en el momento de la conclusión del contrato[1884] (lo que reduce el riesgo de manipulación[1885] es decir, no en el momento del cumplimiento o del pago); y, se puede alegar o **b)** de conformidad con el artículo 6.1.6 numeral primero literal "a" en el lugar de negocios del acreedor[1886] (artículo 1.11, cuarto guión) teniendo debidamente en cuenta "circunstancias comparables en el comercio de que se trate", incluso si es manifiestamente irrazonable[1887] (esta regla se ha denominado "**presunción refutable**");[1888] pero "entonces habría que recurrir a la disposición general sobre la buena fe y el trato justo (artículo 1.7), "o posiblemente a algunas de las disposiciones sobre error, fraude y disparidad manifiesta".[1889]

III) La **última norma supletoria** es un precio "**razonable**" (que se determinará *ex aequo et bono*),[1890] en virtud del cual la falta de disponibilidad del precio de mercado[1891] incluye la ausencia de un mercado o costes desproporcionados para determinarlo.[1892]

2a

Las partes son libres (artículo 1.5) **de adaptar** la norma general supletoria del párrafo 1 a sus necesidades. En los **contratos a largo plazo** (artículo 1.11 tercer guión) es una buena práctica integrar cláusulas de **adaptación de precios** que: **I) permitan adaptaciones en escenarios previamente acordados** (por ejemplo, en caso de una alteración del costo base

---

fijo sino un método mediante el cual se puede determinar el precio, con el resultado de que el precio no se considera *incertum* (es decir, incierto)" (ibid. nº 2 (p. 821); y II) para Derecho Común: desde acciones para una presunción basadas en un acuerdo de pago de una "suma razonable" (ibid. nº 9, p. 827); y W. Blackstone, Commentaries on the Laws of England, vol. II (Oxford 1766), p. 443 (cap. 30) quien, según H. Dedek, "había escrito en 1766 que si uno emplea a alguien que luego realiza el trabajo contratado, la ley implica una promesa de pagar lo que valen los servicios (ibid. no. 8 en p. 827, con citas pertinentes de Blackstone y resúmenes de jurisprudencia posterior desde Headly v McLaine (1834) 131 ER 982).

1878 Comentarios Oficiales, 2016, artículo 5.1.7 no. 1, p. 7.

1879 P.C.-Misc. 14, p. 56 que se refiere al artículo 1:105 PDCE.

1880 Vogenauer, S., artículo 5.1.7 no. 5.

1881 StL-Misc. 31 Rev. (2015), p. 6 (Zimmermann) sugiriendo que el art. 5.1.7 es una *lex specialis* en relación con el art. 4.8; véase además S. Vogenauer en Vogenauer, art. 5.1.7 no. 7 (última oración con referencia a E.-M. Kieninger in Schulze, CESL, Art. 73 párr. 11).

1882 Vogenauer, S., artículo 5.1.7 no. 8.

1883 Vogenauer, S., artículo 5.1.7 no. 7.

1884 Artículos 2.1.1 y 2.1.6 numeral dos y tres.

1885 Vogenauer, S., artículo 5.1.7 no. 7.

1886 Vogenauer, S., artículo 5.1.7 no. 8.

1887 Comentarios Oficiales, 2016, artículo 5.1.7 no. 1, p. 162.

1888 Vogenauer, S., artículo 5.1.7 no. 7.

1889 Comentarios Oficiales, 2016, artículo 5.1.7 no. 1, p. 162.

1890 Vogenauer, S., artículo 5.1.7 no. 8.

1891 Vogenauer, S., artículo 5.1.7 no. 9.

1892 Ídem.

de materias primas especificadas; y/o en caso de variaciones sustanciales acordadas de los volúmenes de ventas según lo previsto en la celebración del contrato); y **II) esquemas para la adaptación de precios** con referencia a momentos específicos en el tiempo (en lugar del momento de la conclusión del contrato), al que se hace referencia en el apartado 1. En algunas industrias, las llamadas "cláusulas económicas" tienen un propósito similar (artículo 6.2.2 No. 6).

C. Normas supletorias específicas (párrafos 3 y 4)

I. Párrafo 3 (Incumplimiento)

3

De acuerdo con la evolución del Derecho Civil y Derecho Común, el párrafo 3 presupone la **validez de un contrato** que encomienda la determinación del precio, un elemento esencial del contrato, a una parte o a un tercero, incluso si esa parte no lo hace (artículo 2.1.14 (2), (b) y (c)).[1893] Desde la edición de 2016, el párrafo 3 tiene una doble función: **I) Reduce la dependencia**[1894] de las partes de un **tercero** encargado de la determinación del precio (artículo 2.1.14 (1), segunda alternativa). Si, **a)** el tercero no acepta el nombramiento o no formula una determinación del precio, y **b)** las partes no han acordado otra cosa (artículo 1.5), por ejemplo, en el caso de un tercero sustituto,[1895] el párrafo 3 conduce con su referencia a un precio "**razonable**" a la misma norma de incumplimiento final que el párrafo 1. **II)** Además, el párrafo 3 establece el mismo precio "razonable" que una norma supletoria si **una de las partes** encargada contractualmente de determinar el precio no lo hace. Según los Comentarios Oficiales, la **anulación** de conformidad con artículo 3.2.8 es posible "si el tercero determina el precio en circunstancias que puedan entrañar dolo, amenaza o gran disparidad".[1896]

II. Párrafo 4 (Factores inexistentes)

4

El párrafo 4 reduce la **dependencia de otra tercera persona** que calcula o publica un factor;[1897] la regla supletoria en el caso de un **factor** inexistente apunta al "factor equivalente

[1893] Interpretando a Gaius (que vivió en el siglo 2), Justiniano (525-548) todavía "decidió a favor de una solución que consideraba el contrato celebrado bajo la condición de que el tercero efectivamente haga la determinación"; H. Dedek en Jansen/Zimmermann, artículo 6:106 (PDCE): Determinación por un tercero, no. 2 (p. 841) con referencia a Inst 3.23; C 4.38.15.1. Desde ese punto de partida, tanto el derecho civil como el common law evolucionaron hacia la posición actual reflejada en el artículo 5.1.7(2); Véase el Resumen histórico detallado Ibíd. nº 2-11 (pp. 841 a 850).

[1894] Vogenauer, S., artículo 5.1.7 no. 16.

[1895] Comentarios Oficiales, 2016, artículo 2.1.14 no. 3, p. 57-58.

[1896] Comentarios Oficiales, 2016, artículo 5.1.7 no. 3, p. 163.

[1897] Vogenauer, S., artículo 5.1.7 no. 18-19.

más cercano"[1898] (por ejemplo, un índice o una cita de una organización sustituta).[1899] Si no se dispone de ninguno, se aplicará el artículo 5.1.7 (1).[1900]

D. Un límite obligatorio para la determinación unilateral de precios irrazonables (párrafo 2)

I. La regla

5

En la práctica, una parte a veces pone la determinación de un precio "razonable" a **discreción de la otra parte**.[1901] Por ejemplo, esto puede generar confianza al comienzo de una relación y "traer el negocio"; o puede cortar la necesidad de negociaciones futuras en caso de que ciertas circunstancias en el futuro generen un precio adicional (artículo 1.1).[1902] Los comentarios oficiales destacan a la industria de servicios como un ejemplo para un sector donde esto sucede con frecuencia.[1903] Un ejemplo de la práctica, es la prestación de asesoramiento jurídico a largo plazo a un cliente extranjero en virtud de un acuerdo regido por los Principios de UNIDROIT.[1904] En aras del trato justo en el ámbito del comercio internacional (artículo 1.7 inciso uno). El **párrafo 2,**[1905] **corta el abuso** al determinar que un precio "**manifiestamente**" (no: "ligeramente"; ese riesgo debe asumirse),[1906] es decir, evidentemente[1907] y obviamente[1908] **irrazonable**, será sustituido por un precio razonable. Es **obligatorio** de conformidad con el artículo 1.5, que establece: "no obstante cualquier cláusula contractual en contrario". Un tribunal (artículo 1.11 primera línea) está **obligado** a tomar una decisión,[1909] posiblemente asistida por un dictamen pericial.

1898 Pulido Begines,J. L., Comentarios oficiales del artículo 5.7 no. 1, Morán Bovio, p. 276.

1899 Vogenauer, S., artículo 5.1.7 no. 20.

1900 Ídem.

1901 Para un análisis jurídico histórico y comparativo sobre la admisión emergente de tal determinación unilateral de precios, véase C. Willems en Jansen/Zimmermann, 19:203 (PDCE): Obligación de proporcionar factura, no. 2-3 (p. 2100-01) y H. Dedek en Jansen/Zimmermann, artículo 6:105 (PDCE): Determinación unilateral por una de las partes, no. 1-6 (pp. 832-839), incluyendo, por ejemplo: I) de la historia del Derecho Civil la línea de argumentación del alemán B. J. H. Windscheid (1817-1892) que "pensó que desde cualquier parte podrían decidir libremente incluso regalar sus pertenencias, debería ser posible hacer un contrato válido para someter a la determinación del precio por la otra parte, sin basar el acuerdo en un estándar equitativo" (ibid. nº 3, p. 835); o, II) de la historia del Derecho Común la distinción de Viscount Dunedin en May y Butcher v Regem (1929) All ER Rep. 679 entre un "acuerdo de acuerdo" y "situaciones hipotéticas que no fracasarían por incertidumbre, como un mecanismo acordado en el momento de la formación del contrato que dejó la determinación del precio a una parte en una etapa posterior" (ibid. nº 4, p. 836).

1902 Vogenauer, S., artículo 5.1.7 no. 10.

1903 Comentarios Oficiales, 2016, artículo 5.1.7 no. 2.

1904 La determinación del precio se produce de buena fe (artículo 1.7) al evaluar y documentar I) qué tipo y profundidad de trabajo es necesario o apropiado a la luz de los desarrollos legales locales, y II) en qué medida deben aplicarse los ajustes del proveedor porque el tiempo del equipo debe no cobrarse total o parcialmente, por ejemplo, porque varios abogados trabajaron conjuntamente en el mismo asunto.

1905 Comentarios Oficiales, 2016, artículo 5.1.7 no. 2, p. 162-163.

1906 Vogenauer, S., artículo 5.1.7 no. 11.

1907 P.C.-Misc. 14 (1989), p. 63.

1908 Vogenauer, S., artículo 5.1.7 no. 11.

1909 Vogenauer, S., artículo 5.1.7 no. 12.

II. Opciones contractuales

6

El obligado (artículo 1.11) **puede** reducir riesgos de la siguiente manera: **I)** negociando criterios para la **determinación unilateral de precio**[1910] (artículo 1.5); **II)** acordando un sistema mediante el cual el acreedor pueda solicitar, dentro de un plazo determinado, que un **tercero predeterminado contractualmente** (por ejemplo, un contador público) o un tercero designado por una determinada institución (por ejemplo, una Cámara de Comercio), determine si el precio es manifiestamente irrazonable[1911] y, en caso afirmativo, determine un precio razonable; **III)** como se observa en situaciones en las que el precio se refiere a la acción de una empresa (especialmente en situaciones de división del 50%: 50% del capital), acordando una *"Shoot out clause"*, por la que cualquiera de las partes tiene la opción de pagar el precio ofrecido por la otra parte y recibir la acción del deudor o transferir su propia parte de la empresa a la otra parte y recibir el mismo precio a cambio, es decir, las partes acuerdan un mecanismo en el que una le propone a la otra vender o adquirir la participación. En un contrato de servicios simple, una cláusula de resolución que prevea un período de resolución suficientemente corto (con respecto a las necesidades razonables de transición de conocimientos técnicos a otro proveedor de servicios) a menudo bastará como incentivo para que el proveedor de servicios determine realmente el precio de una manera razonable.

III. Determinación irrazonable del precio por un tercero, Opción Contractual

7

El ámbito de aplicación del párrafo 2 se limita a la determinación unilateral de precios. En caso de determinación del precio por un tercero (párrafo 3, segunda alternativa), las partes **asumen el riesgo de una determinación irrazonable** por parte del tercero,[1912] con sujeción a los límites de un motivo de anulación (artículo 3.2.8 numeral segundo).[1913] Para reducir el riesgo, las partes son "libres de fijar las normas o procedimientos que el tercero debe cumplir" en el curso de la determinación.[1914] También son libres (artículo 1.5) de establecer, por ejemplo, un procedimiento que integra a otro tercero, por ejemplo: **I)** un derecho de la parte crítica (que no considera razonable la determinación del precio) a designar a otro tercero para que formule una determinación alternativa, combinado; **II)** con un mecanismo para determinar el precio final, por ejemplo: **a)** que la primera determinación sea vinculante si la segunda determinación se desvía de la primera determinación en menos de determinado porcentaje (%); y, **b)** si la discrepancia resulta en un determinado porcentaje o es superior, **aa)** se aplicará la cifra aritmética del medio, o **bb)** un tercero árbitro (designado por una institución predeterminada) determinará el precio dentro del corredor de la gama de precios que se deriva de las dos primeras determinaciones.

1910 Pulido Begines,J. L., Comentarios oficiales del artículo 5.7 no. 1, Morán Bovio, p. 275.

1911 StL-Misc. 32 (2016), p. 7.

1912 StL-Misc. 31 Rev. (2015), pp. 6-7 (Zimmermann, Wallace); J. L. Pulido Begines in Morán Bovio, artículo 5.1.7, no. 1, p. 276 (para. 1).

1913 Comentarios Oficiales, 2016, artículo 5.1.7 no. 2, p. 163.

1914 Ídem.

Artículo 5.1.8 (Resolución de un contrato de tiempo indefinido)

Cualquiera de las partes puede resolver un contrato de tiempo indefinido, notificándolo con razonable anticipación. En cuanto a los efectos de la resolución en general, como así también de la obligación de restituir, se aplicarán los Artículos 7.3.5 y 7.3.7.

A. Contratos por un periodo indefinido

1

Los contratos con un período indefinido pueden encontrarse en dos conjuntos de circunstancias: **I)** por **acuerdo explícito** y, muy a menudo, **II**) por **acuerdo implícito** cuando ocurren al continuar viviendo una relación contractual (por ejemplo, de un contrato de agencia) después de que el plazo del contrato inicial haya finalizado y/o a la luz de errores de redacción en los acuerdos de prórroga (incluso si los abogados han participado inicialmente en la redacción del contrato, a menudo no se les consulta por meras prórrogas de contratos). No hay razón para eximir tales situaciones de la aplicabilidad del artículo 5.1.8.[1915] La línea es delgada tanto si un contrato antiguo está sujeto a prórroga como si hay una conclusión de un nuevo contrato.

B. Función del Artículo 5.1.8

2

Teniendo debidamente en cuenta la complejidad del comercio internacional para el que se conciben los Principios de UNIDROIT (Preámbulo, párrafo 1) y los desafíos para muchos actores del mercado para sobrevivir en un mercado competitivo, el artículo 5.1.8 **abre una salida de un contrato** con un plazo indefinido mediante **notificación previa.**[1916] Por lo tanto, **I)** cumple una **función de gestión de riesgos** (contra el riesgo de quedar vinculado por un período de tiempo indefinido) y **brinda la oportunidad de adaptarse al mercado** (ya sea a nivel general, por ejemplo, mediante la concentración del mercado o nuevas necesidades y oportunidades emergentes, o a nivel de una de las partes, como en el caso de cambio de control),[1917] a menos que, por su acuerdo (artículo 1.1), las partes eviten una duración indefinida del contrato. **II)** Por lo tanto, el artículo 5.1.8 establece una **excepción al principio *pacta sunt servanda*** en el artículo 1.3 frase 1 (aceptado por cada parte que acuerde los Principios de UNIDROIT) y establece "de otra manera" en el sentido del artículo 1.3 oración 2. Al mismo tiempo, **III)** el artículo 5.1.8[1918] protege una **libertad contractual residual** que incluye la libertad de revisar la decisión sobre la parte contratante y **no quedar vinculados indefinidamente. IV)** La **norma implícitamente imperativa**[1919] del artículo 5.1.8 permite a las partes **separarse de manera equitativa** (artículo 1.7), evitando la "evasión"[1920] (por ejemplo, "trucos sucios" que provoquen un **derecho de resolución** o una resolución en virtud

[1915] Véase artículo 6:109 PDCE. Contra: S. Vogenauer in Vogenauer, artículo 5.1.8 no. 8.
[1916] Pulido Begines,J. L., Comentarios oficiales del artículo 5.8 no. 1, Morán Bovio, p. 280.
[1917] Vogenauer, S., artículo 5.18 no. 1.
[1918] Pulido Begines,J. L., Comentarios oficiales del artículo 5.8 no. 1, Morán Bovio, p. 281.
[1919] Vogenauer, S., artículo 5.19 no. 9.
[1920] Comentarios Oficiales, 2016, artículo 5.1.8 no. 1, p. 164-165.

del artículo 7.3.1). No hay otros requisitos especiales para ejercer una resolución en virtud del artículo 5.1.8, según el cual el principio de buena fe (artículo 1.7) permanece siempre como un deber general.[1921] **V)** El artículo 5.1.8 **no** está disponible para resolver un **contrato a largo plazo** (artículo 1.11 tercera línea). La norma propuesta por el Grupo de Trabajo para permitir la resolución de contratos a largo plazo por razones imperiosas en circunstancias excepcionales[1922] (como se encuentra en varias legislaciones nacionales)[1923] fue revocada por el Consejo de Administración de UNIDROIT en junio de 2016.[1924] Las partes son libres de convenir contractualmente en una norma de ese tipo (artículo 1.5) qué deseen hacer con respecto al proyecto de artículos para la **resolución por razones imperiosas.**[1925] A falta de una norma supletoria en los Principios de UNIDROIT, es importante resolver la cuestión de la **resolución de un contrato a largo plazo** (incluidas las repercusiones en los contratos conexos[1926] y las consecuencias jurídicas adecuadas, que pueden diferir según el motivo de la resolución[1927]). En las relaciones comerciales durante un largo período de tiempo, puede suceder que la confianza en el socio comercial se pierda como resultado de un incumpli-

---

1921 Pulido Begines, J. L., Comentarios oficiales del artículo 5.8 no. 1, Morán Bovio, p. 281.

1922 Propuesto conjuntamente por dos ponentes de Derecho Común y Derecho Civil (Vivian Ramsay y Reinhard Zimmermann), véase el resumen de M. J. Bonell en UNIDROIT 2016, C.D. (95) 15, párr. 34, 111, así como S. Vogenauer en *Eppur si muove*: The Age of Uniform Law, pp. 1698-1713.

1923 Véase el BGB alemán, artículo 314, 2014, p. 12.

1924 UNIDROIT 2016, C.D. (95), 15 no. 122.

1925 Las partes podrían inspirarse en la redacción propuesta por el Grupo de Trabajo (citada a continuación en sus extractos pertinentes del proyecto de 2016 véase UNIDROIT 2016, C.D. (95) 3, Anexo 8, p. 2; sin cursivas en el original): "1) Una parte podrá resolver un contrato a largo plazo si hay razones imperiosas para hacerlo. 2) Sólo existe una razón imperiosa si, habida cuenta de las circunstancias del caso, resulta manifiestamente irrazonable que la parte que resuelve la relación continúe la relación contractual. 3) El derecho de una parte a resolver el contrato se ejerce mediante notificación a la otra parte. 4) La resolución del contrato por razones imperiosas surtirá efecto a partir del momento de la notificación" Véase W. Doralt en Jansen/Zimmermann, artículo 6:112 (PDCE): Derecho de resolución por razones imperiosas, nº 1-16 (pp. 912-918), informando, entre otras cosas, en el nº 10 (p. 916) que los tribunales alemanes (que tienen que aplicar la ley alemana con normas similares en el artículo 314 (1) del Código Civil alemán) "son bastante cautelosos en su aplicación del art. 314 (1) BGB, y, por lo tanto, la jurisprudencia no da ninguna razón para temer una cantidad excesiva de inseguridad jurídica".

1926 En la práctica, a veces es particularmente importante garantizar que las tareas que, desde la perspectiva de una persona razonable, todavía son razonables de "hacer" dadas las circunstancias (posiblemente incluso para ser realizadas bajo un contrato meramente relacionado) se realicen y paguen (y la provisión necesaria, como herramientas o suministros, artículo 5.1.3 no. 6, sigue siendo suministrada por la parte que resuelve); esto mitiga los daños (artículo. 5.1.3) y requiere disposiciones especiales, para estas circunstancias, sobre la retención del cumplimiento y la compensación (que se apartan del artículo 7.1.3 y 8.1); véase W. Doralt en Jansen/Zimmermann, artículo 6:112 (PDCE): Derecho de resolución por razones imperiosas no. 1-16 (pp. 912-918), informando, entre otros, en el no. 10 (p. 916) que los tribunales alemanes (que tienen que aplicar la ley alemana con reglas similares en la sección 314 (1) del Código Civil alemán) "son bastante cautelosos en su aplicación de § 314 (1) BGB, y, por lo tanto, la jurisprudencia no da ninguna razón para temer una cantidad excesiva de inseguridad jurídica". Véase también ibid. y en el no. 14 (p. 917): "Las decisiones dictadas por los tribunales alemanes bajo esta norma son en su mayoría incontrovertidas".

1927 Es un tema recurrente en las negociaciones de contratos a largo plazo si se aplican diferentes consecuencias dependiendo del motivo de la terminación (en absoluto y, de ser así, en qué medida). Véase W. Doralt en Jansen/Zimmermann, artículo 6:112 (PDCE): Derecho a resolver por razones imperiosas, discutiendo, entre otras cosas, en el no. 12 (p. 916) que la resolución por incumplimiento a menudo puede no ser suficiente (ya que técnicamente puede no afectar a los contratos relacionados).

miento, mientras que, técnicamente, solo se ve afectado un contrato de una multitud de contratos.[1928]

3

A falta de un término expreso, la **interpretación** (artículo 4.1, 4.3-4.7; artículo 5.1.2 con respecto a, por ejemplo, "la naturaleza y el propósito del contrato" (literal a), que puede requerir cooperación durante un cierto período mínimo de tiempo) **o la complementación** en virtud del artículo 4.8 (2) (a), (por ejemplo, a la luz de la intención de las partes y una omisión en el proceso de redacción), pueden llevar a descubrir un término que **desplaza** la regla imperativa del artículo 5.1.8 durante algún tiempo. Se ha argumentado que, en un escenario extremo, la interpretación de la intención conjunta de las partes puede dar lugar a una dependencia de la duración del contrato de derechos de propiedad o propiedad intelectual indefinidos (por ejemplo, marcas de fábrica o de comercio en el caso CCI n.º 9479)[1929] y, por lo tanto, calificar el contrato para ser distinto de la situación ordinaria de "período indefinido".

C. Tiempo de anticipación razonable

4

Los factores para que la **prueba de razonabilidad** se aplique en virtud de la primera oración al momento de la notificación anticipada (artículo 1.10) incluyen:[1930] **I)** el **tiempo de cooperación**; **II)** si las **inversiones** en la relación se realizaron o no y se han pagado; **III)** el **tiempo necesario** bajo las circunstancias para encontrar un socio comercial de intercambio. Los criterios mencionados en el artículo 4.3, en particular con respecto a "la naturaleza y el propósito del contrato" (artículo 4.3 literal "c") pueden proporcionar orientación (artículos 1.7, 1.6 numeral segundo); o **IV)** posibles impactos e **interrelaciones con otros contratos**, por ejemplo, entre la misma parte o partes pertenecientes al mismo grupo de empresas. Cualquier norma más estricta con plazos fijos para la terminación no podría reflejar la variedad del comercio y la inversión internacional.

D. Consecuencias legales

5

Una notificación anticipada (artículo 1.10) dada con razonable antelación tiene el efecto de una notificación de terminación.[1931] La segunda oración fue introducida por la edición de 2016 de los Principios de UNIDROIT. Se refiere explícitamente a: **I)** el artículo 7.3.5 para

---

[1928] Véase W. Doralt in Jansen/Zimmermann, artículo 6:112 (PDCE): Derecho a resolver por razones imperiosas, no. 13 (p. 917).

[1929] Vogenauer, S., artículo 5.1.8, no. 5, en referencia al Laudo Arbitral de la CCI caso número 9479, 2001, UNILEX nº 680.

[1930] Comentarios Oficiales, 2016, artículo 5.1.8 no. 1, p. 164-165.

[1931] Vogenauer, S., artículo 5.1.8, no. 13.

el efecto (prospectivo)[1932] de la terminación (por ejemplo, el derecho subsistente a reclamar daños y perjuicios[1933] o a basarse en una cláusula de resolución de disputas);[1934] y **II)** el artículo 7.3.7 (que se refiere a los contratos a largo plazo) para cuestiones de restitución.[1935]

E. Opciones contractuales

6

I) Las partes **pueden evitar la aplicación** del artículo 5.1.8 trabajando: **a)** con **términos fijos**[1936] (es decir, **contratos a largo plazo**, artículo 1.11 tercer guión), y/o **b) opciones** de prórrogas. **II)** Pueden acordar una **cláusula de cambio de control** que, por el contrario, apoye el objetivo del artículo 5.1.8 de evitar estar obligados por un período de tiempo indefinido en todas las circunstancias. **III)** En algunas circunstancias (por ejemplo, cuando la otra parte proporciona un servicio que es esencial para el negocio de la primera parte) pueden querer mitigar el efecto del artículo 5.1.8 y proporcionar una **opción para comprar** al socio contractual (o la parte relevante de su negocio) si este último desea resolver el contrato.

Artículo 5.1.9 (Renuncia por acuerdo de las partes)

(1) Un acreedor puede renunciar a su derecho mediante un acuerdo con el deudor.

(2) La oferta de renunciar a título gratuito a un derecho se presume aceptada si el deudor no la rechaza inmediatamente después de conocerla.

A. Una aclaración para evitar malentendidos culturales

1

A la luz de las diferentes percepciones en todo el mundo sobre cómo efectuar una liberación (por contrato[1937] o declaración unilateral),[1938] el párrafo 1 repite la regla general del artículo 1.3 oración 2 (segunda posibilidad) para los acuerdos de liberación[1939] y, por lo tanto, **evita malentendidos**.[1940] La celebración de dicho **acuerdo** se rige por el artículo 1.2, 3.1.2 (sin forma; sin contraprestación)[1941] y las reglas generales del capítulo 2 sobre la formación del contrato;[1942] la oferta está sujeta a interpretación (artículos 4.1.2-4.1.3). El

[1932] Comentarios Oficiales, 2016, artículo 5.1.8 no. 2, p. 165.
[1933] Comentarios Oficiales, 2016, artículo 5.1.8 no. 2, ilustración 2, p. 165.
[1934] Ídem.
[1935] Ídem.
[1936] Vogenauer, S., artículo 5.1.8, no. 9.
[1937] Vogenauer, S., artículo 5.1.9 no. 5 (con referencias para Bélgica, Inglaterra, Francia, Alemania, Holanda y Suiza).
[1938] Vogenauer, S., artículo 5.1.9, no. 5 (con referencias para Italia, Japón, Escandinavia, Escocia y España).
[1939] Artículo 5.1.8.
[1940] Vogenauer, S., artículo 5.1.9, no. 5.
[1941] Vogenauer, S., artículo 5.1.9, no. 14.
[1942] Vogenauer, S., artículo 5.1.9, no. 6.

acuerdo de liberación conduce a una **extinción de los derechos**[1943] (generalmente también con respecto a otros deudores, si los hubiere, en virtud del artículo 11.1.6, véase también 11.2.3 numeral 2).

B. Acción requerida; El silencio puede constituir consentimiento

2

En virtud del párrafo 2, una oferta de cualquiera de las partes que sea gratuita (*à titre gratuit*)[1944] a la otra parte se considerará aceptada **por la aceptación ficta**[1945] a menos que el deudor (artículo 1.11, cuarta línea) no rechace "inmediatamente"[1946] la oferta. Esta aceptación ficta **no se aplica en el caso** de una oferta a **título oneroso** (por ejemplo, la expectativa de recibir la entrega parcial de las mercancías a tiempo liberando al deudor de la obligación de entregar el resto adeudado en virtud del contrato).[1947]

C. Diferencia

3

Un acuerdo de liberación que extingue derechos es distinto de un ***pactum de non petendo***, es decir, un compromiso de no perseguir ciertos derechos durante un cierto tiempo.[1948]

Anexo de la Sección 5.1 - Principios de UNIDROIT para Tipos Específicos de Contratos (Compraventas, Servicios, Obra)

A. Autonomía de las partes

1

Dentro de los límites de la ley imperativa (artículo 1.4) y los **principios generales de buena fe y lealtad negocial** en el comercio internacional (artículo 1.7 (2)), abarcando un requisito de **comportamiento razonable** hacia la parte contratante (evaluado desde una perspectiva objetiva con respecto a lo que un comerciante en la misma situación consideraría razonable con respecto a la naturaleza y el propósito del contrato y otras circunstancias relevantes (artículo 1.7 no. 2, 4),[1949] las partes **son libres de dar forma al contenido** de su contrato (artículo 1.1, 1.5). Los Principios de UNIDROIT, incluidos en particular los Capítu-

1943 Vogenauer, S., artículo 5.1.9, no. 15.

1944 Vogenauer, S., artículo 5.1.9, no. 8, con referencia al principio de distinción del Derecho Francés de "obligaciones onerosas".

1945 Vogenauer, S., artículo 5.1.9, no. 11.

1946 Vogenauer, S., artículo 5.1.9, no. 13.

1947 Vogenauer, S., artículo 5.1.9, no. 10.

1948 Vogenauer, S., artículo 5.1.9, no. 3 y 15.

1949 Si un socio contractual se comporta de manera irrazonable por sí mismo, eso es su propio riesgo y no está cubierto por el artículo 1.7.

los del 5 al 11, establecen normas supletorias que se aplican como derecho de fondo para las cuestiones que las partes no regulan de otra manera (Introducción No. 9c).

2

Si bien los Principios de UNIDROIT pueden acordarse y aplicarse a todo **tipo de contratos** (Introducción no. 3), incluidos los contratos de proyectos simples y sencillos y los contratos complejos (como los de la **alianza estratégica o *joint venture*, la construcción, los acuerdos marco o mixtos** de distribución, ventas y servicios de acuerdo con lo establecido en la Introducción no. 9b en VIII), pueden ser muy útiles para los contratos relativos a la **venta de bienes muebles** (incluidos los contratos internacionales sobre programas informáticos, electricidad, gas y agua, derechos, acciones, conocimientos técnicos, bienes a fabricar; y contratos internacionales de intercambio/trueque),[1950] así como **acuerdos de servicios**, es decir, los tipos de contratos más antiguos y frecuentes en el comercio internacional.[1951] A este respecto, es útil precisar algunas cuestiones concretas (núm. 4-10 infra), especialmente las que no están cubiertas por los Principios de UNIDROIT, ya que estos proporcionan un Derecho Contractual Internacional **general** en comparación con las normas centradas en un tipo específico de contrato, como la CNUCCCCIM para la compraventa internacional de mercaderías, o el Convenio CMR para el transporte internacional (Introducción no. 9d-e).

3

Sin embargo, como señalaron *Rena See* y *Darshimi Prasad* en el pasaje citado en el Anexo del Preámbulo - Principios de UNIDROIT, como principios generales del derecho contractual comercial internacional No. 4, *"si las partes redactaran cuidadosamente sus acuerdos con el nivel de especificidad común en las jurisdicciones de derecho inglés, habría (...) poca diferencia sustantiva si los Principios de UNIDROIT o la legislación inglesa son la ley aplicable. En otras palabras, los Principios de UNIDROIT son totalmente compatibles con los principios del derecho contractual inglés y pueden adaptarse a su aplicación"*.

B. Contratos de Compraventa

4

Al celebrar un contrato de compraventa internacional "en virtud del UNIDROIT" (es decir, los Principios de UNIDROIT), los Principios de UNIDROIT proporcionarán soluciones de respaldo para las cuestiones más pertinentes. Sin embargo, independientemente del régimen contractual aplicable, es sensato considerar los siguientes temas del programa y decidir activamente si estipular cláusulas específicas para un tema o basarse en reglas supletorias. Para un **contrato corto, para una transacción única**, una orden que especifique el bien y un término comercial sobre la transmisión del riesgo (bajo XI), así como el precio, será suficiente en combinación con una elección de la cláusula de los Principios de UNIDROIT y una

[1950] CNUDMI, *Tripartite Legal Guide*, no. 450, p. 100.

[1951] T. Rüfner en Jansen/Zimmermann, artículo 18:101 (PDCE): *Contracts Covered*, no. 3-14, 18 (pp. 1963-67, 1969-70), seguido de un resumen comparativo en no. 15-18 (pp. 1967-70).

cláusula de arbitraje, así como posiblemente una cláusula de limitación de responsabilidad (bajo VI). Estos puntos adicionales también pueden incluirse en los **términos y condiciones generales** (artículo 2.1.19 no. 1),[1952] si pasan a formar parte del acuerdo contractual (artículo 2.1.1 y subsiguientes, 2.1.22).[1953] Para un **contrato** más complejo o **a largo plazo**, las partes generalmente desearán considerar más detalles. En la siguiente sinopsis no exhaustiva, también se indican, según proceda, las normas supletorias de los Principios de UNIDROIT que se aplican en ausencia de un acuerdo específico.

(I) Lo más importante es que el contrato **especificará los bienes**. A tal fin, las partes acordarán en muchas circunstancias "**especificaciones técnicas**", por ejemplo, para contratos de obra a largo plazo o contratos sobre la producción y venta de piezas producidas en líneas de producción de funcionamiento automático. Las especificaciones técnicas precisas describen también el nivel de calidad esperado (Introducción Capítulo 7 no. 5). Para la venta de bienes complejos (por ejemplo, una planta de electrólisis para el negocio del hidrógeno[1954]), las especificaciones también incluirán requisitos técnicos que debe suministrar el cliente como una cuestión de **cooperación** (artículo 5.1.3).

(II) En transacciones más complejas o a largo plazo, el parámetro técnico se complementará con un **cronograma**. De lo contrario, el artículo 6.1.1 proporciona una norma supletoria. Las partes también pueden acordar un **período suplementario para el cumplimiento** (artículo 7.1.5 no. 4) o, por el contrario, un "**pago estipulado para el incumplimiento**" en caso de retraso (artículo 7.4.13) que, medido adecuadamente, también puede servir como una limitación de responsabilidad por retraso.

(III) La descripción de las mercancías suele complementarse con algún texto sobre la norma de **calidad** esperada (por ejemplo, "conforme a las especificaciones") que es evidente con respecto al artículo 7.1.1 y cubierto por el artículo 5.1.6. Como "los motivos y propósitos subjetivos de una parte" son "generalmente (...) irrelevantes", deben acordarse si una parte desea "hacer que estos motivos y propósitos formen parte de su proyecto común",[1955] por ejemplo, en una cláusula de "adecuación para el propósito" (por la cual, desde la perspectiva del vendedor, la idoneidad puede limitarse a ajustarse a la especificación).

(IV) Desde la perspectiva del vendedor, es particularmente importante determinar **el precio y las condiciones de pago**.[1956] El artículo 5.1.7 (sobre la determinación del precio), el artículo 6.1.1 (sobre el momento de cumplimiento), y los arts. 6.1.7-6.1.12 (sobre varios modos y costo de pago) establecen normas supletorias. En tiempos de escasez de material

---

[1952] Negocios cotidianos experimentados regularmente, como se ha realizado en los últimos años, por ejemplo, en las siguientes industrias: automotriz, salud, hidrógeno, pintura de barcos.

[1953] Dado que, en la práctica, la integración de los términos y condiciones generales ("TCG") de cualquiera de las partes a menudo falla independientemente del volumen de la transacción, a veces es útil imprimir los términos más importantes, incluida la elección de los Principios de UNIDROIT y la cláusula de arbitraje, directamente al final de la orden. Si el acuerdo válido sobre los TCG fracasa y el contrato individual (que puede consistir únicamente en el pedido aceptado) no incluye una elección de la cláusula de los Principios de UNIDROIT, la CNUCCI se aplicará a menudo en virtud de su artículo 1 numeral 1 inciso "a" o "b" (sin ninguna cláusula de limitación de responsabilidad contenida en los TCG), como se observa a menudo en la práctica.

[1954] Fue negociado dos veces por el autor bajo los Principios de UNIDROIT en 2022.

[1955] S. Martens en Jansen/Zimmermann, artículo 18:203 (2) (PDCE): Conformidad con el contrato (criterios), no. 10 (p. 2002), con una visión histórica y comparativa sobre el surgimiento de obligaciones para el comprador que, inicialmente, debían estipularse explícitamente en el no. 2-10 (pp. 1989-95).

[1956] S. Martens in Jansen/Zimmermann, artículo 18:101 (PDCE): Main Obligation of the Buyer, no. 1-4 (pp. 1980-82).

en todo el mundo, puede ser útil una **cláusula de adaptación de precios** en caso de cambio sustancial de los precios de las materias primas; en caso de su ausencia, las normas supletorias sobre **excesiva onerosidad** (arts. 6.2.1-6.2.3) se apoyan en escenarios extremos de alteración fundamental del equilibrio económico. Las consecuencias establecidas en el artículo 6.2.3 pueden adaptarse a las necesidades de las partes (Introducción a la excesiva onerosidad No. 3; artículo 6.2.3 no. 4-5).

(V) El lenguaje sobre la calidad de los productos a menudo se combinará con el lenguaje sobre "**garantía**", por ejemplo, que los productos cumplan con las especificaciones acordadas.[1957] Como la naturaleza jurídica de las "garantías" todavía no está del todo clara desde una perspectiva jurídica internacional comparativa,[1958] una garantía explícita crea una reclamación contractual. Sin embargo, incluso sin ese lenguaje, esta cuestión está cubierta por el artículo 7.4.1, que otorga una reclamación por daños y perjuicios[1959] a la parte agraviada en caso de "cualquier incumplimiento".[1960]

(VI) a) Las cláusulas sobre la calidad a menudo se complementan con un lenguaje sobre la **inspección de mercaderías**,[1961] al menos limitado a una inspección de defectos obviamente visibles.[1962] **b)** Además, en este contexto, el contrato también puede incluir algún texto sobre **defectos evidentes** y sobre el conocimiento[1963] o el conocimiento constructivo[1964] del comprador de alguna no conformidad (por ejemplo, para muestras, que solo pueden utilizarse con fines de ensayo y no son aptas para ser introducidas en un producto introducido en el mercado).[1965] Sin ese lenguaje explícito en el contrato, la interpretación del contrato (artículo 4.1, 4.3 y siguientes), el principio de buena fe y trato justo (artículo

---

1957 Historia: Sobre el surgimiento de la responsabilidad por defectos desde el derecho romano y una visión comparativa ver T. Rüfner en Jansen / Zimmermann, artículo 18: 204 (PDCE): *Overview of Buyer's Remedies for Lack of Conformity*, no. 2-11 (pp. 2016-20), incluida la ley inglesa (en no. 10, p. 2020): "En la tradición del derecho consuetudinario, los recursos del comprador por defectos (o falta de conformidad) nunca fueron, en una medida similar, sujeto a un trato especial como en la tradición continental".

1958 S. Martens in Jansen/Zimmermann, artículo 18:203 (1) (PDCE): Conformity with the Contract (General), no. 1 (p. 1989).

1959 CNUCCI, artículo 45 numeral 1 literal "b", artículo 74 y subsiguientes, daños y perjuicios del comprador.

1960 S. Martens in Jansen/Zimmermann, artículo 18:203 (1) (PDCE): Conformity with the Contract (General), no. 5, 7 and 10 (pp. 1992-95).

1961 Para una visión comparativa de las legislaciones nacionales divergentes sobre la obligación de inspeccionar las mercancías, véase S. Martens en Jansen/Zimmermann, artículo 18:203 (3) (PDCE): Conformidad con el contrato (conocimiento del comprador de la falta de conformidad), no. 3 (pp. 2006-07) señalando la ley finlandesa (sección 20 (2) Ley finlandesa de compraventa de mercaderías) como una excepción a la observación de que "el comprador generalmente no está obligado a examinar el objeto a fondo antes de concluir la venta y él perderá sus remedios si actuó con negligencia grave".

1962 Las partes tal vez deseen inspirarse en el párrafo 2 del artículo 35 de la CNUCCIM. Para una visión histórica y comparativa, véase S. Martens en Jansen/Zimmermann, artículo 18:203 (2) (PDCE): Conformidad con el contrato (criterios), no. 1-14 (pp. 1997-2004), señalando, por ejemplo, en el no. 1 (p. 1997) sobre el cambio provocado por nuestra sociedad global moderna: "*Caveat emptor* parecía una regla justa siempre que se pudiera esperar que los compradores examinaran los bienes e identificaran defectos antes de concluir la venta. En los tiempos modernos, sin embargo, los compradores a menudo carecen del tiempo, la experiencia y la oportunidad para hacerlo".

1963 CNUCCIM, Artículo 35 numeral 3.

1964 Ídem.

1965 Véase S. Martens en Jansen/Zimmermann, artículo 18:203 (3) (PDCE): Conformidad con el contrato (conocimiento del comprador de la falta de conformidad), no. 1-11 (pp. 2005-2010) incluyendo antecedentes históricos y un análisis comparativo en el no. 2-4 (pp. 2006-07) sobre el desarrollo del grupo de casos en que comprador tiene conocimiento de una inconformidad y, por lo tanto, es "indigno de protección" (ibid. no. 1 en p. 2005).

1.7) o, en caso de conocimiento del comprador, la regla sobre comportamiento incoherente en el artículo 1.8 pueden servir para evitar una responsabilidad del vendedor porque constituye un comportamiento inconsistente de un comprador si reclama un derecho basado en un defecto del que tenía conocimiento en la celebración del contrato.[1966]

(VII) Especialmente desde la perspectiva del vendedor, el acuerdo sobre garantías suele estar relacionado, al menos en los contratos a largo plazo, con un **régimen de responsabilidad** tanto con respecto a la **calidad como al retraso**. El artículo 7.1.6 proporciona la base para acordar **cláusulas de limitación de responsabilidad.**

(VIII) En vista de la importancia de la **Propiedad Intelectual** (PI) en los tiempos modernos, a menudo, se agregan cláusulas sobre PI (antecedentes/primer plano), combinadas con una cláusula sobre una garantía a este respecto o sobre indemnización en caso de que un tercero presente una reclamación.[1967] Una vez más, sin ese lenguaje, la cuestión a menudo está cubierta por el contrato, debidamente interpretada (artículos 4.1, 4.3 literal "d"), porque la propiedad del bien, libre de reclamaciones de terceros, a más tardar en el momento de la transferencia de propiedad, generalmente se acuerda en un contrato de venta o al menos se convoca implícitamente (artículo 5.1.2 literal "a").

(IX) Desde la época romana,[1968] una cuestión clave es la **transferencia de propiedad** (que a menudo está relacionada con la entrega de los bienes).[1969] En virtud de la **ley de propiedad** aplicable (que se determinará siempre independientemente de la ley que rige el contrato), las partes a menudo serán libres de acordar el momento para la transferencia de propiedad. A menudo también se trata de una cuestión de **gestión de riesgos, seguridad** (por ejemplo, estableciendo el pago como condición para la transferencia de la propiedad, es decir, una norma que muchas jurisdicciones reconocen) y de contabilidad adecuada en el balance de la empresa.

(X) a) Otra cuestión clave es la **transmisión del riesgo**[1970] y, por lo tanto, la **distribución del riesgo** con respecto al valor de las mercaderías.[1971] Por un lado, esto se refiere al "**riesgo de contraprestación**", es decir, "la obligación del comprador de pagar a pesar de la destrucción total o parcial de las mercaderías"[1972] (sin interferencia del comprador, artículo 7.1.2).[1973] Por otra parte, en un sentido más amplio, el "**riesgo de cumplimiento**" se utiliza

---

1966 S. Martens in Jansen/Zimmermann, artículo 18:203 (3) (PDCE): Conformity with the Contract (Buyer's Knowledge of Lack of Conformity), no. 6 (p. 2008).

1967 CNUDMI, *Tripartite Legal Guide,* no. 446, p. 99. Tomando nota a un alto nivel de los principales convenios pertinentes y que, "debido al principio de territorialidad, es la ley del territorio en el que está protegida la propiedad intelectual la que determina el alcance de la protección de la propiedad intelectual".

1968 S. Martens en Jansen/Zimmermann, Introducción antes del artículo 18:201 (PDCE), (i) no. 2-5 (pp. 1974-77); ii) N° 1 (p. 1974), en el que se observa que era el "concepto de obligación" el que "permitía a las partes convenir en una venta en un momento determinado, pero retrasar la ejecución de su respectiva parte de la operación hasta más adelante"; así como (iii) no. 6 (p. 1977) sobre la evaluación de que "todavía no hay un consenso completo sobre si un vendedor está realmente obligado a efectuar dicha transferencia de propiedad", como se documenta ibid. en el artículo 18:202 (PDCE): *Main Obligations of Seller,* no. 2 (pp. 1986-87).

1969 S. Martens in Jansen/Zimmermann, artículo 18:202 (PDCE): *Main Obligation of the Seller*, no. 1-5 (pp. 1985-88).

1970 T. Rüfner in Jansen/Zimmermann, artículo 18:301 (PDCE): *Passing of Risk,* no. 4 (p. 2023).

1971 T. Rüfner in Jansen/Zimmermann, artículo 18:301 (PDCE): *Passing of Risk,* no. 16 (p. 2029).

1972 Ídem.

1973 T. Rüfner en Jansen/Zimmermann, artículo 18:301 (PDCE): *Passing of Risk,* no. 3 (p. 2023). Véase además el análisis ibid. en el n° 15 (p. 2028) sobre los daños a las mercaderías, causados por el vendedor, después de la transmisión del riesgo. Si las mercaderías son dañadas con ocasión de recoger los contenedores en los que

con mayor frecuencia en el contexto de **obligaciones genéricas**: se dice que un deudor de productos genéricos asume el riesgo de cumplimiento si tiene que adquirir nuevos bienes que se ajusten a la descripción contractual después de que los bienes que pretendía utilizar para cumplir su obligación hayan sido dañados o destruidos.[1974] En vista de la variedad de soluciones nacionales a lo largo de los siglos y hasta hoy,[1975] y por lo tanto de los diferentes conceptos previos en la mesa de negociaciones, se aconseja a las partes que regulen esta cuestión en su contrato de compraventa. Por lo general, cubrirán el tema mediante un acuerdo sobre un término comercial, es decir, usos (artículo 1.9 no. 1), como un **INCOTERM® (2020)** que incluye un acuerdo sobre el **riesgo del transporte**;[1976] el acuerdo a este respecto a menudo estará alineado con el lenguaje sobre la transferencia de propiedad para que el cambio de propiedad y el cambio en la asunción de riesgos estén juntos;[1977] o las partes pueden preferir alinear la transmisión de los riesgos con la entrega.[1978] A menudo, la transferencia de las mercancías será reemplazada por una transferencia de documentos que representan las mercancías, como un conocimiento de embarque.[1979] **b)** En ese contexto, aunque normalmente impulsadas por una **presión operacional** directa, las partes acordarán, al menos en los contratos a largo plazo, también detalles relativos al momento y la tramita-

---

fueron enviadas por el comprador (es decir, el ejemplo dado ibid. con referencia a G. Hager/ M. Schmidt-Kessel en Schlechtriem & Schwenzer, artículo 66 (CNUCCI) no. 9), dependerá de las circunstancias del caso y de los árbitros si consideran que estas cuestiones siguen siendo contractuales (por ejemplo, con respecto al deber de cooperación, artículo.1.3, que podría cubrir la obligación de no dañar las mercancías al realizar una última acción en el contexto de la entrega).

[1974] T. Rüfner en Jansen/Zimmermann, artículo 18:301 (PDCE): *Passing of Risk*, no. 2 (p. 2023, énfasis añadido). Para una visión histórica y comparativa de la identificación y separación de bienes para un contrato específico, véase ibid., artículo 18:302 (PDCE): *Identification of Goods to Contract*, no. 1-10 (pp. 2030-35). Véanse también los artículos 67 a 69 de la CNUCCI.

[1975] T. Rüfner en Jansen/Zimmermann, artículo 18:303 (PDCE): *Time when Risk Passes*, no. 19, p. 2046 (siguiendo una visión histórica y comparativa ibid. no. 2-18, pp. 2037-46): "Los sistemas jurídicos europeos están divididos casi por igual entre dos soluciones básicas. Un grupo, compuesto principalmente por países que siguen la tradición jurídica francesa, sigue aplicando la norma *periculum est emptoris*. El riesgo de pérdida pasa al comprador tan pronto como se concluye el contrato. El otro grupo pospone la transmisión del riesgo hasta que las mercaderías hayan sido entregadas al comprador".

[1976] La elección de un INCOTERM® resuelve así los problemas de asunción de riesgos durante el transporte que han ocupado a los abogados durante siglos; véase T. Rüfner en Jansen/Zimmermann, artículo 18:302 (PDCE): *Identification of Goods to Contract*, no. 3 (p. 2031) con, por ejemplo, un informe instructivo de una serie de casos en la década de 1640 decididos por los tribunales de Sajonia en relación con bienes robados en el camino a otra ciudad y decididos por "motivos equitativos" ("Los tribunales de Sajonia decidieron en cada caso que el comprador tenía que pagar, aunque no hubiera recibido los bienes"), como se analiza más a fondo en un contexto histórico y comparativo ibid., artículo 18:305 (PDCE): Transporte de mercancías, no. 3-7 (pp. 2054-57). Contra: la transmisión del riesgo "en el momento de la entrega" "en el derecho medieval de las ciudades de Viena y Lübeck" (ibid., artículo 18:303 (PDCE): *Time when Risk Passes*, no. 5 (p. 2038, notas de pie de página omitidas). Véase además ibid., artículo 18:305 (PDCE): Transporte de mercancías, nº 1 ("No existe precedente romano") y nº 8-11 (pp. 2057-58) para un análisis comparativo que incluye el artículo 67 de la CNUCCI.

[1977] La distinción entre distribución del riesgo (con el comprador bajo la máxima de derecho romano *"periculum est emptoris"*, T. Rüfner en Jansen/Zimmermann, artículo 18:303 (PDCE): *Time when Risk Passes*, no. 2, p. 2037) y propiedad ha sido objeto de discusiones durante siglos (véase la descripción detallada ibid. no. 6-11, pp. 2039-42; incluyendo en el no. 10, p. 2041, una discusión de la historia del derecho consuetudinario a partir de Shipton vs. Dogge de 1388 relacionada con el riesgo del comprador de un caballo muriendo en los establos del vendedor después de la compra).

[1978] T. Rüfner in Jansen/Zimmermann, artículo 18:303 (PDCE): *Time when Risk Passes*, no. 16 (pp. 2044-45) on 'Risk passes upon delivery.'

[1979] T. Rüfner in Jansen/Zimmermann, artículo 18:303 (PDCE): *Time when Risk Passes*, no. 12-13 (p. 2043).

ción de la **entrega** de las mercaderías; a menudo incluyendo agentes (por ejemplo, terceros que proporcionan la descarga en el lugar de negocios del comprador dentro de ciertos intervalos de tiempo previamente acordados); o las partes tal vez deseen integrar normas sobre la recepción de la entrega (por ejemplo, en los locales del vendedor).[1980] Esto puede requerir **cooperación** (artículo 5.1.3) que está sancionada por una reclamación por daños y perjuicios en caso de incumplimiento (artículo 5.1.3 no. 4). **c)** En el caso de una venta de mercancías en tránsito, se requiere especial atención y lenguaje, posiblemente incorporando el artículo 68 de la CNUCCIM en el contrato para abordar adecuadamente la asignación de riesgos (y riesgos de seguro).[1981]

(XI) En contratos complejos, las cláusulas adicionales cubrirán cuestiones de **seguros** (incluido posiblemente un lenguaje especial para la responsabilidad y el retiro del producto); y el vendedor cubrirá su propio riesgo hasta la transmisión del riesgo asegurando el lugar donde guarda los bienes antes de la entrega.

(XII) Además, en **contratos complejos (a largo plazo),** las partes a menudo regularán **detalles** mucho más allá del nivel de detalle de cualquier ley nacional. Estos incluyen, por ejemplo, el **embalaje**[1982] (el artículo 6.1.11 para los costes de ejecución, que incluye, por ejemplo, ciertos costes de embalaje, artículo 6.1.11 no. 1), el **etiquetado o las normas de responsabilidad social corporativa** (artículo 5.1.6 no. 4), el **material adquirido por el comprador** (artículo 5.1.3 no. 6), o el **pago de una suma específica en caso de incumplimiento** (artículo 7.4.13). En virtud de "UNIDROIT", tales obligaciones pueden derivarse directamente de la interpretación del contrato, del deber de cooperación (artículo 5.1.3 no. 1-6) o de otras normas dentro de los Principios de UNIDROIT.

(XIII) Cualquier **ley imperativa** posiblemente aplicable debe ser considerada (artículo 1.4, por ejemplo, artículo 6.1.14-6.1.17 sobre permisos públicos).

(XIV) Por último, y a veces es mejor plantearlo ya al comienzo mismo de una negociación junto con la elección de los Principios de UNIDROIT, es importante acordar una cláusula apropiada de resolución de controversias, es decir, preferiblemente una **cláusula de arbitraje** (Introducción no. 9).

(XV) Algunas otras cuestiones necesarias para la redacción del contrato (como el escrutinio de si la otra parte ha sido debidamente establecida o constituida y si está debidamente representada) serán calificadas de manera diferente por el régimen de **Derecho Internacional Privado** que es aplicable desde la perspectiva del régimen de resolución de controversias elegido (Introducción no. 17). Esto incluye cuestiones de **derecho de sociedades o capacidad** que están fuera del alcance de los Principios de UNIDROIT (artículo 3.1.1 sobre la falta de capacidad).

[1980] T. Rüfner in Jansen/Zimmermann, artículo 18:304 (PDCE): *Goods Placed at Buyer's Disposal*, no. 2-10 (pp. 2049-52).

[1981] T. Rüfner in Jansen/Zimmermann, artículo 18:306 (PDCE): *Goods Sold in Transit*, no. 1-7 (pp. 2060-64).

[1982] CNUCCIM, artículo 35 numeral 2 literal "d". S. Martens en Jansen/Zimmermann, artículo 18:203 (2) (PDCE): Conformidad con el contrato, no. 14 (p. 2004), señalando, entre otras cosas: "Los ordenamientos jurídicos nacionales europeos no abordan, en principio, la cuestión del embalaje como una cuestión de (no) conformidad de las mercancías, sino que consideran el deber de embalaje en general como una obligación accesoria cuyo incumplimiento da lugar a los recursos generales por incumplimiento". Para los Principios de UNIDROIT, véase el artículo 7.1.1, que incluye cualquier violación que no esté justificada.

5

Incluso cuando todos estos puntos se estipulan en detalle en el contrato, las partes a menudo no regularán otras cuestiones pertinentes que están cubiertas en los Principios de UNIDROIT, como la **compensación de deudas en moneda extranjera** (artículo 8.2), la **fuerza mayor** (artículo 7.1.7), la obligación de **atenuar el daño** (artículo 7.4.8) o el remedio de un **plazo adicional para el cumplimiento** (artículo 7.1.5). Algunas cuestiones se tratarán implícitamente, como la **obligación de aceptar la entrega** en caso de contrato de compraventa (artículo 5.1.2 literales a-d).[1983] Como resultado, los Principios de UNIDROIT **pueden ser bien** (y a menudo) **utilizados para concluir un contrato internacional de compraventa.**[1984] La CNUCCIM ofrece una alternativa basada en tratados, especialmente para la venta de mercancías a través de una distancia de tránsito (incluidos los servicios relacionados menores),[1985] y refleja compromisos internacionales a menudo similares, como los Principios de UNIDROIT, que en general se inspiraron en la CNUCCIM (también requiere adaptaciones a las circunstancias particulares del proyecto contractual).[1986] En comparación con la CNUCCIM, los Principios de UNIDROIT abarcan más cuestiones de derecho contractual general que frecuentemente son necesarias en el contexto de una venta de bienes (capítulos 4, 9-11). Las partes también son libres de convenir en la **CNUCCIM complementada** para las cuestiones que no están cubiertas por la CNUCCIM, **por los Principios de UNIDROIT** (Introducción No. 9e). Si este esquema es demasiado complejo (por ejemplo, por falta de tiempo para concentrarse en el contenido de dos instrumentos internacionales;[1987] o para evitar batallas cuesta arriba contra abogados a los que no les gusta la CNUCCIM),[1988] es **posible elegir los Principios de UNIDROIT por sí solos** para un proyecto de contrato inter-

---

1983 S. Martens en Jansen/Zimmermann, artículo 18:201 (PDCE): *Main Obligation of the Buyer*, no. 5-8 (pp. 1982-84) argumentando en el no. 8 (p. 1984) que la recepción de la entrega se deriva de un derecho y no implica necesariamente una obligación de recibir la entrega, pero también describiendo en el no. 7 (p. 1983) que el artículo 60 lit. b CIM "es un deber de cooperar para hacer posible el cumplimiento efectivo del contrato".

1984 Estoy más allá de contar el número de contratos celebrados bajo los Principios de UNIDROIT, como en 2022, la compra de un coche ambulancia a un vendedor alemán por parte del Ministerio de Defensa de Ucrania.

1985 Párrafo 2 del artículo 3 de la CNUCCI, véase, por ejemplo, C. Willems en Jansen/Zimmermann, Introducción antes del artículo 19:101 (PDCE), nº 1 (p. 2074): "la CNUCCI se aplica a los contratos en los que el suministro de servicios conexos sólo tiene una importancia menor en comparación con la parte del contrato relativa a las ventas"; véase además ibid., artículo 19:101 (PDCE): Alcance del capítulo, no. 2 (p. 2076) para las raíces históricas de los contratos de venta con servicios combinados y para una visión comparativa ibid., no. 3 (p. 2077). En la práctica internacional, la combinación de ventas con puesta en marcha es frecuente (como se vio en 2022 en un contrato consecutivo relativo a la compra a un proveedor de Nueva York, en virtud de los Principios de UNIDROIT, de pilas electrónicas que luego se vendieron desde Alemania a la República Checa, también en virtud de los Principios de UNIDROIT, con puesta en marcha en la República Checa). Si la CNUCCI se aplica a esos "servicios menores conexos", "esto significa que las normas sobre ventas que no se ajustan exactamente a una parte menor del contrato de servicios deben aplicarse con las adaptaciones necesarias", como señaló C. Willems en Jansen/Zimmermann, 19:101 (PDCE): Alcance del Capítulo, nº 6 (p. 2079) con referencia al artículo 7 de la CIM

1986 Para una sinopsis de la relación (y la superposición) entre los Principios de UNIDROIT y la CNUCII, véase CNUDMI et al., *Tripartite Legal Guide*, nº 392 a 397 (pp. 86 y 88). Además, el índice de este libro distingue bajo la entrada "CNUCCI" entre "como fuente de los Principios de UNIDROIT" y "complementación de la CNUCCI". Si bien esta lista no pretende ser completa, las dos listas proporcionan una visión general de vía rápida.

1987 Dependiendo de la perspectiva, trabajar con la CNUCCI también requiere concentración, adaptaciones y complementaciones (por ejemplo, de un régimen de limitación de la responsabilidad).

1988 Esta fue una razón, en 2018, para que el asesor general de un cliente internacional de los Estados Unidos cambiara a los Principios de UNIDROIT a nivel mundial.

nacional de compraventa (Introducción No. 9c), independientemente de los entornos jurídicos nacionales circundantes. Esto es particularmente útil en el caso de los contratos a largo plazo o "relacionales" (incluidos los contratos de distribución mixta y los contratos marco de venta)[1989] que fueron objeto de la revisión de 2016 de los Principios de UNIDROIT (artículo 1.11, renglón 3d), "mientras que la CNUCCIM y la Convención sobre la prescripción tienden a centrarse en transacciones individuales y únicas".[1990]

C. Contratos de Servicios

6

Al contratar un contrato internacional sobre servicios, existen alternativas convencionales sólo para unos pocos tipos de servicios. El Convenio relativo al Contrato de Transporte Internacional de Mercancías por carretera (CMR) y las Reglas uniformes relativas al Contrato de Transporte Internacional de Mercancías por ferrocarril (CIM), para el sector del **transporte** proporcionan excepciones notables y útiles. Para otros tipos de servicios, incluidos los "tipos modernos de servicios", como los servicios de programación[1991] relacionados con la tecnología de la información, ha resultado útil en la práctica anterior utilizar los Principios de UNIDROIT (por ejemplo, la legislación local en Rumania o, más recientemente, en Ucrania (Introducción no. 3) que no era conocida o incluso legible en su idioma original por el abogado alemán en funciones). En **contratos complejos a largo plazo**, los contratos de venta a menudo se combinan con contratos de servicios separados para servicios de **capacitación, instalación y soporte** (por ejemplo, para la operación de líneas de automatización). Dado que, cada vez más, muchos bienes vendidos en virtud de contratos a largo plazo, a menudo adaptados o incluso desarrollados para las necesidades del cliente, incluyen software, la elección de los Principios de UNIDROIT para todo el paquete contractual evita cualquier discusión sobre las líneas de demarcación entre ventas y servicios.[1992] Está en consonancia con la Guía Jurídica Tripartita publicada conjuntamente por la CNUDMI, UNIDROIT y HCCH.[1993]

7

Al igual que para cualquier otro contrato, es importante para un contrato de servicios, regular: ¿Quién debe qué a quién?, ¿Cuándo y bajo qué condiciones y con qué límites de responsabilidad? (Introducción Capítulo 7 no. 5). Como ley básica para todas las cuestiones no reguladas explícitamente en el contrato (Introducción No. 9c), los Principios de UNI-

[1989] CNUDMI et al., *Tripartite Legal Guide*, no. 431 (p. 95).

[1990] CNUDMI et al., *Tripartite Legal Guide*, no. 397 (p. 87).

[1991] C. Willems in Jansen/Zimmermann, 19:101 (PDCE): *Scope of Chapter*, no. 10 (pp. 2081-82).

[1992] C. Willems en Jansen/Zimmermann, 19:101 (PDCE): Alcance del Capítulo, no. 21 (pp. 2085) y no.20 (p. 2085) en los que se examina la línea de demarcación entre el servicio y el transporte con respecto al «transporte de la máquina dentro del domicilio del cliente». Por *dépeçage* también es posible someter diferentes partes del contrato a diferentes regímenes jurídicos, como se discutió ibid. no. 22 (p. 2986).

[1993] CNUDMI y otros, Guía jurídica tripartita, nº 397 (p. 87): "Algunas de las disposiciones que no tienen equivalente en los convenios se adaptan específicamente a los contratos de servicios, en particular los contratos a largo plazo y los llamados "contratos relacionales" (...)".

DROIT proporcionan un entorno jurídico neutral, preferiblemente en combinación con una cláusula de arbitraje (Preámbulo No. 6). Sin embargo, incluso en virtud de los Principios de UNIDROIT, es importante determinar el **contenido de la obligación de servicio**, explícitamente (artículo. 4.1, 4.3 y siguientes sobre interpretación) o implícitamente (artículo 5.1.2 sobre obligaciones implícitas):

(I) ¿Estará obligado el prestador de servicios a alcanzar un **resultado específico** (artículo 51.4 numeral 1) del que será responsable en caso de incumplimiento? (artículo 7.4.1 y subsiguientes)

(II) ¿O el proveedor de servicios solo se comprometerá a hacer "**los mejores esfuerzos**" que se miden en una "**prueba de razonabilidad** personalizada y contextualizada"? (artículo 5.1.4 no. 2)[1994] Ejemplo: Un abogado actúa bajo los Principios de UNIDROIT (Preámbulo no. 4). A falta de un lenguaje claro que obligue al proveedor de servicios a lograr un resultado específico, "la naturaleza y el propósito del contrato" (artículo 4.1 numeral 2 y 4.3 literal "d") generalmente dará lugar a una obligación de mejores esfuerzos, es decir, actuar con cuidado y habilidad razonables.[1995] Esto, a su vez, generalmente **implicará** una **obligación de evitar daños a la propiedad** (incluidos los datos digitales)[1996] o la integridad personal del principal, es decir, el comprador del servicio, o de terceros[1997] (artículo 5.1.2 literales "c" y "d"). A su vez, con respecto a las circunstancias, también puede implicarse un consentimiento del principal a un "daño" necesario o no razonablemente evitable a la integridad de la propiedad adquirida por el comprador (que es necesaria para los servicios, artículo 5.1.2 literal "a, c y d").[1998] Para cubrir este riesgo de daño y un reclamo de indemnización (artículo 7.4.1) como resultado de la falta de prevención de daños innecesarios (es decir, "incumplimiento" de la obligación de servicio). El comprador puede requerir alguna prueba de **seguro** del proveedor de servicios (y mencionarlo como una obligación contractual). Deben considerarse limitaciones económicas a (o el precio de) **las medidas cautelares**[1999] para

---

[1994] Historia: Para el surgimiento de esta distinción desde el derecho romano y en varias leyes nacionales ver C. Willems en Jansen/Zimmermann, 19:201 (PDCE): Obligación de lograr resultados y obligación de cuidado y habilidad, no. 2-4 (pp. 2089-91).

[1995] Véase también en este sentido la conclusión de C. Willems en Jansen/Zimmermann, 19:201 (PDCE): *Obligation to Achieve Result and Obligation of Care and Skill*, no. 10 (p. 2094) que clasifica este enfoque (obligación de actuar con cuidado y habilidad razonables como un enfoque subsidiario en ausencia de otro acuerdo contractual) como "una reafirmación apropiada de la ley europea".

[1996] C. Willems en Jansen/Zimmermann, 19:202 (PDCE): Obligación de prevenir daños, no. 5 (p. 2097), haciendo referencia a los "Principios del Derecho Europeo: Contratos de Servicios" que dan "el ejemplo de la instalación de software informático donde las medidas de precaución como almacenar temporalmente la información en otro lugar" para evitar daños.

[1997] Véase la discusión de C. Willems en Jansen/Zimmermann, 19:202 (PDCE): Obligación de prevenir daños, no. 9 (p. 2098), argumentando a favor de un enfoque amplio en el contexto de CESL.

[1998] C. Willems en Jansen/Zimmermann, 19:202 (PDCE): Obligación de prevenir daños, no. 7 (p. 2097). Para los antecedentes históricos desde la época romana (por ejemplo, con respecto a los casos en que "un conductor hirió a un esclavo del localizador al realizar el negocio pactado (conducir un carro)") y una descripción jurídica comparativa, véase ibid. no. 2-3 (pp. 2095-96), refiriéndose en el no. 3 (p. 2096), entre otras cosas, al deber general bajo la ley alemana (241 (2) BGB) "que cada parte en un contrato puede, dependiendo del contenido de la obligación, estar obligado a tener en cuenta los derechos, intereses legales y otros intereses de la otra parte".

[1999] Véase la discusión de C. Willems en Jansen/Zimmermann, 19:202 (PDCE): Obligación de prevenir daños, no. 8 (p. 2098), citando a Principios de Derecho Europeo: Contratos de Servicios, artículo 3:104, Comentario B: "El proveedor de servicios, que normalmente tiene control sobre la esfera en la que se llevará a cabo el servicio, suele estar en la mejor posición para tomar medidas de protección, medidas de seguridad y medidas que limiten cualquier impacto adverso de la actividad sobre el patrimonio y otras personas".

evitar la incertidumbre de la solución de controversias (y la discreción del panel arbitral) con posterioridad a la ocurrencia del daño.

(III) En los contratos de servicios, a menudo es particularmente importante acordar un **calendario** y reglas para su modificación (unilateralmente por el proveedor de servicios o por mutuo consentimiento). En ausencia de tal cláusula, el artículo 6.1.1 establece una regla supletoria.

(IV) Para contratos complejos, como en un contrato de compra venta (4 supra en "I"), las partes desearán acordar los **requisitos de cooperación** y adquisición por parte del comprador[2000] (como acceso a la propiedad,[2001] electricidad, etc.; además de recibir la entrega[2002]). A falta de un acuerdo contractual claro, el artículo 5.1.3 establece una norma supletoria sobre cooperación. Una violación de un deber de cooperación constituye un incumplimiento y generaría una reclamación por daños y perjuicios en virtud del artículo 7.4.1 y subsiguientes.[2003] En caso de pérdida del bien al que se aplicó el servicio, después de que el cliente no cooperó, la evaluación del daño deberá considerar el derecho frustrado a la contraprestación teniendo debidamente en cuenta las circunstancias.[2004]

8

Las partes de un contrato de servicios querrán prestar especial atención a las cláusulas sobre **precio y pago** (normas supletorias sobre la determinación del precio, en el artículo 5.1.7, sobre el tiempo de cumplimiento en el artículo 6.1.1, y sobre varios modos y coste de pago en artículo 6.1.7-6.1.12).

(I) Con respecto al **ajuste de precios**, el **proveedor de servicios** puede estar interesado en el mismo tipo de cláusulas de adaptación de precios que el vendedor de un bien. Si el proveedor de servicios toma en su posesión bienes propiedad del comprador, es decir, una cuestión que va más allá del ámbito de los Principios de UNIDROIT, las partes pueden desear atribuir y cubrir contractualmente el **riesgo de pérdida**, no atribuible a ninguna de las partes, posiblemente mediante un seguro y una cláusula de seguro para evitar discusiones celebradas desde la época romana[2005] (ejemplo: una computadora dejada para servicios implosiona).

2000 La síntesis desarrollada por C. Willems en Jansen/Zimmermann, 19:302 (PDCE): Deber de Colaboración, antes del número 1 (p. 2116) contiene un lenguaje inspirador: "El cliente está obligado, cuando sea necesario, a proporcionar acceso a horas razonables, a dar discreción y a responder a las solicitudes razonables de información". (Está destinado a un futuro legislador, pero también se puede utilizar como punto de partida para redactar el lenguaje contractual). Para una visión comparativa de las leyes nacionales (incluida la legislación inglesa que considera proporcionar acceso a un sitio de construcción como un "término implícito"), véase C. Willems en Jansen/Zimmermann, 19:302 (PDCE): *Duty to Co-Operate*, no. 3 (pp. 2118-19) y no. 7 (pp. 2119-20) con referencia a las obligaciones de proporcionar información, instrucciones, permisos, licencias.

2001 C. Willems in Jansen/Zimmermann, 19:302 (PDCE): Deber de Colaboración, no. 4-6 (p. 2119).

2002 Desde la época romana, no recibir la entrega tuvo consecuencias, véase C. Willems en Jansen/Zimmermann, 19:302 (PDCE): Deber de cooperar, no. 2 (p. 2117), sobre *mora creditoris*, relajando la exposición del deudor y concediéndole, además, desde el *ius commune*, una reclamación por daños y perjuicios.

2003 C. Willems in Jansen/Zimmermann, 19:302 (PDCE): Deber de Colaboración, no. 8 (p. 2120).

2004 C. Willems en Jansen/Zimmermann, 19:302 (PDCE): Deber de Colaboración, no. 9 (p. 2120): pago del precio menos los costos ahorrados por el proveedor de servicios al no tener que completar su ejecución.

2005 C. Willems en Jansen/Zimmermann, 19:301 (PDCE): Payment of the Price, no. 3 (pp. 2110-11). Este riesgo es distinto del "riesgo de contraprestación", es decir, la obligación del comprador de pagar por los servicios a pesar de la destrucción total o parcial del bien al que se presta el servicio (sin atribuir la pérdida a la esfera

(II) A falta de un acuerdo sobre un **precio fijo**[2006] (posiblemente en forma de una estimación vinculante de los costos), respecto del cual el comprador asume todo el riesgo,[2007] el **comprador**, desde su perspectiva, deseará incluir una cláusula que obligue al proveedor de servicios a **notificar explícitamente al vendedor** (artículo 1.10) *"tan pronto como sea evidente para el proveedor de servicios que el precio del servicio relacionado excederá el precio aproximado indicado anteriormente o que el precio del servicio conexo excederá el valor de las mercancías"*.[2008] Además, el contrato puede requerir el consentimiento del comprador en el caso de aumento de precio (o un aumento de precio de más de x%) y las consecuencias si no hay consentimiento, tal como un derecho de resolución para el comprador y la obligación de pagar por los servicios ya prestados.[2009] En los **contratos a largo plazo**, con múltiples contratos conectados, las partes a menudo estarán "obligadas a acordar" mediante una negociación de buena fe.[2010]

(III) A menudo es apropiado un lenguaje claro sobre el **momento del pago** (por ejemplo, al alcanzar ciertos hitos o la aprobación o aceptación del producto del trabajo[2011]); la norma supletoria del artículo 6.1.4 (2) prevé el pago después de que se preste el servicio completo,[2012] a menos que la interpretación del contrato sugiera lo contrario (por ejemplo, en el caso de un proyecto a largo plazo).[2013] En este contexto, la interrelación con la obligación del comprador (cliente) de tomar **tiempo para la aprobación o aceptación** se vuelve relevante; combinado, por ejemplo, con un requisito de notificación por parte del proveedor de servicios sobre la "entrega" de su producto (artículo 1.10), el cliente puede verse obligado a aceptar la "entrega" y el incumplimiento podría causar una reclamación por daños y perjuicios en virtud del artículo 7.4.1 y subsiguientes.

(IV) A la luz de la "**asimetría de información**" a menudo existente entre el proveedor de servicios y el comprador,[2014] el comprador tendrá interés en proporcionar una **facturación**

---

de ninguna de las partes). Para un contrato complejo, las partes pueden desear también asignar este riesgo, véase la discusión de C. Willems en Jansen/Zimmermann, 19:301 (PDCE): *Payment of the Price*, no. 9-13 (pp. 2114-15). Un compromiso podría consistir en prever una «remuneración parcial» del prestador de servicios (posiblemente pagada de todos modos en cuotas) con respecto a "tanto la cantidad de servicios ya prestados como el hecho de que el cliente no se beneficiará de ese servicio". (Ibid. nº 13, p. 2115).

2006 C. Willems in Jansen/Zimmermann, 19:301 (PDCE): Payment of the Price, no. 1 (p. 2110).

2007 Desde la época romana, véase para los antecedentes históricos C. Willems en Jansen/Zimmermann, 19:204 (PDCE): Obligación de advertir de costos inesperados o antieconómicos, no. 2 (pp. 2104-05) ("el proveedor de servicios tuvo que asumir la pérdida financiera derivada de su baja estimación como una especie de penalización por su falta de experiencia en el cálculo del precio apropiado").

2008 C. Willems en Jansen/Zimmermann, 19:204 (PDCE): Obligación de advertir sobre costos inesperados o no económicos, no. 9 (p. 2107) y no. 6 (p. 2107). Véase también el artículo 152 CESL y la síntesis propuesta por C. Willems ibid. antes del no. 1 (p. 2104).

2009 Véase C. Willems en Jansen/Zimmermann, 19:204 (PDCE): Obligación de advertir sobre costos inesperados o antieconómicos, no. 3 (pp. 2105-06) con una visión comparativa de las soluciones nacionales en diversas leyes europeas, incluida, por ejemplo, la ley italiana, donde el juez puede fijar un precio adaptado si la modificación del precio fuera necesaria (ibíd., p. 2006).

2010 En la práctica, es fascinante observar cómo los comerciantes logran ponerse de acuerdo a veces en los escenarios más difíciles y económicamente apremiantes.

2011 C. Willems in Jansen/Zimmermann, 19:301 (PDCE): *Payment of the Price*, no. 2 (p. 2110).

2012 C. Willems in Jansen/Zimmermann, 19:301 (PDCE): *Payment of the Price*, no. 5 (p. 2112) and no. 8 (p. 2113).

2013 Para una visión comparativa de las legislaciones nacionales, incluida la legislación inglesa, que exige, en ausencia de acuerdo contractual, el pago de una "tarifa razonable" (artículo 15 de la Ley de Suministro y Servicios de 1982), véase C. Willems en Jansen/Zimmermann, 19:301 (PDCE): *Payment of the Price*, nº 4 (pp. 2111-12).

2014 C. Willems in Jansen/Zimmermann, 19:203 (PDCE): *Obligation to Provide Invoice*, no. 1 (p. 2100).

detallada para que las facturas sean correctas, claras, inteligibles y verificables.[2015] En virtud de los Principios de UNIDROIT, esa obligación estará a menudo implícita en la naturaleza del contrato, usos (artículo 1.9; por ejemplo, para que los bufetes de abogados con actividad internacional proporcionen una factura suficientemente detallada en un idioma que sea comprensible para el cliente), buena fe y trato justo (artículo 1.7) y razonabilidad (artículo 5.1.2 literales a, b, c y d).[2016] Como la factura es una herramienta para comunicar información relevante, la obligación también puede basarse en el deber de cooperar en virtud del artículo 5.1.3. Dentro de límites razonables, el comprador puede incluso retener el pago (artículo 7.1.3), pero tendrá que hablar si se opone a la factura; esto se deriva del propio deber de cooperación del comprador (artículo 5.1.3).

9

Un contrato de servicios rara vez abarcará todas las cuestiones, de modo que la elección de los Principios de UNIDROIT, preferiblemente combinada con una cláusula compromisoria (Introducción No. 9a), proporcione un respaldo útil, por ejemplo, a través de las normas de **interpretación** (Capítulo 4), **fuerza mayor** (artículo 7.1.7), el **deber de atenuar el daño** (artículo 7.4.8), el remedio de **tiempo adicional para el cumplimiento** (artículo 7.1.5) o las normas del Capítulo 5, comentadas a continuación, como el **deber de cooperar** (artículo 5.1.3).

D. Contratos de Obra

10

Al utilizar los Principios de UNIDROIT para los contratos de obra, es importante tener en cuenta todas las cuestiones examinadas anteriormente en el contexto de los contratos de compraventa y de servicios. En cuanto a los contratos de obra con Estados nacionales o entidades estatales, algunos Estados aparentemente han aceptado la contratación en virtud de los Principios de UNIDROIT, otros pueden insistir en su propia ley. En ese caso, puede ser posible llegar a un acuerdo sobre los Principios de UNIDROIT complementados por la legislación estatal respectiva (de modo que los Principios de UNIDROIT tengan prioridad en la medida en que el derecho interno no sea obligatorio), o la ley estatal complementada por los Principios de UNIDROIT (de modo que los Principios de UNIDROIT intervengan para las cuestiones no resueltas en la legislación estatal respectiva); o bien, es posible al menos utilizar los Principios de UNIDROIT como modelos para las cláusulas (por ejemplo, el artículo 7.4.7 sobre "daño parcialmente imputable a la parte perjudicada" y el artículo 7.4.8 sobre "atenuación del daño"). Cuando se trabaja con contratos estándar como FIDIC, es posible acordar una plantilla de contrato FIDIC[2017] (por ejemplo, libro rojo[2018]/plateado[2019]/

[2015] C. Willems en Jansen/Zimmermann, 19:203(PDCE): *Obligation to Provide Invoice*, no. 4 (p. 2101) sugiriendo que una factura clara no es necesariamente debida (en ese sentido también el *Reichsgericht* de la Corte Suprema alemana en 1909 como se informó ibid. en no. 5, p. 2102).

[2016] C. Willems in Jansen/Zimmermann, 19:203 (PDCE): *Obligation to Provide Invoice*, no. 5 (p. 2102).

[2017] Federación Internacional de Ingenieros Consultores, FIDIC por sus siglas en inglés.

[2018] Condiciones del contrato de construcción de obras de edificación e ingeniería diseñadas por el empresario.

[2019] Condiciones de contratación para EPC/llave en mano.

amarillo[2020]/verde[2021]), complementada para aquellos temas que no están cubiertos en las reglas FIDIC, por los Principios de UNIDROIT.

SECCIÓN 2. ESTIPULACIÓN A FAVOR DE TERCEROS

Historia legislativa (documentos clave)

En preparación de los principios de **2004** - Ponente Michael P. Furmston:
StL-Doc. 59 (1er proyecto en **1999**); StL-Misc. 21, pp. 58 a 64 (1ra discusión en **1999**); StL-Doc. 66 (2do borrador en **2000**); StL-Misc. 22, pp. 109 a 116 (2da discusión en **2000**); StL-WP. 5 (propuesta de 3er borrador en **2000**); StL-Doc. 70 (3er borrador en **2001**); StL-WP. 8 (propuesta de 4to proyecto en **2001**); StL-WP. 9 bis, pp. 2 y 3 (3ra discusión en **2002**); StL-Doc. 76 (4to borrador en **2002**); StL-Misc. 24, pp. 1 a 8 (4ta discusión en **2002**); StL-Doc. 83 (5to borrador en **2003**); StL-Doc. 94 (6to borrador en **2003**).

Introducción

1

Desde una perspectiva de contratación internacional,[2022] los contratos a favor de terceros se relacionan con una **necesidad comercial** ya que "aumentan la eficiencia".[2023] Reducen el tiempo de negociación y, por lo tanto, los costos de transacción. En las **negociaciones** de acuerdos marco **entre grupos de empresas** de diferentes jurisdicciones, es un **tema regular** el cómo otorgar derechos a empresas vinculadas (extranjeras) del "comprador" para realizar pedidos bajo el mismo acuerdo marco sin necesidad adicional de firma.[2024] A veces, las empresas vinculadas recibirán un "derecho" a adherirse al acuerdo marco sujeto a condiciones limitadas y predeterminadas (por ejemplo, actuar con una garantía de la empresa matriz o pasar una revisión financiera; adaptación de los costes logísticos de conformidad con un esquema previamente acordado según el lugar de entrega; sumisión a la

[2020] Condiciones del contrato para instalaciones y diseño-construcción para instalaciones eléctricas y mecánicas y para obras de construcción e ingeniería diseñadas por el contratista.

[2021] Forma abreviada de contrato / contrato tipo formulario.

[2022] Esto es distinto de una perspectiva de Derecho Civil general que incluye la necesidad, por ejemplo, de que las personas protejan a los miembros de la familia mediante seguros de vida u otros contratos, véase, por ejemplo, S. Vogenauer en Jansen/Zimmermann, artículo 6:110 (PDCE): Estipulación a favor de un tercero, no. 1 (p. 868).

[2023] S. Vogenauer en Jansen/Zimmermann, artículo 6:110 (PDCE): Estipulación a favor de un tercero, no. 1 (p. 868), también observando: "En una sociedad de división del trabajo, tales transacciones tienen una enorme importancia económica".

[2024] Alternativamente, un anexo enumerará las empresas relacionadas y financieramente (pre) "aprobadas" del comprador como socios contractuales adicionales, combinadas con un compromiso de la empresa matriz actuante de que tiene poder de autoridad para actuar en nombre de estas empresas (de lo contrario, el socio contractual está protegido por el artículo 2.2.6 cuando el contrato se celebra en virtud de los Principios de UNIDROIT; lo que tiene mucho sentido en tales escenarios plurijurisdiccionales). Dependiendo del flujo de la negociación y de la capacitación de las partes interesadas en las negociaciones, la línea entre los acuerdos plurilaterales y los acuerdos entre dos partes que otorgan derechos sustanciales a terceros es a veces delgada en la práctica.

misma cláusula compromisoria arbitral). En otros contextos, ha resultado útil en situaciones de plazos ajustados cuando **aún no se ha establecido una "entidad con fines especiales"**, negociar contratos que prevean el derecho de esa futura entidad a convertirse en parte en el contrato. En este contexto, no es de extrañar que la estructura jurídica de los contratos en favor de terceros **haya ganado aceptación con el tiempo** en comparación con la renuencia inicial (con una prohibición y pocas excepciones) en Roma y los primeros desarrollos del derecho consuetudinario (con una validez emergente para aquellos que habían sido "parte y conocedores" pero sin derechos de ejecución de terceros).[2025]

2

Introducida en 2004,[2026] la Sección 5.2 contiene un "régimen amplio para los contratos en favor de terceros" que abarca, en consonancia con las codificaciones modernas de Derecho Civil y Consuetudinario,[2027] seis temas necesarios:[2028] **I)** la **validez** de los acuerdos que tienen por objeto crear un derecho, incluidas las definiciones (artículo 5.2.1 párrafo 1); **II)** el **reconocimiento de la exigibilidad** de este derecho (artículo 5.2.1); **III)** los **requisitos reales para la creación** de este derecho (artículo 5.2.1 párrafo 2; 5.2.2); **IV)** el alcance del derecho (artículo 5.2.3); **V)** la posibilidad de **renuncia** (artículo 5.2.6); y, **VI)** la **posición de las partes originales**, aparte de su responsabilidad frente al tercero (arts. 5.2.4; 5.2.5).

Artículo 5.2.1 (Estipulación a favor de terceros)

(1) Las partes (el "promitente" y el "estipulante") pueden otorgar por acuerdo expreso o tácito un derecho a un tercero (el "beneficiario").

(2) La existencia y el contenido del derecho del beneficiario respecto del promitente se determinan conforme al acuerdo de las partes y se encuentran sujetos a las condiciones y limitaciones previstas en dicho acuerdo.

[2025] S. Vogenauer en Jansen/Zimmermann, artículo 6:110 (PDCE): Estipulación a favor de un tercero, no. 11-15 (pp. 874-878); incluyendo el no. 11 (p. 875) sobre la historia romana y el no. 12 (p. 875) sobre la ley inglesa temprana.

[2026] Comentarios Oficiales, p. XXIII (Introducción a la Edición 2004).

[2027] S. Vogenauer en Jansen/Zimmermann, artículo 6:110 (PDCE): Estipulación a favor de un tercero, no. 5 (p. 871) observando la influencia de las leyes de Alemania, Francia, los Países Bajos y la Ley de Contratos Ingleses (Derechos de Terceros) de 1999. Véase también ibid. nº 8 (p. 873) sobre la sustancia "similar" de la Ley escocesa (de derechos de terceros) de 2017.

[2028] Análisis y enumeración de S. Vogenauer en Jansen/Zimmermann, artículo 6:110 (PDCE): Estipulación a favor de un tercero, no. 3 (p. 869); referencias a artículos añadidos; y nº 5 (p. 871) argumentando que "el PICC intenta abordar cada tema relevante en uno de los seis nuevos artículos cortos que se introdujeron en 2004".

A. Concentración en contratos en favor de terceros (párrafo 1)

1

En línea con la mayoría de las leyes nacionales de todo el mundo basadas en el principio de autonomía de las partes (artículo 1.1),[2029] el artículo 5.2.1 va más allá del "principio de relatividad de los contratos" (artículo 1.3 primera oración).[2030] El párrafo 1 documenta,[2031] en la parte superior de la Sección 5.2,[2032] el **derecho** de las partes, definidas como "promitente" y "promisario", **a crear por** (idealmente expreso[2033] o implícito[2034] válido[2035]) **acuerdo** (sin más requisitos[2036] que los resultantes del artículo 5.2.2) un "derecho" de acción[2037] a un **tercero beneficiario** (véase también el artículo 1.1), regido por los Principios de UNIDROIT que son aplicables al contrato.[2038] Sin embargo, ese derecho del beneficiario **también es exigible por el promisario.**[2039] El derecho será "interpretado liberalmente (...) incluido el derecho a prestaciones y daños y perjuicios".[2040] A menos que se acuerde lo contrario (artículo 1.5), el derecho entra inmediatamente en vigor.[2041]

2

En cambio, el artículo 5.2.1 y subsiguientes **no cubren: I) los meros acuerdos que benefician** a un tercero,[2042] incluido, por ejemplo, el mero compromiso de una de las partes en un acuerdo marco de incluir a un tercero (por ejemplo, una empresa afiliada de la otra

---

2029 StLDoc. 76 (2002), p. 1; para Inglaterra: véase la Ley de Derechos de Terceros de 1999 y S. Vogenauer in Vogenauer, artículo 5.2.1 nº 6 (con respecto al artículo 5.2.1 2)); S. Vogenauer en Jansen/Zimmermann, artículo 6:110 (PDCE): Estipulación a favor de un tercero, no. 31 (pp. 886-887).

2030 Planteado por primera vez por Furmston en un documento de posición StLDoc. 59 (1999), pp. 1 a 4, examinado a continuación en StL-Misc. 21 (1999), pp. 58 y 64, y se estableció en StL-Misc. 22 (2000), pp. 109 a 110; Comentarios Oficiales al artículo 5.2.1, p. 167 y StL Misc. 22 (2000), no. 899 (*Crépeau*); véase además S. Vogenauer en Vogenauer, artículo 5.2.1 no. 1, 3 (con un análisis pertinente).

2031 S. Vogenauer, en Vogenauer, artículo 5.2.1 no. 4.

2032 Véase S. Vogenauer en Jansen/Zimmermann, artículo 6:110 (PDCE): Estipulación a favor de un tercero, nº 20 (pp. 880-881), que distingue un "derecho" de otros beneficios de terceros.

2033 S. Vogenauer, en Vogenauer, artículo 5.2.1 no. 12.

2034 StL-Misc. 22 (2000), p. 115 (Furmston); tras un examen crítico de los acuerdos implícitos en StL-WP. 5 (2000), página 2, se adoptó la posición en StL-WP. 8 (2001), p. 1; en StL-Doc. 83, p. 1 (2003) el Grupo de Trabajo decidió que, en caso de que el acuerdo se concertara implícitamente, "se tendrán en cuenta todas las cláusulas del contrato y las circunstancias del caso"; S. Vogenauer en Vogenauer, artículo 5.2.1 no. 13-26 (con referencia a las reglas sobre interpretación de contratos, artículo 4.1, 4.3-4.7, en particular artículo 4.3, así como artículo 5.1.2 y 4.8, que, como se señaló en el no. 14, no contienen una "presunción refutable" si un contrato "pretende conferir un beneficio al tercero", como por ejemplo las leyes de Inglaterra y Nueva Zelanda).

2035 No hay motivos para la anulación en virtud del Capítulo 3, S. Vogenauer in Vogenauer, artículo 5.2.1 no. 5; véase también ibid. nº 12 (que señala el riesgo de un "derecho" de terceros que debe calificarse como término estándar sorprendente, artículo 2.1.20).

2036 S. Vogenauer, en Vogenauer, artículo 5.2.1 no. 9, 27-28. (Por ejemplo: ignorancia o falta de consentimiento del tercero.

2037 S. Vogenauer, en Vogenauer, artículo 5.2.1 no. 10-11.

2038 S. Vogenauer, en Vogenauer, artículo 5.2.1 no. 8.

2039 S. Vogenauer, en Vogenauer, artículo 5.2.1 no. 36.

2040 Comentarios Oficiales, 2016, artículo 5.2.2, p. 169.

2041 S. Vogenauer, en Vogenauer, artículo 6:110 (PDCE): Estipulación en favor de tercero, no. 32, p. 887.

2042 S. Vogenauer, en Vogenauer, artículo 5.2.1 no. 10. En la ley alemana esto se regula como: *"Vertrag mit Schutzwirkung zu Gunsten Dritter".*

parte) en la protección de una cláusula determinada al decir explícitamente que ese tercero no recibe "ningún derecho" que pueda reclamar directamente (artículo 1.1, 1.5) con el fin de restringir, por ejemplo, cualquier disputa posterior a la empresa "matriz" en funciones y excluir a terceros afiliados de cualquier disputa futura;[2043] **II) compromisos de que un tercero** (por ejemplo, una empresa afiliada) **hará algo** (artículo 1.1); **III)** acuerdos inaceptables[2044] que **simplemente impongan obligaciones** en detrimento de un tercero;[2045] **IV)** *otras situaciones de derechos de terceros*, tales como, por ejemplo,[2046] agencia (Sección 2.2), cesión (artículo 9.1.1 y subsiguientes),[2047] fideicomiso o derechos reales de terceros.[2048]

B. Dar forma al contenido (párrafo 2)

3

A la luz del riesgo de interpretación de si un contrato otorga implícitamente[2049] un "derecho" a un beneficiario (por ejemplo, en una **carta de garantía**;[2050] o a pesar de una acción paralela en agravio),[2051] es mejor aconsejar ser específico.[2052] De conformidad con el párrafo 2, las partes pueden establecer **condiciones** (por ejemplo, firmar un acuerdo de arbitraje;[2053] aceptación) y/o limitaciones (**deberes**) para el beneficiario, en virtud de la cual la mera existencia de una cláusula compromisoria en el contrato **puede implicar** que un beneficiario tenga que presentar su reclamación en arbitraje.[2054] El beneficiario está protegido por un derecho de renuncia en virtud del artículo 5.2.6.[2055] Por lo tanto, la situación es distinta de los "**contratos en detrimento de terceros**" que son inválidos como "consecuencia directa del principio de relatividad del contrato".[2056]

2043 E. Brödermann art. 6 IPR MünchAnwaltshandb. IntWirtschR, no. 165

2044 S. Martens en Jansen/Zimmermann, Introducción antes del artículo 7:101 (PDCE), no. 2 (p. 996): "La ley no reconocerá obligaciones cuyo cumplimiento viole los intereses legítimos de terceros (...)".

2045 S. Vogenauer, en Vogenauer, artículo 5.2.1 no. 37.

2046 La enumeración está inspirada en S. Vogenauer en Vogenauer, Introducción a la Sección 5.2 del PICC, no. 2 y 37.

2047 Con excepción de las cesiones de derechos en virtud de títulos negociables que normalmente se rigen por otros instrumentos y leyes, S. Vogenauer in Vogenauer, Introducción al artículo 5.2 del PICC, nº 2.

2048 CNUCCI, artículos 41-43.

2049 Comentarios Oficiales, 2016, artículo 5.2.1 ilustraciones 2-5, p. 167-168.

2050 S. Vogenauer, en Vogenauer, artículo 5.2.1 no. 18.

2051 Comentarios Oficiales, 2016, artículo 5.2.1, p. 169.

2052 S. Vogenauer, en Vogenauer, artículo 5.2.1 no. 12.

2053 Una nota sobre la gestión del riesgo del arbitraje: Si, I) una parte contrata con una empresa perteneciente a un grupo de empresas; II) otra empresa del grupo se convierte en beneficiaria o parte del contrato; III) el contrato prevé la posibilidad de arbitraje de múltiples partes; y, IV) la cláusula compromisoria o el régimen de arbitraje institucional elegido prevé tres árbitros, Luego, la primera parte debe ser muy específica en la cláusula de arbitraje para salvaguardar su derecho a nombrar un árbitro independientemente de la organización de las otras compañías, que, si bien están relacionadas en la celebración del contrato, pueden pertenecer a diferentes grupos en el momento del arbitraje.

2054 S. Vogenauer, en Vogenauer, artículo 5.2.1 no. 35.

2055 S. Vogenauer, en Vogenauer, artículo 5.2.1 no. 28. Mientras algunos sistemas legales nacionales (por ejemplo: Holanda y Sudáfrica) requieren consentimiento.

2056 S. Vogenauer en Jansen/Zimmermann, artículo 6:110 (PDCE): Estipulación a favor de un tercero, no. 30, p. 886.

La sección. 5.2 no contiene una norma específica sobre el derecho de una promesa de reclamar el cumplimiento al beneficiario.[2057] En algunas situaciones, puede ser aconsejable prever tal derecho en el contrato (o en la cláusula compromisoria), obviamente evitando la doble responsabilidad.[2058]

Artículo 5.2.2 (Identificación del beneficiario)

El beneficiario debe estar identificado en el contrato con suficiente certeza, pero no necesita existir cuando se celebre el contrato.

A. Nulidad en caso de imposibilidad de identificación

1

En aras de la seguridad jurídica,[2059] en particular para el promitente que necesita poder calcular sus riesgos,[2060] el artículo 5.2.2 exige ("debe")[2061] la **identificación** del beneficiario (incluso después de la celebración del contrato, a más tardar cuando se debe cumplir)[2062] con "certeza adecuada", por ejemplo, mediante una descripción adecuada en el contrato (como una relación con una parte contratante, por ejemplo, una filial al 100% establecida con arreglo a la legislación de X por el socio contractual Y)[2063] y/o por la determinación de una de las partes facultadas en virtud del contrato.[2064] De lo contrario, la cláusula, o, a veces, incluso el contrato es nulo (artículo 3.2.13).[2065]

2057 S. Vogenauer en Jansen/Zimmermann, artículo 6:110 (PDCE): Estipulación a favor de un tercero, no. 57, p. 897-898.

2058 S. Vogenauer en Jansen/Zimmermann, artículo 6:110 (PDCE): Estipulación a favor de un tercero, no. 57 nota 237, p. 898.

2059 S. Vogenauer, en Vogenauer, artículo 5.2.2, no. 1.

2060 S. Vogenauer, en Vogenauer, artículo 5.2.2, no. 5.

2061 S. Vogenauer, en Vogenauer, artículo 5.2.2, no. 6.

2062 Stl. Misc. 23 (2001), no. 443 (con referencia al artículo 332 del Código Civil Alemán y al artículo 1401 del Código Civil Italiano.

2063 En la práctica, este tipo de redacción puede ayudar a llegar a un acuerdo en situaciones en las que los responsables de la toma de decisiones se reúnen y negocian con arreglo a los Principios de UNIDROIT mientras se consiente que uno de ellos siga estableciendo una entidad con fines especiales (experiencia adquirida en Luxemburgo para una carta de intención y un precontrato sobre la creación de una estación de enlace ascendente en Alemania, con un tomador de decisiones francés que vive en Asia).

2064 StL— WP. 8 (2001), p. 3; StL-Doc. 83 (2003), p. 3; S. Vogenauer in Vogenauer, artículo 5.2.2 no. 3. Para cuestiones de política y para la historia jurídica relacionada con el artículo 5.2.2, véase S. Vogenauer en Jansen/Zimmermann, artículo 6:110 (PDCE): Estipulación a favor de un tercero, no. 16-17 (pp. 878-879) seguido de una evaluación aprobatoria en el nº 18 (p. 879): "En general (...) Todos los códigos modelo logran un buen equilibrio entre flexibilidad comercial y seguridad jurídica. PICC 5.2.2, sin embargo, es preferible en términos de redacción".

2065 S. Vogenauer, en Vogenauer, artículo 5.2.2, no. 5 y 6.

B. Beneficiarios futuros

2

Como a menudo se necesita en la práctica (por ejemplo, cuando los asuntos avanzan rápidamente y una de las partes aún no ha terminado de organizar su configuración comercial y/o financiera, incluido el establecimiento de una empresa afiliada como "**entidad de propósito especial**"), el artículo 5.2.2 permite otorgar derechos para un "futuro beneficiario", sujeto al cumplimiento del requisito "identificable" y cualquier otra ley aplicable (artículo 3.1.1;[2066] 1.4).[2067] Una herramienta complementaria o adicional que proporciona derechos de terceros son las cláusulas de cesión (artículo 9.1.1 y subsiguientes) o cláusulas sobre la transferencia de contratos (artículo 9.3.1 No. 1, 9.3.4 No. 2).

Artículo 5.2.3 (Cláusulas de exclusión y limitación de responsabilidad)

El otorgamiento de derechos al beneficiario incluye el de invocar una cláusula en el contrato que excluya o limite la responsabilidad del beneficiario.

A. Función de los artículos 5.2.3-5.2.5

1

Mientras los artículos 5.2.1-5.2.2 regulan la creación de un derecho de terceros, los artículos 5.2.3-5.2.5 contemplan el contenido, y el artículo 5.2.6 estipula la renuncia por parte del beneficiario.

B. Un "escudo" para el Beneficiario

2

El artículo 5.2.3 proporciona un "**escudo**" al beneficiario.[2068] En correlación con el artículo 5.2.1 (2) que cubre la perspectiva del promitente y el promisario, el artículo 5.2.3 subraya el derecho del beneficiario a invocar cláusulas del contrato que excluyan o limiten su responsabilidad[2069] (esto se corresponde con una necesidad del mercado[2070] en caso de que el beneficiario tenga que suministrar algo, como condición en el sentido del artículo 5.2.1

[2066] S. Vogenauer, en Vogenauer, artículo 5.2.2, no. 8.

[2067] S. Vogenauer, en Vogenauer, artículo 5.2.2, no. 5 y nota 44.

[2068] S. Vogenauer en Vogenauer, artículo 5.2.3 no. 1 refiriéndose a la terminología de H. Kötz en Kötz/*Flessner European Contract Law* (1997), Volumen 1, p. 257 (en IV.) en su análisis pp. 257-259 que, a su vez, enfatiza la situación similar bajo la ley holandesa (artículo 6:257 Código Civil holandés) y la jurisprudencia alemana.

[2069] Crítico con respecto al uso de la palabra "derechos" en el contexto de las cláusulas de exclusión y limitación: S. Vogenauer en Jansen/Zimmermann, artículo 6:110 (PDCE): Estipulación a favor de un tercero, no. 23 (p. 882: "ficción legal") y no. 39 (p. 891).

[2070] Por lo tanto, la evaluación general de S. Vogenauer en Jansen/Zimmermann, artículo 6:110 (PDCE): Estipulación a favor de un tercero, no. 36 (p. 890) también es positiva: "En vista del principio general de libertad contractual, no hay ninguna razón por la que la ley deba negarse a reconocer tales acuerdos, sujeto, por supuesto, a las reglas generales sobre la validez de las cláusulas de exclusión".

(2)[2071]). Esto incluye **cualquier acuerdo relativo al beneficiario** (debidamente interpretados artículos 4.1, 4.3), por ejemplo: **I)** un **acuerdo expreso** en una cláusula "Himalaya" en un conocimiento de embarque[2072] "que excluye no sólo la responsabilidad del porteador marítimo, sino también la del capitán, la tripulación, los estibadores empleados en la carga y descarga, y los propietarios de buques en los que pueden transportarse las mercancías";[2073] o **II)** un **acuerdo implícito** (artículo 5.2.1 (1)).[2074] Por el contrario, las cláusulas de limitación y responsabilidad que protejan únicamente al promisario (artículos 4.1, 4.3) **no implicarán** la protección de un beneficiario (artículo 1.1).[2075]

Artículo 5.2.4 (Excepciones)

El promitente puede oponer al beneficiario toda excepción que el promitente pueda oponer al estipulante.

A. Un "escudo" para el promitente

1

A menos que se estipule lo contrario en el contrato (artículo 1.1, 1.5),[2076] el artículo 5.2.4 protege al promitente (que debe una obligación) **contra el derecho del beneficiario.** También contra el beneficiario, el promitente puede invocar las **excepciones previstas en el contrato**[2077] de las que el beneficiario deriva su derecho. Una interpretación restrictiva de la redacción amplia del artículo 5.2.4 ("toda"), teniendo debidamente en cuenta el artículo 1.7 (buena fe y trato justo) en relación con el artículo 1.6 (2), **excluye las excepciones personales** del promitente contra el promisario (por ejemplo, una compensación con reclamaciones de otra relación).[2078] La exclusión de tales defensas personales en un escenario tripartito puede calificarse como un "principio general subyacente" con respecto a los principios de, por ejemplo, el artículo 11.1.4 (segunda mitad), artículo 11.1.12 literal c, 11.2.3 (1).

2071 Ejemplo de la práctica (en un contexto en el que participan partes interesadas de Austria, Alemania, Francia y EE.UU.): La empresa A celebra un acuerdo marco de suministro con la empresa X. La empresa B, relacionada con A, también puede realizar pedidos en virtud de los términos del acuerdo marco de suministro, siempre que aporte el mismo material, herramientas o diseño. Las normas sobre tales disposiciones también pueden contener cláusulas de limitación de responsabilidad.

2072 Comentarios Oficiales, 2016, artículo 5.2.3, p. 170-171; StL-Doc. 83 (2003), p. 4.

2073 Comentarios Oficiales, 2016, artículo 5.2.3 en la ilustración, p. 170. S. Vogenauer, en Vogenauer, artículo 5.2.3, no. 2.

2074 S. Vogenauer en Jansen/Zimmermann, artículo 6:110 (PDCE): Estipulación a favor de un tercero, no. 24 (p. 883); seguido de comentarios críticos sobre el uso de términos "implícitos" como compuertas para interpretar contratos "tácitos" a favor de terceros que resuelven cuestiones que podrían dejarse al derecho de responsabilidad civil (ibid., nº 25-26, pp. 883 y 884).

2075 S. Vogenauer en Vogenauer, artículo 5.2.3 no. 3 (criticando la "incoherencia" porque el artículo 5.2.1 permite también derechos "implícitos" de terceros, por lo que es difícil imaginar "condiciones implícitas" para ese derecho de tercero que requerirían que un beneficiario suministrara sth. y, por lo tanto, implicaría una responsabilidad para la cual necesita protección mediante la limitación de responsabilidad).

2076 Comentarios Oficiales, 2016, artículo 5.2.4; S. Vogenauer in Vogenauer, artículo 5.2.4 no. 3.

2077 Comentarios Oficiales, 2016, artículo 5.2.4, Ilustración 1, p. 171.

2078 Convincentemente argumentado por S. Vogenauer en Vogenauer, artículo 5.2.4 no. 2. Para una discusión de las consideraciones de política subyacentes, véase S. Vogenauer en Jansen/Zimmermann, artículo 6:110 (PDCE): Estipulación a favor de un tercero, no. 52 y 54 (pp. 896-897).

Artículo 5.2.5 (Revocación)

Las partes pueden modificar o revocar los derechos otorgados por el contrato al beneficiario mientras éste no los haya aceptado o no haya actuado razonablemente de conformidad con ellos.

A. Modificación o Revocación

1

El artículo 5.2.5 es compatible con una serie de instrumentos internacionales y leyes nacionales.[2079] Mientras los derechos del beneficiario no hayan sido "adquiridos" o "perfeccionados"[2080] (debajo de B.), el promitente y el promisario pueden **modificar o revocar** los derechos del beneficiario[2081] **por acuerdo** (es decir, no unilateralmente por el promisario como en virtud del PDCE[2082] y conforme algunas jurisdicciones nacionales, a menos que se acuerde lo contrario en el contrato),[2083] que se comunicará al beneficiario (artículo 1.10 (2)),[2084] y con efecto retroactivo *ab initio* del contrato;[2085] esto es una expresión de la autonomía de la voluntad (artículo 1.3 segunda oración y también tercera posibilidad a la luz del artículo 5.2.5). Antes de aceptar un derecho de terceros combinado con condiciones (artículo 5.2.1 (2)), **se aconseja** al beneficiario **que determine** (y si es necesario **aclare** mediante modificaciones en virtud del artículo 5.2.5) si está debidamente cubierto por las cláusulas de limitación de responsabilidad, artículo 5.2.3 no. 2)

B. Límites

2

El punto límite[2086] para las modificaciones y la revocación es la "**aceptación**" por parte del beneficiario (expresa o implícita, a cualquiera de las partes),[2087] o (de conformidad con el artículo 2.1.4 (2) (b)), la **acción razonable** del beneficiario **basándose** en el derecho de terceros (por ejemplo, un subcontratista como beneficiario no toma su propio seguro ba-

2079 S. Vogenauer in Vogenauer, artículo 5.2.5 no. 3 con referencia, entre otras cosas, al artículo II.-9:303(2) DCFR y las leyes nacionales en Alemania (Staudinger/Klummp (2015) art. 328 no. 71-72), Reino Unido s 2 (1) UK Contracts (*Rights of Third Parties*) Act 1999) y USA (§ 311 (2*) Restatement 2d Contracts.*

2080 S. Vogenauer, en Vogenauer, artículo 5.2.5 no. 5.

2081 Comentarios Oficiales, 2016, artículo 5.2.5, p. 172.

2082 Artículo 6:110(3) PDCE; véase S. Vogenauer en Jansen/Zimmermann, artículo 6:110 (PDCE): Estipulación a favor de un tercero, no. 48 (p. 894) favoreciendo, en última instancia, la solución en los Principios de UNIDROIT.

2083 S. Vogenauer, en Vogenauer, artículo 5.2.5 no. 3 (con referencia a las leyes de Italia, Holanda, España y Suiza).

2084 S. Vogenauer, en Vogenauer, artículo 5.2.5 no. 4.

2085 StL-WP. 18 (2008), p. 2 ("a menos que las partes acuerden otra cosa"); S. Vogenauer in Vogenauer, artículo 5.2.5 no. 2; S. Vogenauer en Jansen/Zimmermann, artículo 6:110 (PDCE): Estipulación a favor de un tercero, no. 47, p. 894.

2086 S. Vogenauer, en Vogenauer, artículo 5.2.5 no. 5; para un estudio legal comparativo véase S. Vogenauer in Jansen/Zimmermann, artículo 6:110 (PDCE): Estipulación en favor de un tercero, no. 50, p. 895.

2087 StL-W.P. 8 (2001), p. 5; StL-Doc. 83 (2003), p. 6; S. Vogenauer in Vogenauer, artículo 5.2.5 no. 6 (subrayando que esto es suficiente porque ninguna modificación es posible sin el consentimiento de ambas partes).

sándose en el seguro del contratista principal);[2088] cualquiera de las dos alternativas supone el "conocimiento" del beneficiario.[2089] A partir de entonces, cualquier cambio requiere también el consentimiento del beneficiario (artículo 1.3 oración 2, 2ª posibilidad de modificación), incluso si la confianza de la acción del beneficiario se produjo sin comunicación al promitente o promisario.[2090]

C. Opciones

3

Ahora bien, las circunstancias específicas del caso pueden requerir adaptaciones. De conformidad con el artículo 5.2.1 (2), las partes pueden acordar que: **I)** una de ellas (por ejemplo, el promisario) puede revocar **unilateralmente** el derecho del tercero hasta que lo adquiere;[2091] o, **II)** por el contrario, que el derecho debe ser **irrevocable** a partir de un momento específicamente definido en el contrato.[2092]

Artículo 5.2.6 (Renuncia)

El beneficiario puede renunciar a un derecho que se le otorgue.

A. Derecho de Rechazo

1

La disposición **implícitamente imperativa**[2093] del artículo 5.2.6 protege la libertad contractual del beneficiario, que incluye el derecho a no contratar (artículo 1.1 no. 2).[2094] En aplicación del artículo 5.2.1, el beneficiario recibe un "derecho" (que puede o no estar sujeto a ciertas condiciones o limitaciones, como se establece en el artículo 5.2.1 (2)). Hasta que se adquiera[2095] (el artículo 5.2.5 no. 2), en adelante sólo en virtud del artículo 5.1.9 (2),[2096] o por acuerdo (artículo 1.1, 1.3 segunda oración), el beneficiario puede (expresa o implícitamente,[2097] artículo 1.10 (4), 4.2-4.3) **renunciar unilateralmente mediante una noti-**

2088 Comentarios Oficiales, 2016, artículo 5.2.5 en la ilustración, p. 172. S. Vogenauer in Vogenauer, artículo 5.2.5 no. 7; S. Vogenauer en Jansen/Zimmermann, artículo 6:110 (PDCE): Estipulación a favor de un tercero, no. 50 (p. 895) y no. 51 (p. 895), favoreciendo la confianza como punto de corte.

2089 S. Vogenauer, en Vogenauer, artículo 5.2.5 no. 5.

2090 S. Vogenauer, en Vogenauer, artículo 5.2.5 no. 7.

2091 S. Vogenauer, en Vogenauer, artículo 5.2.5 no. 3 (con una discusión de posibles opciones de interpretación); véase también StL-Doc. 83 (2003), p. 5.

2092 S. Vogenauer in Jansen/Zimmermann, artículo 6:110 (PDCE): Estipulación en favor de un tercero, no. 50, p. 894.

2093 S. Vogenauer, en Vogenauer, artículo 5.2.6, no. 2.

2094 S. Vogenauer in Jansen/Zimmermann, artículo 6:110 (PDCE): Estipulación en favor de un tercero, no. 40, p. 891.

2095 S. Vogenauer, en Vogenauer, artículo 5.2.6, no. 5.

2096 Ídem.

2097 Comentarios Oficiales, 2016, artículo 5.2.6, p. 173.

ficación (artículo 1.10), dirigida al promitente o al promisario[2098] sin dar ninguna razón.[2099] Una comunicación al promisario es aconsejable para evitar el cumplimiento y minimizar los riesgos de enriquecimiento injusto.[2100] Por lo general, se requeriría que cualquiera de las partes envíe la notificación, (artículo 5.1.3).[2101] La renuncia puede operar *ex tunc* hasta el comienzo del contrato,[2102] sujeto a interpretación (arts. 4.1, 4.3-4.7).

SECCIÓN 3. OBLIGACIONES CONDICIONALES

Historia legislativa (documentos clave)

En preparación de los Principios de **2010** - Ponente Bénédicte Fauvarque-Cosson. StL-Doc. 99, pp. 8 y 9 (documento de posición en **2006**); StL-Misc. 26, pp. 29 y 37 (1er debate en **2006**); StL-Doc. 103 (documento de posición en **2007**); StL-WP.16 (propuesta de 1er proyecto en **2008**); StL-Misc. 27, pp. 44 y 54 (2do debate en **2007**); StL-WP.18, sesión 3, pp. 1 a 11 (3er debate en **2008**); StL-Doc. 108 (1er borrador en **2008**); StL-Misc. 28, pp. 36 y 43 (4to debate en **2008**); StL-WP.22 (propuesta de 2do proyecto en **2009**); StL-WP.23, sesión 4, pp. 1 a 9 (5to debate en **2009**); StL-Doc. 113 (2do borrador en **2009**); StL-Misc. 29, pp. 18 a 31 (6to debate en **2009**); StL-WP.28 (propuesta de 3er proyecto en **2009**); StL-WP.29, sesión 4, pp. 1 a 9 (7mo debate en **2010**); StL-Doc. 118 (3er borrador en **2010**); StL-Doc. 124 (4to borrador en **2010**); StL-Misc. 30, pp. 10-12 (8vo debate en **2010**).

Artículo 5.3.1 (Tipos de condiciones)

Un contrato o una obligación contractual pueden ser condicionales si dependen de un evento futuro e incierto, de modo que el contrato o la obligación contractual sólo surte efectos (condición suspensiva) o deja de tenerlos (condición resolutoria) si acaece el evento.

A. Función

1

Las condiciones han sido descritas como "una **extensión importante de la autonomía de las partes**,[2103] porque un acuerdo bajo condición permite a las partes hacer frente a la in-

---

2098 S. Vogenauer, en Vogenauer, artículo 5.2.6, no. 4.

2099 S. Vogenauer, en Vogenauer, artículo 5.2.6, no. 1, 3 (*non obtruduntur).*

2100 S. Vogenauer, en Vogenauer, artículo 5.2.6, no. 4 (evita las consecuencias restitutivas)

2101 Ídem.

2102 S. Vogenauer, en Vogenauer, artículo 5.2.6, no. 6. Véase S. Vogenauer in Jansen/Zimmermann, artículo 6:110 (PDCE): Estipulación en favor de un tercero, no. 40-43, p. 891-892.

2103 R. Zimmermann, *Archiv für die civilistische Praxis* (1993), pp. 121, 124 y 125; véase también U. Babusiaux en Jansen/Zimmermann, artículo 16:101 (PDCE): *Types of Conditions*, no. 8 (pp. 1944-45) para superar algunas dudas conceptuales (principalmente de "autores de habla alemana") si algunas obligaciones derivadas de una relación contractual "no pueden ser condicionales".

certidumbre del futuro (...)".[2104] Sujeto a **desplazamiento** o enmienda **contractual** (artículo 1.5)[2105] dentro de los límites de la buena fe y el trato justo (artículo 1.7)[2106] (de los cuales el artículo 5.3.5 (2) proporciona un ejemplo específico), los artículos 5.3.1-5.3.5 proporcionan **cinco principios básicos supletorios**[2107] con una terminología específica para un área de contratación internacional, "condiciones" que surgen regularmente en negociaciones internacionales (**necesidad práctica**),[2108] donde los **malentendidos son** extremadamente **probables** debido a: **I) malentendidos lingüísticos** a la luz de diferencias en la terminología nacional;[2109] y, **II) diferentes percepciones**[2110] en los diversos países de tradición jurídica romanista (donde el concepto de "condiciones" se remonta al Derecho Romano)[2111] y las jurisdicciones de Derecho Común.[2112] La Sección 5.3 mezcla terminología de Derecho Civil[2113] con una "pizca" de Derecho Consuetudinario.[2114] Construye un puente entre las culturas jurídicas y proporciona **asistencia en la interpretación** de las condiciones (posiblemente ambiguas) tal como están redactadas por las partes,[2115] especialmente en el contexto de las decisiones sobre un (supuesto) "incumplimiento" de una condición por interferencia.[2116]

2104 U. Babusiaux en Jansen/Zimmermann, introducción antes del artículo 16:101 (PDCE), no. 2 (p. 1932) (referencia a R. Zimmermann, *Archiv für die civilistische Praxis* (1993) pp. 121, 125, cita adaptada, énfasis añadido); y N° 16 (p. 1940).

2105 Véase, por ejemplo, U. Babusiaux en Jansen/Zimmermann, Introducción antes del artículo 16:101 (PDCE), no. 16 (p. 1940): "debe subrayarse que su esquema y efecto dependen principalmente de la autonomía de las partes".

2106 U. Babusiaux en Jansen/Zimmermann, Introducción antes del artículo 16:101 (PDCE), no. 16 (p. 1940).

2107 S. Rowan en Vogenauer, Introducción a la Sección 5.3 del PICC, no. 2 (régimen por supletorio claro y simple).

2108 S. Rowan en Vogenauer, Introducción a la Sección 5.3 del PICC, no. 2

2109 Véase StL-Misc. 26 (2006), N° 192 y ss.; St-Misc. 27 (2007), no. 386 y subsiguientes. Rowan en Vogenauer, artículo 5.3.1 no. 10-15 y no. 6 citando MR Donaldson en The Varenna (1984) QB 599, 618, CA (quien describe la palabra "condición" como "*una palabra camaleónica que toma su significado de su entorno*"); U. Babusiaux en Jansen/Zimmermann, Introducción antes del artículo 16:101 (PDCE), no. 4 (p. 1933) sobre "terminología".

2110 Por consiguiente, el Grupo de Trabajo no decidió inicialmente qué términos utilizar: "condiciones" o "términos" y si un abogado de Derecho Común entendería "suspensivo" y "resolutivo" en contraposición a "condiciones precedentes" y "condiciones posteriores" StL-Misc. 26 (2006), pp. 29 y 31; S. Rowan en Vogenauer, artículo 5.3.1 no. 6-7, 13 que menciona en el extremo de Francia con en ese momento 17 artículos sobre el tema (es decir, ex artículo 1168-1184 en la antigua versión del Código Civil francés, desde la versión de 2016 reemplazada por "solo" ocho artículo 1304 - 1304-7), mientras que, en el otro extremo, las jurisdicciones de Derecho Común tienden a tener jurisprudencia específica de hecho sobre las cuestiones subyacentes.

2111 Véase el resumen de U. Babusiaux en Jansen/Zimmermann, Introducción antes del artículo 16:101 (PDCE), no. 2 (p. 1932), no. 8-9 (pp. 1935-36) y no. 15 (pp. 1939-40).

2112 U. Babusiaux en Jansen/Zimmermann, artículo 16:101 (PDCE): *Types of Conditions*, no. 1, p. 1942.

2113 Véase U. Babusiaux en Jansen/Zimmermann, Introducción antes del artículo 16:101 (PDCE), no. 1 nota 2, p. 1931.

2114 Véase U. Babusiaux en Jansen/Zimmermann, Introducción antes del artículo 16:101 (PDCE), no. 10 (p. 1937) sobre el uso de condiciones con respecto tanto a obligaciones individuales como a contratos completos: "El enfoque del PICC se inspira en la ley inglesa (...)".

2115 S. Vogenauer, Unif. Law Rev. (2014), pp. 481 y 491; Fauvarque-Cosson Unif. Law Rev. 2011, pp. 537 y 538; U. Babusiaux en Jansen/Zimmermann, Introducción antes del artículo 16:101 (PDCE), no. 17 (pp. 1940-41).

2116 S. Vogenauer, Unif. Law Rev. (2014), pp. 481 y 491; U. Babusiaux en Jansen/Zimmermann, Introducción antes del artículo 16:101 (PDCE), no. 17 (pp. 1940-41).

B. Tipos

2

En virtud del artículo 5.3.1 (que es idéntico al artículo 16:101 PDCE),[2117] la existencia tanto de **obligaciones únicas como de contratos completos**[2118] puede depender de un acontecimiento **futuro incierto**[2119] (es decir, "incierto que ocurra", por lo que basta con que se desconozca una información sobre un acontecimiento),[2120] ya sea estableciendo que surtan efecto ("**condición suspensiva**")[2121] o que cese el efecto ("**condición resolutiva**")[2122] al producirse (o no producirse)[2123] un acontecimiento, por ejemplo, el **acto de un tercero** (por ejemplo, la concesión de un crédito,[2124] la aprobación de la junta[2125]) o un **evento natural**[2126] para el cual las partes pueden acordar un límite de tiempo[2127] (artículo 1.1, 1.5). La **clasificación** de una condición es una cuestión de interpretación[2128] (arts. 4.1, 4.3-4.7). Los artículos 5.3.2 y subsiguientes hacen frente a las consecuencias de acordar cualquiera de las dos formas de condición, lo que incluye, en algunas circunstancias establecidas en los arts. 5.3.3-5.3.4, **obligaciones para contratos aún no en vigor**. Esto es notable desde algunas perspectivas internas,[2129] pero podría derivarse de todos modos de los principios generales de: **I)** el artículo 1.7 (buena fe y lealtad negocial), artículo 5.1.3 (cooperación de las partes) y artículo 1.8 (comportamiento contradictorio "*Venire contra factum proprium*");[2130] y, **II)** por analogía, del párrafo 2 del artículo 2.1.15 (2) (negociaciones de mala fe). Con respecto

---

[2117] Sugerido en primer lugar en: StL-Misc. 27 (2007), p. 44 (Gabriel); StL-Doc. 108 (2008), p. 5.

[2118] StL-WP. 22 (2009), página 4; esto es, por ejemplo, diferente del sistema estadounidense, como señaló S. Rowan en Vogenauer, artículo 5.3.1 no. 5 que hace referencia al § 224 Re expresión (Segunda) de los Contratos (EE.UU.), comentario c; Gabriel, Rabels Z 77 (2013), 158, 162-163. Véase U. Babusiaux en Jansen/Zimmermann, Introducción antes del artículo 16:101 (PDCE), no. 10 (p. 1937): "*El enfoque de la PICC se inspira en la ley inglesa, que a veces distingue una condición que es un requisito previo de la existencia misma de un acuerdo de una condición precedente, que se refiere al cumplimiento de una obligación*".

[2119] Comentarios Oficiales, 2016, artículo 5.3.1 no. 5, p. 177-178; StL-WP. 16 (2008), p. 5; StL-Doc. 108 (2008), p. 5; StL-WP. 28 (2009), p. 4; S. Rowan in Vogenauer, artículo 5.3.1 no. 15 and 8; see also R. Peleggi in Eppur si muove: The Age of Uniform Law, pp. 1539, 1601-1604.

[2120] Como se señala en los Comentarios Oficiales "C" de PDCE, artículo 16:101: "*no es el evento pasado lo que constituye la base de la condición, sino la publicación futura o la disponibilidad de información sobre ese evento*", como lo cita U. Babusiaux en Jansen/Zimmermann, artículo 16:101 (PDCE): *Types of Conditions*, no. 2 (p. 1943) y destacando, con referencia a S. Rowan en Vogenauer, artículo 5.3.1 no. 8-9, que esto se aplica también a los Principios de UNIDROIT.

[2121] El equivalente bajo la ley inglesa sería una "*condición contingente precedente*", S. Rowan en Vogenauer, artículo 5.3.1 no. 13.

[2122] En algunas jurisdicciones de Derecho Común se hablaría de una "*condición posterior*", Comentarios Oficiales, artículo 5.3.1 no. 3 e Ilustración 6, p. 176; S. Rowan en Vogenauer, artículo 5.3.1 no. 12.

[2123] Comentarios Oficiales, 2016, artículo 5.3.1 no. 1, p. 174; StL-WP. 22 (2009), p. 4; S. Rowan in Vogenauer, artículo 5.3.1 no. 2, 8.

[2124] S. Rowan in Vogenauer, artículo 5.3.1 no. 8.

[2125] R. Anderson en Vogenauer, artículo 2.1.6 no. 18 (por lo que esto es discutible en los casos en que un accionista del 100% de la empresa y gerente podrían instruir a la junta).

[2126] Comentarios Oficiales, 2016, artículo 5.3.1 no. 1, p. 174; StL-WP. 22 (2009), p. 4; S. Rowan in Vogenauer, artículo 5.3.1 no. 8.

[2127] Comentarios Oficiales, 2016, artículo 5.3.1 no. 2, ilustración 4, p. 174-175; StL-Doc. 124 (2010), p. 5; S. Rowan in Vogenauer, artículo 5.3.1 no. 21.

[2128] StL-Doc. 124 (2010), p. 5; S. Rowan in Vogenauer, artículo 5.3.1 no. 1.

[2129] En particular desde la perspectiva estadounidense, véase la nota 321.

[2130] StL-Doc. 113 (2009), p. 6; StL-WP. 28 (2009), p. 6; S. Rowan in Vogenauer, artículo 5.3.3 no. 4 (con respect al artículo 5.3.3).

al artículo 3.1.3, un acuerdo sobre una condición considerada imposible no es nulo (pero anulable en virtud del artículo 3.2.2 si es causado por un error fundamental relevante).[2131]

C. Diferencias

3

Los artículos 5.3.1 y subsiguientes se centran en las "condiciones transaccionales"[2132] y **no cubren: I)** las condiciones impuestas **por la ley**[2133] (artículo 6.1.14),[2134] a menos que se incorporen también al contrato como condiciones;[2135] **II)** "la expectativa recíproca de que la otra parte cumplirá, o el cumplimiento previo de una obligación contractual por la otra parte";[2136] **III) condiciones ilegales** (arts. 3.3.1-3.3.2);[2137] **IV)** acuerdos sobre ciertas cláusulas temporales (**términos**);[2138] **V)** a menos que se acuerde lo contrario (artículo 1.5), un "**cierre**" en una transacción corporativa ("Fusiones y Adquisiciones") que prevea la firma de un "documento que reconozca que se han cumplido todas las condiciones precedentes o, si no, se ha renunciado";[2139] y **VI) condiciones cuyo cumplimiento es total**[2140] (no: parcialmente; Las "condiciones mixtas", que también dependen de otros factores, son válidas)[2141] **dependen de la discrecionalidad del deudor** ("**condiciones potestativas**";[2142] posiblemente

---

[2131] U. Babusiaux en Jansen/Zimmermann, Introducción antes del artículo 16:101 (PDCE), no. 12 (p. 1938) y artículo 16:101 (PDCE): Tipos de condición, no. 9 (p. 1945) proponiendo preguntar como prueba "si una parte (típicamente el deudor) asumió el riesgo de la imposibilidad de la condición". En ausencia de un error fundamental que sea relevante según el artículo 3.2.2, el contrato será válido, incluida la condición.

[2132] U. Babusiaux in Jansen/Zimmermann, artículo 16:101 (PDCE): *Types of Conditions*, no. 5 (p. 1944).

[2133] Comentarios Oficiales, 2016, artículo 5.3.1 no. 1, p. 174. StL-Doc. 103 (2007), p. 11 (Fauvarque-Cosson); StL-Doc. 108 (2008), p. 5; S. Rowan in Vogenauer, artículo 5.3.1 no. 4; U. Babusiaux in Jansen/Zimmermann, artículo 16:101 (PDCE): *Types of Conditions*, no. 5 (pp. 1943-44).

[2134] Fauvarque-Cosson Unif. Law Rev. 2011, pp. 537, 539; S. Rowan in Vogenauer, artículo 5.3.1 no. 4.

[2135] Comentarios Oficiales, 2016, artículo 5.3.1 no. 1, p. 174; S. Rowan en Vogenauer, artículo 5.3.1 no. 4; véase también implícitamente StL— WP. 16 (2008), p. 5; StL— WP. 22 (2009), p. 4 U. Babusiaux en Jansen/Zimmermann, artículo 16:101 (PDCE): *Types of Conditions*, no. 5 (p. 1944) señalando con referencias adicionales que incluso la elección de la ley puede formularse como una condición. En la práctica, la elección de los Principios de UNIDROIT es también una "condición" de una oferta siempre que dicha oferta se presente con arreglo a los Principios de UNIDROIT.

[2136] U. Babusiaux in Jansen/Zimmermann, artículo 16:101 (PDCE): *Types of Conditions*, no. 4 (p. 1943).

[2137] S. Rowan en Vogenauer, Introducción a la Sección 5.3 del PICC, no. 2; artículo 5.3.1 no. 22; U. Babusiaux en Jansen/Zimmermann, Introducción antes del artículo 16:101 (PDCE), no. 13 (pp. 1938-39) y artículo 16:101 (PDCE): Tipos de Condiciones, no. 9 (p. 1945): "El tratamiento de estos problemas debe derivarse de las reglas generales sobre imposibilidad, y la ilegalidad".

[2138] StL-WP. 22 (2009), p. 4; S. Rowan in Vogenauer, artículo 5.3.1 no. 9; U. Babusiaux in Jansen/Zimmermann, Introduction before artículo 16:101 (PDCE), no. 5 (pp. 1933-34).

[2139] S. Rowan in Vogenauer, artículo 5.3.1 no. 15 (thereby summarizing StL-Doc. 113 (2009), p. 7; StL-WP. 28 (2009), p. 5) en referencia a los Comentarios Oficiales, artículo 5.3.1 no. 5, pp. 177-178 and Fauvarque-Cosson, Unif. Law Rev. 2011, pp. 537, 540; U. Babusiaux in Jansen/Zimmermann, artículo 16:101 (PDCE): Types of Conditions, no. 10 (p. 1946).

[2140] S. Rowan in Vogenauer, artículo 5.3.1 no. 19.

[2141] Comentarios Oficiales, 2016, artículo 5.3.1 no. 4, ilustración 8, p. 176-177; S. Rowan in Vogenauer, artículo 5.3.1 no. 18.

[2142] StL.Misc. 26 (2006), p. 34 (Bonell, Fauvarque-Cosson); StL-Doc. 103 (2007), p. 10 (Fauvarque-Cosson); Comentarios Oficiales, artículo 5.3.1 no. 4, p. 176; S. Rowan en Vogenauer, artículo 5.3.1 no. 19; U. Babusiaux en Jansen/Zimmermann, artículo 16:101 (PDCE): *Types of Conditions*, no. 3 (p. 1943) observando pertinentemente: "Este enfoque significa que aquellas condiciones, cuyo cumplimiento está simplemente sujeto al

un contrato "ilusorio" que carezca de consideración desde una perspectiva inglesa)[2143] en el que el deudor potencial, después de la debida interpretación de sus declaraciones o conducta (artículo 4.2-4.3), no tiene (todavía) la intención de estar legalmente obligado.[2144] Si no existe tal intención del "deudor" potencial, la obligación precontractual en virtud del artículo 2.1.15 (2) no es suficiente para mantenerlo vinculado.[2145] **VII)** Además, las "condiciones" contractuales del capítulo 5 también son distintas de las "condiciones implícitas" (artículo 5.1.1 y siguientes) o del entendimiento de que el equilibrio de un contrato no debe cambiar fundamentalmente (artículo 6.2.2).[2146]

D. Opción

4

En virtud de la autonomía de la voluntad (artículo 1.1), las partes son libres de crear también un **derecho** bajo condiciones, por ejemplo, una **opción** que sólo se justifique en determinadas condiciones. El capítulo 5.3 es entonces aplicable por analogía[2147] (artículo 1.6 (2)).

Artículo 5.3.2 (Efectos de las condiciones)

A menos que las partes convengan otra cosa:

a) El contrato o la obligación contractual surtirá efectos al cumplirse la condición suspensiva;

b) El contrato o la obligación contractual cesará de tener efectos al cumplirse la condición resolutoria.

---

control de una de las partes, y que por lo tanto significan una completa falta de compromiso contractual (...) conduzca a la ausencia de un contrato válido entre las partes". En el mismo sentido, también los Comentarios Oficiales, artículo 5.3.1 no. 4, p. 176: "Esta es una cuestión de interpretación. Si parece que no hay intención de obligarse, no hay contrato, ni hay ninguna obligación contractual". (sin subrayar en el original). Esto explica por qué los Principios de UNIDROIT no vieron la necesidad de una regla explícita sobre las cuestiones, véase U. Babusiaux en Jansen/Zimmermann, artículo 16:101 (PDCE): *Types of Conditions*, no. 10 (pp. 1945-46), discutiendo también las consecuencias de la nulidad del contrato (total o parcialmente) si la condición potestativa no es razonable.

2143 S. Rowan in Vogenauer, artículo 5.3.1 no. 20.

2144 Comentarios Oficiales, 2016, artículo 5.3.1 no, Ilustración 7, p. 176; S. Rowan in Vogenauer, artículo 5.3.1 no. 17.

2145 Ídem.

2146 U. Babusiaux en Jansen/Zimmermann, Introducción antes del artículo 16:101 (PDCE), no. 3 (pp. 1932-33) con la distinción entre condiciones "contractuales" y "legales" "pertenecientes a la esfera de la ley".

2147 Véase en contexto con PDCE, U. Babusiaux in Jansen/Zimmermann, artículo 16:103 (PDCE): *Effects of Conditions*, no. 2 (pp. 1952-53).

A. Un Sistema de Normas Supletorias

1

Inspirado en una tendencia internacional tanto en jurisdicciones de Derecho Común como Civil[2148] y en el artículo 16:101 PDCE,[2149] el artículo 5.3.2 proporciona un sistema útil de normas supletorias, basado en la no retroactividad,[2150] que puede modificarse mediante contrato ("A menos que las partes acuerden otra cosa"; artículo 5.3.1 no. 1).

B. Condición Suspensiva (literal "a"): Características especiales

2

Sujeto al artículo 5.3.3, una condición suspensiva (es decir, una "condición precedente" en la terminología inglesa,[2151] aunque para ser interpretada de manera autónoma, el artículo 1.6 no. 1) implica: **I) Suspensión** de cualquier efecto legal[2152] hasta el "cumplimiento" de la condición, excepto los previstos en el artículo 5.3.3-5.3.4;[2153] **II)** la **entrada "automática" en vigor** de la obligación o contrato[2154] hasta ahora suspendido tras el cumplimiento de la condición;[2155] **III)** extinción de cualquier relación jurídica bajo la obligación o contrato en caso de **incumplimiento** de la condición.[2156] Se reduce el riesgo si la condición está redactada en términos claros (y no como una "condición negativa"[2157]), especialmente cuando los hablantes no nativos de inglés usan el inglés como idioma de conveniencia (ejemplo: no todas las "condiciones precedentes" constituyen una "condición suspensiva"[2158]).

2148 S. Rowan in Vogenauer, artículo 5.3.2 no. 2 (con referencias a las leyes de Alemania, Suiza y Estados Unidos).

2149 StL-Doc. 108 (2008), p. 8.

2150 Comentarios Oficiales, 2016, artículo 5.3.2 no. 2; StL-WP. 16 (2008), p. 6; StL-WP. 22 (2009), p. 11; S. Rowan in Vogenauer, artículo 5.3.2 no. 2 (con reference al artículo 16:103 PDCE and artículo III.-1:106(1) DCFR).

2151 U. Babusiaux in Jansen/Zimmermann, Introducción previa al artículo 16:101 (PDCE), no. 7 (p. 1934).

2152 S. Rowan en Vogenauer, artículo 5.3.2 no. 7; U. Babusiaux en Jansen/Zimmermann, artículo 16:101 (PDCE): *Types of Conditions*, no. 6 (p. 1944); véase, en contraste, ibid./Zimmermann, Introducción antes del artículo 16:101 (PDCE), no. 9 (pp. 1936-37) sobre "algún efecto previo" de una obligación bajo una condición suspensiva en el derecho romano como un bien heredable del beneficiario que también podría ser "novado, abrogado y asegurado mediante prenda".

2153 S. Rowan in Vogenauer, artículo 5.3.2 no. 8.

2154 Comentarios Oficiales, 2016, artículo 5.3.2 no. 2, p. 179; S. Rowan in Vogenauer, artículo 5.3.2 no. 9.

2155 U. Babusiaux in Jansen/Zimmermann, artículo 16:103 (PDCE): *Effects of Conditions*, no. 1 (p. 1952).

2156 S. Rowan in Vogenauer, artículo 5.3.2 no. 10.

2157 Discutido por S. Rowan en Vogenauer, artículo 5.3.2 no. 2; U. Babusiaux en Jansen/Zimmermann, artículo 16:101 (PDCE): *Types of Conditions*, no. 6 (p. 1944): "(...) *lo que significa que la no concurrencia de un evento futuro dará efecto al contrato o a la obligación contractual*". Ejemplo: Si ningún tercero impugna este procedimiento de licitación (dentro de las fechas límite para dicha acción) ..."

2158 Se podría referir a una "obligación real", véase Fauvarque-Cosson Unif. Law Rev. 2011, pp. 537, 540, as cited by U. Babusiaux in Jansen/Zimmermann, Introduction before artículo 16:101 (PDCE), no. 6 (p. 1934)

C. Condición Resolutoria (literal "b"): Características especiales

3

Una condición resolutiva (es decir, una "condición posterior" desde una perspectiva inglesa,[2159] aunque debe interpretarse de manera autónoma, art. 1.6 no. 1) "pone fin al contrato o a la obligación contractual si ocurre el evento incierto y/o futuro".[2160] Esto significa, sujeto al artículo 5.3.3: **I)** El contrato u obligación que está sujeto a la condición tiene efecto **como un contrato** u obligación **ordinaria** hasta el "cumplimiento" de la condición, complementado por las obligaciones adicionales (de preservación) previstas en el artículo 5.3.3-5.3.4;[2161] **II)** desplazamiento de la obligación o contrato al "cumplir" la condición[2162] y restitución según lo establecido en el artículo 5.3.5;[2163] y **III)** el **incumplimiento** de la condición "consolida" la obligación o contrato, como si nunca hubiera existido tal condición.[2164]

D. Características comunes

4

I) Posibilidad de **desplazamiento** contractual (*argumentum* frase inicial "A menos que..."; el artículo 5.3.2 establece **normas supletorias**);[2165] **II)** efecto para el futuro (**irretroactividad**), que se consideró más sencillo desde el punto de vista práctico[2166] y que se correlaciona con una tendencia internacional prevaleciente en el derecho contractual moderno;[2167] y **III)** ambos tipos de condiciones resuelven el carácter vinculante de la obligación o del contrato.[2168]

2159 U. Babusiaux in Jansen/Zimmermann, Introducción previa al artículo 16:101 (PDCE), no. 7 (p. 1934).

2160 U. Babusiaux in Jansen/Zimmermann, artículo 16:101 (PDCE): *Types of Conditions*, no. 7 (p. 1944).

2161 S. Rowan in Vogenauer, artículo 5.3.2 no. 12.

2162 S. Rowan in Vogenauer, artículo 5.3.2 no. 13; U. Babusiaux in Jansen/Zimmermann, artículo 16:103 (PDCE): Effects of Conditions, no. 1 (p. 1952): "la obligación principal se da por terminada".

2163 S. Rowan in Vogenauer, artículo 5.3.2 no. 13.

2164 S. Rowan in Vogenauer, artículo 5.3.2 no. 14.

2165 Comentarios Oficiales, 2016, artículo 5.3.2 no. 1, p. 179; S. Rowan in Vogenauer, artículo 5.3.2 no. 2, 5.

2166 Fauvarque-Cosson Unif. Law Rev. 2011, pp. 537, 543-544; S. Rowan in Vogenauer, artículo 5.3.2 no. 4.

2167 StL-Doc. 103 (2007), p. 16 (Fauvarque-Cosson con referencia a Hartkamp); 16 (2008), p. 6, en la que se afirma que se trata de una tendencia a la abolición de la retroactividad, coincidiendo con StL— Doc. 108 (2008), p. 6; S. Rowan en Vogenauer, artículo 5.3.2 no. 2 (citando la ley alemana, estadounidense y suiza; por ejemplo, § 230 Re expresión (Segunda) de los contratos; así como un contraejemplo de Francia en el no. 3 (refiriéndose al ex artículo 1183 Código Civil francés, ahora artículo 1304-7 en la versión de 2016, que establece, por el contrario, en principio la retroactividad como principio, pero con dos excepciones: una opción para renunciar a ella y una excepción para el caso en que los servicios se hayan intercambiado a plazos a lo largo del tiempo). Historia: El tema de la retroactividad fue debatido en el Derecho Romano ("sin consenso"). El contraejemplo francés se remonta a la Edad Media (Bartolus de Saxoferrato, 1313-57), U. Babusiaux en Jansen/Zimmermann, Introducción antes del artículo 16:101 (PDCE), no. 14 (p. 1939) y artículo 16:103 (PDCE): Efectos de las condiciones, no. 6 (p. 1953).

2168 S. Rowan in Vogenauer, artículo 5.3.2 no. 1.

E. Opciones

5

I) Para aumentar la probabilidad de que se produzca una condición, las partes pueden desear a veces imponer a una parte una obligación, por ejemplo, emplear **los mejores esfuerzos** (artículo 5.1.4 (2)) o solicitar una licencia de exportación (art. 5.1.3 no. 3; 6.1.14), para contribuir a la realización de una condición.[2169] Esto implica "un estándar más estricto para la parte obligada en comparación con el deber general de actuar de acuerdo con la buena fe y la lealtad negocial".[2170] **II)** Las partes son libres de limitar una condición **por un día límite en el tiempo.**[2171] **III)** Las partes pueden prever un **efecto retroactivo** de una condición (artículo 5.3.5 (2) y 1.5).[2172] La práctica está llena de ejemplos coloridos: En las **relaciones contractuales a largo plazo** sucede que las partes, actuando bajo presión de mercado y tiempo, comienzan sus relaciones internacionales con un acuerdo sobre una serie de puntos clave (por ejemplo, una orden basada en un estatuto nacional, la CNUCCI, o conflictivo (artículo 2.1.21) o acordado, términos y condiciones generales). Cuando los departamentos jurídicos se integran en el proyecto en el último minuto (y objetivamente demasiado tarde), esto a veces conduce a un acuerdo para negociar de buena fe ciertos acuerdos adicionales, por ejemplo, un "acuerdo de garantía" con una cláusula de limitación razonable de responsabilidad que tenga en cuenta el volumen de negocios previsto en el proyecto. En tales circunstancias, el futuro acuerdo de garantía tendrá efecto retroactivo a partir de la fecha de entrada en vigor del acuerdo principal.[2173] Al mismo tiempo, la conclusión de dicho acuerdo de garantía puede ser una **condición suspensiva** para la continuación del proyecto más allá de un hito predefinido (por ejemplo, el desarrollo de muestras para la futura producción en serie).

Artículo 5.3.3 (Intromisión en el cumplimiento de la condición)

1) Si el cumplimiento de una condición es impedido por una parte en violación del deber de buena fe y lealtad negocial o de cooperación, dicha parte no podrá invocar la falta de cumplimiento de la condición.

2) Si el cumplimiento de una condición es provocado por una parte en violación del deber de buena fe y lealtad negocial o de cooperación, dicha parte no podrá invocar el cumplimiento de la condición.

2169 U. Babusiaux in Jansen/Zimmermann, artículo 16:103 (PDCE): *Effects of Conditions*, no. 3 (p. 1953), refiriéndose a los dos ejemplos.

2170 Ídem.

2171 S. Rowan in Vogenauer, artículo 5.3.2 no. 5; U. Babusiaux in Jansen/Zimmermann, artículo 16:103 (PDCE): *Effects of Conditions*, no. 4 (p. 1953).

2172 Ídem.

2173 En ese ejemplo de 2018-21, el acuerdo de garantía finalmente se concluyó bajo los Principios de UNIDROIT.

A. El Perro Guardián para la Condición

1

Como expresión de **I)** el artículo 1.7 (buena fe y lealtad negocial);[2174] **II)** el artículo 5.1.3 (cooperación);[2175] **III)** en línea con muchas jurisdicciones civiles y de Derecho Consuetudinario,[2176] así como PDCE y DCFR;[2177] y **IV)** también en línea con y como expresión de la prohibición de comportamiento contradictorio en el artículo 1.8,[2178] el artículo 5.3.3 proporciona dos principios principalmente auto explicativos en caso de interferencia con las condiciones. Constituyen "el núcleo de las condiciones de la ley"[2179] y contienen un **notable "compromiso** entre el enfoque tradicional del Derecho Civil, es decir, un cumplimiento ficticio que vincula automáticamente a ambas partes (...) y las normas de Derecho Común más cautelosas, que tratan la mayoría de las interferencias como violaciones de obligaciones implícitas y, por lo tanto, sólo imponen responsabilidad por incumplimiento de contrato".[2180] Dependiendo de las circunstancias, el artículo 5.3.3 proporciona acceso a ambas carreteras.

B. El Diablo está en los Detalles

2

Quien impida que se produzca una condición (párrafo 1) o logre el cumplimiento de una condición (párrafo 2), no podrá invocar la no ocurrencia o el cumplimiento de la condición, si su acción fue contraria al deber de buena fe y lealtad negocial, o al deber de cooperación. Un árbitro (u otro juzgador competente) tendrá que evaluar si, bajo los hechos (y con respecto a los términos del contrato, debidamente interpretado (artículo 4.1,

---

[2174] Comentarios Oficiales, 2016, artículo 5.3.3, p. 180; S. Rowan in Vogenauer, artículo 5.3.3 no. 4; U. Babusiaux in Jansen/Zimmermann, artículo 16:102 (PDCE): *Interference with Conditions*, no. 2 (p. 1948).

[2175] Comentarios Oficiales, 2016, artículo 5.3.3, p. 180; S. Rowan in Vogenauer, artículo 5.3.3 no. 4.

[2176] S. Rowan in Vogenauer, artículo 5.3.3 no. 3 (con referencia a las leyes francesas, alemanas, suizas, inglesas y estadounidenses); U. Babusiaux in Jansen/Zimmermann, artículo 16:102 (PDCE): Interference with Conditions, no. 1 (p. 1947).

[2177] Art. 16:102_PDCE and Art. III.-1:106 (4) DCFR, StL-WP. 22 (2009), p. 13; U. Babusiaux in Jansen/Zimmermann, Introducción antes del artículo 16:101 (PDCE), no. 10 (p. 1937).

[2178] Comentarios Oficiales, 2016, artículo 5.3.3, p. 180; StL-Doc. 103 (2007), p. 13 (Fauvarque-Cosson); StL-WP. 22 (2009), página 13; StL-Doc. 113 (2009), p. 10; véase además (i) S. Rowan en Vogenauer, artículo 5.3.3 no. 4 y (ii) U. Babusiaux en Jansen/Zimmermann, artículo 16:102 (PDCE): Interferencia con las condiciones, no. 2 (p. 1948), enfatizando que esta raíz del artículo 5.3.3 se acerca a la teoría del derecho consuetudinario del estoppel ("es contradictorio someter el contrato a una condición en primer lugar y luego interferir con su ocurrencia o no ocurrencia"). Puede haber una razón económica para el comportamiento inconsistente (por ejemplo, un cambio del precio de mercado), pero ese riesgo se tomó al concluir el contrato con una condición, ejerciendo la autonomía de la parte (artículo 1.1, 1.3).

[2179] U. Babusiaux in Jansen/Zimmermann, Introduction before artículo 16:101 (PDCE), no. 10 (p. 1937).

[2180] U. Babusiaux en Jansen/Zimmermann, Introducción antes del artículo 16:101 (PDCE), no. 10 (p. 1937). La entrada en vigor ficticia de una condición impedida por una parte tiene sus raíces, en el derecho romano, en la "manumisión testamentaria de esclavos" y la ley de legados. En el Derecho inglés, la "prevención ilícita del cumplimiento de una condición" infringe una "condición contractual implícita". Véase el resumen histórico de U. Babusiaux ibid. no. 15 (pp. 1939-40) y no. 9 (p. 1036) sobre la condición pendiente (*condicio pendet*) en el Derecho Romano.

4.3 y subsiguientes),[2181] existe: **I)** una **razón legítima** para una interferencia;[2182] o, **II)** una **violación** de los principios de **buena fe y lealtad negocial** o del deber de cooperación.[2183] Según los Comentarios Oficiales, los recursos en caso de incumplimiento del artículo 5.3.3, en particular en virtud del Capítulo 7 (el artículo 7.1.1 se refiere a un incumplimiento con respecto a "cualquier" obligación): **I)** el **derecho al cumplimiento**; o, **II)** los **daños y perjuicios** (y su cuantía)[2184] *"se determinarán de conformidad con las disposiciones contractuales y las normas generales sobre estos recursos, así como con las circunstancias particulares del caso".*[2185] Esto otorga **discreción**, que debe ejercerse con cuidado y teniendo debidamente en cuenta la incontable variedad de circunstancias, incluidos los términos del contrato. Principalmente, los Comentarios Oficiales abren la puerta tanto al cumplimiento (de la obligación o contrato) como a los daños y perjuicios.[2186]

Desde la perspectiva de un **árbitro**, será importante **reflexionar sobre las opciones; III) resolución** (*argumentum* artículo 7.3.1 (1));[2187] **IV**) la solución europea continental, basada en Derecho Romano, según la cual se considerará que se ha producido una condición suspensiva o resolutoria impedida (**cumplimiento ficticio**),[2188] no es automática sino posible como una alternativa.[2189] La **preferencia de la parte inocente** es una circunstancia a

[2181] U. Babusiaux en Jansen/Zimmermann, artículo 16:102 (PDCE): Interferencia con las condiciones, no. 3 (pp. 1948-49) hace referencia a "los términos del contrato, las intenciones de las partes y la interpretación del alcance del contrato con respecto a la condición" y propone preguntar si la acción de la parte interferente fue razonable o irrazonable con respecto a la "naturaleza y propósito del contrato", "las circunstancias del caso" y "los usos y prácticas de la profesión u oficio" (artículo 1.7 no. 2).

[2182] S. Rowan en Vogenauer, artículo 5.3.3 no. 7 y U. Babusiaux en Jansen/Zimmermann, artículo 16:102 (PDCE): Interferencia con las condiciones, no. 3 (p. 1947) da el ejemplo de la intervención para cumplir con "un deber legal de mantener la seguridad".

[2183] Comentarios Oficiales, 2016, artículo 5.3.3 párrafo "c", ilustración 3, p. 181; StL-WP. 16 (2008), p. 8; S. Rowan in Vogenauer, artículo 5.3.3 no. 7-8.

[2184] U. Babusiaux en Jansen/Zimmermann, artículo 16:102 (PDCE): Interferencia con las condiciones, no. 7 (p. 1950): "Si el cumplimiento de la condición no era probable, podría considerarse injusto imponer la totalidad de la pérdida a la parte interferente" (con referencia a S. Rowan en Vogenauer, artículo 5.3.3 no. 20).

[2185] Comentarios Oficiales, 2016, artículo 5.3.3, p. 180, con ejemplos en la p. 180 y subsiguientes; StL-WP. 22 (2009), p. 14; S. Rowan in Vogenauer, artículo 5.3.3 no. 12, 19-21.

[2186] StL-WP. 18 (2008), p. 5; cf. Fauvarque-Cosson Unif. Law Rev. 2011, pp. 537, 546 (mencionando que las consecuencias no han sido reguladas en la Sección 5.3); U. Babusiaux en Jansen/Zimmermann, artículo 16:102 (PDCE): Interferencia con las condiciones, no. 4 (p. 1949).

[2187] Argumentando en esta dirección explícitamente a favor del PDCE, pero aparentemente también con respecto a los Principios Unidroit U. Babusiaux en Jansen/Zimmermann, artículo 16:102 (PDCE): Interferencia con las condiciones, no. 7 (p. 1950) con referencia a comentarios críticos de S. Rowan en Vogenauer, artículo 5.3.3 no. 21 y 33.

[2188] S. Rowan en Vogenauer, artículo 5.3.3 no. 13-16; U. Babusiaux en Jansen/Zimmermann, artículo 16:102 (PDCE): Interferencia con las condiciones, no. 4 (p. 1949) y no. 6 (p. 1950) sobre las cuatro consecuencias lógicas (para cada uno de los dos tipos de condiciones, suspensivas o resolutorias, dependiendo de si la interferencia obstaculizó o desencadenó una condición para fundamentar).

[2189] Véase U. Babusiaux en Jansen/Zimmermann, artículo 16:102 (PDCE): Interferencia con las condiciones, no. 4 (p. 1949): "Parece realmente oportuno dar a la parte perjudicada la opción de resolver el contrato o considerar que la condición se cumplió, ya que puede ser intolerable seguir estando vinculada a una parte que ha demostrado actuar en contra de la buena fe y lealtad negocial"; véase además S. Rowan en Vogenauer, artículo 5.3.3 no. 17, 19 con dudas, si el artículo 5.3.3 deja en absoluto la puerta abierta para el cumplimiento ficticio de la condición. Estas dudas no son compartidas por U. Babusiaux *Ob. cit.*: "Sin embargo, la redacción de la PICC 5.3.3 no prescribe tal limitación". Con respecto al carácter internacional y de construcción de puentes del artículo 5.3.3 (artículo 1.6, 5.3.3 no. 1), ninguna carretera debe ser cortada y el cumplimiento ficticio de la condición debe aceptarse como una opción entre varias opciones

considerar,[2190] así como posiblemente la probabilidad de que el evento hubiera ocurrido de otra manera.[2191] Cambiaría el equilibrio si el contrato, debidamente interpretado (artículo 4.1, 4.3 y siguientes) proporciona una "**cláusula de mejores esfuerzos**" (artículo 5.1.4 literal "b"; 5.1.5) para lograr o, en su caso, evitar el cumplimiento de una condición.[2192] Cualquier **imposibilidad** resultante de la interferencia (por ejemplo, una licencia de exportación faltante que hace imposible el cumplimiento, el artículo 7.2.2 (a)) y la **practicidad** son otros factores a considerar[2193] (y es probable que resulte en daños y perjuicios más que en el cumplimiento del contrato).

Artículo 5.3.4 (Obligación de preservar los derechos)

Antes del cumplimiento de la condición, una parte no puede en violación del deber de actuar de buena fe y lealtad negocial, comportarse de manera tal que perjudique los derechos de la otra parte en caso de que se cumpla la condición.

A. El perro guardián del derecho condicionado

1

El artículo 5.3.4 hace eco de las obligaciones del artículo 5.3.3 (relativas a la condición) para la obligación condicionada o el contrato en sí en la medida en que otorgue un derecho a la otra parte,[2194] es decir, los derechos de la otra parte en caso de cumplimiento de la condición. Las raíces de la norma se remontan a la ley alemana.[2195] Una vez más, el diablo radica en los detalles, tanto con respecto a la subsunción de los hechos[2196] como a la elección de los recursos disponibles para la parte inocente.[2197] Una vez más, la parte inocente está protegida por el capítulo 7, al menos en los casos en que se produce una condición suspensiva y se perjudica el derecho del beneficiario.[2198] Si, por ejemplo, un contrato de compraventa de una empresa prevé el cumplimiento de ciertas condiciones suspensivas (el

2190 Véase S. Rowan en Vogenauer, artículo 5.3.3 no. 17 (discutiendo el "fortalecimiento" de la posición de la parte inocente).

2191 S. Rowan en Vogenauer, artículo 5.3.3 no. 20 (discutiendo en el no. 21 también la opción de "terminación" en caso de interferencia con una condición resolutoria).

2192 Ligera adaptación de una idea en los Comentarios Oficiales al artículo 5.3.3, p. 180; S. Rowan en Vogenauer, artículo 5.3.3 no. 9.

2193 U. Babusiaux en Jansen/Zimmermann, artículo 16:102 (PDCE): Interferencia con las condiciones, no. 5, p. 1949-50.

2194 StL-WP. 18 (2008), p. 8; Comentarios Oficiales del artículo 5.3.4, p. 182; U. Babusiaux in Jansen/Zimmermann, artículo 16:104 (PDCE): *Duty to Preserve Rights*, no. 1 (p. 1955).

2195 U. Babusiaux en Jansen/Zimmermann, artículo 16:104 (PDCE): Deber de preservar los derechos, no. 3 (pp. 1955-56) observando que la protección bajo la ley alemana va más allá e incluye aspectos relacionados con el derecho de propiedad (ejemplo: después de una venta de un bien, el vendedor pignora o transfiere in rem los derechos sobre un bien vendido bajo una condición). Estos aspectos no están cubiertos por los Principios de UNIDROIT (Introducción nº 17).

2196 S. Rowan in Vogenauer, artículo 5.3.3 no. 6.

2197 S. Rowan en Vogenauer, artículo 5.3.3 no. 7-11 (señalando la diferencia del régimen de restitución que distingue, también en la edición de 2016 de los Principios de UNIDROIT, en el artículo 7.3.6 y 7.3.7 entre contrato que debe ejecutarse de una vez o durante un período de tiempo, artículo 1.11, tercera línea).

2198 Véase U. Babusiaux en Jansen/Zimmermann, artículo 16:104 (PDCE): Deber de preservar los derechos, no. 4 (p. 1956) quien observa que esta cuestión no está explícitamente cubierta en el artículo 5.3.4.

artículo 5.3.2 literal "a") entre la firma y el cierre, el vendedor tiene la obligación de "*restringir su actividad, con respecto al objetivo, a la gestión comercial ordinaria*", mientras que el comprador "*tiene el deber de confidencialidad en cuanto a cualquier información relativa a la empresa que haya recibido en el curso de las negociaciones*".[2199] El contrato suspendido tiene, por tanto, un "efecto previo".[2200]

B. Opciones

2

En el contexto de la venta de una empresa (es decir, con un contrato de compraventa con arreglo a los Principios de UNIDROIT y el contrato sobre la transferencia de acciones con arreglo al Derecho o leyes de sociedades aplicables)[2201] y con sujeción al Derecho imperativo (1.4) que puede imponer límites a dicho acuerdo, las partes pueden desear formular obligaciones claras, por ejemplo, de "mejores esfuerzos" (artículo 5.3.2 no. 5), durante el período de suspensión entre la firma y el cierre para lograr una cobertura total por contrato, sin ninguna discusión sobre la aplicabilidad del Capítulo 7.

Artículo 5.3.5 (Restitución en caso de cumplimiento de una condición resolutoria)

1) En el caso de cumplirse una condición resolutoria, se aplicarán las reglas sobre la restitución de los Artículos 7.3.6 y 7.3.7, con las adaptaciones necesarias.

2) Si las partes han convenido que una condición resolutoria tendrá un efecto retroactivo, se aplicarán las reglas sobre la restitución del Artículo 3.2.15, con las adaptaciones necesarias.

A. Detalles en los efectos de condiciones resolutorias

1

El artículo 5.3.5 complementa el artículo 5.3.2 literal "b". Se refiere para el cumplimiento de una condición resolutoria (con efecto prospectivo, artículo 5.3.2 no. 4), *mutatis*

[2199] Comentarios Oficiales, 2016, artículo 5.3.4, ilustración en p. 182.

[2200] U. Babusiaux en Jansen/Zimmermann, artículo 16:104 (PDCE): Deber de preservar los derechos, no. 2 (p. 1955), señalando también: "En caso de una condición suspensiva, las partes están obligadas a no infligir un detrimento a los derechos contractuales futuros que serán efectivos después del cumplimiento de la condición suspensiva"

[2201] Cuando varias empresas europeas se venden juntas y participan abogados de diferentes jurisdicciones, este es el enfoque más sabio en comparación con actuar bajo una sola ley nacional, como la ley canadiense o inglesa (como ambas se vieron a lo largo del tiempo en la práctica). Cuando se vende una sola empresa, a menudo es más fácil actuar para todos los aspectos bajo la ley de la jurisdicción del objetivo. Esta es la razón por la que, en la práctica, el uso de los Principios de UNIDROIT para la transacción de fusiones y adquisiciones seguirá siendo raro. Es interesante si un comprador extranjero tiene la intención de comprar empresas en una industria determinada en varias jurisdicciones y desea hacerlo sobre la base de una plantilla adaptada.

mutandis, a las reglas sobre restitución (artículo 7.3.6-7.3.7),[2202] ya que el cumplimiento de una condición resolutoria tiene el mismo efecto (para el futuro) que una terminación inmediata (artículo 7.3.5 (1)).

B. Opcional: una regla importante si las partes eligen la retroactividad

2

Si las partes han acordado un efecto retroactivo del cumplimiento de una condición resolutiva (artículo 5.3.2 no. 5), su ocurrencia tiene el mismo efecto que una resolución. Esto explica la referencia, mutatis mutandis, a las normas de anulación (artículo 3.2.15).[2203]

[2202] StL-Misc. 28 (2008), pp. 38 y 39 (Komarov); StL-WP. 22 (2009), página 16; Véase el excelente resumen crítico de S. Rowan en Vogenauer, artículo 5.3.3 no. 10 y subsiguientes.

[2203] Comentarios Oficiales, 2016, artículo 5.3.5, p. 183; S. Rowan en Vogenauer, artículo 5.3.3 no. 13-17; U. Babusiaux en Jansen/Zimmermann, artículo 16:105 (PDCE): *Restitution in Case of Fulfillment of a Resolutive Condition*, no. 2-3 (pp. 1957-58) concluyendo después de la discusión que la distinción entre efecto prospectivo y retroactivo "parece superior" en comparación con un régimen unitario general como en PDCE.

CAPÍTULO 6
CUMPLIMIENTO

SECCIÓN 1. CUMPLIMIENTO EN GENERAL

Historia legislativa (documentos clave)

En preparación de los **Principios de 1994** - *Ponentes* Marcel Fontaine, Dietrich Maskow (Artículo 6.1.14 a 6.1.17):
StL-Doc. 29 (1er borrador en **1983**); P.C.-Misc. 5, pp. 14 y 15 (1do debate en **1983**); StL-Doc. 33 (2do borrador en **1984**); P.C.-Misc. 6 (2do debate en **1985**); StL-Doc. 34 (3er borrador en **1985**); P.C.-Misc. 8, pp. 2 a 14 (3er debate en **1986**); StL-Doc. 39 (4to borrador en **1987**); P.C.-Misc. 11, pp. 1 a 26 (4to debate en **1987**); StL-Doc. 44 (5to borrador en **1989**); P.C.-Misc. 14 (5to debate en **1990**); P.C.-Misc. 18, pp. 106 a 126 (6to debate en **1992**); P.C.-Misc. 19, pp. 147 y 148 (7mo debate en **1994**).

1

Los artículos 6.1.1 *y subsiguientes* afrontan en **17 artículos con 9 temas** relacionados con **detalles sobre el** cumplimiento (tiempo, cumplimiento parcial, pedido, lugar, método de pago, moneda, costos de cumplimiento, imputación de cumplimiento, permisos públicos). Ninguno de ellos es tan importante que un término faltante en cualquiera de estos temas prohíba la celebración del contrato (art. 2.1.1 no. 3).[2204] Proporcionan un conjunto sólido de reglas (a menudo normas supletorias) que se vuelven **importantes** (por *ejemplo,* "debe" en el art. 6.1.1; "estén vinculados" en el art. 6.1.4; "es cumplir", art. 6.1.6) **al decidir si existe o no un incumplimiento** (total o parcialmente) que otorgue derechos a recursos en virtud del Capítulo 7, en particular el derecho a obtener el cumplimiento (arts. 7.1.1-7.1.2), a retener (art. 7.1.3) o a reclamar daños y perjuicios (art. 7.1.4). El art. 7.1.1 define el incumplimiento en términos generales, incluida la violación de "cualquier" obligación, esto incluye todas las obligaciones en virtud del Capítulo 6. Estas reglas generales cubren para muchos escenarios el[2205] **núcleo contractual** (tal como fue desarrollado por la humanidad durante siglos y conformado en los Capítulos 5 y 6), pero no pueden cubrir los **innumerables escenarios** de obligaciones y "modalidades para cumplirlas". Por lo tanto, la gestión de riesgos contractuales de vanguardia requiere establecer en el contrato *"¿Quién debe qué a quién?; ¿Cuándo y bajo qué condiciones y con qué límites de responsabilidad?"* (Introducción al capítulo 7 no. 5), el nivel de detalle variará **dependiendo del tiempo y del presupuesto.** Si el contrato es mudo, la interpretación (Capítulo 4) a menudo ayudará, incluyendo "proporcionar términos omitidos" (art. 4.8) o determinar "obligaciones implícitas" (art. 5.1.2) con respecto a los principios generales de buena fe y lealtad negocial (art. 1.7; art. 4.8 literal "c" o 5.1.2).[2206] Por ejemplo, en caso de obligaciones y contratos múltiples,

2204 *Ver Y. Atamer* en Vogenauer, Artículo 6.1.1 no. 1 (únicamente para ese artículo).
2205 *Y. Atamer* en Vogenauer, Artículo 6.1.1 no. 2 (únicamente para ese artículo).
2206 Desde un Perspectiva del derecho inglés que opera con "soluciones fragmentarias en respuesta a problemas demostrados de injusticia" en lugar de un principio general de buena fe, ver (i) J. P. Schmidt en Jansen/Zimmermann, Artículo 1:201 (PDCE): Buena fe contractual, nº 43-46 (pp. 123 y 126); o (ii) R. Ver/D. Prasad

un error a menudo recurrente en la práctica es la falta de alineación de las cláusulas de arbitraje para evitar arbitrajes múltiples (art. 11.2.1 no. 10).[2207]

2

Muchas de las normas de los arts. 6.1.1 *y ss.*, se inspiran en el principio de **buena fe y lealtad negocial** (Art. 1.7) en un **contexto "internacional"**, que puede conducir a resultados diferentes de las normas nacionales supletorias a las que el usuario de los Principios de UNIDROIT está acostumbrado por su propio entorno nacional. En contextos internacionales con comerciantes y abogados de diferentes orígenes, es útil contar con tales **normas supletorias conjuntas basadas en el compromiso internacional**. Todas las normas están sujetas a **enmiendas contractuales** (art. 1.5), en virtud de las cuales un acuerdo de que cualquiera de las cuestiones es "**esencial**" implica: **I)** un derecho a reclamar daños y perjuicios (art. 7.1.4); **II)** un derecho **a la resolución** en las condiciones del art. 7.3.1 (1) y (2) (b) o 7.3.3.[2208]; y, **III)** El acreedor también podrá conceder un plazo adicional para el cumplimiento en virtud del Art. 7.1.5 (por *ejemplo*, en el lugar adecuado, art. 6.1.6), y reclamar daños y perjuicios por demora en virtud del art. 7.4.1. Para los contratos de compraventa y los contratos de servicios,[2209] *véase* el Anexo al Capítulo 5.1, no. 4-9.

Artículo 6.1.1 (Momento del Cumplimiento)

Una parte debe cumplir sus obligaciones:

a) si el momento es fijado o determinable por el contrato, en ese momento;

b) sí un período de tiempo es fijado o determinable por el contrato, en cualquier momento dentro de tal período, a menos que las circunstancias indiquen que a la otra parte le corresponde elegir el momento del cumplimiento;

c) en cualquier otro caso, en un plazo razonable después de la celebración del contrato.

Hamb. Ley Rev. 2018, pp. 83, 89 citando a Bingham L.J. en Interfoto Picture Library Ltd. contra Stilletto Programas Visuales Ltd (1989) 1 Q.B. 433, 439 (Artículo 1.7 no. 1), "varias de las reglas de la Sección 6.1 (y de las reglas que un abogado de Derecho Civil percibiría como una manifestación del principio general de buena fe y lealtad negocial, y, por lo tanto, "complemento" del contrato en virtud del Artículo 4.8) también pueden imaginarse, en las circunstancias de un contrato dado como ("implied") "razonable con el fin de hacer posible la ejecución eficaz de un contrato" (ver S. Martens en Jansen/Zimmermann, Introducción antes art. 7:101 (PDCE), nº 17 (p. 1003); Artículo 5.1.2 no. 2 para la perspectiva del árbitro).

2207 Si los contratos se alinean al menos con las reglas de la misma institución de arbitraje, las reglas sobre acumulación, múltiples partes y contratos múltiples (véase, por ejemplo, los arts. 7-9 del Reglamento de Arbitraje de la CCI) ayudarán. En la práctica existen soluciones a menudo salvajes y contradictorias. La libertad de modificar un contrato (el Artículo 1.1 no. 2) proporciona la base para acordar con ocasión de un contrato también una adaptación de la cláusula de arbitraje para todos los demás contratos (es decir, una "solución rápida" recurrente en la contratación internacional).

2208 *Y. Atamer* en Vogenauer, Artículo 6.1.1 no. 6.

2209 *Y. Atamer* en Vogenauer, Artículo 6.1.6 no. 30.

A. Concepto de rendimiento y restricciones al cumplimiento

1

Los Principios de UNIDROIT requieren que "(**todos**) **los actos necesarios** para cumplir la obligación prometida (...) se hayan completado",[2210] teniendo debidamente en cuenta los requisitos contractuales y los requisitos del Artículo 6.1.1 y *subsiguientes*. Para la cuestión del calendario, esto **incluye una notificación razonable** (Art. 1.10) al acreedor para que tome medidas de aceptación a tiempo,[2211] según lo requerido en el contrato y/o el Art. 1.7;[2212] *véase* también el Art. 7.1.2 para las consecuencias legales en caso de que el acreedor no tome las medidas necesarias para aceptar el cumplimiento.[2213] Los pagos en efectivo[2214] y, en circunstancias normales, también otros actos de cumplimiento que tengan lugar en el establecimiento del acreedor (Art. 6.1.6 (1) y 1.7), como la entrega de un cheque (6.1.7 numeral dos, deben proporcionarse **antes del final del día hábil** correspondiente; *argumentum* Art. 1.7[2215] y, con respecto al Art. 1.6 (1), Art. 3 (2) del Convenio Europeo sobre el Cálculo de Plazos,[2216] o antes, según corresponda, en caso de ejecución simultánea (Art. 6.1.4 (1), Art. 7.1.3 (1)).

B. Un tiempo o período de tiempo "fijo"

2

El art. 6.1.1 sigue el modelo del art. 33 de la CNUCCI[2217] y, por lo tanto, refleja un compromiso internacional.[2218] **La literal** "a" establece una regla clara de "debe"[2219] para el cumplimiento debido en un **momento determinado** (definido por una fecha o por referencia a un evento)[2220] que puede requerir la interpretación del contrato (arts. 4.1; 4.3-4.8). Para el cumplimiento fijo o determinable (a través de la interpretación del contrato) por un período

---

2210 Y. *Atamer* en Vogenauer, Artículo 6.1.1 no. 3

2211 Y. *Atamer* en Vogenauer, Artículo 6.1.1 no. 4, 23.

2212 *M. Parra en Morán Bovio, Artículo 6.1.1, p. 286. (Solamente para el art. 1.7)*

2213 Y. *Atamer* en Vogenauer, Artículo 6.1.1 no. 23.

2214 Y. *Atamer* en Vogenauer, Artículo 6.1.1 no. 5.

2215 Y. *Atamer* en Vogenauer, Artículo 6.1.1 no. 4 (en referencia al principoio de buena fe), y no. 8.

2216 *Basel, 16 de mayo de 1972; Y. Atamer en Vogenauer, Artículo 6.1.1 no. 8 note 12.*

2217 Comentarios Oficiales, 2016, Artículo 6.1.1, p. 184; P.C.-Misc. 8 (1986), p. 7; P.C.-Misc. 11 (1987), p. 8; M. Parra en Morán Bovio, Artículo 6.1.1, p. 286; Y. Atamer en Vogenauer, Artículo 6.1.1 no. 1; Gabriel, nº 2.308 (p. 126) hace hincapié en que: el ámbito de aplicación del Artículo 6.1.1 se refiere a todas las obligaciones de ejecución y no sólo a la entrega de mercaderías.

2218 S. Martens en Jansen/Zimmermann, Artículo 7:102 (PDCE): Momento del Cumplimiento, no. 2-3 (p. 1016), incluyendo: I) el desarrollo del Derecho Romano ("inmediatamente" a menos que se determine lo contrario; que se relajó con el tiempo para considerar la naturaleza y las circunstancias del contrato (Doneau, 1833)); y II) por ejemplo, la ley inglesa ("un plazo razonable"), como se sigue en la sección 9 (1) de la Ley de Venta de Mercaderías finlandesa y noruega.

2219 Y. Atamer en Vogenauer, Artículo 6.1.1 no. 13 (reducción del margen de maniobra del deudor a cero; entre el riesgo de rechazo en virtud del Artículo 6.1.5 en caso de cumplimiento anticipado y la responsabilidad bajo el Capítulo 7 en caso de cumplimiento tardío).

2220 M. Parra en Morán Bovio, Artículo 6.1.1, p. 286 (refiriéndose no a un "evento" sino a "criterios" que conducen a determinar el momento exacto para la ejecución); Y. Atamer en Vogenauer, Artículo 6.1.1 no. 7, 9; véase también el Artículo 6.1.17 en caso de una referencia a una autorización pública que no se conceda.

de tiempo, la literal "b" otorga **libertad al deudor**[2221] (art. 1.11) **para elegir** un punto dentro de este período (que, por supuesto, no puede ser abusivo)[2222] **a menos que** el contrato (proporcionara, por ejemplo, para una determinación del momento dado por un tercero, el art. 1.1 - y similar a la norma sobre la determinación del precio por un tercero en el Art. 5.1.7 (3) segunda alternativa), el art. 5.2.1 u otras circunstancias (que pueden ser relevantes para la interpretación, *véase* en particular los arts. 4.1, 4.3) dejan la **elección al acreedor**[2223] **o a un tercero.**[2224] Por ejemplo, los INCOTERMS® "cláusulas F" ("usos", el art. 1.9 (2)) dejan al acreedor, al comprador, *entre otras cosas*, la libertad de determinar el plazo necesario para la entrega.[2225] Los artículos de moda de temporada que se entregarán en "julio, agosto, septiembre" deben entregarse en porciones durante ese período de tiempo y no todos el último día[2226] (de nuevo también el art. 1.9 (2)).

3

Siempre que sea posible determinar el último día de un plazo mediante interpretación (por ejemplo, "en 10 días";[2227] "entrega lo antes posible"[2228]), es "determinable a partir del contrato".[2229] Estas determinaciones de tiempo **están sujetas a**: **I)** la aplicación del art. 1.12; **II)** las restricciones "dentro del día hábil" y el "aviso" descritos anteriormente en el primer párrafo y en "A".; **III)** cualquier modificación del contrato (art. 1.3 oración 2) o una renuncia por parte del acreedor (de la cual la redacción debe considerarse claramente: ¿renunciará también al derecho a daños y perjuicios? ¿Debería combinarse con el establecimiento de un plazo en virtud del art. 7.1.5?).[2230]

[2221] M. Parra en Morán Bovio, Artículo 6.1.1, p. 286; (entrega en 1993-1994, interpretada en el sentido de que concede un derecho de entrega al deudor en cualquier momento durante ese período), como señaló Y. Atamer en Vogenauer, Artículo 6.1.1 no. 9 nota 13; S. Martens en Jansen/Zimmermann, Artículo 7:102 (PDCE): Momento del Cumplimiento, no. 7 (p. 1018).

[2222] Y. Atamer en Vogenauer, Artículo 6.1.1 no. 15.

[2223] *M. Parra* en Morán Bovio, Artículo 6.1.1, p. 286. Esta opción es en consonancia con un principio general subyacente consistente en que el deudor (el cuarto renglón del Artículo 1.11) tiene la opción de determinar la alternativa razonable de acción Cuando existen alternativas (Artículo 5.1.6 nº 2).

[2224] Y. Atamer en Vogenauer, Artículo 6.1.1 no. 16.

[2225] Oertel, INCOTERMS® in: Mankowski (Ed.), *Commercial Law* (2019) no. 114; Y. Atamer en Vogenauer, Artículo 6.1.1 no. 14.

[2226] Y. Atamer en Vogenauer, Artículo 6.1.1 no. 9 (con referencia a AG Oldenburg, 24 de abril de 1990 (5C 73/89), IPRax 1991, p. 336-338 (sobre el artículo 33 CNUCCI).

[2227] *Y. Atamer* en Vogenauer, Artículo 6.1.1 no. 11.

[2228] *Y. Atamer* en Vogenauer, Artículo 6.1.1 no. 10.

[2229] *Y. Atamer* en Vogenauer, Artículo 6.1.1 no. 10, con una explicación de las diferencias

[2230] *Y. Atamer* en Vogenauer, Artículo 6.1.1 no. 24.

C. Una prueba de razonabilidad como norma supletoria

4

Si el contrato guarda silencio sobre el momento de cumplimiento[2231] o la redacción no es clara (*véase* el riesgo de una interpretación *contra proferentem*, art. 4.6),[2232] la norma supletoria en la literal "c" proporciona una **prueba razonable** como supletoria que, en *primer lugar*, parece adecuada para las transacciones comerciales internacionales y, *en segundo lugar*, aporta claridad a la relación contractual al resolver **las diferentes expectativas** entre abogados de **países de Derecho Común y Civil**; muchas de las jurisdicciones de Derecho Civil prevén el derecho al cumplimiento "inmediato" como regla por defecto.[2233]

5

El plazo razonable se refiere al "cumplimiento del contrato" como referencia, que, una vez más, debe interpretarse teniendo debidamente en cuenta las circunstancias conocidas en el momento de la **celebración** del contrato[2234] (por ejemplo, la naturaleza de la ejecución, el sistema del contrato y la planificación del tiempo, especialmente si la ejecución se prolonga en el tiempo),[2235] que puede exigir, especialmente para algunas obligaciones derivadas de contratos a largo plazo, determinar los tiempos a partir de un evento futuro.[2236] El orden de cumplimiento (art. 6.1.4) tiene a menudo un impacto en el calendario de la obligación de pago.[2237] Si el deudor sobrepasa ese plazo razonable, el **acreedor puede protegerse** fijando un plazo en virtud del art. 7.1.5.[2238] El art. 6.1.4 contiene una norma especial que es pertinente para el momento de las **contraprestaciones**[2239] (art. 6.1.4 no. 2).

D. Opción: Cláusula especial de exención por demora

6

Cuando las partes de un contrato a largo plazo negocian con arreglo a los Principios de UNIDROIT (por ejemplo, en un sector con importantes entregas transfronterizas "justo a tiempo", como la industria del automóvil), se minimiza el riesgo del deudor si las partes se

---

2231 *Y. Atamer* en Vogenauer, Artículo 6.1.1 no. 17.

2232 *Y. Atamer* en Vogenauer, Artículo 6.1.1 no. 12, en una cláusula *"paid-when-paid"* (que se refiere a "pagar cuando se paga"), en lugar de *"paid-if-paid"* (que se refiere a "pagar si se paga").

2233 *M. Parra* en Morán Bovio, Artículo 6.1.1, p. 286 en relación con el Artículo 1113 Código Civil español; *Y. Atamer* en Vogenauer, Artículo 6.1.1 no. 17 con referencias a la legislación holandesa, alemana, italiana y suiza; *cf.* Comentarios Oficiales, Artículo 6.1.1, ilustración 2, p. 185.

2234 Y. Atamer en Vogenauer, Artículo 6.1.1 no. 18 (con referencia en la nota 35 de una decisión de CNUCCI de OLG Rostock el 15 de septiembre de 2003 (3U 19/03), en II numeral 3 literal "b", disponible en: www.cisg-online.ch [última visita el 09 de enero de 2023]); Véase: M. Parra en Morán Bovio, Artículo 6.1.1, p. 287 (con referencia general a las "circunstancias".

2235 Y. Atamer en Vogenauer, Artículo 6.1.1 no. 20

2236 S. Martens en Jansen/Zimmermann, Artículo 7:102 (PDCE): Momento del Cumplimiento, no. 4, p. 1017.

2237 Y. Atamer en Vogenauer, Artículo 6.1.1 no. 22; S. Martens en Jansen/Zimmermann, Artículo 7:10 (PDCE): Momento del Cumplimiento, no. 8, p. 1017.

2238 *Y. Atamer* en Vogenauer, Artículo 6.1.1 no. 15

2239 Y. Atamer en Vogenauer, Artículo 6.1.1 no. 22 and Artículo 6.1.4 no. 5-6.

concentran con cierto detalle en el **escenario de retraso**. Durante un largo período de tiempo, no se puede excluir que puedan producirse retrasos. Además de las normas supletorias de los arts. 7.4.7 y 7.4.8, mitiga la exposición del deudor si las partes acuerdan una cláusula especial de exención para el retraso según sea razonable dadas las circunstancias, por *ejemplo*, estableciendo un límite especial o **un pago acordado por incumplimiento** (art. 7.1.6) en lugar de otras reclamaciones por daños y perjuicios, excluyendo, por ejemplo, los daños indirectos y el lucro cesante que de otro modo serían previsibles (art. 7.4.4) y cubiertos por el principio de indemnización íntegra[2240] (art. 7.4.2 no. 3).

Artículo 6.1.2 (Cumplimiento en un solo momento o en etapas)

En los casos previstos en el Artículo 6.1.1 (b) o (c), el deudor debe cumplir sus obligaciones en un solo momento, siempre que la prestación pueda realizarse de una vez y que las circunstancias no indiquen otro modo de cumplimiento.

A. El cumplimiento parcial es principalmente incumplimiento

1

El art. 6.1.2 proporciona un complemento a las concepciones de "período de tiempo" y la "prueba de razonabilidad" del art. 6.1.1. A menos que se acuerde lo contrario (arts. 1.1, 1.3, 1.5), según lo determinado por la interpretación del contrato[2241] (arts. 4.1, 4.3 *et seq.*), la norma supletoria sobre el cumplimiento, inspirada en la legislación estadounidense,[2242] prevé la **interpretación o ejecución en un momento dado**, con una excepción a un enfoque diferente **en función de las circunstancias específicas del caso**[2243] (el ejemplo de la industria de la moda en el art. 6.1.1 no. 2); lo que puede implicar un reparto adaptado de la contraprestación (pago), *argumentum* art. 6.1.4 (1).[2244] El desempeño en un momento mismo minimiza los esfuerzos para el acreedor que puede confiar en el art. 6.1.3.[2245]

Artículo 6.1.3 (Cumplimiento parcial)

(1) El acreedor puede rechazar una oferta de un cumplimiento parcial efectuada al vencimiento de la obligación, vaya acompañada o no dicha oferta de una garantía relativa

---

2240 En la práctica, esta cuestión suele figurar entre las cuestiones finales y más debatidas, es decir, lograr un equilibrio justo en esta cuestión con respecto a las circunstancias, de modo que la exposición al riesgo del deudor se establezca en una relación adecuada con el volumen de negocios de la empresa durante un largo período de tiempo.

2241 Y. Atamer en Vogenauer, Artículo 6.1.2 no. 3 y nota 53 que resume el caso principal de los Estados Unidos Lynn M Ranger Inc vs. Gildersleeve, 106 Conn 372, 138 A 142 (Conn 1927).

2242 233 Reexpresión (segunda) de contratos (EE.UU.); P.C.-Misc. 8 (1986), p. 6; Y. Atamer en Vogenauer, Artículo 6.1.2 no. 2

2243 Comentarios Oficiales, 2016, artículo 6.1.2 ilustración 2, p. 185-186; M. Parra en Morán Bovio, Artículo 6.1.2, p. 288.

2244 *Y. Atamer* en Vogenauer, Artículo 6.1.2 no. 4.

2245 *Y. Atamer* en Vogenauer, Artículo 6.1.2 no. 1.

al cumplimiento del resto de la obligación, a menos que el acreedor carezca de interés legítimo para el rechazo.

(2) Los gastos adicionales causados al acreedor por el cumplimiento parcial han de ser soportados por el deudor, sin perjuicio de cualquier otro remedio que le pueda corresponder al acreedor.

A. Protección del acreedor contra el cumplimiento parcial impuesto del deudor

1

Sujeto a un contrato[2246] (arts. 1.1, 1.3, 1.5, incluidos los términos y condiciones estándar (arts. 2.1.19-2.1.22)), debidamente interpretado (arts. 4.1, 4.3 y subsiguientes) para determinar si permite el cumplimiento parcial[2247] (por ejemplo, "pago progresivo"[2248]), el acreedor puede: **I)** defenderse contra el cumplimiento parcial (de todo lo debido) (es decir, **inferior a la cantidad adeudada,**[2249] **incluidos los accesorios**,[2250] por ejemplo, manuales de instrucciones) con arreglo al párrafo 1 e **insistir en el cumplimiento en un solo acto** (arts. 6.1.1-6.1.2) siempre que tenga un **interés legítimo** en hacerlo (art. 1.7)[2251] que no se da en caso de déficits mínimos;[2252] o, **II)** al menos reclamar **gastos** adicionales en virtud del **párrafo 2**[2253] (Este principio es diferente de la solución establecida en la CNUCCI,[2254] pero está en consonancia con las leyes nacionales de muchas jurisdicciones de todo el mundo.)[2255] **III)** Alternativamente, el acreedor (art. 1.11) puede **renunciar** a su derecho a rechazar el cumplimiento parcial en virtud del párrafo 1 y, por lo tanto, dividir la obligación en una parte ejecutada y en una parte no ejecutada;[2256] en un aviso (art. 1.10) de renuncia, a veces puede ser sensato **reservarse el derecho de resolver** el contrato en su conjunto en virtud del art.

2246 *Y. Atamer* en Vogenauer, Artículo 6.1.3 no. 9.

2247 Y. Atamer en Vogenauer, Artículo 6.1.3 no. 5, con el ejemplo de la sentencia del Tribunal Supremo de Pensilvania de los Estados Unidos Shinn *et al* vs. Bodine *et al*, 60 Pa 18 (Pa 1869) interpretando un contrato por 800 toneladas de carbón como *"un contrato completo para tanto carbón"*, también citado por Cohen v. Johnson (91 F. Supp. 231, M.D. Penn. 1950): *"si un contrato es divisible o surge en su totalidad, es la intención de la parte la que controla y no la divisibilidad del sujeto"*; y Y. Atamer en Vogenauer, Artículo 6.1.3 no. 10.

2248 *Y. Atamer* en Vogenauer, Artículo 6.1.3 no. 9 y nota 77

2249 P.C.-Misc. 14 (1990), p. 23 (Farnswoth, Bonell); Y. Atamer en Vogenauer, Artículo 6.1.3 no. 8 (en oposición a 'liquidado' o 'indiscutible', cf. Artículo 69 (1) Código suizo de obligaciones y Artículo 1561 (2) Código Civil de Quebec), no. 23 (en oposición a 'cumplimiento defectuoso') y no. 4 (con ejemplos).

2250 *Y. Atamer* en Vogenauer, Artículo 6.1.3 no. 4.

2251 Comentarios Oficiales, 2016, artículo 6.1.3 no. 3, p. 187; P.C.-Misc. 11 (1987), p. 7; M. Parra en Morán Bovio, Artículo 6.1.3, p. 289; Y. Atamer en Vogenauer, Artículo 6.1.3 no. 2, 21 (con el ejemplo de los arreglos hechos para adelantar el transporte de las seis máquinas contratadas de las cuales llegan dos, lo que proporcionaría un interés legítimo para rechazar el rendimiento).

2252 *Y. Atamer* en Vogenauer, Artículo 6.1.3 no. 11 (subyace acertadamente: I) la necesidad de un "mínimo de elasticidad" de los contratos comerciales internacionales; y II) el principio de *minimis non curat praetor*).

2253 Comentarios Oficiales, 2016, artículo 6.1.3 no. 4, p. 188; P.C.-Misc. 11 (1987), p. 7; M. Parra en Morán Bovio, Artículo 6.1.3, p. 289; Y. Atamer en Vogenauer, Artículo 6.1.3 no. 17.

2254 Artículo 51 numeral 2 CNUCCI.

2255 Observaciones oficiales, Artículo 6.1.3 no. 4, p. 188; P.C.-Misc. 11 (1987), p. 7; *M. Parra* en Morán Bovio, Artículo 6.1.3, p. 289; *Y. Atamer* en Vogenauer, Artículo 6.1.3 no. 17.

2256 *Y. Atamer* en Vogenauer, Artículo 6.1.3 no. 15 y nota 89.

7.3.1 en caso de que subsista un incumplimiento parcial[2257] (por ejemplo, en caso de entrega parcial de baldosas específicas para la decoración del pasillo de entrada de un hotel).[2258]

En el caso de los contratos que prevén el **suministro a plazos**, cada tramo es un todo para la aplicación del art. 6.1.3.[2259] Si se ofrece **un** cumplimiento parcial **anticipado**, el art. 6.1.5 establece una norma más específica.[2260] El art. 6.1.3 no se aplica si el cumplimiento ofrecido por el deudor se basa en diferentes fundamentos jurídicos.[2261] Puede aplicarse **por analogía** si: **I)** parte de la ejecución es (gravemente) defectuosa;[2262] o, si **II)** la ejecución es excesiva.[2263]

B. Límites

2

I) Sin un interés legítimo del acreedor para rechazar el cumplimiento parcial, el deudor puede invocar el **art. 7.1.2**, evitando el incumplimiento. El **criterio para determinar el interés legítimo** del acreedor en denegar la aceptación del cumplimiento parcial puede consistir a menudo en una comparación del "interés del acreedor en la parte no ejecutada... en comparación con los costos en que incurriría el deudor al cumplir íntegramente".[2264] Con respecto al **pago parcial**, el artículo 1.6 (1) ("carácter internacional") aboga por admitirlo (es decir, no admitir un interés legítimo para rechazar el pago parcial) a la luz de las soluciones de los Convenios de Ginebra sobre Letras de Cambio y Cheques.[2265]

3

II) Lo mismo debería aplicarse al cumplimiento por **compensación de parte del crédito**[2266] (párrafo 2 del artículo 8.5). Si, **A)** la obligación es pagar una suma de dinero; y **B)** el deudor tiene una reconvención, puede desplazar la aplicación del art. 6.1.3 (1) por compensación que permite el cumplimiento parcial en caso de una compensación de obligaciones de diferentes cantidades (art. 8.5 no. 3).

2257 Comentarios Oficiales, 2016, artículo 6.1.3 no. 2, p. 187; *Atamer* en Vogenauer, Artículo 6.1.3 no. 15.

2258 Ejemplo de *Y. Atamer* en Vogenauer, Artículo 6.1.3 no. 15.

2259 *Atamer* en Vogenauer, Artículo 6.1.3 no. 6.

2260 *Atamer* en Vogenauer, Artículo 6.1.3 no. 3 (con referencia a la historia del capítulo 5 (Artículo 6) en P.C. - Misc. 11 (1987), pp. 6-7.

2261 Y. Atamer en Vogenauer, Artículo 6.1.3 no. 6.

2262 Y. Atamer en Vogenauer, Artículo 6.1.3 no. 23.

2263 *Y. Atamer* en Vogenauer, Artículo 6.1.3 no. 24-25 (por ejemplo, ningún interés legítimo para rechazar el cumplimiento si es fácil aceptar la entrega y rechazar el excedente).

2264 Y. Atamer en Vogenauer, Artículo 6.1.3 no. 11.

2265 Los párrafos 2 y 3 del artículo 39 del Convenio por el que se establece una Ley Uniforme para las Letras de Cambio y los Pagarés (Ginebra, 7 de junio de 1930) y los párrafos 2 y 3 del artículo 34 del Convenio por el que se establece una ley uniforme para los cheques (Ginebra, 19 de marzo de 1931); P.C.-Misc. 8 (1986), p. 7; *Y. Atamer* en Vogenauer, Artículo 6.1.3 no. 12.

2266 *Y. Atamer* en Vogenauer, Artículo 6.1.3 no. 13.

C. Otras opciones para el acreedor si el cumplimiento parcial equivale a incumplimiento

4

Por lo general, el acreedor querrá **establecer un límite de tiempo** para el cumplimiento total[2267] (art. 7.1.5; con los derechos resultantes tal como se definen allí). Si el **tiempo es esencial**, puede "rescindir parcialmente el contrato inmediatamente"[2268] (art. 7.3.1 (1) - (2)) o rescindir completamente si se reservó esto al aceptar el cumplimiento parcial (art. 6.1.3 no. 1). Además, el acreedor puede querer reclamar daños y perjuicios (art. 7.4.1).[2269] Si **el cumplimiento del resto es imposible** o no puede solicitarse por otras razones en virtud del art. 7.2.2, se aplica el art. 7.3.1.[2270]

Artículo 6.1.4 (Secuencia en el cumplimiento)

(1) En la medida en que las prestaciones de las partes puedan ser efectuadas de manera simultánea, las partes deben realizarlas simultáneamente, a menos que las circunstancias indiquen otra cosa.

(2) En la medida en que la prestación de sólo una de las partes exija un período de tiempo, esta parte debe efectuar primero su prestación, a menos que las circunstancias indiquen otra cosa.

A. Principio de ejecución simultánea

1

El cumplimiento simultáneo reduce el riesgo de cada parte que la otra parte no pueda cumplir.[2271] Sobre la base del principio *do ut des* reconocido en muchas jurisdicciones[2272] y también en el párrafo 1 del artículo 58 de la CNUCCI,[2273] la norma supletoria (es decir, aplicable si el contrato, debidamente interpretado, no dispone otra cosa, art. 1.5)[2274] del párrafo 1 prevé el cumplimiento simultáneo[2275] en la medida de lo posible, a menos que

---

[2267] *Y. Atamer* en Vogenauer, Artículo 6.1.3 no. 18.

[2268] Ídem.

[2269] Ídem.

[2270] *Y. Atamer* en Vogenauer, Artículo 6.1.3 no. 22.

[2271] S. Martens en Jansen/Zimmermann, Artículo 7:104 (PDCE): Orden en el Cumplimiento, no. 1 (p. 1025), no. 5 (p. 1027) and no. 7 (p. 1027).

[2272] *Y. Atamer* en Vogenauer, Artículo 6.1.4 no. 1, con referencia a la ley australiana, china, holandesa y francesa (artículo 1612 del Código Civil que se ha mantenido intacto bajo la reforma de ley contractual en 2016), alemana, italiana, suiza, inglesa y estadounidense (234 *Restatement (Second) of Contracts* (USA), mencionado explícitamente en P.C.-Misc. 14 (1990), p. 40); S. Martens en Jansen/Zimmermann, Artículo 7:104 (PDCE): Orden de Cumplimiento, no. 3 (p. 1026) señalando en su "análisis comparativo" que la cuestión a menudo se cubre solo para contratos específicos; Véase además Ibidem nº 2 (pp. 1025-1026) para el desarrollo histórico de la regla.

[2273] M. Parra en Morán Bovio, Artículo 6.1.4, p. 290; F. Mohs en Schlechtriem&Schwenzer, Artículo 58 no. 1.

[2274] S. Martens en Jansen/Zimmermann, Artículo 7:104 (PDCE): Orden en el Cumplimiento, no. 4 (p. 1026). referencing to contract and commercial customs (Artículo 1.9, 4.3 lit. f).

[2275] Comentarios Oficiales, 2016, artículo 6.1.4 no. 1, ilustración 1, p. 189; voto del grupo trabajador a favor de la sugerencia de Farnsworth en P.C.-Misc. 14 (1990), p. 47. M. Parra en Morán Bovio, Artículo 6.1.4, p. 290; S. Martens en Jansen/Zimmermann, Artículo 7:104 (PDCE): Orden en el Cumplimiento, no. 7 (p. 1027).

las circunstancias (o el contrato, arts. 1.1, **1.3,** 1.5; arts. 2.1.19-22) indiquen lo contrario. Esta norma puede calificarse como otra manifestación del principio general de buena fe y lealtad negocial[2276] (art. 1.7) y se correlaciona con la norma sobre la retención de derechos en virtud del art. 7.1.3 (1),[2277] y también con los arts. 3.2.15 (1) y 7.3.6 (1) en caso de obligaciones mutuas de restitución en caso de resolución o rescisión del contrato.[2278] Cuando los lugares de cumplimiento se encuentran en **diferentes países**, los acuerdos como "contra reembolso, documentos contra pago, pago según carta de crédito"[2279] ayudan a proporcionar una base para el cumplimiento simultáneo en un solo lugar.[2280] Se entiende que los deberes deben tener una conexión suficiente (*synallagma*);[2281] dependiendo de la interpretación del contrato (arts. 4.1, 4.3 y subsiguientes), las funciones auxiliares pueden formar parte (pero a menudo no lo serán) del esquema de *synallagma* de funciones que deben realizarse simultáneamente (por ejemplo, funciones auxiliares, como determinadas funciones de información o documentación).[2282]

B. Límites

2

Inspirado en la legislación estadounidense,[2283] y tendiendo un puente entre los conceptos de Derecho Civil que operan con derechos de retención y los conceptos de Derecho Común que operan con "condiciones precedentes" o "condiciones concurrentes", el **párrafo 2** establece una **excepción** auto explicativa **para** los casos en que una parte tendrá que desempeñar su parte durante **un período de tiempo** (art. 6.1.1 (b)).[2284] De conformidad con la regla supletoria del **párrafo 2**, esa parte **primero** aportará plenamente su parte (y, por lo tanto: **I) financiará** sus actividades de ejecución; **II)** dará un **crédito** al acreedor; y, **III**) asumirá el **riesgo de insolvencia** del acreedor)[2285] antes de que la otra parte **realice** una ejecución, es decir, pague normalmente). Por lo tanto, el **párrafo 2** establece también la regla supletoria más específica para el **momento de una contraprestación** en comparación con el artículo 6.1.1 (c) de forma independiente.[2286] Si una de las partes necesita un plazo para el cumplimiento, interactúan las reglas supletorias de los arts. 6.1.1 (c) y 6.1.4 (2)[2287] (a falta de un acuerdo especial sobre el calendario de las obligaciones recíprocas, arts. 1.1, 1.3,

---

2276 Este argumento se remonta al fundamento genuino del desarrollo de la regla en el Derecho Romano. Veáse S. Martens en Jansen/Zimmermann, Artículo 7:104 (PDCE): Orden en el Cumplimiento, no. 2 (pp. 1025-26).

2277 M. Parra en Morán Bovio, Artículo 6.1.4, p. 291; cf. Y. Atamer en Vogenauer, Artículo 6.1.4 no. 8, 17.

2278 *Y. Atamer* en Vogenauer, Artículo 6.1.4 no. 16.

2279 Ejemplos de: *Y. Atamer* en Vogenauer, Artículo 6.1.4 no. 8, nota 122.

2280 Argumento pertitente de *Y. Atamer* en Vogenauer, Artículo 6.1.4 no. 8, nota 122; *Y. Atamer* en Vogenauer, Artículo 6.1.6 no. 15

2281 S. Martens en Jansen/Zimmermann, Artículo 7:104 (PDCE): Orden en el Cumplimiento, no. 6 (p. 1027).

2282 *Y. Atamer* en Vogenauer, Artículo 6.1.4 no. 15.

2283 *234 Restatement (Second) of Contracts (USA)*; Y. Atamer en Vogenauer, Artículo 6.1.4 no. 2 and no. 3 note 112 (citando el caso de Nueva York Coletti v Knox Hat Co, 169 NE 648 (NY 1930): *"el hacer debe tener lugar antes de la entrega"*).

2284 *M. Parra* en Morán Bovio, Artículo 6.1.4, p. 290.

2285 Y. Atamer en Vogenauer, Artículo 6.1.4 no. 3; S. Martens en Jansen/Zimmermann, Artículo 7:104 (PDCE): Orden en el Cumplimiento, no. 9 (p. 1028).

2286 Véase el análisis detallado de Y. Atamer en Vogenauer, Artículo 6.1.4 no. 5.

2287 Y. Atamer en Vogenauer, Artículo 6.1.4.

1.5[2288]): En virtud del art. 6.1.1 (c), la primera parte tiene que cumplir durante un período de tiempo dentro de un período razonable después de la celebración del contrato; la contraprestación se debe realizar posteriormente en virtud del **párrafo 2.**[2289] Esto se correlaciona con el art. 7.1.3 (2), y también con el art. 6.1.3 (1).[2290]

3

El contrato, los usos (art. 1.9) o las circunstancias pueden prever una **contra excepción** (por ejemplo, **cláusulas de pago progresivo**,[2291] que pueden tener que observar también la ley de contratación pública obligatoria, art. 1.4) que aproxima la solución contractual más hacia el principio *do ut des*. Las circunstancias también indican "lo contrario" (**párrafo 2**) si la parte que presta un servicio como la **preparación de una opinión jurídica**[2292] lo ha hecho durante el período de tiempo necesario desde la celebración del contrato (art. 6.1.1 (c)). Una vez que la opinión legal está lista y ejecutada, las circunstancias indican que, a partir de ahora, se aplica el principio *do ut des* del art. 6.4.1 (1), junto con los derechos de retención correlativos en virtud del art. 7.1.3 (1)[2293] (en lugar del art. 7.1.3 (2) que se correlaciona con el párrafo 2).

Artículo 6.1.5 (Cumplimiento anticipado)

(1) El acreedor puede rechazar el cumplimiento anticipado de la obligación a menos que carezca de interés legítimo para hacerlo.

(2) La aceptación por una parte de un cumplimiento anticipado no afecta el plazo para el cumplimiento de sus propias obligaciones si este último fue fijado sin considerar el momento del cumplimiento de las obligaciones de la otra parte.

(3) Los gastos adicionales causados al acreedor por el cumplimiento anticipado han de ser soportados por el deudor, sin perjuicio de cualquier otro remedio que le pueda corresponder al acreedor.

A. Protección del acreedor contra el cumplimiento anticipado

1

En el mundo moderno de la entrega "justo a tiempo" con cadenas de suministro complejas, el tiempo es esencial y el rendimiento temprano puede perturbar el proceso de

[2288] Ver ejemplo dado por *Y. Atamer* en Vogenauer, Artículo 6.1.4 no. 10 (discutiendo que un contrato que podría prever períodos de tiempo independientes para el cumplimiento de ambas obligaciones).

[2289] *M. Parra* en Morán Bovio, Artículo 6.1.4, p. 291; *Y. Atamer* en Vogenauer, Artículo 6.1.4 no. 7

[2290] Argumento hecho por *Y. Atamer* en Vogenauer, Artículo 6.1.4 no. 6, nota 121

[2291] Sin este tipo de cláusula, aplica la norma del artículo 6.1.4 párrafo 2, Comentarios Oficiales, 2016, artículo 6.1.4 no. 2, p. 189; *Y. Atamer* en Vogenauer, Artículo 6.1.4 no. 6

[2292] Un ejemplo de la práctica, ya que mi bufete de abogados proporciona regularmente tales opiniones legales bajo el régimen de los Principios de UNIDROIT, por las razones Resumen en el Artículo 1.4, no. 4. *Ver* también Comentarios Oficiales, Artículo 6.1.4 no. 2, Ilustración 2, p. 190.

[2293] Comentarios Oficiales, 2016, artículo 6.1.4 no. 3, p. 190; *Y. Atamer* en Vogenauer, Artículo 6.1.4 no. 12.

producción;[2294] Esto requiere un **equilibrio de intereses** entre el deudor y el acreedor, teniendo debidamente en cuenta las circunstancias y el tipo de contrato.[2295] La regla supletoria del art. 6.1.5 se aplica cuando las partes han **acordado una fecha de inicio definida**.[2296] En estos casos, las partes a menudo no regulan el caso especial de cumplimiento anticipado. Una vez más, los Principios de UNIDROIT[2297] aclaran la cuestión de qué partes de diferentes jurisdicciones pueden tener **expectativas diferentes** (si tienen un entendimiento similar distinto de los Principios de UNIDROIT,[2298] pueden querer acordar lo contrario en comparación con la regla supletoria del art. 6.1.5; arts. 1.1, 1.3, 1.5). Sujeto a contrato, en virtud del art. 6.1.5 el acreedor puede: **I) rechazar** el cumplimiento anticipado[2299] como incumplimiento[2300] en virtud del párrafo 1 (con una **excepción** "sin interés legítimo" **debido al principio de buena fe** en el art. 1.7 y en línea con la acomodación de transacciones internacionales a menudo a larga distancia) por el cual el deudor (art. 1.11 cuarto guión) sigue estando obligado a cumplir en la fecha de vencimiento[2301] (y en casos excepcionales, cuando el cumplimiento anticipado implica "incumplimiento anticipado", el acreedor puede **resolver** el contrato en virtud del art. 7.3.3);[2302] **II) Aceptar** el cumplimiento anticipado previsto en el párrafo **2 sin perder su derecho** a atenerse al calendario acordado, si lo hubiere, para su propio cumplimiento[2303] (en cambio, en caso de contraprestación vinculada a la que no se aplica el art. 6.1.5,[2304] el acreedor tendrá que cumplir su parte, generalmente el pago, a menos que **haga explícitamente una reserva** a este respecto);[2305] **y III) Reclamar gastos adicionales** causados por la ejecución anterior con arreglo al **párrafo 3.**

2294 S. Martens en Jansen/Zimmermann, Artículo 7:103 (PDCE): Cumplimiento Anticipado, no. 1 (p. 1022); y no. 6 (p. 1024) sobre las "obligaciones pecuniarias" cuando, en caso de contrato de crédito, el acreedor puede tener un interés en no recibir el pago anticipado.

2295 S. Martens en Jansen/Zimmermann, Artículo 7:103 (PDCE): Cumplimiento Anticipado, no. 5 (p. 1024).

2296 *Y. Atamer* en Vogenauer, Artículo 6.1.5 no. 2.

2297 P.C.-Misc. 11 (1987), p. 8; Y. Atamer en Vogenauer, Artículo 6.1.5 no. 1 cita en la nota 139 el Artículo 52 de la CNUCCI, así como el derecho austríaco, chino e inglés como ejemplos de soluciones similares al PICC y en la nota 141 Bélgica, el derecho alemán, el derecho griego, el italiano, el luxemburgués y el derecho suizo (así como el derecho romano) como ejemplos del enfoque opuesto, dejando la elección del tiempo al deudor; S. Martens en Jansen/Zimmermann, Artículo 7:103 (PDCE): Cumplimiento Anticipado, no. 2-3 (pp. 1022-23) con una visión histórica y comparativa.

2298 Por ejemplo, en un contrato suizo-aleman, véase los ejmplos de jurisdicciones citadas por Y. Atamer in Vogenauer, Artículo 6.1.5 no. 141 (citadas en el pie de página anterior).

2299 Comentarios Oficiales, 2016, artículo 6.1.5 no. 1, ilustración 1, p. 191; M. Parra en Morán Bovio, Artículo 6.1.5, p. 292.

2300 Comentarios Oficiales, 2016, artículo 6.1.5 no. 1, ilustración 1, p. 190-191; M. Parra en Morán Bovio, Artículo 6.1.5, p. 293.

2301 *Y. Atamer* en Vogenauer, Artículo 6.1.5 no. 3.

2302 *Y. Atamer* en Vogenauer, Artículo 6.1.5 no. 3.

2303 P.C.-Misc. 8 (1986), p. 8; P.C.-Misc. 11 (1987), p. 9; M. Parra en Morán Bovio, Artículo 6.1.5, p. 293; Y. Atamer en Vogenauer, Artículo 6.1.5 no. 11.

2304 Comentarios Oficiales, 2016, artículo 6.1.5 no. 3, p. 191-192; Y. Atamer en Vogenauer, Artículo 6.1.5 no. 12; S. Martens en Jansen/Zimmermann, Artículo 7:103 (PDCE): Cumplimiento Anticipado, no. 7 (p. 1024): arguing para. 2 "*e contrario*".

2305 Comentarios Oficiales, Artículo 6.1.5 no. 3, ilustración 3, p. 192; *M. Parra* en Morán Bovio, Artículo 6.1.5, p. 293; *Y. Atamer* en Vogenauer, Artículo 6.1.5 no. 12; *S. Martens* en Jansen/Zimmermann, Arte. 7:103 (PDCE): Cumplimiento Anticipado, no. 7 (p. 1024).

B. La excepción de buena fe; Costos Adicionales

2

Si se aplica la excepción de "sin interés legítimo", el deudor queda liberado incluso si cumple antes de la fecha de vencimiento.[2306] El **criterio** para rechazar el cumplimiento anticipado en virtud del **párrafo 1** es de juicio, incluida una determinación de si y en qué medida: **I)** el cumplimiento temprano **interviene** en la esfera del acreedor;[2307] **II) involucra** al acreedor (por ejemplo, mediante una acción requerida); o, **III)** crea un **inconveniente** para su negocio operativo (por ejemplo, usurpación del **espacio de almacenamiento** que de otro modo sería necesario).[2308] En cambio, **los costos adicionales** (por ejemplo, para el almacenamiento)[2309] son irrelevantes en este contexto, ya que el deudor tiene que soportarlos en virtud del **párrafo 3**,[2310] y el acreedor puede compensarlos (art. 8.1 y subsiguientes). No existe ningún interés legítimo en rechazar el cumplimiento mediante una compensación anticipada.[2311]

C. Otros recursos

3

Dado que los costos adicionales están explícitamente cubiertos por el **párrafo 3**, otros recursos como resultado del cumplimiento anticipado se referirán principalmente a daños y perjuicios, si los hubiere, en virtud del art. 7.4.1 (sujeto a la posibilidad previa de que el deudor subsane el cumplimiento defectuoso en virtud del art. 7.1.4).[2312]

Artículo 6.1.6 (Lugar de Cumplimiento)

(1) Si el lugar de cumplimiento no está fijado en el contrato ni es determinable con base en aquél, una parte debe cumplir:

a) en el establecimiento del acreedor cuando se trate de una obligación dineraria;

b) en su propio establecimiento cuando se trate de cualquier otra obligación.

2306 Y. Atamer en Vogenauer, Artículo 6.1.5 no. 4, argumentando con una interpretación similar del Artículo 52 CNUCCI, como se puede encontrar, por ejemplo, en los comentarios de I. Bach en Kröll/Mistelis/Perales Viscasillas, párr. 20; por M. Müller-Chen en Schlechtriem & Schwenzer, Artículo 52 párr. 3 (*"El derecho a rechazar la entrega … no puede ejercerse «vejatoriamente» (…) de conformidad con el principio de buena fe"*); o por P. Huber en Münchener Kommentar zum BGB, 7ª ed. 2016, Artículo 52, párr. 8.

2307 Y. Atamer en Vogenauer, Artículo 6.1.5 no. 4 (con ejemplos como la finalización de trabajos eléctricos para una oficina de abogados antes de tiempo), S. Martens en Jansen/Zimmermann, Artículo 7:103 (PDCE): Cumplimiento Anticipado, no. 4 (p. 1023).

2308 Prueba desarrollada con respecto a los ejemplos enumerados por Y. Atamer en Vogenauer, Artículo 6.1.5 no. 4-5 y en los Comentarios Oficiales Artículo 6.1.5 no. 2, p. 191.

2309 Comentarios Oficiales, Artículo 6.1.5 no. 4, ilustración 3, p. 192

2310 Y. Atamer en Vogenauer, Artículo 6.1.5 no. 7.

2311 *Y. Atamer* en Vogenauer, Artículo 6.1.5 no. 6.

2312 Voto sobre soluciones adicionales en P.C.-Misc. 14 (1990), p. 55; *Y. Atamer* en Vogenauer, Artículo 6.1.5 no. 8-9.

(2) Una parte debe soportar cualquier incremento de los gastos que inciden en el cumplimiento y que fuere ocasionado por un cambio en el lugar de su establecimiento ocurrido con posterioridad a la celebración del contrato.

A. Gestión de expectativas

1

Si bien el **lugar de cumplimiento** es uno de los elementos importantes de la redacción de contratos internacionales (la prueba de las "7 W" (por su denominación en inglés: *Who owes What to Whom When Where at What conditions and in Which circumstances?*): *¿Quién debe qué a quién, cuándo, dónde,* en qué *condiciones y en qué circunstancias?*), no siempre se determina en el contrato (para cada obligación separada,[2313] en virtud de la cual el lugar de cumplimiento de las obligaciones accesorias es el de la obligación principal).[2314] A la luz de su **múltiple importancia** para: **I)** el cumplimiento **oportuno,**[2315] art. 6.1.1; **II)** la **transmisión del riesgo** después de la ejecución en el lugar correcto;[2316] **III)** cálculo de **costes**, art. 6.1.11;[2317] **IV) determinación de moneda**, arts. 6.1.9-6.1.10;[2318] **V**) cómputo de **daños en** virtud del art. 7.4.6 (2);[2319] a veces **VI)** la determinación de la **jurisdicción;**[2320] **o, VII)** posiblemente la determinación del lugar de cumplimiento de las obligaciones de **restitución,**[2321] es útil que los Principios de UNIDROIT proporcionen claridad mediante una regla supletoria.[2322] Si bien el **párrafo 1 literal "b"** está en consonancia con muchas jurisdicciones,[2323] las **expectativas difieren** en todo el mundo con respecto al lugar de cumplimiento de las obligaciones monetarias. **El párrafo 1 literal "a"** está en consonancia con el artículo 57 de la CNUCCI, el Derecho Inglés y varios países de tradición jurídica romanista,[2324] pero es distinto de las soluciones supletorias en otros países de tradición jurídica romanista.[2325] La mera existencia de una norma supletoria en los Principios de UNI-

2313 *Y. Atamer* en Vogenauer, Artículo 6.1.6 no. 11.

2314 Ídem.

2315 *Y. Atamer* en Vogenauer, Artículo 6.1.5 no. 3.

2316 *Y. Atamer* en Vogenauer, Artículo 6.1.6 no. 4.

2317 *Y. Atamer* en Vogenauer, Artículo 6.1.6 no. 5.

2318 *Y. Atamer* en Vogenauer, Artículo 6.1.6 no. 6.

2319 *Y. Atamer* en Vogenauer, Artículo 6.1.5 no. 7.

2320 *Y. Atamer* en Vogenauer, Artículo 6.1.5 no. 8 (argumentando acertada y enérgicamente que es importante y mejor prever una cláusula separada de resolución de controversias).

2321 Y. Atamer en Vogenauer, Artículo 6.1.6 no. 21-22; dudoso: P. Huber en Vogenauer, Artículo 7.3.6 no. 27 (*"un acuerdo sobre el lugar de cumplimiento no suele cubrir los créditos de restitución"*).

2322 Comentarios Oficiales, 2016, artículo 6.16 no. 2, p. 193; S. Martens en Jansen/Zimmermann, Artículo 7:101 (PDCE): Lugar de Cumplimiento, no. 6 (p. 1010). Para los antecedentes históricos y una visión comparativa sobre la aparición de reglas por defecto sobre el lugar de las reglas por defecto desde la época romana (por ejemplo, *"las operae* (es decir, los servicios) de un liberto se debían en el lugar del patronus (es decir, el acreedor), pero el patronus tenía que asumir los costos de transporte", véase ibid, no. 2-5 (pp. 1007-1010).

2323 Y. Atamer en Vogenauer, Artículo 6.1.6 no. 17 nota 191 menciona el derecho de compraventa austriaco, francés (en referencia al antiguo Artículo 1247(3) del Código Civil francés, ahora Artículo 1342-6 en la versión de 2016), alemán, griego, italiano, portugués, suizo y estadounidense (2-308 UCC (EEUU)).

2324 Y. Atamer en Vogenauer, Artículo 6.1.6 no. 18 nota 139 proporciona referencias a la legislación austriaca, holandesa, inglesa, griega, italiana, portuguesa y suiza.

2325 Y. Atamer en Vogenauer, Artículo 6.1.6 no. 18 notas 194-195 con referencias, entre otras cosas, a la ley francesa (refiriéndose al antiguo Artículo 1247 (3) del Código Civil francés, ahora Artículo 1342-6 en la Versión 2016), y sin embargo diferente ley alemana; véase también M. Parra en Morán Bovio, Artículo 6.1.6, p. 295

DROIT contribuye a la **gestión de las expectativas** evitando conflictos innecesarios (y puede inspirar soluciones contractuales individuales, arts. 1.1, 1.3, 1.5), porque el acreedor puede **rechazar el cumplimiento en el lugar equivocado**[2326] (Introducción a la Sección 6.1. no. 1 para las **consecuencias jurídicas**), sujeto a la limitación de la buena fe y la lealtad negocial, art. 1.7.[2327] Se prestará especial atención a la cuestión en el caso de varios establecimientos comerciales (art. 1.11 segundo guión), especialmente cuando intervienen grupos internacionales de empresas.[2328]

B. Regla supletoria que favorece al deudor (...)

2

Como principio, el **párrafo 1 literal "b"** estipula el **establecimiento** (art. 1.11 no. 1) **del deudor**[2329] (art. 1.11) como norma supletoria (dinámica, *véase* el párrafo 2),[2330] en **ausencia de un acuerdo contractual** (arts. 1.1, 1.3, 1.5)[2331] que incluya términos y condiciones estándar (arts. 2.1.19-2.1.22) que pueda requerir que el acreedor (por ejemplo, el comprador en virtud de una cláusula FOB)[2332] dé **notificación previa** (art. 1.10) para determinar el lugar de cumplimiento. **La interpretación del contrato** (arts. 4.1, 4.3 y ss.; arts. 5.1.1-2), puede revelar un lugar de cumplimiento (*por ejemplo, estipulaciones claras*: cláusulas INCOTERMS® E, F y D;[2333] *estipulaciones debatidas*: "entrega gratuita Milán";[2334] Los INCOTERMS *"C-Terms"*

referido al Código Civil español y al Artículo 339 del Código Comercio español (que se refiere al lugar acordado con el acreedor).

2326 *Y. Atamer* en Vogenauer, Artículo 6.1.6 no. 29.

2327 Y. Atamer en Vogenauer, Artículo 6.1.6 no. 30 (discutiendo también la fuerza mayor).

2328 En la práctica, una parte de la negociación puede haber establecido diferentes afiliados en sus diferentes "establecimientos", de modo que un cambio del establecimiento discutido puede implicar, en última instancia, la integración de otra parte contratante (con múltiples consecuencias, por ejemplo, sobre la cláusula compromisoria en caso de un escenario de contrato múltiple; o un acuerdo marco con la empresa matriz u otra empresa afiliada no puede aplicarse sin alguna adaptación del contrato). Por eso, en una negociación prolongada de un contrato a largo plazo, cambios de última hora sobre el lugar de negocios a involucrar siempre requiere un escrutinio particular de los abogados asesores. Esto es especialmente sensato en situaciones en las que la elección del Derecho aplicable (*es decir*, el consentimiento sobre la elección de Principios de UNIDROIT) se deja para la aprobación final de la junta y, dependiendo de la decisión de la parte con mayor poder de mercado, la elección de la parte contratante puede tener un impacto en la ley aplicable (incluyendo por ejemplo, la aplicabilidad de la CNUCCI de conformidad con su artículo 1, apartado 1; *ver* Introducción nº 9b).

2329 Comentarios oficiales, Artículo 6.1.6 no. 2, p. 193. Sobre las razones, véase S. Martens en Jansen/Zimmermann, Artículo 7:101 (PDCE): Lugar de Cumplimiento, no. 7 (p. 1010) en el contexto de la regla similar en el (proyecto) CESL: "presunción de que el deudor generalmente solo asumirá la obligación menos gravosa" (con referencia a Zoll en Schulze (ed.) Common European Sales Law (CESL): Commentary (2012)). Esta presunción se correlaciona con mi observación de la práctica internacional durante los últimos más de 30 años.

2330 Y. Atamer en Vogenauer, Artículo 6.1.6 no. 24 (resaltando que dicho cambio requiere de notificación a la contraparte, artículo 1.10).

2331 Y. Atamer en Vogenauer, Artículo 6.1.6 no. 1.

2332 Y. Atamer en Vogenauer, Artículo 6.1.6 no. 9, nota 173.

2333 *Y. Atamer* en Vogenauer, Artículo 6.1.6 no. 14; *ver* Además *Oertel,* INCOTERMS® en: Mankowski (Ed.), Derecho Comercial (2019) no. *157, 214*.

2334 Ver Y. Atamer en Vogenauer, Art. 6.1.6 no. 12 con más referencias.

pueden implicar el lugar de destino como lugar de cumplimiento;[2335] *circunstancias posiblemente pertinentes:* ubicación de un objeto, el cual es en sí mismo objeto del contrato).[2336]

C. ... Excepto para obligaciones monetarias

3

En contraste con la regla general, el párrafo 1 literal "a" determina el **establecimiento comercial del acreedor**[2337] como norma supletoria (dinámica, *véase* el párrafo 2)[2338] para las obligaciones monetarias (según la cual el art. 6.1.7 hace frente al modo de pago[2339] y el art. 6.1.8 (1) establece una regla más específica sobre el lugar de cumplimiento por transferencia bancaria, Artículo 6.1.8 no. 2). El pago de **los costos de transacción monetaria** por el acreedor tiende a implicar lo contrario[2340] (arts. 5.1.1-5.1.2), a saber, "que el lugar de pago es el establecimiento del deudor".[2341] Acuerdos como "**contra reembolso**; documentos contra pago; pago conforme a carta de crédito"[2342] ayudan a transferir el lugar de cumplimiento del pago al país del deudor, configurando así la base para el cumplimiento simultáneo (art. 6.1.4 (1)).[2343] Si un acreedor solicita un modo particular de pago que implique un riesgo mayor que una transferencia bancaria, esto puede implicar un acuerdo para trasladar el lugar de cumplimiento al lugar de negocios del deudor[2344] (en virtud del cual el deudor debe estar bien asesorado al documentar dicho acuerdo en el contrato).

D. Cambio de establecimiento

4

El párrafo 2 establece una norma auto explicativa sobre la imputación de costos (incluido posiblemente también un aumento de las tarifas de seguro para el transporte)[2345] en caso de cambio del establecimiento después de la celebración del contrato,[2346] especialmente

---

2335 *Y. Atamer* en Vogenauer, Artículo 6.1.6 no. 13 (con el buen consejo en la página 750 "para nombrar el puerto de embarque y el lugar hasta el cual el vendedor tiene que pagar el transporte y el seguro ... por separado para evitar interpretaciones erróneas").

2336 *Y. Atamer* en Vogenauer, Artículo 6.1.6 no. 20 (con referencia al Artículo 31 b CNUCCI.

2337 Comentarios Oficiales, 2016, Artículo 6.1.6 no. 2, p. 193. Sobre las razones *ver* S. Martens en Jansen/Zimmermann, Artículo 7:101 (PDCE): Lugar de Cumplimiento, nº 8 (p. 1011): "Idea de que el deudor generalmente sólo aceptará la obligación menos gravosa".

2338 *Y. Atamer* en Vogenauer, Artículo 6.1.6 no. 24 (resaltando que dicho cambio requiere de notificación a la contraparte).

2339 *Y. Atamer* en Vogenauer, Artículo 6.1.6 no. 19.

2340 *Y. Atamer* en Vogenauer, Artículo 6.1.6 no. 10.

2341 Ídem.

2342 *Y. Atamer* en Vogenauer, Artículo 6.1.6 no. 15 (énfasis cambio)

2343 *Y. Atamer* en Vogenauer, Artículo 6.1.6 no. 15-16.

2344 S. Martens en Jansen/Zimmermann, Artículo 7:101 (PDCE): Lugar de Cumplimiento, nº 8, p. 1011.

2345 *Y. Atamer* en Vogenauer, Artículo 6.1.6 no. 26 (Subrayando que, en cambio, la distribución del aumento de los riesgos derivados del cambio de centro de actividad sigue siendo la misma).

2346 M. Parra en Morán Bovio, Artículo 6.1.6, p. 295; y, Y. Atamer en Vogenauer, Artículo 6.1.6 no. 24 (ambos resaltando que el artículo 57 numeral 2 CNUCCI sólo establece una norma de este tipo para el cambio de

del deudor (esto evita una discusión sobre "daños" en virtud del art. 7.4.1). Lo mismo se aplica en caso de **cesión** que (sujeto a contrato) pueda conducir a un nuevo lugar de cumplimiento de las obligaciones monetarias en el lugar de negocios del cesionario, art. 9.1.8.[2347] En caso de transfe**rencia de la obligación del deudor** a otro deudor, tiene sentido regular este punto explícitamente (en ausencia de una norma supletoria), ya sea mediante una disposición sobre costos o sobre la inmovilización del lugar inicial de cumplimiento,[2348] por ejemplo, como requisito previo para el consentimiento del acreedor, arts. 9.2.1, 9.2.3. El derecho a cambiar el lugar de cumplimiento está limitado por el principio de buena fe y lealtad negocial, art. 1.7 (por ejemplo, el derecho a la ejecución o a recibir la ejecución en el lugar de negocios original en caso de trasladar el lugar de negocios de un continente a otro).[2349] Una parte que cambie su lugar de negocios está **obligada a informar a** su socio contractual (deber de cooperación, art. 5.1.3 no. 1).

Artículo 6.1.7 (Pago con cheque u otro instrumento)

(1) El pago puede efectuarse en cualquier forma utilizada en el curso ordinario de los negocios en el lugar del pago.

(2) No obstante, un acreedor que acepta un cheque o cualquier otra orden de pago o promesa de pago, ya sea en virtud del párrafo anterior o voluntariamente, se presume que lo acepta solamente bajo la condición de que sea cumplida.

A. Principios básicos sobre el pago

1

Algunas partes negocian las cláusulas de pago teniendo debidamente en cuenta los detalles más esenciales (por ejemplo, sobre los costes de transferencia bancaria, que a menudo vale la pena negociar; o el momento exacto de la descarga). La mayoría de las partes adoptan un enfoque más liberal aceptando el pago a través de una transferencia bancaria (en comparación con el pago en efectivo)[2350] como un "hecho de la vida", a menudo ignorando la complejidad del pago transfronterizo[2351] (y a menudo sin efectivo) que involucra relaciones de dos o tres partes.[2352] Los arts. 6.1.7-6.1.10 complementan el art. 6.1.6 (1) (a) con algunas **normas supletorias de pago**, aportando claridad a muchos aspectos clave.

---

lugar en el pago).

2347 *Y. Atamer* en Vogenauer, Artículo 6.1.6 no. 28.

2348 Ídem.

2349 *Y. Atamer* en Vogenauer, Artículo 6.1.6 no. 27 (el ejemplo es realista; He observado tales cambios intercontinentales del establecimiento comercial en mi práctica legal).

2350 Es decir, la forma tradicional por la cual, desde la época romana, se necesitaban y creaban medios de pago alternativos, véase el "trasfondo histórico" y el "análisis comparativo" de S. Martens en Jansen/Zimmermann, Artículo 7:107 (PDCE): Modo de Pago, no. 2-3 (p. 1042-1043).

2351 En mi práctica, una vez supervisé un pago de tiempo crítico desde Singapur a través de otro banco de Singapur, Frankfurt, Londres a Argelia: debido a las diferencias de zona horaria, quedaba una hora durante la cual todos los bancos involucrados podían actuar.

2352 *Y. Atamer* en Vogenauer, Artículo 6.1.7 no. 1.

B. Elección del deudor

2

A menos que se acuerde lo contrario en el **contrato** (arts. 1.1, 1.3, 1.5)[2353] (por ejemplo, acuerdo sobre un pago con tarjeta de crédito con liberación absoluta del deudor, mientras que el acreedor acepta la obligación de pago de la empresa emisora de la tarjeta en lugar de la responsabilidad del deudor),[2354] el deudor (art. 1.11) puede **elegir la forma de pago** (**párrafo 1**)[2355] (por ejemplo, por cheque, tarjeta de crédito, letra de cambio u otros "medios electrónicos de pago de reciente desarrollo"),[2356] **siempre que** el formulario se "**utilice en el curso ordinario de los negocios"** en el lugar de pago,[2357] es decir, el establecimiento del acreedor en virtud de la regla de incumplimiento del art. 6.1.6 párrafo 1 literal "a";[2358] teniendo **debidamente en cuenta los usos** (art. 1.9 párrafo 2)[2359] y la **naturaleza de la transacción**;[2360] y **sujeto al** art. **1.7** (por ejemplo, ningún pago por medios que graven al acreedor de manera inadecuada dadas las circunstancias). En la mayoría de las jurisdicciones, el **pago en efectivo** sigue siendo la regla,[2361] sujeto a las nuevas leyes obligatorias que limitan su uso (para combatir el lavado de dinero y/o el terrorismo), Artículo 1.4. En virtud del párrafo 2, otros medios de pago requieren el **consentimiento** explícito o implícito (arts. 4.2-4.3) **del acreedor** (párrafo 2), en cuyo **último punto** del **párrafo 2** establece la presunción de una **condición** (art. 5.3.1) de que cualquier otro medio de pago será respetado[2362] por el agente pagador o el supuesto promisor. Este pago se hace efectivo una vez que el acreedor "ha recibido el valor real" en su cuenta.[2363]

[2353] Por ejemplo, por la exclusión de ciertas formas de pago; *Y. Atamer* en Vogenauer, Artículo 6.1.7 no. 6, véase S. Martens en Jansen/Zimmermann, Artículo 7:107 (PDCE): Modo de Pago, no. 4 (p. 1043).

[2354] Ejemplo de *Y. Atamer* en Vogenauer, Artículo 6.1.7 no. 12.

[2355] M. Parra en Morán Bovio, Artículo 6.1.7, p. 296; Y. Atamer en Vogenauer, Artículo 6.1.7 no. 3-4 y nota 222 con referencias al 249 *Restatement (Second) of Contracts (USA)* y la jurisprudencia de Texas que describe la regla como "la mejor regla" (TBS Exco, Inc v EN Smith, III Energy Copr, 818 SW 2d 417 (Tex App 1991). Esta elección está en consonancia con un principio general subyacente de que el deudor (el artículo 1.11 cuarta línea) tiene la opción de determinar la alternativa razonable de acción cuando existen alternativas (el Artículo 5.1.6 no. 2).

[2356] Comentarios oficiales, 2016, Artículo 6.1.7 no. 1, p. 195; *Bonell* en P.C.-Misc. 14 (1990), p. 79; *Y. Atamer* en Vogenauer, Artículo 6.1.7 no. 4.

[2357] Comentarios oficiales, 2016, Artículo 6.1.7 no. 1, ilustración 1, p. 195-196.

[2358] *Y. Atamer* en Vogenauer, Artículo 6.1.7 no. 5. Un posible problema emergente para los contratos entre Estados Unidos y Europa: la disminución del uso de cheques en Europa.

[2359] *Y. Atamer* en Vogenauer, Artículo 6.1.7 no. 5 y nota 255.

[2360] *Y. Atamer* en Vogenauer, Artículo 6.1.7 no. 5; S. Martens en Jansen/Zimmermann, Artículo 7:107 (PDCE): Modo de Pago, no. 5 (p. 1044). - A partir de entonces, el acreedor asume el riesgo de insolvencia de su propio banco.

[2361] *Y. Atamer* en Vogenauer, Artículo 6.1.7 no. 2 (con referencia a las leyes de Inglaterra, Francia, Italia, Portugal, España y Suiza).

[2362] Comentarios oficiales, Artículo 6.1.7 no. 2, p. 196.

[2363] S. Martens en Jansen/Zimmermann, Artículo 7:107 (PDCE): Modo de Pago, no. 6 (p. 1044).

C. Protección del acreedor en caso de "órdenes de sustracción"

3

En línea con muchas jurisdicciones que tratan las órdenes de pago como "pago en lugar de pago en efectivo",[2364] el **párrafo 2 protege al acreedor** en cierta medida en todos los casos de "**órdenes de sustracción**" (a diferencia de las "órdenes automáticas", el art. 6.1.8 no. 1). Las órdenes de retirada (como un "**cheque") requieren la acción contributiva del acreedor** mediante la "extracción" de fondos del banco del deudor o de un tercero. Después de que: **I**) el deudor haya emitido y entregado debida y oportunamente la orden de pago (por ejemplo, un "cheque") al acreedor en el lugar de pago (es decir, el establecimiento del acreedor en virtud de la norma supletoria del art. 6.1.6 (a));[2365] el acreedor **II) presenta la orden de pago** (por ejemplo, el "cheque") **al agente pagador**.[2366] Esto carga al acreedor con el **riesgo de su transporte** desde sí mismo (el acreedor) hasta el agente pagador,[2367] mientras que, de conformidad con el **párrafo 2, el deudor asume los riesgos de transporte**[2368] **y** de la **insolvencia del agente pagador** (generalmente su "propio" banco),[2369] hasta que dicho agente pagador haya "cumplido" la orden de pago.[2370] El deudor no incumple mientras su agente pagador cumpla posteriormente la orden de pago (por ejemplo, el cheque),[2371] ya que el acreedor proporciona una cobertura suficiente.[2372]

Artículo 6.1.8 (Pago por transferencia de fondos)

(1) El pago puede efectuarse por una transferencia a cualquiera de las instituciones financieras en las que el acreedor haya hecho saber que tiene una cuenta, a menos que haya indicado una cuenta en particular.

(2) En el caso de pago por transferencia de fondos, la obligación se cumple al hacerse efectiva la transferencia a la institución financiera del acreedor.

A. Un régimen para las órdenes de empuje

1

El art. 6.1.8 cubre escenarios de pago en los que el deudor, con el control exclusivo (y correlacionando la asunción de riesgo) del proceso de pago, "empuja" fondos a la cuenta

---

[2364] *Y. Atamer* en Vogenauer, Artículo 6.1.7 no. 10.

[2365] *Y. Atamer* en Vogenauer, Artículo 6.1.7 no. 13.

[2366] *Y. Atamer* en Vogenauer, Artículo 6.1.7 no. 8, Leído en el contexto del número 7 (basándose en la clasificación de *K. Langenbucher, Die Risikozuordnung im bargeldlosen Zahlungsverkehr* (2001), pp. 435-443).

[2367] *Y. Atamer* en Vogenauer, Artículo 6.1.7 no. 14.

[2368] Ídem.

[2369] Comentarios oficiales, Artículo 6.1.7 no. 2, p. 196; *Y. Atamer* en Vogenauer, Artículo 6.1.7 no. 15.

[2370] M. Parra en Morán Bovio, Artículo 6.1.7, p. 298 ("supeditada a la realizaciòn o buen fin de los mismos"); Y. Atamer en Vogenauer, Artículo 6.1.7 no. 10, 15.

[2371] Comentarios oficiales, Artículo 6.1.7 no. 2, ilustración 2, p. 196; *Y. Atamer* en Vogenauer, Artículo 6.1.7 no. 13.

[2372] *Y. Atamer* en Vogenauer, Artículo 6.1.7 no. 8.

del acreedor[2373] mediante una *"push-order"* (a diferencia de las órdenes de extracción, el art. 6.1.7 no. 3), es decir, una "transferencia de fondos".

B. Opciones del deudor controladas por el acreedor

2

Sujeto a contrato (arts. 1.1, 1.3), en virtud del párrafo 1 (**primera mitad**), el **acreedor** (art. 1.11) tiene la **libertad** de indicar una cuenta específica en una institución financiera especial (banco), por ejemplo, en la factura.[2374] De lo contrario, **el deudor es libre de elegir** para la transferencia bancaria cualquier cuenta **comunicada o hecha pública** por el acreedor[2375] (por ejemplo, en papel membretado[2376]) (**párrafo 1 segunda mitad**), incluso si las cuentas están ubicadas **en diferentes jurisdicciones.**[2377] Esto equivale al establecimiento de un **segundo lugar de cumplimiento** (en comparación con la regla del art. 6.1.6 (1) (a)) en el lugar de negocios de la institución financiera del acreedor).[2378]

C. Momento de la liberación del deudor

3

De conformidad con el **párrafo 2**, "codificación de una práctica internacional",[2379] el deudor ha **efectuado el pago** mediante transferencia cuando la misma "se hace efectiva",[2380] que se ha resumido como "cuando **la institución financiera del acreedor acepta incondicionalmente que el acreedor** tiene un **crédito** contra la institución financiera"[2381] (antes

[2373] Y. Atamer en Vogenauer, Artículo 6.1.7 no. 8, leído en el contexto del no. 7 (basándose nuevamente en la clasificación de K. Langenbucher, *Die Risikozuordnung im bargeldlosen Zahlungsverkehr* (2001), pp. 435-443); véase también M. Parra en Morán Bovio, Artículo 6.1.8, p. 299 (párr. 2).

[2374] M. Parra en Morán Bovio, Artículo 6.1.8, p. 299 (párr. 4); Y. Atamer en Vogenauer, Artículo 6.1.8 no. 4 y nota 258 (con referencia a un caso del Tribunal Supremo alemán que sostuvo que la confianza en el número de cuenta en una factura antigua por el deudor no sería suficiente, BGH 17 de marzo de 2004 (II ZR 150/85), NJW-RR 2004, 1281 en II.2., segundo párrafo).

[2375] M. Parra en Morán Bovio, Artículo 6.1.8, p. 299 (párr. 5); Y. Atamer en Vogenauer, Artículo 6.1.8 no. 4 (a diferencia de "información obtenida incidentalmente"); o a diferencia de la comunicación por correo electrónico de un estafador que ofrece piratería la comunicación previa por correo electrónico entre las partes (ejemplo de la práctica en un caso iraní/alemán-francés).

[2376] P.C.-Misc. 11 (1987), p. 16.

[2377] Comentarios oficiales, Artículo 6.1.8 no. 1, ilustración 1, p. 197; Y. Atamer en Vogenauer, Artículo 6.1.8 no. 3; S. Martens en Jansen/Zimmermann, Artículo 7:107 (PDCE): Modo de Pago, no. 7 (p. 1045).

[2378] *M. Parra* en Morán Bovio, Artículo 6.1.8, p. 299 (párr. 1) hablando de una excepción al arte. 6.1.6.; *Y. Atamer* en Vogenauer, Artículo 6.1.8 no. 2 (y no. 4 nota 256 con referencias a la jurisprudencia suiza que sostiene que esto no implica una selección de foro).

[2379] S. Martens en Jansen/Zimmermann, Artículo 7:107 (PDCE): Modo de Pago, no. 7 (p. 1045), usando la regla por esta razón para interpretar el artículo 7:107 PDCE.

[2380] Para una explicación más detallada de la efectividad, véanse las Comentarios Oficiales, Artículo 6.1.8 no. 2 e Ilustración 2, pp. 197-198; M. Parra en Morán Bovio, Artículo 6.1.8, p. 300 (párr. 2) subrayando la dependencia del medio técnico utilizado.

[2381] Descripción pertinente de Y. Atamer en Vogenauer, Artículo 6.1.8 no. 8, véase M. Parra en Morán Bovio, Artículo 6.1.8, p. 300 (párr. 3) refiriéndose a una solución similar en el Artículo 19 de la Ley Modelo de la

de ese momento, por ejemplo, durante el tiempo de investigación de lavado de dinero por parte de la institución financiera, puede mantener el dinero primero como agente del acreedor).[2382] Una vez más, los Principios de UNIDROIT aportan **claridad** a una cuestión, para la cual los conceptos difieren en todo el mundo.[2383] A partir del momento de la liberación, el acreedor asume el riesgo de insolvencia de su banco.[2384]

4

Dicha descarga debe producirse **a tiempo** (art. 6.1.1). Por lo tanto, en caso de tal *"push-order"*, el deudor asume el **riesgo del tiempo de procesamiento de la transferencia bancaria**[2385] (que de nuevo puede diferir de las expectativas del deudor según lo determinado por su jurisdicción de origen) o el **riesgo de deducciones de los gastos bancarios** (a menudo vale la pena discutirlo con el banco) para que el importe adeudado no llegue en su totalidad[2386] (un error "clásico" y bastante frecuente en la práctica, por ejemplo, en transacciones de fusiones y adquisiciones, donde la llegada del pago completo del precio de compra sin ninguna deducción es a menudo una condición previa a la transferencia de acciones).

Artículo 6.1.9 (Moneda de pago)

(1) Si una obligación dineraria es expresada en una moneda diferente a la del lugar del pago, éste puede efectuarse en la moneda de dicho lugar, a menos que:

a) dicha moneda no sea convertible libremente; o

b) las partes hayan convenido que el pago debería efectuarse sólo en la moneda en la cual la obligación dineraria ha sido expresada.

(2) Si es imposible para el deudor efectuar el pago en la moneda en la cual la obligación dineraria ha sido expresada, el acreedor puede reclamar el pago en la moneda del lugar del pago, aun en el caso al que se refiere el párrafo (1) (b).

(3) El pago en la moneda del lugar de pago debe efectuarse conforme al tipo de cambio aplicable que predomina en ese lugar al momento en que debe efectuarse el pago.

CNUDMI sobre Transferencias Internacionales de Crédito.

[2382] Y. Atamer en Vogenauer, Artículo 6.1.8 no. 8 y nota 270 (con referencia a una sentencia crítica inglesa que sostiene que, a pesar de las disposiciones sobre blanqueo de dinero de la Ley de justicia penal de 1988, el banco se endeudó con el acreedor en el momento en que se acreditó su cuenta; Tayeb contra HSBC Bank plc (2004) EWHC 1529 (Comm)), nº 83 y siguientes (en particular nº 85).

[2383] P.C.-Misc. 8 (1986), pp. 11-12; Y. Atamer en Vogenauer, Artículo 6.1.8 no. 6, especificamente las notas 261-263.

[2384] Y. Atamer en Vogenauer, Artículo 6.1.8 no. 13.

[2385] Y. Atamer en Vogenauer, Artículo 6.1.8 no. 10 y 12 (y en el no. 11 sobre las dificultades y restricciones de la reconvención, que deben tener en cuenta los intereses de la institución financiera; véanse el Artículo 12 de la Ley Modelo de la CNUDMI sobre Transferencias Internacionales y el Artículo 80 de la Directiva (UE) 2015/2366 del Parlamento Europeo y del Consejo, de 25 de noviembre de 2015, sobre servicios de pago en el mercado interior, por la que se modifican las Directivas 2002/65/CE, 2009/110/CE y 2013/36/UE y el Reglamento (UE) n.o 1093/2010, y se deroga la Directiva 2007/64/CE, DO L 337/35 de 23.12.2015).

[2386] Y. Atamer en Vogenauer, Artículo 6.1.8 no. 12.

(4) Sin embargo, si el deudor no ha pagado cuando debió hacerlo, el acreedor puede reclamar el pago conforme al tipo de cambio aplicable y predominante, bien al vencimiento de la obligación o en el momento del pago efectivo.

A. Dos artículos sobre cuestiones monetarias

1

Los contratos internacionales determinan generalmente (pero no siempre) una moneda de pago (por ejemplo, Dólares de los Estados Unidos de América en un contrato europeo-chino) sin regular, sin embargo, más detalles sobre cuestiones monetarias. Los arts. 6.1.9-6.1.10 proporcionan **normas supletorias** útiles.[2387] Se inspiraron en el artículo 75 (3) de la Convención de las Naciones Unidas sobre Letras de Cambio Internacionales y Pagarés Internacionales,[2388] el artículo 1 del Anexo del Convenio Europeo del Consejo de Europa sobre Pasivos en Moneda Extranjera,[2389] los proyectos de los Principios del Derecho Contractual Europeo[2390] y varias leyes nacionales,[2391] pero fueron más allá de estas fuentes con un compromiso internacional al incluir las restricciones en el **párrafo 1**.[2392]

B. Importancia del lugar de pago

2

A menos que se acuerde lo contrario (arts. 1.1, 1.3, 1.5),[2393] el lugar de pago desempeña una **triple función**: **I**) Si la **moneda acordada difiere** de la moneda del lugar de pago (arts. 6.1.6 (1) (a), 6.1.8 (1))), en virtud del párrafo 1, el **deudor** (art. 1.11) puede pagar alternativamente[2394] en la moneda acordada o **en la moneda legal en el lugar de pago,**[2395] **a menos que**: **a)** *en primer lugar*, el **contrato** disponga lo contrario (acuerdo de moneda exclusiva, por ejemplo, "solo en euros", posiblemente como resultado de circunstancias como la preocupación por la "inflación", arts. 4.1, 4.3, y/o usos establecidos por contratos anteriores, Artículo 1.9 (1); *cláusula "effectivo")*[2396] (párrafo 1 literal "b" y arts. 1.1, 1.3, 1.5); o, **b)** *en*

[2387] Para antecedentes históricos y un breve análisis comparativo, véase S. Martens en Jansen/Zimmermann, Artículo 7:108 (PDCE): Moneda de Pago, no. 2-3 (pp. 1047-1048).

[2388] Nueva York, 9 de diciembre de 1988; véase, por ejemplo, S. Martens en Jansen/Zimmermann, Artículo 7:108 (PDCE): Moneda de Pago, no. 4 (pp. 1048-1049).

[2389] París, 11 de diciembre de 1967.

[2390] StL-Doc. 34 (1985), p. 3.

[2391] *Y. Atamer* en Vogenauer, Artículo 6.1.9 no. 3 y nota 288 (con referencias detalladas).

[2392] *Y. Atamer* en Vogenauer, Artículo 6.1.9 no. 3.

[2393] S. Martens en Jansen/Zimmermann, Artículo 7:108 (PDCE): Moneda de Pago, no. 5-6 (p. 1049).

[2394] *Y. Atamer* en Vogenauer, Artículo 6.1.9 no. 3 ("una elección").

[2395] *Solución de compromiso después de una discusión detallada en P.C.-Misc. 8 (1986), p. 14; Y. Atamer en Vogenauer, Artículo 6.1.9 no. 3.*

[2396] Comentarios Oficiales, 2016, Artículo 6.1.9 no. 1, p. 199; M. Parra en Morán Bovio, Artículo 6.1.9, p. 301; Y. Atamer en Vogenauer, Artículo 6.1.9 no. 6 (con un ejemplo para "usos"); y, siguiendo esa línea de argumentación, S. Martens en Jansen/Zimmermann, Artículo 7:108 (PDCE): Moneda de Pago, no. 6 (p. 1049): "si las partes se refieren a una moneda muy estable en su contrato mientras prevalece una alta inflación en el país donde se realizará el pago, esto puede ser una indicación de que la moneda contractual está destinada a ser obligatoria".

segundo lugar, la **moneda no es libremente convertible**[2397] (párrafo 1 literal "a") (*véase los* arts. 1.4, **1.7**[2398]). Si se aplican las restricciones al **párrafo** 1, el acreedor puede insistir en el pago en la moneda acordada,[2399] sujeto a la ley obligatoria posiblemente aplicable (art. 1.4). **II**) En caso de "imposibilidad" (para el deudor) de pagar en la moneda acordada (por ejemplo, debido al control de divisas, art. 1.4),[2400] el **acreedor** puede insistir en el pago en la moneda del lugar de pago, párrafo 2 (esto evita la aplicación del art. 7.1.7).[2401] Como el párrafo 2 "se basa en la presunción de que una cláusula que hace obligatoria una moneda contractual beneficia al acreedor", el acreedor puede renunciar explícita o implícitamente a este derecho.[2402] **III**) De conformidad con el **párrafo 3**, el lugar de pago determina el **tipo de cambio** (en el momento contractual del pago, art. 6.1.1) que debe tomarse.[2403] Es útil incluir en el contrato la institución cuyo tipo de cambio se utilizará[2404] (art. 1.1); de lo contrario, podrá utilizarse un "tipo de cambio medio al contado", si lo hubiera, para interpretar el acuerdo.[2405] En caso de cumplimiento anticipado (art. 6.1.5 (1)), se ha argumentado que entonces debería aplicarse el tipo de cambio del momento del pago.[2406]

C. Cierta protección del acreedor contra la fluctuación monetaria

3

El riesgo de fluctuación de la moneda es compartido por las partes hasta que se deba el cumplimiento[2407] (art. 6.1.1). En caso de **retraso en el pago** (al que **se aplica** el párrafo 4), el acreedor (que tiene derecho a recibir el pago, art. 1.11 cuarto guión) puede **imponer el riesgo de fluctuaciones del tipo de cambio** (en detrimento del acreedor) al deudor moroso **eligiendo el mejor tipo de cambio** para el acreedor (es decir, el tipo de cambio en el momento del pago acordado o el pago real).[2408] Esto evita la especulación del deudor en detrimento del acreedor.[2409] En el contrato, puede ser útil prever una **cláusula** que **exija**

2397 Comentarios oficiales, 2016, Artículo 6.1.9 no. 1, ilustración 3, p. 200; P.C.-Misc. 8 (1986), pp. 13 y 14, haciendo referencia a los países socialistas y en desarrollo; Y. Atamer en Vogenauer, Artículo 6.1.9 no. 5

2398 S. Martens en Jansen/Zimmermann, Artículo 7:108 (PDCE): Moneda de Pago, no. 8 (p. 1050) ha argumentado convincentemente que la regla en la literal "a" es otra expresión del principio general de buena fe y lealtad negocial.

2399 Y. Atamer en Vogenauer, Artículo 6.1.9 no. 4.

2400 Comentarios Oficiales, 2016, Artículo 6.1.9 no. 2, p. 200; Y. Atamer en Vogenauer, Artículo 6.1.9 no. 8-10.

2401 Y. Atamer en Vogenauer, Artículo 6.1.9 no. 10.

2402 *Y. Atamer* en Vogenauer, Artículo 6.1.9 no. 10.

2403 S. Martens en Jansen/Zimmermann, Artículo 7:108 (PDCE): Moneda de Pago, no. 6 (p. 1049), argumentando a favor de una "presunción" de renuncia "si está claro que la cláusula (de moneda contractual) fue (también) diseñada para beneficiar al deudor".

2404 Y. Atamer en Vogenauer, Artículo 6.1.9 no. 11.

2405 Y. Atamer en Vogenauer, Artículo 6.1.9 no. 11 y nota 302 con referencia al § 3-107 UCC (EE.UU.); S. Martens en Jansen/Zimmermann, Artículo 7:108 (PDCE): Moneda de Pago, no. 9 (p. 1050) (cuestión de "interpretación").

2406 *S. Martens en Jansen/Zimmermann, Artículo 7:108 (PDCE):* Moneda de Pago, *no. 9 (p. 1050).*

2407 Y. Atamer en Vogenauer, Artículo 6.1.9 no. 15.

2408 Comentarios Oficiales, 2016, Artículo 6.1.9 no. 3, pp. 200-201; *Y. Atamer* en Vogenauer, Artículo 6.1.9 no. 12.

2409 S. Martens en Jansen/Zimmermann, Artículo 7:108 (PDCE): Moneda de Pago, no. 10 (p. 1050); con algunas observaciones críticas en la página 1051 que describen algunos escenarios en los que el acreedor podría, no obstante, sufrir pérdidas ("parece no lograr plenamente este objetivo", es decir, liberar al acreedor comple-

una comunicación sobre el próximo pago con **24 horas de antelación** para garantizar que el acreedor pueda ejercer su derecho (que de otro modo está protegido por los arts. 5.1.3, 1.7), posiblemente combinado, sujeto al párrafo 2, con el derecho de que el acreedor pueda insistir en la moneda acordada como moneda exclusiva en caso de retraso en el pago.[2410] En los casos extremos de **devaluación o revalorización** del dinero, también se aplica el art. 6.1.9 (art. 6.2.1 y arts. 6.2.2.-6.2.3 en casos extremos).[2411] En el caso de grandes contratos a largo plazo, se puede aconsejar al acreedor que utilice opciones sobre divisas fuera del contrato ("cobertura") para controlar el riesgo de las divisas de libre flotación.[2412]

Artículo 6.1.10 (Moneda no expresada)

Si el contrato no expresa una moneda en particular, el pago debe efectuarse en la moneda del lugar donde ha de efectuarse el pago.

A. La moneda del lugar de pago como norma supletoria

1

A veces, las partes en el contrato pueden (todavía) no fijar un precio (art. 5.1.7)[2413] o utilizar un lenguaje ambivalente ("pago en precio corriente")[2414] o acordar una cifra o una fórmula para calcular un precio, olvidando denominar la moneda; o un ejemplo de la práctica: acuerdo por intercambio de correo electrónico (art. 1.2) en el que el proceso de transmisión hace ilegible el signo "€" para la designación de la moneda EUR. A través de la **interpretación del contrato** (arts. 4.1, 4.3-4.8; 5.1.1-5.1.2), a menudo será posible determinar la intención conjunta de las partes, por ejemplo, con respecto a las negociaciones del contrato (art. 4.3 (a)). De lo contrario, el art. 6.1.10 establece una **norma supletoria** aclaratoria a favor de la moneda **en el lugar de pago** (arts. 6.1.6 (1) (a); 6.1.8), según la cual el art. 6.1.9 párrafo 3 y 4 se aplica al **tipo de cambio**. Dicha norma está: **a)** en consonancia con el art. 75 (2) de la Convención de las Naciones Unidas sobre Letras de Cambio Internacionales y la ley en algunas jurisdicciones;[2415] **b)** evita expectativas posiblemente diferentes;[2416] y **c)** es el menos probable que conduzca a problemas con la ley obligatoria (art. 1.4).

---

tamente del riesgo de fluctuación de la moneda". Al final, en un arbitraje, un árbitro tendrá que considerar todas las circunstancias del caso).

[2410] Propuestas en respuesta a la crítica del Artículo 6.1.9 por Y. Atamer en Vogenauer, Artículo 6.1.9 no. 14 y 4.

[2411] Y. Atamer en Vogenauer, Artículo 6.1.9 no. 15.

[2412] *Ver* Además *S. Martens en Jansen/Zimmermann, Artículo 7:108 (PDCE):* Moneda de Pago, *no. 1 (p. 1047).*

[2413] S. Martens en Jansen/Zimmermann, Artículo 7:108 (PDCE): Moneda de Pago, no. 7 (p. 1050).

[2414] Ejemplo de *Y. Atamer* en Vogenauer, Artículo 6.1.10 no. 1.

[2415] *Y. Atamer* en Vogenauer, Artículo 6.1.10 no. 3 nota 318, enumera la legislación alemana (artículo 361 del Código de Comercio alemán) y el apartado 2 del artículo 75 de la Convención de las Naciones Unidas sobre Letras de Cambio Internacionales y Pagarés Internacionales (Nueva York, 9 de diciembre de 1988).

[2416] Véase *Y. Atamer* en Vogenauer, Artículo 6.1.10 no. 1 nota 318 (señalando un debate para la CNUCCI).

2

El art. 6.1.10 puede ser relevante para una serie de cuestiones contractuales auxiliares: **I)** pago de **intereses** por la obligación monetaria;[2417] **II) restitución monetaria** en caso de rescisión o de anulación por causa de resolución, a menos que las circunstancias indiquen otra cosa (por ejemplo, reembolso en la misma moneda).[2418]

B. Límites

3

La regla supletoria del art. 6.1.10 se aplica al pago de "todas las obligaciones monetarias",[2419] que es distinta de la **moneda** en la que se calculan **los daños** (art. 7.4.12).[2420]

Artículo 6.1.11 (Gastos de cumplimiento)

Cada parte debe soportar los gastos de cumplimiento de sus obligaciones.

A. Cada parte asume sus propias costas como regla por defecto

1

A menos que se acuerde lo contrario (arts. 1.1, 1.3, 1.5),[2421] cada parte tiene que asumir lo que cuesta cumplir la **obligación debida**[2422] (es decir, entregar, producir, prestar servicios o pagar) en el **lugar de cumplimiento**[2423] y en el **momento oportuno** (arts. 6.1.1; 6.1.8 (1)). El principio expresado en el art. 6.1.11 está en consonancia con muchas leyes nacionales de todo el mundo;[2424] las desviaciones requieren negociación contractual.[2425] Las **esferas**

2417 *Y. Atamer* en Vogenauer, Artículo 6.1.10 no. 3.

2418 *Y. Atamer* en Vogenauer, Artículo 6.1.10 no. 5.

2419 S. Martens en Jansen/Zimmermann, Artículo 7:108 (PDCE): Moneda de Pago, no. 7 (p. 1049).

2420 Comentarios oficiales, 2016, artículo 6.1.10, p. 201; *S. Martens en Jansen/Zimmermann, Artículo 7:108 (PDCE):* Moneda de Pago, *n° 7 (p. 1049) (que ha inspirado esta distinción y rectificación en comparación con la primera edición).*

2421 S. Martens en Jansen/Zimmermann, Artículo 7:112 (PDCE): Gastos de Cumplimiento, no. 7 (p. 1072): "las partes son libres de asignar los costos de cumplimiento independientemente de la responsabilidad por el acto físico de cumplimiento".

2422 Comentarios oficiales, 2016, Artículo 6.1.11, p. 202.

2423 Véase, por ejemplo, Y. Atamer en Vogenauer, Artículo 6.1.11 no. 8 para un "tercer" lugar de cumplimiento acordado, en el establecimiento de ninguna de las partes.

2424 Y. Atamer en Vogenauer, Artículo 6.1.11 no. 1 nota 324 se refiere, por ejemplo, a las leyes de Bélgica, China, Francia (con referencia al antiguo Artículo 1248 del Código Civil francés, ahora Artículo 1342-7 en la Versión 2016), Italia, Países Bajos; examinar también la diferencia con respecto a la CNUCCI sin una disposición explícita sobre los costos de la obligación de cumplir (la cuestión se examina como una cuestión de interpretación del artículo 31 de la CNUCCI a la luz del párrafo 2 del artículo 7 de la CNUCCI); véase también la obligación del comprador con respecto a los gastos de pago en el Artículo 54 de la CNUCCI; S. Martens en Jansen/Zimmermann, Artículo 7:112 (PDCE): Gastos de Cumplimiento, no. 3 (pp. 1071-72) con antecedentes históricos en Derecho Romano ibid. no. 2 (p. 1071).

2425 M. Parra en Morán Bovio, Artículo 6.1.11, p. 304 (en el párrafo 1 relativo al Artículo 6.1.11).

contractuales de las partes determinan la **imputación de los costos**:[2426] **I)** Pago por parte del **deudor** (art. 1.11 cuarto guión) de los costos relacionados con el **deber de entregar**, es decir: **a)** los costos de embalaje (pero, en caso de rendimiento en su lugar de negocios (art. 6.1.6 párrafo 1 literal "b") no necesariamente de embalaje hasta un nivel "apto para el transporte";[2427] si así lo desea, el acreedor debe insistir en un acuerdo contractual, art. 1.5);[2428] **b)** los costos de derechos de aduana, impuestos, licencias de importación y exportación;[2429] pero **c)** no los costos de recepción de la entrega; y **II)** el pago por parte del **deudor** de los costos relacionados con el **deber de pagar**, por ejemplo, de los gastos bancarios (pero, en caso de transferencia bancaria, solo por los cargos tomados hasta que la transferencia se haga efectiva (art. 6.1.8 no. 3) y no de cargas imputadas por la institución financiera del acreedor).[2430] El párrafo art. 6.1.6 (2) contiene una **norma específica** en caso de aumento de los costos como resultado de un cambio en el lugar de cumplimiento.[2431] Si la parte equivocada adelanta los costos, puede solicitar el reembolso (art. 7.4.1).[2432]

Artículo 6.1.12 (Imputación de pagos)

(1) Un deudor de varias obligaciones dinerarias al mismo acreedor puede especificar al momento del pago a cuál de ellas pretende que sea aplicado el pago. En cualquier caso, el pago ha de imputarse en primer lugar a cualquier gasto, luego a los intereses debidos y finalmente al capital.

(2) Si el deudor no hace tal especificación, el acreedor puede, dentro de un plazo razonable después del pago, indicar al deudor a cuál de las obligaciones lo imputa, siempre que dicha obligación sea vencida y sea indisputada.

(3) A falta de imputación conforme a los párrafos (1) o (2), el pago se imputa, en el orden indicado, a la obligación que satisfaga uno de los siguientes criterios:

a) la obligación que sea vencida, o la primera en vencerse;

b) la obligación que cuente con menos garantías para el acreedor;

c) la obligación que es más onerosa para el deudor;

d) la obligación que surgió primero.

Si ninguno de los criterios precedentes se aplica, el pago se imputa a todas las obligaciones proporcionalmente.

[2426] *S. Martens* en Jansen/Zimmermann, Arte. 7:112 (PDCE): Gastos de Cumplimiento, nº 5 (p. 1072), observa a este respecto: "Parece estar generalmente aceptado que el deudor sólo tiene que soportar los costos de cumplimiento de su obligación en que incurra mientras realiza los actos que se le exigen para llevar a cabo el cumplimiento". *Ver* más lejos *ibídem*. nº 6 (pp. 1072-73) sobre el contenido de la obligación.

[2427] Y. Atamer en Vogenauer, Artículo 6.1.11 no. 4 nota 326.

[2428] En la práctica, el embalaje suele estar sujeto a un conjunto completo de normas acordadas en un anexo separado del contrato.

[2429] Y. Atamer en Vogenauer, Artículo 6.1.11 no. 2.

[2430] Y. Atamer en Vogenauer, Artículo 6.1.11 no. 7.

[2431] Y. Atamer en Vogenauer, Artículo 6.1.11 no. 9.

[2432] M. Parra en Morán Bovio, Artículo 6.1.11, p. 304; Y. Atamer en Vogenauer, Artículo 6.1.11 no. 10.

A. Un compromiso internacional equilibrado

1

En relaciones comerciales complejas y/o de larga data, la imputación del pago (o de las prestaciones no monetarias el art. 6.1.13) es a menudo un problema, cuando el deudor tiene **varias obligaciones (monetarias).**[2433] La claridad sobre este tema ayuda a evitar perturbaciones innecesarias de la relación. Por lo general, las partes no han hecho una disposición en el **contrato** que, **debidamente interpretada**[2434] (arts. 4.1, 4.3), tendría prioridad (arts. 1.1, 1.3, 1.5). **Los acuerdos de transacción** a veces contienen una regla de imputación, especialmente si algunos derechos ya han prescrito pero aún se respetan (parcialmente).[2435] El art. 6.1.12 establece **un compromiso internacional** basado en un entendimiento de partes iguales[2436] que maneja **diferentes expectativas** con respecto a la persona que tiene derecho a tomar una decisión (generalmente el deudor),[2437] el orden de imputación, si la hubiera,[2438] y la regla predeterminada.[2439] También se aplica al **pago parcial**[2440] (art. 6.1.3), pero no a la imputación en caso de **compensación** (art. 8.4).[2441] El art. 6.1.12 es coherente con el art. 7:109 PECL y el art. III-2:110 DCFR que se inspiró en una versión preliminar del PECL.[2442]

B. Un orden de decisión en tres niveles

I. Nivel 1: Decisión del deudor (párr. 1)

2

I) Principio: A menos que se acuerde lo contrario (arts. 1.1, 1.3, 1.5), el **deudor** (art. 1.11) tiene la **primera llamada** de conformidad con el **párrafo 1 para imputar** el pago, a más tardar **en el momento del pago.**[2443] ***Excepciones***: ***a)*** una razón para evitar la imputación, art. 3.2.17;[2444] ***b)*** cesión sin previo aviso al deudor, lo que debería permitir al deudor reconsiderar su elección a la luz del cambio de circunstancias (art. 1.7)[2445] **a obligaciones**

2433 M. Parra en Morán Bovio, Artículo 6.1.12, p. 306 (párrafo 1); Y. Atamer en Vogenauer, Artículo 6.1.12 no. 2.

2434 Y. Atamer en Vogenauer, Artículo 6.1.12 no. 21 (con varios ejemplos de presuntas intenciones).

2435 Véase S. Martens en Jansen/Zimmermann, Artículo 7:109 (PDCE): Imputación de Pagos, no. 5 (p. 1056), en "autonomía de las partes".

2436 Y. Atamer en Vogenauer, Artículo 6.1.12 no. 22. Para la base histórica, desde el Derecho Romano, y un análisis comparativo ver S. Martens en Jansen/Zimmermann, Artículo 7:109 (PDCE): Imputación de Pagos, no. 2-4 (pp. 1053-56).

2437 Y. Atamer en Vogenauer, Artículo 6.1.12 no. 4 nota 341, con una visión comparativa en la nota 349 sobre los diferentes sistemas de analogía, si el deudor no toma una decisión, por lo que algunos sistemas legales requieren una notificación del acreedor al deudor (por ejemplo, Louisiana) mientras que otros operan con criterios objetivos (por ejemplo, Alemania).

2438 Y. Atamer en Vogenauer, Artículo 6.1.12 no. 8 nota 349.

2439 Y. Atamer en Vogenauer, Artículo 6.1.12 no. 13 y subsiguientes, notas 359-368.

2440 Y. Atamer en Vogenauer, Artículo 6.1.12 no. 23.

2441 Y. Atamer en Vogenauer, Artículo 6.1.12 no. 3.

2442 P.C.-Misc. 11 (1987), pp. 20-21; Y. Atamer en Vogenauer, Artículo 6.1.12 no. 8 note 349.

2443 M. Parra en Morán Bovio, Artículo 6.1.12, p. 306 (para. 2); Y. Atamer en Vogenauer, Artículo 6.1.12 no. 6.

2444 Y. Atamer en Vogenauer, Artículo 6.1.12 no. 6.

2445 Ídem.

diferentes[2446] (art. 6.1.5) y, por lo general (art. 6.1.3 (1) *in fine*) no parciales (art. 6.1.3 (1)) **mediante notificación,**[2447] al acreedor (art. 1.10) que puede ser informal (arts. 1.2, 10 (1), 4.2-4.3; por ejemplo: pago del importe exacto de una de las deudas).[2448] **II**) ***Límites***: Esa imputación no evitará la prelación de **las obligaciones accesorias: *a)* gastos** (por ejemplo, costas de ejecución);[2449] y **b) intereses**[2450] (*segunda oración*). El acreedor puede rechazar una oferta del deudor de pagar únicamente el principal y ejercer sus derechos en virtud del Capítulo 7.[2451]

II. Nivel 2: Decisión del acreedor (párrafo 2)

3

En virtud del **párrafo 2**, el acreedor (art. 1.11) tiene el **derecho subsidiario** de imputar el pago dentro de un "plazo razonable"[2452] después de la recepción del pago (es decir, generalmente antes de una disputa legal),[2453] mediante una notificación (art. 1.10, *por ejemplo*, en un "recibo")[2454] a diferentes **reclamaciones vencidas e indiscutibles**,[2455] incluso si han **prescrito.**[2456]

III. Nivel 3: Sistema por defecto del párrafo 3

4

Si ninguna de las partes ha hecho uso de su derecho a imputar el pago (esto sucede en la práctica), se aplican las **cuatro normas supletorias** en el **párrafo 3** relativas, en ese orden; **a) vencimiento** (ya que el pago de una obligación debida tiene prioridad sobre el pago de obligaciones que no son exigibles (también el art. 6.1.5 (1)), y como la obligación que es la primera en ser debida tiene prioridad sobre las obligaciones vencidas posteriormente, este principio minimiza el riesgo de que el deudor pase por alto las próximas fechas de venci-

---

2446 S. Martens en Jansen/Zimmermann, Artículo 7:109 (PDCE): Imputación de Pagos, no. 6 (p. 1056), en "elección del deudor".

2447 Y. Atamer en Vogenauer, Artículo 6.1.12 no. 4.

2448 Y. Atamer en Vogenauer, Artículo 6.1.12 no. 5.

2449 Y. Atamer en Vogenauer, Artículo 6.1.12 no. 7.

2450 Ídem. (Con la insinuación de la posibilidad de rechazar el pago ofrecido del monto principal "y hacer uso del remedio por el incumplimiento").

2451 Y. Atamer en Vogenauer, Artículo 6.1.12 no. 7 note 348 (con referencias a la legislación holandesa y suiza); para un enfoque similar bajo el PDCE ver S. Martens en Jansen/Zimmermann, Artículo 7:109 (PDCE): Imputación de Pagos, no. 14 (p. 1059).

2452 M. Parra en Morán Bovio, Artículo 6.1.12, p. 306; Y. Atamer en Vogenauer, Artículo 6.1.12 no. 11.

2453 Y. Atamer en Vogenauer, Artículo 6.1.12 no. 10.

2454 Y. Atamer en Vogenauer, Artículo 6.1.12 no. 10 y nota 353.

2455 Y. Atamer en Vogenauer, Artículo 6.1.12 no. 9.

2456 De nuevo Y. Atamer en Vogenauer, Artículo 6.1.12 no. 9 (con una referencia convincente a una interpretación similar en Artículo 10.10; Artículo 10.10 no. 1 en (ii)). S. Martens en Jansen/Zimmermann, Artículo 7:109 (PDCE): Imputación de Pagos, no. 7 (pp. 1056-57) sobre "elección del acreedor"observa críticamente que tal imputación "difícilmente es en interés del deudor". Sin embargo, la regla sólo se aplica si la interpretación de la acción del deudor (Artículo 4.2, 4.3) no indica una asignación del pago.

miento y los plazos de prescripción que expiran,[2457] pero también puede ir en detrimento de él si la obligación más madura ya ha prescrito, aunque, en virtud de los Principios de UNIDROIT (*argumentum* art. 10.10), sigue existiendo;[2458] **b)** a **garantía** (por ejemplo, un valor personal puede ofrecer menos seguridad que una garantía);[2459] **c) engorroso** (con respecto a "todas las circunstancias", incluidas las consecuencias jurídicas, como los tipos de interés y las cláusulas penales);[2460] **d) la edad** (es decir, "qué obligación nació primero");[2461] y **e) una imputación prorrateada**.[2462]

C. Límites

5

Si las partes operan con una mezcla de contratos de **los cuales sólo algunos están sujetos a los Principios de UNIDROIT**, el **Derecho Internacional Privado** aplicable tendrá que decidir sobre el sistema de imputación aplicable. En un arbitraje internacional con una regla de conflicto que otorga gran discreción al árbitro (por ejemplo, el art. 35 del Reglamento de Arbitraje de la CNUDMI), cuando los contratos subyacentes a los Principios de UNIDROIT son los posteriores, las circunstancias pueden implicar la aplicación del art. 6.1.12. Sin embargo, en el caso de contratos conexos (por ejemplo, modificaciones contractuales realizadas en nuevas circunstancias, como un cambio de control), puede ser recomendable indicar explícitamente en el contrato más reciente regido por los Principios de UNIDROIT que modifica contratos anteriores con respecto al régimen aplicable a la imputación (por ejemplo, en el mismo contexto en que también se modificaría, mediante el nuevo contrato, la cláusula de solución de controversias de los contratos antiguos para permitir una concentración de controversias, si las hubiera).

Artículo 6.1.13 (Imputación del pago de obligaciones no dinerarias)

El artículo 6.1.12 se aplica, con adaptaciones apropiadas del caso, a la imputación del pago de obligaciones no dinerarias.

2457 Y. Atamer en Vogenauer, Artículo 6.1.12 no. 14.

2458 Y. Atamer en Vogenauer, Artículo 6.1.12 no. 15.

2459 Y. Atamer en Vogenauer, Artículo 6.1.12 no. 17; S. Martens en Jansen/Zimmermann, Artículo 7:109 (PDCE): Imputación de Pagos, no. 10 (pp. 1057-58) argumentando a favor de una comprensión "económica" en lugar de "puramente legal".

2460 Comentarios Oficiales, 2016, artículo 6.1.12, ilustración, p. 204; P.C.-Misc. 11 (1987), p. 22; Y. Atamer en Vogenauer, Artículo 6.1.12 no. 18; S. Martens en Jansen/Zimmermann, Artículo 7:109 (PDCE): Imputación de Pagos, no. 11 (p. 1058).

2461 Y. Atamer en Vogenauer, Artículo 6.1.12 no. 19; S. Martens en Jansen/Zimmermann, Artículo 7:109 (PDCE): Imputación de Pagos, no. 12 (p. 1058).

2462 M. Parra en Morán Bovio, Artículo 6.1.12, p. 306 (con referencia a una norma similar en el Artículo 1174 (2) del Código Civil español); Y. Atamer en Vogenauer, Artículo 6.1.12 no. 20; S. Martens en Jansen/Zimmermann, Artículo 7:109 (PDCE): Imputación de Pagos, no. 13 (p. 1058).

A. Extensión a las obligaciones no monetarias

1

En la medida en que el cumplimiento de obligaciones no monetarias (por ejemplo, la entrega de cemento en virtud de una serie de contratos)[2463] conlleva problemas similares de imputación (porque la cantidad suministrada no cubre todas las obligaciones), el **mismo orden de decisión de tres niveles** que se establece en el art. 6.1.12 para la imputación del pago (deudor - acreedor - regla residual),[2464] se aplica *mutatis mutandis* de acuerdo con el art. 6.1.13[2465] (por ejemplo, el art. 6.1.12 (1) frase 2 no tendrá ningún propósito en este contexto).[2466] Esto se correlaciona con el artículo 7:109 PECL y la ley escrita o la jurisprudencia en las jurisdicciones donde se discute este tema.[2467]

Artículo 6.1.14 (Solicitud de autorización pública)

Cuando la ley de un Estado requiera una autorización pública que afecta la validez del contrato o su cumplimiento y ni la ley ni las circunstancias del caso indican algo distinto:

a) sí sólo una parte tiene su establecimiento en tal Estado, esa parte deberá tomar las medidas necesarias para obtener la autorización; y

b) en los demás casos, la parte cuyo cumplimiento requiere de la autorización deberá tomar las medidas necesarias para obtenerla.

A. Un sistema predeterminado para hacer frente al permiso público

1

Los permisos públicos (en un **sentido amplio**, incluidas las preocupaciones de carácter público,[2468] por ejemplo, políticas ambientales, de salud, seguridad o comerciales;[2469] licencias de importación o exportación; legislación antimonopolio; decisiones de control de cambios o control de inversiones),[2470] **en una o varias jurisdicciones**[2471] (*véase* también el art. 1.4), a menudo se requieren para concluir y/o ejecutar válidamente un contrato inter-

---

[2463] Comentarios Oficiales, 2016, artículo 6.1.13, ilustración, p. 204.

[2464] Y. Atamer en Vogenauer, Artículo 6.1.13 no. 2 (con una explicación más detallada).

[2465] Comentarios Oficiales, 2016, artículo 6.1.13, p. 204; P.C.-Misc. 11 (1987), p. 22.

[2466] Y. Atamer en Vogenauer, Artículo 6.1.13 no. 3.

[2467] Y. Atamer en Vogenauer, Artículo 6.1.13 no. 1 nota 378 se refiere a la legislación alemana, francesa (con referencia al antiguo Artículo 1253 del Código Civil francés, ahora Artículo 1342-10 en la versión de 2016), italiana, suiza y estadounidense.

[2468] Véase la cita de los materiales (StL-Doc. 30 (1983), p. 3, Artículo 1 § 2) en Y. Atamer en Vogenauer, Artículo 6.1.14 no. 4 nota 392; véanse también los Comentarios Oficiales, Artículo 6.1.14 no. 1a, p. 206 (de una entidad gubernamental o "no gubernamental" con autoridad pública); M. Parra en Morán Bovio, Artículo 6.1.14, p. 308 (párr. 2) con referencia, por ejemplo, a todas las formas de licencias públicas.

[2469] Comentarios Oficiales, 2016, Artículo 6.1.14 no. 1a, p. 206 (excepto para 'medio ambiente'); Y. Atamer en Vogenauer, Artículo 6.1.14 no. 4.

[2470] Y. Atamer en Vogenauer, Artículo 6.1.14 no. 4.

[2471] Ídem.

nacional. Las leyes contractuales nacionales generalmente no cubren el tema.[2472] Los arts. 6.1.14-6.1.17 proporcionan un sistema de **reglas por defecto** que abordan las preguntas más importantes: **¿Quién** debe solicitar el permiso (art. 6.1.14)? **¿Cómo** (art. 6.1.15)? **Consecuencias legales** de un "proceso estancado" o un "rechazo" (arts. 6.1.16-6.1.17), mientras que el efecto de un permiso otorgado es obvio (ejecución del contrato con la debida consideración de las condiciones, si las hubiere, en el permiso, art. 1.7).

B. Determinación del "Quién"

2

La determinación de la parte encargada de solicitar el permiso es esencial para la **evaluación de riesgos y costos** de las partes (por ejemplo, art. 6.1.16 (1)). Aunque **no existe una obligación general de informarse** mutuamente sobre los permisos requeridos,[2473] las obligaciones generales en virtud del art. 1.7 (buena fe y lealtad negocial),[2474] y 5.1.3 (cooperación) y/o las circunstancias del caso (art. 5.1.2) pueden requerir la divulgación.[2475]

3

El art. 6.1.14 sugiere una **prueba de cuatro puntas** para la determinación del deudor (que se aplicará **para cada permiso por separado**), de acuerdo con la siguiente secuencia: **I)** una disposición, si la hubiera, sobre el tipo de solicitante en la **ley (imperativa) sobre el requisito de permisos públicos** (por ejemplo, "vendedores registrados"; "importadores");[2476] **II**) el **contrato** (por ejemplo, una cláusula INCOTERMS®;[2477] o cláusulas estándar de ciertas industrias),[2478] debidamente interpretado (arts. 4.1, 4.3-4.8; 5.1.1-5.1.2)[2479] por el cual, por ejemplo, la regla por defecto sobre el lugar de cumplimiento en el art. 6.1.6 (1) (b) puede implicar una obligación del vendedor de obtener todos los permisos necesarios para transportar los bienes, art. 5.1.2[2480] (a menudo, el contrato tratará ciertos permisos como un **condición suspensiva**, art. 5.3.1); **III**) otras **circunstancias** (teniendo debidamente en cuenta los factores de los arts. 4.8 (2)[2481] y 5.1.2), por ejemplo, los usos (art. 1.9 (2)) pueden indicar que es práctica común que ciertas licencias sólo se concedan a personas con una

---

2472 Y. Atamer en Vogenauer, Artículo 6.1.14 no. 2; Véase O. Remien, Unif. Law Rev. 2013, pp. 262 y 275-276 (señalando disposiciones similares en la Ley de Contratos Comerciales Internacionales de 1976 de la antigua República Democrática Alemana).

2473 P.C.-Misc. 11 (1987), pp. 23-24.

2474 Comentarios Oficiales, 2016, Artículo 6.1.14 no. 2, p. 206-207.

2475 Y. Atamer en Vogenauer, Artículo 6.1.14 no. 18-19 (indicando también escenarios extremos donde la no divulgación puede ser fraudulenta, Artículo 3.2.5).

2476 *Y. Atamer* en Vogenauer, Artículo 6.1.14 no. 8.

2477 Y. Atamer en Vogenauer, Artículo 6.1.14 no. 9 (discutiendo, por ejemplo, la distribución de permisos que buscan requisitos a través de cláusulas F, asignando formalidades de exportación al vendedor y formalidades de importación al comprador).

2478 M. G. Bridge, *The International Sale of Goods, Law and Practice* (3ra edición, 2013), no. 5.06 (también cita por Y. Atamer en Vogenauer, Artículo 6.1.14 no. 9 nota 400).

2479 *Y. Atamer* en Vogenauer, Artículo 6.1.14 no. 10.

2480 Ídem.

2481 *Y. Atamer* en Vogenauer, Artículo 6.1.14 no. 12.

determinada cualificación (o pertenencia a una organización) que sólo cumpla una de las partes,[2482] o que sólo una de las partes tenga los conocimientos necesarios para gestionar el proceso de solicitud;[2483] **IV**) la aplicación de las normas supletorias auto explicativas de los apartados "a" y "b".[2484] La otra parte puede necesitar **cooperar** (art. 5.1.3),[2485] por ejemplo, el acreedor en un contrato sobre la compra de un buque marino u otros armamentos tendrá que presentar una declaración sobre el "destino final" para permitir que el deudor solicite un permiso de control de exportaciones.[2486]

Artículo 6.1.15 (Gestión de la autorización)

(1) La parte obligada a tomar las medidas necesarias para obtener la autorización debe hacerlo sin demora injustificada y soportará todos los gastos en que incurra.

(2) Esa parte deberá, cuando sea pertinente, notificar a la otra parte, sin demora injustificada, de la concesión o la denegación de la autorización.

A. Regulación del "Cómo"

1

Según el párrafo 1, el deudor (art. 1.11) con respecto a la aplicación del permiso tiene una **triple tarea** a menos que se acuerde lo contrario en el contrato[2487] (art. 5.1.5): **I)** tomar las **"medidas necesarias"**, es decir, un deber de **mejores esfuerzos**[2488] (art. 5.1.4 (2)) para tomar todas las medidas razonables con respecto a las circunstancias del caso[2489] con la debida diligencia[2490] (*argumentum* Artículo 5.1.6) que incluso puede implicar "recursos locales",[2491] una "apelación ante el tribunal"[2492] o una solicitud repetida);[2493] **II**) hacerlo "**sin demoras indebidas**" (teniendo debidamente en cuenta las circunstancias del caso, como el tipo y la complejidad de los trabajos preparatorios);[2494] y **III)** sufragar los "**gastos**" (lo que está en consonancia con el art. 6.1.11).[2495] Debidamente interpretado (arts. 1.6, 1.7), esto obviamente excluye los sobornos porque la ley obligatoria (art. 1.4) prevalece sobre cualquier referencia a los (supuestos) "usos" (art. 1.9 (2)).

2482 Y. *Atamer* en Vogenauer, Artículo 6.1.14 no. 11.

2483 Comentarios Oficiales, 2016, artículo 6.1.14 no. 3c, Ilustración 2, p. 208; Y. *Atamer* en Vogenauer, Artículo 6.1.14 no. 11.

2484 Y. *Atamer* en Vogenauer, Artículo 6.1.14 no. 13-14.

2485 M. Parra en Morán Bovio, Artículo 6.1.14, p. 309 (párrafo 3).

2486 Ejemplo también utilizado por Y. Atamer en Vogenauer, Artículo 6.1.14 no. 11; véase también más generalmente M. Parra en Morán Bovio, Artículo 6.1.14, p. 309 (párrafo 3).

2487 Y. *Atamer* en Vogenauer, Artículo 6.1.14 no. 16.

2488 Y. *Atamer* en Vogenauer, Artículo 6.1.14 no. 15; P. Pichonnaz en Vogenauer, Artículo 7.1.7 no. 9.

2489 Comentarios Oficiales, 2016, artículo 6.1.14, p. 209; Y. *Atamer* en Vogenauer, Artículo 6.1.14 no. 17.

2490 Y. *Atamer* en Vogenauer, Artículo 6.1.14 no. 15 no. 1 y 6.1.16 no. 1.

2491 Comentarios Oficiales, 2016, artículo 6.1.14, no. 4, p. 209; Y. *Atamer* en Vogenauer, Artículo 6.1.14 no. 17.

2492 Y. *Atamer* en Vogenauer, Artículo 6.1.14 no. 17 y artículo 6.1.17 no. 1.

2493 Y. *Atamer* en Vogenauer, Artículo 6.1.14 no. 17, artículo 6.1.15 no. 2 y artículo 6.1.17 no. 1.

2494 M. Parra en Morán Bovio, Artículo 6.1.15, p. 310 (párrafo 3); Y. Atamer en Vogenauer, Artículo 6.1.15 no. 1 (y nota 436) y no. 2.

2495 M. Parra en Morán Bovio, Artículo 6.1.15, p. 310 (párrafo 4); Y. Atamer en Vogenauer, Artículo 6.1.15 no. 3.

B. Información de la otra parte

2

De conformidad con el **párrafo 2**, el deudor debe mantener informada a la otra parte, **sin demora indebida**,[2496] **sobre el resultado** de su proceso de solicitud de permiso,[2497] por lo que: **I)** los principios de buena fe y lealtad negocial en las circunstancias del caso (art. 1.7) pueden requerir que se proporcione también **información provisional**[2498] (por ejemplo, si se requieren medidas adicionales imprevistas que llevan más tiempo), mientras que **II) no** es necesaria ninguna **notificación** si la autoridad informa directamente a la otra parte.[2499] La falta de información puede causar **daños** (**posiblemente incluso** si el contrato se vuelve nulo sin el permiso, *argumentum* art. 3.3.1 (2)[2500]), por ejemplo, debido al bloqueo de las capacidades de producción (art. 7.4.1 y subsiguientes),[2501] a menos que la otra parte haya tenido conocimiento de la información (por ejemplo, la denegación de un permiso) de otra manera.[2502]

Artículo 6.1.16 (Autorización ni otorgada ni denegada)

(1) Cualquiera de las partes puede resolver el contrato si, pese a que la parte responsable de obtener la autorización ha tomado todas las medidas requeridas para obtenerla, ésta no se otorga ni rechaza dentro del plazo convenido o, cuando no se haya acordado plazo alguno, dentro de un plazo prudencial a partir de la celebración del contrato.

(2) No se aplicará lo previsto en el párrafo (1) cuando la autorización afecte solamente algunas cláusulas del contrato, siempre que, teniendo en cuenta las circunstancias, sea razonable mantener el resto del contrato a pesar de haber sido denegada la autorización.

A. Derecho y efecto de la rescisión en caso de "proceso estancado"

1

A veces, un procedimiento de solicitud ante las autoridades (administrativas) de un permiso necesario lleva más tiempo del esperado ("**no pasa nada**"),[2503] aunque el deudor haya tomado "**todas las medidas requeridas**" ("medidas necesarias" en el art. 6.1.15 (1)), que es la **condición previa** para la solicitud, **párrafo 1** (si el deudor no ha actuado en absoluto, esto es incumplimiento, art. 7.4.1).[2504]

[2496] *Y. Atamer* en Vogenauer, Artículo 6.1.15 no. 5 (lo más rápido posible bajo las circunstancias).

[2497] Comentarios Oficiales, 2016, artículo 6.1.15, no. 3, p. 210.

[2498] M. Parra en Morán Bovio, Artículo 6.1.15, p. 310 (párrafo 5).

[2499] *Y. Atamer* en Vogenauer, Artículo 6.1.15, no. 4.

[2500] *Y. Atamer* en Vogenauer, Artículo 6.1.15, no. 7.

[2501] Comentarios Oficiales, 2016, artículo 6.1.15, no. 5, ilustración 1, p. 211; *Y. Atamer* en Vogenauer, Artículo 6.1.15, no. 6.

[2502] Comentarios Oficiales, 2016, artículo 6.1.15, no. 5, ilustración 2, p. 211; *Y. Atamer* en Vogenauer, Artículo 6.1.15, no. 6.

[2503] Comentarios Oficiales, 2016, artículo 6.1.16 no. 1, p. 212.

[2504] *Y. Atamer* en Vogenauer, Artículo 6.1.16 no. 3.

2

Es sensato determinar **en el contrato** un período de tiempo (párrafo 1 y arts. 1.1, 1.3, 1.5) que sea razonable dadas las circunstancias[2505] (posiblemente combinado con un sistema de información, evaluación conjunta de las posibilidades de acelerar y/o tener éxito en la obtención del permiso, y de un mecanismo para determinar un período de tiempo adicional). A falta de tal determinación en el contrato, el párrafo 1 se refiere a un "**plazo razonable a partir de la celebración del contrato"** (que está en consonancia con el sistema supletorio de los Principios de UNIDROIT también en otros contextos, por ejemplo, el arts. 2.1.12, 6.1.1 (c)). La apreciación del "plazo razonable" exige tener en cuenta las circunstancias,[2506] en particular las "medidas necesarias". Después de dicho período de tiempo, cada parte puede **resolver** el contrato[2507] (y puede necesitar hacerlo, por ejemplo, si el tiempo es esencial),[2508] sin ninguna causa de daños.[2509] Incluso si el contrato puede no ser válido sin el permiso solicitado, la terminación libera a las partes de cualquier obligación (adicional, accesoria) en virtud del contrato.[2510] Los efectos de la terminación están cubiertos por las reglas generales sobre los **efectos de la resolución** en el arts. 7.3.5-7.3.7.[2511]

B. Excepción: solo se ve afectada una parte del contrato

3

Si el permiso se refiere principalmente a una parte del contrato, basado en el principio de *favor contractus*[2512] (Introducción No. 8), el párrafo 2 prohíbe el derecho de rescisión en virtud del **párrafo 1** si es "**razonable" mantener el resto** del contrato. Esto es coherente con el art. 6.1.17 (1) segunda oración, y requiere el mismo tipo de evaluación que allí y bajo el art. 3.2.13;[2513] Las circunstancias pueden indicar lo contrario (por ejemplo, otro entendimiento de las partes).[2514]

2505 Esto es más apropiado que una fijación general que fue refutada en el proceso de redacción, Y. Atamer en Vogenauer, Artículo 6.1.16 no. 2 y nota 451.

2506 M. Parra en Morán Bovio, Artículo 6.1.16, p. 311.

2507 Comentarios Oficiales, Artículo 6.1.16 no. 1, p. 212; P.C.-Misc. 11 (1987), p. 25; Y. Atamer en Vogenauer, Artículo 6.1.16 no. 1; see also M. Parra en Morán Bovio, Artículo 6.1.16, p. 311 ("como conditión resolutoria del contrato").

2508 Y. Atamer en Vogenauer, Artículo 6.1.16 no. 4 (con referencia al artículo 7.3.1 numeral dos literal "b").

2509 Y. Atamer en Vogenauer, Artículo 6.1.16 no. 6 (subrayando: excepto los gastos para el procedimiento de autorización no asumidos por el deudor sino por la otra parte).

2510 Comentarios Oficiales, Artículo 6.1.16 no. 2, p. 212-2013; pp. 212-213; M. Parra en Morán Bovio, Artículo 6.1.16, p. 311 (párrafo dos última línea "o de las obligaciones"); Y. Atamer en Vogenauer, Artículo 6.1.16 no. 5.

2511 P. Hellwege en Jansen/Zimmermann, Introducción antes del Artículo 9:305 (PDCE), no. 4 (p. 1369) (al menos con respecto al Artículo 7.3.5).

2512 M. Parra en Morán Bovio, Artículo 6.1.16, p. 311 (párrafo 5).

2513 Y. Atamer en Vogenauer, Artículo 6.1.16 no. 7.

2514 Comentarios Oficiales, 2016, artículo 3.2.13, ilustración 2, p. 117; Y. Atamer en Vogenauer, Artículo 6.1.16 no. 7.

Artículo 6.1.17 (Autorización denegada)

(1) La denegación de una autorización que afecta la validez del contrato comporta su nulidad. Si la denegación afecta únicamente la validez de algunas cláusulas, sólo tales cláusulas serán nulas si, teniendo en cuenta las circunstancias, es razonable mantener el resto del contrato.

(2) Se aplican las reglas del incumplimiento cuando la denegación de una autorización haga imposible, en todo o en parte, el cumplimiento del contrato.

A. Consecuencias jurídicas de una denegación

1

El art. 6.1.17 cubre la denegación de un permiso, a pesar de todas las medidas necesarias adoptadas, incluidos los recursos internos razonables y/o las solicitudes de seguimiento (art. 6.1.15 (1)). Hace una distinción de acuerdo con las consecuencias legales del permiso denegado (en adelante 1.-2.), por lo que las consecuencias de cualquier reclamación por daños son idénticas (3).

1. Una negativa que afecte a la validez del contrato

2

La ley del país que exige el permiso[2515] determinará a menudo si la denegación del permiso conduce a la nulidad, es decir, se "considera que el contrato nunca ha entrado en vigor"[2516] (párrafo 1, **oración 1**). De lo contrario, el contrato puede proporcionar algunos derechos bajo el enfoque "flexible" del art. 3.3.1 (2) teniendo debidamente en cuenta las circunstancias del caso[2517] (art. 3.3.1 no. 3). Coherente con el principio de *favor contractus*[2518] (Introducción no. 8) y los arts. 6.1.16 (2) y 3.2.13, **párrafo 1 segunda oración,** se refiere a una **prueba de "razonabilidad"** si la negativa afecta sólo a una parte del contrato.

2. Una negativa que simplemente hace imposible la ejecución

3

La mera imposibilidad de cumplimiento (art. 7.2.2 (a)) como resultado de la denegación de la concesión del permiso da lugar a un derecho de rescisión (art. 7.3.2 (1),[2519] a

---

2515 M. Parra en Morán Bovio, Artículo 6.1.17, p. 312 (párrafo 2 relativo al Artículo 6.1.17); Y. Atamer en Vogenauer, Artículo 6.1.17 no. 2.

2516 Comentarios Oficiales, 2016, artículo 6.1.17 no. 2, ilustración 1, p. 214-215; Y. Atamer en Vogenauer, Artículo 6.1.17 no. 2.

2517 Y. Atamer en Vogenauer, Artículo 6.1.17 no. 2., y artículo 6.1.14 no, 23.

2518 M. Parra en Morán Bovio, Artículo 6.1.17, p. 312 (último párrafo).

2519 M. Parra en Morán Bovio, Artículo 6.1.17, p. 313 (párrafo 1 refiriéndose indirectamente a las "normas sobre incumplimiento"); Y. Atamer en Vogenauer, Artículo 6.1.17 no. 5.

menos que existan otros medios razonables de cumplimiento (por ejemplo, a través de otra jurisdicción),[2520] art. 1.7[2521] (en tal caso, el cumplimiento no es "imposible" en el sentido del **párrafo 2**).[2522]

3. Por lo general, no hay daños

4

Los daños suelen estar bloqueados por el art. 7.1.7 (1).[2523] Si el deudor no tomó todas las medidas requeridas con el debido cuidado (art. 6.1.15 (1); sujeto a prueba), la otra parte puede reclamar daños y perjuicios (art. 3.3.1 (2)) que probablemente se limiten al "interés de confianza" en una analogía con el art. 3.2.16,[2524] a menos que la obtención del permiso se estipule como una obligación "absoluta"[2525] (arts. 7.4.1-7.4.2).

B. Permiso con condiciones extremadamente onerosas

5

Si un permiso se concede mientras se somete a condiciones extremadamente onerosas (que requieren, por ejemplo, modificaciones sustanciales de un plan de construcción), puede ser discutible si dicho permiso equivale al "permiso" tal como lo entienden las partes. Esta cuestión no está contemplada en los Principios. Parece apropiado considerar en tales casos la aplicación del art. 6.1.17 por analogía (mientras que las condiciones dentro del "ámbito ordinario" dadas las circunstancias deberían ser aceptables, art. 1.7).

SECCIÓN 2. EXCESIVA ONEROSIDAD

Historia legislativa (documentos clave)

StL-Doc. 24, pp. 1 a 21 (1er borrador en **1983**); P.C.-Misc. 4, pp. 11 y 12 (1er debate en **1983**); P.C.-Misc. 5, pp. 13 y 14 (2do debate en **1983**); P.C.-Misc. 9, pp. 12 a 16 (3er debate en **1986**); StL-Doc. 37, pp. 1 a 8 (2do borrador en **1987**); P.C.-Misc. 11, pp. 26 a 32 (4to debate en **1987**); StL-Doc. 46, pp. 1 a 10 (3er borrador en **1990**); P.C.-Misc. 16, pp. 1 a 32 (5to debate en **1992**); P.C.-Misc. 19, pp. 124 a 132 (6to y último debate en **1994**).

[2520] Y. Atamer en Vogenauer, Artículo 6.1.17 no. 6.

[2521] Comentarios Oficiales, 2016, artículo 6.1.17 no. 2b, ilustración 4, p. 215-216.

[2522] Y. Atamer en Vogenauer, Artículo 6.1.17 no. 6 con referencia a la nota 476 para StL-Doc. 32 (1984), p. 7, 9.

[2523] Y. Atamer en Vogenauer, Artículo 6.1.17 no. 5.

[2524] Véase también Y. Atamer en Vogenauer, Artículo 6.1.17 no. 4, que argumenta en la misma dirección sobre la base de la redacción "historia".

[2525] Y. Atamer en Vogenauer, Artículo 6.1.17 no. 4 y artículo 6.1.14 no. 23.

Introducción a la excesiva onerosidad

1

Las disposiciones sobre la excesiva onerosidad se esfuerzan por comprometer, en circunstancias extremas, entre la obligatoriedad del contrato (*pacta sunt servanda*; arts. 1.3, 6.2.1) y la buena fe y la lealtad negocial (art. 1.7), dos de los principios subyacentes de los Principios de UNIDROIT (Introducción, no. 7) que han estado en tensión entre sí en situaciones de cambio de circunstancias desde la época romana (Cicerón) e incluso griega (Platón).[2526] Los compromisos surgieron en diferentes facetas, como, por ejemplo, la noción de una condición contractual implícita de que "las cosas son así" (y por lo tanto no cambian fundamentalmente) como se discutió en la época medieval basada en la lectura del Derecho Romano (Digesto 46.3.38).[2527] Los borradores y comentarios para esta sección fueron preparados por el ponente, el profesor Maskow de la República Democrática Alemana, una jurisdicción socialista entonces existente que estaba familiarizada con el concepto de excesiva onerosidad.[2528] Tras un debate exhaustivo en el Grupo de Trabajo, las normas de la Sección 6.2 describen el compromiso internacional actual entre los dos principios (inherentemente) opuestos.[2529] No se aplican en caso de error fundamental[2530] (arts. 3.2.1-3.2.4).

2

Las disposiciones sobre excesiva onerosidad **han sido bien recibidas** en todo el mundo por los tribunales de arbitraje[2531] y los tribunales nacionales[2532] (Preámbulo del Anexo no.

2526 Véase: I) sobre la impresionante historia del Derecho Civil y del Derecho Común, que se inspiran mutuamente a lo largo del tiempo: a) R. Zimmermann, *Archiv für die civilistische Praxis* (1993), p. 121, 122 y subsiguientes, citando Taylor c. Caldwell, (1863) *Best and Smith's Report 826 et seq.*, en 833 et seq.; b) R. Meyer-Pritzl en Schmoeckel/Rückert/Zimmermann (ed.), *Historisch-kritischer Kommentar zum BGB, Band II Schuldrecht: Allgemeiner Teil, 2. Teilband, §§ 305-432, §§ 313-314: Störung der Geschäftsgrundlage. Kündigung von Dauerschuldverhältnissen aus wichtigem Grund, nº 4, pp. 1710 y 1711*; c) T. Rüfner en Jansen/Zimmermann, art. 6:111 (PDCE): Cambio de Circunstancias, no. 2-11 (p. 901 a 906); y II) para un panorama comparativo de National Solutions ibíd., nº 12 a 16 (p. 906-908).

2527 T. Rüfner en Jansen/Zimmermann, Art. 6:111 (PDCE): Cambio de Circunstancias, no. 5 (p. 902), citando a Baldus de Ubaldis. Véase además ibíd. nº 11 (p. 905) para un enfoque similar en el Derecho Inglés de Blackburn, J. en Taylor v Caldwell (1863) 3 B&S 826 (82 ER 897) con respecto al alquiler de una sala de conciertos que se incendió antes de la interpretación del concierto para la que fue alquilada.

2528 StL-Doc. 24 (1983).

2529 T. Rüfner en Jansen/Zimmermann, Art. 6:111 (PDCE): Cambio de Circunstancias, no. 25 (p. 911).

2530 T. Rüfner en Jansen/Zimmermann, Art. 6:111 (PDCE): Cambio de Circunstancias, no. 20 (p. 910).

2531 Véase, por ejemplo, el Laudo de la CCI nº 8486 (1996); Laudo de la CCI nº 7365/FMS (1997); Laudo de la CCI nº 9029 (1998); Laudo de la CCI nº 9479 (1999); Laudo de la CCI nº 10021 (2000); Laudo de la CCI nº 9994 (2001); Laudo de la CCI nº 16369 (2011); Laudo de la CCI nº 20757/EMT/GR (2917); *Câmara FGV de Conciliação e Arbitragem (São Paulo, Brasil)*, Laudo nº 1/2008, Delta Comercializadora de Energia Ltda. v. AES Infoenergy Ltda., (2009); Laudo Schiedsgericht Berlin nº SG 126/90 (1990).

2532 Por ejemplo, los tribunales lituanos, ucranianos y brasileños han aplicado o se han referido a las disposiciones sobre excesiva onerosidad de la sección 6.2 de los Principios de UNIDROIT debido a su carácter internacional. Para Lituania, véase Tribunal Supremo de Lituania, nº 3K-3-612, G. Brencius v. Ukio Investicine Grupe (2003); nº 3K-3-256/2011 (2011); nº K-7-306/2012, J. G. v. AB SEB bankas (2012); nº 3K-3-523/2013, V. D. y otros v. AB DNB bankas (2013); nº 3K-3-514/2014, UAB (2014). Para Ucrania, véase Tribunal Superior de Comercio de Ucrania, nº 7/72 (2010); Tribunal de Apelación Comercial de Kiev, nº 41/602 (2010); nº 5011-18/3397-2012 (2012); Tribunal Regional de Comercio de Kiev, nº 17/059/060/061-09 (2009); nº 5011-7/3803-2012 (2012); Tribunal Regional de Comercio de Cherkasy, nº 02/2625 (2009); Tribunal Regional de Comercio de Poltava, nº 25/37 (2010); Tribunal Regional de Comercio de Rivne, nº 5019/544/12 (2012);

31) e inspiraron a los legisladores.[2533] Sin embargo, también han sido objeto de **críticas** por parte de una minoría de abogados, especialmente por algunos (y ciertamente no todos)[2534] colegas ingleses.[2535] Su principal crítica suele dirigirse contra el art. 6.2.3 (3) y (4), es decir, la posibilidad de recurrir a un tribunal para "adaptar el contrato con miras a restaurar su equilibrio". Se ha argumentado, desde el punto de vista del análisis económico, que "la perspectiva de que un juez se ocupe de cualquier acontecimiento imprevisto desalienta a las partes contratantes a prever adecuadamente el cambio de circunstancias".[2536] Tales críticas generalmente no se basan en un estudio en profundidad de los Principios de UNIDROIT y pueden abordarse[2537] con tres **argumentos en contra**:

3

I) Desde 1994, varias jurisdicciones han **integrado** las disposiciones sobre excesiva onerosidad de los Principios de UNIDROIT **en su derecho interno** o sus tribunales, han recurrido a la Sección 6.2 (como se señaló anteriormente). Como observó *Thomas Rüfner*, refiriéndose a *Hugo Grocio* (1583-1645) después de un exhaustivo análisis histórico y comparativo, "es necesario un grado de libertad en la interpretación contractual para evitar resultados duros. Por lo tanto, probablemente sea mejor tener una regla escrita sobre el cambio de circunstancias, por vaga que sea, que no tener ninguna norma fija".[2538] **II)** Las disposiciones relativas a la excesiva onerosidad establecen **normas supletorias** y deben leerse conjuntamente con la **libertad de adaptar las normas** (art. 1.5) a las necesidades y preferencias de las partes contratantes. En mi experiencia, actuando en virtud de los Principios de UNIDROIT o de alguna legislación nacional, esto sucede a menudo en la práctica. Por lo tanto, las normas sobre excesiva onerosidad pueden entenderse como una **invitación a pensar y negociar sobre el cambio de circunstancias**, si las hubiere, y sobre las consecuencias legales. La opción de recurrir a los tribunales puede excluirse y sustituirse, por ejemplo, por un mero derecho de negociación o una referencia a las consecuencias jurídicas de la fuerza mayor (artículo 6.2.3 no. 4-5) o puede aceptarse a sabiendas como último recurso, a falta de una

Tribunal Regional de Comercio de Volyn, nº 5004/579/12 (2012). Para el Brasil, véase Tribunal de Contas da União, nº TC 007.103/2007-7 (2011).

[2533] La ley rusa sobre excesiva onerosidad se basa en el art. 6.2 PICC (A. G. Doudko, Unif. Law Rev. 2000, pp. 483, 483-484; E. McKendrick en Vogenauer, Introducción a la Sección 6.2 del PICC, no. 7). Véase, por ejemplo, el artículo 6.204 del Código Civil lituano y el artículo 652 del Código Civil de Ucrania. Para una visión general jurídica comparativa de una selección de leyes nacionales (a menudo recientes) sobre excesiva onerosidad (incluido un cambio de la legislación francesa en 2016), véase T. Rüfner en Jansen/Zimmermann, art. 6:111 (PDCE): Cambio de Circunstancias, nº 12-16 (pp. 906-908). Véase también ibíd. nº 17 (pp. 908 y 909), relativa a la comparación con la disposición sobre el cambio fundamental de circunstancias del artículo 62 de la Convención de Viena sobre el Derecho de los Tratados, de 23 de mayo de 1969, en vigor desde el 27 de enero de 1980, Naciones Unidas, Treaty Series, vol. 1155, p. 331.

[2534] En dos grandes procedimientos de arbitraje, he actuado bajo los Principios de UNIDROIT en colaboración con o bajo instrucción de abogados ingleses.

[2535] Durante las discusiones por correo electrónico dentro de la IPBA discutidas en Unif. Law Rev. 2021, pp. 453, 460, se opinó la posibilidad de recurrir a los tribunales según lo dispuesto en el Artículo 6.2.3 no. 4-5 como una razón para preferir la ley inglesa a los Principios de UNIDROIT.

[2536] T. Rüfner en Jansen/Zimmermann, Art. 6:111 (PDCE): Cambio de Circunstancias, no. 18 (en p. 909-910) con referencia a Unberath, contratos a largo plazo y el DCFR

[2537] Véase también E. Brödermann, *Unif. Law Rev.* 2021, pp. 453, 472-473 con otros argumentos para hacer frente a tales críticas.

[2538] T. Rüfner en Jansen/Zimmermann, Art. 6:111 (PDCE): Cambio de Circunstancias, no. 18 (en p. 910)

idea mejor dadas las circunstancias. No hay necesidad de escepticismo contra los Principios de UNIDROIT en su totalidad debido al escepticismo hacia una norma individual que pueda adaptarse (art. 6.2.3 no. 5).[2539] **III)** En un análisis jurídico comparativo en profundidad, *Christian Brunner* demostró en 2008 por qué las disposiciones sobre excesiva onerosidad pueden calificarse como **reflejo de los Principios Generales del Derecho** a pesar de la renuencia existente a aceptar dificultades en la legislación inglesa. Concluye: *"Por razones de coherencia, particularmente porque la doctrina de la frustración del propósito constituye una subcategoría de excesiva onerosidad, la posición adoptada por la regla inglesa no debe considerarse como un obstáculo que impida el reconocimiento de la excesiva onerosidad como un principio general del contrato. Además, las consecuencias flexibles previstas en las disposiciones sobre excesiva onerosidad de la UPICC/PECL son menos drásticas que las de la manipulación de la frustración en virtud de la legislación inglesa"*[2540] (más adelante art. 6.2.1 no. 2).

Artículo 6.2.1 (Obligatoriedad del Contrato)

Cuando el cumplimiento de un contrato llega a ser más oneroso para una de las partes, esa parte permanece obligada, no obstante, a cumplir sus obligaciones salvo lo previsto en las siguientes disposiciones sobre "excesiva onerosidad" (*hardship*).

A. Inspirado por la práctica contractual internacional

1

Con sus raíces en grandes contratos internacionales,[2541] por ejemplo, en algunas de las "cláusulas de adaptación de precios" o en "cláusulas económicas" (por ejemplo, en contratos relativos a materias primas como el petróleo y el gas, en los que varían las "líneas de demarcación" exactas para un cambio de circunstancias que da lugar a un derecho a la renegociación), e inspirada en la posibilidad de adaptación en caso de un "cambio fundamental de la base del contrato" en algunas jurisdicciones de Derecho Civil,[2542] arts.

[2539] Cualquier abogado con una regla favorita que se inspire en su legislación nacional es libre de integrarla en el contrato (artículo 1.5). Véase, por ejemplo, el artículo 10.5 no. 5 para un ejemplo mío como abogado alemán con respecto a la suspensión del estatuto de prescripción. En una serie de contratos celebrados en virtud de los Principios de UNIDROIT, he integrado una norma correspondiente a una norma alemana en la materia, desviándose así de las normas supletorias establecidas en los Principios de UNIDROIT. Esta es la libertad contractual, tal como la reconoce el art. 1.1, 1.5, que existe también en lo que respecta a las normas sobre la excesiva onerosidad.

[2540] C. Brunner, *Force Majeure and Hardship under General Contract Principles - Exemption for Non-Performance in International Arbitration* (2009), p. 419.

[2541] El ponente, Prof. Maskow, introdujo el tema de las dificultades en su primer borrador en 1983 haciendo referencia a "más bien pocos, pero muy importantes contratos", StL-Doc. 24, p. 1; Para la práctica en los contratos comerciales regidos por el common law, véase A. Harmathy en Eppur si muove: *The Age of Uniform Law*, pp. 1035, 1041 a 1042.

[2542] Véase, por ejemplo, alemán 313 (1) BGB; véase también M. J. Bonell, *An International Restatement*, p. 120, con numerosos ejemplos comparativos en la nota 86. El Grupo de Trabajo hizo referencia, en particular, a PDCE 6:111 (Cambio de circunstancias) (véase, por ejemplo, P.C.-Misc. 16, pág. 5), que se inspiró originalmente en el artículo 1467 del *Codice civile italiano*. Otro punto de inspiración fue la disposición sobre condiciones de vida difíciles de la Corte Penal Internacional (véase, por ejemplo, P.C.-Misc. 11, pág. 28;

6.2.1-6.2.3 transferencia a todos los contratos internacionales[2543] (con una selección de la cláusula de los Principios de UNIDROIT, Preámbulo, párrafo 2) un **concepto general** (supletorio) innovador[2544] (en 1994) (que puede estar sujeto a disposiciones contractuales más específicas,[2545] Artículos 1.1, 1.3, 1.5, generalmente inspirados en los arts. 6.2.1-6.2.3).[2546] Se enfrenta de una manera de "**lealtad negocial**" (Art. 1.7) a casos **extremos** de **destrucción del equilibrio económico** que permite mantener el contrato de acuerdo con el principio de *favor contractus* (Introducción no. 8). Después de todo, el principio de buena fe y lealtad negocial (art. 1.7) proporciona, incluso "principalmente", un "medio para hacer cumplir los acuerdos".[2547] En las negociaciones, si una de las partes no conoce el concepto de "penuria", la solución equitativa del art. 6.2.3 (que incluye la cooperación de ambas partes mediante la renegociación) lo hace aceptable. La excesiva onerosidad (que aspira al "cumplimiento")[2548] es distinta de la fuerza mayor (art. 7.1.7 (1), que se refiere principalmente al "incumplimiento"),[2549] porque el cumplimiento sigue siendo (técnicamente) "posible"[2550] en circunstancias modificadas,[2551] aunque ya no sobre la base del equilibrio económico inicialmente previsto y/o negociado de las partes. En algunas situaciones (por ejemplo, el estallido de una guerra), una parte puede elegir entre recurrir a la fuerza mayor o a la excesiva onerosidad.[2552] Como ejemplo de la miríada de práctica jurídica creativa, cuando una vez que el concepto de excesiva onerosidad era desconocido para la otra parte en una negociación contractual en Argelia, y dicho término se discutió sobre la base de los Principios de UNIDROIT. Se ha integrado en el contrato como una subclase de fuerza mayor", combinado con una cláusula de renegociación. Desde una perspectiva doctrinal esto era dudoso, desde una perspectiva práctica la cláusula abría la puerta a la renegociación cuando fuera necesario.

2

Los artículos 6.2.1 a 6.2.3 han inspirado al menos a los legisladores locales lituanos, rusos y ucranianos (Introducción a la excesiva onerosidad, no. 2) y han llevado a la "*Cour de Cassation*" belga a aplicar el concepto de excesiva onerosidad como complemento del art. 79 de la CNUCCI (una decisión debatida) sobre la base del párrafo 2 del art. 7 de la CNUCCI.[2553] Por el contrario, los abogados de Derecho Consuetudinario se formaron teniendo en

P.C.-Misc. 16, pág. 4). Para la actual disposición sobre dificultades de la CPI de 2020, véase https://iccwbo.org/publication/icc-force-majeure-and-hardship-clauses/ [última visita en 09 de enero de 2023].

2543 E. McKendrick en Vogenauer, Introducción a la Sección 6.2 del PICC, no. 10 también subraya este potencial del Art. 6.1.1-3.

2544 Véase también F. Paolo Traisci en *Eppur si muove: The Age of Uniform Law*, pp. 1675, 1684.

2545 E. McKendrick en Vogenauer, Introducción a la Sección 6.2 del PICC, no. 8-9.

2546 E. McKendrick en Vogenauer, Introducción a la Sección 6.2 del PICC, no. 9.

2547 J. P. Schmidt en Jansen/Zimmermann, Art. 1:201 (PDCE): Buena fe Contractual, no. 81 (p. 146).

2548 E. McKendrick en Vogenauer, Introducción a la Sección 6.2 del PICC, no. 6.

2549 Ídem.

2550 Véase, por ejemplo, Laudo arbitral de 30 de noviembre de 2006, Centro de Arbitraje de México, Unilex no. 1149, citado también por E. McKendrick en Vogenauer, art. 6.2.2 nº 15, en el que se rechazan las dificultades causadas por "El Niño" para un productor de hortalizas.

2551 M. Parra en Morán Bovio, Art. 6.2.2, p. 317 (no. 6).

2552 M. Parra en Morán Bovio, art. 6.2.2, p. 317 (núm. 6); E. McKendrick en Vogenauer, Introducción a la Sección 6.2 del PICC, no. 7.

2553 Scafom International BV contra Lorraine Tubes SAS, 19 de junio de 2009 (C.07.0289.N), en IV., citado por E. McKendrick en Vogenauer, Introducción al artículo 6.2 del PICC, nº 4-7, nº 5 (el artículo 79 de la CNUCCI

cuenta casos como la jurisprudencia posterior al cierre del Canal de Suez ("sin frustración de contrato")[2554] pueden ser más reacios a abrirse al "nuevo" concepto internacional (¿Qué tan "nuevo" es 1994? Introducción No. 11), pero pueden hacerlo teniendo en cuenta que los abogados de Derecho Común han formado parte del equipo de redacción de los Principios de UNIDROIT que, en su totalidad, proporciona un compromiso hacia las "mejores prácticas" internacionales y una "mejor ley" basada en una investigación comparativa exhaustiva[2555] (Introducción no. 10-11).

B. Un recordatorio de *Pacta Sund Servanda* como una "declaración de misión"

2

Útil para cualquier negociación sobre una cláusula de "excesiva onerosidad", el art. 6.2.1 comienza con un recordatorio del art. 1.3,[2556] que ha inspirado a varios tribunales arbitrales a atenerse a la regla de *pacta sunt servanda* y a no permitir la excesiva onerosidad[2557] cuando no se pueda establecer tal como se define en el art. 6.2.2.

C. Opción en caso de deterioro de la capacidad financiera del acreedor

4

En caso de deterioro de la capacidad financiera del acreedor (art. 1.11 cuarto guión) antes de la fecha de vencimiento, un deudor puede solicitar una garantía adecuada del cumplimiento debido en virtud del art. 7.3.4 y, mientras tanto, retener su propio cumplimiento.[2558]

Artículo 6.2.2 (Definición de la "excesiva onerosidad" (*hardship*))

Hay "excesiva onerosidad" (hardship) cuando el equilibrio del contrato es alterado de modo fundamental por el acontecimiento de ciertos eventos, bien porque el costo de

---

sólo conduce directamente a una exención de responsabilidad).

2554 E. McKendrick en Vogenauer, Art. 6.2.2 no. 4.

2555 Véase, por ejemplo, E. McKendrick en Vogenauer, Introducción a la Sección 6.2 del PICC, en su evaluación positiva en el número 3.

2556 Comentarios Oficiales, 2016, Art. 6.2.1 no. 1 y la Ilustración, p. 217 (ver la discusión detallada de la Ilustración por E. McKendrick en Vogenauer, Art. 6.2.1 no. 2-3); M. Parra en Morán Bovio, art. 6.2.1, p. 313; E. McKendrick en Vogenauer, Art. 6.2.1 no. 4.

2557 Por ejemplo, Laudo arbitral (Suiza), Laudo de la CCI nº 8486 (1996), Unilex nº 630 (que no permite dificultades para un contrato sobre una instalación de máquina a pesar de una perturbación del mercado pertinente del azúcar); E. McKendrick en Vogenauer, Art. 6.2.1 no. 4.

2558 Si bien el art. 7.3.4 no se limita a los casos de deterioro financiero de la capacidad de la parte contratante, la aparición inicial del derecho de retención en el Código de Prusia fue "considerada como un ejemplo jurídicamente efectivo de la clausula *rebus sic stantibus*" (es decir, la condición contractual implícita de que las circunstancias circundantes del contrato no cambian fundamentalmente): S. Martens en Jansen/Zimmermann, Art. 8:105 (PDCE): Garantías de Ejecución, no. 2 (p. 1146).

la prestación a cargo de una de las partes se ha incrementado, o porque el valor de la prestación que una parte recibe ha disminuido, y:

a) dichos eventos acontecen o llegan a ser conocidos por la parte en desventaja después de la celebración del contrato;

b) los eventos no pudieron ser razonablemente tenidos en cuenta por la parte en desventaja en el momento de celebrarse el contrato;

c) los eventos escapan al control de la parte en desventaja; y

d) el riesgo de tales eventos no fue asumido por la parte en desventaja.

A. Una alteración fundamental en el equilibrio del contrato

1

Las primeras líneas requieren una alteración "fundamental" del equilibrio que es una cuestión de apreciación que debe hacerse teniendo debidamente en cuenta las circunstancias del caso[2559] (con lo cual, en la práctica, la elección de los árbitros —sus antecedentes y su apertura mental— juega un papel importante). La interpretación del **contrato** (arts. 4.1, 4.3-4.7), y en particular los criterios del art. 4.3, ayudan a evaluar el contenido previsto del contrato como **punto de referencia** contra el cual debe producirse una modificación fundamental. Esto puede ser particularmente cierto para la referencia a "**la naturaleza y el propósito del contrato**" (art. 4.3 literal "d"), complementado (art. 4.3 no. 2) por el principio de buena fe y lealtad negocial (art. 1.7) subyacente a la dificultad. Además, en algunas circunstancias, la "**angustia económica**" como se describe en los principios contra la "disparidad grave"[2560] en el art. 3.2.7 literal "a" (que también opera hacia un "equilibrio" del contrato) puede ser un factor útil para determinar la alteración "fundamental" (*argumentum* art. 1.6 (2)).[2561] Al final, las partes o el tribunal arbitral deben determinar, teniendo debidamente en cuenta la principal consecuencia jurídica de un (mero) deber de renegociación (art. 6.2.3 (1)) y el principio general de "buena fe" y "lealtad negocial" (art. 1.7, 1.6 (2)), si, en particular con respecto a las partes del contrato **aún por cumplir**,[2562] existe una **alteración fundamental del equilibrio**[2563] causada por cualquiera de los dos criterios establecidos en las primeras líneas del art. 6.2.2: **I) aumento de costos**;[2564] o **II) disminución del valor** de

[2559] Comentarios Oficiales, 2016, artículo 6.2.2 no. 2, M. Parra en Morán Bovio, art. 6.2.2, p. 315; E. McKendrick en Vogenauer, Art. 6.2.2 no. 7-9.

[2560] Véanse las observaciones más generales de E. McKendrick en Vogenauer, art. 6.2.2 no. 5-6 que contemplan el uso de los criterios de "gran disparidad".

[2561] Véase, sin embargo, E. McKendrick en Vogenauer, art. 6.2.2 no. 9, que describe que las expresiones "carga excesiva" y "sustancialmente más onerosas" en proyectos anteriores se han eliminado en el proceso de redacción.

[2562] Comentarios Oficiales, 2016, artículo 6.2.2 no. 4 e ilustración 5, pp. 221-222; M. Parra en Morán Bovio, art. 6.2.2, p. 317; E. McKendrick en Vogenauer, art. 6.2.2 no. 4; en virtud de la cual el Grupo de Trabajo abordó múltiples dificultades, como la divisibilidad de la actuación profesional y el desarrollo gradual de las condiciones difíciles, en las que podría ser irrazonable (e injusto) excluir la actuación profesional ya prestada de las situaciones difíciles en todas las hipótesis (P.C.-Misc. 11, p. 29; P.C.-Misc. 16, p. 17).

[2563] El Grupo de Trabajo integró la fórmula del equilibrio tras un debate exhaustivo, inspirado en la disposición relativa a las condiciones de vida difíciles de la Corte Penal Internacional (véase P.C.-Misc. 11, p. 28).

[2564] Comentarios Oficiales, Art. 6.2.2 no. 2a, p. 219; M. Parra en Morán Bovio, Art. 6.2.2, p. 315 (no. 6).

la ejecución,[2565] por ejemplo, debido a los **beneficios extraordinarios** de la otra parte,[2566] mientras que estos criterios a veces pueden complementarse entre sí (mientras que la fuente indirecta, por ejemplo, cambios legales en un sistema de suministro de energía[2567] o una crisis extrema en el mercado relevante, no importa).[2568] Por el contrario, se ha argumentado que la mera **frustración del propósito** de un contrato[2569] puede estar adecuadamente cubierta por las normas sobre incumplimiento[2570] (arts. 7.17, 7.3.1 y subsiguientes.). Además, el Tribunal de Apelación de Quebec determinó que el mero lucro cesante no es ni un aumento del costo ni una disminución del valor del servicio.[2571]

B. Más cuatro factores relacionados con la esfera de la parte desfavorecida

1. Conocimiento después de la celebración del contrato (Literal "a")[2572]

2

El conocimiento previo de la parte desfavorecida[2573] (que es únicamente pertinente)[2574] sería una cuestión de "error" (art. 3.2.2).[2575] La determinación del momento exacto de la celebración del contrato (en particular mediante la aplicación de los arts. 2.1.6-2.1.10) y del "evento"[2576] que puede causar dificultades puede ser relevante.[2577]

[2565] Comentarios Oficiales, Art. 6.2.2 no. 2b, p. 219; M. Parra en Morán Bovio, Art. 6.2.2, p. 315 (no. 6).

[2566] El Grupo de Trabajo discutió y votó extensamente sobre las ganancias inesperadas de un lado como una desventaja para el otro lado (Ver Farnsworth y Bonell en P.C.-Misc. 16, pp. 4-5, 7)

[2567] Un ejemplo dado por E. McKendrick en Vogenauer, Art. 6.2.1 no. 3 de un laudo arbitral sin fecha.

[2568] E. McKendrick en Vogenauer, Art. 6.2.2 no. 3.

[2569] Ejemplos estándar son los llamados casos de coronación, resumidos, por ejemplo, por T. Rüfner en Jansen/ Zimmermann, Art. 6:111 (PDCE): Cambio de Circunstancias, no. 11 (p. 906): I) un apartamento en Pall Mall, Londres, fue alquilado a un alto precio para ver la coronación del rey Eduardo VII que cayó enfermo), los tribunales ingleses fallaron en Krell v Henry (1903) 2 KB 740 (CA) a favor del arrendatario que se negó a pagar el alquiler acordado; II) el aplazamiento de la coronación del rey Federico Guillermo IV en Berlín por dos días, que se discutió con estudiantes de derecho alemanes "para decennia deveral", como se señaló ibid. p. 906 nota 48.

[2570] E. McKendrick en Vogenauer, Art. 6.2.2 no. 3.

[2571] *Cour d'Appel du Québec*, Churchill Falls (Labrador) Corporation Ltd. v Hydro-Québec, 8 de agosto de 2016, Unilex nº 1968.

[2572] Comentarios Oficiales, Artículo 6.2.2 no. 3a, p. 220; M. Parra in Morán Bovio, Art. 6.2.2, p. 316 (no. 3, indirectamente).

[2573] E. McKendrick en Vogenauer, Art. 6.2.2 no. 11.

[2574] Ídem.

[2575] E. McKendrick en Vogenauer, Art. 6.2.2 no. 10.

[2576] E. McKendrick en Vogenauer, Art. 6.2.2 no. 10. Esto fue, por ejemplo, un problema en los asuntos posteriores a la crisis económica mundial posterior al 11 de septiembre de 2001 (véase, por ejemplo, OLG Hamm 41 O 93/09, de 16 de diciembre de 2011, en I 1.b.cc, en el contexto de una «cláusula económica» de un contrato de gas).

[2577] E. McKendrick en Vogenauer, Art. 6.2.2 no. 10.

2. Anticipación razonablemente imposible (Literal "b")

3

La evaluación es una "cuestión de grado" en lo que respecta a la previsibilidad[2578] y requiere examinar las circunstancias en el momento de la celebración del contrato.[2579]

3. Más allá del control (Literal "c")

4

Se trata, de nuevo, de una cuestión de evaluación del mismo tipo que en los casos de fuerza mayor (art. 7.1.7 (1)), con los mismos debates para ciertas causas, por ejemplo, el "estallido de una guerra" y "caso fortuito" como eventos claros en el sentido de la literal "c", mientras que "huelga" (siempre un tema en las negociaciones de cláusulas de fuerza mayor) es un evento discutible[2580] con una evaluación posiblemente diferente según las circunstancias.

4. No hay asignación de riesgos a la parte desfavorecida (Literal "d")

5

Si una de las partes ha aceptado el riesgo en virtud del contrato, debidamente interpretado (arts. 4.1, 4.3-4.7), no hay razón para considerar la excesiva onerosidad.[2581] En los **contratos a largo plazo** en una industria donde la integración de una cláusula de adaptación de precios es común (art. 1.9), la falta de dicha integración puede ser un factor a considerar (art. 4.3 literal "f"),[2582] junto con otras circunstancias como el poder de mercado del acreedor en las negociaciones (art. 4.3 literal "a"), en la evaluación si el riesgo ha sido aceptado por el deudor.[2583]

2578 E. McKendrick en Vogenauer, Art. 6.2.2 no. 13.

2579 M. Parra en Morán Bovio, art. 6.2.2, p. 316 (núm. 4); E. McKendrick en Vogenauer, Art. 6.2.2 no. 12 (con el ejemplo de un contrato que se ejecutará en una región ecomomicamente inestable).

2580 E. McKendrick en Vogenauer, Art. 6.2.2 no. 14.

2581 Comentarios Oficiales, Art. 6.2.2 no.3d, p. 221; Centro de Arbitraje de México, Unilex nº 1149, un productor de hortalizas generalmente asume el riesgo de la destrucción del cultivo por naturaleza; M. Parra en Morán Bovio, Art. 6.2.2, p. 316 (no. 6 y no. 3).

2582 En este sentido, en el contexto del derecho alemán S. Lorenz en Hau/Poseck, Beck Online Kommentar BGB, 61ª ed., § 313 no. 45.

2583 P.C.-Misc. 18 (1992), p. 58 (Bonell).

C. Opciones contractuales (Cláusula Corona)

6

Las disposiciones relativas a la excesiva onerosidad son de "**carácter estimulante**".[2584] Independientemente del Derecho contractual aplicable, las disposiciones sobre **excesiva onerosidad pueden servir de modelo** para redactar cláusulas para fines específicos[2585] o, como en la industria del gas y el petróleo, las denominadas **cláusulas "económicas"** destinadas a adaptar los precios en circunstancias predefinidas. Tanto en los contratos relacionados con el Reino Unido durante el tiempo anterior al **BREXIT** (y el tiempo anterior al final del período de transición posterior al BREXIT el 31 de diciembre de 2020) como después de la primera ola mundial de **COVID-19**, he utilizado las reglas de los arts. 6.2.1 y 6.2.2 como inspiración para cláusulas especiales BREXIT y COVID. Tales cláusulas podrían atenuar, en el primer ejemplo, las consecuencias de un BREXIT que potencialmente requiera adaptaciones contractuales después de que surja la nueva legislación del Reino Unido y, en el segundo ejemplo, las consecuencias de una ola adicional de la pandemia. Adaptando la **definición de excesiva onerosidad** y superando los requisitos de las literales "a" y "b", era importante reconocer desde el principio el entendimiento común de que un evento (BREXIT, propagación o mutaciones del Coronavirus) era seguro o razonablemente considerado en la celebración del contrato, mientras que los desarrollos futuros (legislación del Reino Unido, futuras restricciones de coronavirus, retrasos, cierres como resultado de decisiones gubernamentales, cuarentenas, etc.) no obstante, eran inciertos. Tomando el ejemplo de la **cláusula corona,** las partes acordaron que: **I)** tales restricciones futuras de coronavirus están fuera del control de cualquiera de las partes (literal "c"); y **II)** el riesgo de tales desarrollos futuros no se atribuye a ninguna de las partes (aclaración con respecto a la literal "d"). En ocasiones, para ajustarse a una categoría legal más conocida en los Estados Unidos, la cláusula corona llamó a esto "fuerza mayor" ("se considera que constituye "fuerza mayor" en virtud de este acuerdo") al tiempo que prevé consecuencias inspiradas en el art. 6.2.3 (art. 6.2.3 no. 4). Aunque los Principios de UNIDROIT también contienen un régimen de fuerza mayor en el art. 7.1.7, este tipo de entrelazamiento entre las categorías está cubierto por los Principios de UNIDROIT con respecto al art. 1.5 y la nota COVID-19 de UNIDROIT.[2586]

Artículo 6.2.3 (Efectos de la "excesiva onerosidad" (*hardship*))

(1) En caso de "excesiva onerosidad" (*hardship*), la parte en desventaja puede reclamar la renegociación del contrato. Tal reclamo deberá formularse sin demora injustificada, con indicación de los fundamentos en los que se basa.

2584 Desde el principio de la historia de la redacción, las normas sobre dificultades económicas tenían "por objeto ayudar a las partes a identificar las principales cuestiones jurídicas (...) y al sugerir posibles soluciones, en lugar de establecer normas estrictas y rápidas de carácter operativo (...)"; por lo tanto, cabe esperar que disposiciones como las relativas a las condiciones de penuria "tengan que adaptarse o especificarse casi necesariamente en cada caso individual" (Bonell en StL-Doc. 50 (1991), página 10).

2585 E. McKendrick en Vogenauer, Art. 6.2.2 no. 13.

2586 Nota de la Secretaría del Unidroit de los Principios de UNIDROIT sobre los contratos comerciales internacionales y la crisis sanitaria de COVID-19, véase https://www.unidroit.org/english/news/2020/200721-principles-covid19-note/note-e.pdf [última visita en 09 de enero de 2023].

(2) El reclamo de renegociación no autoriza por sí mismo a la parte en desventaja para suspender el cumplimiento.

(3) En caso de no llegarse a un acuerdo dentro de un tiempo prudencial, cualquiera de las partes puede acudir a un tribunal.

(4) Si el tribunal determina que se presenta una situación de "excesiva onerosidad" (*hardship*), y siempre que lo considere razonable, podrá:

a) resolver el contrato en fecha y condiciones a ser fijadas; o

b) adaptar el contrato con miras a restablecer su equilibrio.

A. Renegociación[2587]

1

El art. 6.2.3 establece un **sistema triple de efectos** de la excesiva onerosidad. La frase 1 del párrafo 1 concede el derecho a **solicitar renegociaciones** previa **notificación motivada**[2588] (art. 1.10) que se dará "**sin demora indebida**" (segunda oración del párrafo 1), es decir, "lo antes posible"[2589] dadas las circunstancias (incluida la naturaleza del acontecimiento, su "evolución"[2590] a lo largo del tiempo, el momento de realización por la parte desfavorecida y la duración del contrato).[2591] La demora no causa la pérdida del derecho[2592] (*argumentum* art. 1.7), pero "podrá (…) afectar a la constatación"[2593] de la excesiva onerosidad. En la jurisprudencia reciente en el contexto de la pandemia de COVID-19, el art. 6.2.3 se ha caracterizado como "la norma internacional general sobre este tema".[2594]

B. Ejecución continuada del contrato.

2

Si bien la notificación de la excesiva onerosidad como tal no da derecho a suspender el cumplimiento (párrafo 2), las circunstancias extremas subyacentes a la notificación pueden hacerlo (art. 1.7).[2595] La negativa a renegociar de la otra parte sería una violación del deber de cooperar (art. 5.1.3).[2596] La parte (supuestamente) desfavorecida corre el riesgo de una

---

2587 Comentarios oficiales, art. 6.2.3 no. 1 e ilustración 1, p. 223; M. Parra en Morán Bovio, Art. 6.2.3, p. 318 (núm. 2 sobre Art. 6.2.3) y p. 319 (núm. 5).

2588 Cf. Comentarios Oficiales, Art. 6.2.3 no. 3, p. 224

2589 Comentarios oficiales, art. 6.2.3 no. 2, p. 224; E. McKendrick en Vogenauer, Art. 6.2.3 no. 3 ("lo antes posible").

2590 E. McKendrick en Vogenauer, Art. 6.2.3 no. 3; véase también M. Parra en Morán Bovio, Art. 6.2.3, p. 319 (no. 2: "cuándo se produce un evento").

2591 E. McKendrick en Vogenauer, Art. 6.2.3 no. 3.

2592 Véase ya el primer borrador de la disposición en 1983 (StL-Doc. 24, p. 14).

2593 Comentarios oficiales, art. 6.2.3 no. 2, p. 224; M. Parra en Morán Bovio, Art. 6.2.3, p. 319 (núm. 2).

2594 Rechtbank Amsterdam (Países Bajos), nº NCC 20/014 (C/13/681900) (2020).

2595 Comentarios oficiales, art. 6.2.3 nº 4 e ilustración 4, p. 225; StL-Doc. 50, p. 13 (Bonell); M. Parra en Morán Bovio, art. 6.2.3, p. 319; E. McKendrick en Vogenauer, Art. 6.2.3 no. 4 y Art. 7.4.1 no. 6 nota 22.

2596 Comentarios Oficiales, Art. 6.2.3 no. 5, p. 225; M. Parra en Morán Bovio, Art. 6.2.3, p. 319 (no. 5, refiriéndose también al Art. 1.7 en este contexto); E. McKendrick en Vogenauer, Art. 6.2.3 no 1.

notificación infundada de excesiva onerosidad (y los **daños y perjuicios** en virtud del art. 7.4.1 son aún mayores si también se niega a continuar con el cumplimiento). La otra parte corre el riesgo de negarse a negociar (por lo que los arts. 1.7 y 5.1.3 exigen al menos escuchar a la parte (supuestamente) desfavorecida).[2597] A la luz de la amplia discrecionalidad del tribunal (art. 1.11) en virtud del párrafo 4, generalmente se aconseja a las partes que negocien seriamente.

C. Aplicación por la Corte

3

En caso de "falta de acuerdo" dentro de un plazo "razonable" (que se evaluará dadas las circunstancias con respecto a los arts. 1.7 y 5.1.3), de conformidad con el párrafo 3, la parte (supuestamente) desfavorecida puede solicitar al tribunal, que incluye un tribunal arbitral (art. 1.11),[2598] que: **I)** rescinda el contrato por el cual el tribunal tiene discreción para determinar la fecha y los términos (párrafo 4 literal "a"); o, **II)** para **adaptar el contrato** con miras a **restablecer el equilibrio** que puede incluir "una distribución equitativa de las pérdidas" (párrafo 4 literal "b")[2599] (que puede, no puede o sólo puede parcialmente reflejarse en una adaptación de los precios).[2600] Los tribunales también pueden decidir en algunas circunstancias resolver un determinado punto muerto entre las partes y luego desencadenar renegociaciones posteriores por las propias partes.[2601] El Grupo de Trabajo dejó deliberadamente al tribunal una amplia discrecionalidad en la decisión entre la rescisión y la adaptación,[2602] así como en la decisión sobre la aplicación de cualquiera de los dos remedios. El tribunal solo está obligado por la razonabilidad según el art. 6.2.3 (4) que encapsula el principio de buena fe y lealtad negocial (art. 1.7) subyacente a la excesiva onerosidad. El tribunal también puede guiarse por los criterios de interpretación del contrato en el art. 4.3, complementado por el art. 1.7, que ya sirvió para determinar el equilibrio inicial (art. 6.2.2 no. 1). En caso de restitución, el árbitro puede otorgar una asignación en dinero si la restitución en especie no es posible o apropiada (aplicación análoga del art. 7.3.6 (2);[2603] en caso de un contrato a largo plazo (art. 1.11, tercer guión) en combinación con el art. 7.3.7 (2). Sin embargo, la discrecionalidad del tribunal en este escenario incluye la posibilidad de dividir el riesgo de deterioro entre las partes.[2604] En resumen, la elección del árbitro puede ser la elección más importante a tomar cuando se hace frente a tal situación.

[2597] Véase de nuevo también E. McKendrick en Vogenauer, art. 6.2.3 no.1.

[2598] M. Parra en Morán Bovio, Art. 6.2.3, p. 320 (no. 2, refiriéndose a la numeración correlativa anterior del principio que define a los tribunales como Art. 1.10).

[2599] Comentarios oficiales, art. 6.2.3 no. 7, p. 226.

[2600] Ídem.

[2601] Comentarios Oficiales, Art. 6.2.3 no. 7, p. 226; E. McKendrick en Vogenauer, art. 6.2.3 no. 10; y M. Parra en Morán Bovio, Art. 6.2.3, p. 321 (no. 4) con una visión crítica ("el tribunal debe resolver ... pero nunca devolver el asunto a las partes, sin resolver, para que ellas busquen una solución").

[2602] Véase, por ejemplo, StL-Doc. 46, p. 9.

[2603] La aplicación análoga parece apropiada porque el criterio de razonabilidad ya está contenido en el art. 6.2.3 (4), de modo que la prueba de razonabilidad del art. 7.3.6 (2) no tiene ninguna función adicional.

[2604] C. Brunner, Force Majeure and Hardship under General Contracts Principles (2009), p. 512; P. Hellwege en Jansen/Zimmermann, Art. 9:306 (PDCE): Bienes cuyo valor ha disminuido, no. 21 in fine (p. 1402) y no. 24 (p. 1403). A este respecto, la solución de compromiso sobre la asignación de riesgos en caso de restitución en los Principios del Unidroit es similar a la legislación inglesa, mientras que, por lo demás, la solución del art.

D. Opciones contractuales (Cláusula Corona)

4

Las Partes tienen la opción de adaptar los efectos de la excesiva onerosidad a sus necesidades y evaluaciones. Utilizando la autonomía de las partes (art. 1.5), son **libres de cambiar y complementar** las consecuencias de la excesiva onerosidad.[2605] Por ejemplo, en 2019, cuando trabajaba con un grupo de empresas en la industria automotriz, observé un compromiso internacional que prospera para ganar tiempo y libertad para reaccionar a los cambios impredecibles en la ley del Reino Unido después del BREXIT. Los abogados internos de Estados Unidos, Europa y Asia acordaron una plantilla para una **cláusula BREXIT** (art. 6.2.2 no. 6), utilizada hasta finales de 2020, que incluía: **I)** los derechos en virtud del párrafo 1 y el párrafo 2; así como **II)** un derecho de transferencia, durante seis meses después del final del período de transición posterior al BREXIT, derechos y obligaciones en virtud del acuerdo o del acuerdo completo (art. 9.3.1 y subsiguientes) a otra empresa dentro del mismo grupo de empresas, siempre que dicha entidad tenga los recursos y la capacidad para cumplir con las obligaciones en virtud del acuerdo. En las **cláusulas corona** (art. 6.2.2 no. 6), he utilizado una variedad de consecuencias con respecto a las circunstancias, la capacitación legal de las partes involucradas y su apertura al concepto de "excesiva onerosidad" y/o los Principios de UNIDROIT. La consecuencia legal bajo las cláusulas corona puede incluir, por ejemplo: **I)** la obligación de monitorear futuras restricciones por coronavirus e informarse mutuamente con una prontitud razonable de cualquier consecuencia de coronavirus; **II)** el derecho a una solicitud motivada de renegociación, sin demoras indebidas (párrafo 1); **III)** la prohibición de detener el cumplimiento (párrafo 2); **IV)** la obligación de llevar a cabo las negociaciones de conformidad con los principios de buena fe y lealtad negocial (art. 1.7) con el objetivo de lograr una solución rápida y económicamente razonable para ambas partes (la cláusula puede incluso proporcionar detalles tales como los objetivos: **a)** mantener las adaptaciones de precios al mínimo con respecto al aumento de precios en sí, su duración; y **b)** volver a alcanzar con el tiempo el precio inicialmente acordado). Dependiendo de las circunstancias, la cláusula corona a veces puede detenerse allí y no prever un recurso ante el tribunal (párrafo 3-4); o puede prever: **V)** el derecho a recurrir al arbitraje en virtud de la cláusula compromisoria del contrato; y, por el contrario, **VI)** incluso facultar al tribunal arbitral para adoptar su decisión en virtud de la cláusula corona *ex aequo et bono*.

5

Las partes a veces tienden a **combinar la excesiva onerosidad con la fuerza mayor**. Sin embargo, al final, la fuerza mayor ayuda a superar la "imposibilidad" (el art. 7.2.2 literal "a") solo por un tiempo; y una situación de fuerza mayor subsistente conduce a la terminación (art. 7.1.7 (4)) como se establece en la mayoría de las cláusulas de terminación;[2606] mientras que las relaciones contractuales a largo plazo pueden ser mejor atendidas con una

7.3.6 (2) de colocar el riesgo en el receptor se correlaciona más con las soluciones en el continente europeo (ibíd. y no. 19, p. 1401).

2605 Véase más arriba Introducción a las dificultades nº 3.

2606 Véase, por ejemplo, la cláusula de fuerza mayor de la CPI disponible en https://iccwbo.org/publication/icc-force-majeure-and-hardship-clauses/ última visita en Enero de 2023.

solución difícil y continuar sirviendo el contrato con términos adaptados: así pues, tal vez deseen establecer al menos la obligación de negociar de buena fe, como se establece en los párrafos 1 y 2, y pueden convenir en que los párrafos 3 y 4 no aplican si no se atreven a dar el último paso lógico.

CAPÍTULO 7
INCUMPLIMIENTO

Introducción

A. Visión general

1

El Capítulo 7 es el resultado de una ingeniosa **mezcla de conceptos de Derecho Común y Civil**[2607] sobre cómo hacer frente al incumplimiento. Independientemente de sus antecedentes legales individuales, cada abogado encontrará principalmente remedios conocidos y, con respecto a los detalles, algunos desconocidos. El Capítulo 7 **proporciona un sistema de remedios**[2608] por incumplimiento basado en una "**categoría central de incumplimiento**"[2609] (que trata también el incumplimiento excusado como incumplimiento;[2610] el art. 7.1.7 (4)) y un concepto general de lealtad negocial que utiliza los principios de obligatoriedad de los contratos (*pacta sunt servanda*, art. 1.3) como punto de partida.[2611] Estos recursos en caso de incumplimiento prevalecen **sobre cualquier derecho de anulación** sobre la base de un error (art. 3.2.4).[2612] El enfoque unitario del Capítulo 7 sobre el incumplimiento se basa en décadas de trabajo jurídico comparativo, incluidas las negociaciones del ULIS y la CNUCCI.[2613]

2607 Ya en su "Enfoque sugerido para la labor futura sobre el capítulo de incumplimiento", la Secretaría de UNIDROIT esbozó los enfoques de los sistemas jurídicos alemán, francés y anglosajón y el objetivo de encontrar un compromiso equilibrado, véase P.C.- Misc. 1 (1980), pp. 1 a 8.

2608 H. Schelhaas en Vogenauer, Introducción a la Sección 7.1 de los Principios de UNIDROIT nº 2.

2609 J. Kleinschmidt en Jansen/Zimmermann, Introducción antes del art. 8:101 (PDCE), no. 7 (p. 1077) sobre "La decisión fundamental de la CNUCCI": "Este paso permitió a la CNUCCI, y permite que todos los textos posteriores, superaran las tradiciones nacionales divergentes y reconceptualizaran el campo, basándose no en categorías de caminos encontrados en las leyes nacionales sino en las cuestiones sustantivas subyacentes". Contraste: por ejemplo, I) el complejo sistema del lado del vendedor de la legislación alemana anterior a 2002, que generalmente excluiría la responsabilidad del vendedor en caso de daños causados por negligencia, como se resume ibid. 8-9 (p. 1077 y 1078); o II) la ley inglesa con, en general, un enfoque unificado, pero fuentes "ampliamente dispersas" (ibid. nº 10, p. 1079).

2610 J. Kleinschmidt en Jansen/Zimmermann, Introducción antes del art. 8:101 (PDCE), no. 9 (p. 1080); J. Kleinschmidt en Jansen/Zimmermann, Art. 9:102 (2) y (3) (PDCE): Obligaciones No Pecuniarias, no. 10 (p. 1248).

2611 Para el uso del Capítulo 7 en laudos arbitrales para complementar o confirmar una interpretación de la ley nacional, ver el Anexo al Preámbulo no. 21-23.

2612 H. Schelhaas en Vogenauer, Introducción a la Sección 7.1 de los Principios de UNIDROIT nº 11.

2613 Historia: J. Kleinschmidt en Jansen/Zimmermann, Introducción antes del Art. 8:101 (PDCE), no. 2-3 (p. 1076) y 10-11 (pp. 1078-1079) señala que: I) el fundamento del enfoque unitario del incumplimiento fue establecido por el tratado seminal sobre la venta de bienes (*Das Recht des Warenkaufs, vol. I (1936) y vol. II (1958)) de Ernst Rabel (1874-1955, nacido en Viena),* historiador del derecho, luego (de 1926 a 1936) director fundador del instituto predecesor del actual Instituto Max Planck de Derecho Privado Internacional y Comparado en Hamburgo, Alemania. Rabel propuso superar las distinciones romanas y tratar la responsabilidad por el cumplimiento defectuoso como una cuestión de derecho contractual general (ibid. nº 10, p. 1078); II) El trabajo comparativo de Rabel influyó en las negociaciones de la Ley Uniforme de la compraventa internacional (adoptado en 1964); III) La Ley Uniforme de Compraventas Internacionales influyó en las negociaciones de la CNUCCI (aprobada en 1980); y IV) las disposiciones sobre incumplimiento de la CNUCCI influyeron en los Principios de UNIDROIT, que son más concisos y "contienen disposiciones detalladas sobre el incumplimiento y los recursos (...) sobrevivió a las tres revisiones (...) casi sin cambios". (Ibid. nº 3, p. 1076). El trabajo comparativo de Rabel incluyó la influencia inglesa, como la definición de "bienes" de la Ley Británica de

B. Un concepto basado en "esferas", no en culpa

2

El enfoque del Capítulo 7 es a menudo muy pragmático, teniendo debidamente en cuenta el objetivo de encontrar primero una solución comercial (por ejemplo, mediante un esfuerzo y/o tiempo adicional, art. 7.1.4 (1) literal "a" y 7.1.5). Se **basa en "esferas", no en la culpa** (arts. 7.1.1 no. 2, 7.1.2 no. 1) de una manera que es aceptable no solo desde una perspectiva de Derecho Común sino también desde una perspectiva de Derecho Civil (No. 8, debajo de F). Cada una de las partes comerciales es esencialmente responsable de su propia esfera (en la que la demarcación está sujeta a contrato[2614] y los criterios del art. 5.1.5, aplicados *mutatis mutandis,* ayudan además a distinguir las esferas[2615]), sujeto a **dos excepciones y una atenuación**: **I) fuerza mayor** (art. 7.1.7), es decir, un concepto de exoneración en ciertas circunstancias fuera del control de cualquiera de las partes; y **II) cláusulas de exención contractual**. Reconociendo la libertad contractual (arts. 1.1, 1.3, 1.5), los Principios de UNIDROIT respetan las cláusulas de exención contractual que excluyen el incumplimiento siempre que cumplan con el mecanismo de control excepcional del art. 7.1.6, que evita ventajas excesivas (art. 7.4.1, es decir, un resultado "manifiestamente injusto" teniendo debidamente en cuenta el objeto del contrato).[2616] Las normas sobre "daño parcialmente imputable a la parte perjudicada" (art. 7.4.7) y sobre "atenuación del daño" (art. 7.4.8) pueden calificarse como una manifestación adicional de responsabilidad por "esferas". **III)** En el caso de un mero "**deber de mejores esfuerzos** en el desempeño de una actividad", la responsabilidad objetiva se atenúa a los esfuerzos "que haría una persona razonable del mismo tipo en las mismas circunstancias" (arts. 5.1.4 (2), 5.1.5).[2617]

C. Seis tipos de derechos y remedios en cuatro secciones, con limitaciones y exclusiones

3

I) La Sección 7.1 sobre "**incumplimiento en general**" establece, en principio, un derecho de suspensión del cumplimiento (art. 7.1.3), el derecho a conceder un período suplementario para el cumplimiento (art. 7.1.5) o el derecho a subsanar el incumplimiento salvo en circunstancias especiales (art. 7.1.4); **II)** La Sección 7.2 sobre "**derecho a reclamar el cumplimiento**" prevé el derecho a reivindicar la interpretación o ejecución con múltiples limitaciones si existen otras opciones, el art. 7.2.2 literal "b"); El régimen de los arts. 7.2.1-7.2.5 refleja así un **compromiso equilibrado entre el concepto de Derecho Civil** (que cono-

Ventas de Bienes, como señaló T. Rüfner en Jansen / Zimmermann, Art. 18: 101 (PDCE): Contratos cubiertos, no. 18 (en p. 1969).

2614 En este contexto, las normas contractuales sobre la transmisión de riesgos desempeñan un papel, Comentarios oficiales, art. 7.1.2 no. 2. Véase Kleinschmidt en Jansen/Zimmermann, Art. 8:101 (PDCE): Medios de Protección del Crédito, no. 16 (pp. 1095-96): Art. 7.1.2 como una "puerta de entrada" para discutir la transmisión de riesgos.

2615 H. Schelhaas en Vogenauer, Art. 7.1.2 no. 7.

2616 También observado por H. Schelhaas en Vogenauer, Introducción a la Sección 7.1 de los Principios de UNIDROIT no. 14.

2617 R. Zimmermann, en Jansen/Zimmermann, Art. 9:501 (1) (PDCE): Derecho a la indemnización de daños y perjuicios (general), no. 9 (p. 1442) criticando, con referencias adicionales, "falta de rigor" y "un nivel innecesario de complejidad" (S. Vogenauer in Vogenauer, Vogenauer, Art. 5.1.4 no. 5).

ce el "cumplimiento específico" para todo tipo de reclamaciones) **y el Derecho Común** (que distingue entre obligaciones monetarias y no monetarias); En el caso de las obligaciones no monetarias, las normas de las jurisdicciones de Derecho Común (que difieren en cuanto a los detalles) tienden a percibir el cumplimiento específico como la excepción, "sólo concedida si los daños y perjuicios no son adecuados";[2618] **III)** La Sección 7.3 sobre "**Resolución**" establece un derecho a la terminación con limitaciones en el caso de violaciones "fundamentales" del contrato; y **IV)** la sección 7.4 sobre "**Resarcimiento**" establece un derecho a una indemnización por daños y perjuicios basado en un principio de "indemnización íntegra" (art. 7.4.1) pero limitado por un concepto de "previsibilidad" (art. 7.4.1); así como los "intereses" en caso de incumplimiento de una obligación monetaria (art. 7.4.9).

3a

La Sección 7.1 describe además: **I)** atenuaciones de responsabilidad por incumplimiento (Art. 7.1.2, 7.4.7, 7.4.8); y **II)** "la exclusión de remedios en el **contexto sistemático** donde surge el problema"[2619] (Art. 7.1.6, 7.1.7, 7.1.4). En particular, el derecho a subsanar en virtud del art. 7.1.4 no excluye la suspensión del cumplimiento (art. 7.1.4 (4) y/o a reclamar daños y perjuicios (art. 7.1.4 (5)), y la exclusión de un derecho a daños y perjuicios por fuerza mayor (art. 7.1.7) no excluye el derecho a resolver el contrato (art. 7.1.7 (4)).

D. A menudo una elección entre varias opciones

4

I) Principio: Estos derechos y remedios establecidos en el Capítulo 7 no están en ningún orden jerárquico particular y **pueden combinarse principalmente**[2620] (Art. 7.3.5 (2), 7.4.1) con la debida consideración al principio general de buena fe y lealtad negocial (Art. 1.7). **II) Excepción**: remedios "lógicamente incoherentes",[2621] ya que la lógica de la buena fe y lealtad negocial (art. 1.7) no permiten una doble recuperación.[2622] Las medidas correctivas orientadas al rendimiento no coinciden con las soluciones destinadas a una "reversión de

[2618] H. Schelhaas en Vogenauer, Art. 7.2.2 no. 1 con referencia en la nota 14 (p. 888) entre otras cosas a Farnsworth, *Contracts (editorial 2004)* para. 12.6 ("El cumplimiento específico sigue siendo la excepción y no la regla bajo contrato para el .... de mercaderías "), y al § 2-716 (1) UCC.

[2619] J. Kleinschmidt en Jansen/Zimmermann, Art. 8:101 (PDCE): *Remedies Available*, no. 10 (p. 1092).

[2620] El primer proyecto contenía un artículo que permitía expresamente la "acumulación de recursos" (art. 6.1.2 en StL-Doc. 45 (1990)). El Grupo de Trabajo consideró que esto era "más o menos obvio" y suprimió el artículo en P.C.- Misc. 15 (1991), p. 56; Observaciones oficiales, art. 7.1.1, comentario; J. Kleinschmidt en Jansen/Zimmermann, Art. 8:102 (PDCE): Acumulación de recursos, nº 1-2, 4 y nº 8 sobre "preservación de una reclamación por daños y perjuicios" (pp. 1100-03).

[2621] Comentarios oficiales, art. 7.1.1, p. 227 y 228, en las que se afirma que "en general, una parte que insista con éxito en el cumplimiento no tendrá derecho a daños y perjuicios (...)"; véase el proyecto original del art. 6.1.2 (1) "Una parte (...) no puede solicitar recursos incompatibles acumulativamente" en P.C.-Misc. 15 (1991), p. 56; H. Schelhaas en Vogenauer, Introducción a la Sección 7.1 de los Principios de UNIDROIT; J. Kleinschmidt en Jansen/Zimmermann, Art. 8:102 (PDCE): Acumulación de recursos, no. 5 (p. 1102).

[2622] J. Kleinschmidt en Jansen/Zimmermann, Art. 8:102 (PDCE): *Cumulation of Remedies*, nº 6 in fine (p. 1103) y nº 8 (p. 1104): sin sobrecompensación.

la transacción"[2623] (por ejemplo, la no resolución mientras está pendiente de subsanación de conformidad con el art. 7.1.4), mientras que, por ejemplo, los daños y perjuicios por demora son compatibles en tales situaciones.[2624] Algunas normas ofrecen orientaciones específicas (art. 7.1.5 (2) y (3); 7.4.1 *in fine*). También está permitido **cambiar los remedios**[2625] siempre que esto no interfiera con una expectativa razonable de la otra parte que deba protegerse razonablemente (arts. 1.7-1.8). El art. 7.2.5 proporciona un ejemplo explícito.[2626] Los remedios están sujetos a **períodos de prescripción** (Capítulo 10).[2627]

E. Opciones en la etapa de redacción del contrato

5

Si bien el sistema de remedios de los Principios de UNIDROIT refleja un compromiso equilibrado, que no favorece a ninguna de las partes de un contrato sinalagmático, las partes son libres de apartarse de los principios (art. 1.5). La **mejor protección** para evitar el incumplimiento en primer lugar (y el desacuerdo en caso de incumplimiento, que puede ocurrir con el tiempo, especialmente en contratos a largo plazo, el art. 1.11 tercera línea) es ser claro, en la etapa de redacción del contrato, *"¿Quién debe qué a quién, cuándo y bajo qué condiciones y con qué límites de responsabilidad?"*.[2628] Cualquier desviación es incumplimiento (Art. 7.1.1). Los Capítulos 5 y 6 ofrecen normas supletorias que las partes pueden adaptar a las necesidades específicas de su proyecto conjunto. En particular, puede ser sensato incluir especificaciones claras, cuando sea necesario, para acordar "representaciones y salvaguardias"[2629] o garantías[2630] y considerar **cláusulas de minimización de riesgos**,

---

[2623] J. Kleinschmidt en Jansen/Zimmermann, Art. 8:102 (PDCE): *Cumulation of Remedies*, nº 5, p. 1102.

[2624] J. Kleinschmidt en Jansen/Zimmermann, Art. 8:102 (PDCE): Acumulación de Medios de Tutela, nº 6, p. 1103.

[2625] H. Schelhaas en Vogenauer, Introducción a la Sección 7.1 de los Principios de UNIDROIT, no. 10, con un ejemplo (pasar de una solicitud de cumplimiento a otro remedio después de conocer nuevos hechos que hacen improbable el cumplimiento).

[2626] H. Schelhaas en Vogenauer, Introducción a la Sección 7.1 de los Principios de UNIDROIT no. 3.

[2627] H. Schelhaas en Vogenauer, Introducción a la Sección 7.1 de los Principios de UNIDROIT no. 13.

[2628] Para el surgimiento histórico de la noción de "obligación" y "contrato", véase S. Martens en Jansen/Zimmermann, Introducción antes del art. 7:101 (PDCE), no. 3-6 (pp. 996-999), que describe: I) el desarrollo desde el Derecho Romano donde un acreedor podría ponerse en riesgo de las cadenas del deudor; II) el enfoque del Derecho Común orientado al daño de que "el deber de mantener un contrato en el Derecho Común significa una predicción de que debe pagar daños y perjuicios si no lo cumple, y nada más" (Oliver W. Holmes, citado ibid., no. 5, p. 998); y III) el descubrimiento por los Pandectistas del siglo 19 de la diferencia "entre la obligación de cumplimiento como cuestión de derecho sustantivo y su aplicación como cuestión de derecho procesal" (Carl Friedrich Ferdinand Sintenis), ibid. no. 6 (p. 998).

[2629] Estas expresiones tienen diferentes connotaciones dependiendo de nuestros antecedentes jurídicos nacionales. Útil es la siguiente observación de *Helge Dedek (McGuill University)* en Jansen/Zimmermann, Art. 6:101 (PDCE): Declaraciones de las que nacen Obligaciones Contractuales, no. 3 nota 13 (p. 794): "Sobre las complicaciones terminológicas inherentes al uso de "garantía" (es decir, su uso para denotar una promesa vinculante en general o un término cuyo incumplimiento, a diferencia del incumplimiento de una condición, no justifica la terminación), véanse, por ejemplo, las reflexiones de Denning en Oscar Chess Ltd vs. Williams (1957) 1 All ER 325, 327 f". Véase además ibid. nº 9-10 (pp. 798 y 799) en general sobre los antecedentes históricos —en última instancia comparables— tanto en el Derecho Civil como en el Derecho Común, sobre "Responsabilidad (no)contractual y venta de mercaderías".

[2630] Si el régimen de limitación de la responsabilidad incluye la culpa (negligencia) como condición para la responsabilidad, es relevante si un resultado específico se debe como una cuestión de garantía (es decir,

como cláusulas de **exención total o cláusulas de limitación de responsabilidad** (que, en el lenguaje de los Principios de UNIDROIT, son ambas "cláusulas de exención" en el sentido del art. 7.1.6), posiblemente con distinciones con respecto a causas específicas (por ejemplo, defecto; límite general con o sin excepciones para algunas causas como la propiedad intelectual, violaciones o violación de la confidencialidad; limitación de responsabilidad por demora (Art. 7.1.6 no. 1)). Sin tales cláusulas, cada parte sigue siendo simplemente totalmente responsable de su propia esfera (excepto en casos de fuerza mayor) que pueden reflejar la intención de las partes, por ejemplo, en un contrato que rige la cooperación de dos proveedores de servicios.[2631]

6

A veces puede ser sensato concentrarse en detalle en las **consecuencias de la resolución**, con distinciones dependiendo de la razón de la terminación, o excluir la terminación por completo,[2632] al menos durante un cierto período de tiempo. Otros ejemplos se encuentran en las cláusulas que permiten un período de gracia con consecuencias diferentes a las previstas en el art. 7.1.5 (art. 7.1.5 no. 4). Generalmente, en los contratos al contado, **el tiempo puede ser esencial**, en cuyo caso las partes pueden desear excluir la posibilidad de un período de tiempo adicional para el cumplimiento (arts. 7.1.4, 7.1.5) que generalmente se reflejará en el precio, ya que el deudor (art. 1.11 cuarto guión) asume un riesgo mayor que en circunstancias normales. Las cláusulas que prevén el **pago por incumplimiento** (daños liquidados, sanciones) están sujetas a control judicial evitando cláusulas excesivas e irrazonables (art. 7.4.13).[2633]

7

La Sección 7.1 no incluye una norma especial sobre la **reducción de precios**, una medida correctiva de autoayuda,[2634] en su repertorio de medidas correctivas.[2635] Tiene una historia desde el Derecho Romano[2636] en muchas jurisdicciones, pero no en el Derecho Común.[2637] En la práctica, puede acordarse como una **modificación del contrato** (art. 1.3).

---

independiente de la culpa) o como una mera garantía que genera responsabilidad solo si la causa se debe al deudor.

2631 Ejemplo de la práctica del autor en relación con dos acuerdos de cooperación de su bufete de abogados con abogados en China y el Reino Unido.

2632 H. Schelhaas en Vogenauer, Introducción a la Sección 7.1 de los Principios de UNIDROIT nº 14.

2633 Ídem.

2634 K. Boosfeld, en Jansen/Zimmermann, Art. 9:401 (PDCE): Derecho a Reducir el Precio, no. 8 (p. 1426) con referencia a Piliounis, y no. 15 (pp. 1430-31) con una discusión del cálculo de la reducción de precio, por lo que una reducción proporcional es ventajosa para el acreedor.

2635 Véase J. Kleinschmidt en Jansen/Zimmermann, Introducción antes del art. 8:101 (PDCE), no.18 (p. 1083) y no. 22 (p. 1084); K. Boosfeld, en Jansen/Zimmermann, Art. 9:401 (PDCE): Derecho a Reducir el Precio, no. 3 (en p. 1423) y no. 8 (p. 1426).

2636 K. Boosfeld, en Jansen/Zimmermann, Art. 9:401 (PDCE): Derecho a Reducir el Precio, no. 1, 4-5 (pp. 1423-25) con referencia al origen "para proteger a los compradores de esclavos o ganado que había sido vendido con defectos latentes"; y no. 13 (p. 1429) sobre la extensión del recurso en Roma de los contratos de venta a arrendamiento.

2637 K. Boosfeld, en Jansen/Zimmermann, Art. 9:401 (PDCE): Derecho a Reducir el Precio, no. 1, 6-7 (pp. 1423, 1425-26) con referencias en la nota 2 a las leyes que prevén la reducción de precios como herramienta en

Tras la recepción de una prestación no conforme del deudor (art. 1.11 cuarto guión), el acreedor a menudo retendrá la contraprestación del pago (el art. 7.1.3), se quejará y entrará en negociaciones. En el lenguaje de los Principios de UNIDROIT, un acuerdo sobre reducción del precio puede ser un **acuerdo sobre el cumplimiento parcial**[2638] de la obligación de pagar un precio (el art. 6.1.3), un **acuerdo sobre la subsanación** en el contexto del art. 7.2.3 (art. 7.2.3 no. 1), o un **acuerdo sobre la cuantía de los daños y perjuicios** (art. 7.4.2) en combinación con un **acuerdo sobre compensación** (art. 8.3 no. 5). La reducción del precio también puede ser una **terminación parcial** (el art. 7.3.1 no. 8a), por ejemplo, en caso de entrega cuantitativa insuficiente.

F. Una nota sobre el Derecho Comparado

8

El compromiso de un deudor (art. 1.11 cuarto guión) en virtud de los Principios de UNIDROIT de "responsabilidad objetiva" para su propia esfera con excepciones por **fuerza mayor** y una admisión de exenciones contractuales (n.º 2 supra) parece "normal" desde una **perspectiva de Derecho Común** que, por un lado, históricamente trata "una promesa contractual como si contuviera una garantía" para cumplir lo prometido;[2639] y que, por otro lado, conoce exenciones, desde hace aproximadamente 150 años, bajo la doctrina de la frustración cuando el cumplimiento se vuelve imposible sin culpa del deudor.[2640] Este mismo régimen del Capítulo 7 (a la "responsabilidad objetiva" por la propia esfera con excepciones por fuerza mayor y la admisión de exenciones contractuales (No. *supra*)) puede parecer "duro" o "extraño", al menos a primera vista, desde una **perspectiva de Derecho Civil** que: **I)** está acostumbrada a medir la responsabilidad del deudor por diversos grados de culpa (negligencia leve/normal/grave; intención)[2641] con consecuencias posiblemente variables; **II)** que puede ignorar que el artículo 79 de la CNUCCI, es parte de su propio derecho contractual internacional desde hace muchos años. Una evaluación más profunda atenúa esa primera impresión. En los "Comentarios sobre el Derecho Contractual Europeo" (Introducción No. 22), *Reinhard Zimmermann* demuestra que incluso el Derecho alemán (que está particularmente comprometido con un enfoque basado en la culpa[2642]) contiene

---

Austria, Bélgica, Dinamarca, Finlandia, Alemania, Italia, Luxemburgo, Portugal, Suecia; y no.13 (p. 1429) para una ampliación de la herramienta de reducción de precios en Francia en 2016 para convertirse en "un remedio general de reducción de precios para todo tipo de incumplimiento" (art. 1223 Código Civil francés).

2638 Véanse las observaciones críticas de K. Boosfeld, en Jansen/Zimmermann, Art. 9:401 (PDCE): Derecho a Reducir el Precio, no. 10 (p. 1427) pero, cuando se usa en el contexto de un contrato único o en el contexto de un pedido individual de un bien raro parcialmente cumplido (Art. 6.1.3 (1)), un acuerdo sobre cumplimiento parcial es a veces una herramienta útil.

2639 R. Zimmermann, en Jansen/Zimmermann, Art. 9:501 (1) (PDCE): Derecho a la Indemnización de Daños y Perjuicios, no. 4 (en p. 1437) citando entre otras cosas Paradine vs. Jane (1646) Aleyn 26 (82 ER 897): "(Cuando (una) parte por su propio contrato crea un deber o carga sobre sí mismo, está obligado a repararlo, a pesar de cualquier accidente por necesidad inevitable, porque podría haberlo dispuesto en el contrato".

2640 R. Zimmermann, en Jansen/Zimmermann, Art. 9:501 (1) (PDCE): Derecho a la Indemnización de Daños y Perjuicios, no. 4 (p. 1438) citando Taylor vs. Caldwell (1863) 3 B & S 826 (122 ER 309).

2641 R. Zimmermann, en Jansen/Zimmermann, Art. 9:501 (1) (PDCE): Derecho a la Indemnización de Daños y Perjuicios, no. 2 (p. 1437) con referencia a "*dolus, culpa lata, culpa levis, culpa levissima*".

2642 R. Zimmermann, en Jansen/Zimmermann, Art. 9:501 (1) (PDCE): Derecho a la Indemnización de Daños y Perjuicios, no. 4 (p. 1437).

numerosas normas sobre responsabilidad objetiva que, en su suma, sitúan al sistema alemán cerca de una responsabilidad basada en la esfera que permite exenciones en caso de **fuerza mayor.**[2643] Por ejemplo, un deudor sólo puede eximirse a sí mismo en virtud del "sistema de culpa" si (es decir, el deudor) puede **probar** que no fue su culpa (determinada objetivamente).[2644] En muchas circunstancias, esa prueba es muy difícil de establecer y acerca el régimen basado en la culpa a la responsabilidad objetiva.[2645] Por el contrario, el sistema de responsabilidad objetiva de los Principios de UNIDROIT es incluso ventajoso cuando se considera la libertad más amplia para acordar cláusulas de exención de conformidad con el art. 7.1.6 (art. 1.4 no. 3 supra). *Zimmermann* concluye sobre la ley alemana: "generalmente considerada como un bastión del principio de culpa, (...) (reconoce) que, si bien el rango de responsabilidad del deudor depende de lo que pueda entenderse razonablemente que implica su promesa contractual, esa interpretación a menudo, por lo general, apuntará hacia una garantía (*pacta sunt servanda*)".[2646] Tras una síntesis más detallada de las perspectivas nacionales sobre la "responsabilidad culpable o sin culpa", incluida la legislación francesa como "posición intermedia" entre el Derecho Común y el Derecho Alemán,[2647] *Zimmermann* concluye convincentemente: "Aunque, por lo tanto, los ordenamientos jurídicos nacionales abordan el problema de la responsabilidad por incumplimiento de una obligación contractual desde **diferentes puntos de partida**, se piensa en general que **en la práctica real no están muy separados entre sí**".[2648] Las normas claras del Capítulo 7 constituyen, por lo tanto, **un sólido puente de compromiso** entre los diferentes puntos de partida y las percepciones nacionales.[2649] Con la distinción adicional en el art. 5.1.4-5.1.5

2643 R. Zimmermann, en Jansen/Zimmermann, Art. 9:501 (1) (PDCE): Derecho a la Indemnización de Daños y Perjuicios, no. 4 (p. 1436-1437).

2644 R. Zimmermann, en Jansen/Zimmermann, art. 9:501 (1) (PDCE): Derecho a la Indemnización de Daños y Perjuicios, no. 3 (pp. 1436-37), comentando el § 280 (1) oración 2 del Código Civil alemán: "La carga de probar que no tuvo la culpa recae en el deudor".

2645 Otros ejemplos (para demostrar que incluso el sistema alemán se acerca a una responsabilidad basada en la esfera) son compilados por R. Zimmermann, en Jansen/Zimmermann, Art. 9:501 (1) (PDCE): Derecho a la Indemnización de Daños y Perjuicios, no. 3 (pp. 1436-37) como sigue: I) "un deudor es responsable por la culpa de las personas empleadas por él para cumplir sus obligaciones sin haber sido culpable él mismo" (artículo 278 Código Civil alemán); II) el deudor es responsable "de los defectos de un objeto que haya arrendado" (artículo 536a (1) Código Civil alemán); III) el contenido de una obligación puede contener una "asunción de garantía" o "una asunción del riesgo de poder adquirir el objeto en cuestión"; IV) responsabilidad objetiva de pago; V) responsabilidad objetiva en caso de incumplimiento del deudor (artículo 287, segunda oración del Código Civil alemán); y VI) "el nivel de diligencia que debe el deudor en virtud de una norma que exige la culpa se determina objetivamente, es decir, su obligación de pagar daños y perjuicios no depende de si se le puede culpar personalmente de haber causado alguna pérdida".

2646 R. Zimmermann, en Jansen/Zimmermann, Art. 9:501 (1) (PDCE): Derecho a la Indemnización de Daños y Perjuicios, no. 3 (en p. 1437).

2647 R. Zimmermann, en Jansen/Zimmermann, Art. 9:501 (1) (PDCE): Derecho a la Indemnización de Daños y Perjuicios, no. 2-5 (pp. 1436-39).

2648 R. Zimmermann, en Jansen/Zimmermann, art. 9:501 (1) (PDCE): Derecho a la Indemnización de Daños y Perjuicios, no. 6 (p. 1439), énfasis añadido, notas de pie de página omitidas. Y añade: "Esta puede ser una de las razones por las que fue posible, a nivel internacional, lograr una síntesis. Fue sugerido, ya en 1936, por Ernst Rabel (es decir, un abogado de derecho civil) y se abrió camino en el ULIS y la CNUCCI. La responsabilidad por daños y perjuicios basada en el incumplimiento del contrato no depende, en principio, de la culpa; Por lo tanto, es "estricto" u "objetivo". Al mismo tiempo, está limitado por "exenciones". La CNUCCI, a su vez, proporcionó el modelo para todos los instrumentos posteriores hasta CESL 159".

2649 Véase de nuevo R. Zimmermann, en Jansen/Zimmermann, Art. 9:501 (1) (PDCE): Derecho a la Indemnización de Daños y Perjuicios, no. 7-9 (pp. 1440-42) que aborda otros argumentos planteados en la discusión académica "culpa vs. no culpa".

entre los deberes de lograr un resultado específico y la responsabilidad atenuada en caso de un mero deber de hacer los mejores esfuerzos, que es una distinción actual y útil en la redacción de contratos internacionales (especialmente de contratos a largo plazo),[2650] los Principios de UNIDROIT integran también la familia jurídica francesa (art. 5.1.4 no.1).

SECCIÓN 1. INCUMPLIMIENTO EN GENERAL

Historia legislativa (documentos clave)

En preparación de los Principios de **1994** - Ponentes Michael P. Furmston, Denis Tallon (Art. 7.1.6), Richard Hyland (Art. 7.1.4): StL-Misc. 1 (enfoque sugerido para el Capítulo 7 en 1980); StL-Doc. 45 (1er borrador en **1990**); StL-Misc. 15, pp. 51 a 65 (1er debate en **1991**); P.C. - Misc. 16 (2do debate en **1992**), pp. 40-45; P.C. - Misc. 19, pp. 132-139 (3er debate en **1994**)
En preparación de los Principios de 2016 (cambio a Comentarios Oficiales sobre el art. 7.1.7) - Ponente Neil Cohen: StL-Doc. 126 (documento de posición en **2014**); StL-Misc. 31 Rev., pp. 11-13 (1er debate en **2015**); StL-Doc. 132 rev. (comentarios revisados sobre el art. 7.1.7 en **2016**); StL-Misc. 32, pp. 11-12 (2do debate en **2016**).

Artículo 7.1.1 (Definición de incumplimiento)

El incumplimiento consiste en la falta de ejecución por una parte de alguna de sus obligaciones contractuales, incluyendo el cumplimiento defectuoso o el cumplimiento tardío.

A. Un concepto unitario...[2651]

1

El art. 7.1.1 y siguientes contiene el régimen para **cualquier violación**[2652] del **principio de obligatoriedad** de los contratos (*pacta sunt servanda*, art. 1.3): **I) incumplimiento no excusado**[2653] o, temporal o definitivamente, excusado (art. 7.1.7 (2) y (1) sobre la exclusión de daños y perjuicios en caso de fuerza mayor;[2654] art. 7.2.2 (a) a (b) sobre la limitación del derecho a la ejecución; 7.1.4 (2) sobre la terminación); **II)** con respecto a cualquier obli-

[2650] En las negociaciones de contratos a largo plazo, las partes a menudo y deliberadamente se comprometen a eximir ciertos derechos del catálogo de derechos por los cuales el deudor está dispuesto a aceptar una responsabilidad objetiva. Esta es la razón por la que esta "complicación" corresponde a una necesidad práctica y debe ser aceptada; a pesar de las críticas de S. Vogenauer en Vogenauer, Art. 5.1.4 no. 5 y R. Zimmermann, en Jansen/Zimmermann, Art. 9:501 (1) (PDCE): Derecho a la Indemnización de Daños y Perjuicios, no. 9 (p. 1442).

[2651] H. Schelhaas en Vogenauer, Art. 7.1.1 no. 1.

[2652] Furmston, a la luz de la opinión predominante en el Grupo de Trabajo, véase P.C.- Misc. 15 (1990), p. 52.

[2653] Comentarios oficiales al art. 7.1.1, pp. 227-228; J. Kleinschmidt en Jansen/Zimmermann, Art. 9:102 (2) y (3) (PDCE): Obligaciones No Pecuniarias, no. 10 (p. 1248).

[2654] H. Schelhaas en Vogenauer, Art. 7.1.1 no. 2.

gación relativa a la **cantidad** (arts. 6.1.2, 6.1.3; incumplimiento total), **calidad** (art. 5.1.6), **tiempo** (art. 6.1.1.) y **lugar** (art. 6.1.6); **III)** si estas obligaciones se perciben como **obligaciones principales o accesorias.**[2655] El régimen reconoce la adicción del Derecho Civil a un cumplimiento específico, al tiempo que da un margen sustancial a la aversión del Derecho Común contra él[2656] (art. 7.2.2). El art. 7.1.1 proporciona una definición amplia de incumplimiento;[2657] con "cumplimiento defectuoso" (Art. 7.2.3) y "cumplimiento tardío", la "*Blackletter rule*" señala los dos **ejemplos** más importantes de incumplimiento en la práctica.[2658]

B. ... Basado en "esferas" tal como se definen en el contrato, no en la culpa

2

El régimen de remedios en el art. 7.1.1 y subsiguientes no se basa en la "culpa"[2659] (Introducción no. 2, 8) sino más bien en meros "hechos objetivos" a medida que se desarrollan. Hay cumplimiento o incumplimiento teniendo debidamente en cuenta la **distinción entre las "esferas"** de las partes (arts. 7.1.2, 7.1.3). Este concepto **tiene un impacto en varios niveles**, por ejemplo, **I)** en la **terminología**: los Principios de UNIDROIT utilizan el término neutro "incumplimiento" (y evitan el término "incumplimiento de contrato");[2660] al igual que en el art. 35 CNUCCI, un incumplimiento no conforme puede ser un tipo específico de incumplimiento;[2661] **II)** sobre **acciones u omisiones contributivas** (art. 7.1.2); **III) no existe una necesidad general** de poner a la otra parte "en rebeldía" (*mise en demeure, Mahnung*);[2662] los Principios de UNIDROIT describen las consecuencias de un incumplimiento de las acciones contratadas sin exigir una "advertencia" (con la excepción de la resolución por retraso en el cumplimiento cuando se requiere un aviso que permita un tiempo adicional, Art. 7.1.5 (3) y 7.3.1 (3)).[2663] El concepto de fuerza mayor (art. 7.1.7) abarca impedimentos que escapan al control y al ámbito de cualquiera de las partes. La **culpa** es **irrelevante** cuando se **debe** un **resultado específico** (por ejemplo, la construcción y/o entrega de un producto) (responsabilidad objetiva; el art. 5.1.4 (1)), pero indirectamente se convierte en un problema en el contexto de la prueba de razonabilidad personalizada

[2655] H. Schelhaas in Vogenauer, art. 7.1.1 no. 1 con referencia al deber de cooperar (art. 5.1.3) y al deber de confidencialidad (art. 2.1.16); crítico con respecto a la falta de distinción D. A. Morán Bovio en Morán Bovio, Art. 7.1.1, no. 3a, p. 324.

[2656] Resumen de una observación hecha por S. Vogenauer en Vogenauer, Art. 1.3 no. 7.

[2657] Aplaudido por J. Kleinschmidt en Jansen/Zimmermann, Art. 8:101 (PDCE): Medios de Protección al Crédito, no. 7 (p. 1092), como el mejor enfoque en comparación con otros instrumentos internacionales.

[2658] J. Kleinschmidt en Jansen/Zimmermann, Introducción antes del art. 8:101 (PDCE), no. 15 (en p. 1082) y J. Kleinschmidt en Jansen/Zimmermann, Art. 8:101 (PDCE): *Remedies Available*, no. 5 (p. 1091).

[2659] Véase Hartkamp, Maskow, Farnsworth en P.C.- Misc. 15 (1990), p. 52; E. McKendrick en Vogenauer, Introducción a la Sección 7.4. del PICC no. 2.

[2660] H. Schelhaas en Vogenauer, Art. 7.1.1 no. 6.

[2661] H. Schelhaas en Vogenauer, Art. 7.1.1 no. 9.

[2662] H. Schelhaas en Vogenauer, art. 7.1.1 no. 5; R. Zimmermann en Jansen/Zimmermann, Art. 9:501 (1) (PDCE): *Right to Damages* (general), no. 10-11 (pp. 1442-43) señalando, entre otras cosas, con otras referencias, que la aparición de requisitos de notificación desde el momento de los glosadores que comentan sobre el Derecho Romano encaja mejor con un sistema legal basado en la culpa.

[2663] H. Schelhaas en Vogenauer, Art. 7.1.1 no. 5.

y contextualizada en virtud del art. 5.1.4 (2) en el caso de las obligaciones de "mejores esfuerzos"[2664] (que incluye los servicios de consultoría).[2665]

C. Impacto en la redacción de contratos

3

En la fase de redacción de un contrato regido por los Principios de UNIDROIT, el concepto orientado a la esfera exige que se preste la máxima atención a la **delimitación de la esfera del deudor**" (art. 1.11, cuarto guión) frente a la "esfera del acreedor" (art. 1.11 cuarto guión), la descripción e interpretación (Capítulo 4) de las modalidades de las obligaciones (Capítulo 5) y de las obligaciones relacionadas con el cumplimiento (Capítulo 6),[2666] incluyendo, lo más importante, los deberes del acreedor de cooperar en virtud del art. 5.1.3 (art. 7.1.2 no. 1).

Artículo 7.1.2 (Interferencia de la otra parte)

Una parte no podrá ampararse en el incumplimiento de la otra parte en la medida en que tal incumplimiento haya sido causado por acción u omisión de la primera o por cualquier otro acontecimiento por el que ésta haya asumido el riesgo.

A. Un escudo[2667] para el deudor

1

El art. 7.1.2 (inspirado en el art. 80 de la CNUCCI)[2668] establece **una línea de demarcación entre las "esferas" de las partes** (Introducción al Capítulo 7, No. 2)[2669] y, por lo tanto, establece límites al "incumplimiento" del deudor. Es una expresión del principio

[2664] H. Schelhaas en Vogenauer, art. 7.1.1 no. 4; J. Kleinschmidt en Jansen/Zimmermann, Introducción antes del art. 8:101 (PDCE), no. 14 (en p. 1081) argumentando: "Sin embargo, el resultado prometido también puede ser utilizar el cuidado adecuado en la ejecución de un acto para que el concepto de "incumplimiento" sea lo suficientemente flexible como para atender también a esa obligación".

[2665] Para un ejemplo del uso de los Principios de UNIDROIT en los contratos sobre servicios de consultoría jurídica, véase E. *Brödermann, Choice of Law and Choice of Unidroit Principles Clauses in the Shadow of the Dispute Resolution Clause,* en: Hamb. Ley Rev. 2016/1, pp. 21, 26 y ss. Desde hace años, el autor utiliza los Principios de UNIDROIT para los contratos de servicios jurídicos con clientes extranjeros (Introducción nº 4).

[2666] En este sentido también H. Schelhaas en Vogenauer, Art. 7.1.1 no. 8.

[2667] Cf. H. Schelhaas in Vogenauer, art. 7.1.2 no. 7, p. 835 ("protegerlo de cualquier remedio").

[2668] StL-Doc. 45 (1990), p. 6; P.C.- Misc. 15 (1991), p. 52 y 5; D. A. Morán Bovio en Morán Bovio, Art. 7.1.2 no. 2b, p. 326; H. Schelhaas en Vogenauer, art. 7.1.2 no. 1; H. Gabriel, nº 2.634 (p. 225), señalando que el punto 7.1.2 va más allá del artículo 80 de la CNUCCI al incluir "actos u omisiones de un tercero respecto de los cuales la parte contratante asume el riesgo".

[2669] En este contexto, las normas contractuales sobre la transmisión de riesgos desempeñan un papel, Comentarios oficiales, art. 7.1.2 no. 2. Véase Kleinschmidt en Jansen/Zimmermann, Art. 8:101 (PDCE): *Remedies Available*, no. 16 (pp. 1095-96): Art. 7.1.2 como una "puerta de entrada" para discutir la transmisión de riesgos.

general de buena fe (art. 1.7)[2670] que prohíbe *venire contra factum proprium*.[2671] Tiene dos **extremos:**[2672]

I) Si el acreedor (art. 1.11 cuarto guión) interfiere, por acción u omisión, en la esfera del deudor (el artículo 1.11 4° guión), por ejemplo, por **falta de cooperación**[2673] (art. 5.1.3, por ejemplo, prohibiendo el acceso al terreno donde el deudor tiene que realizar trabajos de construcción[2674] o, en general, no permitiendo el cumplimiento de la otra parte,[2675] el incumplimiento resultante por parte del deudor **no califica como "incumplimiento"** en virtud de los Principios de UNIDROIT[2676] (art. 7.1.2 primera parte) y "pierde por completo la calidad del incumplimiento".[2677]

2

Por el contrario, la interferencia del acreedor (por ejemplo, cooperación tardía o insuficiente) no es pertinente si fue **causada por el deudor** en primer lugar, por ejemplo, por un aviso tardío del deudor de su intención de comenzar a trabajar en los locales del acreedor en un momento determinado.[2678] En tales circunstancias, no se cumple la prueba de razonabilidad prevista en el art. 5.1.3. A menudo, el deudor puede no esperar razonablemente la cooperación del acreedor en un plazo tan breve[2679] en el que los usos o prácticas (art. 1.9) pueden requerir actuar incluso con poca antelación (ejemplo: para evitar la paralización de una línea de producción en la industria automotriz).

3

II) La "injerencia" del acreedor incluye los **acontecimientos por los que asume el riesgo**[2680] (art. 7.1.2, segunda parte). Esto puede incluir un "incumplimiento irreprochable" de

---

[2670] M. J. Bonell, *An International Restatement*, p. 147.; H. Schelhaas en Vogenauer, art. 7.1.2 no. 2; J. Kleinschmidt en Jansen/Zimmermann, Art. 8:101 (PDCE): *Remedies Available*, no. 11 (p. 1093) estableciendo fuerza ibid. no. 15 (pp. 1094-95) las raíces en los sistemas legales que operan con el concepto de "culpa".

[2671] H. Schelhaas in Vogenauer, art. 7.1.1 no. 2 con referencia al laudo arbitral de 25 de enero de 2002, Tribunal de Arbitraje de la Cámara de Comercio e Industria de Lausana, UNILEX no. 861 (un caso en el que el autor actuó como abogado)

[2672] D. A. Morán Bovio en Morán Bovio, Art. 7.1.2, no. 1, p. 325.

[2673] H. Schelhaas en Vogenauer, Art. 7.1.2 no. 2.

[2674] Comentarios oficiales, art. 7.1.2 no. 1, ilustración 1, pp. 228-229; inspirado por *Crépeau* en P.C.-Misc. 15 (1990), p. 53; H. Schelhaas en Vogenauer, Art. 7.1.2 no. 3.

[2675] H. Schelhaas en Vogenauer, Art. 7.1.2 no. 1, 3; S. Martens en Jansen/Zimmermann, art. 7:110 (PDCE): Propiedad no aceptada, no. 7 (pp. 1064-65) ("falta de recepción").

[2676] Véanse de nuevo las Observaciones Oficiales, art. 7.1.2 n° 1, ilustración 1, pp. 228-229; H. Schelhaas en Vogenauer, Art. 7.1.1 no. 3, 11.

[2677] Comentarios oficiales, art. 7.1.2 no. 1, como lo destacó J. Kleinschmidt en Jansen/Zimmermann, Art. 8:101 (PDCE): *Remedies Available*, no. 14 (p. 1094).

[2678] H. Schelhaas en Vogenauer, Art. 7.1.2 no. 5.

[2679] D. A. Morán Bovio en Morán Bovio, Art. 7.1.2, no. 1 (in fine) p. 325; H. Schelhaas en Vogenauer, Art. 7.1.2 no. 5.

[2680] Comentarios oficiales, art. 7.1.2 n. 2, p. 229 e ilustración n. 2; Furmston en P.C.-Misc. 15 (1990), p. 54, donde se da el ejemplo que más tarde se desarrolló para convertirse en la Ilustración n. 2; H. Schelhaas en Vogenauer, Art. 7.1.2 no. 7.

un deber de cooperación.[2681] No importa si la interferencia del acreedor fue excusada por fuerza mayor (Art. 7.1.7).[2682]

B. Parcial relevancia de la interferencia

4

Si las **acciones u omisiones contributivas** del acreedor causan el incumplimiento del deudor solo parcialmente ("en la medida en que"), es necesario prorratear el incumplimiento" (y la posibilidad de invocarlo) en partes debidas a cualquiera de las esferas.[2683] Esto requiere un "amplio margen de discreción" al sopesar las diferentes causas.[2684] La norma del art. 7.4.7 establece una "aplicación del principio general" en el art. 7.1.2.[2685] En la práctica, la norma del art. 7.4.8 puede desempeñar a menudo una función adicional o alternativa: si bien el incumplimiento puede no haber sido causado por el acreedor, puede haber contribuido a la cantidad (cuantía) de los daños y perjuicios, lo que también conduce a la distribución de los daños.[2686] Con respecto a la terminación (art. 7.1.4), que no es divisible, las partes (y un tribunal de arbitraje) tendrán que encontrar una solución con respecto a las circunstancias y al principio general de buena fe y lealtad negocial (art. 1.7) para: **I)** admitir la terminación solo "si la contribución del deudor (sustancialmente) supera" la contribución del acreedor;[2687] o **II)** admitir la resolución y prever una indemnización por la contribución del acreedor.[2688]

C. Más relevante para que los deberes logren un resultado específico

5

El art. 7.1.2 es más relevante para los deberes de lograr un resultado específico (Art. 5.1.4 (1)). Si el deudor debe simplemente los mejores esfuerzos dadas las circunstancias (Art. 5.1.4 (2)), según lo determinado en el Art. 5.1.5, a menudo (si no usualmente)[2689] no hay incumplimiento contra el cual el deudor necesitaría el Art. 7.1.2 como escudo. Los

[2681] H. Schelhaas en Vogenauer, Art. 7.1.2 no. 4.

[2682] J. Kleinschmidt en Jansen/Zimmermann, Art. 8:101 (PDCE): *Remedies Available*, no. 13 (pp. 1093-94) en el contexto de la disposición similar en el Art. 8:101(3) PDCE: "Excusa por parte del acreedor por su acto solo jugará un papel dentro de cualquier reclamación de daños y perjuicios correspondiente por parte del deudor".

[2683] Comentarios oficiales, art. 7.1.2 no. 1, pp. 228-229; Tallon en P.C.-Misc. 15 (1990), p. 53; H. Schelhaas in Vogenauer, art. 7.1.1 no. 10; J. Kleinschmidt en Jansen/Zimmermann, Art. 8:101 (PDCE): *Remedies Available*, no. 17 (p. 1096).

[2684] J. Kleinschmidt en Jansen/Zimmermann, Art. 8:101 (PDCE): *Remedies Available*, no. 20 (p. 1098).

[2685] Comentarios Oficiales, Art. 7.4.7 no. 1; E. McKendrick en Vogenauer, Art. 7.4.7 no. 1.

[2686] J. Kleinschmidt en Jansen/Zimmermann, Art. 8:101 (PDCE): *Remedies Available*, no. 18 (pp. 1096-97) con una visión comparativa.

[2687] J. Kleinschmidt en Jansen/Zimmermann, Art. 8:101 (PDCE): *Remedies Available*, no. 19 (en p. 1097) con referencia, entre otras cosas, a H. Schelhaas en Vogenauer, Art. 7.1.2 no. 6 no. 10.

[2688] J. Kleinschmidt en Jansen/Zimmermann, Art. 8:101 (PDCE): *Remedies Available*, no. 19 (en p. 1097).

[2689] H. Schelhaas in Vogenauer, art. 7.1.2 nº 6 ("habitualmente").

"mejores esfuerzos" del deudor se medirán con respecto a las circunstancias, incluida la interferencia del acreedor.

Artículo 7.1.3 (Suspensión del cumplimiento)

(1) Cuando las partes han de cumplir simultáneamente, cada parte puede suspender el cumplimiento de su prestación hasta que la otra ofrezca su prestación.

(2) Cuando las partes han de cumplir de modo sucesivo, la parte que ha de cumplir después puede suspender su cumplimiento hasta que la parte que ha de hacerlo primero haya cumplido.

A. Un escudo para ambas partes basado en el tiempo

1

De acuerdo con la tradición jurídica ("*exceptio non adempleti contractus*")[2690] y la mayoría de las jurisdicciones,[2691] el art. 7.1.3 reconoce el derecho (general)[2692] ("*puede*") a retener (es decir, suspender temporalmente)[2693] el cumplimiento, que puede equivaler incluso a un **principio general del derecho.**[2694] Es útil que el contrato, debidamente interpretado (art. 4.1, 4.3 y subsiguientes), describa la secuencia de deberes para delinear **compromisos simultáneos y consecutivos** regulados en el párrafo 1 (para situaciones de cumplimiento simultáneo, que es la regla, el art. 6.1.4 (1)); y el párrafo 2 (para ejecución consecutiva,[2695] art. 6.1.4 (2)) de manera diferente.[2696] Se complementa con **reglas especiales**: el art. 7.1.4 (4) para la retención del cumplimiento en espera de la **subsanación**[2697] y el art. 7.1.5 (2) para un derecho de retención durante un **período de tiempo adicional** otorgado para el cumplimiento. En virtud de los Principios de UNIDROIT, no se requiere notificación[2698] (aunque es aconsejable... con el fin de obligar a la otra parte a cumplir");[2699] esto se deriva: **I)** de la redacción que no requiere una notificación;[2700] y **II)** de la observación jurídica comparativa

[2690] Comentarios oficiales al art. 7.1.3 en p. 230. Para una visión general del desarrollo histórico hacia la retención de derechos, incluido el desarrollo de este concepto medieval, véase K. Boosfeld en Jansen/Zimmermann, Art. 9:201 (PDCE): *Right to Stop Performance*, no. 2-5 (pp. 1278-79).

[2691] H. Schelhaas in Vogenauer, Art. 7.1.3 no. 1 con referencias al derecho holandés, francés (véase Art. 1219 del Código Civil francés (versión de 2016)), alemán, italiano, español y suizo en la nota 43. Véase también D. A. Morán Bovio in Morán Bovio, Art. 7.1.3, no. 2.a., p. 328 en relación con la ley española.

[2692] Es independiente del tipo de cumplimiento y de qué parte ejerce el derecho, K. Boosfeld en Jansen/Zimmermann, Art. 9:201 (PDCE): *Right to Stop Performance*, no. 11 (p. 1282).

[2693] H. Schelhaas en Vogenauer, Art. 7.1.3 no. 3.

[2694] Laudo arbitral (París), caso de la CCI nº 8547 (1999), UNILEX nº 688; ya citado por H. Schelhaas en Vogenauer, Art. 7.1.3 no. 1 nota 49.

[2695] Véase Y. Atamer en Vogenauer, art. 6.1.4 no. 13 (hacia el final de ese comentario).

[2696] Véase K. Boosfeld en Jansen/Zimmermann, Art. 9:201 (PDCE): *Right to Stop Performance*, no. 10 (pp. 1281-82) sobre el "orden de cumplimiento".

[2697] H. Schelhaas en Vogenauer, Art. 7.1.3 no. 5.

[2698] H. Schelhaas in Vogenauer, art. 7.1.3 no. 14 (sin dar ninguna razón); criticado por D. A. Morán Bovio en Morán Bovio, Art. 7.1.3, no. 3.a., p. 328.

[2699] H. Schelhaas en Vogenauer, Art. 7.1.3 no. 14.

[2700] La redacción de la norma especial sobre la retención que figura en el párrafo 2 del párrafo 1.5 del artículo 7, en comparación con el párrafo 1 del párrafo 1 del artículo 7.1.5, muestra, a modo de ejemplo, que el Grupo

de que la norma tenía que tender un puente entre los diferentes enfoques de la cuestión, incluido el concepto inglés de "condiciones promisorias",[2701] que habría sido difícil de conciliar con un requisito de notificación para un derecho de retención. En la práctica, la notificación a menudo se dará implícitamente (el art. 1.10, 4.2 (2)) especialmente si, antes de la retención, la parte que retiene ha insistido en el cumplimiento de la parte incumplidora y el incumplimiento de la ejecución retenida puede interpretarse como una **notificación implícita.**[2702] Mientras exista el derecho de retención, la omisión de la parte retenedora de cumplir con su propio **deber no constituye "incumplimiento"** en virtud del art. 7.1.1.[2703] La otra parte debe cumplir para "poner fin a la estancamiento" y no podrá invocar los recursos previstos en el Capítulo 7.[2704]

B. Requerimientos

1. Incumplimiento por la otra parte de una obligación con suficiente conexión con el deber subyacente del cumplimiento retenido

2

Dado que las legislaciones nacionales varían en cuanto a los detalles (y dado que el Derecho Común y el Derecho Civil operan con diferentes categorizaciones de contratos y diferente terminología),[2705] es útil que los Principios de UNIDROIT proporcionen orientación a través de su concepto general. **I)** La obligación de la otra parte debe ser exigible, Art. 6.1.1.[2706] **II)** Del enfoque neutral orientado a la esfera (art. 7.1.1 n.º 2) se desprende que las razones del incumplimiento son **irrelevantes**[2707] (incluso se permite la retención del cumplimiento en caso de fuerza mayor).[2708] El incumplimiento puede ser total o parcial[2709]

de Trabajo fue muy consciente al utilizar la palabra notificación cuando se requería.

2701 "Si una parte ha prometido cumplir a cambio de una contraprestación y no cumple esa promesa, la condición no se cumple y, por lo tanto, esa parte no puede reclamar el cumplimiento de la otra parte", K. Boosfeld en Jansen/Zimmermann, Art. 9:201 (PDCE): *Right to Stop Performance*, no. 7 (p. 1280).

2702 Para los procedimientos judiciales, K. Boosfeld en Jansen/Zimmermann, Art. 9:201 (PDCE): *Right to Denied Performance*, no. 12 (p. 1282) argumenta que un derecho de retención es "una defensa que debe plantearse" en un procedimiento judicial (que incluye un arbitraje, Art. 1.11 1er guión). La ausencia de un requisito de notificación sugiere lo contrario. Dependiendo de las circunstancias, la notificación implícita, como se argumenta en el texto, puede ser un giro a los hechos que puede superar esa discusión en muchos escenarios de casos.

2703 D. A. Morán Bovio en Morán Bovio, Art. 7.1.3, no. 1, p. 327; H. Schelhaas en Vogenauer, Art. 7.1.3 no. 30.

2704 De nuevo H. Schelhaas en Vogenauer, Art. 7.1.3 no. 30.

2705 K. Boosfeld en Jansen/Zimmermann, Art. 9:201 (PDCE): *Right to Withhold Performance*, no. 6-9 (pp. 1280-81) con una visión general, por ejemplo, de las condiciones concurrentes o promisorias en Inglaterra ("Si una parte ha prometido cumplir a cambio de una contraprestación y no cumple esa promesa, la condición no se cumple y, por lo tanto, esa parte no puede reclamar el cumplimiento de la otra parte", ibíd., nº 7) o de las condiciones resolutorias en Francia.

2706 H. Schelhaas en Vogenauer, Art. 7.1.3 no. 11 (señalando convincentemente que de lo contrario retener el desempeño sería prematuro e inútil).

2707 H. Schelhaas en Vogenauer, art. 7.1.3 no. 9 (con referencias adicionales en la nota 49 que esto se relaciona, por ejemplo, con el francés pero, por ejemplo, no con la ley belga).

2708 H. Schelhaas in Vogenauer, art. 7.1.3 no. 9 (subrayando que el art. 7.1.7 sólo excluye los daños y reclamaciones por cumplimiento).

2709 H. Schelhaas en Vogenauer, art. 7.1.3 no. 29; K. Boosfeld en Jansen/Zimmermann, Art. 9:201 (PDCE): *Right to Withhold Performance*, no. 15 (pp. 1283-84).

(*argumentum* Art. 6.1.3); Puede ser un **cumplimiento defectuoso.**[2710] Es irrelevante si el cumplimiento parcial fue aceptado o rechazado[2711] (aunque, para evitar un comportamiento inconsistente —Art. 1.8— la parte que retiene debe reservarse sus derechos al aceptar el cumplimiento parcial).[2712] El incumplimiento puede deberse a circunstancias que surjan después o existan antes de la celebración del contrato.[2713] **III)** El **principio de buena fe y lealtad negocial** (art. 1.7) **establece un límite** en varias direcciones:[2714] **a)** En caso de **incumplimiento no esencial** o **cumplimiento parcial**, el uso completo de los derechos de retención puede ser excesivo en las circunstancias[2715] (excepcionales),[2716] en las que la divisibilidad del alcance del trabajo y la asignación de cuotas concretas del precio a partes de la ejecución sugieren una limitación del derecho a retener (totalmente) el cumplimiento;[2717] **b)** Si bien la ejecución (que debe retenerse) puede ser, pero no es necesario, un **compromiso sinalagmático** (es decir, "obligaciones recíprocas que están condicionadas entre sí",[2718] como entrega y pago)[2719] dado que el art. 7.1.3 no contiene tal limitación,[2720] las obligaciones deben estar **suficientemente conectadas o relacionadas** como consecuencia del principio de buena fe del art. 1.7[2721] (por ejemplo, una serie de contratos similares entre las mismas partes).[2722] El incumplimiento de una obligación secundaria conexa (como el montaje de mercaderías que han de entregarse en virtud de la obligación primaria) justificará normalmente la plena retención de derechos.[2723] En virtud de los arts. 1.1, 1.3 y 1.5, las **partes son libres de definir** las conexiones[2724] (por ejemplo, la entrega simultánea de un manual de instrucciones para el uso de bienes complejos).

2710 H. Schelhaas in Vogenauer, Art. 7.1.3 no. 29.

2711 Ídem.

2712 Ídem.

2713 H. Schelhaas en Vogenauer, Art. 7.1.3 no. 10.

2714 Véase P.C.-Misc. 15 (1990), p. 63 (señalando que, según las circunstancias, bien podría implicar la necesidad de establecer una proporción razonable entre el cumplimiento que puede ser retenido por una parte y la naturaleza del incumplimiento por la otra); H. Schelhaas en Vogenauer, art. 7.1.3 no. 10, 20; K. Boosfeld en Jansen/Zimmermann, Art. 9:201 (PDCE): Derecho a retener el cumplimiento, no. 14 (p. 1283).

2715 Comentarios oficiales al art. 7.1.3, página 230; P.C.- Misc. 15 (1990), p. 63; H. Schelhaas en Vogenauer, Art. 7.1.3 no. 13.

2716 H. Schelhaas en Vogenauer, Art. 7.1.3 no. 27.

2717 H. Schelhaas en Vogenauer, art. 7.1.3 no. 28 (con referencia al art. III.-3:401(4) DCFR); K. Boosfeld en Jansen/Zimmermann, Art. 9:201 (PDCE): *Right to Stop Performance*, no. 15 (pp. 1283-84) argumentando en el contexto de PDCE utilizar la "razonabilidad" con respecto a las circunstancias como criterio (con referencia a la ley holandesa como ejemplo nacional).

2718 H. Schelhaas en Vogenauer, Art. 7.1.3 no. 15 basado en Jones/Schlechtriem, *"Breach of Contract"* en von Mehren (ed.), *International Encyclopedia of Comparative Law*, Vo. VII: *Contracts in General*, Ch 15 (2008), p. 81.

2719 H. Schelhaas en Vogenauer, Art. 7.1.3 no. 18 (con otros ejemplos).

2720 Contraste: Art. 7.1.5 (2) frase 1 ("obligaciones recíprocas"), como señaló H. Schelhaas en Vogenauer, Art. 7.1.3 no. 15. Véase también K. Boosfeld en Jansen/Zimmermann, Art. 9:201 (PDCE): *Right to Stop Performance*, no. 9 (p. 1281): "indistinto".

2721 Comentarios oficiales al art. 7.1.3, página 230; H. Schelhaas en Vogenauer, Art. 7.1.3 no. 16.

2722 H. Schelhaas in Vogenauer, art. 7.1.3 no. 21 ("tratos anteriores") y no. 22 (distinguiendo los contratos entre diferentes partes, por ejemplo, uno para el cumplimiento de la obligación principal y el otro para proporcionar una garantía).

2723 H. Schelhaas en Vogenauer, Art. 7.1.3 no. 19.

2724 H. Schelhaas en Vogenauer, Art. 7.1.3 no. 17.

2. Suspensión anticipada

3

De manera similar al concepto del art. 71 de la CNUCCI y de muchas leyes nacionales,[2725] *de maiore ad minus* del principio contenido en el artículo 7.3.3, es posible (a **riesgo** de la parte retenedora **de una evaluación errónea**) "retener provisionalmente" el propio cumplimiento si **está claro que habrá incumplimiento** por la otra parte según lo debido en virtud del contrato[2726] (no. 6 a continuación contiene una opción para reducir el riesgo de evaluación errónea). Si no está claro, pero el acreedor solo "cree razonablemente" que habrá un incumplimiento fundamental, la herramienta adecuada es el art. 7.3.4.[2727] En la mayoría de las circunstancias, si no en todas, el incumplimiento se hará evidente **después de la celebración del contrato**; si es evidente antes, en circunstancias normales, una reclamación basada en el art. 7.3.3 constituiría un comportamiento incoherente[2728] (art. 1.8) y/o contravendría el principio de buena fe y lealtad negocial en el comercio internacional (artículo 1.7).

3. "Manos Limpias"

4

De los artículos 7.1.2, 5.1.3 y 1.7 se desprende que el derecho a retener el cumplimiento en virtud del art. 7.1.3 está **excluido** si la parte que desea invocar el escudo de retención causó el incumplimiento de la otra pate a través de su propio comportamiento (art. 7.1.2);[2729] por ejemplo, repudiando injustificadamente el desempeño de la otra parte.[2730]

4. Consideraciones de procedimiento

4a

De conformidad con varias leyes nacionales,[2731] al iniciar en un procedimiento de arbitraje una reclamación que está sujeta a una contraprestación y, por lo tanto, a un derecho de retención, el abogado puede considerar la posibilidad de solicitar una orden para ejecutar

---

2725 D. A. Morán Bovio en Morán Bovio, Art. 7.1.3, no. 2.b., p. 328; Jones/Schlechtriem, "Breach of Contract" en von Mehren (ed.), International Encyclopedia of Comparative Law, Vol. VII: Contracts in General, Ch 15 (2008), párr. 91-92 (con respecto a, por ejemplo, Argentina, Austria, Francia (Art. 1613 del Código Civil francés se ha mantenido sin cambios en la versión de 2016), España y Suiza), 139-156; H. Schelhaas en Vogenauer, Art. 7.1.3 no. 25.

2726 Argumentación convincente de H. Schelhaas en Vogenauer, Art. 7.1.3 no. 25; contra: H. Gabriel, no. 2.554 (p. 200).

2727 Transposición de una observación pertinente de K. Boosfeld en Jansen/Zimmermann, Art. 9:201 (PDCE): *Right to Stop Performance*, no. 13 (en p. 1282), hecha en el contexto de PDCE.

2728 K. Boosfeld en Jansen/Zimmermann, Art. 9:201 (PDCE): *Right to Stop Performance*, no. 13 (en p. 1283) en el contexto de PDCE.

2729 Comentarios oficiales, art. 7.1.2 no. 1, ilustración 1, pp. 228-229; H. Schelhaas en Vogenauer, Art. 7.1.3 no. 26 (Art. 7.1.3 leído junto con Art. 7.1.2, 5.1.3 y 1.7).

2730 K. Boosfeld en Jansen/Zimmermann, Art. 9:201 (PDCE): *Right to Withhold Performance*, no. 16 (p. 1284).

2731 Véase, por ejemplo, el artículo 322 (1) del Código Civil alemán.

recíproca y simultáneamente (párrafo 1) o, en caso de cumplimiento consecutivo (párrafo 2), para cumplir después de recibir consideración.[2732]

C. Opciones

5

Al centrarse en el orden de cumplimiento de su contrato (art. 6.1.4 no. 1), las partes pueden influir en los derechos de retención.[2733] Siempre que se cumplan los requisitos de las normas respectivas, pueden existir los siguientes **derechos alternativos**: **I) Solicitud de cumplimiento** (arts. 7.2.1, 7.2.2);[2734] **II) resolución** (art. 7.3.1), por ejemplo, si la duración del incumplimiento de la otra parte equivale a un incumplimiento esencial;[2735] **III)** reclamo **por daños y perjuicios** (art. 7.4.1).[2736] En la fase de **redacción** del contrato, pueden considerarse otros derechos de **garantía**, incluida, por ejemplo, la retención general de bienes.[2737] Las consecuencias jurídicas con respecto al **derecho de propiedad** (por ejemplo, la retención de la titularidad) están fuera del alcance de los Principios de UNIDROIT.[2738]

6

En los **contratos a largo plazo** (por ejemplo, en piezas para la producción en serie), a veces ambas partes se culpan mutuamente y confían en los **derechos de retención mutuos**. Ejemplo: Desacuerdo sobre la causa raíz y la responsabilidad de ciertas piezas supuestamente defectuosas, entregadas en virtud de un contrato a largo plazo sobre la producción de piezas para la industria automotriz, cuando (todavía) no está claro si las piezas entregadas por el vendedor eran defectuosas o si el defecto fue causado por la combinación de las piezas con un entorno de sistema a nivel del comprador. El comprador retiene el pago debido a (supuestas) reclamaciones por daños y perjuicios y el vendedor retiene entregas adicionales sujetas al pago (de las "partes correctas" desde su perspectiva). Para evitar la explosión de riesgos de daños (por ejemplo, a través de una paralización de la producción en la línea de producción del comprador o de su cliente y un posterior arbitraje costoso), puede ser útil negociar la siguiente opción: que **I)** el comprador pague las facturas abiertas; **II)** el vendedor deposita una garantía (por ejemplo, una garantía bancaria) por el supuesto crédito; y **III)**

[2732] K. Boosfeld en Jansen/Zimmermann, Art. 9:201 (PDCE): *Right to Withhold Performance*, no. 17 (p. 1284).

[2733] K. Boosfeld en Jansen/Zimmermann, Art. 9:201 (PDCE): *Right to Stop Performance*, no. 10 (en p. 1282).

[2734] H. Schelhaas en Vogenauer, Introducción a la Sección 7.1 de los Principios de UNIDROIT n° 5.

[2735] H. Schelhaas en Vogenauer, Introducción a la Sección 7.1 de los Principios de UNIDROIT n° 5; y Art. 7.1.3 no. 3.

[2736] H. Schelhaas en Vogenauer, Introducción a la Sección 7.1 de los Principios de UNIDROIT n° 5.

[2737] Cf. también H. Schelhaas en Vogenauer, Art. 7.1.3 no. 4 (con referencia a la percepción diferente de la relación de dicho derecho de retención con la retención del cumplimiento) y no. 25.

[2738] H. Schelhaas en Vogenauer, art. 7.1.3 no. 31 señalando en la nota 81 diferentes concepciones de los derechos de retención (por ejemplo, § 273 del Código Civil alemán y, en general, a G. H. Treitel, Remedies for Breach of Contract: A Comparative Account (1991) pp. 313-316; G. H. Jones/P. Schlechtriem, *"Breach of Contract" en von Mehren (ed.), International Encyclopedia of Comparative Law,* Vol. VII: *Contracts in General*, cap. 15 (2008), párr. 117, y, para el derecho francés, a J. Ghestin, *"L"exception d"inexécution"* en Fontaine/Viney (eds.), *"Les sanctions de l"inexécution des obligations contractuelles, Etudes de droit comparé"* (2001), pp. 3, 13-22.

las partes acuerdan continuar el cumplimiento del contrato a largo plazo y cooperar en el análisis de la causa raíz que revelará qué parte tiene razón.[2739]

Artículo 7.1.4 (Subsanación del incumplimiento)

(1) La parte incumplidora puede subsanar a su cargo cualquier incumplimiento, siempre y cuando:

a) notifique sin demora injustificada a la parte perjudicada la forma y el momento propuesto para la subsanación;

b) la subsanación sea apropiada a las circunstancias;

c) la parte perjudicada carezca de interés legítimo para rechazarla; y

d) dicha subsanación se lleve a cabo sin demora.

(2) La notificación de que el contrato ha sido resuelto no excluye el derecho a subsanar el incumplimiento.

(3) Los derechos de la parte perjudicada que sean incompatibles con el cumplimiento de la parte incumplidora se suspenden desde la notificación efectiva de la subsanación hasta el vencimiento del plazo para subsanar.

(4) La parte perjudicada puede suspender su propia prestación mientras se encuentre pendiente la subsanación.

(5) A pesar de la subsanación, la parte perjudicada conserva el derecho a reclamar el resarcimiento por el retraso y por cualquier daño causado o que no pudo ser evitado por la subsanación.

A. Derecho a la subsanación para el deudor

1

El derecho a subsanar al deudor es un "medio de impedir que el acreedor exija la resolución (art. 7.3.1), y de obtener la contraprestación".[2740] Los párrafos 1 y 2 otorgan a una parte incumplidora el **derecho**[2741] (no: un deber)[2742] de subsanar cualquier tipo de incumplimiento[2743] (incluso el incumplimiento fundamental)[2744] **a menos que: I)** se **excluya**

[2739] Ejemplo de la práctica (en 2022) en la que las partes (que actuaban en virtud de contratos antiguos, regidos por la CNUCCI como la legislación nacional del vendedor, cuando se produjeron los problemas) acordaron en este sentido un "Acuerdo interino" en virtud de los Principios de UNIDROIT y luego transfirieron esta solución a un "Acuerdo marco", también negociado en virtud de los Principios de UNIDROIT (industria del automóvil).

[2740] J. Kleinschmidt en Jansen/Zimmermann, Art. 9:102 (1) (PDCE): Obligaciones no monetarias (Principio), no. 45 (p. 1230).

[2741] Introducido en P.C.- Misc. 19 (1994), p. 132; D. A. Morán Bovio en Morán Bovio, Art. 7.1.4, no. 1 en p. 329.

[2742] H. Schelhaas en Vogenauer, Art. 7.1.4 no. 4.

[2743] H. Schelhaas en Vogenauer, Art. 7.1.4 no. 5 (subrayado: independientemente de cuándo se representó).

[2744] J. Kleinschmidt en Jansen/Zimmermann, Art. 8:104 (PDCE): Cure by Non-performing Party, no. 23 (en p. 1138).

explícitamente (art. 1.5); **II)** no sea apropiado en las circunstancias[2745] (párrafo 1 literal "b") (por ejemplo, si el cumplimiento oportuno es esencial,[2746] si el tiempo requerido equivaldría en sí mismo a un incumplimiento esencial,[2747] si la subsanación dejaría pruebas del incumplimiento anterior,[2748] o —generalmente y dependiendo de las circunstancias— si se necesitara más de un intento de subsanación, *argumentum* párrafo 1 literal "d");[2749] **III)** la parte agraviada tiene un **interés legítimo en rechazar la subsanación** (párrafo 1 literal "c").[2750] La circunstancia de que el cumplimiento ya esté (sobre) atrasado es un factor, entre otros, al aplicar el párrafo 1 literales "a-c".[2751]

2

Por lo tanto, el acreedor está obligado a ser paciente y esperar si, dadas las circunstancias, no tiene ninguna razón para rechazar la subsanación.[2752] Ejemplos de su "**interés legítimo**" en rechazar la subsanación de conformidad con el párrafo 1 literal "c" incluyen: **I)** un **riesgo de daño** a causa de la subsanación;[2753] **II)** impacto negativo en un negocio en curso;[2754] **III)** cualquier **riesgo de costos** en relación con la subsanación;[2755] **IV)** el acreedor (art. 1.11 cuarto guión): **a)** tenga motivos para creer que: el deudor (art. 1.11 cuarto guión) **no podrá** realizar la subsanación "dentro de un plazo razonable y sin inconvenientes significativos" para el deudor[2756] o, en general, si el acreedor "perdió la confianza" en la competencia del deudor;[2757] **b)** realizado a sabiendas de manera no conforme (**intención maliciosa**); o **c)** entregado ya con un **retraso sustancial** que equivale a un incumplimiento fundamental.[2758] Por el contrario, el deseo de poner fin a la relación no proporciona ningún interés legítimo (*argumentum* párr. 2).[2759] Si el acreedor tiene "interés legítimo" en rechazar

---

2745 Comentarios oficiales, art. 7.1.4 no. 1, p. 231.

2746 H. Schelhaas en Vogenauer, art. 7.1.4 no. 11; J. Kleinschmidt en Jansen/Zimmermann, Art. 8:104 (PDCE): Cure by Non-performing Party, no. 23 (en p. 1138).

2747 Comentarios oficiales, art. 7.1.4 no. 3, pp. 231-232; Lando con referencia al Art. 3.104 PDCE (hoy 8:104) en P.C.-Misc. 19 (1994), p. 132; H. Schelhaas en Vogenauer, Art. 7.1.4 no. 12.

2748 Cf. Observaciones oficiales, art. 7.1.4 no. 6, pp. 232-233; H. Schelhaas en Vogenauer, Art. 7.1.4 no. 14 (argumentando que la "adecuación" requeriría restauración a condición "perfecta").

2749 Véanse las Observaciones Oficiales, Art. 7.1.4 no. 6, pp. 232-233; H. Schelhaas en Vogenauer, Art. 7.1.4 no. 15.

2750 Véase también el párrafo 1 del artículo 48 de la CNUCCI ("inconvenientes injustificados o incertidumbre del reembolso").

2751 J. Kleinschmidt en Jansen/Zimmermann, Art. 8:104 (PDCE): *Cure by Non-performing Party*, no. 9 (p. 1129) y no. 10 (p. 1130): "Debido a su naturaleza global, este artículo también contendrá limitaciones si se aplica antes de la fecha de vencimiento. (...) dada la etapa inicial de ejecución, el estándar debe ser alto" (con una referencia a S. Kröll sobre el art. 37 CNUCCI en Kröll/Mistelis/Perales Viscasillas (1ª ed. 2011), art. 37 no. 12-16).

2752 J. Kleinschmidt en Jansen/Zimmermann, Art. 8:104 (PDCE): Cure by Non-performing Party, no. 17 (p. 1135).

2753 Comentarios oficiales, art. 7.1.4 nº 4 e ilustración 1, p. 232; H. Schelhaas en Vogenauer, Art. 7.1.4 no. 16.

2754 H. Schelhaas en Vogenauer, Art. 7.1.4 no. 16.

2755 H. Schelhaas en Vogenauer, Art. 7.1.4 no. 18.

2756 H. Schelhaas in Vogenauer, art. 7.1.4 no. 16; seguido por J. Kleinschmidt en Jansen/Zimmermann, Art. 8:104 (PDCE): *Cure by Non-performing Party*, no. 17 (en p. 1135), apoyando esta posición subjetiva.

2757 H. Schelhaas in Vogenauer, art. 7.1.4 no. 16; seguido por J. Kleinschmidt en Jansen/Zimmermann, Art. 8:104 (PDCE): *Cure by Non-performing Party*, no. 17 (en p. 1135), apoyando esta posición subjetiva.

2758 H. Schelhaas en Vogenauer, Art. 7.1.4 no. 16 basándose en la lista de ejemplos en Art. III.-3:203 DCFR.

2759 Comentarios Oficiales, Art. 7.1.4 no. 4, p. 232; H. Schelhaas en Vogenauer, Art. 7.1.4 no. 17.

la subsanación, prevalece el derecho a la terminación.[2760] Este enfoque equilibrado es particularmente apropiado para los **contratos a largo plazo** en los que las partes están obligadas a acordar y superar dificultades situaciones que pueden deberse, por ejemplo, a subcontratistas en la cadena de suministro.

3

El derecho a subsanar está **sujeto a tres condiciones para la parte incumplidora**: **I)** Debe dar una **notificación detallada** (art. 1.10) "sin demora indebida",[2761] de manera razonable,[2762] con detalles sobre el momento y la forma de la subsanación (párrafo 1 literal "a").[2763] Dicha notificación creará una presunción de que se cumplen las condiciones del párrafo 1 letras "b" y "c",[2764] y crea un **deber de cooperación** (art. 5.1.3 no. 1) sobre el acreedor.[2765] **II)** Debe proceder a la subsanación con **prontitud**[2766] (párr. 1 literal "d"), es decir, dentro de un período de tiempo razonablemente corto dadas las circunstancias,[2767] lo que presupone que la subsanación es **posible**;[2768] **III)** Tiene que pagar los costos (párrafo 1, frase inicial), por ejemplo, para transporte, préstamos y materiales.[2769]

3a

Mientras se cumplan estas condiciones (incluida la falta de un interés legítimo del acreedor en denegar la subsanación de conformidad con el párrafo 1 literal "c", no. 2 supra), la parte culpable puede incluso subsanar si ha recibido una **notificación de resolución** (párr. 2).[2770] Se **suspenden los efectos de la resolución** (art. 7.1.4 (3)) y, si tiene éxito, la subsanación funciona **como una condición resolutiva** (art. 5.3.2 (b)) a la notificación de termina-

---

2760 J. Kleinschmidt en Jansen/Zimmermann, Art. 8:104 (PDCE): *Cure by Non-performing Party*, no. 23 (en p. 1139).

2761 H. Schelhaas en Vogenauer, Art. 7.1.4 no. 9.

2762 Comentarios Oficiales, Art. 7.1.4 no. 2, p. 231; H. Schelhaas en Vogenauer, art. 7.1.4 no. 10; J. Kleinschmidt en Jansen/Zimmermann, Art. 8:104 (PDCE): *Cure by Non-performing Party*, no. 13 (pp. 1132-33).

2763 J. Kleinschmidt en Jansen/Zimmermann, Art. 8:104 (PDCE): *Cure by Non-performing Party*, no. 15 (p. 1134).

2764 Comentarios Oficiales, Art. 7.1.4 no. 4, p. 232; D. A. Morán Bovio en Morán Bovio, Art. 7.1.4, no. 1 en p. 329; H. Schelhaas en Vogenauer, Art. 7.1.4 no. 19.

2765 H. Schelhaas en Vogenauer, art. 7.1.4 no. 26 et seq. (señalando las consecuencias, es decir, la pérdida del derecho a excluir el incumplimiento en la medida en que podría haberse subsanado mientras subsista el derecho de acción por los daños causados por el cumplimiento indebido. Véanse los Comentarios Oficiales, Art. 7.1.4 no. 10, Ilustración 3, p. 234: reparación inadecuada de un techo; negativa a permitir la curación; Los daños causados por fugas aún pueden recuperarse, pero no los costos de reparación por parte de otro proveedor de servicios).

2766 Comentarios oficiales, art. 7.1.4 nº 5, p. 232.

2767 H. Schelhaas en Vogenauer, art. 7.1.4 no. 21; Farnsworth, Contracts (2004), párrafo 8.18, página 571 y § 242 Re-expresión (segunda) de los contratos (EE. UU.); J. Kleinschmidt en Jansen/Zimmermann, Art. 8:104 (PDCE): Curación por la Parte Incumplidora, no. 17 (p. 1134) (se determinará con respecto a las circunstancias individuales).

2768 J. Kleinschmidt en Jansen/Zimmermann, Art. 8:104 (PDCE): *Cure by Non-performing Party*, no. 17 (p. 1134).

2769 H. Schelhaas en Vogenauer, art. 7.1.4 no. 7 (con una referencia a la disposición similar en § 635 párr. 2 del Código Civil alemán "BGB" que enumera este tipo de costos).

2770 Véase el análisis del Grupo de Trabajo en P.C.-Misc. 19 (1994), pp. 135 y 136 (Hyland, Bonell, Farnsworth).

ción.[2771] Este enfoque defiende el contrato donde es posible (*favor contractus*) (Introducción no. 7), evita reacciones exageradas sin interés legítimo (art. 1.7) y supervisa la relación contractual en un espíritu de cooperación (art. 5.1.3).

4

A través de sus requisitos acumulativos,[2772] el derecho a la subsanación se convierte en una **herramienta equilibrada** que preserva el contrato, mitiga el daño[2773] (art. 7.4.8), "fomenta una rápida resolución de disputas"[2774] y minimiza el desperdicio económico.[2775] Por lo tanto, está en consonancia con el enfoque general de los Principios de UNIDROIT sobre la lealtad negocial (art. 1.7) y es apropiado para los contratos internacionales que a menudo son complejos por su naturaleza, y donde una solución pragmática es a menudo la mejor manera de evitar costos sustanciales de separación y disputa.[2776] Se basa en (y es más específico que) la CNUCCI[2777] y la ley en varias jurisdicciones de Derecho Civil y Derecho Común.[2778] El derecho a subsanar es la "otra cara" del remedio de subsanación del deu-

---

[2771] Comentarios Oficiales, Art. 7.1.4 no. 8, p. 233; H. Schelhaas en Vogenauer, art. 7.1.4 no. 22; J. Kleinschmidt en Jansen/Zimmermann, art. 8:104 (PDCE): *Cure by Non-performing Party*, no. 22 (en la página 1138), señalando que "no puede haber duda de que, de acuerdo con la regla, los efectos de una notificación de terminación se suspenden si el deudor ofrece legítimamente la subsanación y la notificación se vuelve ineficaz si la subsanación tiene éxito".

[2772] *H. Schelhaas* en Vogenauer, Art. 7.1.4 no. 6.

[2773] J. Kleinschmidt en Jansen/Zimmermann, Art. 8:104 (PDCE): *Cure by Non-performing Party*, no. 2 (p. 1124).

[2774] Ídem.

[2775] Comentarios Oficiales, Art. 7.1.4 no. 1, p. 231; H. Schelhaas en Vogenauer, Art. 7.1.4 no. 3.

Por ejemplo, un hombre de negocios alemán, desde hace 15 años en el comercio internacional en Asia y Europa, fue abordado con este concepto de un derecho a curar incluso después de la terminación. Lo aceptó como "sentido común" en aras de salvaguardar la relación contractual. En su estudio comparativo de los (proyectos) internacionales de instrumentos con respecto a sus disposiciones sobre la subsanación por la parte no conforme, J. Kleinschmidt en Jansen/Zimmermann, Art. 8:104 (PDCE): *Cure by Non-performing Party*, concluye en el no. 31 (p. 1143) que "PICC 7.1.4 (...) ha demostrado ser superior".

[2776] Por ejemplo, un hombre de negocios alemán, desde hace 15 años en el comercio internacional en Asia y Europa, fue abordado con este concepto de un derecho a curar incluso después de la terminación. Lo aceptó como "sentido común" en aras de salvaguardar la relación contractual. En su estudio comparativo de los (proyectos) internacionales de instrumentos con respecto a sus disposiciones sobre la subsanación por la parte no conforme, J. Kleinschmidt en Jansen/Zimmermann, Art. 8:104 (PDCE): *Cure by Non-performing Party*, concluye en el no. 31 (p. 1143) que "PICC 7.1.4 (...) ha demostrado ser superior".

[2777] Art. 37, 48 CNUCCI; Bonell en P.C.-Misc. 19 (1994), p. 136; D. A. Morán Bovio en Morán Bovio, Art. 7.1.4, no. 2.b., p. 331; P. Huber en Vogenauer, Introducción a la Sección 7.3 de los Principios de UNIDROIT, no. 7 ("el PICC proporciona reglas más precisas y directas"). Ver con más detalle J. Kleinschmidt en Jansen/Zimmermann, Art. 8:104 (PDCE): *Cure by Non-performing Party*, no. 11 (p. 1131) y, en detalle para las diferencias, no. 21-22 (pp. 1136-37).

[2778] La división en la legislación nacional (establecida principalmente para los contratos nacionales, incluidos los contratos de consumo) sobre la cuestión cruza la frontera a menudo pertinente entre el Derecho Civil y el Derecho Común. H. Schelhaas en Vogenauer, Art. 7.1.4 no. 2 se refiere a la ley alemana, sueca, holandesa y estadounidense (UCC § 2-508); y al Art. III-§:201-III.3:204 DCFR, así como el art. 109 CESL; para una descripción comparativa detallada, véase J. Kleinschmidt en Jansen/Zimmermann, Art. 8:104 (PDCE): *Cure by Non-performing Party*, no. 4-7 (pp. 1125-28).

dor[2779] (art. 7.2.3) y puede requerir coordinación (art. 5.1.3) con ese derecho (si se ejerce) para evitar una carrera con respecto al método de subsanación.[2780]

B. Opciones paralelas para el acreedor (a reserva del cumplimiento de los requisitos individuales de las demás disposiciones

5

El acreedor tiene que cooperar y tolerar la acción subsanadora del deudor (arts. 7.1.2 y 5.1.3 no. 1 (II)). Sin embargo, mientras la otra parte está tratando de subsanar, la parte que recibe la subsanación puede: **I) retener el cumplimiento**[2781] (art. 7.1.3)[2782] según lo dispuesto explícitamente en el párrafo 4; **II) suspender (ciertos) derechos** del deudor (es decir, la parte subsanadora), que sean incompatibles con su incumplimiento (párrafo 3), es decir, la resolución del contrato, la conclusión de una transacción de sustitución o la reclamación de daños y perjuicios o restitución;[2783] **III) enviarse** a sí mismo una **notificación** en virtud del art. 7.1.5 concediendo un plazo para la subsanación[2784] (por ejemplo, fijando una fecha para la "última aceptación" que sea razonable dadas las circunstancias en respuesta a una notificación en virtud del párrafo 1 literal "a"; **IV) exigir la subsanación** prevista en el art. 7.2.3;[2785] **V) reclamación por daños y perjuicios resultantes del incumplimiento inicial** (párrafo 5) "por retraso, así como por cualquier daño causado o no impedido por la subsanación"[2786] (aunque, siendo realistas, a menudo sólo se conocerán después de la subsanación[2787]); **VI)** intentar negociar una **reducción de precio** (Art. 1.3, 1.5, Introducción al Capítulo 7, n. 7); y **VII)** solo **después** de que haya **transcurrido** el **período de tiempo adicional para la subsanación** (párrafo 3), solicitar cualquier otro remedio (por ejemplo, en

---

[2779] J. Kleinschmidt en Jansen/Zimmermann, Art. 8:104 (PDCE): *Cure by Non-performing Party*, no. 3 (p. 1125) y 15 (p. 1134).

[2780] J. Kleinschmidt en Jansen/Zimmermann, Art. 8:104 (PDCE): *Cure by Non-performing Party*, no. 15 (p. 1134).

[2781] Comentarios oficiales, art. 7.1.4 no. 7, p. 233; J. Kleinschmidt en Jansen/Zimmermann, Art. 8:104 (PDCE): *Cure by Non-performing Party*, no. 26 (p. 1140).

[2782] H. Schelhaas en Vogenauer, Introducción a la Sección 7.1 de los Principios de UNIDROIT; H. Schelhaas en Vogenauer, Art. 7.1.4 no. 25.

[2783] Comentarios oficiales, art. 7.1.4 no. 7, p. 233; H. Schelhaas en Vogenauer, Art. 7.1.4 no. 23. Véase también J. Kleinschmidt en Jansen/Zimmermann, Art. 8:104 (PDCE): *Cure by Non-performing Party*, no. 25 (p. 1140) que pone una reducción de precios (es decir, un instrumento no explícitamente previsto en los Principios de UNIDROIT, Introducción al Capítulo 7, no. 7) en el mismo plano que la terminación.

[2784] H. Schelhaas en Vogenauer, Art. 7.1.4 no. 4 (resaltando que no hay obligación de otorgar tiempo bajo el Art. 7.1.5).

[2785] H. Schelhaas en Vogenauer, Art. 7.1.4 no. 13.

[2786] H. Schelhaas en Vogenauer, Introducción a la Sección 7.1 de los Principios de UNIDROIT no. 6, 9; H. Schelhaas en Vogenauer, art. 7.1.4 no. 24; J. Kleinschmidt en Jansen/Zimmermann, Art. 8:104 (PDCE): *Cure by Non-performing Party*, no. 27-28 (pp. 1140-41).

[2787] En los contratos a largo plazo con cadenas de suministro largas, cuando el retraso podría causar una parada en la producción (parada de la correa), simplemente comunicar el daño potencial del retraso desde el principio a veces es útil como un instrumento para que el deudor a su vez motive a su subcontratista a priorizar la subsanación. Sin embargo, rara vez, un productor en posición de sándwich en la cadena de suministro logrará concluir tanto el contrato de venta como el de suministro bajo los Principios de UNIDROIT (como logró con éxito el autor una vez en 2022 en la industria solar). Sin embargo, los diferentes regímenes jurídicos y los diferentes límites de responsabilidad pueden hacer que un subproveedor se relaje, de modo que esa amenaza solo tenga un éxito limitado.

virtud del art. 7.4.1 y subsiguientes),[2788] como la conclusión de una transacción de reemplazo[2789] o terminación y daños y perjuicios en lugar de cumplimiento[2790] (art. 7.3.5 (2)), que no sean compatibles con un derecho a subsanar (párr. 3; art. 7.1.4 no. 3a).[2791] Un acreedor que desea mantener el control y seguir pudiendo cortar un derecho a subsanar mediante notificación de resolución en caso de incumplimiento fundamental (art. 7.3.1)[2792] incluso antes de que haya transcurrido el plazo del derecho a subsanar puede considerar excluir la aplicabilidad del párrafo 2 del contrato (art. 1.5).[2793] Desde una perspectiva de mitigación de disputas, a menudo es más pragmático aceptar el derecho a subsanar y no cambiar la regla, especialmente en el caso de **contratos a largo plazo** relacionados con la producción de bienes individualizados para los cuales los proveedores son complejos de reemplazar. A la luz de las condiciones del párrafo 1, letras "b" y "c", puede ser útil que los contratos complejos definan en el contrato las circunstancias (como los objetivos o las limitaciones de tiempo) que deben tenerse en cuenta al evaluar la "idoneidad" de la curación y/o un interés legítimo para rechazar la cura.[2794]

Artículo 7.1.5 (Período suplementario para el cumplimiento)

(1) En caso de incumplimiento, la parte perjudicada podrá conceder, mediante notificación a la otra parte, un período suplementario para que cumpla.

(2) Durante el período suplementario, la parte perjudicada puede suspender el cumplimiento de sus propias obligaciones correlativas y reclamar el resarcimiento, pero no podrá ejercitar ningún otro remedio. La parte perjudicada puede ejercitar cualquiera de los remedios previstos en este Capítulo si la otra parte le notifica que no cumplirá dentro del período suplementario o si éste finaliza sin que la prestación debida haya sido realizada.

(3) En caso de que la demora en el cumplimiento no sea esencial, la parte perjudicada que ha notificado a la otra el otorgamiento de un período suplementario de duración razonable, puede resolver el contrato al final de dicho período. El período suplementario que no sea de una duración razonable puede extenderse en consonancia con dicha duración. La parte perjudicada puede establecer en su notificación que el contrato quedará resuelto automáticamente si la otra parte no cumple.

(4) El párrafo (3) no se aplicará cuando la prestación incumplida sea tan sólo una mínima parte de la obligación contractual asumida por la parte incumplidora.

[2788] H. Schelhaas en Vogenauer, Introducción a la Sección 7.1 de los Principios de UNIDROIT.

[2789] Comentarios oficiales, art. 7.1.4 no. 7, p. 233; J. Kleinschmidt en Jansen/Zimmermann, Art. 8:104 (PDCE): *Cure by Non-performing Party*, no. 27 (p. 1140) sobre "cumplimiento suplementario".

[2790] J. Kleinschmidt en Jansen/Zimmermann, Art. 8:104 (PDCE): *Cure by Non-performing Party*, no. 28 (p. 1141).

[2791] Cf. H. Schelhaas in Vogenauer, Art. 7.1.4 no. 23 (los remedios inconsistentes son "suspendidos temporalmente"); J. Kleinschmidt en Jansen/Zimmermann, Art. 8:104 (PDCE): *Cure by Non-performing Party*, no. 22 (en p. 1137) como atenuado ibid. no. 23, p. 1139.

[2792] Comentarios oficiales, art. 7.1.4 no. 8, p. 233.

[2793] Ver la crítica de H. Schelhaas en Vogenauer, Art. 7.1.4 no. 22, que es compartida por J. Kleinschmidt en Jansen/Zimmermann, Art. 8:104 (PDCE): *Cure by Non-performing Party*, no. 22 (p. 1138).

[2794] Véase H. Schelhaas en Vogenauer, art. 7.1.4 no. 8 y 19 sobre la carga de la prueba.

A. Una forma proactiva[2795] para que el acreedor haga frente al incumplimiento

1

Inspirado en el PDCE,[2796] la CNUCCI[2797] y la legislación alemana,[2798] el artículo 7.1.5 proporciona una herramienta para que el acreedor (art. 1.11 cuarto guión) haga frente al incumplimiento del deudor (y no simplemente observe si el deudor (art. 1.11 cuarto guión) utiliza su herramienta en virtud del art. 7.1.4). El acreedor puede enviar al deudor una notificación (art. 1.10)[2799] con un **plazo directo (una fecha específica)**[2800] para el cumplimiento[2801] dentro de un plazo adicional (en Alemania llamado: "*Nachfrist*"), determinado a discreción[2802] exclusiva del acreedor, en caso de: **I) cumplimiento defectuoso** (*argumentum* art. 7.1.1);[2803] y[2804] **II)** el **retraso**,[2805] para el cual el art. 7.1.5 está concebido[2806] principalmente (incluso después de recibir una notificación del acreedor de conformidad con el art. 7.1.4),[2807] es decir, después de superar el "tiempo debido" de conformidad con el art. 6.1.1.[2808] En el espíritu de las prácticas leales (art. 1.7), dicha notificación concede un plazo adicional al deudor y, por lo tanto, le brinda una **segunda oportunidad**[2809] para cumplir con lo comprometido y debido, pero el acreedor no está obligado[2810] a darla (no hay necesidad de poner al deudor "en incumplimiento" como en muchas leyes nacionales)[2811] ya que el

---

2795 H. Schelhaas en Vogenauer, Art. 7.1.5 no. 1.

2796 Voto del Grupo de Trabajo para basar su discusión en el Art. 3.106 PDCE (hoy 8:106) en P.C.- Misc. 16 (1992), p. 41.

2797 D. A. Morán Bovio en Morán Bovio, Art. 7.15, no. 2.b., p. 333; H. Schelhaas in Vogenauer, art. 7.1.5 no. 2 (refiriéndose al art. 47, 49 (1) lit. b, 63 CNUCCI); H. Gabriel, no. 2.425, 2.435, 2.512 (pp. 161, 165, 187). Para un análisis comparativo más detallado con respecto a la CNUCCI, en particular la "verdadera innovación" en el art. 47 (2) CNUCCI, véase Kleinschmidt en Jansen/Zimmermann, art. 8:106 (PDCE): *Notice Fixing Additional Period for Execution*, no. 4 (pp. 1155-56).

2798 §§ 323, 437 nº 2 Código Civil alemán "BGB", según lo descrito por H. Schelhaas en Vogenauer, Art. 7.1.5 no. 2.

2799 H. Schelhaas en Vogenauer, Art. 7.1.5 no. 7.

2800 H. Schelhaas en Vogenauer, Art. 7.1.5 no. 8 (de lo contrario, la notificación es ineficaz, *argumentum* M. Müller-Chen en Schlechtriem & Schwenzer, Art. 47 párrafo 4).

2801 Véase H. Schelhaas en Vogenauer, art. 7.1.5 no. 10 (subrayando que una mera declaración que refleje el incumplimiento del deudor no sería suficiente).

2802 J. Kleinschmidt en Jansen/Zimmermann, Art. 8:106 (PDCE): *Notice Fixing Additional Period for Execution*, no. 6 (en p. 1157) observando que el marco temporal proporciona certeza para ambas partes. No es necesario que sea razonable porque establecer dicho plazo es una mera opción para el acreedor. Sin embargo, en el caso de los contratos a largo plazo, donde la resolución a menudo no es una opción realista porque las relaciones comerciales de las partes están entrelazadas, se sostiene que se requerirá razonabilidad como cuestión de cooperación (art. 5.1.3).

2803 H. Schelhaas en Vogenauer, Art. 7.1.5 no. 3.

2804 Esto se desprende de la clara redacción "En caso de incumplimiento"; J. Kleinschmidt en Jansen/Zimmermann, Art. 8:106 (PDCE): *Notice Fixing Additional Period for Execution*, no. 5 (p. 1154): "aplica (...) a todo tipo de actuaciones".

2805 Comentarios oficiales, art. 7.1.5, p. 235; H. Schelhaas en Vogenauer, Art. 7.1.5 no. 3.

2806 Véanse nuevamente las Comentarios Oficiales, Art. 7.1.5 no. 1, p. 235; Lando en P.C.- Misc. 16 (1992), p. 40.

2807 H. Schelhaas en Vogenauer, Art. 7.1.4 no. 4 (subrayando que no hay obligación de otorgar tiempo bajo el Art. 7.1.5).

2808 H. Schelhaas en Vogenauer, Art. 7.1.5 no. 6.

2809 Comentarios oficiales, art. 7.1.5 no. 1, p. 235; H. Schelhaas en Vogenauer, art. 7.1.5 no. 4; J. Kleinschmidt en Jansen/Zimmermann, Art. 8:106 (PDCE): *Notice Fixing Additional Period for Execution*, no. 2 (p. 1154).

2810 H. Schelhaas en Vogenauer, Art. 7.1.5 no. 4.

2811 H. Schelhaas in Vogenauer, Art. 7.1.5 no. 5, para una visión crítica desde una perspectiva española D. A. Morán Bovio en Morán Bovio, Art. 7.1.5, no. 3.a. en p. 334 (*in fine*).

deudor está protegido por el art. 7.1.4. (1) - (3). Por esta razón, tampoco existe un requisito general explícito de "razonabilidad" con respecto a la determinación del plazo adicional[2812] (salvo en el párrafo 3; el número 2 infra). Debido a las raíces alemanas de este concepto, el procedimiento de concesión de tiempo adicional también se conoce como **mecanismo *"Nachfrist"*** o procedimiento *"Nachfrist"*.[2813] Durante el período de tiempo adicional para el cumplimiento, se suspende cualquier derecho existente la resolución en virtud del art. 7.3.1.[2814] El art. 7.1.4 es, por lo tanto, una expresión del principio *favor contractus* subyacente para mantener un contrato (Introducción no. 7).[2815] La suspensión finaliza con la expiración del período de tiempo adicional o un aviso del deudor que no cumplirá dentro de ese plazo.[2816]

B. Una forma privilegiada de terminación en caso de retraso (párrafo 3)

2

I) En caso de retraso (no: cumplimiento defectuoso)[2817] con respecto a más que una parte menor de la obligación contractual (párrafo 4),[2818] un aviso en virtud del art. 7.1.5 que establezca un **plazo "razonable"**[2819] (teniendo debidamente en cuenta las circunstancias tales como la duración del período de entrega contractual, el interés aparente del acreedor en el cumplimiento acelerado, la complejidad de la tarea, el retraso ya acumulado o el modo de entrega)[2820] proporciona una **base para la resolución** del contrato "incluso si el retraso en el cumplimiento no es fundamental"[2821] (párrafo 3, primera oración, y artículo 7.3.1 3); artículo 7.3.1, no. 8). **II)** De conformidad con la tercera oración del párrafo 3, el acreedor puede

[2812] Crítica de nuevo D. A. Morán Bovio en Morán Bovio, Art. 7.1.5, no. 3.a, p. 334 párr. 3; H. Schelhaas en Vogenauer, Art. 7.1.5 no. 9.

[2813] Véase P.C.-Misc. 16 (1992), p. 40; H. Schelhaas en Vogenauer, Art. 7.1.5 no. 2.

[2814] J. Kleinschmidt en Jansen/Zimmermann, Art. 8:106 (PDCE): *Notice Fixing Additional Period for Execution*, no. 2 (p. 1154). Nota: I) Su análisis jurídico comparativo llega a la conclusión de que el conflicto resuelto en los Principios de UNIDROIT y otros instrumentos internacionales (como el PDCE) es diferente, ya que la norma también se refiere a situaciones hipotéticas de un derecho de resolución existente, véase ibid. nº 3 (en la página 1155); II) En muchos supuestos, el incumplimiento no será fundamental, de modo que no exista un derecho de resolución que deba suspenderse (art. 7.3.1(1)), véase ibid. nº 7 (p. 1157); III) Si el respeto de un plazo es una condición para la resolución, el efecto suspensivo podría extenderse a los periodos límite, o al menos habría que considerar el tiempo de suspensión, véase ibid. nº 7 (p. 1157).

[2815] J. Kleinschmidt en Jansen/Zimmermann, Art. 8:106 (PDCE): *Notice Fixing Additional Period for Execution*, no. 2 (p. 1154).

[2816] J. Kleinschmidt en Jansen/Zimmermann, Art. 8:106 (PDCE): *Notice Fixing Additional Period for Execution*, no. 9 (p. 1158).

[2817] H. Schelhaas en Vogenauer, Art. 7.1.5 no. 23 (subrayando la función de un aviso en caso de cumplimiento defectuoso como un mero "disparo de advertencia" con referencia al Comentario C al PDCE Art. 8:106).

[2818] Bonell hace referencia a contratos de trabajo o servicios donde uno ha realizado el 90% y está en retraso con el último 10% en P.C.-Misc. 16 (1992), p. 44; H. Schelhaas en Vogenauer, Art. 7.1.5 no. 24 discute otros ejemplos (por ejemplo, una puerta olvidada en la pintura de una fábrica). J. Kleinschmidt en Jansen/Zimmermann, Art. 9:301 (PDCE): *Right to Terminate the Contract*, no. 43 (en p. 1319) establece la necesidad de que la regla opere con un margen de apreciación (en el contexto de PDCE).

[2819] H. Schelhaas en Vogenauer, Art. 7.1.5 no. 9, 19 (no mientras no haya transcurrido el plazo original bajo el Art. 6.1.1).

[2820] H. Schelhaas in Vogenauer, art. 7.1.5 no. 19 (con referencias detalladas, para cada uno de estos criterios, al derecho contractual alemán que inspiró tanto la CNUCCI como el art. 7.1.5).

[2821] H. Schelhaas en Vogenauer, art. 7.1.5 no. 1, 17; véase ya Bonell en P.C.-Misc. 19 (1994), página 138.

incluso **prever la resolución "automática"** del contrato al final del período adicional.[2822] Estas opciones son particularmente útiles en los casos en que el acreedor no esté seguro de si el retraso inicial ya equivale a un retraso fundamental requerido para una resolución en virtud del art. 7.3.1.[2823] **III)** A falta de "razonabilidad" del plazo fijado, el párrafo 3 en la segunda oración **extiende el período de tiempo** para la subsanación "automáticamente" **a una duración razonable.**[2824] Un aviso de terminación enviado después de la expiración de un plazo irrazonablemente corto que no proporcione un tiempo razonable para la subsanación es ineficaz a menos que ya exista un incumplimiento fundamental de acuerdo con el art. 7.3.1[2825] (lo cual es raro en caso de retraso; pero, por ejemplo, si el tiempo es esencial).[2826] Si el deudor cumple de manera defectuosa durante el período de tiempo adicional, surge una nueva situación que no está cubierta por el párrafo 3 que se centra en el retraso.[2827]

C. Opciones paralelas para el acreedor (párrafo 2)

3

Véase el art. 7.1.4 no. 5 en B. (gama similar de opciones):[2828] **I) suspender la ejecución**[2829] (artículo 7.1.5 segundo párrafo, primera oración), en particular el pago del trabajo inconcluso;[2830] **II)** reclamación por **daños y perjuicios resultante del incumplimiento inicial** (artículo 7.1.5 segundo párrafo, primera oración)[2831] (aunque, de nuevo, siendo realistas, a menudo sólo se conocerán después de la subsanación) y, en la medida en que proporcionen un equivalente funcional a los daños y perjuicios, **reclamar sanciones contractuales, y daños y perjuicios liquidados**;[2832] **III)** solicitar cualquier otro remedio[2833] (por ejemplo, en virtud del art. 7.4.1 y subsiguientes) con respecto al incumplimiento que está sujeto a la notificación en virtud del art. 7.1.5 (1),[2834] pero solo después de que: **a)** haya transcurrido el plazo suplementario para la subsanación (incluso si se fijó para un período más largo que un período "razonable"[2835]); o, **b)** el deudor haya enviado un aviso (art. 1.10) de que no cumplirá dentro del plazo ese período (párrafo 2, oración 2).

2822 H. Schelhaas in Vogenauer, art. 7.1.5 no. 18 ("lapso infructuoso del período").

2823 H. Schelhaas en Vogenauer, Art. 7.1.5 no. 4.

2824 Voto del Grupo de Trabajo en P.C.-Misc. 16 (1992), p. 44; H. Schelhaas en Vogenauer, Art. 7.1.5 no. 20.

2825 H. Schelhaas en Vogenauer, art. 7.1.5 no. 21 (discutiendo detalles tales como la falta de pago en caso de una terminación putativa pero inválida porque el plazo razonable aún no ha transcurrido).

2826 H. Schelhaas en Vogenauer, Art. 7.1.5 no. 17.

2827 H. Schelhaas en Vogenauer, Art. 7.1.5 no. 25 discute alternativas.

2828 H. Schelhaas en Vogenauer, Introducción a la Sección 7.1 de los Principios de UNIDROIT.

2829 J. Kleinschmidt en Jansen/Zimmermann, Art. 8:106 (PDCE): *Notice Fixing Additional Period for Execution*, no. 8 (p. 1158).

2830 H. Schelhaas en Vogenauer, Art. 7.1.5 no. 11.

2831 H. Schelhaas en Vogenauer, art. 7.1.5 no. 12 (refiriéndose a la jurisprudencia de la CNUCCI y comentarios sobre el art. 47 de la CNUCCI, por ejemplo, M. Müller-Chen en Schlechtriem & Schwenzer, art. 47 párr. 19).

2832 H. Schelhaas en Vogenauer, Art. 7.1.5 no. 13.

2833 H. Schelhaas en Vogenauer, Art. 7.1.5 no. 14 puntos en Art. 7.2.1-7.2.2 (solicitud de cumplimiento) y Art. 7.2.3 (reparación o reemplazo).

2834 H. Schelhaas en Vogenauer, art. 7.1.5 no. 15 observa acertadamente que hacer frente a un nuevo incumplimiento de contrato no está cubierto por la restricción de remedios en virtud del párrafo 2, oración 2.

2835 H. Schelhaas en Vogenauer, Art. 7.1.5 no. 22.

4

Una posible **opción contractual** es el acuerdo sobre un **período de gracia**. Si bien el sistema coherente de remedios de los Principios de UNIDROIT puede no favorecer un período de gracia,[2836] en la práctica a veces es necesario que el equipo de negociación por parte del acreedor "muestre" internamente una fecha de cumplimiento temprana que sólo sea alcanzable en condiciones "buenas", mientras que el deudor necesita la posibilidad de un cumplimiento posterior desde la perspectiva de la gestión de riesgos. El art. 1.5 permitiría tal **cambio de la asignación de riesgos del cumplimiento oportuno**. Puede interpretarse como un acuerdo con una fecha de cumplimiento posterior (al final del período de gracia), combinada con una cláusula de mejores esfuerzos (Art. 5.1.4 (2)) para entregar antes. A veces, dicha cláusula se combina con el incentivo de un precio más alto en caso de éxito o, por el contrario, una "penalización" si se necesita el período de gracia. Dependiendo del contexto jurídico de la otra parte (el concepto de período de gracia tiene un origen francés),[2837] es probable que la otra parte contratante reaccione de manera diferente a la propuesta de tal enmienda. En los **contratos a largo plazo**, el período de gracia a veces se combinará con el régimen de limitación de la responsabilidad para desarrollar un sistema coherente de responsabilidad por demora, según proceda acorde las circunstancias, como una gestión de existencias a nivel del deudor (para las mercancías producidas) y del acreedor (para las entregadas) para reducir el riesgo de retraso (Art. 7.1.6 no. 1, 8a). El art. 7.1.5 prevé la posibilidad de prever un período suplementario para el cumplimiento después de la celebración del contrato, un período de gracia hace lo mismo en el momento de la celebración del contrato. En su práctica, el autor ha negociado un período de gracia en contratos de obra y compraventa en varias ocasiones bajo los Principios de UNIDROIT, generalmente en el contexto de la negociación de una cláusula de exoneración (Art. 7.1.6) por retraso (Art. 7.1.6 No. 1).

Artículo 7.1.6 (Cláusulas de exoneración)

Una cláusula que limite o excluya la responsabilidad de una parte por incumplimiento o que le permita ejecutar una prestación sustancialmente diversa de lo que la otra parte razonablemente espera, no puede ser invocada si fuere manifiestamente desleal hacerlo, teniendo en cuenta la finalidad del contrato.

A. La importancia en la práctica

1

Desde una perspectiva práctica, el art. 7.1.6 es **una de las disposiciones más importantes** para el trabajo con los Principios de UNIDROIT. Junto con el art. 7.1.7 sobre fuerza mayor, una cláusula de exoneración que cumpla con los límites establecidos en el art. 7.1.6

[2836] H. Schelhaas en Vogenauer, Introducción a la Sección 7.1 de los Principios de UNIDROIT nº 12.

[2837] Véase la referencia explícita a un período de gracia en el ex-Art. 1184 (3) Código Civil francés y en el art. 1228 en su versión de 2016, así como la referencia en el art. 1347-3 (antiguo art. 1292); H. Schelhaas en Vogenauer, Introducción a la Sección 7.1 de los Principios de UNIDROIT no. 12; J. Kleinschmidt en Jansen/Zimmermann, Art. 9:301 (PDCE): *Right to Terminate the Contract*, no. 50 (p. 1323).

proporciona la única **manera de excusar el incumplimiento** en virtud del art. 7.4.1 y, por lo tanto, **evitar una responsabilidad** por daños y perjuicios bajo un régimen que no se basa en la culpa. En la práctica, las cláusulas de exoneración son a menudo necesarias como instrumento de equilibrio del deudor, por ejemplo, en el contexto de las grandes expectativas de un acreedor con respecto a las especificaciones técnicas, representaciones y garantías (aseguradas), así como a un precio favorable. Un deudor estará entonces interesado a menudo en un régimen de responsabilidad que tenga una relación adecuada con el volumen de negocios del proyecto, el precio, los plazos, la gestión de existencias y el papel del deudor dentro de la cadena de suministro. El debate sobre las cláusulas de exoneración es a menudo el punto muerto para llegar a un acuerdo, especialmente en los contratos a largo plazo. Por ejemplo, el **riesgo de retrasos** (que ocurren ocasionalmente en la práctica, e incluso regularmente el caso de escasez mundial de materiales) es distinto del riesgo de producción defectuosa (que puede ser estructural o tener una causa raíz específica y limitada[2838]). De acuerdo con la distinción hecha por el art. 7.3.1 (3), 7.1.5 (3) (4) que establece un enfoque especial para la terminación en caso de retraso, puede tener sentido, en las negociaciones de un **contrato a largo plazo** (por ejemplo, sobre la producción en serie en la industria de la aviación o automovilística) distinguir entre cláusulas de exoneración (límites de responsabilidad) por daños causados por retraso y por otras causas, especialmente cuando la pieza a suministrar tiene solo un valor fraccionario en relación con las posibilidades y riesgos del proyecto empresarial.[2839]

Del mismo modo, un proveedor de servicios (como un abogado), del que se espera que preste servicios de consultoría por una remuneración que no guarda una relación económica razonable con los importes y los posibles daños en juego, a menudo opera con un límite de responsabilidad (No. 8a. siguiente).

[2838] Ejemplo de la práctica: Bajo la influencia no notada de las drogas (alcohol) en un turno de producción, un trabajador saltó un paso asignado de soldadura que causó defectos imperceptibles (perceptibles solo por rayos X) de un número claramente determinable de piezas.

[2839] Ejemplo extremo de la práctica en la industria automotriz (de una negociación bajo los Principios de UNIDROIT en 2021): Desde una perspectiva operativa, las consecuencias de un retraso en la entrega de cualquier material o parte en una cadena de suministro compleja pueden variar desde cualquier lugar entre "irrelevante" y "perjudicial". Depende de la gestión del stock y de la dependencia de la entrega "justo a tiempo". Un equipo de negociación checo-polaco de un comprador (es decir, el acreedor) propuso aplicar el límite general de responsabilidad (ya acordado) (una cifra de dos dígitos en millones en ese caso) también a los daños causados por el retraso en el suministro de piezas (de bajo valor individual) por parte del proveedor (es decir, el deudor). El acreedor rechazó la contrapropuesta del deudor con un sistema de sanciones basadas en el grado de retraso y un límite (bajo) de responsabilidad por retraso, relacionado con el valor de las partes vendidas. Para llegar a un acuerdo, el abogado estadounidense que representaba al deudor pidió al acreedor que constituyera un stock de seguridad igual a los volúmenes previstos necesarios para tres meses de producción (las piezas no eran caras y no ocuparían mucho espacio). Eso eliminaría casi el riesgo de retraso y podría justificar asumir el riesgo de una exposición de dos dígitos de millones de cifras. Al final, después de tres rondas de discusión sobre este tema hacia el final de varios meses de negociación, las partes acordaron una solución de compromiso aceptable que evitara tanto la exposición irrazonable del deudor como las existencias de seguridad sustanciales propuestas.

B. Una suposición básica de que las cláusulas de exoneración son válidas

2

Las cláusulas de exoneración se encuentran entre las cláusulas más importantes para configurar el perfil de riesgo de un contrato. El punto de partida es el principio de libertad contractual (art. 1.1).[2840] Si una acción u omisión está cubierta por una cláusula de exoneración válida, la cláusula sirve como **excusa para el incumplimiento** y **evita o limita la responsabilidad** por daños y perjuicios (art. 7.4.1).[2841] Los Principios de UNIDROIT **reconocen tales cláusulas** bajo el principio de libertad contractual como válidas[2842] (de lo contrario, la restricción en el art. 7.1.6 no podría tener ningún sentido). En gran parte, las cláusulas de exoneración son incluso estándar en ciertas industrias (→ Art. 1.9 (2)).

3

El término "cláusula de exoneración" es **amplio**, e incluye tanto: **I) limitaciones y exclusiones directas e indirectas** (por ejemplo, a una cantidad o porcentaje específico; o cláusulas de penalización con el efecto de limitar la responsabilidad;[2843] u otras cláusulas "creativas" que activan la exención de responsabilidad;[2844] incluso cláusulas sobre cambios de plazos o sobre una inversión de la carga de la prueba);[2845] y **II)** cláusulas que otorgan el derecho a cumplir de manera diferente en comparación con la obligación acordada.[2846]

C. La prohibición de invocar cláusulas de exoneración manifiestamente desleales forma parte del núcleo obligatorio de los Principios de UNIDROIT

4

Al especificar el compromiso general de lealtad (art. 1.7 no. 4),[2847] el art. 7.1.6 **elimina** el efecto de las cláusulas de exoneración que, debidamente interpretadas (art. 4.1, 4.3 y

[2840] S. Martens en Jansen/Zimmermann, Art. 8:109 (PDCE): *Clause Excluding or Restricting Remedies*, no. 4-5 (p. 1181).

[2841] E. McKendrick en Vogenauer, Art. 7.4.1 no. 6.

[2842] Comentarios oficiales, art. 7.1.6 no. 5, oración 1, p. 239, y no. 1, última oración, p. 237; D. A. Morán Bovio en Morán Bovio, Art. 7.1.6, no. 1 párr. 2, p. 336 (con referencia a la buena fe como límite); H. Schelhaas en Vogenauer, Art. 7.1.6 no. 1, 11.

[2843] Comentarios oficiales, art. 2.1.20 no. 2, pp. 69-70; H. Schelhaas en Vogenauer, Art. 7.1.6 no. 5.

[2844] H. Schelhaas en Vogenauer, Art. 7.1.6 no. 6 discute el ejemplo de una cláusula de terminación extrema por la cual el deudor puede comprarse a sí mismo de su responsabilidad a través de un pequeño pago simbólico que desencadena la terminación.

[2845] H. Schelhaas en Vogenauer, Art. 7.1.6 no. 7 señalando la visión general de Fontaine/De Ly, *Drafting International Contracts: An Analysis of Contract Clauses* (2006), pp. 360, 366-367 (sobre la carga de la prueba) y 367-368 (sobre la limitación del plazo).

[2846] Comentarios oficiales, art. 7.1.6 no. 2 e ilustración 1, pp. 237-238; H. Schelhaas en Vogenauer, Art. 7.1.6 no. 16.

[2847] Comentarios Oficiales, Art. 7.1.6 no. 1, p. 237; S. Martens en Jansen/Zimmermann, Art. 8:109 (PDCE): *Clause Excluding or Restricting Remedies*, no. 7 (p. 1182). Nota comparativa: El PDCE incluso restringe explícitamente las exclusiones y restricciones de recursos con referencia a la "buena fe y el lealtad negocial" ("(...) a menos que sea contrario a la buena fe y al trato justo"). Véase ibid., nº 1 (pp. 1178 y 79).

subsiguientes), pretenden establecer una **ventaja excesiva** ("manifiestamente desleal"[2848]), independientemente de si han sido "negociadas" o están contenidas en condiciones estándar.[2849] Este **"mecanismo de control excepcional"**[2850] forma parte implícitamente[2851] del núcleo de la "lealtad negocial" en el comercio internacional (art. 1.5 no. 2) y se acerca a los principios en los art. 3.2.7, 3.1.4 (que prohíbe la "disparidad grave") y 2.1.20 (que prohíbe las "cláusulas sorpresivas" en términos estándar)[2852] que se aplican independientemente[2853] y también deben tenerse en cuenta al redactar una cláusula de limitación de responsabilidad. Este control tiene sus raíces en el Derecho Romano[2854] y está en línea con muchas leyes nacionales.[2855] El tribunal (art. 1.11 primer guión) **no aplicará** la cláusula excesiva. No tiene poder para adaptarlo a las circunstancias[2856] a menos que esté explícitamente facultado por las partes para hacerlo (Art. 1.5; abajo en el no. 9-10 literal "E" numeral "II").

D. Una prueba de gravedad

5

Se alega que, para determinar que "sería manifiestamente desleal" incluir una cláusula de exoneración, el artículo 7.1.6 exige aplicar una prueba de severidad[2857] a dicha cláusu-

---

[2848] Como señaló S. Martens en Jansen/Zimmermann, art. 8:109 (PDCE): *Clause Excluding or Restricting Remedies*, nº 7 (p. 1182), el Consejo Consultivo de la CNUCCI (actuando en una composición que incluye, entre otros, a Michael Joachim Bonell, Presidente del Grupo de Trabajo) ha descrito el artículo 7.1.6 en su Opinión nº 17 sobre "Cláusulas de limitación y exclusión en los contratos de la CNUCCI" (Relator: Prof. Lauro Gama Jr., que también formó parte del Grupo de Trabajo para los Principios de UNIDROIT) en el número 2.11 por contener "la idea más flexible de "deslealtad grave" como el estándar para la invalidez, introduciendo así otro enfoque de los criterios comunes indicados anteriormente".

[2849] H. Schelhaas en Vogenauer, art. 7.1.6 no. 3, 19 (argumentando que, en situaciones de negociación desiguales, una cláusula de exoneración en un término estándar podría ser más fácilmente eliminada).

[2850] H. Schelhaas en Vogenauer, Art. 7.1.6 no. 1.

[2851] Comentarios oficiales, art. 1.5 no. 3, p. 14; G. Cuniberti en Vogenauer, Art. 1.5 no. 12. M. J. Bonell *An International Restatement*, pp. 94 a 95. Debatido por S. Vogenauer en Vogenauer, Art. 1.5 no. 12 (su crítica no se sigue aquí porque una redacción inequívoca de que no hay intención de crear ninguna confianza evitaría una confianza razonable en el sentido del Art. 1.8).

[2852] H. Schelhaas en Vogenauer, art. 7.1.6 no. 2 (refiriéndose por "gran disparidad" a las consecuencias para el término individual como se establece en el art. 3.2.13).

[2853] H. Schelhaas en Vogenauer, Art. 7.1.6 no. 3.

[2854] S. Martens en Jansen/Zimmermann, Art. 8:109 (PDCE): *Clause Excluding or Restricting Remedies*, no. 2 (pp. 1179-80), informando sobre las obligaciones en los "mercados romanos de esclavos y bestias" de revelar defectos latentes y "recursos a los compradores en caso de incumplimiento de estos deberes": "Las partes no pudieron derogarlos y los intentos de eludirlos se vieron frustrados". En la Edad Media, las cláusulas que excluyen la responsabilidad por comportamiento intencional estaban prohibidas y se discutió extender esta restricción a la responsabilidad por negligencia grave.

[2855] Véase S. Martens en Jansen/"Zimmermann, art. 8:109 (PDCE), no. 2 *in fine* (p. 1181) con referencias al Derecho Francés (art. 1170 del Código Civil: "*Toute clause qui prive de sa substance l"obligation essentielle du débiteur est réputée non écrite*"), el Derecho Estonio (106 (2) *Estonian Law of Obligation Act*), y el Derecho Inglés, por ejemplo, *Firestome Tyre & Rubber Co Ltd v Vokins & Co Ltd (1951) 1 Lloyd"s Report 32 en 39 por Devlin J.* (Es ilusorio decir: "Prometemos hacer algo, pero no somos responsables si no lo hacemos").

[2856] Comentarios oficiales, art. 7.1.6 no. 6 (última media oración), p. 239; H. Schelhaas en Vogenauer, Art. 7.1.6 no. 23-24.

[2857] Cf. H. Schelhaas in Vogenauer, art. 7.1.6 no. 11, 18 ("un tribunal debe ... ser más reacio a derogar las cláusulas de exoneración de lo que sería en una transacción relacionada con el consumidor...")

la. El criterio pregunta si, teniendo debidamente **en cuenta la "finalidad" del contrato** y la confianza legítima del acreedor respecto al cumplimiento del deudor,[2858] la aplicación de la cláusula, **debidamente interpretada** (art. 4.1, 4.3 y siguientes teniendo correspondientemente en cuenta, entre otras cosas, el objeto del contrato),[2859] conduciría a un resultado[2860] "manifiestamente desleal". Este criterio otorga una amplia **discrecionalidad al órgano jurisdiccional** (art. 1.11 primera línea).[2861] Por ejemplo, la interpretación del contrato puede revelar que la responsabilidad por conducta intencional en detrimento de la otra parte fue excluida, al menos implícitamente (Art. 4.3 literales "a", "d" y "e"); Es probable que esto se considere "manifiestamente desleal".

6

Puede ser posible **limitar el efecto** de una cláusula de exoneración **por interpretación** (art. 4.1, 4.3 y subsiguientes) a su contenido razonable y "**no manifiestamente desleal**".[2862] Por ejemplo, por referencia al principio de buena fe y lealtad negocial (art. 1.7) al elegir los Principios de UNIDROIT —y especialmente en el caso de una cláusula de "lealtad comercial"[2863] o un lenguaje similar—, una cláusula de exoneración puede **interpretarse de manera restrictiva** teniendo debidamente en cuenta el objeto del contrato (art. 4.3 literal "d") y el contrato en su conjunto (art. 4.4). Con una interpretación tan restrictiva, la cláusula de exoneración no puede invocarse si "y en la medida" en que hacerlo (es decir, invocar la cláusula) sería manifiestamente desleal. Además, cualquier interpretación restrictiva de una cláusula de exoneración mejora el propósito del art. 7.1.6 como **último recurso** (art. 1.6 (1)). Por último, si se considera que la cuestión "**si y en la medida**" no está expresamente resuelta en el art. 7.1.6, el art. 1.6 (2) requiere tener en cuenta los "principios subyacentes". A este respecto, la norma del art. 7.4.13 (2) también apoya una interpretación restrictiva como la propuesta anteriormente.

7

En los Comentarios Oficiales se examinan **dos aspectos como "acumulativos":**[2864] **I)** una cláusula de exoneración puede ser "**intrínsecamente desleal**" (ya sea por sí misma o en relación con las circunstancias del caso, por ejemplo, una combinación de una exclusión de responsabilidad por "conducta gravemente negligente" sin posibilidad de seguro);[2865] y **II)** "su aplicación daría lugar a un **desequilibrio inherente entre los resultados de las**

[2858] Comentarios oficiales, art. 7.1.6 no. 5, párr. 3, p. 239; H. Schelhaas en Vogenauer, Art. 7.1.6 no. 12.

[2859] Art. 4.3 literal "d", Art. 4.8 literal "b" y Art. 5.1 literal "a".

[2860] H. Schelhaas en Vogenauer, art. 7.1.6 no. 17 (discutiendo ejemplos y preguntas: por ejemplo, ¿la cláusula se relaciona con la obligación esencial? ¿La asignación del riesgo se refleja en el precio?).

[2861] Comentarios oficiales, art. 7.1.6 no. 6.

[2862] Entre otras cosas, esta técnica tiene una tradición inglesa, utilizada "por los jueces (...) para controlar el uso de cláusulas de exoneración". S. Martens en Jansen/Zimmermann, Art. 8:109 (PDCE): *Clause Excluding or Restricting Remedies*, no. 3 (p. 1180).

[2863] Por ejemplo: "Este contrato debe interpretarse y ejecutarse con un espíritu de lealtad comercial" (señalado por el autor en varios contratos germano-japoneses a largo plazo relacionados con la introducción de productos farmacéuticos alemanes en el mercado japonés).

[2864] Comentarios oficiales, art. 7.1.6 n. 5, párr. 2, frase 1, p. 239 ("y").

[2865] Comentarios oficiales, art. 7.1.6 n. 5, párr. 2, p. 239; H. Schelhaas in Vogenauer, Art. 7.1.6 no. 20.

partes".[2866] Los ejemplos que figuran en los Comentarios Oficiales incluyen: **a)** una pérdida en exceso de la limitación de responsabilidad de una empresa de vigilancia cuyos empleados, actuando en el ejercicio de su empleo, roban los locales[2867] que sugieren alguna "**conducta intencionada o imprudente**";[2868] y **b)** una **exoneración del 100%** de la responsabilidad de un contador que se comprometa a preparar la cuenta del acreedor que cause impuestos adicionales del 100% al acreedor debido a un error grave[2869] que demuestre un **desequilibrio severo**[2870] con respecto a una conducta gravemente negligente no cubierta en absoluto (por ejemplo, por responsabilidad asegurada a una cantidad adecuada). La referencia al "serio error" en ese ejemplo sugiere que la prueba de gravedad de si una cláusula puede invocarse se realizará **en el momento en que el acreedor desee invocarla**.[2871] Al integrar una cláusula de exoneración como parte de las **cláusulas estándar** en un contrato comercial internacional, cumplir con los límites establecidos en el art. 7.1.6 (tal como se interpreta anteriormente) es mucho más conveniente que tener que respetar la ley nacional obligatoria orientada al consumidor. Esta puede ser una razón para elegir los Principios de UNIDROIT en lugar de una ley nacional (Art. 1.4 no. 4).

E. Límites y Opciones Contractuales

8

I) Ley obligatoria. La ley obligatoria (internacional) aplicable en virtud del art. 1.4 puede perturbar el efecto de una cláusula de exoneración.[2872] Por ejemplo, un abogado que limite su responsabilidad (por su deber de "mejores esfuerzos", art. 5.1.4 (2)) tendrá que observar la ley profesional obligatoria sobre limitación de responsabilidad a la que está sometido el abogado.[2873]

8a

II) Límites de responsabilidad. En la práctica, la limitación de la responsabilidad es a menudo una de las cuestiones más densamente negociadas, especialmente cuando los protagonistas de la negociación provienen de un entorno jurídico nacional diferente con diferentes mentalidades en cuanto a "lo que es normal", por ejemplo, responsabilidad ilimitada en la mayoría de las jurisdicciones de Derecho Civil (con un enfoque basado en la culpa)

[2866] El resaltado es mío; Comentarios oficiales, Art. 7.1.6 no. 5 párr. 2, p. 239.

[2867] Comentarios Oficiales, art. 7.1.6 no. 5, ejemplo 5, p. 239.

[2868] H. Schelhaas en Vogenauer, Art. 7.1.6 no. 8 con referencia al primer borrador del Art. 7.1.6; y nº 14. En el ejemplo, la conducta es intencional si la agencia de vigilancia planeó el golpe. Es imprudente si elige talentos como empleados para hacer el trabajo.

[2869] Comentarios Oficiales, art. 7.1.6 no. 5, ejemplo 5, p. 239.

[2870] Comentarios Oficiales, Art. 7.1.6 no. 5, p. 239; H. Schelhaas en Vogenauer, Art. 7.1.6 no. 22.

[2871] H. Schelhaas en Vogenauer, Art. 7.1.6 no. 13 (interpretando esto como una perspectiva "*ex post*").

[2872] D. A. Morán Bovio en Morán Bovio, Art. 7.1.6, no. 2.a., p. 336 (sin mencionar el Art. 1.4); H. Schelhaas en Vogenauer, Art. 7.1.6 no. 21 (discutiendo cláusulas que excluyen daños por muerte o lesiones corporales, por lo que la calificación de dicha cláusula también puede depender de la industria).

[2873] Por ejemplo, para los abogados alemanes, art. 52 de la Ley Federal de Abogados de Alemania "*Bundesrechtsanwaltsordnung*" - BRAO; véase E. Brödermann Hamb. Ley Rev. 2016, pp. 21, 27-29 (sobre la limitación de responsabilidad de un bufete de abogados alemán en virtud de los Principios de UNIDROIT).

con limitaciones legales o jurisprudenciales (Observaciones introductorias al artículo 7.4, No. 2) o responsabilidad limitada según la práctica habitual en los contratos estadounidenses (en combinación con un régimen de responsabilidad objetiva). El art. 7.1.6 proporciona la base necesaria para llegar a un acuerdo, por lo que a menudo tiene sentido: **i)** distinguir diferentes escenarios de riesgo en el contrato que son realistas dadas las circunstancias y que pueden estar relacionados con diferentes límites de responsabilidad (por ejemplo, por defectos o por retraso; no. 1 anterior); y **ii)** integrar normas sobre procedimientos y procesos (es decir, qué hacer cuando se producen diferentes tipos de situaciones de incumplimiento o riesgo, como la amenaza de interrupción de una línea de producción de un fabricante de automóviles, o incluso cuando se produce el "peor de los casos", como un incendio o una guerra[2874]) para reducir la exposición de los diferentes grupos de riesgo, también con respecto al deber de cooperación en virtud del art. 5.1.3 (art. 7.4.7) o el deber de mitigar el daño (art. 7.4.8).

8b

III) Responsabilidad por culpa. Dado que el concepto subyacente de los Principios de UNIDROIT es una responsabilidad por esferas y no por culpa (Introducción al Capítulo 7, no. 2), una cláusula que limita la responsabilidad a las faltas del deudor (Art. 1.11 cuarta línea) o de los auxiliares en relación con el cumplimiento constituye también una cláusula de exoneración (y una oportunidad para que los abogados formados en Derecho Civil introduzcan conceptos conocidos de niveles de negligencia (leve/ordinaria/grave) en el contrato, por ejemplo, estableciendo diferentes límites de responsabilidad dependiendo del nivel de culpa,[2875] o relacionándose con una violación del deber de diligencia en el contexto de un deber de mejores esfuerzos (Art. 5.1.4 (2)). En tal caso, tiene sentido incluir una lista de las personas (por ejemplo, auxiliares, sub-proveedores o subcontratistas encargados de la ejecución) de cuya negligencia será responsable el deudor en un contexto dado, ya que los Principios de UNIDROIT no contienen una norma general sobre la imputación de conocimiento e intención[2876] (en virtud de la cual la configuración orientada a la esfera de los

[2874] Por ejemplo, en algunas industrias, es común incluir en un contrato a largo plazo normas sobre situaciones de emergencia para permitir cambiar la sede de la producción en caso de algunos eventos de fuerza mayor (como se probó recientemente en algunos contratos a largo plazo con sitios de producción en Ucrania cuando comenzó la guerra el 24 de febrero de 2022).

[2875] En algunas circunstancias, desde el punto de vista del deudor, el acuerdo sobre la responsabilidad basada en la culpa en un contrato regido por los Principios de UNIDROIT puede lograr una mejor protección que el acuerdo sobre una ley nacional porque la elección de los Principios de UNIDROIT no contiene cláusulas específicas sobre la transferencia de la carga de la prueba (como el artículo 280 párrafo 1 segunda oración del Código Civil alemán). A este respecto, el enfoque y la evaluación dependerán del régimen de arbitraje y de la conducción del arbitraje por el tribunal arbitral. Sin embargo, como señaló T. Rüfner en Jansen/Zimmermann, Art. 8:108 (PDCE): *Excuse Due to an Impediment*, no. 28 (en p. 1177), en caso de que los hechos no puedan establecerse, el estándar de prueba puede no ser decisivo. Concluye: "El hecho de que todos los ordenamientos jurídicos estén de acuerdo en que la carga de la prueba de los hechos que justifican el incumplimiento recae en el deudor significa que en muchos casos el tribunal fallará a favor del acreedor sin tener en cuenta el nivel de responsabilidad aplicable. Esto sucederá siempre que no se pueda establecer la causa exacta de un impedimento" (con una nota a pie de página, entre otras cosas, para la legislación inglesa a *Joseph Constantine Steamship Line Ltd vs. Imperial Smeling Corp Ltd* (19429 AC 154).

[2876] Véase, por el contrario, Art. 1:305 PDCE y L. Rademacher en Jansen/Zimmermann, Art. 1:305 (PDCE): *Imputed Knowledge and Intention*, no. 1-16 (pp. 222-229). Con respecto al Derecho Inglés, que se basa en el punto de partida "que las promesas contractuales contienen una garantía y que la responsabilidad del deudor

Principios de UNIDROIT proporciona un argumento para un concepto amplio de imputación de los "conocimientos, previsión, culpa y actos" de los auxiliares que actúan dentro de cada "esfera" (es decir, en nombre de cada parte) a menos que se acuerde lo contrario en el contrato).[2877] A veces, los contratos a largo plazo incluso prevén el nivel de sub-proveedores hasta el cual un deudor será responsable como si estuviera actuando directamente (lo que se vuelve relevante si el deudor se abastece a través de distribuidores). Para limitar su esfera de responsabilidad, el deudor tal vez desee excluir a los sub-proveedores que hayan sido elegidos o determinados por el acreedor.

9

IV) Cláusulas de separabilidad. En escenarios extremos, las diferencias culturales y jurídicas (por ejemplo, entre las diferentes legislaciones nacionales de las partes, una de las cuales permite cláusulas de exoneración de gran alcance), así como la presión sobre los negociadores (por ejemplo, de parte de las partes interesadas en el proyecto) pueden dar lugar a acuerdos sobre una cláusula de exoneración que un tribunal de arbitraje podría considerar posteriormente "manifiestamente desleal". Además, las cláusulas de exoneración suelen formar parte de un enfoque multifacético de gestión de riesgos con diferentes ángulos. Es muy posible que solo una parte de la cláusula (por ejemplo, algunas palabras) se perciba como "manifiestamente desleal", lo que podría contaminar toda la cláusula, de modo que toda la cláusula "no puede invocarse" y, por lo tanto, es "inaplicable".[2878] *Schelhaas* llega a proponer excluir explícitamente la aplicabilidad de las cláusulas de exoneración al incumplimiento intencional y gravemente negligente, para evitar que la cláusula se elimine en su totalidad, porque el tribunal (art. 1.11 primera línea) no tiene poder para modificar la cláusula de exoneración.[2879] Esto va demasiado lejos por dos razones: **a)** Una interpretación restrictiva de la cláusula de exoneración presentada en el punto 6 supra en la sección D, teniendo debidamente en cuenta todas las circunstancias pertinentes (párrafos 1 y 3 del artículo 4 y siguientes), está en poder de un tribunal (pero no es segura). **b)** Dependiendo de las circunstancias de un contrato, a veces existen intereses legítimos para limitar las consecuencias también de la negligencia grave. En el ejemplo de un bufete de abogados que limita su responsabilidad, es práctica común en muchas partes del mundo negociar a cambio un límite de responsabilidad más alto que esté cubierto por un seguro (por ejemplo, un límite

---

es estricta, sujeta a cláusulas ejemplificativas y términos implícitos" (ibid., nº 9 (p. 226)). L. Rademacher concluye (en pp. 226 y 227): "Por lo tanto, la razón del incumplimiento del deudor generalmente sigue siendo irrelevante, lo que hace innecesaria una imputación de culpa de un auxiliar".

[2877] Esta evaluación se correlaciona con la conclusión de L. Rademacher en Jansen/Zimmermann, Art. 1:305 (PDCE): *Imputed Knowledge and Intention*, en el no. 16 (p. 229): "El estudio comparativo ha demostrado que las leyes nacionales tienden a extender la responsabilidad de los principales y deudores a través de un amplio principio de imputación. Tanto PDCE como DCFR, aparentemente sin dudarlo, han adoptado este punto de vista y responsabilizan a las partes por el conocimiento, la previsión, la culpa y los actos contra la buena fe y la lealtad negocial de una amplia gama de auxiliares". La conclusión se basa en un estudio de las leyes de Alemania, Austria, Inglaterra, Italia, los Países Bajos y Suiza, ibid., nº 11 (p. 227).

[2878] H. Schelhaas en Vogenauer, Art. 7.1.6 no. 15.

[2879] H. Schelhaas en Vogenauer, Art. 7.1.6 no. 15 en combinación con una referencia a los Comentarios Oficiales (Art. 7.1.6, no. 6, p. 239). Esta opinión se menciona, aunque no se respalda, en la Opinión nº 17 del Consejo Consultivo de la CNUCCI, Cláusulas de limitación y exclusión en los contratos de la CNUCCI, Relator: Prof. Lauro Gama Jr., en el nº 2.11: "Según un comentarista, la idea de "injusticia grave comprende las de "negligencia grave" y "conducta intencional". (Se omite la nota de pie de página que se refiere a Schelhaas).

de 5 millones de euros en caso de negligencia común y de 10 o 20 millones de euros en caso de negligencia grave, por lo que los límites acordados varían según las circunstancias).

10

Las partes (y sus abogados) tienen un **interés legítimo en protegerse contra tales riesgos de interpretación**. Los redactores de la cláusula de exoneración no pueden saber de antemano si el tribunal (art. 1.11 primera línea) adopta posteriormente un enfoque de interpretación como se sugiere anteriormente en el punto 6 literal "D", o si considera que toda la cláusula de exoneración es inaplicable. Las partes son libres (y bien aconsejadas) de integrar en su contrato una **cláusula de "divisibilidad"** (art. 1.5) que disponga, si está bien redactada, que se considerará que otra disposición (hipotética) (por ejemplo, "que determinará el tribunal arbitral")[2880] sustituye a una cláusula nula (o una cláusula que "no puede ser invocada" en virtud del art. 7.1.6), según la cual la nueva disposición se acercará lo más posible al objetivo legítimo de la cláusula nula (o inaplicable). Si las partes acuerdan tal cláusula de "divisibilidad", actúan **deliberada y razonablemente**, lo que debería ser suficiente como prueba en un escenario B2B internacional (*argumentum* Art. 3.3.1 (2) que aborda el problema similar de las consecuencias de infringir las normas imperativas). También actúan de acuerdo con un principio subyacente que se encuentra en el art. 7.4.13 (2) que parece exigir moderación y mantiene el contrato (*favor contractus*) tanto como sea posible dadas las circunstancias. Al prever únicamente la consecuencia de la "inaplicabilidad" de la propia cláusula de exoneración manifiestamente desleal, el artículo 7.1.6 no "establece lo contrario" en el sentido del artículo 1.5 contra una "cláusula de separabilidad", de modo que el principio de obligatoriedad de los contratos debe aplicarse a la cláusula de "divisibilidad".

11

V) En los **contratos a largo plazo** (art. 1.11 tercera línea) la cláusula de divisibilidad es de particular importancia porque la percepción de lo que es "manifiestamente desleal" puede cambiar con el tiempo.[2881]

Artículo 7.1.7 (Fuerza Mayor)

(1) El incumplimiento de una parte se excusa si esa parte prueba que el incumplimiento fue debido a un impedimento ajeno a su control y que, al momento de celebrarse el contrato, no cabía razonablemente esperar, haberlo tenido en cuenta, o haber evitado o superado sus consecuencias.

[2880] El ejemplo elegido supone una combinación de una cláusula de elección de los Principios de UNIDROIT con una cláusula de arbitraje (Preámbulo nº 3, 6).

[2881] Véase, por ejemplo, E. Brödermann en *Eppur si muove: The Age of Uniform Law*, pp. 1283 y 1286 y nota 15 (sobre el cambio de la percepción alemana del soborno en el extranjero desde 1999).

(2) Cuando el impedimento es sólo temporal, la excusa tiene efecto durante un período de tiempo que sea razonable en función del impacto del impedimento en el cumplimiento del contrato.

(3) La parte incumplidora debe notificar a la otra parte acerca del impedimento y su impacto en su aptitud para cumplir. Si la notificación no es recibida por la otra parte en un plazo razonable a partir de que la parte incumplidora supo o debió saber del impedimento, esta parte será responsable de indemnizar los daños y perjuicios causados por la falta de recepción.

(4) Nada de lo dispuesto en este artículo impide a una parte ejercitar el derecho a resolver el contrato, suspender su cumplimiento o a reclamar intereses por el dinero debido.

A. Un escudo para el deudor

1

Además de la exclusión de responsabilidad debida al comportamiento de la otra parte (Art. 7.1.2, 7.1.3),[2882] y sujeto a contrato (Art. 1.5),[2883] el **párrafo 1** establece una **exclusión general** de responsabilidad (Art. 7.4.1)[2884] del deudor (Art. 1.11 cuarta línea) por eventos de fuerza mayor[2885] que causen incumplimiento total o parcial[2886] (Art. 7.1.1; véase, por ejemplo, Art. 5.1.6, 6.1.2-6.1.3, 6.1.6),[2887] cuyo **párrafo 2** se extiende a los casos de **impedimentos temporales** a la ejecución.[2888] (Puede incluir incluso el tiempo posterior en caso de impedimentos consecuentes tal como la "congelación" como un obstáculo para la construcción que no se habría causado sin el evento de fuerza mayor).[2889] Al igual que el art. 7.1.2, el art. 7.1.7 es **más relevante para las obligaciones de lograr un resultado específico** (art. 5.1.4 (1))[2890] (art. 7.1.2 no. 4). Por consideraciones de enriquecimiento correlacionado, el art. 7.1.7 no se aplica a la obligación de **pagar intereses por falta de pago de dinero** (art. 7.4.9 no. 3), mientras que sí se aplica de otra manera a la obligación de pago (por ejemplo, art. 7.4.10 no. 3).

[2882] P. Pichonnaz en Vogenauer, art. 7.1.7 no. 1 (señalando la "interferencia" o el "incumplimiento del acreedor").

[2883] P. Pichonnaz en Vogenauer, art. 7.1.7 no. 1 (señalando la "interferencia" o el "incumplimiento del acreedor").

[2884] D. A. Morán Bovio en Morán Bovio, Art. 7.1.7, no. 1, p. 337; P. Pichonnaz en Vogenauer, Art. 7.1.7 no. 19, 47.

[2885] Comentarios oficiales, art. 7.1.7 no. 1, p. 240.

[2886] P. Pichonnaz en Vogenauer, Art. 7.1.7 no. 20, 43.

[2887] P. Pichonnaz en Vogenauer, Art. 7.1.7 no. 20.

[2888] Furmston at P.C.- Misc. 15 (1991), p. 59 (desarrollo de la formulación CNUCCI en el art. 79 (3)); P. Pichonnaz en Vogenauer, Art. 7.1.7 no. 44. La imposibilidad temporal de pago impide el derecho a exigir el pago en virtud del art. 7.2.1, véase H. Schelhaas in Vogenauer, art. 7.2.1 no. 5 y P. Pichonnaz in Vogenauer, art. 7.1.7 no. 48.

[2889] Comentarios oficiales, Art. 7.1.7 no. 2, Ilustración 2, p. 241 y P. Pichonnaz en Vogenauer, Art. 7.1.7 no. 46 (construcción de oleoductos en Siberia).

[2890] A diferencia de los deberes de "mejores esfuerzos" (Art. 5.1.4 (2)): P. Pichonnaz in Vogenauer, Art. 7.1.7 no. 2, 9; T. Rüfner en Jansen/Zimmermann, Art. 8:108 (PDCE): *Excuse due to an Impediment*, no. 24 (p. 1176).

B. Condiciones

2

La exclusión de responsabilidad basada en la fuerza mayor depende de varias condiciones. El punto de partida es un **impedimento**, es decir, un "**evento exógeno** (esto se refiere a, externo a la esfera de riesgo del deudor)[2891] que, según el deudor, es la causa de su incumplimiento".[2892] **En otras palabras: I)** De conformidad con el **párrafo 1,** ese impedimento debe estar **fuera del control del deudor** (y tampoco debido al control del acreedor, ya que sus interferencias evitarían el incumplimiento en primer lugar,[2893] Art. 7.1.2). Por lo general (y hasta un "límite de sacrificio [económico]")[2894] no es así si el deudor debe **pagos**[2895] u otra "obligación genérica", es decir**, bienes especificados sólo en especie** si el contrato no limita los bienes a un tipo o existencias específicos.[2896] La **prueba** es "si el deudor podría razonablemente haber superado el impedimento o su efecto".[2897] Mientras que las catástrofes naturales, las epidemias, los accidentes graves, la guerra[2898] o la insurrección civil y las medidas gubernamentales suelen ser inevitables e insuperables,[2899] otros eventos como la huelga en la planta del deudor (a diferencia de la huelga que afecta al transporte)[2900] generalmente pueden calificarse como endógenos, ya que el deudor suele tener (*argumentum* Art. 1.9 (2)) una **obligación de organizarse** de manera profesional y apropiada[2901] (esta es la razón por la cual, por ejemplo, un embargo de activos o un requerimiento judicial temporal puede ser fuerza mayor solo si es infundado;[2902] **un incumplimiento de un agente o sub-**

[2891] P. Pichonnaz en Vogenauer, art. 7.1.7 no. 22 basado en comentarios del art. 79 CNUCCI; I. Schwenzer en Schlechtriem & Schwenzer, art. 79, párr. 12; U. Magnus in Staudinger (2017) Art. 79 párr. 16. La acción de un empleado está dentro de la esfera del empleador, véase también T. Rüfner en Jansen/Zimmermann, Art. 8:108 (PDCE): *Excuse due to an Impediment,* no. 21 (pp. 1174-75) desde la perspectiva de un uso similar de la redacción de "impedimento" en PDCE. En caso de subcontratación, se aplica el art. 9.2.6 (2).

[2892] P. Pichonnaz en Vogenauer, art. 7.1.7 no. 20 (sin los corchetes) con referencia a definiciones similares para la aplicación del art. 79 CIM por Y. M. Atamer en Kröll/Mistelis/Perales Viscascillas, art. 79 párr. 46; I. Schwenzer en Schlechtriem & Schwenzer, Art. 79 párr. 12. Véase también T. Rüfner en Jansen/Zimmermann, art. 8:108 (PDCE): *Excuse due to an Impediment,* no. 19-20 (p. 1174) desde la perspectiva de un uso similar de la expresión de "impedimento" en PDCE.

[2893] Comentarios oficiales, art. 7.1.2 no. 1, pp. 228-229; P. Pichonnaz en Vogenauer, Art. 7.1.7 no. 8.

[2894] P. Pichonnaz en Vogenauer, Art. 7.1.7 no. 29; Y. M. Atamer en Kröll/Mistelis/Perales Viscascillas Art. 79 párr. 69.

[2895] P. Pichonnaz in Vogenauer, art. 7.1.7 no. 30 ("obligaciones financieras"); véase también J. M. Perillo, Tulane J. of Int"l & Comp. L. 1997, pp. 5 y 16 ("la salud financiera está siempre bajo el control de una parte contratante") con respecto al Derecho estadounidense.

[2896] P. Pichonnaz en Vogenauer, art. 7.1.7 no. 29 (con referencias detalladas a la jurisprudencia).

[2897] P. Pichonnaz en Vogenauer, Art. 7.1.7 no. 22.

[2898] Desde el 24 de febrero de 2022, cuando las fuerzas rusas cruzaron la frontera ucraniana, la guerra ha recibido una realidad aterradora, también desde una perspectiva europea, en las listas típicas que enumeran eventos de fuerza mayor a modo de ejemplo.

[2899] P. Pichonnaz en Vogenauer, Art. 7.1.7 no. 20.

[2900] P. Pichonnaz en Vogenauer, Art. 7.1.7 no. 31.

[2901] P. Pichonnaz en Vogenauer, Art. 7.1.7 no. 22 con referencia a C. Brunner, *Force Majeure and Hardship under General Contract Principles - Exemption for Non-Performance in International Arbitration* (2009) pp. 178-179; Y. M. Atamer en Kröll/Mistelis/Perales Viscascillas, art. 79, párr. 47; I. Schwenzer Schlechtriem y Schwenzer, art. 79, párr. 19; y véase para los Estados Unidos - a *Canadian Industrial Alcohol Co. vs. Dunbar Molasses Co.,* 179 NE 383 (NY 1932), página 199; así como en la nota 247 a Waespi, *Organisationshaftung - Risiko und Unsorgfalt bei der Geschäftsherrenhaftung* en: Hausheer (Ed.), *Abhandlungen zum schweizerischen Recht* (2005), pp. 263-264 ("responsabilidad por la organización").

[2902] P. Pichonnaz en Vogenauer, Art. 7.1.7 no. 22.

contratista, o una escasez en la contratación por parte de terceros,[2903] no es fuerza mayor a menos que se deba a fuerza mayor);[2904] sin embargo, cuando el desempeño depende de **habilidades personales específicas**, incluso una circunstancia personal puede equivaler a fuerza mayor;[2905] **II)** debe haber **causalidad** ("debido a") que a menudo es obvio (*res ipsa loquitur*) pero que falta si el deudor se retrasa y el evento ocurre después de la fecha de vencimiento en una situación de incumplimiento.[2906]

3

Como cuestión de buena fe y lealtad negocial (art. 1.7 no. 4)[2907] y asignación de riesgos contractuales,[2908] el evento puede no haber sido **razonablemente previsible** y "tenido en cuenta"[2909] por el deudor en la celebración del contrato (aunque, en casos extremos, puede haber existido en la celebración del contrato, el art. 3.1.3).[2910] Esta prueba abarca tanto la **previsibilidad objetiva** como la **previsibilidad concreta**.[2911]

4

Puede que no haya sido posible evitar el impedimento o sus consecuencias. No hay fuerza mayor si un deudor razonable habría tomado **a tiempo**[2912] medidas **preventivas**[2913] o **alternativas**[2914] para superar el impedimento, por ejemplo, tomando medidas de precaución para mitigar el efecto de una inundación anunciada;[2915] tomando otra ruta en comparación con la ruta acordada y bloqueada;[2916] manteniendo existencias disponibles para evitar

---

2903 P. Pichonnaz en Vogenauer, Art. 7.1.7 no. 32 (a menos que el tercero haya sido impuesto por el acreedor, Art. 7.1.2).

2904 P. Pichonnaz en Vogenauer, Art. 7.1.7 no. 22.

2905 P. Pichonnaz en Vogenauer, art. 7.1.7 no. 28 con referencia a la jurisprudencia estadounidense.

2906 P. Pichonnaz en Vogenauer, art. 7.1.7 no. 21 con una referencia, entre otras cosas, a I. Schwenzer en Schlechtriem & Schwenzer Art. 79, párr. 16 (en la nueva edición), un caso de la CNUCCI (Laudo arbitral 24 de abril de 1996, Cámara Búlgara de Comercio e Industria caso nº 56/1995, CISG-online 435, UNILEX nº 422, relativo a una huelga de mineros ucranianos), y diversa literatura legal comparada.

2907 M. J. Bonell, *An International Restatement*, pp. 147 y 148.

2908 Comentarios oficiales, art. 1.7 no. 1, p. 18; P. Pichonnaz en Vogenauer, Art. 7.1.7 no. 34 con referencia en la nota 281 a C. Brunner, *Force Majeure and Hardship under General Contract Principles - Exemption for Non-Performance in International Arbitration* (2009) pp. 156-157.

2909 P. Pichonnaz en Vogenauer, Art. 7.1.7 no. 33.

2910 P. Pichonnaz en Vogenauer, Art. 7.1.7 no. 8; T. Rüfner en Jansen/Zimmermann, Art. 8:108 (PDCE): *Excuse due to an Impediment*, no. 22 (p. 1175), desde la perspectiva de PDCE usando una redacción idéntica: "si las partes eran conscientes del riesgo de un impedimento y han dejado abierta esta cuestión, debería ser posible tratar el incumplimiento como excusado".

2911 Comentarios oficiales, art. 7.1.7 no. 1, ilustración 1 (III), p. 241; P. Pichonnaz en Vogenauer, Art. 7.1.7 no. 35 (al final); con referencia y citas en la nota 286 del Laudo Arbitral de 30 de noviembre de 2006, Centro de Arbitraje de México, UNILEX No.1149, párr. 146 (juzgando "El Niño" como previsible, pues no era razonablemente imprevisible).

2912 P. Pichonnaz en Vogenauer, Art. 7.1.7 no. 27.

2913 P. Pichonnaz en Vogenauer, Art. 7.1.7 no. 24 con referencia en la nota 252 a C. Brunner, *Force Majeure and Hardship under General Contract Principles - Exemption for Non-Performance in International Arbitration* (2009) p. 322 e I. Schwenzer in Schlechtriem & Schwenzer, Art. 79 párr. 15.

2914 P. Pichonnaz en Vogenauer, Art. 7.1.7 no. 25.

2915 P. Pichonnaz en Vogenauer, Art. 7.1.7 no. 24.

2916 P. Pichonnaz en Vogenauer, Art. 7.1.7 no. 25.

una paralización de la producción.[2917] Estas medidas preventivas o alternativas deben ser **comercialmente razonables** (art. 7.2.2 literal "b"); de lo contrario, el deudor podría alegar dificultades en virtud de los arts. 6.2.2-6.2.3.[2918] La norma es flexible[2919] y depende de las circunstancias.

5

A través del art. 7.1.7, otra **síntesis** entre el Derecho Civil basado en la culpa y el Derecho Común[2920] impulsado por la responsabilidad objetiva, el **principio general del derecho** de evitar la responsabilidad por eventos fuera del control del deudor recibe una forma concreta que se "inspira" en el art. 79 de la CNUCCI[2921] con respecto a las diversas facetas nacionales.[2922] Requiere una **interpretación autónoma** en virtud del art. 1.6. La fuerza mayor, que debe ser probada por el deudor,[2923] debe aceptarse "cuando la solución sea

2917 P. Pichonnaz en Vogenauer, Art. 7.1.7 no. 31 (al final) y, para la CNUCCI, I. Schwenzer en Schlechtriem & Schwenzer, Art. 79 párrafo 23.

2918 El art. 7.1.7 está estrechamente relacionado con la cláusula de excesiva onerosidad del art. 6.2.2, véanse los Comentarios Oficiales, art. 7.1.7 nº 3, página 242; Bonell en P.C.-Misc. 15 (1990), p. 57, en la que se afirma que hay casos en que los dos conceptos pueden superponerse; P. Pichonnaz en Vogenauer, art. 7.1.7 no. 26 (con referencias detalladas a los casos posteriores al bloqueo del Canal de Suez en 1957); H. Schelhaas en Vogenauer, Art. 7.2.2 no. 31.

2919 T. Rüfner en Jansen/Zimmermann, Art. 8:108 (PDCE): *Excuse due to an Impediment*, no. 28 (pp. 1176-77), en el contexto de comentarios sobre una redacción similar en el PDCE, observando además que: I) los resultados prácticos bajo las diversas (y divergentes) normas nacionales "son a menudo sorprendentemente similares"; y II) que la norma probatoria desempeña un papel: "El hecho de que todos los ordenamientos jurídicos estén de acuerdo en que la carga de la prueba de los hechos que justifican el incumplimiento recae en el deudor significa que en muchos casos el tribunal fallará a favor del acreedor sin tener en cuenta el criterio de responsabilidad aplicable. Esto sucederá siempre que no se pueda establecer la causa exacta de un impedimento" (se omiten las notas de pie de página).

2920 StL-Doc. 45 (1990), p. 4; Furmston en P.C.-Misc. 15 (1991), p. 56; StL-Misc. 31 Rev., nº 53 (2015); D. A. Morán Bovio en Morán Bovio, Art. 7.1.7, no. 2.b., p. 338; P. Pichonnaz en Vogenauer, art. 7.1.7 no. 1; T. Rüfner en Jansen/Zimmermann, Art. 8:108 (PDCE): *Excuse due to an Impediment*, no. 17 (p. 1173) con una breve reseña comparativa de las normas internacionales. Ibid., pp. 3-10 (pp. 1166-69), T. Rüfner explica la historia, incluidos, por ejemplo, el Derecho Romano, que partió de un concepto de responsabilidad objetiva y desarrolló el concepto de culpa (no. 3-4 en p. 1166), y el Derecho Consuetudinario que comenzó en el siglo XIII con un concepto de culpa (No. 10 en la página 1169).

2921 StL-Doc. 45 (1990), p. 4; Furmston en P.C.- Misc. 15 (1991), p. 56; StL-Misc. 31 Rev., nº 53 (2015); D. A. Morán Bovio en Morán Bovio, Art. 7.1.7, no. 2.b., p. 338; P. Pichonnaz en Vogenauer, art. 7.1.7 no. 1; T. Rüfner en Jansen/Zimmermann, Art. 8:108 (PDCE): *Excuse due to an Impediment*, no. 17 (p. 1173) con una breve reseña comparativa de las normas internacionales.

2922 Comentarios Oficiales, Art. 7.1.7 no. 1, p. 240; P. Pichonnaz en Vogenauer, art. 7.1.7 no. 4 y no. 6 (discutiendo la distinción de los conceptos de Derecho Civil de la "familia alemana" de leyes civiles de (presunta) culpa, artículo 280 párrafo 1 del Código Civil alemán "BGB" y Art. 97 párr. 1 Código suizo de obligaciones), por lo que debe señalarse que, en la práctica alemana, la jurisprudencia sobre la carga de la prueba también exige que el "deudor" (en la definición de los Principios de UNIDROIT) pruebe el "impedimento" más allá de su control, véase solo en la literatura reciente M. Schmidt-Kessel en Prütting/Wegen/Weinreich/, BGB Kommentar, 16ª ed. 2021, § 280 no. 25. Véase, por último, Farnsworth, *On Contracts* (4ª ed. 2004), párr. 9.9 no. 1, en el que se analiza la distinción del concepto más restringido de fuerza mayor en el Derecho Francés (repetido por P. Pichonnaz en Vogenauer, art. 7.1.7, nota 206); así como el análisis comparativo detallado de T. Rüfner en Jansen/Zimmermann, Art. 8:108 (PDCE): *Excuse due to an Impediment*, no. 11-17 (pp. 1169-1173) y el resumen histórico ibid. no. 3-30 (pp. 1166-1169).

2923 P. Pichonnaz en Vogenauer, Art. 7.1.7 no. 2, 5; T. Kleinheisterkamp in Vogenauer (1ª ed. 2009), Art. 7.1.7 no. 3.

razonable y esté justificada por la apreciación de las circunstancias y los propósitos de la disposición".[2924] En caso de fuerza mayor **temporal**, la terminación requiere que el retraso resultante cause un incumplimiento fundamental.[2925]

C. Gestión de Fuerza Mayor por parte del deudor

6

I) El deudor incumplidor (artículo 1.11 cuarta línea)[2926] **deberá notificar** (art. 1.10) al acreedor artículo (1.11 cuarta línea) "el impedimento y su efecto sobre su capacidad para cumplir" dentro de un plazo razonable[2927] a partir de su conocimiento real o constructivo del impedimento[2928] (**párrafo 3**). De lo contrario, el deudor será responsable de los daños "resultantes de la no recepción" de una notificación (**párrafo 3, oración 2**).[2929] La notificación debe ser concreta con detalles del impedimento[2930] (duradero o temporal, total o parcial), que pueda permitir al acreedor tomar medidas para mitigar la pérdida.[2931] Debería ofrecer **alternativas comerciales**, si las hubiere, para evitar posiblemente la resolución del contrato.[2932] **II)** El deudor debería considerar si: además del escudo de fuerza mayor contra la responsabilidad, puede tener derecho a la renegociación en virtud del principio de **excesiva onerosidad** del art. 6.2.1 y subsiguientes, que puede reformular sus obligaciones de desempeño.[2933] (Puede requerir un aviso más rápido "sin demora indebida").[2934]

[2924] P. Pichonnaz en Vogenauer, Art. 7.1.7 no. 5; Laudo arbitral de 30 de noviembre de 2006, Centro de Arbitraje de México, UNILEX nº 1149, párrafo 137 (referido únicamente a las "circunstancias").

[2925] P. Pichonnaz en Vogenauer, Art. 7.1.7 no. 45; I. Schwenzer en Schlechtriem & Schwenzer, Art. 79 párr. 42.

[2926] D. A. Morán Bovio en Morán Bovio, Art. 7.1.7, no. 1, p. 337 y no. 2.a., p. 338 (comparando con la ley española donde tal notificación no es requerida); P. Pichonnaz en Vogenauer, Art. 7.1.7 no. 36; T. Rüfner en Jansen/Zimmermann, Art. 8:108 (PDCE): *Excuse due to an Impediment*, no. 27 (p. 1176), que describe el deber como una expresión del deber general de buena fe y lealtad negocial (en el contexto de PDCE). Art. 1.7.

[2927] P. Pichonnaz en Vogenauer, Art. 7.1.7 no. 37; véase también D. A. Morán Bovio en Morán Bovio, Art. 7.1.7, no. 3.a., p. 338 (sugiriendo agregar este requisito a los principios).

[2928] P. Pichonnaz en Vogenauer, art. 7.1.7 no. 38 (argumentando que el deudor debe actuar "rápidamente" una vez que ha determinado que no puede superar el impedimento).

[2929] P.C.-Misc. 15 (1991), p. 60 (en esencia similar al proyecto de disposición PDCE correspondiente, ahora 8:108).

[2930] P. Pichonnaz en Vogenauer, Art. 7.1.7 no. 40 con referencia a Y. Atamer en Kröll/Mistelis/Perales Viscascillas, Art. 79 párr. 95.

[2931] P. Pichonnaz en Vogenauer, Art. 7.1.7 no. 39.

[2932] P. Pichonnaz en Vogenauer, Art. 7.1.7 no. 40 con referencia, en la nota 296, nuevamente a Y. Atamer en Kröll/Mistelis/Perales Viscascillas, Art. 79 párr. 95.

[2933] P. Pichonnaz en Vogenauer, Art. 7.1.7 no. 10.

[2934] P. Pichonnaz en Vogenauer, Art. 7.1.7 no. 37.

D. Opciones y obligaciones para el acreedor, incluida la resolución

7

I) El acreedor podrá **retener el cumplimiento** (art. 7.1.3 (2), **párrafo 4**), en caso de fuerza mayor temporal sólo temporalmente (párrafo 2).[2935] **II)** Para evitar el enriquecimiento de los deudores devengando intereses (si los hubiere), el acreedor puede reclamar intereses si el control de cambios equivalente a fuerza mayor bloquea el dinero adeudado (art. 7.4.9).[2936] **III)** Puede **resolver** el contrato (art. 7.3.1, **párrafo 4**)[2937] que deja al deudor con el riesgo de destrucción de la mercadería[2938] (que requiere la gestión de la cobertura del seguro a la conclusión del contrato). **IV)** En caso de notificación tardía, puede reclamar "daños y perjuicios por confianza" en virtud de la **segunda oración del párrafo 3**.[2939] **V)** En caso de fuerza mayor, el acreedor está **obligado a mitigar** las consecuencias según sea razonable dependiendo de las circunstancias (art. 7.4.8, 5.1.3).

E. Cláusulas de Fuerza Mayor

1. Función General (Redacción)

8

Una **cláusula de fuerza mayor** puede "ampliar o restringir"[2940] el concepto de fuerza mayor. **I)** Puede incluir una **presunción a favor del deudor** (como las cláusulas de fuerza mayor de la CCI de 2003),[2941] y dar ejemplos de riesgos anticipados[2942] que proporcionan claridad sobre algunos de los eventos que a menudo causan debate en las negociaciones contractuales (como "**huelga o cierre patronal**"),[2943] hasta el límite del art. 7.1.6 que impide la inclusión de eventos que parecerían "**manifiestamente desleales**".[2944] Por lo que se refiere a la línea de demarcación entre los acontecimientos exógenos y la práctica empresarial, "organizado profesionalmente (n.º 2 supra), la referencia al *malware* (software malicioso) informático y a los ciberataques en caso de fuerza mayor incluirá normalmente explícita o implícitamente (por interpretación: art. 4.1, 4.3; o por un término implícito: art. 5.1.2) que el deudor está organizado por un software de protección actualizado que constituye una buena práctica en el comercio pertinente (art. 1.9 (2)). **II)** Puede **adaptar las consecuencias**, por ejemplo, previendo: **a)** un tiempo mínimo de espera antes de la resolución; y **b)** un

2935 P. Pichonnaz en Vogenauer, Art. 7.1.7 no. 45.

2936 Comentarios oficiales, art. 7.4.9 no. 1, pp. 284-285; P. Pichonnaz en Vogenauer, Art. 7.1.7 no. 48; E. McKendrick en Vogenauer, Art. 7.4.9 no. 10.

2937 Furmston y Farnsworth en P.C.-Misc. 15 (1991), p. 61 (en caso de impedimento temporal, la terminación sólo se admite si la demora equivale a un incumplimiento esencial); P. Pichonnaz en Vogenauer, Art. 7.1.7 no. 43, 47.

2938 P. Pichonnaz en Vogenauer, Art. 7.1.7 no. 47.

2939 P. Pichonnaz en Vogenauer, Art. 7.1.7 no. 42.

2940 P. Pichonnaz en Vogenauer, Art. 7.1.7 no. 12.

2941 Citado por P. Pichonnaz en Vogenauer, Art. 7.1.7 no. 12 en nota 222, p. 869.

2942 Véase la discusión detallada de P. Pichonnaz en Vogenauer, Art. 7.1.7 no. 13-14 (incluida la exclusión implícita de fuerza mayor para ciertos riesgos por otras cláusulas, como una cláusula de "precio fijo" "que cubre al deudor contra el riesgo de tipo de cambio").

2943 Véase de nuevo la excelente lista de muestras elaborada por P. Pichonnaz en Vogenauer, art. 7.1.7 nº 13.

2944 P. Pichonnaz en Vogenauer, Art. 7.1.7 no. 11.

modo diferente de **separación financiera** en comparación con una resolución debida a la esfera del deudor. A este respecto, *Rüfner* observa en su análisis comparativo: "En última instancia, es el contrato el que determina qué impedimentos deben superarse y qué esfuerzos deben hacerse".[2945] Como la cláusula de fuerza mayor a menudo hace frente a situaciones extremas, es útil si se combina con una buena cláusula de resolución de controversias, en la mayoría de los casos una cláusula de arbitraje (Introducción no. 9, VI; Preámbulo, núm. 3-6; Art. 1.4 no. 3).[2946]

2. Contratos a largo plazo, combinación con la excesiva onerosidad

9

Para los contratos a largo plazo (art. 1.11, tercera línea), que a menudo se basan en inversiones sustanciales, la edición de 2016 de los Comentarios Oficiales recomienda "proveer… para la continuación, siempre que sea posible, de la relación comercial en caso de fuerza mayor".[2947] Por ejemplo, las partes pueden: **I)** operar con un tiempo mínimo más largo de espera antes de la terminación (por ejemplo, 6 meses);[2948] **II)** prever una renegociación en analogía con el art. 6.2.3 sobre excesiva onerosidad;[2949] o **III)** proporcionar un mecanismo de ADR, como la mediación con el objetivo de mantener la relación si es razonablemente posible. Desde que la pandemia de COVID-19 golpeó al mundo, los profesionales tienden a concentrarse más que antes en las cláusulas de fuerza mayor.[2950] En la práctica, los contratos a largo plazo a menudo contienen una **combinación de todos los instrumentos disponibles**,[2951] incluidas exoneraciones, **fuerza mayor**, excesiva onerosidad (desde 2020, a veces complementadas por cláusulas Corona (Art. 6.2.2 no. 6), así como cláusulas especiales sobre escasez de material y ajuste de precios. La distribución de riesgos resultante tiene un impacto en el alcance de la disponibilidad de fuerza mayor y la excesiva onerosidad.[2952] Dado que es difícil predecir en abstracto un marco temporal apropiado para

---

2945 T. Rüfner en Jansen/Zimmermann, Art. 8:108 (PDCE): *Excuse due to an Impediment*, no. 23 (en p. 1175).

2946 T. Rüfner en Jansen/Zimmermann, Art. 8:108 (PDCE): *Excuse due to an Impediment*, no. 2 (p. 1165): sobre el "valor limitado de las *black-letter rule*" sobre fuerza mayor ("… La discreción de los jueces para decidir si una acción determinada del deudor crea responsabilidad es casi ilimitada").

2947 Comentarios oficiales, art. 7.1.7 no. 5, p. 242; StL-Misc. 31 Rev. (2015), p. 13 (sobre la base de una propuesta del Secretario General).

2948 Véase el ejemplo en los Comentarios oficiales, art. 7.1.7 no. 3, ilustración 3, p. 242 (un mes).

2949 Véanse los Comentarios Oficiales, Art. 7.1.7 no. 5, párr. 1, p. 242.

2950 Desde el 24 de febrero de 2022, cuando las fuerzas rusas cruzaron la frontera ucraniana, también la "guerra" ha recibido una realidad aterradora en las listas típicas que enumeran eventos de fuerza mayor a modo de ejemplo.

2951 Para la combinación de consideraciones de fuerza mayor y excesiva onerosidad durante la crisis del Coronavirus 2020, véase la nota de la Secretaría de UNIDROIT sobre los Principios de UNIDROIT de los contratos comerciales internacionales y la crisis sanitaria de COVID-19, véase https://www.unidroit.org/english/news/2020/200721-principles-covid19-note/note-e.pdf [visitado por última vez el 9 de enero de 2023] Véase también L. DiMatteo en DiMatteo/Janssen/Magnus/Schulze, Capítulo 22 no. 54: "Las disposiciones sobre excesiva onerosidad y fuerza mayor deben leerse conjuntamente".

2952 En una serie de industrias, la legislación nacional reciente con normas obligatorias sobre las responsabilidades de la cadena de suministro nacional, de EE. UU. o de la UE implica actualmente negociaciones (2022/2023) sobre el grado de asignación creciente de riesgos aceptable y razonable a los proveedores, con la vista puesta en lo que es factible en tiempos de interrupciones en la cadena de suministro a causa del COVID, el impacto de la guerra ruso-ucraniana y el aumento de los precios emergentes y la inflación.

el caso de fuerza mayor y las herramientas, si las hubiere, para eludir la fuerza mayor, la **obligación de negociar** conjuntamente de buena fe la continuación del contrato hacia el final del plazo acordado (y/o posiblemente en circunstancias modificadas)[2953] proporciona a menudo la forma más adecuada de gestionar una crisis de fuerza mayor en la **fase de redacción del contrato**. Sin algún lenguaje sobre los esfuerzos de buena fe de ambas partes para negociar una adaptación del contrato a las circunstancias, la fuerza mayor será a menudo solo un tiempo provisional en el que el acreedor decide por sí solo si rescinde de conformidad con el **párrafo 4**, art. 7.3.1, mientras que el art. 7.1.7 simplemente libera al deudor de una exposición a daños y perjuicios. Las partes pueden decidir que esto es justo y dejar esta discreción solo al deudor. Sin embargo, si el deudor realizó inversiones sustanciales en la relación y/o el proyecto contractual, una decisión conjunta puede ser más apropiada. En vista de la función de fuerza mayor como **puente hacia la terminación** del contrato, las partes de un contrato a largo plazo generalmente lo discutirán con respecto a la cláusula sobre los efectos de la terminación (Art. 7.3.5 no. 4).

Alternativamente, las partes pueden reflexionar si desean abrir la puerta a las negociaciones si la fuerza mayor persiste más allá de un período de tiempo acordado de X meses, ya que a largo plazo, el proyecto aún puede ser de interés para ambas partes. En tal caso, las partes podrán considerar inspirarse en el art. 6.2.3 sobre excesiva onerosidad. En la práctica del autor, las partes han considerado razonable este enfoque en varias ocasiones.

3. Impacto de la práctica y los usos

10

Las prácticas y usos del comercio (art. 1.9 (2)) pueden ampliar la excusa en virtud del art. 7.1.7.[2954] La asignación de riesgos derivada de los **INCOTERMS**[2955] y las cláusulas de exoneración no excluyen la aplicación del art. 7.1.7 o de las cláusulas de fuerza mayor como tales; la interpretación (Artículo 4.1, 4.3 y subsiguientes) debe revelar "si las partes tenían la intención (mediante una cláusula de exoneración) de excluir cualquier otra exención, como la fuerza mayor".[2956]

[2953] Ejemplo de la práctica: Tras el comienzo de la guerra ruso-ucraniana el 24 de febrero de 2022, una compañía farmacéutica ucraniana que importaba productos alemanes a todos los antiguos estados de la Unión Soviética, excepto Rusia, trasladó su sede principal de Kiev a Tallin (Estonia). En el mismo sentido, varias empresas productoras han trasladado sus capacidades de producción de Ucrania a otras jurisdicciones. En un mundo global, la fuerza mayor local puede convertirse en mera "excesiva onerosidad" (art. 6.2.1 y subsiguientes), de modo que la adaptación del contrato mediante negociación (art. 6.2.3 (1)) es la herramienta más adecuada.

[2954] P. Pichonnaz en Vogenauer, Art. 7.1.7 no. 16 (última oración), después de discutir lo contrario para casos extremos y raros con respecto al Art. 1.9 (1); véanse también los Comentarios Oficiales, art. 7.1.7, nº 4, p. 242.

[2955] Véase Ch. Oertel, INCOTERMS en: Mankowski (Ed.), *Commercial Law* (2019) no. 68-69.

[2956] P. Pichonnaz en Vogenauer, Art. 7.1.7 no. 15.

SECCIÓN 2. DERECHO A RECLAMAR EL CUMPLIMIENTO

Historia legislativa (documentos clave)

En preparación de los Principios de 1994 - Relator Ulrich Drobnig:
StL-Doc. 35, pp. 1 y 2 (primer borrador en **1986**); P.C.-Misc. 9, pp. 2 a 9 (1er debate en **1986**); StL-Doc. 47 (2do proyecto en **1990**); P.C.-Misc. 16, pp. 94 a 149 (2do debate en **1992**); P.C.-Misc. 19, pp. 136 y 137 (3er debate en **1994**).

Observación comparativa introductoria sobre la Sección 2: Derecho a reclamar el cumplimiento

1

Visión general: un término medio aceptable. Tradicionalmente, al contemplar las consecuencias del incumplimiento de las obligaciones contractuales (como se analiza generalmente en la Sección 7.1), un abogado de Derecho Común pensará en términos de daños y perjuicios, mientras que un abogado de Derecho Civil pensará primero en términos de cumplimiento específico (por lo que incluso la expresión "cumplimiento específico" tiene un alcance diferente en el Derecho Común y Civil).[2957] Por su formación nacional, los abogados de ambos tipos de ordenamiento jurídico (y de la formulación de sus mentes jurídicas) conocen las excepciones a sus respectivas normas nacionales (Introducción al Capítulo 7 no. 3). Las normas de los **arts. 7.2.1 y 7.2.2 construyen un puente** entre estos enfoques.[2958] La separación de los créditos monetarios y no monetarios ha sido descrita como "impulsada por el deseo de sacar casos no problemáticos de un ejercicio altamente problemático de equilibrar intereses y encontrar una solución de compromiso".[2959] Al tratar primero y por separado en el **art. 7.2.1** las obligaciones monetarias cuando el resultado práctico tanto del enfoque de Derecho Civil como en el Derecho Común es una reclamación de dinero, la **discusión doctrinal entre abogados de Derecho Común y Civil sobre el "cumplimiento específico" se desvanece** (al menos estructuralmente) para aproximadamente la mitad de las reclamaciones por incumplimiento.[2960] Tanto los abogados de Derecho Común como los civiles pueden aceptar la norma del art. 7.2.1. Con respecto a las reclamaciones no monetarias, el **art. 7.2.2** comienza con una línea de apertura que se inclina hacia el enfoque de Derecho Civil del cumplimiento específico (que puede incentivar al deudor a

[2957] J. Kleinschmidt en Jansen/Zimmermann, Art. 9:102 (1) (PDCE): *Non-monetary Obligations (Principle)*, no. 1 (p. 1204) observa: "Mientras que la ley inglesa sólo consideraría una prestación obtenida por el propio deudor como una prestación en especie, los sistemas continentales han ideado formas de sustitución de la ejecución por un tercero que también entran en el ámbito de aplicación de la ejecución en especie".

[2958] E. Brödermann, Tulane J Int Comp L 2020, pp. 193, 228-230. A este respecto, J. Kleinschmidt en Jansen/Zimmermann, art. 9:101 (PDCE): *Monetary Obligations*, no. 7 (p. 1193) observa que la línea de demarcación entre obligaciones monetarias y no monetarias bajo el PICC es distinta de la línea de demarcación entre vendedor y comprador bajo la CNUCCI.

[2959] J. Kleinschmidt en Jansen/Zimmermann, Introducción antes del art. 9:101 (PDCE), no. 5 (p. 1187).

[2960] J. Kleinschmidt en Jansen/Zimmermann, Introducción antes del art. 9:101 (PDCE), no. 1 (p. 1186), describiendo la diferente actitud del Derecho Común y Civil hacia el cumplimiento específico como "(un) problema clásico de Derecho Comparado" mientras que, debido a excepciones en los sistemas nacionales, "en términos de resultados prácticos, la divergencia no será realmente grande".

cumplir realmente).[2961] Inmediatamente le siguen tantas excepciones, donde se excluye el cumplimiento específico, que tanto los abogados de Derecho Común como los civiles también pueden aceptar la regla del art. 7.2.2 (art. 7.2.2 no. 1). Por ejemplo, la excepción contenida en la literal "c": "la parte legitimada para recibir la prestación pueda razonablemente obtenerla por otra vía") se ha descrito como "una incursión severa en el principio general, al menos doctrinalmente".[2962] El compromiso que defiende un derecho limitado al cumplimiento específico se complementa con el derecho de retención del deudor en virtud del art. 7.1.3, que proporciona un contrapeso, protegiéndolo de reclamaciones infundadas por cumplimiento específico cuando el acreedor no ha ofrecido su propio cumplimiento cuando las partes deben cumplir mutuamente.[2963]

2

El **art. 7.2.3** añade una norma sobre el cumplimiento suplementario.[2964] El **art. 7.2.4** introduce un concepto de pena judicial, que a veces puede ser útil como herramienta en el arbitraje, que está sujeta a la ley imperativa (Art. 7.2.2 no. 2). El **art. 7.2.5** complementa el puente entre el Derecho Común y el Derecho Civil al aclarar que un cambio de remedio de cumplimiento específico a daños y perjuicios es posible en ciertas circunstancias, cuando una reclamación por cumplimiento específico no tiene éxito.

Artículo 7.2.1 (Cumplimiento de obligaciones dinerarias)

Si una parte que está obligada a pagar dinero no lo hace, la otra parte puede reclamar el pago.

A. Acción por una suma acordada como "cumplimiento específico"

1

Como punto de partida del **compromiso equilibrado entre el Derecho Civil y el Derecho Común**[2965] (Introducción al Capítulo 7 no. 3), el art. 7.2.1 trata la reclamación de

2961 J. Kleinschmidt en Jansen/Zimmermann, Introducción antes del art. 9:101 (PDCE), no. 8 (p. 1188): "obligar a un deudor recalcitrante a hacer lo que ha prometido hacer en lugar de obligarlo a pagar una suma de dinero"; ibidem. Art. 9:102 (1) (PDCE): *Non Monetary Obligations* (Principio), no. 19 (p. 1215).

2962 J. Kleinschmidt en Jansen/Zimmermann, Introducción antes del art. 9:101 (PDCE), no. 7 (pp. 1187-88).

2963 Véase J. Kleinschmidt en Jansen/Zimmermann, Art. 9:101 (PDCE): *Monetary Obligations*, no. 4 (p. 1191) para el impacto del derecho de retención también en los sistemas de Europa continental.

2964 J. Kleinschmidt en Jansen/Zimmermann, Introducción antes del art. 9:101 (PDCE), no. 6 (p. 1187).

2965 Relator Drobnig en P.C.-Misc. 9 (1986), página 2. Para una visión histórica comparativa, véase S. Martens en Jansen/Zimmermann, Introducción antes del art. 7:101 (1) (PDCE), no. 3-6 (pp. 996-999). Véase además la evaluación de J. Kleinschmidt en Jansen/Zimmermann, art. 9:101 (PDCE): *Monetary Obligations*, no. 3 (p. 1190, notas de pie de página omitidas): "Por lo tanto, se acepta universalmente que el acreedor de una obligación monetaria tiene derecho a recibir un pago. Incluso en el Derecho Romano y en el Derecho Inglés, dos sistemas que no han tratado favorablemente el desempeño en especie, una acción por una suma específica de dinero resulta en una condena a esa suma de dinero.

pago de una suma acordada (art. 1.3)[2966] como un **derecho primario** de "cumplimiento específico"[2967] que, de ser necesario, es exigible ante los tribunales (art. 1.11 primera línea).[2968] El derecho se aplica a **todo tipo de obligaciones monetarias** (arts. 6.1.6-6.1.13, 7.4.13),[2969] e independientemente de la moneda relevante (arts. 6.1.9, 6.1.10, 7.4.12).[2970] Puede (raramente) ser excluido por acuerdo (Art. 1.5; "**acuerdo entre caballeros**")[2971] o un uso[2972] (art. 1.9). Por referencia, el art. 7.2.1 también se aplica al derecho a subsanar el pago defectuoso (art. 7.2.3).

1a

El deudor sólo tiene que estar "obligado" a pagar, es decir, el cumplimiento debe ser **debido**[2973] (capítulo 6).[2974] En los Comentarios Oficiales se señala que "**excepcionalmente**" una reclamación al amparo del párrafo 2.1 del artículo 7 puede **excluirse** "en particular (...) cuando un uso (art. 1.9) requiera que un vendedor revenda bienes que no son solicitados ni pagados por el comprador" (**cubrir transacción**).[2975] Si bien este pasaje se ha interpretado en el sentido de que sugiere un "derecho ilimitado a la ejecución",[2976] las palabras "en particular" en los Comentarios Oficiales dejan espacio para otras situaciones que también excluyen o posponen (temporalmente) un derecho al pago en virtud del art. 7.2.1, y que están intrínsecamente cubiertos por el requisito de que la obligación debe haber sido exigible:[2977] **I)** el derecho a suspender el cumplimiento (Art. 7.2.1); **II)** el derecho a subsanar (art. 7.1.4); **III)** el derecho a fijar un plazo adicional para la ejecución (art. 7.1.5); **IV)** imposibilidad temporal de pago debido a un evento de fuerza mayor.[2978] También puede desempeñar un papel si la otra parte se niega a cooperar en la aceptación de los bienes o servicios por los que se debe

2966 H. Schelhaas en Vogenauer, art. 7.2.1 no. 1 (con observaciones sobre el Derecho Comparado y la historia de la disposición).

2967 P.C.-Misc. 9 (1986), p. 2; H. Schelhaas en Vogenauer, Art. 7.2.1 no. 2.

2968 Comentarios oficiales al art. 7.2.1, p. 243; H. Schelhaas en Vogenauer, Art. 7.2.1 no. 2.

2969 H. Schelhaas en Vogenauer, Art. 7.2.1 no. 4.

2970 El segundo proyecto del art. 7.2.1 contenía tres apartados relativos a la moneda extranjera (StL-Doc. 47 (1990), Art. 6.2.1 (2)-(4)). El Grupo de Trabajo examinó ampliamente su ubicación y decidió agruparlas junto con las disposiciones del capítulo sobre la interpretación o ejecución, a saber, los artículos 6.1.9, 6.1.10 (P.C.-Misc. 16 (1992), pp. 95 a 112); H. Schelhaas en Vogenauer, Art. 7.2.1 no. 6.

2971 H. Schelhaas in Vogenauer, Art. 7.2.1 no. 8 (un mero acuerdo "moral").

2972 Comentarios oficiales al art. 7.2.1, p. 243; H. Schelhaas en Vogenauer, Art. 7.2.1 no. 7.

2973 Comentarios oficiales al art. 7.2.1, p. 243; H. Schelhaas en Vogenauer, art. 7.2.1 no. 5; J. Kleinschmidt en Jansen/Zimmermann, Art. 9:101 (PDCE): *Monetary Obligations*, no. 9 (p. 1194).

2974 H. Schelhaas en Vogenauer, Art. 7.2.1 no. 5.

2975 Comentarios oficiales al art. 7.2.1, p. 243 (sin cursivas en el original); véase J. Kleinschmidt en Jansen/Zimmermann, Art. 9:101 (PDCE): *Monetary Obligations*, no. 15 (en p. 1197) señalando que el Art. 9:101 PDCE fue un paso más allá "hacia un requisito general para efectuar una operación de cobertura" (es decir, ibid. no. 14 (p. 1196), "si está claro que el deudor no estará dispuesto a recibir cumplimiento").

2976 J. Kleinschmidt en Jansen/Zimmermann, Art. 9:101 (PDCE): *Monetary Obligations*, no. 9 (p. 1194), (haciendo referencia a I. Schwenzer).

2977 Enumeración de H. Schelhaas en Vogenauer, Art. 7.2.1 no. 5; véase también J. Kleinschmidt en Jansen/Zimmermann, Art. 9:101 (PDCE): *Monetary Obligations*, no. 9 (p. 1194) que describe este enfoque como "perfectamente plausible" (aunque argumenta eventualmente lo contrario).

2978 Contra: J. Kleinschmidt en Jansen/Zimmermann, Art. 9:101 (PDCE): Monetary Obligations, no. 13 (p. 1196). Ejemplo de la práctica en Kiev en la última semana de febrero / principios de marzo de 2022: Cumplimiento de una obligación de pago cuando se sufre un ataque armado activo y los bancos están cerrados.

el pago (Art. 5.1.3 no. 1, Art. 7.1.2 sobre la interferencia de la otra parte).[2979] Al final, los detalles importan; y un árbitro tendrá que considerar todos los hechos teniendo debidamente en cuenta las circunstancias al decidir sobre una reclamación en virtud del art. 7.2.1.[2980] Si la reclamación es fundada y su exclusión infundada, el impago a menudo equivaldrá a un incumplimiento fundamental y dará lugar a un derecho a resolver el contrato (art. 7.3.1 (1)). En la etapa de redacción de un contrato relativo a **mercaderías perecederas** o para las que existe un mercado específico, las partes pueden considerar esta hipótesis (para evitar una discusión sobre los derechos sustitutos de venta en caso de que el deudor de la reclamación monetaria se niegue a recibir la entrega[2981]); en los **contratos a largo plazo**, se aconseja a las partes que asignen el riesgo en el contexto de una cláusula de resolución (por ejemplo, sobre la amortización de los costos o de una "**contribución comercial**", art. 2.1.1 no. 5).[2982]

B. Opciones paralelas para el acreedor (a reserva del cumplimiento de los requisitos individuales de las demás disposiciones)

2

I) Reclamación por **daños y perjuicios** "por demora u otros daños consecuentes debidos a demora"[2983] (art. 7.4.1 y subsiguientes); **II) terminación parcial** del contrato;[2984] pero no daños totales que reemplacen el cumplimiento (Art. 7.4.1). **III)** Durante la **negociación del contrato** (Art. 1.1, 1.3), el acreedor puede negociar cláusulas que refuercen su derecho al pago, por ejemplo: **a)** dependiendo de las circunstancias (las industrias y culturas involucradas), mediante cláusulas sobre **pago anticipado**, pagos iniciales o garantías en una cuenta fiduciaria (todas las variaciones conocidas de los contratos de servicios germano-chinos celebrados con una cláusula de los Principios de UNIDROIT); o **b)** exigiendo una **carta de crédito** (que es la práctica actual en el comercio intercontinental y de construcción). En los **contratos a largo plazo**, el acreedor con respecto a la reclamación monetaria puede estar en condiciones de **retener** la entrega de otros bienes de conformidad con el art. 7.1.3 (art. 7.1.3 no. 6 para la gestión del riesgo contractual a este respecto).

2979 Véase la discusión jurídica comparativa en profundidad de J. Kleinschmidt en Jansen/Zimmermann, Art. 9:101 (PDCE): *Monetary Obligations*, no. 5 (pp. 1191-92), señalando también la obligación del deudor de mitigar los daños (Art. 7.4.8) que, dependiendo de las circunstancias del caso, también puede desempeñar un papel; por ejemplo, "si está claro que el deudor no estará dispuesto a recibir cumplimiento" (ibid. nº 14 (p. 1196)).

2980 Para una discusión en profundidad de la posible relevancia práctica y una evaluación (limitación cuestionable por una obligación de realizar una transacción de cobertura) ver J. Kleinschmidt en Jansen/Zimmermann, Art. 9:101 (PDCE): *Monetary Obligations*, no. 16-17 (pp. 1197-99).

2981 Véase J. Kleinschmidt en Jansen/Zimmermann, Art. 9:101 (PDCE): *Monetary Obligations*, no. 22 (p. 1201).

2982 Ejemplo de la práctica: Un contrato sobre una contribución empresarial puede hacer que el pago dependa de la condición de que el contrato principal con respecto al proyecto entre en vigor (Art. 5.3.2 (1)); y que, en caso de resolución, se reembolsará la parte no amortizada de la contribución empresarial.

2983 H. Schelhaas en Vogenauer, Introducción a la Sección 7.1 de los Principios de UNIDROIT nº 7.

2984 Ídem.

Artículo 7.2.2 (Cumplimiento de obligaciones no dinerarias)

Si una parte no cumple una obligación distinta a la de pagar una suma de dinero, la otra parte puede reclamar la prestación, a menos que:

(a) tal prestación sea jurídica o físicamente imposible;

(b) la prestación o, en su caso, la ejecución forzosa, sea excesivamente gravosa u onerosa;

(c) la parte legitimada para recibir la prestación pueda razonablemente obtenerla por otra vía;

(d) la prestación tenga carácter exclusivamente personal; o

(e) la parte legitimada para recibir la prestación no la reclame dentro de un plazo razonable desde de que supo o debió haberse enterado del incumplimiento.

A. Un compromiso pragmático entre el Derecho Civil y el Derecho Común[2985]

1

El art. 7.2.2 contiene para las obligaciones no monetarias un principio paralelo al art. 7.2.1. Se aplica *mutatis mutandis* a la subsanación de prestaciones defectuosas (art. 7.1.3). El art. 7.2.2 combina el principio de Derecho Civil de un derecho general al cumplimiento específico (una expresión del principio *pacta sunt servanda* en el art. 1.3)[2986] al otorgar, en lenguaje neutral,[2987] un "**derecho al cumplimiento**" exigible[2988] para el acreedor[2989] (art. 1.11 cuarta línea), como remedio,[2990] **con muchas excepciones**[2991] (incluyendo notable-

[2985] P.C.-Misc. 16 (1992), pp. 117 y 118; H. Schelhaas en Vogenauer, Art. 7.2.2 no. 2.

[2986] Comentarios Oficiales, Art. 7.2.2 no. 1, p. 244; H. Schelhaas en Vogenauer, art. 7.2.2 no. 3; J. Kleinschmidt en Jansen/Zimmermann, Art. 9:102 (1) (PDCE): *Non-Monetary Obligations (Principle)*, no. 10 (p. 1209) y 19 (p. 1215).

[2987] H. Schelhaas en Vogenauer, Art. 7.2.2 no. 4.

[2988] Lando en P.C.-Misc. 16 (1992), p. 118; H. Schelhaas en Vogenauer, art. 7.2.2 no. 6, 5 (en comparación con la discreción del tribunal en virtud del art. 28; 45, 46, 61 y 62 CNUCCI).

[2989] Historia y aproximación de los sistemas jurídicos: véase J. Kleinschmidt en Jansen/Zimmermann, art. 9:102 (1) (PDCE): *Non-Monetary Obligations (Principle)*: I) para una discusión sobre cómo surgió el principio de cumplimiento específico - "lejos de ser evidente" - en el Derecho Romano clásico y que, siguiendo el Corpus Juris (es decir, aprox. 528-534), fue "muy controvertido en los siglos venideros" en el no. 11 (pp. 1209-10); y II) para una nueva reseña histórica y comparativa que incluya, entre otras cosas, el Derecho francés, alemán e inglés, nº 12-19 (pp. 1210 y 15). III) Al incluir los aspectos procesales de la ejecución (por ejemplo, algunas exenciones totales del cumplimiento específico en virtud del artículo 887, 888 del Código de Procedimiento Civil alemán, señalado, ibid., nº 15, p. 1212, y el desacato al tribunal en Inglaterra como instrumento procesal drástico, señaló ibid., nº 17, p. 1214) en la evaluación del cumplimiento específico, "no deben sobreestimarse los diferentes enfoques existentes, en particular, entre los sistemas de Derecho Civil y Derecho Común. La interacción del derecho sustantivo y procesal conducirá a menudo a una aproximación de los resultados" (ibid., p. 18 (p. 1215), con referencia adicional, entre otras cosas, a K. Zweigert y H. Kötz, dos ex directores del Instituto Max Planck de Derecho Internacional Privado y Comparado de Hamburgo).

[2990] J. Kleinschmidt en Jansen/Zimmermann, Art. 9:102 (1) (PDCE): *Non-monetary Obligations (Principle)*, no. 20-21 (pp. 1215-17) que apunta a la coherencia con la ley inglesa y francesa a este respecto (mientras que, por ejemplo, bajo la ley holandesa o alemana, la fuerza vinculante de un contrato como tal crea ya un derecho "primario" para exigir el cumplimiento en especie).

[2991] H. Schelhaas en Vogenauer, Art. 7.2.2 no. 1.

mente la literal "c" en caso de (**cualquier tipo de**)[2992] **incumplimiento** (Art. 7.1.1, por ejemplo, incumplimiento parcial o defectuoso) de una obligación no monetaria (que se debe en virtud del art. 6.1.1 y subsiguientes),[2993] incluidas las "obligaciones negativas", por ejemplo, no divulgar **secretos comerciales.**[2994] Las excepciones contenidas en las **literales de la "a" a la "e",** limitan el cumplimiento específico en muchos escenarios y, por lo tanto, tienen en cuenta la "aversión" del Derecho Común frente al cumplimiento específico (aunque, incluso en los países de Derecho Común los **mandamientos judiciales** basados en un contrato, que impiden que una parte contratante haga algo, a menudo equivalen al cumplimiento específico de una obligación negativa).[2995] El art. 7.2.2 proporciona así un "**término medio**"[2996] entre el Derecho Común y el Derecho Civil que ha encontrado paralelismos en otras compilaciones de Derecho Contractual Internacional.[2997] Como **regla general**, se ha observado que "una orden de cumplimiento obligatorio está permitida en virtud de los Principios de UNIDROIT al menos en todos los casos en que el Derecho Común acepta el cumplimiento".[2998] Si y en la medida en que no se aplique ninguna de las excepciones, el acreedor tiene derecho al cumplimiento y los tribunales (Art. 1.11 primera línea) deben ordenar el cumplimiento;[2999] por lo que "la mera existencia de una orden judicial de cumplimiento en especie puede afectar positivamente la voluntad del deudor de cumplir".[3000] Con sujeción a la ley imperativa, incluso pueden prever una sanción judicial en caso de incumplimiento (art. 7.2.4).

[2992] H. Schelhaas en Vogenauer, Art. 7.2.2 no. 8.

[2993] H. Schelhaas en Vogenauer, Art. 7.2.2 no. 6.

[2994] H. Schelhaas en Vogenauer, Art. 7.2.2 no. 8.

[2995] E. A. Farnsworth, Contracts (2004), nº 12.5, pp. 744 y 745 y 12.7, p. 755; H. Schelhaas en Vogenauer, Art. 7.2.2 no. 10.

[2996] H. Schelhaas en Vogenauer, art. 7.2.2 no. 1 (véase también la nota 12 sobre el compromiso encontrado en Sudáfrica y Escocia: cumplimiento específico "erosionado por una discreción general para rechazar el remedio", haciendo referencia a S. Eiselen, *Specific Performance and Special Damages*, en MacQueen/Zimmermann (eds.), *European Contract Law: Scots and South African perspectives* (2006), pp. 260 y subsiguientes (Escocia) y p. 264 (Sudáfrica).

[2997] Véase Art. III.-3.302 DCFR, Art. 9:102 PDCE (como señaló H. Schelhaas en Vogenauer, Art. 7.2.2 no. 5 con un análisis de la distinción en comparación con el Art. 28; 45, 46, 61 y 62 CNUCCI que otorga poder discrecional al tribunal en comparación con una "obligación" de ordenar el cumplimiento).

[2998] H. Schelhaas in Vogenauer, art. 7.2.2 no. 2, 17 (mencionando, por ejemplo, contratos de transferencia o arrendamiento de bienes raíces, adquisiciones de una "acción" de una empresa); véase también, por ejemplo, 2-716 (1) UCC.

[2999] Comentarios Oficiales, Art. 7.2.2 no. 2, p. 244; H. Schelhaas en Vogenauer, Art. 7.2.2 no. 15.

[3000] J. Kleinschmidt en Jansen/Zimmermann, Art. 9:102 (1) (PDCE): *Non-Monetary Obligations (Principle)*, no. 19 (p. 1215). En caso de que tal controversia deba resolverse alguna vez en un tribunal de un Estado miembro de la Unión Europea (y no por un tribunal de arbitraje), el art. 12 (1) (c) del Reglamento Roma I requiere que los tribunales ordenen el cumplimiento en especie solo "dentro de los límites de los poderes conferidos al tribunal por el Derecho Procesal", ibid. nº 22 (pp. 1217-18), denominándola como una "válvula de seguridad" comparable a la restricción sustantiva del artículo 28 de la CNUCCI.

B. Las excepciones (en beneficio del deudor)

2

Si se aplica una de las excepciones de la **literal de la "a" a la "e"** (que debe ser aprobada por el deudor),[3001] esto reduce el margen de **maniobra del acreedor** para reaccionar ante el incumplimiento del deudor (por debajo del número 10 en la literal "D" numeral "II"). Las excepciones se aplican en su **totalidad o**, si en virtud del contrato, se interpretan debidamente (art. 4.1, 4.3 y subsiguientes), una obligación es divisible,[3002] también **parcialmente**, por ejemplo, debido a la falta de disponibilidad de algunos de los bienes debidos.[3003] Se ha argumentado que las excepciones están "hechas a medida" para evitar el cumplimiento en especie (en un "enfoque dualista", es decir, distinto del artículo 7.1.7, que determina cuándo la fuerza mayor impide la obligación de pagar daños y perjuicios).[3004]

3

La excepción de la **literal "a" (imposibilidad)** se basa en una "lógica convincente"[3005] y refleja un consenso cuasi mundial (*impossibilium nulla est obligatio*).[3006] Se refiere a la imposibilidad de cualquier tipo (objetiva/subjetiva,[3007] inicial[3008]/posterior, parcial/plena, de hecho[3009]

[3001] H. Schelhaas en Vogenauer, Art. 7.2.2 no. 16.

[3002] H. Schelhaas en Vogenauer, art. 7.2.2 no. 14 (refiriéndose a la prueba "si la parte agraviada pierde cualquier interés en la ejecución cuando la ejecución no se ha rendido plenamente").

[3003] H. Schelhaas en Vogenauer, Art. 7.2.2 no. 14, 19.

[3004] J. Kleinschmidt en Jansen/Zimmermann, art. 9:102 (2) y (3) (PDCE): *Non-Monetary Obligations (Principle)*, no. 10 (en la página 1249) - destacando esto como una ventaja en comparación con el régimen de la CNUCCI, en el art. 79 CNUCCI —; y con referencia en la página 1248 (con otras referencias) a la interpretación del artículo 7.1.4 (4), no menciona el cumplimiento en especie porque ese recurso debe considerarse "obviamente" excluido. En la práctica, esta distinción rara vez importará porque la fuerza mayor generalmente hará imposible el cumplimiento de hecho (literal "a") o hará que la ejecución sea irrazonablemente gravosa (literal "b").

[3005] J. Kleinschmidt en Jansen/Zimmermann, Art. 9:102 (2) y (3) (PDCE): *Non-monetary Obligations (Limitations)*, no. 2 (en p. 1242) con referencias adicionales.

[3006] P.C.-Misc. 9 (1986), pp. 4 y 5; H. Schelhaas en Vogenauer, art. 7.2.2 no. 18 menciona ejemplos de los Países Bajos, Alemania, Italia, Suiza, Inglaterra y Francia (por lo que la ley francesa cambió en octubre de 2016, véanse los art. 1167 (2) y 1178 (1)); véase también, por ejemplo, el artículo 110 del Derecho contractual de la República Popular China. Para un resumen crítico del famoso dicho latino citado, con "una vida propia" - ver J. Kleinschmidt en Jansen/Zimmermann, Art. 9:102 (2) y (3) (PDCE): *Non-monetary Obligations (Limitations)*, no. 14 (pp. 1251-52).

[3007] Dudoso: J. Kleinschmidt en Jansen/Zimmermann, Art. 9:102 (2) y (3) (PDCE): *Non-monetary Obligations (Limitations)*, no. 5 (pp. 1244-45) proponiendo subsumir estos casos "enteramente a la cuestión de la desproporcionalidad", es decir, la literal "b" desde una perspectiva práctica (o del árbitro), esta distinción generalmente no importará.

[3008] De acuerdo con el art. 3.1.3, la imposibilidad inicial no prohíbe la celebración de un contrato (H. Schelhaas in Vogenauer, art. 7.2.2 no. 21).

[3009] J. Kleinschmidt en Jansen/Zimmermann, Art. 9:102 (2) y (3) (PDCE): *Non-monetary Obligations (Limitations)*, no. 3 (pp. 1243-44) con una discusión del enfoque alemán entre 1900 y 2002 que prohibió "cualquier disputa sobre la imposibilidad de cumplir (...) a la etapa de ejecución".

(incluida la fuerza mayor, art. 7.1.7[3010]) y en derecho[3011]).[3012] En caso de impedimentos **temporales**, el "remedio vuelve a estar disponible" cuando el impedimento ha desaparecido.[3013] La razón es irrelevante, pero si la imposibilidad se debe a interferencias del acreedor (art. 7.1.2), no hay incumplimiento (art. 7.1.1) en primer lugar.[3014] El contrato en sí sigue siendo generalmente válido (véase el capítulo 3,[3015] en particular el art. 3.1.3), sujeto a la aplicación de la ley imperativa en virtud del art. 1.4 y del art. 6.1.17 (1) (denegación de un permiso público). Se trata de una cuestión de interpretación del contrato (arts. 4.1, 4.3) "bajo qué circunstancias el cumplimiento es realmente imposible".[3016] Por ejemplo, si el tiempo es esencial, los impedimentos que causan retraso en el rendimiento "pueden equivaler a imposibilidad después de que el tiempo para el rendimiento haya llegado y se haya ido".[3017] En caso de "**imposibilidad en derecho**", las leyes internacionales privadas y de arbitraje aplicables (y su evaluación por el tribunal; art. 1.11 primera línea) determinarán qué ley obligatoria (art. 1.4) decide sobre la **ilegalidad**.[3018]

4

La excepción en de **la literal "b" ("prestación o ejecución excesivamente gravosa o onerosa")** tiene por objeto una **evaluación económica comparativa** que sopese los **costos** del deudor frente a los beneficios para el acreedor,[3019] en virtud de la cual, en circunstancias excepcionales y drásticamente modificadas[3020] (por ejemplo, el buque con las mercaderías a bordo se ha hundido en aguas costeras y tendría que ser levantado primero para ejecutar el contrato)[3021] pueden ser **desproporcionadas**[3022] (por ejemplo, los costos o la carga para el deudor superan el beneficios para el acreedor;[3023] es decir, un "**criterio flexi-**

3010 H. Schelhaas en Vogenauer, art. 7.2.2 no. 22; véase también D. A. Morán Bovio en Morán Bovio, Art. 7.2.2, no. 3.a., p. 342 sugiriendo centrarse únicamente en la fuerza mayor de la literal "a".

3011 J. Kleinschmidt en Jansen/Zimmermann, Art. 9:102 (2) y (3) (PDCE): *Non-monetary Obligations (Limitations),* no. 13 (p. 1250).

3012 H. Schelhaas en Vogenauer, Art. 7.2.2 no. 20 (para toda la enumeración).

3013 J. Kleinschmidt en Jansen/Zimmermann, Art. 9:102 (2) y (3) (PDCE): *Non-monetary Obligations (Limitations),* no. 15 (pp. 1252-53), enfatizando esta ventaja estructural de percibir el desempeño en especie como un remedio (como opuesto a un derecho primario que desaparecería con la constatación de "imposibilidad").

3014 H. Schelhaas en Vogenauer, Art. 7.2.2 no. 23.

3015 H. Schelhaas en Vogenauer, art. 7.2.2 no. 24; véase también el art. 6.2.2 para la excesiva onerosidad y el art. 7.1.7 para la fuerza mayor.

3016 . Kleinschmidt en Jansen/Zimmermann, Art. 9:102 (2) y (3) (PDCE): *Non-monetary Obligations (Limitations),* no. 4 (p. 1244).

3017 J. Kleinschmidt en Jansen/Zimmermann, Art. 9:102 (2) y (3) (PDCE): *Non-monetary Obligations (Limitations),* no. 12 (p. 1250).

3018 J. Kleinschmidt en Jansen/Zimmermann, Art. 9:102 (2) y (3) (PDCE): *Non-monetary Obligations (Limitations),* no. 13 (en p. 1250).

3019 H. Schelhaas en Vogenauer, Art. 7.2.2 no. 26-27.

3020 Comentarios Oficiales, Art. 7.2.2 no. 3b, p. 245; H. Schelhaas en Vogenauer, Art. 7.2.2 no. 27.

3021 Nuevamente Comentarios Oficiales, Art. 7.2.2 no. 3b, Ilustración 1, p. 245. J. Kleinschmidt en Jansen/Zimmermann, Art. 9:102 (2) y (3) (PDCE): *Non-monetary Obligations (Limitations),* no. 6 (p. 1245) discute un escenario de caso similar en el contexto de la PDCE como "imposibilidad práctica".

3022 No es suficiente: que las circunstancias hagan que el contrato sea simplemente menos rentable (H. Schelhaas en Vogenauer, art. 7.2.2 no. 28).

3023 H. Schelhaas en Vogenauer, Art. 7.2.2 no. 30 (quien parece interpretar este escenario extremo como la prueba; según la cual las *Black-letter Rules* y los Comentarios Oficiales sugieren un enfoque más suave que deja cierto margen para un equilibrio con la debida consideración de las circunstancias y un ojo en la noción de

ble de desproporcionalidad"[3024] o "**irracionabilidad**"[3025]), medido a partir de un estándar "absoluto"[3026] objetivo, de modo que sería contrario a la buena fe (art. 1.7) exigir el cumplimiento del deudor[3027] en circunstancias cambiantes.[3028] Como observó *Kleinschmidt* en el comentario seminal *Jansen/Zimmermann*, "la desproporcionalidad existirá cuando **la carga del deudor** (es decir, el obligado) **haya aumentado** mientras que la del acreedor (es decir, la del beneficiario) ha permanecido igual; o cuando el interés del acreedor haya desaparecido y la carga del deudor no haya cambiado".[3029] Con respecto al enfoque general de las partes contractuales de "no querer obligarse a realizar esfuerzos manifiestamente desproporcionados", describe la excepción como incluso un **refuerzo de la libertad contractual**, mientras que, al mismo tiempo, evita "la ejecución ineficiente del cumplimiento en especie".[3030] Se sostiene que el elemento de buena fe en la literal "b" prohíbe su aplicación (de modo que subsista el derecho al cumplimiento específico), por ejemplo:[3031] **I)** en situaciones en las que las circunstancias modificadas han sido causadas por eventos de la esfera del propio deudor, *argumentum* Art. 7.1.2 en contrario;[3032] o, **II)** se requiere una consideración particular al interés del acreedor si los **bienes son de naturaleza comercialmente única y/o irremplazable**[3033] y "no son razonablemente disponibles en otro lugar".[3034] A menudo, el aumento de los costos para el deudor se correlacionará con un aumento de los intereses del acreedor[3035] (que puede excluir la dependencia de la literal "b", mientras que puede existir

---

buena fe y lealtad negocial en el Art. 1.7); J. Kleinschmidt en Jansen/Zimmermann, Art. 9:102 (2) y (3) (PDCE): *Non-monetary Obligations (Limitations),* no. 18 (en p. 1255) con referencia al lenguaje en CESL 110 (3) (b).

3024 J. Kleinschmidt en Jansen/Zimmermann, Art. 9:102 (2) y (3) (PDCE): *Non-monetary Obligations (Limitations),* no. 17 (p. 1254) y no. 18 (p. 1255) y no. 20 (p. 1256): "la desproporcionalidad proporciona una intrusión importante en este importante principio (de cumplimiento en especie, basado en la fuerza vinculante del contrato)". (sin subrayar en el original).

3025 Véase J. Kleinschmidt en Jansen/Zimmermann, Art. 9:102 (2) y (3) (PDCE): *Non-monetary Obligations (Limitations),* no. 18-19 (ambos en p. 1255) discutiendo la "razonabilidad" en el contexto de la desproporcionalidad.

3026 A diferencia de una norma "relativa" en virtud de la legislación europea de ventas al consumidor, con especial atención a no causar molestias al consumidor-comprador; véase J. Kleinschmidt en Jansen/Zimmermann, Art. 9:102 (2) y (3) (PDCE): *Non-monetary Obligations (Limitations),* no. 21-22 (pp. 1257-58) con referencia a la jurisprudencia del Tribunal de Justicia de las Comunidades Europeas.

3027 J. Kleinschmidt en Jansen/Zimmermann, art. 9:102 (2) y (3) (PDCE): *Non-monetary Obligations (Limitations),* no. 18 (en p. 1255): "carga del deudor en mente".

3028 Comentarios Oficiales Art. 7.2.2 no. 3b, p. 245; H. Schelhaas en Vogenauer, art. 7.2.2 no. 26 (argumentando que el impacto de la buena fe debe reducirse a cero en comparación con el análisis económico); J. Kleinschmidt en Jansen/Zimmermann, Art. 9:102 (2) y (3) (PDCE): *Non-monetary Obligations (Limitations),* no. 18 (en p. 1255).

3029 J. Kleinschmidt en Jansen/Zimmermann, Art. 9:102 (2) y (3) (PDCE): *Non-monetary Obligations (Limitations),* no. 17 (p. 1254) y no. 18 (p. 1255); así como el no. 27 (p. 1260).

3030 J. Kleinschmidt en Jansen/Zimmermann, Art. 9:102 (2) y (3) (PDCE): *Non-monetary Obligations (Limitations),* no. 20 (pp. 1256-57).

3031 Un contraejemplo en comparación con H. Schelhaas en Vogenauer, Art. 7.2.2 no. 26 (quien argumenta que el impacto de la buena fe debe reducirse a cero en comparación con el análisis económico).

3032 Véase el argumento similar en J. Kleinschmidt en Jansen/Zimmermann, art. 9:102 (2) y (3) (PDCE): *Non-monetary Obligations (Limitations),* no. 19 (en p. 1256).

3033 H. Schelhaas en Vogenauer, art. 7.2.2 no. 29 (sin referencia a la "buena fe" en este contexto).

3034 H. Schelhaas en Vogenauer, art. 7.2.2 no. 29 con una referencia comparativa a la sección 52 (1) de la Ley de Venta de Bienes del Reino Unido de 1959 que otorga discreción al tribunal para ordenar "cumplimiento específico" para "bienes específicos o determinados".

3035 H. Schelhaas en Vogenauer, Art. 7.2.2 no. 30.

un derecho a la renegociación en caso de excesiva onerosidad (art. 6.2.1)).[3036] La referencia en la literal "b" a la "**ejecución onerosa**" se debe a una especialidad del Derecho Común en la que algunos tribunales han denegado un cumplimiento específico cuando la ejecución era particularmente gravosa para los tribunales en la supervisión de la ejecución;[3037] dicha carga no existe en jurisdicciones en las que el sistema judicial está acostumbrado a la ejecución específica como regla. La referencia a la ejecución ha sido criticada como una invasión de la ley de ejecución,[3038] pero desde una perspectiva práctica el enfoque holístico tiene sentido, especialmente cuando se utilizan los Principios de UNIDROIT en combinación con una cláusula de arbitraje (Preámbulo, no. 3-6; Art. 1.4 no. 3).

5

La excepción a las operaciones de sustitución en la literal "c" ("**la parte legitimada para recibir la prestación pueda razonablemente obtenerla por otra vía"**) se refiere a la "realidad económica"[3039] y al concepto de que el acreedor normalmente deseará: **I)** no perder tiempo; **II)** sustituir bienes y servicios; y **III)** ser compensado por cualquier pérdida posterior.[3040] El deudor puede evitar el cumplimiento en especie demostrando que el cumplimiento adeudado por él puede obtenerse razonablemente por otra vía.[3041] Esto **socava el derecho al cumplimiento**[3042] de todos los bienes y servicios de tipo estándar (por ejemplo, bienes "**listos para usar**"[3043]) y "va en contra de la idea de la libre elección del acreedor"[3044] del remedio. (En la práctica, especialmente en el caso de los contratos a largo plazo, el deudor puede tener un mejor acceso a las fuentes y utilizar su derecho a subsanar al acreedor en virtud del art. 7.1.4 para emprender una "transacción de sustitución" con su sub-proveedor). La excepción es parte del paquete de compromiso de los Principios de UNIDROIT entre los sistemas jurídicos del mundo, por lo que debe aceptarse desde una perspectiva de Derecho Civil, mientras que los abogados formados en Derecho Consuetudinario pueden abordar el principio del artículo 7.2.2. Las partes son libres de adaptar esta

---

3036 De nuevo H. Schelhaas en Vogenauer, Art. 7.2.2 no. 30; el Grupo de Trabajo examinó la interdependencia de los apartados b) y 6.2.1 (condiciones difíciles) del artículo 7.2.2 en P.C.-Misc. 16 (1992), página 115. Las dos reglas están una al lado de la otra y aplican diferentes estándares, véase J. Kleinschmidt en Jansen/Zimmermann, Art. 9:102 (2) y (3) (PDCE): *Non-monetary Obligations (Limitations)*, no. 27 (p. 1260).

3037 Farnsworth en P.C.-Misc. 16 (1992), p. 117; H. Schelhaas en Vogenauer, Art. 7.2.2 no. 32.

3038 J. Kleinschmidt en Jansen/Zimmermann, Art. 9:102 (2) y (3) (PDCE). *Non-monetary Obligations (Limitations)*, no. 25 (p. 1260).

3039 Comentarios oficiales, art. 7.2.2 no. 3c, pp. 245-246; H. Schelhaas en Vogenauer, art. 7.2.2 no. 35; J. Kleinschmidt en Jansen/Zimmermann, Art. 9:102 (2) y (3) (PDCE): *Non-monetary Obligations (Limitations)*, no. 38 (p. 1267).

3040 Cf. Comentarios Oficiales, Art. 7.2.2 no. 3c, pp. 245-246; H. Schelhaas en Vogenauer, art. 7.2.2 no. 35; J. Kleinschmidt en Jansen/Zimmermann, art. 9:102 (2) y (3) (PDCE): *Non-monetary Obligations (Limitations)*, no. 36 (en p. 1266), insinuando ibid. no. 38 (p. 1267) a la justificación adicional (discutida críticamente en nº 39, pp. 1267-68) de que bajo algunas leyes nacionales es difícil hacer cumplir "una orden judicial de cumplimiento en especie de bienes genéricos que aún no están en posesión del deudor".

3041 Observaciones oficiales, art. 7.2.2 no. 3c, pp. 245-246; J. Kleinschmidt en Jansen/Zimmermann, Art. 9:102 (2) y (3) (PDCE): *Non-monetary Obligations (Limitations)*, no. 36 (en p. 1265).

3042 H. Schelhaas en Vogenauer, art. 7.2.2 no. 35; J. Kleinschmidt en Jansen/Zimmermann, Art. 9:102 (2) y (3) (PDCE): *Non-monetary Obligations (Limitations)*, no. 36 (en p. 1265): "la incursión más importante y de mayor alcance en el principio de desempeño en especie".

3043 H. Schelhaas en Vogenauer, Art. 7.2.2 no. 34.

3044 H. Schelhaas en Vogenauer, Art. 7.2.2 no. 35.

disposición a sus necesidades (art. 1.5). En los grandes contratos no es inusual aplicar una disposición especial que haga frente a la escasez de los productos "listos para usar" elegidos. Por ejemplo, al igual que en el Derecho francés, las partes podrían admitir en general la excepción, pero recae la carga de la organización de los bienes de sustitución en el deudor;[3045] o podrían prever un derecho y no una obligación para el acreedor de los bienes o servicios contratados de realizar una transacción de sustitución.[3046] A través del requisito de "**razonabilidad**"[3047] de la operación de sustitución (en el momento en que se plantee la excepción[3048] teniendo debidamente en cuenta la evolución posterior hasta en el momento de la decisión del tribunal,[3049] con una visión particular del deber del acreedor de mitigar las pérdidas en virtud del art. 7.4.8), hay margen para un **equilibrio de intereses** con la debida consideración a la noción subyacente de lealtad negocial (art. 1.7). Por ejemplo, esto puede incluir considerar una oferta de **garantía por daños y perjuicios** de los que el deudor es responsable[3050] y otras circunstancias del caso, como pagos anticipados, problemas cambiarios y similares.[3051] El **margen de apreciación** en cada caso individual es considerable[3052] (lo cual es inevitable cuando se lucha por la justicia en la ejecución de un contrato internacional, especialmente a largo plazo en un espíritu de cooperación (art. 5.1.3), tendiendo puentes entre diferentes culturas, en un mundo global complejo); la cláusula compromisoria sigue siendo la cláusula de antecedentes más importante del contrato para incentivar a las partes a llegar a un acuerdo sobre una solución (Introducción No. 9, "VI"). Como **factores que deben considerarse**, *Kleinschmidt* se refiere a: **I)** "la capacidad del deudor individual para pagar daños y perjuicios";[3053] y **II)** "la accesibilidad del mercado internacional para una operación de cobertura" para el deudor.[3054]

3045 Cass civ 20 de enero de 1953, JCP 1953 II 7677; H. Schelhaas en Vogenauer, Art. 7.2.2 no. 36.

3046 Véase para la legislación francesa Art. 1222 (2) Código Civil francés (versión 2016) (antiguo Art. 1144), o Art. 7:36, 37 Código Civil holandés, H. Schelhaas in Vogenauer, Art. 7.2.2 no. 36.

3047 Descrito como "una concesión al Derecho Común" porque esta excepción es "desconocida para los sistemas jurídicos continentales", J. Kleinschmidt en Jansen/Zimmermann, Art. 9:102 (2) y (3) (PDCE*): Non-monetary Obligations (Limitations),* no. 37 (p. 1266) y no. 41 (en p. 1269 con referencia adicional): "una contraparte clara en el Derecho Inglés".

3048 H. Schelhaas en Vogenauer, Art. 7.2.2 no. 38.

3049 H. Schelhaas en Vogenauer, art. 7.2.2 no. 38 argumenta que la razonabilidad debe existir también en el momento de la decisión, basada en la redacción ("puede obtener razonablemente" en lugar de "puede haber obtenido razonablemente") y la "naturaleza como excepción"; véase también J. Kleinschmidt en Jansen/Zimmermann, art. 9:102 (2) y (3) (PDCE): *Non-monetary Obligations (Limitations),* no. 37 (p. 1266). Esto no siempre es cierto, por ejemplo, en los casos de construcción, a menudo solo hay una pequeña ventana de tiempo para organizar los bienes y servicios básicos necesarios. En tales casos, las circunstancias en el momento de la decisión no pueden importar.

3050 H. Schelhaas en Vogenauer, art. 7.2.2 no. 39 (argumentando que generalmente no es "económicamente razonable" hacer una transacción de reemplazo sin suficiente garantía del deudor).

3051 Véanse los Comentarios oficiales, art. 7.2.2 no. 3c, ilustración 2, p. 246, tomadas de P.C.-Misc. 9 (1986), p. 5, donde se afirma que "razonablemente" no es sinónimo de "fácilmente"; H. Schelhaas en Vogenauer, Art. 7.2.2 no. 37.

3052 J. Kleinschmidt en Jansen/Zimmermann, Art. 9:102 (2) y (3) (PDCE): *Non-monetary Obligations (Limitations),* no. 37 (p. 1266).

3053 J. Kleinschmidt en Jansen/Zimmermann, Art. 9:102 (2) y (3) (PDCE): *Non-monetary Obligations (Limitations),* no. 37 (p. 1266), refiriéndose a los Comentarios Oficiales de PDCE, Art. 9:102 Comentario "H", A la luz de los enormes costos por semana de una parada de producción (parada de banda) en algunas industrias, este criterio es plausible desde una perspectiva práctica.

3054 J. Kleinschmidt en Jansen/Zimmermann, Art. 9:102 (2) y (3) (PDCE): *Non-monetary Obligations (Limitations),* no. 37 (p. 1266), refiriéndose a los Comentarios Oficiales, Art. 7.2.2 no. 3c, p. 246.

6

La excepción en la literal "d" (**"la prestación tenga carácter exclusivamente personal"**), se refiere a la interpretación o ejecución[3055] "muy personal" o "única", principalmente servicios,[3056] que requieren un conjunto de habilidades individuales (por ejemplo, de un artista, arquitecto[3057]), o que implican una "relación personal confidencial y (a largo plazo)"[3058] (que puede incluir un abogado). Es conocido por muchas jurisdicciones[3059] y se basa, en particular, en el supuesto de que "obligar a la parte que no está dispuesta... presumiblemente perjudicaría la calidad del servicio prestado posteriormente"[3060] (Obligar al deudor a tales servicios personales también se compara con la "esclavitud").[3061] No se aplica a las "obligaciones asumidas por una empresa"[3062] ni, según los Comentarios Oficiales, a las "actividades ordinarias de un abogado, un cirujano o un ingeniero"[3063] (aunque esto es necesariamente una cuestión de apreciación dependiendo de las circunstancias del caso y de la interpretación del contrato).[3064] Si la excepción "carácter personal" no aplica, la "transacción de reemplazo" en la literal "C" (No. 5 anterior) puede aplicarse y liberar al deudor de la necesidad de un cumplimiento específico.[3065] La excepción en la **literal "d"** no aplica si la ejecución **puede ser delegada para sustituir el cumplimiento por una tercera persona.**[3066]

[3055] Comentarios Oficiales, Art. 7.2.2 no.3d, p. 246; H. Schelhaas en Vogenauer, art. 7.2.2 no. 44; J. Kleinschmidt en Jansen/Zimmermann, Art. 9:102 (2) y (3) (PDCE): *Non-monetary Obligations (Limitations),* no. 31 (p. 1263).

[3056] J. Kleinschmidt en Jansen/Zimmermann, Art. 9:102 (2) y (3) (PDCE): *Non-monetary Obligations (Limitations),* no. 33 (p. 1264).

[3057] P.C.-Misc. 9 (1986), página 5.

[3058] H. Schelhaas en Vogenauer, art. 7.2.2 no. 45; J. Kleinschmidt en Jansen/Zimmermann, Art. 9:102 (2) y (3) (PDCE): *Non-monetary Obligations (Limitations),* no. 31 (p. 1263).

[3059] H. Schelhaas en Vogenauer, Art. 7.2.2 no. 42 nota 66 se refiere a Inglaterra, Irlanda, Escocia y Estados Unidos como ejemplos (la ley francesa, también mencionada por Schelhas, ha cambiado, véase Art. 1221 Código Civil francés, Versión 2016). Véase además el resumen comparativo de J. Kleinschmidt en Jansen/Zimmermann, Art. 9:102 (2) y (3) (PDCE): *Non-monetary Obligations (Limitations),* no. 28 (pp. 1261-62). Para una crítica estructural de la norma, véase ibid. nº 33 y 35 (pp. 1264 y 65), en el que se argumenta que la excepción podría haberse dejado al nivel procesal de la ejecución y renunciaría a la oportunidad "de que un deudor realice un servicio personal voluntariamente después de que se dicte una sentencia a favor del acreedor".

[3060] H. Schelhaas en Vogenauer, art. 7.2.2 no. 42; basado en Comentarios Oficiales, Art. 7.2.2 no. 3d, pp. 246-247; véase también I. Schwenzer *European Journal of Law Reform* 1999, pp. 289 y 298; J. Kleinschmidt en Jansen/Zimmermann, Art. 9:102 (2) y (3) (PDCE): *Non-monetary Obligations (Limitations)*, no. 28 (en p. 1262): "el valor de un servicio personal que no se proporciona voluntariamente es dudoso".

[3061] Comentarios oficiales, art. 7.2.2 no. 3d: interferencia con la libertad personal del deudor; J. Kleinschmidt en Jansen/Zimmermann, Art. 9:102 (2) y (3) (PDCE): *Non-monetary Obligations (Limitations),* no. 29 (p. 1262).

[3062] Comentarios oficiales, art. 7.2.2 no. 3d e ilustración 3, pp. 246-247; P.C.-Misc. 9 (1986), página 6.

[3063] Nuevamente Comentarios Oficiales, Art. 7.2.2 no.3d, pp. 246-247; P.C.-Misc. 9 (1986), p. 5, que afirma que "lo decisivo no es con quién se celebró el contrato, sino quién tiene que cumplirlo".

[3064] Véase J. Kleinschmidt en Jansen/Zimmermann, art. 9:102 (2) y (3) (PDCE): *Non-monetary Obligations (Limitations),* no. 30 (p. 1262): "el alcance de la excepción sólo puede determinarse en el caso individual;" y no. 31 (p. 1263): "difícil de aplicar en casos límite" (pero evaluando el criterio en lit. e como "superior" en comparación con la redacción de PDCE (2) (c).

[3065] H. Schelhaas en Vogenauer, Art. 7.2.2 no. 44.

[3066] J. Kleinschmidt en Jansen/Zimmermann, Art. 9:102 (2) y (3) (PDCE): *Non-monetary Obligations (Limitations),* no. 33 (p. 1264).

7

La excepción en la literal "e" (**"la parte legitimada para recibir la prestación no la reclame dentro de un plazo razonable desde de que supo o debió haberse enterado del incumplimiento"**), permite que el deudor se base en el comportamiento del acreedor que no solicita el cumplimiento[3067] durante un **período de tiempo "razonable"**, desde que el cumplimiento era exigible y el acreedor debería haber inspeccionado y/o descubierto el cumplimiento defectuoso y/o el incumplimiento[3068] (art. 1.8). Este principio encuentra correlaciones con el Art. 7.3.2 (2)[3069] y Art. 46 (2) y (3) de la CNUCCI.[3070] Cortará el derecho de cumplimiento generalmente "considerablemente" más rápido[3071] que la "prescripción", que es distinta (capítulo 10),[3072] mientras que "a menudo será solo un poco más largo" que el período durante el cual el deudor notificará al acreedor un defecto;[3073] **I)** con respecto a su derecho a subsanar en virtud del art. 7.1.4; o **II)** especialmente con respecto a los contratos a largo plazo, el deber general de cooperación en el art. 5.1.3; o **III)** el deber de mitigar el daño en virtud del art. 7.4.8 (en las cadenas de suministro, tanto para bienes como para servicios, la pronta notificación puede permitir al acreedor comunicarse con su acreedor y, por lo tanto, reducir o excluir posibles daños). La duración de un plazo "razonable" depende del acuerdo contractual (art. 1.3) y de las circunstancias, es decir: **I)** cuando puede esperarse una inspección, sujeto a los usos en la industria respectiva (art. 1.9),[3074] (por ejemplo, inmediatamente después de la entrega en el caso de mercaderías destinadas a uso inmediato,[3075] que puede ser cuestión de horas en el caso de **mercaderías perecederas**,[3076]

3067 Véanse los Comentarios Oficiales, Art. 7.2.2 no. 3e, p. 247; P.C.-Misc. 9 (1986), p. 7, haciendo hincapié en que "las normas deben tener una función educativa" y que "el comercio internacional exige que las partes expresen sus posiciones"; H. Schelhaas en Vogenauer, Art. 7.2.2 no. 49.

3068 H. Schelhaas en Vogenauer, Art. 7.2.2 no. 50 (por cumplimiento defectuoso; pero la falta de inspección también puede llevar a detectar incumplimiento, por ejemplo, de trabajos de construcción en un sitio en el extranjero) y no. 51 (dividiendo el período de tiempo en dos, uno para inspección y otro para exigir el cumplimiento). Para diversas leyes nacionales comparadas en Europa a este respecto, véase J. Kleinschmidt en Jansen/Zimmermann, Art. 9:102 (2) y (3) (PDCE): *Non-monetary Obligations (Limitations),* no. 44 (pp. 1270-71).

3069 H. Schelhaas en Vogenauer, Art. 7.2.2 no. 49.

3070 P.C.-Misc. 9 (1986), p. 7; H. Schelhaas in Vogenauer, art. 7.2.2 no. 48 (véase también la nota 77 para la referencia al art. 6:89 del Código Civil holandés); véase también D. A. Morán Bovio en Morán Bovio, art. 7.2.2, nº 2.b, p. 342; J. Kleinschmidt en Jansen/Zimmermann, Art. 9:102 (2) y (3) (PDCE): *Non-monetary Obligations (Limitations),* no. 46 (pp. 1271-72).

3071 J. Kleinschmidt en Jansen/Zimmermann, Art. 9:102 (2) y (3) (PDCE): *Non-monetary Obligations (Limitations),* no. 43 (en p. 1270).

3072 Comentarios oficiales, art. 10.1 no. 2, p. 350; H. Schelhaas en Vogenauer, Art. 7.2.2 no. 56, 58.

3073 J. Kleinschmidt en Jansen/Zimmermann, Art. 9:102 (2) y (3) (PDCE): Non-monetary Obligations (Limitations), no. 43 (en p. 1270).

3074 Los usos (o el contrato) pueden volver a delegar la obligación de inspección al deudor como una obligación de inspeccionar las mercaderías inmediatamente antes de entregarlas (ejemplo: IATF 16949 en la industria automotriz).

3075 H. Schelhaas en Vogenauer, Art. 7.2.2 no. 52-53. Crítica: J. Kleinschmidt en Jansen/Zimmermann, Art. 9:102 (2) y (3) (PDCE): *Non-monetary Obligations (Limitations),* no. 46 (en p. 1272) criticando una introducción, "a través de la puerta trasera", de un deber general de inspeccionar las mercaderías entregadas. Sin embargo, este no es el caso, porque el "debería haber tenido conocimiento del incumplimiento" tendrá en cuenta las circunstancias del caso, incluida, si procede, una cláusula contractual o un uso que excluya una "obligación" de inspeccionar las mercaderías.

3076 H. Schelhaas en Vogenauer, Art. 7.2.2 no. 55 (con referencia a I. Schwenzer en Schlechtriem & Schwenzer, Art. 39 párr. 16).

pero que puede ser un par de semanas o un mes en el caso de **bienes duraderos**);[3077] **II)** cuando exactamente después el acreedor deba solicitar el cumplimiento "sin demora", (*argumentum* Comentarios oficiales al requisito similar del art. 7.3.2 (2)),[3078] por el cual debe concederse cierto tiempo para investigar si el acreedor puede obtener un cumplimiento sustituto.[3079] La norma ha sido criticada como "imperfecta" debido a la impugnación de determinar el plazo prudencial para la notificación;[3080] se puede argumentar (contra) que este es un desafío inherente a la acción razonable en un espíritu de cooperación (Art. 5.1.3) y con respecto a las circunstancias de la contratación internacional.

C. Otras opciones para el deudor

8

Además de basarse en cualquiera de las excepciones de las literales "a-e", y sujeto al cumplimiento de los requisitos individuales de los demás principios mencionados a continuación, el deudor podría **argumentar: I) la exclusión** del derecho al cumplimiento si el incumplimiento está justificado en virtud del art. 7.1.1 y subsiguientes, "notablemente" el art. 7.1.2 (interferencia del acreedor) y 7.1.7 (fuerza mayor);[3081] **II) suspensión** si: **a)** el deudor puede **retener** su cumplimiento (art. 7.1.3), **b)** puede notificar al acreedor y, por lo tanto, utilizar su **derecho a subsanar** el cumplimiento en virtud del art. 7.1.4,[3082] o **c)** en caso de plazo adicional concedido por el deudor en virtud del art. 7.1.5, para argumentar, si es necesario, una prórroga del plazo concedido en virtud del art. 7.1.5 (3) segunda oración; **III)** una renuncia al derecho de cumplimiento específico, que puede estar contenida en el contrato (art. 1.3, 1.5) o que puede derivarse de una declaración posterior del acreedor;[3083] **IV) excesiva onerosidad** (art. 6.2.1)[3084] o fuerza mayor (art. 7.1.7). **V)** En caso de que se recurra a la excepción prevista en la literal "c" el deudor tal vez desee controlar si puede argumentar que el daño podría haberse reducido mediante una transacción de sustitución oportuna (art. 7.4.8).[3085]

[3077] De nuevo H. Schelhaas en Vogenauer, art. 7.2.2 no. 55 sobre art. 39 (1) CNUCCI con referencia a la jurisprudencia en Austria, Francia y Alemania. En circunstancias especiales, un plazo "razonable" puede ser aún más largo (por ejemplo, el trabajo en una estación meteorológica europea en una isla caribeña; o el trabajo realizado inmediatamente antes o al comienzo de un período de vacaciones de un mes del acreedor conocido por el deudor).

[3078] H. Schelhaas in Vogenauer, Art. 7.2.2 no. 54 con referencia a Comentarios Oficiales, Art. 7.3.2 no. 2, p. 257.

[3079] De nuevo H. Schelhaas en Vogenauer, Art. 7.2.2 no. 54.

[3080] J. Kleinschmidt en Jansen/Zimmermann, Art. 9:102 (2) y (3) (PDCE): *Non-monetary Obligations (Limitations)*, no. 45 (p. 1271).

[3081] H. Schelhaas en Vogenauer, Art. 7.2.2 no. 6.

[3082] H. Schelhaas en Vogenauer, Art. 7.2.2 no. 11.

[3083] H. Schelhaas en Vogenauer, Art. 7.2.2 no. 12.

[3084] H. Schelhaas en Vogenauer, Art. 7.2.2 no. 31 también considera la excesiva onerosidad como una opción alternativa para el deudor en caso de superposición con la exención en la literal "b" (argumentando con los Comentarios Oficiales, Art. 6.2.2 no. 6, p. 222, que dejan la opción al deudor en el escenario paralelo donde la excesiva onerosidad se superpone con la fuerza mayor).

[3085] H. Schelhaas en Vogenauer, Art. 7.2.2 no. 40.

D. Opciones paralelas para el acreedor

9

I) Si no se aplica ninguna excepción a su derecho a cumplimiento en las literales "a-e" (número 2-7 anterior en B.), el acreedor también puede, además de ejercer su "derecho al cumplimiento": **a)** otorgar un **período de tiempo adicional** para la ejecución (Art. 7.1.5, "*Nachfrist*") que también suspendería su derecho a la ejecución; **b)** ejercer los derechos previstos en los **art. 7.2.3 y 7.2.4** que refuercen el derecho a una interpretación o ejecución específica; **c)** en caso de aplicación de la excepción de "carácter personal" de la literal "d", considerar un mandamiento judicial para impedir que el deudor incumplidor "cumpla en nombre de un competidor";[3086] **d)** cambiar el remedio bajo el Art. 7.2.5 (1) si es necesario;[3087] **e)** ejercer cualquiera de los derechos establecidos en el numeral "II" a continuación. Desde una perspectiva práctica, se ha observado pertinentemente que, sujeto a la paciencia que se requiere de conformidad con la acción del deudor en virtud del art. 7.1.4 (art. 7.2.4 no. 2), un acreedor "de una interpretación o ejecución que está fácilmente disponible en el mercado difícilmente pasará por procedimientos legales para obtener y hacer cumplir una orden judicial de cumplimiento, sino que liquidará cualquier daño que pueda haber surgido de una transacción de cobertura".[3088] Por el contrario, si el cumplimiento en especie es esencial desde la perspectiva del acreedor, utilizará el mecanismo "*Nachfrist*" del art. 7.1.5.

10

II) En cualquier caso, e incluso si se aplica una excepción a su derecho al cumplimiento en de las literales "a-e", el acreedor puede confiar en la misma gama de opciones que en el art. 7.2.1 en caso de incumplimiento de una obligación monetaria:[3089] **a)** reclamación por **daños y perjuicios**, por ejemplo, por retraso u otros daños consecuentes debidos a retraso (art. 7.4.1 y siguientes, incluyendo cualquier excepción acordada para limitación de responsabilidad según el art. 7.1.6),[3090] o, en caso de aplicación de la excepción prevista en la literal "c" ("operación de sustitución"), el precio adicional si el acreedor tuviera que comprar el bien de sustitución por un precio superior al precio

---

[3086] H. Schelhaas en Vogenauer, Art. 7.2.2 no. 43, 46 (con referencia, en la nota 69, a Farnsworth, *Contracts* (4th ed. 2004) párr. 12.5, pp. 744-745.

[3087] H. Schelhaas en Vogenauer, Art. 7.2.3 no. 12.

[3088] J. Kleinschmidt en Jansen/Zimmermann, Art. 9:102 (1) (PDCE): *Non-Monetary Obligations (Principle)*, no. 18 (p. 1214).

[3089] H. Schelhaas en Vogenauer Introducción a la Sección 7.1 de los Principios de UNIDROIT no. 7.

[3090] Véase E. McKendrick en Vogenauer, art. 7.4.1 no. 3; H. Schelhaas in Vogenauer, art. 7.2.2 no. 22 última frase relativa a los daños consecuentes a pesar de una exención de imposibilidad en virtud de la lit. a debido a fuerza mayor (la fuerza mayor en el contexto de la evaluación de una reclamación por daños y perjuicios depende únicamente de la aplicación del art. 7.1.7); J. Kleinschmidt en Jansen/Zimmermann, Art. 9:103: *Damage not Precluded*, no. 4 (en p. 1274) y Art. 9:102 (1) (PDCE): *Non-Monetary Obligations (Principle)*, observa en el no. 19 (p. 1215) que el derecho a solicitar primero un cumplimiento específico (bajo el Art. 7.2.2) puede tener un impacto en el cálculo del daño en el caso de una transacción de cobertura, cuando los precios subieron mientras se solicitaba un cumplimiento específico. Véase también ibíd. Art. 9:103: *Damage not Precluded*, no. 3 (p. 1274) sobre "la tendencia hacia recursos independientes".

del contrato;[3091] **b) resolución** del contrato (art. 7.3.1).[3092] En caso de aplicación de la excepción en la literal "e" ("exigencia tardía de cumplimiento"), los lapsos de tiempo también pueden haber dado lugar a una pérdida del derecho de resolución en virtud del art. 7.3.2.[3093]

11

III) Durante la **negociación del contrato**, el acreedor puede negociar cláusulas que refuercen su derecho al cumplimiento (art. 1.1, 1.3), por ejemplo: **a)** insistiendo en una **cláusula penal** para hacer valer su derecho al cumplimiento específico (art. 7.4.13);[3094] **b)** exigiendo una **carta de crédito** para garantizar el cumplimiento;[3095] o regulando que, en caso de que un impedimento asegurado cause "imposibilidad", el acreedor tiene derecho a la suma del seguro como "prestación sustituta" ("*stellvertretendes commodum*").[3096]

Artículo 7.2.3 (Reparación y reemplazo de la prestación defectuosa)

El derecho al cumplimiento incluye, cuando haya lugar a ello, el derecho a reclamar la reparación, el reemplazo u otra subsanación de la prestación defectuosa. Lo dispuesto en los Artículos 7.2.1 y 7.2.2 se aplicará según proceda.

[3091] J. Kleinschmidt en Jansen/Zimmermann, Art. 9:102 (2) y (3) (PDCE): *Non-monetary Obligations (Limitations),* no. 36 (pp. 1265-66).

[3092] H. Schelhaas in Vogenauer, art. 7.2.1 no. 5 (*in fine*) e Introducción a la Sección 7.1 de los Principios de UNIDROIT no. 7; sobre la terminación en caso de imposibilidad parcial o temporal, véase H. Schelhaas en Vogenauer, Art. 7.2.1 no. 19, 20; H. Schelhaas in Vogenauer, Art. 7.2.2 no. 22 última frase relativa a (también) la terminación a pesar de una exención de imposibilidad bajo la literal "a". J. Kleinschmidt en Jansen/Zimmermann, Art. 9:102 (2) y (3) (PDCE): *Non-monetary Obligations (Limitations),* no. 36 (en p. 1266) para la excepción de la literal "c".

[3093] H. Schelhaas en Vogenauer, Art. 7.2.2 no. 58.

[3094] H. Schelhaas en Vogenauer, Art. 7.2.2 no. 3.

[3095] Una pequeña empresa comercial filipina que quiere evitar los costos de la carta de crédito dijo al autor en 2016 que trata con empresas chinas sin carta de crédito, pero a cambio, para mitigar el riesgo, con una cláusula de Principios de UNIDROIT y una cláusula de arbitraje ASEAC que prevé el arbitraje en Europa que (hasta ahora) ha impresionado al vendedor lo suficiente como para actuar con la calidad acordada.

[3096] Véase J. Kleinschmidt en Jansen/Zimmermann, Art. 9:102 (2) y (3) (PDCE): *Non-monetary Obligations (Limitations),* no. 16 (pp. 1253-54).

A. Un recordatorio

1

Integrado en las *"blackletter rules"* de los Principios de UNIDROIT "en aras de la claridad",[3097] como contraparte del art. 7.1.4,[3098] el art. 7.2.3 es un mero recordatorio y ejemplo del "derecho al cumplimiento" en especie del acreedor en virtud del art. 7.2.1-7.2.2 para el caso específico de solicitudes de reparación y sustitución de **bienes o servicios defectuosos**;[3099] o **pago defectuoso.**[3100] De conformidad con la obligación general de buena fe y lealtad negocial (art. 1.7), deben hacerse "**dentro de un plazo razonable, sin inconvenientes significativos y de forma gratuita**"[3101] si no se aplica ninguna de las excepciones del art. 7.2.2 (art. 7.2.2 no. 2-7),[3102] que deben ser aprobadas por el deudor.[3103] Así, por ejemplo, el acreedor debe exigir la reparación dentro de un plazo razonable en virtud del art. 7.2.2 literal "e";[3104] el art. 7.2.2 literal "b" requiere aplicar una **prueba de ponderación** teniendo debidamente en cuenta las circunstancias[3105] entre los costos de reparación o reemplazo y "la ventaja que la parte agraviada obtiene de la eliminación del defecto" (Art. 7.2.2 no. 4).[3106] Esto implica que: **I)** el valor de los bienes, la importancia del incumplimiento y los inconvenientes causados por la reparación al acreedor son **factores** lógicos a consi-

---

[3097] Comentarios oficiales, art. 7.2.3 no. 1, p. 248; H. Schelhaas in Vogenauer, art. 7.2.3 no. 1; J. Kleinschmidt en Jansen/Zimmermann, Art. 9:102 (1) (PDCE): *Non-Monetary Obligations (Principle)*, no. 28 (p. 1220): "(...) la necesidad de aclaración se deriva de las tradiciones jurídicas nacionales que durante mucho tiempo han sido hostiles a un remedio de subsanación relativa, en particular, a los contratos de compraventa y los contratos de trabajo y servicios"; y nº 40 (pp. 1227-28). Historia: En la época romana, la venta de esclavos y ganado no requería un remedio para su reparación. Esta necesidad surgió "con el advenimiento de los bienes diseñados industrialmente" (ver ibid. no. 29-30, pp. 1220-22) cuando la estructura del derecho alemán y francés ya estaba establecida (ibid. no. no. 31-34, pp. 1222-25). La legislación austríaca concedía el derecho a reparar desde el principio, mientras que la legislación inglesa, "no afectada por el régimen reparador romano", no preveía un derecho de reparación o sustitución (ibid., nº 35 y 36, pp. 1225 y 26). En las normas internacionales, el remedio de la subsanación surgió desde el primer proyecto de Ley Uniforme de Compraventa en 1935 (ibid. no. 39 (p. 1227) y no. 25 (p. 1219)). Véanse los párrafos 2 y 3 del artículo 46 de la CNUCCI.

[3098] H. Schelhaas en Vogenauer, Art. 7.2.3 no. 2.

[3099] D. A. Morán Bovio en Morán Bovio, art. 7.2.3, no. 1, p. 344 y no. 2.b, p. 344 (con referencia a la norma similar en el art. 46 (3) CNUCCI); H. Schelhaas en Vogenauer, Art. 7.2.3 no. 8.

[3100] Ejemplo de la práctica: Por error, el deudor paga una deuda existente de libras esterlinas en euros. En tal escenario, la referencia en el art. 7.2.3 al art. 7.2.1 se aplica, mientras que, en la mayoría de los casos de reparación y reemplazo, la referencia al art. 7.2.2 será importante.

[3101] H. Schelhaas en Vogenauer, Art. 7.2.3 no. 3, 11.

[3102] P.C.-Misc. 9 (1986), p. 7 (donde se examina la necesidad de ajustar las excepciones a las circunstancias de la reparación); Comentarios Oficiales, Art. 7.2.3 no. 3, p. 248; J. Kleinschmidt en Jansen/Zimmermann, Art. 9:102 (1) (PDCE): *Non-Monetary Obligations (Principle)*, no. 43 (p. 1229): todas las limitaciones al cumplimiento en especie se aplican "para restringir el requerimiento de subsanación de un acreedor agraviado".

[3103] H. Schelhaas en Vogenauer, art. 7.2.3 no. 13 (donde se discute que la carga de la prueba coloca al acreedor en una mejor posición que el comprador en virtud del art. 46 (2) CNUCCI).

[3104] H. Schelhaas en Vogenauer, Art. 7.2.3 no. 9, 16 (con referencia a M. Müller-Chen en Schlechtriem & Schwenzer, Art. 46 párr. 37).

[3105] H. Schelhaas en Vogenauer, Art. 7.2.3 no. 15.

[3106] Comentarios oficiales, art. 7.2.3 no. 3 en la ilustración, p. 248 (para defectos pequeños e insignificantes); H. Schelhaas en Vogenauer, Art. 7.2.3 no. 10 (haciendo referencia a M. Müller-Chen en Schlechtriem & Schwenzer, Art. 46 párr. 40). Véase también el párrafo 3) del artículo 46 CNUCCI, que "permite al vendedor denegar la reparación de una prestación defectuosa si la carga de la reparación es desproporcionada en relación con el interés del comprador" (J. Kleinschmidt en Jansen/Zimmermann, art. 9:102 (2) y (3) (PDCE): *Non-monetary Obligations (Limitations)*, no. 23 (en la página 1259), también haciendo referencia a M. Müller-Chen en Schlechtriem & Schwenzer, Art. 46, párr. 40).

derar[3107] (de modo que la sustitución no es una opción en caso de defectos "menores" que puedan repararse fácilmente);[3108] **II)** a diferencia del artículo 46 (2) CNUCCI, el derecho de sustitución no exige un incumplimiento "esencial":[3109] el criterio previsto en el artículo 7.2.2, literal "b" es concluyente; y **III)** en caso de **pago en la moneda incorrecta** se puede solicitar el pago en la moneda acordada si los costos de transferencia no están desequilibrados.[3110] Si se excluye la subsanación en especie como resultado de la aplicación de la prueba de ponderación, los Comentarios Oficiales señalan una reducción del precio como compensación adecuada[3111] (art. 1.7).

2

La **buena fe y la lealtad negocial** pueden requerir, por ejemplo: **a)** que el deudor ofrezca un producto sustituto durante la reparación, o, **b)** que el acreedor participe en el costo si el bien de reemplazo es sustancialmente más nuevo o de calidad sustancialmente superior (Art. 1.7).[3112] Dependiendo de las circunstancias, la reparación puede requerir **diferentes medios**, por ejemplo, la entrega de **bienes faltantes** (o "**dinero faltante**" en caso de pago insuficiente, *argumentum* la referencia al art. 7.2.1, **segunda oración**),[3113] la eliminación de **defectos de título** o la obtención de un **permiso público** (art. 6.1.14).[3114] La elección apropiada deberá hacerse con respecto a las circunstancias,[3115] incluido el contrato, y, especialmente en los contratos a largo plazo (art. 1.11, tercera línea), en un espíritu de cooperación[3116] (art. 5.1.3). Los costos de la subsanación deberán ser asumidos por el deudor[3117] (que también asumiría los costos al ejercer un derecho a subsanar en virtud del Art. 7.1.4 (Art. 7.1.4 no. 3) a menos que las circunstancias indiquen explícitamente lo contrario (por ejemplo, un acuerdo de conformidad con el Art. 1.5).

3107 H. Schelhaas in Vogenauer, art. 7.2.3 no. 10 (inspirado en la "Directiva de la UE sobre ventas al consumidor" 99/44/CE del Parlamento Europeo y del Consejo, de 25 de mayo de 1999, sobre determinados aspectos de la venta y las garantías de los bienes de consumo (1999) DO L 171/12).

3108 H. Schelhaas en Vogenauer, Art. 7.2.3 no. 14-15.

3109 H. Schelhaas en Vogenauer, art. 7.2.3 no. 13; J. Kleinschmidt en Jansen/Zimmermann, Art. 9:102 (2) y (3) (PDCE): *Non-monetary Obligations (Limitations)*, no. 24 (en p. 1259) observando, con referencia a H. Kötz, ex director del Instituto Max Planck de Derecho Internacional Privado y Comparado de Hamburgo: "En la práctica, un defecto reparable rara vez será esencial".

3110 Comentarios oficiales, art. 7.2.3 no. 2, p. 248, leído en relación con el no. 3, p. 248; H. Schelhaas in Vogenauer, art. 7.2.3 no. 21 (que no hace ninguna restricción expresa a los costos de transacción prohibitivos); véase también I. Schwenzer, *European Journal of Law Reform 1999*, pp. 289 y 301.

3111 Comentarios oficiales, art. 7.2.3 no. 3 en la ilustración, p. 248.

3112 H. Schelhaas en Vogenauer, Art. 7.2.3 no. 3.

3113 H. Schelhaas en Vogenauer, Art. 7.2.3 no. 21.

3114 Comentarios oficiales Art. 7.2.3, nº 2, p. 248; H. Schelhaas en Vogenauer, art. 7.2.3 no. 7, 20 con una referencia pertinente al art. 41 CNUCCI; J. Kleinschmidt en Jansen/Zimmermann, Art. 9:102 (1) (PDCE): *Non-monetary Obligations (Principle)*, no. 41 (p. 1228).

3115 J. Kleinschmidt en Jansen/Zimmermann, Art. 9:102 (1) (PDCE): *Non-monetary Obligations (Principle)*, no. 41 *in fine* (p. 1228).

3116 J. Kleinschmidt en Jansen/Zimmermann, Art. 9:102 (2) y (3) (PDCE): *Non-monetary Obligations (Limitations)*, no. 4 (p. 1244).

3117 J. Kleinschmidt en Jansen/Zimmermann, Art. 9:102 (1) (PDCE): *Non-monetary Obligations (Principle)*, no. 42 (en p. 1229).

B. Restitución

3

Dependiendo de las circunstancias (y del valor de un bien defectuoso que haya sido reemplazado), es una consecuencia del deber de cooperar (art. 5.1.3), la aplicación del principio de buena fe (art. 1.7) y/o la aplicación análoga del art. 7.3.6 (sobre la restitución en el caso de contratos de ejecución instantánea)[3118] que el acreedor **tiene derecho y posiblemente obligado** a recibir el bien defectuoso intercambiado después de la reparación sujeta a costos.

C. Opciones paralelas

4

Ver comentarios en el Art. 7.2.2 no. 9-11 en la literal "D".[3119] Además, si la reparación en sí es defectuosa, puede ejercer sus "plenos derechos",[3120] incluidos los daños consecuentes en caso de pérdidas causadas por la reparación defectuosa.[3121]

Artículo 7.2.4 (Pena Judicial)

(1) Cuando un tribunal ordena a una parte que cumpla, también puede ordenar que pague una pena si no cumple con la orden.

(2) La pena será pagada a la parte perjudicada, salvo que normas imperativas del derecho del foro dispongan otra cosa. El pago de la pena a la parte perjudicada no excluye el derecho de ésta al resarcimiento.

A. Una contribución a la Familia Jurídica Francesa (párrafo 1)

1

El comercio internacional se basa en el carácter vinculante de los acuerdos (*pacta sunt servanda*) (art. 1.3) y en un espíritu de buena fe y lealtad negocial (art. 1.7). Especialmente en los **contratos a largo plazo** (art. 1.11, tercer guión), las partes deben esforzarse por llegar a un acuerdo entre sí cuando se enfrentan a una perturbación de su relación contractual (similar a una empresa conjunta). Si el arbitraje se hace necesario, el resultado debe ser aceptado, como suele ser el caso en la práctica.[3122] En este contexto, el párrafo 1 —que se

---

[3118] Sugerido por H. Schelhaas en Vogenauer, Art. 7.2.3 no. 17.

[3119] Véase también H. Schelhaas en Vogenauer, art. 7.2.3 no. 5.

[3120] H. Schelhaas en Vogenauer, Art. 7.2.2 no. 12, 19.

[3121] H. Schelhaas en Vogenauer, Art. 7.2.2 no. 12.

[3122] Experiencia de un arbitraje nacional alemán: En un proyecto de construcción complejo, las partes no estuvieron de acuerdo sobre la interpretación de su fórmula de precios que hace referencia a ciertas medidas. La disputa surgió durante la realización del proyecto cuando se emitió la primera factura. Gracias a una cláusula de arbitraje que preveía un calendario ajustado, la controversia podía resolverse durante la primera audiencia sobre el fondo. Las partes concluyeron el proyecto sin más desacuerdos.

contrarresta con el párrafo 2— puede evaluarse como otro compromiso entre diferentes sistemas jurídicos, aunque invada cuestiones de Derecho Procesal.[3123] Dentro de la amalgama internacional de los Principios de UNIDROIT, el párrafo 1 pretende integrar un concepto de familia jurídica romana (francesa) en el que las sanciones judiciales (*"astreintes"*)[3124] forman parte del sistema[3125] (el párrafo 2 proporciona un contrapeso desde la perspectiva de otros ordenamientos jurídicos). La experiencia demuestra que **la amenaza de sanción judicial** es a veces un instrumento eficaz para "garantizar el cumplimiento de las sentencias que ordenan el cumplimiento de obligaciones contractuales".[3126] El órgano jurisdiccional (art. 1.11, primera línea) tiene la **facultad discrecional** ("puede")[3127] de ordenar una sanción judicial en forma de sanción pecuniaria[3128] (a tanto alzado o a plazos,[3129] por ejemplo, 500 EUR por día de incumplimiento)[3130] si las circunstancias lo justifican (por ejemplo, un temor razonado de que una parte no pueda cumplir de otro modo una obligación contractual, por ejemplo, hacer algo personalmente[3131] o **abstenerse de hacer algo**;[3132] mientras que las circunstancias especiales pueden ser más raras cuando está en juego la ejecución de una obligación de pagar dinero, por ejemplo, "cuando el pago rápido es esencial").[3133] Deben tenerse en cuenta otras sanciones contractuales que pueden hacer que se abstenga de decidir sobre una sanción judicial.[3134] Una **solicitud** especial del acreedor **no es necesaria**.[3135] La norma ha sido criticada como una "invasión al Derecho Procesal".[3136] Sin embargo, utilizado diligentemente con respecto a las circunstancias del caso, el Art. 7.2.4 puede ser una herramienta útil en un arbitraje internacional, evitar los obstáculos nacionales para hacer cumplir un cumplimiento específico (Art. 7.2.1) e incentivar al deudor a obedecer las órdenes en un laudo arbitral.

[3123] J. Kleinschmidt en Jansen/Zimmermann, Art. 9:102 (1) (PDCE): *Non-Monetary Obligations (Principle)*, no. 5 (pp. 1206-07).

[3124] *Arte. L131-1 a L131-4 Code des procédures civiles d"exécution (es decir, la versión coordinada del Code des procédures civiles d"exécution* a partir del 1 de octubre de 2016); P.C.-Misc. 9 (1986), p. 8; D. A. Morán Bovio en Morán Bovio, Art. 7.2.4, no. 1, p. 345 (para una perspectiva española); H. Schelhaas in Vogenauer, art. 7.2.4 no. 1 (refiriéndose a la ley francesa anterior de contenido similar); véase también, por ejemplo, el Convenio del *Benelux* que contiene una ley uniforme relativa a las cláusulas penales (*"Convention Benelux portant loi uniforme relative à l"astreinte"*), La Haya, 26 de noviembre de 1973, UNTS, vol. 1162 I-18360, mencionado por H. Schelhaas en Vogenauer, art. 7.2.4, nº 10, nota 124.

[3125] Drobnig en P.C.-Misc. 16 (1992), p. 124, refiriéndose a Francia y a los países del Benelux; J. Kleinschmidt en Jansen/Zimmermann, Art. 9:102 (1) (PDCE): *Non-Monetary Obligations (Principle)*, no. 5 (p. 1206).

[3126] Comentarios oficiales, art. 7.2.4 no. 1, p. 249; D. A. Morán Bovio en Morán Bovio, Art. 7.2.4, no. 1, p. 345.

[3127] Comentarios oficiales, art. 7.2.4 no. 2, p. 249; H. Schelhaas en Vogenauer, art. 7.2.4 no. 7, 9 ("mucha libertad").

[3128] H. Schelhaas en Vogenauer, Art. 7.2.4 no. 3.

[3129] Comentarios Oficiales, Art. 7.2.4 no. 5, p. 250; *Crépeau* en P.C.-Misc. 16 (1992), página 127.

[3130] H. Schelhaas en Vogenauer, Art. 7.2.4 no. 5.

[3131] H. Schelhaas en Vogenauer, Art. 7.2.4 no. 8.

[3132] Ídem.

[3133] Comentarios Oficiales, art. 7.2.4 no. 2, p. 249; Fontaine en P.C.-Misc. 16 (1992), p. 128; H. Schelhaas en Vogenauer, Art. 7.2.4 no. 8.

[3134] StL-Doc. 47 (1990), p. 14; como señaló H. Schelhaas en Vogenauer, Art. 7.2.4 no. 6 nota 118; pero véase también H. Schelhaas en Vogenauer, art. 7.2.4 no. 15 (señalando el propósito separado en comparación con las reclamaciones por daños y perjuicios).

[3135] H. Schelhaas en Vogenauer, Art. 7.2.4 no. 7.

[3136] J. Kleinschmidt en Jansen/Zimmermann, Art. 9:102 (1) (PDCE): *Non-Monetary Obligations (Principle)*, no. 5 (p. 1206) y no. 7 (p. 1207).

B. Consideraciones tácticas (párrafo 2, primera oración)

2

En algunas jurisdicciones a menudo se considera contrario al orden público si se paga una sanción judicial a la otra parte contratante[3137] (y no al Estado).[3138] De conformidad con el párrafo 2 primera oración, la **ley imperativa** del foro (art. 1.4), puede impedir la ejecución de dicha orden por completo[3139] o causar una **reorientación de la sanción judicial otorgada**,[3140] por ejemplo, de la "parte perjudicada" (es decir, el acreedor) al Estado de ejecución o a una organización sin ánimo de lucro reconocida por las autoridades tributarias locales. Por lo tanto, se recomienda a un tribunal (artículo 1.11 primera línea), o a un acreedor que solicite a un tribunal que ordene una sanción judicial, que **considere la ley obligatoria** en la **jurisdicción del foro**.[3141]

3

Si se presenta una demanda ante un tribunal francés, es libre de actuar de acuerdo con el esquema de los Principios de UNIDROIT que conoce. Si se presenta una demanda ante un tribunal inglés, es libre de no emitir una sanción judicial discrecional en virtud del art. 7.2.4 y de señalar su propio instrumento procesal de "desacato al tribunal".[3142]

4

Por lo general, un **tribunal de arbitraje** estará obligado, en virtud del régimen de arbitraje aplicable y/o de los contratos con el árbitro o árbitros, a tener en cuenta la ejecutoriedad de su laudo.[3143] Algunas jurisdicciones incluso aceptarían explícitamente las órdenes de un tribunal de arbitraje.[3144] Con respecto a otros, el tribunal arbitral puede argumentar que las partes, al elegir los Principios de UNIDROIT sin derogar lo dispuesto en el art. 7.4.2 (art. 1.5), han aceptado explícitamente que un tercero, el "tribunal" (art. 1.11 primer guión), determine una suma adicional que debe pagarse en circunstancias que justifiquen una sanción judicial (*argumentum* art. 2.1.12 en combinación con el art. 5.1.7 (2) que también otorga un poder particular al tribunal). Tal consentimiento implícito del deudor en el momento de la

---

[3137] Véanse los Comentarios Oficiales, Art. 7.2.4 no. 3, pp. 249-250; P.C.-Misc. 9 (1986), p. 8; H. Schelhaas en Vogenauer, Art. 7.2.4 no. 10.

[3138] Drobnig en P.C.-Misc. 16 (1992), pp. 130 y 131; I. Schwenzer, *European Journal of Law Reform 1999*, pp. 289 y 301 (para Alemania).

[3139] S. Eberhard, *"Les sanctions de l"inexécution du contrat et les principes Unidroit"* (2005), pp. 126 y 127 ⊠ H. Schelhaas en Vogenauer, art. 7.2.4 no. 82.

[3140] H. Schelhaas en Vogenauer, Art. 7.2.4 no. 11.

[3141] Véase el art. 28 CNUCCI, que "deja la ejecución de una orden de cumplimiento específico a la lex fori" (J. Kleinschmidt en Jansen/Zimmermann, art. 9:102 (1) (PDCE): *Non-Monetary Obligations (Principle)*, no. 6 (p. 1207).

[3142] H. Schelhaas in Vogenauer, Art. 7.2.4 no. 1 nota 110.

[3143] Cf. H. Schelhaas in Vogenauer, Art. 7.2.4 no. 2 (escéptico); E. Brödermann en 6 IPR *MünchAnwaltshandb. IntWirtschR* no. 361-363; véase también, por ejemplo, el artículo 42 del Reglamento de Arbitraje de la CCI de 2021.

[3144] Comentarios oficiales, art. 7.2.4 no. 6, pp. 250-251; véase también, por ejemplo, el artículo 1056 del Código de Procedimiento Civil holandés y el artículo 1709-bis del Código de Procedimiento Civil belga, que aceptan explícitamente esa posibilidad, como señaló H. Schelhaas en Vogenauer, art. 7.2.4 no. 3 (nota 114).

celebración del contrato puede ser una indicación (o incluso una fuerte indicación) de que la sanción judicial no viola el orden público local.

C. Negativa a obedecer

5

En caso de incumplimiento de la obligación objeto de la sanción judicial (que no está regulada explícitamente), el acreedor debe solicitar al órgano jurisdiccional una orden de ejecución[3145] que decidirá si el incumplimiento de la obligación entra dentro de la esfera del deudor. Si un laudo arbitral contiene la sanción judicial, esto puede requerir un procedimiento adicional a menos que la sanción judicial esté contenida en un **laudo provisional** o en la decisión de un **árbitro de emergencia**. Una vez que la sanción judicial se ha transferido a una orden de ejecución o laudo, forma parte del esquema ordinario de obligaciones, con intereses (art. 7.4.9) y de cumplimiento.

D. Opciones paralelas (párrafo 2, segunda oración)

6

De conformidad con el párrafo 2, segunda oración, no se impide que el acreedor de una sanción judicial reclame además daños y perjuicios[3146] en virtud del art. 7.4.1 y subsiguientes. Las partes también son libres de excluir el artículo 7.2.4 a nivel de redacción del contrato (art. 1.5), pero ¿quién querría argumentar, en la etapa de redacción, que se necesita protección contra el incumplimiento deliberado?

Artículo 7.2.5 (Cambio de Remedio)

(1) La parte perjudicada que ha reclamado el cumplimiento de una obligación no dineraria y no lo ha obtenido dentro del plazo fijado o, en su defecto, dentro de un plazo razonable, podrá recurrir a cualquier otro remedio.

(2) En caso de no ser factible la ejecución de un mandato judicial que ordene el cumplimiento de una obligación no dineraria, la parte perjudicada podrá recurrir a cualquier otro remedio.

A. Libertad limitada para cambiar de opinión

1

Con sujeción a: I) el art. 7.1.5 (relativo al supuesto de que el acreedor conceda un plazo adicional para el cumplimiento) y, en particular, el art. 7.1.5 (3); y, **II)** el principio de buena

[3145] H. Schelhaas in Vogenauer, art. 7.2.4 no. 12 con referencia a la ley francesa.

[3146] Comentarios oficiales, art. 7.2.4 no. 4, p. 250; Bonell en P.C.-Misc. 16 (1992), página 131.

fe y lealtad negocial (**art. 1.7**) (por ejemplo, si el deudor incumplidor ya ha invertido un esfuerzo y dinero considerables en cumplir la solicitud de cumplimiento[3147]), **el acreedor**, que: **a)** haya solicitado[3148] **en vano durante un período de tiempo fijo o razonable**[3149] (cuya duración depende de las dificultades de cumplimiento)[3150] el **cumplimiento** de una obligación no monetaria (**párrafo 1**); o, **b)** que no pueda ejecutar una decisión judicial para el cumplimiento de una obligación no monetaria por razones jurídicas o fácticas[3151] (**párrafo 2**; por ejemplo, porque el cumplimiento se hizo posteriormente imposible o el deudor simplemente no cooperó),[3152] puede cambiar de opinión y pedir otro remedio.[3153] El acreedor puede solicitar daños y perjuicios (art. 7. 4.1. y ss.) y/o resolver el contrato (por lo que se amplía el plazo previsto en el art. 7.3.2 (2)).[3154] **Por el contrario**, después de aceptar una **reducción del precio** (por ejemplo, mediante una resolución parcial, Introducción al Capítulo 7, no. 7) o una **notificación** (art. 1.10) de resolución, el acreedor no puede volver a pasar a una solicitud de cumplimiento[3155] "lógicamente incoherente".[3156] De este modo, el artículo 7.2.5 establece un equilibrio entre la libertad del acreedor para modificar el remedio (*"ius variandi"*)[3157] a la luz de la evolución de las circunstancias y limitaciones que protejan los intereses del deudor.[3158]

2

En vista del efecto liberador de una terminación (art. 7.3.5), un acreedor **no puede volver** a solicitar el cumplimiento después de emitir una notificación de **resolución** (art. 7.3.2).[3159]

3147 H. Schelhaas en Vogenauer, art. 7.2.5 no. 3, 5; Hartkamp y Drobnig en P.C.-Misc. 16 (1992), pp. 134 y 136.

3148 El requisito de tal solicitud constituye la diferencia con el artículo 7.1.5 (2) oración 2, que "pretende un cumplimiento voluntario por parte del deudor", como señaló J. Kleinschmidt en Jansen/Zimmermann, Art. 8:102 (PDCE): *Cumulation of Remedies*, no. 14 (en la página 1107).

3149 Comentarios oficiales, art. 7.2.5 no. 2, p. 252.

3150 Comentarios oficiales, art. 7.2.5 no. 2, p. 252; H. Schelhaas en Vogenauer, art. 7.2.5 no. 6; J. Kleinschmidt en Jansen/Zimmermann, Art. 8:102 (PDCE): Acumulación de recursos, no. 14 (en p. 1107). En el caso extremo de imposibilidad de cumplimiento, podría reducirse a cero el plazo razonable (ibid.). Sin embargo, generalmente el plazo razonable fijado por el acreedor deberá respetarse tal como se fijó (*argumentum* art. 1.8); v. también ibid. nº 14 (pp. 1107-08).

3151 J. Kleinschmidt en Jansen/Zimmermann, Art. 8:102 (PDCE): *Cumulation of Remedies*, no. 14 (en p. 1107).

3152 Véase H. Schelhaas en Vogenauer, art. 7.2.5 no. 1.

3153 Comentarios oficiales, art. 7.2.5 no. 1, p. 251.

3154 H. Schelhaas en Vogenauer, Art. 7.2.5 no. 8.

3155 H. Schelhaas en Vogenauer, Art. 7.2.5 no. 9.

3156 Ídem.

3157 Para los dos enfoques de la legislación nacional, véase J. Kleinschmidt en Jansen/Zimmermann, art. 8:102 (PDCE): *Cumulation of Remedies*, no. 11-13 (pp. 1105-06) con referencia, por ejemplo, a las soluciones del Derecho francés, alemán e inglés.

3158 J. Kleinschmidt en Jansen/Zimmermann, art. 8:102 (PDCE): *Cumulation of Remedies*, no. 14 (p. 1107) y no. 17 (p. 1109) ("equilibrio sólido", proponiendo únicamente incluir la norma en la sección 7.1 sobre incumplimiento en general).

3159 J. Kleinschmidt en Jansen/Zimmermann, Art. 8:102 (PDCE): *Cumulation of Remedies*, no. 10 (p. 1105).

SECCIÓN 3. RESOLUCIÓN

Historia legislativa (documentos clave)

Historia legislativa (documentos clave)
En preparación de los **Principios de 1994** – Ponente Ole Lando:
StL-Doc. 35, pp. 1 a 6 (1er borrador en **1986**); P.C.-Misc. 9, pp. 9 a 16 (1er debate en **1986**); StL-Doc. 48 (2do proyecto en **1990**); P.C.-Misc. 16, pp. 32 a 94 (2do debate en **1992**); P.C.-Misc. 19, pp. 139 y 147 (3er debate en **1994**);
En preparación de **los Principios de 2010** (enmiendas al art. 7.3.6, 7.3.7) – ponente Reinhard Zimmermann: StL-Doc. 99, pp. 4 a 6 y 9 a 10 (documento de posición en **2006**); StL-Misc. 26, pp. 8 a 13 y 37 a 44 (1er debate en **2006**); StL-Doc. 100 (documento de posición sobre la restitución en **2007**); StL-Doc. 104 (documento de posición sobre los contratos a largo plazo en **2007**); StL-Misc. 27, pp. 30 a 44 (1er debate sobre restitución y contratos a largo plazo en **2007**); StL-WP.15 (documento de posición sobre la restitución en **2008**); StL-WP.18, sesión 2, pp. 1 a 12 (2do debate sobre la restitución en **2008**); StL-Doc. 105 (1er borrador sobre restitución en **2008**); StL-Misc. 28, pp. 6 a 17 y 64 a 70 (3er debate sobre restitución, 2do debate sobre contratos a largo plazo en **2008**); StL-WP.20 (propuesta de 2do proyecto sobre restitución en **2009**); StL-WP.23, Sesión 2, pp. 1 a 8 (4to debate sobre restitución en **2009**); StL-Doc. 109 (1er borrador de contratos a largo plazo en **2009**); StL-Doc. 110 (2do proyecto de restitución en **2009**); StL-Misc. 29, pp. 3 a 18 (5to debate sobre restitución, 3er debate sobre contratos a largo plazo en **2009**, decisión de no incluir contratos a largo plazo en la edición de **2010**); StL-WP.27, pp. 6 a 11 (propuesta de 3er proyecto sobre restitución en **2009**); StL-WP.29, pp. 1 a 12 (6to debate sobre restitución en **2010**); StL-Doc. 114 (3er borrador sobre restitución en **2010**); StL-Doc. 120 (4to borrador sobre restitución en **2010**); StL-Misc. 30, pp. 3-4 (7mo debate sobre la restitución en **2010**)
En preparación de los **Principios de 2016** (enmiendas al art. 7.3.7 y a los comentarios oficiales sobre el art. 7.3.5, 7.3.6) – Ponente Neil Cohen:
StL-Doc. 126, pp. 12-14, anexo I, p. 8, anexo II (documento de posición en **2014**); StL-Misc. 31 Rev., pp. 16-30 (1er debate en **2015**); StL-Doc. 128 rev., pp. 4-6 (proyecto revisado sobre restitución en **2016**); StL-Doc. 136 rev. (comentarios revisados sobre el art. 7.3.5 en **2015**); StL-Misc. 32, pp. 2-4, 13-14 (2do debate en **2016**); UNIDROIT 2016, C.D. (95) 3, Anexo 1, pp. 4-6, Anexo 9, pp. 2-3 (borrador final en **2016**)

Visión General

1

En caso de incumplimiento general (Sección 7.1), la Sección 7.3 proporciona, como "el remedio más drástico", una herramienta para superar el carácter vinculante de un contrato (Art. 1.3).[3160] El **art. 7.3.1** regula la **posibilidad** de una resolución,[3161] **complementada por**

[3160] J. Kleinschmidt en Jansen/Zimmermann, Introducción antes del art. 9:301 (1) (PDCE), no. 5-6 (pp. 1287-89) con una reseña histórica que describe "el camino sinuoso hacia un derecho general a resolver por incumplimiento" desde la época romana hasta el siglo XXI (y haciendo referencia en p. 1287 nota 11 a Tonello para la expresión "el remedio más drástico").

[3161] Véase J. Kleinschmidt en Jansen/Zimmermann, Introducción antes del Art. 9:301 (1) (PDCE), no. 6 (p. 1289) sobre las "Dos cuestiones básicas".

el art. 7.1.5 (3) y (4) para el caso especial de **retraso** al que se hace referencia en el art. 7.3.1 (3). El art. 7.3.1 **establece**, como remedio,[3162] un **"derecho" a la terminación al comienzo de siete reglas** sobre el tema.[3163] Con **sujeción** al cumplimiento **de sus requisitos**, los Principios de **UNIDROIT** ofrecen la resolución como alternativa al derecho al cumplimiento en virtud de la Sección 7.2 y al derecho a daños y perjuicios en virtud de la Sección 7.4. El **art. 7.3.2 regula el ejercicio** de la **resolución** mediante **notificación,**[3164] **los artículos 7.3.5-7.3.7 los efectos** de la **resolución** (legal) (de lo contrario, art. 7.3.5 no. 6); y el **art. 7.3.3-7.3.4 regulan el tema especial** de la resolución en caso de "incumplimiento **anticipado**". **Las normas se aplican a todo tipo de contratos,**[3165] **excepto a una distinción marcada** con respecto a **los efectos de la resolución entre los contratos que deben ejecutarse de una sola vez y los contratos a largo plazo** (**art. 7.3.6-7.3.7 sobre restitución**: es decir, "cómo se va a deshacer el contrato").[3166] Además de: **I)** el **remedio** de resolución en el art. 7.3.1, los Principios de UNIDROIT también reconocen la resolución: **II)** como resultado del ejercicio de la **libertad contractual** (**art. 1.3 segunda oración; 3.1.2**; art. 7.3.1 no. 9a); **III)** en caso de un aviso razonable con respecto a un contrato celebrado por un período indefinido (art. 5.1.8); **IV)** si no se ha concedido **permiso público** (art. 6.1.16); y **V)** en una forma especial de terminación en caso de **excesiva onerosidad** (artículo 6.2.3 (4) (a)).[3167]

Artículo 7.3.1 (Derecho a resolver el contrato)

(1) Una parte puede resolver el contrato si la falta de cumplimiento de una de las obligaciones de la otra parte constituye un incumplimiento esencial.

(2) Para determinar si la falta de cumplimiento de una obligación constituye un incumplimiento esencial se tendrá en cuenta, en particular, si:

a) el incumplimiento priva sustancialmente a la parte perjudicada de lo que tenía derecho a esperar en virtud del contrato, a menos que la otra parte no hubiera previsto ni podido prever razonablemente ese resultado;

b) la ejecución estricta de la prestación insatisfecha era esencial según el contrato;

c) el incumplimiento fue intencional o temerario;

3162 P. Hellwegein Jansen/Zimmermann, Introducción antes del art. 9:305 (PDCE), no. 4 (p. 1369).

3163 Terminología: La expresión "resolución" se correlaciona con "anulación" en el lenguaje de la CNUCCI, art. 49, 64, 81 de la CNUCCI. Véase J. Kleinschmidt en Jansen/Zimmermann, Introducción antes del art. 9:301 (1) (PDCE), no. 12 (p. 1291), y P. Hellwege en Jansen/Zimmermann, Introducción antes del art. 9:305 (PDCE), no. 3 (en p. 1368).

3164 Véase J. Kleinschmidt en Jansen/Zimmermann, Introducción antes del Art. 9:301 (1) (PDCE), no. 6 (p. 1289) sobre las "Dos cuestiones básicas".

3165 J. Kleinschmidt en Jansen/Zimmermann, Introducción antes del art. 9:301 (1) (PDCE), no. 8 (p. 1290), discutiendo que este enfoque va más allá del enfoque tradicional europeo continental sobre los contratos sinalagmáticos que "vinculan" el cumplimiento y el contra rendimiento entre sí por una "condición implícita".

3166 Cf. P. Hellwege en Jansen/Zimmermann, Introducción antes del art. 9:305 (PDCE), no. 1 (p. 1368) dividiendo la cuestión en tres preguntas: I) "¿cuándo puede resolverse un contrato?"; II) "¿Cuáles son los efectos de la resolución?"; y III) "¿Cómo se ha de deshacer el contrato?".

3167 Hellwege en Jansen/Zimmermann, Introducción antes del art. 9:305 (PDCE), no. 4 (p. 1369).

d) el incumplimiento da a la parte perjudicada razones para desconfiar de que la otra cumplirá en el futuro;

e) la resolución del contrato hará sufrir a la parte incumplidora una pérdida desproporcionada como consecuencia de su preparación o cumplimiento.

(3) En caso de demora, la parte perjudicada también puede resolver el contrato si la otra parte no cumple antes del vencimiento del período suplementario concedido a ella según el Artículo 7.1.5.

A. Resolución como último recurso[3168] (párrafo 1)

1

Sujeto a modificaciones contractuales (Art. 1.5),[3169] el párrafo 1 reconoce el derecho a la resolución (mediante notificación, Art. 7.3.2) en caso de (cualquier tipo de)[3170] **incumplimiento "esencial"** (de un cumplimiento "debido en virtud del contrato o en virtud de los Principios de UNIDROIT)";[3171] Art. 6.1.1 *et seq*.), que se **atenúa,**[3172] en línea con una tendencia internacional[3173] y el enfoque general de *favor contractus* (Introducción no. 7),[3174] **mediante** cuatro restricciones: **I)** un **umbral** establecido por los factores del párrafo 2; **II)** el **Mecanismo *Nachfrist*** de conformidad con el art. 7.1.5 en caso de **retraso** (párrafo 3), que requiere conceder un tiempo adicional (en alemán: "*Nachfrist*")[3175] antes de una resolución por retraso no fundamental que afecte más que partes mínimas de la obligación contractual

---

3168 *Kleinheisterkamp, Les sanctions pour inexécution du contrat dans les Principes Unidroit, en: G Keutgen (ed.), Les Principes Unidroit relatifs aux contrats de commerce international (èd. 2010) et l'arbitrage (2011)*, pp. 125, 237 (*"ultima ratio"*), referenciado, entre otros, por P. Huber en Vogenauer, art. 7.3.1 nº 6.

3169 Laudo arbitral del 1 de diciembre de 1996, Camera *Arbitrale Nazionale e Internazionale di Milano* caso (No. A-1795/51), Unilex nº 622 (por el que se reconoce una cláusula que prevé la renegociación en lugar de la terminación, en III.4.4.3); mencionado en primer lugar por P. Huber en Vogenauer, Art. 7.3.1. nº 7 Nota 25.

3170 P. Huber en Vogenauer, Art. 7.3.1 nº 2, 8 (ejecución "tardía" y "defectuosa") y 91 (para "retraso"; la ruta alternativa del apartado 3 es facultativa).

3171 P. Huber en Vogenauer, Art. 7.3.1 nº 9.

3172 Véase P. Huber en Vogenauer, art. 7.3.1 nº 5 (en el que se examina el enfoque "equilibrado" de los Principios de UNIDROIT que reduce el riesgo de gastos innecesarios" si la parte incumplidora ya ha invertido en la preparación y licitación de la ejecución).

3173 P. Huber en Vogenauer, Introducción a la Sección 7.3 no. 7 (elogiando el concepto de terminación de los Principios de UNIDROIT como un "modelo"). En este sentido, el art. 7.3.1 se utiliza a menudo en laudos arbitrales, ver p.e. *Ad hoc, Nurhima Kiram Fornan et al. contra Malasia*, laudo final de 28 Febrero de 2022, en el núm. 247 (Unilex No. 2311 (Resumen); publicado íntegramente en jusmundi.com y próximamente en ICCA Yearbook Commercial Arbitration, vol. XLVIII, 2023) y Zilin Hao, el primer caso de China de arbitraje público bajo los principios UNIDROIT, en China Justice Observer, editado por Lin Haibin (9 de mayo de 2020, en línea), en II. https://www.chinajusticeobserver.com/a/chinas-first-public-arbitration-case-under-the-unidroit-principles [visitada por última vez el 9 de enero de 2023].

3174 Véase M. J. Bonell, An International Restatement, pp. 124 y 125; P. Huber en Vogenauer, Art. 7.3.1. nº 6.

3175 El procedimiento *Nachfrist* ya fue introducido por Lando en el primer borrador, StL-Doc. 35 (1986), p. 5. Para las raíces alemanas desde 1861 (cuando se adoptó el primer Código de Comercio alemán general, el *Allgemeines Deutsches Handelsgesetzbuch*) - véase J. Kleinschmidt en Jansen/Zimmermann, Art. 9:301 (PDCE): *Right to Terminate the Contract*, no. 7 (en p. 1298), y para una historia y una visión comparativa, incluida una discusión de la ley inglesa, no. 7-9 (pp. 1297-1299), incluida una discusión de excepciones al requisito de un "*Nachfrist*" en el no. 8.

(No. 8 infra); **III)** el **derecho a subsanar** a la parte incumplidora en virtud del art. 7.1.4[3176] (art. 7.1.4 (2) y art. 7.1.4 no. 3a); **IV)** por el **comportamiento del propio acreedor** (art. 1.11 cuarto guión; Art. 1.8) que no puede volver a la terminación (total) después de aceptar una reducción del precio (Art. 7.2.5 no. 1); y que no podrá resolver en absoluto si el incumplimiento fundamental fue causado por el acto u omisión del acreedor por otro evento por el cual el acreedor asume el riesgo (Art. 7.1.2);[3177] y, finalmente, como último recurso, **V)** el **principio general de buena fe y lealtad negocial** (art. 1.7).[3178] Con estas atenuaciones, el art. 7.3.1 constituye un **compromiso internacional** ingenioso[3179] y aceptado.[3180] **a)** Se desarrolla sobre la solución de avenencia que figura en la CNUCCI.[3181] **b)** Combina los dos enfoques principales de la legislación nacional.[3182] **c)** Establece **un equilibrio entre**: **1)** los **intereses del acreedor** (que puede reclamar el cumplimiento en virtud de la Sección 7.2 o que puede haber perdido interés en el cumplimiento como resultado del incumplimiento),[3183] y **2)** los **intereses del deudor** que a menudo habrá invertido tiempo y dinero o que se enfrenta a una pérdida en caso de que sea necesario devolver el cumplimiento (parcial).[3184] Los efectos de una resolución legítima se rigen por los arts. 7.3.5-7.3.7, incluida cualquier imposibilidad de restitución que no desempeñe ningún papel en el nivel de la evaluación del derecho a

---

3176 P. Huber en Vogenauer, Introducción a la Sección 7.3 no. 5 se refiere a casos y literatura sobre la CNUCCI (incluyendo, por ejemplo, M. Müller-Chen en Schlechtriem & Schwenzer, Art. 48 párr. 15), Art. 8:104 PDCE, Art. 109 y 106 (2) (a) CESL, así como § 2-508 (2) UCC (EE.UU.); J. Kleinschmidt en Jansen/Zimmermann, Art. 9:301 (PDCE): *Right to Terminate the Contract*, no. 54 (p. 1325).

3177 J. Kleinschmidt en Jansen/Zimmermann, Art. 9:301 (1) (PDCE): *Right to Terminate the Contract*, no. 53 (pp. 1324-25).

3178 J. Kleinschmidt en Jansen/Zimmermann, Art. 9:301 (1) (PDCE): *Right to Terminate the Contract*, no. 55 (p. 1325). En la práctica, los factores del párrafo 2 serán generalmente tan concluyentes que normalmente no habrá lugar ni necesidad de confiar en el principio general de buena fe y lealtad negocial.

3179 Evaluación del compromiso internacional encontrado para la primera edición de 1994 de los Principios del Unidroit, a pesar de la crítica de J. Kleinschmidt en Jansen/Zimmermann, Art. 9:301 (1) (PDCE): *Right to Terminate the Contract*, no. 25-26 (pp. 1308-10), publicado en 2018, que desea ampliar el papel del mecanismo "*Nachfrist*" en el párrafo 3 para incluir también el cumplimiento defectuoso no esencial, entre otras cosas para evitar una serie de problemas de delineación, como entre el cumplimiento defectuoso y la falta de cumplimiento. Cambiar el compromiso elaborado siempre tiene pros y contras que no deben discutirse aquí. Desde una perspectiva práctica, las partes controlan la delimitación entre los párrafos 1 y 3 dando forma a su contrato y decidiendo qué equivale a un incumplimiento esencial (a menudo en un anexo sobre especificaciones técnicas que contienen corredores de tolerancia, si los hay).

3180 Véase J. Kleinschmidt en Jansen/Zimmermann, Art. 9:301 (1) (PDCE): *Right to Terminate the Contract*, no. 22 (p. 1307).

3181 Véase J. Kleinschmidt en Jansen/Zimmermann, Art. 9:301 (1) (PDCE): *Right to Terminate the Contract*, no. 13-15 (pp. 1301-03) con una discusión de las raíces en el borrador de ULIS de 1935 de Ernst Rabel.

3182 Por otro lado, los párrafos 1 y 2 exigen el umbral de cumplimiento esencial exigido por muchas legislaciones nacionales (véase, por ejemplo, J. Kleinschmidt en Jansen/Zimmermann, art. 9:301 (PDCE): *Right to Terminate the Contract*, nº 3-6, pp. 1295-97). Por otra parte, el enfoque alternativo de un mecanismo "*Nachfrist*" desarrollado por primera vez en el Derecho Alemán (ibid., nº 7-9, pp. 1297-99) tiene un papel limitado en caso de retraso no esencial con respecto a más de una parte menor de la obligación contractual (art. 7.3.1 nº 8).

3183 J. Kleinschmidt en Jansen/Zimmermann, Introducción antes del art. 9:301 (1) (PDCE), no. 3 (p. 1286) enumerando como posibles razones: por ejemplo, "demasiado molesto y lento", "perdió la confianza", "encontró una oportunidad alternativa (mejor)"; "En resumen, el acreedor puede devolver al deudor un riesgo que, dentro de los bonos contractuales, tendría que ser asumido por él" (con referencia a Zimmermann).

3184 J. Kleinschmidt en Jansen/Zimmermann, Introducción antes del arte. 9:301 (1) (PDCE), no. 4 (pp. 1286-87).

resolver.[3185] Una **resolución infundada** equivale en sí misma al incumplimiento del acreedor[3186] (art. 7.3.5 no. 6).

B. Incumplimiento esencial (párrafo 2)

2

El incumplimiento fundamental del deudor (art. 1.11 cuarto guión) es una cuestión de **apreciación de las circunstancias concretas** del caso[3187] **guiada** por la **lista no exclusiva**[3188] de criterios (a veces superpuestos)[3189] en las literales de "a-e" que, al igual que otras partes de los Principios de UNIDROIT, proporcionan una obra maestra de investigación comparativa[3190] y compromiso.[3191] Proporcionan criterios para la evaluación cuando "el incumplimiento por la otra parte de una obligación derivada del contrato equivale a un incumpli-

3185 J. Kleinschmidt en Jansen/Zimmermann, Art. 9:301 (PDCE): *Right to Terminate the Contract*, no. 52 (p. 1324).

3186 Cf. Comentarios oficiales, art. 7.3.5 nº 1, p. 259; P. Huber en Vogenauer, Art. 7.3.5. no. 7; véase también E. McKendrick en Vogenauer, Art. 7.4.5 nº 5.

3187 P.C.-Misc. 9 (1986), p. 10; D. A. Morán Bovio en Morán Bovio, Art. 7.3.10 nº 1, p. 348; P. Huber en Vogenauer, Art. 7.3.1. nº 63.

3188 P.C.-Misc. 19 (1994), p. 139; P. Huber en Vogenauer, Art. 7.3.1. nº 12.

3189 P. Huber en Vogenauer, Art. 7.3.1. nº 14.

3190 P. Huber en Vogenauer, Art. 7.3.1 no. 13, 15-17 describe los paralelismos en el Art. 25 CNUCCI (que ha inspirado la literal "a", en el derecho contractual inglés (literal "a" y "b"), en §§ 236-243 Re-expresión (segunda) de contratos (EE.UU.) ("incumplimiento material"), especialmente en el § 241 de la Re expresión (segunda) de los contratos (EE.UU.) y en el Derecho español (con varios casos citando literal "a" o "b" en la interpretación del Derecho interno español, como señaló P. Huber en Vogenauer, Arte. 7.3.1 nº 17, nota 41, donde se citan varios casos de la base de datos Unilex: Tribunal Supremo, 3 de diciembre de 2008 (1092/2008); Tribunal Supremo, 23 de julio de 2007 (849/2007); Tribunal Supremo, 9 de julio de 2007 (812/2007); 17 de febrero de 2010 (35/2010).

3191 Para una visión histórica y comparativa completa de la falta de cumplimiento esencial, véase T. Rüfner en Jansen/Zimmermann, Art. 8:103 (PDCE): *Fundamental Non-performance*, no. 3-12 (pp. 1111-17) que pone las soluciones nacionales en perspectiva y muestra, a lo largo del tiempo, algunas raíces notablemente similares de razonamiento que proporcionaron bases importantes para los compromisos en el Art. 7.3.1 y anteriores en el Art. 25 CNUCCI (que aún no contenía una norma explícita sobre la definición de incumplimiento esencial, como se señaló ibid. nº 13, p. 1117). Por ejemplo, R.-J. Pothier (que influyó en el código civil francés vigente desde 1804 hasta 2016) "recurrió a la técnica siempre popular de leer un término implícito en el contrato. Se suponía que las partes habían convenido en resolver el contrato en caso de *inexécution*". (Ibid., nº 6, p. 1113, sin cursivas en el original, se omiten las notas de pie de página). Para el derecho consuetudinario, Rüfner observa un desarrollo similar al mismo tiempo en la historia: "La necesidad de distinguir entre diferentes formas de incumplimiento solo ocurrió cuando la terminación (o rescisión) del contrato surgió como un segundo remedio, además de la reclamación por daños y perjuicios a fines del siglo 18, Lord Mansfield en dos casos sostuvo que bajo ciertas circunstancias el incumplimiento de un deber contractual por parte de una de las partes dio la otra parte tiene derecho a rescindir el contrato. Al igual que Pothier, Lord Mansfield leyó una condición en el contrato. Si un deber contractual constituía «la esencia del acuerdo», o se refería «a la totalidad de la contraprestación», entonces el cumplimiento del deber se consideraba una condición cuyo incumplimiento hacía que el contrato fuera nulo. Con estas declaraciones, se creó la distinción entre garantías (cuyo incumplimiento fue sancionado solo con una reclamación por daños y perjuicios) y condiciones". (Ibid., nº 8, p. 1114, no se reproducen las notas de pie de página). Véase además el resumen sobre la evolución del requisito "esencial" de incumplimiento de J. Kleinschmidt en Jansen/Zimmermann, art. 9:301 (PDCE): *Right to Terminate the Contract*, no. 3-6 (pp. 1295-97) que describe, por ejemplo, en el no. 6 (p. 1297) que las leyes nórdicas han desarrollado independientemente el requisito de "una cierta gravedad del incumplimiento".

miento esencial" (párrafo 1). Otros factores como un concepto general de "culpa" (más allá de la literal "c"; art. 7.1.6 no. 1) o fuerza mayor (art. 7.1.7 (4)) son irrelevantes,[3192] excepto: **I)** en el contexto de "caracterizar un incumplimiento como esencial"[3193] (no. 6 infra); **II)** o para un **cambio de las esferas de responsabilidad** como resultado de los propios actos u omisiones del acreedor (Art. 7.1.2);[3194] o **III) acciones contributivas** del acreedor (Art. 7.1.2 no. 4). En la práctica, el párrafo 2 también se ha utilizado para complementar la legislación nacional (suiza) cuando el contrato preveía la resolución por "incumplimiento grave", mientras que la legislación suiza no conocía el concepto en el contexto de la resolución.[3195]

1. Factores centrados en el contrato desde la perspectiva del acreedor (literal a-b)

3

Las literales "a" y "b" miden el incumplimiento esencial desde la perspectiva de lo que el acreedor, privado de cumplimiento, "tenía derecho a esperar", comparando los **incumplimientos del deudor con sus obligaciones** en virtud del contrato, debidamente interpretado[3196] (Art. 4.1.1, 4.1.3 y subsiguientes). Ejemplo: Ejecución "no conforme".[3197] Obviamente, el acreedor no tiene derecho a esperar el cumplimiento en la medida en que causó dicho incumplimiento por interferencia (art. 7.1.2). De lo contrario, deben distinguirse dos niveles.

4

I) El **factor de "privación sustancial"**[3198] en la literal "a", inspirado en el compromiso internacional del art. 25 CNUCCI:[3199] **a)** exige una **consideración general** de la **gravedad** del

3192 J. Kleinschmidt en Jansen/Zimmermann, Art. 9:301 (PDCE): *Right to Terminate the Contract,* no. 37 (en p. 1316), enfatizando que tampoco hay lugar para la "culpa" que, "conceptualmente", considera que la terminación se basa en una "condición implícita" (es decir, una condición resolutiva si el deudor no contribuye con la obligación asumida, ver C. Hattenhauer en *Historisch-kritischer Kommentar zum BGB,* §§ 323-325 no. 2

3193 J. Kleinschmidt en Jansen/Zimmermann, Art. 9:301 (PDCE): *Right to Terminate the Contract,* no. 37 (en p. 1316).

3194 P. Huber en Vogenauer, Art. 7.3.1 nº 11 en p. 923.

3195 P. Huber en Vogenauer, Art. 7.3.1 nº 7, nota 26, que informa de la Decisión del Tribunal Federal (Suiza) ("*Bundesgericht*") de 16 de diciembre de 2009 (4A 240/2009), Unilex nº 1513, en C.2.2 y C.3.3.

3196 P. Huber en Vogenauer, Art. 7.3.1 nº 25, 74; para un ejemplo de la práctica, véase el resumen de P. Huber en Vogenauer, Art. 7.3.1. nº 83-84 del Laudo Arbitral de 28 de julio de 2000 (Ginebra), Laudo nº 9797 de la CCI (interpretación del incumplimiento de un "deber de coordinar"), Unilex nº 668, en V.B.1 y 2.

3197 P. Huber en Vogenauer, Art. 7.3.1 nº 73-84.

3198 P. Huber en Vogenauer, Art. 7.3.1 nº 13.

3199 P.C.-Misc. 9 (1986), p. 9; H. Gabriel, nº 2.235 (p. 104); P. Huber en Vogenauer, Art. 7.3.1 no. 13, 19 y 15 (subrayando el peso que debe darse a la jurisprudencia y la doctrina en el art. 25 de la CIM); véase también D. A. Morán Bovio en Morán Bovio, Art. 7.3.1 nº 2.b., p. 350; T. Rüfner en Jansen/Zimmermann, Art. 8:103 (PDCE): *Fundamental Non-Performance,* no. 13 (p. 1117) que señala que, claramente del Art. 25 CNUCCI, el factor de desviación sustancial es sólo un factor entre otros. Desde el punto de vista de un profesional, al negociar con abogados de Derecho Común sobre la elección de los Principios de UNIDROIT sobre una ley nacional, cabe destacar, como observó Ibid. Rüfner, que "todas" las compilaciones internacionales de derecho contractual, incluido el art. 25 CNUCCI y art. 7.3.1, "se inspiran, al menos en parte, en el criterio de la

incumplimiento[3200] en comparación con los derechos de "la parte agraviada"[3201] (es decir, el acreedor) en **virtud del contrato**[3202] (a menudo[3203] desde la perspectiva de una persona objetiva[3204] y razonable; *argumentum* art. 4.1 (2); y **b)** deja margen para **una excepción** teniendo en cuenta la perspectiva del deudor[3205] (cuyos intereses se consideran de otro modo en su "derecho a subsanar" en virtud del art. 7.1.4),[3206] es decir, si, sujeto a su prueba,[3207] el deudor (es decir, una persona razonable en la misma situación)[3208] no previó (o sea, no tuvo conocimiento positivo),[3209] y no pudo haber previsto razonablemente (en otras palabras, ignorancia que no se debe a negligencia)[3210] en el momento de la celebración[3211] del contrato tal resultado, esto es, la consecuencia del incumplimiento.[3212] Se ha argumentado que no hay "privación sustancial" si, teniendo en cuenta del acuerdo contractual y los antecedentes comerciales, el **acreedor** (como "la parte agraviada") **podría hacer "cualquier uso razonable" de las mercaderías** a pesar del incumplimiento en calidad o tiempo.[3213] Esto implica una interpretación restrictiva[3214] de la "privación sustancial" en virtud de una prueba de "**uso razonable**",[3215] tal como la desarrollaron los tribunales alemanes y suizos basados en la CNUCCI,[3216] que debería tener en cuenta la naturaleza y el objeto del contrato (art. 4.3 literal "d"). El factor de "privación sustancial" y sus pruebas conexas se aplican a **todo tipo**

---

violación repudiadora propuesta en el caso inglés de Hong Kong Fir (Shipping Co *Ltd v. Kawasaki Kisen Kasha Ltd.* (1962) 2 QB 26, 66, CA (Diplock, L.J.))".

3200 P. Huber en Vogenauer, Art. 7.3.1 no. 26, 74 (con referencia en la nota 82 a la jurisprudencia en virtud de la CNUCCI, por ejemplo, OLG München 2 de marzo de 1994 (7 U 4419/93), CNUCCI-online 108; *Rotorex Corp vs. Delchi Carrier SpA*, 71 F 3d 1024 (2d Cir 1995), CISG-online 140; Tribunal Supremo 17 de febrero de 2010 (35/2010), Unilex nº 1524 (Tercero en A in fine y en B); Tribunal Supremo 9 de julio de 2007 (812/2007), Unilex nº 1216 (Quinto: "requiere un incumplimiento sustancial, grave...").

3201 P. Huber en Vogenauer, Art. 7.3.1 nº 26.

3202 P. Huber en Vogenauer, Art. 7.3.1 nº 21, 23 (cuán importante habría sido el desempeño adecuado para la parte agraviada).

3203 No hay razón para apartarse de los criterios de interpretación del capítulo 4, contra P. Huber en Vogenauer, art. 7.3.1. nº 22 que argumenta, con referencia a la redacción, que la prueba es generalmente "objetiva más que subjetiva".

3204 D. A. Morán Bovio en Morán Bovio, Art. 7.3.1 nº 1, p. 348.

3205 Similar P. Huber en Vogenauer, Art. 7.3.1 nº 19.

3206 P. Huber en Vogenauer, Art. 7.3.1 nº 33.

3207 Comentarios Oficiales, art. 7.3.1 nº 3a, pp. 254 y 255; P. Huber en Vogenauer, Art. 7.3.1. nº 36.

3208 P. Huber en Vogenauer, Art. 7.3.1 no. 34 (con referencia al estándar razonable en el Art. 3.2.2 (1) (a)); véase también Art. 4.2 (2)).

3209 P. Huber en Vogenauer, Art. 7.3.1 nº 34.

3210 Ídem.

3211 *Argumentum* Art. 7.4.4, 1.6; desarrollado por P. Huber en Vogenauer, Art. 7.3.1 no. 37 (con referencia también a la "opinión predominante" bajo la CNUCCI, por ejemplo, U. Schroeter en Schlechtriem & Schwenzer, Art. 25 no. 121-139).

3212 P. Huber en Vogenauer, Art. 7.3.1 nº 35 y 38 (donde se analiza la limitada pertinencia práctica de esa excepción).

3213 P. Huber en Vogenauer, Art. 7.3.1 nº 31: en el mismo sentido, T. Rüfner en Jansen/Zimmermann, Art. 8:103 (PDCE): *Fundamental Non-performance*, no. 15 (p. 1118) también hace referencia a "literatura y jurisprudencia sobre el artículo 25 de la CNUCCI".

3214 P. Huber en Vogenauer, Art. 7.3.1 nº 31.

3215 P. Huber en Vogenauer, Art. 7.3.1 nº 31, 75.

3216 P. Huber en Vogenauer, Art. 7.3.1 nº 28-32 con referencia, en la nota 46, a BGH 3 de abril de 1996 (VIII ZR 51/95), CISG-online 135 (en particular las discusiones del tribunal en II.2.c); OLG Frankfurt 18 de enero de 1994 (5 U 15/93), CISG-online 123, Tribunal Federal Suizo 28 de octubre de 1998 (4 C 179/1998/odi), CISG-online 413, p. 2. y véase también U. Schroeter en Schlechtriem&Schwenzer, Art. 25, no. 207-217; A. Björklund en Kröll/Mistelis/Perales Viscasillas, Art. 25 nº 12.

de contratos y deben aplicarse en función de las circunstancias, por ejemplo: **a)** si se necesitan materias primas de cierta calidad para un proceso de producción;[3217] **b)** si el comprador de textiles suele revender sólo en un determinado segmento (de alta calidad);[3218] **c)** en qué medida defectos menores de construcción,[3219] la falta de documentación[3220] u otras obligaciones accesorias[3221] (en particular las estrictamente necesarias para la conformidad de la ejecución)[3222] privan sustancialmente al acreedor. La **demora** como tal (sin ningún factor de "cumplimiento estricto") generalmente no equivale a un incumplimiento esencial,[3223] pero puede hacerlo dadas las circunstancias después de un cierto período de tiempo[3224] o a la luz de una "serie de cumplimiento intencionalmente tardío"[3225] (también el párrafo 3). Un **incumplimiento definitivo** (por ejemplo, imposibilidad en virtud del art. 7.2.2 (a), aplicación de la excepción de "carga irrazonable" en el art. 7.2.2 (b)[3226] o una declaración seria del obligado de no cumplir)[3227] equivale a incumplimiento esencial; *argumentum* Art. 7.3.3 (a menos que, sin embargo, se refiera a una parte mínima del cumplimiento).

5

II) El **factor de "cumplimiento estricto"**[3228] en la literal "b" —"que recuerda la concepción inglesa de ciertas condiciones como pactos"[3229]— es más estricto para el deudor a la luz de: **a)** la **naturaleza de un acuerdo contractual expreso** (por ejemplo, entregas "a más tardar por",[3230] "justo a tiempo"),[3231] o **implícito**;[3232] o **b)** las **circunstancias del caso**

3217 P. Huber en Vogenauer, Art. 7.3.1 nº 78-79.

3218 P. Huber en Vogenauer, Art. 7.3.1 nº 80 (y nº 81 subrayando la relevancia de la "reputación e imagen de marca").

3219 P. Huber en Vogenauer, Art. 7.3.1 nº 84 basándose en la jurisprudencia comercial inglesa.

3220 P. Huber en Vogenauer, Art. 7.3.1 nº 85-86 (con referencia, con una nota de advertencia, a la jurisprudencia alemana en virtud de la CNUCCI que pregunta si cabe razonablemente esperar que el comprador obtenga documentos conformes por sí mismo, BGH 3 de abril de 1996 (VIII ZR 51/95), CISG-online).

3221 P. Huber en Vogenauer, Art. 7.3.1 no. 87 (señalando la posible relevancia del Art. 7.3.1 (2) literal "c" y "e" en este contexto).

3222 Argumento convincente presentado por P. Huber en Vogenauer, Art. 7.3.1 nº 87.

3223 P. Huber en Vogenauer, Art. 7.3.1 nº 65 (con explicaciones detalladas, como el "criterio de seriedad" o *argumentum* Art. 7.3.1 (3)) y 68 (dando el ejemplo de venta de maquinaria sin circunstancias particulares).

3224 P. Huber en Vogenauer, Art. 7.3.1 nº 69 con referencia al debate —debatido— en el marco de la CNUCCI: *LG Halle* 27 de marzo de 1998 (14 O 458/97), CISG-online 521; *Pretura di Parma-Firenze* 24 de noviembre de 1989, CISG-online 316 (véanse en particular los cinco últimos párrafos); M. Müller-Chen en Schlechtriem&Schwenzer, Art. 49 Párrafo 5.

3225 P. Huber en Vogenauer, Art. 7.3.1 nº 70.

3226 Siguiendo a P. Huber en Vogenauer, Art. 7.3.1 nº 71.

3227 P. Huber en Vogenauer, Art. 7.3.1 nº 72 (y notas 79 a 80), que se refiere, por ejemplo, a una declaración de ese tipo por venta a un tercero como en OLG Celle 24 de mayo de 1995 (20 U 76/94), CISG-online 152, en 2.2.1), o a una negativa a entregar excepto para el pago de un precio superior al precio contratado (como en Hamburgo *Friendly Arbitrage* 29 de diciembre de 1998, CISG-online 638, en 6.a.aa. o en Tribunal Supremo 3 de diciembre de 2008 (1092/2008), Unilex nº 1467).

3228 P. Huber en Vogenauer, Art. 7.3.1 nº 13, 39 y ss.

3229 T. Rüfner en Jansen/Zimmermann, Art. 8:103 (PDCE): *Fundamental Non-performance*, no. 13 (p. 1117) con referencia a P. Huber en Vogenauer, Art. 7.3.1 no. 16 ("notable paralelismo con el derecho contractual inglés"), citando a su vez a Diplock, L.J. en *Hong Kong Fir Shipping Co Ltd vs. Kawasaki Kisen Kasha Ltd.* (1962) 2 QB 26, 66, CA.

3230 P. Huber en Vogenauer, Art. 7.3.1 nº 40, 66-67.

3231 P. Huber en Vogenauer, Art. 7.3.1 nº 67 (con referencia a una interpretación similar de la CNUCCI).

3232 P. Huber en Vogenauer, Art. 7.3.1 nº 40.

que establecen que el cumplimiento (o el cumplimiento oportuno)[3233] **es "esencial"** (por ejemplo, con respecto al contexto comercial de la transacción,[3234] como un contrato sobre bienes **perecederos**[3235] o **estacionales**,[3236] la necesidad de cumplir con los requisitos de documentación de una carta de crédito,[3237] las obligaciones relacionadas con la entrega en virtud de los INCOTERMS CIF o FOB,[3238] o la necesidad de tener un buque listo para cargar bajo un **contrato de fletamento**).[3239] Tales circunstancias a menudo mercantiles conducirán más fácilmente a un incumplimiento fundamental en comparación con la prueba bajo la literal "a", y conducirán, al mismo tiempo, a una "privación sustancial" y a la exclusión de una posibilidad de "uso razonable" bajo la literal "a".[3240]

2. Factores centrados en la acción del deudor (literal c-d)

6

Las literales "c" y "d" describen el incumplimiento esencial derivado de dos causas establecidas por el **comportamiento del deudor**: **I)** si fue "intencional o imprudente"[3241] (**"factor de intención"**[3242] (literal "c") de modo que, visto en combinación con las consecuencias del incumplimiento (literales "a" y "b"),[3243] el incumplimiento debe evaluarse como "esencial", (lo que no ocurre si el incumplimiento es "insignificante");[3244] o **II)** si el comportamiento del deudor (por ejemplo, por un caso particularmente grave de incumplimiento,[3245] o una notificación infundada de resolución),[3246] hizo creer al acreedor (a diferencia de la creencia "subjetiva" del acreedor sin tal causa)[3247] que: **a)** no puede confiar en el cumplimiento futuro por parte del deudor de un contrato[3248] a plazos o de una obligación[3249] (**"factor de pérdida de confianza"**[3250] (literal "d"), en oposición al "incumplimiento anticipado" que

---

3233 P. Huber en Vogenauer, Art. 7.3.1 nº 91.

3234 P. Huber en Vogenauer, Art. 7.3.1 nº 41.

3235 P. Huber en Vogenauer, Art. 7.3.1 nº 67

3236 P. Huber en Vogenauer, Art. 7.3.1 nº 67 (con referencia a la nota 73, a casos similares en el marco de la CNUCCI, en los que se examina, por ejemplo, si los "zapatos" son estacionales con arreglo al criterio del "uso razonable"; la entrega tardía para las ventas de "fin de año" o, como no es fundamental, un retraso de un día para la moda para la "temporada de verano").

3237 Comentarios oficiales, art. 7.3.1 nº 3b, p. 255; P. Huber en Vogenauer, Art. 7.3.1 nº 42, 67.

3238 P. Huber en Vogenauer, Art. 7.3.1 nº 67 (con referencia a la jurisprudencia alemana e inglesa en virtud de la CNUCCI y la legislación inglesa).

3239 P. Huber en Vogenauer, Art. 7.3.1 nº 68 (refiriéndose también al ejemplo paralelo del tiempo de alquiler bajo una carta de tiempo).

3240 P. Huber en Vogenauer, Art. 7.3.1 nº 31, 77.

3241 Formulación sugerida por el Ponente Lando, P.C.-Misc. 16 (1992), pp. 35 y 36.

3242 P. Huber en Vogenauer, Art. 7.3.1 nº 13.

3243 P. Huber en Vogenauer, Art. 7.3.1 nº 44 (argumentando a favor de una aplicación restrictiva de la literal "c" en comparación con los criterios de la literal "a" y "b".

3244 Comentarios Oficiales, art. 7.3.1 nº 3C, p. 255; P. Huber en Vogenauer, Art. 7.3.1. nº 45.

3245 P. Huber en Vogenauer, Art. 7.3.1 nº 50.

3246 P. Huber en Vogenauer, Art. 7.3.1 nº 49.

3247 P. Huber en Vogenauer, Art. 7.3.1 nº 48.

3248 Comentarios Oficiales, art. 7.3.1 No.3d, p. 255; P. Huber en Vogenauer, Art. 7.3.1. nº 46-47 y 54.

3249 P. Huber en Vogenauer, Art. 7.3.1 nº 54.

3250 También P. Huber en Vogenauer, Art. 7.3.1 nº 13; cf. Comentarios oficiales, art. 7.3.1 no.3d, ilustración 4, p. 256.

está cubierto por el art. 7.3.3-7.3.4);[3251] y **b)** por el contrario, el acreedor puede temer un incumplimiento esencial en el sentido de las literales "a" o "b".[3252]

3. Un factor centrado en el impacto económico para el deudor (literal e)

7

Al considerar las circunstancias concretas del caso, el **factor de pérdida desproporcionada**"[3253] de la literal "e" permite considerar posibles pérdidas desproporcionadas del deudor incumplidor como resultado de la preparación (y la inversión en) el cumplimiento[3254] ("confianza de la parte incumplidora")[3255] —o la ausencia de tales pérdidas[3256]—, como equilibrado: **a)** con el interés del acreedor en la resolución y/o en el bien o servicio;[3257] y **b)** con los factores de comportamiento tales como: imprudencia[3258] (Supra No. 6.).

C. Procedimiento *Nachfrist* como alternativa[3259] en caso de retraso (párrafo 3)

8

Sólo en caso de retraso[3260] (y a menos que un incumplimiento no esencial se refiera solo a una parte menor,[3261] art. 7.1.5 (4)), el acreedor puede **"actualizar" un incumplimiento no esencial** a uno que justifique la terminación[3262] proporcionando al deudor un tiempo adicional (en alemán: "*Nachfrist*": art. 7.1.5 no. 1) y, por lo tanto, "**una segunda oportunidad**

3251 P. Huber en Vogenauer, Art. 7.3.1 nº 47.

3252 P. Huber en Vogenauer, Art. 7.3.1. nº 51 (argumentando convincentemente con el párrafo 2 del artículo 73 de la CNUCCI).

3253 StL-Misc. 16 (1992), p. 39 (Farnsworth); P. Huber en Vogenauer, Art. 7.3.1 nº 13.

3254 D. A. Morán Bovio en Morán Bovio, Art. 7.3.1 nº 2.a., p. 349; P. Huber en Vogenauer, Art. 7.3.1 nº 58-59.

3255 Comentarios oficiales, art. 7.3.1 nº 3e, p. 256; P. Huber en Vogenauer, Art. 7.3.1 nº 60.

3256 P. Huber en Vogenauer, Art. 7.3.1 nº 61.

3257 Comentarios oficiales, art. 7.3.1 nº 3e, ilustración 5, p. 256; P. Huber en Vogenauer, Art. 7.3.1 nº 59 (entrega tardía de un software especializado que sigue siendo de interés para el acreedor en el momento de la entrega tardía).

3258 P. Huber en Vogenauer, Art. 7.3.1 nº 60.

3259 Comentarios Oficiales, art. 7.2.5 nº 4, p. 256; P. Huber en Vogenauer, Art. 7.3.1 nº 3.

3260 P. Huber en Vogenauer, Introducción a la Sección 7.3 del PICC no. 6.

3261 J. Kleinschmidt en Jansen/Zimmermann, Art. 9:301 (PDCE): *Right to Terminate the Contract*, no. 17 (p. 1304, con referencia adicional a Hartkamp): "para evitar la terminación oportunista por una razón mínima".

3262 Adaptación de una descripción pertinente de P. Huber en Vogenauer, Art. 7.3.1 nº 88. En este aspecto particular (resolución en caso de retraso), el compromiso internacional en los Principios de UNIDROIT sigue la ley alemana (J. Kleinschmidt en Jansen/Zimmermann, Art. 9:301 (PDCE): *Right to Terminate the Contract*, no. 7, p. 1297) mientras que otras leyes nacionales con "plazos razonables adicionales para el cumplimiento" (Francia, Italia, Países Bajos) "no prescinden del criterio del incumplimiento suficientemente grave" (ibid., nº 10, pp. 1299 y 1300).

para cumplir"[3263] en virtud del art. 7.1.5 1), véase también el artículo 7.1.5 (3).[3264] Si el deudor cumple durante ese período adicional, el derecho de resolución se evapora.[3265] En la práctica, cuando un acreedor no está seguro de sí una determinada demora equivale a un incumplimiento esencial que alcanza el umbral del párrafo 1) y 2), dando tiempo adicional al deudor en virtud del párrafo 3), art. 7.1.5 (3) reduce el riesgo en caso de disputa posterior y aporta claridad.[3266] Los casos obvios, en los que la concesión adicional de tiempo no tendría sentido, están cubiertos por los factores del párrafo 2 y equivaldrán a un incumplimiento esencial (por ejemplo, "una negativa grave y definitiva del deudor a cumplir" será "intencional" en el sentido del párrafo 2 literal "c": "se había hecho el tiempo esencial" se aborda en el párrafo 2 literal "b").[3267]

D. Resolución Parcial

8a

Mientras que, claramente del artículo 51 CNUCCI (o art. 9:302 PECL) y art. 73 CNUCCI, los Principios de UNIDROIT no contienen una norma explícita sobre la terminación parcial en caso de incumplimiento parcial,[3268] el art. 7.3.1 permite hacer frente también al incumplimiento parcial, siempre que el cumplimiento y la contraprestación sean divisibles.[3269] **I)** Si el incumplimiento parcial (que el acreedor puede rechazar (art. 6.1.3)) equivale a un "**incumplimiento esencial del contrato en su conjunto**"[3270] al privar sustancialmente al acreedor de sus derechos en virtud del contrato, el acreedor tiene derecho a resolver el contrato en su conjunto, sujeto a los umbrales y condiciones del Art. 7.3.1. En particular, el "**factor de pérdida de confianza**" en el párrafo 2 literal "d" será importante en estos casos, es decir, "¿El acreedor (art. 1.11 cuarto guión) tienen motivos para esperar nuevos incumplimientos[3271] porque el deudor (art. 1.11 cuarto guión), ya ha demostrado su falta de fiabilidad en

---

3263 P. Huber en Vogenauer, Introducción a la Sección 7.3 no. 4 y Art. 7.3.1 nº 88; J. Kleinschmidt en Jansen/Zimmermann, Art. 9:301 (PDCE): *Right to Terminate the Contract*, no. 11 (p. 1300).

3264 J. Kleinschmidt en Jansen/Zimmermann, Art. 9:301 (PDCE): *Right to Terminate the Contract*, no. 18 (pp. 1304-05) critica la duplicación entre el art. 7.1.5 3), 4) y art. 7.3.1, que también figura en PDCE 9:301. Desde la perspectiva de un practicante, es útil que: I) El art. 7.1.5 regula todos los aspectos de la concesión de un período de tiempo adicional conjuntamente; y, II) el art. 7.3.1 contiene una referencia al Art. 7.1.5 y, por lo tanto, podría mantenerse a una longitud digerible.

3265 P. Huber en Vogenauer, Art. 7.3.1 nº 89.

3266 En este sentido también J. Kleinschmidt en Jansen/Zimmermann, Art. 9:301 (PDCE): *Right to Terminate the Contract*, nº 22 *in fine* (p. 1307).

3267 Los ejemplos son los discutidos por J. Kleinschmidt en Jansen/Zimmermann, Art. 9:301 (PDCE): *Right to Terminate the Contract*, en el número 8 (en p. 1298) como excepciones encontradas también en la ley alemana original que inspiró la discusión internacional del "*Nachfrist*".

3268 Lamentado por J. Kleinschmidt en Jansen/Zimmermann, Art. 9:302 (PDCE): *Contract to be Performed in Parts*, no. 5 (en p. 1331).

3269 J. Kleinschmidt en Jansen/Zimmermann, Art. 9:302 (PDCE): *Contract to be Performed in Parts*, no. 1 (p. 1328) y no. 7 (p. 1333). Véase también ibid., pp. 3 y 4 (pp. 1329 y 31), para los antecedentes jurídicos comparativos.

3270 Cuasi-cita ligeramente adaptada de P. Huber en Vogenauer, Art. 7.3.1 nº 94; Para un ejemplo, véase ibid. nº 96 (la entrega parcial de la decoración de una junta de accionistas en otro color puede equivaler a un incumplimiento esencial si una presentación única en un "*look*" es esencial dadas las circunstancias).

3271 P. Huber en Vogenauer, Art. 7.3.1 nº 94; J. Kleinschmidt en Jansen/Zimmermann, Art. 9:302 (PDCE): *Contract to be Performed in Parts*, no. 5 (en p. 1331).

una ocasión?"[3272] **II)** Si el incumplimiento parcial constituye un **incumplimiento esencial (únicamente) de la parte faltante**, aplicando el art. 7.3.1 "con vistas únicamente a la parte omitida",[3273] el acreedor tiene derecho a la **resolución parcial**.[3274] Mucho dependerá de las circunstancias, por ejemplo, "la intrincada cuestión de si la entrega de muy poco se tratará como una falta de entrega parcial o como un cumplimiento defectuoso del conjunto".[3275]

E. Opciones paralelas para acreedores y deudores

9

El **acreedor** tiene varias opciones dependiendo de las circunstancias y sujeto al cumplimiento de los requisitos individuales de las otras disposiciones: **I) daños y perjuicios** por incumplimiento en virtud del art. 7.3.5 (2) o **daños** por retraso[3276] (Art. 7.4.1 y subsiguientes); **II) opciones contractuales** que sobrevivan después de la resolución (art. 7.3.5 (3)); **III) solicitud de cumplimiento** (art. 7.2.1 y 7.2.2) en caso de resolución parcial; **IV)** rechazo del **cumplimiento parcial** (art. 6.1.3) en lugar de terminación (supra no. 8a). **V)** En caso de **incumplimiento no conforme**, que está fuera del **ámbito de aplicación** del párrafo 3, el acreedor podrá, no obstante, **fijar un plazo adicional para el cumplimiento** en virtud del Art. 7.1.5 (1); mientras que está obligado a esperar bajo Art. 7.1.5 (2), esto puede aclarar los hechos con respecto a la aplicación del "factor de intención" y el "factor de confianza" al evaluar el incumplimiento fundamental en virtud de los párrafos 1-2.[3277]

9a

Negociaciones contractuales: A nivel de la negociación de contratos, especialmente de **contratos a largo plazo**, al examinar el calendario para el proyecto contractual (que a menudo requiere adaptaciones a lo largo del tiempo), las partes pueden determinar **la línea de demarcación entre demora esencial y no esencial** y, por lo tanto, entre el párrafo 1 y el párrafo 3. También pueden discutir de manera más general el tipo de su régimen de terminación contractual, que puede o no incluir la posibilidad de **resolución por conveniencia** (Art. 1.3 oración 2; 3.1.2; con consecuencias legales a lo mejor diferentes, y especialmente

---

[3272] J. Kleinschmidt en Jansen/Zimmermann, Art. 9:302 (PDCE): *Contract to be Performed in Parts*, no. 15 (en p. 1339).

[3273] J. Kleinschmidt en Jansen/Zimmermann, Art. 9:302 (PDCE): *Contract to be Performed in Parts*, no. 5 (en p. 1331), haciendo referencia a P. Huber en Vogenauer, Art. 7.3.1 nº 93-96.

[3274] P. Huber en Vogenauer, Art. 7.3.1 nº 95 (con un ejemplo en el nº 96: la entrega parcial de la decoración de una junta de accionistas en otro color puede equivaler a un incumplimiento fundamental, al menos con respecto a las piezas entregadas en otro color); J. Kleinschmidt en Jansen/Zimmermann, Art. 9:302 (PDCE): *Contract to be Performed in Parts*, no. 5 (en p. 1331); véase también K. Boosfeld en Jansen/Zimmermann, Art. 9:401 (PDCE): *Right to Reduce Price*, no. 10 (p. 1427) argumentando a favor de una regla separada sobre reducción de precios.

[3275] J. Kleinschmidt en Jansen/Zimmermann, Art. 9:302 (PDCE): *Contract to be Performed in Parts*, no. 2 (p. 1329), refiriéndose a I. Bach; véase I. Bach en Kröll/Mistelis/Perales Viscasillas, Art. 51 CNUCCI nº 3.

[3276] Comentarios oficiales, art. 7.4.1 nº 2, pp. 270 y 271; H.Schelhaas en Vogenauer, Introducción a la Sección 7.1 no. 9.

[3277] P. Huber en Vogenauer, Art. 7.3.1 nº 62, 92 en p. 940.

de costos, asociadas a dicha terminación; es un equilibrio entre libertad y precio).[3278] En los **contratos marco** (posiblemente celebrados con arreglo a los Principios de UNIDROIT). Es sensato regular si la terminación de un contrato de proyecto también afectará al contrato marco y/u otros acuerdos de proyecto.[3279]

9b

El **deudor** también tiene opciones: **I)** puede solicitar un acuerdo (art. 1.1) que cubra la deficiencia, por ejemplo, una extensión del tiempo o permiso de cumplimiento parcial;[3280] **II)** si actúa con prontitud, **subsanación** bajo el art. 7.1.4 (2), posiblemente a través del apoyo de un sub-proveedor; o **III)** si se da cuenta, durante el período de ejecución del contrato, de que se **comprometió** demasiado (por ejemplo, no puede cumplir con el parámetro acordado; o eligió el sub-proveedor equivocado y no puede intercambiarlo oportunamente), agradecerá que el acreedor pueda encontrar otra oportunidad de abastecimiento. En tal situación, el deudor puede desear negociar un **acuerdo** (art. 1.1): **I)** para evitar la exposición a daños crecientes en caso de incumplimiento (total); **II)** para deshacer las emisiones abiertas (por ejemplo, para emitir notas de crédito para equilibrar facturas abiertas); y **III)** para evitar los costos de una disputa, especialmente si existe una relación a largo plazo con otros contratos.[3281]

F. Consecuencias legales

10

Los efectos de una terminación legítima se rigen por el Art. 7.3.5-7.3.7. Una rescisión infundada constituye en sí misma un incumplimiento del acreedor y puede crear un derecho a daños y perjuicios (art. 7.4.1).

3278 Véase también J. Kleinschmidt en Jansen/Zimmermann, Art. 9:301 (PDCE): *Right to Terminate the Contract*, no. 56 (pp. 1325-26) sobre "Motivos de resolución hechos a medida".

3279 En este sentido, existen diferentes filosofías, y los impactos solicitados de una resolución pueden diferir, especialmente si los grandes grupos internacionales interactúan a través de diferentes entidades y en diferentes divisiones en diferentes partes del mundo.

3280 En relaciones comerciales sólidas, a veces se pueden alcanzar tales acuerdos, posiblemente a un "precio" (de otro tipo).

3281 Anticipando el supuesto de que un proyecto contractual, entre otros, pueda deteriorarse (especialmente si hay trabajo de desarrollo que hacer mientras el contrato de proyecto aún está en negociaciones), a menudo es un buen punto ya durante las negociaciones de los contratos marco (incluso en virtud de los Principios de UNIDROIT) si el incumplimiento esencial con respecto a un proyecto dará lugar a: I) el derecho a resolver únicamente ese contrato de proyecto; o II) también el contrato marco; y/o III otros Contratos de proyectos. Una negociación de acuerdo sobre las modalidades de una terminación tenderá a abordar estas mismas cuestiones.

Artículo 7.3.2 (Notificación de la Resolución)

(1) El derecho de una parte a resolver el contrato se ejercita mediante una notificación a la otra parte.

(2) Si la prestación ha sido ofrecida tardíamente o de otro modo no conforme con el contrato, la parte perjudicada perderá el derecho a resolver el contrato a menos que notifique su decisión a la otra parte en un período razonable después de que supo o debió saber de la oferta o de la prestación defectuosa.

A. Un concepto de claridad por notificación (párrafo 1)

1

De conformidad con muchas leyes nacionales, por ejemplo, la legislación alemana,[3282] y las compilaciones internacionales desde el art. 26 CNUCCI,[3283] párr. 1 **ayuda a evitar un malentendido cultural** debido a las diferentes percepciones de la "terminación" del contrato en todo el mundo.[3284] Proporciona una solución de "**autoayuda**"[3285] simple e internacionalmente adecuada para la **resolución**[3286] (por cualquier razón admisible, (Art. 7.3.1, 7.3.3,[3287] 7.1.5 (3), 7.3.4 segunda oración, 7.1.7 (4)) al exigir una mera **notificación** (unilateral) (Art. 1.10),[3288] efectiva y, por lo tanto, vinculante[3289] a la mera recepción por la otra parte (Art. 1.10 (2) (3)),[3290] sin; **I)** la intervención de un tribunal (art. 1.11 primera línea) o, en

---

[3282] Véase, por ejemplo, arte alemán. 314, 568 (1) BGB y M. *Stürner en Prütting/Wegen/Weinreich, § 314 no. 14 ("einseitige, empfangsbedürftige Willenserklärung")*. Para una visión comparativa de las legislaciones nacionales (en las que compiten tres soluciones: resolución unilateral, resolución por decisión judicial, resolución automática *"ipso facto"*), véase J. Kleinschmidt en Jansen/Zimmermann, art. 9:303 (PDCE): *Notice of Termination*, no. 2 y 3-5 (pp. 1342-45), incluyendo los antecedentes históricos de la resolución judicial y la aparición del concepto de resolución unilateral en cláusulas con una "doble condición": "primero, el evento acordado tenía que ocurrir, y segundo, se ejerció mediante notificación unilateral" (ibid. no. 4 en p. 1344 con referencia adicional a Hattenhauer). Este concepto se incluyó posteriormente en el primer Código General de Comercio alemán de 1861 *"Allgemeines Deutsches Handelsgesetzbuch"*.

[3283] Por ejemplo, art. 9:303 PDCE, véase P.C.-Misc. 16 (1992), pp. 54 y 57; P. Huber en Vogenauer, Art. 7.3.2 n° 1 (con más ejemplos). Véase J. Kleinschmidt en Jansen/Zimmermann, Art. 9:303 (PDCE): *Notice of Termination*, no. 6 (pp. 1346-47): descartando "la participación de un tribunal" (*"déjudicarisation"*) y "todos los requisitos adicionales para la terminación unilateral".

[3284] Véase, por ejemplo, Corte Suprema de Justicia (Colombia) 30 de agosto de 2011 (11001-3103_012-1999-01957-0), Unilex n° 1657 (citando el Art. 7.3.1 - 7.3.3 para interpretar la ley colombiana), y la decisión holandesa HR 8 de julio de 2011 (BQ1684), Unilex n° 1612 (no. 2.31.3), ambos argumentando el Art. 7.3.2 de los Principios de UNIDROIT en favor de la resolución por declaración unilateral a pesar del derecho interno, ambos citados por P. Huber en Vogenauer, art. 7.3.2 n° 2 Nota 101.

[3285] J. Kleinschmidt en Jansen/Zimmermann, Art. 9:303 (PDCE): *Notice of Termination*, no. 6 (en p. 1346) con referencia a C. Fountulakis en Schlechtriem & Schwenzer, Art. 26 n° 9.

[3286] P. Huber en Vogenauer, Art. 7.3.2 n° 4.

[3287] P. Huber en Vogenauer, Art. 7.3.2 n° 8.

[3288] P. Huber en Vogenauer, Art. 7.3.2 no. 3 (argumentando en contra de cualquier cambio del régimen del Art. 1.10 con respecto a la retirada de una notificación).

[3289] J. Kleinschmidt en Jansen/Zimmermann, Art. 9:303 (PDCE): *Notice of Termination*, no. 13, especialmente *in fine* (pp. 1350-51).

[3290] Resultado de una votación del Grupo de Trabajo (derogación del principio de despacho del art. 27 CNUCCI) P.C.-Misc. 16 (1992), pp. 54 y 58; Comentarios Oficiales, art. 7.3.2 n° 4, p. 258; Laudo arbitral de 30 de noviembre de 2006, Centro de Arbitraje de México, Unilex n° 1149, párrafo 115; citado también por P. Huber en Vogenauer, Art. 7.3.2 n° 2.

el otro extremo; **II)** una terminación "automática" *ipso facto*, por ejemplo, en caso de fuerza mayor permanente[3291] (art. 7.1.7 (4)). **Atenuación (basta con una notificación)**: En caso de resolución por demora no esencial de conformidad con el párrafo 3, el acreedor podrá indicar en la notificación que concede un plazo adicional que el contrato se resolverá automáticamente si el deudor incumplidor no cumple dentro de ese plazo adicional (art. 7.1.5 (3) tercera oración),[3292] que se aplicaría *mutatis mutandis* en caso de prórroga de dicho plazo en virtud del art. 7.1.5 (3) oración 2. Los **tribunales** (incluidos los tribunales arbitrales, Art. 1.11, primera línea) solo participarán en caso de disputa sobre la terminación.[3293]

B. Equilibrado por un "plazo razonable" - Restricción (párrafo 2)

2

Al exigir que el acreedor (art. 1.11 cuarto guión) notifique al deudor (art. 1.11 cuarto guión) "**dentro de un plazo razonable**"[3294] después del **conocimiento real o constructivo**[3295] de: **I)** la **oferta de una entrega tardía**[3296] o de **II)** la ejecución no conforme (por ejemplo, una obra defectuosa, un embalaje incorrecto, instrucciones insuficientes[3297] con respecto al uso de un software,[3298] o el incumplimiento de un umbral mínimo en virtud de un acuerdo de distribución),[3299] el párrafo 2 equilibra el interés del acreedor en resolver el contrato con el interés del deudor: **a)** para **obtener seguridad jurídica** (si el acreedor hará uso de su derecho de resolución), y **b)** para **evitar la especulación** del acreedor frente a las **fluctuaciones del mercado**.[3300] Se aplica *mutatis mutandis* si: **I)** "el derecho a determinar se basa en la cadu-

[3291] P. Huber en Vogenauer, Art. 7.3.2 n° 2; J. Kleinschmidt en Jansen/Zimmermann, Art. 9:301 (PDCE): *Right to Terminate the Contract*, no. 40 (pp. 1317-18: "renunció conscientemente al enfoque de terminación automática conocido por ULIS") y J. Kleinschmidt en Jansen/Zimmermann, Art. 9:303 (PDCE): *Notice of Termination*, no. 9 (p. 1348): enfatizando que "seguiría siendo la elección de la parte agraviada si quiere retirarse del contrato".

[3292] Enfatizado también por J. Kleinschmidt en Jansen/Zimmermann, Art. 9:301 (PDCE): *Right to Terminate the Contract*, no. 47 (en p. 1322). Esta solución se basa, por ejemplo, en la tradición austriaca o italiana, véase J. Kleinschmidt en Jansen/Zimmermann, Art. 9:303 (PDCE): *Notice of Termination*, no. 9 (citando el art. 918 ABGB y Art. 1454 (3) Codice Civile)-10 (pp. 1348-49).

[3293] J. Kleinschmidt en Jansen/Zimmermann, Art. 9:303 (PDCE): *Notice of Termination*, no. 8 (pp. 1347-48). En la práctica, las resoluciones ocurren sin disputa legal formal; Los socios comerciales a menudo desarrollan un sentido conjunto de que, en algunas circunstancias, la resolución puede ser la mejor solución.

[3294] Comentarios Oficiales, art. 7.3.2 n° 3, p. 258.

[3295] P. Huber en Vogenauer, Art. 7.3.2 n° 10 ("Cuando una persona razonable en la posición de la parte agraviada hubiera notado la oferta o el cumplimiento no conforme"). Véase también la referencia al conocimiento constructivo en el arte. 3.2.12 (1); J. Kleinschmidt en Jansen/Zimmermann, Art. 9:303 (PDCE): *Notice of Termination*, no. 18 (p. 1352), elogiando la "forma elegante" de la expresión "tiene o debería haber tenido conocimiento de la oferta o de la ejecución no conforme" en el párrafo 2 (en comparación con el lenguaje en el art. 49 (2) CNUCCI con una distinción similar).

[3296] En comparación con el período pertinente en virtud del contrato o de los Principios de UNIDROIT, P. Huber in Vogenauer, art. 7.3.2 n° 6.

[3297] P. Huber en Vogenauer, Art. 7.3.2 n° 7.

[3298] Ídem.

[3299] Hechos en que se basa el Laudo Arbitral, 2001, Laudo de la CCI n° 10422, Unilex n° 957, señalado por P. Huber en Vogenauer, art. 7.3.2 n° 6 Nota 105.

[3300] Comentarios oficiales, art. 7.3.2 n° 1, p. 257; P. Huber en Vogenauer, Art. 7.3.2 no. 1; J. Kleinschmidt en Jansen/Zimmermann, Art. 9:303 (PDCE): *Notice of Termination*, no. 17 (p. 1352).

cidad de un "*Nachfrist*";[3301] y **II)** el acreedor redactó su notificación concediendo tiempo adicional sin utilizar su opción prevista en el art. 7.1.5 (3) tercera oración para prever la terminación automática al final de ese período adicional (Supra No. 1 *In fine*). La **duración** del período de tiempo "razonable" depende de las circunstancias del caso individual (por ejemplo, tiempo para obtener asesoramiento legal;[3302] la disponibilidad del producto en el mercado es un factor que apunta a un período de tiempo corto;[3303] en casos de no conformidad, el acreedor debe esperar hasta que haya certeza si ha transcurrido el derecho a la subsanación del deudor en virtud del art. 7.1.4,[3304] que incluye el tiempo necesario para dar aviso "sin demora indebida" en virtud del art. 7.1.4 (Art. 7.1.4 (1) (a)) y tiempo para subsanar "prontamente" (Art. 7.1.4 (d));[3305] el acreedor puede necesitar tiempo para determinar si puede hacer un "uso razonable" del producto (Art. 7.3.1 no. 4).

3

El párrafo 2 **no se aplica**: **I)** en **ausencia de cualquier oferta**,[3306] por ejemplo, después del lapso infructuoso de tiempo adicional en virtud del Art. 7.1.5 (1) (Art. 7.1.5 (3) y 7.3.1 (3)); **II)** en caso de **falta de entrega "total"**;[3307] y **III)** si el incumplimiento (parcial) de una obligación accesoria no está estrechamente **relacionado** con el cumplimiento.[3308] Esto dependerá de la interpretación del cumplimiento debido en virtud del contrato en virtud del art. 4.1, 4.3 y subsiguientes.

4

Incluso en los casos de inaplicabilidad del párrafo 2, la **buena fe** (art. 1.7) **exige** que el acreedor **comunique** su intención[3309] con respecto a la resolución si el deudor: **I)** le pide que comunique sus intenciones una vez transcurrido el plazo de cumplimiento (de lo contrario, art. 7.3.3 y 7.3.4); o **II)** "conoce de otra fuente" que el deudor incumplidor "tiene la intención de cumplir".[3310]

3301 Argumentado convincentemente, en el contexto de la PDCE y con respecto a tal aclaración en el DCFR, por J. Kleinschmidt en Jansen/Zimmermann, Art. 9:301 (PDCE): *Right to Terminate the Contract*, no. 51 (en p. 1324).

3302 P. Huber en Vogenauer, Art. 7.3.2 nº 11; J. Kleinschmidt en Jansen/Zimmermann, Art. 9:303 (PDCE): *Notice of Termination*, no. 17 (p. 1352).

3303 P. Huber en Vogenauer, Art. 7.3.2 nº 12.

3304 P. Huber en Vogenauer, Art. 7.3.2 nº 13, en comparación con nº 14 (argumentando que se necesita menos tiempo en caso de retraso).

3305 P. Huber en Vogenauer, Art. 7.3.2 nº 13.

3306 P. Huber en Vogenauer, Art. 7.3.2 nº 6.

3307 P. Huber en Vogenauer, Art. 7.3.2 nº 8.

3308 P. Huber en Vogenauer, Art. 7.3.2 no. 8 (con referencia a P. Huber en Vogenauer, Art. 7.3.1 no. 87) y arriba 7.3.1 nota 63; J. Kleinschmidt en Jansen/Zimmermann, Art. 9:303 (PDCE): *Notice of Termination*, no. 24 (en p. 1355).

3309 Comentarios oficiales, art. 7.3.2 nº 2, p. 257.

3310 P. Huber en Vogenauer, Art. 7.3.2 nº 9.

C. Opciones

5

En relaciones complejas, a menudo desarrolladas a lo largo de décadas, el acreedor tiene comúnmente opciones para **dar forma al alcance de la resolución**, es decir, ampliar la terminación a muchos contratos, o incluso a toda la relación, o restringirla al contrato de proyecto específico con respecto al cual sufre un incumplimiento fundamental (artículo 7.3.1 no. 9a). A veces, en las relaciones **contractuales a largo plazo**, la resolución se utiliza para **impulsar una discusión** sobre nuevas condiciones, por ejemplo, adaptaciones de precios. La **resolución como una oportunidad** para remodelar la relación comercial: Por acuerdo (Art. 1.1) las partes pueden convenir reanudar su relación en los mismos términos o modificados (en tales situaciones, a veces existe una buena oportunidad para cambiar la elección de alguna ley nacional, elegida en circunstancias diferentes, y para elegir los Principios de UNIDROIT).[3311]

Artículo 7.3.3 (Incumplimiento anticipado)

Si antes de la fecha de cumplimiento de una de las partes fuere patente que una de las partes incurrirá en un incumplimiento esencial, la otra parte puede resolver el contrato.

A. Casos "claros" de incumplimiento anticipado

1

En línea con el art. 72 (1) CNUCCI,[3312] art. 9:304 PECL y varias leyes nacionales,[3313] **antes** de la fecha de cumplimiento[3314] (a diferencia de después, art. 7.3.1),[3315] el artículo 7.3.3 **equipara**[3316] el **incumplimiento esencial "claramente esperado"** (art. 7.3.1 (1)),[3317] que debe

3311 A falta de acuerdo, las partes en contratos de compraventa internacional a menudo terminarán actuando bajo la CNUCCI que había sido descartada en la inicial, sin una consideración real.

3312 D. A. Morán Bovio en Morán Bovio, Art. 7.3.3 nº 2.b, p. 352. Véase además J. Kleinschmidt en Jansen/Zimmermann, Art. 9:304 (PDCE): *Anticipatory Non-performance*, no. 3 (p. 1361) sobre el trasfondo del Art. 72 (1) CNUCCI, en el trabajo comparativo de Ernst Rabel y el ULIS. "PDCE 9:304 y PICC 7.3.3 es decir, y 7.3.4) han adoptado el enfoque doble de la CNUCCI y al mismo tiempo han adoptado un lenguaje más neutral en línea con la idea de abarcar también fuentes externas".

3313 D. A. Morán Bovio en Morán Bovio, Art. 7.3.3 nº 2.a, p. 352 con referencia a la legislación española; P. Huber en Vogenauer, Art. 7.3.3 no. 2 se refiere a la ley alemana (art. 323 (4) BGB) y la ley holandesa (Art. 6:80 (1) Código Civil holandés); J. Kleinschmidt en Jansen/Zimmermann, Art. 9:304 (PDCE): *Anticipatory Non-performance*, no. 2 (en pp. 1359-61), incluyendo referencias a la ley inglesa desde *Hochster vs. De la Tour* (1853) 2 E&B 678 (118 ER 922) (QB) y discutiendo la "auto incapacidad" como una "imposibilidad de cumplir causada por el deudor" en oposición a la "renuncia/repudio" como una "negativa clara y absoluta del deudor a cumplir".

3314 D. A. Morán Bovio en Morán Bovio, Art. 7.3.3 nº 1, p. 352; P. Huber en Vogenauer, Art. 7.3.3 nº 4.

3315 P. Huber en Vogenauer, Art. 7.3.3 nº 4.

3316 P. Huber en Vogenauer, Art. 7.3.3 nº 1.

3317 P. Huber en Vogenauer, Art. 7.3.3 nº 6; J. Kleinschmidt en Jansen/Zimmermann, Art. 9:304 (PDCE): *Anticipatory Non-performance*, no. 7 (en p. 1363) y no. 8 (pp. 1363-64): El cumplimiento anticipado debe ser "esencial", "para evitar la terminación antes de la fecha de cumplimiento por una razón que no permitiría la resolución del contrato después de la fecha de vencimiento" (ibid., p. 1364).

ser probado por el acreedor (art. 1.11 cuarto guión) como la parte agraviada,[3318] **con el incumplimiento esencial ocurrido**. "Incumplimiento esencial prospectivo claramente esperado" (también: "incumplimiento anticipado"),[3319] que genera el derecho de resolución en virtud del art. 7.3.3, significa incumplimiento según lo determinado en un "pronóstico"[3320] con un "**grado muy alto de probabilidad**"[3321] que es "obvio para todos"[3322] (mientras que no se requiere "certeza virtual").[3323] Así pues, el ámbito de aplicación de la disposición es muy limitado[3324] y, por lo tanto, se limita a los casos en que "no puede esperarse razonablemente" que un deudor siga vinculado por el contrato.[3325] El estándar es más alto que en el Art. 7.3.4 ("cree razonablemente").[3326] Los **ejemplos** dados en los Comentarios Oficiales incluyen una **declaración** del obligado a no cumplir[3327] y la **imposibilidad** de que el buque que transporta las mercancías llegue a su destino a tiempo.[3328] Para más ejemplos, es útil revisar la jurisprudencia y la literatura sobre el artículo 72 CNUCCI.[3329] Si, mediante una declaración anunciando la falta de voluntad para cumplir, una de las partes provoca a la otra parte a anunciar lo mismo, sólo esta última tiene derecho a resolver el contrato en virtud del art. 7.3.3.[3330]

3318 P. Huber en Vogenauer, Art. 7.3.3 nº 5.

3319 Véase la observación sobre terminología de J. Kleinschmidt en Jansen/Zimmermann, Art. 9:304 (PDCE): *Anticipatory Non-performance*, no. 6 (p. 1362) destacando que los textos internacionales más recientes (DCFR, proyecto de CESL) han adaptado la terminología en el título del Art. 7.3.3 a este respecto.

3320 J. Kleinschmidt en Jansen/Zimmermann, Art. 9:304 (PDCE): *Anticipatory Non-performance*, no. 7 (p. 1362); es decir, una "perspectiva *ex ante*", véase ibid. nº 7, p. 1364, refutando una perspectiva "*ex post*" como argumenta Weidt (nota 62 con referencias adicionales a Saido y Mankowski que también apoyan una perspectiva *ex ante*). Desde el punto de vista de un practicante, el instrumento de una evaluación "anticipatoria" requiere una evaluación *ex ante* como cuestión de lógica.

3321 P. Huber en Vogenauer, Art. 7.3.3 nº 5.

3322 P. Huber en Vogenauer, Art. 7.3.3 nº 5, con referencia, en la nota 117, a la jurisprudencia alemana que aplica el art. 72 CNUCCI: Tribunal de Primera Instancia LG Berlín, 30 de septiembre de 1992 (90 O 123/92), CIM-online 70; y LG Krefeld 28 de abril de 1993 (11 O 210/92), CISG-online 101.

3323 P. Huber en Vogenauer, Art. 7.3.3 nº 5 (con referencia a las sentencias alemanas sobre el artículo 72 de la CNUCCI en la nota anterior).

3324 Así que explícitamente P.C.-Misc. 16 (1992), p. 62.

3325 J. Kleinschmidt en Jansen/Zimmermann, Art. 9:304 (PDCE): *Anticipatory Non-performance*, no. 1 (en p. 1359), con referencia a PDCE 9:304, Comentario A.

3326 J. Kleinschmidt en Jansen/Zimmermann, Art. 9:304 (PDCE): *Anticipatory Non-performance*, no. 7 (p. 1362-64).

3327 Comentarios oficiales al Art. 7.3.3 en p. 258.

3328 Comentarios oficiales al Art. 7.3.3, Ilustración, p. 259, basada en una decisión del Grupo de Trabajo en P.C.-Misc. 16 (1992), p. 62; P. Huber en Vogenauer, Art. 7.3.3 nº 11.

3329 P. Huber en Vogenauer, Art. 7.3.3 nº 12 (mencionando, por ejemplo, una decisión del Tribunal Supremo Federal de Alemania (*Bundesgerichtshof*) de 15 de febrero de 1995 (VIII ZR 18/94), CISG-online 149, relativa a un caso en que el proveedor del vendedor ha revocado la licencia para la distribución de las mercaderías).

3330 P. Huber en Vogenauer, Art. 7.3.3 nº 7, p. 948 (debate, véase p. 947).

B. Notificación

2

El art. 7.3.2 (1) se aplica con respecto a la notificación[3331] (en contraste, los plazos del art. 7.3.2 (2) no se aplican).[3332]

C. Efectos

3

Los **efectos de una resolución legítima** se rigen por los arts. 7.3.5-7.3.7. Una resolución infundada equivale en sí misma al incumplimiento del acreedor[3333] y puede dar derecho a daños y perjuicios (art. 7.4.1).

D. Opciones alternativas

4

Incluso si el alto nivel de artículo 7.3.3 no se cumple (o no puede cumplirse), puede tener sentido que el acreedor "dé aviso razonable" al deudor para proporcionar "garantías adecuadas de cumplimiento debido" (art. 7.3.4 primera oración) a fin de **activar un derecho de resolución** en virtud del art. 7.3.4 segunda oración[3334] (a diferencia del segundo párrafo del artículo 72 de la CNUCCI, los artículos 7.3.3 y 7.3.4 no exigen explícitamente tal notificación en todas las circunstancias).[3335]

Artículo 7.3.4 (Garantía adecuada de cumplimiento)

Una parte que crea razonablemente que habrá un incumplimiento esencial de la otra parte puede reclamar una garantía adecuada del cumplimiento y, mientras tanto, puede suspender su propia prestación. Si esta garantía no es otorgada en un plazo razonable, la parte que la reclama puede resolver el contrato.

3331 P. Huber en Vogenauer, Art. 7.3.3 nº 8.

3332 Tras un debate en P.C.-Misc. 16 (1992), pp. 59 y 61; véase también P. Huber en Vogenauer, Art. 7.3.3 nº 9; J. Kleinschmidt en Jansen/Zimmermann, Art. 9:303 (PDCE): *Notice of Termination*, no. 25 (p. 1356).

3333 P. Huber en Vogenauer, Art. 7.3.3 nº 13. Véase de nuevo J. Kleinschmidt en Jansen/Zimmermann, Art. 9:304 (PDCE): *Anticipatory Non-performance*, no. 3 (p. 1361) sobre el trasfondo del Art. 72 (2) CNUCCI en el trabajo comparativo de Ernst Rabel y el ULIS.

3334 S. Eiselen en Felemegas (ed.), p. 210 en lit. j; P. Huber en Vogenauer, Art. 7.3.3 nº 10.

3335 P. Huber en Vogenauer, Art. 7.3.3 nº 10.

A. Evitando un "dilema" para el acreedor

1

Con cierto "parecido" a los artículos 71 y 72 CNUCCI,[3336] y el artículo 2-610 UCC (EE. UU.),[3337] el art. 7.3.4 protege los intereses del acreedor (art. 1.11 cuarta línea) que anticipa razonablemente un incumplimiento esencial por parte de la otra parte, es decir, el deudor (art. 1.11 cuarto guión).[3338] En tal situación, al proporcionar las herramientas descritas a continuación (no. 2 en B.), el acreedor puede (no: debe)[3339] **escapar del "dilema"**[3340] de: **I)** esperar la fecha de vencimiento del cumplimiento con pérdidas potenciales en caso de que sus expectativas se justifiquen y el deudor en realidad no cumple fundamentalmente un deber; o **II) arriesgarse** a dar aviso de resolución del contrato con referencia al Art. 7.3.3 que pueden ser injustificados (porque el incumplimiento esencial puede no ser tan "claro" para ocurrir) y, por lo tanto, causar una responsabilidad por daños y perjuicios.[3341]

B. Tres herramientas para el acreedor

2

El artículo 7.3.4 contiene tres herramientas que se entrelazan. Las herramientas 2 y 3 dependen de la herramienta 1.

1. Herramienta 1: Solicitud de garantías adecuadas del debido cumplimiento

3

I) Condiciones: El **"derecho" a exigir garantías adecuadas** del cumplimiento debido en virtud de la oración 1 (primera opción) exige que: **a) antes** de la fecha de

---

[3336] P.C.-Misc. 9 (1986), p. 11; D. A. Morán Bovio en Morán Bovio, Art. 7.3.4 nº 2.b, p. 353; H. Gabriel, no. 2.561 (p. 202). Para una discusión crítica de las diferencias, véase J. Kleinschmidt en Jansen/Zimmermann, Art. 9:304 (PDCE): *Anticipatory Non-performance*, no. 9 (pp. 1365-66): "El enfoque de la CNUCCI es más estricto".

[3337] P.C.-Misc. 9 (1986), p. 11; H. Gabriel, nº 2.562 (p. 202); P. Huber en Vogenauer, Art. 7.3.4 no. 1 y 4 (la redacción en art. 2-609 (1) (2) UCC (EE. UU.) "motivos razonables de inseguridad con respecto al cumplimiento" sugiere una perspectiva más amplia que incluye circunstancias no directamente relacionadas con las partes contractuales).

[3338] Sobre antecedentes jurídicos históricos y comparativos S. Martens en Jansen/Zimmermann, Art. 8:105 (PDCE): *Assurance of Performance*, no. 2-5 (pp. 1145-1147): señalando, por ejemplo: I) un derecho de retención para el prestamista de una tierra en el Código de Prusia cuando la situación financiera del prestatario se deterioró materialmente; II) con el tiempo, el plazo de retención se expandió en la legislación del siglo 21 en Alemania y Francia a todas las formas de contratos; III) en virtud de la cual el derecho a la resolución explícita es raro y puede encontrarse en codificaciones más recientes, por ejemplo, en Estonia, Austria y Finlandia (donde el artículo 62 de la Ley finlandesa de compraventa de mercaderías se describe como "inspirado en los párrafos 1 y 2 del artículo 72 de la CNUCCI)".

[3339] J. Kleinschmidt en Jansen/Zimmermann, Art. 9:304 (PDCE): *Anticipatory Non-performance*, no. 9 (en p. 1365): "no impone un deber de notificación previa".

[3340] Comentarios oficiales, art. 7.3.4 nº 1, p. 259; P. Huber en Vogenauer, Art. 7.3.4 nº 1.

[3341] Ídem.

cumplimiento;[3342] **b)** el acreedor "crea razonablemente" (es decir, **espera sobre la base de una buena razón**[3343] y, por lo tanto, sobre la base de una norma objetiva)[3344] que habrá un **incumplimiento esencial** en el sentido del art. 7.3.1 (1) y (2)[3345] porque el deudor (art. 1.11 cuarto guión) no puede o no quiere ejecutar el contrato en la fecha de vencimiento, es decir, un concepto general de incumplimiento futuro[3346] (incluyendo, por ejemplo, debido a un grave deterioro de su situación financiera)[3347] en el que la posibilidad abstracta de que el deudor cumpla no impide tal conclusión.[3348] Este es un **estándar de probabilidad más bajo** en comparación con el Art. 7.3.3[3349] (Si bien el estándar en la primera oración requiere más que rumores,[3350] no necesita ser "claro" que habrá un incumplimiento esencial). Se ha argumentado que la oración 1 no requiere que el acreedor se ponga en contacto con el deudor para hacer esta evaluación;[3351] sin embargo, las circunstancias del caso pueden establecer lo contrario con respecto al principio de buena fe (art. 1.7 (1)). Es irrelevante si los hechos con respecto a las dificultades de la otra parte ya existían en el momento de la celebración del contrato, pero se ha argumentado convincentemente que un acreedor que celebró el contrato con conocimiento de ellos no puede invocar el art. 7.3.4[3352] (Art. 1.6). **II) Contenido**: Dependiendo de las circunstancias,[3353] una solicitud de "**garantía adecuada**" de cumplimiento por parte del acreedor (es decir, un término que deba interpretarse de conformidad con el art. 1.6)[3354] puede requerir que el deudor proporcione "**dentro de un plazo razonable**"[3355] (que incluye el tiempo para organizar "los componentes necesarios de

3342 Comentarios oficiales, art. 7.3.4 nº 1, p. 259 (en referencia al texto "antes de la fecha de ejecución" del art. 7.3.3); P. Huber en Vogenauer, Art. 7.3.4 nº 3.

3343 D. A. Morán Bovio en Morán Bovio, Art. 7.3.4 nº 1, p. 353; P. Huber en Vogenauer, Art. 7.3.4 no. 4; véase además S. Martens en Jansen/Zimmermann, Art. 8:105 (PDCE): *Assurance of Performance*, no. 8 (pp. 1148-49) sobre la redacción similar "cree razonablemente" en el Art. 8:105 PDCE: "concepto de garantía adecuada para abordar el problema de la incertidumbre".

3344 El Grupo de Trabajo decidió sobre el texto del art. 7.3.4 después de que Drobnig indicara que "razonablemente" implicaba un elemento objetivo (P.C.-Misc. 16 (1992), pp. 67 y 68); D. Saidov, Unif. Law Rev. 2006, pp. 795 y 812 (con un examen detallado); P. Huber en Vogenauer, Art. 7.3.4 nº 4.

3345 P. Huber en Vogenauer, Art. 7.3.4 nº 6.

3346 S. Martens en Jansen/Zimmermann, Art. 8:105 (PDCE): *Assurance of Performance*, no. 6 (en pp. 1147-48): "las razones de un presunto incumplimiento futuro son irrelevantes".

3347 Ese motivo también se reconocería como un motivo para retener la propia interpretación o ejecución en virtud de muchas leyes locales, como el art. 1613 Código Civil francés (versión 2016), el art. 321 BGB, art. 83 Código de Obligaciones de Suiza; P. Huber en Vogenauer, Art. 7.3.4 nº 2 nota 133; véase además S. Martens en Jansen/Zimmermann, Art. 8:105 (PDCE): *Assurance of Performance*, no. 3 (en pp. 1146-47), haciendo referencia también a la legislación del Reino Unido y los Estados Unidos (art. 2-609 UCC).

3348 Comentarios Oficiales, art. 7.3.4 nº 1, p. 259; P. Huber en Vogenauer, Art. 7.3.4 nº 4.

3349 P. Huber en Vogenauer, Art. 7.3.3 nº 5; J. Kleinschmidt en Jansen/Zimmermann, Art. 9:304 (PDCE): *Anticipatory Non-performance*, no. 7 (p. 1362).

3350 P. Huber en Vogenauer, Art. 7.3.4 nº 4.

3351 P. Huber en Vogenauer, Art. 7.3.4 nº 5.

3352 S. Martens en Jansen/Zimmermann, Art. 8:105 (PDCE): *Assurance of Performance*, no. 7 (p. 1148): "las razones de un presunto incumplimiento futuro son irrelevantes".

3353 P.C.-Misc. 16 (1992), p. 65 (Drobnig, Fontaine, Bonell); Comentarios Oficiales, art. 7.3.4 nº 2, pp. 259-260.

3354 S. Martens en Jansen/Zimmermann, Art. 8:105 (PDCE): *Assurance of Performance*, no. 10 (p. 1150) que hace referencia a una serie de factores (posiblemente) relevantes, incluyendo "las circunstancias que dan lugar al temor al incumplimiento, la naturaleza de la obligación de la que se sospecha el cumplimiento, el propósito del contrato, la relación comercial entre las partes y su desarrollo pasado, etc".

3355 P. Huber en Vogenauer, Art. 7.3.4 nº 15.

la garantía adecuada"):[3356] **a)** una declaración simple (razonable)[3357] **que cubra el cumplimiento** "como es debido"[3358] (pero no más)[3359] (por ejemplo, para refutar una declaración de un tercero que alegue que el deudor tiene la intención de no cumplir[3360] o confirmar la intención del deudor de cumplir en situaciones en las que esto es dudoso porque el deudor ha sido abastecido por un subcontratista);[3361] o **b)** en el extremo, **una garantía de un tercero.**[3362] En la práctica, cuando las capacidades financieras de un comprador (y, por lo tanto, el pago) se han vuelto inciertas durante una **relación contractual a largo plazo**, las partes tienden a discutir **cartas de conformidad** (suaves) de una empresa afiliada que pueden no ser suficientes (especialmente si la calificación de una empresa matriz extranjera ha empeorado, ejemplo de la práctica). Dependiendo de las circunstancias, se puede requerir una declaración de caución o una garantía bancaria, así como un fuerte enlace entre el negocio, las finanzas y los departamentos legales. El deudor puede elegir entre diferentes medidas que sean "igualmente adecuadas".[3363] La buena fe (art. 1.7 (1)) puede requerir la necesidad de comunicarse. Si el acreedor insiste en una garantía adecuada de una manera específica mientras que el deudor ha ofrecido una garantía adecuada, la demanda del acreedor no cumple con los requisitos de la oración 1[3364] (de modo que se corta su derecho a utilizar las herramientas 2 y 3 *infra*).[3365] **Desde la perspectiva del deudor**, el art. 7.3.4 no crea un "deber" de proporcionar una garantía adecuada, pero no darla puede **restringir sus derechos**[3366] y causar la resolución de acuerdo con la oración 2.

2. Herramienta 2: Un derecho de retención

4

Además de utilizar la herramienta 1, el acreedor puede ejercer un derecho de retención en virtud de la oración 1 (segunda opción)[3367] con respecto a todo su cumplimiento,[3368] a menos que: **I)** el contrato (art. 1.3, 1.5, por ejemplo, limitando los derechos de retención a las obligaciones mutuas relacionadas con un alcance específico de trabajo de un contrato

---

3356 P. Huber en Vogenauer, Art. 7.3.4 nº 15 en p. 952.

3357 P. Huber en Vogenauer, Art. 7.3.4 nº 7.

3358 P. Huber en Vogenauer, Art. 7.3.4 nº 8.

3359 P. Huber en Vogenauer, Art. 7.3.4 nº 8 (mencionando que no necesita cubrir posibles reclamaciones por daños y perjuicios).

3360 P. Huber en Vogenauer, Art. 7.3.5 nº 7 en p. 952.

3361 Véase también P. Huber en Vogenauer, Art. 7.3.4 nº 7. El ejemplo se basa en una experiencia de arbitraje en la que el proveedor de un continente obligó al comprador de otro continente a reducir su pedido para obtener al menos una parte del suministro asignado al acreedor (es decir, al comprador).

3362 Comentarios Oficiales, art. 7.3.4 nº 2, pp. 259 y 260; P. Huber en Vogenauer, Art. 7.3.4 nº 7 en p. 951-952.

3363 P. Huber en Vogenauer, Art. 7.3.4 nº 9.

3364 Siguiendo a P. Huber en Vogenauer, Art. 7.3.4 nº 10.

3365 P. Huber en Vogenauer, Art. 7.3.4 no. 10 nota 141 se refiere a una distinción similar bajo el art. 2-609 (1) UCC (EE.UU.).

3366 S. Martens en Jansen/Zimmermann, Art. 8:105 (PDCE): *Assurance of Performance*, nº 11 (p. 1150) (calificando el motivo de acción para el deudor como *"Obliegenheit"*).

3367 P. Huber en Vogenauer, Art. 7.3.4 nº 12 ("Una vez que la parte agraviada haya exigido ...").

3368 P. Huber en Vogenauer, Art. 7.3.4 nº 13 con referencia a D. Saidov, Unif. Law Rev. 2006, pp. 795, 808 y 818-820.

complejo) o, en circunstancias excepcionales; **II)** el principio de buena fe y lealtad negocial[3369] en el art. 1.7 (1) requiere restringir el derecho de retención. El derecho de retención está sujeto **a dos condiciones:**[3370] **I)** no se ha proporcionado la garantía adecuada; **II)** subsistan los motivos razonables para temer un incumplimiento esencial.

3. Herramienta 3 (que puede seguir el uso de la herramienta 1 o 2): Un derecho extraordinario de resolución

5

De conformidad con la segunda oración, el acreedor puede resolver el contrato mediante notificación[3371] (art. 7.3.2 (1)) si, sujeto al "derecho" a exigir una garantía adecuada (número 3 anterior en B.1 (i)), el deudor no entrega la "garantía requerida dentro de un plazo razonable".[3372] El incumplimiento del deudor da lugar al derecho de resolución para el acreedor.[3373] No hay límite de tiempo en virtud del art. 7.3.2 (2)[3374] mientras que, en las circunstancias del caso, el principio de buena fe y lealtad negocial (Art. 1.7 (1)) puede dar lugar a una interrupción del derecho de resolución en algún momento ("dentro de un plazo razonable"[3375]). La resolución debe declararse mediante notificación[3376] (Art. 7.3.2 (1)). Los **efectos** de la resolución (legítima) se rigen por el Art. 7.3.5-7.3.7.[3377] Si la resolución es infundada (por ejemplo, porque el acreedor considera erróneamente que una garantía dada del deudor es insuficiente en comparación con el estándar "adecuado" requerido por el art. 7.3.4, la resolución constituye en sí misma un incumplimiento del contrato.

C. Posibles opciones alternativas

6

En caso de incumplimiento anticipado obvio ("claro") por parte del deudor, el acreedor puede resolver el contrato de conformidad con el art. 7.3.3. Las partes son libres de modificar o especificar las condiciones para una garantía de pago adecuada (art. 1.5), o especificar que "ciertos desarrollos específicos o inciertos" no activarán el art. 7.3.4.[3378]

3369 P. Huber en Vogenauer, Art. 7.3.4 nº 13.

3370 S. Martens en Jansen/Zimmermann, Art. 8:105 (PDCE): *Assurance of Performance*, no. 9 (p. 1149 *in fine*).

3371 D. A. Morán Bovio en Morán Bovio, Art. 7.3.4 nº 1, p. 353; P. Huber en Vogenauer, Art. 7.3.4 nº 15 en p. 954.

3372 P. Huber en Vogenauer, Art. 7.3.4 nº 15 en p. 953.

3373 Comentarios Oficiales, art. 7.3.4 nº 3, p. 260; P. Huber en Vogenauer, Art. 7.3.4 nº 14 y 11; S. Martens en Jansen/Zimmermann, Art. 8:105 (PDCE): *Assurance of Performance*, no. 12 (p. 1151).

3374 P. Huber en Vogenauer, Art. 7.3.4 nº 15, p. 954 (con referencia a una solución diferente en el art. 8:105, apartado 2, del PDCE: "notificación (...) sin demora").

3375 S. Martens en Jansen/Zimmermann, Art. 8:105 (PDCE): *Assurance of Performance*, no. 12 (p. 1151).

3376 S. Martens en Jansen/Zimmermann, Art. 8:105 (PDCE): *Assurance of Performance*, no. 13 (p. 1151).

3377 P. Huber en Vogenauer, Art. 7.3.4 nº 16.

3378 Véase también S. Martens en Jansen/Zimmermann, Art. 8:105 (PDCE): *Assurance of Performance*, no. 14 (en p. 1152) para el entorno legal idéntico a este respecto bajo el PDCE.

Artículo 7.3.5 (Efectos generales de la resolución)

(1) La resolución del contrato releva a ambas partes de la obligación de efectuar y recibir prestaciones futuras.

(2) La resolución no excluye el derecho a reclamar una indemnización de los daños y perjuicios causados por el incumplimiento.

(3) La resolución no afecta cualquier término del contrato relativo al arreglo de controversias o cualquier otra cláusula del contrato destinada a operar aún después de haber sido resuelto.

A. Un compromiso entre diferentes enfoques

1

Dado que las leyes contractuales nacionales sobre los efectos prospectivos (*ex nunc*) y/o retroactivos (*ex tunc*) de la resolución de un contrato (fundado) difieren[3379] (aunque ambos enfoques prevén excepciones que conducen a un cierto grado de vecindad de los regímenes jurídicos en la práctica),[3380] es útil que el párrafo 1 proporcione una regla de "término medio"[3381] sobre esta cuestión "definitoria".[3382] Es un ejemplo típico en el que un terreno común preparado por los Principios de UNIDROIT es útil porque, en la práctica (excepto para los contratos a largo plazo,[3383] art. 1.11 tercer guión), a menudo no hay ni el tiempo ni presupuesto para negociar una cláusula contractual al respecto con tal nivel de detalle. Los principios en el artículo 7.3.5 son de **carácter general** y, sujeto a contrato (arts. 1.3, 1.5), por lo tanto, también se aplican, sujetos a contrato (art. 1.5): **I)** si el derecho a rescindir se deriva de una **cláusula contractual** (art. 1.3 segunda oración, 3.1.2);[3384] **II)** en caso de resolución de un contrato celebrado por un **período de tiempo indefinido**, (art. 5.1.8 segunda oración, que incluso se refiere explícitamente a los arts. 7.3.5-7.3.7); **III)** en caso de resolución porque no se ha concedido un **permiso público** (art. 6.1.16);[3385] **IV)** en caso de **excesiva onerosidad** (art. 6.2.3 (4) (a)), sujeto a la adaptación del tribunal.[3386]

[3379] P. Huber en Vogenauer, Art. 7.3.5 nº 3; P. Hellwege en Jansen/Zimmermann, Art. 9:305 (PDCE): *Effects on Termination in General*, no. 5-7 (pp. 1386-87) sobre la ley alemana, inglesa, escocesa y española (y cambios con el tiempo de un enfoque retrospectivo a un enfoque prospectivo).

[3380] G. H. Treitel, *Remedies for Breach of Contract* (1991), pp. 382 y 384, nº 282; P. Huber en Vogenauer, Art. 7.3.5 nº 3 Nota 148. Véase, por ejemplo, P. Hellwege en Jansen/Zimmermann, Art. 9:305 (PDCE): *Effects on Termination in General*, no. 9 (pp. 1387-88) sobre los "límites de la dicotomía retrospectividad/prospectividad" en la ley alemana.

[3381] P. Huber en Vogenauer, Art. 7.3.5 nº 3.

[3382] Véase P. Hellwege en Jansen/Zimmermann, Art. 9:305 (PDCE): *Effects on Termination in General*, no. 2 (p. 1385) sobre la necesidad de una disposición definitoria.

[3383] Véanse, por ejemplo, los Comentarios Oficiales, art. 7.3.5 nº 4, p. 262.

[3384] Siguiendo a P. Huber en Vogenauer, Art. 7.3.5 nº 1.

[3385] P. Hellwege en Jansen/Zimmermann, Introducción antes del arte. 9:305 (PDCE): no. 4 (p. 1369).

[3386] P. Hellwege en Jansen/Zimmermann, Introducción antes del arte. 9:305 (PDCE): no. 4 (p. 1369) argumentando convincentemente que el Art. 7.3.5 actúa como norma supletoria en caso de excesiva onerosidad debido a la discreción del tribunal de conformidad con el Art. 6.2.3 4) a); contra: E. McKendrick en Vogenauer, Art. 6.2.3 nº 6.

B. Límites del efecto de la resolución al futuro

2

El párrafo 1 limita el efecto de la resolución al futuro (efecto *ex nunc*).[3387] Las reclamaciones subsisten si ya han surgido cuando la notificación de resolución surta efecto (art. 7.3.2 (1)). Por ejemplo, esto incluye reclamaciones por cumplimiento (parcial) en el pasado.[3388]

C. Derechos subsistentes y Provisiones contractuales

1. En caso de resolución legal del contrato

3

I) El artículo 7.3.5 presupone que la resolución está bien fundada[3389] y, si el acreedor tiene derecho a **subsanar**, que dicha subsanación no tiene éxito; porque una subsanación exitosa reclamada legítima y oportunamente opera como una **condición resolutiva para la resolución** (art. 7.1.4 no. 3a). Para el tiempo posterior a la terminación, los párrafos 2 y 3 aclaran que ciertas reclamaciones y derechos sobreviven a la resolución: **a)** reclamaciones por **daños y perjuicios por incumplimiento** (párrafo 2)[3390] (art. 7.4.1 *et seq.*); **b)** las **cláusulas de resolución de controversias**[3391] (que de todos modos son separables en la mayoría de los regímenes de arbitraje o de Derecho Internacional Privado)[3392] y **otras disposiciones** que "por su propia naturaleza están destinadas a aplicarse incluso después de la resolución"[3393] (párrafo 3). Esto incluye, por ejemplo, cláusulas sobre confidencialidad,[3394] restitución después de la resolución,[3395] ciertas cláusulas de penalización[3396] y cláusulas sobre la liquidación de la relación contractual (por ejemplo, devolución de materiales y documentos, derechos de propiedad intelectual, costos de salida).[3397] El párrafo 3, que abarca un tema que a menudo se olvida en las negociaciones contractuales, constituye otro ejemplo de la útil legislación básica que proporcionan los Principios de UNIDROIT (Introducción No. 9a).

3387 Véase ya la primera discusión del Grupo de Trabajo en P.C. Misc. 9 (1986), p. 12; P. Huber en Vogenauer, Art. 7.3.5 nº 2.

3388 P. Huber en Vogenauer, Art. 7.3.5 nº 2.

3389 P. Huber en Vogenauer, Art. 7.3.5 nº 1 y 7.

3390 Como señaló P. Huber en Vogenauer, Art. 7.3.5 no. 4 nota 149, Art. 7.3.5 (2) ha sido utilizado por un tribunal nacional (portugués) para interpretar la legislación nacional (Tribunal Supremo de Justicia 21 de octubre de 2010 (1285/07.7TJVNF. P1. S1), Unilex nº 1653.

3391 Comentarios Oficiales, art. 7.3.5 no. 3 e Ilustración 2, p. 261.

3392 Véanse, por ejemplo, G. B. Born, "*International Commercial Arbitration*", vol. 1 (3.01) y ss., pp. 376 y ss.; A. Briggs, "*Private International Law in English Courts*", no. 14.37 et seq.; E. Brödermann en § 6 IPR "*MünchAnwaltshandb. IntWirtschR*", no. 496-498; P. Huber en Vogenauer, Art. 7.3.5 nº 5.

3393 Comentarios Oficiales, art. 7.3.5 nº 3, p. 261.

3394 Comentarios Oficiales, art. 7.3.5 nº 3, ilustración 2, p. 261; P. Huber en Vogenauer, Art. 7.3.5 nº 6.

3395 Laudo arbitral del 1 de diciembre de 1996, *Camera Arbitrale Nazionale ed Internazionale di Milano* (A-1795/51), IV.1, Unilex nº 622, como señaló P. Huber en Vogenauer, art. 7.3.5 nº 6 Nota 152.

3396 P. Huber en Vogenauer, Art. 7.3.5 nº 6 (con más detalles).

3397 Comentarios Oficiales, art. 7.3.5 nº 3, p. 261.

4

II) En el caso de los **contratos a largo plazo** (art. 1.11 tercer guión), es particularmente importante concentrarse en las consecuencias de la resolución. La edición de 2016 de los Comentarios Oficiales contiene una lista útil de cuestiones que pueden servir como **lista de verificación** (por ejemplo, enumerar las disposiciones que sobreviven; o prever la supervivencia más allá de la terminación en la propia cláusula pertinente; determinar la duración de la supervivencia de una obligación).[3398] Las partes pueden o no decidir **distinguir** en su contrato entre **las razones de la resolución**,[3399] que puede o no incluir la **resolución por conveniencia** (especialmente admitida en el art. 1.3), y que puede o no deberse a un evento dentro de la esfera del deudor (art. 7.1.7 (4)) sobre terminación en caso de fuerza mayor (art. 7.1.7 no. 7)). Las partes a menudo desearán analizar y negociar cada tipo de costos y establecer distinciones con respecto a: **I)** el momento de la resolución dentro de la vida del contrato (por ejemplo, si ya están amortizados en el momento de la resolución); y **II)** la medida en que cualquiera de las partes puede utilizar planes, herramientas, productos previos o materia prima. Las reglas de los arts. 7.4.7 y 7.4.8 son a veces útiles en este contexto para desarrollar un lenguaje apropiado para algunos aspectos del régimen de resolución.

5

III) Los Principios de UNIDROIT no rigen los efectos patrimoniales, si los hubiere, sobre los bienes (por ejemplo, las mercaderías ya intercambiadas entre las partes),[3400] ya que estas cuestiones se refieren al **derecho de propiedad** y están calificadas de manera diferente (en comparación con el "derecho contractual") por la mayoría de los regímenes de arbitraje y/o de Derecho Internacional Privado (Introducción No. 17, H). Cualquier reclamación de restitución se rige por los artículos 7.3.6 y 7.3.7.[3401]

2. En caso de resolución infundada del contrato (resolución ilegal)

6

Si la resolución no es fundada (por ejemplo, en virtud del art. 7.3.1 (1) o (3), 7.3.3 o 7.3.4 segunda oración), la notificación de rescisión (art. 7.3.2) constituye un incumplimiento (esencial) (art. 7.3.1 (1)) de la parte que resuelve.[3402] La parte que no solicitó la resolución puede reclamar el cumplimiento (Sección 7.2), daños y perjuicios[3403] (Sección 7.4), o resolver él mismo el contrato en virtud del Art. 7.3.1 (1).

3398 Comentarios Oficiales, art. 7.3.5 no. 4 e Ilustraciones 4-6, pp. 262-263.

3399 En la práctica, ambos enfoques existen. A veces hay un trato diferente si el deudor causa la resolución intencional o imprudentemente.

3400 P. Huber en Vogenauer, Art. 7.3.5 nº 9 y 8.

3401 P. Huber en Vogenauer, Art. 7.3.5 nº 8.

3402 P. Huber en Vogenauer, Art. 7.3.5 nº 7.

3403 Corte Internacional de Arbitraje, *ACME Holding et al. vs. Distributor*, nº 19627, Unilex nº 2280.

Artículo 7.3.6 (Restitución en el caso de contratos de ejecución instantánea)

(1) Al resolver un contrato cuyo cumplimiento tiene lugar en un solo momento, cada parte puede reclamar a la otra la restitución de lo entregado en virtud de dicho contrato, siempre que tal parte restituya a la vez lo que haya recibido.

(2) Si no es posible o apropiada la restitución en especie, procederá una compensación en dinero, siempre que sea razonable.

(3) La parte que se benefició con el cumplimiento no está obligada a la compensación en dinero si la imposibilidad de la restitución en especie es imputable a la otra parte.

(4) Puede exigirse una compensación por aquellos gastos razonablemente necesarios para proteger o conservar lo recibido.

A. Principio de restitución concurrente en especie (párrafo 1)

1

Los artículos 7.3.6 y 7.3.7 proporcionan la **base para la restitución** después de la resolución: el art. 7.3.7 para los contratos a largo plazo[3404] (art. 1.11 tercer guión) y art. 7.3.6 para los contratos en virtud de los cuales el cumplimiento[3405] debe realizarse de **una sola vez** (por ejemplo, un contrato de compraventa).[3406] Establecen principios de restitución que se **correlacionan** con el régimen establecido en el art. 3.2.15 para la restitución en caso de resolución de un contrato[3407] y que constituyan un **compromiso jurídico comparativo**.[3408] El principio establecido en el párrafo 1 es la "restitución concurrente" en especie,[3409] lo que implica un "derecho a retener"[3410] (art. 7.1.3 (1)). El párrafo 1 no dice nada sobre el lugar de **cumplimiento** (aplica el art. 6.1.6 como regla general supletoria).[3411] La regla general según la cual cada parte paga sus costos de cumplimiento (art. 6.1.11) puede extenderse a los costos de liquidación del contrato por restitución.[3412]

3404 Comentarios Oficiales, art. 7.3.6 nº 1, p. 263.

3405 Comentarios Oficiales, art. 7.3.6 nº 1, párr. 2, p. 263.

3406 Comentarios Oficiales, art. 7.3.6 nº 1, p. 263.

3407 S. Rowan en Vogenauer, Art. 5.3.5 nº 10; véase también P. Huber en Vogenauer, Art. 7.3.6 nº 1 (con un breve resumen del debate sobre el enfoque adoptado por el Grupo de Trabajo en 2010 para integrar las nuevas normas sobre restitución) y nº 5, nota 161, relativo al laudo arbitral de 5 de mayo de 1997, Laudo de la CCI nº 7365/FMS, Ministerio de Defensa y Apoyo a las Fuerzas Armadas de la República Islámica de Irán contra *Cubic Defense Systems Inc*, Unilex nº 653, que en general se refería al principio de restitución (en su versión inicial).

3408 P. Huber en Vogenauer, Art. 7.3.6 nº 3 (advertencia de no transferir simplemente la restitución nacional a los Principios de UNIDROIT aunque "parezcan similares al principio") y nº 10, nota 170 (en la que se examina críticamente un ejemplo de sentencia italiana); véase también una opinión de los Estados Unidos sobre la restitución H. Gabriel, RabelsZ 2013, páginas 158 y 170).

3409 D. A. Morán Bovio en Morán Bovio, Art. 7.3.6, nº 1, p. 355; P. Huber en Vogenauer, Art. 7.3.6 nº 5; P. Hellwege en Jansen/Zimmermann, Art. 9:306 (PDCE): *Restitution*, no. 15 (en p. 1399).

3410 P. Huber en Vogenauer, Art. 7.3.6 nº 5.

3411 En la literatura, este tema se debate y se están discutiendo muchas opiniones (reglas espejo como en el contrato; lugar de negocios del comprador), basadas, entre otras cosas, en el sentido común, véase la descripción general de P. Hellwege en Jansen/Zimmermann, Art. 9:306 (PDCE): *Restitution*, no. 45 (p. 1414). La solución propuesta en el texto constituye una solución inherente al sistema.

3412 P. Hellwege en Jansen/Zimmermann, Art. 9:306 (PDCE): *Restitution*, no. 46 (pp. 1414-15) con referencia a Comentarios Oficiales, Art. 7.3.6 nº 2, p. 264.

2

I) El párrafo 1 se aplica a todos los suministros ya intercambiados **antes del "cumplimiento instantánea"**, en virtud de lo cual los "contratos que prevén la **prestación característica**"[3413] en un momento (particular)[3414] incluyen **contratos de llave en mano**.[3415] La redacción incluye todos los contratos que, según sus términos, prevén el "cumplimiento en un solo acto", incluso si se necesita algún tiempo para preparar la ejecución.[3416] Se desprende del principio del art. 7.3.5 sobre el efecto *ex nunc* (prospectivo) de la resolución, leído conjuntamente con los principios sobre los motivos de resolución en los artículos 7.3.1, 7.3.3 y 7.3.4, que la restitución concurrente en virtud del párrafo 1 se refiere a **bienes o servicios** (la cuestión de la imposibilidad de restituir un servicio se trata en el párrafo 2) que una parte ha proporcionado a la otra parte **antes** del cumplimiento. **II)** En el caso de terminaciones basadas en los arts. 7.3.3 o 7.3.4 segunda oración, la reclamación de restitución concurrente se refiere a bienes intercambiados **antes de la fecha de vencimiento** del cumplimiento (puede referirse, por ejemplo, a la entrega de material que utilizará el deudor durante la ejecución, un pago inicial o una garantía). **III)** En caso de resolución basada en el art. 7.3.1 (por ejemplo, en caso de resolución debido a esfuerzos insuficientes de cumplimiento por parte del deudor que equivalgan a un incumplimiento esencial), el deudor no ha cumplido de modo que una terminación con efecto *ex nunc* (prospectivo) todavía tendría lugar **antes del cumplimiento** por parte del deudor. **IV)** Si, y en qué medida, la extinción del contrato tiene un efecto **patrimonial** que queda fuera del alcance de los Principios de UNIDROIT y debe decidirse con arreglo al derecho de propiedad aplicable (determinado por el régimen de Derecho Internacional Privado aplicable).

B. Restitución en especie "imposible" o "inadecuada" (párrafo 2)

3

Los párrafos 2 y 3 se correlacionan textualmente con el art. 3.2.15 (2) y (3).[3417] Al igual que en el caso de la restitución en caso de anulación (Art. 3.2.15 no. 2-3), el análisis requiere un enfoque de dos etapas: **I)** determinar si (y en qué medida)[3418] la restitución en especie es "imposible" (Art. 7.2.2 (a);[3419] por ejemplo, se realiza el trabajo;[3420] se da

[3413] Comentarios Oficiales, art. 7.3.6 nº 1, p. 263; P. Huber en Vogenauer, Art. 7.3.7 nº 3.

[3414] Comentarios Oficiales, art. 7.3.6 nº 1, p. 263; P. Huber en Vogenauer, Art. 7.3.7 nº 2-3.

[3415] P. Huber en Vogenauer, Art. 7.3.6 nº 3.

[3416] P. Huber en Vogenauer, Art. 7.3.6 nº 4.

[3417] El pago de una asignación en dinero en lugar de la restitución en especie se introdujo por primera vez en el debate en 1986 (véase P.C. Misc. 9 (1986), p. 12.

[3418] P. Huber en Vogenauer, Art. 7.3.6 nº 6 ("en la medida en que").

[3419] P. Huber en Vogenauer, Art. 7.3.6 nº 7.

[3420] Comentarios Oficiales, art. 7.3.6 nº 3, ilustración 3, pp. 264 y 265; P. Huber en Vogenauer, Art. 7.3.6 nº 7.

asesoramiento)[3421] o "inadecuado"[3422] (Art. 7.2.2 (b))[3423] por ejemplo, porque "devolver la interpretación o ejecución en especie causaría un esfuerzo o gasto irrazonable";[3424] y **II)** determinar una asignación en dinero "siempre que sea razonable" (que también puede retenerse en virtud del art. 7.1.3, si es necesario, en la medida en que sustituya a la restitución en especie)[3425] en virtud de la cual el enfoque de razonabilidad debe comenzar (y a menudo terminar)[3426] con el valor de mercado en el momento en que se debía la restitución:[3427] puede modificarse dentro de la evaluación de razonabilidad por un elemento subjetivo con respecto al beneficio restante del receptor de la prestación (parcial) que debe ser restituido.[3428]

C. Asignación de riesgos, opciones

4

Según los Comentarios Oficiales,[3429] debe **distinguirse. I) Hasta la resolución**, el riesgo de destrucción o deterioro[3430] recae en el receptor. Como en el art. 3.2.15 (3), se **excluye** una compensación de conformidad con el párrafo 2, en correlación con el párrafo 3, en caso de **culpa** de la otra parte (haciendo imposible la restitución en especie antes de la

3421 P. Huber en Vogenauer, Art. 7.3.6 nº 7.

3422 El criterio de idoneidad se añadió por primera vez tras un examen exhaustivo del Grupo de Trabajo en P.C.-Misc. 16 (1992), pp. 87 y 88 para permitir la restitución en dinero. Se desarrolló hasta su redacción actual en P.C.-Misc. 19 (1994), pp. 143 y 145 (Hartkamp, Lando, examinando una propuesta por escrito de la Prof. Amelia Boss, entonces Presidenta del Comité de Derecho Comercial de la *American Bar of Association*).

3423 Comentarios oficiales, art. 7.3.6 nº 3 e ilustración 5, página 265 (que se refiere a las mercaderías entregadas y actualmente a bordo de un buque hundido); P. Huber en Vogenauer, Art. 7.3.6 nº 8.

3424 Comentarios Oficiales, art. 7.3.6 nº 3, pp. 264 y ss.; P. Hellwege en Jansen/Zimmermann, Art. 9:306 (PDCE): *Restitution*, no. 33 (p. 1407).

3425 P. Huber en Vogenauer, Art. 7.3.6 nº 10.

3426 P. Hellwege en Jansen/Zimmermann, Art. 9:306 (PDCE): *Restitution*, no. 32-33 (p. 1407), y no. 35 (p. 1409), describiendo el "enfoque objetivo" como "el camino a seguir" después de un análisis comparativo exhaustivo. Argumenta ibid. convincentemente (utilizando el ejemplo de StL-Doc. 48 (1990), p. 10 (Lando)): "No (...) ser plausible para evaluar el valor de lo que se ha recibido en relación con el precio del contrato. Además, no cabe duda de que una parte puede escapar de un mal negocio si puede restituir en especie: si una parte compra un objeto por un precio superior a su valor objetivo, después de la terminación devolverá el objeto y, a su vez, recibirá el precio íntegro". Para el futuro, P. Hellwege solicita una referencia explícita al valor de mercado como un refinamiento de los Principios de UNIDROIT: ibid., Apéndice II del Art. 9:306 (PDCE): *Refining the Rules*, no. 1 (p. 1421).

3427 Véase ya StL-Doc. 48 (1990), p. 10 (Lando, dando el ejemplo de un mal trato, por el cual la parte agraviada recibe de vuelta el bien en su verdadero valor independientemente del mal trato); Comentarios Oficiales, art. 7.3.6 nº 2, p. 264; P. Huber en Vogenauer, Art. 7.3.6 nº 11; P. Hellwege en: Jansen/Zimmermann, Art. 9:306 (PDCE): *Restitution*, véase allí: I) sobre el valor objetivo de mercado: no. 35 (p. 1409) y no. 32-33 (p. 1407); y II) sobre el momento pertinente para evaluar el valor nº 36 (pp. 1409 a 1410) con una opinión disidente, argumentando a favor de la evaluación del valor de mercado en "la fecha de cumplimiento, ya que el propósito de deshacer los contratos es restablecer a ambas partes a su *statu quo ante*".

3428 StL-Misc. 28 (2008), p. 7 (Zimmermann: "prestación (...) era suficientemente flexible para abarcar los conceptos de valor objetivo y valor subjetivo"); P. Huber en Vogenauer, Art. 7.3.6 nº 11 (última frase) y nº 12; P. Hellwege en Jansen/Zimmermann, Art. 9:306 (PDCE): *Restitution*, no. 37 (p. 1410) con observaciones críticas sobre la devaluación subjetiva.

3429 Comentarios Oficiales, art. 7.3.6 nº 4, p. 266; P. Huber en Vogenauer, Art. 7.3.6 nº 16 (con una crítica detallada de la distinción en el nº 17).

3430 Comentarios Oficiales, art. 7.3.6 nº 4, p. 266; véase P. Huber en Vogenauer, Art. 7.3.6 nº 14.

terminación; o si el defecto latente es "atribuible" a la otra parte[3431]). Esto pone el riesgo de destrucción o deterioro total —y en muchas situaciones claramente de la CNUCCI[3432]— hasta la resolución del receptor que debe restitución[3433] (que "tiene el control del objeto recibido y puede asegurarlo"[3434]). La excepción se aplica incluso si el objeto de restitución habría sido destruido de todos modos, incluso si el objeto todavía hubiera estado en los locales de la otra parte (por ejemplo, en caso de que una inundación alcanzara ambas propiedades).[3435] En caso de negligencia concurrente, la prueba de razonabilidad del párrafo 2 deja margen para una solución adecuada dadas las circunstancias (*argumentum* Art. 7.1.2) (véase también el artículo 3.2.15 no. 3 sobre la solución similar para la aplicación del art. 3.2.15 (3)).

II) Después de la resolución, se aplican las reglas generales sobre **daños**[3436] que asignan el riesgo de destrucción por fuerza mayor a la parte que reclama la restitución (porque, según el régimen general del art. 7.4.1, la parte que debe la restitución será excusada por el art. 7.1.7 en caso de fuerza mayor).[3437] Opción: Si, después de la resolución, la destrucción o deterioro proviene de la esfera del receptor, la parte que reclama la restitución puede reclamar daños y perjuicios.[3438]

D. Compensación por gastos (párrafo 4) y otras opciones

5

El párrafo 4 se correlaciona textualmente con el art. 3.2.15 (4). Incentiva a preservar o mantener el objeto de restitución. Cubre los costos que: **I)** son **necesarios** y **II) razonables** dadas las circunstancias[3439] (por ejemplo, los costos de alimentación y cuidado de un caballo que debe ser restituido).[3440] Como señaló *Huber*, los costos que no cumplen con esa prueba (por ejemplo, los costos para que un experto en tecnología determine si un paquete

---

3431 P. Hellwege en Jansen/Zimmermann, Art. 9:306 (PDCE): *Restitution*, no. 27 (pp. 1404-05) y no. 38 (p. 1410).

3432 Artículo 82 CNUCCI, véase P. Huber en Vogenauer, art. 7.3.6 no. 13 y nota 183, así como P. Hellwege en Jansen/Zimmermann, Art. 9:306 (PDCE): *Restitution*, no. 21 (p. 1402) "enfoque opuesto a la CNUCCI", discutido ibid. en no. 20 (p. 1401).

3433 P. Huber en Vogenauer, Art. 7.3.6 nº 13 en pp. 963 y nº 15; P. Hellwege en Jansen/Zimmermann, Art. 9:306 (PDCE): *Restitution*, no. 21 (p. 1402) y no. 27 (pp. 1404-05).

3434 P. Hellwege en Jansen/Zimmermann, Art. 9:306 (PDCE): *Restitution*, no. 29 (en p. 1406); P. Huber en Vogenauer, Art. 7.3.6 nº 15.

3435 Comentarios Oficiales, art. 7.3.6 nº 4, ilustración 8, p. 266; P. Huber en Vogenauer, Art. 7.3.6 nº 15; P. Hellwege en Jansen/Zimmermann, Art. 9:306 (PDCE): *Restitution*, no. 30 (p. 1406); véase también R. Zimmermann, Unif. Law Rev. 2011, pp. 563, 576.

3436 Comentarios Oficiales, art. 7.3.6 no. 4; R. Zimmermann, Unif. Law Rev. 2011, pp. 563 y 578; P. Huber en Vogenauer, Art. 7.3.6 nº 16.

3437 P. Huber en Vogenauer, Art. 7.3.6 nº 17.

3438 Comentarios Oficiales, art. 7.3.6 nº 4, p. 266. Si bien los Principios de UNIDROIT no contienen ninguna obligación de entregar un sustituto de las mercaderías destruidas (por ejemplo, una reclamación contra un comprador o un seguro), las partes pueden considerar, con respecto a las circunstancias, incluir dicha reclamación en un acuerdo de transacción.

3439 Comentarios Oficiales, art. 7.3.6 nº 5, p. 267; P. Huber en Vogenauer, Art. 7.3.6 nº 19 ("prueba del criterio doble") y describiendo en el nº 20 otros factores que no son pertinentes, como el enriquecimiento, el momento (antes o después de la resolución) o, a diferencia del art. 175 CESL - si hubo oportunidad de pedir consejo a la otra parte.

3440 Comentarios Oficiales, art. 7.3.6 nº 5, ilustración 10, p. 267.

de software defectuoso puede ajustarse) aún pueden ser recuperables bajo las **reglas generales sobre daños** en la Sección 7.4 si fueran razonables para mitigar el daño.[3441] La **indemnización de la pérdida de beneficios** que la parte no infractora no podría obtener del objeto transferido a la otra parte (que debe restitución) también es una cuestión general de daños y perjuicios[3442] (y puede incluir los artículos 7.4.9 y 7.4.10 sobre intereses).[3443] En relación con las normas generales sobre daños y perjuicios, el párrafo 4 es una "*lex specialis*" y tiene prioridad en su aplicación.[3444] Las reclamaciones de prestaciones reales extraídas de la otra parte (que debe restitución), también denominadas "indemnización restitutiva", no son cubiertas por el art. 7.3.6 y podrían no ser admitidas en absoluto.[3445] Esto se correlaciona con el enfoque para restaurar el "*status quo ante*".[3446]

E. Normas generales que rigen las obligaciones en virtud del artículo 7.3.6

6

Sujeto a contrato (art. 1.3) que generalmente no regula ese nivel de detalle, el cumplimiento de las obligaciones bajo el art. 7.3.6 se rige por los **principios generales** en la medida en que los artículos 7.3.6-7.3.7 no contienen una norma más específica y, en su caso, los principios generales se aplican *mutatis mutandis*.[3447] **I) Sobre el cumplimiento**: el art. 6.1.1 (c) en el momento del cumplimiento; art. 6.1.6 (a) y (b) en el lugar de cumplimiento; art. 6.1.11 sobre los costos;[3448] *grosso modo* art. 6.1.7-6.1.13 sobre los detalles de pago; arts. 6.1.14-6.1.17 sobre permisos; arts. 6.2.1-6.2.3 sobre excesiva onerosidad; **II) en caso de incumplimiento**: art. 7.1.1 (definición); art. 7.1.3 sobre el derecho a retener, art. 7.1.6 sobre las cláusulas de exoneración, art. 7.1.7 sobre fuerza mayor (mientras que el art. 7.1.2 es sustituido por el párrafo 3 y los casos del art. 7.1.4 (subsanación por la parte incumplidora) y 7.1.5 (tiempo adicional para el cumplimiento) rara vez son imaginables, por ejemplo, en contextos transfronterizos complejos). Las normas sobre el derecho a la interpretación o cumplimiento en los arts. 7.2.1-7.2.5 pueden aplicarse en general, pero el art. 7.2.2 (c) a (e) "(no) encajan en el contexto de restitución"[3449] y las reclamaciones de restitución no deben considerarse como "casos apropiados" en el sentido del art. 7.2.3.[3450] Se aplican las normas generales sobre daños y perjuicios de la Sección 7.4.[3451] En cambio, **III)** las disposiciones

[3441] P. Huber en Vogenauer, Art. 7.3.6 nº 19.

[3442] P. Huber en Vogenauer, Art. 7.3.6 nº 24.

[3443] StL-Misc. 27 (2007), párr. 370; P. Huber en Vogenauer, Art. 7.3.6 nº 24.

[3444] P. Huber en Vogenauer, Art. 7.3.6 nº 21.

[3445] Aunque la compensación de las prestaciones perdidas fue introducida por el Ponente Zimmermann (véase StL-WP. 15 (2008), pp. 4-6), fue debatida y rechazada (StL-Misc. 28 (2008), pp. 11-12); P. Huber en Vogenauer, Art. 7.3.6 nº 23 (con una línea detallada de argumentación).

[3446] P. Hellwege en Jansen/Zimmermann, Apéndice I del Art. 9:306 (PDCE): *Benefits and Expenses*, no. 5 (en p. 1420) con referencia a una observación hecha por Matthias Lehmann en el contexto del Art. 172 2) CESL.

[3447] Sinopsis basada en P. Huber en Vogenauer, Art. 7.3.6 nº 25-31.

[3448] En este sentido también Comentarios Oficiales, Art. 7.3.6 nº 2, p. 264.

[3449] P. Huber en Vogenauer, Art. 7.3.6 nº 30.

[3450] De nuevo siguiendo a P. Huber en Vogenauer, Art. 7.3.6 nº 30 (con consideraciones de política subyacentes convincentes).

[3451] P. Huber en Vogenauer, Art. 7.3.6 nº 31.

sobre restitución **no regulan los derechos de terceros,**[3452] si los hubiere, que se oponen a la restitución.[3453]

F. Impacto del artículo 7.3.6: Un enfoque cuasi-unificado de la restitución

7

El artículo 7.3.6 proporciona un terreno común como regla de anclaje para la restitución en los Principios de UNIDROIT.[3454] Si bien diferentes raíces y, por lo tanto, diferentes consideraciones de normas[3455] pueden llevar a resolver un contrato (resolución por acuerdo; resolución de un contrato celebrado por un período de tiempo indefinido; resolución por incumplimiento; resolución por error, fraude o amenaza; excesiva onerosidad) o un contrato a largo plazo (art. 1.11 tercer guión), ya sea para el futuro (art. 7.3.5) o también para el pasado (art. 3.2.14), estas diferentes consideraciones de política han dado lugar a diferentes regímenes de restitución en las leyes nacionales e internacionales.[3456] El artículo 7.3.6 representa una tendencia[3457] hacia "un enfoque (generalmente) unificado de la liquidación de contratos",[3458] una vez que la decisión de liquidación se toma sobre la base de normas diferentes para las diferentes causas de liquidación de una relación contractual.[3459] **Sujeto a contrato** (art. 1.5), el art. 7.3.6 se aplica a: **I)** la resolución de **contratos a largo plazo** (con una restricción de restitución relacionada con el tiempo, art. 7.3.7); **II)** la **resolución por contrato** (art. 1.3, segunda oración; 3.1.2); **III)** la resolución de un contrato celebrado por un **período de tiempo indefinido** (art. 5.1.8); **IV)** resolución debido a un **permiso público** que no ha sido otorgado (art. 6.1.16); **V)** como norma supletoria que pueda inspirar al tribunal en caso de resolución causada por **excesiva onerosidad** (art. 6.2.3 (4) (a)) (art. 6.2.3 No. 3).[3460] Además, **VI)** salvo en lo que respecta a la adición sobre la **anulación parcial**, la regla

---

3452 Comentarios oficiales, art. 7.3.6 nº 7, p. 268.

3453 P. Huber en Vogenauer, Art. 7.3.6 nº 32.

3454 Es decir, la tercera cuestión de las tres preguntas ("cómo se debe deshacer el contrato") en comparación con las tres preguntas distinguidas por P. Hellwege en Jansen/Zimmermann, Introducción antes del art. 9:305 (PDCE), no. 1 (p. 1368) dividiendo la cuestión en tres preguntas: I) "¿cuándo puede resolverse un contrato?"; II) "¿cuáles son los efectos de la resolución?"; y III) "¿cómo se ha de resolver el contrato?". P. Hellwege en Jansen/Zimmermann, Introducción antes del art. 9:305 (PDCE), no. 16-32 (pp. 1375-83).

3455 Véase P. Hellwege en Jansen/Zimmermann, introducción antes del Art. 9:305 (PDCE), no. 7 (p. 1371) y no. 20 (p. 1377).

3456 P. Hellwege en Jansen/Zimmermann, Introducción antes del arte. 9:305 (PDCE), no. 8, 11-15 (pp. 1371, 1372-75) incluyendo un análisis de: I) la ley alemana (con tres regímenes diferentes: *Rücktritt, Kündigung* y enriquecimiento sin causa; véase también el resumen detallado ibid. no. 25, pp. 1379-80); II) la ley inglesa (donde la doctrina nacional de la consideración establece una distinción entre contratos instantáneos y contratos a largo plazo porque, "en principio, no (habrá) una falta de consideración durante el tiempo anterior a que se produjera el incumplimiento", ibid. nº 12, p. 1373); y III) CNUCCI, PDCE y CESL.

3457 P. Hellwege en Jansen/Zimmermann, Introducción antes del art. 9:305 (PDCE), no. 26-27 (pp. 1380-81), también con respecto a las codificaciones nacionales recientes (Suiza, Francia).

3458 P. Hellwege en Jansen/Zimmermann, Introducción antes del arte. 9:305 (PDCE), no. 16 et seq., 24 (pp. 1375 et seq., 1380). Véase ibid. no. 24 (p. 1379) para el enfoque unificado en el Derecho Romano y su apoyo por Carl vs. Savigny (1848).

3459 P. Hellwege en Jansen/Zimmermann, Introducción antes del art. 9:305 (PDCE), no. 26 (en p. 1380).

3460 Cf. P. Hellwege en Jansen/Zimmermann, Introducción antes del art. 9:305 (PDCE), no. 4 (en p. 1369) con respecto al Art. 7.3.5.

sobre restitución en caso de anulación del art. 3.2.15 se correlaciona textualmente[3461] y, a su vez, también es aplicable si un tribunal decide sobre la restitución en caso de contratos que infrinjan las normas imperativas, art. 3.3.2 (3). Finalmente, **VII)** en caso de cumplimiento de una **condición resolutiva**, el art. 5.3.5 se refiere a cualquiera de los dos artículos 7.3.6-7.3.7 o, si las partes han acordado la retroactividad, al art. 3.2.15.[3462]

8

Con respecto a los efectos subsistentes de un contrato después de la resolución (art. 7.3.5 (2) y (3)), se ha propuesto convincentemente calificar también las reclamaciones de restitución como reclamaciones contractuales[3463] (para las cuales es competente un tribunal que tenga jurisdicción en virtud de una cláusula de resolución de controversias en el contrato).

Artículo 7.3.7 (Restitución en contratos de larga duración)

(1) Al resolver un contrato de larga duración, solamente se puede reclamar la restitución para el período posterior a la resolución, siempre que el contrato sea divisible.

(2) En la medida en que proceda la restitución, se aplicarán las disposiciones del Artículo 7.3.6.

A. Límites al derecho de restitución

1

En vista del "efecto prospectivo" de la resolución (art. 7.3.5),[3464] el párrafo 1 limita los derechos de restitución con respecto a los **contratos a largo plazo** (que deben ejecutarse durante un período de tiempo, art. 1.11 tercer guión) a las partes que deben ejecutarse después de que surta efecto la **notificación** de resolución.[3465] En caso de resolución, "no habrá restitución por el pasado".[3466] Los objetos transferidos y los pagos efectuados con arreglo al **"cumplimiento" prestados antes de la resolución** no pueden reclamarse en virtud del principio de restitución del párrafo 1.[3467] Por lo tanto, no hay "restitución retroactiva" en los contratos a largo plazo,[3468] mientras que un pago anticipado realizado para la siguiente cuota debida en virtud del contrato (antes de su resolución) en un momento posterior a la terminación es recuperable en virtud del párrafo 1.[3469] El artículo 7.3.7 se ha descrito, tras

[3461] P. Hellwege en Jansen/Zimmermann, Introducción antes del art. 9:305 (PDCE), no. 16-32 (pp. 1375-83).

[3462] Señalado por P. Hellwege en Jansen/Zimmermann, Art. 9:306 (PDCE): *Restitution*, no. 7 (p. 1396).

[3463] P. Hellwege en Jansen/Zimmermann, Art. 9:305 (PDCE): *Effects of General Termination*, no. 12 (p. 1389) e ibid. Art. 9:306 (PDCE): *Restitution*, no. 48 (pp. 1415-16).

[3464] Véase la primera discusión P.C.-Misc. 9 (1986), p. 12; Comentarios oficiales, art. 7.3.7 nº 1, p. 268.

[3465] Comentarios Oficiales, art. 7.3.7 nº 1, p. 269.

[3466] P. Hellwege en Jansen/Zimmermann, Art. 9:306 (PDCE): *Restitution*, no. 10 (en p. 1398).

[3467] Comentarios Oficiales, art. 7.3.7 nº 2, p. 269.

[3468] P. Huber en Vogenauer, Art. 7.3.7 nº 6.

[3469] Ídem.

un análisis comparativo exhaustivo, como "el enfoque menos problemático" con respecto a la restitución en los contratos de larga duración (a plazos).[3470]

B. Condiciones

1. Regla principal

2

La aplicación del art. 7.3.7 requiere: **I)** la resolución de un **contrato a largo plazo**; **II) divisibilidad** del cumplimiento ("siempre que el contrato sea divisible"). Cuando la ejecución característica[3471] debe realizarse ("paso a paso")[3472] durante un largo período de tiempo, a menudo será **divisible**[3473] (por ejemplo, contratos de construcción, un contrato de compraventa que prevea la entrega a plazos,[3474] contratos de agencia comercial, distribución, franquicia, arrendamiento y servicios generales).[3475]

2. Excepción

3

En las circunstancias especiales de un caso, una **obligación puede ser indivisible** (casi a nivel "normativo"),[3476] incluso si es **físicamente divisible** cuando, con respecto a las circunstancias contempladas en la celebración del contrato, el acreedor pierde un interés en la ejecución ya realizada sin recibir la ejecución restante, por ejemplo, en una serie de pinturas encargadas al mismo pintor contratadas como decoración para una sala[3477] (la interpretación o ejecución realizada será entonces recuperable[3478] mediante la aplicación del artículo 7.1.6).[3479] Además, en caso de **anulación** de un contrato a largo plazo (a diferencia de la resolución), la restitución en virtud de la regla general sobre resolución del art. 3.2.15 también es posible para el pasado (con un "tratamiento ligeramente diferente" en caso de anulación de un contrato a largo plazo debido a la ilegalidad, que consiste en una evaluación de la "razonabilidad" de la restitución, art. 3.3.2 no. 2).[3480]

[3470] J. Kleinschmidt en Jansen/Zimmermann, Art. 9:302 (PDCE): *Contract to be Performed in Parts*, no. 14 (en p. 1338).
[3471] Comentarios oficiales, art. 7.3.6 nº 1, p. 263; P. Huber en Vogenauer, Art. 7.3.7 nº 2-3.
[3472] P. Huber en Vogenauer, Art. 7.3.6 nº 4.
[3473] Ídem.
[3474] P. Huber en Vogenauer, Art. 7.3.6 nº 3.
[3475] Cf. Comentarios Oficiales, art. 1.11 nº 3 en p. 31; P. Huber en Vogenauer, Art. 7.3.6 nº 3.
[3476] P. Huber en Vogenauer, Art. 7.3.6 nº 5.
[3477] Comentarios Oficiales, art. 7.3.7 no. 1, Ilustración 4, p. 269.
[3478] Ídem.
[3479] P. Huber en Vogenauer, Art. 7.3.6 nº 6 *in fine*.
[3480] P. Hellwege en Jansen/Zimmermann, Art. 9:306 (PDCE): *Restitution*, no. 7 (p. 1396).

C. Referencia al artículo 7.3.6

4

El párrafo 2 se explica por sí mismo. Se relaciona con el principio de restitución concurrente en el art. 7.3.6 (1) y las reglas del Art. 7.3.6 (2) - (4).

D. Otras opciones

5

Además de exigir la restitución en virtud del art. 7.3.7, las partes siguen siendo libres de hacer valer otros derechos en virtud de los Principios de UNIDROIT, en particular una reclamación por daños y perjuicios en virtud del Capítulo 7[3481] (arts. 7.3.5 (2), 7.4.1), especialmente con respecto a las interpretaciones o ejecuciones intercambiadas en el pasado para las cuales el párrafo 1 excluye la restitución.[3482]

SECCIÓN 4. RESARCIMIENTO

Historia legislativa (documentos clave)

En preparación de los Principios de 1994 - Ponente Dennis Tallon:
StL-Doc. 31 (1er borrador en 1984); StL-Doc. 36 (2º borrador en 1986); P.C.-Misc. 10 (1ª discusión en 1987); StL-Doc. 49 (3er borrador en 1991); P.C.-Misc. 17, pp. 1 a 142 (2ª discusión en 1993).

Introducción

1

En gran medida, los principios de la Sección sobre resarcimiento se basan en la CNUCCI[3483] y/o se asemejan a los Principios del Derecho Contractual Europeo ("PDCE").[3484] Desde el punto de vista académico, se ha observado que la sección sobre resarcimiento sólo establece un "**marco para la evaluación de los daños**".[3485]

2

Desde el punto de vista de una persona en el ejercicio de la profesión, el artículo 7.4.1 y subsiguientes **demuestran la utilidad de los Principios de UNIDROIT en la práctica**. Tanto la relación del art. 7.4.1 y subsiguientes al derecho a reclamar el cumplimiento (art. 7.2.2

[3481] Comentarios Oficiales, art. 7.3.7 no. 1 e Ilustraciones 2-3, p. 269.
[3482] P. Hellwege en Jansen/Zimmermann, Art. 9:306 (PDCE): *Restitution*, no. 10 (p. 1398).
[3483] Cf. H. Gabriel, no. 2.581, 2.591, 2.602, 2.612 (pp. 210, 213, 215-216, 218).
[3484] E. McKendrick en Vogenauer, Introducción a la Sección 7.4 de los Principios de UNIDROIT no. 3-4.
[3485] E. McKendrick en Vogenauer, Introducción a la Sección 7.4 de los Principios de UNIDROIT no. 5.

y 7.2.1) y su concepción demuestran que los Principios de UNIDROIT proporcionan un **compromiso jurídico comparativo entre el Derecho Civil y el Derecho Común.**[3486] Tanto los abogados civilistas como los de derecho anglosajón encontrarán fundamentos con los que se encuentran familiarizados en la regulación relativa a daños y perjuicios. Por ejemplo, cuando el autor se encontró por primera vez con los Principios de UNIDROIT en el curso de un arbitraje internacional celebrado en Lausana (Suiza) en 2001 en el contexto de una controversia sobre daños y perjuicios relacionados con un contrato de arrendamiento de satélites relativo a varias jurisdicciones civiles y comunes, el Presidente del Tribunal Arbitral Suizo propuso considerar la posibilidad de convenir: *post contractum* (después de la celebración del contrato), sobre la aplicación de los Principios de UNIDROIT como "ley neutral" para superar una controversia sobre la ley aplicable (para una experiencia similar 16 años después, en 2017, *supra* Introducción No. 19 en 1). Las siguientes consideraciones llevaron al abogado alemán y a su abogado auxiliar de origen británico (actuando en equipo en nombre de un cliente francés administrado desde Anguilla (Indias Occidentales), en virtud del cual el derecho de Anguilla se basa en el derecho del Reino Unido) a aceptar la elección de los Principios de UNIDROIT en un caso multimillonario:

"Los opositores abogaron por la aplicación de diferentes ordenamientos jurídicos (Derecho Inglés o Suizo). De las circunstancias del caso se desprende claramente que las partes tenían la intención de acordar un orden jurídico neutral. (...) De hecho, al examinar los ejemplos dados en los Comentarios Oficiales a los Principios de UNIDROIT, se descubrió que algunos de ellos ***correspondían a famosos precedentes ingleses****. El caso en sí se basó en una reclamación contractual por daños y perjuicios. A este respecto, todas las leyes posiblemente aplicables contenían restricciones, ninguna ley permitía reclamaciones ilimitadas. Mientras que la* ***ley francesa*** *exige que el daño sea* ***"previsible"****,*[3487] *la* ***ley alemana*** *analiza si existe un nexo* ***"adecuado"*** *de causalidad entre el incumplimiento contractual y el daño,*[3488] *mientras que la* ***ley inglesa*** *requiere que el daño sea* ***"no demasiado desvinculado"*** *del evento.*[3489] *Al mismo tiempo, el equipo del oponente pasó por un proceso similar. En última instancia, las partes acordaron aplicar los Principios de UNIDROIT al contrato en virtud de un acuerdo concluido después del comienzo del procedimiento de arbitraje porque los Principios de UNIDROIT contienen, en el art. 7.4.4, limitaciones similares para las reclamaciones relativas a daños y perjuicios".*[3490]

[3486] El Ponente Tallon presentó su proyecto afirmando que "intentó un compromiso entre estos dos enfoques dando al juez un cierto margen de maniobra pero no una discreción completa" en P.C.- Misc. 10 (1987), p. 2.

[3487] Artículo 1231-3 Código Civil francés (versión 2016) (antiguo art. 1150).

[3488] J. Luckey en Prütting/Wegen/Weinreich, Comentario al Código Civil alemán (*"BGB Kommentar"*), 16ª ed. 2021, § 249 no. 50 et seq; Grüneberg/Grüneberg, Comentario sobre el Código Civil alemán ("BGB", 81ª ed., Múnich (2022), Introducción al § 249 ("Vorb. v. 249") nº 24 y ss.

[3489] H. McGregor, Damages, 19th ed., Sweet & Maxwell, Londres (2016), 6-157, refiriéndose al caso principal Hadley v. Baxendale (1854) 9 Ex., 341 en 355: *"Cuando dos partes hayan celebrado un contrato en el cual una de ellas haya incumplido, los daños y perjuicios que la otra parte deba recibir por ese incumplimiento del contrato deberán ser tales que puedan considerarse justa y razonablemente resultantes de forma natural, es decir, según el curso habitual del negocio, de ese incumplimiento del contrato mismo, o los que razonablemente puedan suponerse que estaban contemplados por ambas partes, en el momento en que celebraron el contrato, como resultado probable del incumplimiento del mismo"*. (también citado por E. McKendrick en Vogenauer, Art. 7.4.4 no. 1).

[3490] E. Brödermann, Unif. Law Rev. 2011, 589, 591-592; Traducción al español M. R. Fernández pp. 183, 186-187, y en: *"Diritto del Commercio Internazionale"* 2012, pp. 887, 889; primero en RIW 2004, pp. 721, 723 y 724.

3

El tribunal arbitral tendría que ser convencido por los hechos. En tales circunstancias, parecía totalmente aceptable que el tribunal (artículo 1.11 primer guión) tuviera que hacer la evaluación final completando los detalles restantes en el "marco para la evaluación de los daños"[3491] con base en lo previsto en la Sección 7.4 de los Principios de UNIDROIT.

4

Desde la **perspectiva de un profesional**, el estudio de las normas sobre resarcimiento en el art. 7.4.1 y subsiguientes recuerda la importancia (y la **prioridad**) que, en la fase de redacción del contrato, debe darse a la determinación de un régimen adecuado de resolución de conflictos que garantice que los encargados de la resolución dichos conflictos operen con una mentalidad y experiencia internacional en la tramitación de litigios transfronterizos.

Artículo 7.4.1 (Derecho al resarcimiento)

Cualquier incumplimiento otorga a la parte perjudicada derecho al resarcimiento, bien exclusivamente o en concurrencia con otros remedios, salvo que el incumplimiento sea excusable conforme a estos Principios.

A. Resarcimiento por incumplimiento a menos que sea excusable

1

El incumplimiento probado[3492] (art. 7.1.1), es decir, la negativa a cumplir, el cumplimiento defectuoso o tardío,[3493] da lugar a la **responsabilidad por daños y perjuicios** del deudor (art. 1.11 cuarto guión), sin más condiciones, a menos que sea: **I)** debido a la **esfera de responsabilidad de la otra parte** (art. 7.1.2); **II) temporalmente excusado** por un **derecho de retención** en virtud de los Principios de UNIDROIT (por ejemplo, art. 7.1.3, 9.1.12 (2) o, en casos extremos, por el impacto de eventos que causan excesiva onerosidad, Art. 6.2.3 (2));[3494] **III) excusado permanentemente** por: **a)** una **cláusula de exención** (Art. 7.1.6; por esta razón, para los contratos regidos por los Principios de UNIDROIT es importante concentrarse adecuadamente en las cláusulas de exención en la etapa de redacción del contrato), o **b) fuerza mayor** (Art. 7.1.7). En consecuencia, el acreedor (art. 1.11 cuarto guión) tiene **derecho a un resarcimiento** por daños y perjuicios, mientras que la cuantía depende de las circunstancias del caso concreto (art. 7.4.2, a menos que los "daños y perjuicios" sean "nominales").[3495]

3491 E. McKendrick en Vogenauer, Introducción a la Sección 7.4 de los Principios de UNIDROIT no. 5.

3492 E. McKendrick en Vogenauer, Art. 7.4.1 nº 1.

3493 E. McKendrick en Vogenauer, Art. 7.4.1 nº 2.

3494 E. McKendrick en Vogenauer, Art. 6.2.3 no. 4 y Art. 7.4.1 nº 6.

3495 E. McKendrick en Vogenauer, Art. 7.4.1 nº 3 (con referencia a una "suma simbólica", por ejemplo, 2 £).

2

Los artículos 7.4.2 y 7.4.13 establecen y/o requieren ciertos detalles, proporcionando una reparación integral (Art. 7.4.2), certeza del daño (Art. 7.4.3), previsibilidad (Art. 7.4.4), prueba (Art. 7.4.5-7.4.6), la relación con la esfera de responsabilidad de la otra parte, incluido el deber de mitigar daños (Art. 7.4.7-7.4.8), intereses (Art. 7.4.9-7.4.10), pago y moneda (Art. 7.4.11-7.4.12) y cláusulas sobre pagos acordados para compensación (Art. 7.4.13). El artículo 6.1.6 (2) establece una regla más específica para el resarcimiento de los costos adicionales debidos a un cambio de establecimiento de una parte posterior a la celebración del contrato.

B. Aplicación en adición de Opciones Paralelas

3

El derecho a resarcimiento a menudo puede invocarse como complemento de otros remedios o herramientas ("junto con otros remedios"),[3496] por ejemplo, el derecho a suspender el cumplimiento del contrato (art. 7.1.3 no. 5); el derecho a subsanar (art. 7.1.4 (5)), el derecho a conceder un plazo suplementario para el cumplimiento (art. 7.1.5 (2) primera oración); el derecho a reclamar el pago (art. 7.2.1 no. 2); el derecho a reclamar el cumplimiento de obligaciones no dinerarias (Art. 7.2.2 no. 10); el derecho a exigir reparación, reemplazo u otra subsanación de la prestación defectuosa (Art. 7.2.3 no. 4); el derecho a exigir una pena judicial (art. 7.2.4); como un cambio de remedio después de exigir el cumplimiento de una obligación no dineraria (Art. 7.2.5 (1)); el derecho a resolver el contrato[3497] (Art. 7.3.1, no. 10; véase también el art. 7.3.5 no. 6 en caso de resolución improcedente). En una situación de fuerza mayor, el deudor se convierte en responsable si no da la notificación requerida de manera oportuna (Art. 7.1.7 (3) segunda oración).

C. Aplicación analógica

4

La "aplicación analógica" de una norma jurídica es una interpretación utilizada con frecuencia en los sistemas jurídicos civiles para aplicar una determinada ley con modificaciones que son apropiadas dadas las circunstancias a una situación comparable. Como se señala en los Comentarios Oficiales,[3498] el derecho a resarcimiento en virtud del art. 7.4.1 se aplica por analogía a una serie de principios relacionados con el tiempo anterior a la celebración del contrato:[3499] **I) responsabilidad precontractual** de conformidad con el art. 2.1.15 (2) (ruptura de las negociaciones de mala fe, los Comentarios Oficiales limitan

---

[3496] Ver ya el primer borrador de Art. 7.4.1 en StL-Doc. 31 (1984), p. 2; Comentarios Oficiales, art. 7.4.1 nº 2, pp. 270-271.

[3497] Para los antecedentes históricos y comparativos (la trampa alemana para muchos compradores bajo la antigua ley alemana que no permite tal combinación de remedios), véase J. Kleinschmidt en Jansen/Zimmermann, Art. 8:102 (PDCE): *Cummulation of Remedies*, no. 7-8 (pp. 1103-04).

[3498] Comentarios Oficiales, art. 7.4.1 nº 3, p. 271; E. McKendrick en Vogenauer, Art. 7.4.1 nº 7-8.

[3499] Enumeración siguiendo a E. McKendrick en Vogenauer, Art. 7.4.1 nº 7.

la cuantía de los daños y perjuicios a la **confianza otorgada a la otra parte**,[3500] es decir, la "parte perjudicada podrá recuperar los gastos incurridos en las negociaciones y también podrá ser indemnizada por la oportunidad perdida de celebrar otro contrato");[3501] **II) violación de la confidencialidad** (art. 2.1.16, segunda oración); **III)** la celebración de un contrato **conociendo una causal de nulidad** (art. 3.2.16, en el que el art. 3.2.16 describe la cuantía apropiada).[3502]

En otras palabras, en casos de "aplicación analógica" del Art. 7.4.1 y subsiguientes, el derecho a resarcimiento debe adaptarse a las circunstancias del principio que otorga un derecho a daños y perjuicios (reducidos).[3503]

Artículo 7.4.2 (Reparación Integral)

(1) La parte perjudicada tiene derecho a la reparación integral del daño causado por el incumplimiento. Este daño comprende cualquier pérdida sufrida y cualquier ganancia de la que fue privada, teniendo en cuenta cualquier ganancia que la parte perjudicada haya obtenido al evitar gastos o daños y perjuicios.

(2) Tal daño puede ser no pecuniario e incluye, por ejemplo, el sufrimiento físico y la angustia emocional.

A. Principio de Reparación Integral

1

Junto con las disposiciones (y requisitos)[3504] de los artículos 7.4.3-7.4.13, el artículo 7.4.2 especifica el derecho a daños y perjuicios del artículo. 7.4.1,[3505] en un lenguaje inspirado en las normas de la CNUCCI.[3506] El principio de "**reparación íntegra**"[3507] en la **oración 1 del párrafo 1** se refiere al **daño** "sufrido" (y, por lo tanto, "cierto", art. 7.4.3; no: potencial) que contempla **un nexo causal** (es decir, como una "consecuencia directa" (cumplir la "carga de la prueba" de los abogados de Derecho Común o la "prueba *sine qua non*" de los abogados de Derecho Civil)[3508] **con el incumplimiento**, que puede consistir en un acto o

---

[3500] E. McKendrick en Vogenauer, Art. 7.4.1 nº 8.

[3501] Comentarios Oficiales, art. 2.1.15 nº 2, pp. 56-57; E. McKendrick en Vogenauer, Art. 7.4.1 nº 8.

[3502] E. McKendrick en Vogenauer, Art. 7.4.1 nº 24.

[3503] Para una descripción desde la perspectiva del Derecho Común, véase E. McKendrick en Vogenauer, art. 7.4.1 nº 8 *in fine*.

[3504] E. McKendrick en Vogenauer, Art. 7.4.2 nº 7 (última línea).

[3505] D. A. Morán Bovio en Morán Bovio, Art. 7.4.2, nº 1, p. 357.

[3506] P.C.-Misc. 17 (1993), p. 25; y, por ejemplo, R. Zimmermann, en Jansen/Zimmermann, Art. 9:502 (PDCE): Medidas Generales de Daños, no. 15 (p. 1465). Como se señaló ibid., pp. 3-4 (pp. 1456-57), el principio de la reparación integral se desvía del concepto doctrinal alemán de "restitución en especie" (que, en la práctica, no siempre es posible, pero a veces deseable), pero refleja la "realidad jurídica" incluso en Alemania (No. 4, p. 1457).

[3507] Comentarios Oficiales, art. 7.4.2 nº 1, pp. 271 y 272; véase P.C - Misc. 10 (1987), p. 5; P.C.-Misc. 17 (1993), página 27. Para preguntas críticas con respecto a los tipos de interés, véase R. Zimmermann, en Jansen/Zimmermann, Art. 9:502 (PDCE): *General Measures of Damages*, no. 5-6 (pp. 1458-59).

[3508] E. McKendrick en Vogenauer, Art. 7.4.2 nº 22; R. Zimmermann, en Jansen/Zimmermann, Art. 9:501 (1) (PDCE): *Right to Damages* (general), no. 12 (pp. 1444-45); señalando en el contexto de PDCE los diferentes

una omisión (y en el que el requisito de previsibilidad del art. 7.4.4 especifica requisitos más detallados con respecto a la relación causal). La reparación integral incluye principalmente también **pérdidas consecuentes** como daños a la propiedad causados por una grúa defectuosa que fue alquilada.[3509] El objetivo general subyacente se ha descrito como "poner a la parte agraviada en la posición en la que habría estado si el contrato se hubiera cumplido de acuerdo con su contenido".[3510] El término "**daño causado**" (es decir, la pérdida sufrida)[3511] se **entiende en sentido amplio.**[3512] Según la **oración 2 del párrafo 1**, incluye:

2

I) La **pérdida sufrida**, que puede incluir: **a) daños físicos** a los bienes del acreedor o de una persona[3513] (o **sufrimientos físicos**[3514] o **angustia emocional**,[3515] **párrafo 2,** que, por su naturaleza, suelen limitarse[3516] a los seres humanos;[3517] pero, con fundamento probatorio,[3518] puede incluir daños al honor o a la **reputación**[3519] que pueden tener consecuencias previsibles también para una empresa,[3520] por ejemplo, un bufete de abogados que, por su nombre, está relacionado con su abogado fundador); Además, tanto **b)** una "re-

estándares de prueba en diferentes sistemas jurídicos que deben tenerse en cuenta ("equilibrio de posibilidades, alta probabilidad", etc.). En caso de combinación de la aplicación de los Principios de UNIDROIT con una cláusula compromisoria, el art. 21 (2) de los Principios de Procedimiento Civil Transnacional de ALI/UNIDROIT puede ser útil: "Los hechos se consideran probados cuando el tribunal está razonablemente convencido de su verdad". Véase https://www.unidroit.org/instruments/civil-procedure/ali-unidroit-principles/ (consultado el 9 de enero de 2023).

3509 Comentarios Oficiales, art. 7.4.2 nº 2, ilustración 3, p. 272; R. Zimmermann, en Jansen/Zimmermann, Art. 9:502 (PDCE): *General Measures of Damages*, no. 11 (p. 1462), con observaciones críticas en p. 1463 si dicho daño personal ("interés de integridad") debe estar cubierto por una responsabilidad estricta por incumplimiento ("Aquí estamos transgrediendo la frontera hacia el interés de "preservación" (o "integridad")). Desde una perspectiva práctica con respecto a la negociación de contratos a largo plazo, esa responsabilidad suele considerarse evidente y está cubierta por un seguro.

3510 E. McKendrick en Vogenauer, Art. 7.4.2 nº 2. Este principio se correlaciona con el Derecho Civil y el Derecho Común, véase el resumen comparativo con más detalles de R. Zimmermann, en Jansen/Zimmermann, Art. 9:502 (PDCE): *General Measures of Damages*, no. 7-11 (pp. 1459-63).

3511 E. McKendrick en Vogenauer, Art. 7.4.2, en III.1 antes del nº 7.

3512 Comentarios Oficiales, art. 7.4.2 nº 2, p. 272.

3513 Comentarios Oficiales, art. 7.4.2 nº 2, ilustración 1 ("Propiedad"), p. 272 y art. 7.4.11 nº 1, ilustración 1 ("muerte"), p. 287; El Grupo de Trabajo examinó ampliamente la pérdida no pecuniaria con referencia, por ejemplo, a los "acuerdos de patrocinio con artistas o deportistas" en P.C.-Misc. 10 (1987), pp. 5 y 6; E. McKendrick en Vogenauer, Art. 7.4.2 nº 10.

3514 Véase E. McKendrick en Vogenauer, Art. 7.4.2 nº 16, 18.

3515 E. McKendrick en Vogenauer, Art. 7.4.2 nº 17 (crítico; y claramente no aplicable a corporaciones).

3516 Renuente: E. McKendrick en Vogenauer, Art. 7.4.2 nº 19 ("puede ser recuperable").

3517 Laudo arbitral de 1 de diciembre de 1996, "*Camera Arbitrale Nazionale e Internazionale di Milano*", caso (No. A-1795/51), IV.3, Unilex nº 654 (daños por sufrimientos emocionales no recuperables por un agente organizado como sociedad); citado por E. McKendrick en Vogenauer, Art. 7.4.2 nº 17 Nota 47 y nº 19 Nota 50.

3518 Véase la denegación de daños y perjuicios por daños morales por falta de prueba mediante Laudo Arbitral de 30 de noviembre de 2006, Centro de Arbitraje de México, Unilex nº 1149, párr. 222; citado también por E. McKendrick en Vogenauer, Art. 7.4.2 nº 18 nota 49; E. McKendrick en Vogenauer, Art. 7.4.2 nº 23.

3519 Comentarios Oficiales, art. 7.4.2 nº 5 e ilustración 6 (pérdida de la posibilidad de que un arquitecto sea más conocido por cierto tipo de trabajo), pp. 273 a 274; P.C.-Misc. 17 (1993), pp. 29 y 30; D. A. Morán Bovio en Morán Bovio, Art. 7.4.2, no. 1 (párr. 2), p. 357 referido a los Comentarios Oficiales; E. McKendrick en Vogenauer, Art. 7.4.2 nº 15.

3520 E. McKendrick en Vogenauer, Art. 7.4.2 nº 19.

ducción de los activos de la parte perjudicada" (por ejemplo, **gastos innecesarios**);[3521] como **c)** "un aumento de sus pasivos", por ejemplo, **pasivos adicionales** del acreedor incurridos para cumplir sus compromisos;[3522] por el contrario, los "**gastos preventivos**" (como los costos equivalentes de un vehículo de reserva comprado como posible sustituto de un tranvía adquirido) no pueden reclamarse porque dichos gastos no cumplen la prueba de causalidad examinada anteriormente en el número 1.[3523]

3

II) la **ganancia de la que se privó**, que incluye: **a)** cualquier **lucro cesante**[3524] (**neto**)[3525] (que puede combinarse con gastos innecesarios);[3526] mientras que **b)** para **evitar el enriquecimiento sin causa**[3527] (párrafo 1, oración 2, última parte: teniendo en cuenta cualquier ganancia...), es necesario deducir cualquier ahorro o ganancia (por ejemplo, obtenida en virtud de un contrato sustituto).[3528]

4

Los detalles de la **evaluación de la reparación íntegra** corresponden al órgano jurisdiccional (art. 1.11 primer guión)[3529] decidir, por ejemplo, si concederá los daños y perjuicios: **a)** sobre la base de la "**diferencia de valor**" (comparando el valor de "lo recibido" y la situación hipotética en caso de pleno cumplimiento del contrato); o **b)** sobre la base del "costo de la subsanación" (es decir, los costos de poner al acreedor en la misma situación que tendría, si la parte obligada hubiera cumplido íntegramente el contrato);[3530] especialmente

---

3521 Comentarios Oficiales, art. 7.4.2 N° 2, ilustración 4, pp. 272 y 273; E. McKendrick en Vogenauer, Art. 7.4.2 n° 8 (con una distinción crítica).

3522 Citas de E. McKendrick en Vogenauer, Art. 7.4.2 no. 7, 9, argumentando sobre la base de los Comentarios Oficiales, Art. 7.1.2 n° 2, p. 272.

3523 R. Zimmermann, en Jansen/Zimmermann, Art. 9:501 (1) (PDCE): *Right to Damages* (general), no. 14 (p. 1446).

3524 Laudo Arbitral 24 de febrero de 2001, Tribunal Arbitral de la Ciudad de Panamá, Unilex n° 677; E. McKendrick en Vogenauer, Art. 7.4.2 n° 11 (y nota 38).

3525 Comentarios Oficiales, art. 7.4.2 no. 2 e Ilustración 4, pp. 272-273; E. McKendrick en Vogenauer, Art. 7.4.2 n° 11.

3526 E. McKendrick en Vogenauer, Art. 7.4.2 n° 11 (subrayando correctamente que la pérdida de beneficios "brutos" no puede combinarse con gastos desperdiciados). Laudo Arbitral CEAC de 30 de abril de 2018 (Expediente CEAC No. 20161001, inédito, en el archivo del autor) reconoció explícitamente esta regla ("De acuerdo con el Art. 7.4.2 PICC, el parte agraviada, es decir, el Demandante, tiene derecho a cualquier ganancia de la que se vea privada debido a la falta de cumplimiento de la obligación. Tales ganancias normalmente incluyen el lucro cesante"). Al final, concluyó lo contrario según los hechos del caso debido a la falta de un "vínculo causal".

3527 Comentarios Oficiales, art. 7.4.2 n° 3, p. 273.

3528 Comentarios Oficiales, art. 7.4.2 n° 3, ilustración 5, p. 273; P.C.-Misc. 10 (1987), p. 6; E. McKendrick en Vogenauer, Art. 7.4.2 n° 12.

3529 Para una aplicación reciente ver p.e. Zilin Hao, el primer caso de arbitraje público de China bajo la Principios de UNIDROIT, en China Justice Observer, editado por Lin Haibin (9 de mayo de 2020, en línea), en II. https://www.chinajusticeobserver.com/a/chinas-first-public-arbitration-case-under-the-unidroit-principles [última visita el 9 de enero de 2023].

3530 E. McKendrick en Vogenauer, Art. 7.4.2 n° 3.

en los casos de construcción, estos costos son a veces desproporcionados.[3531] La indemnización íntegra **no incluye** la "**devolución de beneficios**"[3532] ni los "**daños punitivos**".[3533] Un tribunal también tiene discreción para establecer cualquier cambio en el daño entre la ocurrencia del incumplimiento y la fecha de la sentencia[3534] (y excepto para "reparar" a expensas del acreedor[3535]). Para "asegurar mejor (...) la reparación íntegra",[3536] el tribunal tiene facultades discrecionales y, en los casos del párrafo 2 (daño reputacional),[3537] puede incluso ordenar la publicación de un aviso en un periódico.[3538]

B. Adaptación en casos de aplicación analógica

5

En casos de aplicación analógica del artículo 7.4.1 y subsiguientes, el principio de "reparación integral" del párrafo 1, oración 1, debe adaptarse al propósito del principio que proporciona la base del derecho a daños y perjuicios (art. 7.4.1 no. 4).

7.4.3 (Certeza del daño)

(1) La compensación sólo se debe por el daño, incluyendo el daño futuro, que pueda establecerse con un grado razonable de certeza.

[3531] Véase el resumen de E. McKendrick en Vogenauer, Art. 7.4.2 n° 4 con referencia a la jurisprudencia inglesa (*Ruxley Electronics and Construction ltd vs. Forsyth* (1996) AC 344, HL/PO/JU/18/255) que no concede los costos de la subsanación si no son razonables. Esto se correlaciona, por ejemplo, con la ley alemana en § 251 (2) Oración 1 del Código Civil alemán y en § 635 (3) Código Civil alemán, según la cual un contratista puede rechazar la subsanación si solo es posible a costos desproporcionados.

[3532] E. McKendrick en Vogenauer, Art. 7.4.2 n° 5 (subrayando que "el objetivo de la concesión de una indemnización por daños y perjuicios es indemnizar a la parte agraviada por el perjuicio que ha sufrido; no es privar a la parte incumplidora de ningún beneficio que haya obtenido como resultado de su incumplimiento"); R. Zimmermann, en Jansen/Zimmermann, Art. 9:502 (PDCE): *General Measures of Damages*, no. 14 (p. 1465), después de un estudio legal comparativo en no. 12-13 (pp. 1463-1465). Ver para otra tendencia en las leyes nacionales Art. 6:104 Código Civil holandés y el caso inglés *AG vs. Blake* (*Jonathan Cape Ltd., Third Party*) (2001) 1 AC 268, HL. Véase también E. Hondius en *Eppur si muove: The Age of Uniform Law*, pp. 1044 y 1046.

[3533] Laudo arbitral de marzo de 2000, caso de la CCI n° 10114, Unilex n° 696 ("no existe ninguna práctica comercial internacional que favorezca los daños punitivos"), citado por primera vez por E. McKendrick en Vogenauer, art. 7.4.5 nota 30; R. Zimmermann, en Jansen/Zimmermann, Art. 9:502 (PDCE): *General Measures of Damages*, no. 15 (p. 1465), después de un estudio legal comparativo en no. 12-13 (pp. 1463-1465). Véase también M. Lopez de Gonzalo en *Eppur si muove: The Age of Uniform Law*, pp. 1503, 1518-1519.

[3534] Comentarios Oficiales, art. 7.4.2 n° 4, p. 273; E. McKendrick en Vogenauer, Art. 7.4.2 no. 13 (con observaciones críticas en 14, pero un poco malinterpretando que los Comentarios Oficiales son parte de los Principios de UNIDROIT, igualmente deliberados por los grupos de trabajo, véase la introducción anterior en el no. 15).

[3535] Comentarios Oficiales, art. 7.4.2 n° 4, p. 273; E. McKendrick en Vogenauer, Art. 7.4.2 n° 13.

[3536] Comentarios Oficiales, art. 7.4.2 n° 5, pp. 273-274.

[3537] Para una visión comparativa e histórica de la concesión de daños morales, véase R. Zimmermann, en Jansen/Zimmermann, art. 9:501 (2) (PDCE): *Right to Damages* (*Non-pecuniary and Future Loss*), no. 1-9 (pp. 1447-52) con una evaluación crítica en el no. 8 (p. 1451) sobre la concesión de compensación en el Art. 7.4.2 2) "sin ninguna calificación".

[3538] Comentarios Oficiales, art. 7.4.2 n° 5, pp. 273 y 274; E. McKendrick en Vogenauer, Art. 7.4.2 n° 20.

(2) La compensación puede deberse por la pérdida de una expectativa en proporción a la probabilidad de que acontezca.

(3) Cuando la cuantía de la indemnización de los daños y perjuicios no puede establecerse con suficiente grado de certeza, queda a discreción del tribunal fijar el monto del resarcimiento.

A. Certeza, probabilidad o apreciación del Tribunal de Justicia

1

Junto con las demás disposiciones de los artículos 7.4.2-7.4.13, el artículo 7.4.3 especifica el derecho a daños y perjuicios en el Art. 7.4.1. Con el fin de recuperar los daños y perjuicios causados (es decir, "indemnización íntegra por los daños sufridos", art. 7.4.2) como consecuencia del incumplimiento (art. 7.4.1 y 7.4.2 (1) primera oración, el art. 7.4.3 distingue en sus tres párrafos entre los tres niveles para la determinación de daños y perjuicios.

1. Daños establecidos por un grado razonable de certeza (párrafo 1)

2

El acreedor (art. 1.11, cuarto guión) debe probar tanto: **I) la ocurrencia** como, **II)** el **alcance**[3539] **del daño presente o futuro**[3540] "con un grado razonable de certeza"[3541] (antes, en un siguiente paso, tiene que probar la "suficiencia del nexo causal",[3542] Art. 7.4.4). Por lo tanto, el daño es "**suficientemente cierto**"[3543] (o "razonablemente cierto")[3544] si el tribunal (art. 1.11 primer guión) así lo determina en un **equilibrio de probabilidades**[3545] y/o con la **convicción del tribunal**,[3546] por ejemplo, con una **probabilidad del cincuenta por ciento**

3539 Comentarios oficiales, art. 7.4.3 nº 2, p. 275; E. McKendrick en Vogenauer, Art. 7.4.3 nº 2.

3540 Para un análisis detallado de la indemnización por daños futuros, véase recientemente H. Van Houtte en *"Eppur si muove: The Age of Uniform Law"*, pp. 1486-1492.

3541 Aplicado p.e. por Laudo Arbitral CEAC de 30 de abril de 2018 (Expediente CEAC nº 20161001, inédito, el expediente ante el autor): "El Tribunal Arbitral considera que existe un "grado razonable de certeza" como lo exige el art. 7.4.3 párr. 1 PICC que las Partes habrían acordado una determinada cantidad de comisión entre esas piedras angulares".

3542 E. McKendrick en Vogenauer, Art. 7.4.3 nº 9, p. 992.

3543 El Grupo de Trabajo examinó la formulación "grado razonable de certeza", es decir, "una afirmación bastante firme de que las cosas eran así" en P.C.-Misc. 17 (1993), pp. 31, 32 y 34; Comentarios Oficiales, art. 7.4.3 nº 1, p. 275; E. McKendrick en Vogenauer, Art. 7.4.3 nº 2 Nota 57.

3544 Este es el lenguaje desarrollado por el Consejo Asesor de la CNUCCI en el contexto del Art. 74 CNUCCI, CNUCCI-AC, Opinión No. 6: Cálculo de daños y perjuicios con arreglo al artículo 74 de la CNUCCI (www.trans-lex.org/500156/_/cisg-advisory-council-opinion-no-6:-calculation-of-damages-under-cisg-article-74/#head_1 (visitado por última vez el 09 de enero de 2023), párrafo 2.6, como señaló E. McKendrick en Vogenauer, art. 7.4.3 No. 1.

3545 D. A. Morán Bovio en Morán Bovio, Art. 7.4.3, nº 1, p. 360; E. McKendrick en Vogenauer, Art. 7.4.3 nº 2 (p. 989) (con referencia a la ley inglesa).

3546 Para un ejemplo más detallado, § 286, véase el art. 21.2 de los ALI alemanes/Principios de Ley de Procedimiento Civil Transnacional ("Los hechos se consideran probados cuando el tribunal está razonablemente convencido de su verdad"). La norma alemana en el artículo 286 ZPO establece con respecto a la exigencia grado de certeza de la siguiente manera: "(1) El tribunal debe decidir, a su discreción y convicción, y teniendo en cuenta todo el contenido de las audiencias y los resultados obtenidos mediante las pruebas teniendo en

(50%) o más.[3547] Si bien el sistema de resolución de controversias elegido y su régimen procesal pueden influir en la evaluación y aplicación de la prueba del umbral razonable del párrafo 1, oración 1, por el tribunal competente, al final, los hechos, tal como se presentan y prueban, deben persuadir al tribunal. Una vez que el tribunal está convencido de la existencia y el alcance del daño, el acreedor puede recuperar el daño "**en su totalidad**".[3548]

2. Pérdida de una expectativa en proporción a la probabilidad de que acontezca (párrafo 2)

3

Si sólo se pierde una expectativa (es decir, "cualquiera")[3549] (por ejemplo, el mensajero entrega una oferta de adquisición demasiado tarde),[3550] cumpliendo, no obstante, los criterios del apartado 1,[3551] el grado de probabilidad de **pérdida de la expectativa** (por ejemplo, la aceptación de la oferta)[3552] **debe evaluarse**[3553] y se convierte en decisivo para determinar la cuantía de la compensación (por ejemplo, la "proporción del beneficio que "la parte perjudicada" podría haber obtenido").[3554] Se ha sugerido que puede desempeñar un papel importante en la evaluación en el grado en que la realización de la expectativa dependía de la parte agraviada (cuando "se pueda esperar más"),[3555] del demandado (quien, sujeto al límite de buena fe del art. 1.7 (1), puede actuar en su propio interés)[3556] o de un tercero.[3557]

3. Evaluación a discreción del Tribunal (párrafo 3)

4

Si no puede cumplirse la prueba del umbral razonable del párrafo 1, primera oración, el párrafo 3 otorga la discreción al tribunal para efectuar una "**cuantificación equitativa**

---

cuenta, en su caso, si una alegación de hecho debe considerarse verdadera o falsa. La sentencia es exponer las razones que fundamentan la condena de los jueces". (Traducción de www.gesetze-im-internet.de/englisch_zpo/englisch_zpo.html [visitado por última vez el 9 Enero de 2023] cursiva agregada).

3547 E. McKendrick en Vogenauer, Art. 7.4.3 nº 2 (p. 989).

3548 Laudo arbitral, *Chevron Corp & Texaco Petroleum Corp vs. la República del Ecuador*, 30 de marzo de 2010, Unilex nº 1534, en los números 374-382 (en particular los números 374 y 377), a los que se refirió por primera vez E. McKendrick en Vogenauer, Art. 7.4.3 nº 2 Nota 58.

3549 E. McKendrick en Vogenauer, Art. 7.4.3 nº 3.

3550 Comentarios Oficiales, art. 7.4.3 nº 2 en la ilustración, p. 275; E. McKendrick en Vogenauer, Art. 7.4.3 nº 4.

3551 Comentarios Oficiales, art. 7.4.3 nº 2, p. 275; el Grupo de Trabajo examinó intensamente el alcance del párrafo 2 y su relación con el párrafo 1 del Código de Procedimiento P.C. 17 (1993), pp. 36 y 42.

3552 Comentarios Oficiales, art. 7.4.3, Ilustración en el comentario nº 2, p. 275. Para una introducción general a la "pérdida de una oportunidad" y una visión comparativa, véase R. Zimmermann, en Jansen/Zimmermann, Art. 9:501 (2) (PDCE): *Right to Damages* (*Non-pecuniary and Future Loss*), no. 11-13 (pp. 1452-54).

3553 E. McKendrick en Vogenauer, Art. 7.4.3 nº 4 (p. 990).

3554 Comentarios Oficiales, art. 7.4.3 nº 2 en la ilustración, p. 275; citado por E. McKendrick en Vogenauer, Art. 7.4.3 nº 4 y 6-7 (25% de probabilidad de realizar la expectativa que conduce al 25% del beneficio posible en caso de la realización de la expectativa como cuántica).

3555 E. McKendrick en Vogenauer, Art. 7.4.3 nº 3.

3556 Ídem.

3557 Para más detalles, véase E. McKendrick en Vogenauer, Art. 7.4.3 nº 3.

del daño sufrido"[3558] (que es distinta a actuar como amigable componedor).[3559] Para convencer al tribunal de que conceda una indemnización por daños y perjuicios basada en el ejercicio de la discreción,[3560] los hechos son decisivos[3561] y, como señaló acertadamente *McKendrick*, *"Las partes deben esforzarse por cuantificar la relación causal entre el daño y el incumplimiento con la mayor precisión posible"*.[3562] Cuando el daño sólo puede evaluarse dentro de un cierto rango de montos, el Tribunal Arbitral puede operar con una valoración del importe medio.[3563] La discreción del tribunal abarca la posibilidad de tener en cuenta también otros factores, por ejemplo, la naturaleza de la pérdida sufrida y la conducta de las partes[3564] (*argumentum*, artículos 7.4.7-7.4.8).

B. Opciones contractuales

5

Si las partes no pueden ponerse de acuerdo sobre una indemnización por daños y perjuicios o una cláusula de penalización (es decir, sobre un "pago acordado por incumplimiento", art. 7.4.13), pueden considerar dejar la evaluación, con la debida consideración de las circunstancias explícitamente al tribunal al que se refiere al párrafo 3 (posiblemente acordando un parámetro entre una cantidad mínima y máxima).

Artículo 7.4.4 (Previsibilidad del daño)

La parte incumplidora es responsable solamente del daño previsto, o que razonablemente podría haber previsto, como consecuencia probable de su incumplimiento, al momento de celebrarse el contrato.

[3558] Comentarios Oficiales, art. 7.4.3 nº 2, p. 275; P.C.-Misc. 10 (1987), p. 6; E. McKendrick en Vogenauer, en Art. 7.4.3 nº 5 y nota 66 en los que se citan ejemplos de la práctica del arbitraje: Comisión de Indemnización de las Naciones Unidas, recomendaciones S/AC.26, Grupo de Comisionados, 23 de septiembre de 1997, Grupo F1, Unilex Nº 639, párrafo 3 B; Laudo arbitral de junio de 1996 (Roma), caso de la CCI nº 5835, Unilex nº 654, a) párr. 2; Azurix Corp contra República Argentina, caso CIADI nº ARB/01/12, 1 de septiembre de 2009, Unilex nº 1686, p. 318.

[3559] Laudo arbitral de junio de 2001, Caso nº 9950 de la CCI, Unilex nº 1061, citado por E. McKendrick en Vogenauer, art. 7.4.3 nº 8 Nota 69.

[3560] Véase, por ejemplo, Laudo arbitral de octubre de 2001, Caso nº 9078 de la CCI, Unilex nº 1059, citado por E. McKendrick en Vogenauer, art. 7.4.3 nº 5 Nota 65.

[3561] Véase supra, sección 4: Daños y perjuicios, observación introductoria (No. 2); Laudo arbitral de junio de 2001, caso CCI nº 9950, Unilex nº 1061 (referido al necesariamente "examen escrupuloso de las pruebas presentadas por las partes"; E. McKendrick en Vogenauer, Art. 7.4.3 no. 8.

[3562] E. McKendrick en Vogenauer, Art. 7.4.3 no. 5 con referencia a los Comentarios Oficiales, Art. 7.4.3 nº 3, p. 276.

[3563] Laudo Arbitral CEAC de 30 de abril de 2018 (Expediente CEAC No. 20161001, inédito, en el expediente del autor): "El Tribunal considera que existe un grado razonable de certeza como lo exige el art. 7.4.3 párr. 1 PICC que las partes habrían acordado una cierta cantidad de comisión entre tales piedras angulares".

[3564] E. McKendrick en Vogenauer, Art. 7.4.3 nº 5.

A. Una norma internacional que cumple con los puntos de referencia jurídicos comparativos

1

Junto con las demás disposiciones de los artículos 7.4.2-7.4.13, el artículo 7.4.4 especifica el derecho a daños y perjuicios establecidos en el art. 7.4.1. Inspirado en el art. 74 (segunda oración) CNUCCI,[3565] el art. 7.4.4 establece **una prueba de previsibilidad como limitación**[3566] de la cantidad de daños recuperables que pueden otorgarse como reparación "integral" en virtud del art. 7.4.2 (1). También está en consonancia con (aunque, en los detalles, distinto de)[3567] la mayoría de los ordenamientos jurídicos nacionales (incluidos, en particular, el Derecho holandés, alemán e inglés)[3568] que, como cuestión de Derecho comparado, establecen algún tipo de limitación con respecto a los importes recuperables del daño que está relacionado por un nexo causal con el incumplimiento (Observación introductoria de la sección 4: Daños y perjuicios No. 2). La parte incumplidora "no debe ser indemnizada por daños que nunca podría haber previsto en el momento de la celebración del contrato y **contra cuyo riesgo no podría haber contratado un seguro**".[3569]

B. Características específicas de la prueba de previsibilidad de los Principios de UNIDROIT

2

La prueba de previsibilidad de los Principios de UNIDROIT (previsión y) previsibilidad en el Art. 7.4.4 se basa en un **concepto "estrecho" de previsibilidad**[3570] (esto se correlaciona con la función del art. 7.4.4 como contrapeso al concepto de r**esponsabilidad**

[3565] Comentarios oficiales al Art. 7.4.4, pp. 276 y 277; P.C.-Misc. 10 (1987), p. 7; H. Gabriel, nº 2.581 (p. 210); véase también D. A. Morán Bovio en Morán Bovio, Art. 7.4.4, nº 2.B., p. 362; E. McKendrick en Vogenauer, Art. 7.4.4 no. 1; R. Zimmermann, en Jansen/Zimmermann, Art. 9:503 (PDCE): Previsibilidad, no. 5 (pp. 1470-71), señalando entre otras cosas (p. 1470) con referencias adicionales que el Art. 74 CNUCCI encuentra su origen en el art. 82 ULIS que, a su vez, podría basarse en un enfoque de Derecho Común y Derecho Civil.

[3566] Comentarios oficiales al Art. 7.4.4, pp. 276 y 277; P.C.-Misc. 17 (1993), p. 46; D. A. Morán Bovio en Morán Bovio, Art. 7.4.4, nº 1, p. 361; E. McKendrick en Vogenauer, Art. 7.4.4 nº 1 y 2; Laudo arbitral de diciembre de 2000 (Barranquillla, Colombia), Caso CCI nº 10346, Unilex nº 700, bajo H. - Cuestiones Número 9 y 10, 3 (c).

[3567] Véase Art. 1.6 Sobre la interpretación autónoma.

[3568] Véase más arriba la sección introductoria de la Sección 4: Resarcimiento, nº 2, con referencias a los tres ordenamientos jurídicos. Para una descripción comparativa e histórica detallada, véase R. Zimmermann, en Jansen/Zimmermann, Art. 9:503 (PDCE): *Foreseeability*, no. 1-4 (pp. 1467-70), no. 9 Inglaterra (p. 1473) y no. 12 Francia (p. 1473), observando entre otras cosas ibid. en el no. 4 (pp. 1469-70) la cadena de influencia de Francia a Inglaterra: I) Carolus Molinaeus (Charles de Dumoulin, 1500-1566) "quien por primera vez intentó racionalizar la limitación legal en términos de previsibilidad" (Zimmermann discute su 'caso carpintero' en el no. 8, p. 1472, produciendo una caja para el transporte de fruta que fue mal utilizada para el transporte de vino que se escapaba durante el transporte), II) a Pothier 1699-1772) quien "generalizó esta idea", y III) a escritores legales en el siglo 19 y, IV) "Hadley v Baxendale (1854) 9 Exch 341 (156 ER 154) en 354"; véase también D. A. Morán Bovio en Morán Bovio, Art. 7.4.4, nº 2.a., p. 362 (para la legislación española).

[3569] Comentarios oficiales al Art. 7.4.4, pp. 276 y 277; como también citado por E. McKendrick en Vogenauer, Art. 7.4.4 nº 2. Véase además, con más referencias, R. Zimmermann, en Jansen/Zimmermann, Art. 9:503 (PDCE): *Foreseeability*, no. 7 (p. 1471) sobre la "Justificación".

[3570] Comentarios oficiales al Art. 7.4.4, pp. 276 y 277; E. McKendrick en Vogenauer, Art. 7.4.4 nº 3.

objetiva,[3571] art. 5.1.4 (1)). La redacción se refiere alternativamente a: **I)** el conocimiento efectivo (**previsión**)[3572] del acreedor sobre las consecuencias de su incumplimiento ("daño que previó"); **o II) el conocimiento potencial (supuesto)** del acreedor (**previsibilidad**). Existe si: **a) en el momento de** (asignación de riesgos)[3573] **la celebración del contrato** (Capítulo 2 sobre la formación);[3574] **b)** una persona razonable (es decir, una persona diligente)[3575] en la posición de la parte incumplidora[3576] podría haber previsto las consecuencias de su incumplimiento. En este contexto, interpretar y analizar el contrato (art. 4.1 y 4.3), en particular, el objeto del contrato (art. 4.3 literal "d") y las negociaciones preliminares (art. 4.3 literal "a") pueden ser relevantes.[3577]

3

Esto significa (tres observaciones): **I)** La persona razonable podría haber previsto la "**naturaleza o el tipo de daño**"[3578] **resultante de** su incumplimiento (el "**alcance**" del daño normalmente no se incluye en la prueba de la "previsibilidad", a menos que, el alcance sea tal que "transfiera el daño a un tipo diferente",[3579] por ejemplo, un múltiplo del posible lucro cesante que hubiere provenido de las circunstancias normales, resultando, por ejemplo, de contratos excepcionalmente lucrativos).[3580] **II)** La persona razonable podría haber previsto la naturaleza del daño en el "**curso normal del negocio y/o las circunstancias particulares**"[3581]

3571 E. McKendrick en Vogenauer, Art. 7.4.4 no. 3 citando a I. Schwenzer Schlechtriem & Schwenzer Art. 74 apartado 4 ("corolario de la responsabilidad objetiva de las partes"). Véase también D. A. Morán Bovio en Morán Bovio, Art. 7.4.4, nº 2.b., p. 363 (apartado 2) ("un mecanismo de equilibrio").

3572 E. McKendrick en Vogenauer, Art. 7.4.4 no. 3 y D. A. Morán Bovio en Morán Bovio, Art. 7.4.4, nº 2.b., p. 363 (apartado 1) (*"preestimado o preestimabile"*).

3573 E. McKendrick en Vogenauer, Art. 7.4.4 nº 7.

3574 Ídem.

3575 Comentarios oficiales al Art. 7.4.4, pp. 276 y 277; E. McKendrick en Vogenauer, Art. 7.4.4 nº 6.

3576 E. McKendrick en Vogenauer, Art. 7.4.4 nº 3.

3577 Véase R. Zimmermann, en Jansen/Zimmermann, Art. 9:503 (PDCE): *Foreseeability*, no. 8 (p. 1472), señalando entre otras cosas: I) que ya Ernst Rabel (1874-1955) - quien inspiró el Art. 82 ULIS que subyace al art. 84 CNUCCI y, por consiguiente, art. 7.4.4 - "consideró que todo el conjunto de normas sobre incumplimiento se regía por el objeto del contrato (nota de pie de página que se refiere a Rabel, Warenkauf I, pp. 495 a 510); y sobre esa base desarrolló la teoría de que la finalidad del deber pertinente asumido en el contrato determina el alcance de la responsabilidad del deudor". No se considerarán imputables al deudor todas las consecuencias que no entren en el ámbito de protección de esa obligación (se omite la nota de pie de página)"; II) el desarrollo de esta teoría en el derecho alemán; así como III) en el nº 9 (p. 1473), la aparición de un análisis similar del impacto de la "responsabilidad asumida" en "la ley de lejanía" en la jurisprudencia inglesa reciente (*Transfield Shipping Inc vs. Mercator Shipping Inc, The Achilleas, (2009) AC 61 (HL) y Supershield Ltd v Siemens Building FE Ltd, (2010) EWCA Civ.*) que "se sostuvo que *Hadley vs. Baxendale* puede ser desplazado "si, según el análisis adecuado del contrato en relación con su contexto comercial, la pérdida estaba comprendida en el ámbito de la obligación (contractual)".

3578 Comentarios Oficiales al Art. 7.4.4, pp. 276 y 277; E. McKendrick en Vogenauer, Art. 7.4.4 nº 6.

3579 Comentarios Oficiales al Art. 7.4.4, ilustración 2, p. 277; E. McKendrick en Vogenauer, Art. 7.4.4 nº 4 (con observaciones críticas con respecto a la clasificación del lucro cesante).

3580 Comentarios Oficiales al Art. 7.4.4, ilustración 1, p. 277; E. McKendrick en Vogenauer, Art. 7.4.4 nº 5.

3581 Comentarios Oficiales al Art. 7.4.4, pp. 276 y 277; E. McKendrick en Vogenauer, Art. 7.4.4 nº 6. Desde la perspectiva del Derecho Común, esta "prueba alternativa" recuerda a "*Hadley vs. Baxendale (1854) 9 Ex*"., 341 en 355 ("... tales que puedan considerarse justa y razonablemente que surgen naturalmente (...) o los que razonablemente pueda suponerse que han estado en la contemplación de ambas partes"), como se cita en su totalidad en la nota 5 de la introducción a la sección 4 sobre "resarcimiento".

(que pueden incluir, por ejemplo, el conocimiento de tratos anteriores[3582] o la información comunicada por el acreedor).[3583] **III)** La prueba de previsión y previsibilidad se refiere al (certeza: art. 7.4.3) daño "**que pueda resultar**" del incumplimiento. Esta redacción requiere "**una probabilidad más alta que una mera posibilidad**"[3584] (y que, por lo tanto, es distinta del concepto más amplio del artículo 74 CNUCCI, que se refiere a "posibles consecuencias del incumplimiento del contrato").[3585] La evaluación deja (inevitablemente) un margen de **discrecionalidad al tribunal**[3586] (art. 1.11 primer guión) para evaluar "los hechos y circunstancias del caso concreto".[3587]

C. Impacto en la gestión de riesgos en la etapa de redacción del contrato

4

A la luz del régimen de responsabilidad objetiva de los Principios de UNIDROIT para las obligaciones de lograr un resultado específico (art. 5.1.4 (1)), basado en la asignación de riesgos entre las esferas de responsabilidad de las partes (art. 7.1.1 no. 2), tiene sentido discutir **la asignación de riesgos** en la etapa de redacción de un contrato también con vistas a la prueba de previsibilidad en el Art. 7.4.4. **I)** Desde el **punto de vista del acreedor**, es útil proporcionar durante la negociación **información** (con la documentación adecuada u otra prueba de la comunicación)[3588] sobre las posibles pérdidas que sean previsibles para el acreedor (pero posiblemente no para el deudor). Esto **hace que tales pérdidas** sean previsibles también para el deudor[3589] en el momento pertinente de la celebración del contrato. Solo si los daños son previsibles para el deudor (de modo que el acreedor pueda invocar el art. 7.4.1 y subsiguientes), la Sección 7 sobre "resarcimiento" puede funcionar como un escudo eficaz que protege al acreedor. Dicha comunicación puede ser especialmente pertinente para las personas de negocios y los abogados formados con arreglo a los sistemas jurídicos nacionales, como en el Derecho Francés,[3590] que desplazan la norma de previsibilidad en caso de dolo o negligencia grave.[3591] Los Principios de UNIDROIT no lo hacen.[3592] La responsabilidad del deudor sigue estando **limitada por la prueba de previsibi-**

3582 E. McKendrick en Vogenauer, Art. 7.4.4 nº 6.

3583 Ídem.

3584 E. McKendrick en Vogenauer, Art. 7.4.4 nº 8.

3585 Ídem.

3586 Comentarios oficiales al Art. 7.4.4, pp. 276 y 277; E. McKendrick en Vogenauer, Art. 7.4.4 nº 3.

3587 E. McKendrick en Vogenauer, Art. 7.4.4 nº 8.

3588 A la luz de la carga general de la prueba de la parte agraviada: Laudo arbitral de 30 de noviembre de 2006, Centro de Arbitraje de México, Unilex nº 1149, párrafo 162; E. McKendrick en Vogenauer, Art. 7.4.4 nº 10.

3589 E. McKendrick en Vogenauer, Art. 7.4.4 nº 2, 6.

3590 Artículos 1231-3 y 1231-4 del Código Civil francés (versión de 2016) (*ex art.* 1150 y 1151).

3591 E. McKendrick en Vogenauer, Art. 7.4.4 nº 9 (también se refiere a una norma de desplazamiento similar en virtud del artículo 9:503 del PDCE).

3592 Los dos primeros proyectos de la disposición entrañaban tal excepción al criterio de previsibilidad (*"no se aplica cuando la violación es deliberada o temeraria"* StL-Doc. 36 (1986), p. 7, véase también el segundo proyecto StL-Doc. 49 (1991), p. 12), que se inspiró en el artículo 2.603 del proyecto PDCE (P.C.-Misc. 10 (1987), p. 10). Tras extensas deliberaciones, el Grupo de Trabajo votó en contra de esta excepción al criterio de previsibilidad, véase P.C.-Misc. 17 (1993), pp. 42 y 47 (resumen de Bonell p. 48). Para una línea de argumentación bien fundada que apoya esta decisión, véase R. Zimmermann, en Jansen/Zimmermann, Art. 9:503 (PDCE): *Foreseeability*, no. 12 (pp. 1473-74) en el que se destaca, con respecto al régimen de responsabilidad

lidad, también en caso de dolo o **negligencia grave** (desde una perspectiva política, incluso un deudor que incumpla deliberadamente un contrato puede actuar de forma distinta si conoce las posibles consecuencias de una escala significativamente mayor de lo esperado en el momento de su ejecución).[3593]

5

II) Desde la **perspectiva del deudor**, puede tratar de **reducir su riesgo** de pérdidas previsibles **con una cláusula de exención**, por ejemplo, introduciendo un límite que cumpla la prueba de gravedad del art. 7.1.6 (o límites diferentes apropiados dependiendo de si la causa de responsabilidad por incumplimiento es negligencia o negligencia grave; Art. 7.1.6). Esto puede ser particularmente apropiado cuando la pérdida potencial previsible supera considerablemente el valor del contrato (a menos que, en tales casos, sea necesario reconsiderar toda la estructura y la asignación de riesgos teniendo debidamente en cuenta las circunstancias del caso, como la necesidad de subcontratación y el seguro disponible). En los **contratos de compraventa a largo plazo**, por ejemplo, durante la negociación de contratos marco de compraventa en la industria del automóvil en virtud de los Principios de UNIDROIT, cuando se prevén grandes cantidades de daños y perjuicios que no guardan relación con el valor de los bienes vendidos (art. 7.1.6 no. 1, 8a-b), la negociación de una cláusula de exención sobre limitación de responsabilidad (art. 1.5 y 7.1.6) es común,[3594] al menos en la experiencia del autor cuando el escenario del caso negociado tiene una relación directa o indirecta con una jurisdicción de Derecho Común donde los abogados están acostumbrados a la limitación de responsabilidad.

Artículo 7.4.5 (Prueba del daño en caso de una operación de reemplazo)

Cuando la parte perjudicada ha resuelto el contrato y ha efectuado una operación de reemplazo en tiempo y modo razonables, podrá recobrar la diferencia entre el precio del contrato y el precio de la operación de reemplazo, así como el resarcimiento por cualquier daño adicional.

objetiva previsto en los Principios de UNIDROIT (y otros instrumentos internacionales) que "No existe (...) ninguna relación necesaria entre la culpa de la parte incumplidora y la cuestión de la previsibilidad; ni tampoco entre la culpa de la parte incumplidora y el alcance protector del deber que se ha infringido".

3593 En algunas partes del mundo, es legal violar deliberadamente un contrato; véase, por ejemplo, En Acuerdo de Fideicomiso Irrevocable de 1979, 130 Nev. 597 (2014) con referencia al § 39 de la Reexpresión de Enriquecimiento Indebido sobre ganancias provenientes de incumplimiento oportunista.

3594 Dicha limitación es una cuestión contractual en ausencia de una regla general sobre la desproporcionalidad más allá de las restricciones del art. 7.4.3 y 7.4.4, véase R. Zimmermann, en Jansen/Zimmermann, Art. 9:503 (PDCE): *Foreseeability*, nº 10-11 (pp. 1473-74) argumentando considerar seriamente para el futuro una integración de "una doctrina protectora".

A. Función del artículo 7.4.5

1

Junto con las demás disposiciones de los artículos 7.4.2-7.4.13, el artículo 7.4.5 especifica el derecho a daños y perjuicios del Art. 7.4.1. Los artículos 7.4.5 y 7.4.6 establecen **reglas específicas sobre la prueba del daño** para dos situaciones distintas[3595] después de la resolución del contrato por parte del acreedor en reacción al incumplimiento (Art. 7.3.1 y subsiguientes). El artículo 7.4.5 hace frente al **cálculo de daños y perjuicios** en caso de una operación de reemplazo, es decir, a menudo una necesidad del curso comercial.[3596] El artículo 7.4.5 se basa en el proyecto del art. 9:506 PDCE[3597] y del Art. 75 CNUCCI[3598] (y la jurisprudencia y la literatura académica relacionada con ella pueden ser útiles para interpretar el art. 7.4.5).[3599] Desde la perspectiva del Derecho Común, se ha observado que la referencia a una "operación de reemplazo" protege el "interés de cumplimiento" (art. 7.2.2 y 7.2.1) del acreedor.[3600] El art. 7.4.5 proporciona un **instrumento de "autoayuda"**[3601] (que causa problemas al comprador; que nunca lo tomó en consideración) **dentro de los límites de la razonabilidad** y, por lo tanto, de la buena fe y el trato justo (art. 1.7). Puede o no reducir el daño (Art. 7.4.8). Como se señaló en un análisis del "enfoque moderno" de las operaciones de reemplazo, "puede no estar claro si la operación de reemplazo entraña efectivamente una reducción de la pérdida; y el riesgo, a ese respecto, no debería tener que ser asumido por la parte agraviada".[3602] Por lo tanto, la norma centra la operación de reemplazo en la prueba del daño dentro de los límites de cuatro requisitos.[3603]

B. Cuatro requisitos

2

El cálculo de indemnización bajo el artículo 7.4.5 requiere:

[3595] P.C.-Misc. 17 (1993), p. 49; E. McKendrick en Vogenauer, Art. 7.4.5 nº 2.

[3596] Véase de nuevo R. Zimmermann, en Jansen/Zimmermann, Art. 9:506 (PDCE): *Substitute Transaction*, no. 4 (p. 1490) con más referencias.

[3597] Ex. Artículo 4.505 PDCE, véase P.C.-Misc. 17 (1993), p. 52.

[3598] P.C.-Misc. 10 (1987), p. 9; D. A. Morán Bovio en Morán Bovio, Art. 7.4.5 nº 1, p. 365; H. Gabriel, nº 2.591 (p. 213); véase también E. McKendrick en Vogenauer, Art. 7.4.5 no. 1 (refiriéndose a la similitud con el art. 75 CNUCCI) y R. Zimmermann, en Jansen/Zimmermann, art. 9:506 (PDCE): *Substitute Transaction*, no. 5 (p. 1491): "PICC 7.4.5 (...) han extendido la idea subyacente del art. 75 CNUCCI más allá de la ley de venta (...)". El origen de esta regla se remonta al art. 85 ULIS y más allá, véase ibid. nº 1-4 (pp. 1488-90) que describe cómo los franceses, alemanes e italianos nacionales incluyen el concepto en varios matices con diferentes limitaciones; y cómo la ley holandesa se inspiró en el art. 85 ULIS.

[3599] E. McKendrick en Vogenauer, Art. 7.4.5 no. 1, refiriéndose a I. Schwenzer en Schlechtriem & Schwenzer Art. 75 y a la opinión nº 8 de la CISC-AC: Cálculo de los daños y perjuicios con arreglo a los artículos 75 y 76 de la CNUCCI.

[3600] E. McKendrick en Vogenauer, Art. 7.4.5 nº 1.

[3601] Ver la discusión crítica de R. Zimmermann, en Jansen/Zimmermann, Art. 9:506 (PDCE): *Substitute Transaction*, nº 2 (p. 1489) de la antigua ley francesa.

[3602] R. Zimmermann, en Jansen/Zimmermann, Art. 9:506 (PDCE): *Substitute Transaction*, no. 4 (p. 1490).

[3603] E. McKendrick en Vogenauer, Art. 7.4.5 nº 3, p. 998.

I) Una **resolución del contrato** (legítima)[3604] (Art. 7.3.1) antes de la operación de reemplazo; para las **operaciones de reemplazo** anteriores a la resolución, se ha argumentado convincentemente con respecto a la jurisprudencia sobre el art. 75 CNUCCI[3605] que el principio de buena fe y lealtad negocial (art. 1.7) puede exigir la aplicación del art. 7.4.5 **por analogía** en situaciones en las que está claro[3606] que habrá un incumplimiento esencial por parte del deudor y, por lo tanto, el acreedor tiene derecho a resolver el contrato (art. 7.3.3).[3607]

3

II) la celebración[3608] de una **operación de reemplazo** con otra parte[3609] (es decir, distinta de los casos en que la parte agraviada utilice su propio equipo "para el cumplimiento de otro contrato que podría haber ejecutado al mismo tiempo que el primero");[3610] en virtud de la cual los costos de una **negociación** infructuosa de una operación de reemplazo, que no dé lugar a un contrato, no sean recuperables en virtud del art. 7.4.5 (pero puede ser recuperable en virtud del art. 7.4.8 (2));[3611] si no hay operación de reemplazo, el art. 7.4.6 puede aplicarse (si se puede determinar un precio actual; de lo contrario, el tribunal (art. 1.11 primer guión) debe recurrir a la regla principal del art. 7.4.4);

4

III) dentro de un plazo razonable bajo los hechos y circunstancias del caso desde la resolución del contrato,[3612] que aproxime el precio de reemplazo al precio actual en el momento de la resolución del contrato (que se aplicaría de otra manera, Art. 7.4.6) y evite la espera especulativa con la transacción de reemplazo en un mercado volátil donde los bienes de reemplazo están fácilmente disponibles[3613] pero que excluye la necesidad de una operación de reemplazo "apresurada");[3614]

3604 E. McKendrick en Vogenauer, Art. 7.4.5 nº 4.

3605 OLG Hamburg 28 de febrero de 1997 (1 U 167/95), BeckRS 1997, 15842, párr. 27-30, citado por E. McKendrick en Vogenauer, art. 7.4.5 nº 4 Nota 92.

3606 E. McKendrick en Vogenauer, Art. 7.4.5 nº 4 (*"cuando la parte incumplidora lo haya dejado claro ..."*).

3607 E. McKendrick en Vogenauer, Art. 7.4.5 no. 4 (excepto por las palabras "por analogía", que vienen a la mente desde una perspectiva de Derecho Civil).

3608 E. McKendrick en Vogenauer, Art. 7.4.5 nº 5 (concluyendo esto de la palabra "hecho", que se dice que es distinto de una transacción "cumplida").

3609 E. McKendrick en Vogenauer, Art. 7.4.5 nº 5.

3610 Comentarios Oficiales, art. 7.4.5 nº 1, p. 278; E. McKendrick en Vogenauer, Art. 7.4.5 nº 5.

3611 E. McKendrick en Vogenauer, Art. 7.4.5 no. 6, 9 y Art. 7.4.8 no. 8, que se refiere de manera más general al Art. 7.4.8.

3612 E. McKendrick en Vogenauer, Art. 7.4.5 no. 7.

3613 Ídem.

3614 Comentarios Oficiales, art. 7.4.5 nº 1, p. 278; E. McKendrick en Vogenauer, Art. 7.4.5 nº 7.

5

IV) de una manera razonable que (también) requiera una evaluación de los hechos y circunstancias del caso y excluya el contenido sustantivo "malicioso"[3615] o "irrazonable" (incluido el precio) de la operación de reemplazo,[3616] en virtud del cual "el criterio razonable no debería fijarse un nivel demasiado alto".[3617]

C. Consecuencias legales

6

El artículo 7.4.5 distingue entre **dos elementos de recuperación**: **I)** la **diferencia de precio** (entre el precio del contrato y el precio de la operación de reemplazo) como un "derecho mínimo de recuperación"[3618] (para los casos en que **la operación de reemplazo se haya realizado demasiado tarde**, es decir, después de que haya transcurrido un plazo razonable, se ha argumentado convincentemente que los daños pueden concederse de conformidad con el art. 7.4.6 o con las adaptaciones apropiadas en virtud del art. 7.4.5 considerando el precio de mercado de los bienes en cuestión en un momento razonable para la operación de reemplazo en lugar del precio real de dicha transacción);[3619] y **II) resarcimiento por cualquier daño posterior** (es decir, adicional)[3620] que pueda incluir los costos de la operación de reemplazo, la pérdida causada por el retraso y los costos incidentales[3621] (como, en caso de resolver un contrato de reparación de buques, los costos de transporte del buque a otro astillero).[3622] En su contrato, las partes pueden proporcionar detalles (por ejemplo, para equilibrar los costos de reparación y transporte y la necesidad de reparaciones rápidas).

D. Opciones

7

En los **contratos a largo plazo** en los que a menudo no es fácil sustituir a un proveedor, las partes pueden desear incluir ciertos deberes de cooperación (art. 5.1.3) y cláusulas de propiedad intelectual (sobre licencias) que permitan al comprador realizar una operación de reemplazo con apoyo, y posiblemente incluso equipo y materiales, de la parte incumplidora.

[3615] Comentarios Oficiales, art. 7.4.5 nº 1, p. 278; E. McKendrick en Vogenauer, Art. 7.4.5 nº 8.
[3616] E. McKendrick en Vogenauer, Art. 7.4.5 no. 8.
[3617] Ídem.
[3618] Comentarios Oficiales, art. 7.4.5 nº 2, p. 278; D. A. Morán Bovio en Morán Bovio, Art. 7.4.5, nº 1, p. 364; E.
[3619] E. McKendrick en Vogenauer, Art. 7.4.5 no. 10.
[3620] Comentarios Oficiales, art. 7.4.5 nº 2, p. 278; E. McKendrick en Vogenauer, Art. 7.4.5 nº 11.
[3621] E. McKendrick en Vogenauer, Art. 7.4.5 no. 11.
[3622] E. McKendrick en Vogenauer, Art. 7.4.5 no. 11; véase también el retraso de la reparación del buque en los Comentarios Oficiales, art. 7.4.5 nº 2 en la ilustración, p. 278.

Artículo 7.4.6 (Prueba del daño por el precio corriente)

(1) Si la parte perjudicada ha resuelto el contrato y no ha efectuado una operación de reemplazo, pero hay un precio corriente para la prestación contratada, podrá recuperar la diferencia entre el precio del contrato y el precio corriente al tiempo de la resolución del contrato, así como el resarcimiento por cualquier daño adicional.

(2) Precio corriente es el precio generalmente cobrado por mercaderías entregadas o servicios prestados en circunstancias semejantes en el lugar donde el contrato debió haberse cumplido o, si no hubiere precio corriente en ese lugar, el precio corriente en otro lugar que parezca razonable tomar como referencia.

A. Función del artículo 7.4.6

1

Al igual que las demás disposiciones de los artículos 7.4.2-7.4.13, el artículo 7.4.6 contribuye a la **especificación** del derecho a resarcimiento del art. 7.4.1 y el derecho a una indemnización completa del art. 7.4.2. Complementando el Art. 7.4.5, el artículo 7.4.6 establece una norma específica adicional (subsidiaria) **sobre la prueba del daño después de la resolución del contrato** por parte del acreedor en reacción al incumplimiento del deudor (art. 7.3.1 y subsiguientes). Se ocupa del cálculo de daños y perjuicios en caso de existencia de un "**precio corriente**" y se basa en el proyecto de art. 9:507 PECL[3623] y Art. 76 CNUCCI[3624] (la jurisprudencia y la literatura académica relacionada con ella pueden ser útiles para interpretar el art. 7.4.6).[3625]

B. Tres Requisitos

2

El cálculo de los daños y perjuicios en virtud del **párrafo 1** requiere: **I)** una **resolución del contrato** (legítima)[3626] (art. 7.3.1); **II)** que no se haya efectuado una **operación de reemplazo**[3627] (si hay una operación de reemplazo, el art. 7.4.5 es aplicable);[3628] y **III)** la

3623 Ex. Artículo 4.506 PDCE véase P.C.-Misc. 17 (1993), p. 59.

3624 P.C.-Misc. 17 (1993), p. 60; H. Gabriel, nº 2.602 (pp. 215 y 216); D. A. Morán Bovio en Morán Bovio, Art. 7.4.6 nº 2.b, p. 366.

3625 E. McKendrick en Vogenauer, Art. 7.4.6 no. 1, refiriéndose a I. Schwenzer Schlechtriem & Schwenzer Art. 76 y a la opinión nº 8 de la CISC-AC: Cálculo de los daños y perjuicios con arreglo a los artículos 75 y 76 de la CNUCCI. Para una visión histórica y comparativa de las leyes nacionales con diferencias entre el Derecho Común y las diferentes leyes civiles continentales, véase R. Zimmermann, en Jansen/Zimmermann, Art. 9:507 (PDCE): *Current Price*, no. 1-4 (en pp. 1493-95).

3626 E. McKendrick en Vogenauer, Art. 7.4.6 nº 2 en relación con E. McKendrick en Vogenauer, Art. 7.4.5 nº 4.

3627 Comentarios Oficiales, art. 7.4.6 nº 1, p. 279; D. A. Morán Bovio en Morán Bovio, Art. 7.4.6 nº 1, p. 365. La subsidiariedad de la evaluación abstracta del daño en virtud del art. 7.4.6 en relación con la determinación del daño a través de una operación de reemplazo (bajo el Art. 7.4.5) se remonta al desarrollo del Art. 84 (1) ULIS al art. 76 CNUCCI (que sirvió de base para el Grupo de Trabajo; art. 7.4.6 nº 1) en el decenio de 1970, según lo expuesto por R. Zimmermann, en Jansen/Zimmermann, art. 9:507 (PDCE): *Current Price*, no. 4 (p. 1494).

3628 E. McKendrick en Vogenauer, Art. 7.4.6 nº 2.

existencia de un "precio corriente" para el producto contratado. Se define en el párrafo 2 con palabras similares a las del art. 5.1.7.[3629] De conformidad con el párrafo 2: **a)** el "precio generalmente cobrado por mercaderías entregadas o servicios prestados",[3630] es decir, un precio de mercado[3631] (puede ser un "precio en un mercado organizado",[3632] si lo hubiera; de lo contrario, las organizaciones profesionales y las cámaras de comercio pueden ser útiles para obtener pruebas);[3633] **b)** en "circunstancias semejantes" (lo que requiere una evaluación por parte del tribunal (art. 1.11 primer guión)); **c)** "en el lugar donde el contrato debió haberse cumplido"[3634] (art. 6.1.6) o, si no hay precio corriente en ese lugar, el párrafo 2 se refiere (similar al art. 5.1.7) a una prueba de razonabilidad que requiere también una evaluación por parte del tribunal: "el precio actual en cualquier otro lugar que parezca razonable tomar como referencia".[3635] De conformidad con el **párrafo 1**, el momento relevante para la determinación del precio es el **momento de la resolución del contrato**.[3636]

C. Consecuencias legales

3

Como el art. 7.4.5, párrafo 1 distingue entre **dos elementos de recuperación**: **I)** la **diferencia de precio** entre: **a)** "el precio del contrato" (tal como se determina en el contrato[3637] o de conformidad con el art. 5.1.7),[3638] y **b)** "el precio vigente en el momento de la resolución del contrato" (que, sin embargo, puede ser similar en caso de que el precio no esté fijado en el contrato, porque la determinación del precio en virtud del art. 5.1.7 puede conducir a un resultado similar);[3639] se trata de una norma abstracta[3640] que prevé un derecho mínimo de recuperación[3641] (y presupone que, en el último momento, **c)** el precio es más alto; si es inferior, no hay perjuicio); y **II)** daños (probados)[3642] por **cualquier daño posterior** (es decir, adicional)[3643] que pueda incluir costos adicionales de transporte, pérdidas causadas por el retraso y costos incidentales.

3629 E. McKendrick en Vogenauer, Art. 7.4.6 nº 3.

3630 El Grupo de Trabajo adaptó esta terminología inspirada en el Art. 55 CNUCCI para fundamentar el término inicialmente elegido "precio de mercado", véase P.C.-Misc. 10 (1987), página 10.

3631 Véase R. Zimmermann, en Jansen/Zimmermann, Art. 9:507 (PDCE): *Current Price*, no. 6 (pp. 1495-96) señalando que la versión alemana ha traducido "precio actual" como "precio de mercado".

3632 Comentarios Oficiales, art. 7.4.6 nº 2, p. 279; E. McKendrick en Vogenauer, Art. 7.4.6 nº 3.

3633 Comentarios Oficiales, art. 7.4.6 nº 3, p. 280; E. McKendrick en Vogenauer, Art. 7.4.6 nº 3.

3634 Para los comentarios de aprobación, véase R. Zimmermann, en Jansen/Zimmermann, Art. 9:507 (PDCE): *Current Price*, no. 8 (p. 1497).

3635 Véase E. McKendrick en Vogenauer, Art. 7.4.6 nº 4 (argumentando que la proximidad física no es (necesariamente) el elemento decisivo).

3636 Para un análisis de este momento (que se debatió durante la negociación de la CNUCCI), véase R. Zimmermann, en Jansen/Zimmermann, Art. 9:507 (PDCE): *Current Price*, no. 7 (p. 1496).

3637 Esto se correlaciona con el art. 76 CNUCCI, que exige un "precio fijado por el contrato".

3638 E. McKendrick en Vogenauer, Art. 7.4.6 nº 5.

3639 Ídem.

3640 Ídem.

3641 D. A. Morán Bovio en Morán Bovio, Art. 7.4.6 nº 1, p. 365; E. McKendrick en Vogenauer, Art. 7.4.6 nº 5.

3642 E. McKendrick en Vogenauer, Art. 7.4.6 nº 6 ("sin presunción"), 6.

3643 Véanse los Comentarios Oficiales, art. 7.4.6 nº 3, p. 280.

D. Opciones

4

Si una parte desea libertad para establecer el daño (por ejemplo, con respecto a oportunidades especiales de abastecimiento alternativo dentro de su grupo de empresas), de conformidad con el art. 1.5 es libre de incluir en el contrato un lenguaje que, en caso de falta de cumplimiento o cumplimiento defectuoso, puede probar su **daño alternativamente, a su discreción**, ya sea en virtud del art. 7.4.6 o en una evaluación abstracta bajo el Art. 7.4.6.[3644]

Artículo 7.4.7 (Daño parcialmente imputable a la parte perjudicada)

Cuando el daño se deba en parte a un acto u omisión de la parte perjudicada o a otro acontecimiento por el que esa parte asume el riesgo, la cuantía del resarcimiento se reducirá en la medida en que tales factores hayan contribuido al daño, tomando en consideración la conducta de cada una de las partes.

A. Función del concepto de causalidad contributiva

1

Junto con las demás disposiciones de los artículos 7.4.2-7.4.13, art. 7.4.7 (que no tiene un corolario directo en la CNUCCI)[3645] contribuye a la especificación del derecho a daños y perjuicios en virtud del art. 7.4.1. Conjuntamente con el Art. 7.4.8 (que hace frente a la atenuación del daño después de que se haya producido el daño inicial),[3646] el artículo 7.4.7 contiene normas **sobre la reducción del daño indemnizable**[3647] mediante la aplicación del **principio general del art. 7.1.2** sobre las **acciones contributivas** del acreedor al incumplimiento del deudor "**con respecto a la causa del daño inicial**"[3648] (es decir, antes de que se haya producido el daño). Se basa en la "línea de demarcación", entre las "esferas de responsabilidad" de las partes (art. 7.1.1 no. 2), y los riesgos que han asumido, respectivamente. El concepto de causalidad contributiva supera un enfoque de todo o nada,[3649] está

3644 Esto puede ser atractivo desde una perspectiva de derecho inglés que favorece la evaluación abstracta, véase R. Zimmermann, en Jansen/Zimmermann, Art. 9:507 (PDCE): *Current Price*, no. 2 (p. 1493) y no. 4 (pp. 1494-95), criticando también ese enfoque ibid. en no. 5 (p. 1495) argumentando: "Si la parte agraviada logra concluir una operación de reemplazo más favorable, el beneficio debe ir a ella en lugar de a la parte infractora (a menos que la conclusión de la operación de reemplazo más favorable no sea razonable ...)"

3645 E. McKendrick en Vogenauer, Art. 7.4.7 nº 2, p. 1006. La idea general subyacente se puede encontrar en el arte. 80 CNUCCI, véase R. Zimmermann, en Jansen/Zimmermann, Art. 9:504 (PDCE): *Loss Attributable to Aglided Party*, no. 6 (pp. 1479-80), escrito desde la perspectiva de PDCE.

3646 Comentarios Oficiales, art. 7.4.7 nº 4, p. 282; P.C.-Misc. 10 (1987), p. 10; E. McKendrick en Vogenauer, Art. 7.4.7 no. 3 y Art. 7.4.8 nº 8.eng_fn

3647 P.C.-Misc. 10 (1987), p. 11; E. McKendrick en Vogenauer, Art. 7.4.7 nº 1.

3648 Observaciones oficiales, art. 7.4.7 nº 4, p. 282; D. A. Morán Bovio en Morán Bovio, Art. 7.4.7 nº 1, p. 367; E. McKendrick en Vogenauer, Art. 7.4.7 no. 3 y Art. 7.4.8 nº 8.

3649 Véase la reseña histórica y comparativa de R. Zimmermann, en Jansen/Zimmermann, Art. 9:504 (PDCE): *Loss Attributable to Aglided Party*, no. 1-4 (pp. 1476-79) - incluyendo una descripción en el nº 3 (p. 1477) del enfoque de todo o nada como una "especie de compensación de la culpa del demandado contra el demandante" - y declarando en el nº 4 (p. 1478) "que la sustitución del enfoque de todo o nada por un prorrateo de daños constituye un progreso genuino en el ajuste de la ley de acuerdo con los preceptos de la justicia

en consonancia con el principio de buena fe y lealtad negocial (art. 1.7) y es bien conocido en algunos ordenamientos jurídicos, por ejemplo, el derecho alemán,[3650] mientras que otros ordenamientos jurídicos como el derecho inglés están familiarizados con facetas más restrictivas y limitadas de la "negligencia concurrente" en los casos en que dicha acción también constituiría un agravio.[3651] El concepto general especificado en el art. 7.1.2, el artículo 7.4.7 establece una línea de política que puede verse como otro contrapeso (por ejemplo, además del art. 7.4.4) al concepto de responsabilidad objetiva de los Principios de UNIDROIT (art. 5.1.4 (1)). El artículo 7.4.7 es utilizado por los tribunales (art. 1.11 primer guión) en la práctica "para permitirle hacer justicia (desde su perspectiva)".[3652]

B. Requisitos

2

El artículo 7.4.7 se centra en la **contribución al riesgo** (tal como resulta de una interpretación adecuada del contrato; art. 4.1, 4.3) y en la **conducta** de las partes.[3653] El daño debe ser "debido", es decir, causado,[3654] **en parte** (lo que se ha interpretado como menos que una causa "de no ser por" o *conditio sine qua non*)[3655] por un acto u omisión **de la esfera del acreedor** (es decir, la "parte agraviada" en caso de incumplimiento por parte del deudor, Arte. 7.4.1) respecto de los cuales el acreedor **asume el riesgo** (Art. 7.1.1 no. 2, Art. 7.4.1 y 7.1.2). En línea con el principio del Art. 7.1.2 sobre la "Interferencia de la otra Parte", esto es: **I)** "**un acto u omisión** de la parte agraviada" (por ejemplo, una violación de la parte agraviada de **cumplir su propia obligación**,[3656] como dar "aviso oportuno para permitir que el vendedor obtenga el permiso y entrega en aduanas",[3657] "el hecho de que un comprador no inspeccione las mercaderías adecuadamente y en buena línea después de la entrega",[3658] no "dar todas las instrucciones necesarias al constructor de la maquinaria defectuosa"[3659] o provocar el incumplimiento de un franquiciado "exclusivo" —que viola la exclusividad al

---

distributiva, guiados por la idea de una igualdad de trato de las partes y la noción de proporcionalidad entre el alcance de la responsabilidad de una persona y su contribución a la pérdida".

[3650] Desde la promulgación del artículo 254 del Código Civil alemán *"Bürgerliches Gesetzbuch - BGB"* en 1900, mientras que, hasta el siglo XIX, también la ley alemana siguió el enfoque de "todo o nada", véase la descripción histórica y comparativa de R. Zimmermann, en Jansen/Zimmermann, Art. 9:504 (PDCE): *Loss Attributable to Aglided Party*, no. 3 (pp. 1477-78).

[3651] Furmston en P.C.-Misc. 17 (1993), p. 63; E. McKendrick en Vogenauer, Art. 7.4.7 no. 2; R. Zimmermann, en Jansen/Zimmermann, Art. 9:504 (PDCE): *Loss Abnormal to Aglided Party*, no. 2 (p. 1476-77) señalando, con más referencias, que "incluso en Inglaterra, este (es decir, el enfoque de "todo o nada" que aún prevalece) se considera "el más insatisfactorio".

[3652] E. McKendrick en Vogenauer, Art. 7.4.7 nº 1.

[3653] R. Zimmermann, en Jansen/Zimmermann, Art. 9:504 (PDCE): *Loss Abnormal to Aglided Party*, no. 9 (p. 1481) observando en este contexto que "la PICC se aleja acertadamente del enfoque en la causalidad".

[3654] E. McKendrick en Vogenauer, Art. 7.4.7 nº 4 ("relación causal").

[3655] E. McKendrick en Vogenauer, Art. 7.4.7 nº 4.

[3656] D. A. Morán Bovio en Morán Bovio, Art. 7.4.7 nº 1, p. 367 (con referencia al riesgo del deudor); E. McKendrick en Vogenauer, Art. 7.4.7 nº 5.

[3657] E. McKendrick en Vogenauer, Art. 7.4.7 nº 5 con referencia al Laudo arbitral de 2 de septiembre de 1997, Caso nº 225/1996 de la ICACRF, Unilex nº 464.

[3658] E. McKendrick en Vogenauer, Art. 7.4.7 nº 5 con referencia al Laudo Arbitral de 6 de junio de 2003, Caso ICACRF nº 97/2002, Unilex nº 1043, en 3.3.2 y 3.4.

[3659] Comentarios Oficiales, art. 7.4.7 nº 2, pp. 280 y 281; E. McKendrick en Vogenauer, Art. 7.4.7 nº 5 Nota 115.

comprar acciones en otro lugar —, al exigir el pronto pago de las entregas de ese franquiciado, ignorando una cláusula de pago de 90 días);[3660] incluidas las **acciones delictuosas** (por ejemplo, no prever un aligeramiento adecuado en la zona donde se produce el daño, causado principalmente por el deudor)[3661] o el **incumplimiento de otro contrato**;[3662] o **II) otro acontecimiento por el que la parte agraviada asume el riesgo**, por ejemplo, **actos de un agente** o un trabajador.[3663]

C. Consecuencias legales

3

I) La causalidad contributiva de la esfera de la parte agraviada **no exonera** al deudor de pagar daños y perjuicios (a menos que la acción contributiva sea tan extrema que el deudor pueda invocar fuerza mayor, art. 7.1.7);[3664] la cuantía será simplemente "reducida".[3665] **II)** Es una cuestión de "**discreción judicial**",[3666] teniendo debidamente en cuenta las circunstancias del caso, decidir sobre una división; con respecto a la distribución y conducta del riesgo (No. 2 supra). Con respecto a este último, los Comentarios Oficiales proporcionan una **regla general**: "Cuanto más grave sea la falla de una parte, mayor será su contribución al daño".[3667]

D. Opciones

4

En las negociaciones contractuales, a menudo es útil usar, citar y/o integrar los artículos 7.4.7 y 7.4.8 en el contrato (Art. 7.4.8 no. 6).

3660 Comentarios Oficiales, art. 7.4.7 nº 2, ilustración 1, p. 281.

3661 Véanse los Comentarios Oficiales, art. 7.4.7 nº 2, pp. 280 y 281; E. McKendrick en Vogenauer, Art. 7.4.7 nº 5.

3662 Comentarios Oficiales, art. 7.4.7 nº 2, pp. 280 y 281; E. McKendrick en Vogenauer, Art. 7.4.7 nº 5.

3663 Comentarios Oficiales, art. 7.4.7 nº 2, pp. 280 y 281; E. McKendrick en Vogenauer, Art. 7.4.7 nº 6.

3664 E. McKendrick en Vogenauer, Art. 7.4.7 nº 7.

3665 R. Zimmermann, en Jansen/Zimmermann, Art. 9:504 (PDCE): *Loss Attributable to Aglided Party*, no. 9 (p. 1481).

3666 Comentarios Oficiales, art. 7.4.7 nº 3, p. 281; E. McKendrick en Vogenauer, Art. 7.4.7 nº 7; R. Zimmermann, en Jansen/Zimmermann, Art. 9:504 (PDCE): *Loss Attributable to Aglided Party*, nº 9 (p. 1481).

3667 Comentarios Oficiales, art. 7.4.7 nº 3, p. 281; E. McKendrick en Vogenauer, Art. 7.4.7 nº 7; también enfatizado por R. Zimmermann, en Jansen/Zimmermann, Art. 9:504 (PDCE): *Loss Abnormal to Aglided Party*, no. 9 (p. 1481), señalando que los Principios de UNIDROIT "por lo tanto, se alejan correctamente del enfoque en la causalidad".

Artículo 7.4.8 (Atenuación del daño)

(1) La parte incumplidora no es responsable del daño sufrido por la parte perjudicada en tanto que el daño pudo haber sido reducido si esa parte hubiera adoptado medidas razonables.

(2) La parte perjudicada tiene derecho a recuperar cualquier gasto razonablemente efectuado en un intento por reducir el daño.

A. Función de la Atenuación

1

El artículo 7.4.8, inspirado en el art. 77 de la CNUCCI[3668] y la labor preparatoria de los PDCE[3669] y utilizada en la práctica "por varios tribunales",[3670] aborda con palabras neutras[3671] el impacto de la atenuación (párrafo 2) y, a menudo más importante, **la falta de "atenuación"** (párrafo 1), un concepto que es "reconocido en la mayoría de los sistemas jurídicos del mundo".[3672] Como el art. 7.4.7 (hacer frente a la causalidad contributiva antes de que se haya producido el daño),[3673] el art. 7.4.8 (que se concentra en el tiempo después de que se haya producido el daño inicial)[3674] **contribuye a la reducción de los daños adjudicables** para la parte agraviada. Junto con las demás disposiciones de los artículos 7.4.2-7.4.13, especifica el derecho a una reparación "integral" de los "daños y perjuicios" de conformidad con los artículos 7.4.1 y 7.4.2. Como regla en el art. 7.4.8 es más sencillo que el lenguaje sobre atenuación en algunas leyes nacionales (por ejemplo, el artículo 254 del Código Civil alemán), es una regla útil para integrar incluso en un contrato bajo una ley nacional, por ejemplo, integración en una cláusula de (limitación de) responsabilidad (experiencia obtenida de una negociación alemana sobre la construcción de máquinas bajo la ley de dicho país, 2021).

3668 Cf. H. Gabriel, no. 2.612 (p. 218).

3669 P.C.-Misc. 17 (1993), p. 69; E. McKendrick en Vogenauer, Art. 7.4.8 nº 1 (con referencia al actual art. 9:505 del PDCE). Véase también D. A. Morán Bovio en Morán Bovio, Art. 7.4.8 nº 2.b, p. 370 (únicamente para el artículo 77 de la CNUCCI).

3670 E. McKendrick en Vogenauer, Art. 7.4.8 nº 2 con referencias al Laudo Arbitral de diciembre de 2000 (Barranquilla, Colombia), caso nº 10346 de la CCI, Unilex 1115; Laudo arbitral de marzo de 1999, caso de la CCI nº 9594, Unilex nº 691, párrafo 2); Laudo arbitral de abril de 1998, caso CCI nº 7110 (Segundo Laudo Parcial), Unilex nº 713; Laudo arbitral 2 de junio de 2009, caso ICACRF no. 148, Unilex nº 1432 (resumen).

3671 Véase E. McKendrick en Vogenauer, Art. 7.4.8 nº 1 (explicando por qué la expresión "deber" de atenuar es engañosa, ya que puede clasificarse más bien como un "incumbencia" (*Obliegenheit*); no hay "responsabilidad" hacia la parte contratante si se ignora el "deber").

3672 E. McKendrick en Vogenauer, Art. 7.4.8 nº 2; véase además el panorama comparativo e histórico del Derecho Común y los sistemas civiles de R. Zimmermann, en Jansen/Zimmermann, art. 9:504 (PDCE): *Loss Abnormal to Aglided Party,* no. 12-13 (pp. 1482-83), que describe también los orígenes de la "clara distinción entre negligencia concurrente (que resulta en el prorrateo de la pérdida) (nota: es decir, Art. 7.4.7) y el hecho de no adoptar medidas razonables para atenuar la pérdida (sin prorrateo en relación con la pérdida anulable)" (cita del nº 13, p. 1483).

3673 Comentarios Oficiales, art. 7.4.7 nº 4, p. 282; E. McKendrick en Vogenauer, Art. 7.4.8 no. 8 y Art. 7.4.7 nº 3.

3674 Ídem.

B. Dos formas de aplicación

2

Los párrafos 1 y 2 representan dos formas de aplicación del concepto de atenuación.

1. Un escudo parcial para el deudor

3

De conformidad con el concepto general de buena fe y lealtad negocial (art. 1.7), así como para evitar la "injusticia" (Introducción No. 7), de conformidad con el **párrafo 1, la falta de medidas razonables** por parte de la parte agraviada para **reducir el daño** (es decir, para limitar su alcance o evitar un aumento del daño)[3675] **reduce la responsabilidad de la parte incumplidora. No hay discrecionalidad**;[3676] la responsabilidad de la parte incumplidora en virtud del art. 7.4.1 se reduce "por la totalidad de la pérdida que es atribuible a la falta de adopción de medidas razonables".[3677]

4

La cuestión de si la **parte agraviada no adopta medidas razonables** es una **cuestión de hecho**[3678] que debe evaluarse teniendo debidamente en cuenta las circunstancias del caso (incluidos los **medios financieros disponibles** o **la falta de ellos** de la parte agraviada),[3679] en virtud de la cual "el estándar requerido no es exigente".[3680] Por ejemplo, se ha considerado: **I) irrazonable**: "sentarse y dejar que las pérdidas se acumulen"[3681] al no buscar el cumplimiento sustitutorio,[3682] no "proteger el objeto del contrato contra el deterioro",[3683] continuar la producción de bienes defectuosos con la maquinaria industrial defectuosa comprada en lugar de repararla;[3684] rechazar una oferta de transacción "fuera de control";[3685] **II) razona-**

3675 Comentarios Oficiales, art. 7.4.8 nº 1, p. 282; D. A. Morán Bovio en Morán Bovio, Art. 7.4.8, nº 1, p. 369; E. McKendrick en Vogenauer, Art. 7.4.8 nº 3.

3676 E. McKendrick en Vogenauer, Art. 7.4.8 nº 6.

3677 De nuevo E. McKendrick en Vogenauer, Art. 7.4.8 nº 6; R. Zimmermann, en Jansen/Zimmermann, Art. 9.504 (PDCE): *Loss Attributable to Aglided Party*, no. 12 (pp. 1482-83): "La regla de atenuación es, por lo tanto, "todo o nada" (discutiendo el Derecho Común similar bajo *British Westinghouse Electric and Manufacture Co Ltd vs. Underground Electric Railways Co of London Ltd (1912)* AC 673 en 689, por *Viscount Haldane LC*).

3678 E. McKendrick en Vogenauer, Art. 7.4.8 nº 2 y 3 con referencia al Laudo Arbitral de marzo de 1999, caso nº 9594 de la CCI, Unilex nº 691, en (2).

3679 E. McKendrick en Vogenauer, Art. 7.4.8 nº 5 (en el que se argumenta, con respecto a la jurisprudencia inglesa, que "las medidas razonables no pueden exigir que una parte agraviada adopte medidas que de hecho no podría adoptar debido a su impecable").

3680 E. McKendrick en Vogenauer, Art. 7.4.8 nº 3.

3681 Ídem.

3682 Comentarios Oficiales, art. 7.4.8 nº 1, ilustración 1, p. 283; E. McKendrick en Vogenauer, Art. 7.4.8 nº 3.

3683 Comentarios Oficiales, art. 7.4.8 nº 1, ilustración 2, p. 283; E. McKendrick en Vogenauer, Art. 7.4.8 nº 3.

3684 Laudo arbitral de marzo de 1999, caso de la CCI nº 9594, Unilex nº 691, párrafo 2); E. McKendrick en Vogenauer, Art. 7.4.8 nº 4.

3685 E. McKendrick en Vogenauer, Art. 7.4.8 nº 4.

ble: considerar una oferta de operación de reemplazo[3686] por la parte incumplidora;[3687] no tomar "medidas costosas y que consuman mucho tiempo"[3688] tales como litigios complejos.[3689]

2. Una base para una reclamación de la parte agraviada

5

De conformidad con el **párrafo 2**, la parte agraviada puede reclamar gastos que sean "razonables" (y no "irrazonables")[3690] dadas las circunstancias, incluso si aumentan el daño total (por ejemplo, los costos de intentar concluir una operación de reemplazo).[3691] Como señaló *Reinhard Zimmermann*, "es obvio que no puede esperarse que la parte agraviada reduzca la pérdida que le ha infligido la otra parte a sus expensas".[3692]

C. Opciones

6

Conjuntamente, los artículos 7.4.7 y 7.4.8 constituyen una herramienta útil en las negociaciones contractuales. **Dado que son más sencillos que el lenguaje sobre negligencia concurrente y atenuación en algunas legislaciones nacionales, a veces es útil, teniendo debidamente en cuenta las circunstancias de la negociación del contrato, integrar las normas** incluso en un contrato con arreglo a una legislación nacional, por ejemplo, **mediante la integración en una cláusula de limitación de responsabilidad** (obtenido de múltiples experiencias, incluidas, por ejemplo, una negociación alemana sobre la construcción de máquinas con arreglo a la legislación alemana, 2021).[3693] **Cuando las partes están muy alejadas en la cuestión de la limitación de responsabilidad, estas reglas pueden incluso ayudar a "romper el hielo" e iniciar una discusión sobre una asignación razonable de riesgos** (experiencia obtenida de una negociación entre una parte alemana/estadounidense y una parte polaca/checa realizada bajo los Principios de UNIDROIT).

3686 E. McKendrick en Vogenauer, Art. 7.4.8 nº 4 (con un argumento en contrario del Laudo Arbitral de marzo de 1999, caso de la CCI nº 9594, Unilex nº 691, en 2).

3687 E. McKendrick en Vogenauer, Art. 7.4.8 nº 4.

3688 Comentarios Oficiales, art. 7.4.8 nº 1, p. 282; E. McKendrick en Vogenauer, Art. 7.4.8 nº 3.

3689 E. McKendrick en Vogenauer, Art. 7.4.8 nº 3.

3690 Comentarios Oficiales, art. 7.4.8 nº 2, ilustración 4, p. 283.

3691 E. McKendrick en Vogenauer, Art. 7.4.8 nº 7.

3692 R. Zimmermann, en Jansen/Zimmermann, Art. 9:504 (PDCE): *Loss Attributable to Aglided Party*, no. 14 (p. 1483).

3693 En ese caso, el autor actuaba siguiendo instrucciones de un abogado general de los Estados Unidos que había aprobado generalmente actuar con arreglo a los Principios de UNIDROIT, pero se mostró escéptico con respecto a la legislación alemana. Desde la perspectiva de un profesional, el diablo está en los detalles. Como señaló R. Zimmermann, en Jansen/Zimmermann, Art. 9:504 (PDCE): *Loss Attributable to Aglided Party*, no. 16 (p. 1484), bajo el artículo 254 (2) Código Civil alemán, es probable que el daño causado por la falta de atenuación se divida entre las partes ("Esto también se aplica..."), mientras que el Art. 7.4.8 asigna el riesgo de atenuación omitida a la parte no atenuante (Art. 7.4.8 no. 3).

Artículo 7.4.9 (Intereses por falta de pago de dinero)

(1) Si una parte no paga una suma de dinero cuando es debido, la parte perjudicada tiene derecho a los intereses sobre dicha suma desde el vencimiento de la obligación hasta el momento del pago, sea o no excusable la falta de pago.

(2) El tipo de interés será el promedio del tipo de préstamos bancarios a corto plazo en favor de clientes calificados y predominante para la moneda de pago en el lugar donde éste ha de ser efectuado. Cuando no exista tal tipo en ese lugar, entonces se aplicará el mismo tipo en el Estado de la moneda de pago. En ausencia de dicho tipo en esos lugares, el tipo de interés será el que sea apropiado conforme al derecho del Estado de la moneda de pago.

(3) La parte perjudicada tiene derecho a una indemnización adicional si la falta de pago causa mayores daños.

A. Función y relevancia práctica, Relación con la CNUCCI

1

Los artículos 7.4.9 y 7.4.10, ambos con intereses, contribuyen conjuntamente con las demás disposiciones de los arts. 7.4.2-7.4.13 a la **especificación del derecho del acreedor** (art. 1.11 cuarto guión) a **daños y perjuicios** del art. 7.4.1. De conformidad con muchas leyes nacionales alrededor del mundo,[3694] el art. 7.4.9 prevé los **intereses pagaderos por una parte obligada** (art. 1.11 cuarto guión) que adeude el pago de una suma de dinero en el momento de vencimiento (art. 6.1.1) a la "parte agraviada" (art. 7.4.1), mientras que el art. 7.4.10 establece los intereses pagaderos por un deudor (art. 1.11 cuarto guión) que, en virtud del contrato, adeuda el cumplimiento de una obligación no monetaria. Si bien las partes son libres de acordar otra cosa (No. 6 infra), en muchas situaciones es sumamente conveniente contar con una solución como parte del acuerdo sobre los Principios de UNIDROIT sin necesidad de concentrarse en la negociación del contrato en ese nivel de detalle.

2

En la práctica, el art. 7.4.9 se utiliza de **tres maneras**: **I)** para **complementar** los derechos del acreedor (art. 1.11 cuarto guión) para solicitar el **cumplimiento específico** del pago de dinero (Art. 7.2.1); **II) complementar** el art. 78 CNUCCI[3695] que, por razones culturales e históricas (como la prohibición de la *Scharīʿa* de cobrar intereses),[3696] no contiene

3694 E. McKendrick en Vogenauer, Art. 7.4.9 nº 4 (con referencia a las restricciones, especialmente en la ley islámica en nº 3).

3695 Por ejemplo, laudo arbitral de 15 de junio de 1994 (Viena), "*Internationales Schiedsgericht der Bundeskammer der gewerblichen Wirtschaft*", Caso nº SCH-4318, Unilex nº 635, nº 5.8; Laudo arbitral de 15 de junio de 1994 (Viena), "*Internationales Schiedsgericht der Bundeskammer der gewerblichen Wirtschaft*", Caso nº SCH-4366, Unilex nº 636, párrafo 5.2.2; Laudo arbitral de 1995 (Basilea), Caso de la CCI nº 8128, Unilex nº 637; Laudo arbitral de diciembre de 1996 (Zurich), caso de la CCI nº 8769, Unilex nº 656; Laudo arbitral de 19 de mayo de 2004, caso ICACRF nº 11/2002, Unilex nº 1079 (resumen); E. McKendrick en Vogenauer, Introducción a la Sección 7.4 de los Principios de UNIDROIT nº 3 y Art. 7.4.9 nº 1

3696 E. McKendrick en Vogenauer, Art. 7.4.9 nº 3; véase también E. Brödermann en: art. 6 "*IPR MünchAnwaltshandb. IntWirtschR*", nº 322 y notas 525-526; R. Zimmermann, en Jansen/Zimmermann, Art. 9:508 (PDCE):

ninguna disposición sobre el cálculo de los intereses;[3697] y **III)** como **prueba de un uso internacional** "de que existe un derecho a recuperar intereses de una suma de dinero en caso de cumplimiento tardío".[3698] Se sostiene que **depende de las circunstancias** del caso si es posible utilizar el Art. 7.4.9 para complementar el Art. 78 CNUCCI:[3699] **a)** Si una de las partes del contrato regido por la CNUCCI procede de una **jurisdicción *SharTa***, iría **más allá** de la interpretación de la CNUCCI[3700] con arreglo a las normas de la Convención de Viena[3701] para considerar categóricamente la cuantía de los intereses como una de las "materias regidas por la presente Convención que no están expresamente resueltas en ella" en el sentido del art. 7 (2) CNUCCI[3702] y que, según dicho artículo puede determinarse "de conformidad con los principios generales en que se basa (es decir, la CNUCCI)".[3703] **b)** En algunas circunstancias, cuando las partes **eligen la CNUCCI complementada por los Principios de UNIDROIT**,[3704] es **evidente** que se aplica el art. 7.4.9 para determinar la tasa de interés. **c)** En algunas circunstancias, la ley de arbitraje aplicable[3705] y el régimen de arbitraje[3706] **dejan plena discreción** a los árbitros para determinar las reglas de derecho

---

Delay in Payment of Money, no. 4 (p. 1502). En este contexto es digno de mención, históricamente, que en la Edad Media el Derecho Canónico también prohibió el cobro de intereses, que fue admitido solo en 1654 (a una tasa de máximo 5% anual), ver R. Zimmermann, ibid. no. 1 (p. 1500). En contraste, como se señaló ibid. en el no. 2 (pp. 1500-01), el Derecho Romano permitía los intereses otorgados por el juez; y los abogados medievales continuaron esta práctica a pesar de la prohibición del derecho canónico (ibid.). También el Derecho Inglés, como se señaló ibid. no. 5 (pp. 1502-03), "también, durante un tiempo sorprendentemente largo, ha estado bajo la influencia de "el estigma asociado por la religión y el pensamiento de un día anterior a la toma de usura" (citando "*McGregor on Damages, (15-001)*"). Sólo una "decisión histórica" de 2008 en *Sempra Metals Ltd.* (anteriormente *Metallgesellschaft Ltd.*) vs. *Commissioners of Oreland Revenue*, (2008) 1 AC 561 ha dado lugar a la plena aceptación de las reclamaciones de intereses, como se describe con otras referencias ibid.

3697 K. Bacher en Schwenzer/Bacher/Ferrari, Comentario a la Convención de las Naciones Unidas sobre los Contratos de Compraventa Internacional de Mercaderías (CNUCCI), 4ta ed. 2016, art. 78 nº 26 y ss.; J. Gotanda en Kröll/Mistelis/Perales Viscasillas, Art. 78 nº 3; E. McKendrick en Vogenauer, Art. 7.4.9 nº 2.

3698 E. McKendrick en Vogenauer, Art. 7.4.9 nº 4 y Laudo arbitral de octubre de 1998 (Ginebra), caso nº 9333 de la CCI, traducido por Kirsten Stadtländer, Unilex nº 665 que, a su vez, se basa a este respecto en una cita de K.-P. Berger, "*International Arbitration Practice and the Unidroit Principles of International Commercial Contracts, American Journal of Comparative Law*", vol. 46 (1998), pp. 129, 135 y ss.; Laudo arbitral de julio de 2001, caso de la CCI nº 11051, Unilex nº 1068, párrafo 8 ("Esa solución es compatible con la costumbre pertinente del comercio internacional"); Laudo arbitral de 19 de mayo de 2004, caso ICACRF nº 11/2002, Unilex nº 1079 (resumen): "aplicar la práctica del comercio internacional".

3699 Véase también el análisis de esta cuestión en R. Michaels en Vogenauer, Preámbulo I no. 126.

3700 E. McKendrick en Vogenauer, Art. 7.4.9 nº 2.

3701 Artículo 31 de la Convención de Viena sobre el Derecho de los Tratados, U.N.T.S., Vol. 1155 No: 18232 (1980), p. 331.

3702 En este sentido, Laudo arbitral de 15 de junio de 1994 (Viena), "*Internationales Schiedsgericht der Bundeskammer der gewerblichen Wirtschaft*", caso nº SCH-4318, Unilex nº 56, párrafo 5.8 y Laudo arbitral de 1995 (Basilea), caso de la CCI nº 8128 (últimos tres párrafos), Unilex nº 637; - ambos casos han sido mencionados por primera vez por E. McKendrick en Vogenauer, Art. 7.4.9 nº 2 Nota 145.

3703 Véase también el escepticismo de E. McKendrick en Vogenauer, Art. 7.4.9 nº 3. Contraste Michaels, Unif. Law Rev. 2014, pp. 643, 666 argumentando que el desacuerdo en ese momento (algunas políticas gubernamentales tenían como objetivo mantener las tasas de interés "artificialmente por debajo de las tasas de mercado") están "ahora descartadas hace mucho tiempo" para que haya espacio para aplicar el Art. 7.4.9 Principios de UNIDROIT también en este escenario.

3704 Véase, por ejemplo, Art. 35 (1) literal "b" del Reglamento de Arbitraje de la ASEAC (Hamburgo).

3705 Por ejemplo, el artículo 1511 Código de procedimiento civil francés.

3706 El artículo 21 (1) oración 2 del Reglamento de Arbitraje de la CCI, Art. 35 (1), frase 4 Reglamento de Arbitraje de la ASEAC Hamburgo, art. 35 (1) oración 2 Reglamento de Arbitraje de la CNUDMI o Art. 23 del futuro Reglamento de Arbitraje DIS (2018).

aplicables (*voie directe*);[3707] tales reglas proporcionan una base para basarse en el art. 7.4.9. Esto es particularmente apropiado cuando el contrato y la práctica de las partes revelan: **aa)** una mente abierta de todas las partes contractuales sobre la cuestión de los intereses; o **bb)** que las partes eligieron la CNUCCI como régimen neutral que puede complementarse, en el espíritu de las partes, con el principio neutral del art. 7.4.9. **d)** Solo cuando no se aplique **ninguno de los supuestos anteriores**, el tribunal (Art. 1.11 primer guión) tendrá que considerar si, con respecto a las circunstancias del caso, incluido el Derecho Internacional Privado aplicable, hay espacio para la aplicación del art. 7.4.9. A este respecto, queda abierta la cuestión de si el "alcance del derecho" a los intereses en virtud del art. 78 CNUCCI podría decirse que esta "**sometida**" **a la CNUCCI**.[3708] El enfoque más **tradicional**[3709] impondrá aplicar el Derecho nacional según lo determine el Derecho Internacional Privado aplicable; **todo depende de las circunstancias** del caso y de la mentalidad del tribunal estatal o de la composición del tribunal arbitral. Se sostiene que: **I)** las circunstancias a considerar pueden incluir los conflictos entre el Art. 78 CNUCCI y la ley nacional determinada por el Derecho Internacional Privado aplicable; y **II)** que el artículo 7.4.9 podría proporcionar un puente en los casos en que exista una brecha o un conflicto entre el artículo 78 CNUCCI y el régimen jurídico nacional aplicable.[3710]

B. Dos requisitos y Una aclaración

3

El **párrafo 1** establece dos requisitos: **I)** incumplimiento (art. 7.4.1)[3711] en forma de **impago de una suma de dinero debida** sin una "advertencia especial" mediante un "aviso de pago" o un "recordatorio"[3712] (con referencia al Art. 9:508 PECL, esta redacción se ha interpretado para referirse únicamente a las obligaciones primarias de pagar dinero y no a las "obligaciones monetarias secundarias");[3713] **II)** determinación del plazo aplicable **entre el**

[3707] Véase, por ejemplo, E. Brödermann en: art. 6 "*IPR MünchAnwaltshandb. IntWirtschR*", nº 618.

[3708] En esta dirección, con cautela, tanto E. McKendrick en Vogenauer, Art. 7.4.9 no. 2 y R. Michaels en Vogenauer, Preámbulo I no. 126 (argumentando que el uso de los Principios de UNIDROIT "garantizaría la uniformidad prevista en el Art. 7 (1) de CNUCCI).

[3709] Para una perspectiva alemana, véase, por ejemplo, E. Brödermann en: Brödermann/Rosengarten (2019), IPR/IZVR, nº 287.

[3710] Por ejemplo, X. Wang/J. Liu, "*Annual Review on International Trade Dispute Resolution in China*", en: "*Commercial Dispute Resolution in China (2015)*", p. 193, señala una "brecha de diferencias" porque la disposición punitiva del art. 24 de la Interpretación del Tribunal Supremo Popular sobre cuestiones relativas a la aplicación de la ley en el juicio de casos de controversias sobre contratos de compraventa sólo era aplicable "a los casos en que el comprador no efectúe el pago a tiempo", mientras que el ámbito de aplicación del art. 78 CNUCCI puede ser más amplia y aplicarse a "cualquier parte" que no pague su deuda.

[3711] Esto está en línea con el desarrollo de la no actuación como la "categoría central", véase J. Kleinschmidt en Jansen/Zimmermann, Introducción antes del art. 8:101 (PDCE), no. 7-16, especialmente en el no. 15 (p. 1081).

[3712] R. Zimmermann, en Jansen/Zimmermann, Art. 9:508 (PDCE): *Delay in Payment of Money*, no. 9 (p. 1505): "Esto está en línea con lo que se reconoce en varios sistemas en general y en otros para contratos comerciales". Para la Unión Europea, cabe destacar que la Directiva sobre morosidad de 2011 sigue en su Art. 3 (1) para las transacciones comerciales entre unidades de negocio ("empresas"), el mismo enfoque, reproducido en R. Zimmermann, en Jansen/Zimmermann, art. 9:508-2 (1) (PDCE)*: Delayed Payment of a Price by a Business (Conditions)*, p. 1512.

[3713] E. McKendrick en Vogenauer, Art. 7.4.9 no. 6.

plazo de vencimiento[3714] (art. 6.1.1; sin necesidad de dar notificación,[3715] mientras el contrato a menudo requerirá enviar primero una factura, por ejemplo, pagadera dentro de los X días posteriores a la recepción de la misma;[3716] o el contrato puede vincular el tiempo "vencido" a un procedimiento previo de aceptación o verificación[3717]), y el momento del pago (arts. 6.1.7 y 6.1.8, en particular 6.1.8 (2) para el pago mediante transferencia de fondos).[3718] Por el contrario, **III)** sujeto al contrato (art. 1.5), el párrafo 1 no admite explícitamente ninguna excusa para el impago (incluso fuerza mayor, art. 7.1.7)[3719] como razón para liberarse de la obligación de pagar intereses, la razón política es que el pago de intereses compensa el enriquecimiento correlativo del deudor como consecuencia de fuerza mayor.[3720]

C. Tasa de interés

4

La **norma supletoria** del párrafo 2 determina un tipo de interés flexible[3721] que debe pagarse independientemente de la pérdida sufrida o de la ganancia obtenida por la otra parte.[3722] En **tres etapas jerárquicas**,[3723] se refiere: **I)** en **primer lugar**: **a)** "la tasa de interés promedio **de los préstamos bancarios a corto plazo** de los clientes calificados" (que se consideró "el más adecuado para las necesidades del comercio internacional y el más apropiado para garantizar una indemnización adecuada del perjuicio sufrido" por los redactores de los Principios de UNIDROIT);[3724] **b) "predominante para la moneda de pago"**[3725] (art.

[3714] R. Zimmermann, en Jansen/Zimmermann, Art. 9:508 (PDCE): *Delay in Payment of Money*, no. 9 (p. 1505) y no. 3 (p. 1501) sobre el desarrollo "de intereses fijos a flexibles" con referencia, entre otros, a S. Homer y R. Sylla, *"A Histrory of Interest Rates"*, 4th ed. 2011.

[3715] Comentarios Oficiales, art. 7.4.9 nº 1, p. 284; E. McKendrick en Vogenauer, Art. 7.4.9 nº 8.

[3716] En la práctica, el tipo de errores que puede cometer la parte que factura es impresionante, especialmente en las relaciones a largo plazo con múltiples entregas, contratos y notas de crédito. En virtud del deber de cooperación (art. 5.1.3), la parte que recibe la factura puede verse obligada a hablar y plantear su objeción a la factura, especialmente en el caso de un contrato a largo plazo (ejemplo de la práctica con respecto a una relación contractual a largo plazo en virtud de los Principios de UNIDROIT).

[3717] Véase en este sentido, por ejemplo, la Directiva de 2011 sobre morosidad de la UE, art. 3 (3) literal "b" numeral "iv)" y art. 3 (4), reproducido con comentarios de R. Zimmermann, en Jansen/Zimmermann, Art. 9:508-2 (3) (PDCE): *Delayed Payment of a Price by a Business (Acceptance and Examination Procedure)*, p. 1519.

[3718] Argumentando cuidadosamente en una dirección similar E. McKendrick en Vogenauer, Art. 7.4.9 nº 9 ("presumiblemente").

[3719] Comentarios Oficiales, art. 7.4.9 nº 1, p. 284; Corte Internacional de Arbitraje de la Cámara de Comercio e Industria de la Federación de Rusia, 13 de mayo de 2007, nº 13/2007, Unilex nº 1475; R. Zimmermann, en Jansen/Zimmermann, Art. 9:508 (PDCE): *Delay in Payment of Money*, no. 9 (p. 1505) e ibíd. Art. 9:508-2 (1) (PDCE): *Delayed Payment of a Price by a Business (Conditions)*, nº 4 (p. 1514), discutiendo el enfoque diferente a este respecto bajo la Directiva de 2011 de la UE sobre morosidad.

[3720] Comentarios Oficiales, art. 7.4.9 nº 1, p. 284; E. McKendrick en Vogenauer, Art. 7.4.9 nº 10 con una referencia adicional al Laudo Arbitral de 13 de mayo de 2008, caso nº 13/2007 de la ICACRF, Unilex nº 1492.

[3721] R. Zimmermann, en Jansen/Zimmermann, Art. 9:508 (PDCE): *Delay in Payment of Money*, no. 9 (p. 1505): a partir de la "fecha de vencimiento".

[3722] Cf. Comentarios Oficiales, art. 7.4.9 nº 1, pp. 284 y 285; E. McKendrick en Vogenauer, Art. 7.4.9 nº 16, p. 1017.

[3723] E. McKendrick en Vogenauer, Art. 7.4.9 nº 11.

[3724] Comentarios Oficiales, art. 7.4.9 nº 2, p. 285; véase P.C.-Misc. 10 (1987), p. 12; E. McKendrick en Vogenauer, Art. 7.4.9 nº 12.

[3725] Comentarios Oficiales, art. 7.4.9 nº 2, p. 285; E. McKendrick en Vogenauer, Art. 7.4.9 nº 13.

6.1.9); **c)** "en el lugar de pago" (artículo 6.1.6 (1) (a)); **II)** en segundo lugar, "cuando no exista tal tasa en ese lugar", el tipo medio de los préstamos bancarios a corto plazo a los clientes calificados "**en el Estado de la moneda de pago**"[3726] (art. 6.1.9); **III) alternativamente, como último recurso, la segunda oración del párrafo 2** se refiere al "**derecho del Estado de la moneda de pago**" para determinar la tasa apropiada.[3727] La cuestión del **interés compuesto**, si la hubiera, no está regulada y debe determinarse por la ley aplicable[3728] (que puede tener derecho obligatorio que debe observarse,[3729] art. 1.4).

D. Daños adicionales, Interés compuesto

5

El **párrafo 3** abre la puerta a reclamar daños adicionales,[3730] si los hubiera (por lo que se aplican las normas generales sobre daños y perjuicios del art. 7.4.1 y subsiguientes y, en particular, los criterios de "certeza" (art. 7.4.3) y "previsibilidad" (art. 7.4.4)).[3731] Ejemplo: Aumento de los costos de renovación en un 10% durante un retraso de tres meses de una "empresa financiera especializada" para pagar un préstamo para ese proyecto.[3732] Sujeto a la calificación de la reclamación en las circunstancias del caso, incluido el régimen procesal aplicable, también podría reclamarse una indemnización por los costos de recuperación.[3733]

5A

El artículo 7.4.9 guarda silencio sobre la cuestión de la **capitalización de intereses** (interés compuesto) que, como señaló *McKendrick* en el comentario de Vogenauer,[3734] se menciona en los Comentarios Oficiales al art. 7.4.10 como explícitamente exento del alcance de ese artículo con respecto a la ley imperativa (Art. 1.4) en varias jurisdicciones. Esto sugiere "que el artículo 7.4.9 tampoco se pronuncia"[3735] y agrupar esta cuestión entre las pocas cuestiones contractuales generales para las que los Principios de UNIDROIT no proporcionan respuesta, a menos que dicha capitalización de intereses sea común en una

---

3726 E. McKendrick en Vogenauer, Art. 7.4.9 nº 13.

3727 Laudo arbitral de 17 de noviembre de 1996, Tribunal de Arbitraje de la Cámara de Comercio de Hungría, Unilex nº 217 (resumen), referenciado por E. McKendrick en Vogenauer, art. 7.4.9 nº 14 Nota 160.

3728 E. McKendrick en Vogenauer, Art. 7.4.9 nº 15.

3729 Cf. E. McKendrick en Vogenauer, art. 7.4.10 nº 6.

3730 Observaciones oficiales, art. 7.4.9 nº 3, p. 285; R. Zimmermann, en Jansen/Zimmermann, Art. 9:508 (PDCE): *Delay in Payment of Money*, no. 9 (p. 1505); véase también ibíd. Art. 9:508-2 (1) (PDCE): *Delayed Payment of a Price by a Business (Further Loss)*, nº 1 (p. 1525).

3731 Laudo arbitral de junio de 1996 (Roma), caso CCI nº 5835; D. A. Morán Bovio en Morán Bovio, Art. 7.4.9 nº 1, p. 371; E. McKendrick en Vogenauer, Art. 7.4.9 nº 17.

3732 Comentarios Oficiales, art. 7.4.9 no. 3, Ilustración, p. 286; E. McKendrick en Vogenauer, Art. 7.4.9 nº 17.

3733 Inspirado en la pregunta abierta de R. Zimmermann, en Jansen/Zimmermann, Art. 9:508 (PDCE): *Delay in Payment of Money*, nº 7 (p. 1505).

3734 E. McKendrick en Vogenauer, Art. 7.4.9 nº 15.

3735 Ídem.

determinada industria o como una práctica entre las partes (Art. 1.9). De lo contrario, su asignación depende del tribunal arbitral con respecto a la ley aplicable.[3736]

E. Opciones

6

I) Opción contractual: En virtud del art. 1.5, y sujeto a razonabilidad (art. 7.4.13 (2)),[3737] las partes son libres de **determinar otra tasa de interés** en el contrato[3738] (y, en tiempos de bajo interés, incluso distinguir la tasa dependiendo de si el impago está excusado por fuerza mayor, Art. 7.1.7). Los intereses manifiestamente excesivos pueden ser revisados en virtud del art. 7.4.13 (2).[3739] Las partes también son libres, por ejemplo, de referirse a otras tasas de referencia (por ejemplo, en Europa la tasa de interés aplicado por el Banco Central Europeo) más un margen.[3740] **II) Retención**: Si el acreedor que recibirá la suma de dinero se retrasa en el cumplimiento de su propia obligación (por ejemplo, de la entrega de bienes que vencen el 30 de junio, mientras que el pago vence en virtud del contrato en un plazo de 30 días),[3741] el deudor podrá retener la ejecución del pago en virtud del art. 7.1.3 (a partir del 1 de agosto hasta la entrega de la mercadería). No está obligado a pagar intereses en virtud del art. 7.4.9 porque, con respecto a la retención en virtud del art. 7.1.3, su obligación ya no es "debida".

Artículo 7.4.10 (Intereses sobre el resarcimiento)

A menos que se convenga otra cosa, los intereses sobre el resarcimiento por el incumplimiento de obligaciones no dinerarias comenzarán a devengarse desde el momento del incumplimiento.

3736 E. McKendrick en Vogenauer, Art. 7.4.9 nº 15. Véase R. Zimmermann, en Jansen/Zimmermann, Art. 9:508-4 (PDCE): Capitalización de intereses, no. 1-5 (pp. 1532-1535) incluyendo: I) en el nº 2 (p. 1533) una visión histórica con una prohibición en Roma, un permiso de los códigos prusianos, admisión limitada (bajo condiciones) en el Código Civil francés de 1804; y II) en nº 3 (pp. 1533-34) una descripción del "enfoque moderno", incluida la admisión del interés compuesto, por ejemplo, en el derecho inglés en 2008 a través de *Sempra Metals Ltd.* (anteriormente *Metallgesellschaft Ltd.*) vs. *Commissioners of Oreland Revenue, (2008) 1 AC 561.*

3737 Comentarios Oficiales, art. 7.4.9 nº 1, p. 285.

3738 E. McKendrick en Vogenauer, Art. 7.4.9 nº 16 ("Subcontratación").

3739 E. McKendrick en Vogenauer, Art. 7.4.9 nº 16.

3740 Ver con detalles R. Zimmermann, en Jansen/Zimmermann, Art. 9:508-2 (5) (PDCE): *Delayed Payment of a Price by a Business (Interest Rates),* no. 1-5 (pp. 1522-24) en el contexto de los comentarios sobre el Art. 2 (6) y (7) de la Directiva de la UE sobre morosidad de 2011.

3741 Véase el ejemplo examinado por R. Zimmermann, en Jansen/Zimmermann, Art. 9:508-2 (1) (PDCE): *Delayed Payment of a Price by a Business (Conditions),* nº 5 (p. 1512) en el contexto de la Directiva de 2011 de la UE sobre morosidad que exige explícitamente en su Art. 3 (1) literal "a" que "el acreedor ha cumplido sus obligaciones contractuales y legales" para tener derecho al pago de intereses.

A. Ámbito de aplicación y función

1

El artículo 7.4.10 forma parte del conjunto de normas de los arts. 7.4.2-7.4.13 que tienen por objeto especificar el derecho a daños y perjuicios del art. 7.4.1. Permite una evaluación abstracta de los daños (adicionales)[3742] para el escenario realista de que los daños no se paguen con prontitud. Abre la puerta a los intereses pagaderos por incumplimiento de obligaciones no monetarias que se correlacionan con el interés de los empresarios "no... dejar su dinero inactivo".[3743] No tiene equivalente en la CNUCCI.[3744] En algunas circunstancias en las que puede resultar difícil o engorroso probar otros daños, el art. 7.1.10 puede proporcionar una herramienta útil en los casos **de tiempo adicional requerido u otorgado** para el cumplimiento de conformidad con los artículos 7.1.4 y 7.1.5 (en particular el art. 7.1.4 (5)).

B. Aplicación

2

De acuerdo con esta **norma supletoria** ("a menos que se estipule lo contrario"), los intereses "**se devengan a partir del momento del incumplimiento**"[3745] (art. 6.1.1), por lo que la **tasa de interés** debe determinarse de otro modo (con la ayuda de la ley o normas de derecho aplicables según lo determinado por el Derecho Internacional Privado aplicable[3746] y/o las leyes de arbitraje[3747] y los regímenes de arbitraje[3748] que a veces dejan plena discreción a los árbitros para determinar las normas de derecho aplicables (*voie directe*), preámbulo No. 8. En ese contexto, un árbitro podría considerar la aplicación del art. 7.4.9 (2) por analogía, si es apropiado bajo las circunstancias de la transacción internacional, incluso si los daños no pueden considerarse como una "suma de dinero" en el sentido del art. 7.4.9 (1).

3

Por el contrario, cuando se **excusa** el incumplimiento (por fuerza mayor, art. 7.1.7, o una cláusula de exención, art. 7.1.6) no hay lugar para intereses por daños y perjuicios. A falta de una disposición explícita para el interés en tales circunstancias (como en el art. 7.4.9), la

---

3742 Véase R. Zimmermann, en Jansen/Zimmermann, Art. 9:508-2 (1) (PDCE): *Delayed Payment of a Price by a Business (Conditions)*, nº 6 (pp. 1514-15): "Muy ampliamente, a lo largo de los siglos, esta reclamación de intereses se tomó como una forma conveniente de permitir al acreedor recuperar los daños que normalmente había sufrido, sin la necesidad de probarlos específicamente". Véase también ibid. nº 7 (p. 1515), que considera los intereses sobre daños y perjuicios en algunas circunstancias como una "restitución de ganancias".

3743 Comentarios Oficiales, art. 7.4.10 p. 286 con comentario opuesto de D. A. Morán Bovio en Morán Bovio, Art. 7.4.10, nº 1, p. 372.

3744 E. McKendrick en Vogenauer, Art. 7.4.9 No 1.

3745 Comentarios Oficiales Art. 7.4.10, p. 286; P.C.-Misc. 10 (1987), p. 14; E. McKendrick en Vogenauer, Art. 7.4.10 nº 3.

3746 E. McKendrick en Vogenauer, Art. 7.4.10 nº 5.

3747 Por ejemplo, el artículo 1511 Código de procedimiento civil francés.

3748 El artículo 21 (1) oración 2 Reglamento de Arbitraje de la CCI, Art. 35 (1), frase 4 Reglamento de Arbitraje de la ASEAC Hamburgo, art. 35 (1) oración 2 Reglamento de Arbitraje de la CNUDMI.

regla general del art. 7.1.1 debe aplicarse que concede daños y perjuicios "excepto cuando el incumplimiento esté excusado en virtud de estos Principios").[3749]

C. Evitar la doble compensación

4

La aplicación del art. 7.1.10 no puede dar lugar a una compensación excesiva.[3750] Según los Comentarios Oficiales, los intereses deben calcularse a partir de "**la fecha en que se produjo el daño**"[3751] (mientras que los daños desarrollados hasta ese momento son parte del daño). En cuanto a los intereses compuestos que no están cubiertos por el art. 7.4.10, véase el art. 7.4.9 No. 5a.

Artículo 7.4.11 (Modalidad de la compensación monetaria)

(1) El resarcimiento ha de pagarse en una suma global. No obstante, puede pagarse a plazos cuando la naturaleza del daño lo haga apropiado.

(2) El resarcimiento pagadero a plazos podrá ser indexado.

A. Flexibilidad para el Tribunal de Justicia

1

El artículo 7.4.11 también forma parte del conjunto de reglas de los arts. 7.4.2-7.4.13 que contribuyen a la especificación del derecho a daños y perjuicios del Art. 7.4.1. Si bien no tiene equivalente en la CNUCCI,[3752] da cierta **flexibilidad** al tribunal (art. 1.11 primer guión). Por regla general, la oración 1 del párrafo 1 contiene un compromiso con la práctica ordinaria de conceder una indemnización por daños y perjuicios en una **suma global** que, en los casos comerciales internacionales, suele ser la mejor manera de separarse después de una controversia.[3753] Como excepción ("No obstante"), la oración 2 del párrafo 1 otorga discreción al tribunal "teniendo en cuenta la naturaleza del daño".[3754] Mientras que los ejemplos dados en las ilustraciones de los Comentarios Oficiales se refieren a **daños continuos** (por ejemplo, de un consultor que necesita daños regulares hasta que encuentre un nuevo contrato después de su resolución),[3755] también puede inspirar a las partes o a un tribunal

---

3749 Contra E. McKendrick en Vogenauer, Art. 7.4.10 n° 2.

3750 E. McKendrick en Vogenauer, Art. 7.4.10 n° 7-8.

3751 Comentarios Oficiales, art. 7.4.10, p. 286.

3752 D. A. Morán Bovio en Morán Bovio, Art. 7.4.11 n° 2.b, p. 376; E. McKendrick en Vogenauer, Art. 7.4.11 n° 1.

3753 Comentarios Oficiales, art. 7.4.11 no. 1, p. 287; P.C.-Misc. 17 (1993), p. 89; E. McKendrick en Vogenauer, Art. 7.4.11 n° 2.

3754 Comentarios Oficiales, art. 7.4.11 no. 1, p. 287; El Grupo de Trabajo previó la posibilidad de adjudicar cuotas "limitadas a casos bastante especiales, aunque importantes. Si, por ejemplo, el juez sabe que la parte morosa no tiene suficiente dinero, entonces debería poder otorgar cuotas", véase P.C.-Misc. 10 (1987), p. 13; D. A. Morán Bovio en Morán Bovio, Art. 7.4.11 n° 1, p. 376; E. McKendrick en Vogenauer, Art. 7.4.11 n° 3.

3755 Comentarios Oficiales, art. 7.4.11 n° 1, ilustración 2, p. 287; D. A. Morán Bovio en Morán Bovio, Art. 7.4.11 n° 1, p. 376; E. McKendrick en Vogenauer, Art. 7.4.11 n° 3.

en las negociaciones de transacción o en la preparación de un "laudo arbitral en términos acordados" **para dividir la carga impuesta en un laudo en diversas cuotas** (en la práctica, esto puede evitar en ocasiones largas "negociaciones posteriores al laudo" para hacer que este sea económicamente soportable).[3756]

B. Indexación

2

En el párrafo 2 se otorga la facultad de establecer una indexación (por ejemplo, del costo de la vida en el establecimiento de la parte agraviada),[3757] "a fin de evitar el complejo mecanismo de revisión de la sentencia original para tener en cuenta la inflación".[3758]

Artículo 7.4.12 (Moneda en la que se fija el resarcimiento)

El resarcimiento ha de fijarse, según sea más apropiado, bien en la moneda en la cual la obligación dineraria fue expresada o en aquella en la cual el perjuicio fue sufrido.

A. Una opción para la parte agraviada

1

El artículo 7.4.12 (que también contribuye a la especificación del derecho a indemnización por daños y perjuicios del art. 7.4.1, junto con las demás disposiciones de los arts. 7.4.2-7.4.13) proporciona una **norma flexible**[3759] que se inspiró en el trabajo preparatorio de los PDCE.[3760] Ofrece una opción ("según sea más apropiado") a la parte agraviada[3761] "siempre que se respete el principio de reparación integral".[3762] Puede elegir entre: **I)** la **moneda en la que se expresó la obligación dineraria** (inicial) (en virtud de la cual incluye no sólo una obligación primaria de pagar, sino también una obligación secundaria de pagar

---

3756 En reacción a E. McKendrick en Vogenauer, Art. 7.4.11 nº 4 (en el que se critican las ilustraciones de los Comentarios Oficiales como "muy lejos de una transacción comercial en condiciones de plena competencia"). El comentario contenido en el texto se basa en las experiencias de una vez, tres días y una vez dos anos de negociaciones sobre la ejecución de grandes laudos arbitrales.

3757 Comentarios Oficiales, art. 7.4.11 nº 2, ilustración 3, p. 288; E. McKendrick en Vogenauer, Art. 7.4.11 nº 5.

3758 Comentarios Oficiales, art. 7.4.11 nº 2, p. 287; E. McKendrick en Vogenauer, Art. 7.4.11 nº 5.

3759 Para la aparición de opciones más allá de la moneda local de un tribunal nacional, véase, por ejemplo, R. Zimmermann, en Jansen/Zimmermann, art. 9:510 (PDCE): *Currency by which Damage to be Measured*, nº 2 Fn 6 (p. 1556) con referencia a casos en inglés, francés y alemán.

3760 P.C.-Misc. 17 (1993), pp. 93 y 105 (véase el actual artículo 9:510 del PDCE). En su versión final, la regla PDCE es aún más flexible y permitiría elegir otras monedas, por ejemplo, la moneda de la factura de un bien sustituto (véase R. Zimmermann, en Jansen/Zimmermann, Art. 9:510 (PDCE): *Currency by which Damage to be Measured*, no. 2 (p. 1556). Desde una perspectiva práctica, en el momento en que las partes discuten sobre los daños, o incluso pelean en los tribunales (art. 1.11 primer guión), el daño generalmente se habrá materializado por cuenta del acreedor y, por lo tanto, se conocerá en "la moneda en que se sufrió el daño".

3761 Comentarios Oficiales, art. 7.4.12, p. 288; D. A. Morán Bovio en Morán Bovio, Art. 7.4.12 nº 1 (párr. 2), p. 377; E. McKendrick en Vogenauer, Art. 7.4.12 nº 4.

3762 Comentarios Oficiales, art. 7.4.12, p. 288; E. McKendrick en Vogenauer, Art. 7.4.12 nº 4.

resarcimiento,[3763] por ejemplo, en virtud de una indemnización por daños y perjuicios o una cláusula penal (art. 7.4.13)); o **II) la moneda en la que se sufrió el perjuicio** (por ejemplo, la moneda en la que la parte agraviada ha pagado los gastos y/o en la que habría obtenido el beneficio (perdido)).[3764] El principio del art. 7.4.12 proporciona así un buen ejemplo del propósito internacional de los Principios de UNIDROIT al abordar una cuestión práctica para la cual una ley nacional generalmente no tendrá una norma explícita

B. Alternativa y distinción

2

De conformidad con el art. 1.5, las partes son libres de acordar cualquier otra moneda que les convenga.[3765]

3

La cuestión de la moneda para evaluar el daño que está cubierta por el art. 7.1.12 es distinta de la cuestión en qué moneda se efectuará realmente el pago (art. 6.1.9).[3766]

Artículo 7.4.13 (Pago estipulado para el incumplimiento)

(1) Cuando el contrato establezca que la parte incumplidora ha de pagar una suma determinada a la parte perjudicada por tal incumplimiento, la parte perjudicada tiene derecho a cobrar esa suma sin tener en cuenta el daño efectivamente sufrido.

(2) No obstante, a pesar de cualquier pacto en contrario, la suma determinada puede reducirse a un monto razonable cuando fuere notablemente excesiva con relación al daño ocasionado por el incumplimiento y a las demás circunstancias.

A. Función

1

Los daños liquidados y las cláusulas de penales son a menudo **temas indispensables** en las negociaciones internacionales (en un paquete con otras cláusulas de exposición al riesgo, como representaciones, garantías, indemnizaciones y exenciones). Desde la época romana, los comerciantes han utilizado cláusulas que prevén un "importe independiente-

[3763] Comentarios Oficiales, art. 7.4.12, p. 288; E. McKendrick en Vogenauer, Art. 7.4.12 nº 2.

[3764] Comentarios Oficiales, art. 7.4.12, p. 288; E. McKendrick en Vogenauer, Art. 7.4.12 nº 3.

[3765] Jansen/Zimmermann, Art. 9:510 (PDCE): *Currency by which Damage to be Measured*, no. 3 (p. 1556) con referencia al Art. 10:510 PCC.

[3766] Como señaló R. Zimmermann, en Jansen/Zimmermann, Art. 9:510 (PDCE): *Currency by which Damage to be Measured*, no. 1 (p. 1555).

mente de su daño real" que debe pagarse en caso de incumplimiento.[3767] Tales sanciones, a menudo fijadas por el acreedor (art. 1.11 cuarto guión), pueden constituir un peligro porque "la confianza natural en su propia capacidad a menudo llevará al deudor a subestimar la naturaleza gravemente perjudicial de la cláusula".[3768] En la práctica moderna, tales cláusulas pueden observarse en dos formas (que están cubiertas por el art. 7.1.13, No. 2 a continuación): **I)** como una cláusula de **daños liquidados** con una "pre estimación genuina de la pérdida que probablemente sea ocasionada por un incumplimiento de contrato";[3769] a veces utilizada como una cláusula de exención (art. 7.1.6) para **limitar la responsabilidad**;[3770] o, en el otro extremo, el contrato (debidamente interpretado de conformidad con los artículos 4.1 y 4.3) puede estipular que los daños liquidados constituirán el **daño mínimo**[3771] y el acreedor puede probar y reclamar un daño mayor;[3772] **II)** como una **cláusula penal** que puede servir de manera transparente al propósito legítimo de incentivar al deudor (Art. 1.11 cuarto guión) para que realmente cumpla. A menudo, las partes negociadoras y los abogados tienen una **comprensión diferente** de las palabras que describen el pago acordado por incumplimiento, que se basa no solo en sus diferentes antecedentes jurídicos,[3773] sino también en las dificultades del idioma inglés en oposición al "*globish*" (avanzado) hablado por las personas no nativas de inglés. La diferencia entre una cláusula de indemnización por daños y perjuicios de acuerdo con el Derecho Común y una cláusula penal propiamente dicha no es obvia para un abogado con experiencia en Derecho Civil sin

---

3767 See R. Zimmermann, en Jansen/Zimmermann, Art. 9:509 (PDCE): *Agreed Payment for Non-performance*, no. 2 (p. 1541), con más referencias.

3768 R. Zimmermann, en Jansen/Zimmermann, Art. 9:509 (PDCE): *Agreed Payment for Non-performance*, no. 16 (p. 1550).

3769 R. Zimmermann, en Jansen/Zimmermann, Art. 9:509 (PDCE): *Agreed Payment for Non-performance*, no. 16 (p. 1540).

3770 La cláusula de indemnización por daños y perjuicios puede combinarse con un tope. Ejemplo: x% del precio del producto del bien retrasado por día de retraso, máx. y% del precio del producto. Dicha cláusula puede proporcionar una herramienta útil para contratos a largo plazo en los que un productor vende un producto dentro de una cadena de producción, con un comprador construyendo la pieza en un sistema de valor sustancialmente mayor que se vende.

3771 R. Zimmermann, en Jansen/Zimmermann, Art. 9:509 (PDCE): *Agreed Payment for Non-performance*, nº 11 (p. 1548): "La cláusula de pago acordada está diseñada, entre otras cosas, para ahorrarle al acreedor cualquier problema relacionado con la prueba de la pérdida".

3772 Véase R. Zimmermann, en Jansen/Zimmermann, Art. 9:509 (PDCE): *Agreed Payment for Non-performance*, nº 12-15 (p. 1540-50). Ver en este sentido también Arte. 7 del Reglamento de la CNUDMI sobre las sumas convenidas, examinado ibid., p. 14 (p. 1549).

3773 Antecedentes de Derecho Civil: Para un abogado continental, en la mayoría de las jurisdicciones, un acuerdo sobre un pago por incumplimiento no es un tema tan sensato como para un abogado de Derecho Común. Por ejemplo, en Alemania, un título completo del Código Civil se titula "Sanciones contractuales" (*Vertragsstrafen*); véase R. Zimmermann, en Jansen/Zimmermann, Art. 9:509 (PDCE): *Agreed Payment for Non-performance*, nº 8 (pp. 1546-47 sobre "Pago acordado y el sistema de derecho contractual"). Desde esa perspectiva alemana, un abogado confiará en que, como cuestión de ley, cualquier cantidad demasiado ambiciosa establecida en dicha cláusula puede reducirse a una cantidad razonable (art. 343 del Código Civil alemán). Cuando se utiliza la palabra "cláusula penal", esta sección del Código Civil alemán —o normas similares en otros sistemas civiles (véase ibid. nº 17, p. 1551)— viene a la mente en contraposición al Derecho Inglés crítico, como se resume en la siguiente nota a pie de página. Siguiendo la costumbre en tiempos de Derecho Canónico (Johannes Voet (1647-1713), un jurista holandés citado por Zimmermann, ibid. nº 3, p. 1542), la posibilidad de reducir las penas manifiestamente excesivas ha sido "comúnmente reconocida en los sistemas legales civiles" e introducida en los códigos, hasta fecha tan tardía como 1992 en los Países Bajos, véase la descripción general de la "tradición civil" ibid. nº 17 (p. 1551).

estudios más detallados del Derecho Común;[3774] él o ella puede proponer y significar una cláusula de "indemnización por daños y perjuicios" y llamarla "cláusula de penalización", lo que luego causa escepticismo a cualquier abogado de Derecho Común que actúe en la posición contraria de la mesa de negociaciones).[3775] En este contexto, el art. 7.4.13 (que forma parte de las disposiciones de los arts. 7.4.2-7.4.13 que especifican el "daño" del art. 7.4.1) ayuda a la comunidad internacional a resolver **una cuestión de suma importancia en palabras neutrales.**[3776] El art. 7.4.13 se inspiró en los trabajos preparatorios del PDCE[3777] y sigue los caminos preparados por la CNUDMI en 1983.[3778]

B. Libertad para negociar un pago estipulado por incumplimiento

2

En el espíritu de la **autonomía contractual** (art. 1.1),[3779] el párrafo 1 establece como punto de partida la **libertad de negociar** un "pago determinado por incumplimiento (es decir, cumplimiento defectuoso y tardío, art. 7.1.1)",[3780] por **cualquier cantidad que las partes**

3774 Véase el breve resumen desde la perspectiva del Derecho Común de E. McKendrick en Vogenauer, Art. 7.4.13 no. 2; y la descripción de los antecedentes históricos y comparativos por R. Zimmermann, en Jansen/Zimmermann, Art. 9:509 (PDCE): *Agreed Payment for Non-performance*, no. 2-6 (pp. 1541-45).

3775 Historia y Desarrollo del Derecho Común: Tradicionalmente (y hasta 2015), el Derecho Inglés rechazaba por completo las cláusulas penales para proteger a los "deudores contra sanciones excesivas", R. Zimmermann, en Jansen/Zimmermann, Art. 9:509 (PDCE): *Agreed Payment for Non-performance*, nº 4 (pp. 1542-43). Explica en este contexto: I) los orígenes de esta jurisprudencia del Canciller, actuando en "equidad" y "ciertamente influenciado por la doctrina del derecho canónico" (ibid., señalando que el Derecho Canónico: a) se centró en las cláusulas penales utilizadas para eludir la prohibición de la usura; y b) favoreció una reducción de la pena a discreción del juez; ibid. no. 3, p. 1542 y nota 20); y II) "la renuencia general en el Derecho Inglés a otorgar un cumplimiento específico" (ibid. nº 4, pp. 1542 y 43). Desde dos decisiones del Tribunal Supremo de 2015, como señaló Zimmermann ibid. nº 5 (p. 1543) "el mero hecho de que una disposición en un contrato no sea una verdadera estimación previa de la pérdida ya no debe interpretarse en el sentido de que es penal: "La verdadera prueba es si la disposición impugnada es una obligación secundaria que impone un perjuicio al incumplidor de contratos fuera de toda proporción a cualquier interés legítimo de la parte inocente en la ejecución de la obligación principal"". (Citando *"Cavendish Square Holding BV vs. Talal El Makdessi; y ParkingEye Limited vs. Beavis (2015) UKSC 67, (32) (por Lord Neuburger y Sumption, Lord Carnwarth acordando)"*).

3776 R. Zimmermann, en Jansen/Zimmermann, Art. 9:509 (PDCE): *Agreed Payment for Non-execution*, nº 1 (p. 1540) observa los "neologismos" con los que los instrumentos internacionales, incluido el Art. 7.4.13 ("Pago estipulado para el incumplimiento») aborda el tema.

3777 P.C.-Misc. 17 (1993), pp. 139 y 142 (véase el actual artículo 9:509 del PDCE). Véase también R. Zimmermann, en Jansen/Zimmermann, Art. 9:509 (PDCE): *Agreed Payment for Non-compliance*, nº 7 (pp. 1545-46) que describe las reglas de los instrumentos internacionales como "prácticamente idénticas".

3778 CNUDMI, Reglas uniformes sobre cláusulas contractuales por una suma convenida debida en caso de incumplimiento (1983), véase CNUDMI y otros, Guía jurídica tripartita nº 400-402 (pp. 88 y 89), en particular nº 402, en la que se hace referencia explícita al art. 7.4.13; en la misma línea R. Zimmermann, en Jansen/Zimmermann, Art. 9:509 (PDCE): *Agreed Payment for Non-performance*, nº 7 (pp. 1545-46).

3779 También enfatizado por R. Zimmermann, en Jansen/Zimmermann, Art. 9:509 (PDCE): *Agreed Payment for Non-performance*, nº 1 (p. 1541).

3780 E. McKendrick en Vogenauer, Art. 7.4.13 nº 4. En la mayoría de los casos, el acuerdo será, pues, una obligación "accesoria" que depende del incumplimiento de una obligación primaria, véase R. Zimmermann, en Jansen/Zimmermann, art. 9:509 (PDCE): *Agreed Payment for Non-performance*, nº 9 (p. 1547): "Sanciones accesorias e independientes".

deseen acordar[3781] (la limitación y el control de dicha libertad tienen lugar en un segundo paso, a través del párrafo 2, mientras que los sistemas de Derecho Común generalmente requerirían por adelantado alguna limitación a "una estimación previa genuina o razonable de la pérdida que probablemente ocasione el incumplimiento").[3782] En su contrato, las partes determinan la "**activación**" **del pago**, es decir, el incumplimiento del que es responsable la parte incumplidora (a menos que la interpretación de conformidad con los arts. 4.1, 4.3 revele excepcionalmente una responsabilidad más amplia, incluso si el incumplimiento está excusado);[3783] puede ser de carácter más general o muy específico.[3784] El pago acordado vence "sin tener en cuenta el daño efectivamente sufrido" (párrafo 1), incluso si el acreedor no ha sufrido ninguna pérdida.[3785] El ámbito de aplicación del art. 7.4.13 (y la interpretación de la expresión "pagar una suma determinada a la parte perjudicada por tal incumplimiento") es "**intencionalmente amplia**".[3786] El concepto de "pago estipulado para el incumplimiento" (tal como está redactado en el título) abarca tanto: **I)** las cláusulas sobre "**indemnización por daños y perjuicios (liquidación por daños y perjuicios** con arreglo al Derecho Común)";[3787] como **II)** las cláusulas que tienen por objeto "actuar como elemento disuasorio contra el incumplimiento (**cláusulas de penalización propiamente dichas**)",[3788] siempre que se refieran a ("tales") incumplimientos descritos en el contrato. **Ejemplos**: (todos ellos relativos a una **suma fija de dinero** o a una **cantidad determinada por una fórmula**[3789]): **a) cubiertos por el art. 7.4.13**: "pago estipulado" por semana de atraso en la entrega[3790] o por día de devolución tardía de bienes arrendados,[3791] o pérdida de un depósito realizado para el alquiler de equipos de máquinas en caso de que el deudor no cumpla[3792] con sus obligaciones al no pagar un solo alquiler;[3793] cláusulas de "decomiso" o "aceleración" (es decir, siempre que el acreedor "tenga derecho a algo que no se le ha debido de otra manera"[3794]); **b) no estén comprendidos en el art. 7.4.13**: sistemas de bonificación en caso de cumplimiento anticipado;[3795] cláusulas de terminación anticipada relativas a la resolu-

---

3781 Véase E. McKendrick en Vogenauer, Art. 7.4.13 nº 2 (que describe la libertad de las partes en virtud de los Principios de UNIDROIT como "mucho mayor" en comparación con la legislación inglesa), en virtud de la cual, con respecto a *Cavendish Square* y *ParkingEye* (como se analiza en la nota a pie de página sobre "Historia y desarrollo del Derecho Común"), "el mero hecho de que una disposición de un contrato no sea una verdadera estimación previa de la pérdida ya no debe interpretarse en el sentido de que es penal" (ibid., nº 5, p. 1543).

3782 E. McKendrick en Vogenauer, Art. 7.4.13 nº 2 con referencia a Beale (ed.), *Chitty on Contracts* (32nd ed. 2015) para. 26-178 (referencia actualizada debido a una nueva edición).

3783 Comentarios Oficiales, art. 7.4.13 nº 2, p. 289; R. Zimmermann, en Jansen/Zimmermann, Art. 9:509 (PDCE): *Agreed Payment for Non-performance*, no. 10 (p. 1548).

3784 R. Zimmermann, en Jansen/Zimmermann, Art. 9:509 (PDCE): *Agreed Payment for Non-performance*, nº 10 (p. 1548).

3785 R. Zimmermann, en Jansen/Zimmermann, Art. 9:509 (PDCE): *Agreed Payment for Non-performance*, nº 11 (p. 1548).

3786 Comentarios Oficiales, art. 7.4.13 nº 2, p. 289; E. McKendrick en Vogenauer, Art. 7.4.13 nº 3.

3787 Comentarios Oficiales, art. 7.4.13 nº 1, p. 289; E. McKendrick en Vogenauer, Art. 7.4.13 nº 3.

3788 E. McKendrick en Vogenauer, Art. 7.4.13 nº 3 citando Comentarios Oficiales, Art. 7.4.13 nº 1, p. 289.

3789 E. McKendrick en Vogenauer, Art. 7.4.13 nº 12.

3790 E. McKendrick en Vogenauer, Art. 7.4.13 nº 4.

3791 E. McKendrick en Vogenauer, Art. 7.4.13 nº 6.

3792 E. McKendrick en Vogenauer, Art. 7.4.13 nº 9.

3793 Comentarios Oficiales Art. 7.4.13 nº 4, ilustración 4, p. 291; E. McKendrick en Vogenauer, Art. 7.4.13 nº 8.

3794 R. Zimmermann, en Jansen/Zimmermann, Art. 9:509 (PDCE): *Agreed Payment for Non-performance*, no. 21 (p. 1554).

3795 E. McKendrick en Vogenauer, Art. 7.4.13 nº 5 y 6.

ción de un contrato[3796] (estableciendo un precio para una retirada permitida[3797] para que la resolución del contrato no constituya un incumplimiento); precio depositado para una opción;[3798] "depósitos verdaderos".[3799] Si no hay un "pago estipulado para el incumplimiento", los principios generales del art. 7.4.1 y subsiguientes se aplican, incluida la posibilidad de hacer una evaluación de los daños en caso de incumplimiento a **discreción del tribunal** de conformidad con el Art. 7.4.3 (3).[3800] **c)** La **clasificación de una cláusula** como cubierta o no cubierta por el art. 7.1.3 requiere primero una interpretación de la cláusula con respecto a los principios de interpretación[3801] (Arts. 4.1; 4.3-4.8; 5.1.1-5.1.2). Si una cláusula no está cubierta por el art. 7.4.13 pero contiene una ventaja excesiva, puede ser revisado bajo el art. 3.2.7 (2).[3802] Por lo general, un contrato no contendrá una cláusula que prevea un pago acordado por incumplimiento en caso de **incumplimiento excusado** (por ejemplo, fuerza mayor, art. 7.1.7); si excepcionalmente contiene tal cláusula, se aplica el art. 7.4.13.[3803]

C. Control Judicial de cláusulas manifiestamente excesivas como parte del núcleo obligatorio de los Principios de UNIDROIT

3

El párrafo 1 proporciona "**un punto de partida firme**"[3804] para mantener la cláusula acordada que está en consonancia con el principio de "*pacta sunt servanda*" consagrado en el art. 1.3. El párrafo 2 interviene siempre y cuando la cantidad acordada sea "notablemente excesiva con relación al daño ocasionado por el incumplimiento y a las demás circunstancias"[3805] y "para prevenir la posibilidad de abuso".[3806] Como señaló acertadamente *McKendrick*, incluso en caso de una reducción por parte del tribunal (art. 1.11 primer guión), el importe acordado contractualmente servirá como punto de partida para la reducción y, por lo tanto, podrá servir de referencia ("anclaje"). Se considerará que una cantidad es "**notablemente excesiva**"[3807] si: **I)** "parece **claramente** serlo a **cualquier persona razonable**",[3808] y esto **II)** "**en relación con el perjuicio resultante del incumplimiento y con**

3796 Comentarios Oficiales, art. 7.4.13 nº 4, p. 291 (cláusula que permite a una parte "resolver un contrato pagando una determinada suma o perdiendo un depósito ya hecho") e Ilustración 3, p. 291; E. McKendrick en Vogenauer, Art. 7.4.13 nº 7 (con una observación crítica sobre esta ilustración en la última oración del nº 9).

3797 E. McKendrick en Vogenauer, Art. 7.4.13 nº 9.

3798 Comentarios Oficiales, art. 7.4.13 nº 4, ilustración 3, p. 291; E. McKendrick en Vogenauer, Art. 7.4.13 nº 8.

3799 Observaciones oficiales, art. 7.4.13 nº 4, p. 291; E. McKendrick en Vogenauer, Art. 7.4.13 nº 11.

3800 E. McKendrick en Vogenauer, Art. 7.4.13 nº 12.

3801 Véase E. McKendrick en Vogenauer, Art. 7.4.13 nº 11 ("Distinción" ... "tiene que ser elaborado por los tribunales").

3802 Véase también E. McKendrick en Vogenauer, Art. 7.4.13 nº 6.

3803 Comentarios Oficiales, art. 7.4.13 nº 2, p. 290; E. McKendrick en Vogenauer, Art. 7.4.13 nº 13.

3804 E. McKendrick en Vogenauer, Art. 7.4.13 nº 14.

3805 Comentarios Oficiales, art. 7.4.13 nº 3, p. 290; D. A. Morán Bovio en Morán Bovio, Art. 7.4.13, nº 1, p. 379; E. McKendrick en Vogenauer, Art. 7.4.13 nº 16.

3806 Comentarios Oficiales, art. 7.4.13 nº 3, p. 290; E. McKendrick en Vogenauer, Art. 7.4.13 nº 16 (citando también este mismo pasaje de los Comentarios Oficiales).

3807 Para una sinopsis de formulaciones similares en las leyes nacionales y otros instrumentos internacionales, como "sustancialmente desproporcionada" en las Reglas Uniformes de la CNUDMI sobre Cláusulas Contractuales por una suma convenida debida en caso de incumplimiento (1983), véase R. Zimmermann, en Jansen/Zimmermann, art. 9:509 (PDCE): *Agreed Payment for Non-performance*, nº 11 (p. 1548).

3808 Comentarios Oficiales, art. 7.4.13 nº 3, p. 290; E. McKendrick en Vogenauer, Art. 7.4.13 nº 17.

las demás circunstancias", lo que, según se ha argumentado, significa que el daño "real" y no tiene por qué ser "previsible" en el momento del contrato.[3809] Se argumenta aquí que, como en el art. 7.4.3 (3), el **tribunal debería tener amplias facultades** discrecionales para evaluar los hechos y circunstancias del caso. A la luz del daño posible y previsible en la celebración del contrato que no se justificó por diversas razones, una cantidad elevada puede no ser notablemente excesiva, mientras que las circunstancias del caso, incluidas, por ejemplo, la posición y el poder de negociación de las partes,[3810] pueden indicar lo contrario. **Ejemplos de importes "notablemente excesivos":** 0.5% del precio total del contrato por día;[3811] el precio total de compra como "pago estipulado para el incumplimiento" en caso de que no se adopte una opción.[3812] El margen de discrecionalidad del órgano jurisdiccional incluye también el momento pertinente, ya sea el momento en que el pago acordado es "exigible" o cuando el caso es "ventilado" ante el órgano jurisdiccional (art. 1.11 primer guión).[3813]

4

La **reducción** de la suma en sí **no es obligatoria** ("puede")[3814] **mientras que la posibilidad de reducción es obligatoria** ("a pesar de cualquier pacto en contrario") y, como expresión del compromiso de los Principios de UNIDROIT de apoyar el "trato justo" en el comercio internacional (art. 1.7), este poder para el tribunal es parte del contenido básico obligatorio de los Principios de UNIDROIT de conformidad con el art. 1.5.[3815] En cambio, contrariamente a algunas leyes civiles, no existe la facultad de aumentar la suma.[3816] La reducción se hará a "**un monto razonable**", lo que deja de nuevo una amplia discrecionalidad al tribunal (y que de ninguna manera tiene que ser idéntica al daño real).[3817] En casos (muy) extremos, puede ser posible una reducción de la cantidad a cero.[3818]

[3809] E. McKendrick en Vogenauer, Art. 7.4.13 nº 18; R. Zimmermann, en Jansen/Zimmermann, Art. 9:509 (PDCE): *Agreed Payment for Non-performance*, no. 18 (p. 1552). Por lo tanto, la prueba es distinta de la determinación de daños y perjuicios en virtud del art. 7.4.4.

[3810] E. McKendrick en Vogenauer, Art. 7.4.13 nº 18.

[3811] Laudo arbitral basado en la CNUCCI: Laudo arbitral de 5 de junio de 1997, caso ICACRF nº 229/1996, Unilex nº 669 (resumen); encontrado por E. McKendrick en Vogenauer, Art. 7.4.13 nº 22 Nota 201.

[3812] Laudo arbitral basado en el art. 36 de la "Ley de contratos y otras transacciones legales en el derecho de la propiedad y las obligaciones": Laudo arbitral de 28 de enero de 1998, Arbitraje ad hoc (Helsinki), Unilex nº 645 (resumen); encontrado por E. McKendrick en Vogenauer, Art. 7.4.13 nº 22 Nota 203.

[3813] R. Zimmermann, en Jansen/Zimmermann, Art. 9:509 (PDCE): *Agreed Payment for Non-performance*, nº 19 (p. 1552).

[3814] E. McKendrick en Vogenauer, Art. 7.4.13 nº 19.

[3815] D. A. Morán Bovio en Morán Bovio, Art. 7.4.13 nº 3.a., p. 381 (antes 3.b); E. McKendrick en Vogenauer, Art. 7.4.13 nº 21; R. Zimmermann, en Jansen/Zimmermann, Art. 9:509 (PDCE): *Agreed Payment for Non-performance*, nº 18 (p. 1551). R. Zimmermann

[3816] R. Zimmermann, en Jansen/Zimmermann, Art. 9:509 (PDCE): *Agreed Payment for Non-performance*, nº 20 (p. 1553).

[3817] E. McKendrick en Vogenauer, Art. 7.4.13 nº 20; véase también R. Zimmermann, en Jansen/Zimmermann, Art. 9:509 (PDCE): *Agreed Payment for Non-performance*, nº 19 (p. 1552): "(...) porque puede interpretarse en el sentido de que la suma no debe reducirse simplemente a un nivel que, aunque siga siendo duro, ya no sea manifiestamente injusto".

[3818] E. McKendrick en Vogenauer, Art. 7.4.13 nº 22 con descripción de un caso en el que el Tribunal Arbitral se negó a conceder ningún daño además del tipo de interés acordado sobre la base del tipo de interés de oferta interbancaria de Londres (LIBOR) (Laudo arbitral de 25 de enero de 2001, caso ICACRF nº 88/20000, Unilex (resumen)).

5

En caso de **incumplimiento parcial** (art. 6.1.3), el importe puede reducirse en virtud del párrafo 2 «en proporción» teniendo debidamente en cuenta el daño restante (incluso en caso de aceptación de cumplimiento parcial) y las demás circunstancias.[3819] Si las partes han acordado otra cosa (art. 1.5), por ejemplo, que el importe total será pagadero "en cualquier caso", el tribunal tendrá que evaluar si esa cláusula es manifiestamente excesiva o arbitraria y, en caso afirmativo, podrá reducirlo de todos modos ("a pesar de cualquier pacto en contrario").

6

En algunas circunstancias, especialmente en caso de aplicación de los Principios de UNIDROIT ante un tribunal nacional,[3820] la **ley imperativa nacional** (que debe respetarse de conformidad con el art. 1.4) puede ir más allá y declarar nula y sin efecto una cláusula sobre un pago estipulado para el incumplimiento.

D. Opción Contractual

7

En virtud del art. 1.5, las partes son libres de acordar que la parte perjudicada también puede reclamar **daños adicionales** (en virtud del art. 7.4.1 y subsiguientes) si el daño real sufrido es mayor que la cantidad acordada en la cláusula sobre un "pago estipulado para el incumplimiento" (o como las partes denominen a esa cláusula). Esto es **importante cuando la suma acordada no es disuasoria** sino particularmente razonable en relación con el daño esperado ("daños liquidados" en el sentido del Derecho Común y/o una suma "simbólica" acordada como incentivo para respetar una obligación, por ejemplo, una obligación de confidencialidad). De este modo, el acreedor tiene la certeza de recibir, en caso de incumplimiento por la otra parte, una cierta **cantidad mínima con la que puede calcular**, sin la carga de la justificación real y la prueba de un daño cierto y previsible (siempre que la cantidad no sea manifiestamente excesiva, párrafo 2), mientras que no se le impide probar efectivamente el daño total, como sufrido, si es superior a la cantidad acordada. Dicha cláusula suele ser fácilmente aceptable para la otra parte (potencialmente) incumplidora, ya que son previsibles ciertos costos de la parte (potencialmente) agraviada para superar los impedimentos. El deudor (es decir, la parte potencialmente incumplidora) puede equilibrar a su vez su exposición al riesgo con una **cláusula de exención** (art. 7.1.6). En su cálculo del precio, también puede incluir el valor del riesgo de pagar la suma global acordada por incumplimiento (de modo que evitar el pago de dicha suma sea económicamente relevante únicamente para la realización de beneficios). Para simplificar la asignación de riesgos y **reducir los litigios**, las partes pueden acordar además que la parte agraviada solo podrá reclamar un perjuicio adicional si supera el pago a tanto alzado acordado por incumplimiento en un determinado porcentaje (por ejemplo, 5 o 10%).

[3819] Estos "suavizantes" en el lenguaje del párrafo 2 pueden ayudar a hacer frente a las preguntas planteadas por E. McKendrick en Vogenauer, Art. 7.4.13 nº 13.

[3820] Véase E. McKendrick en Vogenauer, Art. 7.4.13 nº 10 (y nota 192 sobre la ley inglesa).

CAPÍTULO 8
COMPENSACIÓN

Historia legislativa (documentos clave)

En preparación de los Principios de 2004 - Ponente Camille Jauffret-Spinosi: StL-Doc. 62 (documento de posición en **1999** (versión en inglés: StL-Doc. 62 bis)); StL-WP. 4 (propuesta de 1er proyecto en 2000); StL-Doc. 71 (1er proyecto en **2001**); StL-Misc. 23, pp. 57 a 72 (1ra discusión en **2001**); StL-WP. 9 (propuesta de segundo proyecto en **2001**); StL-WP. 9 bis, pp. 3 y 4 (segunda discusión en **2002**); StL-Doc. 75 (2do borrador en **2002**); StL-Doc. 78, pp. 8 y 9 (documento de posición en **2002**); StL-Misc. 24, pp. 37 y 45 (tercer debate en **2002**); StL-Doc. 82 (3er borrador en **2003**); StL-Doc. 93 (4to borrador en **2003**).

Introducción

A. Definición e Importancia

1

Definición. "Compensación es el proceso por el cual una persona puede usar un derecho de cumplimiento celebrado contra otra persona para extinguir total o parcialmente una obligación debida a esa persona", según el DCFR III.-6:101 (1). Se cita, a modo de ejemplo, ya que el capítulo 8 no contiene una definición de compensación,[3821] es decir, un instrumento jurídico al que también se hace referencia en las jurisdicciones nacionales mediante un derivado o una traducción de la palabra latina *compensación*.[3822] Más bien, el capítulo 8 asume la compensación como un esquema obvio.[3823]

2

Relevancia comercial y contenido. Desde la época romana, la compensación es utilizada por las partes "en un **intercambio comercial permanente**[3824] y puede ser objeto de acuerdos individuales (bilaterales)[3825] (art. 1.5) o usos establecidos entre las partes[3826] (art. 1.9 (1)) con respecto a cualquiera de las múltiples cuestiones relacionadas con la compensación,

[3821] Véase A. M. Fleckner en Jansen/Zimmermann, introducción antes del Art. 13:101 (PECL), nº 12 (p. 1764).

[3822] A. M. Fleckner en Jansen/Zimmermann, introducción antes del Art. 13:101 (PECL), nº 2 (p. 1757) y no. 24 (p. 1773) para una visión general, con referencias adicionales, de otras expresiones utilizadas para describir una situación de compensación (*deducere, imputare, pensare, reputare*).

[3823] Véase A. M. Fleckner en Jansen/Zimmermann, introducción antes del Art. 13:101 (PECL), nº 12 (p. 1765).

[3824] A. M. Fleckner en Jansen/Zimmermann, introducción antes del Art. 13:101 (PECL), nº 3 (p. 1757).

[3825] A. M. Fleckner en Jansen/Zimmermann, introducción antes del Art. 13:101 (PECL), nº 19 (pp. 1769-70) señalando que la frecuente compensación bilateral por acuerdo "parece ser un fenómeno universalmente practicado y reconocido: ya en la antigua Roma, en la Europa medieval incluso antes de la recepción del Derecho Romano, en el *Ius Commune*, así como en Inglaterra, Francia, Alemania y muchas otras jurisdicciones" (ibid. p. 1769, se omiten las notas de pie de página). Por lo general, no está regulado en la legislación nacional (o en los Principios de UNIDROIT), pero recientemente se codificó en Francia (2016) en el Art. 1348-2 Código Civil (ibid.).

[3826] A. M. Fleckner en Jansen/Zimmermann, introducción antes del Art. 13:101 (PECL), no. 3 (p. 1757).

por ejemplo, "¿Se compensarán las dos reclamaciones *ipso iure*, es decir, automáticamente? ¿O es necesario algún tipo de intervención humana para reducir o extinguir las reclamaciones? (...) ¿Se compensarán todas las reclamaciones entre sí? ¿O solo los del mismo tipo? ¿Qué pasa si las partes se deben dinero en diferentes monedas?"[3827] Así, en consonancia con el enfoque general de los Principios de UNIDROIT, la autonomía de las partes (art. 1.1) tiene prioridad y el capítulo 8 ofrece normas supletorias para la compensación unilateral,[3828] que están sujetas al derecho imperativo (art. 1.4), en particular al régimen de la insolvencia (art. 8.1 no. 19 "III") y sanciones que prohíben un contrato que prevea el suministro de bienes a cambio de "pago" a modo de compensación.

B. Un compromiso neutral sobre la compensación

3

La compensación se reconoce como un **principio general del Derecho**,[3829] "basado en la buena fe, la equidad, la lealtad negocial o la justicia natural".[3830] Sirve como herramienta para cumplir una obligación (**función de pago**)[3831] y para organizar la **ejecución privada**.[3832] Por lo tanto, es particularmente **útil en los contratos internacionales** y sirve, entre otras cosas, como instrumento o **control de riesgos** en combinación con los derechos de retención (art. 7.1.3) que, a su vez, en algunas ocasiones funcionan como un paso intermedio de escalada en los **contratos a largo plazo** antes de la compensación. Los detalles, incluidas las condiciones, la realización y el efecto (*ex nunc/ex tunc*) de una compensación varían considerablemente en todo el mundo,[3833] especialmente entre **varios sistemas de Derecho**

[3827] A. M. Fleckner en Jansen/Zimmermann, introducción antes del Art. 13:101 (PECL), no. 1 (p. 1757).

[3828] A. M. Fleckner en Jansen/Zimmermann, introducción antes del Art. 13:101 (PECL), no. 25 (p. 1774) estima que, por lo tanto, "las reglas modelo (incluidos los Principios del UNIDROIT) pasan por alto el 99%, y probablemente incluso más, de los casos en que las reclamaciones y las reclamaciones cruzadas se compensan en la práctica".

[3829] P. Pichonnaz en Vogenauer, Introducción al capítulo 8 de los Principios de UNIDROIT, nº 9; K.-P. Berger, ICC *"Int'l Court Bull"*, Suplemento Especial 2005, pp. 24 y 24; el desarrollo de este principio comenzó en el Derecho Romano, StL-Doc. 62 (1999), página 2.

[3830] Cita de A. M. Fleckner en Jansen/Zimmermann, introducción antes del art. 13:101 (PECL), no. 26 (p. 1775), notas a pie de página omitidas, describiendo este fundamento como uno de los fundamentos dados en la literatura para la compensación.

[3831] StL-WP. 9 (2001), p. 1; StL-Doc. 75 (2002), p. 1; P. Pichonnaz en Vogenauer, Introducción al capítulo 8 de los Principios de UNIDROIT nº 6; A. M. Fleckner en Jansen/Zimmermann, introducción antes del Art. 13:101 (PECL), no. 27 (p. 1775) con referencia al reconocimiento de esta función desde el Derecho Romano y el *"Ius Commune"*. Otras posibles funciones examinadas ibid. (con más referencias) incluyen "seguridad" y "autoayuda"; R. Zimmermann en Jansen/Zimmermann, Art. 14:503 (PECL): *"Effect on Set-Off"*, no. 1 (p. 1881).

[3832] P. Pichonnaz en Vogenauer, Introducción al capítulo 8 de los Principios del UNIDROIT nº 2. Véase A. M. Fleckner en Jansen/Zimmermann, introducción antes del Art. 13:101 (PECL), nº 27 (pp. 1775-76) en el que se pide que se siga examinando internacionalmente la función de compensación antes de seguir elaborando normas sobre compensación; e ibid. nº 26, p. 1775, en el que se argumenta que la compensación a menudo también se considera una herramienta para la "eficiencia".

[3833] Para una descripción comparativa detallada, véase StL-Doc. 62 (1999), pp. 2 y ss.; StL-Doc. 62 (2000) bis, pp. 2 y ss.; StL-Doc. 71 (2001), pp. 3 y ss.; véase además P. Pichonnaz en Vogenauer, Introducción al capítulo 8 de los Principios de UNIDROIT nº 8; con más detalle Pichonnaz/Gullifer, Set-Off (2014), párrafos 2.88-2.90; E. Brödermann/G. Wegen en *"Prütting/Wegen/Weinreich"*, IPR-Anh 1/ROM I Art. 17 nº 5. Para una visión general en profundidad de las impresionantes y múltiples facetas de la compensación en la historia jurídica comparada y el derecho comparado, incluidos principalmente los aspectos procesales (tanto en Roma como

Civil (como la compensación "automática" como cuestión de derecho[3834] con intervención judicial[3835] o compensación mediante declaración)[3836] y diversos **sistemas de Derecho Común** (naturaleza "procesal" de la compensación como principio;[3837] "compensación de la transacción"[3838] y "compensación equitativa").[3839] En el momento de la negociación y redacción del contrato, la compensación suele ser un tema secundario, si es que se convierte en un tema. Las complejidades del Derecho Comparado de la compensación, la diferente calificación de la compensación en comparación con el derecho contractual aplicable y las normas conflictuales sobre compensación[3840] se pasan por alto fácilmente bajo la presión de tiempo de las negociaciones contractuales. Más bien, dependiendo de sus antecedentes jurídicos específicos, en su práctica diaria, los abogados a menudo operarán sobre la base de una **comprensión diferente de la compensación**, ya que los tres sistemas jurídicos que históricamente han influido en el mayor número de otros sistemas jurídicos (es decir, el derecho inglés, francés y alemán y sus "familias" jurídicas conexas; Introducción No. 8) operan desde un punto de partida diferente (compensación procesal, compensación automática por ministerio de la ley, compensación por declaración).[3841] Así pues, en muchos contextos de negociación internacional, es probable que las partes ignoren su perfil de riesgo en caso de que cualquiera de las partes desee invocar una compensación.

4

En este contexto, el esquema de normas de compensación de los arts. 8.1-8.5 proporcionan un compromiso **neutral, útil, y genuino**[3842] "sin influencia directa de un sistema

---

en Inglaterra), véase A. M. Fleckner en Jansen/Zimmermann, introducción antes del art. 13:101 (PECL), nº 4-11 (en pp. 1757-64) y nº 22 nota 175 con una lista de fragmentos romanos que cubren la compensación comercial.

[3834] Por ejemplo, en Francia e Italia, E. Brödermann/G. Wegen en *"Prütting/Wegen/Weinreich"*, BGB, IPR-Anh 1/ROM I Art. 17 nº 5; R. Zimmermann en *"Basedow/Hopt/Zimmermann/Stier"*, Compensación, pp. 1554 y 1555.

[3835] Véase P. Pichonnaz en Vogenauer, Art. 8.3 nº 3, página 1061 y nota 175 (donde se hace referencia a una controversia sobre la clasificación de la compensación en el derecho francés).

[3836] Por ejemplo, en Austria, Grecia, Alemania, Países Bajos, Portugal, Suecia, Suiza; véase P. Pichonnaz en Vogenauer, Art. 8.3 nº 5. Para una visión general de la variedad de compensaciones, véase R. Zimmermann en Basedow/Hopt/Zimmermann/Stier, Compensación, pp. 1554, 1555 y A. M. Fleckner en Jansen/Zimmermann, introducción antes del art. 13:101 (PECL), no. 9-11 (pp. 1762-64).

[3837] P. Pichonnaz en Vogenauer, Art. 8.3 nº 3, 5 (con más referencias en la nota 178); E. Brödermann en art. 6 *"IPR MünchAnwaltshandb. IntWirtschR"*, nº 486.

[3838] P. Pichonnaz en Vogenauer, Art. 8.1 nº 8; Pichonnaz/Gullifer, Compensación (2014), párrafos 5.19-5.49.

[3839] Véase, por ejemplo, P. Pichonnaz en Vogenauer, art. 8.1 nº 12 con referencias adicionales en la nota 68 para Australia y Pichonnaz / Gullifer, Compensación (2014) párrafos 5.23 y siguientes (clasificación de la compensación equitativa como una subcategoría de compensación de transacciones); A. M. Fleckner en Jansen/Zimmermann, introducción antes del art. 13:101 (PECL), no. 8 (pp. 1761-62).

[3840] Por ejemplo, el art. 17 del Reglamento Roma I en la UE, como se comenta, por ejemplo, por E. Brödermann/G. Wegen en Prütting/Wegen/Weinreich, BGB, IPR-Anh 1/ROM I Art. 17 nº 1 y ss.

[3841] Véase la evaluación de A. M. Fleckner en Jansen/Zimmermann, Art. 13:101 (PECL): *Requirements for Set-off*, no. 21 (pp. 1786-87): "(...) lo que parece natural para alguien familiarizado con un régimen en el que la compensación se desencadena mediante notificación a la otra parte, parecerá extraño para un abogado de Inglaterra o Francia".

[3842] P. Pichonnaz en Vogenauer, Introducción al capítulo 8 de los Principios de UNIDROIT nº 8.

jurídico específico"[3843] que se integra fácilmente en la relación contractual siempre que se elijan los Principios de UNIDROIT como normas jurídicas aplicables. Las reglas de los arts. 8.1-8.5 han sido descritas como "un sistema moderno sólidamente basado en una comprensión histórica y comparativa de la institución de la compensación".[3844] Desde la perspectiva de un profesional, puede añadirse: Las aguas del derecho de compensación parecen superficiales porque la compensación como tal es ampliamente reconocida, pero cuanto más se concentra en el derecho comparado de la compensación (por ejemplo, para investigar una ley nacional extranjera) se hace evidente que están llenas de piedras cuando se trata de detalles.[3845] Por lo tanto, se aconseja a las partes que resuelvan contractualmente las cuestiones de compensación (No. 2 supra) o que se basen, para la compensación unilateral, en el puente sobre aguas turbulentas[3846] ofrecido por los Principios de UNIDROIT en **nueve reglas compactas** en el capítulo 8, complementadas por **diez reglas específicas** para situaciones de cesión o pluralidad de deudores u obligados (art. 8.1 No. 2).

C. Un enfoque liberal

5

"En consonancia con su enfoque en los contratos comerciales internacionales"[3847] y claramente del régimen de los Principios Europeos de Derecho Contractual, los artículos 8.1 a 8.5 **no reconocen** las exclusiones de: **I)** compensación con obligaciones de **salarios o alimentos** (véase el art. 13:107 (b) PECL); y **II) contra reclamaciones derivadas de hechos ilícitos** (art. 13:107 (c) PECL).[3848]

Artículo 8.1 (Condiciones de la compensación)

(1) Cuando dos partes se deben recíprocamente deudas de dinero u otras prestaciones de igual naturaleza, cualquiera de ellas ("la primera parte") puede compensar su obligación con la de su acreedor ("la otra parte") si en el momento de la compensación:

a) la primera parte está facultada para cumplir con su obligación;

b) la obligación de la otra parte se encuentra determinada en cuanto a su existencia e importe y su cumplimiento es debido.

[3843] P. Pichonnaz en Vogenauer, Introducción al capítulo 8 de los Principios de UNIDROIT nº 8; cf. StL— Doc. 62 (1999), p. 5 (*"il semble difficile de vouloir se rallier à une pure conception judiciaire* (...)").

[3844] P. Pichonnaz en Vogenauer, Introducción al capítulo 8 de los Principios de UNIDROIT nº 9; para un análisis comparativo de la compensación, véase, en general, Pichonnaz/Gullifer, Compensación (2014); R. Zimmermann, *"Comparative Foundations of a European Law of Set-Off and Prescription"* (2002), p. 21.

[3845] Véanse, en este sentido, las inspiradoras observaciones finales críticas de A. M. Fleckner en Jansen/Zimmermann, Art. 13:101 (PECL): *Requirements for Set-off*, nº 32 (pp. 1791-92), después de una revisión comparativa exhaustiva que incluye la historia del derecho.

[3846] E. Brödermann, *Tulane J Int Comp L 2020*, pp. 193-257.

[3847] P. Pichonnaz en Vogenauer, Introducción al capítulo 8 de los Principios de UNIDROIT nº 5.

[3848] P. Pichonnaz en Vogenauer, Introducción al capítulo 8 de los Principios de UNIDROIT no. 8 (señalando el corte con "una larga tradición que se remonta al Derecho Romano").

(2) Si las obligaciones de ambas partes surgen del mismo contrato, la primera parte puede también compensar su obligación con una obligación de la otra parte cuya existencia o importe no se encuentre determinado.

A. Función del artículo 8.1 dentro del sistema de compensación de los Principios de UNIDROIT

1. Relación con los artículos 8.2-8.5

1

El artículo 8.1 hace frente a las **condiciones** de una compensación, a las que el art. 8.2 contiene una cláusula especial sobre la compensación de divisas. Los artículos 8.3-8.4 regulan la **notificación** como *modus operandi*. El artículo 8.5 describe las consecuencias jurídicas de una declaración legítima de compensación.

2. Reglas especiales con prioridad[3849]

2

Las nueve normas del capítulo 8 se complementan con diez normas relativas a la compensación en situaciones específicas: **I)** Los art. 9.1.13 2) y 9.3.6 1) sobre la compensación en caso de **cesión de derechos**;[3850] **II)** el art. 9.1.15 literal "e" respecto de un **compromiso del cedente** (art. 9.1.1) sobre la ausencia de cualquier compensación relacionada con el derecho cedido; **III)** el art. 9.2.7 (2) sobre la cesión de una obligación; **IV)** el art. 9.3.6 (2) sobre la transferencia del contrato; **V)** art. 10.10 con una limitación del derecho de compensación una vez que el deudor (art. 1.11 cuarto guión) haya afirmado la expiración del plazo de prescripción (debidamente calculado teniendo en cuenta las circunstancias tales como el comienzo de un nuevo plazo de prescripción tras un reconocimiento, art. 10.4); y **V)** artículos 11.1.4-11.1.5 y 11.1.12 literal "c" en caso de compensación con **pluralidad de deudores** y el art. 11.2.3 para **pluralidad de acreedores**

B. Requerimientos

3

En el **párrafo 1** se establecen **cuatro condiciones** para ejercer una compensación (pueden existir restricciones adicionales de compensación en virtud del contrato o de la legislación nacional imperativa, art. 1.4); el párrafo 2 establece una excepción.

3849 Siguiendo a P. Pichonnaz en Vogenauer, Introducción al capítulo 8 de los Principios de UNIDROIT nº 3 y A. M. Fleckner en Jansen/Zimmermann, Introducción antes del Art. 13:101 (PECL), no. 12-15 (pp. 1764-67).

3850 Comentarios Oficiales, art. 9.1.13 nº 2, p. 321; P. Pichonnaz en Vogenauer, Introducción al capítulo 8 de los Principios de UNIDROIT nº 3.

1. Mutualidad (o Reciprocidad)[3851]

4

El cumplimiento de la condición de reciprocidad ("deberse mutuamente"),[3852] "ampliamente aceptado tanto a lo largo del tiempo como en todas las jurisdicciones",[3853] será a menudo evidente (sujeto al escrutinio bajo los requisitos, No. 3 arriba).[3854] Dos tipos de obstáculos requieren discusión.

5

I) Dos partes. La reciprocidad requiere **"dos" partes.**[3855] Con respecto a las dos obligaciones que se prevé que estén involucradas en la compensación, ambas partes deben actuar en **la misma capacidad**[3856] con respecto a ambas obligaciones. Esto excluye la mezcla de la esfera personal de cualquiera de las partes[3857] y: **a)** una esfera de esa misma parte como fideicomisario;[3858] o **b)** una esfera en la que esa misma parte actúa como representante de otra parte;[3859] o **c)** una esfera de una "empresa" propiedad de una parte,[3860] con un patrimonio separado, incluso si no tiene personalidad jurídica independiente.[3861]

6

II) Situaciones de tres partes. La compensación se vuelve compleja en escenarios **de tres partes contratantes**:[3862] **a)** el art. 9.1.13 (2) prevé una excepción limitada en caso de **cesión de un derecho** a fin de proteger al deudor. **b)** En caso de **cesión de una obligación**, el art. 9.2.7 (2) protege al acreedor (Art. 1.11 cuarto guión): incluso si el deudor inicial hubiera podido declarar una compensación, el nuevo deudor no puede hacerlo. **c)** En caso de **transferencia de un contrato**, los arts. 9.1.13 (2) y 9.2.7 (2) se aplican de conformidad con el art. 9.3.6.[3863] **d)** Tal como se utiliza a veces en la práctica, una situación tripartita

---

3851 A. M. Fleckner en Jansen/Zimmermann, Art. 13:101 (PECL): *Requirements for Set-off*, no. 2 (p. 1778).

3852 Véase A. M. Fleckner en Jansen/Zimmermann, Art. 13:101 (PECL): *Requirements for Set-off*, nº 5 (p. 1779): "palabras sutiles", y nº 6 (p. 1780): "modestia terminológica", argumentando que el principio de "reciprocidad" o "mutualidad" merecería una mención más explícita.

3853 A. M. Fleckner en Jansen/Zimmermann, Art. 13:101 (PECL): *Requirements for Set-off*, nº 6 (p. 1780), siguiendo una descripción detallada de las fuentes históricas desde el Derecho Romano (Papiniano, Gayo, Paulus, Ulpiano) y de las leyes nacionales comparadas en no. 3-4 (pp. 1778-79).

3854 A. M. Fleckner en Jansen/Zimmermann, Art. 13:101 (PECL): *Requirements for Set-off*, nº 4 (p. 1779) observa que "las cuentas de la ley en Inglaterra, Francia y Alemania suelen dedicar más páginas a las excepciones al principio que a la definición, justificación y consecuencias de este último" (se omiten las notas de pie de página).

3855 StL-Misc. 23 (2001), p. 58; StL-WP. 9 (2001), p. 1; Comentarios Oficiales, art. 8.1 nº 1, p. 292.

3856 Comentarios Oficiales, art. 8.1 nº 2, p. 293; P. Pichonnaz en Vogenauer, art. 8.1 nº 12.

3857 Comentarios Oficiales, art. 8.1 nº 3, apartado 3, p. 294.

3858 P. Pichonnaz en Vogenauer, art. 8.1 no. 12 (con más referencias sobre las diferencias sobre este punto entre la legislación del Reino Unido y Australia).

3859 P. Pichonnaz en Vogenauer, Art. 8.1 nº 11.

3860 Comentarios Oficiales, art. 8.1 nº 2 e Ilustración 3, p. 293.

3861 P. Pichonnaz en Vogenauer, Art. 8.1 nº 13; P. Pichonnaz/L. Gullifer, *Set-Off* (2014), párrafos 7.43-7.45.

3862 StL-Doc. 82 (2003), p. 2; véase P. Pichonnaz en Vogenauer, Art. 8.1 nº 14 (citando a un juez inglés que describe la compensación cuando intervienen terceros como "una criatura desconocida para la ley").

3863 P. Pichonnaz en Vogenauer, art. 8.1 nº 14 (implícitamente con respecto al art. 9.1.13).

puede "**convertirse en una situación regular de reciprocidad**",[3864] por ejemplo, en el caso de un acreedor económicamente débil (posiblemente en quiebra),[3865] el deudor puede pagar la deuda del acreedor frente a un tercero y, por lo tanto, adquirir un derecho frente a su acreedor (por ejemplo, basado en *negotiorum gestio*) que puede utilizar para compensar en una situación regular de reciprocidad.[3866] Dicho sistema puede encontrar sus límites en ley imperativa de insolvencia (art. 1.4).

2. Dinero u otras prestaciones de igual naturaleza

7

A fin de facilitar la compensación en situaciones contractuales internacionales, los Principios de UNIDROIT adoptan un **enfoque liberal** de la noción de "prestaciones de igual naturaleza",[3867] como también lo demuestra la autorización de la compensación en moneda extranjera (art. 8.2).[3868] Debe **interpretarse en sentido amplio**[3869] y se centra en "el objeto de la obligación" como la "consideración pertinente, no su origen jurídico (contractual, extracontractual, derecho público, etc.)".[3870] El concepto es más amplio que el requisito de "fungibilidad" en muchas legislaciones nacionales.[3871] **Ejemplos de "misma naturaleza": I)** Vino del mismo viñedo pero de un año diferente;[3872] **II)** tanto en efectivo[3873] como, con sujeción a un contrato que pueda estipular otra cosa (art. 1.5), una garantía que sea "fácilmente transformable"[3874] ("fácilmente convertible");[3875] **III)** una de las prestaciones es una

---

[3864] P. Pichonnaz en Vogenauer, Art. 8.1 nº 15.

[3865] Ídem.

[3866] Ídem.

[3867] Historia. En el Derecho Romano clásico, "aparentemente no había ningún requisito general de que la demanda y la contrademanda fueran del mismo tipo". A. M. Fleckner en Jansen/Zimmermann, Art. 13:101 (PECL): Requirements for Set-off, nº 8 (p. 1780) con subsecuentemente: I) explicaciones detalladas, II) referencias a que el *ius commune* se está volviendo más restrictivo, III) el desarrollo en Inglaterra que limita la compensación a reclamaciones monetarias (ibid., no. 9, p. 1781), IV) contra-movimientos hacia una mayor flexibilidad en las jurisdicciones de Derecho Civil (ibid., no. 9, pp. 1781-82), y V) la observación general consistente en que "el requisito de que ambas reclamaciones sean ampliamente reconocidas (aunque su alcance varía), desplazando el enfoque de los debates en Inglaterra, Francia y Alemania a los numerosos casos límite que han surgido en la práctica (ibid., nº 9, p. 1782, se omiten las notas de pie de página). En su evaluación, Fleckner concluye que la discrepancia en las legislaciones nacionales con respecto al requisito de "del mismo tipo" "no es un reflejo de diferentes consideraciones de política, sino simplemente del hecho de que los diversos regímenes de compensación surgieron en circunstancias muy diferentes" (ibid., nº 11, p. 1782), por lo que, por ejemplo, hace una diferencia si una compensación sólo puede plantearse ante un juez o en cualquier momento mediante una mera declaración.

[3868] Comentarios Oficiales, art. 8.1 nº 3, p. 294; P. Pichonnaz en Vogenauer, Art. 8.1 nº 18, 20.

[3869] Este enfoque llevó a definir este requisito como "dos cosas (...) (que) pueden reemplazarse mutuamente sin daño" StL-WP. 9 (2001), p. 2; P. Pichonnaz en Vogenauer, Art. 8.1 nº 17.

[3870] P. Pichonnaz en Vogenauer, Art. 8.1 nº 17.

[3871] StL-Doc. 82 (2003), p. 2; Comentarios Oficiales, art. 8.1 nº 3, p. 294; P. Pichonnaz en Vogenauer, Art. 8.1 nº 17.

[3872] StL-Doc. 82 (2003), p. 2; Comentarios Oficiales, art. 8.1 nº 3, p. 294.

[3873] Ídem.

[3874] P. Pichonnaz en Vogenauer, art. 8.1 nº 18 (a diferencia de la ley inglesa); véase también sobre los aspectos de seguridad con a la literatura jurídica comparada A. M. Fleckner en Jansen/Zimmermann, introducción antes del artículo 13:101 (PECL), nº 27 (p. 1776).

[3875] StL-Doc. 93 (2003), p. 2; Comentarios Oficiales, art. 8.1 nº 3, p. 294.

obligación "garantizada";[3876] **IV)** el lugar de cumplimiento (art. 6.1.6) difiere[3877] (por lo que cualquier daño sufrido por la otra parte como resultado de la compensación en lugar de cumplimiento es recuperable[3878] en virtud del art. 7.4.1 y ss.). **Contraejemplo (No "misma naturaleza"):** obligación de pagar dinero versus una "obligación de devolver el contenido de un contrato de depósito"[3879] (en cuyo caso solo queda como opción una "compensación por acuerdo", por debajo del No. 17 en F.1.). La "misma naturaleza" debe existir "**en el momento de la compensación**"[3880] que, sujeto a contrato, deja la posibilidad a la primera parte de declarar en su notificación (art. 8.3) que reclama, por ejemplo, daños y perjuicios en lugar de su derecho en la forma acordada.[3881]

3. Reclamo principal: derecho al cumplimiento por la primera parte (párrafo 1 literal "a")

8

La ("primera") parte que inicie la compensación (mediante notificación, art. 8.3) tendrá una inclinación natural a comprobar el **reclamo (principal)** (es decir, la obligación de la primera parte de extinguirse o reducirse mediante compensación); si existen defensas, no utilizará (ni "desperdiciará") su contrademanda de compensación.[3882] Así pues, si bien el examen hace hincapié en la adhesión a la demanda[3883] (es decir, la obligación de la otra parte, No. 9 infra), "siguen siendo necesarias algunas precauciones"[3884] también con respecto a la obligación de la primera parte.[3885] En el momento de la compensación, la primera parte (que inicia la compensación de conformidad con el párrafo 1) debe tener derecho a cumplir su obligación[3886] (lo que ocurre principalmente incluso si la obligación de la prime-

[3876] P. Pichonnaz en Vogenauer, Art. 8.1 nº 22.

[3877] P. Pichonnaz en Vogenauer, Art. 8.1 nº 23.

[3878] R. Zimmermann, "*Comparative Foundations of a European Law of Set-Off and Prescription*" (2002), p. 60; P. Pichonnaz en Vogenauer, art. 8.1 nº 23. Este enfoque encuentra fundamento en el Derecho Romano, francés y alemán "todos permitiendo la compensación pero indemnizando a la otra parte por daños y perjuicios", A. M. Fleckner en Jansen/Zimmermann, art. 13:101 (PECL): *Requirements for Set Off*, no. 11 (p. 1783).

[3879] P. Pichonnaz en Vogenauer, Art. 8.1 no. 20 (con ejemplos de exclusiones similares de compensación en las leyes de Austria, Francia (el citado Art. 1293 no. 3 se ha mantenido sin cambios en el Código Civil francés (versión 2016)), Alemania, Italia, España, Suiza).

[3880] P. Pichonnaz en Vogenauer, Art. 8.1 nº 19.

[3881] Ídem.

[3882] Argumento convincente de A. M. Fleckner en Jansen/Zimmermann, Art. 13:101 (PECL): *Requirements for Set-off*, nº 17 (p. 1785), que se relaciona con experiencia estratégica ocasional desde la práctica.

[3883] Para una visión general y una evaluación de: I) el escaso material histórico bajo el Derecho Romano y la "poca atención" a la cuestión en el derecho inglés (ambos sistemas que evalúan las reclamaciones en el contexto de una compensación procesal); y II) las leyes nacionales (algunas leyes con un enfoque sustantivo, o que tratan la demanda y la contrademanda por igual), véase A. M. Fleckner en Jansen/Zimmermann, Arte. 13:101 (PECL): *Requirements for Set-off*, nº 18-19 (pp. 1785-86).

[3884] A. M. Fleckner en Jansen/Zimmermann, Art. 13:101 (PECL): *Requirements for Set-off*, nº 17 (p. 1785): "(...) dado que hay situaciones en las que el acreedor del crédito puede tener un interés legítimo en que el crédito no se cumpla demasiado pronto" (art. 6.1.1).

[3885] Historia: A. M. Fleckner en Jansen/Zimmermann, Art. 13:101 (PECL): *Requirements for Set-off*, nº 17 (p. 1785): "(...) dado que hay situaciones en las que el acreedor del crédito puede tener un interés legítimo en que el crédito no se cumpla demasiado pronto" (art. 6.1.1).

[3886] StL-Doc. 75 (2002), p. 3; Comentarios Oficiales, art. 8.1 nº 4 e Ilustraciones 6-8, pp. 294-295.

ra parte es de naturaleza "no vinculante" ("natural").[3887] Su obligación debe ser "posible" o "ejecutable".[3888] Tres observaciones: **I)** Si la notificación de compensación se da antes del plazo exigible de conformidad con el art. 6.1.1, la otra parte podría considerar rechazar dicha ejecución basada en el art. 6.1.5 (1) pero normalmente no tendrá un "interés legítimo en hacerlo" porque la otra parte quedará al mismo tiempo liberada de una obligación.[3889] **II)** Si la obligación de la primera parte aún no existe porque aún no se ha producido una **condición suspensiva** ("condición precedente") (art. 5.3.2 literal "a"), se excluye la compensación.[3890] **III)** De conformidad con el texto del párrafo 1 literal "a", la obligación no necesita "**verificación**" porque la notificación de compensación contiene un reconocimiento[3891] de su existencia y cuantía. Sin embargo, en un arbitraje (o un procedimiento judicial estatal), la **ley obligatoria** (art. 1.4), por ejemplo, contra el lavado de dinero o art. VIII párrafo 2 literal "b" (1) de la Convención de Bretton Woods[3892] puede requerir cautela y una comprobación de la plausibilidad a fin de evitar (desde la perspectiva de un árbitro) convertirse en un instrumento para un comportamiento no conforme.

4. Contrademanda: una obligación "determinada" y "debida" de la otra parte (párrafo 1 literal "b")

9

La contrademanda debe ser "**ejecutable**".[3893] Si se plantea una compensación como defensa en un **procedimiento judicial**, a menudo puede ser posible determinar la obligación de la otra parte dentro de la controversia jurídica sobre la obligación de la primera parte (dependiendo del régimen de solución de controversias y/o de la cláusula de resolución de controversias; No. 19 en F.2. (ii) *infra*). La determinación puede ser particularmente difícil si tiene lugar fuera de un procedimiento legal (mediante notificación, art. 8.3) con el objetivo de **evitar una disputa legal posterior**.[3894] En virtud del compromiso internacional de los Principios de UNIDROIT,[3895] en el que la compensación se ejerce mediante notificación a

3887 P. Pichonnaz en Vogenauer, art. 8.1 nº 27.

3888 Términos resumidos propuestos por A. M. Fleckner en Jansen/Zimmermann, art. 13:101 (PECL): *Requirements for Set-off*, nº 21 (p. 1787).

3889 P. Pichonnaz en Vogenauer, art. 8.1 nº 26.

3890 P. Pichonnaz en Vogenauer, art. 8.1 nº 28; cf. Comentarios Oficiales, art. 8.1 nº 4, p. 294 (tema de comentarios críticos de P. Pichonnaz en Vogenauer, art. 8.1 nº 29).

3891 P. Pichonnaz en Vogenauer, art. 8.1 nº 31.

3892 Convenio Constitutivo del Fondo Monetario Internacional, adoptado el 22 de julio de 1944, que entró en vigor el 27 de diciembre de 1945, y fue modificado recientemente con efecto a partir del 26 de enero de 2016, disponible en www.imf.org/external/pubs/ft/aa/ (visitado por última vez el 9 de enero de 2023).

3893 Francés: "*exigible*"; alemán: "*durchsetzbar*". A. M. Fleckner en Jansen/Zimmermann, Art. 13:101 (PECL): *Requirements for Set-off*, nº 12 (p. 1783) y con una visión histórica y comparativa en nº 13-15 (pp. 1783-84) y una evaluación en nº 16 (p. 1785) proponiendo el término "ejecutable" como cubriendo todos los aspectos necesarios en este contexto.

3894 Crítico: P. Pichonnaz en Vogenauer, Art. 8.1 nº 41.

3895 Una vez más, la regla es ampliamente reconocida y el enfoque de la literatura se concentra en las excepciones, como observó A. M. Fleckner en Jansen/Zimmermann, art. 13:101 (PECL): *Requirements for Set-off*, nº 14 (p. 1784).

la otra parte (art. 8.3), la exigibilidad requiere (con una excepción para una contrademanda prescrita en el art. 10.10[3896]):

10

I) "Determinar" si el cumplimiento es debido.[3897] La obligación de la otra parte, que debe cumplirse mediante la notificación de compensación, debe: **a)** existir (lo que no es el caso mientras no se haya cumplido una condición suspensiva, arts. 5.3.1 y 5.3.2 literal "a");[3898] **b)** para ser ejecutable: una mera obligación "natural" o inejecutable, por ejemplo, en el sentido del art. VIII, párrafo 2 literal "b" (1) de la Convención de Bretton Woods, no puede utilizarse para una compensación;[3899] **c)** no está sujeto a una "excepción imperativa",[3900] es decir, una defensa que debe considerarse[3901] (en primer lugar, con una excepción importante para una demanda cruzada prescrita en el art. 10.10;[3902] y, en segundo lugar, se ha argumentado con respecto al principio de trato justo (art. 1.7), que la otra parte debería tener la oportunidad de plantear la excepción incluso si ello significa conceder un plazo razonable para hacerlo después de la compensación).[3903] Dicha evaluación puede depender de circunstancias especificas del caso.

11

II) "Determinar" su existencia e importe ("liquidez").[3904] Este requisito sustantivo,[3905] tomado de los sistemas jurídicos que reconocen una compensación automática,[3906] debe interpretarse "de forma autónoma" (art. 1.6). Los Comentarios Oficiales se refieren al **cri-**

3896 A. M. Fleckner en Jansen/Zimmermann, Art. 13:101 (PECL): *Requirements for Set-off*, nº 15 (p. 1784).

3897 Véase A. M. Fleckner en Jansen/Zimmermann, Art. 13:101 (PECL): *Requirements for Set-off*, nº 12-16 (pp. 1783-85).

3898 P. Pichonnaz en Vogenauer, art. 8.1 nº 35.

3899 P. Pichonnaz en Vogenauer, Art. 8.1 no. 32 (sin el ejemplo de Bretton-Woods).

3900 P. Pichonnaz en Vogenauer, Art. 8.1 nº 33. El requisito de "no defensa" ya estaba confirmado en el Derecho Romano (A. M. Fleckner en Jansen/Zimmermann, art. 13:101 (PECL): *Requirements for Set-off*, nº 13, pp. 1783-84) y es común a las tres "familias jurídicas" originarias del derecho inglés, alemán o francés (véase ibid. nº 14, p. 1784).

3901 A diferencia de las defensas que el deudor podría o no plantear.

3902 A. M. Fleckner en Jansen/Zimmermann, Art. 13:101 (PECL): *Requirements for Set-off*, nº 15 (p. 1784).

3903 P. Pichonnaz en Vogenauer, Art. 8.1 no. 33-34 (con un argumento que se refiere al Art. 14:503 PECL).

3904 Véase A. M. Fleckner en Jansen/Zimmermann, Art. 13:101 (PECL): *Requirements for Set-off*, nº 22-26 (pp. 1787-90) que incluye una descripción jurídica histórica y comparativa exhaustiva que incluye la advertencia de que el panorama jurídico comparativo completo (y la evaluación del riesgo en caso de una acción contemplada en virtud de una ley nacional extranjera) se desarrolla solo después de considerar también los aspectos procesales (ibid. nº 24, p. 1788, para la ley alemana donde la liquidez de la contrademanda es un requisito procesal y no sustantivo).

3905 Véanse las observaciones críticas de A. M. Fleckner en Jansen/Zimmermann, Art. 13:101 (PECL): *Requirements for Set-off*, nº 26 (pp. 1789, 1790) prefiriendo un tratamiento puramente procesal del tema que, sin embargo, estaría más allá del alcance de los Principios de UNIDROIT. Para un enfoque procesal (similar al Derecho Romano) ver Art. 13:102 (PECL) y los comentarios ibid., art. 13:102 (PECL): *Unascertained Claims*, no. 1-5 (pp. 1793-96).

3906 P. Pichonnaz en Vogenauer, Art. 8.1 nº 37 y 41 nota 125 (citando el art. 6:136 del Código Civil holandés sobre la cuestión de "determinar").

terio de si "la obligación misma **no puede ser impugnada**",[3907] debido a: **a)** un reconocimiento del deudor;[3908] **b)** una sentencia o laudo definitivo;[3909] o **c)** con miras al art. 1.6 (2) y el principio subyacente de la observancia de la buena fe y el lealtad negocial (art. 1.7), cuando la declaración de impugnación de la otra parte, debidamente interpretada (art. 4.2), es **frívola o no da ningún fundamento.**[3910] Tales restricciones que requieren "liquidez" de la adhesión reducen posiblemente el riesgo de que una parte obligada de un crédito (impugnado) inicie una compensación en el último momento de un litigio para retrasar un asunto pendiente en la corte.[3911]

12

El criterio no se cumple si la "comprobación demuestra únicamente la existencia de la obligación de la otra parte, pero no su importe".[3912] Con respecto al principio de buena fe y lealtad negocial (art. 1.7), se argumenta que la buena fe requeriría una determinación en cuanto a la cantidad si la cantidad puede ser "**fácilmente determinada**".[3913]

13

Si el **importe es divisible** y sólo subsiste incertidumbre con respecto a una suma parcial (por ejemplo, el cálculo exacto de los intereses), la primera parte que desee liberarse de su propia obligación mediante compensación podrá: **a)** analizar con más detalle si el importe adeudado a la otra parte puede dividirse legalmente (por ejemplo, en una obligación principal que sea cierta y una obligación de pagar intereses en concepto de daños y perjuicios, art. 7.4.9); y/o de otro modo **b)** considerar el riesgo de una ejecución parcial (art. 6.1.3) ya que la otra parte generalmente "no tiene ningún interés legítimo" en rechazar dicha ejecución parcial (art. 6.1.3 No. 3-5). El art. 8.5 (2) regula los efectos de la compensación en caso de que las obligaciones se refieran a cantidades diferentes.

5. Excepción al requisito de "determinación"

14

El **párrafo 2 anula el requisito de determinar la obligación** de la otra parte cuando ambas obligaciones "nacen del mismo contrato".[3914] Cuando la reclamación y la contrademan-

[3907] Comentarios Oficiales, art. 8.1 nº 5, p. 295; véase ya StL-Doc. 75 (2002), p. 4.

[3908] P. Pichonnaz en Vogenauer, Art. 8.1 nº 38.

[3909] StL-Doc. 75 (2002), p. 4; P. Pichonnaz en Vogenauer, Art. 8.1 nº 38.

[3910] P. Pichonnaz en Vogenauer, Art. 8.1 no. 38 (para impugnar "sin ningún motivo", sin el argumento del art. 1.6 (2)).

[3911] Discutido por A. M. Fleckner en Jansen/Zimmermann, Art. 13:101 (PECL): *Requirements for Set-off*, nº 26 (pp. 1789, 1790).

[3912] Comentarios Oficiales, art. 8.1 nº 5 e ilustración 10, pp. 295 y 296; P. Pichonnaz en Vogenauer, Art. 8.1 nº 39.

[3913] P. Pichonnaz en Vogenauer, Art. 8.1 nº 39.

[3914] Esta expresión "del mismo contrato" sustituyó a la referencia inicial a la misma relación jurídica", véase StL-WP. 9 bis. (2002), p. 3; StL-Doc. 82 (2003), p. 5; Comentarios Oficiales, art. 8.1 no. 7 e Ilustraciones 12-13,

da se basan en los mismos hechos, se supone que "por lo general no requerirá una cantidad excesiva de tiempo y esfuerzo para verificar la contrademanda".[3915] Se ha argumentado convincentemente que el enfoque favorable de los Principios de UNIDROIT con respecto a la compensación requiere una **interpretación amplia** de la palabra "surgen del mismo contrato" (art. 1.6) para incluir las obligaciones derivadas de un **contrato complejo** relativo a la misma relación jurídica.[3916] Las prácticas establecidas entre las partes (art. 1.9 (1)) pueden apoyar un entendimiento tan amplio en cualquier caso particular teniendo debidamente en cuenta las circunstancias.

C. Consecuencias jurídicas y terminología

15

Si se cumplen los requisitos para una compensación y no se aplican otras restricciones (No. 19 en D.2. *infra*), el párrafo 1 otorga a cualquiera de las partes (definida por los Principios de UNIDROIT como "la primera parte") la facultad de liberarse (art. 8.5 (1)) de su obligación para con "la otra parte" mediante compensación con una notificación (arts. 8.3-8.4; 8.5 (3)).

D. Opciones y otras restricciones contractuales

1. Opciones y/o restricciones contractuales

16

I) Las partes pueden **ampliar las posibilidades** de compensación (lo que pueden estar inclinados a hacer, por ejemplo, en el contexto de un **acuerdo de resolución** de controversias[3917]). Los Comentarios Oficiales mencionan explícitamente la posibilidad de "lograr los

---

p. 296; P. Pichonnaz en Vogenauer, Art. 8.1 nº 43-45; véase también A. M. Fleckner en Jansen/Zimmermann, Art. 13:101 (PECL): *Requirements for Set-off*, no. 30-31 (p. 1791) con comentarios críticos sobre el requisito de liquidez y su excepción.

3915 A. M. Fleckner en Jansen/Zimmermann, Art. 13:101 (PECL): *Requirements for Set-off*, no. 27 (p. 1790), con una reseña legal histórica y comparativa en no. 28-30 (pp. 1790-91).

3916 P. Pichonnaz en Vogenauer, Art. 8.1 nº 46 y en la nota 132; R. Zimmermann 21 *"Tul Eur&Civ L Forum"* (2006), pp. 1, 21 ("misma relación jurídica"). Según su formación jurídica de acuerdo con la legislación nacional, en algunas circunstancias los abogados formados en una jurisdicción de Derecho Civil pueden tener una comprensión más estrecha de una relación contractual en comparación con colegas de una antecedentes del Derecho Común que reconoce la doctrina del grupo de empresas (sobre doctrina ver Laudo CCI No. 4131 (1984), *"Caso Dow Chemical"*).

3917 Este enfoque estaría en consonancia con el enfoque de Roma y podría superar, mediante acuerdo (art. 1.5), el requisito de que el cumplimiento debe ser "del mismo tipo". A. M. Fleckner en Jansen/Zimmermann, Art. 13:101 (PECL): *Requirements for Set-off*, nº 8 (p. 1781) ha concluido de su estudio de las fuentes clásicas: "Dado que la existencia de la contrademanda tenía que plantearse ante un juez, que tenía discreción sobre si considerarla o no, y que cada acción daría lugar a una condena al pago, independientemente de la reclamación subyacente, es muy probable que cualquier reclamación, sea del mismo tipo o no, tenga derecho a los efectos de la indemnización". Las partes son libres de evaluaciones gratuitas similares en un acuerdo de transacción y podrían superar las diferencias con respecto al tipo y el momento de sus respectivas reclamaciones.

efectos de la compensación mediante acuerdo" ("***Set-Off by Agreement***"),[3918] que se acepta esencialmente en **todo el mundo**[3919] y puede concluirse: **a)** *ex post* (después de que surja la idea de una compensación); o, más frecuentemente, **b)** *ex ante* (para el futuro) acordando una forma **más liberal** ("compensación automática" en una fecha específica, compensación periódica) o una forma **más restrictiva** (únicamente mediante decisión del organismo competente de resolución de litigios);[3920] o **c)** por "compensación por saldos netos",[3921] es decir, en **contratos entre varias partes.**[3922] Incluso obligaciones claramente diferentes pueden convertirse de común acuerdo en una cantidad de dinero y compensar.[3923]

17

II) Las partes son libres de configurar su propio régimen (por ejemplo, cuando los Principios de UNIDROIT sirven de mero modelo para un contrato). A este respecto, también se ha recomendado: **a)** desplazar contractualmente el requisito de determinación del párrafo 1 literal "b";[3924] y **b)** para modificar el art. 8.2 última parte.[3925] En la práctica, incluso en grandes transacciones comerciales, a menudo no es realista iniciar negociaciones con tal nivel de detalle.

18

III) Las partes son libres (arts. 1.1,[3926] 1.5) de **excluir la compensación**[3927] mediante una "redacción clara"[3928] "para refutar la presunción de que la compensación no está excluida"[3929] (antes de hacerlo, puede ser sensato considerar que la compensación puede reducir los costos de transacción, por ejemplo, los gastos bancarios, y los costos de ejecución). A la luz de la caracterización de la compensación como **principio general del derecho**,[3930] la **exclusión** de la compensación en términos estándar puede ser "**sorprendente**" (es decir, ser de tal carácter que la otra parte no podría haberlo esperado razonablemente,[3931] art. 2.1.20 (1)), por lo que un lenguaje modificado, como una mera limitación del derecho a compensación, puede dar lugar a una evaluación diferente en

3918 Comentarios Oficiales, art. 8.1 nº 8, p. 297.

3919 P. Pichonnaz en Vogenauer, Art. 8.3 nº 20 ("todo sistema legal nacional") con una bibliografía comparativa detallada sobre esta cuestión en la nota 220, incluida, por ejemplo, la correspondiente a Alemania K-P. Berger, "*Der Aufrechnungsvertrag*" (1996).

3920 P. Pichonnaz en Vogenauer, Art. 8.3 nº 20.

3921 Comentarios Oficiales, art. 8.1 nº 8, p. 298.

3922 P. Pichonnaz en Vogenauer, Art. 8.3 nº 20.

3923 P. Pichonnaz en Vogenauer, Art. 8.1 no. 19 (refiriéndose al ejemplo de la obligación de un médico y un abogado, o una obligación de carácter exclusivamente personal, Art. 7.2.2 (d)).

3924 P. Pichonnaz en Vogenauer, Art. 8.1 nº 40.

3925 P. Pichonnaz en Vogenauer, Art. 8.2 nº 17.

3926 P. Pichonnaz en Vogenauer, Art. 8.3 no. 21 (con referencia a la regla paralela en el Art. 13:107 (a) PECL).

3927 P. Pichonnaz en Vogenauer, Art. 8.1 nº 1, p. 1039.

3928 P. Pichonnaz en Vogenauer, Art. 8.3 nº 21.

3929 P. Pichonnaz en Vogenauer, Art. 8.3 nº 21 y nota 223, donde se cita "*Gilbert-Ash (Northern) Ltd vs. Modern Engineering (Bristol) Ltd*" (1974) AC 689, HL, p. 717 ("deben utilizarse palabras expresas claras para hacer valer esta presunción").

3930 P. Pichonnaz en Vogenauer, Art. 8.3 nº 20.

3931 P. Pichonnaz en Vogenauer, Art. 8.3 nº 21, p. 1066.

las circunstancias del caso. Por ejemplo, una limitación del derecho a compensación con reclamaciones que: **a)** hayan sido **explícitamente reconocidas** por la otra parte; o **b)** para las cuales la obligación de la otra parte haya sido determinada en una **sentencia o laudo**[3932] no debe considerarse sorprendente y, por lo tanto, válida, a menos que la compensación se excluya explícitamente en cualquier circunstancia y esto haya sido aceptado por la otra parte (art. 2.1.20 (1) última parte).

2. Otras restricciones

19

Además de los requisitos del art. 8.1 y subsiguientes, así como cualquier restricción contractual, las restricciones a la compensación pueden deberse a: **I) derechos de terceros** a una de las reclamaciones (por ejemplo, mediante un **gravamen** o un **decreto de arresto**);[3933] **II) derecho procesal y/o arbitraje internacional**, siempre que la obligación de extinción ya esté sujeta a un procedimiento formal: esto puede contener restricciones con respecto a la competencia de un tribunal estatal[3934] o un tribunal arbitral[3935] para decidir sobre el (efecto de una notificación de) compensación u otras **normas procesales especiales** sobre las modalidades de compensación[3936] (por lo tanto, la consideración adecuada de la compensación puede requerir una adaptación de la cláusula de resolución de controversias,[3937] especialmente cuando se negocia un sistema contractual basado en un contrato complejo o en una serie de contratos);[3938] y **III)** la **ley imperativa aplicable** (art. 1.4) que puede prohibir el uso de ciertos créditos para compensar o extinguir ciertas deudas por compensación. Esto incluye de manera más prominente el **régimen obligatorio de la insolvencia**, ya que los

---

3932 Un ejemplo inspirado en el art. 309 nº 3 del Código Civil alemán (véanse también los comentarios al art. 387 del Código Civil alemán por M. Schlüter en: *"MünchenerKommentar zum BGB"* (8ª ed. 2019), no. 62 y por K-H. Gursky en Staudinger (2016), nº 245), y la jurisprudencia alemana que considera que las cláusulas que restringen la compensación en las circunstancias descritas en el texto son inválidas, véanse, por ejemplo, las Decisiones del Tribunal Supremo Federal alemán de 18 de abril de 1989, X ZR 31/88, NJW 1989, 3215 y de fecha 27 de enero de 1993, XII ZR 141/91, BeckRS 9998, 77984.

3933 P. Pichonnaz en Vogenauer, Art. 8.1 nº 22, 30.

3934 Véase, por ejemplo, los párrafos 1 y 4 del artículo 302 de la Ley de Enjuiciamiento Civil alemana; P. Pichonnaz en Vogenauer, Art. 8.1 nº 37 y nº 2 (discutiendo las diferencias en comparación con una reconvención).

3935 P. Pichonnaz en Vogenauer, Art. 8.1 no. 3-10 con referencia al Art. 21 (3) Reglamento de Arbitraje de la CNUDMI de 2010 (que se correlaciona con varias reglas de arbitraje institucional como el Art. 21 (3) del Reglamento de Arbitraje de Hamburgo de la ASEAC o el Art. 21 (3) del Reglamento de Arbitraje del Centro Regional de El Cairo para el Arbitraje Comercial Internacional); claramente más liberal y favorable a la compensación: el art. 23 (5) del Reglamento suizo de arbitraje internacional 2021 (véase P. Pichonnaz en Vogenauer, art. 8.1 no. 10 que subraya la tradición *"le juge de l'action est le juge de l'excpetion"*: el juez que conoce de la acción principal también es competente para decidir sobre las excepciones).

3936 Por ejemplo, el art. 21 (3) del Reglamento suizo sobre los requisitos de presentación de una compensación; P. Pichonnaz en Vogenauer, Art. 8.1 no. 9 (argumentando con una "tendencia a favor de escuchar una excepción de compensación") y no. 3 y nota 34 (subrayando que es decisivo que la cuestión se aborde en el mandato, Art. 23 (1) (c) Reglamento de la CCI).

3937 Véase, por ejemplo, P. Pichonnaz en Vogenauer, art. 8.1 nº 7 con crítica a la cláusula uniforme de arbitraje de la CNUDMI.

3938 Véase, por ejemplo, P. Pichonnaz en Vogenauer, art. 8.1 no. 8 discutiendo una sentencia de la *"Queen's Bench Division"* inglesa con una visión restrictiva sobre permitir la "compensación de transacciones" a la luz del Art. 19 (3) del Reglamento de Arbitraje de la CNUDMI de 1976.

Principios de UNIDROIT no regulan la posibilidad de compensación en situaciones de insolvencia.[3939] Algunos regímenes nacionales prevén una "garantía (oculta)"[3940] al permitir la compensación si la otra parte es insolvente,[3941] otorgando así un mejor trato al acreedor en comparación con los demás acreedores de la otra parte (que pueden quedar excluidos por un régimen de la insolvencia diferente o incluso por contrato;[3942] pero que, en la práctica comercial internacional, no está tan "oculto" y normalmente será considerado deliberadamente por el acreedor en el momento de la celebración del contrato,[3943] ya que evita insistir en otro tipo de garantía, como una prenda, que conduce también a un trato preferente). El régimen nacional aplicable podrá **prever además una norma imperiosa de elección del Derecho aplicable** con respecto a las condiciones de compensación[3944] que podrá o no **descartar el régimen de Principios de UNIDROIT** elegido.

Artículo 8.2 (Compensación de deudas en moneda extranjera)

Cuando las obligaciones sean de pagar dinero en diferentes monedas, el derecho a compensar puede ejercitarse siempre que ambas monedas sean libremente convertibles y las partes no hayan convenido que la primera parte sólo podrá pagar en una moneda determinada.

A. Función y principio

1

El artículo 8.2 especifica una condición para la compensación subsumiendo obligaciones debidas en **diferentes**[3945] monedas bajo ciertas condiciones como "dinero u otras prestaciones **de la misma naturaleza**" como lo exige el art. 8.1 (1).[3946] De este modo, hace que la compensación sea fácilmente accesible en muchas situaciones contractuales transfronterizas estándar y, de conformidad con la ley en algunas jurisdicciones,[3947] supera las limita-

---

3939 Comentarios Oficiales, art. 8.1 nº 5, p. 296; P. Pichonnaz en Vogenauer, Introducción al capítulo 8 de los Principios de UNIDROIT nº 7; A. M. Fleckner en Jansen/Zimmermann, introducción antes del art. 13:101 (PECL), no. 21 (pp. 1771-72).

3940 P. Pichonnaz en Vogenauer, Introducción al capítulo 8 de los Principios de UNIDROIT nº 7; P. Pichonnaz en Vogenauer, Art. 8.3 nº 18.

3941 P. Pichonnaz en Vogenauer, Art. 8.3 nº 15 con referencia a: I) la norma del artículo 323, apartado 2, de la Ley de Insolvencia del Reino Unido de 1986 y la regla 4.90, apartado 2, del Reglamento de Insolvencia del Reino Unido de 1986 (modificada en 2005) sobre la compensación automática en caso de insolvencia; y II) el art. 9 (1) y apartado 70 del preámbulo del Reglamento (UE) 2015/848 del Parlamento Europeo y del Consejo, de 20 de mayo de 2015, sobre procedimientos de insolvencia ("Reglamento europeo sobre insolvencia"), DO L 141, p. 19 de 5.6.2015.

3942 P. Pichonnaz en Vogenauer, Art. 8.3 nº 19, p. 1065.

3943 Ejemplo de la práctica.

3944 Reglamento Europeo sobre Insolvencia; P. Pichonnaz en Vogenauer, Art. 8.3 nº 16-17.

3945 P. Pichonnaz en Vogenauer, Art. 8.2 nº 2.

3946 Comentarios Oficiales, art. 8.2 nº 1, p. 298; véase StL-WP. 9 (2001), p. 5, StL-Doc. 75 (2002), p. 6; StL-Doc. 82 (2003), p. 6; P. Pichonnaz en Vogenauer, Art. 8.2 nº 13.

3947 Pichonnaz/Gullifer, *Set-Off* (2014), párrafos 9.06, se refiere, por ejemplo, a las leyes de Austria, Inglaterra, Italia, Países Bajos y Suiza.

ciones que existen en algunos sistemas jurídicos como el derecho alemán.[3948] Con sujeción a: **I)** el requisito de "**monedas libremente convertibles**";[3949] **II)** el **contrato**; y **III)** las demás **condiciones generales** de compensación establecidas en el art. 8.1 (No. 6 y subsiguientes en D.), las obligaciones en monedas libremente convertibles pueden estar sujetas a una notificación de compensación (art. 8.3). Esto corresponde a una **tendencia internacional moderna**[3950] con posiblemente raíces en el Derecho Romano.[3951] Desde la perspectiva de un profesional, la regla en el art. 8.2 es útil: **I)** para crear un **derecho sustantivo** (art. 8.5 no. 2) de relevancia práctica, especialmente para **contratos a largo plazo** que integren partes de múltiples naciones;[3952] **II)** para **superar el escepticismo** con respecto a la compensación de divisas que puede provenir de abogados con antecedentes legales alemanes o de una familia jurídica relacionada;[3953] **III)** como **recordatorio** de la orientación de los Principios de UNIDROIT sobre temas internacionales al convencer a los abogados y a las partes para que acepten dichos principios[3954] (Introducción No. 9b).

B. Una carrera para convertirse en la "Primera Parte"

2

La primera parte utiliza su reclamo contra la otra parte (es decir, la obligación de la otra parte) para compensar su obligación hacia la otra parte. **Prácticamente "paga" su deuda mediante compensación**. El objetivo de cualquier notificación de compensación (art.

[3948] P. Pichonnaz en Vogenauer, Art. 8.2 nº 1, 2 (última oración); para las restricciones de la legislación alemana que no permiten la compensación de obligaciones en diferentes monedas: véase, por ejemplo, "*Oberlandesgericht Hamm*", 9 de octubre de 1998 (33 U 7-98), NJW-RR 1999, 1736; "*Kammergericht Berlin*", 6 de marzo de 2003 - 2 U 198/01, BKR 2003, 997, 998. Véase también A.M. Fleckner en Jansen/Zimmermann, Art. 13:103 (PECL) Compensación de Moneda Extranjera, No. 3, p. 1797-98.

[3949] Véase M. J. Bonell Unif. Law Rev. 2014 pp. 5, 33.

[3950] P. Pichonnaz en Vogenauer, art. 8.2 nº 3 (con referencia al apartado 6 del artículo 8 del Reglamento (CE) nº 974/98 del Consejo, de 3 de mayo de 1998, sobre la introducción del euro, DO L 139, p. 1 de 11.5.1998. La compensación de divisas se admite, por ejemplo, en el derecho inglés y francés, pero no, por ejemplo, en el derecho alemán (véase A. M. Fleckner en Jansen/Zimmermann, art. 13:103 (PECL): *Foreign Currency Set-off*, nº 3 (pp. 1797-98).

[3951] Convincentemente argumentado por A. M. Fleckner en Jansen/Zimmermann, Art. 13:103 (PECL): *Foreign Currency Set-off*, nº 2 (p. 1797): Esto probablemente no fue un problema debido al tratamiento procesal de la compensación, mientras que "pagar en diferentes monedas era probablemente tan importante como hoy". La otra parte fue indemnizada por los daños resultantes (Iavolenus D. 16.2.15).

[3952] Los grupos internacionales de empresas a menudo hacen negocios entre sí bajo acuerdos marco que dan acceso al proceso de pedido (electrónicamente automatizado) de productos a entidades de múltiples jurisdicciones de diferentes antecedentes legales.

[3953] Según la ley alemana, la compensación de divisas no se produce por falta de "prestaciones de la misma clase" ("*gleichartig*", el art. 387 del Código Civil alemán, véase, por ejemplo, M. Bieder/K-H. Gursky en *Staudinger, BGB. Neubearbeitung* 2022, art. 387 BGB nº 104). Sin embargo, en la práctica, como señaló A. M. Fleckner en Jansen/Zimmermann, Art. 13:103 (PECL): *Foreign Currency Set-off*, no. 3 (p. 1798), la cuestión de la compensación de moneda extranjera rara vez es relevante porque, de acuerdo con el artículo 244 del Código Civil alemán, el deudor a menudo podrá pagar una deuda en euros incluso si el contrato prevé otra moneda.

[3954] Por esta razón, es útil contar con la norma de forma independiente y, por supuesto, como sugiere A. M. Fleckner en Jansen/Zimmermann, Art. 13:103 (PECL): *Foreign Currency Set-off*, nº 5 (p. 1799), el contenido del art. 8.2 podría integrarse directamente en el art. 8.1 añadiendo las palabras "incluidas las monedas libremente convertibles" después de las palabras "de la misma naturaleza".

8.3-8.5) es, por lo tanto, extinguir, en primer lugar, la obligación de la primera parte de la que ella es la obligada (art. 1.11 cuarto guión). La primera parte puede controlar (en gran medida): **I)** la moneda en la que tiene lugar la "sustracción entre ambas obligaciones monetarias";[3955] y **II)** el tipo de cambio.

1. Divisa

3

I) Una elección a tomar. En su notificación[3956] a la otra parte (Art. 8.3-8.4), y sujeto a contrato (No. 12 en D. abajo), la **primera parte** puede elegir, basándose en las opciones proporcionadas al deudor en virtud del art. 6.1.9 - entre la "**divisa expresada por la obligación monetaria**" (por ejemplo, USD o euro, según lo previsto para la deuda de la primera parte en el contrato) y la "**moneda del lugar de pago**" (art. 6.1.6 y, en particular, art. 6.1.6 (1) (a)) donde se debe el pago de la obligación de la primera parte (por ejemplo, euros en "París" o francos suizos en "Ginebra").[3957] Por lo tanto, en caso de controversia persistente, la rapidez es esencial y decide sobre la moneda aplicable[3958] (esto corresponderá a muchos abogados como un concepto familiar, ya que, en algunos regímenes de Derecho Internacional Privado, la acción (por ejemplo, la declaración de compensación) de la primera parte decidirá sobre el parámetro que determina la ley aplicable a la compensación).[3959] De conformidad con el art. 1.10 (2), la parte que recibe primero una notificación de compensación se convierte en la "otra" parte en virtud del art. 8.1.[3960] Este concepto es distinto, por ejemplo, de la legislación inglesa, que hace referencia a la moneda de la "obligación mayor" como moneda principal para la compensación.[3961] **Ejemplo**:

"La obligación de A se expresa en dólares estadounidenses (con lugar de pago París). La obligación de B se expresa en euros (con lugar de pago Ginebra). Si B notifica la compensación, puede (en virtud del artículo 6.1.9.1) elegir entre euros y francos suizos".[3962]

4

II) Norma supletoria. "A falta de cualquier indicación, la resta se hará de acuerdo con la moneda **en la que se expresa la obligación de la primera parte**",[3963] la compensación será en euros si B da aviso, pero en USD si A da aviso en su lugar.[3964] Esto implica que la **segunda**

[3955] P. Pichonnaz en Vogenauer, Art. 8.2 nº 4.
[3956] P. Pichonnaz en Vogenauer, Art. 8.2 nº 6.
[3957] P. Pichonnaz en Vogenauer, Art. 8.2 nº 4 con un ejemplo en nº 4 y 6.
[3958] P. Pichonnaz en Vogenauer, Art. 8.2 nº 7.
[3959] El artículo 17 del Reglamento Roma I, véase, por ejemplo, E. Brödermann/G. Wegen en PWW/, BGB, IPR-Anh 1/ROM I Art. 17 nº 2; M. H. ten Wolde in Magnus/Mankowski, Reglamento Roma I, 2017, art. 17 nº 6 y 23.
[3960] P. Pichonnaz en Vogenauer, Art. 8.2 nº 7.
[3961] P. Pichonnaz en Vogenauer, Art. 8.2 nº 6.
[3962] Citado de P. Pichonnaz en Vogenauer, Art. 8.2 nº 4 (las palabras entre paréntesis se complementan), véase también ibid. nº 6.
[3963] Comentarios Oficiales, art. 8.2 nº 2, ilustración 2, página 299; P. Pichonnaz en Vogenauer, Art. 8.2 nº 6.
[3964] Véase la nota anterior.

obligación, para la cual la otra parte es el deudor y la primera parte el acreedor,[3965] (y que la primera parte está utilizando para el "pago por compensación", es decir, la obligación de A en el ejemplo anterior en el número 3 debe **convertirse**).

2. Tipo de cambio

5

Con respecto al art. 6.1.9 (3) (que se centra en el tipo de cambio vigente en el lugar de pago en el momento en que el pago es debido), *Pichonnaz* ha argumentado convincentemente que, como cuestión de reflexión, el **lugar de pago** (art. 6.1.6 (1) (a)) de **la obligación de la primera parte** (de la cual la primera parte, como deudora, desea ser liberada por compensación) es relevante.[3966] Esto se correlaciona con la solución para la moneda aplicable (No. 3 *supra*).

6

Si el pago no se efectúa en el momento en que vence el pago, se tendrá en cuenta el art. 6.1.9 (4) que otorga al acreedor (es decir, la otra parte) el derecho a "el acreedor puede reclamar el pago conforme al tipo de cambio aplicable y predominante, bien al vencimiento de la obligación o en el momento del pago efectivo". Como la primera parte es la parte obligada con respecto a la obligación de ser liberada principalmente mediante compensación, se ha aducido que "**la primera parte** (es decir, el acreedor de la obligación de la otra parte, que es la única que debe convertirse (No. 2 arriba) cuando se recibe la notificación de compensación) **puede elegir entre el momento en que vence el pago** y el **momento en que** (la notificación de) **se recibe la compensación** (que es el momento en que el pago se hace efectivo)",[3967] art. 1.10 (2).

7

Si la primera parte declara una compensación antes de que venza su propia obligación, esa elección no existe y sólo el momento en que se recibe la compensación es relevante para el tipo de cambio.[3968] Además, *Pichonnaz* ha demostrado en su análisis detallado que la perspectiva pertinente de la primera parte requiere aplicar "el **tipo de cambio de compra** para la moneda de la obligación de la primera parte en el momento de la conversión elegido por la primera parte".[3969]

[3965] Véase Art. 1.11 (cuarto guión), para la definición de las palabras "deudor" y "acreedor".
[3966] P. Pichonnaz en Vogenauer, Art. 8.2 nº 8, p. 1057.
[3967] P. Pichonnaz en Vogenauer, Art. 8.2 nº 9 (con un énfasis diferente; se agregan las palabras entre paréntesis).
[3968] P. Pichonnaz en Vogenauer, Art. 8.2 nº 9.
[3969] P. Pichonnaz en Vogenauer, Art. 8.2 nº 10 (con otro ejemplo detallado en el nº 11).

C. Restricciones

8

El artículo 8.2 restringe la libertad de obligaciones de compensación expresadas en diferentes monedas en dos situaciones.

1. No hay "monedas libremente convertibles"

9

Si cualquiera de las dos monedas no es libremente convertible, la "sustracción que debe hacerse no es fácilmente determinable",[3970] de modo que las obligaciones ya no se consideran "dinero u otras interpretaciones o ejecuciones del mismo tipo" en virtud del art. 8.1 (1) Primera extremidad.[3971]

2. Divisa impuesta por acuerdo[3972]

10

En su última parte, el art. 8.2 prohíbe la compensación si el contrato entre las partes impone el pago en una moneda específica (art. 6.1.9 (1) (b)) y, por lo tanto, **restringe la conversión de la obligación de la primera parte** para proteger las expectativas del acreedor de la primera parte (es decir, las expectativas de la otra parte que espera el pago en la moneda contratada). Se ha argumentado, de manera bastante convincente (*argumentum* art. 6.1.9 (1) (b) y 1.6), que se **debe interpretar** esta última limitación de manera **restrictiva**. Si bien restringe la libertad de la primera parte para convertir su obligación en la moneda del "lugar de pago" (restricción de la elección descrita anteriormente en el número 3 en B.1),[3973] no prohíbe la conversión de la obligación de la otra parte en la moneda acordada de la obligación de la primera parte con una compensación posterior.[3974]

11

La redacción del art. 8.2 no restringe la compensación si la obligación de la otra parte (en virtud del "segundo" contrato) debe pagarse en una moneda específica. Suponiendo que el (segundo) contrato, que contiene la obligación de la otra parte frente a la primera, esté sujeto a los Principios de UNIDROIT, la libertad de la primera parte (el acreedor de la otra parte) de declarar una compensación de su obligación en virtud del segundo contrato

---

3970 Comentarios Oficiales, art. 8.2 nº 1, p. 298; P. Pichonnaz en Vogenauer, Art. 8.2 nº 13; Véase también A. M. Fleckner en Jansen/Zimmermann, Art. 13:103 (PECL): *Foreign Currency Set-off*, nº 4 (p. 1798) señalando que los Principios de UNIDROIT, en comparación con los PDCE y el DCFR, es la única *"soft law"* que requiere explícitamente monedas "libremente convertibles".

3971 Comentarios Oficiales, art. 8.2 no. 1 e Ilustración 1, p. 298; P. Pichonnaz en Vogenauer, Art. 8.2 nº 13.

3972 Expresión convincente de P. Pichonnaz en Vogenauer, Art. 8.2, antes del nº 14.

3973 P. Pichonnaz en Vogenauer, Art. 8.2, antes del nº 14 (segunda parte) y nº 16, primera oración.

3974 P. Pichonnaz en Vogenauer, Art. 8.2, antes del nº 14 (segunda parte).

dependerá de la redacción e interpretación del (segundo) contrato (arts. 4.1, 4.3 y ss.). A menos que las circunstancias indiquen lo contrario (por ejemplo, debido a restricciones monetarias nacionales generales, una parte puede tener: **a)** dinero disponible solo en su moneda nacional; **b)** insistió por lo tanto en una cláusula de moneda exclusiva; y **c)** destinado a mantener este contrato separado del primer contrato), puede considerarse con respecto al art. 4.8 si la primera parte (como acreedor de la obligación de la otra parte) puede **renunciar**[3975] a su derecho a ser pagada en la moneda acordada para que la obligación de la otra parte en virtud del (segundo) contrato pueda convertirse a la moneda elegida por la primera parte (No. 3 en B.1).

D. Opciones contractuales

12

Si las partes negocian sobre el nivel de compensación, pueden considerar adaptar la regla del art. 8.2 (última parte) a fin de ampliar la libertad de compensación ("siempre... que las partes no hayan convenido que la primera parte sólo podrá pagar en una moneda determinada").[3976] Cuando se desea económicamente una compensación de divisas, pero se ha acordado previamente una ley nacional para un contrato complejo (por ejemplo, la venta de 160.000 unidades de contenedores repartidas por todo el mundo con contratos conectados en diferentes monedas)[3977] y esa legislación nacional es hostil a la compensación de divisas, vale la pena negociar un *"dépeçage"*[3978] para someter sólo (o: al menos) las cláusulas contractuales de compensación a los Principios de UNIDROIT, mientras que el recordatorio permanece sometido a la otra ley elegida.

Artículo 8.3 (Notificación de la compensación)

El derecho a compensar se ejerce por notificación a la otra parte.

A. Una instrucción directa para la primera parte

1

El artículo 8.3 (que se correlaciona con el art. 13:104 PECL)[3979] ordena a la primera parte (art. 8.1 (1), es decir, el acreedor de la obligación, que se utilizará para compensar la obligación que se va a extinguir, para la cual la otra parte es el acreedor) que **notifique** la compensación a la otra parte (art. 1.10). La norma es de carácter **sustantivo** y "opera fuera de una sala de audiencias"[3980] e independientemente del régimen de resolución de

3975 P. Pichonnaz en Vogenauer, Art. 8.2 nº 17 (con un análisis detallado en los nº 15-16 de un posible error en los Comentarios Oficiales relativos a la ilustración 2).

3976 Propuesta de P. Pichonnaz en Vogenauer, Art. 8.2 nº 17 (sin cursivas en el original).

3977 Un ejemplo de la práctica del autor.

3978 Para la UE, véase el art. 3 (1) tercera oración del Reglamento Roma I.

3979 P. Pichonnaz en Vogenauer, Art. 8.3 nº 1.

3980 P. Pichonnaz en Vogenauer, Art. 8.3 nº 2, 6 ("evita el recurso innecesario a los tribunales ...").

controversias elegido.[3981] Un procedimiento judicial formal (art. 1.11 primer guión) que se pronuncie sobre las condiciones de compensación de las cantidades liberadas por compensación tendrá simplemente un **efecto "declaratorio".**[3982] La norma es **clara y fácil de aplicar** en las relaciones comerciales transfronterizas (aunque, en la práctica, se producen errores como facturas erróneas). En comparación con la historia, se ha descrito como "solo el giro más reciente en un debate de siglos de antigüedad".[3983] Desde la perspectiva de un profesional, es útil tener una regla que evite las tasas judiciales. Si la otra parte desea impugnar una notificación de compensación, puede negociar y resolver el asunto y recurrir al tribunal (o a un tribunal de arbitraje, art. 1.11 primer guión) sólo como último recurso. Especialmente en las relaciones contractuales a largo plazo, las cuestiones más controvertidas (que incluirán una disputa sobre una notificación de compensación) se superan mediante la negociación y el acuerdo sobre la base de la **libertad contractual**[3984] (art. 1.1).

B. Forma

2

Las normas generales y las consideraciones del art. 1.10 (1) otorgan una amplia discreción ("por cualquier medio apropiado a las circunstancias")[3985] a la primera parte.[3986] La notificación debe darse cuando se **cumplan todos los demás requisitos** (no hay "notificación anticipada",[3987] mientras que una notificación **concreta e incondicional**[3988] con efecto en una fecha específica puede ser suficiente, siendo la "certeza" un factor rector para la interpretación del art. 8.3).[3989]

[3981] P. Pichonnaz en Vogenauer, Art. 8.3 nº 2 (haciendo hincapié en que incluso funciona "si el derecho procesal aplicable es el de un sistema de Derecho Común").

[3982] StL-WP. 9 (2001), p. 5; P. Pichonnaz en Vogenauer, Art. 8.3 nº 4; cf. Comentarios Oficiales Art. 8.3, p. 299; A. M. Fleckner en Jansen/Zimmermann, Art. 13:104 (PECL): *Set-off by Notice*, no. 8 (p. 1804).

[3983] A. M. Fleckner en Jansen/Zimmermann, Art. 13:104 (PECL): *Set-off by Notice*, no. 1 (p. 1800) con una visión histórica y comparativa en no. 2-7 (pp. 1800-03) de: I) compensación procesal en Roma (como lo describen Gayo, Julian, Ulpiano y muchos otros autores) al que se asemeja mucho el derecho inglés (ibid. no. 7, p. 1803); II) la evaluación legal "más difusa" para la ley bajo el Corpus Iuris Civile; III) intensos debates durante la época del *ius commune* con dos posiciones principales: a) compensación "automática" sin intervención humana (como todavía se encuentra, por ejemplo, en Francia, Italia, Escocia o España, ibid. nº 5, pp. 1802, 1803); y b) compensación por declaración que ha inspirado el enfoque alemán (ibid. nº 6, p. 1803).

[3984] A. M. Fleckner en Jansen/Zimmermann, Art. 13:104 (PECL): *Set-off by Notice*, no. 9 (p. 1804) señala la "autonomía de las partes" como una razón dentro de la lógica seguramente aplicada del Grupo de Trabajo a este respecto.

[3985] Cf. Comentarios Oficiales, art. 8.3, p. 299; A. M. Fleckner en Jansen/Zimmermann, Art. 13:104 (PECL): *Set-off by Notice*, no. 8 (p. 1804).

[3986] P. Pichonnaz en Vogenauer, Art. 8.3 no. 7 y Art. 8.4 nº 1 (sugiriendo incluso la posibilidad de la notificación "por conducta" que, sin embargo, implicaría al menos riesgos de prueba).

[3987] P. Pichonnaz en Vogenauer, Art. 8.3 no. 11, 12 (que describe la distinción al Art. 13:104 PECL Comentario A).

[3988] Comentarios Oficiales, art. 8.3, p. 299; A. M. Fleckner en Jansen/Zimmermann, Art. 13:104 (PECL): *Set-off by Notice*, no. 8 (p. 1804).

[3989] P. Pichonnaz en Vogenauer, Art. 8.3 nº 10.

C. Límites

3

I) Normas de procedimiento. Para considerar una notificación de compensación en el contexto de una disputa formal sobre la otra obligación (en la que la otra parte está demandando a la primera parte que desea declarar una compensación para defenderse), las normas procesales aplicables decidirán sobre la **admisibilidad** y **competencia**, así como la **forma** en que la notificación de compensación puede introducirse en el arbitraje o en el procedimiento judicial[3990] (art. 8.1 no. 19 en E (2) (II)). Si la obligación de la **contrademandante** excede el monto de la demanda (para la cual la otra parte es el acreedor), solo la presentación de una reconvención por la primera parte dará lugar a un laudo ejecutivo o a una sentencia para la primera parte contra la otra parte.[3991]

4

II) Mentalidad y formación internacional de las personas que resuelven controversias. Para evitar cualquier conflicto entre diferentes interpretaciones de la compensación como procesal (que es una forma actual, por ejemplo, en Inglaterra)[3992] o sustantiva, puede ser sensato combinar la elección de los Principios de UNIDROIT con una cláusula de resolución de controversias que prevea el arbitraje internacional con uno o varios árbitros con experiencia internacional (Introducción No. 9 a).

D. Opciones

5

De conformidad con la autonomía contractual (arts. 1.1, 1.3, 1.5), las partes son libres de acordar una compensación, por ejemplo, en un acuerdo de transacción que debe ser tan específico como una notificación de compensación (art. 8.4).

Artículo 8.4 (Contenido de la notificación)

(1) La notificación debe especificar las obligaciones a las que se refiere.

(2) Si la notificación no especifica la obligación con la que es ejercitada la compensación, la otra parte puede, en un plazo razonable, declarar a la otra parte la obligación a la que se refiere la compensación. Si tal declaración no se hace, la compensación se referirá a todas las obligaciones proporcionalmente.

3990 P. Pichonnaz en Vogenauer, Art. 8.3 nº 8.

3991 P. Pichonnaz en Vogenauer, Art. 8.3 nº 9.

3992 P. Pichonnaz en Vogenauer, Art. 8.3 nº 3.

A. Especificación de las obligaciones

1. La regla básica del párrafo 1

1

Complementando las instrucciones del art. 8.3, el párrafo 1, requiere que la primera parte **sea precisa** al comunicar su "**notificación**"[3993] de **cumplir** las "obligaciones a las que se refiere".[3994] Debidamente interpretada (art. 4.2-4.3), la notificación debe especificar tanto:[3995] **I)** la **reclamación principal** de la otra parte (que también podría denominarse "**reclamación activa**", es decir, la obligación de la primera parte de extinguirse o reducirse mediante compensación, art. 8.1 no. 9), que la primera parte tiene la intención de liberar mediante compensación ("contra la que se ejerce la compensación"), que también podría denominarse "**reclamación pasiva**"; y **II)** la reclamación cruzada de la primera parte contra la "otra parte" (es decir, la obligación de la otra parte, art. 8.1 No. 9) con la ayuda de la cual la primera parte pretende cumplir su propia obligación frente a la otra parte en virtud de la reclamación principal de esa otra parte. Reclamación. Mientras que la norma supletoria en el párrafo 2 y en el art. 8.5 (2), así como la **regla sobre imputación**[3996] del art. 6.1.12 atenúan en gran medida las consecuencias de una especificación insuficiente (8 No. 3 *infra*), evitando así, a diferencia de, por ejemplo, el art. 13:105 (1) PECL[3997] - que la compensación se convierte en nula;[3998] la notificación "debe"[3999] (se debe leer como "debería")[4000] poner a la otra parte en condiciones de conocer "los motivos y el monto de la compensación".[4001]

3993 StL-Doc. 75 (2002), p. 8; P. Pichonnaz en Vogenauer, Art. 8.4 nº 1 ("testamento").

3994 Formulación de P. Pichonnaz en Vogenauer, Art. 8.4 nº 1.

3995 Esto se deriva del propósito del régimen sustancial de lograr realmente una liberación de obligaciones (art. 8.5) y a menudo estará respaldado, especialmente en el contexto de los contratos a largo plazo, por usos (art. 1.9). Así, el lenguaje del artículo 8.4 no es "poco claro", sino simplemente lo suficientemente general como para abarcar la regla general que expresa. Contra: A. M. Fleckner en Jansen/Zimmermann, Art. 13:105 (PECL): *Plurality of Claims and Obligations*, no. 4 (pp. 1806-07): "No está claro en el texto, ni en su contexto y comentarios, si "obligaciones" se refiere a la reclamación (principal) junto con la reconvención, a múltiples reclamaciones (principales), a múltiples reclamaciones cruzadas, o a todas ellas". (no se reproducen las notas de pie de página).

3996 En general, este punto de vista se correlaciona con el enfoque en los regímenes jurídicos que también operan fuera de los tribunales (por ejemplo, el derecho francés, alemán), véase A. M. Fleckner en Jansen/Zimmermann, art. 13:105 (PECL): *Plurality of Claims and Obligations*, no. 3 (p. 1806), mientras que el derecho inglés y romano han cubierto esas cuestiones implícitamente por su enfoque procesal (ibid., no. 2-3, pp. 1805-06, cita del no. 3, p. 1805): "el demandante eligió la demanda, el demandado la reconvención".

3997 StL - Misc. 24 (2002), no. 325-337 (con una discusión detallada); P. Pichonnaz en Vogenauer, Art. 8.4 nº 7 y nº 4 (con una descripción detallada).

3998 P. Pichonnaz en Vogenauer, Art. 8.4 nº 6 y 10; véase también A. M. Fleckner en Jansen/Zimmermann, Art. 13:105 (PECL): *Plurality of Claims and Obligations*, no. 5 (p. 1807) sobre PECL: "resultado duro" y calificación del art. 8.4 (Principios de UNIDROIT) como más liberal, al tiempo que critica su lenguaje por no ser lo suficientemente específico (ibid. y en el nº 4, pp. 1806-07).

3999 Comentarios Oficiales, art. 8.4 antes del nº 1, p. 300.

4000 P. Pichonnaz en Vogenauer, Art. 8.4 nº 4-6 (con una explicación detallada debido a la historia de la norma, incluido un cambio de las *"blackletter rules"* en el borrador final).

4001 Comentarios Oficiales, art. 8.4 antes del nº 1, p. 300.

2. Contenido adicional de la notificación

2

En el caso de **diferentes monedas** que se aplican a las obligaciones pertinentes (art. 8.2), la notificación de la primera parte debe mencionar además: **I)** la **moneda** en la que se realiza la compensación[4002] (art. 8.2 no. 3 en B.1.); **II)** el **momento** en que;[4003] y **III)** el **lugar** donde[4004] se convertirá la obligación de la otra parte respecto de la cual se declare la compensación; de lo contrario, se aplican las normas supletorias relativas a la emisión de moneda (art. 8.2 no. 4, 5 en B.1. (II) y B.2.).

B. Obligaciones múltiples

3

En el caso de obligaciones múltiples por cualquiera de las partes, la notificación de conformidad con el párrafo 1 debe ser aún más específica (ya que, a diferencia del art. 6.1.2, el cumplimiento parcial es posible en situaciones de compensación (art. 8.5 no. 3 A.2.), la primera parte puede dividir su cumplimiento de diferentes obligaciones por compensación "incluso si pudiera cumplir plenamente una de sus obligaciones").[4005] Si la notificación de la primera parte (debidamente interpretada de conformidad con los arts. 4.2, 4.3) no especifica suficientemente la elección entre obligaciones múltiples,[4006] las normas supletorias de los Principios de UNIDROIT intervienen. El riesgo de no ser lo suficientemente específico recae en la primera parte que inicia la compensación. Es un precio justo por la libertad de controlar el propio negocio.

4002 P. Pichonnaz en Vogenauer, Art. 8.4 nº 2.

4003 Ídem.

4004 Ídem.

4005 P. Pichonnaz en Vogenauer, Art. 8.5 nº 3, p. 1073.

4006 A. M. Fleckner en Jansen/Zimmermann, Art. 13:105 (PECL): *Plurality of Claims and Obligations*, no. 2 (p. 1805) deduce de un fragmento de Gayo que, aparentemente, ya en Roma era posible elegir entre diferentes demandas y contra demandas. Véase también ibid. nº 3 (pp. 1805-06) sobre la libertad de elección con arreglo al derecho inglés y alemán, en virtud del cual se sostiene que tanto una elección en virtud de un sistema procesal como el derecho inglés de compensación como un sistema sustantivo así como el *Aufrechnung* (compensación) con arreglo al derecho alemán requieren un nivel igual de escrutinio y una redacción específica al prepararla. Hacer frente a múltiples obligaciones en una hipótesis de compensación puede ser comparativamente más complejo en el sistema francés de compensación *"ipso iure"* por ley sin intervención humana. Sin embargo, este no es, en primer lugar, el camino elegido por los Principios de UNIDROIT y, en segundo lugar, el derecho francés también opera con la imputación como normas supletorias (art. 1347-4 *Code civil*, ibid. p. 1806). El sistema de notificación de los Principios de UNIDROIT deja a las partes más libertad que se ajusta mejor a los intereses de los comerciantes que participan en el comercio internacional.

1. Normas supletorias para la falta de especificaciones en el caso de obligaciones múltiples

4

El párrafo 2 contiene un **régimen de supletoriedad en dos etapas** si en la notificación no se especifican las obligaciones que la primera parte desea compensar,[4007] es decir, "no especifica la obligación (múltiples) con la que es ejercitada la compensación":[4008] **I)** En "un **plazo razonable**" (párrafo 2, oración 1), que se evaluará teniendo debidamente en cuenta las circunstancias del caso,[4009] la **otra parte** es libre[4010] **de utilizar el espacio dejado** por la primera parte (que no ha hecho uso de su libertad de especificación en virtud del párrafo 1) **para especificar unilateralmente** mediante **notificación**[4011] (art. 1.10; que podría incluir "conducta")[4012] que se interpretará de conformidad con el art. 4.2, "sobre cuál de las obligaciones de la primera parte desea que se cumplan".[4013] **II)** De lo contrario: **a)** todas las obligaciones de la primera parte (incluidas las obligaciones de pagar intereses,[4014] por ejemplo, en virtud de los artículos 7.4.9 a 7.4.10) se **cumplen proporcionalmente** (párrafo 2, oración 2), "hasta el valor de la obligación de la primera parte"[4015] (**norma supletoria**), a menos que, **b)** las partes acuerden otra cosa (por ejemplo, la primera parte acepta una especificación tardía de la otra parte,[4016] art. 1.5).

2. Falta de especificaciones en caso de múltiples obligaciones de la primera parte

5

Este caso, no está comprendido en el párrafo 2,[4017] por lo que el art. 6.1.12 se aplica[4018] por analogía (también con respecto al art. 1.6 (2)).

6

I) Si la primera parte ha hecho una **declaración no específica** identificando, sin embargo, en general una determinada deuda, la compensación "primero libera los gastos, luego los intereses adeudados y, finalmente, el monto principal"[4019] (Art. 6.1.12 (1) segunda oración por analogía).

4007 Comentarios Oficiales, art. 8.4 nº 2.
4008 P. Pichonnaz en Vogenauer, Art. 8.4 nº 10 y 8-9 para explicaciones más detalladas de esta interpretación.
4009 P. Pichonnaz en Vogenauer, Art. 8.4 nº 11 (por ejemplo, "un par de días o semanas").
4010 Comentarios Oficiales, art. 8.4 nº 1, p. 300.
4011 P. Pichonnaz en Vogenauer, Art. 8.4 nº 10.
4012 Ídem.
4013 Comentarios Oficiales, art. 8.4 nº 1, p. 300.
4014 P. Pichonnaz en Vogenauer, Art. 8.4 nº 12 (con propuestas para más detalles); véase también StL-WP 9 (2001), página 7.
4015 Comentarios Oficiales, art. 8.4 no. 2 e Ilustración 2, p. 300; P. Pichonnaz en Vogenauer, Art. 8.4 nº 12.
4016 P. Pichonnaz en Vogenauer, Art. 8.4 nº 13.
4017 P. Pichonnaz en Vogenauer, Art. 8.4 nº 8-10.
4018 P. Pichonnaz en Vogenauer, Art. 8.4 nº 15-17; Berger Set-Off ICC Int'l Court Bull, Suplemento Especial (2005), pp. 17 y 24.
4019 P. Pichonnaz en Vogenauer, Art. 8.4 nº 15.

7

II) A falta de cualquier especificación de la primera parte con respecto a varias obligaciones debidas a la otra parte, similar a la hipótesis examinada en el apartado (1),[4020] la otra parte (es decir, el acreedor de las obligaciones que han de extinguirse) puede utilizar el espacio dejado por la primera parte y, dentro de un plazo razonable a partir de la recepción de la notificación de compensación, la otra parte puede especificarse mediante notificación (art. 1.10) a la primera parte (el deudor (art. 1.11 cuarto guión) de las obligaciones no especificadas) a qué obligación imputa la compensación (art. 6.1.12 (2) por analogía).[4021]

8

III) A falta de tal notificación oportuna por parte del acreedor, y por lo tanto, en ausencia de especificaciones con respecto a las múltiples obligaciones de la primera parte, el art. 6.1.12 (3) se aplica[4022] por analogía como norma supletoria, a menos que las partes acuerden lo contrario (por ejemplo, en reacción a una notificación tardía del deudor,[4023] art. 1.5).

3. Obligaciones múltiples de ambas partes

9

En este escenario, siempre que la interpretación de la notificación (art. 1.10) de compensación de conformidad con el art. 4.2 lleva a la conclusión de que, efectivamente, existe una declaración de compensación, se aplica una **solución de dos niveles**. **I)** La **otra parte** es libre de formular **las especificaciones que faltan**: **a)** sobre sus propias obligaciones múltiples para con la primera parte en virtud de la primera oración del segundo párrafo (1. No. 4 *supra*); y **b)** en virtud del art. 6.1.12 (2) por analogía con respecto a las especificaciones faltantes relativas a las obligaciones múltiples de la primera parte (2. No. 5-8 *supra*). **II)** En caso de que la otra parte no formule esas determinaciones oportunamente, se **aplicarán las respectivas normas supletorias**, es decir: **a)** la segunda oración del segundo párrafo con respecto a las especificaciones que faltantes sobre obligaciones múltiples para con la primera parte (1. No. 4 (II) *supra*); y **b)** el art. 6.1.12 (3) por analogía con respecto a las especificaciones faltantes relativas a las múltiples obligaciones de la primera parte (2. No. 8 (III) *supra*).

Artículo 8.5 (Efectos de la compensación)

(1) La compensación extingue las obligaciones.

(2) Si las obligaciones difieren en su importe, la compensación extingue las obligaciones hasta el importe de la obligación menos onerosa.

4020 P. Pichonnaz en Vogenauer, Art. 8.4 nº 16.

4021 Ídem.

4022 StL-WP. 9 (2001), p. 6; *P. Pichonnaz* en Vogenauer, Art. 8.4 no. 17.

4023 P. Pichonnaz en Vogenauer, Art. 8.4 nº 18.

(3) La compensación surte efectos desde la notificación.

A. Efecto sustantivo definido para el futuro

1

El artículo 8.5 describe el efecto de la compensación en tres reglas simples.

1. Efecto sustantivo de la compensación (párrafo 1)

2

De conformidad con el párrafo 1, el efecto de la compensación es sustantivo[4024] (y no de procedimiento).[4025] La **base jurídica** para el cumplimiento de las obligaciones (**en lugar del pago**) es el **acuerdo contractual** sobre los Principios de UNIDROIT como régimen contractual aplicable (art. 1.1) aunque la declaración de compensación en sí misma (o una declaración posterior específica del deudor (art. 1.11 cuarto guión) de la obligación de la primera parte) sea unilateral.

2. Diferentes importes (párrafo 2)

3

Si la obligación de la primera parte de ser liberada (o la suma de esas obligaciones integradas en la compensación), por una parte, y la obligación de la otra parte de ser liberada a cambio (o la suma de esas obligaciones integradas en la compensación) **difieren**, el párrafo 2 describe "la cuantía de la [obligación] menos onerosa"[4026] (incluidos los intereses)[4027] como una **limitación natural** del efecto sustantivo de la compensación. No obstante, esta norma proporciona una aclaración positiva del tipo que hace que los Principios de UNIDROIT sean fáciles de entender y utilizar. En tal situación, la obligación más grande se libera solo **parcialmente**[4028] (el derecho de rechazo del cumplimiento parcial por parte del deudor en virtud del art. 6.1.3 (1) queda desplazado).[4029]

4024 P. Pichonnaz en Vogenauer, Art. 8.5 no. 1; véase también el art. 8.1 no. 1 en A.

4025 P. Pichonnaz en Vogenauer, Art. 8.5 nº 1. Históricamente, "tanto en el derecho romano como en el inglés, las reclamaciones de compensación y las contra demandas iniciaron como un recurso puramente procesal", A. M. Fleckner en Jansen/Zimmermann, introducción antes del art. 13:101 (PECL), no. 20 (p. 1770).

4026 StL-Doc. 93 (2003), p. 8; Comentarios Oficiales, art. 8.5 no. 1 e Ilustración 2, p. 301.

4027 StL-Doc. 93 (2003), p. 9; P. Pichonnaz en Vogenauer, Art. 8.5 nº 3.

4028 P. Pichonnaz en Vogenauer, Art. 8.5 no. 2; véanse también las observaciones comparativas de A. M. Fleckner en Jansen/Zimmermann, Art. 13:106 (PECL): *Effect of Set-off*, no. 5 (p. 1810).

4029 P. Pichonnaz en Vogenauer, Art. 8.5 nº 3.

3. Efecto prospectivo (párrafo 3)

4

A diferencia de muchos sistemas de Derecho Civil que utilizan el instrumento de compensación mediante notificación (pero en línea con, por ejemplo, el artículo 13:106 PECL, las jurisdicciones inglesa y europea nórdica),[4030] el párrafo 3 restringe el efecto de la compensación al futuro, a partir de la recepción de la notificación (el art. 8.3 en relación con el art. 1.10 (2)).[4031] La compensación tiene, por tanto, el mismo efecto que el "pago" del que sustituye.[4032] Sujeto a: **a)** cualquier defensa legítimamente planteada basada en la expiración de un plazo de prescripción (art. 10.10); y **b)** restricciones, si las hubiere, por ley imperativa (por ejemplo, raramente, por ley de insolvencia,[4033] art. 8.1. No. 22 en E.2. III), esto implica cinco observaciones sobre las consecuencias:[4034] **I)** Las obligaciones mutuas se computarán tal como están en el momento de la recepción de la notificación.[4035] **II)** Los intereses, generalmente a tipos de interés diferentes, "se extienden hasta el momento de la notificación [...]".[4036] **III)** Todo derecho derivado del cumplimiento tardío en virtud del capítulo 7 podrá justificarse, según proceda,[4037] hasta la recepción de la notificación de compensación; por ejemplo, intereses por falta de pago de dinero (en virtud del art. 7.4.9); indemnización completa de daños adicionales (art. 7.4.9 (3), 7.4.1 y subsiguientes). **IV)** Si una obligación se libera íntegramente como resultado de la compensación (y sólo entonces), también se liberan todos los derechos conexos, como los valores personales o reales[4038] (o, según el régimen jurídico aplicable a la garantía, el deudor tiene derecho a reclamar la garantía al acreedor (art. 1.11 cuarto guión)). **V)** Toda prestación realizada después de la recepción de la notificación de compensación podrá ser reclamada con arreglo

---

[4030] P. Pichonnaz en Vogenauer, Art. 8.5 nº 4 (con referencias a la legislación danesa, finlandesa y sueca); y el panorama comparativo en A. M. Fleckner en Jansen/Zimmermann, Art. 13:106 (PECL): *Effect of Set-off*, no. 4 (pp. 1809-10) con referencia a la ley inglesa in fine (p. 1810).

[4031] StL-Doc. 82 (2003), p. 9; P. Pichonnaz en Vogenauer, Art. 8.5 no. 4; véase también M. J. Bonell Unif. Law Rev. 2004, pp. 5 y 23, en las que se menciona que el efecto prospectivo de la compensación contribuye a la seguridad jurídica. Se ha informado que el derecho romano y el derecho posclásico son "difusos", A. M. Fleckner en Jansen/Zimmermann, Art. 13:106 (PECL): *Effect of Set-off*, no. 2-3 (en pp. 1808-09) y en no. 7 (p. 1811). Las leyes nacionales están divididas, como se ha señalado (véase ibid. nº 4, pp. 1809-10). La decisión de limitar el efecto de la compensación al futuro *(ex nunc)* es, por lo tanto, parte de un compromiso internacional. Por ejemplo, desde una perspectiva inglesa, la decisión del Grupo de Trabajo de compensación mediante notificación (art. 8.3) será inusual para los abogados ingleses y familiar para los abogados alemanes, mientras que el efecto prospectivo de la compensación es inusual para los abogados alemanes y familiar para los abogados ingleses. Por esta razón, la crítica de A. M. Fleckner en Jansen/Zimmermann, Art. 13:106 (PECL): *Effect of Set-off*, no. 7 (pp. 1811-12) no considera este panorama más amplio y, por lo tanto, no se comparte.

[4032] P. Pichonnaz en Vogenauer, Art. 8.5 no. 5; A. M. Fleckner en Jansen/Zimmermann, Art. 13:106 (PECL): *Effect of Set-off*, no. 6 (p. 1811). Desde una perspectiva política, la función de pago tiene un peso particular en el comercio internacional, de modo que la alineación con ese objetivo parece convincente desde una perspectiva de comercio internacional (contra Fleckner ibid. no. 7, p. 1811 in fine argumentando que "el pago es solo una de varias funciones que se han asociado con la compensación", como la posible función como un "remedio de autoayuda" como discutió Fleckner ibid. en la Introducción antes del Art. 13:101 (PECL), no. 27, p. 1776).

[4033] P. Pichonnaz en Vogenauer, Art. 8.5 nº 6.

[4034] Resumen basado en P. Pichonnaz en Vogenauer, Art. 8.5 nº 8-13.

[4035] P. Pichonnaz en Vogenauer, Art. 8.5 nº 12 (oración 2).

[4036] StL-Doc. 82 (2003), p. 9; P. Pichonnaz en Vogenauer, Art. 8.5 nº 9.

[4037] P. Pichonnaz en Vogenauer, Art. 8.5 nº 10.

[4038] Comentarios Oficiales, art. 8.5 no. 2 e Ilustración 4, p. 302; P. Pichonnaz en Vogenauer, Art. 8.5 nº 2.

a la legislación nacional aplicable sobre enriquecimiento sin causa[4039] (que determinará el Derecho Internacional Privado aplicable).

4. Límites

4a

Aparte de las restricciones contractuales convenidas (punto 5 *infra*, inciso (III)), las restricciones adicionales a la compensación que se examinan en la doctrina[4040] (por ejemplo, de la legislación laboral nacional obligatoria que evita el embargo de salarios o pensiones; la compensación con reclamaciones derivadas de un hecho ilícito deliberado, o de artículos confiados o reclamaciones públicas) rara vez desempeñarán un papel en los contratos comerciales internacionales. Si procede, el art. 1.4 basta para cubrir el impacto de la legislación nacional imperativa; y el principio general de buena fe y equidad trata del art. 1.7 y el Capítulo 7 pueden utilizarse como herramienta para prohibir o hacer frente a la compensación de mala fe.

B. Consecuencias prácticas, opciones

5

I) Siempre que sea posible la compensación, las partes deben **considerar activamente el envío** inmediato de un aviso de compensación (art. 8.3) teniendo debidamente en cuenta: **a)** la **exposición mutua al riesgo** (por ejemplo, con respecto a los intereses devengados,[4041] daños o incluso la terminación, los plazos de prescripción, como se observa en el art. 10.10); **b)** las **ventajas de ser la primera parte** (art. 8.2, B. no. 2); y **c)** los **factores blandos** que el envío de dicha notificación y la posible mezcla de diferentes cuestiones contractuales pueden implicar para la relación comercial, especialmente cuando se trata de contratos complejos y múltiples. **II)** Las partes son libres de **acordar efectos adicionales** de la compensación (arts. 1.1, 1.5), por ejemplo, para acordar un efecto retroactivo[4042] en el contexto de una compensación integrada en un **acuerdo de transacción**. En los **contratos complejos a largo plazo** (art. 1.11 tercer guión) relativos a varios grandes proyectos paralelos (por ejemplo, la construcción de edificios o embarcaciones), a veces es útil limitar la compensación de las obligaciones relativas a cualquiera de los proyectos (es decir, para gestionar el riesgo de resolución de controversias). **III)** Del mismo modo, las partes son libres de **excluir** la com-

[4039] P. Pichonnaz en Vogenauer, Art. 8.5 nº 12.

[4040] A. M. Fleckner en Jansen/Zimmermann, Art. 13:107 (PECL): *Exclusion of Right of Set-off*, no. 7-26 (pp. 1815-20). Contrariamente a la ibid. nº 30 (p. 1822), no es necesario añadir normas sobre estas cuestiones con ocasión de una revisión de los Principios de UNIDROIT.

[4041] Comentarios Oficiales, art. 8.5 nº 2 e Ilustración 3, p. 302; P. Pichonnaz en Vogenauer, Art. 8.5 nº 7, 9.

[4042] P. Pichonnaz en Vogenauer, Art. 8.5 nº 4 (con comentarios críticos con respecto a un régimen general de compensación contractual que prevea el efecto retroactivo de la compensación).

pensación[4043] (art. 1.5); o una de las partes podría renunciar a su derecho a declarar una compensación con una reclamación cruzada.[4044]

[4043] Esto se establece explícitamente en otros instrumentos internacionales, por ejemplo, en el art. 13:107 (a) PECL.

[4044] Sugerido por A. M. Fleckner en Jansen/Zimmermann, Art. 13:107 (PECL): *Exclusion of Right of Set-off*, no. 6 (pp. 1814-15).

CAPÍTULO 9
CESIÓN DE CRÉDITOS, TRANSFERENCIA DE OBLIGACIONES Y CESIÓN DE CONTRATOS

SECCIÓN 1. CESIÓN DE CRÉDITOS

Introducción

1

Panorama general. En tres secciones, el Capítulo 9 establece normas para muchas situaciones estándar de cesión de derechos (sección 1, 15 artículos), transferencia de obligaciones (sección 2, 8 artículos) y "cesión" de contratos (sección 3, 7 artículos). Con respecto a los tres temas, el Capítulo 9 proporciona, en un **lenguaje claro**,[4045] soluciones eficientes y **soluciones prácticas**[4046] que reflejan tanto: **I)** un **compromiso neutral** entre diferentes ideas jurídicas preconcebidas entre las diversas jurisdicciones de Derecho Común y Derecho Civil[4047] (en particular con respecto a los detalles); y **II)** un **compromiso** entre los **diferentes intereses económicos** (mientras que el deudor busca la estabilidad de la relación, el **mercado necesita soluciones flexibles**,[4048] especialmente con respecto a las asignaciones con fines de seguridad). La regla única del artículo 9.1.9 (2) sobre la cesión de derechos no monetarios constituye un ejemplo notable y posiblemente tendencial.[4049] Al establecer normas uniformes sobre estos temas, los Principios de UNIDROIT "siguen una **tendencia internacional**",[4050] como se encuentra también en el Convenio de UNIDROIT sobre el Factoraje Internacional (***UNIDROIT Factoring Convention***),[4051] la Convención de las Naciones Unidas sobre la Cesión de Créditos en el Comercio Internacional (**Convenio de la CNUDMI**

4045 Véase, por ejemplo, F. Mazza en Vogenauer, art. 9.1.1 nº 2 ("Claridad sobre coherencia").

4046 F. Mazza en Vogenauer, Introducción al Capítulo 9 no. 12.

4047 StL-Doc. 61 (1999), pp. 2 y siguientes (para la cesión de derechos), pp. 9 y siguientes (para la transferencia de obligaciones), y pp. 13 y siguientes (para la cesión de contratos). Ver más adelante F. Mazza en Vogenauer, Introducción al Capítulo 9 no. 9 y Art. 9.1.1 nº 4, 10-11; W. Wiegand/C. Zellweger-Gutknecht, Corte Internacional Penal de Arb. Bol. 2005 Spec. Suppl., p. 27 en A.

4048 Como observó F. Mazza en Vogenauer, Introducción al Capítulo 9 no. 1; y enfatizado por N. Jansen en Jansen/Zimmermann, introducción antes del artículo 11:101 [PDCE], no. 1 (p. 1627), I) que describe un "principio de libertad de asignaciones" (expresado por S. V. *Bazinas, 9 Tulane Journal of International and Comparative Law* 2001, pp. 259, 293); y II) citando PDCE, comentario A (que describe las reclamaciones contractuales como un "activo negociable importante").

4049 Véase F. Mazza en Vogenauer, Introducción al Capítulo 9, no. 12 ("único instrumento internacional que intenta proporcionar una solución global").

4050 F. Mazza en Vogenauer, Introducción al Capítulo 9 no. 2 (énfasis añadido). Fue un largo camino para que se desarrollara tal tendencia internacional con respecto al concepto de obligaciones personalmente vinculantes en el Derecho Romano y una hostilidad similar a la asignación en la historia del Derecho Común, véase la descripción general de N. Jansen en Jansen/Zimmermann, Introducción antes del arte. 11:101 [PDCE], no. 6-11 (pp. 1630-33) y en no. 23 (p. 1638) por la hostilidad especial de las leyes romanas, inglesas y varias leyes civiles con respecto a la asignación de "reclamaciones litigiosas". Véase además ibid., no. 18-21, en las páginas 1636 y 1638, donde se examinan los antecedentes doctrinales.

4051 Convenio del Unidroit sobre Factoraje Internacional (Ottawa, 28 de mayo de 1988), disponible en www.unidroit.org/english/conventions/1988factoring/convention-factoring1988.pdf (visitado por última vez el 9 de enero de 2023).

sobre la Cesión de Créditos)[4052] y los Principios del Derecho Contractual Europeo (PDCE - Parte III).[4053] Como *N. Jansen* señaló que "la **tendencia moderna** es hacer que las obligaciones sean fácilmente transferibles y proporcionar a los mercados técnicas apropiadas para las transferencias. De ello se deduce que el derecho de cesión no se refiere principalmente a los conflictos entre intereses privados individuales, sino más bien a un conflicto entre los intereses colectivos de la sociedad en mercados eficientes, por una parte, y los intereses privados, por otra".[4054]

2

Aplicabilidad. I) A falta de acuerdo que disponga lo contrario (art. 1.5), las normas del Capítulo 9 se aplicarán siempre que un **contrato inicial**, regido por los Principios de UNIDROIT (en particular como resultado de la elección de la cláusula de los Principios de UNIDROIT, Preámbulo no. 3-6), sea: **a)** objeto de un acuerdo de cesión (art. 9.3.1); o **b)** contenga derechos que pasen a ser objeto de una cesión (art. 9.1.1); o **c)** obligaciones que pasen a ser objeto de una transferencia (art. 9.2.1). En las tres hipótesis, el destinatario del contrato, derecho u obligación (el cesionario o el nuevo deudor) se mide con arreglo a la norma de una persona comercial razonable que sabía o debería haber sabido que los Principios de UNIDROIT son aplicables al contrato, derecho u obligación cedidos o transferidos. Se afirma que este enfoque puede basarse en el art. 1.6 (2) porque la prueba razonable individualizada y contextualizada aplicada a las personas comerciales se encuentra en todos los Principios de UNIDROIT (por ejemplo, el art. 4.1 no. 5 y el art. 9.1 (2)) y, de conformidad con dicha prueba, las tres partes afectadas por una cesión de un contrato o derecho, o una transferencia de una obligación, conocen sus respectivos derechos y obligaciones en virtud del Capítulo 9. El enfoque también puede encontrarse en algunos regímenes de Derecho Internacional Privado.[4055] **II)** Las normas del Capítulo 9 se aplican además si las partes **eligen los Principios de UNIDROIT** en su acuerdo sobre la cesión[4056] de contrato o derechos, o sobre la transferencia de obligaciones (art. 9.3.1 no. 2). El arbitraje aplicable, el régimen de Derecho Internacional Privado o el derecho sustantivo aplicable generalmente aceptarán tal elección de los Principios de UNIDROIT. En caso de cesión, los artículos 9.1.9 a 9.1.13 protegen al deudor. En caso de transferencia de obligaciones, los artículos 9.2.3 a 9.2.5

4052 Convención de las Naciones Unidas sobre la Cesión de Créditos en el Comercio Internacional (Nueva York, 2001), disponible en www.uncitral.org/uncitral/en/uncitral_texts/security/2001Convention_receivables.html. [visitado por última vez el 9 de enero de 2023]; descrito por N. Jansen en Jansen/Zimmermann, introducción antes del art. 11:101 [PDCE], no. 2 (p. 1628) como "el instrumento más completo e importante en este campo de gran, y aún creciente, importancia económica". Véase también ibid., en la página 1629, la referencia a la "Guía Legislativa de la CNUDMI sobre las Operaciones Garantizadas", que "se basa en gran medida" en la Convención de las Naciones Unidas.

4053 Enumeración de F. Mazza en Vogenauer, Introducción al Capítulo 9 no. 2.

4054 N. Jansen en Jansen/Zimmermann, Introducción antes del arte. 11:101 [PDCE], no. 1 (p. 1627), nota de pie de página omitida, énfasis añadido, con una visión general del compromiso en los instrumentos internacionales modernos en el no. 2 (p. 1628) con una perspectiva PDCE.

4055 El artículo 14 (2) del Reglamento Roma I dispone: "La ley que rija el crédito cedido o subrogado determinará su transferibilidad, la relación entre el cesionario y el deudor, las condiciones en las que podrá invocarse la cesión o subrogación frente al deudor y si se han cumplido las obligaciones del deudor". Véase, por ejemplo, H.-F. Müller in Prütting/Wegen/Weinreich, IPR-Anh 1/Rom I, Art. 14 nº 3-4.

4056 Véase F. Bauer/E. Brödermann en "*Beck'sche Online-Formulare Internationales Handels— und Vertriebsrecht*", 3ª ed. 2022, no. 3.1.1

protegen al acreedor. III) Todo el Capítulo 9 puede usarse como una versión moderna ley modelo para los legisladores (Preámbulo, párr. 7).

SECCIÓN 1. CESIÓN DE CRÉDITOS

Historia legislativa (documentos clave)

En preparación de los **Principios de 2004** - Ponente Marcel Fontaine:
StL-Doc. 61, pp. 3 a 8 (1er proyecto en **1999**); StL-Misc. 21, pp. 64 y 70 (1ra discusión en **1999**); StL-Doc. 65 (2do proyecto en **1999**); StL-Misc. 22, pp. 41 a 104 (2da discusión en **2000**); StL-WP. 3, pp. 3 a 24 (propuesta de tercer proyecto en **2000**); StL-Doc. 69, pp. 1 a 24 (3er proyecto en **2001**); StL-Misc. 23, pp. 24 a 36 (tercer debate en **2001**); StL-WP. 7, pp. 1 a 20 (propuesta de 4to proyecto en **2001**); StL-WP. 9 bis, pp. 1 y 2 (4ta discusión en **2002**); StL-Doc. 74, pp. 1 a 21 (4to proyecto en **2002**); StL-Misc. 24, pp. 18 y 29 (5ta discusión en **2002**); StL-Doc. 81 pp. 1 a 22 (5to proyecto en **2003**); StL-Doc. 92, pp. 1 a 20 (6to proyecto en **2003**).

Artículo 9.1.1 (Definiciones)

"Cesión de créditos" es la transferencia mediante un acuerdo de una persona (el "cedente") a otra (el "cesionario") de un derecho al pago de una suma de dinero u otra prestación a cargo de un tercero (el "deudor"), incluyendo una transferencia a modo de garantía.

A. Perspectiva y alcance

1

En 15 reglas, el artículo 9.1.1 y subsiguientes establecen un régimen para la cesión de derechos de un acreedor (art. 1.11 cuarto guión) que actúa ahora como "cedente", a un "cesionario" (el contrato en el que se basa habitualmente el derecho del cedente se denominará en adelante "contrato principal"). El régimen está diseñado para **un acuerdo de cesión independiente** (simplemente; los arts. 9.1.7, 1.2 y 3.1.2) pero, por supuesto, también puede utilizarse en un acuerdo tripartito (por ejemplo, transacción) que incluya al deudor, que esté sujeto a los Principios de UNIDROIT y que contenga una cláusula de cesión. En la mayoría de las situaciones, **no se requiere** el **consentimiento** del deudor (art. 9.1.7 (2)).

2

En **equilibrio** con estas normas, los Principios de UNIDROIT también protegen al deudor. Los derechos del "deudor" en virtud del contrato principal (que se define en el art. 9.1.1 en una definición que es coherente con el art. 1.11 cuarto guión) se consideran en el art. 9.1.8 (derecho a indemnización por costes adicionales), 9.1.9 (protección del deudor en caso de incumplimiento del contrato por parte de su acreedor que actúe como cedente), 9.1.10 (ausencia de obligación para con el cesionario antes de la recepción de la notificación), 9.1.11 (cesiones sucesivas), 9.1.12 (prueba adecuada de la cesión). Por el contrario,[4057] los derechos de **terceros** afectados por una cesión no forman parte del ámbito de aplicación del Capítulo 9.[4058]

B. Más allá de las "definiciones": mero acuerdo, no consentimiento para la cesión de derechos monetarios

3

Aparte de las "definiciones" auto explicativas (recibidas en la literatura como "particularmente concisas" y "el punto de partida del Derecho Internacional Privado"[4059]), el art. 9.1.1 transmite (al menos) **seis mensajes** (No. 4 en C.): **I)** La cesión de derechos se basa en un **mero acuerdo**[4060] (art. 9.1.7 (1)) por el cual se ha evitado la palabra "contrato" (incluido "lastre doctrinal indeseable"[4061]). No se requiere **consideración.**[4062] Se aplican las disposiciones sobre "celebración e interpretación de contratos", las normas sobre cláusulas contractuales abusivas, las normas de interpretación y también las disposiciones sobre vicios de consentimiento.[4063] El término "acuerdo" excluye las "transferencias unilaterales"[4064] o las transferencias por ministerio de la ley[4065] (por ejemplo, el art. 9.1.2 literal "b"). **II)** Se basa en un concepto claro de transferencia en virtud del cual los derechos cedidos "dejan los bienes del cedente para formar parte de los del cesionario"[4066] como "resultado"[4067] de la cesión (el lenguaje neutral de los Principios de UNIDROIT evita así toda distinción entre contrato y propiedad).[4068] **III)** A diferencia de algunas leyes nacionales (especialmente inglesas)[4069] y sujetas a la ley imperativa (art. 1.4),[4070] la "cesión de un derecho" en virtud

4057 Comentarios Oficiales, art. 9.1.1 nº 4, p. 304.

4058 StL-WP. 7 (2001), p. 2; StL-Doc. 74 (2002), p. 2; StL-Doc. 81 (2003), p. 2; StL-Doc. 92 (2003), p. 2; F. Mazza en Vogenauer, Introducción al Capítulo 9 no. 13.

4059 N. Jansen en Jansen/Zimmermann, Art. 11:101 [PDCE]: *Scope of Chapter*, no. 1 (p. 1641).

4060 Comentarios Oficiales, art. 9.1.7 nº 1, p. 311.

4061 N. Jansen en Jansen/Zimmermann, Art. 11:101 [PDCE]: *Scope of Chapter*, no. 11 (pp. 1645-46).

4062 F. Mazza en Vogenauer, art. 9.1.1 nº 11.

4063 N. Jansen en Jansen/Zimmermann, Art. 11:101 [PDCE]: *Scope of Chapter*, no. 11 (p. 1646).

4064 N. Jansen en Jansen/Zimmermann, Art. 11:101 [PDCE]: *Scope of Chapter*, no. 12 (p. 1646).

4065 Comentarios Oficiales, art. 9.1.1 nº 1, p. 303; N. Jansen en Jansen/Zimmermann, Art. 11:101 [PDCE]: *Scope of Chapter*, no. 13 (pp. 1646-47).

4066 Comentarios Oficiales, art. 9.1.1 nº 3, p. 304; StL-Doc. 81 (2003), p. 1; F. Mazza en Vogenauer, art. 9.1.1 nº 3. Sin embargo, esto no debe considerarse "técnicamente" (art. 9.1.1 no. 3) con respecto a las normas sobre prelación e insolvencia que están fuera del ámbito de aplicación de los Principios de UNIDROIT (art. 9.1.11 no. 3). Ver en profundidad y convincentemente por N. Jansen en Jansen/Zimmermann, Art. 11:101 [PDCE]: *Scope of Chapter*, no. 7 (p. 1644) que concluye ibid.: "En el contexto del Derecho Internacional de la cesión, "transferencia" es, por lo tanto, un concepto muy innovador y altamente técnico que debe entenderse independientemente de las alusiones de propiedad de las leyes nacionales".

4067 F. Mazza en Vogenauer, art. 9.1.1 nº 4, 12 (con referencia al reconocimiento del resultado de una cesión en virtud de "todos los ordenamientos jurídicos").

4068 F. Mazza en Vogenauer, art. 9.1.1 no. 4 y 18 (subrayando la exclusión de los bienes corporales del alcance del art. 9.1.1); N. Jansen en Jansen/Zimmermann, Art. 11:101 [PDCE]: *Scope of Chapter*, no. 1 (p. 1641).

4069 F. Mazza en Vogenauer, art. 9.1.1 nº 5 y nota 17 (que se refiere a la "cesión legal" en virtud del artículo 136 de la Ley de propiedad inglesa de 1925).

4070 Véanse los ejemplos dados en un breve resumen comparativo de N. Jansen en Jansen/Zimmermann, Art. 11:101 [PDCE]: *Scope of Chapter*, no. 10 (p. 1645) incluyendo la ley de los Países Bajos que proporciona un registro público para las promesas y declara nulas las cesiones.

del art. 9.1.1 **incluye "transferencias con fines de seguridad"**,[4071] inspiradas en el art. 2 (a) de la Convención de la CNUDMI sobre la Cesión de Créditos;[4072] de este modo, reconoce una "distinción entre el acuerdo que constituye la cesión y el acuerdo que puede subyacer a ella".[4073] **IV)** La cesión de derechos incluye tanto los créditos **pecuniarios como los no monetarios**[4074] (así como las **subcesiones**;[4075] es decir, un cesionario reasigna su derecho adquirido en virtud de un contrato de cesión) y los **derechos conexos** (art. 9.1.14),[4076] las **cesiones parciales,** art. 9.1.4,[4077] o cesiones de **derechos futuros**, art. 9.1.5.[4078] **V)** Reconociendo[4079] "las necesidades de la comunidad empresarial de "asignaciones silenciosas",[4080] la **participación del deudor** generalmente no es un requisito para la cesión[4081] (es decir, para la **cesión de derechos monetarios** debido a las excepciones para derechos no monetarios, art. 9.1.3 no. 2 B (II)). **VI)** Como contrato ("acuerdo"), una cesión **no requiere forma**[4082] (art. 9.1.7 (1)) y puede probarse **por cualquier medio**, art. 1.2. Entra en vigor principalmente con la celebración del **acuerdo**[4083] (sujeto a las restricciones de los arts. 9.1.10 y 9.1.11).[4084] **VII)** Desde la perspectiva de los Principios de UNIDROIT, la noción de "derecho" que ha de cederse no está restringida y puede incluir **cualquier derecho de cualquier fuente legal**, incluido el agravio o una sentencia.[4085]

4071 Comentarios Oficiales, art. 9.1.1 nº 3, p. 304; StL-Doc. 74 (2002), p. 1; F. Mazza en Vogenauer, art. 9.1.1 nº 5; N. Jansen en Jansen/Zimmermann, Art. 11:101 [PDCE]: *Scope of Chapter*, no. 2 (p. 1641) que señala (con más referencias): "De hecho, además de las cesiones hechas en el contexto de un acuerdo de factoraje, las cesiones de créditos monetarios hechas con fines de garantía son probablemente el aspecto económico más importante de esta parte de la ley". Véase también ibid. nº 8-9 (pp. 1644-45), que demuestra el amplio alcance de la definición que integra diferentes conceptos nacionales de garantía (es decir, tanto *"Sicherungsabtretung"* como *"Pfandrechte"* desde una perspectiva alemana; o "prenda", "carga", gravámenes'): "Todos esos derechos confieren igualmente al cesionario la facultad de sustituirse a sí mismo como nuevo acreedor".

4072 StL-Doc. 65 (1999), p. 2; F. Mazza en Vogenauer, art. 9.1.1 nº 5.

4073 F. Mazza en Vogenauer, art. 9.1.1 no. 12, p. 1084 (*"Trennungsprinzip"*: subrayando que los Principios de UNIDROIT no llegan, sin embargo, hasta el *"Abstraktionsprinzip"* alemán).

4074 Comentarios Oficiales, art. 9.1.1 nº 2, p. 304; StL-Doc. 69 (2001), p. 1; StL-Doc. 74 (2002), p. 1; F. Mazza en Vogenauer, art. 9.1.1 nº 17; N. Jansen en Jansen/Zimmermann, Art. 11:101 [PDCE]: *Scope of Chapter*, no. 2, 3-4 (pp. 1641-42) argumentando en el nº 4 (p. 1642) que "dado el principio básico de que las reglas sobre la cesión no deben determinarse sobre la base de preocupaciones puramente conceptuales", incluso la asignación de derechos y facultades unilaterales (por ejemplo, para rescindir un contrato) puede ser posible bajo la regla de la cesión. Sin embargo, se sostiene que las circunstancias (de interpretación del contrato, art. 4.1, 4.3) pueden disponer lo contrario. El deudor puede tener un interés legítimo para actuar con una parte específica. Si también se transfieren tales derechos y poderes unilaterales, las reglas sobre transferencia de un contrato en la Sección 9.3 son más apropiadas y protegen a la otra parte (Art. 9.3.3).

4075 F. Mazza en Vogenauer, art. 9.1.1 no. 16 (con referencia a StL-Doc. 65 (1999), p. 2).

4076 F. Mazza en Vogenauer, art. 9.1.1 nº 21.

4077 Ídem.

4078 F. Mazza en Vogenauer, art. 9.1.1 nº 21; véase también W. Wiegand/C. Zellweger-Gutknecht, Corte Internacional de Arb. 2005 Spec. Suppl., ppp. 27, 28 en 1.b)(i).

4079 NO HAY 35.

4080 F. Mazza en Vogenauer, art. 9.1.1 nº 13.

4081 Ídem.

4082 F. Mazza en Vogenauer, art. 9.1.1 nº 14.

4083 F. Mazza en Vogenauer, art. 9.1.1 nº 22; implícitamente StL-WP. 7 (2001), p. 1.

4084 F. Mazza en Vogenauer, art. 9.1.1 nº 22.

4085 StL-Doc. 74 (2002), p. 1; F. Mazza en Vogenauer, art. 9.1.1 nº 19; N. Jansen en Jansen/Zimmermann, Art. 11:101 [PDCE]: *Scope of Chapter*, no. 2 (p. 1641) observando pertinentemente citando PDCE 11:101, Comentario B (iv): "En un litigio, en una controversia jurídica, las reclamaciones de diversos tipos podrían estar entremezcladas y sería inconveniente e injustificable tener un conjunto de reglas aplicables a la cesión de

3a

Este "**concepto moderno de cesión**"[4086] se ha descrito con más profundidad (y con sujeción a un contrato tripartito que puede disponer otra cosa, art. 1.5) como un mero **derecho al cesionario** al producto recibido del deudor (art. 9.1.15 literal "f") y que le confiere una **opción**, es decir, "una facultad para efectuar la sustitución" del deudor en caso de que el cedente no dé aviso al deudor (art. 9.1.10).[4087]

C. Límites

4

Pueden distinguirse dos tipos de límites: **I)** Las normas sobre cesión contractual previstas en el art. 9.1.1 **no se aplican** a: **(i) transferencias por ministerio de la ley** (por ejemplo: **a)** a un asegurador,[4088] o **b)** una garantía con arreglo a la legislación nacional; **c)** en caso de fusión de sociedades,[4089] art. 9.1.2 (b);[4090] o **d)** en caso de sucesión;[4091] o **e)** subrogación;[4092] o **f)** un albacea, administrador o fideicomisario en quiebra);[4093] sólo posteriormente a dicha transferencia por ministerio de la ley, el beneficiario del derecho (por ejemplo, un administrador concursal) podría elegir los Principios de UNIDROIT al celebrar un acuerdo de cesión; (**ii**) **transferencias unilaterales**;[4094] **(iii) promesas** de cesión.[4095] Además, **(iv)** la **legislación (nacional) obligatoria** (por ejemplo, la protección de sueldos, salarios, prestaciones sociales)[4096] puede prohibir una cesión, art. 1.4.[4097] **II)** Si las partes de un acuerdo de cesión decidieran combinar dicha cesión, en contratos independientes, con una transferencia de una obligación en virtud de la Sección 9.2, en un esfuerzo por beneficiarse de la libre transferibilidad de un derecho monetario y **eludir los límites** del requisito de consentimiento en la Sección 9.3,[4098] esto probablemente iría en contra del espíritu de buena fe y la lealtad negocial y, dependiendo de las circunstancias, puede ser anulable bajo la Sección 3.2.

---

derechos al cumplimiento en virtud de un contrato y otras reglas aplicables a la cesión de otras reclamaciones estrechamente relacionadas".

4086 NO HAY 42.

4087 N. Jansen en Jansen/Zimmermann, Introducción antes del arte. 11:101 [PDCE], no. 16 con más referencias (p. 1635), con una redacción que aquí ha sido adaptada de la perspectiva PDCE a la perspectiva PICC; se omiten las notas de pie de página; e ibid. Art. 11:101 [PDCE]: *Scope of Chapter*, no. 5 (pp. 1642-43) así como Art. 11:201 [PDCE]: *Rights Transferred to Assignee*, no. 3 (p. 1666) y Art. 11:303 [PDCE]: *Effect on Debtor's Obligation*, no. 10 (p. 1699).

4088 Comentarios Oficiales, art. 9.1.1 nº 1, p. 303; F. Mazza en Vogenauer, art. 9.1.1 nº 7.

4089 Ídem.

4090 F. Mazza en Vogenauer, art. 9.1.1 nº 7.

4091 F. Mazza en Vogenauer, art. 9.1.1 nº 7, p. 1083.

4092 Ídem.

4093 F. Mazza en Vogenauer, art. 9.1.1 nº 8.

4094 StL-WP. 3 (2000), p. 4; StL-Doc. 81 (2003), p. 1; F. Mazza en Vogenauer, art. 9.1.1 nº 9 y 10.

4095 F. Mazza en Vogenauer, art. 9.1.1 no. 15 (contrastando tales promesas con la cesión de derechos futuros, Art. 9.1.5).

4096 F. Mazza en Vogenauer, art. 9.1.1 nº 20.

4097 StL-Misc. 22 (2000), p. 49; F. Mazza en Vogenauer, art. 9.1.1 nº 20.

4098 Este escenario es discutido por S. Woyciechowski en Jansen/Zimmermann, Art. 12:201 [PDCE]: *Transfer of Contract*, no. 9 (pp. 1754-55) con referencia al art. 11:201 (2) PDCE y DCFR III.-5:115 (2) que cubren este escenario y contienen una "referencia inversa" a las normas sobre transferencia de contratos en sus Capítulos sobre cesión.

Artículo 9.1.2 (Exclusiones)

Esta Sección no se aplica a las transferencias sometidas a las reglas especiales que regulan transferencias:

a) de instrumentos como títulos de crédito, títulos representativos de dominio, instrumentos financieros, o

b) de derechos incluidos en la transferencia de una empresa.

A. Un recordatorio de la prioridad de ciertas leyes

1

El artículo 9.1.2 (inspirado en el entonces proyecto de artículo 4 de la Convención de la CNUDMI sobre la Cesión de Créditos y en los trabajos preparatorios de la PDCE)[4099] **excluye** ciertos tipos de transferencia para los cuales los instrumentos internacionales y/o las leyes nacionales prevén, a menudo de manera obligatoria (art. 1.4), la aplicación de tales **leyes especiales**.

B. Literal "a"

2

I) La literal "a" excluye los títulos "como los títulos de crédito" (por ejemplo, los conocimientos de cambio y los conocimientos de embarque;[4100] pero también los controles) que se asignan "**mediante endoso o entrega de documento**" (comprendidos, por ejemplo, en el ámbito de aplicación de los **Convenios de Ginebra** sobre letras de cambio (1930)[4101] y cheques (1931),[4102] que establecen un **Derecho Internacional uniforme de los tratados** que los Estados miembros están obligados a aplicar como cuestión de Derecho Internacional Público).[4103] **II)** Además, el Derecho Internacional Privado aplicable del tribunal (art. 1.11 primer guión) considerará la transferencia de tales instrumentos, documentos de titularidad o instrumentos financieros como cuestiones que van más allá del alcance del **Derecho Contractual Internacional Privado** (Introducción No. 17 en H.) que proporciona la base para la aplicación de los Principios de UNIDROIT (a menudo con distinciones entre arbitraje y procedimientos judiciales estatales). **III)** En la medida en que el **derecho interno permita la cesión "normal"** de derechos relativos a esos instrumentos mediante un contrato de cesión

---

4099 StL-Doc. 65 (1999), p. 3 (véase el actual art. 11:101 (3) PDCE).

4100 StL-WP. 3 (2000), p. 5; StL-Doc. 69 (2001), p. 3; StL-Doc. 92 (2003), p. 2; Comentarios Oficiales, art. 9.1.2 nº 1, p. 305; F. Mazza en Vogenauer, art. 9.1.2 nº 2.

4101 Convenio por el que se establece una ley uniforme para las letras de cambio y los pagarés (Ginebra, 7 de junio de 1930), U.N.T.S, vol. 143, p. 257.

4102 Convenio por el que se establece una ley uniforme para los cheques (Ginebra, 19 de marzo de 1931), U.N.T.S., vol. 143, p. 355.

4103 El artículo 26 de la Convención de Viena sobre el Derecho de los Tratados (Viena, 23 de mayo de 1969), U.N.T.S., vol. 1155, p. 321.

"ordinario" (es decir, sin la aplicación de esas reglas especiales),[4104] sigue siendo posible una cesión en virtud del artículo 9 de los Principios de UNIDROIT.[4105]

C. Literal "b"

3

I) La excepción "derechos incluidos en la transferencia de una empresa" en la literal "b" se refiere a las transferencias que están cubiertas por el derecho de sociedades nacional (incluida la ley sobre el cambio de formas societarias), que también queda fuera del ámbito de aplicación del Derecho Internacional "Contractual" y de los Principios de UNIDROIT. **II) Excepción**: Si, en el curso de una transacción de transferencia comercial, debe cederse un determinado derecho individual, las partes pueden elegir los Principios de UNIDROIT y el artículo 9.1.1 y subsiguientes se aplican.[4106]

Artículo 9.1.3 (Posibilidad de ceder créditos no dinerarios)

Un crédito relativo a una prestación no dineraria sólo puede ser cedido si la cesión no hace sustancialmente más onerosa la prestación.

A. Propósito

1

El régimen de cesión de los Principios de UNIDROIT reconoce varias normas, entre ellas el art. 9.1.3 (así como el art. 9.1.4 (2), 9.1.7 (2), 9.1.9 (2)), que la cesión de derechos a la **ejecución no monetaria** requiere una **protección especial del deudor**. De conformidad con normas similares en las leyes nacionales,[4107] el art. 9.1.3 se introdujo para proteger a los deudores (art. 9.1.1) de las obligaciones no monetarias contra las cesiones de derechos al cumplimiento no monetario por las que la mera compensación en virtud del art. 9.1.8 podría no ser suficiente.[4108] Sin embargo, con respecto a la libertad contractual (art. 1.1),

---

[4104] F. Mazza en Vogenauer, art. 9.1.2 nº 2.

[4105] Comentarios Oficiales, art. 9.1.2 nº 1, p. 305; F. Mazza en Vogenauer, art. 9.1.2 no. 2; N. Jansen en Jansen/Zimmermann, Art. 11:101 [PDCE]: *Scope of Chapter*, no. 15 (p. 1648) con más explicaciones sobre el contexto político subyacente a la regla y esta conclusión.

[4106] StL-WP. 3 (2000), p. 5; StL-Doc. 69 (2001), p. 3; StL-Doc. 74 (2002), p. 2; Comentarios Oficiales, art. 9.1.2 no. 2 e ilustración 2, p. 305; F. Mazza en Vogenauer, art. 9.1.2 nº 4; N. Jansen en Jansen/Zimmermann, Art. 11:101 [PDCE]: *Scope of Chapter*, no. 16 (p. 1648).

[4107] Véase el panorama comparativo de los regímenes de Derecho Civil y Común de N. Jansen en Jansen/Zimmermann, art. 11:302 [PDCE]: *Other Ineffective Assignments*, no. 2-3 (pp. 1689-90), incluyendo, entre otros, UCC § 2-210 (3) (la asignación es posible "excepto cuando la cesión cambie materialmente el deber de la otra parte, o aumente materialmente la carga o el riesgo que le impone su contrato, o perjudique materialmente su oportunidad de obtener un rendimiento de retorno").

[4108] StL-Doc. 81 (2003), p. 3; StL-Doc. 92 (2003), p. 3; F. Mazza en Vogenauer, art. 9.1.3 no. 1 con referencia a StL-Misc. 24 (2002), No.151; N. Jansen en Jansen/Zimmermann, Art. 11:302 [PDCE]: *Other Ineffective Assignments*, no. 1 (p. 1689), que requiere, en el contexto de PDCE, leer juntas las reglas paralelas de PDCE.

el ámbito de aplicación, caso por caso, parece ser limitado.[4109] El punto de partida para el análisis si la cesión no hace que la obligación sea significativamente más gravosa es la interpretación del contrato de conformidad con los arts. 4.1, 4.3 y subsiguientes ("si el acreedor puede razonablemente exigir al deudor que cumpla en favor de un tercero"[4110]).

B. Requisitos para una cesión efectiva de obligaciones no monetarias

2

I) En **virtud** del art. 9.1.3,[4111] la cesión de un **crédito no dinerario** requiere que "la carga adicional que la transferencia imponga al deudor"[4112] (por ejemplo, un esfuerzo adicional)[4113] no sea **sustancialmente más onerosa**, es decir, no "de tal peso que una persona razonable la considere significativa" (que es menos que "excesivamente onerosa",[4114] como se menciona en el art. 7.2.2 (b)),[4115] por el cual el "**umbral** debe determinarse **caso por caso**".[4116] La cesión no es "sustancialmente más onerosa" si la carga se iguala mediante una indemnización en virtud del art. 9.1.8. **Ejemplos** de "sustancialmente más onerosa": (ia) El deudor presta servicios de garantía para evitar el robo en un almacén utilizado por el acreedor para el almacenamiento de madera; (b) el cesionario no continúa con la misma actividad, sino que tiene la intención de almacenar dispositivos electrónicos en el almacén;[4117] (c) la necesidad de entregar un lugar más lejano;[4118] (d) cuando la notificación personal por parte del deudor sea esencial[4119] y una cesión modifique sustancialmente la tarea contratada (que puede superarse con el consentimiento del deudor

---

4109 Véase N. Jansen en Jansen/Zimmermann, Art. 11:302 [PDCE]: *Other Ineffective Assignments*, no. 4 (pp. 1690-91): "no amplio".

4110 N. Jansen en Jansen/Zimmermann, Art. 11:302 [PDCE]: *Other Ineffective Assignments*, no. 7 (pp. 1691-92) refiriéndose al ejemplo del caso inglés de "*Kemp and Others vs. Baerselman*" [1906] 2 KB 604, 608-11 (intransferible: un contrato de compra relacionado con "todos los huevos" que un fabricante debería exigir para fines de fabricación durante un año que, por construcción, incluía el "compromiso correspondiente de no proveerse de huevos de otro lugar").

4111 NO HAY 67.

4112 F. Mazza en Vogenauer, art. 9.1.3 nº 3.

4113 F. Mazza en Vogenauer, art. 9.1.3 nº 4.

4114 F. Mazza en Vogenauer, art. 9.1.3 nº 3.

4115 Ídem.

4116 Ídem.

4117 Comentarios Oficiales, art. 9.1.3 Ilustración 2, p. 306; F. Mazza en Vogenauer, art. 9.1.3 nº 4; N. Jansen en Jansen/Zimmermann, Art. 11:302 [PDCE]: *Other Ineffective Assignments*, no. 1 (p. 1689) con observaciones críticas en la nota 13 ("El problema no sería diferente si el cedente hubiera decidido cambiar por sí mismo el uso del almacén").

4118 N. Jansen en Jansen/Zimmermann, Art. 11:204 [PDCE]: *Undertakings by Assignor*, no. 5 (p. 1677), que sin embargo es difícil de imaginar a la luz de un INCOTERM acordado o del art. 6.1.6 (1) (b) como reglas supletorias (en virtud de las cuales los cambios menores del lugar de cumplimiento estarán cubiertos por el Art. 6.1.6 (2)); véase también ibíd. 11:302 [PDCE]: *Other Ineffective Assignments*, no. 8 (p. 1692) y Art. 11:306 [PDCE]: *Place of Performance*, no. 8 (p. 1716) que da el ejemplo pertinente de 'reclamaciones por mantenimiento técnico de una máquina compleja' en el lugar de negocios del cesionario que es extremadamente relevante en la práctica (ejemplo de la práctica: compra de dicho equipo en Europa a través de una empresa checa y asignación a una empresa afiliada en El Salvador donde estas máquinas no están disponibles en el mercado).

4119 N. Jansen en Jansen/Zimmermann, Art. 11:302 [PDCE]: *Other Ineffective Assignments*, no. 1 (p. 1689).

en virtud del art. 9.1.9 (2), *infra* en inciso II));[4120] (e) la tarea se otorgó específicamente al acreedor[4121] (como la elección de un banco de inversión o un asesor de fusiones y adquisiciones). **II)** Además de cumplir este criterio, **la eficacia de la cesión requiere** el cumplimiento de otras obligaciones derivadas de otras reglas, entre ellas: **a)** un **acuerdo de cesión** (art. 9.1.1, 9.1.7 1)); **b)** la no violación de un acuerdo del contrato principal que prohíba o limite la cesión de obligaciones ("**cláusula de no cesión**"), de conformidad con el art. 9.1.9 (2) primera oración (con excepción para los cesionarios de buena fe en el art. 9.1.9 (2) segunda oración); **c)** el **consentimiento** del deudor si: **aa)** la obligación es de "**carácter esencialmente personal**",[4122] art. 9.1.7 (2); o **bb)** posiblemente se necesita una **renuncia** para superar una cláusula de limitación en el contrato principal de conformidad con el art. 9.1.9 (2) primera oración (dicha renuncia es un requisito para la eficacia de la cesión si el cesionario no es de buena fe, art. 9.1.9 (2) segunda oración; si el cesionario es ignorante y de buena fe, dicha renuncia es útil para evitar el riesgo de responsabilidad por daños y perjuicios de conformidad con el art. 9.1.9 (2) tercera oración; y **d)** cumplimiento de la ley imperativa posiblemente aplicable (art. 1.4).[4123]

C. Efectos

3

En caso de violación del art. 9.1.3, la cesión es **ineficaz**,[4124] de modo que "el derecho no deja los bienes del cedente".[4125] El cedente puede ser responsable ante el cesionario "por incumplimiento de su compromiso de tener derecho a ceder el crédito"[4126] (art. 9.1.15 literal "b"). Se ha aducido que "tal compromiso puede entrañar la obligación de reembolsar al cesionario el cumplimiento recibido del deudor"[4127] (es decir, el obligado, art. 1.11 cuarto guión).

[4120] N. Jansen en Jansen/Zimmermann, art. 11:204 [PDCE]: Compromisos del Cedente, núm. 5 (p. 1677), lo que sin embargo es difícil de imaginar a la luz de un INCOTERM® acordado o del art. 6.1.6 (1) (b) como reglas predeterminadas (por las cuales los cambios menores del lugar de cumplimiento estarán cubiertos Por arte. 6.1.6 (2)); ver más ibídem. Arte. 11:302 [PDCE]: Otras asignaciones ineficaces, no. 8 (pág. 1692) y el art. 11:306 [PDCEL]: Lugar de ejecución, núm. 8 (p. 1716) dando como ejemplo pertinente "reclamaciones por mantenimiento técnico de una máquina compleja" en el lugar de trabajo del cesionario que es extremadamente relevante en la práctica (ejemplo de la práctica: compra de dichos equipos en Europa a través de una empresa checa y cesión de los derechos en virtud del contrato con una empresa afiliada en El Salvador donde estas máquinas no están disponibles en El mercado).

[4121] N. Jansen en Jansen/Zimmermann, Art. 11:302 [PDCE]: *Other Ineffective Assignments*, no. 5 (p. 1691).

[4122] F. Mazza en Vogenauer, art. 9.1.3 nº 6 (con observaciones críticas).

[4123] NO HAY 78.

[4124] F. Mazza en Vogenauer, art. 9.1.3 nº 5.

[4125] Ídem.

[4126] N. Jansen en Jansen/Zimmermann, Art. 11:302 [PDCE]: *Other Ineffective Assignments*, no. 9 (p. 1692).

[4127] Ídem.

D. Opciones

4

I) Si es probable que el cumplimiento (o simplemente el riesgo) sea sustancialmente más oneroso para el deudor, las **partes en el acuerdo de cesión** son libres de **organizar el consentimiento** del deudor (que está protegido por el art. 9.1.3)[4128] **antes** de la cesión (art. 1.5) o de estipular su consentimiento como **condición suspensiva** (art. 5.3.1) en el acuerdo de cesión. Sin dicho consentimiento, las partes no pueden optar por no participar en el art. 9.1.3.[4129] **II)** Cuando las partes celebran un "**precontrato**" o un "memorando de entendimiento vinculante", una de ellas a menudo aún no ha fundado la empresa del proyecto, que en última instancia se convertirá en la parte contratante y explotará el proyecto. En tales circunstancias, el deudor y el acreedor pueden **acordar "por adelantado"** que el acreedor es libre de ceder los derechos en virtud del contrato (o de transferir todo el contrato, art. 9.3.1) con una "entidad con fines especiales" (SPV) propiedad del acreedor o gestionada por él.[4130] **III)** Las partes en el acuerdo principal (inicial) son libres de **limitar la transferibilidad** y exigir el **consentimiento del deudor** (art. 9.1.9 (2)).

Artículo 9.1.4 (Cesión parcial)

(1) Un crédito relativo al pago de una suma de dinero puede ser cedido parcialmente.

(2) Un crédito relativo a una prestación no dineraria puede ser cedido parcialmente sólo si es divisible y si la cesión no hace sustancialmente más onerosa la prestación.

A. Principio

1

Reconociendo una **necesidad económica**[4131] y en línea con muchas leyes en todo el mundo,[4132] el art. 9.1.4 prevé la posibilidad de una cesión parcial. El **deudor** del derecho cedido está protegido por una **reclamación de gastos adicionales** (por ejemplo, gastos bancarios) en virtud del art. 9.1.8.[4133]

4128 F. Mazza en Vogenauer, art. 9.1.3 nº 3, 8.

4129 F. Mazza en Vogenauer, art. 9.1.3 nº 8.

4130 Ejemplo de la práctica, que se informa a continuación en el art. 9.3.4 nº 2.

4131 StL-WP. 3 (2000), p. 6; StL-Doc. 69 (2001), p. 4; cf. Comentarios Oficiales, art. 9.1.4 nº 1, p. 307; N. Jansen en Jansen/Zimmermann, Art. 11:103 [PDCE]: *Partial Assignment*, no. 1 (p. 1657).

4132 Véanse, por ejemplo, para Alemania, las decisiones del Tribunal Supremo Federal de Alemania de 20 de diciembre de 1956 - VII ZR 279/56, BGHZ 23, pp. 53 y 56; E.-M. Kieninger en MüKoBGB, § 398 no. 63; H.-F. Müller en Prütting/Wegen/Weinreich, § 398 no. 12 et seq; el art. 79 de Derecho contractual de la República Popular China y Oğuzman/Öz, Borclar Hukuku Genel Hükümler, vol. 2 (2013), pp. 543, 559 para Turquía (aportación de investigación de Çiğdem Schlößl); N. Jansen en Jansen/Zimmermann, Art. 11:103 [PDCE]: *Partial Assignment*, no. 2 (p. 1658) describe la regla del art. 9.1.4 desde la perspectiva de PDCE como "una reafirmación plausible de la legislación europea" e insinúa un emergente "consenso internacional [...] según el cual los créditos pecuniarios deben ser generalmente transferibles en partes".

4133 Comentarios Oficiales, art. 9.1.4 no. 2, p. 307 y Art. 9.1.8 Nº 3, p. 313; StL-Doc. 81 (2003), p. 5; F. Mazza en Vogenauer, art. 9.1.4 nº 6.

B. Requisitos

2

El artículo 9.1.4 distingue según el tipo de derecho cedido.

1. Derechos al pago de una suma dineraria (párrafo 1)

3

En el caso de los derechos monetarios, el párrafo 1 no prevé ninguna restricción y deja al cedente y al cesionario la **libertad de ceder parcialmente**[4134] (con sujeción únicamente al cumplimiento de las condiciones generales; arts. 9.1.2, 9.1.5 y subsiguientes) porque el pago en varios plazos generalmente no constituye una carga considerable para el acreedor[4135] (en la práctica, en algunas jurisdicciones y en algunas circunstancias esto es excepcionalmente diferente según la moneda y el lugar de pago; ese riesgo está cubierto por el art. 9.1.8).

2. Derechos a otra prestación que no sea dineraria (párrafo 2)

4

El párrafo 2 está "destinado a proteger los intereses del deudor"[4136] (por consiguiente, el cedente y el cesionario "no pueden optar por no aplicar la regla").[4137] Contiene **dos requisitos**[4138] **acumulativos: I)** divisibilidad del derecho, por ejemplo, en cantidad y/o tiempo[4139] (debe ser posible "fraccionar sin depreciación del valor y sin cambiar la naturaleza de la ejecución",[4140] que sería, por ejemplo, el caso de que un asesor fiscal dividiera los 30 días de tiempo contratados para revisar las cuentas de una empresa entre dos empresas);[4141] y **II) no debería aplicarse una carga "sustancialmente" más onerosa** para el deudor (en virtud de la cual debería aplicarse la misma **prueba de razonabilidad** que en virtud del art. 9.1.3 (art. 9.1.3 no. 2 en B); en el ejemplo del asesor fiscal en los Comentarios Oficiales, la división de ese tipo de trabajo con diferentes cuentas bien podría ser más oneroso).[4142] En este contexto, el derecho del obligado a reclamar gastos adicionales causados por la cesión en virtud del

[4134] Véanse los comentarios de apoyo de N. Jansen en Jansen/Zimmermann, Art. 11:103 [PDCE]: *Partial Assignment*, no. 3 (p. 1658) prefiriendo esta regla clara a una mera presunción bajo la PDCE.

[4135] Comentarios Oficiales, art. 9.1.4 nº 2, p. 307; StL-WP. 3 (2000), p. 6; StL-Doc. 69 (2001), p. 5; StL-Doc. 74 (2002), p. 4; F. Mazza en Vogenauer, art. 9.1.4 nº 2.

[4136] F. Mazza en Vogenauer, art. 9.1.4 nº 8.

[4137] Ídem.

[4138] F. Mazza en Vogenauer, art. 9.1.4 nº 3.

[4139] Comentarios Oficiales, art. 9.1.4 no. 2, ilustraciones 2 (sobre la cantidad), p. 308; F. Mazza en Vogenauer, art. 9.1.4 nº 4.

[4140] F. Mazza en Vogenauer, art. 9.1.4 nº 4.

[4141] Comentarios Oficiales, art. 9.1.4 no. 2, ilustración 3, p. 308; F. Mazza en Vogenauer, art. 9.1.4 nº 4.

[4142] Comentarios Oficiales, art. 9.1.4 nº 2, ilustración 3, p. 308; F. Mazza en Vogenauer, art. 9.1.4 nº 5; en la misma línea N. Jansen en Jansen/Zimmermann, Art. 11:103 [PDCE]: *Partial Assignment*, no. 9 (p. 1661).

art. 9.1.8 (que equilibra la carga adicional) debe considerarse[4143] en la evaluación por un tribunal arbitral u otro tribunal (art. 1.11 primer guión). El temor a litigios múltiples o a la resolución parcial, o el impacto en los costes y el precio (cuando el deudor había ofrecido un precio particularmente bajo en vista de las grandes cantidades pedidas) puede causar una carga "sustancialmente" más onerosa.[4144] Lo mismo es cierto, por ejemplo, si la asignación tiene un impacto en las franjas horarias y las necesidades de una línea de producción.

C. Opciones

5

I) Las partes pueden **prohibir o limitar la cesión parcial** en el contrato inicial que crea el derecho;[4145] en tal caso, la protección del deudor se rige por el art. 9.1.15 (b) y por el art. 9.1.9.[4146] **II)** Si, contrariamente a lo dispuesto en el párrafo 2, una cesión hiciera que la ejecución fuera "sustancialmente más onerosa", el cedente y el cesionario son libres de negociar un **consentimiento con el deudor**. Si el tercero protegido por el párrafo 2 da su consentimiento, se aplican los principios generales de la libertad contractual (arts. 1.1, 1.3, 1.5).

Artículo 9.1.5 (Cesión de créditos futuros)

Un crédito futuro se considera cedido en el momento de celebrarse el acuerdo, siempre que cuando llegue a existir dicho crédito pueda ser identificado como al que la cesión se refiere.

A. Principio

1

Alineándose con una tendencia internacional,[4147] el art. 9.1.5 (resultado de intensos debates entre abogados civiles y de Derecho Común en el Grupo de Trabajo)[4148] y art. 9.1.6

4143 Véase el argumento de N. Jansen en Jansen/Zimmermann, Art. 11:103 [PDCE]: *Partial Assignment*, no. 8 en el contexto del PDCE (pp. 1660-61).

4144 N. Jansen en Jansen/Zimmermann, Art. 11:103 [PDCE]: *Partial Assignment*, no. 9 (p. 1661).

4145 F. Mazza en Vogenauer, art. 9.1.4 nº 9; véase también N. Jansen en Jansen/Zimmermann, Art. 11:103 [PDCE]: *Partial Assignment*, no. 4 (pp. 1658-59) considerando los Principios de UNIDROIT a este respecto como "el punto de partida más importante para el derecho privado europeo".

4146 F. Mazza en Vogenauer, art. 9.1.4 no. 9 (haciendo referencia únicamente al art. 9.1.9).

4147 Véanse los arts. 5 (b), 8 (1) (b) de la Convención de la CNUDMI sobre la Cesión de Créditos, el art. 5 Convenio del UNIDROIT sobre el Factoraje, el art. 1 (h), 11 Protocolo Espacial de Berlín del Convenio de Ciudad del Cabo, art. 11:202 (2) PDCE; F. Mazza en Vogenauer, art. 9.1.5 nº 2.

4148 F. Mazza en Vogenauer, art. 9.1.5 nº 13 (información, por ejemplo, de una votación estancada sobre la cuestión de la retroactividad). Sobre el logro con respecto a la hostilidad nacional en muchas jurisdicciones ("parecía dudoso que fuera prudente alentar a la gente a vender su futuro"), parcialmente aún hoy (Hungría), véase el resumen histórico y comparativo de N. Jansen en Jansen/Zimmermann, Art. 11:102 [PDCE]: *Contractual Claims Generally Ascedable*, no. 3-4 (pp. 1650-51).

(última parte) reconocen la "gran importancia económica"[4149] de la posibilidad de ceder un derecho futuro, es decir, "**un derecho que existirá o podría nacer en el futuro**",[4150] en virtud de un **contrato futuro**[4151] (que es distinto de "un derecho presente de cumplimiento debido en el futuro", por ejemplo, un derecho a ser pagado en el futuro por el cumplimiento futuro que se prestará **en virtud de** un **contrato**[4152] de construcción **en curso**,[4153] que entra en el ámbito del art. 9.1.1[4154] y, por lo tanto, fuera del alcance del art. 9.1.5). Desde la perspectiva de un profesional, la norma contenida en el art. 9.1.15 es bienvenida porque se correlaciona con una necesidad del mercado.

B. Identificación como requisito

2

El art. 9.1.5 requiere: **I)** la **identificabilidad** ("pueda ser identificado") del **derecho futuro** cedido que debe "determinarse **caso por caso**"[4155] teniendo debidamente en cuenta las circunstancias (por ejemplo, por referencia a ciertos criterios como listas de productos o servicios o países en los que los futuros deudores tienen su establecimiento;[4156] para el conjunto de derechos; art. 9.1.6, última parte); por lo tanto, con sujeción a la ley imperativa contraria en algunas jurisdicciones (art. 1.4), las **cesiones masivas** son posibles[4157] (con efecto parcial si no todas las reclamaciones son identificables, *argumentum* art. 3.2.13);[4158]

[4149] Comentarios Oficiales Art. 9.1.5 no. 1, p. 309 ("Muy significativo desde el punto de vista económico"); StL-WP. 7 (2001), página 5 y StL-Doc. 74 (2002), p. 6 (ambas fuentes se refieren a "mucha importancia económica"); F. Mazza en Vogenauer, art. 9.1.5 nº 1; N. Jansen en Jansen/Zimmermann, Art. 11:102 [PDCE]: *Contractual Claims Generally Ascedable*, no. 2 (p. 1650).

[4150] Comentarios Oficiales, art. 9.1.5 nº 1, p. 308 (sin cursivas en el original); F. Mazza en Vogenauer, art. 9.1.5 nº 3.

[4151] Comentarios Oficiales, art. 9.1.5 nº 1, pp. 308 a 309; F. Mazza en Vogenauer, art. 9.1.5 nº 3-4 y 5 in fine (distinguiendo el art. 9.1.5 del art. 11:202 (2) PDCE).

[4152] F. Mazza en Vogenauer, art. 9.1.5 nº 4.

[4153] F. Mazza en Vogenauer, art. 9.1.5 nº 5.

[4154] Comentarios Oficiales, art. 9.1.5 nº 1, p. 308; F. Mazza en Vogenauer, art. 9.1.5 nº 4; N. Jansen en Jansen/Zimmermann, Art. 11:102 [PDCE]: *Contractual Claims Generally Assignable*, no. 8 (p. 1652): "una diferenciación sutil sin gran significado práctico".

[4155] F. Mazza en Vogenauer, art. 9.1.5 nº 6. En contraste, N. Jansen en Jansen/Zimmermann, Art. 11:102 [PDCE]: *Contractual Claims Generally Astransferable*, no. 9 (p. 1653) sugiere inspirarse en las leyes nacionales "donde se practica la cesión de créditos futuros". Si bien esto puede ser peligroso y generalmente contravenir el espíritu de interpretación autónoma de conformidad con el art. 1.6, tal vez sea útil señalar que, como se mencionó ibid. con referencia a W. Wiegand/C. Zellweger-Gutknecht, Assignment, nota 36, el Grupo de Trabajo fue "informado acerca de estas experiencias y consideró convincentes las experiencias de los tribunales". Sobre esa base, un tribunal arbitral debería tener libertad para examinar soluciones nacionales. Sin embargo, habida cuenta de la finalidad de los Principios de UNIDROIT de establecer normas generales para los contratos comerciales internacionales (párrafo 1 del preámbulo), celebrados sobre la base de la autonomía contractual (párrafos 1, 3 y 5 del artículo 1), que deben interpretarse debidamente (párrafos 1 y 3 del artículo 4), es inevitable adoptar una decisión caso por caso.

[4156] F. Mazza en Vogenauer, art. 9.1.5 nº 6.

[4157] N. Jansen en Jansen/Zimmermann, Art. 11:102 [PDCE]: *Contractual Claims Generally Ascedable*, no. 15 (p. 1655) con ejemplos nacionales comparativos.

[4158] N. Jansen en Jansen/Zimmermann, Art. 11:102 [PDCE]: *Contractual Claims Generally Ascedable*, no. 16 (pp. 1655-56).

II) en el **momento** en que el derecho **nace**[4159] (es decir, no en el momento de la cesión),[4160] que también debe determinarse **caso por caso**.[4161] A la luz del enfoque favorable de los Principios de UNIDROIT para la cesión de derechos futuros, se ha argumentado que el criterio de identificabilidad se cumple incluso si se necesita "**una cantidad considerable de tiempo y trabajo**" para la identificación.[4162] Con respecto a las normas de interpretación de los artículos 4.1 (2) y 4.8 (2) (d), este enfoque favorable debería encontrar un límite natural en los esfuerzos que **personas razonables** del mismo tipo que las partes **le darían** (aquí: la identificación) en las mismas circunstancias, a menos que la intención común de las partes requiera aún más esfuerzos (*argumentum* art. 4.1 (1)). **III)** Bastará con que el **cedente y el cesionario** puedan identificar el derecho futuro cedido, ya que el deudor está protegido por el art. 9.1.10 (1).[4163]

C. Efecto

3

La determinación de **cuándo** nace un derecho futuro (mediante la celebración de un contrato válido) depende de la ley sustantiva aplicable (contractual).[4164] Sin perjuicio de un contrato[4165] (art. 1.5), una cesión que cumpla el criterio de identificabilidad[4166] (*supra* B.) tiene sin embargo (y sólo entre el cedente y el cesionario)[4167] efecto retroactivo al "momento del acuerdo (de cesión)" (art. 2.1.6 y subsiguientes),[4168] y se considera que ha surtido efecto en ese momento.[4169] El deudor está protegido por otras normas (por ejemplo, los arts. 9.1.10-9.1.11), otros terceros por la ley aplicable (por ejemplo, insolvencia).[4170] Los Principios de UNIDROIT guardan silencio sobre la cuestión de si: **I)** el cesionario (art. 9.1.1) adquiere el derecho directamente del deudor (alternativa 1); o **II)** si el derecho (por ejemplo, al pago futuro de un servicio futuro del cedente) se crea primero en el esfera del cedente y luego se transfiere inmediatamente al cesionario[4171] dentro de un "segundo jurídico lógico"

4159 Comentarios Oficiales, art. 9.1.5 nº 2, p. 309; StL-WP. 3 (2000), p. 8; StL-WP. 7 (2001), p. 6; StL-Doc. 92 (2003), p. 5; N. Jansen en Jansen/Zimmermann, Art. 11:102 [PDCE]: *Contractual Claims Generally Ascedable*, no. 6 (p. 1652).

4160 F. Mazza en Vogenauer, art. 9.1.5 no. 7-8 (refiriéndose a las reglas paralelas en el art. 5 (a) Convención de Factoraje de UNIDROIT y Art. 11:202 (2) PDCE).

4161 F. Mazza en Vogenauer, art. 9.1.5 nº 9.

4162 F. Mazza en Vogenauer, art. 9.1.5 nº 10.

4163 F. Mazza en Vogenauer, art. 9.1.5 nº 11.

4164 Cf. F. Mazza en Vogenauer, art. 9.1.6 nº 3 (para un paquete de derechos).

4165 F. Mazza en Vogenauer, art. 9.1.5 nº 17.

4166 Cf. F. Mazza en Vogenauer, art. 9.1.5 nº 16.

4167 Comentarios Oficiales, art. 9.1.5 nº 3, p. 309; StL-WP. 7 (2001), p. 5; F. Mazza en Vogenauer, art. 9.1.5 nº 12.

4168 StL-Doc. 69 (2001), pp. 6 y 7; StL-WP. 7 (2001), p. 5; F. Mazza en Vogenauer, art. 9.1.5 nº 14.

4169 Comentarios Oficiales, art. 9.1.5 no. 3 en la ilustración, p. 309; StL-WP. 7 (2001), p. 5; F. Mazza en Vogenauer, art. 9.1.5 no. 12-13 (con referencia a los intensos debates del Grupo de Trabajo sobre la retroactividad); N. Jansen en Jansen/Zimmermann, Art. 11:102 [PDCE]: *Contractual Claims Generally Ascedable*, no. 6 (p. 1652) y no. 11-13 (pp. 1654-55) discutiendo el posible impacto de la retroactividad que, sin embargo, se determinará en caso de insolvencia del cedente con respecto a la ley de insolvencia aplicable (Art. 1.4).

4170 F. Mazza en Vogenauer, art. 9.1.5 nº 12.

4171 F. Mazza en Vogenauer, art. 9.1.5 no. 15 (con observaciones críticas: crucial para el tercero en caso de insolvencia sobrevenida del cedente»).

(alternativa 2).[4172] Sin la participación del cedente como acreedor del (futuro) contrato principal con el deudor, el derecho (futuro) cedido a menudo no nacerá a la vida jurídica; esto puede apuntar, en circunstancias habituales, hacia la solución de la alternativa 2. Se trata de interpretar los documentos contractuales pertinentes con respecto al derecho de propiedad aplicable (según lo determinado por las normas de Derecho Internacional Privado).

D. Opciones

4

I) El cedente y el cesionario podrán **excluir el efecto retroactivo** de la cesión[4173] (art. 1.5) (pero no) **a)** ampliarlo a un plazo anterior a la celebración del contrato;[4174] o **b)** "acordar un plazo diferente para que la cesión surta efecto").[4175] **II)** A reserva de la ley de intervención (bienes o insolvencia) (art. 1.4), el cesionario y el cedente podrán considerar la posibilidad de **estipular explícitamente** que el derecho futuro nunca afectará a la esfera económica del cedente, sino que será creado directamente en la esfera del cesionario; sin embargo, el efecto de tal cláusula en el acuerdo de cesión sigue siendo dudoso y depende de las circunstancias y de las leyes aplicables (sólo es más seguro —y sigue estando sujeto al derecho imperativo, como el régimen de la insolvencia u otro derecho aplicable de nulidad-[4176] sí, contrariamente al concepto de cesión "silenciosa", el deudor es informado y consiente explícitamente que el derecho a reclamar en virtud del contrato principal se cree directamente en beneficio del cesionario).[4177]

Artículo 9.1.6 (Créditos cedidos sin especificación individual)

Pueden cederse varios créditos sin que sean identificados individualmente, siempre que tales créditos, en el momento de la cesión o cuando lleguen a existir, puedan ser identificados como a los que la cesión se refiere.

4172 Véase en el mismo sentido que F. Mazza (nota anterior) N. Jansen en Jansen/Zimmermann, Art. 11:102 [PDCE]: *Contractual Claims Generally Assignable*, no. 5 (p. 1651).

4173 F. Mazza en Vogenauer, art. 9.1.5 nº 17.

4174 Ídem.

4175 F. Mazza en Vogenauer, art. 9.1.5 no.18 (con un argumento basado en el párrafo 2 del artículo 3 del Convenio de UNIDROIT sobre Factoraje).

4176 Por ejemplo, en Alemania existe una ley que permite a los terceros acreedores, en determinadas circunstancias, reclamar la nulidad de un contrato celebrado en su perjuicio, el art. 2 de la "Ley alemana sobre la nulidad de las acciones judiciales de un deudor al margen de un procedimiento de insolvencia" (*Anfechtungsgesetz*), de 5 de octubre de 1994 (BGBl. I p. 2911), modificada por última vez en 2017 (BGBl. I p. 654).

4177 Desde una perspectiva alemana, el contrato principal se convertiría en un "contrato en beneficio" de un tercero, el artículo 328 BGB alemán.

A. Cesión de un conjunto de créditos

1

Basado en el artículo 8 (1) (b) de la Convención de la CNUDMI sobre la Cesión de Créditos y artículo 5 (b) del Convenio de UNIDROIT sobre el Factoraje,[4178] el art. 9.1.6 reconoce la **cesión en conjunto** de: **I) derechos presentes** de ejecución debidos en el futuro en virtud de contratos existentes (arts. 9.1.1, 9.1.3; art. 9.1.5 no. 1); y **II) derechos futuros** en virtud de contratos futuros (art. 9.1.5); o **III)** una combinación de ambas categorías.[4179] Por lo tanto, los Principios de UNIDROIT son una herramienta útil para asignar derechos contractuales relativos, por ejemplo, a una flota de contenedores, repartidos por todo el mundo.

B. Requisitos

1. Identificación en el momento pertinente

2

I) Los **derechos existentes** deben ser **identificables** (art. 9.1.5 no. 2) en el momento del acuerdo de cesión (art. 2.1.6 y subsiguientes sobre la celebración del contrato).[4180] **II)** Para los **derechos futuros**, "la identificación debe ser posible **en el momento en que el derecho (futuro) llegue a existir**"[4181] en virtud de la ley (contractual) aplicable.[4182]

2. Validez parcial

3

A la luz del principio general subyacente a los Principios de UNIDROIT (art. 1.6 (2)) de mantener los contratos cuando sea posible (*favor contractus*, Introducción no. 7), como lo demuestran los arts. 3.2.13 y 4.5,[4183] un contrato de cesión relativo a derechos parcialmente identificables y parcialmente no identificables **debe ser confirmado para la cesión de los derechos identificables** (nulidad parcial).[4184]

4178 StL-Misc. 22 (2000), nº 570; F. Mazza en Vogenauer, art. 9.1.6 nº 2.

4179 F. Mazza en Vogenauer, art. 9.1.6 nº 1.

4180 StL-WP. 7 (2001), p. 6; StL-Doc. 81 (2003), p. 7; StL-Doc. 92 (2003), p. 7; F. Mazza en Vogenauer, art. 9.1.6 nº 3.

4181 StL-WP. 3 (2000), p. 10; StL-Doc. 69 (2001), p. 9; StL-Doc. 92 (2003), p. 7; F. Mazza en Vogenauer, art. 9.1.6 no. 3 (citado con diferente énfasis); véanse también los Comentarios Oficiales, art. 9.1.6, p. 310.

4182 Véase de nuevo F. Mazza en Vogenauer, Art. 9.1.6 nº 3.

4183 F. Mazza en Vogenauer, art. 9.1.6 nº 5.

4184 F. Mazza en Vogenauer, art. 9.1.6 nº 4-6 (con una discusión y refutación de los contraargumentos, como el riesgo de exceso de seguridad del primer cesionario).

Artículo 9.1.7 (Suficiencia del convenio entre el cedente y cesionario)

(1) Un crédito es cedido por el mero convenio entre el cedente y el cesionario, sin notificación al deudor.

(2) No se requiere el consentimiento del deudor a menos que la obligación, según las circunstancias, sea de carácter esencialmente personal.

A. Mero convenio

1

De conformidad con el párrafo 1, un **convenio** "simple" (**oral**; arts. 1.2, 3.1.2) basta para una cesión válida.[4185] Este principio enfatiza la autonomía de la voluntad[4186] (art. 1.1, si se califican las cesiones como contratos; que se debate doctrinalmente, art. 9.1.1 no. 3), que el Grupo de Trabajo considera apropiado aplicar de acuerdo con una tendencia moderna orientada al mercado (Introducción al Capítulo 9, no. 1), mientras que muchas leyes nacionales contienen requisitos de forma adicional[4187] (No. 4). Está sujeto a **excepciones** que dependen de la naturaleza del derecho asignado.

1. Cesión de derechos de una prestación dineraria

2

Para los **derechos meramente monetarios** al pago, el párrafo 1 se aplica sin ninguna restricción, **a menos que** una **ley obligatoria** (internacional o nacional) disponga lo contrario[4188] (art. 1.4). En virtud del párrafo 1, la cesión surte efecto en general **con la celebración** del convenio de cesión (**sin requisito de notificación**;[4189] una notificación es importante para dirigir el flujo de pago y proteger al deudor (arts. 9.1.10-9.1.11) pero no es una condición para el efecto de la cesión).[4190]

[4185] StL-Doc. 69 (2001), p. 10; StL-Misc. 23 (2001), p. 29; StL-WP. 7 (2001), p. 7; Comentarios Oficiales, art. 9.1.7 nº 1, p. 311; F. Mazza en Vogenauer, art. 9.1.7 nº 2; y N. Jansen en Jansen/Zimmermann, Art. 11:104 [PDCE]: *Form of Assignment*, no. 7 (p. 1664): "La eficacia de las cesiones no depende ni del consentimiento del deudor ni de una notificación".

[4186] N. Jansen en Jansen/Zimmermann, Art. 11:104 [PDCE]: *Form of Assignment*, no. 1 (p. 1662).

[4187] Véase de nuevo N. Jansen en Jansen/Zimmermann, Art. 11:104 [PDCE]: *Form of Assignment*, no. 1 (p. 1662) que observa: "A este respecto, las codificaciones liberales belga y alemana son excepciones que prueban la regla general".

[4188] StL-Doc. 74 (2002), p. 8; Comentarios Oficiales, art. 9.1.7 nº 1, p. 311; F. Mazza en Vogenauer, art. 9.1.7 nº 2.

[4189] StL-Doc. 81 (2003), p. 8; F. Mazza en Vogenauer, Art. 9.1.7 no. 1, 3.

[4190] Véase también F. Mazza en Vogenauer, Art. 9.1.7 nº 4, p. 1099.

2. Cesión de derechos de una prestación no dineraria

3

La validez de la cesión de una **prestación no dineraria** requiere, además de **I)** el **consentimiento** de las partes en el convenio de cesión de conformidad con el párrafo 1, y **II)** la **no violación** de una **ley imperativa** aplicable (art. 1.4), **III)** de conformidad con el párrafo 2,[4191] el **consentimiento del deudor**[4192] **si** la obligación es, "según las circunstancias" (para ser evaluada por el tribunal, art. 1.11 primer guión), de **carácter esencialmente personal**[4193] (por ejemplo, si el deudor es una compañía de seguros porque la cesión puede aumentar su riesgo; o en el caso de un contrato de servicio o distribución que requiere conocimientos especiales;[4194] un acuerdo de no cesión no dará forma a que un contrato sea de carácter esencialmente personal);[4195] esta excepción del párrafo 2 al principio del párrafo 1 está en consonancia con un concepto ampliamente reconocido y posiblemente inspirado por la redacción similar del art. 1260 (1) del Código Civil italiano;[4196] y/o finalmente **IV)** en caso de **violación de una cláusula de no cesión** entre el deudor y el cedente con respecto al derecho cedido, que el **cesionario** es de **buena fe** con respecto a dicha prohibición (*argumentum* art. 9.1.15 (b)). Esto significa que el cesionario era o podía ser **ignorante** (como se especifica en el artículo 9.1.9 (2) segunda oración) de esa cláusula de no cesión; de lo contrario, la asignación no es válida.[4197]

B. Opciones

4

I) Las partes en el convenio de cesión podrán acordar en que el consentimiento del deudor sea una **condición** (art. 5.3.1).[4198] **II)** En los **contratos a largo plazo**, es práctica habitual definir el **alcance de los cesionarios admitidos**, a veces combinado con condiciones, por ejemplo, la libre cesión dentro de un grupo de sociedades sujetas a ciertas restricciones, como la capacidad o la aprobación de una diligencia debida financiera por la otra parte (a menos que el cedente se comprometa a seguir siendo un codeudor). **III) Ninguna opción**: las partes del contrato de cesión no pueden descartar la protección del deudor en virtud del párrafo 2 y convienen en que no se requiere el consentimiento del deudor para la cesión de

---

4191 F. Mazza en Vogenauer, art. 9.1.7 nº 8 (observando que el párrafo 2 se aplica únicamente a los derechos relativos al cumplimiento no monetario porque "no se asume la obligación de pagar dinero con respecto al acreedor").

4192 Comentarios Oficiales, art. 9.1.7 nº 3, p. 311.

4193 Comentarios Oficiales, art. 9.1.7 nº 3, ilustración 2, p. 312; StL-Doc. 69 (2001), p. 10; StL-Doc. 81 (2003), p. 8; F. Mazza en Vogenauer, art. 9.1.7 nº 5.

4194 F. Mazza en Vogenauer, art. 9.1.7 nº 6.

4195 Comentarios Oficiales, art. 9.1.7 nº 4, p. 312; F. Mazza en Vogenauer, art. 9.1.7 no. 7 (*argumentum* Art. 9.1.9 (2)).

4196 F. Mazza in Vogenauer, Introducción al Capítulo 9 no. 9 nota 6 y Art. 9.1.7 nº 6.

4197 Las circunstancias a menudo indicarán que, entre los comerciantes conectados por correo electrónico, el cesionario habrá tenido la oportunidad de leer el contrato subyacente al crédito cedido. Dependiendo de las circunstancias (como cuestiones de idioma) y los estándares aplicables de prueba, este mero hecho normalmente excluirá la buena fe del cesionario.

4198 En un sentido similar, F. Mazza en Vogenauer, Art. 9.1.7 nº 10.

una obligación de carácter esencialmente personal[4199] (*argumentum* art. 9.1.9 (2) oración 1 porque el párrafo 2 equivale a una restricción contractual de cesión).

C. Límites

5

Las legislaciones nacionales pueden contener requisitos imperativos de forma con respecto a la validez de una cesión (art. 1.4) o su oponibilidad frente a terceros, específicamente en caso de insolvencia del deudor. En particular, las jurisdicciones exigen cada vez más el **registro de la cesión.**[4200] El requisito de tales registros para oponerse a la cesión de terceros armoniza bien con el art. 9.1.7.[4201]

Artículo 9.1.8 (Costes adicionales para el deudor)

El deudor tiene derecho a ser indemnizado por el cedente o el cesionario por todos los costes adicionales causados por la cesión.

A. Un concepto innovador

1

En línea con el concepto similar del art. 6.1.6 (2)[4202] (y diversas leyes nacionales)[4203] relativas a la compensación por el aumento de los gastos, si los hubiere, en caso de cambio del establecimiento de una de las partes contratantes,[4204] el artículo 9.1.8 (en correlación con el art. 11:306 (1) PDCE)[4205] crea para el deudor (art. 9.1.1) un derecho a recuperar, en caso de cesión de derechos (**monetarios o no monetarios,**[4206] **totales o parciales**)[4207] **costos adicionales**, si los hubiere, **alternativamente**[4208] del cedente o del cesionario (en virtud de lo cual esa opción proporciona una protección reforzada a través de más opciones para el deudor).[4209] El punto de partida, sin embargo, sigue existiendo el concepto de que "una

---

4199 StL-WP. 7 (2001), p. 8; StL— Doc. 92 (2003), p. 8; F. Mazza en Vogenauer, art. 9.1.7 nº 10.

4200 N. Jansen en Jansen/Zimmermann, Art. 11:104 [PDCE]: *Form of Assignment*, no. 3 (p. 1663) con: I) referencia a los registros en Gran Bretaña, Países Bajos y Estados Unidos; así como II) una breve reseña histórica y comparativa de otros requisitos; y un firme apoyo al concepto de registros públicos, ibíd., Nº 5 (p. 1663), y art. 11:303 [PDCE]: *Effect on Debtor's Obligation*, no. 6 (p. 1696).

4201 N. Jansen in Jansen/Zimmermann, Art. 11:104 [PDCE]: *Form of Assignment*, no. 6 *in fine* (p. 1664).

4202 Comentarios Oficiales, art. 9.1.8 nº 1, p. 313; StL-Doc. 81 (2003), página 10.

4203 Véase Art. 6.1.6 no. 1 y N. Jansen en Jansen/Zimmermann, Art. 11:306 [PDCE]: *Place of Performance*, no. 2 (p. 1713).

4204 StL-Doc. 92 (2003), p. 9; F. Mazza en Vogenauer, art. 9.1.8 nº 3.

4205 F. Mazza en Vogenauer, art. 9.1.8 no. 2; para una comparación, y la discusión de su aplicación por analogía en caso de cesión, véase N. Jansen en Jansen/Zimmermann, Art. 11:306 [PDCE]: *Place of Performance*, no. 2-5 (pp. 1713-14).

4206 F. Mazza en Vogenauer, art. 9.1.8 nº 1.

4207 F. Mazza en Vogenauer, art. 9.1.8 nº 5.

4208 F. Mazza en Vogenauer, art. 9.1.8 nº 6.

4209 F. Mazza en Vogenauer, art. 9.1.8 nº 6 (señalando, por ejemplo, más escenarios de compensación).

cesión no puede alterar la **naturaleza y el contenido** de la obligación" (*argumentum* art. 9.1.13);[4210] o su **perfil de riesgo.**[4211] Así pues, con respecto a los principios del carácter vinculante de los contratos (art. 1.3), la buena fe y lealtad negocial (art. 1.7) y los usos (art. 1.9), los cambios aceptados por el artículo 9.1 se limitan a aquellos que constituyen una consecuencia inherente a la admisión de la cesión de derecho (sabiendo que un cesionario suele tener un **establecimiento** diferente) y **cesión parcial** (art. 9.1.4), salvo pacto en contrario (art. 1.5).[4212]

B. Requisitos

2

Los "costos adicionales" deben ser causados **directamente**[4213] por la cesión, por ejemplo: **I)** en el caso de **derechos monetarios**, un aumento de los costos si el cesionario tiene su **establecimiento** (que determina el lugar de pago, art. 6.1.6 (1) (a)) en otra jurisdicción a la que la transferencia de dinero es más costosa;[4214] (mientras que no se puede esperar que el deudor asuma riesgos adicionales y pague en una moneda diferente);[4215] o **II)** en caso de **derechos no monetarios**, si la cesión da lugar a un cumplimiento en un **lugar diferente** (por ejemplo, "gastos de alojamiento más caros";[4216] art. 6.1.6 (4) o en diferentes lugares bajo el acuerdo principal (con una determinación del lugar de cumplimiento en desviación de norma supletoria en el art. 6.1.6 (1) (b) o como resultado de una **cesión parcial** si la división del cumplimiento conduce a la necesidad de cumplimiento a varios deudores en varios lugares).[4217] Por el contrario, si la cesión hiciera que la obligación fuera "sustancialmente más onerosa", la cesión sería **ineficaz** en primer lugar en virtud del art. 9.1.3.[4218]

[4210] N. Jansen en Jansen/Zimmermann, Art. 11:306 [PDCE]: *Place of Performance*, no. 6 (p. 1715) y no. 7 (pp. 1715-16), énfasis añadido.

[4211] N. Jansen en Jansen/Zimmermann, Art. 11:306 [PDCE]: *Place of Performance*, no. 10 (p. 1716).

[4212] En este sentido también N. Jansen en Jansen/Zimmermann, Art. 11:306 [PDCE]: *Place of Performance*, no. 7 (p. 1716): "Las excepciones solo deben reconocerse en situaciones que son similares a las cesiones parciales y los cambios en el lugar de pago. En la actualidad, tales excepciones sólo se acuerdan en lo que respecta a los cambios en el lugar de cumplimiento de un carácter no monetario".

[4213] F. Mazza en Vogenauer, art. 9.1.8 nº 3.

[4214] Véanse los Comentarios Oficiales, art. 9.1.8 no. 1 e Ilustración 1, p. 312; F. Mazza en Vogenauer, art. 9.1.8 no. 4; N. Jansen en Jansen/Zimmermann, Art. 11:306 [PDCE]: *Place of Performance*, no. 7 (pp. 1715-16) y no. 11 (pp. 1716-17).

[4215] N. Jansen en Jansen/Zimmermann, Art. 11:306 [PDCE]: *Place of Performance*, no. 10 (p. 1716).

[4216] N. Jansen en Jansen/Zimmermann, Art. 11:306 [PDCE]: *Place of Performance*, no. 11 (p. 1717) referente a Comentarios Oficiales, Art. 6.1.6 no. 3, ilustración 3, p. 194.

[4217] Comentarios Oficiales, art. 9.1.8 no. 3, ilustración 2, p. 313; F. Mazza en Vogenauer, art. 9.1.8 no. 5; N. Jansen en Jansen/Zimmermann, Art. 11:306 [PDCE]: *Place of Performance*, no. 7 (pp. 1715-16).

[4218] Inspirado por N. Jansen en Jansen/Zimmermann, Art. 11:306 [PDCE]: *Place of Performance*, no. 8 (p. 1716) que propone medir con los mismos criterios que en la regla paralela del art. 11:302 PDCE.

C. Consecuencia jurídica: responsabilidad solidaria

2b

Las partes en el acuerdo de cesión son solidariamente responsables de los costes adicionales (art. 11.1.1 (a)).[4219] En caso de cesión de una reclamación de pago, el deudor puede compensar los costes adicionales previstos en el Capítulo 8.[4220] En caso de cesión de un crédito no monetario, el deudor puede retener el cumplimiento en virtud del art. 7.1.3 "hasta que haya recibido una compensación de sus gastos".[4221]

D. Opciones

3

I) Si bien las partes en el acuerdo de cesión **no podrán excluirse** de sus obligaciones en virtud del art. 9.1.8 hacia el deudor que está protegido por la norma,[4222] pueden asignar el riesgo de un crédito en virtud del art. 9.1.8 a cualquiera de las partes mediante una indemnización[4223] o acuerdo de "retención libre". **II)** En las negociaciones en las que, debido al poder de mercado o a la estrategia de negociación, no pueda evitarse la elección de una ley interna (de la otra parte contratante), el artículo 9.1.8 puede servir como una plantilla inspiradora al redactar una cláusula que admite cesiones limitadas de créditos por desempeño no monetario (art. 9.1.7 no. 4).[4224]

Artículo 9.1.9 (Cláusulas prohibiendo la cesión)

(1) La cesión de un derecho al pago de una suma de dinero surte efectos pese al acuerdo entre cedente y deudor limitando o prohibiendo tal cesión. Sin embargo, el cedente puede ser responsable ante el deudor por incumplimiento del contrato.

(2) La cesión de un derecho a otra prestación no surtirá efectos si viola un acuerdo entre el cedente y el deudor que limite o prohíba la cesión. No obstante, la cesión surte efectos si el cesionario, en el momento de la cesión, no conocía ni debiera haber conocido

---

4219 N. Jansen en Jansen/Zimmermann, Art. 11:306 [PDCE]: *Place of Performance*, no. 12 (p. 1717).

4220 Ídem.

4221 Ídem.

4222 F. Mazza en Vogenauer, art. 9.1.8 nº 7.

4223 Ídem.

4224 Si el acreedor compra una máquina compleja con arreglo a los Principios de UNIDROIT (experiencia de la práctica) para venderla a un comprador en otra jurisdicción (que puede o no ser una empresa afiliada), puede desear ceder (en virtud de los Principios de UNIDROIT) el derecho a recibir el cumplimiento de las obligaciones de garantía u otro tipo de apoyo al cesionario. Si este escenario puede ser considerado durante la negociación del contrato con el deudor inicial, ha demostrado ser útil regularlo explícitamente, inspirándose en el Art. 9.1.8. Véase también N. Jansen en Jansen/Zimmermann, Art. 11:306 [PDCE]: *Place of Compliance,* no. 9 (p. 1716) argumentando que "parece razonable esperar que el deudor (es decir, el obligado) esté dispuesto a prestar los servicios en la ubicación del cesionario, siempre que esta ubicación no esté fuera del área normal de negocios del deudor".

dicho acuerdo. En este caso, el cedente puede ser responsable ante el deudor por incumplimiento del contrato.

A. Un balance entre intereses en conflicto

1

El artículo 9.1.9, una regla básica de este Capítulo[4225] establece un notable **equilibrio entre**: **I)** el deseo del **deudor** de controlar con quién está haciendo negocios,[4226] y **II)** la necesidad comercial del **acreedor** (y de la comunidad comercial en su conjunto)[4227] de "tratar las cuentas por cobrar como parte de su capital circulante",[4228] que se ha descrito como "establecimiento de tendencias"[4229] (protege el interés del acreedor mejor que la ley inglesa).[4230] El compromiso equilibrado elaborado por el grupo de **trabajo supera varias soluciones extremas nacionales** que van "desde la invalidez de tales cláusulas hasta su plena efectividad".[4231]

B. El sistema

2

I) Desde la **perspectiva de las partes** en un acuerdo de cesión, el **punto de partida** del art. 9.1.9 es la **obligatoriedad de las cláusulas de no cesión** que prohíben o restringen la libertad del acreedor para ceder sus derechos (presentes o futuros)[4232] frente al deudor (o, por analogía, del cesionario para ceder ulteriormente el derecho cedido).[4233] La prohibición puede incluso acordarse **implícitamente** con la **cláusula de confidencialidad**,[4234] debidamente interpretada en función de las circunstancias (arts. 4.1, 4.3 y ss.). Una **limitación**

[4225] F. Mazza en Vogenauer, art. 9.1.9 nº 1.

[4226] F. Mazza en Vogenauer, art. 9.1.9 nº 1; N. Jansen en Jansen/Zimmermann, Art. 11:301 [PDCE]: *Contractual Prohibition of Assignment*, no. 1 (p. 1680): "Incluso si ellos [es decir, los deudores] no se ven personalmente afectados por la transferencia de su obligación, las cesiones dificultan la administración de sus deudas y los cargan con el riesgo de pagar al acreedor equivocado".

[4227] F. Mazza en Vogenauer, art. 9.1.9 nº 1; N. Jansen en Jansen/Zimmermann, Art. 11:301 [PDCE]: *Contractual Prohibition of Assignment*, no. 1-2 (pp. 1680-81), que incluye una discusión de consideraciones de política y a menudo acceso limitado de los cesionarios a la información sobre contratos en los que se basan los créditos cedidos.

[4228] M. Bridge, FS Posch (2011), pp. 89 y 95, citado por primera vez por F. Mazza en Vogenauer, Art. 9.1.9 nº 1 Nota 71.

[4229] Véase F. Mazza en Vogenauer, Introducción al Capítulo 9, no. 12 ("único instrumento internacional que intenta proporcionar una solución global"). Sobre la turbulenta historia del derecho de las cláusulas de no cesión desde la época romana y el panorama igualmente diverso de las leyes nacionales, véase N. Jansen en Jansen/Zimmermann, art. 11:301 [PDCE]: *Contractual Prohibition of Assignment*, no. 3-4 (pp. 1681-83).

[4230] M. Bridge, FS Posch (2011), pp. 89, 95.

[4231] F. Mazza en Vogenauer, art. 9.1.9 nº 2, p. 1104; véase también H. Kötz, en von Mehren (ed.), Int. Encyc. of Comp. Law, vol. VII, Capítulo 13, no. 73-79 (donde se examinan ejemplos nacionales con diferentes posiciones).

[4232] F. Mazza en Vogenauer, art. 9.1.9 nº 8, 13.

[4233] F. Mazza en Vogenauer, art. 9.1.9 no. 5, 13 (argumentando a favor de la analogía para servir plenamente al propósito del art. 9.1.9).

[4234] F. Mazza en Vogenauer, art. 9.1.9 nº 7, 13 (argumentando que un nivel particularmente alto de importancia de la confidencialidad para el deudor es una fuerte indicación de un acuerdo implícito de no cesión).

puede consistir, por ejemplo, en: **a)** el requisito de que el deudor dé su consentimiento; **b)** la exclusión de la cesión a determinadas personas; o **c)** la restricción del quórum de un conjunto de derechos.[4235] Bajo el art. 1.3 (*pacta sunt servanda*) y art. 1.7 (buena fe y lealtad negocial), el acreedor está obligado a respetar su compromiso. En caso de cesión, el acreedor incluso se compromete a tener "derecho a ceder el derecho" (art. 9.1.15 (b)).

3

II) El artículo 9.1.9 hace frente a las **violaciones** de la cláusula de no cesión y distingue entre el tipo de derecho que es cedido.

4

a) Desde el **punto de vista del mercado**, el carácter vinculante de las cláusulas de no cesión se **limita a las reclamaciones pecuniarias frente a las partes** en el contrato.[4236] Para la cesión de derechos pecuniarios, y **aa)** con sujeción a cualquier **ley nacional obligatoria** (imperativa) aplicable que prohíba o limite la cesión[4237] (art. 1.4); **b)** el párrafo 1, en consonancia con una tendencia internacional,[4238] **da prioridad a la necesidad comercial del acreedor** (y "al interés de la economía en su conjunto")[4239] y declara que la cesión se realizada en contravención de la cláusula de no cesión es **válida**[4240] (párrafo 1, oración 1), mientras que, **c)** el cedente "puede ser **responsable**" ante el deudor por "**incumplimiento" del contrato**[4241] (párrafo 1, oración 2; art. 7.4.1 y subsiguientes[4242] y, como señaló *Mazza*, excluyendo la terminación en virtud del art. 7.3.1 y siguientes,[4243] porque el art. 9.1.9 tiene

[4235] F. Mazza en Vogenauer, art. 9.1.9 nº 6, 13.

[4236] N. Jansen en Jansen/Zimmermann, Art. 11:301 [PDCE]: *Contractual Prohibition of Assignment*, no. 10 (p. 1686).

[4237] F. Mazza en Vogenauer, art. 9.1.9 nº 4.

[4238] F. Mazza en Vogenauer, art. 9.1.9 no. 10 (haciendo referencia al art. 9 de la Convención de la CNUDMI sobre la Cesión de Créditos, al art. 6 del Convenio de Factoraje de UNIDROIT y al art. 11:203 PDCE con una restricción limitada en el art. 11:301 PDCE). N. Jansen en Jansen/Zimmermann, Art. 11:301 [PDCE]: *Contractual Prohibition of Assignment*, no. 5 (p. 1683) se refiere a una 'tendencia moderna representada por el UCC estadounidense', después de cerrar su exhaustivo resumen comparativo ibid. en el no. 4 (p. 1683) con la observación de que "el UCC, después de una discusión exhaustiva, "sonó la campana" para las cláusulas de no cesión relacionadas con créditos monetarios" (notas de pie de página omitidas; refiriéndose entre otras cosas a UCC art. 2-210 (2) oración 2).

[4239] N. Jansen en Jansen/Zimmermann, Art. 11:301 [PDCE]: *Contractual Prohibition of Assignment*, no. 5 (p. 1683) citando SV Bazinas, "*Lowering the Cost of Credit: The Promise in the Future UNCITRAL Convention on Assignment of Receivables in International Trade*", (2001) 9 "*Tulane Journal of International and Comparative Law*", pp. 259, 287.

[4240] StL-Doc. 92 (2003), p. 10; F. Mazza en Vogenauer, art. 9.1.9 nº 9 ("efectivo"); N. Jansen en Jansen/Zimmermann, Art. 11:301 [PDCE]: *Contractual Prohibition of Assignment*, no. 6 (p. 1684): el párrafo 1 está "basado en el principio de derechos de propiedad de libre asignabilidad". La validez de la cesión tiene un efecto "absoluto" ("*erga omnes*"), ibid., no. 7 (p. 1684).

[4241] Comentarios Oficiales, art. 9.1.9, nº 2, ilustraciones 1 y 2, pp. 314 a 315; StL-WP. 7 (2001), p. 9; StL-Doc. 81 (2003), p. 11; N. Jansen en Jansen/Zimmermann, Art. 11:301 [PDCE]: *Contractual Prohibition of Assignment*, no. 6 (p. 1684) honra la "formulación concisa y elegante" del párrafo 1.

[4242] Comentarios Oficiales, art. 9.1.9 nº 2, p. 314; F. Mazza en Vogenauer, art. 9.1.9 nº 11.

[4243] F. Mazza en Vogenauer, art. 9.1.9 nº 11; y consintiendo con ella N. Jansen en Jansen/Zimmermann, Art. 11:301 [PDCE]: *Contractual Prohibition of Assignment*, no. 15 (p. 1688).

prioridad como regla más especial); el uso de la palabra "incumplimiento" (una palabra fuerte en el lenguaje generalmente más neutral de los Principios de UNIDROIT) recuerda al lector el principio del carácter vinculante de los contratos (art. 1.3). La responsabilidad por incumplimiento del contrato se limita al cedente y no se extiende al cesionario (incluso si tiene conocimiento del incumplimiento).[4244]

5

b) Desde el **punto de vista del mercado**, se acepta el carácter vinculante de las cláusulas de no cesión **para los créditos no monetarios** con una excepción basada en la culpa (no. 6 *infra*).[4245] Para la cesión de derechos no monetarios (con una relación diferente con el crédito);[4246] **aa) el párrafo 2 da prioridad a los intereses del deudo**r y declara **ineficaz** la cesión efectuada en violación de la cláusula de no cesión (párrafo 2, oración 1), lo que significa que: **(1)** el derecho no se transfiere al cesionario,[4247] **(2)** salvo acuerdo en contrario con el acreedor (art. 1.3, 1.5), el deudor sólo puede cumplir su obligación mediante el cumplimiento al cedente,[4248] y **(3)** el cesionario puede ejercer derechos contra el cedente por "**incumplimiento del contrato**" en virtud del Capítulo 7 en relación con el art. 9.1.15 (b) (art. 9.1.15 no. 2), párr. 2 oración 3.[4249] Así, con respecto a los créditos no monetarios, prevalece la libertad contractual (art. 1.1, 1.3) en el contrato original (que contiene la cláusula de no cesión).[4250]

6

Sin embargo, la cesión de derechos no monetarios, **bb)** está sujeta a una excepción en caso de que el **cesionario actúe de buena fe** (es decir, en el momento de la cesión, no conocía y no "ni debiera haber conocido" la cláusula de no cesión[4251] dadas las circunstancias,[4252] a la luz de las prácticas comerciales en ciertas ramas[4253] (art. 1.9 (2)) y la práctica para, por ejemplo, **contratos gubernamentales, la prohibición de la cesión**)[4254] que

[4244] N. Jansen en Jansen/Zimmermann, Art. 11:301 [PDCE]: *Contractual Prohibition of Assignment*, no. 15 (pp. 1687-88).

[4245] N. Jansen en Jansen/Zimmermann, Art. 11:301 [PDCE]: *Contractual Prohibition of Assignment*, no. 11 (p. 1686), agregando, en el no. 14 (p. 1687) que, desde una perspectiva de mercado, "simplemente no existe tal interés colectivo [para negociar créditos no monetarios]".

[4246] Comentarios Oficiales, art. 9.1.9 nº 3, p. 315; StL-Doc. 74 (2002), p. 11; StL-Doc. 81 (2003), p. 12; F. Mazza en Vogenauer, art. 9.1.9 nº 12.

[4247] StL-WP. 3 (2000), pp. 13 y 14; F. Mazza en Vogenauer, art. 9.1.9 nº 14; N. Jansen en Jansen/Zimmermann, Art. 11:301 [PDCE]: *Contractual Prohibition of Assignment*, no. 6 (p. 1684): párr. 2 "expresa una concepción personal de las obligaciones no monetarias", lo que lleva a la ineficacia "absoluta" de la cesión de un "derecho a otro cumplimiento" (ibid. no. 7, p. 1684).

[4248] F. Mazza en Vogenauer, art. 9.1.9 nº 14.

[4249] Comentarios Oficiales, art. 9.1.9 nº 3, ilustración 3, p. 315; StL-Doc. 81 (2003), p. 11; F. Mazza en Vogenauer, art. 9.1.9 nº 14.

[4250] N. Jansen en Jansen/Zimmermann, Art. 11:301 [PDCE]: *Contractual Prohibition of Assignment*, no. 14 (p. 1687).

[4251] F. Mazza en Vogenauer, art. 9.1.9 nº 15.

[4252] Véase de nuevo F. Mazza en Vogenauer, Art. 9.1.9 nº 16 (señalando la carga del deudor de presentar hechos que sugieran que el cesionario sabía o debería haber sabido).

[4253] F. Mazza en Vogenauer, art. 9.1.9 nº 17.

[4254] Ídem.

hace **efectiva** la cesión (párrafo 2, oración 2), y **cc)** al cedente responsable del incumplimiento del contrato al deudor (párrafo 2, oración 3), si hay daños[4255] (art. 7.4.1 y siguientes, y excluyendo, como en el párrafo 1 oración 2 (No. 4), la terminación en virtud del art. 7.3.1 y siguientes);[4256] a menos que **dd)** cualquier ley nacional obligatoria (imperativa) aplicable (por ejemplo, la legislación sobre contratación pública) disponga otra cosa y dé lugar a la nulidad de la cesión (art. 1.4). El recurso a la excepción de buena fe puede ser difícil o arriesgado en la práctica, ya que es difícil para el cesionario probar que cumplió con un estándar de razonabilidad ("debería haber conocido el acuerdo").[4257] *N. Jansen* concluye que "una adquisición de buena fe se vuelve imposible";[4258] esto a menudo puede resultar cierto (en la práctica, las circunstancias de las cesiones difieren enormemente dependiendo de las partes contractuales involucradas).

C. Opciones

7

Tanto el párrafo 1 como el párrafo 2 restringen la autonomía de las partes.[4259] De conformidad con el párrafo 1, el deudor y el acreedor no pueden eludir la cesión de un derecho al pago de una suma monetaria. Sin embargo, desde el punto de vista de un deudor, una cláusula de no cesión puede reducir la probabilidad de una cesión en vista del riesgo de responsabilidad del acreedor en virtud de la oración 2 del párrafo 1. Dado que el párrafo 2 protege al deudor, el cedente y el cesionario no pueden excluirse de esta regla. Desde el punto de vista del deudor, es una práctica bastante frecuente operar con distinciones con respecto a las cesiones de "derechos sobre otras interpretaciones o ejecuciones". Las cesiones a ciertas empresas (afiliadas) se admiten explícitamente y otras generalmente se prohíben (art. 9.1.7 no. 4); o las cesiones son generalmente admitidas, excepto para las asignaciones a una empresa afiliada a un competidor del cesionario.

Artículo 9.1.10 (Notificación al deudor)

(1) El deudor se libera pagando al cedente mientras no haya recibido del cedente o del cesionario una notificación de la cesión.

(2) Después que el deudor recibe tal notificación, sólo se libera pagando al cesionario.

4255 StL-WP. 7 (2001), p. 9; N. Jansen en Jansen/Zimmermann, Art. 11:301 [PDCE]: *Contractual Prohibition of Assignment*, no. 15 (pp. 1687-88).

4256 F. Mazza en Vogenauer, art. 9.1.9 nº 19 en relación con el nº 11.

4257 N. Jansen en Jansen/Zimmermann, Art. 11:301 [PDCE]: *Contractual Prohibition of Assignment*, no. 13 (p. 1687): ¿Qué nivel de control del contrato del cedente es necesario? ¿Qué sucede si la cláusula de no cesión está oculta en las cláusulas estándar mencionadas en el contrato? ¿Es necesario ponerse en contacto con el deudor?

4258 N. Jansen en Jansen/Zimmermann, Art. 11:301 [PDCE]: *Contractual Prohibition of Assignment*, no. 13 (p. 1687).

4259 F. Mazza en Vogenauer, art. 9.1.9 nº 20-21.

A. Función y funcionamiento

1

Dentro del sistema de reglas de cesión de los Principios de UNIDROIT, para la cesión de **derechos monetarios**, el art. 9.1.10 proporciona un contrapeso al principio de la cesión **válida** por mero acuerdo (arts. 9.1.1, 9.1.7 y 9.1.5). Determina cuándo la cesión se hace **oponible** al deudor (por ejemplo, porque el cesionario ejerce el derecho que le confiere la cesión, el art. 9.1.1 no. 3a; 9.1.14 no. 2).[4260] De conformidad con el art. 17 del Convenio de la CNUDMI sobre la Cesión de Créditos[4261] (Capítulo 9, introducción n.° 1), establece, **en aras de una mayor seguridad jurídica**[4262] (y "de las necesidades de las formas modernas de financiación internacional de créditos por cobrar")[4263] que el **punto de corte claro** del deudor de su deudor (inicial) es la **recepción de una notificación** (art. 1.10)[4264] que incluye la recepción de un correo electrónico (art. 1.10 (3); art. 1.10 no.1). El párrafo 1 protege principalmente **al deudor**[4265] (en combinación con el derecho a exigir pruebas en virtud del art. 9.1.12), pero también protege al cesionario.[4266] Esta norma internacional de los Principios de UNIDROIT es, por lo tanto, algo más rígida que varias leyes nacionales.[4267] El art. 9.1.10 distingue:

4260 La palabra "efectivo" tiene, por lo tanto, un sentido ligeramente diferente en comparación con el enfoque histórico (siglo XVI) en Francia, vigente hasta 2016, según el cual la notificación era un requisito "para hacer efectiva una cesión", véase N. Jansen en Jansen/Zimmermann, art. 11:303 [PDCE]: *Effect on Debtor's Obligation*, no. 5 (pp. 1695-96), no. 2 (pp. 1694-95): "La notificación también puede concebirse como un equivalente legal a la transmisión de cosas corporativas", y no. 6 (pp. 1696-97): "[...] la antigua regla francesa simplemente no funciona para las prácticas modernas de negocios de factoraje basados en valores rotativos".

4261 F. Mazza en Vogenauer, art. 9.1.10 n° 12; N. Jansen en Jansen/Zimmermann, Art. 11:303 [PDCE]: *Effect on Debtor's Obligation*, no. 11 (p. 1699): "la disposición obviamente reformula las disposiciones de CARIT 17 (1), (2)".

4262 F. Mazza en Vogenauer, art. 9.1.10 n° 14; N. Jansen en Jansen/Zimmermann, Art. 11:303 [PDCE]: *Effect on Debtor's Obligation*, no. 11, leído junto con no. 10 (pp. 1699-1700).

4263 N. Jansen en Jansen/Zimmermann, Art. 11:303 [PDCE]: *Effect on Debtor's Obligation*, no. 14 (p. 1700).

4264 F. Mazza en Vogenauer, art. 9.1.10 n° 4. Sobre la historia de las obligaciones de notificación desde el Derecho Romano, véase N. Jansen en Jansen/Zimmermann, art. 11:303 [PDCE]: *Effect on Debtor's Obligation*, no. 4-7 (pp. 1695-97).

4265 F. Mazza en Vogenauer, art. 9.1.10 n° 1-2; N. Jansen en Jansen/Zimmermann Art. 11:303 [PDCE]: *Effect on Debtor's Obligation*, no. 10 (p. 1699) ("En un contexto internacional que favorece la fácil transferibilidad de los créditos [...] incluso a expensas de alguna carga e inconveniente para los deudores, está justificado hacer recaer completamente la carga de informar al deudor completamente sobre las partes en la cesión"); y n° 7 (p. 1697) con antecedentes históricos y comparativos sobre el surgimiento de este propósito. Véase también ibid., Introducción antes del art. 11:101 [PDCE], no. 14 (p. 1634) que observa con respecto a la regla paralela del art. 11:303 PDCE que el requisito de notificación es un "principio básico del Derecho Internacional Privado".

4266 N. Jansen en Jansen/Zimmermann, Art. 11:303 [PDCE]: *Effect on Debtor's Obligation*, no. 2 (p. 1694).

4267 Véase H. Kötz, en von Mehren (ed.), Int. Encyc. of Comp. Law, vol. VII, Capítulo 13, N° 94 (sin protección del deudor si tiene conocimiento de la cesión); también citado por F. Mazza en Vogenauer, Art. 9.1.10 n° 14 Nota 88.

1. Hasta le recepción de la notificación

2

Hasta que se reciba una notificación suficiente (*infra* B.) (que puede darse principalmente antes de la cesión, incluso en las condiciones estándar[4268] (art. 2.1.19 y siguientes) del acuerdo principal), el deudor descarga su obligación mediante el **cumplimiento** (es decir, **I) pago o equivalente**, en otras palabras, compensación, art. 8.1 y siguientes; y **II) cumplimiento no monetario** al que también se aplica el art. 9.1.10 con respecto a la situación de interés similar a pesar de la palabra "pagar" en el párrafo 1 que podría deberse a un error de redacción)[4269] a **su acreedor (inicial)** (es decir, el cedente); los derechos del cesionario se limitan a un derecho de reembolso contra el cedente en virtud del art. 9.1.15 (f).[4270] Si el deudor se entera de la cesión sin previo aviso (es decir, tiene **conocimiento**), puede pagar directamente al cesionario,[4271] pero entonces corre el riesgo de una suposición errónea[4272] (se aconseja comunicarse primero con su acreedor inicial o pagar al acreedor inicia[4273]l ya que, en una situación extrema, el deudor puede **ser responsable de los daños y perjuicios**[4274] si paga de **mala fe** al cedente,[4275] por ejemplo, después de haber dado su consentimiento a la cesión.[4276] En el mismo sentido, el deudor puede ser responsable si "cumple fraudulentamente a un "cesionario" erróneamente identificado".[4277]

2. Después de recibir la notificación

3

A partir de la recepción de la notificación, sólo el cumplimiento al cesionario libera al deudor de conformidad con el párrafo 2 (si ha pagado erróneamente a su acreedor inicial,

---

4268 Comentarios Oficiales, art. 9.1.10 nº 4, p. 317; F. Mazza en Vogenauer, art. 9.1.10 nº 16.

4269 F. Mazza en Vogenauer, art. 9.1.10 no. 15 (con una explicación histórica detallada); seguido por N. Jansen en Jansen/Zimmermann, Art. 11:303 [PDCE]: *Effect on Debtor's Obligation*, no. 11 (pp. 1699-1700): "restricción errónea de la norma a los créditos monetarios ("pago"), que se corrige en consecuencia en las presentes reformulaciones de los arts. 11:303 y 11:304 [PDCE]".

4270 F. Mazza en Vogenauer, art. 9.1.10 nº 2.

4271 F. Mazza en Vogenauer, art. 9.1.10 no. 3, 11 y Art. 9.1.12 nº 3 ("[...] que el art. 9.1.10 (2) establece explícitamente que al recibir la notificación el deudor quedará liberado únicamente pagando al cesionario, no figura tal restricción en el Art. 9.1.10 (1)"; énfasis en el original); N. Jansen en Jansen/Zimmermann, Art. 11:303 [PDCE]: *Effect on Debtor's Obligation*, no. 11 (p. 1700).

4272 F. Mazza en Vogenauer, art. 9.1.10 no. 3, 11 y Art. 9.1.12 nº 3.

4273 F. Mazza en Vogenauer, art. 9.1.10 nº 3, p. 1108 (aconsejando pagar al acreedor inicial para reducir los riesgos).

4274 F. Mazza en Vogenauer, art. 9.1.10 nº 11, p. 1109.

4275 Comentarios Oficiales, art. 9.1.10 nº 1, p. 316; StL-Doc. 81 (2003), p. 13; F. Mazza en Vogenauer, art. 9.1.10 nº 11. Véase en profundidad sobre este tema N. Jansen en Jansen/Zimmermann, Art. 11:101 [PDCE]: *Scope of Chapter*, no. 5 (p. 1643 nota 14) que: I) distingue la cuestión de la transferencia de la reclamación (que requiere notificación) de la cuestión de la responsabilidad; y II) limita la responsabilidad basada en la mala fe a una combinación de conocimiento e insolvencia del cedente.

4276 F. Mazza en Vogenauer, art. 9.1.10 no. 11 (para cesiones de derechos de carácter esencialmente personal con respecto al art. 9.1.7 (2)).

4277 N. Jansen en Jansen/Zimmermann, Art. 11:303 [PDCE]: *Effect on Debtor's Obligation*, no. 14 in fine (p. 1701) (refiriéndose a la ley de responsabilidad civil).

debe pagar una segunda vez y recuperar el pago de su acreedor inicial,[4278] sobre la base de la ley aplicable de enriquecimiento sin causa o, en caso de cláusula de no cesión, basada en el incumplimiento del contrato (art. 9.1.9 (1) oración 2). Si el aviso es una estafa, **el deudor asume el riesgo** de cumplimiento de la persona equivocada[4279] (riesgo general de vida). Puede reducir este riesgo investigando, es decir, **exigiendo pruebas adecuadas** (art. 9.1.12 (1) (3)) y **reteniendo** el cumplimiento (art. 9.1.12 (2)); o incluso puede pagar al cesionario (No. 2 anterior). *N. Jansen* concluye convincentemente que "estas reglas imponen completamente a las partes en la cesión la carga de la información"[4280] y "dan fuertes incentivos para notificar las cesiones a los deudores (es decir, a los obligados, art. 1.11 cuarto guión) en una forma correcta y, por lo tanto, mejorar la seguridad jurídica en primer lugar".[4281]

B. Notificación

1. Cesiones silenciosas

4

De conformidad con los arts. 9.1.1, 9.1.7. y 9.1.5 **no hay obligación** de dar notificación. El deudor pagará al cedente (art. 9.1.10 (1)) y la cesión, generalmente dada con fines de garantía, permanece "silenciosa".[4282] Si el cesionario comunica la cesión mediante una notificación mientras se acordó el silencio (generalmente excepto en ciertos supuestos), será responsable de los daños y perjuicios (art. 7.4.1 y siguientes) al cedente.[4283]

2. Requisitos si se da notificación

5

La notificación puede ser dada por **el cedente o por el cesionario**[4284] (art. 9.1.12 para la emisión de la prueba). Para ser efectiva, la notificación debe darse en un **idioma** que pueda "razonablemente esperarse que informe al deudor sobre el contenido de la notificación"[4285] (art. 1.7), por ejemplo, el idioma de la transacción original.[4286] Debe **contener "toda la información necesaria para que el deudor determine lo que se debe y a quién"**.[4287] Según los

---

[4278] F. Mazza en Vogenauer, art. 9.1.10 nº 2.

[4279] F. Mazza en Vogenauer, art. 9.1.10 nº 9.

[4280] N. Jansen en Jansen/Zimmermann, Art. 11:303 [PDCE]: *Effect on Debtor's Obligation*, nº 11 *in fine* (p. 1700).

[4281] N. Jansen en Jansen/Zimmermann, Art. 11:303 [PDCE]: *Effect on Debtor's Obligation*, no. 14 (pp. 1700-01) con referencia a los Comentarios Oficiales, Art. 9.1.11 nº 1 *in fine*, p. 318.

[4282] F. Mazza en Vogenauer, art. 9.1.10 nº 9.

[4283] N. Jansen en Jansen/Zimmermann, Art. 11:303 [PDCE]: *Effect on Debtor's Obligation*, no. 21 (p. 1704).

[4284] Comentarios Oficiales, art. 9.1.10 nº 3, p. 317; StL-Doc. 65 (1999), p. 6; F. Mazza en Vogenauer, art. 9.1.10 nº 8.

[4285] F. Mazza en Vogenauer, art. 9.1.10 nº 7; como también cita N. Jansen en Jansen/Zimmermann, Art. 11:303 [PDCE]: *Effect on Debtor's Obligation*, no. 19 (p. 1703). De lo contrario, la notificación es ineficaz, F. Mazza y N. Jansen, ambos ibid.

[4286] F. Mazza en Vogenauer, art. 9.1.10 nº 7.

[4287] F. Mazza en Vogenauer, art. 9.1.10 nº 5; N. Jansen en Jansen/Zimmermann, Art. 11:303 [PDCE]: *Effect on Debtor's Obligation*, no. 17 (p. 1702): "tiene que dejar "inequívocamente claro" al deudor el cambio del

Comentarios Oficiales,[4288] esto requiere: **I)** información sobre el **hecho** de la cesión; **II)** la **identidad** del cesionario (incluidos los detalles de la cuenta bancaria, si se espera el pago); **III) detalles específicos** de los derechos transferidos (incluyendo, en caso de un derecho futuro, de acuerdo con el art. 9.1.5, "toda la información necesaria... identificar el derecho a la cesión");[4289] y **IV)** en caso de cesión parcial, el **alcance de la transferencia** (si bien no es necesario pedir expresamente al deudor que dé cumplimiento al cesionario).[4290] En cuanto a la **forma**, se ha alegado que, debido a su "finalidad (...) establecer la seguridad jurídica con respecto a la situación jurídica del deudor (es decir, del obligado)", la notificación debe ser **por escrito.**[4291] Sin embargo, esto **dependerá de las circunstancias**. En la mayoría de los casos, una forma escrita será de hecho el "medio apropiado según las circunstancias" (art. 1.10 (1)), pero no hay necesidad de desviarse de la regla general del art. 1.10[4292] según el cual el remitente de la notificación asume de todos modos el riesgo de recepción (art. 1.10 no. 1). Las circunstancias del comercio internacional son tan diversas que no puede excluirse que, en algunas circunstancias, otros modos de comunicación puedan ser más apropiados (por ejemplo, una reunión casual en el aeropuerto, de las partes del acuerdo de cesión, justo después de llegar a un acuerdo sobre la cesión, con un director del deudor cuando la buena fe y la lealtad negocial puedan obligarlos a hablar), por lo que una documentación posterior por escrito puede ser sensata como una cuestión de buenas prácticas comerciales (art. 1.9).[4293]

3. Revocación de la notificación

6

Una notificación puede ser **revocada** en algunas circunstancias (ejemplos de los Comentarios Oficiales: "un acuerdo de cesión en sí mismo pierde su validez"; ya no será necesaria una cesión efectuada con fines de seguridad).[4294] Los principios del art. 9.1.10 se aplican en consecuencia. El deudor queda liberado mediante pagos al (anterior) cesionario hasta la recepción de dicha notificación de revocación (art. 1.10).[4295] Dicha revocación es distinta de una "**retirada**" de la notificación, que será más rara (art. 1.10 no. 3).

---

acreedor", e ibid. no. 18 (p. 1703).

4288 Comentarios Oficiales, art. 9.1.10 nº 2, p. 317; F. Mazza en Vogenauer, art. 9.1.10 nº 5.

4289 F. Mazza en Vogenauer, art. 9.1.10 nº 6.

4290 F. Mazza en Vogenauer, art. 9.1.10 no. 5; contra el art. 11:303 (1) PDCE.

4291 N. Jansen en Jansen/Zimmermann, Art. 11:303 [PDCE]: *Effect on Debtor's Obligation*, no. 20 in fine (p. 1703).

4292 En este sentido también implícita pero clara en los Comentarios Oficiales, Art. 9.1.10 nº 2, p. 317.

4293 Las circunstancias y razones para una cesión son múltiples. Existe una diferencia considerable entre el uso de la cesión con fines de seguridad en la mesa verde y una cesión hecha para superar una crisis comercial (por ejemplo, fuerza mayor con respecto a una operación comercial) en la práctica comercial diaria que puede requerir una acción rápida, incluida posiblemente una cesión como uno de los muchos parámetros.

4294 StL-WP. 3 (2000), p. 18; Comentarios Oficiales, art. 9.1.10 no. 5, p. 317; F. Mazza en Vogenauer, art. 9.1.10 nº 17.

4295 Comentarios Oficiales, art. 9.1.10, nº 5, p. 317; F. Mazza en Vogenauer, art. 9.1.10 no. 17; N. Jansen en Jansen/Zimmermann, Art. 11:303 [PDCE]: *Effect on Debtor's Obligation*, no. 17 (p. 1702).

C. Opciones limitadas

7

I) Como el art. 9.1.10 protege al deudor y, por lo tanto, a un tercero en el acuerdo de cesión, las partes en el acuerdo de cesión no **pueden optar por no aplicarla** y desplazar la norma.[4296] **II)** Desde un punto de vista práctico, puede ser útil incluir **instrucciones claras de pago** en la notificación, posiblemente con sujeción a nuevas instrucciones del cesionario en el futuro.[4297] Para evitar el riesgo de cualquier error en las instrucciones de pago, un cedente puede simplemente anunciar una nueva comunicación con las instrucciones de pago del cesionario; o las partes envían un aviso firmado por ambas partes. Todo depende de las circunstancias en las que la relación entre el cedente y el cesionario, el elemento transfronterizo, la distancia, los viajes, la accesibilidad de los ejecutivos y las diferencias de zona horaria a menudo dictarán el camino a elegir. A veces, por ejemplo, cuando actúan dos o más empresas afiliadas, puede ser más conveniente redactar un breve acuerdo tripartito que documente toda la información relevante y/o transferir incluso el contrato completo por parte de *DocuSign* (art. 9.3.1 no. 2).

Artículo 9.1.11 (Cesiones sucesivas)

Si un mismo crédito ha sido cedido por el cedente a dos o más cesionarios sucesivos, el deudor se libera pagando conforme al orden en que las notificaciones fueron recibidas.

A. Relevancia rara/extraña

1

El artículo 9.1.11 (que se basa en el párrafo 4 del artículo 17 del Convenio de la CNUDMI sobre la Cesión de Créditos)[4298] abarca una rara hipótesis de protección del deudor en caso de cesiones múltiples[4299] (descrita por *N. Jansen* como la "peor hipótesis").[4300] **I)** Será aplicable si: **a)** el mismo cedente cede, consciente o inadvertidamente,[4301] su mismo derecho (**monetario o no monetario**)[4302] (en su totalidad, o la misma **parte** de su derecho)[4303] más de una vez, a diferentes cesionarios[4304] (por ejemplo, **doble** o **triple cesión**), y **b)** lo hace mientras el derecho inicial o el acuerdo de cesión (Capítulo 9, Introducción no. 2)

4296 F. Mazza en Vogenauer, art. 9.1.10 nº 18.

4297 N. Jansen en Jansen/Zimmermann, Art. 11:303 [PDCE]: *Effect on Debtor's Obligation*, no. 18 (p. 1703).

4298 N. Jansen en Jansen/Zimmermann, Art. 11:305 [PDCE]: *Competing Demands*, no. 3 (p. 1709). Véase el Capítulo 9, Introducción nº 1 sobre la Convención de la CNUDMI sobre la Cesión de Créditos.

4299 N. Jansen en Jansen/Zimmermann, Art. 11:305 [PDCE]: *Competing Demands*, no. 3 (p. 1709) y no. 4 in fine (p. 1710).

4300 N. Jansen en Jansen/Zimmermann, Art. 11:305 [PDCE]: *Competing Demands*, no. 1 (p. 1708).

4301 Comentarios Oficiales, art. 9.1.11, no. 1, p. 318; StL-Doc. 69 (2001), p. 16; StL-WP. 7 (2001), p. 12; F. Mazza en Vogenauer, art. 9.1.11 nº 8.

4302 F. Mazza en Vogenauer, art. 9.1.11 no. 7 en relación con el Art. 9.1.10 nº 15 con razones detalladas para la aplicación a los derechos no monetarios por analogía a pesar de la palabra "pagar" en la regla de la letra negra; N. Jansen en Jansen/Zimmermann, Art. 11:305 [PDCE]: *Competing Demands*, no. 8 (p. 1712).

4303 F. Mazza en Vogenauer, art. 9.1.11 nº 7; N. Jansen en Jansen/Zimmermann, Art. 11:305 [PDCE]: *Competing Demands*, no. 9 (p. 1712).

4304 StL-Doc. 69 (2001), p. 16; F. Mazza en Vogenauer, art. 9.1.11 nº 7.

se rija claramente por los Principios de UNIDROIT, de modo que el cesionario (sucesivo), como persona comercial razonable, sepa o deba conocer la aplicabilidad de las restricciones del art. 9.1.11 (Capítulo 9, Introducción no. 2).[4305] Esto será raro. La **mala fe o el error** del cedente tendrían que **combinarse con la elección de los Principios de UNIDROIT en diferentes entornos de contrato** de cesión relativos a distintos cesionarios. **II)** La norma del art. 9.1.11 no se aplica si un cesionario reasigna un derecho que ha adquirido;[4306] dicha **sub-cesión** se rige por el art. 9.1.1.

B. Finalidad y funcionamiento de la norma

2

El artículo 9.1.11 tiene por objeto "**eximir** al deudor (es decir, **al obligado**) de toda obligación de examinar los derechos de los acreedores concurrentes y de hacer recaer en los cesionarios todo el riesgo resultante de las cesiones posteriores".[4307] Antes de recibir cualquier notificación, el art. 9.1.10 (1) se aplica.[4308] Al recibir una primera notificación, aplica el art. 9.1.10 (2). Si hay cesión sucesiva, el art. 9.1.11, como el art. 9.1.10 y con el mismo espíritu que esa regla, "**protege al deudor en una situación incierta a la que no ha contribuido**".[4309] Se puede distinguir: **I)** La **segunda notificación indica el mismo cedente**: al recibir una segunda notificación (efectiva; art. 9.1.12 (3))[4310] (art. 1.10) que contiene toda la información necesaria para que el deudor determine lo que se debe y a quién (art. 9.1.10 no. 5 en B.2), el **deudor podrá**, independientemente de cualquier conocimiento personal real o constructivo:[4311] **a) seguir confiando en el efecto límite de la primera notificación** que recibió; **b) pagar (o cumplir** de otro modo, No. 1 *supra*) a partir de ese momento al cesionario especificado en la primera notificación y, por lo tanto, cumplir su obligación;[4312] y/o **c) hacer caso omiso de la segunda notificación** (si se refiere efectivamente a una cesión del mismo cedente). **II)** En la **segunda notificación se menciona al cesionario de la primera cesión como cedente**: Si, por el contrario, en la segunda notificación se especifica al cesionario en virtud de la primera notificación como cedente de la segunda notificación (sub-cesión), se aplica el art. 9.1.10 a la segunda cesión y el deudor no puede hacer caso omiso de dicha notificación. **III) Dudas**: En caso de duda con respecto al contenido de una notificación dada por un cesionario, el deudor

---

4305 Ejemplos dados por F. Mazza en Vogenauer, Art. 9.1.11 nº 5 ("punto de partida") con un argumento para un análisis "caso por caso" en el nº 6 (en el que se sostiene aquí que el criterio de la persona comercial razonable será a menudo importante para la decisión si el deudor inicial queda liberado de su obligación en virtud de su contrato inicial, es decir, independientemente de la ley aplicable a las cesiones).

4306 F. Mazza en Vogenauer, art. 9.1.11 Nº 4 con referencia a StL-Misc. 22 (2000), nº 768.

4307 N. Jansen en Jansen/Zimmermann, Art. 11:305 [PDCE]: *Competing Demands*, no. 7 (p. 1711) y no. 2 (p. 1709): "sería injusto cargar a los deudores con el riesgo resultante de la inseguridad jurídica que puede acompañar [...] conflictos [de prelación entre diferentes cesionarios]".

4308 StL-Doc. 92 (2003), p. 14; F. Mazza en Vogenauer, art. 9.1.11 nº 11.

4309 F. Mazza en Vogenauer, art. 9.1.11 nº 10.

4310 Véase F. Mazza en Vogenauer, art. 9.1.11 nº 11.

4311 Comentarios Oficiales, art. 9.1.11 Nº 1, p. 318; StL-Doc. 74 (2002), p. 14; F. Mazza en Vogenauer, art. 9.1.11 nº 13.

4312 N. Jansen en Jansen/Zimmermann, Art. 11:305 [PDCE]: *Competing Demands*, no. 7 (p. 1711): "el deudor [es decir, el obligado] queda liberado cumpliendo de acuerdo con el orden en que se recibieron las notificaciones, incluso si la cuestión de la prioridad se decide sobre una base diferente".

podrá solicitar la prueba de la cesión en virtud del art. 9.1.12 (en caso de sub-cesión, el deudor podrá aplicar el art. 9.1.12 con respecto a ambas cesiones y a ambos cesionarios). El segundo cesionario en la hipótesis de cesión doble (o triple) puede volverse contra el cedente de conformidad con el art. 9.1.15 (c),[4313] art. 7.4.1 y ss.

C. Temas abiertos

3

I) Si uno de los contratos de cesión concurrentes se celebró con arreglo a un **régimen jurídico diferente**, corresponderá al tribunal (art. 1.11 primer guión) decidir caso por caso de conformidad con la ley determinada aplicable en virtud del Derecho Internacional Privado aplicable.[4314] Por lo general, no habrá una resolución tripartita de disputas, de modo que el riesgo de decisiones divergentes desaparece. Los posibles escenarios de controversia son múltiples.[4315] **II)** Varias cuestiones conexas de prelación (incluidas las cuestiones relacionadas con el derecho de los acreedores de las partes en los acuerdos de cesión), de propiedad o del régimen de la insolvencia no están reguladas por los Principios de UNIDROIT.[4316] También deben determinarse con arreglo a la ley aplicable de conformidad con el Derecho Internacional Privado aplicable.[4317] **III)** La regla no aborda las cuestiones del posible "interés equitativo" del verdadero propietario en el producto.[4318]

D. Opciones

4

I) Desde el punto de vista de un deudor, es difícil buscar protección contra todos los posibles errores, y especialmente contra la mala fe del socio contractual (*fraus omnia corrumpit*)[4319] en relación con las cuestiones de cesión. Trabajar, en la medida de lo posible (art. 9.1.9) con una **cláusula de no cesión** en el contrato principal reduce en cierta medida la exposición al riesgo del deudor (y los costos de transacción para determinar la exactitud de una serie de notificaciones en virtud del art. 9.1.12). **II)** Destinado a proteger al deudor

---

[4313] Comentarios Oficiales, art. 9.1.11 nº 1, p. 318; F. Mazza en Vogenauer, art. 9.1.11 nº 12.

[4314] F. Mazza en Vogenauer, art. 9.1.11 nº 6.

[4315] Para una idea, véase F. Mazza en Vogenauer, Art. 9.1.11 nº 6.

[4316] M. J. Bonell, Unif. Law Rev. 2004, pp. 5 y 25; F. Mazza en Vogenauer, art. 9.1.11 nº 1 con referencia a StL-Misc 20 (1998), nº 219 para la decisión deliberada del Grupo de Trabajo de abstenerse de una solución general de las cuestiones prioritarias; N. Jansen en Jansen/Zimmermann, Art. 11:305 [PDCE]: *Competing Demands*, no. 3-4, 6 (pp. 1709-11) - incluyendo una discusión de la jurisprudencia inglesa pertinente sobre la prioridad en Dearle v. Hall (1828) 3 Russ 1 (38 ER 475) (Ch), e ibíd. 11:401 [PDCE]: *Priorities*, no. 3 (p. 1727), argumentando para el futuro a favor de introducir un registro (siguiendo, por ejemplo, H. Kötz), ibid. en no. 2 y 4 (pp. 1726 y 1727), posteriormente a una visión general de diversos enfoques nacionales y consideraciones de política (como buena o mala fe) en no. 1 (pp. 1725-26). En el mismo sentido, véase más adelante N. Jansen en Jansen/Zimmermann, Art. 11:401 [PDCE]: *Priorities*, no. 1-3 (pp. 1725-27).

[4317] F. Mazza en Vogenauer, art. 9.1.11 nº 3.

[4318] Véase N. Jansen en Jansen/Zimmermann, Art. 11:305 [PDCE]: *Competing Demands*, no. 7 in fine (p. 1711).

[4319] Un viejo dicho según el cual el fraude destruye todo (véase Bin Cheng, *General Principles of Law as Applied by International Courts and Tribunals*, Londres 1953, pp. 158-160).

como tercero en el acuerdo de cesión, el cedente y el cesionario no podrán **optar por no aplicar** art. 9.1.11[4320] (siempre que el contrato inicial con el deudor se rija por los Principios de UNIDROIT, Capítulo 9, Introducción No. 2).

Artículo 9.1.12 (Prueba adecuada para la cesión)

(1) Si la notificación de la cesión es dada por el cesionario, el deudor puede solicitar al cesionario que dentro de un plazo razonable suministre prueba adecuada de que la cesión ha tenido lugar.

(2) El deudor puede suspender el pago hasta que se suministre prueba adecuada.

(3) La notificación no surte efectos a menos que se suministre prueba adecuada de la cesión.

(4) Prueba adecuada de la cesión incluye, pero no está limitada a, cualquier escrito emanado del cedente e indicando que la cesión ha tenido lugar.

A. Protección del deudor

1

A la luz de la función crucial de una notificación de una cesión (art. 9.1.10-9.1.11) que determina a quién debe cumplir el deudor para cumplir su obligación,[4321] el art. 9.1.12 proporciona una herramienta **al deudor** (art. 9.1.1) —y sólo a él[4322]— para reducir su **riesgo de recibir una notificación fraudulenta**[4323] **del cesionario**, un tercero en el contrato principal (en su versión inicial) a quien el deudor no conoce. La regla auto explicativa se inspiró en el art. 17 (7) de la Convención de la CNUDMI sobre la Cesión de Créditos[4324] y los trabajos preparatorios del PDCE.[4325] El artículo 9.1.12 no será aplicable si la notificación es hecha por el cedente (es decir, el acreedor en virtud del contrato principal por el que se crea el derecho cedido), o conjuntamente por el cedente y el cesionario.[4326]

[4320] F. Mazza en Vogenauer, art. 9.1.11 nº 14.

[4321] Cf. F. Mazza en Vogenauer, art. 9.1.12 nº 6.

[4322] N. Jansen en Jansen/Zimmermann, Art. 11:305 [PDCE]: *Competing Demands*, no. 10 (p. 1712) argumentando que un cesionario posterior no puede invocar la regla.

[4323] Comentarios Oficiales, art. 9.1.12, p. 319; StL-WP. 7 (2001), p. 13; F. Mazza en Vogenauer, art. 9.1.10 no. 8 y Art. 9.1.12 nº 1.

[4324] F. Mazza en Vogenauer, art. 9.1.12 nº 1.

[4325] StL-WP.7 (2001), p. 14 (véase el actual art. 11:303 (2) PDCE).

[4326] F. Mazza en Vogenauer, art. 9.1.12 nº 2.

B. Prueba inadecuada sancionada con la ineficacia de la notificación

1. Solicitud de prueba

2

En virtud del párrafo 1, el **deudor puede** (pero no está obligado) **solicitar**: **I) pruebas adecuadas de la cesión**;[4327] su naturaleza depende de las circunstancias e incluye, por ejemplo, una copia del acuerdo de cesión (si existe tal escrito,[4328] arts. 1.2, 9.1.7) o un extracto certificado como auténtico por una entidad competente, como un notario público, en aquellos países de Derecho Civil como Alemania donde un notario público es un abogado altamente calificado y un funcionario del órgano jurisdiccional,[4329] o un dictamen jurídico de un abogado (por ejemplo, un "*certificat de coutume*" en Francia); el párrafo 4 prevé, como **regla de puerto seguro**,[4330] un escrito del cedente con especificaciones sobre la cesión como ejemplo; **II) dentro de un plazo razonable** según las circunstancias[4331] (teniendo en cuenta las diferencias naturales, técnicas, políticas y jurídicas extremas en diversas partes del mundo, los criterios de esa norma internacional deben ser necesariamente flexibles). **III)** La prueba adecuada hace que la notificación tenga **efecto retroactivo** al momento de su entrega (art. 1.10 (2)).[4332]

2. Asignación de riesgos

3

El deudor asume los **riesgos** de la **exactitud** de la notificación, de la **mala fe** de un pretendido "cesionario" y de un **doble cumplimiento** resultante por parte del deudor[4333] en dos supuestos: **I)** si **no solicita una prueba** de conformidad con el párrafo 1, o **II) si solicita una prueba** y la evalúa erróneamente.[4334] Si la notificación no es válida, el acreedor todavía puede solicitar el cumplimiento en virtud del contrato principal (la retención errónea del pretendido "cesionario" —un tercero en el acuerdo principal— no es atribuible a la "esfera" del acreedor que, aparte de la fuerza mayor (art. 7.1.7) y posiblemente la excesiva onerosidad (art. 6.2.1 y subsiguientes), justificaría por sí sola cortar su derecho frente al deudor; Capítulo 7, Introducción no. 2 en B.) aunque el deudor, supuestamente, ya actuó una vez al pretendido "cesionario". Sólo una **notificación válida** conduce al efecto de descarga en virtud del art. 9.1.10 (2) por cumplimiento al cesionario.

4327 Comentarios Oficiales, art. 9.1.12 en la ilustración, p. 319; F. Mazza en Vogenauer, art. 9.1.12 no. 3; para los antecedentes jurídicos comparativos, incluido el art. 9-406 (c) del UCC, véase N. Jansen en Jansen/Zimmermann, Art. 11:303 [PDCE]: *Effect on Debtor's Obligation*, no. 22 (p. 1704).

4328 F. Mazza en Vogenauer, art. 9.1.12 nº 4, p. 1116.

4329 Articulo 1 de la Ley del Notariado Federal Alemán (*Bundesnotarordnung*).

4330 F. Mazza en Vogenauer, art. 9.1.12 no. 4; N. Jansen en Jansen/Zimmermann, Art. 11:303 [PDCE]: *Effect on Debtor's Obligation*, no. 27 (p. 1705).

4331 F. Mazza en Vogenauer, art. 9.1.12 nº 5; N. Jansen en Jansen/Zimmermann, Art. 11:303 [PDCE]: *Effect on Debtor's Obligation*, no. 26 (p. 1704).

4332 Comentarios Oficiales, art. 9.1.12, p. 319; StL-Doc. 81 (2003), p. 16; F. Mazza en Vogenauer, art. 9.1.12 nº 7 y 9.1.13 nº 6.

4333 F. Mazza en Vogenauer, art. 9.1.12 nº 9.

4334 F. Mazza en Vogenauer, art. 9.1.12 nº 7, 9; véase también el art. 9.1.10 nº 5.

3a

En el raro supuesto de un **contrato de cesión inválido** (por ejemplo, debido a la nulidad en virtud del Capítulo 3), que no está expresamente regulado,[4335] debe distinguirse:[4336] **I)** Si el deudor **conoce** la invalidez, puede "impugnar la cesión" en virtud del art. 9.1.13.[4337] **II)** En el caso típico de **falta de conocimiento**, los principios subyacentes (art. 1.6 (2)) indican que el riesgo de la cesión, incluido el riesgo de nulidad, recae principalmente en las partes que la hicieron; cualquier otra solución sería "injusta"[4338] (*argumentum* art. 1.7). Por lo tanto, se ha argumentado convincentemente que el pago en virtud de una notificación "verificada" **generalmente debe liberar** al deudor en virtud del art. 9.1.10 (y, en caso de notificación por parte del cesionario, art. 9.1.12).[4339] El acreedor tendrá que solicitar al cesionario putativo el pago del enriquecimiento sin causa.[4340] **III) Excepción**: **fraude** cometido por un cesionario fingido (cesión "falsa"; "estafador") se encuentra fuera de la esfera del acreedor (es decir, el presunto cedente); el acreedor puede solicitar el cumplimiento; el deudor tendrá que cumplir por segunda vez (9.1.10 No. 3).[4341]

3. Consecuencias de la prueba insuficiente y la retención del derecho

4

En virtud del párrafo 3, la prueba insuficiente conduce a la ineficacia de la notificación[4342] (los artículos 9.1.10 (2) y 9.1.11 no se aplican); el deudor quedará liberado por cumplimiento a su acreedor inicial.[4343] Durante el tiempo hasta que se presenten pruebas y la situación del deudor sea incierta, el párrafo 2 otorga **protección provisional**[4344] al deudor mediante un **derecho de retención**[4345] (el incumplimiento está justificado; art. 7.4.1 no.

4335 N. Jansen en Jansen/Zimmermann, Art. 11:303 [PDCE]: *Effect on Debtor's Obligation*, no. 15 (p. 1701) refiriéndose a la discusión crítica del silencio sobre este tema también en la Convención de la CNUDMI sobre la Cesión de Créditos (Introducción, Capítulo 9 no. 1).

4336 Resumen del análisis de N. Jansen en Jansen/Zimmermann, Art. 11:303 [PDCE]: *Effect on Debtor's Obligation*, no. 15-16 (pp. 1701-02).

4337 Véase también con más detalle N. Jansen en Jansen/Zimmermann, Art. 11:307 [PDCE]: *Defenses and Rights of Set-Off*, no. 1 (p. 1718).

4338 N. Jansen en Jansen/Zimmermann, Art. 11:303 [PDCE]: *Effect on Debtor's Obligation*, no. 16 (p. 1701) con referencia, en la nota 67, a H. Eidenmüller, "*Die Dogmatik der Zession vor dem Hintergrund der internationalen Entwicklung*", 204 AcP 457 (2004), p. 489 (calificando dicha asignación de riesgos como "no justificada").

4339 N. Jansen en Jansen/Zimmermann, Art. 11:303 [PDCE]: *Effect on Debtor's Obligation*, no. 16 (p. 1701) en el contexto de las reglas correspondientes en el PDCE.

4340 N. Jansen en Jansen/Zimmermann, Art. 11:303 [PDCE]: *Effect on Debtor's Obligation*, no. 16 (p. 1701).

4341 F. Mazza en Vogenauer, art. 9.1.12 no. 9; N. Jansen en Jansen/Zimmermann, Art. 11:303 [PDCE]: *Effect on Debtor's Obligation*, no. 16 (p. 1702).

4342 F. Mazza en Vogenauer, art. 9.1.12 nº 6.

4343 F. Mazza en Vogenauer, art. 9.1.12 nº 6; N. Jansen en Jansen/Zimmermann, Art. 11:303 [PDCE]: *Effect on Debtor's Obligation*, no. 24 in fine (p. 1705) señalando que, sin esa regla, "las partes en una supuesta cesión podrían ejercer una presión indebida sobre un deudor inocente"; y concluyendo que "PICC 9.1.12 es, por lo tanto, la declaración más convincente de los principios europeos e internacionales".

4344 F. Mazza en Vogenauer, art. 9.1.12 nº 8 ("Limitar este riesgo ...").

4345 Véase, por ejemplo, N. Jansen en Jansen/Zimmermann, Art. 11:303 [PDCE]: *Effect on Debtor's Obligation*, no. 23 (p. 1705): "convincente".

1).[4346] La referencia al "pago" en el párrafo 2 no excluye aplicar el derecho de retención también si se debe otro tipo de cumplimiento (las mismas razones históricas establecidas para aplicar el art. 9.1.10; art. 9.1.10 no. 2).[4347]

C. Opciones

5

I) Desde el punto de vista del cesionario, acelera el proceso para prever ya **en el acuerdo de cesión** (por ejemplo, en un anexo) una **confirmación del cedente** en la que confirme la cesión, posiblemente junto con una declaración en la que repita sus compromisos con arreglo al art. 9.1.15 (b) y (c). En el caso de una cesión silenciosa (art. 9.1.10 No. 4), el cesionario dispone de pruebas adecuadas siempre que sean necesarias en el contexto de la divulgación de la cesión. **II)** Destinado a proteger al deudor como tercero en el acuerdo de cesión, el cedente y el cesionario no podrán **optar por no aplicar** el art. 9.1.12.[4348]

Artículo 9.1.13 (Excepciones y derechos de compensación)

(1) El deudor puede oponer al cesionario todas las excepciones que podría oponer al cedente.

(2) El deudor puede ejercitar contra el cesionario cualquier derecho de compensación de que disponga contra el cedente hasta el momento en que ha recibido la notificación de la cesión.

A. Ámbito de aplicación

1

El artículo 9.1.13 se aplica a las excepciones y compensaciones relacionadas con: **I)** una **cesión pura y simple** de derechos de conformidad con los arts. 9.1.1, 9.1.3 y subsiguientes; y **II)** a una cesión de derechos que se produzca (casi indirectamente) como parte de una "**cesión de un contrato**" de conformidad con el art. 9.3.1 (art. 9.3.6 (1)). Estas excepciones están disponibles independientemente de cualquier defensa con respecto a la formación o validez (Capítulo 3) y la eficacia del **contrato de cesión** (art. 9.1.3 no. 2-3) que no están sujetos al art. 9.1.13.[4349] Sin embargo, con respecto al propósito general del Capítulo 9 de facilitar las cesiones (Introducción, Capítulo 9, no. 1), el "enfoque internacional de tratar los créditos monetarios como derechos de propiedad negociables"[4350] y las reglas

[4346] Este caso no estaba cubierto en el art. 17 7) Convención de la CNUDMI sobre la Cesión de Créditos y añadido al artículo reformulado, véase N. Jansen en Jansen/Zimmermann, art. 11:303 [PDCE]: *Effect on Debtor's Obligation*, no. 23 (p. 1705).

[4347] F. Mazza en Vogenauer, art. 9.1.12 no. 8; N. Jansen en Jansen/Zimmermann, Art. 11:303 [PDCE]: *Effect on Debtor's Obligation*, no. 25 (p. 1705).

[4348] F. Mazza en Vogenauer, art. 9.1.12 nº 10.

[4349] N. Jansen en Jansen/Zimmermann, Art. 11:307 [PDCE]: *Defences and Rights of Set-Off*, no. 1 (p. 1718).

[4350] N. Jansen en Jansen/Zimmermann, Art. 11:307 [PDCE]: *Defences and Rights of Set-Off*, no. 3 (p. 1720).

del art. 9.1.9 sobre el efecto limitado de las cláusulas de no cesión, la interpretación del art. 9.1.13 de conformidad con el art. 1.6 requiere **eximir el incumplimiento de una cláusula de no cesión** como defensa del deudor contra el cesionario si, de conformidad con el art. 9.1.9, la cesión es efectiva.[4351]

B. "En los zapatos del cedente" (párrafo 1)

1. Principio

2

De conformidad con otros instrumentos internacionales[4352] y con un principio generalmente reconocido[4353] (aunque con diferencias significativas en sus aplicaciones nacionales),[4354] el art. 9.1.13 **protege al deudor.**[4355] Si bien tiene que aceptar la cesión por mero acuerdo sin su consentimiento (arts. 9.1.1 y 9.1.7), el párrafo 1 deja al deudor las mismas excepciones frente al cesionario que tendría frente al cedente[4356] "**como si la cesión nunca hubiera tenido lugar y el cedente estuviera solicitando el pago**",[4357] colocando al cesionario en la misma situación frente al deudor que el cedente (el **cesionario cuasi se pone en el lugar del cedente**).[4358] Esto incluye (salvo en el caso de la compensación, párrafo 2) las excepciones respecto de las cuales el cedente está sentando las bases **después de la cesión**[4359] (por ejemplo, la instalación incorrecta de un programa informático en virtud de un contrato de "*software*" mientras la empresa ha transferido su derecho al pago a su banco inmediatamente después de la celebración del contrato).[4360] En comparación con algunas legislaciones nacionales que restringen las objeciones de que dispone el deudor después de la cesión a las que están disponibles en el momento de la notificación,[4361] la solución elegida en los Principios de UNIDROIT es clara y evita dificultades de prueba de qué objeción habría estado disponible en un momento determinado.[4362] La cuestión **de si una objeción es fundada** no está cubierta por el párrafo 1 y debe decidirse de acuerdo con el derecho sustantivo aplicable según lo determinado por las normas electas aplicables[4363] (por ejemplo,

4351 Ídem.
4352 F. Mazza en Vogenauer, art. 9.1.13 nº 1 (con referencia al párrafo 1 del artículo 18 del Convenio de la CNUDMI sobre la Cesión de Créditos, al párrafo 1 del artículo 9 del Convenio sobre el Factoraje de UNIDROIT y al párrafo 1 del artículo 11:307 del PDCE).
4353 F. Mazza en Vogenauer, art. 9.1.13 nº 3.
4354 Ídem.
4355 F. Mazza en Vogenauer, art. 9.1.13 no. 2; implícitamente StL-WP. 3 (2000), p. 19.
4356 F. Mazza en Vogenauer, art. 9.1.13 nº 4.
4357 F. Mazza en Vogenauer, art. 9.1.13 nº 5.
4358 F. Mazza en Vogenauer, art. 9.1.13 no. 1; N. Jansen en Jansen/Zimmermann, Art. 11:307 [PDCE]: *Defences and Rights of Set-Off*, no. 1 (p. 1719).
4359 F. Mazza en Vogenauer, art. 9.1.13 nº 10-12.
4360 Comentarios Oficiales Art. 9.1.13, nº 1, ilustración 1, p. 320; F. Mazza en Vogenauer, art. 9.1.13 nº 11.
4361 Por ejemplo, art. 1324 (2) Código Civil francés (versión 2016), alemán art. 404 BGB, art. 169 (1) Código suizo de obligaciones, como señaló F. Mazza en Vogenauer, art. 9.1.13 nº 12 Nota 114-115.
4362 F. Mazza en Vogenauer, art. 9.1.13 nº 12.
4363 F. Mazza en Vogenauer, art. 9.1.13 nº 4, 7, 8.

la capacidad internacional privada aplicable, contrato, forma, representación o derecho de sociedades, Introducción no. 17 en H).[4364]

2. Ejemplos de defensas disponibles (incluidas referencias a los Principios de UNIDROIT que suponen la aplicabilidad de los Principios de UNIDROIT a la transacción inicial)

3

Excepciones en cuanto a: **I)** la formación **de la transacción inicial** y la autoridad de los agentes (Capítulo 2); **II)** su **validez**[4365] (Capítulo 3), incluidos, en particular, los motivos de anulación[4366] (art. 3.2.1 y subsiguientes); **III)** excepciones basadas en la **interpretación** del contrato principal que (supuestamente) crea el derecho cedido (Capítulo 4);[4367] **IV)** excepciones basadas en el (in) cumplimiento de las **condiciones** (Capítulo 5); o **V)** en caso de **incumplimiento**[4368] (Capítulo 7, en virtud del cual una reclamación por daños y perjuicios contra el cesionario se limita hasta el importe del derecho del cesionario y la parte obligada debe ejecutar todo daño excedente debido al incumplimiento del cedente directamente contra el cedente).[4369] Esto incluye excepciones basadas en la **resolución** en virtud de las reglas del Capítulo 7 (o del contrato), incluso si el incumplimiento esencial (art. 7.3.1) se produce después de la cesión y su notificación al deudor.[4370] No importa si la ley aplicable califica las excepciones como **sustantivas o procesales**[4371] (un ejemplo clásico es la cuestión de la prescripción, que tiende a ser procesal en el Derecho Común y de naturaleza sustantiva en las jurisdicciones de Derecho Civil).[4372] En contraste con estas cuestiones, **las excepciones relativas al acuerdo de cesión no son admisibles** en virtud del párrafo 1 (ya que el riesgo de evaluar la validez del acuerdo de cesión recae en el cedente;[4373] art. 9.1.12 no. 3 en B.2.).

4364 Sobre la importancia de la calificación correcta de la cuestión sustantiva bajo el régimen de Derecho Internacional Privado (que difiere según la sede de un arbitraje o la competencia de un tribunal estatal), véase, por ejemplo, A. Briggs, *"Private International Law in English Courts"* (2014), no. 7.60-7.70; E. Brödermann, *"§ 6 IPR MünchAnwaltshandb. IntWirtschR"*, nº 13-15; y Dicey, Morris & Collins, Conflict of Laws (2012) pp. 37-59 no. 2-001-2-065; P. Mayer/V. Heuzé, *"Droit International Privé"* (12ª ed. 2019) no. 83.

4365 F. Mazza en Vogenauer, art. 9.1.13 no. 7; N. Jansen en Jansen/Zimmermann, Art. 11:307 [PDCE]: *Defences and Rights of Set-Off*, no. 2 (p. 1719).

4366 F. Mazza en Vogenauer, art. 9.1.13 nº 8.

4367 Véase, por ejemplo, N. Jansen en Jansen/Zimmermann, Art. 11:307 [PDCE]: *Defences and Rights of Set-Off*, no. 2 (p. 1719): "el deudor [es decir, el obligado] puede argumentar que [...] la obligación aún no era exigible".

4368 F. Mazza en Vogenauer, art. 9.1.13 nº 9; N. Jansen en Jansen/Zimmermann, Art. 11:307 [PDCE]: *Defences and Rights of Set-Off*, no. 2 (p. 1719).

4369 F. Mazza en Vogenauer, art. 9.1.13 nº 9.

4370 F. Mazza en Vogenauer, art. 9.1.13 no. 9, 10; N. Jansen en Jansen/Zimmermann, Art. 11:307 [PDCE]: *Defences and Rights of Set-Off*, no. 2 (p. 1719).

4371 Comentarios Oficiales, art. 9.1.13 nº 1 e ilustración 2, pp. 320 y 321; F. Mazza en Vogenauer, art. 9.1.13 nº 13.; N. Jansen en Jansen/Zimmermann, Art. 11:307 [PDCE]: *Defences and Rights of Set-Off*, no. 2 (p. 1719), dando el ejemplo de una cláusula de arbitraje.

4372 E. Brödermann, art. 6 *"IPR MünchAnwaltshandb. IntWirtschR"*, nº 184.

4373 F. Mazza en Vogenauer, art. 9.1.13 nº 6.

3. Derechos del cesionario frente a tal excepción

4

Si el deudor formula una excepción de conformidad con el párrafo 1, el cesionario podrá considerar al cedente responsable en virtud del art. 9.1.15 (d) en relación con el Capítulo 7[4374] (incluido el derecho a indemnización por daños y perjuicios en virtud del art. 7.4.1 y subsiguientes), a menos que esa empresa esté excluida en el acuerdo de cesión, el art. 9.1.15 segunda parte antes de la literal "a", debidamente interpretada (arts. 4.1, 4.3 y siguientes). Esto implica que toda defensa que se oponga al cesionario basada en una acción u omisión del cedente **implica una violación** del cedente frente a ese compromiso previsto en el art. 9.1.15 (d).

C. Compensación (párrafo 2)

1. Principio (hasta la recepción de una notificación de cesión)

5

De conformidad con un principio general del derecho como se encuentra en la mayoría de los sistemas jurídicos y en el art. 9 2) el Convenio de UNIDROIT sobre el Factoraje,[4375] y contrarrestar la posibilidad de una cesión sin voto en interés del cedente[4376] (art. 9.1.1. no. 3 en B.4 (iv)), el párrafo 2 ofrece una **opción para que el deudor** declare una compensación (art. 8.1 y subsiguientes), mediante notificación (art. 8.3), basada en la reciprocidad de obligaciones entre el **deudor y el cedente**, incluso después de la cesión,[4377] **hasta la recepción** de **la notificación** de la cesión (no. 6 *infra*) (que destruye la reciprocidad de obligaciones;[4378] art. 8.1 no. 8 en D.1 debe leerse en combinación con el no. 5). Como señaló *N. Jansen*, "no importa a este respecto si la reconvención estaba relacionada con la demanda cedida o basada en una transacción separada".[4379] La reconvención debe estar "disponible", es decir, ser vencida (una suma de dinero debe ser debida y pagadera).[4380] La compensación libera tanto la obligación derivada del derecho cedido como la del cedente hasta el importe menor de las obligaciones recíprocas[4381] (art. 8.5 (2)); el cesionario puede considerar al cedente responsable en virtud del art. 9.1.15 (e)[4382] en relación con el Capítulo 7 (a menos que esa promesa esté implícitamente excluida en el acuerdo de cesión,[4383] art. 9.1.15 segunda parte antes de literal "a", debidamente interpretado (arts. 4.1, 4.3 y siguien-

4374 StL-Doc. 74 (2002), p. 16; F. Mazza en Vogenauer, art. 9.1.13 nº 15.

4375 P. Pichonnaz en Vogenauer, Art. 9.1.13 nº 20; N. Jansen en Jansen/Zimmermann, Art. 11:307 [PDCE]: *Defences and Rights of Set-Off*, no. 4 (p. 1720).

4376 P. Pichonnaz en Vogenauer, Art. 9.1.13 nº 19.

4377 P. Pichonnaz en Vogenauer, Art. 9.1.13 nº 18, 19, p. 1121.

4378 P. Pichonnaz en Vogenauer, Art. 9.1.13 nº 18.

4379 N. Jansen en Jansen/Zimmermann, Art. 11:307 [PDCE]: *Defences and Rights of Set-Off*, no. 4 (p. 1720) y no. 7 (pp. 1721-22).

4380 N. Jansen en Jansen/Zimmermann, Art. 11:307 [PDCE]: *Defences and Rights of Set-Off*, no. 5 (pp. 1720-21) informando que la decisión a favor del enfoque civil a este respecto se basó en el argumento de que el deudor no debería colocarse en una mejor posición como resultado de la cesión.

4381 P. Pichonnaz en Vogenauer, Art. 9.1.13 nº 27.

4382 Comentarios Oficiales, art. 9.1.13 nº 2 e ilustración 3, p. 321; StL-Doc. 92 (2003), p. 16.

4383 P. Pichonnaz en Vogenauer, Art. 9.1.13 nº 28.

tes). Esto implica que toda declaración de compensación contra el cesionario basada en una obligación del cedente "implica un incumplimiento del compromiso por el cedente".[4384] El cesionario puede rescindir el contrato de cesión con arreglo al art. 7.3.1-7.3.6, de modo que, al final, "todo el proceso de compensación recae sobre el hombro del cedente"[4385] (cuya esfera está causando el problema de un contra derecho utilizado por el deudor para la compensación, desde la perspectiva del cesionario). La compensación basada en la reciprocidad de obligaciones entre **el deudor** y el **cesionario creada por la cesión** no está regulada por el párrafo 2, sino por las reglas generales del Capítulo 8.[4386]

2. Restricciones

6

I) Línea de tiempo: En comparación con el principio de libre disponibilidad de defectos en el párrafo 1, y claramente del art. 18 (1) Convención de la CNUDMI sobre la Cesión de Créditos[4387] y diversos ordenamientos jurídicos nacionales,[4388] pero similares al derecho inglés (salvo en el caso de los casos de compensación de operaciones),[4389] el párrafo 2 restringe la posibilidad de compensación sobre la base de la reciprocidad de obligaciones entre el **deudor** y el **cedente** en el tiempo. En aras de una **solución sencilla**, prevé la recepción de la notificación de cesión como punto límite.[4390] Los **requisitos** del art. 8.1 y subsiguientes deben cumplirse en el **momento de la recepción de la notificación** (art. 8.1, 1.10 (2)). Por ejemplo: **a)** para el **requisito de reciprocidad** (art. 8.1.6 en D.1), basta con que el derecho del deudor frente al cedente nazca después de la cesión pero antes de la recepción de la notificación;[4391] **b)** para la **ejecutoriedad** (art. 8.1 no. 13 en D.4 (i) (b)) de la demanda del deudor contra el cedente: "(también) debe existir antes de (recibir) la notificación de cesión"[4392] (*argumentum* "disponible" en el párrafo 2);[4393]

[4384] P. Pichonnaz en Vogenauer, Art. 9.1.13 nº 29 (sin subrayar en el original); cf. Comentarios Oficiales Art. 9.1.15 nº 5, p. 325.

[4385] P. Pichonnaz en Vogenauer, Art. 9.1.13 nº 29.

[4386] P. Pichonnaz en Vogenauer, Art. 9.1.13 nº 17.

[4387] Cf. P. Pichonnaz en Vogenauer, art. 9.1.13 nº 23; N. Jansen en Jansen/Zimmermann, Art. 11:307 [PDCE]: *Defences and Rights of Set-Off*, no. 7 (p. 1721).

[4388] P. Pichonnaz en Vogenauer, Art. 9.1.13 nº 24, p. 1123 (con referencia a los sistemas jurídicos contractuales en Francia, Italia y España, en virtud de los cuales la ley francesa mencionada por P. Pichonnaz ha cambiado en la reforma de la ley de obligaciones de 2016 y ha adaptado el enfoque de los Principios de UNIDROIT, véase el art. 1324 del Código Civil francés de 2016).

[4389] P. Pichonnaz en Vogenauer, Art. 9.1.13 nº 24 con referencias.

[4390] N. Jansen en Jansen/Zimmermann, Art. 11:307 [PDCE]: *Defences and Rights of Set-Off*, no. 4 (p. 1720); Para las observaciones críticas y un análisis de este punto límite en el tiempo, véase ibíd. nº 7 (pp. 1721-22); con referencia a P. Pichonnaz en Vogenauer, Art. 9.1.13 nº 23.

[4391] StL-Doc. 74 (2002), p. 16; P. Pichonnaz en Vogenauer, Art. 9.1.13 no. 22.

[4392] P. Pichonnaz en Vogenauer, Art. 9.1.13 nº 23 (con razones detalladas).

[4393] P. Pichonnaz en Vogenauer, Art. 9.1.13 nº 23.

7

II) Restricción por contrato: Si el contrato inicial entre el deudor y el cedente contiene una **cláusula que excluye la compensación** (art. 8.1 No. 21 en F.1. (iii)), "o si la naturaleza del crédito excluye la compensación",[4394] "la exclusión (si la prueba el cesionario en lugar del cedente[4395]) se aplica también a la compensación frente al cesionario"[4396] porque la cesión no modifica la cláusula de exclusión.[4397]

D. Opciones

8

I) En el momento de la cesión, el cesionario podrá tratar de obtener: **a)** del deudor una declaración de "**renuncia a la defensa**" (art. 1.1),[4398] o **b)** del cedente un compromiso de "**exención de responsabilidad a primera demanda**" (incluida la indemnización por honorarios de abogados) y/o una cláusula de "**pago convenido por incumplimiento**" (art. 7.4.13 (1)) porque la excepción planteada por el deudor basada en su relación con el cedente se debe: **a)** a la esfera del cedente, **b)** viole el compromiso del cedente en virtud del art. 9.1.15 (d),[4399] y **c)** posiblemente también su compromiso en virtud del art. 9.1.15 (a); esa cláusula de "pago convenido por incumplimiento" podría combinarse con una **condición resolutiva** (art. 5.3.1) si el deudor retira su defensa en un plazo razonable —suficiente para resolver el litigio mediante negociación entre el cedente y el deudor— que puede cuantificarse en el acuerdo de cesión, por ejemplo, tres meses. **II)** Destinado a proteger al deudor como tercero en el acuerdo de cesión, el cedente y el cesionario **no podrán optar por no aplicar** el art. 9.1.13[4400] (siempre que el contrato inicial con el deudor se rija por los Principios de UNIDROIT, Capítulo 9, Introducción No. 2).

Artículo 9.1.14 (Derechos relativos al crédito cedido)

La cesión de un crédito transfiere al cesionario:

a) todos los derechos del cedente a un pago o a otra prestación previstos por el contrato en relación con el crédito cedido, y

b) todos los derechos que garantizan el cumplimiento del crédito cedido.

4394 P. Pichonnaz en Vogenauer, Art. 9.1.13 nº 25, p. 1123 y art. 8.1 nº 16-23 para la naturaleza de las obligaciones.

4395 Véase también P. Pichonnaz en Vogenauer, Art. 9.1.13 nº 26 (refiriéndose a "otra parte", que es la parte que se defiende contra la compensación).

4396 P. Pichonnaz en Vogenauer, Art. 9.1.13 no. 25 (con referencia a una solución similar en la ley inglesa en la nota 158); N. Jansen en Jansen/Zimmermann, Art. 11:307 [PDCE]: *Defences and Rights of Set-Off*, no. 8 (p. 1722).

4397 P. Pichonnaz en Vogenauer, Art. 9.1.13 nº 25.

4398 P. Pichonnaz en Vogenauer, Art. 9.1.13 nº 14, 15.

4399 P. Pichonnaz en Vogenauer, Art. 9.1.13 nº 15.

4400 P. Pichonnaz en Vogenauer, Art. 9.1.13 nº 16.

A. Ámbito de aplicación

1

El artículo 9.1.14 se aplica a los "derechos conexos" a un derecho que ha sido cedido, **I)** ya sea por acuerdo de conformidad con los arts. 9.1.1, 9.1.3 y subsiguientes, o **II)** (casi indirectamente) como parte de una "**cesión de un contrato**" de conformidad con el art. 9.3.1 (art. 9.3.7 (1)).

B. Otro compromiso útil entre el Derecho Civil y el Derecho Común

2

Como cláusula alternativa y de incumplimiento fiable, el art. 9.1.14 describe en qué medida un acuerdo de cesión regido por los Principios de UNIDROIT incluye derechos relativos al derecho fundamental que está sujeto al acuerdo. En un lenguaje claro, prevé la inclusión de "**todos" los derechos del cedente** sobre el cumplimiento[4401] (literal "a") y para "todos" los derechos de garantía (literal "b") (en caso de cesión parcial y derechos divisibles (art. 9.1.4 no. 3 en B.2. (I)), "se aplica **la transferencia en proporción**").[4402] Así pues, la cesión **incluye**, por ejemplo, "intereses a un tipo acordado, créditos de reembolso anticipado de un préstamo por falta de pago de intereses, acciones depositadas como garantía".[4403] Sin embargo, como señaló *N. Jansen*, es útil recordar en este contexto que la "cesión" simplemente "confiere al cesionario la facultad de efectuar la sustitución del acreedor (es decir, el beneficiario)"[4404] (art. 9.1.1 no. 3a).

3

La norma del art. 9.1.14 es particularmente **útil desde una triple perspectiva**: **I)** En caso de cesión por **mero acuerdo** (arts. 9.1.1, 9.1.7 (1)), especialmente si se hace de manera informal (arts. 9.1.1, 1.2), a veces las partes **no tendrán tiempo** para arreglar todo en detalle (por ejemplo, si un acuerdo debe celebrarse en determinado tiempo o en una fecha determinada por razones generales), y en virtud de la norma del art. 9.1.14 tampoco necesitan hacerlo. **II)** Si las partes tienen la intención de arreglar todo en detalle, especialmente en caso de una cesión silenciosa (art. 9.1.10 no. 4) a un cesionario que utiliza sus términos es-

---

4401 Comentarios Oficiales, art. 9.1.14 no. 1 e Ilustraciones 1-3, p. 322; StL-WP. 7 (2001), p. 16; StL-Doc. 92 (2003), p. 16. A este respecto, se ha argumentado en el contexto de otro instrumento internacional, el DCFR europeo: "no hay ninguna razón por la que un antiguo acreedor (el cedente) deba retener una garantía real cuyo ejercicio constituiría simplemente un enriquecimiento injustificable"; véase N. Jansen en Jansen/Zimmermann, Art. 11:201 [PDCE]: *Rights Transferred to Assignee*, no. 7 (p. 1668) citando DCFR III.-5:115, Comentario C.

4402 Comentarios Oficiales, art. 9.1.14 nº 2, p. 322; StL-Doc. 81 (2003), p. 19; F. Mazza en Vogenauer, art. 9.1.14 nº 4. Para una breve reseña histórica y comparativa, comenzando con el Derecho Romano donde "una garantía no se traspasaba con la obligación", y refiriéndose a un escepticismo similar en Inglaterra, véase N. Jansen en Jansen/Zimmermann, Art. 11:201 [PDCE]: *Rights Transferred to Assignee*, no. 2 (p. 1666).

4403 F. Mazza en Vogenauer, art. 9.1.14 no. 3 resumen de los Comentarios Oficiales, art. 9.1.14 nº 1, ilustraciones 1-3, p. 322.

4404 N. Jansen en Jansen/Zimmermann, Art. 11:201 [PDCE]: *Rights Transferred to Assignee*, no. 3 (p. 1666), énfasis añadido.

tándar (art. 2.1.19 *et seq.*), la existencia del art. 9.1.14 **elimina toda duda que pueda subsistir** de que la inclusión de "todas" las garantías reales conexas podrían: **a)** ser sorprendentes (párrafo 1) del artículo 2.1.20); **b)** implicar una "disparidad manifiesta" (arts. 3.2.7, 3.1.4); o **c)** ser injustas (art. 1.7). **III)** En las **negociaciones entre juristas o comerciantes formados en Derecho Civil y Derecho Común**, el enfoque holístico del art. 9.1.14, que resulta de un intenso debate en el Grupo de Trabajo,[4405] es **probable que interrumpa una discusión que de otro modo estaría destinada a surgir** entre abogados civiles y de Derecho Común con formación diferente. En el caso de los abogados formados en Derecho Civil, la cesión incluirá únicamente ciertas garantías reales y no "todas". Desde el punto de vista del Derecho civil, la transferencia automática de derechos se limitaría a menudo a aquellos derechos que son "accesorios" del derecho transferido[4406] (por ejemplo, los derechos de un compromiso de garantía contraído en virtud de un sistema jurídico, como el sistema alemán o francés, en el que la obligación del fiador depende de la existencia del derecho garantizado).[4407] Los abogados de Derecho Común no tienen esa distinción e incluso pueden considerar una fianza como "conjuntamente" responsable con el deudor bajo la obligación principal.[4408] Este tipo de diferencias fue la razón por la que el Grupo de Trabajo no siguió el enfoque del Derecho Civil propuesto por primera vez en el proyecto inicial.[4409] Desde la perspectiva de un profesional, la norma clara del art. 9.1.14 es bienvenida porque evita los debates cuando la cuestión de los derechos conexos no se negocia en todos los detalles.

C. Límites

4

I) Derecho nacional imperativo (art. 1.4);[4410] **II)** las **intenciones de las partes**; son libres de restringir el alcance de los derechos[4411] que se ceden directamente o como garantía (art. 1.5); **III)** el **carácter no divisible** de una garantía real cedida en caso de **cesión parcial**.[4412] **IV) Sin límite**: el art. 9.1.14 se aplica también en caso de una cesión que infrinja una cláusula de no cesión.[4413]

4405 StL-Misc. 23 (2001), pp. 34 y 36; F. Mazza en Vogenauer, art. 9.1.14 nº 2.

4406 Véase, por ejemplo, el art. 401 BGB para la legislación alemana: "Transmisión de derechos accesorios y derechos preferenciales. 1) Con el crédito cedido, las hipotecas, hipotecas de buques o garantías reales que se les atribuyan, así como los derechos derivados de una garantía creada para ellos, pasan al nuevo acreedor. 2) El nuevo acreedor también podrá hacer valer un derecho preferente vinculado al crédito para prever el caso de ejecución de una sentencia o de un procedimiento de insolvencia".

4407 Véase, por ejemplo, E. Brödermann en Prütting/Wegen/Weinreich, Vor art. 765 no. 10 para Alemania y no. 68 para Austria, Bélgica, Finlandia, Francia, Italia, Luxemburgo, Países Bajos, Portugal, España y Hungría (y no. 70 sobre diferentes conceptos, por ejemplo, en Inglaterra).

4408 E. Brödermann en Prütting/Wegen/Weinreich, Vor § 765 no. 70. Véase la reseña sobre "derechos accesorios y abstractos" de N. Jansen en Jansen/Zimmermann, Art. 11:201 [PDCE]: *Rights Transferred to Assignee*, no. 8 (p. 1668).

4409 F. Mazza en Vogenauer, art. 9.1.14 no. 2 con referencia a StL-Misc. 23 (2001), nº 295, 304.

4410 F. Mazza en Vogenauer, art. 9.1.14 nº 6.

4411 Cf. Comentarios Oficiales, art. 9.1.14 nº 3, p. 322; F. Mazza en Vogenauer, art. 9.1.14 nº 6.

4412 StL-Doc. 74 (2002), p. 18; StL-Doc. 92 (2003), p. 17; véase F. Mazza en Vogenauer, Art. 9.1.14 nº 4; N. Jansen en Jansen/Zimmermann, Art. 11:201 [PDCE]: *Rights Transferred to Assignee*, no. 9 (p. 1668).

4413 F. Mazza en Vogenauer, art. 9.1.14 nº 5.

D. Opciones

5

Durante la negociación de un acuerdo de cesión, las partes tal vez deseen considerar varias opciones, por ejemplo: **I)** Puede haber razones para **retener algunas garantías** y **excluirlas** del efecto de la literal "b", ya sea porque algún derecho no accesorio "puede utilizarse como garantía para diferentes créditos";[4414] o en caso de **cesión parcial**[4415] para adaptar el nivel de garantía al crédito restante. **II)** Con respecto al cumplimiento de cualquier **derecho interno imperativo** aplicable, adicionalmente (art. 1.4), las partes tal vez deseen asignar a una de las partes las medidas necesarias para que la cesión surta efecto también frente a terceros (art. 9.1.7 no. 5).

Artículo 9.1.15 (Obligaciones del cedente)

El cedente garantiza al cesionario, excepto que algo distinto se manifieste al cesionario, que:

a) el crédito cedido existe al momento de la cesión, salvo que el crédito sea un derecho futuro;

b) el cedente está facultado para ceder el crédito;

c) el crédito no ha sido previamente cedido a otro cesionario y está libre de cualquier derecho o reclamación de un tercero;

d) el deudor no tiene excepción alguna;

e) ni el deudor ni el cedente han notificado la existencia de compensación alguna respecto del crédito cedido y no darán tal notificación;

f) el cedente reembolsará al cesionario cualquier pago recibido del deudor antes de ser dada notificación de la cesión.

A. Compromisos auto explicativos

1

El artículo 9.1.15 pone en práctica los principios de lealtad negocial (art. 1.7) en el contexto de la cesión de derechos. Contiene un **catálogo** de **garantías** auto explicativas que se inspiró en los trabajos preparatorios de la Convención de la CNUDMI sobre la Cesión de Créditos y la PDCE[4416] (y que describe el comportamiento que el principio del trato leal exigiría del cedente de todos modos y en el que un cesionario bien asesorado insistiría de otro modo por iniciativa propia).[4417] Se refieren a: **I)** la **existencia** de los

[4414] N. Jansen en Jansen/Zimmermann, Art. 11:201 [PDCE]: *Rights Transferred to Assignee*, no. 7 (p. 1668).

[4415] N. Jansen en Jansen/Zimmermann, Art. 11:201 [PDCE]: *Rights Transferred to Assignee*, no. 9 (p. 1668).

[4416] StL-Doc. 65 (1999), p. 6 (véase el actual artículo 12 de la Convención de la CNUDMI sobre la Cesión de Créditos y el artículo 11:204 de la PDCE).

[4417] Véase F. Mazza en Vogenauer, art. 9.1.15 nº 11 (sobre el alto nivel de detalle de los acuerdos de cesión); N. Jansen en Jansen/Zimmermann, Art. 11:204 [PDCE]: *Undertakings by Assignor*, no. 1 (p. 1675): "aspectos en los que se puede suponer que las partes en una cesión están de acuerdo".

derechos en el "momento de la cesión"[4418] (excepto para los derechos futuros respecto de los cuales el riesgo de su llegada a la existencia se asigna al cesionario,[4419] art. 9.1.5) (literal "a"); **II)** el **derecho** a ceder,[4420] incluido: **a)** una regla general en la literal "b" (por ejemplo, que el cedente no haya acordado una "**cláusula de no cesión**" con el deudor (el sistema diferenciado del art. 9.1.9) y no esté legalmente prohibido o restringido para ceder el derecho,[4421] por ejemplo, por condiciones de un permiso público (art. 6.1.14 y siguientes) o en la legislación nacional), y **b)** una **aplicación específica** en la literal "c" relativa a las cuestiones de "no cesión anterior" (a menos que se divulgue)[4422] y "ningún otro derecho o reclamación de terceros";[4423] **III)** la **relación con el deudor**, a saber: **a)** que el cesionario no debe esperar que el deudor formule ninguna excepción[4424] (art. 9.1.13 (1)) (literal "d"), o **b)** que el derecho está libre de declaraciones de compensación en el pasado o de declaraciones de compensación en el futuro[4425] (art. 9.1.13 (2)) (literal "e"); **IV)** un **compromiso**[4426] **contractual de reembolsar** al cesionario cualquier "pago" (o, posiblemente en relación con el art. 1.6 (2), en caso de cesión de un derecho al cumplimiento no monetario en virtud del art. 9.1.3, por "lo que el cedente reciba del deudor")[4427] recibido del deudor (literal "f") antes de que la cesión surta efecto frente al deudor mediante notificación[4428] (porque en virtud del art. 9.1.10 (1), hasta la recepción de dicha notificación, el deudor se liberará pagando al cedente).[4429] Sin embargo, este compromiso sólo obligará al cedente si la cesión es efectiva, lo que puede no ser el caso: **a)** en virtud del art. 9.1.9 (2) (cláusula de no cesión); **b)** art. 9.1.3 (la cesión de un derecho no monetario se vuelve sustancialmente más onerosa); o **c)** art. 9.1.7. (2) (no hay consentimiento del deudor en caso de cesión de un derecho de carácter esencialmente personal).[4430]

4418 Comentarios Oficiales, art. 9.1.15 no. 1 e Ilustración 1, p. 323; StL-Doc. 74 (2002), p. 19; F. Mazza en Vogenauer, art. 9.1.15 no. 1; N. Jansen en Jansen/Zimmermann, Art. 11:204 [PDCE]: *Undertakings by Assignor*, no. 4 (p. 1676).

4419 Comentarios Oficiales, art. 9.1.15 nº 1, ilustración 2, p. 324; F. Mazza en Vogenauer, art. 9.1.15 nº 2.

4420 StL-Doc. 74 (2002), p. 19; F. Mazza en Vogenauer, art. 9.1.15 no. 3; N. Jansen en Jansen/Zimmermann, Art. 11:204 [PDCE]: *Undertakings by Assignor*, no. 5 (p. 1677).

4421 Comentarios Oficiales, art. 9.1.15 nº 2, p. 324; StL-Doc. 81 (2003), página 20.

4422 Comentarios Oficiales, art. 9.1.15 nº 3, p. 324; véase F. Mazza en Vogenauer, Art. 9.1.15 nº 4; N. Jansen en Jansen/Zimmermann, Art. 11:204 [PDCE]: *Undertakings by Assignor*, no. 5 (p. 1677).

4423 F. Mazza en Vogenauer, art. 9.1.15 nº 5; cf. StL-Doc. 74 (2002), p. 20.

4424 F. Mazza en Vogenauer, art. 9.1.15 nº 6.

4425 StL-Doc. 92 (2003), p. 19; F. Mazza en Vogenauer, art. 9.1.15 nº 7.

4426 N. Jansen en Jansen/Zimmermann, Art. 11:203 [PDCE]: *Preservation of Assignee's Right Against Assignor*, nº 1 (p. 1671) y nº 5 (p. 1672), en el que se acoge con beneplácito "el enfoque pragmático de la PICC de incluir la reclamación por el producto en la lista de compromisos del cedente".

4427 N. Jansen en Jansen/Zimmermann, Art. 11:203 [PDCE]: *Preservation of Assignee's Right Against Assignor*, no. 6 (pp. 1672-73) en el que la cita se relaciona con la redacción del Art. 11:203 PDCE que aborda este problema directamente.

4428 Comentarios Oficiales, art. 9.1.15 no. 6 e ilustración 5, p. 325; StL-WP. 7 (2001), p. 19; StL-Doc. 81 (2003), p. 21; F. Mazza en Vogenauer, art. 9.1.15 nº 8.

4429 N. Jansen en Jansen/Zimmermann, Art. 11:101 [PDCE]: *Scope of Chapter*, no. 6 (p. 1643) observando, con respecto a las jurisdicciones de Derecho Civil, que tal pago del deudor no implica "derechos equitativos sobre ese producto" (mientras que la ley inglesa consideraría que el producto se mantiene en "fideicomiso constructivo" para el cesionario, es decir, una noción no conocida en las jurisdicciones de derecho civil). Véase también ibid., art. 11:203 [PDCE]: *Preservation of Assignee's Right Against Assignor*, no. 2 (p. 1671): "El cesionario no tiene derecho al producto si el deudor no fue liberado mediante el pago de la carta".

4430 Lista basada en N. Jansen en Jansen/Zimmermann, Art. 11:203 [PDCE]: *Preservation of Assignee's Right Against Assignor*, no. 3 (p. 1671) (desarrollado allí con reglas paralelas en el PDCE).

B. Efecto

2

La violación de cualquiera de los compromisos del art. 9.1.15 constituye el incumplimiento del acuerdo de cesión sancionado por los derechos del cesionario frente al cedente en virtud del Capítulo 7[4431] (incluido el derecho a indemnización por daños y perjuicios, art. 7.4.1 y subsiguientes, o el derecho a resolver, art. 7.3.1).[4432]

C. Límites y opciones

3

Las partes **son libres de reducir o ampliar** el número de obligaciones ("salvo que se comunique otra cosa al cesionario"; art. 1.5); por ejemplo, puede añadirse una obligación: **I)** relativo a la **solvencia** presente o futura del deudor,[4433] **II)** de **no modificar**, incluso después de la cesión, el crédito y el contrato del que nace el crédito,[4434] o **III)** cooperar con respecto a toda acción de **transferencia de valores (abstractos)** al cesionario ("específicamente otorgado para el crédito cedido"[4435]) siempre que la legislación nacional local exija una acción adicional para que la cesión surta efecto frente a terceros[4436] (art. 9.1.7 no. 5 y art. 9.1.14 No. 5); o **IV)** una garantía **con respecto a cualquier valor** que pase con la reclamación en virtud del art. 9.1.14 (b).[4437] El cedente tal vez desee excluir explícitamente su responsabilidad en caso de **cesión ulterior**.[4438]

4431 Comentarios Oficiales, art. 9.1.15 nº 7, p. 326; StL-WP. 3 (2000), p. 24; F. Mazza en Vogenauer, art. 9.1.15 nº 9.

4432 Comentarios Oficiales, art. 9.1.15 nº 7, p. 326; N. Jansen en Jansen/Zimmermann, Art. 11:204 [PDCE]: *Undertakings by Assignor*, nº 10 (p. 1678), haciendo hincapié en la responsabilidad objetiva.

4433 StL-Doc. 69 (2001), p. 23; StL-WP. 7 (2001), p. 19; StL-Doc. 92 (2003), p. 19; F. Mazza en Vogenauer, art. 9.1.15 nº 10 (sin subrayar en el original); N. Jansen en Jansen/Zimmermann, Art. 11:204 [PDCE]: *Undertakings by Assignor*, no. 6 (pp. 1677-78).

4434 N. Jansen en Jansen/Zimmermann, Art. 11:204 [PDCE]: *Undertakings by Assignor*, nº 1 (p. 1675), sin cursivas en el original, y nº 7 (p. 1678), señalando pertinentemente que ese compromiso sólo es pertinente para "el tiempo transcurrido entre la cesión y la notificación al deudor (es decir, al obligado) interesado".

4435 N. Jansen en Jansen/Zimmermann, Art. 11:204 [PDCE]: *Undertakings by Assignor*, no. 8 (p. 1678), distinguiendo tales valores de "una garantía para un crédito renovable" para el cual "no puede suponerse que un banco esté dispuesto a transferirlo con un crédito derivado de este crédito".

4436 N. Jansen en Jansen/Zimmermann, Art. 11:204 [PDCE]: *Undertakings by Assignor*, nº 1 (p. 1675) y nº 8 (p. 1678).

4437 Inspirado por N. Jansen en Jansen/Zimmermann, Art. 11:204 [PDCE]: *Undertakings by Assignor*, no. 4 (pp. 1676-77).

4438 Inspirado por N. Jansen en Jansen/Zimmermann, Art. 11:204 [PDCE]: *Undertakings by Assignor*, no. 9 (p. 1678).

SECCIÓN 2. TRANSFERENCIA DE OBLIGACIONES

Historia legislativa (documentos clave)

En preparación de los **Principios de 2004** - Ponente Marcel Fontaine: StL-Doc. 61, pp. 9 a 12 (1er borrador en **1999**); StL-Misc. 21, pp. 64 y 71 (1ra discusión en **1999**); StL-Doc. 69, pp. 25 y 28 (2do borrador en **2001**); StL-Misc. 23, pp. 37 y 44 (2da discusión en **2001**); StL-WP. 7, pp. 21 a 34 (propuesta de 3er borrador en **2001**); StL-WP. 9 bis, p. 2 (3ra discusión en **2002**); StL-Doc. 74, pp. 22 a 34 (3er borrador en **2002**); StL-Misc. 24, pp. 29 a 35 (4ta discusión en **2002**); StL-Doc. 81 pp. 23 a 34 (4to borrador en **2003**); StL-Doc. 92, pp. 21 a 31 (5to borrador en **2003**).

Artículo 9.2.1 (Modalidades de la transferencia)

Una obligación de pagar dinero o de ejecutar otra prestación puede ser transferida de una persona (el "deudor originario") a otra (el "nuevo deudor") sea:

a) por un acuerdo entre el deudor originario y el nuevo deudor, conforme al Artículo 9.2.3, o

b) por un acuerdo entre el acreedor y el nuevo deudor, por el cual el nuevo deudor asume la obligación.

A. Una opción para cada parte contractual

1

El artículo 9.2.1 es el primero de los ocho artículos que establecen para cada parte del contrato inicial (en lo sucesivo, "contrato principal") la base para "**transferir**"[4439] una **obligación del deudor originario** (derivada de cualquier fuente,[4440] incluso de una sentencia basada en el derecho de responsabilidad civil;[4441] sujeto a la ley imperativa, art. 1.4) **mediante un acuerdo**[4442] sometido a los Principios de UNIDROIT (**sin forma requerida**, art. 1.2)[4443] **a un nuevo deudor** (a diferencia de la transferencia legal (imperativa), por ejemplo, por derecho de sucesiones[4444] o derecho de sociedades,[4445] art. 9.2.2). El nuevo deudor se convierte

[4439] Como se define en StL-WP. 7 (2001), página 22; véase F. Mazza en Vogenauer, Art. 9.2.1 nº 2 (en el que se explica el motivo de la elección del término "transferencia" en lugar de la expresión "cesión", que está relacionada con los bienes en los sistemas de Derecho Común).

[4440] F. Mazza en Vogenauer, art. 9.2.1 nº 8.

[4441] StL-Doc. 74 (2002), p. 23; véase de nuevo F. Mazza en Vogenauer, Art. 9.2.1 nº 8.

[4442] Comentarios Oficiales, art. 9.2.1 nº 4, p. 328; StL-Doc. 92 (2003), p. 21.

[4443] StL-Doc. 65 (1999), p. 4; F. Mazza en Vogenauer, art. 9.2.1 nº 5.

[4444] F. Mazza en Vogenauer, art. 9.2.1 nº 4.

[4445] StL-Doc. 92 (2003), p. 22, refiriéndose a las transacciones de fusión de empresas y señalando el art. 9.2.2; Comentarios Oficiales, art. 9.2.1 nº 4, p. 328 (refiriéndose a la fusión de empresas); F. Mazza en Vogenauer, art. 9.2.1 no. 4 (señalando la prioridad del Art. 9.2.2).

en **deudor sustituto**[4446] (art. 1.11, cuarto guión). En un lenguaje neutro,[4447] desarrollado en el Grupo de Trabajo como un compromiso entre diferentes conceptos históricamente relacionados (incluida la "novación" en el Derecho Romano y en el Derecho Común),[4448] la Sección 9.2 ofrece a los comerciantes la posibilidad de **negociar deudas** (por ejemplo, en el contexto de la venta de una empresa) o **reorganizar su negocio** de una "manera útil y que ahorre tiempo" que evite "renegociar un problema ya resuelto".[4449] **Ejemplo**:[4450] Un grupo internacional de empresas traslada una línea de producción a las instalaciones de operación de una empresa afiliada en otra jurisdicción para reaccionar a la evolución del mercado o para superar la fuerza mayor local en una jurisdicción determinada[4451]). Un principio rector subyacente para el compromiso internacional documentado en la Sección 9.2 es "que ninguna de las partes debe sufrir ninguna desventaja como resultado de la sustitución del deudor (es decir, del obligado)".[4452]

1a

Ejemplo de la práctica bajo presión de tiempo: en febrero de 2023, para gestionar un desafío logístico para un convoy de ayuda humanitaria para Ucrania, que ya había abandonado Alemania, la organización benéfica alemana que la inició transfirió sus obligaciones relativas a Servicios de exportación al Ministerio ucraniano a cargo de una organización benéfica polaca. Todos los documentos entre la organización benéfica alemana, polaca y el ministerio ucraniano fueron emitidos a través de WhatsApp con archivos adjuntos firmados que hacen referencia los Principios de UNIDROIT. El acuerdo de donación original con el Ministerio ucraniano también había sido sujeto a los Principios de UNIDROIT.

4446 Ver S. Woyciechowski en Jansen/Zimmermann, Introducción antes del arte. 12:101 [PDCE], no. 4 (pp. 1729-30) sobre la clasificación ("La sustitución es el reemplazo de un deudor original por un tercero"); e ibid., art. 12:101 [PDCE]: *Substitution: General Rules*, no. 3-9 (pp. 1736-41) sobre "acuerdo de sustitución" y sus modalidades con una visión comparativa de la legislación nacional.

4447 Ver S. Woyciechowski en Jansen/Zimmermann, Introducción antes del arte. 12:101 [PDCE], no. 3 (pp. 1736-37), discutiendo las razones para evitar la expresión "cesión de deudas" para lograr la distinción de la terminología relacionada con la propiedad en la ley inglesa.

4448 Ver la reseña histórica y comparativa de S. Woyciechowski en Jansen/Zimmermann, introducción antes del art. 12:101 [PDCE], no. 5-10 (pp. 1730-33). Debido al enfoque en el vínculo personal entre el acreedor y el deudor, se necesitaron siglos, tanto en el Derecho Romano arraigado en el derecho europeo continental como en el derecho inglés, para "reconocer la posibilidad de cambiar al deudor" (ibid., no. 5, p. 1730, para el derecho europeo continental y no. 7, pp. 1731-32, para el derecho inglés). La novación fue una solución temprana.

4449 S. Woyciechowski en Jansen/Zimmermann, Introducción antes del arte. 12:101 [PDCE], no. 1 (p. 1728).

4450 Para más ejemplos, véase S. Woyciechowski en Jansen/Zimmermann, Art. 12:101 [PDCE]: *Substitution: General Rules*, no. 1 (p. 1736), por ejemplo, "Además, si el tercero es él mismo deudor del deudor original (es decir, el deudor inicia), asumir la obligación puede servir como cumplimiento de la obligación del tercero para con el deudor original", ejemplo dado en los Comentarios Oficiales, Art. 9.2.1 nº 1.

4451 Después del comienzo de la guerra ruso-ucraniana el 24 de febrero de 2022, numerosas entidades nacionales e internacionales con instalaciones de producción en la sede de sus empresas afiliadas ucranianas han trasladado sus negocios a una velocidad impresionante (por ejemplo, un par de semanas) de Ucrania a otras jurisdicciones. Desde una perspectiva legal, a veces se han transferido contratos completos (art. 9.3.1 y ss.), a veces solo obligaciones de producción para superar la fuerza mayor (art. 7.1.7).

4452 S. Woyciechowski en Jansen/Zimmermann, Introducción antes del art. 12:101 [PDCE], no. 12 (p. 1734).

B. Acuerdo entre el deudor original y el nuevo deudor (literal "a")

1. Acuerdo

2

Dicha transferencia está **sujeta al consentimiento** (inequívoco)[4453] del acreedor (art. 9.2.3) para que sea válida,[4454] porque el cambio del deudor "puede afectar significativamente la posición del acreedor[4455] (es decir, el beneficiario)". Sin dicho consentimiento, y sujeto a "un carácter esencialmente personal de la obligación" (art. 9.2.6 (1) última parte) y/o contrato (que podría excluir una transferencia de la obligación, art. 1.5), el deudor original todavía puede "acordar con otra persona que esta tercera persona cumplirá la obligación (art. 9.2.6)", mientras que el deudor original seguirá siendo obligado (art. 9.2.6 (2)).[4456] Sin el consentimiento del acreedor, el acuerdo es sólo un acuerdo interno entre el deudor inicial y el nuevo deudor (esperado);[4457] sin efecto jurídico si el consentimiento del acreedor constituye explícita o implícitamente (posiblemente a través de la elección de los Principios de UNIDROIT, que se determinará mediante interpretación, arts. 4.1, 4.3 y siguientes) una **condición suspensiva** (art. 5.3.2 (a)).

2. Consecuencias jurídicas

3

Con el consentimiento del acreedor, el **deudor originario** puede ser liberado, sujeto al art. 9.2.5 (1) y a la ley imperativa (art. 1.4), si la hubiera, (por ejemplo, con respecto a un permiso público; art. 6.1.14 ss.).[4458] De lo contrario, el deudor original sigue siendo el responsable (art. 9.2.5 (3)).[4459] Para **valores**, además, debe aplicarse el art. 9.2.8.

C. Acuerdo entre el acreedor y el nuevo deudor[4460] (literal "b")

4

Un acuerdo por el cual la obligación **entra en los pasivos** del nuevo deudor originario con efecto inmediato[4461] es posible y eficaz **sin el consentimiento** del deudor original. Este

---

4453 S. Woyciechowski en Jansen/Zimmermann, Art. 12:101 [PDCE]: *Substitution: General Rules*, no. 5 (p. 1738).

4454 Comentarios Oficiales, art. 9.2.1 no. 1 e Ilustración 1, p. 327; F. Mazza en Vogenauer, art. 9.2.1 no. 6 (señalando que este requisito de consentimiento explica la falta de reglas correlacionadas con el art. 9.1.3 y 9.1.7 (2)) y no. 10; S. Woyciechowski en Jansen/Zimmermann, Art. 12:101 [PDCE]: *Substitution: General Rules*, no. 4 (p. 1738).

4455 S. Woyciechowski en Jansen/Zimmermann, Art. 12:101 [PDCE]: *Substitution: General Rules*, no. 5 (p. 1738): el nuevo deudor podría ser "menos confiable, menos solvente o dispuesto a cumplir la obligación".

4456 F. Mazza en Vogenauer, art. 9.2.1 nº 6.

4457 S. Woyciechowski en Jansen/Zimmermann, Art. 12:101 [PDCE]: *Substitution: General Rules*, no. 4 (p. 1738) y no. 6 (p. 1739).

4458 F. Mazza en Vogenauer, art. 9.2.1 nº 3 (a partir de la segunda oración).

4459 Comentarios Oficiales, art. 9.2.1 nº 6, p. 328.

4460 Comentarios Oficiales, art. 9.2.1 no. 2 e Ilustración 2, pp. 327-328.

4461 F. Mazza en Vogenauer, art. 9.2.1 nº 9.

efecto está sujeto a: **I)** la ley imperativa (art. 1.4), por ejemplo, relacionada con los permisos personales del deudor inicial (art. 6.1.14 y ss.); y **II)** el contrato (art. 1.5), por ejemplo, con respecto a las restricciones contractuales debidas a la **confidencialidad** de los conocimientos técnicos y/o diseños y dibujos proporcionados por el deudor original al acreedor.

5

En este caso, y sujeto al contrato (art. 1.5),[4462] el deudor original es un **tercero beneficiario** (art. 5.2.1 (1)).[4463] Según la intención del acreedor (es decir, la parte contratante del deudor original), el deudor original ya no necesita cumplir la obligación. De conformidad con el art. 5.2.6, el beneficio no puede imponerse al deudor original.[4464] Sigue siendo **libre de refutar**[4465] el beneficio, en cuyo caso el deudor original permanece **vinculado solidariamente** con el nuevo deudor (art. 9.2.5 (3), art. 9.2.5 no. 1, 3 y Sección 11). Esto es relevante en caso de insolvencia del nuevo deudor.[4466] La solución innovadora y equilibrada de la literal "b" ofrece un compromiso sólido y elegante entre los intereses de todas las partes para los contratos internacionales en los que las dificultades y la distancia transfronterizas a veces pueden requerir tomar el camino ofrecido por la literal "b";[4467] y donde las partes necesitan superar diferentes mentalidades moldeadas por la legislación nacional que pueden o no requerir el consentimiento del deudor original.[4468]

5b

Para los valores, además, debe aplicarse el artículo 9.2.8.[4469]

4462 Véase S. Woyciechowski en Jansen/Zimmermann, Art. 12:101 [PDCE]: *Substitution: General Rules*, no. 13 in fine (p. 1742). La presión empresarial y la exposición al riesgo de su propio acreedor pueden incluso obligar a un acreedor a asignar una tarea dos veces posteriormente con dos deudores.

4463 F. Mazza en Vogenauer, art. 9.2.5 no. 3; S. Woyciechowski en Jansen/Zimmermann, Art. 12:101 [PDCE]: Sustitución: Reglas Generales, no. 10 (p. 1741).

4464 Para soluciones similares en las leyes nacionales (por ejemplo, en Francia, España, Austria) que también requieren una liberación explícita por parte del deudor original, véase S. Woyciechowski en Jansen/Zimmermann, Art. 12:101 [PDCE]: *Substitution: General Rules*, no. 13 (p. 1742).

4465 S. Woyciechowski en Jansen/Zimmermann, Art. 12:101 [PDCE]: *Substitution: General Rules*, no. 12 (pp. 1741-42) discutiendo la libertad otorgada bajo el art. 9.2.5. Ibid. nº 11 (p. 1741) y en el nº 16 (p. 1743), S. Woyciechowski argumenta para el futuro que el derecho a refutar debería limitarse exigiendo una reacción "inmediata" del deudor original después de recibir la notificación. Esto podría examinarse en un futuro examen de los Principios de UNIDROIT. Sin embargo, en vista de la norma supletoria del art. 9.2.5 (3) Tal cambio no parece ser necesario.

4466 S. Woyciechowski en Jansen/Zimmermann, Art. 12:101 [PDCE]: *Substitution: General Rules*, nº 14 (pp. 1742-43) con referencia a las distinciones en algunas legislaciones nacionales según el momento de insolvencia del nuevo deudor. Si ya era insolvente en el momento de la celebración del acuerdo de transferencia en virtud de la literal "b", el acreedor puede tener una razón para invocar un motivo de resolución, especialmente un error (art. 3.2.2), véase también ibid. nº 15 (p. 1743).

4467 Véase el análisis jurídico comparativo de S. Woyciechowski en Jansen/Zimmermann, Art. 12:101 [PDCE]: *Substitution: General Rules*, no. 7 (p. 1739) con referencia a: I) DCFR III.-. 5:204 rechazando la solución del Art. 9.2.1 (b), en particular con respecto al interés del deudor original en cumplir la obligación por sí mismo; y II) el art. 12:101 PDCE que requiere un acuerdo tripartito en tales casos.

4468 Para un análisis jurídico comparativo de las legislaciones nacionales, véase S. Woyciechowski en Jansen/Zimmermann, art. 12:101 [PDCE]: *Substitution: General Rules*, no. 8-9 (pp. 1739-41).

4469 S. Woyciechowski en Jansen/Zimmermann, Art. 12:101 [PDCE]: *Substitution: General Rules*, no. 12 (p. 1741).

D. Límites

6

I) El **contrato** (art. 1.5), por ejemplo, mediante una cláusula que restrinja la transferencia de la obligación y la subcontratación; **II)** el **derecho imperativo** (art. 1.4),[4470] por ejemplo, el derecho de la contratación pública.

E. Opciones

7

Nada prohíbe a las partes (por ejemplo, grupos de empresas vinculadas por contratos a largo plazo), como alternativa a una transferencia de obligaciones de conformidad con el art. 9.2.1, utilizar la reorganización empresarial como desencadenante para dar por terminado por completo un contrato existente y acordar una **novación** contractual de su relación comercial. En la práctica, este camino a veces se toma si los contratos tienen diez, veinte o más años y ya no reflejan los estándares actuales de práctica comercial (y legal). El nuevo contrato generalmente contendrá un acuerdo para resolver el contrato anterior. Como la negociación suele tardar meses, la presión empresarial puede requerir comenzar con una transferencia de obligaciones (o todo el contrato, art. 9.3.1) mientras se inician paralelamente las negociaciones para el nuevo contrato, a menudo sobre la base de un acuerdo provisional "para negociar de buena fe" un nuevo contrato.

Artículo 9.2.2 (Exclusión)

Esta Sección no se aplica a las transferencias de obligaciones sometidas a reglas especiales que regulan transferencias de obligaciones en el curso de la transferencia de una empresa.

A. Principio

1

En correlación con la regla del art. 9.1.2 (b), el art. 9.2.2 excluye del ámbito de aplicación de la Sección 9.2 las transferencias de obligaciones como resultado de la aplicación de la ley **nacional especial (societaria o comercial)** relacionada con la transferencia de una empresa.[4471]

4470 Comentarios Oficiales, art. 9.2.1 nº 5, p. 328; F. Mazza en Vogenauer, art. 9.2.1 nº 7.

4471 Comentarios Oficiales, art. 9.2.2 e ilustración 1, p. 329; StL-WP. 7 (2001), p. 23; StL-Doc. 92 (2003), p. 22; F. Mazza en Vogenauer, art. 9.2.2 no. 1; S. Woyciechowski en Jansen/Zimmermann, Art. 12:101 [PDCE]: *Substitution: General Rules*, no. 2 (p. 1736): exclusión de las transferencias "*ipse iure*".

B. Excepción

2

Sin embargo, la Sección 9.2 se aplica si, en el contexto de la transferencia de una empresa, se transfiere una obligación individual que se rige por los Principios de UNIDROIT[4472] (Capítulo 9, Introducción No. 2).

Artículo 9.2.3 (Exigencia del consentimiento del acreedor para la transferencia)

La transferencia de obligaciones por un acuerdo entre el deudor originario y el nuevo deudor requiere el consentimiento del acreedor.

A. Un complemento al artículo 9.2.1 (a)

1

El artículo 9.2.3 se refiere únicamente a un acuerdo entre el deudor originario y el nuevo deudor. Para tal transferencia se requiere el **consentimiento del acreedor** porque **afecta su posición.**[4473] Sin dicho consentimiento (con el contenido establecido en la literal "B" No. 1. a continuación):[4474] **I)** la transferencia es ineficaz,[4475] **II)** pero "un acuerdo para el cumplimiento de terceros es posible en virtud del art. 9.2.6".[4476] El consentimiento puede darse en cualquier forma (art. 1.2), ya sea **anticipado** (art. 9.2.4), durante la transferencia (en un acuerdo tripartito[4477]) o **posteriormente**, tras una **notificación** (art. 1.10) sobre el acuerdo al acreedor.[4478]

B. Contenido y comunicación del consentimiento del acreedor

1. Contenido

2

El consentimiento debe: **I)** referirse en primer lugar a la **transferencia como tal**. Dado que los Principios de UNIDROIT contienen normas directamente relacionadas con la posición del acreedor (por ejemplo, sobre el alcance de la liberación del deudor original de conformidad con el art. 9.2.8 (3)), el consentimiento debe **II)** incluir, en segundo lugar, el

4472 Comentarios Oficiales, art. 9.2.2 e ilustración 2, p. 329; StL-Doc. 74 (2002), p. 24; F. Mazza en Vogenauer, art. 9.2.2 n° 2.

4473 Comentarios Oficiales, art. 9.2.3, n° 2, p. 330; StL-WP. 7 (2001), p. 24; F. Mazza en Vogenauer, art. 9.2.3 n° 1.

4474 Véase F. Mazza en Vogenauer, art. 9.2.3 n° 4 oración 3.

4475 F. Mazza en Vogenauer, art. 9.2.3 n° 4.

4476 F. Mazza en Vogenauer, art. 9.2.3 n° 4. Comentarios Oficiales, art. 9.2.3, n° 4, p. 330; StL-Doc. 92 (2003), p. 24; F. Mazza en Vogenauer, art. 9.2.3 n° 4.

4477 S. Woyciechowski en Jansen/Zimmermann, Art. 12:101 [PDCE]: *Substitution: General Rules*, no. 4 (p. 1737).

4478 En este caso, el acreedor puede no tener "ninguna influencia en los términos de los acuerdos", véase S. Woyciechowski en Jansen/Zimmermann, art. 12:101 [PDCE]: *Substitution: General Rules*, no. 4 (p. 1737).

contenido pertinente de los Principios de UNIDROIT, ya sea: **a)** porque un contrato regido por los Principios de UNIDROIT contiene la obligación (Capítulo 9, Introducción no. 2); o **b)** el acreedor ***aa)*** consiente en la **aplicación de los Principios de UNIDROIT** a la transferencia de la obligación, como argumenta Mazza,[4479] o, alternativamente, ***bb)*** consiente en la aplicación de las normas de los Principios de UNIDROIT al acreedor, que podrían enunciarse directamente en la solicitud de consentimiento (art. 1.10). Esto requeriría esencialmente la comunicación previa de los contenidos de los arts. 9.2.5, 9.2.7 y 9.2.8 (y del art. 9.2.4 en caso de consentimiento previo) al acreedor, sin necesidad de explicar los Principios de UNIDROIT en su totalidad. De este modo, los Principios de UNIDROIT pueden utilizarse incluso para la transferencia de una obligación que en sí misma no se rige por dichos Principios. En la práctica, la forma más conveniente es una transferencia mediante un acuerdo tripartito en virtud de los Principios de UNIDROIT (No. 1 *supra*), o un acuerdo bilateral entre el deudor originario y el nuevo deudor en virtud de los Principios con una declaración de consentimiento del acreedor al final del mismo documento, debajo de la línea de firma para las partes del acuerdo de transferencia. Dicho consentimiento se referirá a todo el acuerdo, incluida la elección de la cláusula de Principios de UNIDROIT (Introducción no. 9a).

2. Comunicación

3

El acreedor debe **comunicar su consentimiento** a su contratante inicial (según las circunstancias, la comunicación podría efectuarse indirectamente mediante comunicación al nuevo deudor; con sujeción a las disposiciones del contrato inicial sobre comunicación). El art. 3.2.17 y, por lo tanto el Capítulo 3, aplican, incluidos los motivos de anulación en la Sección 3.2, como el art. 3.2.2 sobre "errores relevantes", el art. 3.2.5 sobre "dolo" o el art. 3.2.6 sobre la "intimidación"[4480] (desde la perspectiva de un acuerdo de transferencia celebrado de conformidad con los Principios de UNIDROIT). Mientras el consentimiento esté pendiente (faltante, no dado o ni siquiera solicitado), la transferencia es ineficaz y el deudor originario y el nuevo deudor son **libres de modificar** o cancelar su acuerdo de transferencia.[4481]

En la práctica, no siempre es posible seguir el camino sugerido en un mundo jurídico perfecto. Para situaciones de emergencia y presión de tiempo los Principios de UNIDROIT proporcionan también una plataforma para transacciones rápidas (Art. 9.2.1 no. 1a).

Artículo 9.2.4 (Consentimiento anticipado del acreedor)

(1) El acreedor puede dar su consentimiento anticipadamente.

[4479] F. Mazza en Vogenauer, art. 9.2.3 nº 2 y 4 oración 3.

[4480] F. Mazza en Vogenauer, art. 9.2.3 nº 3; S. Woyciechowski en Jansen/Zimmermann, Art. 12:101 [PDCE]: *Substitution: General Rules*, no. 6 (p. 1739).

[4481] F. Mazza en Vogenauer, art. 9.2.3 nº 5.

(2) Si el acreedor ha dado su consentimiento anticipadamente, la transferencia de la obligación surte efectos cuando una notificación de la transferencia se da al acreedor o cuando el acreedor la reconoce.

A. Una herramienta útil en la práctica

1

Cuando las partes internacionales de diferentes jurisdicciones comienzan a entablar relaciones contractuales, a veces aún no están completamente organizadas para su respectiva empresa. El acuerdo comercial puede alcanzarse antes de la organización de la "configuración" legal. Por lo tanto, sucede, especialmente en situaciones de **Carta de Intención** ("CdI") o Memorando de Entendimiento ("MdE") (que, contrariamente a sus títulos, pueden contener ya compromisos contractuales reales o al menos precontractuales de acuerdo con las intenciones de las partes, art. 4.1 no. 3), que una empresa celebra el acuerdo contractual, con una "cláusula de elección de los Principios de UNIDROIT", reservándose el derecho a transferir una obligación específica en virtud del contrato (o incluso todos sus derechos y las obligaciones derivadas del contrato; art. 9.3.4 no. 2) a otra empresa dentro del grupo o relacionada con él,[4482] por ejemplo, una "empresa de proyecto".[4483] En situaciones en las que un abogado actúa para un gran **grupo de empresas** (*Konzern*) (que, según la experiencia del autor, a veces también se abren y utilizan los Principios de UNIDROIT),[4484] donde las reorganizaciones a lo largo de los años son habituales, el uso del consentimiento previo (en virtud del art. 9.2.4 y/o del art. 9.3.4) ayuda a mantener la flexibilidad requerida.

B. Aplicación de la norma

2

La norma del párrafo 1 complementa el art. 9.2.3 permitiendo el consentimiento de un "signo manifiesto"[4485] (por ejemplo, en el documento contractual inicial, como una Carta de Intención, No. 1 *supra*): **I) antes de que el original y el nuevo deudor acuerden la transferencia**; y/o **II) antes de que la obligación sea exigible o entre en vigor.**[4486] De conformidad con el párrafo 2, en caso de una declaración previa de consentimiento, el acuerdo de transferencia relativo a la obligación se convierte en **vinculante cuando** es evidente que el acreedor es informado, ya sea mediante una notificación (art. 1.10) posiblemente

---

4482 Véase también el ejemplo dado por los Comentarios Oficiales, art. 9.2.4 no. 1, ilustración 1, p. 331; F. Mazza en Vogenauer, art. 9.2.4 nº 1.

4483 Véase el ejemplo de la práctica en art. 9.3.4 nº 2.

4484 Por ejemplo, en un asunto de construcción complejo en 2008-09, una gran empresa alemana utilizó los Principios de UNIDROIT para gestionar una miríada de subcontratos con subcontratistas de muchas jurisdicciones de tres continentes (recibieron la elección entre la ley alemana y los Principios de UNIDROIT, que a menudo era su opción preferida).

4485 Comentarios Oficiales, art. 9.2.4 nº 2, p. 331; F. Mazza en Vogenauer, art. 9.2.4 nº 2.

4486 F. Mazza en Vogenauer, art. 9.2.4 nº 1 (sobre ambas alternativas).

mejor de parte del nuevo deudor-[4487] o **mediante un acuse de recibido**,[4488] es decir, "un signo manifiesto de haber tenido conocimiento de la transferencia".[4489] Hasta entonces, la transferencia está "en suspenso" o "en pausa".[4490] El acreedor podría incluso revocar un consentimiento dado de antemano.[4491]

C. Opciones

3

Una notificación anticipada de consentimiento puede combinarse con una notificación (negociada) por la que se libere al futuro cedente (el deudor original) de conformidad con el art. 9.2.5. En caso de revocación, el deudor aún puede tener la oportunidad de organizar la ejecución de terceros[4492] (art. 9.2.6).

Artículo 9.2.5 (Liberación del deudor originario)

(1) El acreedor puede liberar al deudor originario.

(2) El acreedor puede también retener al deudor originario como deudor en caso de que el nuevo deudor no cumpla adecuadamente.

(3) En cualquier otro caso, el deudor originario y el nuevo deudor responden solidariamente.

A. Opciones para el tercero afectado

1

Distintamente del art. 9.1.1 que permite una **transferencia clara de derechos** de los bienes del cedente a los del cesionario[4493] a menudo sin el consentimiento del tercero afectado (el deudor) (art. 9.1.7 (2)), la **transferencia de una obligación** en virtud de los Principios de UNIDROIT **deja al tercero afectado** en el acuerdo de transferencia (situaciones del acreedor en el art. 9.2.1 literal "a" y situaciones del deudor original en el art. 9.2.1 literal "b") **en control** de la transferencia. Tiene **la última palabra** de consentimiento o refutación. **I)** El art.

4487 S. Woyciechowski en Jansen/Zimmermann, Art. 12:101 [PDCE]: *Substitution: General Rules*, no. 5 (p. 1738) argumenta que, desde la perspectiva del acreedor, "una notificación del nuevo deudor (o de un deudor original autorizado) es generalmente más confiable". Eso depende en gran medida de las circunstancias. Ejemplo: En caso de transferencia de una obligación entre empresas afiliadas no importa quién da la notificación. Como señaló Woyciechowski ibid., algunas leyes nacionales incluso requieren una notificación conjunta del deudor original y del nuevo deudor (Países Bajos: art. 6:156 (1) BW).

4488 Comentarios Oficiales, art. 9.2.4 nº 2, ilustración 3, p. 332; StL-Doc. 81 (2003), p. 27; StL-Doc. 92 (2003), p. 24.

4489 Comentarios Oficiales, art. 9.2.4 Nº 2, p. 331; StL-Doc. 81 (2003), p. 27 ("signo externo"); F. Mazza en Vogenauer, art. 9.2.4 nº 2.

4490 F. Mazza en Vogenauer, art. 9.2.4 nº 3.

4491 S. Woyciechowski en Jansen/Zimmermann, Art. 12:101 [PDCE]: *Substitution: General Rules*, no. 6 (p. 1739).

4492 Ídem.

4493 Comentarios Oficiales, Art. 9.1.1 nº 3, p. 304; F. Mazza en Vogenauer, art. 9.1.1 nº 3.

9.2.5 cubre las situaciones bajo el art. 9.2.1 literal "a" de "un acuerdo entre el deudor originario y el nuevo deudor" y complementa las reglas sobre el consentimiento del acreedor de los arts. 9.2.3 y 9.2.4 No. 2 (*infra* en B.); mientras que, **II)** el art. 5.2.6 cubre las situaciones bajo el art. 9.2.1 literal "b" de una transferencia por "un acuerdo entre el acreedor y el nuevo deudor" por el cual el deudor originario se convierte en un tercero beneficiario (art. 9.2.1 no. 5 en C.).

B. Opciones para el acreedor en virtud de los párrafos 1 y 2

2

Al comunicar una transferencia de una obligación de su deudor originario al nuevo deudor (arts. 9.2.3-9.2.4), el acreedor puede **liberar (totalmente)**[4494] al deudor originario (párrafo 1) o **retener** al deudor originario como deudor subsidiario[4495] —cuasi para un "Plan B" —[4496] "en caso de que el nuevo deudor no cumpla correctamente"[4497] o en absoluto[4498] (párr. 2).

C. Norma supletoria del párrafo 3

3

A falta de una declaración sobre el ejercicio de cualquiera de las opciones previstas en los párrafos 1 y 2, la norma supletoria[4499] del párrafo 3 establece la **responsabilidad solidaria**[4500] del deudor originario y del nuevo deudor, que se rige por la Sección 11.1 sobre pluralidad de obligaciones[4501] (incluidos, por ejemplo, en particular los principios de los arts. 11.1.3 y 11.1.1 (a), las normas sobre compensación del art. 11.1.5, sobre el efecto de la liberación y la liquidación en el art. 11.1.6 y sobre el efecto de la expiración o suspensión de plazos).[4502]

4494 Comentarios Oficiales, art. 9.2.5 no. 2 e Ilustración 1, p. 332; StL-WP. 7 (2001), p. 26; StL-Doc. 74 (2002), pp. 27 y 28; StL-Doc. 81 (2003), página 28.

4495 Comentarios Oficiales, art. 9.2., nº 3 e ilustración 2, p. 333; StL-WP. 7 (2001), p. 26; StL-Doc. 92 (2003), p. 25; F. Mazza en Vogenauer, art. 9.2.5 nº 4.

4496 NO HAY 450.

4497 Comentarios Oficiales, art. 9.2.5 nº 3, p. 333; StL-WP. 7 (2001), p. 26; StL-Doc. 81 (2003), página 28.

4498 F. Mazza en Vogenauer, art. 9.2.5 nº 4.

4499 StL-Doc. 92 (2003), p. 26; F. Mazza en Vogenauer, art. 9.2.5 nº 1.

4500 Comentarios Oficiales, art. 9.2.5 nº 5, p. 333; StL-WP. 7 (2001), p. 27; StL-Doc. 74 (2002), p. 28.

4501 F. Mazza en Vogenauer, art. 9.2.5 nº 2.

4502 Pertinente selección de F. Mazza en Vogenauer, Art. 9.2.5 nº 2.

D. Opción adicional para el acreedor

4

A maiore ad minus, dependiendo de las circunstancias del caso, en el caso de un contrato complejo con diversas prestaciones debidas a lo largo del tiempo, el acreedor también puede mezclar las opciones, manteniendo al deudor originario como deudor subsidiario en virtud del párrafo 2 en general y liberándolo íntegramente en virtud del párrafo 1 sólo con respecto a ciertas prestaciones que deban cumplirse en el futuro. Este tipo de **flexibilidad** puede ser a veces importante por razones muy prácticas y a la luz de las diferentes prioridades que el acreedor atribuye a los diferentes ámbitos de trabajo. Para utilizar cualquiera de estas opciones, el acreedor debe **declarar sus intenciones** explícita o implícitamente (sin ninguna forma específica, art. 1.2),[4503] pero claramente (según se interpreta debidamente de conformidad con los arts. 4.2 y 4.3), a cualquier persona según corresponda dadas las circunstancias[4504] (la carga de la prueba recae sobre el deudor originario si desea basarse en cualquiera de las declaraciones).[4505]

E. Opción para el deudor originario

5

I) A la luz de la carga de la prueba del deudor originario para el ejercicio de una opción prevista en los párrafos 1 o 2 del art. 9.2.1 literal "a" (acuerdo entre el deudor originario y el nuevo deudor), se aconseja mejor al deudor original "solicitar una declaración escrita del acreedor".[4506] **II)** En caso de notificación anticipada del consentimiento (art. 9.2.4), dicha notificación puede combinarse con una notificación (negociada) que libere al futuro cedente (el deudor original) de conformidad con el art. 9.2.5.

Artículo 9.2.6 (Cumplimiento a cargo de un tercero)

(1) Sin el consentimiento del acreedor, el deudor puede convenir con otra persona que ésta cumplirá la obligación en lugar del deudor, a menos que la obligación, según las circunstancias, tenga un carácter esencialmente personal.

(2) El acreedor conserva su recurso contra el deudor.

[4503] F. Mazza en Vogenauer, art. 9.2.5 nº 5.
[4504] Ídem.
[4505] Ídem.
[4506] F. Mazza en Vogenauer, art. 9.2.5 nº 5 (última oración).

A. Libertad para el deudor como regla general

1

El artículo 9.2.6 se refiere a la importante necesidad del mercado de subcontratar.[4507] Por regla general, y de acuerdo con la historia (desde el Derecho Romano[4508]) y la mayoría de las leyes nacionales (incluida, por ejemplo, la ley inglesa),[4509] el párrafo 1 concede libertad al deudor (art. 1.11 cuarto guión) **para transferir** sus obligaciones (monetarias o no monetarias) en virtud de un contrato con un acreedor (art. 1.3) a un tercero que "cumplirá la obligación en lugar del deudor" (por ejemplo, una empresa afiliada o un **socio de cooperación** en el contexto de una reorganización empresarial).[4510] Esto implica que "**el acreedor no puede negarse a aceptar el cumplimiento** cuando se le ofrece"[4511] por el tercero (*argumentum* "sin el consentimiento del acreedor"). De conformidad con el párrafo 2, el deudor sigue estando personalmente obligado y, por lo tanto, responsable ante el acreedor en virtud del Capítulo 7 (incluido el art. 7.4.1 y subsiguientes sobre daños y perjuicios) por sus obligaciones[4512] (Excepción: el propio tercero sufre fuerza mayor, art. 7.1.7 no. 2[4513]). Al aceptar esta consecuencia (y sujeto a los límites discutidos más adelante en el punto B.), el deudor (inicial) conserva la **libertad de (re) organizar libremente su negocio**, sin el consentimiento del acreedor que se requeriría en caso de una transferencia de obligaciones de conformidad con el art. 9.2.1 literal "a" y el art. 9.2.3. En algunas circunstancias, esa opción de eludir la necesidad del consentimiento del acreedor puede evitar las distorsiones prácticas y los costos de transacción de las (re) negociaciones con el acreedor (que, en virtud del art. 9.2.5 (2) y (3), también pueden dar lugar a una responsabilidad continua hacia el acreedor).

2

El enfoque del art. 9.2.6 es **coherente con el compromiso** desarrollado en el art. 7.2.2 (en particular en la literal "c") entre el enfoque de Derecho Civil de un derecho al cumplimiento específico y la aversión del Derecho Común frente al cumplimiento específico (art. 7.2.2 no. 1). Excluye el cumplimiento específico siempre que el acreedor pueda obtener razonablemente el cumplimiento de otra fuente. El entendimiento subyacente es que, en el comercio internacional, es más importante hacer las cosas, mientras que la identidad de la persona que proporciona el cumplimiento es generalmente menos importante. En caso de cumplimiento por terceros en virtud del art. 9.2.6, es probable que el deudor haya organizado otra fuente razonable de ejecución en el sentido del art. 7.2.2 literal "c".

[4507] S. Martens & C. Willems en Jansen/Zimmermann, Art. 8:107 [PDCE]: *Performance Trusted to Another*, no. 1 (p. 1160) y no. 4 (p. 1162).

[4508] Para los antecedentes históricos, véase S. Martens & C. Willems en Jansen/Zimmermann, Art. 8:107 [PDCE]: *Performance Trusted to Another*, no. 2 (p. 1161).

[4509] S. Martens & C. Willems en Jansen/Zimmermann, Art. 7:106 [PDCE]: *Performance by a Third Person*, no. 2-4 (pp. 1034-1036); S. Martens & C. Willems en Jansen/Zimmermann, Art. 8:107 [PDCE]: *Performance Trusted to Another*, no. 3 (p. 1162): "Existe un consenso general de que el deudor es responsable de los actos de tales personas como lo sería si fueran sus propios actos".

[4510] Comentarios Oficiales, art. 9.2.6 no. 1, Ilustración 1, p. 335.

[4511] F. Mazza en Vogenauer, art. 9.2.6 no. 1; cf. StL-Doc. 74 (2002), p. 30.

[4512] F. Mazza en Vogenauer, art. 9.2.6 no. 3 ("no afecta al derecho del acreedor"); S. Martens & C. Willems en Jansen/Zimmermann, Art. 8:107 [PDCE]: *Performance Trusted to Another*, no. 5 (p. 1163).

[4513] Véase también Art. 79 2) CIM y S. Martens & C. Willems en Jansen/Zimmermann, art. 8:107 [PDCE]: *Performance Trusted to Another*, no. 4 (p. 1162) y no. 5 (p. 1163).

B. Interpretación extensiva

3

Como **a)** el texto del párrafo 1 no contiene ninguna restricción con respecto al tipo de tercero, y **b)** los Principios de UNIDROIT generalmente no dan una importancia muy alta a un cumplimiento específico (No. 2 *supra*), se sostiene que "otra persona" en el párrafo 1 se aplica a cualquier otra persona que, dadas las circunstancias (arts. 4.3 y 4.8 (2)), la naturaleza y el propósito del contrato, y con respecto al principio de trato justo y lealtad negocial (art. 1.7) pueden evaluarse razonablemente como calificados para el desempeño contratado (por ejemplo, con respecto a las habilidades lingüísticas y otras calificaciones). Siempre que se cumplan estos criterios (inherentes), se puede elegir **a cualquier tercero**. El artículo 9.2.6, por lo tanto, permite la **subcontratación** e incluso la **doble subcontratación** (por lo que el art. 9.2.6 se aplicaría por analogía al subcontratista), sujeto, por supuesto, al cumplimiento de leyes obligatorias o normas acordadas contractualmente en la cadena de suministro gestión (Art. 5.1.6 n. 4).

C. Límites

4

Basada también en un consenso general que históricamente ha aumentado,[4514] la regla del párrafo 1 no se aplica: **I)** a las **reivindicaciones de carácter "esencialmente" personal**[4515] (párrafo 1 última parte), que es más grande que la formulación del art. 7.2.2 literal "d" (relativo a un "carácter exclusivamente personal y se refiere, por ejemplo, a las "calificaciones específicas" de una persona"); **II)** si el deudor y el acreedor han personalizado la obligación **mediante acuerdo** (art. 1.5) o han restringido de otro modo el cumplimiento de terceros, por ejemplo, mediante una cláusula que **restrinja el derecho a subcontratar** o a transferir de otro modo la obligación sin el consentimiento del acreedor, o mediante una cláusula de cambio de control; **III)** en caso de que el cumplimiento de terceros infrinja la **ley imperativa** (art. 1.4), por ejemplo, una restricción (o prohibición parcial) en la legislación nacional de contratación pública relativa a la subcontratación.[4516] Además, **IV)** el párrafo 1 no regula la relación entre el deudor y el tercero que presta el cumplimiento en su lugar; esta relación se regirá por un "contrato"[4517] separado (por el cual, dichos subcontratos a menudo integran consecutivamente el contrato inicial).[4518]

[4514] S. Martens & C. Willems en Jansen/Zimmermann, Art. 7:106 [PDCE]: *Performance by a Third Person*, no. 2 (pp. 1034-1035), no. 4 (p. 1036), no. 7 (pp. 1037-1038).

[4515] Comentarios Oficiales, art. 9.2.6 nº 2, p. 335; construyendo en StL-Misc. 22 (2000), p. 58; StL-Doc. 81 (2003), p. 30; F. Mazza en Vogenauer, art. 9.2.6 no. 2; S. Martens & C. Willems en Jansen/Zimmermann, Art. 7:106 [PDCE]: *Performance by a Third Person*, no. 7 (p. 1038).

[4516] Por ejemplo, el art. 140 (2) (3), 143-144 de la Ley de Contratación Pública de Argelia ("*Code des Marchés Publics et des Délégations de Service Public*", edición de 2016).

[4517] Véase el texto del párrafo 1 (el deudor puede "contratar"), como señaló S. Martens & C. Willems en Jansen/Zimmermann, art. 7:106 [PDCE]: *Performance by a Third Person*, no. 11 note 54 (p. 1039).

[4518] En la práctica, esto puede ser complicado cuando el subcontratista proviene de otra jurisdicción y/u otra ley se aplica al subcontrato en comparación con el contrato inicial.

Artículo 9.2.7 (Excepciones y derechos de compensación)

(1) El nuevo deudor puede oponer contra el acreedor todas las excepciones que el deudor originario podía oponer contra el acreedor.

(2) El nuevo deudor no puede ejercer contra el acreedor ningún derecho de compensación disponible al deudor originario contra el acreedor.

A. Ámbito de aplicación

1

El artículo 9.2.7 se aplica a las excepciones y compensaciones relacionadas con: **I)** una transferencia de obligaciones de conformidad con los arts. 9.2.1, 9.2.3 y subsiguientes; y **II)** a la transferencia de obligaciones que se produzca (casi indirectamente) como parte de una "**cesión de un contrato**" de conformidad con el art. 9.3.1 (art. 9.3.6 (2)).

B. No se interrumpen las excepciones del deudor mediante la transferencia (párrafo 1)

2

Excepto en el caso de la compensación (párrafo 2), de conformidad con el párrafo 1 (que es compatible con el art. 12:102 (4) del PDCE e inspirado en los trabajos preparatorios del mismo),[4519] la transferencia de una obligación de conformidad con el art. 9.2.1, 9.2.3 y subsiguientes "no interrumpe las excepciones del deudor".[4520] El nuevo deudor puede (pero no tiene que)[4521] **invocar los mismos derechos** (para defenderse) que el deudor original ("como si" el deudor originario siguiera siendo el deudor)[4522] "cuando el acreedor solicite el cumplimiento del (nuevo) deudor",[4523] incluidas las excepciones que "se hicieron disponibles **después de que se produjo la transferencia**",[4524] e independientemente de la caracterización de la excepción como sustantiva o procesal.[4525] La exposición del acreedor a las defensas permanece sin cambios. Las objeciones así transferidas con la transferencia de la obligación se **refieren a la transacción inicial** entre el acreedor y el deudor originario (por ejemplo, su validez, anulabilidad,[4526] etc.), es decir, el **mismo catálogo** de excepciones

---

[4519] StL-Doc. 69 (2001), p. 28.

[4520] F. Mazza en Vogenauer, art. 9.2.7 nº 1.

[4521] F. Mazza en Vogenauer, art. 9.2.7 nº 1 ("no impone una obligación").

[4522] StL-WP. 7 (2001), p. 30; F. Mazza en Vogenauer, art. 9.2.7 nº 3 y 2 oración 2, no. 8; S. Woyciechowski en Jansen/Zimmermann, Art. 12:102 [PDCE]: *Effects of Substitutions on Defenses and Securities*, no. 2 (p. 1745), dando el ejemplo de contraprestación altamente defectuosa por parte del acreedor que habría dado derecho también al deudor originario (pago debido) a invocar la misma defensa contra el acreedor.

[4523] F. Mazza en Vogenauer, art. 9.2.7 nº 2.

[4524] F. Mazza en Vogenauer, art. 9.2.7 no. 8-9 (énfasis añadido), señalando los Comentarios Oficiales, Art. 9.2.7 nº 1, ilustración 1, p. 336 (transferencia de una obligación de pago; defensa por servicios defectuosos); S. Woyciechowski en Jansen/Zimmermann, Art. 12:102 [PDCE]: *Effects of Substitutions on Defenses and Securities*, no. 2 (p. 1745) señalando con más profundidad: "Si bien no todas las condiciones de la defensa ya deben haberse cumplido en ese momento, la defensa debe al menos haber "surgido" para entonces".

[4525] Comentarios Oficiales, art. 9.2.7 nº 2 e ilustración 2, p. 336; StL-WP. 7 (2001), p. 30; StL-Doc. 74 (2002), p. 31; F. Mazza en Vogenauer, art. 9.2.7 nº 10.

[4526] Cf. F. Mazza en Vogenauer, art. 9.2.7 nº 5-6.

que se transfiere en caso de cesión de un derecho de conformidad con los arts. 9.1.1, 9.1.3 y ss. Por ejemplo, el nuevo deudor "puede alegar que el contrato/obligación entre el deudor originario y el acreedor es nulo, que la deuda nunca llegó a existir, o que la obligación había dejado de existir"[4527] (art. 9.1.13 no. 3 en B.2 *supra* para más ejemplos). El fundamento de la objeción transferida debe decidirse **de acuerdo con la ley aplicable** que rige la cuestión en la que se basa la excepción,[4528] y según lo determine la norma de Derecho Internacional Privado aplicable. Ejemplo: Las excepciones basadas en los Principios de UNIDROIT (como la retención de derechos[4529] en virtud del art. 7.1.3) sólo se aplicarán si el contrato principal por el que se crea la obligación transferida se rige por los Principios de UNIDROIT. **Se excluyen** (y no están cubiertas por el art. 9.2.7) las defensas basadas en **deficiencias del acuerdo de transferencia.**[4530]

2a

Si las partes en el acuerdo de transferencia, haciendo uso de su libertad contractual (art. 1.1, 1.5), deciden acordar una **novación** (art. 9.2.1 no. 7), la deuda inicial se extingue por completo y, en vista de los diferentes conceptos nacionales existentes, se puede aconsejar a las partes que "acuerden reproducir también las excepciones", lo que puede implicar, a menos que se acuerde lo contrario (art. 1.5), un cambio de los plazos de prescripción (art. 10.2) como "el plazo comienza de nuevo con la sustitución"; o, por el contrario, pueden desear excluir explícitamente tales defensas y acordar el plazo de prescripción restante.[4531]

4527 S. Woyciechowski en Jansen/Zimmermann, Art. 12:102 [PDCE]: *Effects of Substitutions on Defenses and Securities*, no. 2 (p. 1745), pero véase también ibid. no. 6 (p. 1747): "los derechos y excepciones relacionados con la existencia de este contrato (es decir, entre el acreedor y el deudor original) solo pueden ser ejercidos por el deudor originario, y no por el nuevo". Esta última afirmación contradice tanto la cita en el número 2 como la redacción del art. 9.2.7 (1) y tiene bastante sentido en el contexto de los ordenamientos jurídicos nacionales discutidos por lo demás.

4528 F. Mazza en Vogenauer, art. 9.2.7 nº 2, 5-6.

4529 Cf. F. Mazza en Vogenauer, art. 9.2.7 nº 7.

4530 . Mazza en Vogenauer, art. 9.2.7 no. 4; S. Woyciechowski en Jansen/Zimmermann, Art. 12:102 [PDCE]: *Effects of Substitutions on Defenses and Securities*, no. 4 (p. 1746) que se refiere en este contexto al "principio de relatividad de las obligaciones", el art. 12:102 (1) PDCE incluye explícitamente la exclusión de tales excepciones como regla.

4531 S. Woyciechowski en Jansen/Zimmermann, Art. 12:102 [PDCE]: *Effects of Substitutions on Defenses and Securities*, no. 3 (pp. 1745-46), para ambas citas, discutiendo conceptos de novación en la ley francesa o española, por un lado (donde las excepciones aparentemente se extinguen a menos que se acuerde lo contrario) y en el derecho inglés, por otro (donde "se supone que la nueva obligación tiene el mismo contenido que la extinguida", incluidas las excepciones, salvo pacto en contrario). Woyciechowski aboga por una posibilidad de compensación por aplicación análoga del art. 9.1.13 (2) "cuando el acreedor y el nuevo deudor efectúen la sustitución sin el consentimiento del deudor originario" (literal "b"); argumentando que "en ese caso, el deudor originario merece la misma protección que si el crédito hubiera sido cedido". Esto suena plausible con respecto al art. 1.6 (2).

C. Restricción relativa a la compensación (párrafo 2)

1. Prohibición de transferencia de derechos de compensación

3

El párrafo 2 considera que el nuevo deudor de una obligación transferida es "menos digno de protección que el nuevo deudor de una obligación que ha sido transferida".[4532] A diferencia de la norma del art. 9.1.13 (2) en caso de cesión, el párrafo 2 no crea una excepción al requisito de reciprocidad[4533] (art. 8.1 No. 9 en D.1 (II)). Dicha norma se correlaciona con la norma en muchos ordenamientos jurídicos y ha sido descrita como un "principio general del Derecho".[4534] Dado que la compensación tiene una función de pago (Capítulo 8, Introducción, No. 3),[4535] no hay razón para permitir la liberación retroactiva de la obligación transferida.

2. Límites

4

I) El párrafo 2 no excluye la compensación entre el nuevo deudor y el acreedor (o viceversa) cuando las dos partes tienen obligaciones mutuas que permiten una compensación en virtud del art. 8.1 y ss.; esta cuestión queda simplemente fuera del ámbito del párrafo 2.[4536] **II)** El párrafo 2 tampoco aborda los casos en que las condiciones de compensación previstas en el art. 8.1 y siguientes no se han cumplido antes de la transferencia de la obligación.[4537]

Artículo 9.2.8 (Derechos relativos a la obligación transferida)

(1) El acreedor puede oponer contra el nuevo deudor, respecto de la obligación transferida, todos sus derechos al pago o a otra prestación bajo el contrato.

(2) Si el deudor originario es liberado en virtud del Artículo 9.2.5 (1), queda también liberada cualquier garantía otorgada para el cumplimiento de la obligación por cualquier otra persona que no sea el nuevo deudor, a menos que esa otra persona acuerde que la garantía continuará disponible al acreedor.

(3) La liberación del deudor originario también se extiende a cualquier garantía del deudor originario otorgada al acreedor para garantizar el cumplimiento de la obligación, a

[4532] F. Mazza en Vogenauer, art. 9.2.7 nº 14.

[4533] Comentarios Oficiales, art. 9.2.8 no. 3, p. 337 ("No se cumple el requisito de reciprocidad").

[4534] F. Mazza en Vogenauer, art. 9.2.7 nº 16; véase también S. Woyciechowski en Jansen/Zimmermann, Art. 12:102 [PDCE]: *Effects of Substitutions on Defenses and Securities*, no. 5 (pp. 1746-47) señalando que el acreedor "debe haber aceptado la sustitución" (art. 9.2.3).

[4535] F. Mazza en Vogenauer, art. 9.2.7 nº 15.

[4536] F. Mazza en Vogenauer, art. 9.2.7 nº 11-12.

[4537] F. Mazza en Vogenauer, art. 9.2.7 nº 13.

menos que la garantía sea sobre un bien que sea transferido como parte de una operación entre el deudor originario y el nuevo deudor.

A. Ámbito de aplicación

1

El artículo 9.2.8 (inspirado en el trabajo preparatorio para el PDCE)[4538] se aplica a la transferencia de derechos relacionados con obligaciones transferidas: **I)** ya sea de conformidad con los arts. 9.2.1, 9.2.3 y subsiguientes; o **II)** (casi indirectamente) como parte de una "**cesión de contrato**" de conformidad con el art. 9.3.1 (art. 9.3.7 (2)).

B. Derechos de ejecución

2

De conformidad con el párrafo 1, la transferencia de una obligación en virtud del régimen de los Principios de UNIDROIT no tiene ningún efecto en la posición del acreedor.[4539] **Todos los derechos** del acreedor al pago u otro tipo de cumplimiento "en virtud del contrato que el acreedor tenía respecto de la obligación"[4540] (por ejemplo, para el pago de intereses o reclamaciones de reembolso anticipado)[4541] **permanecen**.

C. Garantías reales

3

La **cesión de un derecho** (arts. 9.1.1, 9.1.3 y subsiguientes) no altera la situación del deudor y los valores "pueden, por lo tanto, seguir cumpliendo su propósito"[4542] (art. 9.1.14 (b)). **En cambio**, en caso de **transferencia de una obligación** en virtud del art. 9.2.1, 9.2.3 y subsiguientes, el deudor cambia y, por lo tanto, posiblemente también la **exposición al riesgo** (por ejemplo, el riesgo de insolvencia del deudor),[4543] por lo que el acreedor controla si libera o no al deudor originario (art. 9.2.5 no. 1). Los párrafos 2 y 3 distinguen en su compromiso internacional.[4544]

[4538] StL-WP. 7 (2001), p. 34 (véase el actual art. 12:102 (1) a (3) PDCE).

[4539] F. Mazza en Vogenauer, art. 9.2.8 nº 2.

[4540] Comentarios Oficiales, art. 9.2.8 nº 1, p. 337; véase StL-WP. 7 (2001), p. 31; StL-Doc. 81 (2003), página 32.

[4541] Comentarios Oficiales, art. 9.2.8 nº 1, ilustraciones nº 1 y 2, p. 338; F. Mazza en Vogenauer, art. 9.2.8 nº 3.

[4542] F. Mazza en Vogenauer, art. 9.2.8 no. 1; véanse también los Comentarios Oficiales, art. 9.2.8 nº 3, p. 338; StL— Doc. 81 (2003), p. 33.

[4543] StL-WP. 7 (2001), p. 33; StL-Doc. 81 (2003), p. 33; F. Mazza en Vogenauer, art. 9.2.8 no. 1; S. Woyciechowski en Jansen/Zimmermann, Art. 12:102 [PDCE]: *Effects of Substitutions on Defenses and Securities*, no. 7 (p. 1748): "los intereses involucrados son fundamentalmente diferentes".

[4544] Para una visión general de las diferentes leyes nacionales, véase, por ejemplo, S. Woyciechowski en Jansen/Zimmermann, art. 12:102 [PDCE]: *Effects of Substitutions on Defenses and Securities*, no. 7 in fine (p. 1748).

1. Garantías dadas por el deudor originario

4

I) En virtud del párrafo 3 (2da parte), el deudor originario y el nuevo deudor pueden acordar (con el consentimiento del acreedor, art. 9.2.3) transmitir una garantía: **a)** "sobre un activo que se transfiere" como parte de una transacción,[4545] o **b)** otra garantía (art. 1.5).[4546] **II)** De lo contrario, la transferencia de una garantía depende de la **decisión del acreedor** de si libera o no al deudor originario y/o en qué medida (art. 9.2.5). De conformidad con el párrafo 3 (1ra parte), si el acreedor libera al deudor originario de conformidad con el art. 9.2.5 1), esto implica que "la garantía deja de cubrir la obligación que ahora vincula al nuevo deudor".[4547] En virtud del art. 5.1.3 (cooperación entre las partes), el acreedor "está obligado a tomar todas las medidas necesarias para liberar los valores".[4548]

2. Garantías dadas por un tercero

5

I) De conformidad con el párrafo 2 (1ra parte), la decisión del acreedor de liberar (total o parcialmente) al deudor originario (art. 9.2.5 (1) y (2)) implica **renunciar también a cualquier garantía** proporcionada por un tercero.[4549] **II)** De conformidad con el párrafo 2 (2da parte), la garantía puede **mantenerse con el consentimiento del tercero**[4550] (y se puede aconsejar al acreedor que haga su declaración liberando al deudor originario (art. 9.2.5) la **condición suspensiva** (art. 5.3.1) de dicho consentimiento, porque de lo contrario la sustitución puede ser desventajosa para el acreedor[4551]).

3. Garantías dadas por el nuevo deudor

6

Al referirse a una *"garantía otorgada por cualquier persona distinta del nuevo deudor"* (sin cursivas en el original), el párrafo 2 contiene una excepción para el raro caso en que

---

4545 Comentarios Oficiales, art. 9.2.8 nº 5 e ilustración 5, p. 339 (sin cursivas en el original); F. Mazza en Vogenauer, art. 9.2.8 no. 5; S. Woyciechowski en Jansen/Zimmermann, Art. 12:102 [PDCE]: *Effects of Substitutions on Defenses and Securities*, no. 9 (p. 1749) señalando que, a este respecto, los Principios de UNIDROIT son distintos de las leyes nacionales (y posiblemente más en línea con la comprensión de los comerciantes que actúan en el comercio internacional).

4546 F. Mazza en Vogenauer, art. 9.2.8 nº 8.

4547 F. Mazza en Vogenauer, art. 9.2.8 nº 4 (sin cursivas en el original); S. Woyciechowski en Jansen/Zimmermann, Art. 12:102 [PDCE]: *Effects of Substitutions on Defenses and Securities*, no. 8 (p. 1748): "los valores se liberan automáticamente".

4548 F. Mazza en Vogenauer, art. 9.2.8 nº 4.

4549 F. Mazza en Vogenauer, art. 9.2.8 nº 6.

4550 F. Mazza en Vogenauer, art. 9.2.8 nº 6. Como observó S. Woyciechowski en Jansen/Zimmermann, Art. 12:102 [PDCE]: *Effects of Substitutions on Defenses and Securities*, no. 8 (p. 1748), incluyendo una discusión de diferentes enfoques de la ley nacional con respecto a los efectos de la sustitución.

4551 Como observó S. Woyciechowski en Jansen/Zimmermann, Art. 12:102 [PDCE]: *Effects of Substitutions on Defenses and Securities*, no. 7 in fine (p. 1748).

la persona que ha otorgado la garantía (por ejemplo, una empresa vinculada dentro de un grupo de empresas; art. 9.3.1 no. 1) **se convierte en el nuevo deudor** como resultado del acuerdo de transferencia. En tal situación, la obligación subsiste, pero en adelante sobre una base diferente, es decir, la obligación misma[4552] sigue existiendo mientras desaparece la garantía.[4553]

D. Límites

7

I) Contrato[4554] (art. 1.5); y **II) Ley imperativa** (art. 1.4).[4555]

SECCIÓN 3. CESIÓN DE CONTRATOS

Historia legislativa (documentos clave)

En preparación de los **Principios de 2004** - Ponente Marcel Fontaine:
StL-Doc. 61, pp. 13 y 15 (1er borrador en **1999**); StL-Misc. 21, pp. 64 y 71 (1ra discusión en **1999**); StL-Doc. 69, pp. 29 y 31 (2do borrador en **2001**); StL-Misc. 23, pp. 45 a 57 (2da discusión en **2001**); StL-WP. 7, pp. 35 y 41 (propuesta de tercer borrador en **2001**); StL-WP. 9 bis, p. 2 (3ra discusión en **2002**); StL-Doc. 74, pp. 35 y 43 (3er borrador en **2002**); StL-Misc. 24, pp. 35 a 37 (4ta discusión en **2002**); StL-Doc. 81 pp. 35 y 42 (4to borrador en **2003**); StL-Doc. 92, pp. 32 a 38 (5to borrador en **2003**).

Artículo 9.3.1 (Definiciones)

"Cesión de contrato" es la transferencia mediante un acuerdo de una persona (el "cedente") a otra (el "cesionario") de los derechos y obligaciones del cedente que surgen de un contrato con otra persona (la "otra parte").

A. Una herramienta útil

1

Los empresarios no siempre distinguen entre la cesión de derechos y la transferencia de obligaciones. A menudo solo quieren transferir relaciones contractuales completas, por ejemplo, en el contexto de una reorganización profesional general (como se observa con

---

[4552] Cf. F. Mazza en Vogenauer, art. 9.2.8 nº 7.

[4553] Comentarios Oficiales, art. 9.2.8 nº 4, p. 339; StL-Doc. 81 (2003), p. 33; F. Mazza en Vogenauer, art. 9.2.8 no. 7; S. Woyciechowski en Jansen/Zimmermann, Art. 12:102 [PDCE]: *Effects of Substitutions on Defenses and Securities*, no. 10 (p. 1748).

[4554] Comentarios Oficiales, art. 9.2.8 nº 2, p. 338; F. Mazza en Vogenauer, art. 9.2.8 nº 8.

[4555] F. Mazza en Vogenauer, art. 9.2.8 nº 8.

frecuencia dentro de los grupos de empresas) o cuando inician una empresa internacional, por ejemplo, con una Carta de Intención ("CdI") o un Memorando de Entendimiento ("MdE"), mientras saben que el marco estructural actual cambiará en breve (por ejemplo, tras la creación de una empresa de proyectos y/o un vehículo de inversión; también en el art. 9.2.4 no. 1). En Europa, varias empresas han transferido por acuerdo (es decir, no por ministerio de la ley, art. 9.3.2) paquetes completos de contratos en la primavera de 2022 a otras entidades afiliadas (o recientemente establecidas) en otras jurisdicciones europeas para **superar la fuerza mayor local** (art. 7.1.7) en Ucrania. Para estas situaciones, la Sección 9.3 proporciona una herramienta útil en **siete principios**. A diferencia de muchas legislaciones nacionales,[4556] establece un sistema jurídico sencillo para la "cesión de contratos" en su conjunto.

2

En el caso de una transferencia de un acuerdo con arreglo al régimen de los Principios de UNIDROIT se ha aducido que no importa qué ley rija los contratos cedidos ("la fuente del contrato es irrelevante").[4557] Se sostiene que debe distinguirse: **I)** Si el propio **contrato cedido se rige por los Principios de UNIDROIT**, todas las partes han aceptado las normas del Capítulo 9 sobre la cesión. Esto incluye: **a)** el cedente que conozca que su contrato tiene derecho a ser cedido y una elección de los Principios de UNIDROIT (Preámbulo No. 3); **b)** el cesionario que, medido según los estándares de una persona comercial razonable, tiene conocimiento real o constructivo de la aplicabilidad de los Principios, si el contrato inicial contiene una cláusula de "elección de los Principios de UNIDROIT" (Capítulo 9, Introducción No. 2); y **c)** la otra parte que tenga conocimiento del contrato inicial que contiene la elección de la cláusula de los Principios de UNIDROIT. **II)** Si el contrato cedido no se rige por los Principios del UNIDROIT, también es posible someter el acuerdo de cesión a dichos Principios porque la otra parte está generalmente protegida por el requisito de consentimiento enunciado en el art. 9.3.3. Sin embargo, en tales circunstancias, se requiere más cuidado con respecto a la **redacción de la notificación de consentimiento** para que el mismo refleje en sustancia el consentimiento al régimen de los Principios de UNIDROIT del art. 9.3.1 y subsiguientes, incluidos, en particular, los arts. 9.3.6 (2) y 9.3.7 (2) (argumento paralelo en el art. 9.2.3 no. 2). **III)** En la práctica, al igual que en el caso de la transferencia de una obligación (art. 9.2.3 no. 2), la forma más conveniente es una transferencia mediante un **acuerdo tripartito** en virtud de los Principios de UNIDROIT (art. 9.3.3 no. . 2). Esto no prohíbe las soluciones de "vía rápida" orientadas a los negocios para cerrar el trato en donde todas las declaraciones se intercambian a través de WhatsApp (Art. 9.2.1 no. 1a).

[4556] Sobre la historia de la cesión de contratos (sólo reconocida "durante el último siglo") véase S. Woyciechowski en Jansen/Zimmermann, Art. 12:201 [PDCE]: *Transfer of Contract*, no. 3 (p. 1751). Sólo unas pocas leyes nacionales (Países Bajos, Portugal) ofrecen normas sobre la cesión de contratos, véase ibid. nº 4 (p. 1752).

[4557] F. Mazza en Vogenauer, art. 9.3.1 nº 7.

B. Definiciones

3

Las definiciones del art. 9.3.1 traducen la expresión "cesión de contratos" a la percepción jurídica general (mundial) de que dicha "cesión" incluye "**derechos y obligaciones** derivados de un contrato". Además, introduce definiciones para el "cedente" y el "cesionario" que son compatibles con el lenguaje del art. 9.1.1. El tercero afectado por tal "cesión de contrato" se denomina "la otra parte". Dicho tercero es, por una parte, un "deudor" de las obligaciones que debe cumplir "la otra parte" en virtud del contrato cedido y, por otra parte, un "acreedor" que puede reclamar el cumplimiento de las obligaciones que se transmiten con la "cesión de contrato".

C. Panorama general

4

De conformidad con el art. 9.3.1, el régimen del art. 9.3.1 y subsiguientes se aplica a las "**transferencias por acuerdo**". No se aplica a las transferencias legales por ministerio de la ley[4558] (incluida la aplicación de "normas especiales que rigen las transferencias de contratos", art. 9.3.2).[4559] Los Principios de UNIDROIT **no requieren una forma particular** (art. 1.2),[4560] pero —de conformidad con el principio del art. 9.2.3[4561]— requieren el consentimiento de la "otra parte", art. 9.3.3.[4562] Esto implica que la transferencia se hace efectiva solo una vez que se da la declaración de consentimiento[4563] (art. 9.3.3) que puede ocurrir previamente (art. 9.3.4). La expresión "transferencia" en el art. 9.3.1 tiene un **doble significado**:[4564] **I)** los **derechos** en virtud del contrato dejan los activos del cedente, mientras que **II)** las **obligaciones** pueden permanecer con sus activos pasivos dependiendo de la elección hecha por la otra parte (art. 9.3.5 (2) y (3)). A falta de toda restricción en el régimen de los Principios de UNIDROIT, los derechos y obligaciones transferidos por la "cesión de contrato" pueden referirse al pago de una suma de dinero o a cualquier otro tipo de cumplimiento.[4565]

D. Opciones

5

I) En los **contratos a largo plazo**, es práctica habitual predefinir el **alcance de los posibles cesionarios admitidos**, a veces combinado con condiciones (art. 9.1.7 no. 4). **II)** Cuando se cedan contratos a largo plazo, las partes tal vez deseen incluir **obligaciones de**

4558 Comentarios Oficiales, art. 9.3.1, p. 340; StL-WP. 7 (2001), p. 36; F. Mazza en Vogenauer, art. 9.3.1 nº 2.

4559 Comentarios Oficiales, art. 9.3.1, p. 340 y comentario crítico de F. Mazza en Vogenauer, Art. 9.3.1 no. 2 ("ya fuera del alcance de la Sección 9.3").

4560 F. Mazza en Vogenauer, art. 9.3.1 nº 3.

4561 F. Mazza en Vogenauer, art. 9.3.1 nº 4.

4562 Ídem.

4563 F. Mazza en Vogenauer, art. 9.3.1 nº 8, y art. 9.3.3 nº 5.

4564 F. Mazza en Vogenauer, art. 9.3.1 nº 5.

4565 F. Mazza en Vogenauer, art. 9.3.1 nº 6.

cooperación (art. 5.1.3) del cedente para apoyar al cesionario en ciertas situaciones, incluso después de terminada la cesión, para obligaciones que el cesionario no podría cumplir de otro modo o que requerirían un esfuerzo irrazonable por parte del cesionario (mientras que el apoyo del cedente puede hacer que el cumplimiento de la obligación sea considerablemente más eficiente debido a que el cumplimiento de la obligación a la experiencia y los conocimientos a largo plazo del cedente adquiridos mediante la ejecución del contrato; experiencia de una asignación transfronteriza entre empresas de varios contratos en virtud de los Principios de UNIDROIT en 2022).

Artículo 9.3.2 (Exclusión)

Esta Sección no se aplica a las cesiones de contratos sometidas a reglas especiales que regulan cesiones de contratos en el curso de la transferencia de una empresa.

A. Limitación del ámbito de aplicación

1

De conformidad con el art. 9.3.2, la sección 9.3 no se aplica a la cesión de contratos por aplicación de las **normas jurídicas nacionales para la transmisión de una empresa**,[4566] por ejemplo, sobre fusión o sobre el cambio de la organización jurídica de una empresa.[4567] Como en el contexto de las normas similares de los arts. 9.1.2 y 9.2.2 para las Secciones 9.1 y 9.2, la exclusión no se aplica a (y la aplicación de los Principios de UNIDROIT puede optarse por) la cesión contractual "de cualquier contrato individual o específico"[4568] en el contexto de una transferencia comercial.[4569]

Artículo 9.3.3 (Exigencia del consentimiento de la otra parte)

La cesión de un contrato requiere el consentimiento de la otra parte.

A. Hacer frente a la necesidad de consentimiento

1

A la luz de la **transferencia de obligaciones** como parte de la cesión del contrato (art. 9.3.1), era necesario, al igual que para la transferencia de obligaciones (art. 9.2.3), prever el requisito del consentimiento de la otra parte (que es el **acreedor de las obligaciones transferidas** y, por lo tanto, **el tercero afectado por la cesión** del contrato) a la cesión del

---

4566 Comentarios Oficiales, art. 9.3.2 Ilustración 1, pp. 340 y 341; StL-Doc. 74 (2002), p. 36; F. Mazza en Vogenauer, art. 9.3.3 nº 1.

4567 Por ejemplo, la Ley alemana de transformación (*"Umwandlungsgesetz"*), de 28 de octubre de 1994, BGBl. I, p. 3210; 1995 I p. 428.

4568 F. Mazza en Vogenauer, art. 9.3.2 nº 2.

4569 Comentarios Oficiales, art. 9.3.2 Ilustración 2, p. 341; StL-Doc. 74 (2002), p. 36.

contrato,[4570] ya que la transferencia puede cambiar considerablemente la **exposición al riesgo** de la otra parte.[4571] Siguiendo el principio básico de relatividad de las obligaciones, **no existe un contrato válido en detrimento de un tercero.**[4572] Por lo tanto, el tercero afectado debe tener la última palabra.[4573]

B. Modalidades de consentimiento

2

I) La otra parte puede dar su consentimiento (art. 1.10) **anticipado** (art. 9.3.4). **II)** El consentimiento debe referirse tanto: **a) a la transferencia** como tal, y **b)** a la **aplicación de los Principios de UNIDROIT**[4574] (que, según se afirma, es siempre el caso si el contrato inicial cedido se sometió a los Principios de UNIDROIT, Introducción al Capítulo 9 No. 2) o al carácter vinculante de las normas (contractuales) que reflejan el régimen de los Principios de UNIDROIT (arts. 9.3.5, 9.3.6 (2) referido a los arts. 9.2.7 y 9.3.7 (2) referido al art. 9.2.8 y, en caso de consentimiento previo, también del art. 9.3.4). **III)** En la práctica, ha resultado más fácil incluir el consentimiento directamente en una **enmienda tripartita**[4575] del contrato existente.[4576] Esa es a menudo la forma más rápida de documentar también los ajustes necesarios del contrato (por ejemplo, con respecto a una dirección de entrega).[4577] **IV)** El art. 3.2.17 y, por lo tanto, el Capítulo 3 (incluidos, por ejemplo, los motivos de resolución en la Sección 3.2) se aplican a la declaración de consentimiento.[4578] **Sin una** declaración concluyente y válida de **consentimiento** de la otra parte, debidamente interpretada (arts.

4570 Comentarios Oficiales, art. 9.3.3 nº 2, p. 341; StL-WP. 7 (2001), p. 37; F. Mazza en Vogenauer, art. 9.3.3 no. 1; S. Woyciechowski en Jansen/Zimmermann, Art. 12:201 [PDCE]: *Transfer of Contract*, no. 6 (pp. 1752-53) con notas comparativas sobre leyes nacionales (Francia, Portugal, Alemania).

4571 F. Mazza en Vogenauer, art. 9.3.3 nº 1.

4572 S. Vogenauer en Vogenauer, Art. 5.2.1 nº 37; por ejemplo, para Inglaterra, véase "*Law Commission, Privity of Contract: Contracts for the Benefit of Third Parties, Law Com*", nº 242, p. 6, nº 2.1; para Alemania, véase la decisión del Tribunal Supremo Federal de Alemania de 9 de marzo de 1970, BGHZ 58, pp. 216 y 220; P. Gottwald en *MüKoBGB*, art. 328 no. 261.

4573 Esto es particularmente evidente en el caso de los contratos "celebrados con respecto a las características específicas de una persona determinada (*intuitu personae*)", S. Woyciechowski en Jansen/Zimmermann, art. 12:201 [PDCE]: *Transfer of Contract*, no. 5 (p. 1752).

4574 F. Mazza en Vogenauer, art. 9.3.3 nº 2.

4575 Véase S. Woyciechowski en Jansen/Zimmermann, Art. 12:201 [PDCE]: *Transfer of Contract*, no. 6 (p. 1753) con referencia al ejemplo de la ley en los Países Bajos que requiere explícitamente un acuerdo tripartito.

4576 Ejemplo de la práctica (2022) relacionada con un acuerdo internacional de producción y suministro bajo la ley alemana: "Consentimiento para la cesión. De conformidad con el art. 9.3.3 Los Principios de UNIDROIT, [nombre de la "otra parte" tal como se define en el art. 9.3.1] consienten en la cesión de todos los derechos y obligaciones en virtud del Contrato de suministro [detalles] del proveedor inicial (como cedente) al nuevo proveedor (como cesionario), que se ha efectuado sobre la base de los Principios de UNIDROIT que regulan explícitamente la posibilidad de transferir contratos en su conjunto (*Vertragsübertragung*). Además, de conformidad con el art. 9.3.5 (1), [nombre de la otra parte] libera al cedente de sus obligaciones en virtud del Contrato de Suministro. El proveedor inicial acepta esta descarga. En el futuro [nombre de la otra parte] exigirá el cumplimiento del Contrato de Suministro del Nuevo Proveedor y deberá sus propias obligaciones también directamente al Nuevo Proveedor". [Seguido de las firmas de las tres partes].

4577 Véase, en este contexto, el análisis de la "modificación no autorizada" en N. Jansen en Jansen/Zimmermann, art. 11:308 [PDCE]: *Unauthorised Modification not Binding on Assignee*, no. 1-2 (pp. 1723-24).

4578 F. Mazza en Vogenauer, art. 9.3.3 nº 3.

4.2-4.3), la cesión es **ineficaz**;[4579] la otra parte no tiene derecho a reclamar al cesionario[4580] y el cedente y el cesionario siguen siendo libres de modificar o anular su acuerdo de transferencia.[4581] Mientras el consentimiento de la otra parte esté pendiente, la transferencia está "en suspenso".[4582]

C. Opciones

3

I) Si no puede organizarse un consentimiento que satisfaga las modalidades (*supra* B.) por ninguna razón (práctica, estratégica, económica o de otra índole), se sostiene que el cedente y el cesionario a menudo pueden evitar el consentimiento faltante, por **a)** una **cesión de derechos individuales** sin el consentimiento de la otra parte de conformidad con los arts. 9.1.1, 9.1.3 y subsiguientes y con sujeción a las condiciones que en ellos se establecen, como "si la cesión no hace que la obligación sea significativamente más gravosa", art. 9.1.3, y **b)** con respecto a las obligaciones individuales, un **acuerdo sobre el cumplimiento de terceros**, por ejemplo la subcontratación de conformidad con el art. 9.2.6 ("a menos que la obligación en las circunstancias tenga un carácter esencialmente personal"). **II)** La otra parte puede tener que considerar si exige, como condición (art. 9.5.1), **a)** valores del cesionario, especialmente, si los valores iniciales dejan de existir (art. 9.3.7 no. 4); o **b)** el consentimiento de un tercero de que subsiste una garantía determinada (art. 9.3.7 en C.2 (II)).

Artículo 9.3.4 (Consentimiento anticipado de la otra parte)

(1) La otra parte puede dar su consentimiento anticipadamente.

(2) Si la otra parte ha dado su consentimiento anticipadamente, la cesión del contrato surte efecto cuando una notificación de la cesión se da a la otra parte o cuando la otra parte la reconoce.

A. Una herramienta útil en la práctica

1

Por las mismas razones descritas en el contexto del art. 9.2.4 (art. 9.2.4 no. 1), el art. 9.3.4 (que se inspiró en la legislación italiana y portuguesa)[4583] proporciona una herramienta útil (y probada) en ciertas situaciones (Carta de intención o Memorando de entendimiento) (también en art. 9.3.1 no. 1.). Puede ayudar cuando los empresarios desean iniciar un negocio mientras que la organización corporativa para la empresa comercial aún no se ha establecido por completo. Las partes del contrato o de una carta de intención (que idealmente, pero no necesaria-

---

[4579] F. Mazza en Vogenauer, art. 9.3.3 nº 4.

[4580] F. Mazza en Vogenauer, art. 9.3.3 nº 5.

[4581] Ídem.

[4582] F. Mazza en Vogenauer, art. 9.3.3 nº 5 y art. 9.3.1 nº 8.

[4583] StL-Misc. 23 (2001), p. 45 (Fontaine); StL-Doc. 69 (2001), p. 30 (en referencia al art. 1407 (I) del Código Civil italiano y al art. 424 del Código Civil portugués).

mente, también se somete a los Principios de UNIDROIT) pueden acordar de antemano que: **I)** la otra parte **otorgue permiso** a la parte que desee ceder el contrato en un momento posterior para hacerlo, y que **II) que consienta** en dicha cesión del contrato bajo el régimen de los Principios de UNIDROIT a una determinada parte o, por ejemplo, "cualquier parte del grupo de empresas X". Si dicho consentimiento se otorga en virtud del régimen de los Principios de UNIDROIT (ya sea porque todo el contrato está sujeto a una "cláusula de elección de los Principios de UNIDROIT" o porque únicamente la cláusula de consentimiento ha sido sometida a los Principios por "*dépeçage*",[4584] es decir, una elección parcial del Derecho aplicable para la transferencia de la cláusula contractual si el contrato se somete de otro modo a otro régimen jurídico), la interpretación (arts. 4.1, 4.3 y ss.) de dicha cláusula de consentimiento implicaría que el consentimiento incluye la aceptación a la aplicación de los Principios de UNIDROIT a la cesión del contrato (art. 9.3.3 No. 2 en B).

B. Consentimiento anticipado

2

El consentimiento anticipado de conformidad con el párrafo 1 incluye toda notificación[4585] (art. 1.10) de consentimiento (por cualquiera de las partes del contrato de cesión,[4586] o incluso por un signo manifiesto),[4587] antes de la celebración del acuerdo de cesión de conformidad con los arts. 9.3.1, 9.3.3 y ss.[4588] A menos que se acuerde lo contrario (art. 1.5) y sujeto a la ley obligatoria (art. 1.4),[4589] la notificación no requiere una forma particular[4590] que no sea la norma del art. 1.10. Por ejemplo, en un precontrato entre una empresa de Anguila (Indias Occidentales) con un propietario francés y una empresa luxemburguesa sobre la construcción y explotación de una estación terrena para servicios por satélite con una opción de la cláusula de los Principios de UNIDROIT combinada con una cláusula de arbitraje (Preámbulo No. 3) —establecida como "carta de intención vinculante"—, las partes integraron el consentimiento previo de la otra parte (es decir, el proveedor de servicios y el deudor de los servicios) a una transferencia del contrato del inversor (en otras palabras, el acreedor de los servicios) a una sociedad de responsabilidad limitada alemana de su elección que se establecerá como una entidad con fines especiales dentro de un cierto período de tiempo.[4591]

[4584] E. Brödermann en § 6 IPR *MünchAnwaltshandb. IntWirtschR*, no. 423-425.

[4585] Comentarios Oficiales, art. 9.3.4 nº 2, p. 343.

[4586] S. Woyciechowski en Jansen/Zimmermann, Art. 12:201 [PDCE]: *Transfer of Contract*, no. 6 (p. 1753).

[4587] Comentarios Oficiales, art. 9.3.4 nº 2, p. 343; F. Mazza en Vogenauer, art. 9.3.4 nº 2.

[4588] F. Mazza en Vogenauer, art. 9.3.4 nº 1.

[4589] Por ejemplo, el régimen aplicable de la contratación pública puede prohibir la cesión de un contrato en primer lugar.

[4590] S. Woyciechowski en Jansen/Zimmermann, Art. 12:201 [PDCE]: *Transfer of Contract*, no. 6 (p. 1753).

[4591] Ejemplo de la práctica, ca. 2005. La razón de este enfoque fue la presión del tiempo combinada con un compromiso tardío de un abogado en el último minuto. El consentimiento anticipado sirvió como un instrumento para proporcionar un entorno estructural adecuado para la inversión, mientras que el trabajo en el sitio de construcción podría comenzar rápidamente.

C. Efecto sobre la cesión del contrato

3

De conformidad con el párrafo 2, en caso de una declaración previa de consentimiento, el acuerdo de cesión relativo al contrato se convierte en vinculante cuando está claro que la otra parte está informada (ya sea mediante una notificación —art. 1.10— o mediante un acuse de recibido).

D. Opción

4

Una notificación anticipada de consentimiento puede combinarse con una notificación (negociada) que libere al futuro cedente de conformidad con el art. 9.3.5.

Artículo 9.3.5 (Liberación del cedente)

(1) La otra parte puede liberar al cedente.

(2) La otra parte puede también retener al cedente como deudor en caso de que el cesionario no cumpla adecuadamente.

(3) En cualquier otro caso, el cedente y el cesionario responden solidariamente.

A. Tres opciones para la otra parte

1

En caso de cesión de contrato de conformidad con los arts. 9.3.1, 9.3.3 y ss., el tercero (cuya exposición comercial y al riesgo se ve afectada) tiene la última palabra sobre la validez de la cesión (art. 9.3.3 no. 1). En correlación con el art. 9.2.5[4592] en caso de una mera transferencia de obligaciones (art. 9.2.5 no. 1), el art. 9.3.5 prevé **cuatro opciones** para la cesión de un contrato completo con las que la otra parte (que es la **parte obligada** de las **obligaciones** transferidas para las cuales el cedente es el deudor original) puede combinar su consentimiento en virtud del art. 9.3.3. **I) Opción 1: Plena liberación** del cedente (párr. 1);[4593] **II) Opción 2: mantener** al cedente **como deudor subsidiario** (párr. 2)[4594] (mientras que la otra parte reclamaría primero el cumplimiento en el futuro al cesionario);[4595] **III) Opción 3:** distinguir entre obligaciones y combinar las opciones 1 y 2 *a maiore ad minus* y de conformidad con los Comentarios Oficiales[4596] (art. 9.2.5 no. 4 en D.) liberando al cedente con respecto a determinadas obligaciones, manteniéndola como deudor subsidiario

[4592] Comentarios Oficiales, art. 9.3.5 nº 1, p. 344.

[4593] Comentarios Oficiales, art. 9.3.5 nº 2 e ilustración 1, p. 344; StL-Doc. 74 (2002), p. 39; F. Mazza en Vogenauer, art. 9.3.5 nº 3.

[4594] StL-Doc. 74 (2002), p. 39; F. Mazza en Vogenauer, art. 9.3.5 nº 4.

[4595] Comentarios Oficiales, art. 9.3.5 no. 3 e Ilustración 2, p. 344; StL-Doc. 74 (2002), p. 39; F. Mazza en Vogenauer, art. 9.3.5 nº 4, p. 1151.

[4596] Comentarios Oficiales, art. 9.3.5 nº 4, p. 345; F. Mazza en Vogenauer, art. 9.3.5 nº 6.

con respecto a otra u otras obligaciones cedidas; **IV) Opción 4:** mantener a su interlocutor contractual inicial (el cedente) como parte **solidariamente responsable** (artículo 11.1)[4597] de conformidad con el párrafo 3[4598] (incluida, por ejemplo, la invocación del principio de los arts. 11.1.3 y 11.1.1 (a), las normas sobre compensación del art. 11.1.5, sobre el efecto de la liberación y liquidación en el art. 11.1.6 y sobre el efecto de la expiración o suspensión de los plazos en el art. 11.1.7).[4599] En contactos complejos relacionados con un conjunto de derechos y obligaciones, la opción 3 satisface una necesidad práctica. Como señaló S. Woyciechowski, el art. 9.2.5 protege a la otra parte porque cualquier descarga requiere la declaración clara de la otra parte.[4600]

B. Modalidades de ejecución

2

Para ejercer las opciones 1 a 3, la otra parte debe **comunicarse mediante** una declaración (explícita o implícita) de elección (art. 1.10) con el cesionario o su parte contratante inicial[4601] (es decir, el cedente, que tiene la carga de la prueba[4602] cuando necesita basarse en una declaración de ejecución de la otra parte y que, por lo tanto, tiene interés en una comunicación clara y pruebas de la declaración de liberación). Para ejercer la opción 4 (No. 1), la otra parte no necesita hacer nada (aparte de simplemente dar su consentimiento en virtud del art. 9.3.3 como requisito para la validez de la cesión) porque el párrafo 3 establece una regla supletoria.[4603]

C. Liberación anticipada

3

En caso de consentimiento anticipado (art. 9.3.4) en el contrato inicial (art. 9.3.1 no. 1), redundará en interés del futuro cedente del contrato insistir en una declaración de liberación anticipada ya en ese contrato. Desde la perspectiva de la otra parte (art. 9.3.1), la insistencia en una seguridad adecuada es una reacción habitual a tal solicitud del futuro cedente.

4597 StL-Doc. 74 (2002), p. 40; F. Mazza en Vogenauer, art. 9.3.5 nº 2.
4598 Comentarios Oficiales, art. 9.3.5 nº 5, p. 345.
4599 F. Mazza en Vogenauer, art. 9.3.5 nº 2.
4600 S. Woyciechowski en Jansen/Zimmermann, Art. 12:201 [PDCE]: *Transfer of Contract*, no. 7 (pp. 1753-54).
4601 F. Mazza en Vogenauer, art. 9.3.5 nº 5.
4602 Ídem.
4603 StL-Doc. 74 (2002), p. 39; StL-Doc. 92 (2003), p. 36; F. Mazza en Vogenauer, art. 9.3.5 nº 1.

Artículo 9.3.6 (Excepciones y derechos de compensación)

(1) En la medida que la cesión de un contrato involucre una cesión de créditos, se aplicará el Artículo 9.1.13.

(2) En la medida que la cesión de un contrato involucre una transferencia de obligaciones, se aplicará el Artículo 9.2.7.

A. Visión general

1

Para las cuestiones de las excepciones y la compensación, el art. 9.3.6 (inspirado en los trabajos preparatorios para el PDCE)[4604] se refiere a las disposiciones respectivas de la Sección 9.1 y 9.2[4605] porque las situaciones del tercero y la "otra parte" (art. 9.3.1) después de una transferencia de contrato son "similares a las del acreedor (art. 9.1.1) y deudor (es decir, el obligado) después de una cesión y una sustitución".[4606] El art. 9.3.6 distingue entre la cesión de créditos (párr. 1) y la transferencia de obligaciones (párr. 2) "involucradas" en la cesión de contrato.

B. Excepciones y derechos de compensación con respecto a los derechos cedidos en el contexto de la cesión de contrato

1. Excepciones

2

Al referirse al art. 9.1.13 (1), el **párr. 1 protege a la otra parte** (tal como se define en el art. 9.3.1; es decir, al deudor del derecho cedido) con respecto a las excepciones disponibles contra los derechos cedidos por la cesión del contrato.[4607] Deja a la otra parte **las mismas excepciones** frente al cesionario que tendría frente al cedente ("como si la cesión nunca hubiera tenido lugar y el cedente estuviera solicitando el pago"),[4608] por ejemplo, con respecto a la validez, interpretación o incumplimiento del cedente por parte del contrato cedido (como el incumplimiento de una acción u omisión contributiva; art. 7.1.2), en virtud de la cual la existencia de excepciones debe determinarse de conformidad con la ley aplicable a ese contrato (cedido).[4609] De este modo, coloca al **cesionario** (que se enfrentará a las mismas defensas que el cedente) **en el lugar del cedente** (art. 9.1.13 no. 2 en

[4604] StL-Doc. 74 (2002), p. 42 (véase el actual art. 12:201 (2) PDCE).

[4605] StL-Doc. 74 (2002), p. 41; F. Mazza en Vogenauer, art. 9.3.6 no. 1; S. Woyciechowski en Jansen/Zimmermann, Art. 12:201 [PDCE]: *Transfer of Contract*, no. 8 (p. 1754) enfatizando que "las situaciones del tercero y de la otra parte contratante son similares a las de acreedor y deudor después de una cesión y una sustitución".

[4606] S. Woyciechowski en Jansen/Zimmermann, Art. 12:201 [PDCE]: *Transfer of Contract*, no. 8 (p. 1754) con: I) referencia a los Comentarios Oficiales de los arts. 9.3.6 y 9.3.7; y II) una reseña comparativa con las variaciones de la legislación nacional respecto de las cuales pueden invocarse defensas, señalando que sólo el art. 6:159 (3) BW en los Países Bajos "procede de la misma manera" y, por lo tanto, hace referencia a las disposiciones correspondientes en los Capítulos sobre cesión y transferencia de una obligación.

[4607] Comentarios Oficiales, art. 9.3.6, ilustraciones 1, p. 346.

[4608] StL-Doc. 81 (2003), p. 41; cf. F. Mazza en Vogenauer, art. 9.1.13 nº 5 (con el pasaje citado).

[4609] Cf. F. Mazza en Vogenauer, art. 9.1.13 nº 4, 7, 8.

B.1). Con excepción de la compensación (párrafo 1 en relación con el art. 9.1.13 (2)), esto incluye incluso las excepciones para las que el cedente está sentando las bases después de la cesión.[4610] En cambio, el párrafo 1 (en combinación artículo 9.1.13 (1)) no otorga ningún derecho a formular objeciones con respecto al acuerdo de cesión; una vez que la otra parte haya dado su consentimiento a la cesión en virtud del art. 9.3.3, está obligado por el acuerdo de cesión.

2. Compensación

3

I) Remitiéndose al art. 9.1.13 (2), el párrafo 1 ofrece **una opción para que la otra parte** (es decir, el deudor del derecho cedido) **declare una compensación** (art. 8.1 y siguientes) —hasta el importe menor de las obligaciones recíprocas (art. 8.5 (2))— basada en la reciprocidad de obligaciones entre el deudor y el cedente **incluso después de la cesión** (que destruye la reciprocidad de obligaciones; art. 8.1 no. 8), siempre que el derecho de compensación **estuviera disponible para la otra parte** (el deudor del derecho cedido) frente al cedente en el momento en que la otra parte "recibiera" la "notificación de cesión" (este es el texto artículo 9.1.13 (2)), que debería traducirse en el contexto del párrafo 1 relativo a una cesión de contrato **en el momento en que la cesión del contrato pasó a ser válida** por consentimiento de la otra parte (art. 9.3.3) o mediante la notificación de la cesión del contrato a la otra parte en caso de consentimiento anticipado (9.3.4) en lugar del momento en que se solicitó a la otra parte que diera su consentimiento a la cesión del contrato. **II)** La compensación basada en la reciprocidad de obligaciones entre **la otra parte** y el **cesionario creado por la cesión** no está regulada por el párrafo 1 en relación con el art. 9.1.13 (2), sino por las reglas generales del Capítulo 8.[4611]

C. Excepciones y derechos de compensación con respecto a obligaciones transferidas en el contexto de la cesión de contrato

1. Excepciones

4

Al referirse al art. 9.2.7 (1), el párr. 2 **mantiene las excepciones** del deudor original[4612] (que actúa ahora como "cedente" del contrato)[4613] con respecto a las obligaciones involucradas en la cesión del contrato, cuando la otra parte (es decir, el acreedor de las obligaciones involucradas en la cesión del contrato) solicita el cumplimiento del cesionario de la transferencia del contrato (como su nuevo deudor de la obligación transferida). Esto incluye

[4610] Cf. F. Mazza en Vogenauer, art. 9.1.13 nº 10-12.
[4611] Cf. F. Mazza en Vogenauer, art. 9.1.13 nº 17.
[4612] Cf. F. Mazza en Vogenauer, art. 9.2.7 nº 1.
[4613] F. Mazza en Vogenauer, art. 9.3.6 nº 1.

las defensas que estén disponibles después de que se produzca la transferencia[4614] (art. 9.2.7 no. 2 en B.). El perfil de riesgo de la otra parte en el sentido de exposición a las defensas contra sus demandas (de la otra parte) (como acreedor de la obligación transferida) contra el deudor encargado de cumplir la obligación transferida permanece sin cambios. Las excepciones así transferidas con la transferencia de las obligaciones involucradas en la cesión del contrato se refieren al contrato transferido (por ejemplo, su validez, anulabilidad, etc.) y deben determinarse de acuerdo con la ley aplicable a ese contrato.[4615]

2. Compensación

5

I) Remitiéndose al art. 9.2.7 (2), el párr. 2 corta los derechos de compensación para los cuales existía reciprocidad (art. 8.1 no. 8 en D.1 (II)) entre la otra parte (el acreedor de la obligación transferida, art. 9.3.1) y el cedente (es decir, el deudor original). Si esta última no "pagó" a la otra parte en concepto de compensación antes de la transmisión del contrato, no hay razón para permitir la liberación retroactiva de la obligación transferida después de la cesión del contrato. **II)** El párrafo 2 (en combinación con el art. 9.2.7) no excluye la compensación entre el **cesionario** (como nuevo deudor de la obligación transferida) y la otra parte (es decir, el acreedor de la obligación transferida) (o viceversa) cuando las dos partes tienen **obligaciones mutuas** que permiten una **compensación en virtud del art. 8.1** y ss.; esta cuestión queda simplemente fuera del ámbito del párrafo 2.[4616] El párrafo 2 (en combinación con el art. 9.2.7) tampoco aborda los casos en que las condiciones de compensación previstas en el art. 8.1 y subsiguientes no se han cumplido antes de la transferencia de la obligación.[4617]

D. Remisión

6

Para más detalles (incluidas las opciones contractuales) y referencias, véanse los comentarios en los arts. 9.1.13 No. 1-4 y 9.2.7 No. 4.

Artículo 9.3.7 (Derechos cedidos con el contrato)

(1) En la medida que la cesión de un contrato involucre una cesión de créditos, se aplicará el Artículo 9.1.14.

[4614] F. Mazza en Vogenauer, art. 9.2.7 no. 8-9, señalando los Comentarios Oficiales, Art. 9.2.7 nº 1, ilustración 1, p. 336 (transferencia de una obligación de pago; excepciones por servicios defectuosos).

[4615] Cf. F. Mazza en Vogenauer, art. 9.2.7 nº 2, 5-6.

[4616] F. Mazza en Vogenauer, art. 9.2.7 nº 11-12.

[4617] F. Mazza en Vogenauer, art. 9.2.7 nº 13.

(2) En la medida que la cesión de un contrato involucre una transferencia de obligaciones, se aplicará el Artículo 9.2.8.

A. Visión general y distinción de los derechos de ejecución

1

Las reglas del art. 9.3.5 rigen la liberación del cedente y, por lo tanto, *e contrario*, en qué medida se mantienen los **derechos** de **la otra parte** (tal como se definen en el art. 9.3.1; es decir, el acreedor de la obligación involucrada en la cesión)[4618] **al pago u otro cumplimiento** en virtud del contrato con respecto a la obligación involucrada en la cesión del contrato (por ejemplo, el derecho al pago de intereses o reclamaciones de reembolso anticipado).[4619] Esto es distinto de la cuestión de garantías reales que se rigen por el art. 9.3.7. A este respecto, para la cuestión de los derechos (de garantía) transferidos con el contrato, el art. 9.3.7 se refiere a las disposiciones respectivas de las secciones 9.1 y 9.2,[4620] distinguiendo entre la cesión de créditos (párrafo 1) y la transferencia de obligaciones (párrafo 2) "involucradas" en la cesión de contratos.

B. Derechos relacionados con los créditos cedidos en el contexto de la cesión de contrato

2

Al referirse al art. 9.1.14, el párr. 1 estipula (con sujeción a cualquier ley imperativa vigente (art. 1.4)[4621] o modificaciones contractuales divergentes (art. 1.5)) que "**todos los derechos de ejecución del cedente** (art. 9.1.14 (a)) frente a la otra parte (como deudor obligado a ejecutar los derechos cedidos) **y "todos" los derechos garantizados** (art. 9.1.14 (b)) se transferirán al cesionario.[4622] Así pues, la cesión incluye, por ejemplo, intereses a un tipo de interés convenido o reclamaciones de reembolso anticipado de un préstamo por falta de pago de intereses, o acciones depositadas como intereses.[4623]

C. Derechos relacionados con las obligaciones transferidas en el contexto de la cesión de contrato

3

Es necesario distinguir:

4618 F. Mazza en Vogenauer, art. 9.3.7 nº 1.

4619 Comentarios Oficiales, art. 9.3.7, ilustración 1, p. 348 y cf. Comentarios Oficiales, art. 9.2.8 nº 1, ilustraciones nº 1 y 2, p. 338; F. Mazza en Vogenauer, art. 9.2.8 nº 3.

4620 StL-Doc. 74 (2002), p. 42; F. Mazza en Vogenauer, art. 9.3.7 nº 1.

4621 Cf. F. Mazza en Vogenauer, art. 9.1.14 nº 6.

4622 Comentarios Oficiales, art. 9.3.7, ilustración 2, p. 348.

4623 Cf. Comentarios Oficiales Art. 9.1.14 no. 1, Ilustraciones 1-3, p. 322; F. Mazza en Vogenauer, art. 9.1.14 nº 3.

1. Garantías reales relativas a una obligación transferida otorgada por el deudor originario

4

Al referirse (también) al art. 9.2.8 (3), el párr. 2 establece una distinción. **I)** En virtud del art. 9.2.8 (3) (2da parte), el **cedente del contrato** (es decir, el deudor originario[4624] de la obligación que entrañe la cesión de un contrato) **y el cesionario** (como nuevo deudor[4625] de la obligación que entrañe la cesión del contrato) podrán convenir (con el consentimiento general de la otra parte, en la transferencia de la obligación, art. 9.3.3) para transmitir una garantía: **a)** "sobre un activo que se transfiere como parte de una transacción",[4626] o **b)** otra garantía (art. 1.5).[4627] **II)** De lo contrario, la transferencia de una garantía dependerá de la **decisión de la otra parte** (como deudora[4628] de la obligación que entrañe la cesión del contrato)[4629] **de si libera o no al cedente del contrato** (como deudor original[4630] la obligación que entraña de la cesión de un contrato). La decisión de la otra parte de liberar al cedente del contrato **implica** la liberación de toda garantía otorgada por cualquier persona distinta del nuevo deudor. De conformidad con el art. 9.2.8 (3) (1ra parte), la liberación del deudor original (es decir, el cedente[4631] del contrato) implica que la garantía deja de cubrir la obligación que ahora vincula al cesionario del contrato (es decir, el nuevo deudor de la obligación involucrada en la transferencia del contrato).[4632] Si la otra parte (como acreedor de la obligación transferida) decide liberarse del cedente de conformidad con el art. 9.3.5 (1), está obligado a tomar todas las medidas necesarias para liberar las garantías.[4633] A cambio, podría insistir en subrogar las garantías del cesionario (art. 9.3.3 no. 3 (II)).

2. Garantías otorgadas por un tercero

5

I) De conformidad con la artículo 9.8 (2) (1ra parte), la **decisión de la otra parte** (como deudora de la obligación que entraña la cesión de un contrato) de liberar (total o parcialmente) al deudor inicial (el cedente) (art. 9.3.5 (1) y (2)) implica **renunciar a toda garantía** "otorgada por cualquier persona distinta al nuevo deudor" y, por lo tanto, normalmente por un tercero.[4634] **II)** De conformidad con el art. 9.2.8 (2) (2da parte) la garantía puede **mantenerse con el consentimiento** de "esa otra persona (es decir, normalmente un tercero)".[4635] Si la otra parte desea que dicha garantía se mantenga, puede ser aconsejable que haga su declaración de liberación del deudor inicial (art. 9.3.5 (1)) a la condición suspensiva (art.

[4624] F. Mazza en Vogenauer, art. 9.3.7 nº 1.
[4625] Ídem.
[4626] Cf. F. Mazza en Vogenauer, art. 9.2.8 nº 5.
[4627] F. Mazza en Vogenauer, art. 9.2.8 nº 8.
[4628] F. Mazza en Vogenauer, art. 9.2.8 nº 1.
[4629] Ídem.
[4630] Ídem.
[4631] Ídem.
[4632] Cf. F. Mazza en Vogenauer, art. 9.2.8 nº 4.
[4633] Ídem.
[4634] Cf. F. Mazza en Vogenauer, art. 9.2.8 nº 6.
[4635] Comentarios Oficiales, art. 9.3.7 Ilustración 4, p. 348.

5.3.1) de tal consentimiento de "esa otra persona (es decir, generalmente un tercero)" (art. 9.3.3 en C (II)).

3. Garantías otorgadas por el nuevo deudor

6

Al referirse a una "garantía otorgada por cualquier persona distinta al nuevo deudor (de la obligación transferida)" (es decir, el cesionario del contrato, art. 9.3.1), el art. 9.2.8 (2) (1ra parte) contiene una excepción para el raro caso en que la persona que ha otorgado la garantía (por ejemplo, una empresa vinculada dentro de un grupo de empresas; art. 9.3.1 no. 1) se convierte en el nuevo deudor de la obligación involucrada en la transferencia del contrato. En tal situación, la obligación subsiste, pero en adelante sobre una base diferente, es decir, la obligación misma[4636] mientras desaparece la garantía.[4637]

D. Remisión

7

Para más detalles y referencias, véanse los comentarios sobre los arts. 9.1.14 y 9.2.8.

[4636] Cf. F. Mazza en Vogenauer, art. 9.2.8 nº 7.

[4637] Comentarios Oficiales, art. 9.2.8 nº 4, p. 339; F. Mazza en Vogenauer, Art.9.2.8 no. 7.

CAPÍTULO 10
PRESCRIPCIÓN

Historia legislativa (documentos clave)

En preparación de los Principios de 2004 - Ponente Peter Schlechtriem:
StL-Doc. 58 (1er proyecto en **1999**); StL-Misc. 21, pp. 48 a 58 (1ra discusión en **1999**); StL-Doc. 64 (2do proyecto en **1999**); StL-Misc. 22, pp. 1 a 41 (2da discusión en **2000**); StL-WP. 2 (propuesta de 3er borrador en **2000**); StL-Doc. 68 (3er proyecto en **2001**); StL-Misc. 23, pp. 7 a 24 (3ra discusión en **2001**); StL-WP. 6 (propuesta de 4to proyecto en **2001**); StL-WP. 9, p. 1 (4ta discusión en **2002**); StL-Doc. 73 (4to borrador en **2002**); StL-Doc. 78, pp. 6 y 8 (documento de posición en **2002**); StL-Misc. 24, pp. 8 a 18 (5ta discusión en **2002**); StL-Doc. 80 (5to proyecto en **2003**); StL-Doc. 91 (6to proyecto en **2003**).

Introducción

A. Un equilibrio entre los intereses contrapuestos de las partes

1

En el **plano contractual**, el capítulo sobre plazos de prescripción establece un equilibrio entre los diferentes intereses de las partes. **I)** Desde la **perspectiva del deudor**, "a medida que pasan los años, se hace cada vez más difícil (...) defenderse (...)" contra la reclamación del presunto acreedor.[4638] En situaciones en las que es dudoso que una acción u omisión del deudor pueda haber causado una reclamación, el paso del tiempo podría causar "una **expectativa razonable** de que un incidente (...) puede tratarse como cerrado",[4639] de modo que la acción tardía podría considerarse un comportamiento inconsistente (art. 1.8 no. 3). La prescripción puede servir como "un medio fácil de derrotar reclamaciones infundadas".[4640] **II)** Desde el **punto de vista del acreedor**, un plazo de prescripción puede privar al acreedor de su **crédito fundado**.[4641]

B Cuestiones

2

El capítulo 10 cubre **cuestiones clave** relevantes con respecto a los plazos de prescripción:[4642] **I)** un **plazo de prescripción general** (art. 10.1 (1)); **II)** el **inicio** del plazo

---

[4638] R. Zimmermann en Jansen/Zimmermann, Introducción antes del art. 14:101 (PECL), no. 8 (p. 1829).

[4639] R. Zimmermann en Jansen/Zimmermann, Introducción antes del art. 14:101 (PECL), no. 8 (p. 1829), énfasis añadido, con referencia, en la nota 80, al caso inglés "*A Court v Cross (1825) 3 Bing 329 (130) ER 540), 332 f per Best CJ*" señalando la crueldad potencial de "reclamaciones latentes durante mucho tiempo".

[4640] R. Zimmermann en Jansen/Zimmermann, Introducción antes del arte. 14:101 (PECL), no. 8 (p. 1829).

[4641] Ídem.

[4642] Enumeración adaptada parcialmente siguiendo y parcialmente inspirada por R. Zimmermann en Jansen/Zimmermann, Introducción antes del art. 14:101 (PECL), no. 11 (p. 1831).

de prescripción (art. 10.2 (2)); **III)** la **prórroga** del plazo de prescripción (arts. 10.5-10.8; 10.2); **IV)** el **plazo máximo de prescripción** (art. 10.2); **V)** el **nuevo comienzo** de los plazos de prescripción (art. 10.4); **opciones contractuales** para restringir o ampliar los plazos de prescripción (art. 10.3); **VI)** los **efectos del vencimiento** de los plazos de prescripción (arts. 10.9, 10.10).

Artículo 10.1 (Ámbito de aplicación de este Capítulo)

(1) El ejercicio de los derechos regulados por estos Principios está limitado por la expiración de un período de tiempo, denominado "período de prescripción", según las reglas de este Capítulo.

(2) Este Capítulo no regula el tiempo en el cual, conforme a estos Principios, se requiere a una parte, como condición para la adquisición o ejercicio de su derecho, que efectúe una notificación a la otra parte o que lleve a cabo un acto distinto a la apertura de un procedimiento jurídico.

A. Un compromiso útil entre diferentes sistemas

1

Inspirado en el debate jurídico comparativo, el Capítulo 10 establece en 11 artículos un régimen para los períodos de prescripción (un tema discutido en muchas jurisdicciones como "prescripción").[4643] El Capítulo constituye un "compromiso" internacional. Mientras que en el derecho islámico el mero paso del tiempo no implicaría ninguna pérdida de derechos (como subrayó el representante árabe en el Grupo de Trabajo),[4644] en algunas jurisdicciones como Escocia, Sudáfrica o Italia, el paso del tiempo daría lugar a un efecto "fuerte" que extinguiría la obligación.[4645] Entre estas soluciones extremas, el capítulo 10 proporciona un compromiso que otorga un **efecto atenuado ("débil")**[4646] al paso del tiem-

---

[4643] StL-Misc. 23 (2001), p. 7 (Fontaine); StL-Misc. 24 (2002), p. 8; véase, por ejemplo, alemán art. 194 BGB et seq., art. 2219 Código Civil francés (sin cambios en la versión de 2016); Art. 146 y siguientes Código de Obligaciones de Turquía; véanse también los ejemplos dados por M. J. Bonell en Hartkamp et al. (eds.), pp. 715, 719-720. Sobre el significado históricamente ambivalente y la diferente comprensión del término prescripción, véase R. Zimmermann en Jansen/Zimmermann, introducción antes del Art. 14:101 (PECL), no. 1-3 (pp. 1823-26) señalando, por ejemplo, en el no. 1, p. 1824 (nota de pie de página omitida): "Tiene un extraño sonido para los oídos de muchos abogados ingleses que tienden a asociar con él el proceso por el cual se pueden adquirir derechos limitados de uso sobre la tierra de otra persona". En este sentido, también M. J. Bonell en Hartkamp et al. (eds.), pp. 715, 719-20.

[4644] StL-Misc. 21 (1999), nº 293 (El Kholy); R. Wintgen en Vogenauer, Art. 10.9 nº 1 Nota 147.

[4645] Los artículos 6, 7 y 8A de la Ley de prescripción y prescripción (Escocia), observados, por ejemplo, por R. Wintgen en Vogenauer, art. 10.9 nº 1 nota 148; Artículo 10 (1) de la Ley de prescripción nº 68 de 1969 (Sudáfrica), como señaló R. Zimmermann en Jansen/Zimmermann, art. 14:501 (PECL): *General Effect*, no. 1 en nota 8 (p. 1875), junto con otros ejemplos; Art. 2934 (1) *Codice Civile* (Italia), como se indica ibid. Sin embargo, incluso las jurisdicciones que prevén la extinción de la deuda pueden prever algunas atenuaciones como: I) considerar el pago posterior como pago de la deuda a pesar de su extinción (Sección 10 (3) *"Prescription Act"* 68 de 1969, Sudáfrica) o II) los tribunales pueden verse impedidos de tomar nota del efecto *ex officio* (por ejemplo, Art. 2938 Codice civile, Italia, como señaló R. Zimmermann, ibid.).

[4646] En la expresión efecto "débil" véase R. Zimmermann, art. 14:501 (PDCE): Efecto General, No. 1, (p.1874).

po que no extingue una reclamación con el paso del tiempo, pero simplemente restringe las posibilidades de invocarlo[4647] (art. 10.9 no. 2). En su concepto básico, el capítulo 10 es coherente con la "visión moderna"[4648] (Introducción, Capítulo 10, No. 1), diversas leyes nacionales[4649] e instrumentos internacionales, a saber, el derecho europeo[4650] y la Convención de la CNUDMI sobre la prescripción de los contratos de compraventa[4651] —la "convención hermana"[4652] de la CNUCCI— que ha servido de "precedente para el proyecto de capítulo sobre la prescripción"[4653] (aunque el Capítulo 10 de los Principios de UNIDROIT se basa en una investigación sustancialmente más exhaustiva y en un enfoque más equilibrado resultante[4654]). El capítulo 10 se basa en una calificación sustantiva de los plazos de prescripción tal como se encuentran en los países de tradición jurídica romanista[4655] en lugar de una mera calificación procesal como se encuentra tradicionalmente en la legislación inglesa. Dado que el derecho de las jurisdicciones de Derecho Común también parece estar cada vez más abierto a la calificación de los plazos de prescripción como cuestión de derecho sustantivo,[4656] el enfoque de los Principios de UNIDROIT en el capítulo 10 (así como en

---

[4647] Véase R. Zimmermann en Jansen/Zimmermann, Fundamentos comparativos de una Derecho europeo de compensación y prescripción (2002), págs. 72-75; M. J. Bonell en Jansen/ZimmermannHartkamp et al. (eds.), págs. 715, 728; R. Wintgen en Vogenauer, art. 3, "visión moderna (Introducción Capítulo 10 No.1) diversas leyes nacionales e instrumentos internacionales, es decir el derecho europeo y la limitación de la CNUDMI, sirvieron como precedente para el proyecto de capítulo sobre la prescripción". Los Principios de UNIDROIT se basan en una investigación sustancialmente más exhaustiva y como resultado es un enfoque más equilibrado. El capítulo 10 se basa en una cuestión sustantiva calificación de los plazos de prescripción tal como se encuentran en los países de Derecho Civil, en lugar de una mera calificación procesal que tradicionalmente se encuentra en el derecho inglés. Como la ley en las legislaciones de Derecho Común también parecen estar cada vez más abiertas a una calificación de prescripción, períodos como cuestión de derecho sustantivo, el enfoque de los Principios de UNIDROIT en 14:501 [PDCE]: Efecto general, 10.9 no. 1 (y nota 152, p. 1874) con más referencias 1188.

[4648] R. Zimmermann en Jansen/Zimmermann, Art. 14:501 (PECL): *General Effect*, no. 1 (p. 1875); M. J. Bonell en Hartkamp et al. (eds.), pp. 715, 718 (resumen de "tendencias internacionales").

[4649] R. Wintgen en Vogenauer, Introducción al capítulo 10 no. 1; M. J. Bonell en Hartkamp et al. (eds.), pp. 715, 717-18. Véase, por ejemplo, el artículo 199 BGB alemán.

[4650] UE: Directiva 85/374/CEE del Consejo, de 25 de julio de 1985, relativa a la aproximación de las disposiciones legales, reglamentarias y administrativas de los Estados miembros en materia de responsabilidad por los productos de detectives Diario Oficial (1985) L 210 p. 29, art. 11; Consejo de Europa: Convenio sobre responsabilidad civil por daños resultantes de actividades peligrosas para el medio ambiente (Lugano, 21 de junio de 1993), *"European Treaty Series"*, nº 150, art. 17.

[4651] Convención de las Naciones Unidas sobre la prescripción en materia de compraventa internacional de mercaderías (Nueva York, 14 de junio de 1974, enmendada), disponible en www.uncitral.org/uncitral/en/uncitral_texts/sale_goods/1974Convention_limitation_period.html. (visitado por última vez el 9 de enero de 2023); en vigor, por ejemplo, en Argentina, Brasil, Polonia, Noruega, Estados Unidos; véase primero StL-Doc. 58 (1999), p. 2 y la reseña de alto nivel sobre la convención de la CNUDMI y otros, Guía jurídica tripartita, nº 287 a 321 (pp. 64 y 71), incluida una comparación con el régimen previsto en los Principios del Unidroit.

[4652] CNUDMI y otros, Guía jurídica tripartita, nº 315 a 316 (pp. 70 y 71).

[4653] StL-Misc. 21 (1999), Nº 291 (Bonell); véase también StL-Doc. 58 (1999), Nº 1; R. Wintgen en Vogenauer, Introducción al capítulo 10 no. 1 y por ejemplo, Art. 10.3 nº 11.

[4654] Por la falta de investigación comparativa en la preparación de la Convención de la CNUDMI sobre la Prescripción (que incorpora un enfoque puramente objetivo de los plazos de prescripción), R. Zimmermann en Jansen/Zimmermann, introducción antes del art. 14:101 (PECL), no. 10 (p. 1831).

[4655] Véase R. Zimmermann en Jansen/Zimmermann, Art. 14:101 (PECL): *Claims Subject to Prescription*, no. 1-2 (pp. 1832-33).

[4656] R. Wintgen en Vogenauer, Art. 10.9 nº 1 y nota 147; R. Zimmermann en Jansen/Zimmermann, Art. 14:101 (PECL): *Claims Subject to Prescription*, no. 1, 3 (pp. 1832-34) señalando en el no. 3 (p. 1834) que "interesantemente (...) varias jurisdicciones de Derecho Común de todo el mundo han adoptado medidas para aclarar la clasificación de la prescripción como cuestión de derecho sustantivo. En la propia Inglaterra, el proyecto

PECL, DCFR y CESL) se ha descrito como "en consonancia con una fuerte corriente de opinión internacional".[4657]

2

Los **conceptos subyacentes** de las reglas del Capítulo 10 parecerán familiares para muchos profesionales de todo el mundo, estos son: **I) impedir el ejercicio de un derecho** después de la expiración de un período de tiempo (párrafo 1; y como se determina en el art. 10.2), si se afirma la prescripción (art. 10.9 (2)); **II)** permitir que se siga invocando el derecho a partir de entonces **como cuestión de defensa**[4658] (arts. 10.9 (3) y 10.10); **III)** distinguir entre **dos tipos de plazos de prescripción ("sistema de dos niveles"),**[4659] un plazo de prescripción general y un plazo máximo de prescripción[4660] (art. 10.2); **IV)** prever la **posibilidad de suspender un período de prescripción** mediante procedimientos judiciales (art. 10.5 y siguientes). Estos conceptos subyacentes bien pueden describirse como **principios de derecho al menos muy extendidos,**[4661] mientras que, al igual que en otras esferas del derecho contractual, los detalles varían en todo el mundo y, a este respecto, el capítulo 10 no representa un "principio general del derecho o *lex mercatoria*".[4662]

3

Desde una perspectiva práctica, la mera existencia del Capítulo 10 es útil como una **revelación** en las negociaciones internacionales. A la luz de la diferente formación de los abogados en los países de Derecho Civil y de Derecho Común, la cuestión de la limitación de la responsabilidad no siempre viene a la mente de los abogados que redactan contratos, por ejemplo, porque en los países de Derecho Común la prescripción es una cuestión prin-

---

de ley de prescripción preparado por la Comisión Jurídica Inglesa ya no se refiere a la "prescripción de acciones", sino que establece límites de tiempo "para la presentación de demandas civiles"; seguido de una referencia a la Comisión Jurídica, Limitación de la acción, (Ley Com. No 270, 200, 226-97). En el mismo sentido, durante su tiempo con la Unión Europea, el Reino Unido había aceptado el Reglamento de Roma I, que también califica la prescripción como una cuestión jurídica sustantiva su Art. 12 (1) literal "d". Esta calificación sustantiva continúa aplicándose en Inglaterra después del BREXIT, desde el 1 de febrero de 2021 sobre la base de la Ley de (Retirada) de la Unión Europea de 2018, capítulo 16, sección 3 y la Ley de la Unión Europea (Ley del Acuerdo de Retirada 2020) sección 3 (4) (a).

4657 R. Zimmermann en Jansen/Zimmermann, Art. 14:101 (PECL): *Claims Subject to Prescription*, no. 1, 3 (p. 1834).

4658 R. Wintgen en Vogenauer, Art. 10.1 nº 6.

4659 R. Wintgen en Vogenauer, Art. 10.2 nº 1; véase también R. Zimmermann en Jansen/Zimmermann, Art. 14:201 (PECL): *General Period*, no. 1 (p. 1839) y Art. 14:203 (PECL): *Commencement*, no. 1 (pp. 1843-44): "modelo moderno de dos períodos".

4660 R. Wintgen en Vogenauer, Art. 10.2 nº 1; I. Schwenzer/S. Manner, "*Arbitration International* 2007", pp. 293, 295; M. J. Bonell en Hartkamp et al. (eds.), pp. 715, 722.

4661 R. Wintgen en Vogenauer, Art. 10.2 no. 1 (para el sistema de dos niveles: "un principio general emergente, si no establecido"), con una referencia pertinente al Laudo Arbitral, Laudo de la CCI nº 14108 (2011), XXXVI "*Yearbook Commercial Arbitration* 135", Unilex nº 1662, no. 185 (aplicando el Art. 10.2 "subsidiariamente" a la luz de una legislación nacional poco clara).

4662 Ver la crítica más general de R. Wintgen en Vogenauer, Introducción al capítulo 10 no. 2 (citado sin el énfasis en el original).

cipalmente percibida como de derecho procesal[4663] y no de derecho sustantivo (como en las jurisdicciones de Derecho Civil).[4664] Los profesionales deben tener especialmente en cuenta la **calificación** (o caracterización) **de las cuestiones de prescripción** en virtud del Derecho Internacional Privado aplicable y/o el arbitraje. (que depende del órgano competente de resolución de controversias y, por tanto, de la elección del tribunal o de la cláusula compromisoria) (Introducción No 17 en I.). El capítulo 10 también puede servir como **recordatorio de las cuestiones de calificación**. Cuando se eligen los Principios de UNIDROIT para un contrato, las normas del capítulo 10 se convierten en vinculantes, pero están **sujetas** a cualquier **ley imperativa** (internacional) (sustantiva o procesal) aplicable (art. 1.4).[4665]

B. Ámbito de aplicación (basado en el escrutinio de *Wingten*)[4666]

4

El párrafo 1 se refiere al "ejercicio de los derechos regidos por los Principios".

1. Ejemplos de aplicabilidad[4667]

5

El Capítulo 10 se aplica a los "derechos regidos por los Principios",[4668] que incluye las reclamaciones basadas en **I) derechos precontractuales**:[4669] arts. 2.1.15 y 2.1.16 frase 2; art. 3.2.16; **II) derechos contractuales (incluidas las reclamaciones accesorias):**[4670] **a)** contra la parte contratante (inicial), art. 7.2.1 (cumplimiento de una obligación monetaria); art. 7.2.2 (cumplimiento de una obligación no monetaria, una vez que el acreedor (art. 1.11 cuarto guión) ha dado aviso de conformidad con la literal "e" dentro de un período de tiempo "razonable");[4671] art. 7.3.6 (restitución a la terminación); arts. 7.4.1 y 7.1.4 (5) (incumplimiento); arts. 7.4.9 (1), 7.4.9 (3) y 7.4.10 (intereses, es decir, un crédito accesorio),[4672] art. 7.4.13 (pago acordado por incumplimiento); art. 9.1.8 (relativo a los costes adicionales

---

4663 P. Hay, IPRax 1989, pp. 197 y ss.; R. Zimmermann, *"Comparative foundations of a European law of set-off and prescription"* (2002), p. 70; D. Martiny en Reithmann/Martiny, no. 3.251; E. Brödermann en art. 6 *"IPR MünchAnwaltshandb. IntWirtschR"*, nº 184.

4664 R. Zimmermann, *"Comparative foundations of a European law of set-off and prescription"* (2002), pp. 71 y 72, notas 50 y 53, por ejemplo, en otras jurisdicciones de Derecho Civil.

4665 M. J. Bonell en Hartkamp et al. (eds.), pp. 715, 729-30.

4666 R. Wintgen en Vogenauer, Art. 10.1 nº 1-5, 7-8.

4667 R. Wintgen en Vogenauer, Art. 10.1 nº 1-5.

4668 Es decir, una redacción introducida en StL-Misc. 22 (2000), p. 7 (Farnsworth y Schlechtriem).

4669 R. Wintgen en Vogenauer, Art. 10.1 nº 1.

4670 Comentarios Oficiales, art. 10.2 nº 10, p. 355; StL-Misc. 23 (2001), pp. 11 y 12 (Schlechtriem y Bonell); R. Wintgen en Vogenauer, Art. 10.2 nº 2.

4671 Siguiendo la argumentación pertinente de R. Wintgen en Vogenauer, Art. 10.1 nº 2.

4672 Comentarios Oficiales, art. 10.2 nº 10, p. 355; R. Wintgen en Vogenauer, Art. 10.2 no. 2 y Art. 10.9 no. 7; R. Zimmermann en Jansen/Zimmermann, Art. 14:502 (PECL): *Effect on Ancillary Claims*, no. 1 (p. 1880), I) con observaciones críticas en las que se argumenta que la reclamación de intereses debería someterse más bien al mismo plazo de prescripción que la reclamación principal "incluso si, como resultado de una aplicación de las normas generales, la prescripción se hubiera producido en una fecha posterior" (con referencia a

del deudor (art. 1.11 cuarto guión) en el caso de una cesión); otros derechos contractuales acordados en el contrato,[4673] por ejemplo, el derecho a una reducción del precio[4674] (que no se invoca como defensa);[4675] **b)** contra el (nuevo) socio contractual en caso de cesión, en virtud de la cual los plazos de prescripción iniciales "seguirán corriendo contra el nuevo acreedor"[4676] (arts. 9.1.14, 9.2.7, 9.3.6); **III) derechos de terceros**: arts. 5.2.1, 2.2.1 (1) (representación no revelada); art. 2.2.6 (responsabilidad del representante sin poder o excediéndolo).

2. Contraejemplos a los que no se aplican los plazos de prescripción previstos en el capítulo 10[4677]

6

Los plazos de prescripción previstos en el capítulo 10 no se aplican a **I)** los **derechos de defensa** (art. 10.9 (3)): por ejemplo, el art. 7.1.3 (suspensión del cumplimiento),[4678] art. 7.4.8 (atenuación del daño, *argumentum* por su naturaleza); el derecho a una reducción del precio acordada contractualmente si se plantea como derecho de defensa (art. 10.9.3);[4679] **II)** el **plazo para los requisitos de notificación en virtud de los Principios** (párrafo 2),[4680] es decir, para las notificaciones necesarias para adquirir o ejercer un derecho (excepto durante el tiempo necesario para iniciar acciones judiciales), por ejemplo, notificaciones[4681] en el contexto de: **a)** la formación de un contrato (arts. 2.1.7, 2.1.11, 2.1.12, 2.1.22); **b)** autoridad de los representantes (arts. 2.2.7, 2.2.9); **c)** anulación (art. 3.2.12); **d)** excesiva onerosidad (art. 6.2.3); **e)** prestaciones específicas (art. 7.2.2 literal "e"); **f)** resolución (art. 7.3.2 (2));[4682] lo mismo debe aplicarse **g)** también a cualquier otro requisito de notificación, como los avisos de no conformidad,[4683] previstos en un contrato (a menudo a largo plazo) sometido a los Principios de UNIDROIT. En estos casos, los "períodos límite"[4684] son "generalmen-

varias leyes nacionales y un estudio que afirma que este enfoque sería "generalmente reconocido"); pero II) reconociendo que el compromiso internacional en los Principios de UNIDROIT es diferente.

[4673] Comentarios Oficiales, art. 10.1 nº 1, p. 349; R. Wintgen en Vogenauer, Art. 10.1 nº 5.

[4674] Comentarios Oficiales, art. 10.1 no. 1 e Ilustración 2, pp. 349-350.

[4675] R. Wintgen en Vogenauer, Art. 10.1 nº 5.

[4676] R. Wintgen en Vogenauer, Art. 10.1 nº 4.

[4677] R. Wintgen en Vogenauer, Art. 10.1 nº 2, 5, 7-8.

[4678] R. Wintgen en Vogenauer, Art. 10.1 nº 2 *in fine*.

[4679] R. Wintgen en Vogenauer, Art. 10.1 nº 5.

[4680] Como explica M. J. Bonell en Hartkamp et al. (eds.), pp. 715, 721, estos plazos son "a nivel nacional conocidos como decomiso, *délais prefixes* (francés), *Ausschlußfirst* (alemán), *decadenza* (italiano), *verval* (holandés), etc".

[4681] Resumen basado en el escrutinio de R. Wintgen en Vogenauer, Art. 10.1 nº 7. Para la historia de los actos unilaterales que dan forma a la vida de un contrato (en alemán: *Gestaltungsrechte*) véase R. Zimmermann en Jansen/Zimmermann, Art. 14:101 (PECL): *Claims Subject to Prescription*, no. 8 (pp. 1836-37) incluyendo en particular la nota 42.

[4682] StL-Misc. 21 (1999), p. 53 (Schlechtriem y Bonell); Comentarios Oficiales, art. 10.1 no. 2 e Ilustración 3, p. 350.

[4683] Véase Art. 39 párrafos 1 y 2 de la CNUCCI, que tienen prioridad en los casos en que los Principios de UNIDROIT se aplican únicamente como complemento de la CNUCCI (Introducción nº 9d).

[4684] R. Zimmermann en Jansen/Zimmermann, Art. 14:101 (PECL): *Claims Subject to Prescription*, no. 10 (p. 1838).

te mucho más cortos".[4685] Las referencias a un "plazo razonable" o "retraso indebido" se consideran *lex specialis*[4686] (con respecto al plazo de prescripción general);[4687] **III)** el **plazo para requisitos adicionales de notificación contractual (aplicación por analogía);**[4688] **IV)** los casos en que la invocación del plazo de prescripción parezca abusiva e **incompatible con el principio de buena fe y lealtad comercial** (art. 1.7), por ejemplo, en caso de ocultación deshonesta de los hechos pertinentes al deudor[4689] y/o incoherente con el **comportamiento anterior** (por ejemplo, induciendo a la confianza razonable de la otra parte);[4690] **entablando negociaciones** poco antes de la expiración del plazo de prescripción[4691] (que también puede considerarse que induce a una confianza razonable); por **escrito** para prorrogar el plazo;[4692] o después de acordar una prórroga del plazo de prescripción después de que haya expirado el plazo de prescripción[4693] (sin la reserva frecuentemente utilizada de que el acuerdo no incluye ningún plazo de prescripción vencido); **V)** en caso de ley imperativa aplicable (art. 1.4);[4694] y **VI)** a la prescripción de derechos sobre sentencias o laudos arbitrales emitidos por un tribunal como resultado de una disputa contractual.[4695]

3. Una observación sobre la aplicación del Capítulo 10 desde la perspectiva del Derecho Internacional Privado

6a

Como resultado de la **diferente calificación** de los plazos de prescripción con respecto a los derechos contractuales[4696] (punto 1 *supra*), debe distinguirse con respecto a la aplicación del Capítulo 10 por los tribunales (incluidos los tribunales arbitrales, artículo 1.11

[4685] Comentarios Oficiales, art. 10.1 nº 2, p. 350; R. Zimmermann en Jansen/Zimmermann, Art. 14:101 (PECL): *Claims Subject to Prescription*, no. 10 (p. 1838).

[4686] Comentarios Oficiales, art. 10.1 nº 2, p. 350 ("necesidades especiales"), incluido el caso de que un "plazo razonable" pueda extenderse más allá de un plazo de prescripción; R. Wintgen en Vogenauer Art. 10.1 nº 9; R. Zimmermann en Jansen/Zimmermann, Art. 14:101 (PECL): *Claims Subject to Prescription*, no. 10 (p. 1838).

[4687] R. Wintgen en Vogenauer Art. 10.1 nº 9 (excluido el argumento de la *lex specialis* para el plazo máximo de prescripción). Esto se correlaciona con numerosas leyes nacionales, véase la descripción general de R. Zimmermann en Jansen/Zimmermann, Art. 14:101 (PECL): *Claims Subject to Prescription*, no. 8 (p. 1837).

[4688] R. Wintgen en Vogenauer Art. 10.1 nº 8.

[4689] R. Wintgen en Vogenauer Art. 10.1 nº 13 (con referencia al derecho inglés (art. 32 (1) (b) "*Limitation Act*") y al derecho francés (Cass. soc. 13 de julio de 2000 (No. 99-10447), Bol civ V nº 291) en este sentido).

[4690] R. Wintgen en Vogenauer Art. 10.1 nº 12. Véase además R. Zimmermann en Jansen/Zimmermann, Art. 14:304 (PECL): *Postponement of Expiry in Case of Negotiation*, no. 1 (pp. 1860-61) refiriéndose también a "PICC 1.7". e ibid. no. 4 (p. 1862).

[4691] StL-Misc. 20 (1998), Nº 148; R. Wintgen en Vogenauer Art. 10.1 no. 11 y Art. 10.7 nº 4 (donde se discute una posible "trampa" del deudor al acreedor).

[4692] R. Wintgen en Vogenauer Art. 10.1 nº 11.

[4693] Comentarios Oficiales, art. 10.3 nº 3, p. 358; R. Wintgen en Vogenauer Art. 10.1 nº 11 Nota 16.

[4694] Comentarios Oficiales, art. 10.1 nº 3 e ilustración 4 (aplicación de una prescripción obligatoria nacional), página 351; R. Wintgen en Vogenauer Art. 10.1 nº 10.

[4695] R. Zimmermann en Jansen/Zimmermann, Art. 14:202 (PECL): *Period for a Claim Established by Legal Proceeding*, no.2 (p. 1841): "el PICC no se ocupa de la cuestión" que, por lo tanto, está cubierta por la ley nacional aplicable (ibid., p. 1842).

[4696] Para un análisis del término "reclamación" y otros términos que describen derechos cuyo ejercicio puede estar limitado por prescripción, véase R. Zimmermann en Jansen/Zimmermann, art. 14:101 (PECL): *Claims Subject to Prescription*, no. 1 (pp. 1832-33 con referencia a la Ley de Limitación Inglesa de 1980), no. 4-7 (pp. 1834-36).

primer guión) desde una perspectiva de Derecho Internacional Privado Comparado: **I)** Si la calificación contractual se aplica con arreglo al Derecho Internacional Privado aplicable, las normas del capítulo 10 se aplicarán como cuestión contractual (*lex contractus*) si son aplicables los Principios de UNIDROIT. En ese escenario, la legislación nacional obligatoria de prescripción podría intervenir como cuestión de derecho contractual, art. 1.4. **II)** Si la **calificación procesal** se aplica en virtud del Derecho Internacional Privado aplicable, las normas del capítulo 10 se aplicarán **a) directamente**, si el régimen procesal aplicable de la ley del tribunal (*lex fori* o, en caso de arbitraje, *lex arbitri*) otorga autonomía a las partes y permite determinar los plazos de prescripción por contrato. En ese caso, se aplica el acuerdo de las partes sobre los plazos de prescripción del capítulo 10, que figura en el acuerdo sobre los Principios de UNIDROIT; o **b) sólo en una segunda etapa** sobre el nivel sustantivo de aplicación de los Principios de UNIDROIT como parte del régimen contractual, después de que el tribunal haya determinado en una primera etapa que la invocación de un derecho contractual no está prescrita por los plazos de prescripción imperativos aplicables en el derecho procesal. **III) Relación con la Convención de la CNUDMI sobre la prescripción** (contratos de compraventa): **a)** Si las partes de un contrato de compraventa proceden de Estados contratantes (por ejemplo, Polonia y los Estados Unidos), las partes tendrían que excluir explícitamente la convención.[4697] **b)** Si las partes no proceden de Estados contratantes (por ejemplo, una parte alemana y una estadounidense), basta con elegir los Principios de UNIDROIT como régimen contractual aplicable en combinación con una cláusula compromisoria (Introducción No. 9a). Con arreglo a la versión actual de la Convención, en ese caso ni el art. 3 (1) literal "a" ni su literal "b" se aplican (ya que el Derecho Internacional Privado aplicable en virtud del régimen arbitral elegido reconocería la elección de las normas de derecho en los Principios de UNIDROIT y no haría que la ley de un Estado contratante se aplicara al contrato de compraventa); si se aplica la versión original de 1974 (Eslovaquia, EE.UU.), y las partes de dos Estados contratantes negocian entre sí, se requiere un lenguaje específico adicional para excluir la convención a fin de superar la naturaleza obligatoria de la convención.[4698]

4. Opciones

7

El capítulo 10 no cubre las reclamaciones por **responsabilidad extracontractual**.[4699] En el caso de una cláusula de elección de foro que conduzca a un enfoque que considere las demandas por responsabilidad extracontractual en ciertas circunstancias como parte de una disputa contractual,[4700] las partes pueden determinar, sujeto a cualquier ley nacional obliga-

---

[4697] Véase, en primer lugar, Art. 3 (2) Convención de la CNUDMI sobre la prescripción; y en segundo lugar, para los Estados Unidos y Eslovaquia, Art. 3 (3) de la versión original de la Convención porque esos Estados hicieron una declaración en virtud del artículo 36 bis (artículo XII del Protocolo de 1980) de la Convención. Véase también CNUDMI y otros, Guía jurídica tripartita, nº 293 y 318 (pp. 66 y 71).

[4698] Esto se desprende del Art. 3 (2) y (3) de la versión original de la Convención de la CNUDMI sobre la prescripción.

[4699] StL-Doc. 58 (1999), pp. 1 y 2 (Schlechtriem); StL-Misc. 21 (1999), nº 300 (Kronke, sobre la exclusión de las reclamaciones por lesiones corporales), 301 (Bonell) y 302; R. Wintgen en Vogenauer Art. 10.2 nº 3.

[4700] Véase, por ejemplo, TJCE, 13.3.2014, caso nº C-548/12, Marc Brogsitter/ "*Fabrication de MontresNormandes*", nº 23-29 (en particular nº 29); o la regla francesa de "*non cumul des responsabilités contractuelle et*

toria (art. 1.4), si el régimen de limitación de responsabilidad de los Principios de Unidroit en el Capítulo 10 también se aplicará a dicha reclamación basada en agravio y contrato.[4701]

Artículo 10.2 (Períodos de prescripción)

(1) El período ordinario de prescripción es tres años, que comienza al día siguiente del día en que el acreedor conoció o debiera haber conocido los hechos a cuyas resultas el derecho del acreedor puede ser ejercido.

(2) En todo caso, el período máximo de prescripción es diez años, que comienza al día siguiente del día en que el derecho podía ser ejercido.

A. Principios generales y subyacentes relativos a los períodos de prescripción

1. Un sistema de dos niveles

1

El sistema de dos niveles de los Principios de UNIDROIT[4702] combina un plazo de **prescripción general de 3 años**[4703] (vinculado a un "criterio de conocimiento y descubrimiento razonable", es decir, "un sistema de prescripción **relativo** o **subjetivo**"[4704]) con un **plazo máximo de prescripción de 10 años**[4705] (como "sistema de prescripción **absoluto** u **objetivo**"[4706]) en virtud del cual cada reclamación se examina por separado (incluidos los reclamos accesorios[4707] por intereses o gastos razonables, costos; esto evita problemas de categorización de una reclamación).[4708] Los dos plazos de prescripción corren "lado a lado para cada reclamo",[4709] ambos constituyen compromisos internacionales.[4710]

---

délictuelle" (como señaló R. Wintgen en Vogenauer Art. 10.2 no. 3 nota 28).

4701 R. Wintgen en Vogenauer Art. 10.2 nº 3.

4702 Propuesto por primera vez en StL-Doc. 58 (1999), p. 5 (Schlechtriem); con un creciente apoyo en StL-Misc. 21 (1999), p. 51 (Schlechtriem y Zimmermann); Comentarios Oficiales, art. 10.2 nº 4, pp. 352 y 353; M. J. Bonell en Hartkamp et al. (eds.), pp. 715, 722.

4703 En el primer debate, Schlechtriem consideró apropiado un plazo de prescripción general de cuatro años con referencia a la Convención de la CNUDMI sobre la Prescripción, StL-Doc. 58 (1999), pp. 5 y 6. Después de una vívida discusión en StL-Misc. 21 (1999), p. 51 entre tres años (Finn, Lando y El Kholy) y cuatro años (Schlechtriem, Bonell y Date Bah), con una propuesta cuatrienal en StL-Doc. 64 (1999), p. 6 (Schlechtriem), el Grupo acordó tres años en StL-Misc. 22 (2000), p. 12.

4704 Ambas citas provienen de R. Zimmermann en Jansen/Zimmermann., Introducción antes del art. 14:101 (PECL), no. 9 (p. 1830), énfasis añadido.

4705 CNUDMI y otros, Guía jurídica tripartita, nº 297 (p. 66). Date Bah propuso un período de prescripción de diez a doce años para el largo StL-Misc. 21 (1999), pp. 51 a 53, el período de diez años fue apoyado por Schlechtriem; Comentarios Oficiales, art. 10.2 nº 4, pp. 352 a 353.

4706 R. Zimmermann en Jansen/Zimmermann, Introducción antes del art. 14:101 (PECL), no. 9 (p. 1830), énfasis añadido.

4707 Comentarios Oficiales, art. 10.2 nº 10, p. 355.

4708 R. Wintgen en Vogenauer, Art. 10.2 nº 2.

4709 R. Zimmermann en Jansen/Zimmermann, Art. 14:307 (PECL): *Maximum Length of Period*, no. 1 (p. 1867), contrastando a este respecto con PDCEy DCFR que operan con un período general de "prescripción" que puede extenderse hasta un período máximo de prescripción si el descubrimiento ocurre tarde (ibid.).

4710 I) Para el plazo de prescripción general de "tres" años, véase R. Zimmermann en Jansen/Zimmermann, art. 14:201 (PECL): *General Period*, no. 2 (pp. 1839-40): "ampliamente considerado como un compromiso ra-

2. Punto de partida en "al día siguiente"

2

El artículo 10.2 se centra en la determinación del **comienzo ("punto de partida")** del plazo de prescripción. Comienza en cualquier caso (a las 0:00 horas)[4711] del **día siguiente**[4712] de que tenga lugar el momento de activación (No. 5 a continuación) (porque ese momento podría ocurrir a la medianoche).[4713] **Expira** a las 24.00 horas del último día (por ejemplo, momento de activación el 15 de octubre de 2022, punto de inicio 16 de octubre de 2022 0:00 horas, final del plazo de prescripción 15 de octubre de 2025).[4714] Una vez más, es útil que los Principios de UNIDROIT proporcionen una regla de compromiso[4715] clara.

3. Calendario gregoriano

3

Sujeto a contrato (Art. 1.5), el art. 10.2 se basa en el calendario gregoriano.[4716]

4. Días festivos oficiales o no laborales

4

Con respecto a los Comentarios Oficiales de los arts. 1.12[4717] y art. 1.6 (2), las reglas del art. 1.12 se aplican al cómputo del plazo de prescripción (ya sea porque las partes eligieron los Principios de UNIDROIT, para los cuales es suficiente[4718] una cláusula de "elección de Principios de UNIDROIT", o en vista de su acuerdo en virtud del art. 10.3).[4719] En particular, si el **último día del plazo de prescripción** es un **día festivo oficial o un día no laborable** "en

---

zonable", con una visión comparativa de las leyes nacionales. II) Para el límite máximo de "diez" años, R. Zimmermann en Jansen/Zimmermann, art. 14:307 (PECL): *Maximum Length of Period*, no. 2 (pp. 1867-68) con referencia a múltiples leyes nacionales con una longitud máxima variable.

4711 R. Wintgen en Vogenauer Art. 10.2 nº 17; también se consideró que comenzaría el 31 de diciembre del año en que se produjo el derecho, reclamación o recurso, sin embargo, esto daría lugar a grandes desviaciones en el plazo de prescripción real StL-Doc. 58 (1999), p. 9 (Schlechtriem).

4712 Comentarios Oficiales, art. 10.2 no. 7 e Ilustración 5, p. 354.

4713 R. Wintgen en Vogenauer Art. 10.2 nº 17.

4714 Ejemplo adaptado de R. Wintgen en Vogenauer Art. 10.2 nº 17.

4715 Contraste: El cálculo alemán de los períodos cortos de prescripción al final del año, como lo analizó R. Zimmermann en Jansen/Zimmermann, Art. 14:203 (PECL): *Commencement*, no. 5 (p. 1846).

4716 Comentarios Oficiales, art. 10.2 nº 11, p. 356; StL-Doc. 64 (1999), p. 5; R. Wintgen en Vogenauer, Art. 10.2 nº 18.

4717 Comentarios Oficiales Art. 1.12, p. 32; R. Wintgen en Vogenauer, Art. 10.2 nº 19.

4718 Con respecto a este detalle técnico contra R. Wintgen en Vogenauer, Art. 10.2 no. 19 (que argumenta a favor de una aplicación del art. 1.12 por mera analogía si las partes han elegido los Principios de UNIDROIT de otra manera que no sea por incorporación. Se sostiene que la elección de las partes que se comprometen a aplicar los Principios de UNIDROIT sigue siendo una elección independientemente de la forma de la elección).

4719 R. Wintgen en Vogenauer, Art. 10.2 nº 19 (con una distinción adicional dependiendo de si las partes han incorporado los Principios de UNIDROIT o si han elegido los Principios de UNIDROIT de otra manera, por lo que propone aplicar el artículo 1.12 en este último caso sólo indirectamente).

el lugar de negocios de la parte que realiza el acto" (arts. 1.12 (2), 6.1.6; por ejemplo, si el pago es exigible, es decir, en el establecimiento del acreedor (el artículo 1.11 cuarto guión) de conformidad con el art. 6.1.6 (1) literal "a", esto implica una **prolongación del período de prescripción** hasta el siguiente día hábil (a menos que las circunstancias, por ejemplo, de un acuerdo contractual (Art. 1.5) indiquen lo contrario).

B. Inicio del período de prescripción

1. Período de prescripción general (3 años)

5

a) Conocimiento de "hechos" relevantes. I) Principio. De conformidad con el párrafo 1, el comienzo de los períodos de prescripción requiere una "**capacidad de descubrimiento razonable**",[4720] es decir, el conocimiento o el conocimiento constructivo del acreedor de los "hechos" pertinentes que constituyen la base del derecho.[4721] Esto es distinto del conocimiento de la **ley**.[4722] El acreedor corre el riesgo de una evaluación jurídica errónea de los hechos, incluido un asesoramiento jurídico erróneo (con una posible excepción en virtud del art. 1.8 "si el acreedor pudiera razonablemente confiar en... información legal proporcionada por el deudor"[4723] (art. 1.11, cuarto guión)). Para casos extremadamente complejos, se ha argumentado que el conocimiento constructivo puede excluirse si "buscar asesoramiento legal no aclararía el asunto".[4724] **II) Detalles.** El conocimiento de los hechos incluye el conocimiento del incumplimiento del deudor (incluida la **identidad del deudor**, que puede ser poco clara "en casos de representación, transferencia de obligaciones o contratos completos, liquidación de empresas o contratos de terceros beneficiarios poco claros")[4725] o al menos (**conocimiento constructivo**) **de que el cumplimiento por parte del deudor es debido**[4726] (art. 6.1.1); así como el conocimiento de los hechos relacionados con

---

[4720] R. Zimmermann, 21 TulEur&Civ L Forum 2006, pp. 1, 8 y 9 y p. 13 (con referencia a: I) la máxima general subyacente *"agere non valenti non currit praesriptio"*, y II) el comentario de que la norma se refiere a una excepción porque "es una norma que el acreedor conocerá de su crédito en el momento de su vencimiento"); A. McGee, *"Limitation Periods"*, 7th ed. 2014 no. 8.022, respaldado por R. Wintgen en Vogenauer, Art. 10.2 nº 11; R. Zimmermann en Jansen/Zimmermann, Art. 14:301 (PECL): *Suspension in Case of Ignorance*, no. 1 (p. 1848): "La capacidad de descubrimiento razonable ha surgido gradualmente, en las últimas décadas, como el estándar apropiado para el corto período de prescripción" (ibid. con más referencias y observaciones legales comparativas, así como una discusión de los desafíos de la prueba en no. 3, p. 1850). Ver en este sentido ya M. J. Bonell en Hartkamp et al. (eds.), pp. 715, 723 en 2011 ("prueba de descubrimiento, que recientemente se ha vuelto más común").

[4721] R. Zimmermann en Jansen/Zimmermann, Art. 14:301 (PECL): *Suspension in Case of Ignorance*, no. 1 (p. 1849).

[4722] Comentarios Oficiales, art. 10.2 nº 6, p. 353; R. Wintgen en Vogenauer, Art. 10.2 no. 7; R. Zimmermann en Jansen/Zimmermann, Art. 14:301 (PECL): *Suspension in Case of Ignorance*, no. 1 (p. 1849).

[4723] R. Wintgen en Vogenauer, Art. 10.2 nº 8 (con referencia a la jurisprudencia inglesa en este sentido basada en el *"estoppel"*).

[4724] R. Wintgen en Vogenauer, Art. 10.2 Nº 7 (con referencia a una decisión alemana a este respecto, decisión del Tribunal Federal Alemán de Surpeme de fecha 25 de febrero de 1999 - IX ZR 30/98, NJW 1999, pp. 2041, 2042).

[4725] R. Wintgen en Vogenauer, Art. 10.2 nº 7.

[4726] Comentarios Oficiales, art. 10.2 nº 5, p. 353; R. Wintgen en Vogenauer, Art. 10.2 nº 4.

el desarrollo del daño.[4727] Si el cumplimiento no es debido, el acreedor no puede ejercer el derecho (o "recurso")[4728] para el que debe calcularse el período de prescripción[4729] (*argumentum*, párrafo 1: "a cuyas resultas el derecho del acreedor puede ser ejercido"). **III) Obligaciones continuas**. En caso de que **continúen las obligaciones** de hacer o no hacer algo, el plazo de prescripción general generalmente "comienza a correr con cada incumplimiento de la obligación",[4730] porque cada incumplimiento puede desencadenar un derecho o recurso,[4731] mientras que se ha argumentado (por *Wintgen*) para el **derecho a daños y perjuicios** (art. 7.4.1 y siguientes) que el conocimiento constructivo del acreedor existe una vez que "sabe que la **pérdida es significativa**"[4732] y, por lo tanto, "suficiente para ejercer sus derechos"[4733] (aunque es posible que aún no se haya desentrañado el alcance total del daño; en este contexto, el art. 7.4.3 (1) permite también la compensación de "daño futuro" que se "establece con un grado razonable de certeza"[4734]).[4735] El concepto de conocimiento constructivo deja **discreción al tribunal** (art. 1.11 primer guión).

6

b) **Conocimiento o Conocimiento Constructivo. I) Interpretación autónoma**: Al igual que en muchos otros casos, los Principios de UNIDROIT exigen un conocimiento real o constructivo ("deben conocer los hechos")[4736] de los hechos pertinentes. Se afirma que, de conformidad con el art. 1.6, la redacción requiere una interpretación autónoma de mente abierta con respecto al entorno internacional para determinar el conocimiento constructivo (art. 1.6 (1)) según el cual la observancia de la buena fe y la lealtad negocial (art. 1.7) y la apertura a los usos comerciales (art. 1.9) (art. 1.6 (2), Introducción No. 7) requieren no aplicar estrictamente ninguna noción nacional (como la prueba alemana de "negligencia grave" en el contexto del art. 199 BGB), sino más bien un criterio de "**descubrimiento razonable**" (No. 5 supra) **dadas las circunstancias, es decir, si una parte razonable (que actúa internacionalmente) del mismo tipo en las mismas circunstancias** (*argumentum* art. 4.1 (2), 4.2 (2)),[4737] generalmente un **hombre de negocios** (es decir, la persona pertinente

[4727] R. Zimmermann en Jansen/Zimmermann, Art. 14:203 (PECL): *Commencement*, no. 3 (p. 1845).

[4728] R. Wintgen en Vogenauer, Art. 10.2 nº 5.

[4729] Comentarios Oficiales, art. 10.2 nº 8, ilustraciones 6 y 7, p. 355; véase de nuevo R. Wintgen en Vogenauer Art. 10.2 nº 4 ("debe conocerse").

[4730] R. Wintgen en Vogenauer, Art. 10.2 nº 5; R. Zimmermann en Jansen/Zimmermann, Art. 14:203 (PECL): *Commencement*, no. 3 (pp. 1844-45).

[4731] R. Wintgen en Vogenauer, Art. 10.2 nº 5.

[4732] R. Wintgen en Vogenauer, Art. 10.2 nº 6 (las cursivas figuran en el original); sin denominar explícitamente esto como "conocimiento constructivo".

[4733] R. Wintgen en Vogenauer, Art. 10.2 nº 6.

[4734] R. Zimmermann en Jansen/Zimmermann, art. 9:501 [PDCE]: Remedios Particulares para el Incumplimiento, no. 10 (pág. 1452).

[4735] Los intereses contrapuestos del deudor y del acreedor son comparables en lo que respecta a la limitación temporal de los derechos derivados del incumplimiento continuo de las obligaciones continuas y con respecto a los casos de daños y perjuicios que se desarrollan a lo largo del tiempo.

[4736] StL-Misc. 22 (2000), p. 9; R. Wintgen en Vogenauer, Art. 10.2 no. 11 nota 40 enumera Arts. 2.2.3, 2.2.4, 2.2.6, 2.2.7, 2.2.9, 2.2.10, 3.2.2, 3.2.8, 3.2.16, 7.1.7, 7.2.2, 7.3.2 y 9.1.9.

[4737] Se afirma que estos argumentos basados en los Principios de UNIDROIT constituyen la mejor razón que cualquier referencia al enfoque similar (interno) de la Comisión Jurídica Inglesa a que se refiere R. Wintgen en Vogenauer, art. 10.2 nº 11.

a la que se dirigen los Principios de UNIDROIT,[4738] *argumentum* Preámbulo oración 1: "reglas para contratos comerciales internacionales") debería haber tenido conocimiento de los hechos pertinentes. **II) Entidades comerciales**: En el caso de una entidad comercial, deberá aplicarse una prueba similar (Principios autónomos de UNIDROIT) para determinar si el conocimiento de una determinada persona debe constituir conocimiento de la entidad (razonablemente organizada) (por ejemplo, si un empleado tenía o debería haber tenido conocimiento para actuar sobre dicho conocimiento o si tenía o debería haber tenido el deber de revelar esa información).[4739] A la luz de la referencia al "conocimiento constructivo", adquiere menos importancia si, en virtud del Derecho de sociedades aplicable a una persona jurídica, el conocimiento de una determinada persona dentro de la empresa constituye también un conocimiento real.[4740] Al final, hay margen para la **discrecionalidad del tribunal** (art. 1.11 primer guión) teniendo debidamente en cuenta las circunstancias del caso. **III) Fallecimiento, insolvencia**. A diferencia del art. 14:301 PECL, en caso de fallecimiento o insolvencia del acreedor, el desconocimiento de los hechos por parte del sucesor no es motivo para suspender el inicio del plazo de prescripción.[4741]

2. Período máximo de prescripción (10 años)

7

De conformidad con el párrafo 2, el plazo máximo de prescripción para los reclamos de diez años[4742] (incluidas las reclamaciones por **daños inicialmente latentes**)[4743] "tiende a considerarse razonable, internacionalmente".[4744] Comienza al día[4745] "siguiente del día en que el derecho podía ser ejercido",[4746] es decir, el día siguiente a la fecha de vencimiento de la obligación del deudor.[4747] El plazo máximo de prescripción permite al acreedor cerrar su expediente en algún momento, independientemente de su conocimiento con el fin de

[4738] Comentarios Oficiales, art. 10.3 nº 1, p. 357; R. Wintgen en Vogenauer, Art. 10.3 nº 1.

[4739] Ver las referencias de R. Wintgen en Vogenauer, Art. 10.2 no. 12 (con referencias al enfoque parcialmente divergente francés, alemán e inglés).

[4740] Argumento convincente de R. Wintgen en Vogenauer, Art. 10.2 nº 10, debe leerse en línea con referencias a conceptos nacionales (posiblemente divergentes) en nº 9 y 12.

[4741] R. Wintgen en Vogenauer, Art. 10.2 nº 13.

[4742] Históricamente, desde "una promulgación por el emperador Teodosio II en 414 dC" (R. Zimmermann en Jansen/Zimmermann, Introducción antes del art. 14:101 (PECL), no. 2, p. 1824), el período para la prescripción "extintiva" fue de treinta años, también bajo la comuna del *"ius commune"* y en "muchas de las codificaciones modernas" (ibid. no. 5, p. 1827). Comenzando con un tratado del jurista alemán Karl Spiro en 1975, surgió la discusión internacional para adaptar la limitación del tiempo a "una sociedad que cambia cada vez más rápidamente" (ibid.). Véase el resumen comparativo de R. Zimmermann ibid. no. 5-10 (pp. 1826-31).

[4743] R. Wintgen en Vogenauer, Art. 10.2 nº 16.

[4744] Evaluación de R. Zimmermann en Jansen/Zimmermann, Art. 14:307 (PECL): *Maximum Length Period*, nº 2 (p. 1867), con ejemplos comparativos de la UE y nacionales.

[4745] Véase R. Zimmermann en Jansen/Zimmermann, art. 14:203 [PDCE]: Inicio, no. 2 (p. 1844) con mayor referencia al principio subyacente *"agere non valenti non currit praescriptio"*, según la cual un plazo de prescripción no puede correr contra un acreedor sin una oportunidad de hacer valer su derecho.

[4746] Evaluación de R. Zimmermann en Jansen/Zimmermann, Art. 14:307 (PECL): *Maximum Length Period*, nº 2 (p. 1867), con ejemplos comparativos de la UE y nacionales.

[4747] R. Zimmermann en Jansen/Zimmermann, Art. 14:203 (PECL): *Commencement*, no. 2 (p. 1844) en la fecha de inicio bajo PECL, que "debe ser la fecha de comienzo para el período "largo" o "máximo" bajo PICC (...)" (Ibid. nº 1, p. 1844).

"restablecer paz" y evitar "litigios especulativos donde las pruebas se han desvanecido".[4748] En el caso de una reclamación por **daños contractuales**, este punto puede ser tardío porque "(una) reclamación por daños y perjuicios sólo puede ejecutarse cuando se han cumplido todos los requisitos de la norma que impone la responsabilidad".[4749] Por esta razón, muchas leyes nacionales e instrumentos europeos como PDCEy DCFR se centran en la ocurrencia de daños en lugar de en el evento perjudicial para el comienzo de la prescripción. Tal entendimiento no estaría cubierto por la redacción del párrafo 2 ("a partir del día siguiente del día en que el derecho podía ser ejercido"), que constituye un compromiso que incluye a juristas de Estados donde un plazo máximo de treinta años sería normal[4750] o donde "el mero paso del tiempo no implicaría ninguna pérdida de derechos" (No. 1 *supra*). Más bien, con respecto al art. 7.4.3 (1) permitiendo también la compensación de "daño futuro" que se "establezca con un grado razonable de certeza", la propuesta de *Wintgen* discutida anteriormente en el No. 5 parece resolver el asunto de una manera razonable (que será evaluada, en última instancia, por el árbitro encargado de decidir la cuestión).

C. Opciones

8

I) Las partes podrán **modificar** los períodos de prescripción[4751] de conformidad con las condiciones establecidas en el art. 10.3. **II)** Al contemplar cuestiones de período de prescripción en el contexto de la **redacción del contrato**, las partes también pueden considerar posibles cuestiones de "**comportamiento incoherente**" (art. 1.8 no. 3), incluidas las contramedidas (del deudor potencial) tal como una "cláusula de no confianza" para ciertos escenarios contractuales (art. 1.8 no. 5). Desde la perspectiva del acreedor, es libre de considerar instrumentos procesales para obligar al deudor a reconocer su obligación. **III)** En caso de una **reclamación por daños y perjuicios**, se **aconseja** al acreedor que organice un acuse de recibido del deudor (art. 10.4), que **suspenda** el plazo de prescripción (art. 10.5 y ss.) más pronto que tarde o que inicie una acción, una vez que sepa que **la pérdida es significativa** (No. 5 anterior).

Artículo 10.3 (Modificación de los períodos de prescripción por las partes)

(1) Las partes pueden modificar los períodos de prescripción.

(2) Sin embargo, ellas no podrán:

[4748] Comentarios Oficiales, art. 10.2 nº 9, p. 355; R. Wintgen en Vogenauer, Art. 10.2 nº 13.

[4749] R. Zimmermann en Jansen/Zimmermann, Art. 14:203 (PECL): *Commencement*, no. 3 (pp. 1844-45) señalando que, en contraste, las normas europeas en PECL, DCFR y CESL se relacionan en caso de reclamaciones por daños y perjuicios al "acto que da lugar a la reclamación/el derecho" porque "el daño a veces solo ocurrirá muchos años después de que se haya cometido el acto que da lugar a la responsabilidad".

[4750] Véase, por ejemplo, R. Zimmermann en Jansen/Zimmermann, Introducción antes del art. 14:101 (PECL), no. 5 (p. 1826): "período tradicional de treinta años"; y Arte. 14:307 (PECL): *Maximum Length Period*, no. 2 (p. 1868).

[4751] Comentarios Oficiales, art. 10.2 nº 2, p. 352.

a) acortar el período ordinario de prescripción a menos de un año;

b) acortar el período máximo de prescripción a menos de cuatro años;

c) prorrogar el período máximo de prescripción a más de quince años.

A. Principio de autonomía de la voluntad como punto de partida

1

En general, el párrafo 1 sostiene la libertad de las partes para modificar los plazos de prescripción establecidos en el art. 10.2 (art. 1.5, primera parte).[4752] A este respecto, los Principios de UNIDROIT proporcionan una vez más una **claridad útil** porque, bajo la presión temporal de las transacciones internacionales, las partes no siempre pueden concentrarse en la cuestión de la estructuración de los plazos de prescripción, ya sea a la luz de su formación y experiencia (lo que puede hacer que **I)** perciban la prescripción como una cuestión exclusivamente de procedimiento (art. 10.1 no. 3), o **II)** corten cualquier idea sobre la estructuración de los plazos de prescripción porque en su legislación nacional, la modificación de los plazos de prescripción puede prohibirse por completo).[4753]

B. Modalidades

2

I) El párrafo 1 exige un **acuerdo de las partes** (arts. 1.1, 1.3, 1.5) que sea distinto de un escrito unilateral.[4754] Cualquier escrito unilateral del deudor (art. 1.11 cuarto guión) tendría que ser aceptado por el acreedor (art. 1.11 cuarto guión), lo que puede ocurrir aunque implícitamente, por ejemplo, por conducta (arts. 2.1.1, 2.1.6). Además, es probable que dicha notificación unilateral impida al deudor hacer valer posteriormente (art. 10.9 (2)) la expiración de un plazo de prescripción (art. 1.8).[4755] **II)** El acuerdo podrá efectuarse "en cualquier... **manera imaginable**",[4756] por ejemplo, mediante un aplazamiento del comienzo,[4757] una suspensión o una prórroga,[4758] siempre que las restricciones del art. 10.3 (2) (y de cualquier ley nacional obligatoria,[4759] art. 1.4) se respeten. El acuerdo de modificación puede figurar en el contrato inicial o celebrarse posteriormente por separado, siempre

---

4752 StL-Doc. 58 (1999), pp. 7 y 11; M. J. Bonell en Hartkamp et al. (eds.), pp. 715 y 724; CNUDMI y otros, Guía jurídica tripartita, nº 300 (p. 67): "más indulgente en cuanto a la modificación del plazo de prescripción" (en comparación con la Convención de la CNUDMI sobre la Prescripción).

4753 Art. 129 Código de Obligaciones de Suiza, art. 2936 Código civil italiano; como señaló R. Wintgen en Vogenauer, Art. 10.3 nº 2 nota 56; R. Zimmermann en Jansen/Zimmermann, Art. 14:601 (PECL): *Agreements Concerning Prescription*, nº 1 (p. 1883) incluyendo referencias a otras leyes (Austria, Grecia, Portugal).

4754 Véase Art. 22 2) Convención de las Naciones Unidas sobre la prescripción de 1974 (→ art. 10.1 no. 1); como señaló R. Wintgen en Vogenauer, Art. 10.3 nº 5.

4755 R. Wintgen en Vogenauer, Art. 10.3 nº 5.

4756 R. Wintgen en Vogenauer, Art. 10.3 nº 6.

4757 Comentarios Oficiales, art. 10.3 Ilustración 3, p. 357; R. Wintgen en Vogenauer, Art. 10.3 nº 6.

4758 R. Wintgen en Vogenauer, Art. 10.3 nº 6.

4759 Por ejemplo, restricciones al derecho de sociedades como el art. 133 párr. 3, primera oración, de la Ley alemana de transformación en caso de reivindicación de un derecho contra el antiguo órgano jurídico de una sociedad reestructurada.

que el plazo de prescripción aún no haya expirado.[4760] Puede combinarse con un contrato de **novación**.[4761]

C. Los límites como parte del núcleo obligatorio de los Principios de UNIDROIT

3

El párrafo 2 establece límites que se consideran parte del núcleo obligatorio de la "lealtad negocial" en el comercio internacional (art. 1.5 segunda parte). En la mayoría de los casos, el rango de libertad bajo el párrafo 2 será aceptable porque los comerciantes también deben poder cerrar sus libros dentro de plazos razonables; en casos excepcionales, las partes pueden considerar la posibilidad de excluirse del régimen de los Principios de UNIDROIT (No. 8-11 infra).

1. Límites para el plazo de prescripción ordinario

4

El párrafo 2 literal "a" declara **un año** como plazo mínimo de prescripción general (su plazo máximo es idéntico al plazo máximo de prescripción previsto en la literal "c".[4762] Para las excepciones jurídicas y fácticas en circunstancias excepcionales, véase D.2 infra. y 3 (No. 8-11).

2. Límites del plazo máximo de prescripción

5

El plazo máximo de prescripción expira independientemente del conocimiento real o constructivo del acreedor.[4763] **I)** El párrafo 2 permite limitar el plazo máximo de prescripción a **cuatro años** (literal "b"). Esto estaba destinado a estar en línea con el art. 8 CNUDMI sobre la Prescripción.[4764] **II)** El párrafo 2 limita toda prórroga a **quince años** (literal "c").[4765] Para satisfacer una necesidad práctica de **contratos a largo plazo** (art. 1.11 tercer guión), se puede obtener una responsabilidad más larga de la otra parte **extendiendo las garantías**[4766] al cumplimiento futuro y cuando se descubra el incumplimiento (conocimiento real o constructivo de conformidad con el art. 10.2 (1)) "debe esperar el momento de dicho

---

4760 Comentarios Oficiales, art. 10.3 nº 3, p. 359; R. Wintgen en Vogenauer, Art. 10.3 nº 7.

4761 R. Wintgen en Vogenauer, Art. 10.3 nº 5; cf. Comentarios Oficiales, art. 10.3 nº 3, p. 358.

4762 Los límites a la autonomía de los partidos se plantearon por primera vez en StL-Misc. 21, p. 52 (Date Bah, Hartkamp); R. Wintgen en Vogenauer, Art. 10.3 nº 8.

4763 R. Wintgen en Vogenauer, Art. 10.3 nº 11.

4764 StL-Misc. 21 (1999), nº 297; StL-Misc. 22 (2000), Nº 195; R. Wintgen en Vogenauer, Art. 10.3 nº 11.

4765 Criticado por R. Wintgen en Vogenauer, Art. 10.3 nº 4 y 12 y ss.; R. Zimmermann en Jansen/Zimmermann, Art. 14:601 (PECL): *Agreements Concerning Prescription*, no. 2 note 19 (p. 1835).

4766 StL-Misc. 22 (2000), nº 183; R. Wintgen en Vogenauer, Art. 10.3 nº 12.

cumplimiento".[4767] A la luz de dicha libertad contractual, se ha argumentado que: con vistas al art. 4.5, un acuerdo mal formulado (posiblemente nulo) para extender el período máximo de prescripción puede interpretarse como una garantía (válida) por defectos ocultos descubiertos dentro del período de 25 años;[4768] esta será una evaluación que se realizará en el caso concreto teniendo debidamente en cuenta las circunstancias y todos los demás factores de interpretación (art. 4.1 y ss).

3. Violaciones

6

En caso de violación de las restricciones del párrafo 2, *"debería hacerse efectiva dentro de estos límites a fin de respetar la autonomía contractual en la mayor medida posible"*.[4769] Este enfoque se adapta adecuadamente a los acuerdos (como una suspensión acordada en caso de guerra entre los Estados de origen de las partes) para los cuales no es previsible si cumplirán con el párrafo 2.[4770]

D. Opciones

1. Principio: No hay desviación

7

Como el párrafo 2 forma parte del núcleo de los Principios de UNIDROIT de conformidad con el art. 1.5, **no hay margen para modificar** los plazos de prescripción dentro del esquema de los Principios de UNIDROIT (art. 1.5 no. 2). Si los Principios de UNIDROIT se aplican en su conjunto, debe respetarse el párrafo 2. **En la mayoría de los casos, se adaptará al propósito de las partes**, incluso en escenarios de fusión y adquisición en los que la reducción del plazo de prescripción general a dos años es bastante frecuente. Rara vez habrá una razón mutua que sea comprensible desde la perspectiva general de la buena fe y la lealtad negocial (art. 1.7) para ir más allá de los límites del párrafo 2 y, en particular, para acortar el plazo de prescripción general por debajo de un año. Esto se aplica en particular en el contexto de las **cláusulas estándar**, ya sea porque, dadas las circunstancias, superar un límite del párrafo 2 podría constituir una ventaja excesiva para una de las partes (gran disparidad, arts. 3.2.7, 3.1.4), o porque sería sorprendente una anulación por elección de la ley (art. 2.1.20 (2)) como se analiza más adelante en (2)).

4767 Art. 2-725 UCC (EE.UU.); R. Wintgen en Vogenauer, Art. 10.3 nº 12.

4768 R. Wintgen en Vogenauer, Art. 10.3 nº 13.

4769 Como señaló R. Wintgen en Vogenauer, Art. 10.3 nº 14; Comentarios Oficiales, art. 1.1 nº 1, p. 7.

4770 R. Wintgen en Vogenauer, Art. 10.3 nº 14.

2. Excepción de Dépeçage

8

A veces puede haber **razones de buena fe para acordar diferentes límites de tiempo**. Por no permitir esto, el párrafo 2 ha sido objeto de severas críticas,[4771] especialmente: **I)** la literal "a" con el argumento de que "algunas semanas son suficientes para presentar una reclamación"; **II)** literal "b" a la luz del plazo máximo de prescripción de apenas dos años, incluso en el art. 5 de la Directiva Europea de Ventas al Consumidor;[4772] y **III)** literal "c" con el argumento de que el art. 14:601 PDCEy muchas leyes nacionales prevén plazos máximos de prescripción de 30 años.

9

Por ejemplo, en los casos de fusiones y adquisiciones, los vendedores pueden tener la necesidad de vender una empresa y cerrar los libros antes de cuatro años, como se establece en el párrafo 2 literal "b" (por ejemplo, **a)** un vendedor de edad avanzada de una empresa privada que desea vender su negocio y jubilarse; **b)** un administrador concursal que desea vender y terminar la liquidación de los activos; o **c)** un grupo de empresas en proceso de reestructuración y que deseen vender parte de sus actividades); en esta rama de actividad, los períodos máximos de responsabilidad de **dos años son una práctica frecuente**, excepto para las reclamaciones de garantía relacionadas con los impuestos (cuando las partes acuerdan, por ejemplo, "seis meses después de que la decisión fiscal haya adquirido firmeza y obligación"). No hay razón para no permitir que **personas conocedoras y experimentadas**[4773] "adapten los plazos de prescripción a sus necesidades"[4774] si **I)** las cuestiones de prescripción son tan importantes para ellos que buscan una estructura que satisfaga una necesidad comercial tan razonable, y **II)** desean aplicar los Principios de UNIDROIT (en lugar de, por ejemplo, la legislación inglesa que ignora tales limitaciones a la autonomía de la voluntad con respecto a la limitación de la responsabilidad).[4775]

10

Se sostiene que para ello es necesario respetar el sistema de los Principios de UNIDROIT que figuran en el párrafo 2 y el art. 1.5. Para lograr este objetivo en las **circunstancias excepcionales** descritas, las partes tendrían que: **a) optar por no participar en los Principios de UNIDROIT** para la cuestión limitada de la prescripción (Capítulo 10) por completo, y **b)**

[4771] R. Wintgen en Vogenauer, Art. 10.3 no. 4; véase también R. Zimmermann en Jansen/Zimmermann, Art. 14:601 (PECL): *Agreements Concerning Prescription*, no. 1 (p. 1883) que señala, por ejemplo: "Un período mínimo legal de un año también es altamente cuestionable, particularmente en la medida en que cubre las transacciones b2b. No se puede aducir ninguna buena razón a favor de prohibir los acuerdos que fijan un plazo de prescripción de seis meses, o incluso menos, por ejemplo, cuando se venden vacas, cerdos o caballos".

[4772] Directiva 99/44/CE del Parlamento Europeo y del Consejo, de 25 de mayo de 1999, sobre determinados aspectos de la venta y las garantías de los bienes de consumo (1999) L 191, p. 12; R. Wintgen en Vogenauer, Art. 10.3 nº 4.

[4773] Cf. Comentarios Oficiales, art. 10.3 nº 1, p. 357; R. Wintgen en Vogenauer, Art. 10.3 nº 3.

[4774] R. Wintgen en Vogenauer, Art. 10.3 nº 3.

[4775] R. Wintgen en Vogenauer, Art. 10.3 nº 2 Nota 57.

someter la cuestión de la prescripción a una **ley nacional**, por ejemplo, al régimen aplicable en la sede del tribunal (art. 1.11 primer guión) o cualquier otra ley en caso de arbitraje, si ese sistema sirve mejor al propósito de las partes. Pueden hacerlo mediante el llamado "***dépeçage***", un instrumento de Derecho Internacional Privado internacionalmente aceptado que permite la **elección parcial del Derecho aplicable**.[4776] En tal caso, las partes podrían añadir a su "cláusula de elección de los Principios de UNIDROIT (excluido el capítulo 10)" una cláusula negociada como "las cuestiones relativas a los plazos de terminación y prescripción se regirán por la ley (del tribunal elegido) (o: en la sede del arbitraje) (*dépeçage*)". Por las razones expuestas en el punto 1 anterior, dicha cláusula no debería integrarse en las cláusulas estándar. Dado que la libre voluntad de las partes proporciona la base para elegir la aplicación de los Principios de UNIDROIT, debe ser posible una **elección parcial** (y una exclusión parcial) si: **a)** se refiere a un tema completo y separable, y **b)** no se basa en un engaño intencional (*argumentum* art. 1.7).[4777] Esta solución evita un incentivo a retirarse de la elección de los Principios de UNIDROIT en su totalidad sólo para evitar el régimen de prescripción. Como se discutió en (1.) anterior, rara vez se necesitará una solución tan extrema porque, en la mayoría de los casos, las opciones ofrecidas por el párrafo 2 (en combinación con el art. 1.5, segunda parte) serán suficientes y serán consideradas aceptables por las partes.

3. Cláusulas de Arbitraje

En una serie de circunstancias, incluyendo, por ejemplo, casos de distribución de gran volumen o construcción, es de interés conjunto (gestión de riesgos) de las partes resolver las disputas con prontitud, por ejemplo, dentro de los seis meses.[4778] En tales casos, el acuerdo de arbitraje (es decir, un acuerdo distinto bajo la doctrina de la divisibilidad)[4779] puede prever **plazos (muy) cortos para iniciar el arbitraje** u otro régimen de solución de controversias (por ejemplo, tres meses para encontrar una solución amistosa después del descubrimiento de los hechos que dan para una posible reclamación, otros tres meses para iniciar un procedimiento de arbitraje y solo seis meses para un arbitraje acelerado en sí). Se sostiene que esta cuestión, tratada en este sentido en el art. 22 (3) de la Convención de la CNUDMI sobre la Prescripción[4780] **no está cubierta** por los Principios de UNIDROIT[4781] porque las partes deben seguir siendo libres de organizar su solución de **controversias por separado** (en su acuerdo de arbitraje separado distinto) e independientemente de las consideraciones sobre el plazo de prescripción para las reclamaciones relativas a defectos descubiertos o fácilmente descubribles mucho antes de que finalice el período de un año en el párrafo 2 literal "a". Desde la perspectiva de los Principios de UNIDROIT, esto tiene dos conse-

[4776] Véase, por ejemplo, Art. 3 (2) del Reglamento Roma I (europeo), E. Brödermann en art. 6 "*IPR MünchAnwaltshandb. IntWirtschR*", no. 423-425.

[4777] Tal restricción está explícitamente contenida en el art. 202 del BGB alemán y está en línea con el viejo dicho según el cual el fraude destruye todo (*fraus omnia corrumpit*, véase Bin Cheng, "*General Principles of Law as Applied by International Courts and Tribunals*", Londres 1953, pp. 158-160).

[4778] Experiencia de la práctica para un contrato regido por la ley inglesa (suministro de centrales eléctricas).

[4779] Véase, por ejemplo, G. B. Born, "*International Commercial Arbitration*", vol. 1, capítulo 3 (pp. 375 a 505); A. Briggs, "*Private International Law in English Courts*", no. 14.37-14.41.

[4780] R. Wintgen en Vogenauer, Art. 10.3 n° 10.

[4781] Contra R. Wintgen en Vogenauer, Art. 10.3 n° 10 (argumentando a favor de la aplicación del párrafo 2).

cuencias: **I)** si las partes han acordado un régimen acelerado de solución de controversias, cualquier reivindicación de un derecho conocido (o, dependiendo del contrato, un derecho fácilmente descubrible) después de la expiración del plazo acordado para iniciar la solución de controversias podría considerarse un comportamiento incompatible (art. 1.8), porque el demandante renunció implícitamente a utilizar el régimen acelerado fácilmente disponible y acordado que induce a la otra parte a confiar en su decisión de no hacer valer su reclamación. **II)** Un plan de resolución de controversias tan sofisticado (negociado) puede llevar de facto a socavar las restricciones del apartado párrafo 2 literal "a".

Artículo 10.4 (Nuevo período de prescripción por reconocimiento)

(1) Cuando el deudor reconoce el derecho del acreedor antes del vencimiento del período ordinario de prescripción, comienza a correr un nuevo período ordinario de prescripción al día siguiente del reconocimiento.

(2) El período máximo de prescripción no comienza a correr nuevamente, pero puede ser superado por el comienzo de un nuevo período ordinario de prescripción conforme al Artículo 10.2 (1).

A. Principio, temporalidad y efecto

1

El reconocimiento de una obligación puede servir como una **herramienta importante para ganar tiempo** para el deudor (artículo 1.11 cuarto guión) y para **crear certidumbre** para el acreedor (art. 1.11 cuarto guión) evitando al mismo tiempo costosas disputas. (En virtud del artículo 1.4 de la ley imperativa de insolvencia, el acreedor puede soportar, sin embargo, un riesgo de insolvencia resultante del deudor). **I)** De conformidad con el art. 20 de la Convención de la CNUDMI sobre la Prescripción[4782] y los principales ordenamientos jurídicos que representan a diversas familias jurídicas (desde una perspectiva de derecho comparado, Introducción No. 9 en B. V)),[4783] de conformidad con el párrafo 1, el reconocimiento de una obligación **inicia un nuevo plazo de prescripción (general)**[4784] (art. 10.2 (1) y, en caso de modificaciones, artículo 10.3)[4785] si se da antes de la expiración de un plazo de prescripción en curso.[4786] **II)** Se alega que el nuevo plazo de prescripción se calcula a partid del **"día siguiente"** que se dio el reconocimiento (esto es coherente con el art. 10.2, art. 10.2 No. 2 en A.2). Como el acuse de recibido es **una notificación** (art. 1.10),[4787] se da cuando

---

[4782] Comentarios Oficiales, art. 10.4 n° 1, p. 358.

[4783] Schwenzer/Hachem/Kee, Ley de Ventas n° 51.39; R. Wintgen en Vogenauer, Art. 10.4 no. 1 nota 1 señala las leyes de Inglaterra (ss 29-31 English Limitation Act 1980), Alemania (art. 212 BGB) y Francia (art. 2240 Código Civil francés, sin cambios por la reforma legislativa de 2016); R. Zimmermann en Jansen/Zimmermann, Art. 14:401 (PECL): *Renewal by Acknowledgement*, no. 1 (pp. 1870-71) refiriéndose a otras leyes europeas.

[4784] M. J. Bonell en Hartkamp et al. (eds.), pp. 715 y 726; R. Zimmermann en Jansen/Zimmermann, Art. 14:401 (PECL): *Renewal by Acknowledgement*, no. 3 *in fine* (p. 1872).

[4785] Comentarios Oficiales, art. 10.4 n° 4, p. 360; R. Wintgen en Vogenauer, Art. 10.4 n° 8.

[4786] R. Wintgen en Vogenauer, Art. 10.4 n° 6.

[4787] Véase en este contexto CNUDMI y otros, Guía jurídica tripartita, n° 319 (p. 71), en la que se hace alusión a la Convención sobre las Comunicaciones Electrónicas, examinada brevemente en el contexto del "mensaje

llega al acreedor (art. 1.10 (2)). Si el acuse de recibido se da **después** de la expiración de un plazo de prescripción en curso, puede interpretarse como una **renuncia** a hacer valer la limitación de responsabilidad como defensa[4788] de conformidad con el art. 10.9 (2); afirmar tal defensa constituiría un "comportamiento inconsistente" (art. 1.8).[4789]

2

De conformidad con el lenguaje claro[4790] del párrafo 2, el acuse de recibido **puede causar una extensión** del plazo máximo de prescripción (art. 10.2 (2)) por hasta tres años correlativos al período de prescripción general,[4791] si es necesario varias veces en caso de una **serie de reconocimientos**.[4792]

B. Forma de reconocimiento

3

De conformidad con la regla general del art. 1.2, el reconocimiento es **libre de cualquier forma,**[4793] sujeto a interpretación (arts. 4.2 y 4.3) y debe darse por "medios apropiados a las circunstancias" (art. 1.10 (1)), lo que requiere comunicación con el acreedor (y no simplemente hacia un tercero).[4794] Claramente diferente de la norma contenida en el art. 20 de la Convención de la CNUDMI sobre la Prescripción y el derecho inglés,[4795] también puede probarse por cualquier medio, incluidos los testigos.[4796] Debe ser suficientemente **claro e inequívoco.**[4797] Puede deducirse, por ejemplo, de la constitución de una garantía, del pago parcial o del pago de intereses[4798] si de dicha garantía o pago puede inferirse razonablemente que el deudor reconoce la obligación.[4799] En caso de reconocimiento por parte de una **persona jurídica** (basado en el derecho de sociedades y/o en el derecho de agencia), el poder de reconocer debe hacerse valer[4800] de acuerdo con la ley aplicable (empresa o agencia).

---

electrónico" en art. 1.10 nº 1.

4788 Comentarios Oficiales, art. 10.4 nº 3, p. 360.

4789 R. Wintgen en Vogenauer, Art. 10.4 nº 6, p. 1171 (con argumentos en la nota 86 basados en la legislación nacional inglesa y alemana).

4790 Comentarios Oficiales, art. 10.4 nº 2, p. 359.

4791 Ídem.

4792 Comentarios Oficiales, art. 10.4 no. 4 e Ilustración 7, p. 361; R. Wintgen en Vogenauer, Art. 10.4 nº 9.

4793 CNUDMI y otros, Guía jurídica tripartita, nº 311 (p. 69); R. Wintgen en Vogenauer, Art. 10.4 no. 3; R. Zimmermann en Jansen/Zimmermann, Art. 14:401 (PECL): *Renewal by Acknowledgement*, no. 2 (p. 1871), aprobando después de una discusión legal comparativa.

4794 R. Wintgen en Vogenauer, Art. 10.4 nº 4.

4795 Sección 30 de la Ley de limitación inglesa de 1980; como señaló R. Wintgen en Vogenauer, Art. 10.4 nº 3 (con referencias).

4796 R. Wintgen en Vogenauer, Art. 10.4 nº 3.

4797 R. Wintgen en Vogenauer, Art. 10.4 nº 2 (última frase, p. 1170), con referencias en el nº 2 a las leyes inglesas, alemanas y francesas como inspiración para aprovechar; y nº 5.

4798 Véase Art. 14:401 PECL, R. Wintgen en Vogenauer, Art. 10.4 nº 5.

4799 Lenguaje adaptado paráfrasis del Arte. 20 (2) Convención de la CNUDMI sobre la Prescripción, citada por R. Wintgen en Vogenauer, art. 10.4 nº 5, nota 85.

4800 R. Wintgen en Vogenauer, Art. 10.4 nº 4.

Artículo 10.5 (Suspensión por procedimiento judicial)

(1) El decurso del período de prescripción se suspende:

a) cuando al iniciar un procedimiento judicial, o en el procedimiento judicial ya iniciado, el acreedor realiza cualquier acto que es reconocido por el derecho del foro como ejercicio del derecho del acreedor contra el deudor;

b) en caso de insolvencia del deudor, cuando el acreedor ejerce sus derechos en los procedimientos de insolvencia; o

c) en el caso de procedimientos para disolver la entidad deudora, cuando el acreedor ejerce sus derechos en los procedimientos de disolución.

(2) La suspensión dura hasta que se haya dictado una sentencia definitiva o hasta que el procedimiento concluya de otro modo.

A. Un concepto de suspensión

1

El art. 10.5 - el primero de una serie de **cuatro artículos** sobre suspensión (incluidos **tres artículos** sobre suspensión por procedimientos de resolución de controversias). Hace frente al impacto de los procedimientos judiciales en el plazo de prescripción (arts. 10.2, 10.3). En línea con algunos estatutos modernos[4801] y el art. 14:302 (1) (2) PECL, **la iniciación de procedimientos judiciales** causa la **suspensión**[4802] del plazo de prescripción (general y máximo)[4803] de conformidad con el párrafo 1 literal "a" (**primera alternativa**). En consecuencia, el plazo de prescripción "deja de correr mientras prevalezca la causa de la suspensión; posteriormente, es decir, cuando esa causa termina (sin una decisión sobre el fondo[4804]), es el antiguo plazo de prescripción (es decir, la prescripción) el que sigue su curso"[4805] De conformidad con el párrafo 1 literal "a" (**segunda alternativa**), una **intervención** en otra

---

[4801] StL-Doc. 64 (1999), p. 8; R. Wintgen en Vogenauer, Art. 10.5 no. 1, p. 1173 refiriéndose al artículo 204 BGB alemán y al art. 2264 Proyecto de vanguardia francesa para una reforma del Código Civil francés que mientras tanto se ha promulgado como el art. 2241 Código Civil francés (versión 2016).

[4802] A diferencia de la "interrupción" StL-Doc. 68 (2001), p. 9 y "cesación" StL-Misc. 21 (1999), p. 55 (Fontaine y Schlechtriem), StL-Misc. 22, pp. 23 y 31 (Schlechtriem), Comentarios Oficiales, art. 10.5 no. 1, p. 362 o, en Inglaterra, un mero "dejar de correr" (R. Wintgen in Vogenauer, Art. 10.5 no. 1). Como señaló R. Zimmermann en Jansen/Zimmermann, Introducción antes del art. 14:301 (PECL), no. 1 (p. 1847), "(la suspensión tiene el efecto de que el período de prescripción deja de correr mientras prevalezca la causa de la suspensión; posteriormente, es decir, cuando esa causa termina, es el antiguo período de prescripción el que continúa su curso".

[4803] M. J. Bonell en Hartkamp et al. (eds.), pp. 715 y 727; R. Zimmermann en Jansen/Zimmermann, Art. 14:302 (1) y (2) (PECL): *Suspension in Case of Judicial and Other Proceedings (Judicial Proceedings)*, no. 4 en la nota 16 (p. 1853), señalando que el art. 10.8, relativo a la suspensión en caso de fuerza mayor, restringe explícitamente el efecto de la suspensión al plazo de prescripción general, mientras que el art. 10.5 a través del art. 10.6 no hacen esa distinción y, por lo tanto, son aplicables tanto al plazo de prescripción general más corto como al máximo (independientemente del comentario pertinente, hecho ibid., de que las normas de los Principios de UNIDROIT se apartan de la Convención de la CNUDMI sobre la Prescripción, art. 23).

[4804] R. Zimmermann en Jansen/Zimmermann, Art. 14:302 (1) y (2) (PECL): *Suspension in Case of Judicial and Other Proceedings (Judicial Proceedings)*, no. 1 (p. 1852).

[4805] R. Zimmermann en Jansen/Zimmermann, Introducción antes del art. 14:301 (PECL), no. 1 (p. 1847), y Art. 14:302 (1) y (2) (PECL): *Suspension in Case of Judicial and Other Proceedings (Judicial Proceedings)*, no. 1 (p. 1852).

controversia entre, por ejemplo, el deudor y un tercero,[4806] puede bastar para obtener una decisión definitiva (especialmente si dicho procedimiento se basa en los mismos hechos y se refiere a la misma controversia).[4807] El párrafo 1 literales "b" y "c" concede un efecto similar de suspensión a la reivindicación de derechos en procedimientos de **insolvencia** y en procedimientos de **disolución** del deudor.[4808]

2

El acreedor corre el riesgo de iniciar un **procedimiento judicial equivocado**.[4809] Si los procedimientos no conducen a una decisión definitiva en el sentido del párrafo 2 (por ejemplo, porque tropiezan con un obstáculo procesal, como la incompetencia del tribunal),[4810] solo el **resto del plazo de prescripción** está disponible para iniciar otros procedimientos legales.[4811] Al contrario del art. 17 (2) de la Convención de la CNUDMI sobre la Prescripción y algunas leyes internas,[4812] pero de conformidad con el art. 14:302 PECL, los Principios de UNIDROIT no prevén tiempo adicional después de un procedimiento fallido (con sólo un breve período de tiempo restante) que pondría al acreedor "en una mejor posición que si no se hubiera iniciado ninguna acción en primer lugar".[4813]

B. Detalles

1. Remisión a la ley del Tribunal de Justicia para el inicio de la suspensión

3

El párrafo 1 deja en manos de la "**ley procesal del tribunal**"[4814] de los procedimientos judiciales determinar si el acto concreto basado en el procedimiento (literal "a"), insolvencia (literal "b") o derecho de sociedades (literal "c") del acreedor (art. 1.11 cuarto guión) es suficiente (o bastó) "para hacer valer el derecho del acreedor frente al deudor" (literal "a"), lo que se traduce en **si el acto**, de acuerdo con la legislación local aplicable del tribunal,[4815] **tiene un efecto de suspensión** de los plazos de prescripción. Esta referencia a la "ley del tribunal" incluye: **I)** la **apertura** de un procedimiento (en la forma apropiada y dentro de los plazos requeridos, por ejemplo, del régimen imperativo de la insolvencia);[4816] **II)** sus **mo-**

[4806] Véase, por ejemplo, el artículo 66 de la Ley de Procedimiento Civil de Alemania.

[4807] Esta solución se correlaciona con el Art. 13 Convención de la CNUDMI sobre la prescripción, véase R. Zimmermann en Jansen/Zimmermann, art. 14:302 (1) y (2) (PECL): *Suspension in Case of Judicial and Other Proceedings (Judicial Proceedings)*, no. 4 nota 13 (p. 1853).

[4808] Comentarios Oficiales, art. 10.5 nº 4, p. 363.

[4809] R. Wintgen en Vogenauer, Art. 10.5 nº 7.

[4810] R. Wintgen en Vogenauer, Art. 10.5 nº 1, p. 1173.

[4811] Ver en detalle R. Wintgen en Vogenauer, Art. 10.5 nº 1.

[4812] R. Wintgen en Vogenauer, Art. 10.5 no. 7 se refiere a la ley alemana (§ 204 BGB) y a la ley griega (Art. 263 (2) Código Civil griego); M. J. Bonell en Hartkamp et al. (eds.), pp. 715, 725.

[4813] R. Wintgen en Vogenauer, Art. 10.5 nº 7.

[4814] Comentarios Oficiales, art. 10.5 nº 2, p. 362; StL-Doc. 58, p. 7.

[4815] R. Wintgen en Vogenauer, Art. 10.5 no. 2; por ejemplo, para el derecho francés, véase art. 2241 (1) Código Civil francés (versión de 2016); R. Zimmermann en Jansen/Zimmermann, Art. 14:302 (1) y (2) (PECL): *Suspension in Case of Judicial and Other Proceedings (Judicial Proceedings)*, no. 2 (p. 1852).

[4816] R. Wintgen en Vogenauer, Art. 10.5 nº 4.

dificaciones, por ejemplo, mediante créditos adicionales que, con arreglo a la legislación local, pueden o no tener efecto retroactivo a la fecha del procedimiento inicial;[4817] y **III)** el **efecto** de la **retirada** de un procedimiento[4818] (en virtud del cual, incluso si el ponente tuviera en mente las normas procesales, no debería importar dónde (o en qué ley), la ley del tribunal haya regulado el efecto de un retiro de un procedimiento sobre los plazos de prescripción;[4819] el párrafo 1 simplemente se refiere a la "ley del tribunal" sin más distinción o limitación y debe aplicarse directamente o al menos por analogía en caso de un procedimiento judicial retirado.)

2. Fin de la suspensión mediante negociación

4

De conformidad con el párrafo 2, la suspensión dura: **I) hasta que se haya dictado una decisión definitiva**[4820] (que tenga el efecto de *res iudicata*)[4821] (que incluye "la expiración de los plazos para los derechos de revisión que podrían estar disponibles en virtud de la ley del tribunal"[4822]), o **II)** "hasta que el procedimiento haya concluido de otro modo" (párrafo 2),[4823] por ejemplo, mediante un acuerdo. El plazo de prescripción (nuevo y diferente) para la ejecución de la decisión final es una cuestión de *lex fori*[4824] (que difiere considerablemente, dependiendo de la jurisdicción del tribunal).[4825]

C. Opciones contractuales

5

Los arts. 10.6-10.8 prevén otros eventos que suspenderán el período de prescripción (arbitraje, ADR, fuerza mayor, muerte, incapacidad). En contraste con el art. 14:304 PDCEy algunas leyes nacionales,[4826] los Principios de UNIDROIT no prevén la **suspensión en caso**

4817 R. Wintgen en Vogenauer, Art. 10.5 no. 3 (con referencia a la prueba inglesa si "la nueva acción surge de los mismos hechos o sustancialmente los mismos hechos que los ya en cuestión"; Comisión Jurídica, Limitaciones de Acciones, Ley nº 270, 2001, nº 2.107, p. 37).

4818 StL-Misc. 25 (2003), nº 59 (Schlechtriem); R. Wintgen en Vogenauer, Art. 10.5 nº 8.

4819 Contra R. Wintgen en Vogenauer, Art. 10.5 no. 8 (argumentando en contra de la aplicación del art. 2247 del Código Civil francés (que se mantuvo sin cambios en la versión de 2016) según el cual se considera que una reclamación retirada nunca se ha producido).

4820 Comentarios Oficiales, art. 10.5 nº 3, p. 363.

4821 R. Wintgen en Vogenauer, Art. 10.5 nº 5.

4822 R. Wintgen en Vogenauer, Art. 10.5 no. 5, basado en Comentarios Oficiales, Art. 10.5 no. 2, Ilustración 1, pp. 362-363.

4823 CNUDMI y otros, Guía jurídica tripartita, nº 309 (p. 69).

4824 StL-Doc. 64 (1999), p. 8; R. Wintgen en Vogenauer, Art. 10.5 no. 6; M. Scherer en Wolff, Art. III NYC no. 14-15.

4825 M. Scherer en Wolff, Art. III NYC no. 16 (refiriéndose a Austria, China, Inglaterra, Alemania, Italia, España y Estados Unidos).

4826 R. Wintgen en Vogenauer, Art. 10.7 no. 4 (señalando, por ejemplo, la ley alemana).

de negociaciones[4827] (aunque a veces puede haber suspensión incluso en virtud de los Principios de UNIDROIT sobre la base del art. 1.7; art. 10.1 no. 6 en B.2 (IV)). De conformidad con el art. 1.5, las partes son libres de acordar contractualmente la interrupción de eventos más allá de los arts. 10.6-10.8. En particular, es posible que deseen evitar la escalada en procedimientos legales formales siempre que negocien sobre su disputa. Para ese propósito, las partes pueden considerar I) el autor a menudo integra en sus contratos internacionales que se someten a los Principios de UNIDROIT una disposición que exige en la "cláusula de elección de los Principios de UNIDROIT" (Introducción No. 19) la aplicación adicional del art. 203 BGB alemán, que se cita a tal efecto textualmente de manera visible y prominente en español (*argumentum* art. 2.1.20 (2)) en el contrato.[4828] ("Además, en caso de negociaciones sobre una disputa, también se aplicará el art. 203 BGB (Código Civil alemán). Dice así:..."[4829]). Lo hace, en primer lugar, porque ha sido testigo en muchas ocasiones de que las negociaciones pueden evitar los procedimientos judiciales y, en segundo lugar, porque opera principalmente en una jurisdicción en la que las empresas están acostumbradas a un régimen de suspensión mediante negociación, de modo que los departamentos jurídicos y los empresarios a los que el autor recomienda los Principios de UNIDROIT como régimen jurídico contractual podrían olvidar que, en virtud de los Principios de UNIDROIT, las negociaciones no dan lugar a la suspensión del plazo de prescripción (gestión de riesgos). Como alternativa, las partes tal vez deseen tomar el texto internacional del art. 14:304 PECL,[4830] que prevé un "aplazamiento de la expiración en caso de negociación", o crea su propia mezcla de los textos[4831] (art. 1.5).

4827 StL-Doc. 68 (2001), p. 14; R. Wintgen en Vogenauer, Art. 10.7 no. 4; M. J. Bonell en Hartkamp et al. (eds.), pp. 715 y 726 ("admitir meras negociaciones entre las partes como causa de suspensión del plazo de prescripción se había propuesto originalmente también para los Principios del Unidroit, pero finalmente fue rechazado básicamente por dos razones: en primer lugar, debido a la dificultad de definir el concepto mismo de negociaciones y determinar exactamente el momento en que comienzan y terminan; en segundo lugar, la causa por la que se consideró que debía dejarse a las partes, cada vez que entablaran negociaciones más o menos formales con miras a resolver su controversia, acordar en cada caso determinado si se suspendía o no el plazo de prescripción y, en caso afirmativo, por cuánto tiempo"; (se omite la nota de pie de página); R. Zimmermann en Jansen/Zimmermann, Art. 14:304 (PECL): *Postponement of Expiry in Case of Negotiation*, no. 5 (p. 1862).

4828 Véase www.gesetze-im-internet.de/englisch_bgb/ para la versión inglesa del Código Civil alemán.

4829 El artículo 203 BGB alemán establece: "Si se están llevando a cabo negociaciones entre el deudor y el acreedor con respecto a la reclamación o las circunstancias que dieron lugar a la reclamación, el plazo de prescripción se suspende hasta que una u otra parte se niegue a continuar las negociaciones. La reclamación ha prescrito (hasta) lo sumario tres meses después del final de la suspensión".

4830 El art. 14:304 PDCEestablece: "Si las partes negocian sobre la reclamación, o sobre las circunstancias de las cuales podría surgir una reclamación, el período de prescripción no expira antes de que haya transcurrido un año desde la última comunicación hecha en la negociación". Para comentarios, incluida una comparación de la regla PDCEcon la ley alemana citada, y una descripción jurídica comparativa, véase R. Zimmermann en Jansen/Zimmermann, Art. 14:304 (PECL): *Postponement of Expiry in Case of Negotiation*, no. 1-5 (pp. 1860-62).

4831 Por ejemplo, las partes pueden desear concentrarse en: I) el "desencadenante" para el final de la suspensión ("hasta que una parte u otra se niegue a continuar las negociaciones" como en el estatuto alemán, o "desde la última comunicación hecha en la negociación" como en PECL), o II) el período de tiempo de suspensión adicional posterior (por ejemplo, "tres meses después del final de la suspensión" como en el estatuto alemán, "un año" como en PECL, o algún período de tiempo intermedio). Véase a este respecto el análisis de R. Zimmermann en Jansen/Zimmermann, Art. 14:304 (PECL): *Postponement of Expiry in Case of Negotiation*, no. 2 (p. 1861) y no. 4 (p. 1862).

D. Efecto del procedimiento judicial sobre los deudores solidarios

6

Si el deudor al que se dirige el procedimiento judicial es solidariamente responsable con los codeudores (art. 11.1.1 (a)), el efecto suspensivo en virtud del art. 10.5 también llega a los codeudores (art. 11.1.7 (2)).

Artículo 10.6 (Suspensión por procedimiento arbitral)

(1) El decurso del período de prescripción se suspende cuando al iniciar un procedimiento arbitral, o en el procedimiento arbitral ya iniciado, el acreedor realiza cualquier acto que es reconocido por el derecho del tribunal arbitral como ejercicio del derecho del acreedor contra el deudor. A falta de disposiciones en el reglamento de arbitraje o de otras reglas que determinen la fecha exacta del comienzo del procedimiento arbitral, dicho procedimiento se considera comenzado el día en que el deudor recibe una solicitud para que se adjudique el derecho en disputa.

(2) La suspensión dura hasta que se haya dictado una decisión vinculante o hasta que el procedimiento concluya de otro modo.

A. Adaptación del concepto de suspensión al arbitraje

1

En línea con el consenso internacional,[4832] el art. 10.6 —el segundo de una serie de cuatro artículos sobre suspensión— adapta el concepto de suspensión para procedimientos judiciales del art. 10.5 a la suspensión por interposición de un procedimiento arbitral con efecto tanto en el plazo de prescripción general como en el máximo.[4833] Desde un punto de vista práctico, dado que la elección de los Principios de UNIDROIT a menudo se combina con una cláusula compromisoria (Preámbulo, no. 3-6), es conveniente contar con una regla especial de este tipo (inspirada en el artículo 14 de la Convención de la CNUDMI sobre la Prescripción)[4834] que prevea las adaptaciones necesarias[4835] y una **norma supletoria** para determinar la apertura de un procedimiento arbitral.

[4832] R. Zimmermann en Jansen/Zimmermann, Art. 14:302 (3) (PECL): *Suspension in Case of Judicial and Other Proceedings (Other Proceedings)*, no. 1 (pp. 1854-55).

[4833] De nuevo: Como señaló convincentemente R. Zimmermann en Jansen/Zimmermann, Art. 14:302 (1) y (2) (PECL): *Suspension in Case of Judicial and Other Proceedings (Other Proceedings)*, no. 4 en nota 16 (p. 1853), art. 10.8, relativo a la suspensión en caso de fuerza mayor, restringe explícitamente el efecto de la suspensión al plazo de prescripción general. El art. 10.5 a través del art. 10.7 no hacen esa distinción y, por lo tanto, son aplicables tanto al plazo de prescripción general más corto como al máximo (independientemente de la observación correcta, hecha ibid., de que las normas de los Principios de UNIDROIT se apartan de la Convención de la CNUDMI sobre la Prescripción, art. 23).

[4834] En primer lugar, se consideró que el Código Civil alemán servía como modelo para esta norma, sin embargo, se propuso tener en cuenta la Convención de la CNUDMI sobre la Prescripción, StL-Doc. 64 (1999), p. 9; véanse StL-WP.2 (2000), p. 6 y StL-WP.6 (2001), p. 14; véase también Art. 14:302 (3) PECL.

[4835] Artículo contrapuesto: el art. 14:302 (3) PDCEque simplemente requiere aplicar las disposiciones sobre la suspensión por procedimientos judiciales "con las adaptaciones apropiadas", como señaló R. Wintgen en Vogenauer, Art. 10.6 nº 1.

B. Detalles

1. Inicio de la suspensión

2

I) La oración 1 del párrafo 1 se refiere a la "**ley del tribunal arbitral**" para determinar cuándo se inicia debidamente el arbitraje (por ejemplo, tras la notificación al deudor como demandado[4836] o al presentar la solicitud ante la institución de arbitraje).[4837] Teniendo debidamente en cuenta el "carácter internacional" de esa norma (párrafo 1 del artículo 1), que no se limita a ninguna percepción nacional, el **tribunal arbitral competente** será el más adecuado para **determinar su ley** con respecto al acuerdo de arbitraje, la sede del arbitraje (que en muchas circunstancias será el factor de conexión más importante), la institución de arbitraje elegida (cuya sede es en algunas jurisdicciones como China más importante que la sede del tribunal de arbitraje),[4838] si la hubiera, y el régimen de arbitraje aplicable (incluida la ley de arbitraje y los procedimientos de arbitraje).[4839]

3

II) A falta de determinación, la oración 2 del párrafo 1 prevé una **suspensión generosa** que respalda la ficción como **norma supletoria.**[4840] Se "considera" que el arbitraje comienza en la fecha en que el acreedor comunica una "solicitud" (art. 1.10) para que se resuelva el derecho en disputa. Esto se ha interpretado liberalmente para que una comunicación oral o por correo electrónico sea suficiente.[4841] Con respecto a la formalidad de cualquier procedimiento de arbitraje, existe una delgada línea entre simplemente "amenazar" con un arbitraje y realmente "solicitarlo". Por lo tanto, desde una perspectiva práctica, parece aconsejable enviar la solicitud por carta formal (en caso de enviarla por correo electrónico, el remitente asume el riesgo de prueba, art. 1.10 no. 1).

2. Fin de la suspensión

4

De conformidad con el párrafo 2, la suspensión durará: **I) hasta que se haya dictado una decisión vinculante** (no "definitiva")[4842] (sobre el fondo o la declinación de la competencia

[4836] StL-Doc. 68 (2001), p. 11; Arte. 3 (2) Reglamento de Arbitraje de la CNUDMI.

[4837] Art. 4 (2) Reglamento de la CCI; Art. 2 (2) Reglamento del ICDR; Art. 3 (1) Reglamento de Arbitraje de la ASEAC Hamburgo; Art. 11 Reglamento de la CIETAC; Arte. 6.1 Reglas DIS (2018); Art. 3 (1) Reglamento SIAC (2016); Art. 1 (1) Reglamento de la LCIA.

[4838] K. Fan, *"Arbitration in China"* (2013), pp. 24-25.

[4839] Véase también R. Wintgen en Vogenauer, Art. 10.6 nº 2 (también abogando por una interpretación "amplia").

[4840] Comentarios Oficiales, art. 10.6 nº 1, p. 364.

[4841] R. Wintgen en Vogenauer, Art. 10.6 nº 3.

[4842] El Grupo de Trabajo comenzó inicialmente con el concepto de "final" (StL-Doc. 68 (2001), página 11) y posteriormente pasó a ser "vinculante" StL-Doc. 73 (2002), p. 13; R. Wintgen en Vogenauer, Art. 10.6 nº 4 (subrayando que la decisión del arbitraje aún puede ser impugnada ante un tribunal estatal); véase también la redacción del art. III y V (1) (e) de la Convención de Nueva York (comentada por R. Wintgen en Vogenauer,

del tribunal arbitral[4843] mientras que un laudo provisional aceptando la competencia no pone fin al procedimiento arbitral),[4844] o **II)** "hasta que el procedimiento **haya concluido de otro modo**",[4845] por ejemplo, mediante retiro, transacción o un laudo (arbitral) en los términos acordados.[4846] Corresponde también a la ley del tribunal arbitral decidir "si tales eventos ponen fin o no al arbitraje y, por lo tanto, también a la suspensión".[4847] El plazo de prescripción (nuevo y diferente) para la ejecución del laudo vinculante es una cuestión de la ley del tribunal, es decir, la *lex fori* en caso de ejecución[4848] (que difiere considerablemente).[4849]

C. Efecto del procedimiento arbitral sobre los deudores solidarios

5

Si el deudor atacado por el procedimiento arbitral es solidariamente responsable con los codeudores (art. 11.1.1 (a)), el efecto suspensivo bajo el art. 10.6 también llega a los codeudores (art. 11.1.7 (2)).

Artículo 10.7 (Medios alternativos para la resolución de controversias)

Las disposiciones de los Artículos 10.5 y 10.6 se aplican, con las modificaciones apropiadas, a otros procedimientos con los que las partes solicitan de un tercero que les asista en el intento de lograr una resolución amistosa de sus controversias.

A. Mediación formal y conciliación como evento de suspensión

1

Con respecto a la creciente importancia de la resolución alternativa de controversias ("**ADR**", por sus siglas en inglés) en todo el mundo,[4850] los Principios de UNIDROIT reconocen que el cómputo del plazo de prescripción también puede suspenderse mediante la **mediación, la conciliación**[4851] e, independientemente de su denominación cambiante en

---

ibid.). Sin embargo, en la mayoría de las legislaciones nacionales, los plazos para impugnar un laudo arbitral son breves.

4843 R. Wintgen en Vogenauer, Art. 10.6 nº 5.

4844 R. Wintgen en Vogenauer, Art. 10.6 nº 5 (contrastándolo con un laudo parcial sobre el fondo que puede poner fin al procedimiento con respecto a reclamaciones específicas).

4845 CNUDMI y otros, Guía jurídica tripartita, nº 309 (p. 69).

4846 Véase, por ejemplo, para Alemania § 1053 de la Ley de Enjuiciamiento Civil alemana.

4847 Comentarios Oficiales, art. 10.6 nº 2, p. 364; R. Wintgen en Vogenauer, Art. 10.6 nº 7.

4848 R. Wintgen en Vogenauer, Art. 10.6 no. 6, referido al Art. 10.5 no. 6 (y por lo tanto a StL-Doc. 64 (1999), página 8).

4849 M. Scherer en Wolff, Art. III NYC no. 16 (refiriéndose a las leyes de Austria, China, Inglaterra, Alemania, Italia, España y Estados Unidos).

4850 Véase R. Wintgen en Vogenauer, art. 10.7 no. 1 con referencia a los materiales (descrito como un "enfoque valiente" por Bonell, StL-Misc. 22 (2000), no. 273-294, en particular no. 291, StL-Misc. 23 (2001), pp. 22, 23).

4851 Comentarios Oficiales, art. 10.7 nº 1, p. 365; StL-Doc. 73 (2002), p. 14.

todo el mundo, mediante cualquier "procedimiento" que cumpla **tres requisitos**[4852] (inspirados en[4853] los trabajos preparatorios de la Ley Modelo de la CNUDMI sobre Conciliación Comercial Internacional):[4854] **I) A petición de las partes** (no: unilateral de una de las partes)[4855] (en el contrato inicial, por ejemplo, en una cláusula escalonada de resolución de controversias, o en un acuerdo separado después de que haya surgido la controversia);[4856] **II) un tercero se involucra** (que es distinto de las negociaciones bilaterales;[4857] art. 10.5 no. 5 en C.); **III)** en su (buena fe, art. 1.7) **intento de llegar a una resolución amistosa sobre su disputa** (que es distinta de una decisión del tercero).[4858]

B. Consecuencia jurídica: Aplicación de los arts. 10.5 y 10.6

2

El art. 10.7. se **refiere** a las reglas de los arts. 10.5.-10.6.

1. Inicio de la suspensión

3

I) En el caso de un **acuerdo de resolución alternativa de controversias en el contrato**, **a)** éste podrá regular el inicio del procedimiento de resolución alternativa de controversias (por ejemplo, exigiendo una notificación formal por carta de iniciación, art. 1.3); **b)** a falta de una regulación de la "apertura", se aplica la norma supletoria del art. 10.6 (1) oración 2.[4859] **II)** En ausencia de un acuerdo de resolución alternativa de controversias en el contrato inicial, el plazo de prescripción comienza a suspenderse tras el acuerdo sobre la solución alternativa de controversias (art. 1.3 oración 1).[4860]

4852 R. Wintgen en Vogenauer, Art. 10.7 nº 2.

4853 StL-Misc. 24 (2002), nº 122.

4854 Ver en el texto actual Art. 1 (3) de la Ley Modelo de la CNUDMI sobre Conciliación Comercial Internacional www.uncitral.un.org/sites/uncitral.un.org/files/media-documents/uncitral/en/03-90953_ebook.pdf (visitado por última vez el 9 de enero de 2023.

4855 R. Wintgen en Vogenauer, Art. 10.7 nº 3.

4856 Ídem.

4857 Ídem.

4858 StL-Doc. 73 (2002), p. 14; cf. Art. 1 (3) oración 2 Ley Modelo de la CNUDMI sobre Conciliación Comercial Internacional ("El conciliador no está facultado para imponer a las partes una resolución de su controversia"); y R. Wintgen en Vogenauer, Art. 10.7 nº 5.

4859 Comentarios Oficiales, art. 10.7 nº 2, p. 365; R. Wintgen en Vogenauer, Art. 10.7 nº 6.

4860 R. Wintgen en Vogenauer, Art. 10.7 nº 6 (con referencia, en la nota 127, al artículo 4 de la Ley de la CNUDMI sobre Conciliación Comercial Internacional, que también exige un acuerdo de ese tipo).

2. Fin de la suspensión

4

I) Por lo general, los arts. 10.5 (2) y 10.6 (2), **segunda alternativa** en ambos casos, se aplicarán ("el procedimiento ha sido concluido de otro modo").[4861] En el art. 11 de la Ley Modelo de la CNUDMI sobre Arbitraje Comercial Internacional[4862] se enumeran las formas habituales de terminación de un procedimiento de resolución alternativa de controversias, es decir, un **acuerdo** entre las partes o una **declaración** del conciliador (o mediador) o de cualquiera de las partes (a la otra parte o al conciliador/mediador) de que las nuevas actividades de resolución alternativa de controversias se consideran infructuosas o de que se ha rescindido el acuerdo de resolución alternativa de controversias (este entendimiento también puede convenirse **por contrato**; por ejemplo, al final de un esfuerzo infructuoso de ADR). **II)** En raras circunstancias en que el deudor esté (mal) utilizando el procedimiento de resolución alternativa de controversias simplemente para prolongar el plazo de prescripción, el efecto suspensivo puede denegarse en virtud del art. 1.7 (art. 10.1 no. 6 en B.2 (IV)). **III)** En raras ocasiones, las partes **modificarán su acuerdo de resolución alternativa de controversias** durante el procedimiento y solicitarán al tercero conciliador o mediador que haga una **propuesta vinculante**, posiblemente dentro de un rango previamente acordado (como se vio una vez en una disputa multinacional sobre una producción musical en la que las partes habían elegido tanto a un abogado como a un contador público de la empresa como mediadores-árbitros conjuntos). En estos raros casos, se aplicará la **primera alternativa** de los arts. 10.5 (2) y 10.6 (2).[4863]

C. Efecto de la resolución alternativa de litigios sobre los deudores solidarios

5

Si el deudor que consiente y participa en el procedimiento alternativo de resolución de controversias es solidariamente responsable con codeudores (art. 11.1.1 (a)), el efecto suspensivo en virtud del art. 10.7 alcanza también a los codeudores (art. 11.1.7 (2)).

D. Opción: Participación de terceros para determinar los términos contractuales

6

En muchos escenarios contractuales, especialmente en contratos a largo plazo, la determinación final de un término contractual aún no es posible en el momento de la celebración del contrato. Si las partes se refieren a la determinación de un tercero (art. 5.1.7 (3)) sobre el precio, por ejemplo, si debe revisarse después de un período inicial de ventas), tal vez **deseen acordar**, ya sea en el contrato o con ocasión de nombrar al tercero, que el

[4861] R. Wintgen en Vogenauer, Art. 10.7 nº 7.
[4862] Citado por R. Wintgen en Vogenauer, Art. 10.7 nº 7 Nota 129.
[4863] Véanse los Comentarios Oficiales, art. 10.7 nº 2, p. 365; y las dudas planteadas por R. Wintgen en Vogenauer, Art. 10.7 nº 7 Nota 128.

art. 10.7 se **aplicará por analogía**[4864] para otorgar efecto suspensivo a dicha determinación de una cláusula contractual por un tercero.[4865] Si las partes inician dicho procedimiento contractual para determinar una cláusula contractual cerca del final de un período de prescripción aplicable y no existe tal acuerdo, invocar el período de prescripción en un procedimiento judicial posterior puede constituir un comportamiento inconsistente (art. 1.8), que se evaluará teniendo en cuenta todas las circunstancias del caso.

Artículo 10.8 (Suspensión en caso de fuerza mayor, muerte o incapacidad)

(1) Cuando el acreedor no ha podido detener el decurso del período de prescripción según los Artículos precedentes debido a un impedimento fuera de su control y que no podía ni evitar ni superar, el período ordinario de prescripción se suspende de modo que no expire antes de un año después que el impedimento haya dejado de existir.

(2) Cuando el impedimento consiste en la incapacidad o muerte del acreedor o del deudor, la suspensión cesa cuando se designe un representante para el incapacitado, el difunto o su herencia, o cuando un sucesor haya heredado la parte que le corresponde. En este caso se aplica el período suplementario de un año, conforme al párrafo (1).

A. Fuerza mayor como excusa para el acreedor con respecto al plazo de prescripción general

1

Teniendo en cuenta la regla general del art. 21 de la Convención de la CNUDMI sobre la Prescripción,[4866] la labor preparatoria de la PECL[4867] y diversas legislaciones de Derecho Civil[4868] (aunque los detalles varían) y la renuencia a aceptar la fuerza mayor en las jurisdicciones de Derecho Común,[4869] los Principios de UNIDROIT proporcionan una vez más un **compromiso** entre el Derecho Civil y el Derecho Común. De acuerdo con el párrafo 1 (última parte), los eventos de fuerza mayor: **I)** suspenden el plazo de prescripción general

---

[4864] Véase R. Zimmermann en Jansen/Zimmermann, Art. 14:302 (3) (PECL): *Suspension in Case of Judicial and Other Proceedings (Other Proceedings)*, no. 1 (p. 1855) criticando que los Principios de UNIDROIT "son ( ) indebidamente restrictiva al no atribuir efecto suspensivo a los procedimientos que impliquen a un tercero la terminación histórica de las cláusulas contractuales".

[4865] Las partes tal vez deseen discutir esto en el contexto de si agregar también una cláusula sobre la suspensión por negociación (art. 10.5 no. 5).

[4866] StL-Misc. 22 (2000), nº 295; StL-Doc. 68 (2001), p. 14; R. Wintgen en Vogenauer, Art. 10.8 nº 1.

[4867] StL-Doc. 68 (2001), p. 14 (véase el actual art. 14:303 del PECL).

[4868] R. Wintgen en Vogenauer, Art. 10.8 no. 1 puntos a la ley alemana y francesa; R. Zimmermann en Jansen/Zimmermann, Art. 14:303 (PECL): *Suspension in Case of Impediment Beyond Creditor's Control*, no. 1, especialmente en las notas 4 y 7 (pp. 1857-58) con una breve descripción comparativa que incluye las leyes de Portugal y Sudáfrica, así como las raíces históricas en la ley prusiana, y relatos de tribunales que "a menudo han podido ayudar a los acreedores que no pueden hacer valer su reclamo como resultado de circunstancias imprevisibles".

[4869] R. Wintgen en Vogenauer, Art. 10.8 nº 1 sobre el derecho inglés (véase, sin embargo, la nota 132 en la que se hacen alusión a las recomendaciones de la Comisión Jurídica de reconocer algunos acontecimientos que los Principios de UNIDROIT subsumirían en caso de fuerza mayor).

(art. 10.2 (1) en beneficio del acreedor, **II)** pero no el período máximo de prescripción (art. 10.2 (2)).[4870]

B. Detalles

1. Definición de fuerza mayor

2

La definición de fuerza mayor es similar a la definición del art. 7.1.7 pero adaptado a las circunstancias. En el art. 10.8, la fuerza mayor **protege al acreedor** (que no puede iniciar un procedimiento judicial) y no al deudor.[4871] La definición es **más breve, más simple** ("fuera de su control y que (es decir, el acreedor) no podría evitar ni superar, de hacer que un plazo de prescripción deje de correr en virtud de los artículos anteriores"). La definición abarca: **I) eventos fácticos** (por ejemplo, un ataque terrorista que hace cesar la vida social ordinaria en un país,[4872] y **II) impedimentos jurídicos** (por ejemplo, restricciones al derecho de una empresa extranjera a entablar una acción mediante embargo).[4873] La definición no contiene una prueba general de previsibilidad en cuanto a si el acreedor "podría haber esperado razonablemente" que tuviera en cuenta los impedimentos[4874] (art. 7.1.7 (1) segunda condición). Sin embargo, los impedimentos ordinarios y razonablemente esperados, como los períodos de **vacaciones nacionales** (por ejemplo, Ramadán) en el tribunal competente, que son **impedimentos previsibles o temporales, no** deben calificarse como eventos de fuerza mayor (relevantes) que impidan que el acreedor deje de correr un plazo de prescripción (*argumentum* a favor de un enfoque restrictivo[4875] teniendo debidamente en cuenta las circunstancias del caso).

2. Efectos de la fuerza mayor

3

Un evento de fuerza mayor generalmente pondrá al acreedor **sin su influencia** en diferentes circunstancias (y, por lo tanto, claramente de las circunstancias en otros casos de suspensión, como una demanda ante el tribunal incompetente;[4876] art. 10.5 no. 2). Por lo tanto, el párrafo 1 garantiza que, una vez que haya cesado el evento de fuerza mayor (que a menudo será una cuestión de apreciación fáctica por parte del tribunal competente (art. 1.11 primer guión)), el acreedor tendrá **al menos un año** en las nuevas circunstancias para

[4870] Comentarios Oficiales, art. 10.8 nº 1, p. 367; R. Wintgen en Vogenauer, Art. 10,8 no. 1; R. Zimmermann en Jansen/Zimmermann, Art. 14:303 (PECL): *Suspension in Case of Impediment Beyond Creditor's Control*, no. 3 (p. 1859).

[4871] R. Wintgen en Vogenauer, Art. 10.8 nº 2.

[4872] Comentarios Oficiales, art. 10.8 no. 1, Ilustración 1, p. 367; R. Wintgen en Vogenauer, Art. 10.8 nº 3.

[4873] Cf. R. Wintgen en Vogenauer, Art. 10.8 no. 3 con referencia a un caso francés.

[4874] StL-Doc. 68 (2001), pp. 14 y 15; StL-Doc. 80 (2003), p. 15; R. Wintgen en Vogenauer, Art. 10.8 nº 2.

[4875] Siguiendo a R. Wintgen en Vogenauer, Art. 10.8 nº 2 (segunda mitad) y nº 9.

[4876] Esta es la respuesta a la pregunta planteada por R. Wintgen en Vogenauer, Art. 10.8 nº 5 (2da mitad).

iniciar un procedimiento judicial[4877] (párrafo 1 tercera parte: "el período ordinario de prescripción se suspende de modo que no expire antes de un año después que el impedimento haya dejado de existir".; en la versión francesa: *"Le délai de prescription de droit commun est suspendu et il ne pourra prendre fin avant une année après que l'empêchement ait cessé d'exister"*).[4878] Las ilustraciones que figuran en los Comentarios Oficiales no son totalmente coherentes. De conformidad con la ilustración 2 de los Comentarios Oficiales, el año podría añadirse al tiempo restante del período suspendido.[4879] Sin embargo, tras el análisis de *Wintgen*[4880] y *Zimmermann*,[4881] el ejemplo más pertinente se proporciona en la ilustración 1, es decir, el caso de un abogado que se enfrenta, cerca del final de un plazo, a una interrupción total de la comunicación en su jurisdicción. Los Comentarios Oficiales declaran: "El plazo de prescripción **deja de correr y no expirará hasta un año después** de que se haya restablecido algún medio de comunicación en el país de A".[4882] En este ejemplo, los comentarios no añaden el tiempo restante del plazo de prescripción general al año de conformidad con el párrafo 1. En el mismo sentido, la ilustración No. 2 de los Comentarios Oficiales hizo hincapié en el **objetivo de permitir** que "el acreedor decida qué curso de acción tomar" y establece en ese sentido "un período adicional de un año a partir de la fecha en que el impedimento deje de existir". Este objetivo se alcanza suspendiendo el plazo de prescripción general durante la fuerza mayor "para que no expire antes de un año después de que haya dejado de existir el impedimento pertinente" (párrafo 1). Desde el momento del fin del impedimento, el acreedor tiene al menos un año para actuar. Si el plazo de prescripción general expiraría normalmente en menos de un año después de la finalización del impedimento, el párrafo 1 concede un período de tiempo adicional para que el acreedor tenga al menos ese año para tomar medidas a partir del final del impedimento.[4883] Esta interpretación sirve al objetivo subyacente de hacer que tanto el plazo de prescripción general como la fuerza mayor sean manejables en un contexto comercial internacional. En este contexto, el cálculo del plazo de prescripción debe seguir el ejemplo dado en la ilustración 1. Por lo menos, desde la perspectiva de un profesional, sería arriesgado actuar de otra manera.

[4877] Comentarios Oficiales, art. 10.8 no. 1, Ilustración 1 y no. 2, p. 367; StL-Doc. 73 (2002), p. 16; R. Wintgen en Vogenauer, Art. 10.8 nº 7.

[4878] Citado con el énfasis proporcionado por R. Wintgen en Vogenauer, Art. 10.8 nº 6, nota 143. Como suele ocurrir en la interpretación de un texto multilingüe, en este caso la comparación con la versión francesa es útil.

[4879] Comentarios Oficiales, art. 10.8 nº 3, ilustración 2, p. 368: "Al administrador le queda un mes del plazo de prescripción general de tres años más un período adicional de un año para presentar la reclamación de la parte fallecida contra B antes de que expire el plazo de prescripción"; R. Wintgen en Vogenauer, Art. 10.8 nº 7 (2da mitad), con críticas a la norma en el nº 8.

[4880] R. Wintgen en Vogenauer, Art. 10.8 nº 8.

[4881] R. Zimmermann en Jansen/Zimmermann, Art. 14:303 (PECL): *Suspension in Case of Impediment Beyond Creditor's Control*, no. 2 (pp. 1858-59).

[4882] Comentarios Oficiales, art. 10.8 no. 1, Ilustración 1, p. 367 (sin cursivas en el original).

[4883] Véase, en este sentido, primero R. Zimmermann, TulEur&Civ L Forum 2006, pp. 1, 18 ("sólo se tienen en cuenta los impedimentos que se han producido durante el último año del período de prescripción").

3. Muerte e Incapacidad

4

I) El párrafo 2 contiene disposiciones especiales para la muerte y la incapacidad, tanto del deudor como del acreedor[4884] (artículo 11.3 cuarto renglón), como **subcategorías** (ejemplos especiales)[4885] de fuerza mayor de conformidad con el párrafo 1. Requiere una **interpretación autónoma** (art. 1.6) también de la palabra "incapacidad" (que tendrá a menudo, pero no necesariamente, el mismo significado que la misma expresión de conformidad con la ley local aplicable que rige la capacidad,[4886] según lo determine la ley internacional privada y/o arbitraje aplicable)[4887] y se aplica solo si también se cumplen los requisitos generales del párrafo 1 (sin posibilidad de nulidad o superación).[4888] **II)** De conformidad con la oración 2 del párrafo 2, la norma adicional de un año prevista en el apartado 1 se aplica una vez que el caso de fuerza mayor se supera casi mediante una reorganización adaptada a las nuevas circunstancias (es decir, mediante el nombramiento de un representante de la parte incapacitada o fallecida o de su patrimonio; o mediante un sucesor que asuma el cargo de la parte fallecida).[4889] En las circunstancias especiales de una reclamación entre una persona que está sujeta a una incapacidad y su representante, es decir, circunstancias que normalmente quedarán fuera del ámbito de aplicación de los Principios de UNIDROIT,[4890] las consideraciones generales de buena fe (art. 1.7) podrían justificar no admitir ninguna reclamación permitida hasta que "la incapacidad haya terminado o antes de que se haya nombrado un nuevo representante",[4891] como en el art. 14:305 (2) PDCE (en virtud de la cual las opciones disponibles para el acreedor en virtud de la legislación local aplicable para solicitar a un tribunal que designe un representante deben considerarse entre las circunstancias del caso).

Artículo 10.9 (Efectos del vencimiento del período de prescripción)

(1) El vencimiento del período de prescripción no extingue el derecho.

4884 R. Zimmermann en Jansen/Zimmermann, Art. 14:305 (PECL): *Postponement of Expiry in Case of Incapacity*, no. 1 (p. 1863): "la regla funciona en ambos sentidos" (sobre PDCEcon referencia a los Principios de UNIDROIT en la nota 6); y Arte. 14:306 (PECL): *Postponement of Expiry: Deceased's Estate*, no. 1 (p. 1866), por "muerte".

4885 Comentarios Oficiales, art. 10.8 nº 3, p. 367; StL-Doc. 64 (1999), p. 11; R. Wintgen en Vogenauer, Art. 10.8 nº 4.

4886 R. Wintgen en Vogenauer, Art. 10.8 nº 4, p. 1184.

4887 Véase, por ejemplo, Art. V (1) literal "a" de la Convención de Nueva York y G. B. Born, "*International Commercial Arbitration*", vol. 1, pp. 666 a 671 para el Derecho Internacional Privado aplicable a la capacidad.

4888 R. Wintgen en Vogenauer, Art. 10.8 nº 4 (insinuando el suicidio como una muerte evitable).

4889 Véase R. Wintgen en Vogenauer, art. 10.8 nº 10.

4890 Es difícil imaginar una afirmación de este tipo en virtud de los Principios de UNIDROIT. Esta es la razón por la que este problema puede no ser cubierto por ellos. Desde la perspectiva de un practicante, no es realmente deficiente. Contra: R. Wintgen en Vogenauer, Art. 10.8 nº 11 lamentando, en relación con el objetivo de los Principios de UNIDROIT de "servir de modelo a los legisladores nacionales e internacionales" (Preámbulo, párrafo 7), la ausencia de una norma específica que amplíe la aplicación del párrafo 2 a "las reclamaciones entre una persona impuesta y su representante"; secundado por R. Zimmermann en Jansen/Zimmermann, Art. 14:305 (PECL): *Postponement of Expiry in Case of Incapacity*, no. 3 (p. 1864).

4891 R. Wintgen en Vogenauer, Art. 10.8 nº 11.

(2) Para que el vencimiento del período de prescripción tenga efecto, el deudor debe invocarlo por vía de excepción.

(3) La existencia de un derecho siempre puede ser invocada por vía de excepción a pesar de haberse invocado el vencimiento del período de prescripción para el ejercicio de dicho derecho.

A. El primero de los tres artículos sobre los efectos del vencimiento del período de prescripción

1

El compromiso internacional del enfoque ("sustantivo débil")[4892] del capítulo 10 (art. 10.1 No. 1) trae consigo las consecuencias descritas en los tres párrafos (esencialmente auto explicativos) del art. 10.9, que se **complementan** con un derecho de compensación en virtud del art. 10.10 y una restricción del derecho a la restitución de conformidad con el art. 10.11.

B. Derechos del acreedor y del deudor

1. Introducción

2

En el párrafo 1 se describe el punto de partida de que (y el fundamento teórico de por qué)[4893] **el vencimiento del período** (de prescripción) **no extingue** por sí sola **el derecho** del acreedor y la obligación del deudor. Los párrafos 2 y 3 establecen cómo y en qué medida: **I)** el deudor (art. 1.11 cuarto guión) puede invocar la expiración del plazo, y **II)** el acreedor (art. 1.11 cuarto guión) puede, no obstante, invocar el derecho.[4894]

2. Exigencia de hacer valer efectivamente el derecho

3

Según el párrafo 2, el deudor puede invocar la expiración del plazo **alegando (activamente)** el vencimiento del período de prescripción ya sea dentro o fuera del procedimiento judicial.[4895] **I)** Si afirma la limitación del plazo en los **procedimientos judiciales**, debe respetar la forma (y el calendario) descritos en el régimen procesal aplicable. **II)** Si la afirmación se hace por separado, debe calificarse como una notificación (art. 1.10), para la cual no se

---

4892 R. Wintgen en Vogenauer, Art. 10.8 nº 1 nota 152, p. 1188.

4893 R. Wintgen en Vogenauer, Art. 10.9 nº 2.

4894 Como señaló R. Zimmermann en Jansen/Zimmermann, Art. 14:501 (PECL): *General Effect*, no. 1 (p. 1875): "el interés público no se ve afectado negativamente si se permite que un deudor pague, incluso después de que se haya agotado el período de prescripción".

4895 El contramodelo de un corte automático de los derechos por ley fue descartado por la mayoría del Grupo de Trabajo en StL-Doc. 64 (1999), p. 11; Comentarios Oficiales, art. 10.8 no. 2 e Ilustración 1, pp. 368-369; CNUDMI y otros, Guía jurídica tripartita, nº 303 (p. 67); R. Wintgen en Vogenauer, Art. 10.9 nº 3.

requiere escrito siempre que los medios sean "apropiados a las circunstancias" (art. 1.10 (1)). Se ha argumentado convincentemente que la obligación a la que alerta la aseveración debe especificarse (art. 8.4 (1) por analogía).[4896]

3. Derecho remanente a la defensa

4

Incluso **después del vencimiento del período de prescripción**, el acreedor es libre de invocar el derecho como excepción (es decir, como una reclamación "que tendría el efecto de extinguir total o parcialmente la reclamación del demandante")[4897] de conformidad con el párrafo 3. Este principio es coherente con la tradición romana[4898] y con el art. 25 párrafo 2 de la Convención de la CNUDMI sobre la Prescripción.[4899] En la práctica, el párrafo 3 puede utilizarse como motivo para **retener el cumplimiento**[4900] sobre la base del derecho (prescrito) que no se ha extinguido (párrafo 1). Sin embargo, no puede utilizarse para la compensación una vez que el deudor haya hecho valer el vencimiento del período de prescripción debido a la norma imperativa más específica del art. 10.10.[4901]

C. Ausencia de efecto sobre las garantías

5

El art. 10.9 no tiene ningún efecto sobre ninguna reclamación colateral, de seguridad o accesoria. A este respecto, corresponde determinar el efecto, en su caso, del paso del tiempo a la ley nacional aplicable[4902] (que, a su vez, debe determinarse con arreglo al Derecho Internacional Privado aplicable).

D. Opciones

6

Régimen distintivo para reclamaciones de garantía. En el contexto de la redacción de contratos de producción o venta a largo plazo, las partes a menudo acordarán una fecha

4896 R. Wintgen en Vogenauer, Art. 10.9 nº 4.

4897 Formulación del Tribunal de Justicia de las Comunidades Europeas en el asunto C-341/93, DanvarnPrdouction A/S/Osterbek GmbH & Co (C-341/93), Rec. p. I-2053, citado por R. Wintgen en Vogenauer, art. 10.9 nº 5.

4898 R. Zimmermann, TulEur&Civ L Forum 2006, pp. 1, 20 ("... *quae ad agendum sunt temporalia, a excipiendum sunt perpetua*"); (es decir, si bien las reclamaciones están limitadas en el tiempo, la posibilidad defender es permanente) R. Wintgen en Vogenauer, Art. 10.9 nº 5 nota 157; R. Zimmermann en Jansen/Zimmermann, Art. 14:501 (PECL): *General Effect*, no. 7 (p. 1879).

4899 R. Zimmermann en Jansen/Zimmermann, Art. 14:501 (PECL): *General Effect*, no. 7 (p. 1879).

4900 Comentarios Oficiales, art. 10.9 no. 3 e Ilustración no. 2, p. 369; R. Wintgen en Vogenauer, Art. 10.9 nº 6.

4901 R. Wintgen en Vogenauer, Art. 10.9 nº 6.

4902 StL-Misc. 21 (1999), Nº 337; R. Wintgen en Vogenauer, Art. 10.9 nº 7.

límite especial para las reclamaciones de garantía relacionadas con bienes que no se ajustan a la especificación técnica acordada (art. 1.1, 1.5). Dicho período de garantía es distinto del período de prescripción general, lo que lleva en el curso ordinario de los negocios a la extinción de todos los derechos como materia o distribución de riesgos (excluyendo los motivos para evitar toda la obligación, por ejemplo, en caso de fraude, art. 3.2.5, 3.2.12). Inspirándose en la CESL 185 (1), se puede considerar que, al final del período de garantía, el comprador pierde "todos los recursos por incumplimiento, excepto la retención de la ejecución".[4903]

7

Pactum de non petendo. En virtud de su libertad contractual general (arts. 1.1, 1.5), y sujeto a la ley imperativa (art. 1.4), las partes pueden acordar con respecto al principio general de buena fe y lealtad negocial que un deudor no invocará la expiración de un plazo de prescripción (general o incluso máximo).[4904] Dicho acuerdo, celebrado en cualquier forma (art. 1.2), generalmente se limita a un período de tiempo definido de un número de (por ejemplo, tres) meses.[4905] Si posteriormente, en una controversia, la otra parte invoca el período de prescripción a pesar de dicho *pactum de non petendo*, esa referencia al párrafo 2 sería un comportamiento incoherente (art. 1.8).

Artículo 10.10 (Derecho de Compensación)

El acreedor puede ejercitar el derecho de compensación mientras el deudor no haya opuesto el vencimiento del período de prescripción.

A. Complemento al art. 10.9

1

El art. 10.10 restringe el derecho a utilizar un derecho prescrito como defensa, incluso después del vencimiento del período de prescripción de conformidad con el art. 10.9 (3). **I) A partir del momento** en que el **deudor haga valer el vencimiento** del período de prescripción de conformidad con los arts. 10.2 y 10.9 (2) (ya sea dentro de un procedimiento legal o de otra manera en una notificación, art. 1.10), el art. 10.10 **limita el derecho a invocar el derecho prescrito como instrumento de compensación** (para cuasi pagar el derecho del acreedor; art. 8.1 no. 1 y el art. 8.2 no. 2 en B.).[4906] **II)** Hasta ese momento, la parte obligada

4903 Discutido críticamente por R. Zimmermann en Jansen/Zimmermann, Art. 14:501 (PECL): General Effect, no. 2-6 en nota 8 (pp. 1875-78).

4904 Véase R. Zimmermann en Jansen/Zimmermann, Art. 14:501 (PECL): *General Effect*, no. 7 (p. 1878).

4905 Una solicitud para celebrar un contrato de este tipo por un período de tiempo de 30 años (argumentando que algún tipo de defecto potencial podría desarrollarse durante un largo período de tiempo), como una vez observado en la práctica, sería abusiva. En el contexto de los Principios de UNIDROIT, podría considerarse abusivo con respecto al art. 10.3 (2) (c), 7.4.3 (1) (que permite incluir daños futuros en una reclamación actual), 1.7, 1.5 in fine, 1.6.

4906 Esto ha sido criticado porque "el deudor no tiene ninguna razón para invocar la prescripción mientras el acreedor no haga valer su crédito", R. Zimmermann, TulEur&Civ L Forum 2006, pp. 1, 20.

(art. 1.11 cuarto guión) de una obligación podrá utilizar su derecho de prescripción frente al acreedor (art. 1.11 cuarto guión) a efectos de compensación. Esto es consistente con el enfoque moderno, basado en PDCEen el art. 8.5 (3) por el cual la compensación surtirá efecto a partir del momento de la notificación.[4907] La norma del art. 10.10 requiere la **gestión del riesgo de alerta** por ambas partes una vez que surge una disputa. En la práctica, esto se convierte en un desafío si el acreedor del derecho prescrito no reconoce en absoluto el reclamo de la otra parte y una compensación indicaría el reconocimiento (parcial) de una obligación. En muchos casos, el acreedor de una obligación prescrita no pensará en la compensación hasta que el deudor haga valer el vencimiento del período de prescripción[4908] en virtud del art. 10.9 (2).

2

La regla rigurosa del art. 10.10 parece basarse en el principio general de los Principios de UNIDROIT de que la notificación (afirmación) es un punto de inflexión (simple) clave para aceptar o limitar derechos.[4909] Ha sido criticado señalando el art. 25 Convención de la CNUDMI sobre la Prescripción y sistemas nacionales que, como el art. 10.10, permiten la compensación incluso después de que se haya producido la prescripción, pero con condiciones[4910] tales como "si las reclamaciones podrían haberse compensado en cualquier momento antes de la expiración del plazo de prescripción" (artículo 25 de la Convención de la CNUDMI sobre la Prescripción).

B. Complemento al art. 8.1 y subsiguientes

3

Toda compensación prescrita en virtud del art. 10.10 (mediante notificación, art. 8.3 y subsiguientes)[4911] exige que los requisitos generales para una compensación en virtud del art. 8.1 y subsiguientes[4912] se cumplan (en particular, la reciprocidad, dinero u otro cumplimiento del mismo tipo, derecho al cumplimiento, una obligación "determinada" de la otra parte; art. 8.1 no. 6 y ss. en D.), así como cualquier "otra restricción"[4913] debida, por ejemplo, a la ley procesal o imperativa (art. 8.1 no. 22 en F.2).

4907 M. J. Bonell en Hartkamp et al. (eds.), pp. 715 y 728; R. Zimmermann en Jansen/Zimmermann, Art. 14:503 (PECL): *Effect on Set-Off*, no. 2 (p. 1882): PICC ha "seguido su ejemplo" al tratar las reclamaciones cruzadas generalmente de la misma manera que art. 14:503 (excepto que no concede tiempo adicional para invocar el plazo de prescripción), en contraste con "viejos (y más complicado) patrones de pensamiento" como se encuentra, por ejemplo, en la ley alemana establecida en el nº 1 (pp. 1881-82).

4908 R. Wintgen en Vogenauer, Art. 10.10 nº 6 (las cursivas figuran en el original); R. Zimmermann en Jansen/Zimmermann, Art. 14:503 (PECL): *Effect on Set-Off*, no. 2 (p. 1882) criticando "PICC 10.10 no tiene en cuenta que el deudor de la contrademanda no tiene ninguna razón para invocar la prescripción siempre que el acreedor se siente en su derecho en lugar de hacerla valer".

4909 Véase, por ejemplo, Art. 9.1.10.

4910 R. Wintgen en Vogenauer, Art. 10.10 nº 1 (con referencias en la nota 164 a los ordenamientos jurídicos alemán y suizo).

4911 R. Wintgen en Vogenauer, Art. 10.10 nº 5.

4912 Comentarios Oficiales, art. 10.10, p. 370; R. Wintgen en Vogenauer, Art. 10.10 nº 2.

4913 Véase también R. Wintgen en Vogenauer, Art. 10.10 nº 3.

C. Opciones contractuales

4

De conformidad con el art. 1.5, las partes son libres de adaptar su régimen de compensación. **I)** Por ejemplo, pueden reducir aún más el derecho de compensación con una reclamación prescrita. Se ha recomendado "contratar fuera del art. 10.10 o modificarlo de acuerdo con el art. 14:503 PECL"[4914] (es decir, permitir contractualmente invocar el vencimiento del período (prescripción) hasta dos meses después de la notificación de compensación). **II)** Del mismo modo, las partes son libres de acordar una compensación independientemente de la expiración del plazo de prescripción formal (por ejemplo, para calmar una relación a largo plazo).

Artículo 10.11 (Restitución)

Cuando ha habido prestación en cumplimiento de la obligación, no hay derecho a la restitución por el solo hecho de haber vencido el período de prescripción.

A. Reclamaciones prescritas como base válida para el cumplimiento[4915]

1

Como consecuencia lógica del principio contenido en el art. 10.9 (1), la obligación prescrita puede servir como motivo de pago que, de conformidad con el art. 10.11, lo cual limita una reclamación de restitución. Esta norma se correlaciona con un principio amplio y reconocido[4916] y evita comportamientos incoherentes (art. 1.8). En vista del requisito del art. 10.9 (2) afirmar el vencimiento del período de prescripción para invocar sus efectos, sería incompatible que "el deudor que cumpla su obligación (...) para posteriormente cambiar de opinión y reclamar su desempeño".[4917]

B. Restitución basada en otros motivos

2

Como se expresa en la frase "por el simple hecho",[4918] el art. 10.11 no excluye la restitución por otros motivos,[4919] como los arts. 3.2.15 o 7.3.6.[4920]

4914 R. Wintgen en Vogenauer, Art. 10.10 nº 1.

4915 Formulación de los Comentarios Oficiales, art. 10.10 nº 1, p. 370. Véase M. J. Bonell en Hartkamp et al. (eds.), pp. 715, 729 y nota 90.

4916 R. Wintgen en Vogenauer, Art. 10.11 nº 1.

4917 M. J. Bonell en Hartkamp et al. (eds.), pp. 715, 729.

4918 R. Wintgen en Vogenauer, Art. 10.11 nº 2.

4919 Comentarios Oficiales, art. 10.11 nº 2 e Ilustración 2, p. 371; R. Wintgen en Vogenauer, Art. 10.11 nº 2.

4920 R. Wintgen en Vogenauer, Art. 10.11 nº 2.

CAPÍTULO 11
PLURALIDAD DE DEUDORES Y ACREEDORES

Introducción

A. Visión general

1

El Capítulo 11 se introdujo en la revisión de 2010 de los Principios de UNIDROIT,[4921] después de un extenso trabajo jurídico comparativo y debate durante varios años y con la debida consideración de la Parte III (2003) de los Principios del Derecho Contractual Europeo ("PDCE").[4922] Aborda con un "área notoriamente difícil... ampliamente descuidado por los abogados comparativos".[4923] El resultado es un **conjunto de reglas bien legibles y compactas**: por ejemplo, una revelación para cualquier abogado de contratos internacionales que alguna vez haya tenido que resolver una reclamación en nombre de un cliente deseable para cerrar los libros mientras hay otros codeudores con intereses diferentes. El Capítulo 11 puede servir como una **lista de control** para contratos complejos de tres partes. A menudo es prudente, y en caso de pluralidad de deudores o pluralidad de contratos, incluso esencial complementar los principios del Capítulo 11 con una serie de cláusulas en el contrato que reflejen decisiones concretas.

2

Para la **pluralidad de acreedores** (art. 1.11 cuarto guión), la Sección 11.1 proporciona dos regímenes distintos para elegir y cubre las cuestiones importantes de manera estricta y concluyente. El art. 11.1.2 de los Principios de UNIDROIT contiene una **norma supletoria** (para la responsabilidad solidaria); la cual aplica si las partes guardan silencio sobre la calificación de una obligación que vincula a una pluralidad de deudores.

3

En caso de **pluralidad de deudores** (art. 1.11 cuarto guión), la sección 11.2 ofrece **tres opciones** y **ninguna norma supletoria** (debido a las expectativas completamente diferentes de los abogados formados en Derecho Común y aquellos formados en Derecho Civil sobre cuál debería ser la norma supletoria, art. 11.2.1 no. 1). Por lo tanto, es **necesario hacer una elección explícita** para evitar que la determinación se haga más tarde por medio de

[4921] S. Meier en Vogenauer, Introducción al capítulo 11 de los Principios de UNIDROIT no. 1.

[4922] También se tuvo en cuenta la Reformulación de los Estados Unidos, la jurisprudencia inglesa y el proyecto de Ley Uniforme de la OHADA sobre Derecho Contractual, StL-Misc. 27 (2007), párr. 5 (Fontaine); M. Fontaine, Unif. Law.Rev. 2011, pp. 549, 550 quien, como relator, informa haber considerado también las leyes o aportaciones de Australia, Bélgica, Estonia, Francia, Alemania, Ghana, Italia, Lituania, Países Bajos, Portugal, España, Quebec, Rusia, Reino Unido y Estados Unidos. Además, los observadores de la práctica han constituido la perspectiva de otros jurisdicciones que incluyen, por ejemplo, Brasil, China, Hong Kong, Corea y EE.UU.

[4923] S. Meier en Vogenauer, Introducción al capítulo 11 de los Principios de UNIDROIT no. 1.

interpretación (arts. 4.1, 4.3 y ss.) y/o por un tribunal (art. 1.11 primer guión), por lo que, en caso de un arbitraje tripartito, la educación legal del árbitro presidente puede ser decisiva.

4

Existe **libertad de contratación** (art. 1.1) para adaptar el sistema a las **necesidades individuales** y a las circunstancias del caso; a este respecto, el capítulo 11 puede servir de referencia e inspiración para determinar cualquier variación que pueda considerarse necesaria dadas las circunstancias. Solo por esa razón, para tener un **punto de partida neutral en las negociaciones internacionales** en un escenario multipartidista multi jurisdiccional, es útil que exista la Sección 11.2.[4924] Al final, mucho depende del **nivel de confianza** y del perfil de riesgo de las partes contratantes (por ejemplo, el art. 11.2.1 no. 3).

B. Idioma

5

El idioma inglés tiene límites naturales cuando se trata de describir los compromisos internacionales que tienden puentes entre el mundo del Derecho Civil y del Derecho Común.[4925] Por ejemplo, el mismo tipo de acuerdo sobre "**obligaciones conjuntas y solidarias**" se describe: **I)** en la Sección 11.1 con estas palabras (art. 11.1 (a)) que será familiar para todos los abogados formados en Derecho Común, y las cuales son consistentes con el lenguaje elegido en los arts. 9.2.5 (3) y 9.3.5 (3),[4926] mientras que, **II)** el PDCEy el Proyecto de Marco Común de Referencia (UE)[4927] utilizan esencialmente para el mismo acuerdo entre el Derecho Civil y el Derecho Común la noción de "**solidaridad**" que es familiar para los abogados formados en Derecho Civil (se refiere a la antigua expresión romana "*in solidum*"[4928] y términos relacionados como *solidarité* (francés) o *in solido* (italiano), solidaridad (español).[4929] La proximidad de la redacción elegida en los Principios de UNIDROIT al Derecho Común no tiene por objeto dar prioridad a ninguna interpretación del concepto utilizado en los Principios de UNIDROIT por parte del Derecho Común nacional (por

---

[4924] Contra S. Meier en Jansen/Zimmermann, Art. 10:201 (PDCE): *Solidary, Separate and Communal Claims*, no. 10 (p. 1612) que es crítico con respecto a las opciones limitadas ofrecidas por PDCE, PICC y DCFR ("En todas las tres re-expresiones, todo el capítulo sobre la pluralidad de acreedores parece ser solo de asistencia limitada").

[4925] S. Vogenauer, Unif. Law Rev. 2014, pp. 481 y 501.

[4926] StL-Doc. 102 (2007), p. 6; S. Meier en Vogenauer, Art. 11.1.1 nº 10.

[4927] Texto del DCFR disponible en https://www.ccbe.eu/fileadmin/speciality_distribution/public/documents/EUROPEAN_PRIVATE_LAW/EN_EPL_20100107_Principles_definitions_and_model_rules_of_European_private_law Draft_Common_Frame_of_Reference__DCFR_.pdf, [última visita el 09 de enero de 2023]; véase también M. Fontaine, Unif. 2011, pp. 549 y 551.

[4928] S. Meier, en Jansen/Zimmermann, Introducción antes del art. 10:101 (PDCE), no. 5 (p. 1559).

[4929] S. Meier en Vogenauer, Art. 11.1.1 nº 10.

ejemplo, inglés);[4930] debe **interpretarse de manera autónoma** (art. 1.6).[4931] Los Principios de UNIDROIT designan a los obligados solidarios como "deudores solidarios" (por ejemplo, en el art. 11.1.7).

C. Ámbito de aplicación

6

La pluralidad de deudores (art. 1.11 cuarto guión) está cubierta en la Sección 11.1 en 13 artículos, la pluralidad de acreedores en solo cuatro artículos en la Sección 11.2 con una referencia en el art. 11.2.3 (2) a cuatro de los artículos de la Sección 11.1. Si existe **tanto** pluralidad de deudores como pluralidad de acreedores (**pluralidad de partes en un contrato**) —las co-partes de cada parte son tanto codeudores (por ejemplo, para el pago del precio en caso de compra conjunta) como coacreedores (por ejemplo, para la entrega de los bienes o servicios)— "las secciones 11.1 y 11.2 se aplican acumulativamente".[4932]

7

Algunas cuestiones relativas a la **pluralidad de partes** en un contrato se tratan en los arts. 11.1.4, 11.1.12 y 11.2.3 (por ejemplo, "si uno de los deudores o acreedores puede ejercer un derecho de **anulación** con arreglo a la Sección 3.2, y cuáles podrían ser las consecuencias de tal resolución").[4933] Otras cuestiones relativas a la pluralidad de partes en un contrato no están (explícitamente) cubiertas por los Principios de UNIDROIT[4934] (por ejemplo, la cuestión de la **resolución** por incumplimiento esencial en virtud del art. 7.3.1 en caso de que sólo uno de varios deudores solidarios —por ejemplo, uno de los compradores— desea ejercerlo).[4935] En tales circunstancias, será necesario "**interpretar las disposiciones específicas de los Principios de UNIDROIT** en cuestión"[4936] (art. 1.6); en la etapa de **redacción del contrato**, puede ser prudente incluir un lenguaje más detallado con los suplementos apropiados al Capítulo 11 y adaptaciones a las circunstancias del caso (los comentarios a continuación podrían servir de inspiración). Además, el artículo 11.2 no aborda los "reclamos de propiedad" y "por lo tanto, no determina si un solo acreedor de uno de los acreedores puede embargar la totalidad del crédito, una parte de él o simplemente su parte proporcional en el crédito, y con qué efecto".[4937]

[4930] StL-Misc. 27 (2007), nº 9 (Bonell); S. Meier en Vogenauer, Art. 11.1.1 nº 10 (p. 1199). La decisión sobre el Grupo de Trabajo se adoptó tras un intenso debate (StL-Misc. 26 (2006), nº 155 y 168), como señaló S. Meier, en Jansen/Zimmermann, art. 10:101 (PDCE): Obligaciones solidarias, separadas y comunitarias, no. 5 (pp. 1566-67). Véanse además las observaciones similares sobre la terminología en caso de pluralidad de deudores ibíd., art. 10:201 (PDCE): *Solidary, Separate and Communal Claims*, no. 3 (p. 1608).

[4931] Vogenauer, Unif. Law Rev. 2014, pp. 481 y 505; S. Meier en Vogenauer, Art. 11.1.1 nº 10 ("El uso de terminología específica para determinadas leyes nacionales no es útil").

[4932] S. Meier en Vogenauer, Art. 11.1.1 no. 2 y Art. 11.2.1 nº 2, p. 1245.

[4933] S. Meier en Vogenauer, Introducción al capítulo 11 de los Principios de UNIDROIT no. 2.

[4934] S. Meier en Vogenauer, Introducción al capítulo 11 de los Principios de UNIDROIT nº 2; S. Meier, en Jansen/Zimmermann, Introducción antes del art. 10:101 (PDCE), no. 2 (p. 1558).

[4935] Ejemplo de S. Meier en Vogenauer, Introducción al capítulo 11 de los Principios de UNIDROIT no. 2.

[4936] Comentarios Oficiales, art. 1.6 nº 4, p. 17.

[4937] S. Meier en Jansen/Zimmermann, Introducción antes del art. 10:201 (PDCE), no. 8 (p. 1606).

SECCIÓN 1. PLURALIDAD DE DEUDORES

Historia legislativa (documentos clave)

En preparación de los Principios de 2010 - Ponente Marcel Fontaine:
StL-Doc. 99, pp. 7 y 8 (documento de posición en 2006); StL-Misc. 26, pp. 25 a 29 (1ra discusión en 2006); StL-Doc. 102, pp. 5 a 16 (documento de posición en 2007), StL-Misc. 27, pp. 4 a 20 (2da discusión en 2007); StL-WP.14, pp. 1 a 18 (propuesta de primer proyecto en 2008); StL-WP.18, sesión 1, pp. 2 a 13 (3er debate en 2008); StL-Doc. 107, pp. 5 a 20 (1er borrador en 2008); StL-Misc. 28, pp. 43 a 63 (4ta discusión en 2008); StL-WP.19, pp. 2 a 21 (propuesta de 2do proyecto en 2009); StL-WP.23, sesión 1, pp. 3 a 8 (5ta discusión en 2009); StL-Doc. 112, pp. 4 a 26 (2do borrador en 2009); StL-Misc. 29, pp. 55 y 63 (6ta discusión en 2006); StL-WP.26, pp. 4 a 23 (propuesta de 3er proyecto en 2009); StL-WP.29, sesión 2, pp. 1 a 6 (7ma discusión en 2010); StL-Doc. 117, pp. 4-25 (3er borrador en 2010); StL-Doc. 123, pp. 3 a 26 (4to borrador en 2010); StL-Misc. 30, pp. 7-9 (8va discusión en 2010).

Artículo 11.1.1 (Definiciones)

Cuando varios deudores se obligan frente a un acreedor por la misma obligación:

a) las obligaciones son solidarias si cada deudor responde por la totalidad;

b) Las obligaciones son separadas si cada deudor solo responde por su parte.

A. Dos tipos de obligaciones

1

La sección 11.1 establece un conjunto de reglas para la pluralidad **contractual** de obligaciones, es decir, circunstancias en las que más de un deudor (art. 1.11 cuarto guión) se ha obligado **frente al mismo acreedor** (art. 1.11 cuarto guión) **en virtud de uno o varios contratos separados** para cumplir la misma[4938] obligación. Este escenario es conocido en todo el mundo y se vuelve particularmente complejo cuando las partes provienen de diferentes jurisdicciones[4939] (por ejemplo, dos partes europeas ofrecen servicios de construcción conjunta en África; una parte estadounidense y una europea compran conjuntamente una empresa en China). En estas circunstancias, **tres cuestiones básicas** requieren una respuesta:[4940] **I)** ¿Los codeudores individuales **deben la totalidad o parte del cumplimiento**? (arts. 11.1.1-11.1.4); **II)** ¿En qué medida, en su caso, los cambios en la obligación de un deudor (por ejemplo, una transacción, una decisión judicial o la expiración de un plazo de prescripción) afectan a la obligación de los demás deudores? (arts. 11.1.5-11.1.8); **III)** ¿En qué medida, en

---

[4938] Comentarios Oficiales, art. 11.1.1 nº 2, ilustración 5, p. 373; S. Meier en Vogenauer, Art. 11.1.1 nº 3 (a diferencia de "'mera coincidencia' de diferentes compromisos con un mismo acreedor"); S. Meier, en Jansen/ Zimmermann, Introducción antes del art. 10:101 (PDCE), no. 13 (p. 1563).

[4939] Véase Art. 16 del Reglamento (CE) nº 593/2008 del Parlamento Europeo y del Consejo, de 17 de junio de 2008, sobre la ley aplicable a las obligaciones contractuales (Roma I).

[4940] S. Meier en Vogenauer, Introducción a la Sección 11.1 de los Principios de UNIDROIT nº 1; las siguientes tres preguntas repiten y/o resumen el análisis de Meier.

su caso, puede un deudor que ha cumplido (total o parcialmente) al acreedor solicitar una **contribución** de los demás deudores? (arts. 11.1.9-11.1.13).

2

El art. 11.1.1 (es decir, el primero de los cuatro artículos que abordan la primera cuestión) sienta las bases mediante una distinción básica entre **dos tipos de obligaciones.**[4941] Excluye así otras formas de obligaciones[4942] que se dejan para contratar (art. 1.5; D. *infra*). El art. 11.1.2 establece una **presunción** a favor de las obligaciones solidarias según la literal "a".

B. Obligaciones solidarias (literal "a")

3

En el caso de las obligaciones "solidarias" definidas en la literal "a" (que debe leerse conjuntamente con el art. 11.1.3),[4943] **una obligación común** vincula las obligaciones individuales de los deudores[4944] como "más de un deudor es responsable de (la "totalidad"[4945] de) este cumplimiento"[4946] (por ejemplo, construcción de una planta, entrega de bienes, pago de dinero) mientras que el acreedor "no tiene derecho a recibir más que la totalidad de la ejecución".[4947] Esta obligación común y fundamento de un "**entendimiento común de los deudores**" de que serán deudores solidarios"[4948] puede expresarse: **I) generalmente en un solo contrato**[4949] que demuestre "un entendimiento común hacia el acreedor"[4950] (tal contrato requiere interpretación de conformidad con el art. 4.1, 4.3 y subsiguientes para destilar si se aplica la literal "a" o "b"),[4951] o **II) en contratos diferentes**[4952] siempre que: **a)**

[4941] Comentarios Oficiales, art. 11.1.1 nº 3, p. 374; no se incluyen las denominadas "obligaciones comunitarias", StL-WP. 14 (2008), página 5, párr. 1.1.; StL-WP. 14 (2008), página 6.

[4942] M. Fontaine, Unif. Law Rev. 2011, pp. 549, 551-552.

[4943] S. Meier en Jansen/Zimmermann, Art. 10:101 (PDCE): *Solidary, Separate and Communal Claims*, no. 8 (p. 1568) enfatizando el vínculo entre los arts. 11.1.1 y 11.1.3: "Una definición de solidaridad debe (...) contienen tanto la responsabilidad total como la exclusión de la acumulación. La definición de PICC en Art. Por consiguiente, el apartado a) del punto 11.1.1 está incompleto y debe leerse conjuntamente con el apartado a) del punto 11.1.3".

[4944] S. Meier en Vogenauer, Art. 11.1.1 nº 4 (en el que se examinan los diferentes significados de la palabra "obligación" en los literales "a" y "b", que también pueden observarse en el derecho nacional comparado); S. Meier, *"Schuldnermehrheiten im europäischenVertragsrecht"* (2011) *"Archiv der civilistischen Praxis"* (AcP) pp. 435, 439-440; Vogenauer, Unif. Law Rev. 2014, pp. 481, 501.

[4945] S. Meier en Vogenauer, Art. 11.1.1 nº 9.

[4946] S. Meier en Vogenauer, Art. 11.1.1 nº 4.

[4947] S. Meier en Vogenauer, Art. 11.1.1 nº 9. En Jansen/Zimmermann, Art. 10:101 (PDCE): *Solidary, Separate and Communal Claims*, no. 6 (p. 1567), S. Meier señala en este contexto que en Art. 11.1.1 a), "el término "obligaciones" tiene dos significados diferentes en la misma oración", y se refiere a las deliberaciones del Grupo de Trabajo en StL-Misc. 27 (2007), nº 11-25 que "no pudo llegar a un consenso sobre el tema".

[4948] S. Meier en Vogenauer, Art. 11.1.10 nº 2 (sin subrayar en el original).

[4949] Comentarios Oficiales, art. 11.1.1 nº 2, p. 373; S. Meier en Vogenauer, Art. 11.1.1 nº 6.

[4950] De nuevo S. Meier en Vogenauer, Art. 11.1.10 nº 2.

[4951] Véanse los ejemplos examinados por S. Meier en Vogenauer, Art. 11.1.1 nº 6.

[4952] Comentarios Oficiales, art. 11.1.1 nº 2, p. 373; S. Meier en Vogenauer, Art. 11.1.1 nº 7.

sea explícita o implícitamente[4953] "claro que varios deudores están obligados a prestar un cumplimiento" que el acreedor debe recibir una sola vez"[4954] (por ejemplo, coaseguro de un riesgo por varios aseguradores;[4955] compromiso contractual separado de una empresa matriz frente a un banco por un préstamo de su empresa filial),[4956] y **b)** los deudores **actúan a sabiendas de los compromisos de los demás deudores**[4957] (por ejemplo, varios aseguradores coaseguran una gran instalación industrial contra incendios y otros peligros;[4958] contraejemplos en los que la sección 11.1 no se aplicaría en absoluto: contratos independientes, como con un contratista y con el arquitecto del mismo edificio[4959] o cuando un acreedor asegura el mismo riesgo con dos compañías de seguros en diferentes jurisdicciones ignorando el hecho del doble seguro; la interdependencia entre los contratos sólo se derivaría de la legislación obligatoria sobre seguros nacionales que prohíbe el exceso de seguros).[4960]

C. Obligaciones separadas (literal "b")

4

Las obligaciones separadas (un concepto jurídico generalmente aceptado[4961] desde el derecho romano[4962]), tal como se define en la literal "b",[4963] distinguen entre diferentes esferas de los deudores "que, en principio, son independientes entre sí".[4964] Todos ellos son responsables como "deudores individuales",[4965] mientras que (también) todos contribuyen a un rendimiento **divisible**[4966] (por ejemplo, la construcción de una planta). La división se **acordará normalmente en el contrato**, siendo la **norma supletoria** para los deudores

4953 S. Meier en Vogenauer, Art. 11.1.1 nº 7.

4954 Ídem.

4955 StL-Misc. 27 (2007), párrafo 25 (Fontaine).

4956 De nuevo S. Meier en Vogenauer, Art. 11.1.1 nº 7.

4957 S. Meier en Vogenauer, Art. 11.1.1 no. 8 y S. Meier en Vogenauer, Art. 11.1.10 nº 2.

4958 Comentarios Oficiales, art. 11.1.1 nº 1, ilustración 3, p. 373; S. Meier en Vogenauer, Art. 11.1.1 nº 7.

4959 Véase StL-Doc. 107 (2008), nº 13; Vogenauer, Unif. Law Rev. 2014, pp. 481, 502.

4960 Cf. S. Meier in Vogenauer, Art. 11.1.1 nº 8.

4961 S. Meier en Vogenauer, Art. 11.1.1 no. 12 nota 15 se refiere, por ejemplo, a Brasil, Holanda, y Francia (la disposición del art. 1220 del Código Civil francés ha cambiado sin embargo desde octubre de 2016, véase el art. 1320 Código civil que ya no menciona la separabilidad), Alemania, Portugal y España; también se conocen obligaciones separadas, por ejemplo, en China (Art. 177 *"General Rules of the Civil Law of the People's Republic of China, 2017 version in force of 1 October 2017"*) y en Inglaterra (E. Peel, *"The law of contract"*, 14th Ed 2015, Chapter 13 no. 13-002; S. Meier, en Jansen/Zimmermann, Introducción antes del art. 10:101 (PDCE), nº 8, p. 1560).

4962 S. Meier, en Jansen/Zimmermann, Introducción antes del art. 10:101 (PDCE), no. 4 (p. 1559).

4963 S. Meier en Jansen/Zimmermann, Art. 10:101 (PDCE): *Solidary, Separate and Communal Claims*, no. 9 (pp. 1568-69) que describe la definición como "elegante" en comparación con las definiciones de otros instrumentos internacionales.

4964 S. Meier en Vogenauer, Art. 11.1.1 nº 12.

4965 S. Meier en Vogenauer, Art. 11.1.1 nº 4.

4966 S. Meier en Vogenauer, Art. 11.1.1 nº 13; véase también el argumento de S. Meier, en Jansen/Zimmermann, Art. 10:101 (PDCE): *Solidary, Separate and Communal Claims*, no. 4 (p. 1566) para tratar "el hecho de que un deudor por sí solo no pueda dar el cumplimiento" como una indicación de que la "solidaridad" (es decir, la responsabilidad solidaria) está implícitamente excluida. En la práctica, por ejemplo, en escenarios de construcción complejos, la asignación de riesgos requiere una negociación y una redacción detalladas para proteger a un codeudor de obligaciones separadas contra las consecuencias y daños resultantes del cumplimiento tardío de otro codeudor.

estar "obligados a partes iguales".[4967] Las obligaciones pueden ser de diferente calidad (por ejemplo, maquinaria y software).[4968] En la práctica, diferentes prestaciones contributivas al rendimiento total (por ejemplo, una planta que incluya la maquinaria y el software) pueden tener un impacto directo en el deber de cooperación del acreedor (art. 5.1.3). Desde la perspectiva de uno de los deudores que negocian un contrato con el acreedor, el arte es describir la ejecución del deudor separado para una obra conexa (anterior) como una medida para la cual es necesario que el acreedor acepte la ejecución (art. 6.1.1 no. 1 en A.) antes del cumplimiento (del "segundo" deudor) (art. 5.1.3 no. 6 en D. discutiendo las posibles consecuencias).[4969] En el mismo sentido, se aconseja a los socios contractuales que asignen el riesgo de retraso u otro incumplimiento por parte de uno de los deudores separados, incluso si, en la práctica, esto requiere a veces complejas negociaciones paralelas de los deudores tanto con el acreedor como entre sí[4970] (art. 5.1.3 no. 6 (IV) - (VI)).

D. Opciones

5

Mediante acuerdo contractual (arts. 1.1, 1.13, 1.5), las partes son libres de determinar el tipo de co-obligación elegida (en el sentido de la literal "a" o "b") o de modificar el sistema estándar de los Principios de UNIDROIT para la pluralidad de obligaciones. En particular, se han señalado **otras tres opciones**:[4971]

6

I) Pueden acordar una **cláusula de indivisibilidad**[4972] (que se origina en sistemas legales que presumen obligaciones separadas y no, como los Principios de UNIDROIT en el art. 11.1.2, obligaciones conjuntas y solidarias).[4973] Puede tener sentido en contratos a largo plazo en los que es previsible que en algún momento una pluralidad de deudores suceda a un deudor (en la práctica, esto es raro porque estas cuestiones generalmente se tratan dentro de la estructura corporativa que está más allá del alcance de los Principios de UNIDROIT;[4974] además, estas cuestiones a menudo están cubiertas por las normas sobre representación y/o cláusulas de cambio de control).

4967 S. Meier en Vogenauer, Art. 11.1.1 no. 13 con referencia, entre otros, al Art. 10:103 PDCEy a StL-Misc. 27 (2007), no.126-133 (concluyendo que tal regla por defecto explícita sería innecesaria). Véase además, apoyo a la evaluación del Grupo de Trabajo: S. Meier, en Jansen/Zimmermann, art. 10:103 (PDCE): *Liability under Separate Obligations*, no. 1 (p. 1575).

4968 S. Meier en Vogenauer, Art. 11.1.1 nº 14.

4969 Véase también S. Meier en Vogenauer, Art. 11.1.1 nº 15.

4970 A celebrar, eventualmente, además de negociaciones paralelas con subcontratistas, accionistas y/o instituciones financieras.

4971 Resumen basado en S. Meier en Vogenauer, Art. 11.1 nº 16-22.

4972 S. Meier en Vogenauer, Art. 11.1 nº 16-17.

4973 Cf. StL-Doc. 107, nº 14; S. Meier en Vogenauer, Art. 11.1 nº 16.

4974 StL-Doc. 107 (2008), nº 46-47; StL-Misc. 28 (2008), Nº 452-453; S. Meier en Vogenauer, Art. 11.1 nº 17 (con más referencias en la nota 21).

7

II) El contrato puede prever **obligaciones comunales** (ejemplo de libro de texto: cuatro músicos de un cuarteto de cuerdas)[4975] que son de poca relevancia práctica.[4976]

8

III) Los arts. 11.1.4 y 11.1.6-11.1.8 no se aplican[4977] a **obligaciones accesorias** como la **fianza**, que es accesoria y subsidiaria en muchos sistemas jurídicos de Derecho Civil.[4978] En otros sistemas jurídicos (incluidos algunos sistemas de Derecho Común) la fianza se percibe como una obligación solidaria. Si las partes así lo desean (excluyendo así la defensa de que la garantía sólo debe cumplir si el deudor principal no cumple; *"Beneficium excussionis"*)[4979] pueden estipularlo y aclarar si: **a)** la fianza sigue siendo un deudor accesorio (por mera exclusión de la excepción *"beneficium excussionis"*), y **b)** si la garantía quedará obligada conjunta y solidariamente de conformidad con la literal "a").[4980]

Artículo 11.1.2 (Presunción de solidaridad)

Se presume la solidaridad cuando varios deudores se obligan frente a un acreedor por la misma obligación, a menos que las circunstancias indiquen lo contrario.

A. Norma supletoria

1

El art. 11.1.2 establece una norma supletoria[4981] (que traslada la carga de la prueba a la parte que desee argumentar a favor de una clasificación como obligaciones separadas;[4982] véase la sección B *infra*). A falta de otra clasificación (en particular como obligaciones separadas como se define en el art. 11.1.1 literal "b") en el contrato, **debidamente inter-**

4975 StL-Doc. 102 (2007), p. 8; S. Meier en Vogenauer, Art. 11.1 nº 18; véase con más detalle "responsabilidad solidaria por daños" en caso de obligaciones comunes, S. Meier, en Jansen/Zimmermann, art. 10:104 (PDCE): *Communal Obligations: Special Rule when Money Claimed for Non-performance*, no. 1 (p. 1576), argumentando desde una perspectiva PDCEpero con una visión general.

4976 Comentarios Oficiales, art. 11.1.1 nº 4, p. 374; StL-Doc. 102 (2007), p. 10; S. Meier en Vogenauer, Art. 11.1 nº 19; para la crítica con respecto a la categoría de obligaciones comunitarias: S. Meier, en Jansen/Zimmermann, Art. 10:101 (PDCE): *Solidary, Separate and Communal Claims*, no. 1 (p. 1565: argumentando que el cumplimiento indivisible siempre conduce a la solidaridad, es decir, a la responsabilidad conjunta); nº 3 (pp. 1565-66) en el que se destacan las cuestiones: I) de la ejecución de un juicio sobre un cumplimiento específico; II) cómo evitar la condena si un solo deudor desea cumplirla; III) si se aplican las normas sobre el cumplimiento de terceros (art. 9.2.6); y no. 4 (p. 1566) concluyendo que "la solución del PICC de tener sólo dos formas de pluralidad es preferible".

4977 S. Meier en Vogenauer, Art. 11.1 nº 21.

4978 Para una breve reseña, véase S. Meier, en Jansen/Zimmermann, Introducción antes del art. 10:101 (PDCE), no. 11 (p. 1562); o, por ejemplo, E. Brödermann en *"Prütting/Wegen/Weinreich, BGB Commentary"* 16th ed. 2021, Vor art. 765 BGB no. 10 y 68.

4979 S. Meier en Vogenauer, Art. 11.1 nº 22.

4980 Comentarios Oficiales, art. 11.1.2 nº 3 e ilustración 5, p. 376; cf. S. Meier en Vogenauer, art. 11.1 nº 22.

4981 Comentarios Oficiales, art. 11.1.2 no. 1 e Ilustración 1, p. 375; S. Meier en Vogenauer, Art. 11.1.2 nº 3.

4982 S. Meier en Vogenauer, Art. 11.1.2 nº 3.

pretados[4983] (arts. 4.1, 4.3 y subsiguientes), los Principios de UNIDROIT operan con una presunción de responsabilidad "solidaria" tal como se define en el art. 11.1.1 literal "a". Este enfoque "**refleja la práctica comercial**"[4984] (en la que el acreedor (art. 1.11 cuarto guión) no suele tener interés en demandar a cada deudor individual por su parte y asumir el riesgo de insolvencia de cada codeudor).[4985] Es consistente con: **I)** el art. 10:102 (1) PDCEy otras leyes modelo europeas,[4986] y **II) varias leyes nacionales importantes** en las que se inspiró el Grupo de Trabajo.[4987] Como otras leyes nacionales operan con una presunción en la dirección opuesta de obligaciones separadas,[4988] es útil también incluir en los Principios de UNIDROIT con el art. 11.1.2 una presunción claramente formulada que se aplica "cuando varios deudores se obligan frente a un acreedor por la misma obligación"[4989] (en uno o varios contratos, como se discutió anteriormente en el art. 11.1.1 no. 1).

B. Interpretación contractual

2

Al interpretar un contrato con el objetivo de clasificar una obligación solidaria o separada (art. 4.1 (2)), las siguientes circunstancias pueden llevar a una **refutación** de la presunción en el art. 11.1.2:[4990] **I) división de la contraprestación** con respecto a las acciones de los deudores; **II)** la in**capacidad de cualquiera de las partes obligadas para prestar la totalidad de la ejecución** debido, por ejemplo, a las interpretaciones o ejecuciones de naturaleza desigual (aunque este argumento no es necesariamente convincente a la luz del art. 3.1.3 (2);[4991] **III)** acuerdo sobre una **pluralidad** de deudores **para distribuir el riesgo**[4992] (art. 4.3 literales "a" y "d").

4983 S. Meier en Vogenauer, Art. 11.1.2 nº 1.

4984 S. Meier en Vogenauer, Art. 11.1.2 nº 1; StL-Doc. 107 (2008), párr. 9.

4985 S. Meier en Vogenauer, Art. 11.1.2 nº 1 y nº 4 in fine.

4986 StL-Misc. 27 (2007), párr. 29 (Fontaine); Arte. 4:103 (2) DCFR, StL-Doc. 107 (2008), párr. 12; S. Meier en Vogenauer, Art. 11.1.2 nº 1 y nota 31.

4987 StL-WP.14 (2008), página 7, con referencias a las leyes de Alemania, Bélgica, Francia, Italia, Quebec, los Países Bajos y Rusia; S. Meier en Vogenauer, Art. 11.1.2 no. 1, entre otras cosas, con referencia adicional a §§ 288-289 "*Restatement 2nd (USA)*", y en la nota 32 a las excepciones para contratos comerciales en (algunos) sistemas jurídicos que de otro modo prevén el concepto de obligaciones separadas como norma supletoria. Véase más adelante sobre la "reanudación de la solidaridad en el caso de los contratos comunes", S. Meier, en Jansen/Zimmermann, art. 10:102 (PDCE): *When Solidary Obligations Arise*, no. 2 (pp. 1571-72) que se refiere, por ejemplo, a las raíces históricas en el Código prusiano de 1794 y al "derecho consuetudinario inglés".

4988 S. Meier en Vogenauer, Art. 11.1.2 no. 1 nota 29 se refiere a las leyes de Austria, Brasil, Países Bajos, Portugal, Suiza y Francia (que no ha cambiado su enfoque en su reforma del derecho contractual de 2016, véase el art. 1309 (1) del Código Civil francés (versión de 2016) y el antiguo art. 1202). Las raíces históricas de este enfoque se remontan al ius commune, véase S. Meier, en Jansen/Zimmermann, Art. 10:102 (PDCE): *When Solidary Obligations Arise*, no. 2 (p. 1571) con más referencias.

4989 S. Meier en Vogenauer, Art. 11.1.2 nº 2.

4990 Resumen basado en S. Meier en Vogenauer, Art. 11.1.2 no. 4 y Art. 11.1.1 nº 20.

4991 S. Meier en Vogenauer, Art. 11.1.1 nº 20.

4992 Cometarios Oficiales, art. 11.1.2 nº 2, ilustración 3, p. 375.

C. Opciones

3

En aras a la claridad, es aconsejable especificar en el contrato el tipo de obligación (art. 11.1.1 no. 5). Esto es particularmente útil en escenarios especiales en los que la obligación de uno de los codeudores está sujeta a alguna condición.[4993]

Artículo 11.1.3 (Derechos del acreedor frente a los deudores solidarios)

Cuando los deudores se obligan solidariamente, el acreedor podrá reclamar el cumplimiento a cualquiera de ellos, hasta obtener el cumplimiento total.

A. A elección del acreedor

1

El art. 11.1.3 describe el efecto principal de las obligaciones solidarias. **I)** Concede al acreedor el **derecho** a **elegir libremente**[4994] entre los codeudores solidarios: **a)** del art. 11.1.1 literal "a" al solicitar el cumplimiento, **II)** y a **incluir uno, varios o todos ellos** en su solicitud o reclamación de cumplimiento[4995] (en un mismo momento o posteriormente en varias demandas judiciales,[4996] siempre que el acreedor no haya recibido la totalidad del cumplimiento);[4997] **III)** atribuye el **riesgo de insolvencia** de los codeudores a cada codeudor[4998] (es decir, en consonancia con la mayoría de los ordenamientos jurídicos);[4999] **mientras que**: **a)** el acreedor **debe aceptar el cumplimiento** por cualquiera de los deudores solidariamente responsables;[5000] y **b)** el **deudor no tiene derecho a ser demandado únicamente en conjunto** con los demás deudores.[5001]

4993 En algunas jurisdicciones, las condiciones en el contexto de los codeudores están sujetas a normas especiales, de modo que, dependiendo de los antecedentes nacionales de los abogados interinos, su mentalidad sobre esta cuestión puede diferir (véase S. Meier, en Jansen/Zimmermann, art. 10:102 (PDCE): *When Solidary Obligations Arise*, no. 7 (p. 1574). Por lo tanto, es preferible la claridad en el contrato.

4994 S. Meier en Vogenauer, Art. 11.1.3 nº 1; véase también en el mismo sentido S. Meier en Jansen/Zimmermann, Art. 10:101 (PDCE): *Solidary, Separate and Communal Claims*, no. 10 (p. 1569).

4995 S. Meier en Vogenauer, Art. 11.1.3 no. 2, y en Jansen/Zimmermann, Art. 10:101 (PDCE): *Solidary, Separate and Communal Claims*, no. 10 (p. 1569).

4996 S. Meier en Vogenauer, Art. 11.1.3 nº 2.

4997 Inspirado en el arte. 10:101 (1) PDCEy muchas leyes nacionales, por ejemplo, de Quebec, Rusia, Bélgica, Francia, Alemania, Italia, Países Bajos y Suiza, StL-WP. 14 (2008), p. 8.

4998 S. Meier en Vogenauer, Art. 11.1.3 nº 1; S. Meier, en Jansen/Zimmermann, Art. 10:101 (PDCE): *Solidary, Separate and Communal Claims*, no. 10 (p. 1569).

4999 S. Meier en Vogenauer, Art. 11.1.3 no. 1 nota 37 se refiere a los sistemas legales en Brasil, Francia (el citado ex Art. 1203-1204 se ha convertido en Art. 1313 (2) oración 1 y 2 del Código Civil francés (versión 2016)), Alemania, Portugal, España, Suiza.

5000 S. Meier en Vogenauer, Art. 11.1.3 no. 2; S. Meier, en Jansen/Zimmermann, Art. 10:101 (PDCE): *Solidary, Separate and Communal*, no. 10 in fine (p. 1569).

5001 S. Meier en Vogenauer, Art. 11.1.3 nº 2.

B. Incumplimiento

2

En caso de incumplimiento (capítulo 7), la reclamación del acreedor por daños y perjuicios en virtud del art. 7.4.1 es también "mancomunado"[5002] para que el acreedor pueda volverse contra uno, varios o todos los deudores.[5003] En el mismo sentido, corresponde al acreedor decidir si concede un plazo adicional de cumplimiento mediante notificación a cualquiera de los codeudores en virtud del art. 7.1.5. Ejemplo: El acreedor puede haber perdido la confianza en el equipo de un codeudor y dirigirse, a su elección, a otro codeudor concediéndole más tiempo. Sigue de *maiore ad minus* del art. 11.1.3 que puede hacer tal elección mientras, una vez más, en virtud de un contrato celebrado con varios codeudores, el acreedor aceptará el cumplimiento por cualquiera de los codeudores solidariamente responsables (No. 1 *supra*) a menos que se acuerde lo contrario (art. 1.5).[5004] Por el contrario, en caso de resolución por incumplimiento esencial (arts. 7.3.1, 7.3.3), el acreedor estará obligado a notificar la resolución (art. 7.3.2) a todas sus partes contractuales para que superen la obligatoriedad del contrato (art. 1.3).[5005] Es una cuestión de interpretación del contrato (arts. 4.1, 4.3), si cualquiera de los codeudores que recibe una notificación de resolución puede ser considerado como un agente para todos los codeudores que tiene derecho a recibir tal declaración en nombre de todos los codeudores. En ausencia de un lenguaje contractual claro, esto puede ser muy dudoso.[5006]

C. Opción contractual

3

Para evitar cualquier discusión sobre el destinatario de una notificación (art. 1.10) en caso de **resolución** (art. 7.3.1),[5007] desde la perspectiva del acreedor es útil prever una cláusula sobre **notificación** (comunicación) y sobre **representación** de un codeudor (o cualquier codeudor específico para los otros codeudores (agencia, art. 2.2.1 (1)), incluido posible-

[5002] S. Meier en Vogenauer, Art. 11.1.3 nº 3; véanse también los Comentarios Oficiales, art. 11.1.3 e ilustración 2, p. 377.

[5003] S. Meier en Vogenauer, Art. 11.1.3 nº 3.

[5004] Véase S. Meier, en Jansen/Zimmermann, Art. 10:101 (PDCE): *Solidary, Separate and Communal*, no. 12 (pp. 1569-70).

[5005] Véase nuevamente la diligente línea argumental de S. Meier, ibid. No. 12 (en p. 1570).

[5006] Desarrollo de argumentos ponderados por S. Meier, en Jansen/Zimmermann, Art. 10:101 (PDCE): *Solidary, Separate and Communal*, no. 12 (p. 1570) que considera, además, el argumento de *maiore ad minus* bajo el Art. 11.1.3 que sólo convence para una notificación sobre la concesión de tiempo adicional en virtud del art. 7.1.5, es decir, algo que sólo beneficia a los codeudores. Por el contrario, la resolución del contrato es de naturaleza más perjudicial para el contrato. Lo termina para el futuro (con posiblemente alguna eliminación gradual), arts. 7.3.5 (1) y (3). Esta es la razón por la que generalmente se requiere que se envíe un aviso de terminación a todos los codeudores.

[5007] Véase S. Meier en Vogenauer, art. 11.1.3 nº 4 (argumentando, con referencia en la nota 40 a los sistemas de Alemania e Italia, una notificación a todos los codeudores "a menos que el deudor que recibe la notificación pueda ser considerado como un agente ...").

mente el derecho a otorgar poderes a un subagente como el abogado de un codeudor, art. 2.2.8[5008]).

Artículo 11.1.4 (Excepciones y compensación)

El deudor solidario contra quien el acreedor ejercite una acción puede oponer todas las excepciones y los derechos de compensación que le sean personales o que sean comunes a todos los codeudores, pero no puede oponer las excepciones ni los derechos de compensación que correspondan personalmente a uno o varios de los demás codeudores.

A. Una clara distinción entre excepciones comunes y personales

1

Consistente con el enfoque del art. 10:111 (1) PDCEy el Proyecto de Marco Común de Referencia (Europeo),[5009] e inspirado en la familia jurídica basada en el derecho romano-francés (que incluye algunas variaciones con respecto a los detalles)[5010] (y en oposición a la familia jurídica basada en el derecho alemán (influenciada por el derecho romano),[5011] los Principios de UNIDROIT proporcionan un sistema sencillo de defensas que el deudor solidario (art. 11.1.1 (a)) puede plantear contra el acreedor, con una clara distinción entre la esfera común de todos los deudores y su esfera personal.[5012] Este sistema incluye: **I)** el art. 11.1.4 con su **norma general** sobre defensas según la cual "las defensas comunes sólo pueden ser invocadas por todo deudor y las defensas personales sólo por el deudor interesado";[5013] **II)** y los arts. 11.1.5-11.1.8 como **normas especiales** (primordiales) para las excepciones de **cumplimiento, liberación, limitación y decisión de un tribunal.**[5014]

5008 También por razones de procedimiento, puede ser útil contar con un agente autorizado para recibir notificaciones oficiales, demandas judiciales y documentos si los codeudores están ubicados en jurisdicciones muy distantes y es probable que la notificación cueste tiempo y dinero (véase, por ejemplo, el artículo 184 del Código de Procedimiento Civil alemán sobre "representantes autorizados").

5009 Art. 10:111 PDCE, StL-Misc. 27 (2007), párr. 43; Art. III.-4:112 (1) DCFR; S. Meier en Vogenauer, Art. 11.1.4 nº 1 Nota 42.

5010 S. Meier en Vogenauer, Art. 11.1.4 no. 1 nota 41 se refiere a las leyes en Brasil, Francia (ex art. 1208 que ahora se ha convertido en art. 1315 Código Civil francés (versión 2016)), Italia, Portugal y España; así como al art. 145 (1) Código suizo de obligaciones (en virtud del cual la ley de Suiza tiene un "carácter" propio que a menudo proporciona sus propias soluciones) y es inicialmente el resultado de un estudio jurídico comparativo de Eugen Huber con respecto a varios sistemas regionales (cantonales) suizos, la mayoría de ellos estaban más bien influenciados por la familia jurídica alemana; a su vez, la ley suiza ha servido de base para el código civil turco. En Jansen/Zimmermann, Art. 10:111 (PDCE): *Opposability of Other Defences in Solidary Obligations*, no. 2 (p. 1600), S. Meier informa de la distinción española bajo el art. 1148 (2) Código civil según el cual un codeudor solidario "tiene derecho a invocar la excepción personal de otro deudor solidario por la parte de dicho deudor".

5011 Véase la Introducción nº 9 (nota después de "las familias de la ley difieren").

5012 Comentarios Oficiales, art. 11.1.4, p. 377.

5013 Excelente resumen de S. Meier en Vogenauer, Art. 11.1.4 nº 2.

5014 S. Meier en Vogenauer, Art. 11.1.4 nº 1.

2

La norma general del art. 11.1.4 (relativa a la "**relación externa**"[5015] entre el acreedor y uno de los codeudores solidariamente responsables) **se correlaciona con: I)** la norma del art. 11.1.12 para las excepciones frente a créditos contributivos en la "**relación interna**"[5016] entre los codeudores solidariamente responsables; y **II)** el enfoque del art. 11.2.3 (1) relativo a la liberación de un deudor en caso de pluralidad de deudores (con prioridad de las mismas normas especiales contenidas en los arts. 11.1.5-11.1.8 de conformidad con el art. 11.2.3 (2)).

B. Excepciones comunes

1. El principio y los ejemplos

3

De conformidad con el art. 11.1.4 (1ra parte) cada deudor que se enfrente a una reclamación de responsabilidad solidaria de un acreedor puede hacer valer **todas las excepciones comunes** (si se abstiene de hacerlo, corre el riesgo de que sus codeudores puedan plantear posteriormente tales excepciones comunes contra una reclamación de acción contributiva, art. 11.1.12 literal "a")). **Ejemplos**: **I)** excepciones en cuanto a la **formación del contrato** (Capítulo 2, incluyendo, por ejemplo, excepciones contra una cláusula estándar sorprendente, art. 2.1.20; o contra la autoridad de los agentes actuantes, Sección 2.2; por ejemplo, el art. 2.2.5 (1));[5017] **II)** excepciones con respecto a la **validez** del contrato (Capítulo 3, por ejemplo, el art. 3.3.1);[5018] **III)** el art. 7.1.3 (**suspensión del cumplimiento**);[5019] **IV)** art. 7.1.6 (una **cláusula de exoneración** que protege a todos los deudores); **V)** art. 7.1.7 (fuerza mayor, por ejemplo, un embargo nacional).[5020] Por el contrario, el incumplimiento por parte de un codeudor no constituye fuerza mayor.[5021]

2. Afirmación

4

Se alega que las palabras "puede oponer todas las excepciones" deben interpretarse en sentido amplio en relación con su finalidad (art. 1.6 (1)), que incluye el objetivo de una

---

5015 S. Meier en Jansen/Zimmermann, Art. 10:111 (PDCE): *Opposability of Other Defences in Solidary Obligations*, no. 1 (p. 1599).

5016 Ídem.

5017 S. Meier en Vogenauer, Art. 11.1.4 nº 3.

5018 Ídem.

5019 Ídem.

5020 Comentarios Oficiales, art. 11.1.4, ilustración 2, p. 378; S. Meier en Vogenauer, Art. 11.1.4 nº 3.

5021 S. Meier, en Jansen/Zimmermann, Art. 10:101 (PDCE): *Solidary, Separate and Communal*, no. 11 (p. 1569). Si un codeudor desea distribuir este riesgo de otra manera, debe insistir en obligaciones separadas. Como compromiso atenuante del riesgo, las partes podrían acordar que la fuerza mayor con respecto a una parte del servicio que, en la práctica, será realizada por uno solo de los codeudores, se considerará como motivo suficiente para la fuerza mayor con respecto a la totalidad de la obligación.

realización comercialmente práctica de los derechos comunes de defensa en circunstancias en que los deudores pueden estar situados en diferentes jurisdicciones y zonas horarias. Por lo tanto, **cada deudor debería tener derecho normalmente a solicitar cualquier acto preparatorio**, como solicitar renegociaciones en caso de excesiva onerosidad (art. 6.2.3 (1)). Si el art. 11.1.4 cubre también el derecho de resolución (art. 7.3.1) dependerá de la interpretación del art. 7.1.3 (de conformidad con el art. 1.6)[5022] con respecto a las circunstancias del caso y la interpretación del contrato concreto (de conformidad con los arts. 4.1, 4.3 y ss.), incluido, por ejemplo, el historial contractual de la cláusula de resolución, si lo hubiera (art. 4.3 literales "a" y "b").

C. Excepciones personales

1. El principio

5

De conformidad con el art. 11.1.4 un deudor que se enfrente a una reclamación de responsabilidad solidaria de un acreedor puede hacer valer, además de las excepciones comunes, también **sus excepciones personales** contra la reclamación del acreedor, pero (como se expresa en el art. 11.1.4 2da parte) no las de otros deudores.[5023] **Ejemplos: I)** razones enteramente **ajenas a la esfera del deudor**, tal como, **la falta de capacidad**, es decir, **a)** la falta de capacidad personal de una persona; o **b)** el **establecimiento inválido** de una entidad que actúe como deudora, resultante de la aplicación del derecho de sociedades o sociedades colectivas determinado por el Derecho Internacional Privado aplicable y/o la norma de arbitraje[5024] (a este respecto, todavía existen muchas trampas debido a una interpretación fundamentalmente diferente en el Derecho Común y en varias jurisdicciones de Derecho Civil; por ejemplo, sin perjuicio de los tratados aplicables[5025] que puedan exigir la aceptación de la **existencia legal de una sociedad extranjera**, una sociedad constituida con arreglo al Derecho alemán que: **aa)** se administre a distancia de una de esas jurisdicciones asiáticas, africanas o americanas cuyas sociedades no estén protegidas por un tratado, y **bb)** que no tenga sede de su administración" dentro de la UE o del Espacio Económico Europeo[5026] no puede considerarse válidamente establecida como resultado de la solicitud de Derecho Internacional Privado de sociedades por un tribunal alemán);[5027] o **c) representación inde-**

5022 S. Meier en Vogenauer, Art. 11.1.4 nº 4.

5023 Inspirado en el borrador de OHADA y en línea con muchas legislaciones nacionales, StL-Misc. 27 (2007), párrafos 43, 44 y 47 (Widmer y Fontaine); Véase también S. Meier en Vogenauer, Art. 11.1.4 nº 5.

5024 Véase, por ejemplo, Art. V (1) literal "a" Convención de Nueva York y G. Born, "*International Commercial Arbitration*" (2021) Vol. 1, pp. 666-671 para el Derecho Internacional Privado aplicable a la capacidad.

5025 Por ejemplo, el artículo VII del Tratado de Amistad, Comercio y Navegación entre los Estados Unidos de América y la República Federal de Alemania, Washington, 29 de octubre de 1954, U.N.T.S. 1957, nº 3943, p. 3; para una visión general de los tratados pertinentes desde una perspectiva alemana, véase E. Brödermann/G. Wegen en Prütting/Wegen/Weinreich, BGB Kommentar, IPR-Anh 4/IntGesR no. 33-40.

5026 Acuerdo sobre el Espacio Económico Europeo, 2 de mayo de 1992, DO (1994) L1 p. 1 (Noruega, Islandia, Liechtenstein).

5027 E. Brödermann/G. Wegen en Prütting/Wegen/Weinreich, BGB Kommentar, IPR-Anh 4/IntGesR no. 41-43 (con más referencias). Dentro de Europa, es uno de los temas pendientes a resolver en las negociaciones del Brexit, de lo contrario ya no será posible administrar y gestionar una empresa del Reino Unido desde Alemania, ya que la jurisprudencia de la UE ya no será aplicable. Si una empresa constituida en el Reino Unido es adminis-

bida (incluidos ambos defectos con respecto al poder del órgano corporativo actuante de la compañía o falta de poder de abogado contractual; art. 2.2.1 y ss.); **II)** razones en **la esfera del deudor** que se deban a la interacción con el acreedor, por ejemplo, error (art. 3.2.1 y ss.), dolo (art. 3.2.5), intimidación (art. 3.2.6) o excesiva desproporción (art. 3.2.7).

2. Impacto legal en la acción contributiva

6

Una excepción personal válida contra el acreedor **también servirá como excepción ante cualquier acción contributiva** de los codeudores, art. 11.1.12 literal "b", y por lo tanto **I) aumentar su cuota contributiva** (un ejemplo,[5028] sujeto a contrato: tres deudores pueden haberse comprometido a 6.000 pensando que cada uno de ellos es responsable de 2.000; si uno de los deudores presenta una defensa personal válida, los codeudores restantes soportarán cada uno 3.000), y **II) asignar a los codeudores el riesgo** de que uno de ellos tenga realmente una defensa personal válida (este enfoque de los Principios de UNIDROIT es consistente con muchas leyes nacionales[5029] y divergen de otras;[5030] una vez más, es útil que los Principios de UNIDROIT proporcionen a este respecto una base clara). Desde la perspectiva de un profesional, estas consecuencias son consistentes con el concepto de responsabilidad solidaria como una **forma de seguridad personal.**[5031]

7

Una posible **excepción**: en circunstancias en las que el propio acreedor ha sentado las bases para la excepción personal del codeudor, por ejemplo, mediante una intimidación (art. 3.2.6)[5032] o mediante un acuerdo especial (doloso) con uno de los codeudores (en detrimento de los demás codeudores),[5033] este resultado puede ser inapropiado en las circuns-

---

trada en Alemania (desde una oficina alemana), el derecho internacional de sociedades privado alemán determinaría la ley de la sede (alemana) de administración de la empresa como ley aplicable (sociedades) (véase *Ob. cit. supra*). Por lo tanto, si el derecho de sociedades alemán es aplicable, los accionistas (fundadores) de la empresa del Reino Unido no pueden basarse en las disposiciones inglesas de limitación de responsabilidad (porque la ley inglesa no es aplicable) ni en las disposiciones alemanas de limitación de responsabilidad (como el art. 13 (2) de la Ley alemana de limitación de responsabilidades) porque no se cumplen los requisitos de la legislación local alemana (por ejemplo, establecimiento como sociedad de responsabilidad limitada alemana en Alemania e inscripción en el registro mercantil alemán competente).

5028 De S. Meier in Vogenauer, Art. 11.1.4 nº 5.

5029 S. Meier en Vogenauer, Art. 11.1.4 no. 5 nota 43 se refiere a las leyes de Austria, Brasil, Francia (el citado ex Art. 1208 se ha convertido en Art. 1315 del Código Civil francés (versión 2016)), Italia, Portugal y Suiza.

5030 Por ejemplo, la ley de España (art. 1148 del Código Civil español) y Alemania (posible nulidad de todo el contrato bajo la norma supletoria del art. 139 del Código Civil alemán "BGB"; por ejemplo, ver para el caso de resolución D. Looschelders en Staudinger/ (2017), § 425 Código Civil alemán no. 95; B. Kreße en BeckOGK, 2021, § 425 Código Civil alemán no. 76; H. Wendtland en BeckOK, 60ª ed. 2021, § 143 Código Civil alemán nº 10, véase S. Meier in Vogenauer, art. 11.1.4 nº 5 Nota 44 y 45.

5031 S. Meier en Vogenauer, Art. 11.1.4 nº 5.

5032 S. Meier en Vogenauer, Art. 11.1.4 nº 6.

5033 S. Meier en Vogenauer, Art. 11.1.4 nº 7.

tancias específicas del caso; en tales circunstancias puede ser posible aplicar el art. 11.1.6 (1) por analogía[5034] con la debida consideración de los principios de los arts. 1.7 y 1.8.

D. Compensación

8

El art. 11.1.4 equipara[5035] un derecho de compensación con un derecho de defensa.[5036] En la **mayoría de los casos**, el derecho de compensación será de carácter **personal**[5037] (el deudor puede utilizar su propio derecho de compensación, pero no el de un codeudor porque eso obligaría a ese otro codeudor a cumplir;[5038] el acreedor puede pedir el cumplimiento de cualquier otro deudor incluso si uno de ellos tiene un derecho de compensación de conformidad con el art. 8.1 y ss.);[5039] pero a veces (y dependiendo del contrato, debidamente interpretado de conformidad con los arts. 4.1, 4.3 y subsiguientes) habrá un derecho común de compensación "si los deudores tienen reconvenciones solidarias en virtud del art. 11.2.1 literal "c")".[5040] En ese caso, cada codeudor puede dar la notificación (art. 8.3) "sin tener que obtener el consentimiento de los demás deudores".[5041]

E. Comunicación

9

Antes de decidir cómo proceder cuando es perseguido por el acreedor y dependiendo de las circunstancias del caso particular, **puede valer la pena ponerse en contacto con sus codeudores** para determinar si uno de ellos tiene un derecho personal de compensación que le gustaría utilizar (arts. 8.3, 8.5), en particular en los casos en que el acreedor se encuentra en la insolvencia y un administrador concursal está ejecutando la obligación solidaria (art. 8.1. No. 19 en F.2 III)). Los codeudores pueden considerar una cesión (art.

5034 Una fuerte propuesta de S. Meier en Vogenauer, Art. 11.1.4 nº 6.

5035 Cf. S. Meier in Vogenauer, Art. 11.1.5 nº 2 ("como si hubiera pagado ... al acreedor").

5036 La norma se correlaciona con la mayoría de los sistemas jurídicos, como lo establece S. Meier en Jansen/Zimmermann, art. 10:111 (PDCE): *Opposability of Other Defences in Solidary Obligations*, no. 5 (p. 1601), incluyendo una observación histórica inspiradora al *ius commune* de que "un deudor solidario podía compensar el derecho de su codeudor en los casos en que los deudores formaban una societas (sociedad)". Ese derecho también existe hoy; Los codeudores pueden decidir sobre una configuración diferente de su oferta al acreedor. A menudo no lo harán por otras razones (como impuestos, administración, etc.). Especialmente en proyectos de contratos a largo plazo, todo es cuestión de elección y prioridades.

5037 Cf. Observaciones oficiales, art. 11.1.4, ilustración 3, p. 378; S. Meier en Jansen/Zimmermann, Art. 10:111 (PDCE): *Opposability of Other Defences in Solidary Obligations*, nº 5 *in fine* (p. 1601).

5038 S. Meier en Vogenauer, Art. 11.1.4 no. 9, y en Jansen/Zimmermann, Art. 10:111 (PDCE): *Opponability of Other Defenses in Solidary Obligations*, no. 5 *in fine* (p. 1601) observando además que el codeudor no está al tanto de ningún litigio o arbitraje entre el acreedor y el codeudor.

5039 Véase de nuevo S. Meier en Vogenauer, Art. 11.1.4 no. 9, y en Jansen/Zimmermann, Art. 10:111 (PDCE): *Opponability of Other Defenses in Solidary Obligations*, no. 5 in fine (p. 1601) observando que de lo contrario se socavaría el propósito de la responsabilidad solidaria.

5040 S. Meier en Vogenauer, Art. 11.1.4 nº 8.

5041 Ídem.

9.1.1) del derecho del codeudor **para crear una defensa personal** o un derecho de compensación para el deudor que está siendo perseguido por el acreedor. O el acreedor puede estar presentando su reclamación contra varios codeudores (art. 11.1.3); si el codeudor con un derecho personal de compensación utiliza este derecho, el efecto liberador (total o parcial) de la notificación de compensación (art. 8.5 (1)) **crea una defensa común** para todos los deudores (y evita discusiones posteriores sobre el impacto del art. 11.1.12 (b) en el crédito contributivo del deudor).

F. Opciones contractuales

10

Por contrato es posible evitar ciertas cuestiones de interpretación y/o debate (arts. 1.1, 1.3 y/o 1.5). **I)** A fin de determinar la imputación del riesgo de mala conducta del acreedor durante la celebración del contrato, las partes podrán acordar contractualmente tratar determinadas excepciones personales como "comunes a todos los deudores", por ejemplo, estableciendo en el contrato un compromiso del acreedor frente a todos los deudores de que: **a)** no causó ningún motivo de anulación frente a ninguno de ellos, y **b)** que cualquier error (art. 3.2.1 y ss.), dolo (art. 3.2.5), intimidación (art. 3.2.6) o excesiva desproporción (art. 3.2.7) del acreedor hacia cualquier deudor se considerarán motivo de anulación para todos los deudores. De este modo, ciertas defensas "personales" pueden ser recalificadas, lo que **aa)** deja el riesgo de las consecuencias de la mala conducta del acreedor en manos del acreedor donde pertenece,[5042] y **bb)** evita la discusión sobre la aplicación análoga del art. 11.1.6 (1) con respecto al art. 1.7 (No. 7 *supra*). **II)** El contrato puede (y a menudo lo hará) proporcionar un **poder notarial** para que cada deudor realice todos los actos que considere razonables a su entera discreción para hacer valer un derecho común de defensa y/o incluso rescindir el contrato (art. 7.3.1). Las restricciones internas (como la obligación de un deudor de obtener el consentimiento de los demás deudores antes de actuar frente al acreedor) deben regularse en documentos separados entre los codeudores.

Artículo 11.1.5 (Efectos del cumplimiento o de la compensación)

Si un deudor solidario cumple o compensa la obligación, o si el acreedor ejercita la compensación frente a un deudor solidario, los demás codeudores quedan liberados frente al acreedor en la medida del cumplimiento o de la compensación.

[5042] Cf. S. Meier in Vogenauer, Art. 11.1.4 nº 6.

A. Una norma generalmente aceptada sobre la aprobación de la gestión por cumplimiento o cumplimiento sustitutivo

1

Para el efecto del cumplimiento y la compensación como su equivalente (art. 8.5 (1)), el art. 11.1.5 establece una norma universalmente aceptada[5043] que establece también una "consecuencia lógica"[5044] de la responsabilidad solidaria en virtud del art. 11.1.3. Cualquier **cumplimiento** (por ejemplo, cantidad pagada en dinero o por **compensación**) o **sustituto** de cumplimiento (que, dadas las circunstancias, puede interpretarse como liberación, como "un depósito con efecto liberador"[5045]) por un deudor solidario o varios (art. 11.1.1 (a)) **se libera en relación con el acreedor**[5046] (art. 1.11 cuarto guión) a todos los deudores.[5047] (Si un codeudor pagó sólo una cantidad parcial y otro deudor es abordado por el acreedor, **la carga de la prueba** de que ha habido cumplimiento parcial sigue correspondiendo al deudor). **En relación con su (s) codeudor (es),** el deudor puede basar su crédito contributivo (art. 11.1.10) sobre la base del art. 11.1.11 sobre los derechos (de garantía) del acreedor que subsisten en la medida en que subsistan[5048] (en vista de este derecho subsistente, la obligación del codeudor como tal **no se cumple plenamente** con el cumplimiento inicial).[5049]

B. Fusión

2

Los Principios de UNIDROIT no abarcan cuestiones de fusión.[5050] En caso de fusión del acreedor con uno de los codeudores,[5051] diferentes vías de razonamiento, una de ellas con

---

5043 S. Meier en Vogenauer, Art. 11.1.5 nº 1 nota 52 se refiere, entre otras cosas, al art. 10:107(1) PDCE, así como las leyes de Inglaterra, Francia (el citado antiguo art. 1200 se ha convertido en el art. 1313(1) del Código Civil francés (versión de 2016)), Italia, Países Bajos, Portugal, España y Estados Unidos; S. Meier en Jansen/Zimmermann, Art. 10:107 (PDCE): *Performance, Set-Off and Merger in Solidary Obligations*, no. 1 (p. 1586).

5044 S. Meier en Jansen/Zimmermann, Art. 10:107 (PDCE): *Performance, Set-Off and Merger in Solidary Obligations*, no. 1 (p. 1586).

5045 S. Meier en Jansen/Zimmermann, Art. 10:107 (PDCE): *Performance, Set-Off and Merger in Solidary Obligations*, no. 2 (p. 1586), argumentando desde la perspectiva de PDCE.

5046 S. Meier en Vogenauer, Art. 11.1.11 no. 5 y en Jansen/Zimmermann, Art. 10:107 (PDCE): *Performance, Set-Off and Merger in Solidary Obligations*, no. 1 (p. 1586): "teniendo en cuenta la regla de subrogación" (es decir, el art.11.1.11).

5047 S. Meier en Vogenauer, Art. 11.1.5 nº 1, 3 y los ejemplos en nº 1 y nº 2.

5048 S. Meier en Vogenauer, Art. 11.1.5 no. 3 (con un ejemplo) y Art. 11.1.11 no. 5 ("dado de alta y mantenido vivo al mismo tiempo"); y en Jansen/Zimmermann, Art. 10:107 (PDCE): *Performance, Set-Off and Merger in Solidary Obligations*, no. 1-2 (p. 1586). Véase con más detalle sobre la técnica de subrogación ibíd., art. 10:106 (PDCE): *Recourse between Solidary Debtors*, no. 8-11 (pp. 1583-84).

5049 S. Meier en Vogenauer, Art. 11.1.5 nº 3.

5050 StL-WP. 18 (2008), pp. 5 y 6 (excluido por el mero hecho de que es raro).

5051 Como señaló S. Meier en Jansen/Zimmermann, Art. 10:107 (PDCE): *Performance, Set-Off and Merger in Solidary Obligations*, no. 3 (p. 1587), "un borrador anterior contenía una regla idéntica a la establecida en el PDCE(es decir, el art. 107 (2) PDCE)" y "no se incluyó en la versión final (...) debido al silencio del PICC sobre las fusiones en general", con referencia a StL-Doc. 107 (2008), nº 21 y M. Fontaine, *"The New Provisions on Plurality of Deudores and Lastees in the UNIDROIT Principles 2010"*, Unif. Law Rev. 2010, 549, 553.

respecto a la solución elegida en el art. 10:107 (2) PDCE— conducen a un resultado por el cual cada deudor lleva su parte interna (como lo demuestra S. Meier).[5052]

C. Opción contractual

3

A la luz de la carga de la prueba que recae sobre el deudor por su liberación (parcial) mediante el cumplimiento a través de un codeudor (A. *supra*), las partes deben acordar cláusulas de comunicación claras que obliguen a cualquier deudor a proporcionar una prueba de pago o compensación a los codeudores (por ejemplo, mediante una copia de la notificación de conformidad con el art. 8.3).[5053]

Artículo 11.1.6 (Efectos de la remisión de la transacción)

(1) La remisión de la deuda respecto de un deudor solidario, o la transacción con un deudor solidario, libera a los demás deudores de la parte de dicho deudor, a menos que las circunstancias indiquen lo contrario.

(2) Una vez que los demás deudores sean liberados de la parte de dicho deudor, no podrán ejercitar frente a este último la acción de regreso prevista en el Artículo 11.1.10.

A. Principio de liberación parcial de los deudores restantes

1

I) Sujeto a contrato ("a menos que las circunstancias indiquen lo contrario"; arts. 1.1 y 1.3), e inspirado en el art. 10:108 (1) PDCE (como punto de partida para las deliberaciones del Grupo de Trabajo)[5054] y algunas leyes nacionales de la familia de derecho romano-francés,[5055] el párrafo 1 prevé la **liberación parcial de todos** los codeudores solidarios (art. 11.1.1 (a)) como **norma supletoria**[5056] si el acreedor libera a uno de varios deudores de

5052 S. Meier en Vogenauer, Art. 11.1.5 no. 4 y en Jansen/Zimmermann, Art. 10:107 (PDCE): *Performance, Set-Off and Merger in Solidary Obligations*, no. 3 (pp. 1586-87).

5053 Comentarios Oficiales, art. 11.1.5 nº 2, ilustración 3, p. 379.

5054 StL-Doc. 112 (2009), p. 13 (Fontaine); S. Meier en Vogenauer, Art. 11.1.6 no. 7 nota 67 (refiriéndose también al art. III.-4:109 (1) DCFR y su excepción en el párrafo (3)).

5055 Para una visión general de la legislación nacional, véase StL-Doc. 107 (2008), pp. 10 y 11; M. Fontaine, Unif. Law Rev. 2011, 549, 554 (refiriéndose a las leyes de Bélgica, Francia en contraste con la legislación neerlandesa divergente), véase también S. Meier en Vogenauer, art. 11.1.6 no. 7 nota 64 (refiriéndose a la ley francesa: antiguo art. 1285 (1), que ahora se ha convertido en art. 1313 (1) segunda oración del Código Civil francés en la versión de 2016, y a la ley italiana).

5056 Comentarios Oficiales, art. 11.1.6 nº 1, p. 380; StL-Misc. 28 (2008), párr. 402 en relación con el párrafo 417 (Bonell)S. Meier en Jansen/Zimmermann, art. 10:108 (PDCE): *Release or Settlement in Solidary Obligations*, no. 5 (pp. 1590-91) ha ofrecido comentarios críticos sobre si se necesita alguna regla de incumplimiento. Desde una perspectiva práctica, cuando tales decisiones sobre una liberación tienen que tomarse (y prepararse) a menudo bajo presión de tiempo con respecto a circunstancias económicamente apremiantes, es útil

su parte contributiva[5057] (por ejemplo, 1.000 de 3.000 en el caso de tres deudores con partes contributivas iguales de 1.000),[5058] ya sea mediante una simple **liberación gratuita o mediante un acuerdo.**[5059] Esta solución impone las consecuencias económicas (es decir, el **riesgo) de la liberación al acreedor**[5060] (si el acreedor de un crédito de 3.000 contra tres deudores con iguales cotizaciones se conforma con 500 con uno de ellos, el efecto liberador para el deudor liquidador y los demás deudores asciende a 1.000[5061]). En la práctica, especialmente en escenarios transfronterizos con diferentes culturas (jurídicas), esta **solución es simple** y más fácil de manejar que cualquier sistema nacional que funcione, por ejemplo, sin "liberación de los otros deudores sino contribución"[5062] del deudor liberado inicialmente (siempre y cuando otro deudor haya pagado posteriormente). Salvo circunstancias que indiquen otra cosa (tal como el art. 4.3 (a)), el párrafo 1 establece una **presunción**[5063] **de liberación parcial del codeudor o codeudores restantes** como resultado de cualquier liberación parcial expresada frente a uno o varios deudores.[5064] Esta norma refleja la comprensión similar en el Derecho Civil y Común, y se remonta en la historia al Derecho Romano.[5065] **II)** Si el acreedor, aduciendo que no hubo exoneración del otro u otros deudores, **solicita el cumplimiento íntegro** del otro deudor o deudores a pesar de la liberación de un codeudor, recae sobre la carga de la prueba de que la norma supletoria no se aplica y "las circunstancias indican lo contrario" en el sentido de la última parte del párrafo 1. Como tal, una "liberación completa"[5066] del primer deudor liberado en detrimento de sus codeudores —aumentando su cuota contributiva— requeriría su consentimiento;[5067] el acreedor **tendría que probar** dicho consentimiento en su acción contra los demás codeudores. **III)** Si un acuerdo con una parte obligada exige **que pague más de lo que le corresponde**, el art. 11.1.6 no tiene ningún efecto.[5068]

---

que exista una norma supletoria como orientación y punto de partida para considerar las opciones como se discutió en C (no. 4).

5057 S. Meier en Vogenauer, Art. 11.1.6 no. 5, 7.

5058 Ejemplo de S. Meier en Vogenauer, Art. 11.1.6 nº 2.

5059 S. Meier en Vogenauer, Art. 11.1.6 no. 9, especialmente en la p. 1214 (con referencias a los materiales que documentan un intenso debate previo al acuerdo sobre esta regla), y en Jansen/Zimmermann, Art. 10:108 (PDCE): *Release or Settlement in Solidary Obligations*, no. 6 (p. 1591).

5060 S. Meier en Vogenauer, Art. 11.1.6 nº 7.

5061 Cf. Comentarios Oficiales, art. 11.1.6 nº 2, ilustración 2, p. 381; S. Meier en Vogenauer, Art. 11.1.6 nº 10.

5062 Como lo describe S. Meier en Vogenauer, Art. 11.1.6 no. 4 después de los Comentarios Oficiales, Art. 11.1.6 nº 2, p. 380; y véase S. Meier en Vogenauer, Art. 11.1.6 no. 7 nota 63 con referencia a esta solución en las leyes de Austria, Alemania (§ 423 Código Civil alemán - 'BGB'), Países Bajos y EE. UU. (art. 294 (1) (b) Reexpresión 2nd Contracts).

5063 S. Meier en Vogenauer, Art. 11.1.6 nº 7-8.

5064 Comentarios Oficiales, art. 11.1.6 nº 3, p. 381.

5065 S. Meier en Jansen/Zimmermann, Art. 10:108 (PDCE): *Release or Settlement in Solidary Obligations*, no. 2 (pp. 1588-89) con referencias detalladas.

5066 S. Meier en Vogenauer, Art. 11.1.6 nº 6.

5067 S. Meier en Vogenauer, Art. 11.1.6 nº 3 (con referencia al principio de la ley trillada de que nadie puede celebrar un contrato en detrimento de un tercero - aquí: imponiendo una mayor parte contributiva a los codeudores - sin su consentimiento).

5068 S. Meier en Vogenauer, Art. 11.1.6 nº 11.

B. Impacto en la reclamación contributiva

1. Impacto general

2

De conformidad con el párrafo 2, la liberación o liquidación de conformidad con el párrafo 1 con respecto a la parte del deudor liberado **extinguirá** un crédito contributivo en virtud del art. 11.1.10 (art. 11.1.12 no. 7 en B.3 (I)).[5069] Con la consiguiente liberación parcial de los codeudores, los Principios de UNIDROIT prevén un término medio de compromiso en comparación con las diferentes soluciones nacionales.[5070]

2. Aumento de las cuotas contributivas con posterioridad a la liberación

3

Después de una liberación o acuerdo con un codeudor, una parte contributiva puede aumentar de conformidad con el art. 11.1.13 debido a una insolvencia posterior de un codeudor.[5071] Se ha argumentado con respecto al propósito subyacente (art. 1.6 (1)) del art. 11.1.6 "reducir la reclamación del acreedor" que, contrariamente a la solución del art. 10:108 (3) PECL[5072] - "cabe esperar que el acreedor soporte la pérdida que causó por la liberación".[5073] La evaluación final dependerá de las circunstancias de la liberación[5074] y de los acuerdos pertinentes.

C. Opciones contractuales

4

De conformidad con el párrafo 1, las partes son libres de prever diferentes consecuencias de una liberación o un arreglo (arts. 1.1 y 1.3), siempre que integren a todas las partes (codeudores) interesadas. **I)** Con el **consentimiento de todos los codeudores**, uno de ellos puede **ser liberado íntegramente** (por ejemplo, en caso de reorganización de un grupo de empresas que actúe por una parte);[5075] si los demás codeudores no participan en la libera-

---

5069 S. Meier en Jansen/Zimmermann, Art. 10:108 (PDCE): *Release or Settlement in Solidary Obligations*, no. 3 (p. 1590) llama a esta consecuencia "una cuestión de rutina".

5070 S. Meier en Jansen/Zimmermann, Art. 10:108 (PDCE): *Release or Settlement in Solidary Obligations*, no. 4 (p. 1590).

5071 S. Meier en Vogenauer, Art. 11.1.6 no. 12 nota 76 y, en Jansen/Zimmermann, Art. 10:108 (PDCE): *Release or Settlement in Solidary Obligations*, no. 7 (pp. 1591-92); véase también StL-Misc. 29 (2009), nº 519-525 (donde se planteó la cuestión pero no se resolvió).

5072 S. Meier en Vogenauer, Art. 11.1.6 no. 12, p. 1215 y nota 78 (con una referencia adicional al Art. III.-4:109 (2) DCFR).

5073 S. Meier en Vogenauer, Art. 11.1.6 nº 12, p. 1215.

5074 El contraargumento, desde la perspectiva de un acreedor, también está impulsado por un propósito: la liberación puede haberse otorgado con respecto a las circunstancias en el momento de la liberación, sin tener en cuenta un cambio de circunstancias a través de una crisis financiera y la insolvencia de un codeudor.

5075 S. Meier en Vogenauer, Art. 11.1.6 nº 1, 6. La acción con el consentimiento de todas las partes tiene la ventaja de reducir el riesgo de un "renacimiento" de la responsabilidad frente a un codeudor en virtud del art.

ción y el acreedor "tiene la intención de liberar a uno"[5076] de los codeudores plenamente, puede hacerlo (y, en aras de la claridad,[5077] debería) declarar, con respecto a los principios en el párrafo 2, que los demás codeudores "sean liberados de la parte de dicho deudor"; **II)** Por un mero ***pactum de non petendo*** (es decir, un compromiso de no entablar una demanda para ejecutar un crédito), un acreedor puede comprometerse frente a un deudor a no demandar a ese deudor y a volverse primero contra los demás codeudores;[5078] estos codeudores solicitarán entonces el pago al destinatario de la promesa con su crédito contributivo en virtud del art. 11.1.10 (por lo tanto, económicamente, aparentemente no hay diferencia). La única ventaja para el destinatario de la empresa es evitar el riesgo de insolvencia de su (s) codeudor (es)[5079] y, posiblemente, ganar tiempo (o poder utilizar una excepción personal o un derecho de compensación contra su codeudor).[5080] **III)** El **acreedor es: a) libre de renunciar,** mediante notificación (directa o indirecta) (art. 1.10) a **todos los deudores**[5081] (debidamente interpretado, arts. 4.2-4.3), el carácter solidario de una obligación (art. 11.1.1 (a)), haciendo que se convierta en obligaciones separadas[5082] (art. 11.1.1 (b)), en virtud de la cual cada deudor queda obligado únicamente por su parte contributiva); mientras **b)** una renuncia declarada a un **solo codeudor** mantendrá al destinatario de la renuncia responsable del importe de su contribución inicial a la obligación,[5083] ya sea al acreedor o a los demás codeudores (contra quienes la renuncia no tiene efecto en virtud del principio de "no contrato en detrimento de un tercero", y que se volvería contra el destinatario de la renuncia por su parte contributiva, art. 11.1.10).[5084]

Artículo 11.1.7 (Efectos del vencimiento o de la suspensión de la prescripción)

(1) La expiración del período de prescripción de los derechos del acreedor frente a un deudor solidario no afecta:

a) Las obligaciones de los demás deudores solidarios frente al acreedor; ni

b) Las acciones de regreso entre los deudores solidarios previstas en el Artículo 11.1.10.

1.11.10 y 1.11.13 en caso de insolvencia de otro de varios codeudores, como se discutió en el nº 2 (B.).

5076 S. Meier en Jansen/Zimmermann, Art. 10:108 (PDCE): *Release or Settlement in Solidary Obligations*, no. 3 (p. 1589).

5077 Véase de nuevo S. Meier en Jansen/Zimmermann, Art. 10:108 (PDCE): *Release or Settlement in Solidary Obligations*, no. 3 (p. 1589) que describe diferencias sutiles en las leyes nacionales que requieren claridad cuando actúan cerebros legales con diferentes antecedentes nacionales.

5078 S. Meier en Vogenauer, Art. 11.1.6 no. 2 y en Jansen/Zimmermann, Art. 10:108 (PDCE): *Release or Settlement in Solidary Obligations*, no. 3 (p. 1589) incluyendo referencia al Derecho Romano.

5079 S. Meier en Vogenauer, Art. 11.1.6 nº 2.

5080 Depende de la interpretación del contrato entre los codeudores, si los hubiere, si la participación de un deudor en un *pactum de non petendo* con el acreedor constituye un incumplimiento de ese contrato, por ejemplo, del deber de cooperación (art. 5.1.3).

5081 S. Meier en Vogenauer, Art. 11.1.6 nº 13.

5082 Ídem.

5083 Cf. Comentarios Oficiales, art. 11.1.6 nº 4, ilustraciones 4-5, p. 382.

5084 Ver en detalle S. Meier en Vogenauer, Art. 11.1.6 no. 13 (con una explicación de los diferentes modelos nacionales para este escenario de caso en Italia y Brasil, por un lado (Art. 1311 (1) Código Civil italiano y Art. 282 Código Civil brasileño) y en Francia (Art. 1316 Código Civil francés (versión 2016), es decir, ex Art. 1210) por otro lado. Véase además S. Meier en Jansen/Zimmermann, Art. 10:108 (PDCE): *Release or Settlement in Solidary Obligations*, no. 8 (p. 1592): renuncia como "un caso especial de liberación parcial".

(2) Si el acreedor inicia contra un deudor solidario uno de los procedimientos previstos en los Artículos 10.5, 10.6 o 10.7, el curso de la prescripción también se suspende frente a los demás deudores solidarios.

A. Efecto individual de la expiración de un plazo de prescripción[5085]

1

I) De conformidad con el párrafo 1, si **un deudor** puede confiar antes que otro obligado solidario (art. 11.1.1 a)) en un plazo previsto en el capítulo 10 en su relación con el acreedor (por ejemplo, como resultado de un momento diferente de conocimiento o conocimiento constructivo),[5086] esto **no lo protege cuando** los codeudores (que posteriormente cumplen la obligación subsistente, arts. 10.9 (1) y 11.1.3), solicitan su parte contributiva en virtud del art. 11.1.10[5087] (según lo permitido explícitamente por el párrafo 1 literal "b", que se inspiró, entre otras cosas, en el art. 10:110 (b) de PECL[5088] y algunos de los principales sistemas jurídicos del mundo).[5089] Esto es coherente con **II)** la regla de que la expiración del plazo de prescripción en beneficio de un deudor **no protege a los demás deudores** solidariamente responsables contra una reclamación por cumplimiento del acreedor[5090] (párrafo 1 literal "a"), que sea compatible tanto con la función de seguridad de la responsabilidad solidaria[5091] como con el art. 10:110 a) PDCEy la mayoría del sistema jurídico).[5092] Más bien, la reclamación contributiva en virtud del art. 11.1.10 está sujeta a su propio plazo de prescripción independiente (art. 11.1.10 no. 6 en B.5).

2

La hipótesis contemplada en el párrafo 1 puede diferenciarse de otros dos escenarios: **I)** el párrafo 1, literal "b", sólo presta apoyo a una **reclamación contributiva** en virtud del art. 11.1.10 y no en caso de subrogación en virtud de los arts. 11.1.11 y 11.1.1 (a)[5093] (cuando el deudor destinatario de dicha reclamación todavía pueda invocar el vencimiento del período;[5094] arts. 11.1.4, 10.2). **II)** Si el **período de prescripción es común** (es decir, se

5085 Título basado en S. Meier en Jansen/Zimmermann, Art. 10:110 (PDCE): *Prescription in Solidary Obligations*, no. 1 (p. 1596).

5086 Comentarios Oficiales, art. 10.2 nº 6, pp. 353 (con un ejemplo relativo a la falta de conocimiento de la identidad de un deudor representado por un agente; S. Meier in Vogenauer, art. 11.1.7 no. 1 (con otros ejemplos, por ejemplo, muerte de un deudor, art. 10.8 (2)); y en Jansen/Zimmermann, art. 10:110 (PDCE): *Prescription in Solidary Obligations*, nº 1, (p. 1596) que se refiere al "aplazamiento de la expiración" o a la "renovación que afecta únicamente a uno de los deudores".

5087 S. Meier en Vogenauer, Art. 11.1.7 nº 3.

5088 SL-WP.14 (2008), página 14 y StL-Doc. 107 (2008), nº 42; S. Meier en Vogenauer, Art. 11.1.7 nº 3.

5089 StL-Doc. 107 (2008), nº 43 para referencias a las leyes de Alemania y los Países Bajos; StL-Misc. 28 (2008), párrafos 448 a 450, con referencia a la legislación italiana y belga; S. Meier in Vogenauer, art. 11.1.7 no. 3 nota 85 (con referencia adicional a las leyes de Inglaterra, Italia, Portugal y Suiza).

5090 S. Meier en Vogenauer, Art. 11.1.7 no. 2 y en Jansen/Zimmermann, Art. 10:110 (PDCE): *Prescription in Solidary Obligations*, no. 1 (p. 1596).

5091 S. Meier en Vogenauer, Art. 11.1.7 nº 2, p. 1217.

5092 S. Meier en Vogenauer, Art. 11.1.7 no. 2, p. 1217 (con referencias adicionales en la nota 83) y en Jansen/Zimmermann, Art. 10:110 (PDCE): *Prescription in Solidary Obligations*, no. 1 (p. 1596).

5093 S. Meier en Vogenauer, Art. 11.1.7 nº 4.

5094 Ídem.

refiere a todos los deudores y no a un solo deudor como en el párrafo 1) y un deudor ("primero") actúa sin invocar una excepción común (art. 11.1.4 primera parte, 2da alternativa), los demás deudores —que se convierten en destinatarios de una reclamación contributiva del "primer" deudor— pueden invocar esa misma defensa común de prescripción contra el primer deudor en virtud del art. 11.1.12 (a). Así pues, cada deudor asume un riesgo si no invoca una defensa común contra una reclamación del acreedor.

B. Efecto de iniciar un procedimiento contra un deudor

3

El párrafo 2 refuerza la posición del acreedor.

1. El efecto del párrafo 2

4

I) De conformidad con la norma del párrafo 2 (y como excepción al párrafo 1 (a)),[5095] todo inicio de un procedimiento judicial formal o alternativo de conformidad con los arts. 10.5, 10.6 o 10.7 por el acreedor contra cualquiera de sus deudores solidarios **amplía el efecto de la suspensión**[5096] del período de prescripción en virtud de los arts. 10.5-10.7: Se extiende no sólo contra la contraparte del procedimiento judicial (el demandado) sino también contra los demás deudores solidarios. Esta norma se inspira de nuevo en la familia jurídica basada en el Derecho romano-francés y,[5097] por ejemplo, en el Derecho suizo.[5098] **Ahorra gastos** al acreedor, que no debe perseguir a todos los deudores,[5099] mientras que parece aceptable que los deudores se vean afectados por procedimientos judiciales entre terceros porque: **a)** los demás codeudores serán normalmente conocidos por cada deudor[5100] (a menudo incluso están vinculados contractualmente por acuerdos internos o dentro del mismo grupo de empresas); y **b)** los arts. 11.1.4 y 11.1.12 salvaguardan que los codeudores no pierdan ninguna de sus defensas (comunes o personales) si posteriormente son demandados por el acreedor (que tendrá que probar la suspensión del período)[5101] o por un codeudor en una reclamación que solicite su parte contributiva. **II)** Por la repercusión

[5095] S. Meier en Vogenauer, Art. 11.1.7 nº 7.

[5096] Comentarios Oficiales, art. 11.1.7 no. 2 e Ilustración 3, p. 383.

[5097] S. Meier en Vogenauer, Art. 11.1.7 no. 6 nota 87 se refiere a las leyes en Brasil, Francia (por lo que el citado ex Art. 1206, 2245 (1) ha sido derogado por la reforma del Código Civil francés de 2016), Italia, España; y en Jansen/Zimmermann, Art. 10:110 (PDCE): *Prescriptions in Solidary Obligations*, no. 2 (pp. 1596-97), incluyendo una referencia a la ley inglesa (donde el pago parcial afecta a los codeudores solidarios y varios). El origen de la regla se remonta al "emperador romano oriental Justiniano en el año 531 d.C"., véase ibid. no. 2 (p. 1596).

[5098] Art. 136 (1) Código de Obligaciones de Suiza.

[5099] S. Meier en Vogenauer, Art. 11.1.7 no. 6, y en Jansen/Zimmermann, Art. 10:110 (PDCE): *Prescriptions in Solidary Obligations*, no. 3 (p. 1597).

[5100] S. Meier en Vogenauer, Art. 11.1.7 nº 6.

[5101] Ídem.

en las excepciones de un codeudor contra una reclamación contributiva en virtud del art. 11.1.10 (art. 11.1.12 no. 7 en B.3 (II)).

2. Límites

5

El efecto del párrafo 2 se limita al inicio de un procedimiento legal formal o alternativo en virtud de los arts. 10.5, 10.6 o 10.7. De lo contrario, se aplica la norma enunciada en el párrafo 1 (a). En particular, el reconocimiento por una parte obligada tiene el efecto de iniciar un nuevo período de prescripción general de conformidad con el art. 10.4 (1) solo contra el deudor reconocido.[5102] Cada codeudor puede invocar el plazo de prescripción en su relación personal con el acreedor[5103] (pero el párrafo 1 literal "b" expone al codeudor a una acción contributiva posterior en virtud del art. 11.1.10 de un codeudor que realiza posiblemente mucho después de que haya expirado su propio período de prescripción en virtud de su relación con el acreedor;[5104] a menos que pueda presentar argumentos contractuales y/o de buena fe contra el reconocimiento hecho por el codeudor, como se examina más adelante en C.2. II). En el caso de un contrato interno subyacente entre los codeudores, "la norma se justifica, en principio, por el hecho de que todo deudor (es decir, coobligado) es consciente desde el principio de que puede estar expuesto a créditos contributivos".[5105]

C. Opciones contractuales

1. Sobre el contrato entre el acreedor y los deudores

6

Las partes son libres de adaptar el sistema del art. 11.1.7 y disponer que el reconocimiento por una parte del deudor tendrá el efecto del art. 10.4 sobre todas las relaciones de los codeudores con el acreedor. En la práctica, los codeudores suelen guardar esa decisión para más adelante, ya que son libres de hacer reconocimientos paralelos, si se considera necesario para evitar procedimientos legales con el acreedor.

[5102] Comentarios Oficiales, art. 11.1.7 no.1, Ilustración 1, p. 383. En Jansen/Zimmermann, Art. 10:110 (PDCE): *Prescriptions in Solidary Obligations*, no. 3 (p. 1597), Sonja Meier observa que la confianza del acreedor en tal reconocimiento causa "el riesgo de perder sus derechos frente a los otros deudores"

[5103] S. Meier en Vogenauer, Art. 11.1.7 nº 7.

[5104] Comentarios Oficiales, art. 11.1.7 nº 1 e ilustración 2, p. 383; S. Meier en Vogenauer, Art. 11.1.7 nº 7 (y referencias en el nº 8 nota 92 a las leyes nacionales (romano-francesas) y a la legislación suiza que prevén la solución opuesta según la cual un reconocimiento por un deudor tendría el mismo efecto que la iniciación de un procedimiento judicial contra un deudor sobre los demás deudores); y en Jansen/Zimmermann, Art. 10:110 (PDCE): *Prescriptions in Solidary Obligations*, no. 4 (pp. 1597-98).

[5105] S. Meier en Jansen/Zimmermann, Art. 10:110 (PDCE): *Prescriptions in Solidary Obligations*, no. 4 (p. 1598).

2. Sobre la relación entre los codeudores

7

I) Puede ser sensato que los codeudores acuerden entre ellos un **deber explícito de comunicación** con respecto al (el progreso de) cumplimiento o las disputas con el acreedor a fin de evitar cualquier discusión sobre en qué medida una obligación de comunicación podría haber creado implícitamente (por conducta, arts. 2.1.1-2.1.2 y 4.1, 4.3; bajo art. 4.8 (1) y (2) (c) en relación con el art. 1.7; bajo art. 5.1.2; o bajo un deber de cooperación art. 5.1.3). **II)** En interés de la **gestión del riesgo** (y para **evitar una discusión** sobre una posible restricción, basada en el art. 1.7, del derecho del deudor a presentar una reclamación contributiva contra los codeudores en virtud del art. 11.1.10),[5106] los codeudores podrán estipular en un acuerdo interno (arts. 1.1, 1.3) que: **a)** a menos que los codeudores consientan explícitamente en tal acción (por escrito), **ninguno de ellos podrá**: **aa) cumplir** la obligación frente al acreedor si ha prescrito; **bb) renunciar a una excepción** como la expiración de un plazo de prescripción si es demandado por el acreedor; o **cc) reconocer** la obligación frente al acreedor (después de que hayan surgido problemas de cumplimiento o haya transcurrido el plazo para el cumplimiento) sin el consentimiento previo de los codeudores; y **b)** de otro modo una reclamación contributiva en virtud del art. 11.1.10 se excluye como consecuencia legal[5107] (arts. 1.1 y 1.3).

Artículo 11.1.8 (Efectos de las sentencias)

(1) Una decisión de un tribunal acerca de la responsabilidad de un deudor solidario frente al acreedor no afecta:

a. Las obligaciones de los demás deudores solidarios frente al acreedor; ni

b. Las acciones de regreso entre los deudores solidarios previstas en el Artículo 11.1.10.

(2) Sin embargo, los demás deudores solidarios también pueden invocar dicha decisión, a menos que ésta se base en motivos personales de dicho deudor. En tal caso, las acciones de regreso entre los deudores solidarios previstas en el Artículo 11.1.10 se verán afectadas en lo pertinente.

A. Principio

1. Ausencia de efecto vinculante para los codeudores

1

Con la excepción expresada en el párrafo 2, el párrafo 1 establece como principio general que los procedimientos judiciales formales ante un tribunal (art. 1.11 primer guión) entre un acreedor (art. 1.11 cuarto guión) y cualquiera de sus deudores solidarios (art. 11.1.1 a); el derecho de elección del acreedor en virtud del art. 11.1.3)[5108] afecta únicamente a

[5106] S. Meier en Vogenauer, Art. 11.1.7 nº 7 *in fine*.
[5107] S. Meier en Vogenauer, Art. 11.1.7 nº 7 y nº 5.
[5108] S. Meier en Vogenauer, Art. 11.1.8 nº 1.

la relación contradictoria entre el acreedor y el deudor demandado.[5109] Esto fue inspirado por el art. 10:109 PECL[5110] y es coherente con la "mayoría de los sistemas jurídicos".[5111] Si un acreedor desea obtener un **título contra todos los codeudores**, debe integrar a todos los deudores.[5112] A veces, el acreedor prefiere iniciar procedimientos legales contra un solo deudor **para ahorrar costos** (por ejemplo, un aumento de las tasas de arbitraje o tribunales estatales por procedimientos de múltiples partes o la necesidad de traducir a otro idioma a los efectos de un servicio válido), tiempo (por ejemplo, de servicio en el extranjero) o la ventaja de nombrar a uno de los árbitros (como en el arbitraje multipartito esa elección está en riesgo en muchos regímenes de arbitraje).[5113] Para ese caso, el párrafo 1 aclara que el laudo arbitral o la sentencia de un tribunal estatal no afecta **I)** la **relación entre el acreedor y los demás deudores** y, por lo tanto, no es vinculante para los deudores solidarios (literal "a"); y **II)** la relación entre el deudor (demandado en el procedimiento) y los demás deudores y, por lo tanto, no afecta a ninguna acción futura para obtener una participación contributiva en virtud del art. 11.1.10 o cualquier acción de contribución "a modo de subrogación en virtud del art. 11.1.11".[5114] (Un codeudor condenado y ejecutor "no puede utilizar la decisión en su contra como medio de establecer que él mismo o... (su codeudor que es el destinatario del crédito contributivo) estaba obligado frente al acreedor").[5115]

2. Libertad del acreedor

2

En virtud del art. 11.1.3, el acreedor sigue siendo libre de demandar también a otro codeudor "hasta que se haya recibido el cumplimiento íntegro"[5116] (la decisión en el primer procedimiento contra un deudor no tendrá ningún efecto en dicha demanda,[5117] sujeto a una posible excepción, en virtud del párrafo 2 en caso de una demanda contra el primer deudor perdida por el acreedor).

5109 Comentarios Oficiales, art. 11.1.8 no. 1 e Ilustración 2, pp. 384-385. Esta regla surgió solo en 531 (Justiniano) mientras que, bajo el Derecho Romano, una acción contra un codeudor en la corte "extinguió" las acciones contra los otros codeudores; véase S. Meier en Jansen/Zimmermann, Art. 10:109 (PDCE): *Effect of Judgements in Solidary Obligations*, no. 1 (p. 1593).

5110 StL— WP.14 (2008), página 15 y - refiriéndose también al art. 4:110 DCFR - tanto StL— Doc. 107 (2008), no. 45 y St L— WP.26 (2009), p. 16; S. Meier en Vogenauer, Art. 11.1.8 nº 1 y nota 93.

5111 StL— WP.26 (2009), página 17, con referencias a las leyes de Italia y Portugal, además de muchas otras jurisdicciones; S. Meier en Vogenauer, Art. 11.1.8 no. 1 y nota 93, y en Jansen/Zimmermann, Art. 10:109 (PDCE): *Effect of Judgements in Solidary Obligations*, no. 2 (p. 1593).

5112 Como aconsejó S. Meier en Vogenauer, Art. 11.1.8 nº 2, p. 1221.

5113 Véase, por ejemplo, Art. 12 (8) Reglamento de la CCI (versiones 2017 y 2021).

5114 S. Meier en Vogenauer, Art. 11.1.8 nº 3.

5115 Ídem.

5116 S. Meier en Vogenauer, Art. 11.1.8 nº 2.

5117 S. Meier en Vogenauer, Art. 11.1.8 no. 2, p. 1221, y en Jansen/Zimmermann, Art. 10:109 (PDCE): *Effect of Judgements in Solidary Obligations*, no. 2 (p. 1594) y 3 (p. 1594).

B. Excepción en caso de defensas personales

3

Como excepción al párrafo 1, e inspirado en la legislación italiana y portuguesa,[5118] de conformidad con el párrafo 2 (oración 1), los **codeudores: I) pueden** (pero no deben) **basarse** en un laudo arbitral o sentencia de un procedimiento entre el acreedor y un codeudor[5119] (especialmente si les beneficia, por ejemplo, si contiene una conclusión de que la obligación se basa en un contrato inválido debido a una excepción común),[5120] **a menos que II)** se trate de "motivos personales para el deudor" demandado por el acreedor.[5121] En tal caso, si el "primer" deudor condenado en un procedimiento formal iniciado por el acreedor: **a)** ha logrado alegar una reducción de su obligación **basada en una excepción personal** y, por lo tanto, ha obtenido un laudo o sentencia reducidos (en lo sucesivo, "decisión"), y **b)** solicita ahora una acción en la vía de regreso en virtud del art. 11.1.10 contra otro deudor, ese otro deudor no puede invocar la decisión "en el procedimiento entre él y el acreedor como excepción en el procedimiento entre él y... (el deudor que solicita una acción en la vía de regreso basada en el art. 11.1.10)".[5122] Para la **carga de la prueba** debe distinguirse: **I)** El codeudor tendrá que probar que la primera decisión fue favorable a un codeudor; **II)** El acreedor tendrá que probar que la decisión en favor de un codeudor "se basó en motivos personales del codeudor".[5123]

4

Con respecto a los efectos sobre la acción de regreso en virtud del art. 11.1.10, debe distinguirse de conformidad con el párrafo 2 (oración 2). **I) Reducción del importe total**: Si el laudo o sentencia en un proceso entre un acreedor y un primer deudor da lugar a una reducción del importe total de la obligación, de conformidad con el párrafo 2 (oración 2), las **cuotas contributivas deberán recalcularse**[5124] en consecuencia para determinar el derecho (y la obligación) en una acción de regreso en virtud del art. 11.1.10. Ejemplo:[5125] si **a)** A, B y C deben 3.000 y un tribunal determina en un caso entre el acreedor y A, basado en una defensa común, que la obligación asciende a 1.500, **b)** A no paga; y **c)** el acreedor demande ahora a B de conformidad con el art. 11.1.3, **d)** B tiene la opción de confiar en el juicio

---

5118 StL-WP. 29 Sesión 2 (2010), párr. 14 (Fontaine); StL-Misc. 29 (2009), nº 537-559; StL-Doc. 117 (2009), pp. 17 y 18; S. Meier en Vogenauer, Art. 11.1.8 no. 5 y nota 95 que se refiere al Art. 1306 (2) Código civil italiano y art. 522 Código civil portugués, y con referencia a las "normas conexas" en francés y en el Derecho Común, en las notas 96 y 97 (por ejemplo, § 292 (2) *Restatement 2d Contracts* y *§ 51 Restatement 2nd Judgments*). De lo contrario, los sistemas jurídicos están divididos sobre el efecto sobre otros codeudores con respecto a una sentencia que desestima la acción (del acreedor), véase S. Meier en Jansen/Zimmermann, art. 10:109 (PDCE): *Effect of Judgements in Solidary Obligations*, no. 1 (p. 1593).

5119 Comentarios Oficiales, art. 11.1.8 no. 3 e Ilustraciones 4-5, pp. 385-386; S. Meier en Vogenauer, Art. 11.1.8 nº 5.

5120 S. Meier en Vogenauer, Art. 11.1.8 no. 4, y en Jansen/Zimmermann, Art. 10:109 (PDCE): *Effect of Judgements in Solidary Obligations*, no. 3 (p. 1594) con comentarios críticos ("(...) socava la función de solidaridad de actuar como garantía para el acreedor").

5121 Comentarios Oficiales, art. 11.1.8 no. 3 e Ilustración 6, pp. 385-386.

5122 S. Meier en Vogenauer, Art. 11.1.8 nº 7 (con una adición entre corchetes).

5123 S. Meier en Vogenauer, Art. 11.1.8 no. 8 y en Jansen/Zimmermann, Art. 10:109 (PDCE): *Effect of Judgements in Solidary Obligations*, no. 3 (p. 1594).

5124 Comentarios Oficiales, art. 11.1.8 no. 4 e Ilustración 7, p. 386.

5125 Ejemplo de S. Meier en Vogenauer, Art. 11.1.8 nº 6.

entre el acreedor y A de conformidad con el párrafo 2 y, por lo tanto, estar obligado a una parte recalculada sobre la base de 1.500 (art. 11.1.9) - o basarse en la regla del párrafo 1 y argumentar, por ejemplo, que toda la obligación es inválida, debido a un motivo común o personal (art. 11.1.4). En la práctica, B puede basar su acción en el párrafo 1 y argumentar el párrafo 2 como argumento auxiliar (que puede implicar un aumento de los costos judiciales (art. 1.11 primer guión). El párrafo 2 (oración 2) tiene prioridad sobre (o complementa) el art. 11.1.12 (b): art. 11.1.12 no. 7 en B.3 (III). **II) Excepción**: Si la decisión se "basó en motivos personales de los deudores", el afecto del art. 11.1.10 "en consecuencia" (párrafo 2 (oración 2 *in fine*)) sugiere que, como cuestión de "afecto acorde", no hay reducción del importe total y, por lo tanto, no hay un nuevo cálculo del importe total.[5126]

Artículo 11.1.9 (Reparto entre los deudores solidarios)

Los deudores solidarios se obligan entre ellos por parte iguales, a menos que las circunstancias indiquen lo contrario.

A. La base para la acción de regreso y la subrogación

1

Al regular el reparto de obligaciones entre varios deudores solidarios, el art. 11.1.9 sienta las bases[5127] para la acción de regreso[5128] en virtud del art. 11.1.10 y reclamaciones basadas en la subrogación en virtud del art. 11.1.11, así como para el cálculo de un aumento "proporcional" de las acciones en caso de incumplimiento por parte de uno de los codeudores (art. 11.1.13).

B. Norma supletoria

2

Los **deudores** (art. 1.11 cuarto guión) son los dueños de su relación interna (arts. 1.1 y 1.3). Salvo contrato entre los deudores[5129] ("a menos que las circunstancias indiquen lo contrario"), el art. 11.1.9 establece el prorrateo **en partes iguales** como norma supletoria; esto es consistente con las leyes nacionales de todo el mundo.[5130] Un acuerdo interno divergente entre los deudores puede ser **explícito o implícito** (resultante de su compromiso

5126 Véase S. Meier en Jansen/Zimmermann, Art. 10:109 (PDCE): *Effect of Judgements in Solidary Obligations*, no. 4 (pp. 1594-95) con referencia a la relevancia de un acuerdo interno de los codeudores a este respecto.

5127 S. Meier en Vogenauer, Art. 11.1.9 nº 1.

5128 Para una visión histórica sobre el desarrollo de tales reclamaciones en la historia, basada en el contrato (entre los codeudores) o *negotiorum gestio* en Roma y en el enriquecimiento injusto en Inglaterra, véase S. Meier, en Jansen/Zimmermann, Art. 10:105 (PDCE): *Apportionment between Solidary Debtors*, no. 1 (pp. 1577-78).

5129 S. Meier en Vogenauer, Art. 11.1.9 nº 2, 4.

5130 StL-Doc. 107, no. 49 con referencias a las leyes de Alemania, Italia, Rusia, Quebec y Suiza (y distinciones a las leyes de Bélgica y Francia); S. Meier en Vogenauer, Art. 11.1.9 nº 4 nota 105; véase también, por ejemplo, China (art. 178 (2) Normas generales del Derecho Civil de la República Popular China (versión de 2017)) y Turquía (art. 167 (1) del Código Civil turco según lo investigado por el Dr. Cigdem Schlößl).

común)[5131] y requiere la debida interpretación[5132] (arts. 4.1, 4.3 y subsiguientes). Por ejemplo, si el 75% de un préstamo se paga al deudor A (o el 75% de los bienes se le entregan) y el 25% al otro deudor B, ambos actuando conjuntamente como deudores solidarios para el (re) embolso, las circunstancias sugerirían que la parte interna de A asciende al 75% y B al 25%[5133] (art. 4.3 (d) y (e)). El prorrateo interno puede oscilar para cualquier deudor entre el 0 y el 100%[5134] (en este último caso extremo, un deudor es económicamente el principal deudor, mientras que el codeudor es funcionalmente sólo un proveedor de garantías).[5135] A falta de acuerdo, "la consideración más pertinente [es decir, para la interpretación, art. 4.3] será generalmente el interés de cada deudor en la transacción".[5136]

3

Si, en estos ejemplos, el contrato de préstamo o entrega de bienes se celebra con arreglo al régimen de los Principios de UNIDROIT y no existe una cláusula distinta de **elección del Derecho** aplicable para el **acuerdo interno** entre los deudores, se sostiene que: **I)** las circunstancias sugerirían la **elección implícita** de los Principios de UNIDROIT por los deudores también para su acuerdo interno, por el cual **II)** la norma del régimen internacional privado aplicable del tribunal competente (art. 1.11 primer guión) tendría que decidir sobre la aplicabilidad de los Principios de UNIDROIT mediante una elección implícita (cuasi anexo) de la ley. Si los Principios de UNIDROIT cubren el acuerdo interno, cada parte será responsable ante su codeudor por su esfera (art. 7.1.1 no. 2), a menos que las partes distribuyan el riesgo de otra manera (en condiciones de plena competencia si están afiliadas).

Artículo 11.1.10 (Alcance de la acción de regreso)

El deudor solidario que pagó más que su parte puede reclamar la diferencia de cualquier otro deudor solidario hasta la parte no cumplida por cada uno de ellos.

A. Acción de regreso de un deudor

1

El reparto interno entre deudores solidarios (art. 11.1.9) conduce lógicamente y de acuerdo con el art. 10:106 (1) PECL[5137] a una reclamación de un deudor contra sus codeudores **por contribución** en caso de cumplimiento más allá de su propia parte. Se encuentra junto a los derechos de subrogación en virtud del art. 11.1.11.[5138] La **base** de la acción de

[5131] S. Meier en Vogenauer, Art. 11.1.9 nº 3.
[5132] S. Meier en Vogenauer, Art. 11.1.9 nº 4.
[5133] Comentarios Oficiales, art. 11.1.9, ilustración 2, p. 387; S. Meier en Vogenauer, Art. 11.1.9 nº 4.
[5134] S. Meier en Vogenauer, Art. 11.1.9 Ilustración nº 3 y en Jansen/Zimmermann, Art. 10:105 (PDCE): *Apportionment between Solidary Debtors*, nº 2 (p. 1578).
[5135] Comentarios Oficiales, art. 11.1.9 e ilustración 3, p. 387; S. Meier en Vogenauer, Art. 11.1.9 nº 3.
[5136] S. Meier en Jansen/Zimmermann, Art. 10:105 (PDCE): *Apportionment between Solidary Debtors*, no. 2 (p. 1578).
[5137] StL-Doc. 107 (2008), párrafo 52, haciendo referencia a una legislación nacional similar en el párrafo 53.
[5138] S. Meier en Vogenauer, Art. 11.1.10 nº 1.

regreso es el compromiso contractual con el acreedor[5139] (art. 1.11 cuarto guión) asumido "a sabiendas del compromiso de los demás deudores" (art. 11.1.1 no. 3). La acción de los deudores frente al acreedor en el conocimiento mutuo crea una relación **contractual** (o al menos **cuasicontractual**)[5140] **entre los codeudores**, ya sea **I) explícitamente** a través de un contrato que regula explícitamente los detalles de la relación entre los codeudores (C *infra*); o **II) implícitamente** comprometiéndose con el acreedor (en virtud del régimen contractual de los Principios de UNIDROIT); en ese caso, el art. 11.1.10 establece una **norma supletoria**.[5141] Dado que el compromiso frente al acreedor se contrae: **a)** a sabiendas de los demás deudores, y **b)** a sabiendas de un reparto de acciones y de los posibles créditos resultantes (art. 11.1.9), parece más apropiada caracterizar la relación entre los codeudores como al menos cuasicontractual.

B. Detalles

1. Calificación de la acción de regreso como reclamo independiente

2

Entre sí (a diferencia de la relación con el acreedor, art. 11.1.3), se ha argumentado con respecto a una "tendencia general en los sistemas jurídicos nacionales"[5142] que **cada deudor sólo está obligado a cumplir su parte** que se deriva del prorrateo (art. 11.1.9).[5143] Si más de un deudor tiene que contribuir al deudor que (primero) cumplió con el acreedor, tendrá que reclamar las acciones de cada uno de los codeudores; de conformidad con la redacción del art. 11.1.10 ("la diferencia de cualquier otro deudor solidario"), los **diferentes créditos contributivos son independientes** (art. 11.1.1 (b)).[5144] Como observó *Meier*, esto puede convertirse en una carga considerable para el primer deudor y el deudor que cumple plenamente en el caso de muchos codeudores.[5145]

2. Alcance de la acción de regreso - Ejemplo de cálculo[5146]

3

El cumplimiento por un deudor en **una cantidad superior a su parte pero inferior al monto total de la deuda**, por ejemplo, una deuda total de 9,000 con tres deudores con una

---

[5139] S. Meier en Vogenauer, Art. 11.1.10 nº 2; véase también D. Friedmann/N. Cohen, *"Adjustment Among Multiple Debtors, en: Caemmerer/Schlechtriem (eds.) International Encyclopedia of Comparative Law"*, vol X: *"Restitution - Unpaid Enrichment and Negotiorum Gestio"* (2007), cap. 11 no. 7 ("mutuamente acordado de estar obligado hacia el acreedor").

[5140] Contra S. Meier en Vogenauer, Art. 11.1.10 nº 3, p. 1226 ("Acción de regreso extracontractual").

[5141] S. Meier en Vogenauer, Art. 11.1.10 nº 3.

[5142] S. Meier en Vogenauer, Art. 11.1.10 nº 4 y nota 110 (con referencias a las leyes de los Países Bajos, Portugal y Suiza).

[5143] S. Meier en Vogenauer, Art. 11.1.10 nº 4.

[5144] S. Meier en Vogenauer, Art. 11.1.10 no. 7 y Art. 11.1.13 nº 1.

[5145] S. Meier en Vogenauer, Art. 11.1.10 nº 7.

[5146] S. Meier en Vogenauer, Art. 11.1.10 nº 8; véase también el ejemplo de Comentarios oficiales al arte. 11.1.10, ilustraciones 1-4, p. 388.

participación de 3,000. **I)** Pago de 6.000 por A:[5147] el deudor puede reclamar la **diferencia entre el importe de su pago y el importe de su parte** (es decir, 3.000); por lo que puede elegir entre: **a)** reclamar la diferencia total de 3.000 de B o C (porque 3.000 corresponde a la parte prorrateada de B y C); o **b)** dividir la cantidad, por ejemplo, solicitando 1.500 de cada B y C; mientras que, sujeto a contrato (art. 1.5), el deudor no podía dividir la cantidad pagada en tres y pedir a cada codeudor 2.000 en virtud del art. 11.1.10.[5148] **II)** Pago de 7.000 por A y 1.000 por B:[5149] **a)** el deudor B no tiene derecho contributivo porque ha pagado menos de lo que le corresponde (art. 11.1.9); **b)** A puede reclamar un total de 4.000 (como diferencia entre el monto de su pago y el monto de su parte). "A puede reclamar hasta 2.000 de B (que es la cantidad de la parte no realizada de B) y hasta 3.000 de C hasta que haya recibido de 4.000".[5150]

3. Costo e intereses

4

Si bien los Principios de UNIDROIT (claramente, por ejemplo, del art. 10:106 (1) PECL) no mencionan una reclamación de costos (para evitar un incentivo para un litigio excesivo)[5151] o de intereses,[5152] tal reclamo a menudo puede basarse en un contrato (o agencia, *negotiorum gestio*) para costos razonables[5153] y en el art. 7.4.1 y subsiguientes por intereses (es decir, daños resultantes del incumplimiento del acuerdo interno y/o una falta de voluntad "cooperar"[5154] (art. 5.1.3).

4. Contribución en dinero

5

Si un deudor prestó más de su parte al realizar al acreedor en especie (por ejemplo, mediante la entrega de bienes o trabajos de construcción), sujeto a contrato (arts. 1.1, 1.3), el crédito contributivo será, no obstante, en dinero.[5155]

5147 De nuevo S. Meier en Vogenauer, Art. 11.1.10 nº 8.

5148 S. Meier en Vogenauer, Art. 11.1.10 nº 8. Este enfoque alternativo podría acordarse contractualmente y podría tener sentido en el caso de un contrato a largo plazo con varias cuotas (véase S. Meier en Jansen/Zimmermann, art. 10:106 (PDCE): *Recourse Between Solidary Debtors*, no. 3 (p. 1581) discutiendo el ejemplo bajo el "*Avant-projet pour un Code Européens de Contrats*" que generalmente propone esta ruta alternativa. (Es decir, una propuesta francesa para un proyecto de código de contratos europeo).

5149 S. Meier en Vogenauer, Art. 11.1.10 nº 9 (que describe este ejemplo de manera convincente como una "forma híbrida entre obligaciones solidarias").

5150 S. Meier en Vogenauer, Art. 11.1.10 nº 9.

5151 StL-Misc. 27 (2007), Nº 105; StL-Doc. 107 (2008), nº 54; StL-WP. 18 Sesión 1 (2008), párr. 31 (decisión de suprimir la referencia a las costas); S. Meier en Vogenauer, Art. 11.1.10 no. 10 y en Jansen/Zimmermann, Art. 10:106 (PDCE): *Recourse Between Solidary Debtors*, no. 4 (p. 1582).

5152 S. Meier en Vogenauer, Art. 11.1.10 no. 11 y en Jansen/Zimmermann, Art. 10:106 (PDCE): *Recourse Between Solidary Debtors*, no. 4 (p. 1582).

5153 S. Meier en Vogenauer, Art. 11.1.10 nº 11.

5154 S. Meier en Jansen/Zimmermann, Art. 10:106 (PDCE): *Recourse Between Solidary Debtors*, no. 5 (p. 1582).

5155 StL-Misc. 28 (2008), nº 461 (Goode); S. Meier en Vogenauer, Art. 11.1.10 no. 6 y Art. 11.1.11 nº 6.

5. Prescripción

6

La acción de regreso en virtud del art. 11.1.10 está sujeta a su **propio período de prescripción independiente** que comienza cuando el deudor: **I)** tiene "conocimiento de su propio cumplimiento", y **II)** "la existencia del codeudor" contra el que puede recurrir para obtener una parte contributiva[5156] (generalmente los deudores se conocen entre sí, lo que es una razón detrás de la regla correlativa en el art. 11.1.7 (1) (b) que garantiza que el destinatario de la acción de regreso no pueda basarse en un período de prescripción dentro de su relación personal con el acreedor).[5157]

C. Opciones contractuales

7

Los codeudores son libres de adaptar su sistema de responsabilidad solidaria en su acuerdo interno (arts. 1.1, 1.3, 1.5). Por **ejemplo**, pueden: **I)** agregar una obligación de **pagar intereses** desde el momento del cumplimiento al acreedor[5158] (art. 7.4.9) **y contribuir a los costos razonables** incurridos por el cumplimiento;[5159] **II)** especificar, en caso de **cumplimiento** al acreedor **en cuotas**, si el cálculo de un crédito contributivo debe hacerse para cada entrega;[5160] **III)** disponer que el codeudor tendrá que (excepcionalmente) proporcionar su **contribución en especie** y no en dinero;[5161] **IV)** añadir un **deber** para con los codeudores **antes del cumplimiento**,[5162] a saber, **contribuir al cumplimiento**, es decir, que cada deudor pueda reclamar a sus codeudores que presten parte del cumplimiento directamente al acreedor[5163] (ya que esto es típico en situaciones de consorcio si el acreedor tiene el poder de mercado para insistir en la responsabilidad solidaria en lugar de obligaciones separadas de los deudores (art. 11.1.1 literal "b"); **V)** regular los detalles relativos al **período de prescripción**[5164] (art. 10.2 no. 8 en C.; 10.3 no. 8 en D.2., 10.5 no. 5 en C., 10.10 no. 4 en D.); **VI)** las partes también pueden excluir por completo cualquier contribución;[5165] **VII)** en el caso de muchos deudores, las partes pueden considerar incentivos contractuales para el cumplimiento;[5166] **VIII)** en el caso de varios codeudores, también podrán determinar que un crédito contributivo tendrá el carácter de un crédito solidario en el sentido del art. 11.1.1 (a).

[5156] S. Meier en Vogenauer, Art. 11.1.7 nº 3 (incluidas las citas en el texto en (I) y (II)).
[5157] De nuevo S. Meier en Vogenauer, Art. 11.1.7 nº 3.
[5158] S. Meier en Vogenauer, Art. 11.1.10 nº 11 (con referencia en la nota 115 al art. 1145 (2) del Código Civil español como ejemplo de ley que prevé explícitamente el pago de intereses).
[5159] S. Meier en Vogenauer, Art. 11.1.10 nº 10.
[5160] S. Meier en Vogenauer, Art. 11.1.10 nº 5.
[5161] S. Meier en Vogenauer, Art. 11.1.10 nº 6.
[5162] S. Meier en Vogenauer, Art. 11.1.10 nº 12.
[5163] Ídem.
[5164] S. Meier en Vogenauer, Art. 11.1.10 nº 2.
[5165] S. Meier en Vogenauer, Art. 11.1.10 nº 3.
[5166] S. Meier en Vogenauer, Art. 11.1.10 nº 7, p. 1227.

Artículo 11.1.11 (Derechos del acreedor)

(1) El deudor solidario a quien se aplique el Artículo 11.1.10 puede ejercitar igualmente los derechos del acreedor, incluidos aquellos que garantizan el cumplimiento, a fin de recuperar la diferencia de los demás deudores solidarios, hasta la parte no cumplida por cada uno de ellos.

(2) El acreedor que no ha recibido el cumplimiento total conserva sus derechos frente a los codeudores, en la medida del incumplimiento, con preferencia sobre los codeudores que ejerciten las acciones de regreso.

A. Una herramienta adicional para el deudor

1

De conformidad con muchas leyes nacionales de Derecho Común y Civil (pero a diferencia de otros),[5167] el art. 11.1.11 **fortalece el derecho a la contribución** en virtud del art. 11.1.10.[5168] En virtud del párrafo 1, un deudor (art. 1.11 cuarto guión) que haya tenido que entregar más de su parte al acreedor (art. 11.1.3), puede invocar frente a sus codeudores la subrogación, incluida la subrogación en los derechos (de garantía) del acreedor,[5169] además de su crédito contributivo en virtud del art. 11.1.10. Esto puede reforzar la posición del deudor también en caso de crisis financiera o insolvencia del codeudor.[5170]

1. Condiciones

2

El deudor debe tener un derecho en virtud del art. 11.1.10 ("deudor al que se aplica el Artículo 11.1.10"); por lo tanto, ha "ejecutado (al acreedor, art. 11.1.3) más de lo que le corresponde" (art. 11.1.10; véanse también las palabras "recuperar la diferencia" en el art. 11.1.11), lo que puede ser inferior al pleno cumplimiento de la obligación solidaria;[5171] por lo que "su parte" es la parte del codeudor determinada en virtud del contrato o de la norma de incumplimiento del art. 11.1.9. El **alcance de la acción de regreso en virtud del art. 11.1.10 determina el alcance de los derechos de subrogación** en virtud del párrafo 1.[5172] Cuando el último otro deudor cumple su obligación (separada; art. 11.1.10 no. 2 en B.1) bajo el art. 11.1.10 contribuye a su parte (generalmente en dinero; art. 11.1.10 no. 5 ss. en B.4; C. (III) y (IV)), esta ejecución **extingue** también cualquier derecho del primer deudor

[5167] Inspirado en el arte. 10:106 (2) PDCE, StL-Misc. 27 (2007), párr. 109 (Fontaine); Para un panorama general, véase StL-WP.19 (2009), p. 16 y StL-Doc. 112 (2009), pp. 21 y 23 (con la propuesta final en la variante 6); véase además S. Meier en Vogenauer, Art. 11.1.11 no. 1 nota 117 y en Jansen/Zimmermann, Art. 10:106 (PDCE): *Recourse Between Solidary Debtors*, no. 6 (pp. 1582-83) con referencia, entre otras cosas, al Derecho Romano y a la Ley de Derecho Mercantil Inglés de 1856.

[5168] S. Meier en Vogenauer, Art. 11.1.11 nº 1.

[5169] Comentarios Oficiales, art. 11.1.11 no. 1 e Ilustración 1, p. 389; S. Meier en Vogenauer, Art. 11.1.11 nº 1.

[5170] S. Meier en Jansen/Zimmermann, Art. 10:106 (PDCE): *Recourse Between Solidary Debtors*, no. 7 (p. 1583).

[5171] S. Meier en Vogenauer, Art. 11.1.11 nº 2.

[5172] S. Meier en Vogenauer, Art. 11.1.11 nº 2 (con un ejemplo en nº 3).

ejecutante contra sus codeudores en virtud del párrafo 1.[5173] Del mismo modo, una sentencia que desestime una acción de regreso impedirá cualquier reclamación correlacionada en virtud del párrafo 1.[5174]

2. Consecuencias legales

3

I) El deudor (que cumple las condiciones establecidas en 1.) puede **dirigirse** a: **a)** "los demás deudores solidarios" (párrafo 1), pero **b)** su reclamo se limita en cuanto a la cuantía ("hasta la parte no cumplida por cada uno de ellos", párrafo 1).

4

II) Puede "ejercitar (es decir, todos[5175]) igualmente los derechos del acreedor" frente a los demás codeudores (párrafo 1), que, a los efectos de garantizar una acción de regreso en virtud del art. 11.1.10, **subsisten** a pesar del efecto de descarga previsto en el art. 11.1.5 en la relación entre el acreedor (inicial) y (el otro) codeudor (s) (art. 11.1.5 no. 1 en A.).

5

III) Estos derechos siguen la relación entre el acreedor y los codeudores. A la luz de la condición (1. *supra*), los derechos en virtud del párrafo 1 **nunca pueden exceder** la reclamación contributiva en virtud del art. 11.1.10.[5176] En consecuencia, el codeudor puede oponerse a cualquier reclamación basada en las **excepciones** del párrafo 1 en **dos niveles**: **a)** Puede objetar la existencia o el alcance de una **acción de regreso** en virtud del art. 11.1.10 (por ejemplo, porque el reparto de la obligación (art. 11.1.9) era diferente);[5177] y **b)** puede formular **objeciones basadas en su relación con el acreedor.**[5178] Algunos ejemplos son: un **juicio** sobre esa relación; ninguna reclamación de intereses más allá del momento en que la reclamación del acreedor contra el codeudor se extinga en virtud del art. 11.1.5.[5179]

6

IV) En particular, el párrafo 1 hace alusión a "derechos (...) incluidos aquellos que garantizan el cumplimiento" que incluye: **a)** tanto las garantías **dependientes** (accesorias)

5173 Cf. S. Meier in Vogenauer, Art. 11.1.11 nº 4 ("se extingue una vez que el crédito contributivo haya dejado de existir").

5174 S. Meier en Vogenauer, Art. 11.1.11 nº 4.

5175 Cf. S. Meier in Vogenauer, Art. 11.1.11 nº 1 ("Aproveche todos los privilegios y valores") y nº 8.

5176 S. Meier en Vogenauer, Art. 11.1.11 nº 6.

5177 S. Meier en Vogenauer, Art. 11.1.11 nº 7.

5178 S. Meier en Vogenauer, Art. 11.1.11 nº 7 ("perpetuación" de las excepciones) y en Jansen/Zimmermann, art. 10:106 (PDCE): *Recourse Between Solidary Debtors*, no. 7 (p. 1583).

5179 S. Meier en Vogenauer, Art. 11.1.11 nº 6.

como —contrariamente al art. 10:106 (2) PDCE— también **garantías independientes**[5180] (lo que simplifica las cosas porque la comprensión de lo que es una garantía accesoria y lo que es una garantía independiente varía en todo el mundo), si **b) aa)** han sido **proporcionados por ese codeudor** contra quien las reclamaciones en virtud del arts. 11.1.10 y 11.1.11; o **bb)** en algunas circunstancias también si han sido **facilitados por un tercero**; si la interpretación del contrato o de una declaración unilateral por la que se establece la garantía da lugar a su garantía real fue dada por un tercero, se requiere interpretación:[5181] Si se previó "para que se solicite la obligación individual del deudor contra la contribución",[5182] puede utilizarse para una reclamación en virtud del párrafo 1. Si se dio "para garantizar las obligaciones conjuntas y solidarias como tales", no puede ser utilizado por un deudor que "tiene que soportar la carga última".[5183]

7

V) El párrafo 1 no decide[5184] el **mecanismo de ejecución** para un deudor que desee invocar derechos subrogados, en particular en un procedimiento formal con un tercero. Por consiguiente, **corresponde a la ley aplicable**[5185] decidir si los derechos (de garantía) del acreedor se transfieren al deudor (como **cuestión de derecho** o en **virtud de un acto de transferencia**)[5186] en el momento del cumplimiento de la obligación solidaria (esto se correlaciona con el enfoque adoptado en la mayoría de los países de **Derecho Civil**) o si el deudor debe ejercer el derecho del acreedor en nombre del acreedor (esto se correlaciona con el enfoque adoptado en el caso la mayoría de los países de **Derecho Común**), en virtud del cual el **acreedor estaría obligado**, en virtud del párrafo 1, a "realizar los actos que sean necesarios para la transferencia o para autorizar la utilización de la reclamación del acreedor".[5187]

7a

VI) En cambio, el derecho previsto en el art. 11.1.11 para basarse en derechos que garanticen el cumplimiento no implica la aplicación de la Sección 9.1 sobre "cesión de derechos" que, a su vez, implicaría de conformidad con el art. 9.1.10 cierta protección de los codeudores si alguno de ellos presta también cumplimiento (por ejemplo, mediante pago) al acreedor antes de recibir la notificación sobre el cumplimiento por parte del codeudor facultado para actuar en virtud del art. 11.1.11.[5188] La asignación de riesgos entre los co-

---

5180 S. Meier en Vogenauer, Art. 11.1.11 nº 8.

5181 Distinción convincente hecha por S. Meier en Vogenauer, Art. 11.1.11 nº 9.

5182 S. Meier en Vogenauer, Art. 11.1.11 nº 9.

5183 S. Meier en Vogenauer, Art. 11.1.11 no. 9 (para ambas citas).

5184 S. Meier en Vogenauer, Art. 11.1.11 no. 11 con referencia a la conclusión similar de Hawellek, "*Die persönliche Surrogation*" (2010) pp. 185-186 (discutiendo la disposición similar en el Art. 10:106 (2) PDCE).

5185 Véase, por ejemplo, (si el caso se presenta ante un tribunal nacional de la Unión Europea), art. 16 Reglamento de Roma I.

5186 S. Meier en Vogenauer, Art. 11.1.11 nº 11 (sobre el sistema de "*subrogation légale*", por una parte, y del "*beneficium cedendarum actionum*" del "*ius commune*", por otra).

5187 S. Meier en Vogenauer, Art. 11.1.11 nº 11.

5188 N. Jansen en Jansen/Zimmermann, Art. 11:101 (PDCE): *Scope of Chapter*, no. 13 (p. 1647).

deudores (incluidas las obligaciones de información y cooperación, art. 5.1.3) sigue siendo una cuestión de su acuerdo interno.[5189]

B. Prioridad para el acreedor

8

Si y en la medida en que el **acreedor no haya recibido el cumplimiento íntegro** de un deudor o de varios deudores (a lo que tiene derecho en virtud del art. 11.1.3), el párrafo 2 garantiza que **el acreedor tenga prioridad** sobre un deudor[5190] que desee invocar los derechos (de garantía) del acreedor mediante la subrogación. A este respecto, los Principios de UNIDROIT siguen un **enfoque de compromiso**, como también se encuentra en el art. 10:106 (2) PDCEy en varios países de Derecho Civil de todo el mundo.[5191] Permite la subrogación (y lo hace incluso en caso de cumplimiento parcial), y otorga prelación al acreedor, pero solo "cuando sea necesario para ejecutar su crédito restante".[5192] Toda suma obtenida en virtud de la garantía real podrá ser **utilizada en primer lugar por el acreedor para cubrir el resto de su crédito** en virtud de una obligación solidaria; el recordatorio puede utilizarse para hacer valer una reclamación basada en la subrogación (párrafo 1).[5193] En la práctica, estas consideraciones adquieren verdadera relevancia si los deudores (por ejemplo, la empresa matriz y filial) se declaran insolventes; en tales casos, el **régimen nacional imperativo** de la insolvencia puede prevalecer sobre el párrafo 2[5194] (art. 1.4).

Artículo 11.1.12 (Excepciones en las acciones de regreso)

El deudor solidario contra quien un codeudor que ha cumplido la obligación ejerce una acción de regreso:

a) puede oponer todas las excepciones y los derechos de compensación que podrían haber sido invocados o ejercitados por el codeudor frente al acreedor;

b) puede oponer todas las excepciones que le sean personales;

c) no puede oponer las excepciones o los derechos de compensación que correspondan personalmente a uno o varios de los demás codeudores.

5189 N. Jansen en Jansen/Zimmermann, Art. 11:101 (PDCE): *Scope of Chapter*, no. 13 nota 51 (p. 1647).

5190 Comentarios Oficiales, art. 11.1.11 no. 2 e Ilustración 2, pp. 389-390.

5191 Widmer refiriéndose al art. 10:106 (2) PDCEy Art. III.-4:107 (2) DCFR, StL-Misc. 28 (2008), párr. 489; S. Meier en Vogenauer, Art. 11.1.11 no. 13 nota 129 se refiere a las leyes de Francia (el citado antiguo art. 1252 se ha convertido en el art. 1346-3 del Código Civil francés (versión de 2016)), España, Alemania (§ 426 (2) frase 2 del Código Civil alemán - "BGB") y Brasil. Véase, sin embargo, más adelante S. Meier en Jansen/Zimmermann, Art. 10:106 (PDCE): *Recourse Between Solidary Debtors*, no. 12 (p. 1585) con una referencia a la ley holandesa e italiana que no da tal preferencia al acreedor. Una vez más, es útil tener una regla clarificadora.

5192 S. Meier en Vogenauer, Art. 11.1.11 nº 13 (con referencias a diferentes ordenamientos jurídicos nacionales que no aceptan la precedencia del acreedor (por ejemplo, Italia, Países Bajos, nota 127), o que no permiten la subrogación en caso de pago parcial (Inglaterra, nota 128)).

5193 Véase S. Meier en Vogenauer, art. 11.1.11 nº 12-13 (con un ejemplo para un cálculo).

5194 Comentarios Oficiales, art. 11.1.11 nº 2, p. 390; S. Meier en Vogenauer, Art. 11.1.11 nº 14.

A. Una regla sencilla

1

El art. 11.1.12 establece una regla sencilla para **las excepciones** contra: **I)** la acción de regreso en virtud del art. 11.1.10,[5195] o **II)** derechos reclamados por un codeudor mediante subrogación en virtud del art. 11.1.11[5196] (ambos tipos de créditos están comprendidos en la expresión "un codeudor que ha cumplido la obligación"). **Se correlaciona con** la regla general del art. 11.1.4 que establece una norma similar para la defensa del deudor (art. 1.11 cuarto guión) contra un acreedor que persigue su reclamación basada en una obligación solidaria (art. 11.1.3). Porque una acción de regreso en virtud del art. 11.1.10 contra un codeudor se califica como un **crédito separado** (art. 11.1.1 (b); art. 11.1.10 no. 2 en B.1), la regla cubre un nivel suficiente de detalle.[5197] Para las excepciones de la puesta en libertad, la limitación y el efecto de una decisión de un tribunal, el art. 11.1.12 se complementa de manera auto explicativa con los arts. 11.1.6 (2), 11.1.7 (2) y 11.1.8 (2)[5198] (No. 7 *infra* en B.3).

B. Una clara distinción entre excepciones comunes y personales

2

Como el art. 11.1.4, el art. 11.1.12 distingue claramente entre excepciones comunes y derechos de compensación y excepciones personales.

1. Excepciones comunes

3

Según la literal "a", el deudor destinatario de una acción de regreso en virtud del art. 11.1.10 (o una reclamación basada en la subrogación en virtud del art. 11.1.11) puede plantear tales excepciones comunes contra la acción de regreso, que estaban disponibles para el (primer) deudor (que cumplió la obligación conjunta y solidaria)[5199] en virtud del art. 11.1.4 (1ra parte). Esto es distinto del arte. 10:111 (2) PDCE (que no prevé excepciones comunes) pero justo porque, **I)** al cumplir con el acreedor, el (primer) deudor: **a)** tuvo la oportunidad de considerar sus opciones y plantear la excepción común, **b)** considerar su relación (contractual o cuasicontractual) (art. 11.1.10 no. 1 en A.) con los otros codeudores, y **c)** considerar las consecuencias de su abstención para plantear la excepción común como se establece en la literal "a".[5200] Las excepciones comunes bajo literal "a", son iguales a

[5195] S. Meier en Vogenauer, Art. 11.1.12 nº 1.

[5196] S. Meier en Vogenauer, Art. 11.1.12 nº 2.

[5197] Cf. la crítica de S. Meier en Vogenauer, Art. 11.1.12 no. 3 ("Art. 11.1.12 parece mal concebido: es demasiado general...").

[5198] Contra S. Meier en Vogenauer, Art. 11.1.12 no. 3 ("mal sincronizado con el Art. 11.1.6-11.1.8").

[5199] S. Meier en Vogenauer, Art. 11.1.12 no. 3; se inspiró en el arte. 10/11 4 del proyecto OHADA que a su vez se inspiró en el Art. 1539 Código de Quebec, StL-WP. 14 (2008), p. 17.

[5200] Para un enfoque diferente, véase S. Meier en Jansen/Zimmermann, Art. 10:111 (PDCE): *Opponability of Other Defenses in Solidary Obligations*, no. 4 (p. 1601), sugiriendo "aplicar las reglas contractuales de reembolso

las excepciones comunes del art. 11.1.4 (por ejemplo, objeciones relativas a la validez del contrato, etc.; art. 11.1.4 no. 3); **II)** si el (primer) deudor cumplió a pesar de una excepción común que afecta la validez de la obligación solidaria, puede reclamar (y asume el riesgo de) restitución (art. 3.2.15).[5201] En línea con la interpretación de la palabra "oponer" en el art. 11.1.4 otorgando poder al deudor perseguido por el acreedor para solicitar cualquier acto preparatorio como, por ejemplo, solicitar renegociaciones en caso de excesiva onerosidad (art. 11.1.4 no. 4 en B.2), se sostiene que la necesidad de tal acto preparatorio como tal no reduce los derechos de un deudor que se enfrenta a una acción en la vía de regreso a invocar la literal "a" (siempre a condición de una evaluación de las circunstancias de la situación contractual en caso por caso e interpretación del contrato, art. 4.1 y ss.).[5202]

4

Si el (primer) deudor que realiza el cumplimiento del acreedor **no conocía la excepción**, se alega que, de conformidad con el sistema de los Principios de UNIDROIT basado en esferas y no en la culpa en caso de incumplimiento (Introducción al capítulo 7 No. 2 en B.), la literal "a" se aplica si la ignorancia sobre la excepción puede atribuirse a la esfera del codeudor.[5203] Se **excluye la aplicación de la literal "a"** (y el codeudor no puede invocarlo) si: **I)** el (primer) deudor ejecutor **planteó en vano una excepción común** contra el acreedor,[5204] o **II)** la excepción común surgió después del cumplimiento del (primer) deudor.[5205]

2. Excepciones personales en general

5

Cada codeudor sigue siendo **dueño de sus propias excepciones personales** y puede decidir por sí mismo si lo plantea.[5206] De conformidad con la literal "b", el deudor destinatario de una acción de regreso en virtud del art. 11.1.10 (o una reclamación basada en la subrogación en virtud del art. 11.1.11) puede hacer valer, además de las excepciones comunes (literal "a"), también sus excepciones personales contra la acción de regreso[5207] (o

---

de la agencia, permitiendo el reembolso si era razonable realizar el cumplimiento en las circunstancias del caso". Sin embargo, esto no superará el conflicto de intereses inherente entre los diferentes codeudores; Y es mejor aconsejarles que consideren sus obligaciones y las consecuencias de sus acciones antes de actuar.

5201 StL-Misc. 27 (2007), párr. 120 (Gabriel), en respuesta a los comentarios críticos de Finn, párrafo 119.

5202 StL-Misc. 27 (2007), párrafos 114 y 115 (Goode y Fontaine); para una visión crítica de la lit. a véase S. Meier en Vogenauer, Art. 11.1.12 nº 5-6.

5203 Para un enfoque diferente, véase S. Meier en Vogenauer, Art. 11.1.12 nº 8.

5204 S. Meier en Vogenauer, Art. 11.1.12 nº 7; véase también el debate del Grupo de Trabajo StL-Misc. 29 (2009), nº 578-598.

5205 S. Meier en Vogenauer, Art. 11.1.12 nº 7.

5206 Cf. S. Meier in Vogenauer, Art. 11.1.12 nº 12, y en Jansen/Zimmermann, Art. 10:111 (PDCE): *Opponability of Other Defenses in Solidary Obligations*, no. 3 (pp. 1600-01) con: I) referencia a una regla similar en el derecho portugués, y II) comentarios críticos y objeción a esta regla porque la excepción personal podría basarse en un acuerdo con el acreedor (concluido después de la formación de la obligación conjunta y solidaria). Sin embargo, en tal escenario, el acuerdo entre el codeudor y el acreedor se medirá contra los deberes de cualquier acuerdo interno entre los codeudores y podría ser ignorado (art. 11.1.12 no. 6). Para el debate en el Grupo de Trabajo, véase StL-Misc. 27 (2007), nº 119-121.

5207 Comentarios Oficiales, art. 11.1.12 nº 2 e ilustración 2, p. 391.

el derecho subrogado (garantía)) pero, según la literal "c", no las de otros codeudores.[5208] En consecuencia, el codeudor destinatario de un crédito del deudor (primer) ejecutor en virtud del art. 11.1.10 o art. 11.1.11 no puede argumentar que el primer deudor que cumplió la obligación solidaria podría haber planteado una excepción personal.[5209] Si el (primer) deudor no plantea su excepción personal y cumple ante el acreedor, esto no es asunto de los codeudores; simplemente quedan obligados a lo que cometieron (bajo un régimen que incluye el art. 11.1.12 y que conocían cuando se comprometieron como codeudores).

6

Con respecto al principio de buena fe y lealtad negocial del art. 1.7 aplicado a la relación contractual o cuasi contractual entre los codeudores (art. 11.1.10 no. 1 en A.), y con respecto a la prohibición de comportamientos incoherentes (art. 1.8) y una posible violación de un deber de cooperar en virtud de un acuerdo (interno) entre los codeudores (arts. 5.1.3, 7.4.1), la situación puede ser diferente si la excepción personal se **crea posteriormente** al compromiso solidario de los deudores con el acreedor, especialmente si la (nueva) excepción personal se basa en un acto del acreedor en el que los codeudores no son parte[5210] (en tal caso, podría considerarse una aplicación análoga del art. 11.1.6).[5211] Las excepciones personales incluyen el **mismo tipo** que en el art. 11.1.4 (por ejemplo, falta de capacidad; art. 11.1.4 no. 5 en C.1).[5212]

3. Excepciones personales especiales

7

Para las tres excepciones personales **liberación, limitación y efecto de una decisión de un tribunal**, el art. 11.1.12 debe leerse junto con los arts. 11.1.6 (2), 11.1.7 (2) y 11.1.8 (2).[5213] Estas últimas reglas forman parte de las disposiciones de los arts. 11.1.6-11.1.8. Por lo tanto, están contenidas en un conjunto de reglas especiales (en comparación con la regla general del art. 11.1.4, es decir, la "regla hermana" del art. 11.1.12 no. 1 en A.) con respecto a ciertas excepciones de deudores solidariamente responsables contra un acreedor que ejerce sus derechos de conformidad con el art. 11.1.3. Por su redacción y, en particular, las referencias al art. 11.1.10, se afirma que también tienen un **impacto en las excepciones personales contra una acción de regreso** de naturaleza separada (art. 11.1.1 (b); art. 11.1.10 no. 2 en B.1) bajo el art. 11.1.10 para el cual el art. 11.1.12 **establece la norma general de excepciones**.

[5208] Comentarios Oficiales, art. 11.1.12 nº 3 e ilustración 4, p. 392.

[5209] S. Meier en Vogenauer, Art. 11.1.12 nº 9 y 12.

[5210] S. Meier en Vogenauer, Art. 11.1.12 no. 10-11 (con referencia a una observación de Hartkamp en el Grupo de Trabajo que no encontró su camino en las "*black-letter rules*" o en los Comentarios Oficiales: StL-Misc. 27 (2007), no. 121).

[5211] Defendido por S. Meier en Vogenauer, Art. 11.1.12 nº 11, p. 1237.

[5212] Cf. también S. Meier in Vogenauer, Art. 11.1.12 nº 9.

[5213] Distinguiéndose de S. Meier en Vogenauer, Art. 11.1.12 nº 1 ("No aplicable a las defensas de liberación, acuerdo, limitación y *res iudicata*").

7a

I) Liberación o liquidación: en virtud del art. 11.1.6 (2) un deudor que está liberado por la parte del deudor liberado simplemente no tiene derecho a accionar en la vía de regreso en virtud del art. 11.1.10 en primer lugar. Bajo muchas leyes procesales, ni siquiera habrá una razón legítima (En Aleman: *Rechtsschutzinteresse*) para presentar una reclamación. Por lo tanto, no hay necesidad de basarse en la excepción personal general en virtud del art. 11.1.12 (b) que llevaría al mismo resultado.

7b

II) Suspensión de la prescripción: en virtud del art. 11.1.7 (2) el inicio de cualquier mecanismo de resolución de controversias de conformidad con los arts. 10.5, 10.6 o 10.7 por un acreedor contra cualquier codeudor los protege a todos. Si el procedimiento da lugar a un cumplimiento por parte del deudor (que fue asumido por el acreedor) con una acción de regreso posterior de conformidad con el art. 11.1.10, el codeudor defensor puede basarse en su defensa de limitación personal en virtud del art. 11.1.1 (b) e invocar el art. 11.1.7 (2) para incluir el tiempo de suspensión que se deriva del procedimiento de resolución de disputas entre el acreedor y el deudor que ahora reclama la contribución.

7c

III) Efecto de una decisión de un tribunal: si el codeudor que ejerce sus derechos en virtud del art. 11.1.10 ha obtenido una decisión en su procedimiento con el acreedor que le es (parcialmente) favorable, el codeudor puede confiar en esa misma decisión en virtud del art. 11.1.8 (2) oración 2 (prevaleciendo o complementando el art. 11.1.12 (b) según corresponda).

4. Compensación

8

Como el art. 11.1.4, el art. 11.1.12 equipara el tratamiento de un derecho de compensación con un derecho de defensa. **I)** De conformidad con la literal "a", un deudor solidario que sea destinatario de una acción de regreso en virtud del art. 11.1.10 (o una reclamación basada en la subrogación en virtud del art. 11.1.11) puede plantear un **derecho común de compensación** si las condiciones del art. 8.1 y subsiguientes fueron cumplidas en el momento del cumplimiento por el codeudor[5214] (en particular "mutualidad", "cumplimiento del mismo tipo", "derecho al cumplimiento", "una obligación comprobada de la otra parte", art. 8.1 no. 6 ss. en D.; art. 8.2). Este será el caso si hay una **reconvención conjunta o solidaria** bien fundada[5215] (art. 11.2.1 literales "c" y "b").

[5214] S. Meier en Vogenauer, Art. 11.1.12 no. 13-14, y en Jansen/Zimmermann, Art. 10:111 (PDCE): *Opponability of Other Defenses in Solidary Obligations*, no. 7 (p. 1602), con comentarios críticos ("sería preferible no tener una regla en absoluto"). Desde una perspectiva práctica, con respecto a la necesidad de actuar a menudo bajo presión de tiempo, es mejor tener una regla.

[5215] S. Meier en Vogenauer, Art. 11.1.12 nº 13.

9

Se ha observado convincentemente que el efecto de "**aumentar" un derecho común de compensación** no es una exoneración en el sentido del art. 8.5; más bien, el deudor que cumplió con el acreedor "**pierde sus derechos de contribución**"[5216] en virtud de los arts. 11.1.10 y 11.1.11 (en el importe del derecho común de compensación).[5217] Para evitar el enriquecimiento injusto del acreedor, y con respecto al principio general de buena fe y lealtad negocial (art. 1.7) y al principio de cooperación (art. 5.1.3, aplicado por analogía o con respecto al art. 1.6), los codeudores que se basen (en sus excepciones a una acción de regreso) en una excepción de un derecho común a la compensación deben contribuir según sea necesario para para colocar al primer deudor que ha cumplido la obligación solidaria en condiciones de ejecutar la reconvención (puede que tenga que ceder sus derechos en virtud del derecho común al codeudor que haya cumplido con el acreedor).[5218]

10

II) La literal "b" menciona únicamente las **excepciones personales** (No. 5 en B.2) porque cualquier derecho personal de compensación del deudor destinatario de la acción de regreso (o de un crédito basado en la subrogación) se habría extinguido por el efecto liberador (art. 11.1.5) del cumplimiento del (primer) deudor.[5219] (Esto implica que un deudor que realiza un cumplimiento al acreedor puede obligar a un codeudor a ejecutar una acción de regreso mientras que ese codeudor habría podido defenderse contra el acreedor mediante una compensación.[5220] En otras palabras: "Cuando un deudor tiene una reconvención que puede ser compensada, no se puede confiar en estar en una posición de nunca tener que cumplir").[5221] Sin embargo, esto no debe excluir un **derecho personal de compensación contra el deudor** que presenta la acción de regreso basado en razones que son **independientes** de la relación del deudor (que es el destinatario de la acción de regreso) con el acreedor.

11

III) De conformidad con la literal "c", un deudor solidario que sea destinatario de una acción de regreso en virtud del art. 11.1.10 (o una reclamación basada en la subrogación en virtud del art. 11.1.11) no podrá generar un **derecho de compensación** que sea **personal** de ninguno de los codeudores.[5222]

5216 S. Meier en Vogenauer, Art. 11.1.12 nº 16.

5217 S. Meier en Vogenauer, Art. 11.1.12 nº 13.

5218 S. Meier en Vogenauer, Art. 11.1.12 nº 16 (basado en sus comentarios en nº 14-15).

5219 Comentarios Oficiales, art. 11.1.12 nº 2 e ilustración 3, pp. 391-392; véase también S. Meier en Vogenauer, Art. 11.1.12 nº 18 (con un ejemplo en el nº 19).

5220 Véase S. Meier en Vogenauer, art. 11.1.12 nº 19-20.

5221 S. Meier en Vogenauer, Art. 11.1.12 nº 20, p. 1239.

5222 S. Meier en Jansen/Zimmermann, Art. 10:111 (PDCE): *Opponability of Other Defenses in Solidary Obligations* no. 6 (p. 1602) señalando que: I) a nivel "conceptual", como se argumenta en los Comentarios Oficiales (Art. 11.1.12 no. 2), "el codeudor ha sido liberado por el cumplimiento del deudor de modo que el derecho de compensación ya no existe"; y II) "la regla puede justificarse (en un marco contractual) con el argumento de que los deudores (es decir, los codeudores) son conscientes de sus obligaciones recíprocas de contribuir y,

C. Opciones

12

Los deudores podrán considerar la posibilidad de incluir en su acuerdo interno la **obligación de comunicar** al acreedor antes de su cumplimiento a fin de determinar si alguno de ellos desea: **I)** utilizar una excepción personal de compensación frente al acreedor que **II) crearía una excepción común** como resultado del efecto de liberación de la notificación de compensación (art. 8.5 (1); art. 11.1.4 no. 9 en E.), y **III)** implicar el pago de ese codeudor (que utiliza una excepción personal de compensación contra el acreedor) por sus codeudores de conformidad con el art. 11.1.10. Con tal acuerdo, los codeudores pueden: **a)** reducir el riesgo económico de tratar con el acreedor, y **b)** evitar que un codeudor, conociendo un derecho personal de compensación, frustre a sabiendas el derecho de compensación del codeudor[5223] (que, dependiendo de las circunstancias y, en particular, de la relación contractual entre los codeudores, podría o no constituir una violación del principio general de buena fe del art. 1.7).[5224]

Artículo 11.1.13 (Imposibilidad de recuperar)

Cuando un deudor solidario que pagó más que su parte a pesar de haber realizado todos los esfuerzos razonables, no puede recuperar la contribución de otro deudor solidario, la parte de los demás deudores, incluyendo la del que ha pagado, aumentará proporcionalmente.

A. Un posible cambio del prorrateo

1

El art. 11.1.13 prevé un posible cambio en el reparto de las acciones de los deudores solidarios de conformidad con el art. 11.1.9 (o contrato, arts. 1.1, 1.3). Sobre la base de una aceptación general del concepto de que la incapacidad de cualquier deudor para contribuir con su parte debido a la insolvencia,[5225] art. 11.1.13, en consonancia entre otras cosas con el art. 10:106 (3) PECL,[5226] establece un concepto **más general de distribución de riesgos** "en todos los casos en que el deudor ejecutante no pueda recuperar la contribución de otro deudor".[5227]

---

mientras no hayan ejercido sus derechos de compensación, tienen que hacer frente a la posibilidad de que otro deudor pueda cumplir y reclamar una contribución".

5223 S. Meier en Vogenauer, Art. 11.1.12 nº 21.

5224 S. Meier en Vogenauer, Art. 11.1.12 nº 21 (con un argumento en esta dirección).

5225 Comentarios Oficiales, art. 11.1.13 nº 1 e Ilustración 1, p. 393; S. Meier en Vogenauer, Art. 11.1.13 no. 1 con referencia en la nota 150, por ejemplo, a las leyes de Inglaterra, Francia (donde el art. 1214 (2) del Código Civil francés no fue modificado por la reforma del derecho contractual de 2016), Alemania, Italia, Países Bajos, Portugal, Suiza.

5226 StL-WP. 14 (2008), página 18, que incluye una breve reseña de las legislaciones nacionales.

5227 S. Meier en Vogenauer, Art. 11.1.12 nº 1.

B. Condiciones

2

El art. 11.1.13 establece condiciones auto explicativas (que deben ser probadas por el deudor que se basa en la regla):[5228] **I) pago más que su parte**; **II)** la **imposibilidad de recuperar** de un codeudor en virtud del art. 11.1.10 y art. 11.1.11 (por ejemplo, debido a insolvencia, desaparición, activos "fuera de alcance";[5229] no: razones legales[5230]); **III)** a pesar de haber realizado "**todos los esfuerzos razonables**" (art. 5.1.4 (2);[5231] por ejemplo, recordatorios, anexos o procedimientos legales, según corresponda[5232]).

C. Cálculo

3

El nuevo cálculo es "**diferencial en proporción a las acciones respectivas**"[5233] (es decir, "(Importe de la nueva acción) = (Importe de la acción original) x (suma adeudada al acreedor): (suma de los importes de las acciones de los deudores restantes)").[5234] Si la "suma de los importes de las acciones de los deudores restantes es cero (0)", "la suma adeudada al acreedor debe dividirse en partes iguales".[5235]

SECCIÓN 2. PLURALIDAD DE ACREEDORES

Historia legislativa (documentos clave)

En preparación de los **Principios de 2010** - Relator Marcel Fontaine:
StL-Doc. 99, pp. 7 y 8 (documento de posición en 2006); StL-Misc. 26, pp. 25 a 29 (1ra discusión en 2006); StL-Doc. 102, pp. 17 y 22 (documento de posición en 2007); StL-Misc. 27, pp. 4 a 20 (2da discusión en 2007); StL-WP.14, pp. 19 y 23 (propuesta de 1er proyecto en 2008); StL-WP.18, sesión 1, pp. 14 y 18 (3ra discusión en 2008); StL-Doc. 107, pp. 21 y 27 (1er proyecto en 2008); StL-Misc. 28, pp. 43 a 63 (4ta discusión en 2008); StL-WP.19, pp. 22 y 32 (propuesta de 2do proyecto en 2009); StL-WP.23, sesión 2, pp. 9 a 11 (5ta discusión en 2009); StL-Doc. 112, pp. 27 y 39 (2do proyecto en 2009); StL-Misc. 29, pp. 63 y 68 (6ta discusión en 2006); StL-WP.26, pp. 24 y 33 (3er proyecto en 2009); StL-WP.29, sesión 2, pp. 6 y 8 (7ma discusión en 2010); StL-Doc. 117, pp. 26-37 (4to proyecto en 2010); StL-Doc. 123, pp. 26-39 (5to proyecto en 2010); StL-Misc. 30, pp. 9-10 (8va discusión en 2010).

5228 S. Meier en Vogenauer, Art. 11.1.12 nº 2.

5229 De nuevo S. Meier en Vogenauer, Art. 11.1.12 no. 2 y en Jansen/Zimmermann, Art. 10:106 (PDCE): *Recourse between Solidary Debtors*, no. 13 (p. 1585).

5230 S. Meier en Vogenauer, Art. 11.1.12 nº 2.

5231 Comentarios Oficiales, art. 11.1.13 nº 2, p. 393; S. Meier en Vogenauer, Art. 11.1.12 nº 2.

5232 Comentarios Oficiales, art. 11.1.13 nº 2, ilustración 2, p. 393; S. Meier en Vogenauer, Art. 11.1.12 nº 2.

5233 S. Meier en Vogenauer, Art. 11.1.13 no. 3; véase también Comentarios oficiales Art. 11.1.13 nº 1, ilustración 1, p. 393 (con un ejemplo de aumento igual debido a porcentajes idénticos).

5234 Fórmula de S. Meier en Vogenauer, Art. 11.1.13 nº 3, con numerosos ejemplos en el nº 4.

5235 S. Meier en Vogenauer, Art. 11.1.13 nº 4.

Artículo 11.2.1 (Definiciones)

Cuando varios acreedores pueden exigir de un deudor el cumplimiento de una misma obligación:

a) los créditos son separados si cada acreedor solo puede exigir su parte;

b) los créditos son solidarios si cada acreedor puede exigir la totalidad de la prestación;

c) los créditos son mancomunados si todos los acreedores deben exigir la prestación de forma conjunta.

A. Tres tipos de obligaciones ofrecidas por los Principios de UNIDROIT, sin presunción

1

La Sección 11.2 proporciona un conjunto de reglas para la pluralidad **contractual** de obligaciones con varios acreedores (tal como se define en el art. 1.11 cuarto guión) que reflejan *grosso modo* el concepto en la Sección 11.1 para pluralidad de deudores[5236] (como también se define en el art. 1.11 cuarto guión). En contraste con la presunción refutable del art. 11.1.2 aplicable en caso de pluralidad de obligaciones, el artículo 11.2 **no contiene ninguna presunción** en favor de ninguno de los modelos,[5237] debido a que los debates en el Grupo de Trabajo fueron extremadamente controvertidos durante varios años,[5238] entre otras cosas debido a las **presunciones opuestas** en el Derecho Civil (obligaciones separadas) y el Derecho Común (obligaciones solidarias).[5239]

2

Desde una **perspectiva práctica**, este conocimiento jurídico comparativo puede servir de inspiración: **I)** para tomar decisiones explícitas sobre este tema en el proceso de

[5236] StL-WP. 14 (2008), página 19; Fontaine, Unif. Law Rev. 2011, pp. 549 y 559; S. Meier en Vogenauer, Art. 11.2.1 nº 6. Este enfoque es algo tradicional. Para una diferencia en la legislación holandesa (con una mera distinción entre dos sistemas, es decir, una reivindicación separada o común con normas flexibles sobre representación), véase S. Meier en Jansen/Zimmermann, art. 10:201 (PDCE): *Solidary, Separate and Communal Claims*, no. 10 (p. 1612); con nuevas críticas al enfoque de la "imagen especular" en cuenta, entre otras cosas, de la diferente relevancia práctica entre los créditos conjuntos y varios (o, en el lenguaje de PDCE, "solidarios") que son raros y las obligaciones solidarias que a menudo necesitan "proporcionar garantía al acreedor" véase ibid., art. 10:205 (PDCE): *Regime of Solidary Claims*, nº 2 (pp. 1618-19).

[5237] Decisión final en StL-Misc. 30 (2010), p. 9; S. Meier en Vogenauer, Introducción a la Sección 11.2 de los Principios de UNIDROIT no. 2 y Art. 11.2.1 no. 1, 27-28; así como en Jansen/Zimmermann, Introducción antes del art. 10:201 (PDCE), no. 9 (pp. 1611-12): "No está claro si el Derecho Común tiene una presunción de obligaciones solidarias o ninguna presunción en absoluto. Con respecto a estas incertidumbres, no es de extrañar que los redactores del PDCEy el PICC no pudieran ponerse de acuerdo sobre una norma supletoria a favor de un cierto tipo de pluralidad y, por lo tanto, decidieron no incluir ninguna presunción en absoluto" (Ibid. p. 1612, notas de pie de página omitidas).

[5238] S. Meier en Vogenauer, Art. 11.2.1 no. 29 con un resumen impresionante de la historia de la Sección 11.2 durante varios años.

[5239] S. Meier en Vogenauer, Art. 11.2.1 nº 28; las investigaciones empíricas realizadas por el Grupo de Trabajo también mostraron enfoques variados y contradictorios en diferentes sectores comerciales (véase StL-Misc. 29 (2009), párr. 600 (Fontaine) y StL-Doc. 112 (2009), pp. 27 y 29.

redacción del contrato[5240] (sobre este tema, los Principios de UNIDROIT ofrecen casi "un menú" para elegir); y **II)** para **no** dejar la caracterización de una obligación debida a varios acreedores a una **interpretación posterior** del contrato que crea la obligación (arts. 4.1, 4.3 y ss.). En la práctica, la cuestión de si varias empresas dentro de un grupo de empresas pueden reclamar el cumplimiento como verdaderos coacreedores surge regularmente en las negociaciones de contratos a largo plazo entre diferentes grupos de empresas, cuando el comprador desea mantener la flexibilidad (ejemplo de una negociación bajo los Principios de UNIDROIT en 2022 en la industria automotriz: acuerdo sobre un anexo que enumera 17 compañías afiliadas en 16 jurisdicciones en 5 continentes que tienen derecho a ordenar bajo un contrato marco[5241]).

3

Todo depende de las circunstancias, del **nivel de confianza** entre los acreedores y de su conciencia del riesgo con respecto al riesgo de insolvencia o del riesgo de malversación de fondos por parte de sus coacreedores.[5242] Un acuerdo entre los coacreedores sobre la elección entre los tres tipos de créditos en caso de pluralidad de deudores debe hacerse de forma deliberada y expresa. Si se hace implícitamente, "los **diferentes intereses** de los acreedores (es decir, los adeudados, art. 1.11 cuarto guión) en la materia"[5243] constituyen un **signo para créditos separados** (en el ejemplo de un acuerdo marco, cada coacreedor que realice el pedido respectivo en virtud del acuerdo marco tendrá un crédito separado), en virtud del cual el monto de los intereses respectivos a menudo se correlacionará con las acciones respectivas (arts. 4.1, 4.3 (d) y (e)) que probablemente sean iguales si las circunstancias no indican lo contrario.[5244] Varias **cuestiones básicas** conexas requieren una respuesta (también las cuestiones centrales en el art. 11.1.1 no. 1 en A. para el escenario cuasi opuesto de varios deudores): **I)** ¿Tendrá cada acreedor el **derecho de reclamar su parte** o incluso la **totalidad de la ejecución**? ¿A quién pertenece la reclamación?[5245] **¿Quién** de los acreedores **puede reclamar el cumplimiento**?;[5246] **II)** Si cada acreedor puede reclamar la **totalidad del cumplimiento**, a) ¿puede reclamar el todo para sí mismo o sólo conjuntamente

---

[5240] Comentarios Oficiales, art. 11.2.1 nº 4, p. 396; S. Meier en Vogenauer, Introducción a la Sección 11.2 de los Principios de UNIDROIT no. 4 y Art. 11.2.1 nº 27, p. 1252.

[5241] En varias ocasiones se discutió durante las negociaciones si y en qué medida el incumplimiento con respecto a un proyecto tendría un impacto en otros (ejemplo: retención de derechos en virtud del art. 7.1.3). Al final, algunas reclamaciones serán separadas (es decir, reclamaciones en virtud de un pedido específico emitido sobre la base de un contrato de suministro celebrado en virtud de un contrato marco), mientras que otras reclamaciones serán conjuntas y solidarias (por ejemplo, por el cumplimiento estándares en la cadena de suministro para la realización de auditorías a través de equipos compuestos de libre discreción de los acreedores solidarios para estas reclamaciones).

[5242] Véase, por ejemplo, S. Meier en Vogenauer, art. 11.2.1 nº 36.

[5243] S. Meier en Jansen/Zimmermann, Art. 10:202 (PDCE): *Apprtionment of Separate Claims*, no. 1 (p. 1613), énfasis añadido.

[5244] Cf. Comentarios Oficiales, art. 11.2.1, Ilustración 7, 9 y 10 (circunstancias que establecen lo contrario: pedido conjunto de automóviles por dos concesionarios de diferentes jurisdicciones, uno que requiere volante a la derecha y el otro con volante a la izquierda: las circunstancias sugieren que todos los automóviles con volante a la derecha son para un concesionario y todos los automóviles con volante a la izquierda son para el otro concesionario), pp. 396 a 397.

[5245] S. Meier en Vogenauer, Introducción a la Sección 11.2 de los Principios de UNIDROIT nº 3; Arte. 11.2.1 nº 4.

[5246] S. Meier en Vogenauer, Art. 11.2.1 nº 4.

para todos los acreedores?; b) ¿de qué defensas dispone el deudor (art. 11.2.3) y cuál es el impacto en los demás acreedores si el deudor cumple plenamente? (art. 11.2.2); c) ¿En qué medida debe un acreedor que recibe prestaciones prestar una **contribución** a sus coacreedores? (art. 11.2.4).

4

Como se expresa explícitamente en la oración inicial, la reclamación de los acreedores se refiere a la **misma obligación**, que se basa en **un contrato o en contratos diferentes**[5247] "siempre que exista un acuerdo subyacente entre todas las partes".[5248] Si hay **varias partes en ambos lados de un contrato** sinalagmático, las partes reunidas en cada lado constituirán tanto una pluralidad de deudores como de acreedores, de modo que "las reglas de la Sección 11.1 y 11.2 aplican simultáneamente".[5249]

B. Créditos separados (literal "a")

1. Principio

5

Según la literal "a", cada acreedor "**sólo puede exigir su parte**"; El deudor "tiene que dividir la ejecución y entregar una parte de ella a cada acreedor".[5250] Este concepto es reconocido en todo el mundo.[5251] El reparto es una cuestión de acuerdo contractual[5252] (debidamente interpretado, arts. 4.1, 4.3 y ss.). A estas reclamaciones separadas, se aplican las mismas reglas que si hubiera demandas independientes.[5253]

2. Ventajas o desventajas seleccionadas

6

I) Desde el **punto de vista de los acreedores**, los créditos separados protegen contra todo riesgo de malversación de fondos o insolvencia.[5254] En el ejemplo del contrato marco (No. 2), el grupo de empresas que actúa como comprador tiene total discreción sobre cómo organizar cualquier proyecto dado con respecto a las necesidades de su propio cliente (por

---

[5247] Comentarios Oficiales, art. 11.2.1 nº 2 e Ilustración 3, pp. 394-395; S. Meier en Vogenauer, Art. 11.2.1 nº 3.
[5248] S. Meier en Vogenauer, Art. 11.2.1 nº 3.
[5249] S. Meier en Vogenauer, Art. 11.2.1 nº 2, p. 1245.
[5250] S. Meier en Vogenauer, Art. 11.2.1 nº 5 en (1), 7-8.
[5251] S. Meier en Vogenauer, Art. 11.2.1 nº 7 ("todos los principales sistemas jurídicos") con referencias en la nota 10 a las leyes de Alemania, Brasil, España, Inglaterra, Italia, Países Bajos, Portugal, Quebec y Suiza. Este concepto se remonta al Derecho Romano y al *ius commune* (Edad Media), donde el enfoque era "favorecido" cuando la obligación era divisible, véase S. Meier en Jansen/Zimmermann, Introducción antes del art. 10:201 (PDCE), no. 2-3 (pp. 1603-04).
[5252] S. Meier en Vogenauer, Art. 11.2.1 nº 8 (sin presunción).
[5253] S. Meier en Vogenauer, Art. 11.2.1 nº 9.
[5254] S. Meier en Vogenauer, Art. 11.2.1 nº 36.

ejemplo, un fabricante automotriz); decidirá qué afiliado realizará un pedido. **II)** Desde el **punto de vista de un deudor**, las obligaciones separadas pueden entrañar a veces esfuerzos considerablemente **más costosos** para cumplir la (s) obligación (es),[5255] especialmente si ello da lugar a múltiples procedimientos judiciales.[5256]

3. Opciones contractuales dentro de este tipo de obligación

7

I) Con el fin de **facilitar la gestión d**e la obligación por **parte de los acreedores**, las partes pueden considerar otorgar a uno de ellos (o entre ellos) un **mandato con representación** para actuar también en nombre del acreedor en la relación con el deudor;[5257] o como su fideicomisario[5258] (alternativamente, pueden llegar a este efecto decidiendo sobre créditos solidarios, literal "b"). **II)** En interés de ambas partes, puede tener sentido determinar contractualmente las consecuencias legales (por ejemplo, con respecto a los derechos de retención y terminación, arts. 7.3.1 y 7.1.3) **si el deudor cumple solo con algunos** (y no todos) **acreedores.**[5259]

C. Créditos solidarios (literal "b)

1. Principio

8

Según la literal "b", cada acreedor "**puede exigir la totalidad de la prestación**" (literal "b" en relación con el art. 11.2.2);[5260] pero, como "bien conocido en la tradición del Derecho Civil",[5261] **el deudor debe prestar cumplimiento una sola vez**, a uno de los acreedores[5262] con un efecto de liberación para todos ellos (art. 11.2.2). Al igual que todos los Principios de UNIDROIT, la literal "b" está sujeta a **interpretación autónoma** y es distinta

---

[5255] S. Meier en Vogenauer, Art. 11.2.1 nº 37.

[5256] Véase (2009) StL-Misc. 29 (2009), nº 635, 639 a 640; S. Meier en Vogenauer, Art. 11.2.1 nº 37.

[5257] Comentarios Oficiales, art. 11.2.1 nº 5 e ilustración 12, p. 398.

[5258] S. Meier en Vogenauer, Art. 11.2.1 nº 10.

[5259] S. Meier en Vogenauer, Art. 11.2.1 nº 9.

[5260] S. Meier en Vogenauer, Art. 11.2.1 no. 11, y en Jansen/Zimmermann, Art. 10:201 (PDCE): *Solidary, Separate and Communal Claims*, no. 1 (p. 1608).

[5261] S. Meier en Vogenauer, Art. 11.2.1 no. 11 y nota 17 con referencia a las leyes en Francia (ex Art. 1197, que ahora se ha convertido en Art. 1311 (1) del Código Civil francés (versión 2016)), Alemania, Italia, Portugal, Quebec, España, Suiza; y, para el Derecho Común, en Jansen/Zimmermann, Introducción antes del Art. 10:201 (PDCE), no. 7 (p. 1606). El concepto de tales créditos solidarios y mancomunados no estaba permitido en Roma (donde "las obligaciones se consideraban vínculos personales entre deudor y acreedor") y surgió en el continente europeo en el *ius commune* (Edad Media), véase S. Meier en Jansen/Zimmermann, Introducción antes del art. 10:201 (PDCE), no. 6 (pp. 1605-06); véase también ibid., pp. 3 a 5 (pp. 1603 y 05).

[5262] S. Meier en Vogenauer, Art. 11.2.1 nº 5 en (2), 11. Esto se debe al "origen común" de las reclamaciones de los acreedores, véase Meier en Jansen/Zimmermann, art. 10:201 (PDCE): *Solidary, Separate and Communal Claims*, no. 4 sobre "Unidad vs. Pluralidad" (p. 1609).

de cualquier concepto de derecho nacional (Común o Civil).[5263] El concepto se utiliza, por ejemplo, si dos socios (que confían entre sí) tienen conjuntamente una cuenta bancaria.[5264]

2. Ventajas o desventajas seleccionadas

9

I) Las reclamaciones solidarias pueden **facilitar la gestión** de la obligación[5265] (mientras que las partes que confían entre sí también pueden operar con un mandato general en caso de que decidan por obligaciones separadas).[5266] En el ejemplo del contrato marco a largo plazo (no. 2 arriba), este tipo de reclamación facilita y reduce costes respecto a la infinidad de tareas impuestas por el cumplimiento obligatorio de leyes y/o estándares de una industria determinada. Este basta, también para la documentación, si alguno de los obligantes (o un tercero que presta servicios proveedor) reclama ciertas pruebas, según lo requieran las circunstancias, del deudor obligado por una reclamación solidaria. **II)** Desde la **perspectiva del deudor**, este concepto entraña el riesgo (posiblemente más teórico que práctico) de varias demandas judiciales de varios acreedores por reclamaciones parciales.[5267] Tiene la ventaja de que puede elegir frente a qué acreedor va a cumplir (incluso después de que un acreedor haya presentado una demanda legal).[5268] **III)** En algunas circunstancias (por ejemplo, cuando el deudor y uno de los acreedores o dos acreedores son empresas vinculadas), puede desempeñar un papel en la **evaluación del riesgo (de insolvencia)** contra la que un acreedor debe contabilizar un crédito en sus cuentas financieras.[5269]

5263 Véase S. Meier en Vogenauer, art. 11.2.1 nº 11 (distinguiendo de cualquier concepto de Derecho Común). Véase además S. Meier en Jansen/Zimmermann, Art. 10:205 (PDCE): *Regime of Solidary Claims*, no. 2 (p. 1619) con una breve reseña comparativa de diversos conceptos de reclamaciones solidarias en Europa. Por ejemplo, observa Meier, con referencia al Art. 1141 (1) del Código Civil español, que "en la tradición jurídica francesa, se considera que un acreedor solidario tiene derecho únicamente a su parte interna individual. En cuanto a la participación interna de los demás, se le considera un agente cuyo poder para representar a los coacreedores se limita a actos que mejoran su tradición jurídica".

5264 S. Meier en Vogenauer, Art. 11.2.1 nº 12.

5265 Cf. Observaciones oficiales, art. 11.2.1 nº 4, p. 397; S. Meier en Vogenauer, Art. 11.2.1 nº 12, 35.

5266 Siguiendo a S. Meier en Vogenauer, Art. 11.2.1 nº 12, 35.

5267 StL-Misc. 29 (2009), nº 618-619; S. Meier en Vogenauer, Art. 11.2.1 nº 37.

5268 Enfatizado por S. Meier en Jansen/Zimmermann, Art. 10:201 (PDCE): *Solidary, Separate and Communal Claims*, no. 5-6 (pp. 1609-10), discutiendo en el no. 6 los antecedentes germánicos de esta regla, la razón para integrar este entendimiento - intensamente discutido por el Grupo de Trabajo (StL-Misc. 28 (2008), no. 518-555) —, es decir, evitar la colusión entre un deudor y uno de los acreedores (mientras que en Roma - como se discutió ibid. en el no. 5 - y varios sistemas legales - como se discutió ibid. en el no. 6 - la presentación de una demanda por uno de los acreedores privaría al deudor de su derecho a elegir).

5269 Un ejemplo de la práctica en septiembre de 2008, donde la crisis financiera mundial requirió una reestructuración completa de una transacción (de una estructura de subcontratación a una estructura de consorcio) porque una gran empresa cotizada en acciones ya no quería asumir el riesgo de insolvencia de otra gran empresa cotizada en acciones de una jurisdicción adyacente.

3. Opciones contractuales dentro de este tipo de obligación

10

I) Para evitar el riesgo de varias demandas legales (*supra* no. 9 en C. 2 (II)), las partes pueden acordar la obligación de **agrupar sus intereses en caso de una demanda legal**. En el caso de una cláusula de arbitraje que prevea un panel de tres árbitros, será necesario un lenguaje adicional para evitar la aplicación de cualquier norma institucional supletoria (como el art. 12 (8) del Reglamento de la CCI) que desalojaría el derecho a nombrar al propio árbitro en caso de que los acreedores no acuerden un árbitro designado conjuntamente a su debido tiempo. **II)** Véase también en los arts. 11.1.2-11.1.4.

D. Créditos mancomunados (literal "c")

1. Principio

11

Según la literal "c", "todos los acreedores **deben exigir la prestación de forma conjunta**",[5270] es decir, actuar colectivamente[5271] y/o iniciar procedimientos judiciales en nombre de todos los acreedores[5272] (o delegar conjuntamente la ejecución en uno de ellos mediante un mandato con representación firmado por todos ellos): el deudor "**tiene que prestar cumplimiento a todos los acreedores conjuntamente**",[5273] por ejemplo, a un "agente común" o a una "cuenta común".[5274] Si el deudor cumple **sólo con uno** o algunos de los acreedores, esto **no lo libera**[5275] (esta regla es distinta de las obligaciones solidarias del Derecho Común).[5276]

12

Los créditos mancomunados de los acreedores constituyen "**un único derecho al cumplimiento**".[5277] En consecuencia, **I)** sólo puede haber **excepciones conjuntas** o derecho de compensación (a diferencia de los derechos individuales de los acreedores);[5278] **II)** un

[5270] Énfasis añadido.

[5271] S. Meier en Vogenauer, Art. 11.2.1 nº 13.

[5272] Ídem.

[5273] Comentarios Oficiales, art. 11.2.1 nº 3, p. 395; S. Meier en Vogenauer, Art. 11.2.1 nº 5 en (3), 13, 16, p. 1249; y en Jansen/Zimmermann, Art. 10:201 (PDCE): *Solidary, Separate and Communal Claims*, no. 1 (p. 1608), señalando en la nota 2 que "la norma explícita según la cual el deudor tiene que satisfacer a todos los acreedores juntos había estado en un proyecto anterior ", StL-Doc. 107, proyecto 2.1 c) (2008). A este respecto, cabe señalar que el Grupo de Trabajo siempre distinguió entre: I) la regla; y II) si una cuestión debía incluirse explícitamente en las *blackletter rules* o si bastaría con una observación en los comentarios. Sobre la relación con el entendimiento de los créditos solidarios en el Derecho Común, véase S. Meier en Jansen/Zimmermann, art. 10:201 (PDCE): *Solidary, Separate and Communal Claims*, no. 8 (p. 1611).

[5274] S. Meier en Vogenauer, Art. 11.2.1 nº 13, p. 1248.

[5275] Cf. Comentarios Oficiales, art. 11.2.1 nº 3, p. 396; S. Meier en Vogenauer, Art. 11.2.1 nº 13, p. 1248.

[5276] S. Meier en Vogenauer, Art. 11.2.1 no. 16 con referencias en la nota 33 para la legislación inglesa y estadounidense.

[5277] S. Meier en Vogenauer, Art. 11.2.1 nº 22.

[5278] Ídem.

solo acreedor no puede conceder un **plazo adicional** para el cumplimiento (art. 7.1.5);[5279] **III) la liberación** del deudor por un solo acreedor es inválida[5280] (a menos que haya actuado con autoridad posiblemente aparente en nombre de todos los acreedores).[5281]

2. Ventajas o desventajas seleccionadas

13

I) La elección de esta forma de obligación tiene sentido si la obligación es "**indivisible**".[5282] **II)** Desde el **punto de vista de los acreedores**, la decisión relativa a los "créditos mancomunados" entraña el riesgo de estancamiento en los casos en que "uno de los acreedores —tal vez en connivencia con el deudor— no esté dispuesto a participar en procedimientos judiciales".[5283] **III)** Desde el **punto de vista del deudor**, este sistema puede hacer que el cumplimiento sea engorroso si no está claramente regulado en el contrato.

3. Opciones contractuales dentro de este tipo de obligación

14

I) Las partes tal vez deseen integrar **normas sucintas sobre el cumplimiento** para evitar: **a)** un estancamiento entre los acreedores; y **b)** dificultades, demoras y/o costos de cumplimiento innecesarios (incluido, por ejemplo, un mecanismo para la resolución alternativa de controversias y/o el arbitraje acelerado si sólo uno de los acreedores comienza a impugnar la ejecución). **II)** El **riesgo de estancamiento** entre los obligados en caso de procedimientos judiciales puede mitigarse si (con sujeción a los límites del derecho imperativo (procesal))[5284] uno de los acreedores recibe un **mandato con representación** "irrevocable" para actuar en nombre de todos los acreedores[5285] (por ejemplo, el socio principal dentro de un consorcio de acreedores que actúa al mismo tiempo que un consorcio de deudores en virtud de la Sección 11.1). Para reducir el riesgo que supone para un acreedor quedar vinculado por una decisión en un procedimiento en el que no haya participado,[5286] el **acuerdo interno entre los acreedores** debe prever normas de información, consulta y cooperación (art. 5.1.3) antes y durante el procedimiento judicial y/o una oferta de participar

5279 S. Meier en Vogenauer, Art. 11.2.1 nº 22.

5280 S. Meier en Vogenauer, Art. 11.2.1 no. 22 con una referencia a un proyecto anterior con una declaración explícita a este respecto en la nota 43, véase StL-Doc. 107 (2008), proyecto de art. 2.6 (1) y nº 78.

5281 Véase también S. Meier en Vogenauer, Art. 11.2.1 nº 22 (última oración) con referencia a un proyecto anterior con una regla a este respecto en la nota 44; y en Jansen/Zimmermann, Introducción antes del Art. 10:201 (PDCE), no. 7 (p. 1606).

5282 Véase S. Meier en Vogenauer, art. 11.2.1 nº 14-15 (con antecedentes de la literal "c" y con una perspectiva legal comparativa sobre diferentes soluciones nacionales para reclamaciones "indivisibles").

5283 St L-Misc. 28 (2008), nº 582, 584, 590; S. Meier en Vogenauer, Art. 11.2.1 no. 19, 36, y en Jansen/Zimmermann, Art. 10:203 (PDCE): *Difficulties of Executing a Communal Claim*, no. 1 (p. 1614).

5284 S. Meier en Vogenauer, Art. 11.2.1 nº 21.

5285 S. Meier en Vogenauer, Art. 11.2.1 nº 21, 36.

5286 S. Meier en Vogenauer, Art. 11.2.1 nº 22, 36.

en el procedimiento judicial.[5287] Con respecto a las demandas mancomunadas en virtud de la literal "c", las partes son libres de establecer una excepción "del requisito de demandar conjuntamente" en circunstancias excepcionales, es decir, que uno de los acreedores o los demás acreedores puedan actuar solos "cuando uno de los acreedores no haya podido ser localizado, o sea una empresa en administración"[5288] (art. 1.5). **III)** Si uno de los acreedores no puede, o se niega, a cumplir, el contrato podría prever el derecho de cualquiera de los acreedores a reclamar al deudor a: **a)** depositar el cumplimiento (es decir, dinero) en una cuenta bancaria predeterminada en beneficio de todos los acreedores o,[5289] si no es adecuado para el depósito, que se entregue a un depositario predeterminado (posiblemente designado por el tribunal).[5290] **IV)** En general, las partes pueden considerar la posibilidad de **regular contractualmente los detalles** del derecho a demandar, las excepciones, los derechos de compensación (*supra* No. 11 en D.1), la liberación y el prorrateo (temas que se trataron en los proyectos de 2008).[5291] En particular, debe regular si un acreedor solo (o únicamente todos los acreedores conjuntamente) tendrá derecho a reclamar daños y perjuicios (art. 7.4.1 y ss.).[5292] Especialmente porque las normas nacionales (y, por lo tanto, posiblemente la mentalidad de los abogados en funciones) difieren con respecto a la cuestión de si cada acreedor puede reclamar su daño en caso de incumplimiento, o si todos los acreedores deben actuar conjuntamente también a este respecto.[5293] Además, el contrato puede contener normas que permitan a los acreedores utilizar conjuntamente ciertas excepciones individuales de un acreedor, previendo la cesión de ciertos derechos (de defensa) (art. 9.1.1 y subsiguientes). contra una indemnización adecuada según sea necesario.

E. Ausencia de una elección explícita

15

En ausencia de una elección explícita (es decir, si las partes no han hecho sus "tareas" relacionadas con la celebración de un contrato con múltiples acreedores), y en ausencia de una presunción en los Principios de UNIDROIT (No. 1 *supra* en A.), la **interpretación** debe revelar la clasificación de la obligación (arts. 4.1, 4.3 y subsiguientes).[5294] Se han observado las siguientes **señales** a título indicativo: **I)** para **créditos separados**: si "partes de la ejecu-

[5287] S. Meier en Vogenauer, Art. 11.2.1 nº 21, p. 1250.

[5288] S. Meier en Jansen/Zimmermann, Art. 10:201 (PDCE): *Solidary, Separate and Communal Claims*, no. 7 (pp. 1610-11) con referencia a la historia de la redacción donde se discutió inicialmente integrar tal excepción incluso en las *blackletter rules*, ver StL-Doc. 107 (2008), art. 2.5.

[5289] Inspirado por S. Meier en Jansen/Zimmermann, Art. 10:203 (PDCE): *Difficulties of Executing a Communal Claim*, no. 1 (p. 1614), refiriéndose al art. 432 (1) oración 2 del Código Civil alemán que continúa una tradición prusiana.

[5290] Lenguaje inspirado en el art. 432 (1) frase 2 del Código Civil alemán. Por ejemplo, para los códigos fuente de TI, las partes pueden designar un abogado o un notario público (en aquellas jurisdicciones donde el notario público es un funcionario del tribunal, por ejemplo, el caso en Alemania).

[5291] StL-Doc. 107 (2008), proyecto de art. 2.1©, 2.5, 2.6, 2.7; S. Meier en Vogenauer, Art. 11.2.1 nº 17.

[5292] S. Meier en Vogenauer, Art. 11.2.1 nº 23.

[5293] S. Meier en Jansen/Zimmermann, Art. 10:203 (PDCE): *Difficulties of Executing a Communal Claim* I, no. 3 (p. 1615), deplorando la falta de una regla explícita sobre el tema; véase también ibíd. Art. 10-205 (PDCE): *Regime of Solidary Claims*, nº 3 (p. 1619).

[5294] Comentarios Oficiales, art. 11.2.1 nº 4, p. 397.

ción pueden atribuirse a acreedores individuales";[5295] si "la autoridad de un agente puede ser revocada";[5296] **II)** para **créditos solidarios**: si "las partes han convenido en que el deudor tiene que pagar a uno u otro de los acreedores";[5297] **III)** para **créditos mancomunados**: si "el deudor tiene que pagar en una cuenta común";[5298] donde el cumplimiento no puede dividirse (por ejemplo, alquilar espacio de oficina, solicitar asesoramiento profesional).[5299]

F. Opciones para acordar otros conceptos.

16

Las partes son libres de acordar otro tipo de obligación[5300] y equilibrar los poderes de los acreedores y del deudor de manera diferente. I) Pueden ponerse de acuerdo sobre "créditos solidarios" (la contrapartida de las "obligaciones solidarias", art. 11.1.1 no. 7 en D. (II)) al establecer que el cumplimiento debe prestarse "a todos los acreedores conjuntamente"[5301] (derecho conjunto de cumplimiento)[5302] mientras que "cada acreedor tiene derecho a reclamar el cumplimiento en favor de todos"[5303] e incluso puede iniciar procedimientos legales en su propio nombre[5304] (que, desde la perspectiva del deudor, conlleva el riesgo de múltiples demandas legales).[5305] Como esta opción no forma parte del "menú" ofrecido por los Principios de UNIDROIT, las partes pueden tener que reflexionar y regular los detalles si eligen este tipo de obligación, como la liberación, la compensación, la notificación en virtud del art. 7.1.5, conceder un plazo adicional para el cumplimiento o,[5306] desde la perspectiva del deudor, una norma sobre el cumplimiento de la obligación si uno de los acreedores "rechaza o no puede recibir el cumplimiento".[5307] Desde una perspectiva práctica, esto hace que el acuerdo sobre un "crédito solidario" regido por los Principios de UNIDROIT sea poco atractivo, costoso o arriesgado, al menos en la mayoría de las circunstancias. II) Pueden disponer —como en el concepto de obligaciones solidarias del Derecho Común— que los acreedores deben reclamar el cumplimiento conjuntamente, "pero cada acreedor puede recibir el cumplimiento por sí solo",[5308] de modo que "el pago a cualquier acreedor

---

5295 S. Meier en Vogenauer, Art. 11.2.1 nº 30; véanse también los Comentarios Oficiales, art. 11.2.1 nº 4, ilustración 10, p. 397.

5296 S. Meier en Vogenauer, Art. 11.2.1 nº 10, pp. 1246 y 1247; nº 30.

5297 S. Meier en Vogenauer, Art. 11.2.1 nº 30.

5298 Ídem.

5299 S. Meier en Vogenauer, Art. 11.2.1 nº 31-33 (argumentando firmemente en el nº 33 que ningún antecedente nacional de las partes sugeriría responsabilidad solidaria como norma supletoria en caso de duda).

5300 S. Meier en Vogenauer, Art. 11.2.1 nº 1; véase además el nº 6 con la referencia al modelo holandés en Art. 6:15, 3:166-171 Código Civil holandés (diferenciando "simplemente entre obligaciones separadas, por un lado, y una obligación solidaria con reglas flexibles sobre representación, por otro", ibid.), que fue rechazado por el Grupo de Trabajo, véase Fontaine, Unif. Law Rev. 2011, pp. 549 y 559.

5301 S. Meier en Vogenauer, Art. 11.2.1 nº 5, p. 4) (sin cursivas en el original) y nº 34, pp. 1253 a 1254.

5302 Arte. III.-4:202(3) DCFR; S. Meier en Vogenauer, Art. 11.2.1 nº 24.

5303 S. Meier en Vogenauer, Art. 11.2.1 no. 5 en (4) (sin cursivas en el original) y 24-25 y Art. 10:201 (3) PDCE.

5304 S. Meier en Vogenauer, Art. 11.2.1 nº 24, p. 1251.

5305 Ídem.

5306 Véase S. Meier en Vogenauer, art. 11.2.1 nº 25 y las referencias en la nota 47 a diferentes soluciones nacionales.

5307 S. Meier en Vogenauer, Art. 11.2.1 nº 25 y las referencias en la nota 48 (por ejemplo, al art. 10:203 PDCEy al art. 432 (1) del Código Civil alemán "BGB").

5308 S. Meier en Vogenauer, Art. 11.2.1 nº 5 en 5), sin cursivas en el original, nº 26 y nº 34, pp. 1253 y 1254.

libera al deudor".[5309] Como esta opción tampoco se ofrece como opción en los Principios de UNIDROIT, las partes tendrán que regular los detalles (por ejemplo, si alguno de los acreedores tiene derecho a liberarlo mediante una descarga de la obligación,[5310] por ejemplo, en combinación con la resolución de un contrato, art. 7.3.5 (1)). III) Desde un punto de vista práctico, si las partes desean acordar un régimen jurídico como el establecido en los incisos I) o II) anteriores, es más sencillo utilizar el instrumento de Derecho Internacional Privado del *"dépeçage"* y someter todas las cuestiones relativas a la pluralidad de acreedores a una ley nacional que conozca ese concepto, mientras que los Principios de UNIDROIT pueden seguir siendo las normas jurídicas aplicables al contrato como tal. Alternativamente, es aconsejable simplemente usar una de las tres opciones ofrecidas por art. 11.2.1.

Artículo 11.2.2 (Efectos de los créditos solidarios)

El cumplimiento total a favor de uno de los acreedores solidarios libera al deudor frente a los demás acreedores.

A. Un complemento al art. 11.2.1 literal "b"

1

El art. 11.2.2 es el primero de tres artículos que complementan al art. 11.2.1 literal "b" sobre créditos solidarios con una pluralidad de acreedores. Mientras que el arte. 11.2.1 literal "b" aborda la cuestión preliminar de quién puede exigir el cumplimiento íntegro (cada uno obliga, art. 1.11 cuarto guión), el art. 11.2.2 hace frente a las **consecuencias del cumplimiento** para uno de los acreedores.

2

De conformidad con un "**principio generalmente aceptado**"[5311] para las responsabilidades solidarias, el art. 11.2.2, según su redacción, "libera al deudor frente a los demás acreedores" (en virtud de la cual la norma se aplica también en caso de **cumplimiento parcial** que dé lugar a la liberación parcial con respecto a todos los acreedores;[5312] *argumentum* art. 1.6 (2) con respecto a la palabra "hasta" en la regla espejo del art. 11.1.3 para obligaciones solidarias). Mientras que el arte. 11.2.1 literal "b" se concentra en la perspectiva del acreedor reclamante, el art. 11.2.2 se centra en el deudor ejecutante y sugiere de este modo, sujeto a contrato (art. 1.5), el **derecho del deudor a elegir**[5313] al acreedor al que desea cumplir (que puede aceptar el cumplimiento en las circunstancias del caso; por ejemplo, el art. 5.1.2 no. 1 y no. 6 para contratos a largo plazo). En principio, en virtud del art. 11.2.2 cada acreedor **está obligado a aceptar el cumplimiento.**[5314] A veces, el contrato y/o las dificultades

---

[5309] S. Meier en Vogenauer, Art. 11.2.1 n° 26.

[5310] Ídem.

[5311] S. Meier en Vogenauer, Art. 11.2.2 n° 1.

[5312] S. Meier en Vogenauer, Art. 11.2.2 no. 4 con referencia a StL— Misc. 27 (2007), no. 160-161; and in Jansen/ Zimmermann, Art. 10-205 (PDCE): *Regime of Solidary Claims*, no. 4 (p. 1620).

[5313] Comentarios Oficiales, art. 11.2.2 no. 2 e Ilustración 2, p. 399; S. Meier en Vogenauer, Art. 11.2.2 n° 2, 4.

[5314] Cf. S. Meier in Vogenauer, Art. 11.2.2 n° 4.

transfronterizas deben considerarse en virtud del art. 1.7, también el ejercicio de su derecho por parte del deudor puede requerir que el cumplimiento no pueda ocurrir directamente a un determinado acreedor (por ejemplo, si uno de los acreedores reside en un lugar remoto donde la aceptación del cumplimiento sería considerablemente más gravosa).

B. Detalles

1. Procedimientos formales con un solo acreedor

3

A diferencia de muchas leyes civiles nacionales,[5315] pero en línea con el art. 10:201 PDCEy otras leyes nacionales,[5316] el derecho a elegir al acreedor a quien el deudor desea cumplir **subsiste en caso de litigio o arbitraje,**[5317] es decir, incluso si un acreedor ha iniciado una acción judicial formal (art. 1.11 primer guión). Los demás acreedores siguen estando obligados en virtud del art. 11.2.2 a aceptar el cumplimiento[5318] (y la ley de procedimiento aplicable tendrá que determinar las consecuencias de costos para el litigio o arbitraje pendiente).

4

La razón de esta decisión del Grupo de Trabajo fue: **I)** el **riesgo de una acción judicial extremadamente prolongada** en la jurisdicción elegida que podría bloquear el cumplimiento durante años,[5319] y **II)** el **riesgo de colusión** de un acreedor con el deudor.[5320] En consecuencia, un **procedimiento judicial pendiente tampoco bloquea otros procedimientos de otro acreedor contra el mismo deudor**[5321] hasta que se cumpla plenamente.

2. Cumplimiento en circunstancias regidas por el Capítulo 7

5

El art. 11.2.2 no aborda la cuestión específica del cumplimiento en circunstancias en las que se aplica el Capítulo 7, es decir, cuando hay **incumplimiento anterior.**[5322] Se sostiene

---

5315 Para una visión general, véase S. Meier en Vogenauer, Art. 11.2.2 no. 2 con referencia en la nota 86 a las leyes de Austria, Brasil, Francia ((antiguo art. 1198 (1), que ahora se ha convertido en art. 1311 (2) del Código Civil francés (versión 2016)), Alemania, Italia, Portugal, Quebec, España, Suiza.

5316 StL-WP. 14 (2008), página 21; S. Meier en Vogenauer, Art. 11.2.2 no. 3 nota 88 (con referencia al art. 10:201 PDCEComentario B y al art. 428 del Código Civil alemán "BGB").

5317 StL-Doc. 112 (2009), p. 34 (supresión de una disposición que establecía que una vez que un deudor había sido demandado por un acreedor solidario, ya no podía cumplir con el otro o los demás acreedores), decidida en StL-Misc. 28 (2008), párr. 555); S. Meier en Vogenauer, Art. 11.2.2 nº 4.

5318 S. Meier en Vogenauer, Art. 11.2.2 nº 4. StL-Misc. 28 (2008), párrafo 531 (*Fecha-Bah*).

5319 StL-Misc. 28 (2008), párrafo 531 (*Fecha-Bah*).

5320 StL-Misc. 28 (2008), párr. 537 (*Fauvarque-Cosson*); S. Meier en Vogenauer, Art. 11.2.2 nº 3.

5321 S. Meier en Vogenauer, Art. 11.2.2 nº 4.

5322 Cf. S. Meier in Vogenauer, Art. 11.2.2 nº 5.

que el efecto de descarga del art. 11.2.2 también debería aplicarse en general en tales circunstancias (*argumentum* con respecto a la expresión "hasta obtener el cumplimiento total" en la regla espejo contenida en el art. 11.1.3;[5323] art. 1.6 (2)), a menos que las circunstancias sugieran lo contrario (por ejemplo, con respecto a la aplicación de los arts. 1.7, 1.8 y/o una violación imaginable de un acreedor a cooperar en la ejecución, art. 5.1.3). Por lo tanto, se ha argumentado que en circunstancias en que un acreedor requiere un cumplimiento específico en virtud del art. 7.2.2 y las demás reclamaciones por daños y perjuicios, cumplimiento específico a un acreedor o pago de daños y perjuicios al otro acreedor en lugar de cumplimiento específico libera al deudor.[5324] Se sostiene que esto siempre es correcto, si **I)** se ejecuta un cumplimiento específico, o **II)** se aplica una de las cinco excepciones del art. 7.2.2. De lo contrario, las cosas pueden ser más complicadas y deben evaluarse teniendo debidamente en cuenta las circunstancias del caso.

3. Fusión

6

Véase Art. 11.2.4 No. 7.

C. Opciones contractuales

7

I) Para **evitar el doble litigio**, tiene sentido (ya para reducir los costos)[5325] establecer obligaciones de comunicación y cooperación[5326] (Art. 5.1.3) antes y durante cualquier procedimiento legal formal. **II)** A fin de evitar cualquier debate sobre la **cuestión del cumplimiento a raíz de un incumplimiento anterior** (No. 5 en B.2 *supra*), las partes podrían incluir en su contrato un texto aclarador de que el art. 11.2.2 también se aplicará en tales circunstancias (en la práctica, este nivel de detalle es realista solo en contratos (de construcción) muy grandes).

Artículo 11.2.3 (Excepciones frente a los acreedores solidarios)

(1) El deudor puede oponer a cualquier acreedor solidario todas las excepciones y los derechos de compensación que le sean personales en su relación con dicho acreedor o que pueda oponer a todos los acreedores, pero no puede oponer las excepciones ni los derechos de compensación que le sean personales en su relación con uno o varios de los demás acreedores.

[5323] Véanse también los Comentarios Oficiales, art. 11.2.2 no. 3 e Ilustración 4, p. 399.

[5324] S. Meier en Vogenauer, Art. 11.2.2 nº 5 (oraciones 2 y 3).

[5325] S. Meier en Vogenauer, Art. 11.2.2 no. 4 con referencia a StL-Misc. 28 (2008), no. 552 (*Hartkamp*).

[5326] Comentarios Oficiales, art. 11.2.2 nº 4, p. 400.

(2) Las disposiciones de los Artículos 11.1.5, 11.1.6, 11.1.7 y 11.1.8 se aplican a los acreedores solidarios, con las adaptaciones necesarias.

A. Función y principio

1

Conjuntamente con los arts. 11.2.2 y 11.2.4, el art. 11.2.3 complementa el art. 11.2.1 literal "b" reflejando la norma del art. 11.1.4 sobre la pluralidad de obligaciones,[5327] los Principios de UNIDROIT también disponen en el art. 11.2.3 un **sistema sencillo** para las excepciones que están disponibles para un deudor (art. 1.11 cuarto guión) que está siendo abordado o demandado por uno de varios acreedores (art. 1.11 cuarto guión) para el cumplimiento total (art. 11.2.1 literal "b"). El sistema incluye: **I)** de conformidad con el art. 10:205 (2) PDCE (en relación con el art. 10:111 PECL),[5328] y una serie de leyes nacionales de origen "romano",[5329] una **regla general** sobre excepciones en el párrafo 1[5330] por la cual el deudor puede hacer valer: **a) excepciones** que son "**comunes**" a la relación con todos los deudores (en adelante **excepciones "comunes"**); y **b)** excepciones personales relacionadas solo con la **relación personal con un determinado acreedor** (en adelante **excepciones "personales"**) y no protegen al deudor "de otros acreedores que reclaman el pleno cumplimiento";[5331] y **II)** las **normas especiales** del párrafo 2 mediante la referencia al art. 11.1.5 y subsiguientes en relación con el cumplimiento, la compensación, la liberación, la liquidación, la prescripción y el juicio.[5332] Una vez más, desde una perspectiva práctica, los Principios de UNIDROIT ofrecen un **compromiso internacional,** desarrollado a lo largo de varios años,[5333] ya que los conceptos nacionales de "el poder de cada acreedor solidario para afectar los derechos de sus codeudores" difieren notablemente.[5334] Y de nuevo, es positivo tener una regla sobre este tipo de cuestiones que: **a)** no suelen llegar a la agenda de negociación de un contrato debido a su naturaleza "técnica" que a menudo no captará el interés de los empresarios[5335] (el autor ha sido testigo de raras excepciones en contratos estatales complejos de alto nivel), mientras que, **b)** las partes operan con diferentes preconceptos, y **c)** pueden no ser conscientes de los antecedentes divergentes de la parte contratante.

5327 Generalmente crítico sobre este tema: S. Meier en Vogenauer, Art. 11.2.3 no. 1, en Jansen/Zimmermann, Art. 10:201 (PDCE): *Solidary, Separate and Communal Claims*, nº 10 (p. 1612) e ibid., art. 10-205 (PDCE): *Regime of Solidary Claims*, nº 2 (pp. 1618-19). Véase, a este respecto, art. 11.2.1 nº 2.

5328 StL-WP.14 (2008), página 21; S. Meier en Vogenauer, Art. 11.2.3 nº 1.

5329 StL-WP.14 (2008), pp. 21 y 22; S. Meier en Vogenauer, Art. 11.2.3 nº 3 nota 103 se refiere a las leyes de Brasil, Italia y Portugal.

5330 Comentarios Oficiales, art. 11.2.3 no. 1 e Ilustraciones 1-2, pp. 400-401.

5331 S. Meier en Vogenauer, Art. 11.2.3 no. 3, y en Jansen/Zimmermann, Art. 10;205 (PDCE): *Regime of Solidary Claims*, nº 11 (p. 1624).

5332 S. Meier en Vogenauer, Art. 11.2.3 nº 2, p. 1259.

5333 Contra S. Meier en Vogenauer, Art. 11.2.3 nº 2, p. 1259 (señalando que la cuestión se examinó "apenas" en el Grupo de Trabajo). Esta evaluación podría subestimar que: I) cada miembro del Grupo de Trabajo y los comentadores se prepararían realmente para las reuniones de una semana de duración en Roma y plantearían las cuestiones en las que era necesario debatirlas, y II) que los materiales preparatorios oficiales no reflejarían todos los debates (por ejemplo, los debates durante las pausas para el café).

5334 S. Meier en Vogenauer, Art. 11.2.3 nº 1 con referencia a A. Riedler, *"Plurality of Creditors in the Austrian, French, Swiss and German Law"*, ERPL 1999, pp. 349 a 354.

5335 Véase en general sobre este fenómeno sociológico E. Brödermann FS Martiny (2014), pp. 1045, 1056-1058.

B. Excepciones y compensación bajo el párrafo 1

1. Excepciones comunes a la relación del deudor con todos los acreedores

2

Las excepciones "comunes" disponibles en virtud del párrafo 1 reflejan las excepciones disponibles en caso de pluralidad de deudores: **I)** excepciones en cuanto a la **formación del contrato**; **II)** excepciones relativas a la **validez** del contrato;[5336] **III)** el art. 7.1.3 (**retención del cumplimiento**, por ejemplo, hasta que se cumpla un deber de cooperación de conformidad con el art. 5.1.3 que debe respetarse primero en el plazo, como, por ejemplo, proporcionar electricidad en el sitio de construcción); **IV)** el art. 7.1.6 (una **cláusula de exoneración**); **V)** fuerza mayor, art. 7.1.7 (para más detalles, art. 11.1.4 no. 3 en B.1); y **VI) resolución** del contrato subyacente.[5337]

2. Excepciones personales a la relación del deudor con uno de los acreedores

3

Las excepciones "personales", que se limitan a la relación con un determinado acreedor, incluyen, por ejemplo, **I)** una **notificación que conceda un período suplementario** para el cumplimiento[5338] (art. 7.1.5 (1)); **II)** "promesas relativas a la calidad de la contraprestación".[5339] En caso de **intimidación** (art. 3.2.6) **por parte de un solo acreedor** (por ejemplo, inducir al deudor a dar su consentimiento a un contrato con varios acreedores para evitar que éste, es decir, el acreedor que introdujo a los otros acreedores en la relación no pierda su prestigio si el deudor se retira en el último momento después de varios meses de preparación), se ha sugerido convincentemente aplicar el art. 3.2.8[5340] (tratar a los demás acreedores como "terceros") en virtud de lo cual las circunstancias pueden indicar lo contrario (por ejemplo, si los acreedores pertenecen al mismo grupo de empresas) y exigir que se trate la defensa de la intimidación como una excepción común. La misma solución puede aplicarse en caso de **fraude** o **tergiversación** por parte de un acreedor.[5341]

3. Opciones Contractuales

4

Terminación en virtud del art. 7.1.5 (3) a raíz de una notificación por la que se concede un período suplementario de duración razonable para el cumplimiento (art. 7.1.5 (1)) por

[5336] S. Meier en Vogenauer, Art. 11.2.3 no. 3 nota 104, y en Jansen/Zimmermann, Art. 10;205 (PDCE): *Regime of Solidary Claims*, nº 11 (p. 1624).

[5337] S. Meier en Jansen/Zimmermann, Art. 10;205 (PDCE): *Regime of Solidary Claims*, nº 11 (p. 1624).

[5338] S. Meier en Vogenauer, Art. 11.2.3 no. 4, y en Jansen/Zimmermann, Art. 10;205 (PDCE): *Regime of Solidary Claims*, nº 11 (p. 1624).

[5339] S. Meier en Vogenauer, Art. 11.2.3 nº 4.

[5340] S. Meier en Vogenauer, Art. 11.2.3 nº 4 (segunda mitad).

[5341] Véase S. Meier en Jansen/Zimmermann, Art. 10;205 (PDCE): *Regime of Solidary Claims*, no. 11 (p. 1624) discutiendo el tema en el contexto de PDCE.

parte de un acreedor no se aborda explícitamente en las normas sobre excepciones. Para ir más allá de la creación de una excepción personal (*supra* No. 3 en B.2 (I)), las partes pueden considerar una cláusula (por ejemplo, en su sección sobre terminación) según la cual una notificación (art. 1.10) por parte de un acreedor que concede período suplementario de duración razonable para el cumplimiento: **I)** vinculará también a los otros acreedores, pero **II)** generará también un **derecho común a la resolución** en virtud del art. 7.1.5 (3), ejercible por cada acreedor; por ejemplo, siempre que[5342] la notificación se haya realizado después del consentimiento de todos los acreedores.[5343]

4. Compensación

5

Como el art. 11.1.4, el párrafo 1 equipara un derecho de compensación con un derecho de defensa. En la **mayoría de los casos**, el derecho de compensación será de carácter **personal**, pero a veces (y dependiendo del contrato, debidamente interpretado de conformidad con los arts. 4.1, 4.3 y subsiguientes) habrá un derecho de compensación relacionado con la relación con todos los obligados (art. 11.1.4 no. 8 en D.), por ejemplo, en caso de una serie de contratos. En la práctica, como observó *Meier*,[5344] la prohibición que figura en la última parte del párrafo 1 de que el deudor (no utilice un crédito contra B para compensar a A) es ineficaz porque "incluso después de que A haya iniciado un procedimiento judicial, el deudor siempre puede compensar su crédito contra B mediante notificación a B (art. 8.3) y así obtener una defensa que sea efectiva contra A (arts. 11.2.3 y 11.1.5).

C. Excepciones y Compensación en virtud del párrafo 2

1. Cumplimiento y derechos de compensación

6

I) De conformidad con el **párrafo 2 en relación con el art. 11.1.5**, compatible con una regla "generalmente aceptada",[5345] y especificando además la regla del art. 11.2.2,[5346] un deudor puede realizar un cumplimiento a cualquier acreedor o declarar una compensación[5347] como equivalente (si se cumplen las condiciones del art. 8.1 y ss., incluido en

5342 Para el riesgo de utilizar las palabras "siempre que" (que no siempre describen una condición) véase V. Triebel, *"PROVIDED THAT— Gefahren und Missverständnisse eines versteckten Rechtsbegriffs en: Ebke/Olzen/ Sandrock (Eds.), Festschrift für Siegfried H. Elsing zum 65. Geburtstag"* (2015), pp. 1047, 1053-1054.

5343 Véase también S. Meier en Vogenauer, Art. 11.2.2 no. 5, p. 1157 ("Se aconseja a las partes que formulen reglas claras sobre estos asuntos en su contrato").

5344 S. Meier en Vogenauer, Art. 11.2.3 no. 5, y, en el mismo sentido, en Jansen/Zimmermann, Art. 10;205 (PDCE): *Regime of Solidary Claims*, n° 12 (pp. 1624-25).

5345 S. Meier en Vogenauer, Art. 11.2.3 no. 6 con referencia al Art. 10:205 (2) y 10:107 (1) PDCEy las leyes nacionales de Alemania, Portugal, España y Suiza.

5346 Véase S. Meier en Jansen/Zimmermann, Art. 10;205 (PDCE): *Regime of Solidary Claims*, no. 4 (p. 1620) que critica la repetición.

5347 Comentarios Oficiales, art. 11.2.3 no. 2a e Ilustración 4, pp. 401-402.

particular el requisito de prestaciones "del mismo tipo", art. 8.1 (1)) - con un efecto liberador para todos los acreedores (art. 11.2.2 sobre el cumplimiento).[5348] **II)** Si el deudor y un acreedor acuerdan un tipo diferente de cumplimiento **"en lugar del cumplimiento"**, el efecto liberador dependerá de la autoridad otorgada contractualmente al acreedor por los demás acreedores. Sin esa competencia, no hay "cumplimiento", sino posiblemente un "acuerdo" o "liberación"[5349] (por debajo de 2.). **III)** Por **el cumplimiento en caso de fusión**, art. 11.2.4 no. 7 en D.

2. Efecto de la liberación y liquidación

7

I) El **párrafo 2 relacionado con el art. 11.1.6** afirma que las "adaptaciones apropiadas" (párr. 2) al art. 11.1.6 (que es una norma supletoria) **restringen el efecto** de una liberación o transacción entre el deudor y uno (o unos pocos) de los acreedores a **un efecto parcialmente liberador** respecto de todos los acreedores "por la parte del acreedor liberador o liquidador"[5350] (ejemplo de una obligación de 3.000 con partes iguales de A, B y C como codeudores; A libera al deudor, totalmente o aceptando, por ejemplo, la mitad de la ejecución relativa a su parte:[5351] B y C todavía tienen reclamaciones conjuntas y solidarias por 2.000 y A no tiene ninguna reclamación de prorrateo).[5352] Cualquier otro efecto, tal como se considera en la doctrina,[5353] constituiría: **a)** una "injerencia indebida en los derechos de los acreedores",[5354] y **b)** sería ajeno al principio expresado en el párrafo 1 (y en la norma de reflejo del art. 11.1.4) que separa las esferas personales de las partes (generalmente comerciantes que persiguen sus propios intereses) como punto de partida. El efecto de descarga parcial es una **presunción** que se aplica "a menos que las circunstancias indiquen lo contrario"[5355] (art. 11.1.6 última parte). **II)** Las partes son **libres de adaptar** las reglas de liberación o arreglo de manera que los derechos de los acreedores no se vean afectados en absoluto, por ejemplo, por un "pacto de no demandar",[5356] o por una cláusula de un acuerdo de liberación que incluya a todos los acreedores de que el arreglo afecta sólo a un acreedor y no a todos los demás, de modo que los acreedores puedan seguir reclamando el cumplimiento íntegro y deducir únicamente el cumplimiento parcial efectivamente prestado (por ejemplo, pago de 500 sobre una parte de 1.000)[5357] al acreedor liquidador

---

[5348] S. Meier en Vogenauer, Art. 11.2.3 nº 6.

[5349] Argumentando también en esta dirección: S. Meier en Vogenauer, Art. 11.2.3 nº 6.

[5350] Cf. Comentarios Oficiales, art. 11.2.3 no. 2b (citando el srt. 11.1.6) e Ilustraciones 5-6, p. 402. Esta es también la comprensión de S. Meier en Vogenauer, Art. 11.2.3 nº 9 (última oración). Para antecedentes históricos y comparativos, véase S. Meier en Jansen/Zimmermann, Art. 1; —205 (PDCE): *Regime of Solidary Claims*, no. 7 (pp. 1621-22): I) El sistema francés se correlaciona con el enfoque elegido en los Principios de UNIDROIT, mientras que II) el sistema alemán y el español, en consonancia con el derecho romano, otorgan a cada uno de los obligados mancomunados el poder de una liberación formal que extinga los derechos de todos los acreedores.

[5351] Comentarios Oficiales, art. 11.2.3 no. 2b, Ilustraciones 5-6, p. 402; S. Meier en Vogenauer, Art. 11.2.3 nº 12.

[5352] Ejemplo tomado de S. Meier en Vogenauer, Art. 11.2.3 nº 8 en (b), p. 1261.

[5353] S. Meier en Vogenauer, Art. 11.2.3 nº 10.

[5354] Ídem.

[5355] S. Meier en Jansen/Zimmermann, Art. 10;205 (PDCE): *Regime of Solidary Claims*, nº 8 (p. 1622).

[5356] S. Meier en Vogenauer, Art. 11.2.3 nº 11, p. 1262.

[5357] S. Meier en Vogenauer, Art. 11.2.3 nº 12 (segunda mitad).

(art. 1.5). En la práctica, a veces hay circunstancias, por ejemplo, en preparación para la venta de una empresa, en las que todas las partes tienen un interés conjunto en que una persona, así como, una empresa relacionada que no participará en el proceso de fusiones y adquisiciones sea liberada en condiciones preferenciales. En vista de las diferentes interpretaciones, en diferentes legislaciones nacionales, de las facultades de un acreedor,[5358] vale la pena plantear la cuestión en las negociaciones de un acuerdo plurilateral (o de un acuerdo interno entre acreedores que pueda otorgar plena autoridad a cada uno o a cierto acreedor para actuar en nombre de todos).

3. Efecto de la expiración y suspensión del período de prescripción

8

I) El **párrafo 2 en relación con el art. 11.1.7**, y en consonancia con una norma "ampliamente aceptada"[5359] (por ejemplo, en el art. 10:205 (2) y 10:110 PECL) se sostiene que "adaptaciones apropiadas" (párr. 2) al art. 11.1.7 (1) significa que la **expiración** del período de prescripción de los derechos de un acreedor **no afecta los derechos de los otros acreedores**.[5360] Si cobran el cumplimiento después de que la reclamación de uno de los acreedores haya **prescrito**, ese acreedor prescrito tiene derecho a reclamar su parte interna en virtud del art. 11.2.4 (2).[5361] **II)** De conformidad con el supuesto mercantil de que un comerciante puede cambiar la posición de otros comerciantes (en este caso: acreedores) para mejor, pero no para peor,[5362] de conformidad con el párrafo 2, art. 11.1.7 (2) —y correlacionándose solo con algunas leyes nacionales[5363]— cualquier inicio de un procedimiento legal formal que incluya la Resolución Alternativa de Controversias (art. 10.5-10.7) suspende también el período de prescripción relacionado con la relación entre el deudor y los otros acreedores.[5364] Esta regla puede economizar honorarios judiciales o de arbitraje[5365] (que generalmente aumentan si hay una pluralidad de partes). No obstante, se aconseja a los acreedores que incluyan en sus acuerdos internos normas sobre información, consulta y cooperación (art. 5.1.3) en relación con dichos procedimientos judiciales formales, también el art. 11.2.1 No. 14 en D.3 II).

[5358] Véase de nuevo S. Meier en Jansen/Zimmermann, Art. 10;205 (PDCE): *Regime of Solidary Claims*, nº 8 (p. 1622).

[5359] S. Meier en Vogenauer, Art. 11.2.3 no. 13 y nota 122 con referencias a las leyes nacionales de Brasil, Alemania, Grecia, Italia, Portugal.

[5360] Comentarios Oficiales, art. 11.2.3 nº 2C, p. 403; S. Meier en Vogenauer, Art. 11.2.3 no. 13, y en Jansen/Zimmermann, Art. 10;205 (PDCE): *Regime of Solidary Claims*, nº 10 (p. 1623).

[5361] Comentarios Oficiales, art. 11.2.3 nº 2C, p. 403; S. Meier en Vogenauer, Art. 11.2.3 no. 13 (última oración), y en Jansen/Zimmermann, Art. 10;205 (PDCE): *Regime of Solidary Claims*, nº 10 (p. 1623).

[5362] S. Meier en Vogenauer, Art. 11.2.3 nº 14.

[5363] S. Meier en Vogenauer, Art. 11.2.3 no. 14 nota 125 se refiere a las leyes de Brasil, Francia (antiguo art. 1199, que ahora se ha convertido en art. 1312 del Código Civil francés en la versión de 2016), Italia, España y Quebec.

[5364] Comentarios Oficiales, art. 11.2.3 nº 2C, p. 403; S. Meier en Vogenauer, Art. 11.2.3 no. 14, y en Jansen/Zimmermann, Art. 10;205 (PDCE): *Regime of Solidary Claims*, no. 10 (p. 1623) con referencia a los orígenes de esta regla en el Derecho Romano (Justiniano, 531 AD, *ius commune* y en la tradición francesa), mientras que otros sistemas legales (como el derecho alemán o suizo) disponen lo contrario (ibid.).

[5365] Contrastando ligeramente S. Meier en Vogenauer, Art. 11.2.3 nº 14 (favoreciendo el uso de la agencia como alternativa para integrar a los otros obligados en el procedimiento).

4. Normas especiales sobre el efecto de una Sentencia

9

I) El **párrafo 2 en relación con el art. 11.1.8**, y en coherencia con un "principio generalmente aceptado"[5366] (por ejemplo, en los arts. 10:205 (2) y 10:109 PECL) se afirma que "adaptaciones apropiadas" (párr. 2) al art. 11.1.8 (1) significa que una decisión de un tribunal que rechaza la responsabilidad del deudor frente a uno de los acreedores solidarios **no prohíbe a otros acreedores presentar también una reclamación por el cumplimiento** de la misma obligación[5367] (a menos que el contrato disponga lo contrario, art. 1.5, y/o los acreedores se hayan integrado formalmente en el procedimiento judicial); si tienen éxito, tendrán que pagar cualquier exceso (en comparación con su propia parte) al acreedor que perdió su crédito contra el deudor (art. 11.2.4 (2)).[5368] Si un acreedor **tiene éxito** en su reclamación contra el deudor, los acreedores "podrán invocar tal decisión, excepto si se basó en motivos personales del acreedor de que se trate".[5369] **II)** Desde el **punto de vista del deudor**, si se defiende contra dos (o más) demandas judiciales con múltiples acreedores en diferentes jurisdicciones, "se verá obligado a cumplir si sólo uno de los múltiples acreedores (art. 1.11 cuarto guión) tiene éxito en el litigio, incluso si todos los demás han perdido su caso".[5370] Este es un riesgo a considerar ya cuando se contrata con múltiples acreedores. **III)** En relación con el art. 11.1.8 (2) y de conformidad con sólo unas pocas leyes nacionales,[5371] una sentencia puede tener un efecto adicional sobre los acreedores: si uno de los acreedores **obtiene un laudo o sentencia (ganadora)** contra el deudor y no lo ejecuta por alguna razón (por ejemplo, razones procesales si el tribunal competente no fue elegido con el cuidado adecuado para la ejecutoriedad en el extranjero; un fenómeno que puede observarse regularmente en la práctica),[5372] cualquier otro acreedor puede iniciar un nuevo procedimiento formal en el que el deudor "ya no puede afirmar que no es responsable",[5373] a menos que la decisión se base en una promesa que el deudor haya hecho únicamente a ese acreedor específico[5374] (lo que será raro en el caso de obligaciones solidarias). **IV)** El deudor puede reducir el riesgo de **múltiples demandas** mediante un acuerdo contractual (art. 1.5) según el cual tiene derecho a "exigir a los demás acreedores que participen en el procedimiento".[5375] En este contexto, es importante considerar la necesidad de un arbitraje plurilateral en la cláusula de arbitraje (que proporciona la mejor solución en combinación con una cláu-

[5366] S. Meier en Vogenauer, Art. 11.2.3 nº 15, p. 1263 y nota 126 con referencias a las leyes internas de Brasil, Alemania, Italia, Portugal y Suiza.

[5367] StL-Misc. 27 (2007), párr. 162 (Fontaine); Véanse los Comentarios Oficiales, art. 11.2.3 nº 2d, p. 404; S. Meier en Vogenauer, Art. 11.2.3 no. 15, p. 1263, y en Jansen/Zimmermann, Art. 10;205 (PDCE): *Regime of Solidary Claims*, nº 9 (p. 1622).

[5368] Comentarios Oficiales, art. 11.2.3 nº 2c e ilustración 8, p. 403; S. Meier en Vogenauer, Art. 11.2.3 nº 15, p. 1263.

[5369] Comentarios Oficiales, art. 11.2.3 nº 2d, p. 403; S. Meier en Vogenauer, Art. 11.2.3 no. 15, p. 1263, y en Jansen/Zimmermann, Art. 10;205 (PDCE): *Regime of Solidary Claims*, no. 9 (p. 1623) con referencia a normas similares en la tradición jurídica francesa (por ejemplo, en Francia y Portugal).

[5370] S. Meier en Jansen/Zimmermann, Art. 10;205 (PDCE): *Regime of Solidary Claims*, nº 9 (p. 1623).

[5371] S. Meier en Vogenauer, Art. 11.2.3 nº 16 y nota 131 referentes a las leyes de Brasil, Italia y Portugal.

[5372] Brödermann FS Martiny (2014), pp. 1045, 1062-1067.

[5373] S. Meier en Vogenauer, Art. 11.2.3 nº 16.

[5374] S. Meier en Vogenauer, Art. 11.2.3 no. 16; véase además S. Meier en Jansen/Zimmermann, Art. 10;205 (PDCE): *Regime of Solidary Claims*, no. 9 (p. 1623) enfatizando la complicación que, en el segundo procedimiento, debe determinarse "si la primera sentencia se basó en motivos personales al acreedor".

[5375] S. Meier en Vogenauer, Art. 11.2.3 nº 15, p. 1263.

sula de elección de los Principios de UNIDROIT, Introducción No. 9, en VI); Preámbulo, No. 3-6; Arte. 1.4 no. 3).[5376] Alternativamente, se puede acordar contractualmente que el resultado del procedimiento con una obligación será aceptado por los acreedores como vinculante.

Artículo 11.2.4 (Reparto entre los acreedores solidarios)

(1) Los acreedores solidarios tienen entre ellos derecho a partes iguales, a menos que las circunstancias indiquen lo contrario.

(2) El acreedor que recibe más que su parte debe transferir el excedente a los demás acreedores, en la medida de sus respectivas partes.

A. Objeto

1

Mientras que el art. 11.2.1 literal "b" (complementado por los arts. 11.2.2 y 11.2.3) regula el flujo de ingresos para el cumplimiento de un crédito que es "propiedad" de varios acreedores, el art. 11.2.4 se concentra en la **distribución del desempeño** del deudor (párr. 2) entre los acreedores sobre la base de su respectiva **participación interna** (párr. 1). Si bien algunos sistemas nacionales dejan el prorrateo enteramente a los acuerdos contractuales,[5377] los Principios de UNIDROIT prevén una útil **norma supletoria**, inspirada, entre otras cosas, en el art. 10:204 PDCEy una serie de leyes nacionales con normas sobre este tema.[5378]

B. Reparto

2

El párrafo 1 establece una **presunción** de que las acciones internas son iguales[5379] (que se correlaciona con un "principio generalmente aceptado"[5380] y que refleja el art. 11.1.9 para el reparto entre deudores solidarios). La presunción es **refutable** ("a menos que las circunstancias indiquen lo contrario"). Las circunstancias relevantes incluyen: **I)** cualquier **acuerdo contractual** divergente (arts. 1.1, 1.3, 1.5), si lo hubiera, debidamente interpreta-

[5376] Por ejemplo, el deudor tal vez desee asegurarse de que tiene tanto impacto en la constitución del tribunal arbitral como los codeudores juntos. En el caso de un panel de tres árbitros, el acuerdo de arbitraje podría disponer que, sujeto a la ley de arbitraje obligatorio que establezca lo contrario, tanto el deudor como los adeudados, actuando conjuntamente, designen un árbitro que luego acordará conjuntamente el árbitro.

[5377] S. Meier en Vogenauer, Art. 11.2.4 nº 1.

[5378] StL-WP.14 (2008), página 23 con referencia a la legislación nacional; StL-Doc. 107 (2008), nº 80; S. Meier en Vogenauer, Art. 11.2.4 no. 1 (la nota 133 se refiere a las leyes de Brasil, Alemania, Grecia, Italia, Portugal y España, la nota 134 se refiere también al Art. III.-4.206 DCFR); S. Meier en Jansen/Zimmermann, Art. 10:204 (PDCE): *Apprtionment of Solidary Claims*, no. 1 (p. 1617).

[5379] Comentarios Oficiales, art. 11.2.4 no. 1 e Ilustración 1, p. 404; S. Meier en Jansen/Zimmermann, Art. 10:204 (PDCE): *Apprtionment of Solidary Claims*, no. 1 (p. 1617) y no. 2 (p. 1617).

[5380] S. Meier en Vogenauer, Art. 11.2.4 no. 2, p. 1265, y nota 136 referente al Art. 10:204 (1) PDCE, Art. III.-4.206 DCFR y las leyes nacionales de Alemania, Grecia, Italia y Portugal.

do[5381] (arts. 4.1, 4.3, ss.); y/o **II)** generalmente el **interés de cada acreedor en la transacción** (ejemplo: las empresas A y B poseen bienes que pertenecen a 3/4 a A y a 1/4 a B; el precio de compra se dividirá proporcionalmente,[5382] a menos que se acuerde explícitamente lo contrario).

C. Transferencia del exceso recibido del deudor

1. Obligación de transferir el exceso

3

El párrafo 2 impone al acreedor que recibe una prestación más allá de su propia parte la obligación de distribuir la parte excedente con sus coacreedores.[5383] En caso de cumplimiento por parte del deudor más allá de la parte interna pero por debajo del cumplimiento total, el exceso debe prorratearse entre los otros acreedores, a menos que las circunstancias indiquen lo contrario, por ejemplo, se acordó (arts. 1.1, 1.3) que "lo que sea" que el deudor realice al acreedor que realiza el trabajo de cobro se dividirá completamente entre todos los deudores de acuerdo con la asignación de acciones de conformidad con el párrafo 1.

4

Las obligaciones para con el acreedor en virtud del párrafo 2 son exigibles en virtud de **reclamaciones separadas**, tal como se definen en el art. 11.2.1 literal "a"[5384] (que se correlaciona con el exceso de créditos en virtud de la regla de reflejo en el art. 11.1.10 para los créditos solidarios de un deudor que ha realizado más de su parte). Esto implica, por ejemplo, que se someta a su propio cálculo de los períodos de prescripción (capítulo 10). Es **irrelevante**: **I)** si una de las demandas de los acreedores contra el deudor había prescrito[5385] (art. 11.2.3 no. 8 en C.3), o **II)** si la demanda del acreedor ha sido previamente desestimada por un tribunal[5386] (art. 11.2.3 no. 9 en C.4 (I)), por ejemplo, sobre la base de una excepción personal del deudor contra ese acreedor.[5387] Si un acreedor hubiera hecho una liberación de conformidad con los arts. 11.2.3 (2) y 11.1.6, no participa en el prorrateo de la otra interpretación o ejecución y no tiene ninguna reclamación separada en virtud del párrafo 2 (art. 11.2.3 no. 7 en C.2). Si la reclamación no se refiere a una suma de dinero sino a un

---

[5381] S. Meier en Vogenauer, Art. 11.2.4 nº 2; y en Jansen/Zimmermann, Art. 10:204 (PDCE): *Apprtionment of Solidary Claims*, no. 2 (p. 1617).

[5382] Comentarios Oficiales, art. 11.2.4 no. 1, Ilustración 2, p. 405; S. Meier en Vogenauer, Art. 11.2.4 nº 2.

[5383] S. Meier en Vogenauer, Art. 11.2.4 nº 3; y en Jansen/Zimmermann, Art. 10:204 (PDCE): *Apprtionment of Solidary Claims*, no. 2 (p. 1617). Para los antecedentes históricos desde el Derecho Romano (que "no contenía reglas especiales sobre la asignación interna entre acreedores solidarios y la consideración de tal crédito entre acreedores como un crédito basado en un contrato o *negotiorum gestio*, véase ibid. no. 1 (p. 1616).

[5384] S. Meier en Vogenauer, Art. 11.2.4 nº 3; y en Jansen/Zimmermann, Art. 10:204 (PDCE): *Apprtionment of Solidary Claims*, no. 2 (p. 1617).

[5385] S. Meier en Vogenauer, Art. 11.2.4 nº 4.

[5386] Véase de nuevo S. Meier en Vogenauer, Art. 11.2.4 nº 4.

[5387] S. Meier en Vogenauer, Art. 11.2.4 nº 4.

bien divisible, también podría basarse en el derecho de propiedad, que es una cuestión que va más allá del alcance de los Principios de UNIDROIT.[5388]

2. Compensación con gastos

5

Ya sea en virtud del contrato, la ley de agencia o la ley de *negotiorum gestio*, el acreedor que ha cobrado el cumplimiento puede tener un reclamo por **gastos razonables** (como honorarios de abogados) incurridos por el cobro de la ejecución.[5389] Dicha reclamación se deducirá a menudo mediante una notificación de compensación[5390] (art. 8.3), en el que se afirma que el envío de un breve cálculo que indique la suma recibida, la deducción de los gastos y el prorrateo deberían bastar como "cualquier medio apropiado a las circunstancias" (art. 1.10 (1)) para comunicar la compensación.

3. Opciones contractuales

6

I) Si las partes se toman el tiempo para concentrarse en el régimen interno entre los acreedores (en un contrato que se negociará en paralelo con las negociaciones con el deudor), las partes generalmente establecerán reglas de información, consulta y cooperación (Art. 5.1.3) antes y durante el procedimiento judicial (art. 11.2.1 no. 14 en D.3 y art. 11.2.1 no. 10 en C.3). En este contexto, es útil establecer también normas relativas al nivel de **participación en los gastos** relacionados con estos procedimientos. **II)** Si las partes deciden establecer normas sobre la puesta en libertad que vayan más allá del régimen previsto en el art. 11.2.3 (2) y art. 11.1.6 (art. 11.2.3 no. 7 en C.2), se ha sugerido considerar la posibilidad de otorgar derechos a los demás acreedores contra el acreedor liberador, de modo que los demás acreedores participen económicamente en la "suma igual a su parte en el cumplimiento de la ejecución que originalmente poseía el deudor".[5391] Desde el punto de vista de un profesional, se sostiene que: **a)** este tipo de régimen es más complejo que el régimen de los Principios de UNIDROIT; **b)** restringe la libertad de cada acreedor para negociar con el deudor porque, **c)** aumenta la dependencia del consentimiento de los codeudores en caso de liquidación. Sin embargo, cuando los deudores solidarios son empresas afiliadas, las circunstancias pueden sugerir lo contrario (pero los grupos de empresas a veces son hostiles a la hora de regular sus relación interna en ese nivel de detalle).

5388 Comentarios Oficiales, art. 11.2.4 nº 2, p. 405; S. Meier en Vogenauer, Art. 11.2.4 nº 3.

5389 S. Meier en Vogenauer, Art. 11.2.4 nº 3.

5390 Ídem.

5391 S. Meier en Vogenauer, Art. 11.2.4 no. 5 con referencia en la nota 140 al Art. 1143 (2) Código Civil español, art. 430 Código Civil alemán "BGB" y art. 272 Código Civil brasileño.

D. Fusión del deudor con un acreedor

7

Los Principios de UNIDROIT no abarcan cuestiones de fusión. En caso de **fusión del deudor con uno de los acreedores** (esto sucede en la práctica, aunque raramente), diferentes vías de razonamiento indican que los demás **acreedores recibirán su parte**,[5392] ya sea en virtud del art. 11.2.4 (2) de la entidad legal unida[5393] (si se considera la fusión como un evento que equivale al cumplimiento o la compensación) o bajo el art. 11.2.1 (b) (si se considera la fusión de otra manera).[5394]

[5392] S. Meier en Vogenauer, Art. 11.2.3 no. 7, y en Jansen/Zimmermann, Art. 10:205 (PDCE): *Regime of Solidary Claims*, nº 5 (p. 1620).

[5393] Véase S. Meier en Jansen/Zimmermann, Art. 10:204 (PDCE): *Apprtionment of Solidary Claims*, no. 2 (p. 1617) con referencia a las leyes en España y Alemania con reglas similares en este mismo sentido.

[5394] S. Meier en Vogenauer, Art. 11.2.3 nº 7.

Inteligencia jurídica
en expansión

Trabajamos para
mejorar el día a día
del **operador jurídico**

Adéntrese en el universo
de **soluciones jurídicas**

 +52 1 55 65502317

 atencion.tolmex@tirantonline.com.mx

prime.tirant.com/mx/